Berner Kommentar

Kommentar zum schweizerischen Privatrecht

Berner Kommentar

Kommentar zum schweizerischen Privatrecht

Begründet von †Prof. Dr. M. Gmür
Fortgeführt durch †Dr. Dr. h. c. H. Becker

Unter Mitwirkung von:
Prof. Dr. E. Bucher in Bern; †Dr. W. Bühler; Prof. Dr. P. Forstmoser in Zürich; Prof. Dr. H.-P. Friedrich in Basel; Dr. G. Gautschi, Rechtsanwalt in Zürich; Prof. Dr. H. Giger, Rechtsanwalt in Zürich; †a. Bundesrichter Dr. S. Giovanoli; Dr. E. Götz, a. Vorsteher des Zivilstandsamtes in Basel; Prof. Dr. C. Hegnauer in Zürich: Prof. Dr. H. Huber in Bern; †Prof. Dr. P. Jäggi; †Dr. A. Janggen; Prof. Dr. K. Käfer in Zürich; Prof. Dr. E. Kramer in St. Gallen; Prof. Dr. M. Kummer in Bern; a. Bundesrichter Dr. P. Lemp in Lausanne; Prof. Dr. P. Liver in Bern; Prof. Dr. A. Meier-Hayoz in Zürich; Prof. Dr. H. Merz in Bern; Dr. E. Murer in Luzern; Prof. Dr. V. Picenoni, Rechtsanwalt in Zürich; PD Dr. H. Rey in Zürich; Prof. Dr. H. M. Riemer in Zürich; Dr. M. Schaetzle, Rechtsanwalt in Zürich; Prof. Dr. B. Schnyder in Freiburg; Oberrichter Dr. K. Spühler in Zürich; Prof. Dr. E. Stark in Zürich; a. Bundesrichter Dr. W. Stauffer in Lausanne; †Prof. Dr. P. Tuor; Dr. Rolf H. Weber, Rechtsanwalt in Zürich; a. Bundesrichter Dr. A. Ziegler in Lausanne; PD Dr. D. Zobl, Rechtsanwalt in Zürich.

Herausgegeben von

Dr. Arthur Meier-Hayoz
Professor der Rechte in Zürich

Band II
Das Familienrecht

Verlag Stämpfli & Cie AG, Bern 1984

Schweizerisches Zivilgesetzbuch

Das Familienrecht

2. Abteilung
Die Verwandtschaft

1. Teilband
Die Entstehung
des Kindesverhältnisses
Artikel 252–269 c ZGB

Erläutert von
Dr. Cyril Hegnauer
Professor an der Universität Zürich

Vierte Auflage

Verlag Stämpfli & Cie AG, Bern 1984

Das Material ist bis März 1984 berücksichtigt.

©
Verlag Stämpfli & Cie AG, Bern 1984

Alle Rechte vorbehalten, insbesondere auch das Recht
der ganzen oder teilweisen Vervielfältigung auf dem Wege der Fotokopie,
der Mikrokopie oder eines ähnlichen Verfahrens

Gesamtherstellung:
Stämpfli & Cie AG, Graphisches Unternehmen, Bern
Printed in Switzerland
ISBN 3-7272-0342-0

> Eure Kinder sind nicht *eure* Kinder.
> Es sind die Söhne
> und Töchter von des Lebens
> Verlangen nach sich selber.
> Sie kommen durch euch, doch nicht *von* euch;
> Und sind sie auch bei euch, so gehören sie
> euch doch nicht.
> Ihr dürft ihnen eure Liebe geben, doch
> nicht eure Gedanken.
> Denn sie haben ihre eigenen Gedanken.
> Ihr dürft ihren Leib behausen, doch nicht
> ihre Seele.
> Denn ihre Seele
> wohnt im Hause von morgen,
> das ihr nicht zu betreten vermöget,
> selbst nicht in euren Träumen.
>
> *Khalil Gibran*

Vorwort

Der vorliegende erste Teilband des Verwandtschaftskommentars behandelt wie die vom Verfasser bearbeitete Vorauflage (1964) den siebenten Titel des Zivilgesetzbuchs. Allein, Umfang und Gegenstand sind durch die Revision der Adoption (1972) und des übrigen Kindesrechts (1976) verändert. Regelte dieser Titel in der Fassung von 1907 in den Art. 252–301 das *eheliche* Kindesverhältnis, so umfasst er heute die Art. 252–269 c über die *Entstehung* des Kindesverhältnisses. Auch inhaltlich ist das Kindesrecht umgestaltet worden. Die Literatur ist dadurch in wichtigen Punkten überholt. «Drei berichtigende Worte des Gesetzgebers und ganze Bibliotheken werden zu Makulatur» (Kirchmann, 1848). Zu diesem Ergebnis hat auch der Verfasser durch Redaktion der Vorentwürfe beigetragen. Doch hat er diese leise Paradoxie willig in Kauf genommen. Denn die Gelegenheit, rechtspolitische Folgerungen der Arbeit am bisherigen Recht unmittelbar in neue Normen umzusetzen, kommt selten.

Die mit der Revision notwendig gewordene umfassende Neukommentierung erfolgte für die Adoption schon 1975 in einem Sonderband. Dieser ist nun – nachgeführt und erweitert – dem vorliegenden Band eingefügt; die Numerierung der Noten ist mit Ausnahme von Art. 269 c weitgehend beibehalten. Hier wie auch in der Kommentierung des übrigen Kindesrechts wird auf das frühere Recht Bezug genommen, um Kontinuität und Wandel sichtbar zu machen. Im Anhang sind die früheren Bestimmungen sowie die massgebenden Verordnungen und internationalen Konventionen zusammengestellt.

Das neue Recht hat rasch Eingang in die Praxis gefunden. Das ist neben einer Reihe guter Dissertationen namentlich der Zeitschrift für Vormundschaftswesen – sie müsste eigentlich Zeitschrift für Familienrecht heissen! – zu verdanken. Angesichts des Gelingens der Revision des Kindesrechts erweist sich der Entschluss etappenweise vorzugehen als richtig. Um so bedauerlicher erscheint die starke Verzögerung der übrigen Etappen. Wohl nähert sich nach fünfjährigen parlamentarischen Beratungen die Revision der allgemeinen Wirkungen der Ehe und des Güterrechts ihrem Abschluss. Dagegen sind die Arbeiten am Scheidungsrecht ins Stocken geraten, und die Revision der Vormundschaft scheint sich zur Utopie zu verflüchtigen. Dabei hat die Spannung zwischen Rechtsnorm und Rechtspraxis auch hier die Toleranzgrenze an manchen Stellen erreicht. Die Rechtsprechung steht zu oft in der Zerreissprobe zwischen Gesetzestreue und Gerechtigkeit. Der Gesetzgeber setzt nicht nur seine eigene Autorität aufs Spiel, er gefährdet auch Sicherheit und Voraussehbarkeit des Rechts, wenn er die Praxis im Bereich der Eheschliessung und der Ehescheidung, aber auch der vormundschaftlichen Hilfe immer häufiger nötigt, praeter et contra legem zu entscheiden.

Zu danken ist einem grossen Kreis von Helfern: Prof. Dr. *René Bütler,* Bern, für die Durchsicht der Ausführungen über das Abstammungsgutachten, dem Präsidenten der II. Zivilabteilung des Bundesgerichts, dem Präsidenten der II. Zivilkammer des Zürcher Obergerichts, der Justizdirektion des Kantons Zürich und dem Prozessvertreter der Amtsvormundschaft der Stadt Zürich für die Mitteilung von Entscheidungen, dem Bundesamt für Statistik und dem Eidgenössischen Amt für Zivilstandswesen für weitere Informationen, den Assistenten Dr. *Fridolin Schiesser,* Dr. *Gerhard Stoessel,* lic. iur. *Max Hauri,* lic. iur. *Willi Lüchinger,* Dr. *Eva Kober,* lic. iur. *Riquet Heller* und lic. iur. *Martin Sigg* für Hilfe beim Sammeln und Sichten der Dokumentation, dem letztgenannten überdies für die Bearbeitung des Sachregisters, Frau *Ursula Rasi-Graf* für die Schreibarbeiten, sowie der umsichtigen Betreuerin der Revision im Bundesamt für Justiz, Frau lic. iur. *Ruth Reusser,* für Kritik und Anregungen.

Wädenswil, den 29. Juli 1984   CYRIL HEGNAUER

Inhaltsverzeichnis

	Art.	Seite
Abkürzungen		10
Allgemeine Literatur		13
Einleitung		15

7. Titel: **Die Entstehung des Kindesverhältnisses**

Vorbemerkung — 39

1. Abschnitt: Allgemeine Bestimmungen

		Art.	Seite
A.	Entstehung des Kindesverhältnisses im allgemeinen	252	40
B.	Feststellung und Anfechtung des Kindesverhältnisses		
	I. Zuständigkeit	253	65
	II. Verfahren	254	82

2. Abschnitt: Die Vaterschaft des Ehemannes

Vorbemerkung — 129

		Art.	Seite
A.	Vermutung	255	129
B.	Anfechtung		
	I. Klagerecht	256	158
	II. Klagegrund		
	1. Bei Zeugung während der Ehe	256a	190
	2. Bei Zeugung vor der Ehe oder während Aufhebung des Haushaltes	256b	
	III. Klagefrist	256c	202
C.	Zusammentreffen zweier Vermutungen	257	219
D.	Klage der Eltern	258	223
E.	Heirat der Eltern	259	227

3. Abschnitt: Anerkennung und Vaterschaftsurteil

Vorbemerkung — 253

		Art.	Seite
A.	Anerkennung		
	I. Zulässigkeit und Form	260	253
	II. Anfechtung		
	1. Klagerecht	260a	302
	2. Klagegrund	260b	330
	3. Klagefrist	260c	337

			Art.	Seite
B.	Vaterschaftsklage			
	I.	Klagerecht	261	347
	II.	Vermutung	262	380
	III.	Klagefrist	263	405

4. Abschnitt: Die Adoption

Einleitung   411

			Art.	Seite
A.	Adoption Unmündiger			
	I.	Allgemeine Voraussetzungen	264	431
	II.	Gemeinschaftliche Adoption	264a	458
	III.	Einzeladoption	264b	469
	IV.	Alter und Zustimmung des Kindes	265	473
	V.	Zustimmung der Eltern		
		1. Form	265a	483
		2. Zeitpunkt	265b	497
		3. Absehen von der Zustimmung		
		a) Voraussetzungen	265c	503
		b) Entscheid	265d	518
B.	Adoption Mündiger und Entmündigter		266	529
C.	Wirkung			
	I.	Im allgemeinen	267	538
	II.	Heimat	267a	556
D.	Verfahren			
	I.	Im allgemeinen	268	562
	II.	Untersuchung	268a	591
	III.	Adoptionsgeheimnis	268b	598
E.	Anfechtung			
	I.	Gründe		
		1. Fehlen der Zustimmung	269	605
		2. Andere Mängel	269a	612
	II.	Klagefrist	269b	616
F.	Adoptivkindervermittlung		269c	618

Anhang: *Quellen zum Kindesrecht*   637

Erklärung der Rechte des Kindes	639
Haager Adoptions-Übereinkommen	642
Europäische Menschenrechtskonvention (Auszug)	648
Europäisches Unehelichen-Übereinkommen	649
Europäisches Adoptions-Übereinkommen	651
CIEC-Anerkennungs-Übereinkommen	656
CIEC-Mutterschafts-Übereinkommen	658
ZGB: Konkordanztabelle 1907:1972:1976	659
– Kindesrecht, Text von 1907	660

	Seite
– Kindesrecht, Text von 1972, soweit 1976 geändert	677
– Schlusstitel (Auszug)	678
BG betr. die zivilrechtlichen Verhältnisse der Niedergelassenen und Aufenthalter (Auszug)	681
Bürgerrechtsgesetz (Auszug)	683
Zivilstandsverordnung (Auszug)	685
Adoptionsvermittlungsverordnung	705
Pflegekinderverordnung (Auszug)	710
Medizinisch-ethische Richtlinien für artifizielle Insemination	715
Medizinisch-ethische Richtlinien für die In-Vitro-Fertilisation und den Embroytransfer zur Behandlung der menschlichen Infertilität	716
Sachregister	717

I. Abkürzungen

A.	Auflage
ABGB	Allgemeines Bürgerliches Gesetzbuch für Österreich vom 1.Juni 1811
Abs.	Absatz
AdVV	Verordnung über die Adoptionsvermittlung vom 28.März 1973 (SR 211.221.36)
a.E.	am Ende
a.F.	alte Fassung
AGVE	Aargauische Gerichts- und Verwaltungsentscheide (Aarau 1947ff)
AHVG	BG über die Alters- und Hinterlassenenversicherung vom 20.Dezember 1946 (SR 831.10)
a.M.	anderer Meinung
AmtlBull	Amtliches Bulletin der Bundesversammlung (bis 1966: StenBull), NR = Nationalrat, StR = Ständerat.
Amtsvormund	Der Amtsvormund (Heidelberg 1928ff)
Anm.	Anmerkung
Art.	Artikel (ist kein anderes Gesetz angegeben, so bezieht sich der Hinweis auf das ZGB)
aArt.	Artikel des ZGB in der alten Fassung
AS	Amtliche Sammlung der Bundesgesetze und Verordnungen
BBl	Bundesblatt
Bd. / Bde.	Band / Bände
BG	Bundesgesetz
BGB	Bürgerliches Gesetzbuch für das Deutsche Reich vom 18.August 1896
BGE	Amtliche Sammlung der Entscheidungen des Schweizerischen Bundesgerichtes (Lausanne 1875ff)
BGer	Bundesgericht
BJM	Basler Juristische Mitteilungen (Basel 1954ff)
Botsch	Botschaft des Bundesrates an die Bundesversammlung über die Änderung des Schweizerischen Zivilgesetzbuches (Kindesverhältnis) vom 5.Juni 1974 (BBl *1974* II 1ff)
BRB	Bundesratsbeschluss
BS	Bereinigte Sammlung der Bundesgesetze und Verordnungen 1848–1947
BüG	BG über Erwerb und Verlust des Schweizerbürgerrechts vom 29.September 1952 (Bürgerrechtsgesetz, SR 141.0)
BV	Bundesverfassung der schweizerischen Eidgenossenschaft vom 29.Mai 1874 (SR 101)
bzw.	beziehungsweise
CCfr	Code civil français vom 21.März 1804
CCit	Codice civile italiano vom 16.März 1942
Dig.	Digesta Justiniani
d.h.	das heisst
Diss.	Dissertation
D.R.	Décisions et Rapports (Recueil de la jurisprudence de la Commission européenne des Droits de l'Homme), Conseil de l'Europe, Strasbourg
E	Entwurf; E 252–327 beziehen sich auf den bundesrätlichen E vom 5.Juni 1974 über die Änderung des ZGB (Kindesverhältnis), BBl *1974* II 114ff
E.	Erwägung

EAdÜ	Europäisches Übereinkommen über die Adoption von Kindern vom 24. April 1967 (SR 0.211.221.310)
EG	Einführungsgesetz
Einl	Einleitung
E/IPRG	E vom 10. November 1982 zum Bundesgesetz über das internationale Privatrecht, BBl *1983* I 472
EMRK	Konvention zum Schutze der Menschenrechte und Grundfreiheiten vom 4. November 1950 (Europäische Menschenrechtskonvention, SR 0.101)
Erl	Schweizerisches Zivilgesetzbuch, Erläuterungen (von Eugen Huber) zum VE des Eidgenössischen Justiz- und Polizeidepartements, 2. A., Bern 1914
EuGRZ	Europäische Grundrechte-Zeitschrift, Kehl am Rhein 1974 ff
EUeÜ	Europäisches Übereinkommen über die Rechtsstellung der unehelichen Kinder vom 15. Oktober 1975 (SR 0.211.221.131)
Extraits	Extraits des principaux arrêts rendus par le Tribunal cantonal de l'Etat de Fribourg (Fribourg 1959 ff)
f / ff	und nächstfolgende Seite(n) bzw. Artikel
FamRZ	Zeitschrift für das gesamte Familienrecht (Bielefeld 1954 ff)
Fg	Festgabe
FS	Festschrift
gl. M.	gleicher Meinung
Hrsg. / hrsg.	Herausgeber / herausgegeben
IPR	Internationales Privatrecht
i. S.	im Sinne
JIR	Schweizerisches Jahrbuch für internationales Recht (Zürich 1944 ff)
JT	Journal des Tribunaux (Lausanne 1853 ff)
Lit.	Literatur
lit.	litera
MSA	Übereinkommen über die Zuständigkeit der Behörden und das anzuwendende Recht auf dem Gebiete des Schutzes von Minderjährigen, vom 5. Oktober 1961 (SR 0.211.231.01)
Musterbeispiele	Handbuch für das Zivilstandswesen II. Teil Musterbeispiele, 2. A., hrsg. vom Eidg. Justiz- und Polizeidepartement, 1977
Mustersammlung	Mustersammlung zum Adoptions- und Kindesrecht. Herausgegeben von der Schweiz. Landeskonferenz für Sozialwesen, Zürich 1984
N	Note (Rand- oder Fussnote)
NAG	BG betreffend die zivilrechtlichen Verhältnisse der Niedergelassenen und Aufenthalter vom 25. Juni 1891 (SR 211.435.1)
n. F.	neue Fassung
Nr.	Nummer(n)
NR	Nationalrat
NZZ	Neue Zürcher Zeitung
OG	BG über die Organisation der Bundesrechtspflege vom 16. Dezember 1943 (Organisationsgesetz, SR 173.110)
OR	BG über das Obligationenrecht vom 30. März 1911 / 18. März 1936 (SR 220)
PfKV	Verordnung über die Aufnahme von Pflegekindern vom 19. Oktober 1977 (SR 211.222.338)
PKG	Praxis des Kantonsgerichtes Graubünden (Chur 1942 ff)
Praxis	Die Praxis des Bundesgerichts (Basel 1912 ff)
Pro Juventute	Schweizerische Monatsschrift für Jugendhilfe (Zürich 1920 ff)

ProtExpKom	Protokoll der Expertenkommission für die Revision des Familienrechts (vervielfältigt)
ProtNRKom	Protokoll der Kommission des Nationalrates (vervielfältigt)
ProtStRKom	Protokoll der Kommission des Ständerates (vervielfältigt)
Rep.	Repertorio di Giurisprudenza patria (Bellinzona 1869 ff)
rev.	revidiert
s.	siehe
S.	Seite
SA	Separatausgabe
SB	Hegnauer, Berner Kommentar, Die Verwandtschaft, Sonderband: Die Adoption (Bern 1975)
SchKG	BG über Schuldbetreibung und Konkurs vom 11. April 1889 (SR 281.1)
SchlT	Schlusstitel des ZGB
sec.	section
SJ	Semaine Judiciaire (Genf 1879 ff)
SJK	Schweizerische Juristische Kartothek (Genf 1941 ff)
SJZ	Schweizerische Juristenzeitung (Zürich 1904 ff)
SPR	Schweizerisches Privatrecht (Basel und Stuttgart)
StenBull NR / StR	Amtliches Stenographisches Bulletin der Bundesversammlung Nationalrat / Ständerat
StGB	Schweizerisches Strafgesetzbuch vom 21. Dezember 1937 (SR 311.0)
SR	Systematische Sammlung des Bundesrechts
UNO	United Nations Organization
V	Verordnung
VA	Vorauflage: Hegnauer, Berner Kommentar, Die Verwandtschaft: 1. Teil: Das eheliche Kindesverhältnis (3. A., Bern 1964), 2. Teil; 1. Lieferung: Das aussereheliche Kindesverhältnis (3. A., Bern 1969)
VE	Vorentwurf
vgl.	vergleiche
Vorbem.	Vorbemerkung
VPB	Verwaltungspraxis der Bundesbehörden (Bern 1927 ff)
VwVG	BG über das Verwaltungsverfahren vom 20. Dezember 1968 (SR 172.021)
ZBGR	Schweizerische Zeitschrift für Beurkundungs- und Grundbuchrecht (Wädenswil 1920)
ZBJV	Zeitschrift des Bernischen Juristenvereins (Bern 1865 ff)
ZBl	Schweizerisches Zentralblatt für Staats- und Gemeindeverwaltung (Zürich 1900 ff)
ZGB	Schweizerisches Zivilgesetzbuch vom 10. Dezember 1907 (SR 210)
Ziff.	Ziffer
zit.	zitiert
ZöF	Zeitschrift für öffentliche Fürsorge (Zürich 1904 ff)
ZPO	(kantonale) Zivilprozessordnung
ZR	Blätter für Zürcherische Rechtsprechung (Zürich 1902 ff)
ZSR	Zeitschrift für Schweizerisches Recht (neue Folge, Basel 1882 ff)
ZStV	Verordnung über das Zivilstandswesen vom 1. Juni 1953 (SR 211.112.1)
ZVW	Zeitschrift für Vormundschaftswesen (Zürich 1946 ff)
ZZW	Zeitschrift für Zivilstandswesen (Bern 1933 ff)

II. Schrifttum

Die nachfolgend aufgeführten Werke werden nur mit dem Verfassernamen beziehungsweise mit dem beigefügten Zusatz zitiert. Sonderliteratur wird jeweils bei den einzelnen Abschnitten und Artikeln angegeben. Siehe auch Einl N 37, 45, 69, 70, 71.

AUBERT JEAN-FRANÇOIS: Les actions de la filiation en droit civil suisse, Diss. Neuenburg 1955.
BÖHMER CHRISTOF/SIEHR KURT: Das Gesamte Familienrecht, Bd. 2: Das internationale Recht, Frankfurt am Main 1979.
BROGGINI GERARDO: Intertemporales Privatrecht, SPR I (1969) 353.
BUCHER EUGEN: Berner Kommentar, Das Personenrecht, Art. 11–26 ZGB, 1976.
BÜHLER WALTER/SPÜHLER KARL: Berner Kommentar, Die Ehescheidung, 1980.
BURCKHARDT W.: Kommentar der Schweizerischen Bundesverfassung vom 3. Mai 1874, 3. A., Bern 1931.
CURTI E.: Schweizerisches Zivilgesetzbuch mit Erläuterungen, Zürich 1911.
DESCHENAUX H./STEINAUER H.: Personnes physiques et tutelle, Bern 1980.
DESCHENAUX H./TERCIER P.: Le mariage et le divorce, 2e éd., Berne 1980.
EGGER AUGUST: Zürcher Kommentar, Bd. I: Einleitung und Personenrecht, 2. A., 1930; Bd. II, 1. Abt.: Das Eherecht, 2. A., 1936; 2. Abt.: Die Verwandtschaft, 2. A., Zürich 1943; 3. Abt.: Die Vormundschaft, 2. A., 1948.
ESCHER ARNOLD/ESCHER ARNOLD: Zürcher Kommentar zum schweizerischen Zivilgesetzbuch, Bd. 3, 1: Das Erbrecht, 3. A., 1959/1960.
FARNER HANS/PRINS MARINA: Schweizerisches Jugend- und Familienrecht, Systematisches Gesetzesverzeichnis, Zürich 1982.
FLEINER F./GIACOMETTI Z.: Schweizerisches Bundesstaatsrecht, Zürich 1976.
FRIEDRICH H. P.: Berner Kommentar, Einleitungsband, Art. 7 ZGB. 1962.
GAUTSCHI GEORG: Berner Kommentar, Der einfache Auftrag, 1971.
GÖTZ ERNST: Die Beurkundung des Personenstandes, SPR II (1967) 381.
  Berner Kommentar, Die Eheschliessung, 1964.
GROSSEN JACQUES-MICHEL: Das Recht der Einzelperson, SPR II (1967) 286.
GULDENER MAX: Schweizerisches Zivilprozessrecht, 3. A., Zürich 1979.
  Beweiswürdigung und Beweislast nach schweizerischem Zivilprozessrecht, Zürich 1955.
  Grundzüge der freiwilligen Gerichtsbarkeit der Schweiz, Zürich 1954.
HABSCHEID WALTHER J.: Droit judiciaire privé suisse, 2. A., Genf 1981.
HEGNAUER CYRIL: Berner Kommentar, Die Verwandtschaft, 3. A.: 1. Teilband: Das eheliche Kindesverhältnis, Bern 1964; 2. Teilband, 1. Lieferung: Das ausserehelicher Kindesverhältnis, Bern 1969; Sonderband: Die Adoption, Bern 1975.
  Die Übergangsbestimmungen zum neuen Kindesrecht, in: Festgabe Henri Deschenaux, Freiburg 1977 151.
  Das Übergangsrecht, in: Das neue Kindesrecht, Bern 1978.
  Grundriss des Kindesrechts, 2. A., Bern 1983.
HUBER EUGEN: System und Geschichte des Schweizerischen Privatrechts, 4 Bde., Basel 1886–1893.
HUBER E./MUTZNER P.: System und Geschichte des schweizerischen Privatrechts, 2. A., 1932–1937.
HUBER HANS: Berner Kommentar, Einleitungsband, Art. 6 ZGB, 1962.
KAUFMANN J.: Berner Kommentar, Die Vormundschaft, 2. A., 1924.
KELLER/SCHULZE/SCHÜTZ: Die Rechtsprechung des Bundesgerichts im Internationalen Privatrecht, Bd. I: Personen-, Familien-, Erb- und Sachenrecht, Zürich 1976.

KÖNIG RENÉ: Die Familie der Gegenwart, 2. A., München 1977.
KRAMER ERNST: Berner Kommentar, Obligationenrecht: Allgemeine Einführung, Art. 1 und 2 OR, 3. A., 1980.
KRAUSE HARRY D.: Creation of Relationships of Kinship. Intern. Encyclopedia of Comparative Law. Vol. IV Persons and Family, chap. 6. Den Haag/Tübingen 1975.
KUMMER MAX: Berner Kommentar, Einleitungsband, Art. 8–10 ZGB, 1966.
LALIVE PIERRE: La révision du droit de la filiation illégitime, ZSR *1965* II 543 ff.
LEINEWEBER ANKE: Die rechtliche Beziehung des nichtehelichen Kindes zu seinem Erzeuger in der Geschichte des Privatrechts, Königstein 1978.
MEIER-HAYOZ ARTHUR: Berner Kommentar, Einleitungsband, Art. 1 und 4, 1962.
MERZ H.: Berner Kommentar; Einleitungsband, Art. 2 ZGB, 1962.
MUTZNER PAUL: Berner Kommentar, Schlusstitel: 2. A., 1926.
PIOTET PAUL: Erbrecht, SPR IV 1 (1978), 2 (1981).
RIEMER H. M.: Berner Kommentar, Die Stiftungen, 1975.
SCHMIDT-HIDDING WOLFGANG: Die Stellung des unehelichen Kindes in den romanischen Rechtsordnungen Europas, Bielefeld 1967.
SCHNYDER BERNHARD/MURER ERWIN: Berner Kommentar, Die Vormundschaft, Syst. Teil und Art. 360–378 ZGB 1982.
SILBERNAGEL A.: Berner Kommentar, Die Verwandtschaft, 2. A., 1927.
SPIRO KARL: Verjährungs-, Verwirkungs- und Fatalfristen, 2 Bde., Bern 1975.
STRÄULI HANS/MESSMER GEORG: Kommentar zur Zürcherischen Zivilprozessordnung, 2. A., Zürich 1982.
VON TUHR A./PETER H.: Allgemeiner Teil des schweizerischen Obligationenrechts, Bd. I, Zürich 1979.
TUOR PETER/SCHNYDER BERNHARD: Das Schweizerische Zivilgesetzbuch, Nachdruck der 9. A. mit Einschluss des Suppl. Kindesrecht 1977, Zürich 1979.
VISCHER FRANK: Internationales Privatrecht. SPR I (1969).
VISCHER FRANK/VON PLANTA ANDREAS: Internationales Privatrecht. Basel 1982.
WALDER-BOHNER HANS ULRICH: Zivilprozessrecht, 3. A., Zürich 1983.
WEBER ROLF H.: Berner Kommentar. Das Obligationenrecht, Art. 68–96, 3. A., 1982.

Einleitung

			Note	Seite
Übersicht	I.	Das Recht der Verwandtschaft	1	15
	II.	Das Kindesrecht		16
		1. Aufgabe und Begriff	5	16
		2. Das Kindeswohl	7	17
	III.	Quellen des schweizerischen Kindesrechts		18
		1. Völkerrecht	10	18
		2. Verfassungsrecht	24	20
		3. Gesetzgebung	25	21
		4. Verordnungen	32	22
		5. Kantonales Recht	35	23
	IV.	Ausländisches Kindesrecht		23
		1. Rechtsvereinheitlichung	36	23
		2. Das ausländische Recht im allgemeinen	37	23
		3. Das Recht der Nachbarstaaten	38	25
	V.	Die Revision des Kindesrechts von 1976	44	28
		1. Das Kindesrecht des ZGB von 1907	46	29
		2. Kritik	49	30
		3. Die Vorbereitung der Revision	53	31
		4. Die Revision	57	32
	VI.	Grundzüge des Kindesrechts von 1976		33
		1. Form	61	33
		2. Einheit des Kindesverhältnisses	63	34
		3. Bedeutung der Ehe	64	34
		4. Genetische und sozialpsychische Elternschaft	65	34
		5. Unterhaltspflicht	66	35
		6. Elterliche Gewalt und Kindesschutz	67	35
		7. Kindesvermögen	68	35
	VII.	Allgemeine Literatur zum Kindesrecht		36
		1. Fassung von 1907	69	36
		2. Fassung von 1976	70	36

I. Das Recht der Verwandtschaft

Das Familienrecht, zweiter Teil des Schweizerischen Zivilgesetzbuches, ordnet in drei Abteilungen das Eherecht (Art. 90–251), die Verwandtschaft (Art. 252–359) und die Vormundschaft (Art. 360–456). Anders als die erste und die dritte Abteilung hat die zweite aber keinen einheitlichen Gegenstand. «Die Verwandtschaft» in der Überschrift der zweiten

Abteilung bezeichnet nicht wie die Ehe oder die Vormundschaft ein Rechtsinstitut, aber auch nicht wie der in Art. 20 verwendete Begriff eine bestimmte Rechtsbeziehung, sondern dient lediglich der formalen Verbindung unterschiedlicher Elemente.

2 Weitaus das wichtigste unter diesen ist das *Kindesverhältnis.* Mit ihm befassen sich die zwei ersten Titel der zweiten Abteilung. Der siebente (Art. 252–269 c) ordnet die *Entstehung,* der achte (Art. 270–327) die *Wirkungen* des Kindesverhältnisses. Beide zusammen enthalten das Kindesrecht im formellen und zugleich im engern Sinne (hinten N 5).

3 Der neunte Titel hingegen fasst unter der Überschrift *«Die Familiengemeinschaft»* mehrere recht verschiedenartige Institute zusammen: Unterstützungspflicht (Art. 328–350), Hausgewalt (Art. 331–333), Lidlohn (Art. 334/334bis), Familienstiftungen (Art. 335), Gemeinderschaften (Art. 336–348) und Heimstätten (Art. 349–359).

4 Von den Kodifikationen der Nachbarstaaten enthält lediglich das deutsche BGB im vierten Buch, Familienrecht, einen zweiten Abschnitt, Verwandtschaft (§§ 1589–1772); dieser behandelt aber nur das Eltern- und Kindesrecht. Die kantonalen Kodifikationen kannten offenbar keinen besondern Teil «Verwandtschaft».

II. Das Kindesrecht

1. Aufgabe und Begriff

5 Dem Kindesrecht ist eine doppelte Aufgabe gestellt:
– Es muss das Kind als neues Rechtssubjekt in die Rechtsgemeinschaft eingliedern und seine Stellung in dieser bestimmen. Das geschieht durch die rechtliche Verknüpfung des Kindes mit seinen Eltern.
– Das unmündige Kind bedarf infolge seiner körperlichen und geistigen Unreife der Fürsorge und des Schutzes. Dem Kindesrecht obliegt, das Recht und die Pflicht der elterlichen Verantwortung für das Kind festzulegen und zu sichern.
Die Normen hierüber bilden das Kindesrecht im engern Sinn. Sie sind zur Hauptsache im 7. und 8. Titel des ZGB enthalten (N 2).

6 Das Kindesrecht im engern Sinn wird in wichtigen Punkten ergänzt durch Vorschriften des Personenrechts (z. B. Art. 11 ff, 20/21, 25, 31, 46), des Eherechts (z. B. Art. 145, 156/157, 159 Abs. 2, 160 Abs. 2, 171; neu: 163 Abs. 1

und 2, 173 Abs. 2, 176 Abs. 3, 177), des Rechts der Familiengemeinschaft (z. B. Art. 328 ff), des Vormundschaftsrechts (z. B. Art. 368, 392, 408 ff), des Erbrechts (z. B. Art. 457 ff, 544, 553, 605, 631), des Strafrechts, der Gesetzgebung über das Bürgerrecht, des Schuldbetreibungs-, Sozialversicherungs-, Arbeits-, Unterrichts-, Gesundheits-, Steuerrechts und weiterer Zweige des Verwaltungsrechts (vgl. dazu FARNER/PRINS). Das Kindesrecht im engern Sinne bildet zusammen mit diesen Bestimmungen das Kindesrecht im weitern oder materiellen Sinne. Dieses deckt sich nicht völlig mit dem Unmündigenrecht (vgl. dazu VALY DEGOUMOIS, Quelques réflexions sur le droit des mineurs, Mémoires publiés par la faculté de droit de Genève 1976, 91). Das Kindesrecht ist in wichtigen Bereichen auch über den Eintritt der Mündigkeit hinaus bedeutsam (vgl. z. B. Art. 266, 272, 277 Abs. 2; 20, 100 Abs. 1 Ziff. 1, 328 Abs. 1, 385 Abs. 3, 457 ff).

2. Das Kindeswohl

Das unmündige Kind kann wegen seiner Unreife nicht für sich selbst sorgen. Es bedarf während Jahren des Schutzes und der Betreuung: um der Entfaltung seiner Persönlichkeit, aber auch um der Zukunft der Gemeinschaft willen. Das Kindeswohl bildet daher die fundamentale Maxime des Kindesrechts (s. N 10, Erklärung der Rechte des Kindes; ANDREAS BRAUCHLI, Das Kindeswohl als Maxime des Rechts, Diss. Zürich 1982; MICHAEL COESTER, Das Kindeswohl als Rechtsbegriff, Frankfurt a. M. 1983; JOSEPH GOLDSTEIN / ANNA FREUD / ALBERT J. SOLNIT, Jenseits des Kindeswohls, Frankfurt a. M. 1974; *dieselben,* Diesseits des Kindeswohls, Frankfurt a. M. 1982). Diese erfährt ihre Konkretisierung in wichtigen Bereichen unmittelbar durch den *Gesetzgeber*. Erinnert sei an die zwingende und abschliessende Ordnung der Entstehung des Kindesverhältnisses (Art. 252 ff, 309), sowie des Erwerbs des Familiennamens und des Bürgerrechts (Art. 270/271), den Grundsatz der elterlichen Unterhaltspflicht (Art. 276) und den der elterlichen Gewalt (Art. 296), das gesetzliche Erbrecht (Art. 457 ff), ausserdem aber auch an die Stellung des Kindes im Internationalen Privatrecht (VON OVERBECK, L'intérêt de l'enfant en droit international privé, in: Fg Schnitzer, Genf 1979 361), in der Sozialversicherung und im Strafrecht. Die Verwirklichung des Kindeswohls im Alltag ist dagegen die zentrale und umfassenden Aufgabe der *Eltern*. Sie haben ihre elterliche Gewalt im Blick auf das Wohl des Kindes auszuüben (Art. 301), sind aber dabei in der Wahl der Ziele und der Mittel im einzelnen weitgehend frei.

9 Die Rechtsanwendung durch *Gerichte* und *Verwaltungsbehörden* hat sich mit dem Kindeswohl nur in besonderen Situationen zu befassen, wie z. B. bei der Adoption (Art. 264 ff), der Namensänderung (Art. 30), der Kindeszuteilung (Art. 156 f), dem Besuchsrecht (Art. 274) und bei der Anordnung von Kindesschutzmassnahmen (Art. 307 ff).

III. Quellen des schweizerischen Kindesrechts

1. Völkerrecht

A. Vereinte Nationen (UNO)

10 *Erklärung der Rechte des Kindes vom 20. November 1959* (hinten S. 639)
Sie ist kein Staatsvertrag, sondern Aufruf und Empfehlung an die Staaten und die Individuen, die zehn Grundsätze anzuerkennen und zu verwirklichen (vgl. H. FARNER, Kinder haben Rechte, Zürich 1979). Als Ausdruck der Rechtsüberzeugung der Staatengemeinschaft ist sie für die Schweiz auch ohne Zugehörigkeit zu den Vereinten Nationen bedeutsam.

11 Genfer Übereinkommen über die *Rechtsstellung der Flüchtlinge*, vom 28. Juli 1951. SR 0.142.30.

12 New Yorker Übereinkommen über die *Rechtsstellung der Staatenlosen*, vom 28. September 1954. SR 0.142.40.

13 New Yorker Übereinkommen über die Geltendmachung von *Unterhaltsansprüchen im Ausland*, vom 20. Juni 1956. SR 0.274.15. Siehe die spätere Kommentierung der Art. 289 ff.

B. Haager Konferenz für Internationales Privatrecht

14 Übereinkommen über die behördliche Zuständigkeit, das anzuwendende Recht und die Anerkennung von Entscheidungen auf dem Gebiet der *Annahme an Kindesstatt*, vom 15. November 1965. SR 0.211.221.315. Hinten S. 642, Art. 268 N 10.

15 Übereinkommen
– über das auf *Unterhaltsverpflichtungen gegenüber Kindern* anzuwendende Recht, vom 24. Oktober 1956. SR 0.211.221.431;

– über die *Anerkennung und Vollstreckung* von Entscheidungen auf dem Gebiet der *Unterhaltspflicht gegenüber* Kindern, vom 15. April 1958. SR 0.211.221.432;
– über das auf *Unterhaltspflichten* anzuwendende Recht, vom 2. Oktober 1973. SR 0.211.213.01;
– über die *Anerkennung und Vollstreckung* von *Unterhaltsentscheidungen,* vom 2. Oktober 1973. SR 0.211.213.02.
Siehe die spätere Kommentierung der Art. 276 ff.
Übereinkommen über die Zuständigkeit der Behörden und das anzuwen- 16 dende Recht auf dem Gebiet des *Schutzes von Minderjährigen,* vom 5. Oktober 1961. SR 0.211.231.01.
Siehe die spätere Kommentierung der Art. 307 ff.
Übereinkommen über die zivilrechtlichen Aspekte *internationaler Kindes-* 17 *entführung,* vom 25. Oktober 1980. AS *1983* 1680, 1694; SR 0.230.02. Siehe die spätere Kommentierung der Art. 297 und 301.

C. Europarat

Konvention zum *Schutze der Menschenrechte und Grund-* 18 *freiheiten,* vom 4. November 1950 (EMRK). SR 0.101. Hinten S. 648. Für das Kindesrecht bedeutsam sind Art. 5 Ziff. 1 lit. *d* (Freiheitsentziehung gegenüber Minderjährigen, vgl. Art. 301, 310, 314a), Art. 8 (Achtung des Privat- und Familienlebens; Art. 252 N 4 a. E.; Art. 265a N 3; Art. 273, 301 ff), Art. 12 (Gründung einer Familie; Art. 268 N 89 b) und Art. 14 (Diskriminierungsverbot (Art. 252 N 4 a. E.).
Vgl. dazu *J. Raymond,* La Suisse devant les organes de la Convention européenne des Droits de l'Homme, ZSR *1979* II 79. Europäische Grundrechte-Zeitschrift (EuGRZ) (Kehl am Rhein, seit Oktober 1974), «Décisions et Rapports», (D. R.) herausgegeben vom Sekretariat der Europäischen Menschenrechtskommission, Strassburg, Juli 1975 ff, Vorläufer «Recueil de décisions» 1960–1975.
Übereinkommen über die Rechtsstellung der *unehelichen Kinder,* vom 19 15. Oktober 1975. SR 0.211.221.131. Hinten S. 649. Es enthält nicht unmittelbar anwendbares Recht, sondern verpflichtet die Mitgliedstaaten lediglich, in ihrer nationalen Gesetzgebung bestimmte Grundsätze zu verwirklichen. Vgl. Art. 252, 254, 259, 260, 260b, 261.

20 Übereinkommen über die *Adoption von Kindern,* vom 24. April 1967. SR 0.211.221.310. Hinten S. 651.
Es hat die gleiche Funktion wie das in N 19 genannte. Vgl. Art. 264 ff.

21 Übereinkommen über die Anerkennung und Vollstreckung von Entscheidungen über das *Sorgerecht für Kinder und die Wiederherstellung des Sorgerechts,* vom 20. Mai 1980. AS *1983* 1680, 1681. SR 0.230.01. Siehe die spätere Kommentierung der Art. 297, 301.

D. *Commission Internationale d'Etat Civil (CIEC)*

22 Übereinkommen über die Erweiterung der Zuständigkeit der Behörden, die zur Entgegennahme von *Anerkennungen* ausserehelicher Kinder befugt sind, vom 14. September 1961. SR 0.211.112.13. Hinten S. 656, sowie Art. 260 N 185.

23 Übereinkommen über die Feststellung der *mütterlichen* Abstammung ausserehelicher Kinder, vom 12. September 1962. Hinten S. 658; Art. 252 N 76.

2. Verfassungsrecht

24 Die Bundesverfassung vom 29. Mai 1874 befasst sich ausdrücklich mit dem Kindesrecht im engern Sinn nur in:
- Art. 44 Abs. 1 (in der Fassung vom 4. Dezember 1983) über die Kompetenz des Bundes zur Regelung des Erwerbs und Verlusts der Bürgerrechte durch Abstammung, Heirat und Adoption; s. N 31 und die spätere Kommentierung des Art. 271;
- Art. 49 Abs. 3 über die religiöse Erziehung des Kindes; s. die spätere Kommentierung des Art. 303;
- Art. 54 Abs. 5 über die Legitimation vorehelich geborener Kinder durch nachfolgende Eheschliessung der Eltern. Art. 259 Abs. 1, dort N 9.

Demgegenüber hat die ausländische Verfassungsgebung der letzten Jahrzehnte zum Teil eingehende Bestimmungen über das Verhältnis von Eltern und Kindern aufgestellt, vgl. PETER SALADIN, Rechtsbeziehungen zwischen Eltern und Kindern als Gegenstand des Verfassungsrechts, in: FS Hinderling, Basel 1976 176 f. In diesem Aufsatz leitet Saladin aus der Bundesverfassung wesentliche Folgerungen für das Kindesrecht ab.

3. Gesetzgebung

A. Zivilgesetzbuch

Das Kindesrecht ist geregelt in den Titeln 7 und 8, welche die Art. 252 bis 327 umfassen. Das Übergangsrecht ist in den Art. 12, 12a, 12b, 12c, 12d, 13 und 13a des Schlusstitels enthalten. Seit Inkrafttreten des ZGB – 1. Januar 1912 – ist das Kindesrecht wiederholt geändert worden.

a) Fassung vom 10. Dezember 1907

AS *1908* 233; BS 2, 3; abgedruckt hinten S. 660.

Materialien: BG betr. Feststellung und Beurkundung des Zivilstandes und die Ehe, vom 24. Dezember 1974, Art. 25 Abs. 5, Art. 41; VE vom 15. November 1900, Art. 277–353; Erl I 103, 237–271; Prot Exp Kom I 260–322; E vom 28. Mai 1904, BBl *1904* IV 1, Art. 262–334; Botschaft 34–41; StenBull *1905* NR 731–735, 741–788, 827–840; StR 1161–1170, 1176–1187, 1189–1218, 1269–1277. – *1907* NR 260–263, 270–273; StR 291, 296/297.
Siehe im übrigen N 46 ff, 69.

b) Revision vom 30. Juni 1972

AS *1972* 2829. In Kraft seit 1. April 1973. Soweit nicht mehr in Kraft abgedruckt hinten S. 677. Die Änderung betraf die Art. 264–269 über die Kindesannahme und Art. 321 über die Sicherstellung, sowie Art. 12a, 12b, 12c und 13 Abs. 2bis Schlusstitel. Siehe zur Revision des Adoptionsrechts hinten S. 424 ff, und zur Revision des Art. 321 die spätere Kommentierung der Art. 281 ff.

c) Revision vom 25. Juni 1976

AS *1977* 237. In Kraft seit 1. Januar 1978. Die übrigen Bestimmungen des 7. und des 8. Titels wurden geändert, ebenso Art. 12, 12d, 13 und 13a Schlusstitel, und die 1972 erlassenen Bestimmungen (N 27) mit kleineren Anpassungen eingefügt. Siehe zur Revision im übrigen hinten N 53 ff.

d) Revision vom 6. Oktober 1978

29 AS *1980* 3135. In Kraft seit 1. Januar 1981. Bei Erlass der Art. 397 a–397 f über die fürsorgerische Freiheitsentziehung wurde Art. 314 a eingefügt und der Randtitel zu Art. 314 angepasst. Siehe die spätere Kommentierung der Art. 314 und 314 a.

B. BG über die zivilrechtlichen Verhältnisse der Niedergelassenen und Aufenthalter, vom 25. Juni 1981 (NAG), SR 211.435.1.

30 Hinten S. 681. Für das Kindesrecht sind Art. 1, 8, 9, 28 und 32 bedeutsam. 1972 wurden die Art. 8 a, 8 b und 8 c, 1976 die Art. 8 d und 8 e eingefügt. 1976 wurde überdies Art. 8 aufgehoben und Art. 28 Ziff. 2 geändert. Das NAG soll durch ein *Bundesgesetz über das Internationale Privatrecht* ersetzt werden. Vgl. den Entwurf vom 10. November 1982, BBl *1983* I 263–519. Das Kindesrecht ist in den Art. 64 bis 83 geregelt.

C. BG über Erwerb und Verlust des Schweizerbürgerrechts vom 29. September 1952 (BüG), SR 141.0.

31 Hinten S. 683. Die das Kindesrecht betreffenden Bestimmungen wurden 1972 (Art. 7, 8 a, 57 Abs. 5), 1976 (Art. 1, 2, 4, 5, 8 und 57 Abs. 6) und 1979 (Art. 57 Abs. 7) geändert. Nach Revision des Art. 44 BV (N 24) steht die Revision dieses Gesetzes bevor. Vgl. Entwurf vom 18. April 1984, BBl *1984* II 211.

4. Verordnungen

32 *A. Verordnung über das Zivilstandswesen (ZStV)*, vom 1. Juni 1953 (ZStV), seither wiederholt abgeändert. SR 211.112.1. Die für das Kindesrecht bedeutsamen Bestimmungen sind hinten S. 685 abgedruckt. Das Eidgenössische Justiz- und Polizeidepartement hat 1954 im Handbuch für das Zivilstandswesen II. Teil, eine Sammlung von Musterbeispielen herausgegeben, dazu 1973 das Ergänzungsheft 1 (Neues Adoptionsrecht). Eine zweite Auflage ist 1977 erschienen.

33 *B. Verordnung über die Adoptionsvermittlung*, vom 28. März 1973 (AdVV), geändert 19. Oktober 1977. SR 211.221.36. Abgedruckt hinten S. 705. Vgl. in diesem Bande die Kommentierung des Art. 269 c.

C. *Verordnung über die Aufnahme von Pflegekindern,* vom 19. Oktober 1977 34
(PfKV). SR 211.222.338. Abgedruckt hinten S. 710. Vgl. dazu die spätere
Kommentierung des Art. 316, sowie in diesem Band Art. 264 N 31 a ff und
Art. 269 c N 7 ff.

5. Kantonales Recht

Die Kantone bezeichnen gemäss Art. 52 und 54 SchlT die 35
zuständigen Behörden und ordnen das Verfahren für die Klagen auf Feststellung oder Anfechtung des Kindesverhältnisses (Art. 261, 256, 260 a,
269 f), für die Unterhaltsklage (Art. 279 ff), für die gerichtliche Beurteilung
der Entziehung der elterlichen Gewalt und der fürsorgerischen Freiheitsentziehung (Art. 314, 314 a), für die Adoption (Art. 268) und für die Aufsicht
über die Adoptionsvermittlung (Art. 269 c). Sie erlassen Ausführungsvorschriften zur Zivilstandsverordnung (Art. 40) und regeln die Alimentenbevorschussung (Art. 293 Abs. 2) und die Zusammenarbeit in der Jugendhilfe
(Art. 317). Die 1939–1941 von W. SCHÖNENBERGER herausgegebene dreibändige Sammlung der *kantonalen Erlasse zum ZGB und OR* (Zürich, Verlag
Schulthess) ist veraltet. FARNER/PRINS (1982) geben in den Nr. 252, 262,
392–395 ein Verzeichnis der wichtigsten Erlasse.

IV. Ausländisches Kindesrecht

1. Rechtsvereinheitlichung

Europäisches Übereinkommen über die Rechtsstellung der 36
unehelichen Kinder, vom 15. Oktober 1975 (EUeÜ), s. vorn N 19 und hinten
S. 649. Das schweizerische Kindesrecht von 1976 stimmt mit den in Art. 2–10
aufgestellten Vorschriften voll überein. In bezug auf die Adoption s. Einl.
vor Art. 264 N 17, 30. Vgl. ERIK JAYME, Die Entwicklung des europäischen
Familienrechts. Fam RZ *1981* 221.

2. Das ausländische Recht im allgemeinen

AHRENS GEERT-HINRICH, Die Voraussetzungen ehelicher Abstammung, 37
Eine rechtsvergleichende Untersuchung des deutschen, schweizerischen,
jugoslawischen, französischen, italienischen und spanischen Rechts, Bonn

1965; ALBERTI ARNALDO, Norme delle leggi italiane e svizzere che regolano lo stato del figlio nato da genitori non uniti in matrimonio, ZZW *1982* 365 (it.), *1983* 175 (franz.); ARENA SALVATORE, Anerkennung und Legitimation, italienisches und schweizerisches Recht im Vergleich, ZZW *1975* 226; BALLENEGGER-CORNAZ I., Le droit de la filiation hors mariage aux Etats-Unis et en Suisse, Diss. Lausanne 1975; BEITZKE GÜNTHER, Minderjährigenschutz im deutschen Recht, Estratto da «Studi Sassaresi» VII Serie III Anno Acc. 1979/80; BERGMANN/FERID, Internationales Ehe- und Kindschaftsrecht (mit Staatsangehörigkeitsrecht), 5. A. 1976 ff (Loseblattausgabe), Frankfurt a. M.; BOSCHAN S., Europäisches Familienrecht, 5. A., München 1972; DUTOIT BERNARD, L'évolution récente du droit de la filiation en France, en République fédérale d'Allemagne, en Autriche et en Italie, in: FS Hinderling, Basel 1976; FURKEL F., La recherche de la paternité naturelle en droits allemand et français, Revue internationale du droit comparé *1975* 321; GEBLER MARIE-JOSÈPHE, Le droit français de la filiation et la vérité, Paris 1970; JESSEL CHRISTA, Das Kindschafts- und Unterhaltsrecht Jugoslawiens, in: Internationales Familien- und Kindschaftsrecht (aus der Auslandsarbeit des Deutschen Instituts für Vormundschaftswesen, hrsg. von Direktor Walter H. Zarbock), Heidelberg 1981 25 ff; KLINKHARDT HORST, Französisches Kindschaftsrecht, in: Internationales Familien- und Kindschaftsrecht (aus der Auslandsarbeit des Deutschen Instituts für Vormundschaftswesen, hrsg. von Direktor Walter H. Zarbock), Heidelberg 1981 58 ff; KOUTSOURADIS A., Die Stellung des nichtehelichen Kindes nach griechischem Recht im Vergleich zum neuen deutschen, österreichischen und schweizerischen Recht, Diss. Würzburg 1979; KRAUSE HARRY D., Creation of Relationships of Kinship, Intern. Encyclopedia of Comparative Law, Vol. IV Persons and Family, chap. 6, Den Haag/Tübingen 1976; LEE ROBERT E., The Changing American Law Relating to Illegitimate Children, in: The Child & the Law, Dobbs Ferry, New York 1977, Bd. 2, 461 ff; MEULDERS-KLEIN MARIE-THÉRÈSE, Fondements nouveaux du concept de la filiation, Annales de Droit. Bruxelles 1973 285. *Dieselbe,* Le secret de la maternité. Journal des Tribunaux, Bruxelles 1976, 417, 433; *dieselbe,* La réforme du droit de la filiation en Belgique. Revue Trimestrielle de droit familial, Bruxelles 1979 5; *dieselbe,* Cohabitation and Children in Europe, in: The American Journal of Comparative Law, vol. 29, 1981 359; NABHOLZ ANDREAS, Rechtsvergleichung mit den Kindesrechten unserer Nachbarstaaten, ZZW *1977* 248, franz.: *1978* 47; NEUHAUS PAUL HEINRICH, Ehe und Kindschaft in rechtsvergleichender Sicht, Tübingen 1979; NICLAS ILSE-DORE, Das Kindschafts- und Unterhaltsrecht in der Türkei, in: Internationales Familien- und Kindschaftsrecht (aus der Auslandsarbeit des Deutschen Instituts für Vormundschaftswesen, hrsg. von Direktor Walter H. Zarbock), Heidelberg 1981 51 ff; SCHÖPS HELMUT, Die personenrechtlichen Beziehungen zwischen dem unehelichen Vater und seinem Kinde. Eine Untersuchung mit hauptsächlicher Berücksichtigung des Rechts der Länder, BRD, DDR, Frankreich, Österreich, Schweiz, Sowjetunion sowie summar. Berücksichtigung des Rechts der Länder Italien, Spanien und der übrigen Ostblockstaaten, Hamburg 1973; STOLJAR S. J., Children, Parents and Guardians, Intern. Encyclopedia of Comparative Law, Vol. IV Persons and Family, chap. 7, Den Haag/Tübingen 1973; TURNER J. NEVILLE, Children Born Outside

Marriage – Slow Progress in Common Law Countries, in: The Child & Law, Dobbs Ferry, New York 1977, Bd. 2, 499 ff; YILMAZ H., Das Problem der Unehelichkeit in der Schweiz und in der Türkei, insbesondere für den Gesetzgeber, Diss. Bern 1980.

3. *Das Recht der Nachbarstaaten*

Literatur DUTOIT BERNARD, L'évolution récente du droit de la filiation en France, en République fédérale d'Allemagne, en Autriche et en Italie, in: FS für Hans Hinderling, Basel 1976 1; NABHOLZ ANDREAS, Rechtsvergleichung mit den Kindesrechten unserer Nachbarstaaten, ZZW *1977* 248. 38

A. *Bundesrepublik Deutschland*

Literatur BEITZKE G., Familienrecht, 23. A., München 1983; SCHWAB D., Familienrecht, 2. A., München 1983; GERNHUBER J., Familienrecht, 3. A., München 1980. *Münchener Kommentar zum BGB,* Bd. 5, 1978: §§ 1589–1600 o von DIETRICH MUTSCHLER; §§ 1601–1615 o von WOLFGANG KÖHLER; §§ 1616–1740 von M. HINZ; §§ 1741–1772 von A. LÜDERITZ. 39

Das Bürgerliche Gesetzbuch von 1896 regelt das Kindesrecht im zweiten Abschnitt, «Verwandtschaft», des 4. Buches, Familienrecht, in den §§ 1589–1772. Der Abschnitt ist materiell und in der Gliederung durch Revisionen von 1969 (Nichtehelichen-Gesetz), 1976 (Adoptionsgesetz) und 1979 (Sorgerechtsgesetz) stark umgestaltet worden.
Von den acht Titeln betrifft der erste, «Allgemeine Vorschriften» (§§ 1589–1590), die Verwandtschaft und Schwägerschaft (entsprechend Art. 20/21 ZGB). Der zweite, «Abstammung», ordnet in zwei Unterabschnitten die eheliche (§§ 1591–1600) und die nichteheliche Abstammung (§§ 1600 a–1600 o). Der dritte Titel, «Unterhaltspflicht», unterscheidet allgemeine (§§ 1601–1615) und besondere Vorschriften für das nichteheliche Kind und seine Mutter (§§ 1615 a–1615 o). Gegenstand des vierten Titels (§§ 1616–1625) ist das «Rechtsverhältnis zwischen den Eltern und dem Kinde im allgemeinen». Die «elterliche Sorge» wird gesondert im fünften Titel (§§ 1626–1698 b) für eheliche Kinder und im sechsten (§§ 1705–1712) für nichteheliche Kinder geregelt. Der siebente Titel (§§ 1719–1740 g) behandelt in drei Unterabschnitten die «Legitimation nichtehelicher Kinder» und der achte (§§ 1741–1772) in zwei Unterabschnitten die «Annahme als Kind».

B. Österreich

40 Literatur

GSCHNITZER/FAISTENBERGER, Österreichisches Familienrecht, 2.A., Wien/New York 1979; *Kommentar zum ABGB,* 1.B., 2.Halbb., 3.Hauptstück, Hrsg.: H.Klang, F.Gschnitzer, O.Wentzel, K.Plessl, Wien 1962, §§ 137–186 bearbeitet von O.Wentzel und ergänzt von K.Plessl, Ergänzungsband für die Zeit von Adoptionsgesetz bis Kindschaftsgesetz, 2.A., Wien 1977, bearbeitet von H.Köhler; PROHASKA/GRAF, Das neue österreichische Kindesrecht in der ab 1.Jänner 1978 geltenden Fassung, Wien 1977.

Das österreichische Allgemeine bürgerliche Gesetzbuch (ABGB) von 1811 handelt im ersten Teil «Von dem Personenrechte» im 3.Hauptstück «Von den Rechten zwischen Eltern und Kindern». Der die §§ 137–186 umfassende Abschnitt hat seine heutige Fassung durch die Revisionen von 1960 (Adoption), 1970 (Uneheliche Kinder) und 1977 (Kindschaft) erhalten und ist wie folgt eingeteilt: Allgemeine Rechte und Pflichten (§§ 137–137a), Vermutung der Ehelichkeit (§ 138), Rechtsverhältnisse zwischen Eltern und ehelichen Kindern (§§ 139–154a), Vermutung der Unehelichkeit (§ 155), Bestreitung der Ehelichkeit (§§ 156–159), Legitimation des unehelichen Kindes (§§ 160–162), Vaterschaft zu einem unehelichen Kinde (§§ 163–164c), Rechtsverhältnisse zwischen Eltern und unehelichen Kindern (§§ 165–171), Erlöschen der elterlichen Rechte und Pflichten (§ 172), Verlängerung und Verkürzung der Minderjährigkeit (§§ 173–175), Entziehung der elterlichen Rechte und Pflichten (§§ 176–177), Mindestrechte der Eltern (§ 178), Berücksichtigung des Kindeswohl (§ 178a), Dem Rechtsverhältnisse zwischen Eltern und Kindern ähnliche Verbindungen (1. Annahme an Kindesstatt §§ 179–185a, 2. Übernahme in die Pflege § 186).

C. Liechtenstein

41

Im Fürstentum Liechtenstein gilt für das Kindesrecht grundsätzlich das ABGB Österreichs, wobei die österreichischen Gesetzesnovellen von 1960 (Adoption), 1970 (Uneheliche Kinder) und 1977 (Kindschaft) nicht nachvollzogen wurden. Das Ehegesetz vom 13.Dezember 1973 fasste den § 142 ABGB für das Fürstentum Liechtenstein neu. Das Gesetz vom 13.Mai 1976 über die Abänderung des Ersten und Zweiten Teils des ABGB revidierte das Adoptionsrecht (§§ 179–185), das weitgehend der österreichischen Novelle von 1960 entspricht. Die österreichische Literatur kann analog herangezogen werden.

D. Italien

Literatur GRUNSKY W., Italienisches Familienrecht, 2. A., Frankfurt a. M. 1978; 42
CIAN/TRABUCCHI, Commentario breve al Codice civile, Padova 1981;
CICU ANTONIO, La filiazione / TEDESCHI GUIDO, Gli alimenti, in: Trattato
di diritto civile italiano, volume III°, tomo 2^2, fasc. 1° e 2°, 3. A., Turin
1969.

Das italienische Kindesrecht ist im ersten Buch «Delle persone e della famiglia» des Codice civile von 1942 geordnet. Es ist 1967 bezüglich der Adoption und 1975 umfassend revidiert worden. Der 7. Titel, «Abstammung» (Art. 231–290), behandelt in zwei Kapiteln die eheliche Abstammung einerseits, die aussereheliche Abstammung und die Legitimation anderseits. Es folgen als 8. Titel «Adoption» (Art. 291–314/28) und als 9. Titel «Elterliche Gewalt» (Art. 315–337). Die Pflegekindschaft (Art. 400–413) und die Unterhaltspflicht (Art. 433–448) bilden Gegenstand der weiteren Titel 11 und 13. Durch Gesetz vom 4. Mai 1983 sind Pflegekindschaft und Adoption Unmündiger neu geregelt worden (vgl. dazu G. LUTHER, FamRZ *1983* 437).

E. Frankreich

Literatur COLOMBET/FOYER/HUET-WEILLER/LABRUSSE-RIOU, La filiation légitime 43
et naturelle, 2 éd., Paris 1977; MASSIP JACQUES/MORIN GEORGES/AUBERT JEAN-LUC, La réforme de la filiation, Commentaire de la loi n° 72-3
du 3 janvier 1972, Paris 1976; HUET-WEILLER DANIÈLE/LABRUSSE CATHERINE/VAN CAMELBEKE MICHELINE, La filiation, Paris 1981; WEILL ALEX,
Droit civil: Les personnes, La famille, les incapacités, tome I, 2° volume,
Dalloz, 1972; DE JUGLART MICHEL, Leçons de droit civil: Les personnes
(suite), 1er tome, vol. 3, Herausgeber: Mazeaud, Paris 1976, mit «Informations de dernière heure» (nov./déc. 1976) und «Mise à jour sommaire au
1er déc. 1978».

Der Code civil von 1803 regelt das Kindesrecht im ersten Buch «Des personnes». Die geltende Fassung geht im wesentlichen auf die Revisionen von 1970 (elterliche Gewalt) und 1972 (Abstammung) zurück. Der 7. Titel, «Abstammung» (Art. 311–342-8), behandelt in drei Kapiteln gemeinsame Vorschriften, eheliche Abstammung und aussereheliche Abstammung. Der 8. Titel, «Adoption» (Art. 343–370-2) ordnet die Volladoption und die einfache Adoption, der 9. Titel (Art. 371–387) die elterliche Gewalt.

V. Die Revision des Kindesrechts von 1976

44 Materialien:

Bericht der Studienkommission für die Teilrevision des Familienrechts, erstattet vom Eidgenössischen Justiz- und Polizeidepartement (vervielfältigt)
- vom 13. Juni 1962 (I. Teil: Ausserehelichen-, Adoptions- und Ehegüterrecht);
- vom 28. Juli 1965 (II. Teil: Ehescheidung, eheliches Kindesverhältnis, Vormundschaft und Betreibung).

Zusammenstellung der Vernehmlassungen zum Bericht der Studienkommission (vervielfältigt)
- vom 15. November 1968 (A. Allgemeine Vorbemerkungen zur Revision des Familienrechts, B. Eheliches Kindesverhältnis, im besonderen Adoption);
- vom 10. Februar 1969 (C. Aussereheliches Kindesverhältnis).

Vorentwürfe und Protokolle der Expertenkommission für die Revision des Familienrechts 1971–1973, Bd. II 499–1428 (vervielfältigt).

Botschaft vom 5. Juni 1974, BBl *1974* II 1–141.

Protokolle der Kommissionen des Ständerates und des Nationalrates 1974–1976 (vervielfältigt).

AmtlBull StR *1975* 104–150, *1976* 83–98, 247–248, 324–325.

AmtlBull NR *1975* 1728–1748, 1752–1806, *1976* 423–434, 848.

45 Literatur
(chronologisch)

GROB HANS, Zur Änderung gesetzlicher Bestimmungen und ihrer Anwendung zugunsten des ausserehelichen Kindes, Pro Juventute *1935* 484, 538, 616; *1936* 22, 206, 271; auch als Separatdruck erschienen; THÜRER PAUL, Soziale und moralische Gesichtspunkte bei der Änderung des Vaterschaftsrechts, Zeitschrift für Volkswohl, Zürich 1956 Nr. 5; MERZ HANS, ZSR *1962* I 40; NEHRWEIN FRITZ, Revision des Rechts des ausserehelichen Kindes, SJZ *1957* 177; SPITZER GERD, Vor einer Teilrevision des Familienrechts, in: FS zum 50jährigen Bestehen der Vereinigung schweiz. Amtsvormunder, Zürich 1963 149; HEGNAUER CYRIL, Die Revision der Gesetzgebung über das aussereheliche Kindesverhältnis, ZSR *1965* II 1; LALIVE PIERRE, La révision du droit de la filiation illégitime, ZSR *1965* II 543 – Diskussion am Schweiz. Juristentag 1965, ZSR *1965* II 891–948; SPITZER G., Die elterliche Gewalt der ausserehelichen Mutter, ZVW *1966* 17; GROSSEN JACQUES-MICHEL, Observations comparatives à propos de la réforme du droit suisse de la famille, ZVW *1966* 127; YUNG WALTER, Note sur les droits successoraux, SJ *1967* 137; KEHL ROBERT, Die Familienrechtsreform, ZSR *1967* I 147; HEGNAUER CYRIL, Rechtsnorm und naturwissenschaftliche Erkenntnis in ihrer Bedeutung für die Feststellung der ausserehelichen Vaterschaft, in: FS für Fritz Schwarz, Bern 1968 56; *derselbe,* Soll das Verbot der Standesfolge für ehewidrige Kinder beibehalten werden?, SJZ *1968* 161; GROSSEN JACQUES-MICHEL, La révision du droit de la filiation illégitime entre la théorie et la pratique, Schweiz. Zeitschrift für Gemeinnützigkeit *1970* 217; HEGNAUER CYRIL, Revisionsvorschläge zum Ausserehelichenrecht (a.a.O. 1970 22); *derselbe,* Ehelichkeit und Ausserehelichkeit heute, ZBJV *1971* 1; *derselbe,* Vom zweifachen Grund des Kindesverhältnisses, ZSR *1971* I 5; *derselbe,* Grundgedanken der Revision des Kindesrechts, Pro Juventute *1972* 238; GROSSEN JACQUES-MICHEL, Puissance paternelle et protection de l'enfant, a.a.O. 273; BLUNSCHY-STEINER ELISABETH, Praktische Ziele der Revision des Kindesrechts, a.a.O. 252; SCHLATTER CARL, Gedanken eines Praktikers zum Vorentwurf über die Revision des Kindesverhältnisses, a.a.O. 257; FARNER HANS, Zusammengefasste Ergebnisse der Gruppenarbeit, a.a.O. 259; HEGNAUER CYRIL, Grundgedanken des neuen Kindesrechts, in: FS für Max Guldener 1973, 127; BLUNSCHY-STEINER ELISABETH, Die Revision des Kindesrechts im Schweiz. ZGB, ZöF *1973* 113; FORNI ROLANDO, Les lignes directrices de la revision en cours du droit de famille, ZZW *1973* 271; HAUSHEER HEINZ, Das Familienrecht des Schweiz. ZGB: Teilreform oder Totalrevision in kleinen Schritten, ZBJV *1973* 257; ROY J., Des effets du projet de loi sur la filiation sur le service de l'état civil, ZZW *1974* 349; WIRTH J.A., Gedanken zur Revision des Familienrechts, ZZW *1974* 369; BALLENEGGER-CORNAZ ISABELLE, Le droit de la filiation hors mariage aux Etats-Unis et en Suisse. Lausanne 1975; DEGOUMOIS VALY, L'évolution de la jurisprudence en matière de filiation paternelle et la protection de l'enfant né hors mariage, in: Fg zur Hundertfeier des Bundesgerichts. Basel 1975 315; DAYER PAUL, Gedanken zur Revision des Kindesrechts des ZGB, ZZW *1975* 435; *Eingabe* des Verbandes (der Zivilstandsbeamten) und der Kantonalen Aufsichtsbehörden an die Kommissionen der beiden Räte zur Vorbereitung der Beratung des Kindesrechtsentwurfs: Nov. 1975, ZZW *1975* 70; GÖTZ ERNST/DAYER PAUL, Rapports sur le droit de la filiation, ZZW *1975* 97; GUGGENBÜHL-HERTNER J., Das Pflegekind: gestern, heute – und morgen?, SJZ *1975* 89; HANISCH HANS, Zur Reform des Rechts des Kindes, FamRZ *1975* 6; HESS MAX, Die rechtliche Stellung des Pflegekindes im zukünftigen Bundeszivilrecht, ZöF *1975* 151; OBERHOLZER H., Betrachtungen zum Entwurf eines neuen Kindesrechts, fragwürdiger Fortschritt, ZZW *1975* 65; PIOTET PAUL, Deux points critiquables du projet de loi sur la filiation, JT *1975* I 492; HEGNAUER CYRIL, Child law reform in Switzerland, In: The child and the Law, Dobbs Ferry, N.Y. 1976 Bd.2, 335; *derselbe,* Die Entstehung des Kindesverhältnisses nach dem künftigen schweizerischen Kindesrecht, in: FS für F.W. Bosch, Bielefeld 1976 393; *derselbe,* Die Legitimation im bisherigen und künftigen schweizerischen Kindesrecht, in: FS für Hans Hinderling, Basel 1976 81; *derselbe,* Die rechtliche Stellung des ausserehelichen Kindes nach schweizerischem Recht, in: Recueil des travaux suisses présentés au IXe Congrès international de droit comparé, Basel 1976 105; *derselbe,* Zur Kritik am Entwurf des neuen Kindesrechts, ZZW *1976* 2, 107; DAYER PAUL, Bemerkungen zum Artikel von Prof. Hegnauer betr. Kindesrecht, ZZW *1976* 34.

1. Das Kindesrecht des ZGB von 1907

Das ZGB von 1907 regelte im 7. Titel (Art. 252–301) das eheliche und im 8. Titel (Art. 302–327) das aussereheliche Kindesverhältnis (Materialien vorn N 26, Text hinten S. 660).
Der siebente Titel war in sechs Abschnitte gegliedert: 1. Die eheliche Abstammung (Art. 252–257), 2. Die Ehelicherklärung (Art. 258–263), 3. Die

Kindesannahme (Art. 264–269), 4. Die Gemeinschaft der Eltern und Kinder (Art. 270–272), 5. Die elterliche Gewalt (Art. 273–289) und 6. Die elterlichen Vermögensrechte (Art. 290–301). Die Begründung des ehelichen Kindesverhältnisses war begünstigt, ihre Anfechtung nur in engen Grenzen gestattet. Über die Kindesannahme s. hinten S. 424.

47 Bei den Wirkungen wurde die Gemeinschaft von Eltern und Kindern anerkannt, die Stellung der Eltern unter Stärkung der Rechte der Mutter verselbständigt, gleichzeitig aber der Schutz des gefährdeten Kindes wesentlich ausgebaut (vgl. EGGER, Vorbem. vor Art. 252 N 1).

48 Entscheidende Verbesserungen gegenüber den kantonalen Rechten brachte das ZGB beim ausserehelichen Kindesverhältnis (HEGNAUER, ZSR *1965* II 28 ff; BBl *1974* II 11). Zu nennen sind namentlich die Ausgestaltung der Vaterschaftsklage (aArt. 307–316: allgemeine Zulassung, Verlängerung der Frist, Klagerecht des Kindes und Beistandschaft, besondere örtliche Zuständigkeit, Beschränkung der Klageabweisungsgründe), die Ausdehnung der Unterhaltspflicht des Vaters (aArt. 319–322), die Gleichstellung des Kindes mit dem ehelichen in der mütterlichen Verwandtschaft und die Befugnis zur Übertragung der elterlichen Gewalt an die Mutter (aArt. 324) sowie die Möglichkeit, durch Anerkennung oder Zusprechung mit Standesfolge ein dem ehelichen weitgehend entsprechendes Kindesverhältnis zum Vater herzustellen (aArt. 303, 323, 325). Über die Fortbildung des Rechts von 1907 durch Lehre und Rechtsprechung vgl. im einzelnen VALY DEGOUMOIS, L'évolution de la jurisprudence en matière de filiation paternelle et la protection de l'enfant né hors mariage, in: Fg zur Hundertjahrfeier des Bundesgerichts, Basel 1975 315 ff.

2. Kritik

49 Die Bestimmungen über das *aussereheliche* Kindesverhältnis wurden schon früh Gegenstand von Kritik und Abänderungsvorschlägen. Diese betrafen zunächst das Verbot der Standesfolge für ehewidrige Kinder (aArt. 304), die Abweisung der Klage bei Mehrverkehr oder unzüchtigem Lebenswandel der Mutter (aArt. 314/315), später auch weitere Modalitäten der Klage, sowie die Stellung der Mutter und des Kindes. Weitere Mängel zeigten sich in der beschränkten Ausnützung des modernen erbbiologischen Abstammungsbeweises.

50 Schon 1936 vertrat AUGUST EGGER in der Einleitung der zweiten Auflage seines Kommentars zum Verwandschaftsrecht die Meinung, die Bestimmun-

gen über das ausserehelige Kindesverhältnis seien wie kein anderer Teil des ZGB durch die seitherige Entwicklung in wichtigen Punkten überholt und revisionsbedürftig geworden (N 5 vor Art. 252).
Aber auch im Recht des *ehelichen* Kindesverhältnisses traten Unzulänglichkeiten zutage. Zu nennen sind vor allem die Frage der Anfechtung der Ehelichkeit durch das Kind, der Stichentscheid des Vaters in der Ausübung der elterlichen Gewalt sowie empfindliche Lücken und Kontroversen im Unterhaltsrecht und Kindesschutz. 51
Änderungen wurden von der Vereinigung der Amtsvormünder (1936, 1951, 1966), vom Bund Schweizerischer Frauenvereine (1954, 1958, 1960), von den Sozialdemokratischen Frauengruppen (1956, 1959), vom Verband Pro Familia (1956), vom Schweizerischen Katholischen Frauenbund (1960) sowie von der Vereinigung für Kinder- und Frauenschutz (1963) gefordert. Die Revision des Kindesrechts bildete aber auch Gegenstand einer Reihe von Vorstössen im Nationalrat (BBl *1974* II 12f). 52

3. Die Vorbereitung der Revision

Das Eidgenössische Justiz- und Polizeidepartement setzte am 13. Dezember 1957 eine fünfköpfige Studienkommission (s. für die Namen BBl *1972* II 1201) unter dem Vorsitz von Prof. Dr. JACQUES-MICHEL GROSSEN ein zur Vorprüfung der parlamentarischen und ausserparlamentarischen Anregungen für die Revision des Familienrechts. In ihren Berichten von 1962 und 1965 kam sie zum Schluss, die Revision sollte sich auf das kurzfristig und materiell Nötigste beschränken (s. die Zusammenfassung der Vorschläge: BBl *1974* II 3ff). 53
Im anschliessenden Vernehmlassungsverfahren, in den Verhandlungen des Schweizerischen Juristenvereins 1965 und in zahlreichen Veröffentlichungen wurden die Vorschläge der Studienkommission im wesentlichen unterstützt, aber auch stark erweitert. 54
Ende 1968 bestellte das Eidgenössische Justiz- und Polizeidepartement eine Expertenkommission für die Revision des Familienrechtes. Von den Mitgliedern – 17 Männern und 8 Frauen – waren acht in der praktischen Jugend- und Familienhilfe tätig, fünf Richter, fünf Anwälte und sieben Universitätsdozenten (s. für die Namen BBl *1972* I 1204, *1974* II 2). Die Kommission, die wiederum von Prof. GROSSEN präsidiert wurde, erhielt den Auftrag, nacheinander Vorentwürfe für die Revision der einzelnen Teile des Familienrechts vorzubereiten. Gegenstand der ersten Etappe war die Adop- 55

tion und Art. 321 über die Sicherstellung des Unterhalts im Vaterschaftsprozess (s. hierüber hinten S. 425 ff).

56 In einer *zweiten* Etappe behandelte die Kommission in neun teilweise zweitägigen Sitzungen des Plenums und sechs Sitzungen einer Subkommission zwischen dem 10. März 1971 und dem 9. Juli 1973 das übrige Kindesrecht. Grundlage der Beratungen bildeten neben den Vorarbeiten gemäss N 53, 54 Vorentwürfe des Verfassers dieses Kommentars. Der Vorentwurf III wurde im April 1972 in Bern an einer von den betroffenen Fachkreisen veranstalteten, stark besuchten Tagung eingehend erörtert. Kritik und Änderungsvorschläge wurden von der Expertenkommission geprüft und im letzten Vorentwurf IV weitgehend berücksichtigt. Aus diesem Grunde erübrigte sich ein weiteres Vernehmlassungsverfahren. Die Bestimmungen über das internationale Privatrecht wurden von einer Subkommission selbständig zuhanden des Departementes vorbereitet.

4. Die Revision

57   Der Bundesrat unterbreitete am 5. Juni 1974 der Bundesversammlung die Botschaft über die Änderung des ZGB (Kindesverhältnis) (BBl *1974* II 1). Er übernahm den Vorentwurf der Expertenkommission (BBl *1974* II 2). Nach eingehenden Kommissionsberatungen wurde die Vorlage 1975 vom Ständerat in der Frühjahrssession und vom Nationalrat in der Wintersession behandelt. Die Differenzenbereinigung folgte in der Frühjahrs- und in der Sommersession 1976. In der Schlussabstimmung vom 25. Juni 1976 wurde der Gesetzesentwurf im Ständerat mit 21 gegen 8 und im Nationalrat mit 116 gegen 10 Stimmen angenommen (AmtlBull StR *1976* 325, NR *1976* 848).

58 Schon während der parlamentarischen Beratungen war der Vorlage namentlich aus Kreisen der Zivilstandsbeamten Opposition erwachsen (ZZW *1975* 70, 198, 435; *1976* 35, 260), und unmittelbar nach der Veröffentlichung der Vorlage im Bundesblatt wurde das *Referendum* ergriffen. Dem Referendumskomitee gehörten neben einzelnen Praktikern des Zivilstands- und des Vormundschaftswesens auch mehrere Politiker der äussersten Rechten an. Die Begründung des Referendums-Aufrufes lautete wie folgt:

«*Anstelle* des *Gemeinwohls der Familie* wird ein einseitiges ‹Kindeswohl› geschaffen und damit erfolgt die *Zerstörung der Einheit der Familie*. Die Familie wird *verprozessualisiert*. Das Gesetz beabsichtigt eine Anpassung an *ausländisches*, vor allem osteuropäisches *Recht*. Mit der abschnittweisen Revision des Familienrechtes im Zivilgesetzbuch wird eine *Salamitaktik* verfolgt.

Das Gesetz unterstand *nicht* dem üblichen *Vernehmlassungsverfahren*, sondern wurde von einer einseitig zusammengesetzten Expertenkommission geschaffen. Eine *Erziehung*, die *verwöhnt* statt fordert, soll gesetzlich festgehalten werden. (Sie macht aber den Menschen, wie immer wieder Erfahrungen zeigen, krank und unglücklich.) Teilweise *rückwirkende Inkraftsetzung* des neuen Rechts; abgeschlossene Verfahren sollen neu aufgerollt werden.»

Das Referendum fand trotz lebhafter Diskussion in der Öffentlichkeit – bei den Parteien, den Verbänden der Familienhilfe und den Kirchen – keine Unterstützung, sondern stiess auf *entschiedene Ablehnung*. Die weiblichen Mitglieder der Bundesversammlung und die Landesverbände der Frauenbewegung setzten sich geschlossen und mit Nachdruck für das neue Recht ein. Bei Ablauf der Frist lagen nur etwa 27 000 Unterschriften vor, womit das Referendum gescheitert war.

Am 13. Januar 1977 setzte der Bundesrat das Gesetz auf den 1. Januar 1978 in Kraft (AS *1977* 264). Die Revision fand mit der Anpassung der Zivilstands- und der Adoptionsvermittlungs-Verordnung und dem Erlass der Pflegekinderverordnung (N 32–34) ihren Abschluss. [59]

Am 8. März 1978 genehmigte die Bundesversammlung das Europäische Übereinkommen über die Rechtsstellung der unehelichen Kinder (vorn N 19, 36). [60]

VI. Grundzüge des Kindesrechts von 1976

1. Form

Das neue Recht von 1976 ist Ergebnis einer formellen Totalrevision. Der 7. Titel (Art. 252–269 c) regelt nun *«Die Entstehung des Kindesverhältnisses»*. Er umfasst vier Abschnitte: 1. Allgemeine Bestimmungen, 2. Die Vaterschaft des Ehemannes, 3. Anerkennung und Vaterschaftsurteil, und 4. Die Adoption (dazu hinten S. 426 ff). Der neue 8. Titel (Art. 270–327) behandelt dagegen *«Die Wirkungen des Kindesverhältnisses»*. Er ist ebenfalls in vier Abschnitte gegliedert: 1. Die Gemeinschaft der Eltern und Kinder, 2. Die Unterhaltspflicht der Eltern, 3. Die elterliche Gewalt und 4. Das Kindesvermögen. [61]

Die bisherige Zahl von 70 Artikeln wurde 1972 (N 27) um zwölf (Art. 264 a, 264 b, 265 a–265 d, 267 a, 268 a, 268 b, 269 a–269 c) und 1976 (N 28, 44 ff) um acht (Art. 256 a–256 c, 260 a–260 c, 274 a, 315 a), endlich 1978 um einen (Art. 314 a, s. vorn N 29) erhöht. Auch die Artikel des neuen Rechts bestehen [62] aus nicht mehr als drei Absätzen. Eine Ausnahme bildet Art. 301 mit einem kurzen vierten Absatz. Art. 264a Abs. 1, 267 Abs. 2 und 301 Abs. 2 und 3 enthalten zwei Sätze.

2. *Einheit des Kindesverhältnisses*

63   Die formalen Grundkategorien des Kindesrechts, Ehelichkeit und Ausserehelichkeit, sind durch den Grundsatz der Einheit des Kindesverhältnisses abgelöst (vgl. dazu HEGNAUER, ZBJV *1971* 1; BBl *1974* II 20f). Für die rechtliche Anerkennung der Verwandtschaft und die durch diese bestimmten Rechtswirkungen macht es keinen Unterschied, ob es um die Beziehung zur Mutter oder zum Vater geht und ob diese verheiratet sind oder nicht. Die rechtliche Zurücksetzung des ausserehelichen Kindes wird damit überwunden. Das gilt auch ausserhalb des Kindesrechts: im Erbrecht, in der Sozialversicherung usf. Vgl. im übrigen Art. 252 N 14ff, 26ff. – Zum Verzicht auf die gesetzliche Unterscheidung von «Ehelichkeit» und «Ausserehelichkeit» vgl. NEUHAUS 230ff, HANS A. STÖCKER, Abschaffung der Nichtehelichkeit – notwendige Revision einer Reform, Zeitschr. f. Rechtspolitik *1975* 32. – Zum ausländischen Recht vgl. BBl *1974* II 21; weitere Staaten haben seither diesen Schritt ebenfalls getan.

3. *Bedeutung der Ehe*

64   Für die rechtliche Stellung des Kindes hat die Ehe der Eltern wesentliche Bedeutung. Aber diese ist für die einzelnen Rechtsfragen unterschiedlich (BBl *1974* II 13ff). Dementsprechend berücksichtigt das neue Recht die elterliche Ehe nach ihrer sachlichen Funktion bei der Entstehung des Kindesverhältnisses zum Vater, beim Erwerb des Familiennamens und des Bürgerrechts, sowie bei der Erfüllung der elterlichen Unterhaltspflicht und der Ausübung der elterlichen Gewalt (s. Art. 252 N 14ff).

4. *Genetische und sozialpsychische Elternschaft*

65   Das Recht geht in der Entstehung und in den Wirkungen des Kindesverhältnisses von der Beziehung des Kindes zu seinen Erzeugern aus. Es nimmt aber auf sozialpsychische durch Pflege und Erziehung begründete Elternschaft Rücksicht bei der Regelung der Anfechtung des Kindesverhältnisses (Art. 256, 259 Abs. 2 Ziff. 2), des Bürgerrechts (Art. 271

Abs. 3), des Besuchsrechtes (Art. 274 a), bei der Aufhebung der elterlichen Obhut (Art. 310 Abs. 3), und anerkennt sie in der Adoption als selbständige Grundlage des Kindesverhältnisses (Art. 267). Vgl. auch Art. 252 N 13.

5. Unterhaltspflicht

Die bisher nur summarisch geregelte Unterhaltspflicht der Eltern wird in wichtigen Punkten kodifiziert: Besonders bedeutsam sind die Normen über die Dauer der Unterhaltspflicht für das mündige Kind (Art. 277 Abs. 2), die Unterhaltsklage (Art. 279/280), die vorsorglichen Massnahmen (Art. 281–284), die Bemessung und Abänderung des Unterhaltsbeitrages (Art. 285/286), den Unterhaltsvertrag (Art. 287/288) und die Erfüllung der Unterhaltspflicht (Art. 289–293). Der Vorbehalt des öffentlichen Rechts in Art. 293 Abs. 2 hat Anstoss zur Einführung der Alimentenbevorschussung durch die Kantone gegeben. 66

6. Elterliche Gewalt und Kindesschutz

Die Stellung der Mutter ist verstärkt, in der Ehe durch Aufhebung des Stichentscheides des Vaters (aArt. 274 Abs. 2), ausserhalb der Ehe durch die gesetzliche Zuteilung der elterlichen Gewalt (Art. 298 Abs. 1). Stief- und Pflegeeltern werden an der elterlichen Verantwortung beteiligt (Art. 299, 300). Das Wohl des Kindes und die Achtung seiner Persönlichkeit werden als Ziele und Schranken der elterlichen Gewalt anerkannt (Art. 301–303), der Schutz des Kindes erweitert und verfeinert (Art. 307–315 a) und die Aufsicht über das Pflegekind vereinheitlicht (Art. 316). 67

7. Kindesvermögen

Die Stellung des Kindes wird verbessert: Der Überschuss der Erträgnisse fällt ins Kindesvermögen (Art. 319 Abs. 2) und die Verwaltung und Nutzung des Arbeitserwerbs werden dem Kinde eingeräumt (Art. 323 Abs. 1). Doch bleiben seine Pflichten gegenüber den Eltern vorbehalten (Art. 276 Abs. 3, 319 Abs. 1, 320, 323 Abs. 2). Der Schutz des Kindesvermögens wird differenziert (Art. 318 Abs. 3, 324, 325). Auch kann die elterliche Verwaltung ererbten Kindesvermögens vom Erblasser ausgeschlossen werden (Art. 322). 68

VII. Allgemeine Literatur zum Kindesrecht
(Zur Adoption s. S. 413 ff.)

1. Fassung von 1907

69 CURTI-FORRER EUGEN, Schweiz. Zivilgesetzbuch mit Erläuterungen, Zürich 1911; EGGER AUGUST, Zürcher Kommentar: Das Familienrecht (1. A. 1914); die Verwandtschaft, 2. A. 1936; HEGNAUER CYRIL, Berner Kommentar: Die Verwandtschaft, 1. Teilband: Das eheliche Kindesverhältnis, 1964, 2. Teilband, 1. Lieferung: Das ausserehelige Kindesverhältnis, 1969; HOMBERGER ARTHUR, Das Schweiz. Zivilgesetzbuch, 2. A., Zürich 1943; ROSSEL V./MENTHA F. H., Manuel du droit civil suisse, Bd. I, 2. A., Lausanne/Genf 1922; Supplement 1931; SILBERNAGEL A./WÄBER P., Berner Kommentar: Die Verwandtschaft, 1. A. 1921, 2. A. 1927; TUOR P./ SCHNYDER B., Das Schweiz. Zivilgesetzbuch, 9. A., Zürich 1975.
Die Kommentare von EGGER, SILBERNAGEL und HEGNAUER führen Literatur zu den sozialen Aspekten, zur Rechtsgeschichte, zur Rechtsvergleichung, zu den Entwürfen und zum Recht von 1907 auf.

2. Fassung von 1976
(s. auch vorn N 45)

A. Einführungen, Sammlungen von Aufsätzen, allgemeine Fragen

70 BICHSEL HERMANN, Entstehung und Wirkungen des Kindesverhältnisses, insbesondere ihre Bedeutung für das gesetzliche Erbrecht und die Vertretung des unmündigen Kindes, unter Berücksichtigung des Übergangsrechtes, Der Bernische Notar *1978* 309–329; FARNER HANS, Entwicklung des Jugend- und Familienrechts in der Schweiz. Mitteilungen der Arbeitsgemeinschaft für Jugendhilfe *1975* 34; *derselbe,* Die neuen Gesetzesbestimmungen betreffend das Eltern-Kind-Verhältnis und den Vormundschaftlichen Kindesschutz in der Schweiz, Forum Jugendhilfe *1977* 21–28; FLATTET GUY, Le nouveau droit suisse de filiation, Revue intern. de droit comparé *1977* 675; *derselbe,* Le droit suisse de la filiation, in: La réforme du droit de la filiation. Bruxelles 1981 135; GÖTZ ERNST, Das neue Kindesrecht der Schweiz, Das Standesamt, Karlsruhe 1978 257; GROSSEN JACQUES-MICHEL, Droit de la filiation, in: Revue trimestr. de droit civil *1977* 665; HEGNAUER CYRIL, Das neue Kindesrecht, SJZ *1977* 149, 165; *derselbe,* Die vormundschaftlichen Organe und das neue Kindesrecht, ZVW *1978* 1; *derselbe,* Zwei Jahre neues Kindesrecht, in: Kindes- und Adoptionsrecht, S. 7, vgl. auch 67; HESS MAX, Neues Kindesrecht, Konsequenzen für die Sozialarbeit, ZöF *1977* 166, *1978* 17, *1979* 65; *Kindes- und Adoptionsrecht,* Dokumentation zum Seminar vom 11./12. Juni 1980 in Bern, mit Beiträgen von C. HEGNAUER, V. LENOIR-DEGOUMOIS, M. PERRIN

und C. JACCOTTET, Schweiz. Landeskonferenz für Sozialwesen. Zürich 1981 (auch in französischer Sprache erschienen); LENOIR-DEGOUMOIS VALY, Das neue Kindesrecht (Art. 301, 302, 290, 293, 310, 315 ZGB), in: Kindes- und Adoptionsrecht, S. 21; NABHOLZ ANDREAS, Rechtsvergleichung mit den Kindesrechten unserer Nachbarstaaten, ZZW *1977* 248; *Das neue Kindesrecht.* Referate und ausgewählte Unterlagen des Verwaltungskurses vom 28. Januar 1977, mit Beiträgen von HEINZ HAUSHEER, REMIGIUS KAUFMANN, CYRIL HEGNAUER und MARLIES NÄF-HOFMANN, St. Gallen 1977; *Das neue Kindesrecht,* Berner Tage für die juristische Praxis 1977, mit Beiträgen von HEINZ HAUSHEER, BERNHARD SCHNYDER, RUTH REUSSER, HELMUT HENKEL und CYRIL HEGNAUER, Bern 1978; *Das neue Kindesrecht.* Herausgegeben vom Eidgenössischen Justiz- und Polizeidepartement. Eidg. Drucksachen- und Materialzentrale, Bern 1979; REYMOND PH., Effets de la nouvelle loi sur la filiation entrée en vigueur le 1er janvier 1978 sur le droit des assurances sociales, SZS *1978* 265; RIGLING-FREIBURGHAUS ADELHEID, Kind und Recht in der Schweiz: Das neue Kindesrecht, Aarau 1979; STAUSS WALTER, Das schweizerische Kindesrecht in der Bewährung. Zentralblatt für Jugendrecht und Jugendwohlfahrt *1980* 706; TERCIER P., Le droit de la filiation, Annuaire de législation française et étrangère *1976* 560; TORCHE MARIE-FRANÇOISE, Das neue Kindesrecht der Schweiz aus der Sicht eines Praktikers, Zentralblatt für Jugendrecht und Jugendwohlfahrt, Köln 1978 425.

B. *Systematische Darstellungen*

HEGNAUER CYRIL, Grundriss des Kindesrechts, Bern, 1. A. 1977, 2. A. 1983; *derselbe,* Droit suisse de la filiation, adapt. française par Bernard Schneider. Berne, 1. A. 1978, 2. A. 1984; *derselbe,* Die Übergangsbestimmungen zum neuen Kindesrecht, in: FS für Henri Deschenaux, Freiburg 1977 151; SCHNYDER BERNHARD, Kindesrecht. Suppl. zu Tuor/Schnyder, Das Schweiz. ZGB, Zürich 1977; TUOR P./SCHNYDER B. Das Schweiz. Zivilgesetzbuch. Nachdruck der 9. Auflage mit Einschluss des Suppl. Kindesrecht 1977, Zürich 1979.

**Erster Abschnitt
Allgemeine Bestimmungen**

**Chapitre premier
Dispositions générales**

**Capo primo
Disposizioni generali**

**Siebenter Titel
Die Entstehung des Kindesverhältnisses**

**Titre septième
De l'établissement de la filiation**

**Titolo settimo
Del sorgere della filiazione**

Vorbemerkung

Der siebente Titel fasst seinem Wortlaut entsprechend die Bestimmungen über die Entstehung des Kindesverhältnisses zusammen, greift freilich in der Gleichstellung der vor der Ehe mit den während der Ehe geborenen Kindern (Art. 259 Abs. 1) und der Normierung der Adoptionswirkungen (Art. 267, 267a) darüber hinaus. Seinen 36 Artikeln stehen die 61 des achten Titels über die Wirkungen des Kindesverhältnisses gegenüber.
Von den vier Abschnitten des siebenten Titels enthält der erste, «Allgemeine Bestimmungen», die Normen über die Entstehung des mütterlichen Kindesverhältnisses (Art. 252 Abs. 1), den Gerichtsstand (Art. 253) und das Verfahren (Art. 254) sowie die Aufzählung der weiteren Gründe der Entstehung des Kindesverhältnisses (Art. 252 Abs. 2 und 3). Der zweite Abschnitt, «Die Vaterschaft des Ehemannes» (Art. 255–259), und der dritte, «Anerkennung

und Vaterschaftsurteil» (Art. 260–263), regeln die Entstehung des väterlichen Kindesverhältnisses. Im vierten Abschnitt (Art. 264–269 c), der mit 18 Artikeln die Hälfte des Titels umfasst, wird die Adoption als selbständiger Entstehungsgrund des Kindesverhältnisses zu Vater und Mutter normiert.

Der erste Abschnitt, «Allgemeine Bestimmungen», ist *neu*. Er fasst verschiedene zerstreute Normen des früheren Rechts (aArt. 261, 262 Abs. 2, 302, 310, 312/313) zusammen und erweitert sie.

Art. 252

A. Entstehung des Kindesverhältnisses im allgemeinen

¹ **Das Kindesverhältnis entsteht zwischen dem Kind und der Mutter mit der Geburt.**
² **Zwischen dem Kind und dem Vater wird es kraft der Ehe der Mutter begründet oder durch Anerkennung oder durch den Richter festgestellt.**
³ **Ausserdem entsteht das Kindesverhältnis durch Adoption.**

A. Etablissement de la filiation en général

¹ A l'égard de la mère, la filiation résulte de la naissance.
² A l'égard du père, elle est établie par son mariage avec la mère, par reconnaissance ou par jugement.
³ La filiation résulte en outre de l'adoption.

A. Sorgere della filiazione in genere

¹ Il rapporto di filiazione sorge, fra la madre ed il figlio, con la nascita.
² Fra il padre ed il figlio, risulta dal matrimonio con la madre o è stabilito per riconoscimento o per sentenza del giudice.
³ Inoltre, il rapporto di filiazione sorge con l'adozione.

Übersicht		Note	Seite
	Materialien	1	41
	Literatur	2	41
	Rechtsvergleichung	3	42
	Rechtsgeschichte	6	42
	Textgeschichte	9	43
	I. Kindesverhältnis		43
	1. Begriff	10	43
	2. Einheit und Differenzierung des Kindesverhältnisses	14	45
	3. Gemeinsames und einfaches Kindesverhältnis	22	46
	4. Bedeutung des Kindesverhältnisses	26	47
	5. Feststellung und Beweis des Kindesverhältnisses	33	48

		Note	Seite
II.	*Kindesverhältnis zur Mutter*		49
	1. Entstehung	34	49
	2. Erlöschen	42	51
	3. Bedeutung	45	52
	4. Eintragung und Mitteilung	47	52
	5. Streitige Mutterschaft	65	56
	6. Internationales Recht	76	59
III.	*Kindesverhältnis zum Vater*	91	62
IV.	*Entstehung des Kindesverhältnisses durch Adoption*	101	64

Materialien   aArt. 252, 302; BBl *1974* II 24 f; E 252; AmtBullStR *1975* 115, *1976* 83, NR 1 *1975* 1752; Unehelichen-Übereinkommen Art. 2, 9 (hinten S. 649); CIEC-Übereinkommen über die Feststellung der mütterlichen Abstammung nichtehelicher Kinder (hinten S. 658).

Literatur   BUCHER A., Conséquences de la suppression de l'art. 8 LRDC, ZZW *1977* 2 323 und Separatausgabe 1978; COESTER-WALTJEN DAGMAR, Befruchtungs- und Gentechnologie bei Menschen – rechtliche Probleme von morgen? FamRZ *1984* 230; COMMENT A., Les actions de droit de famille non expressément prévues, ZBJV *1935* 534; COMTESSE FRÉDÉRIC, Verbot und Schutz der ausserehelichen Familie im schweizerischen Strafrecht, in: FS Egger, Zürich 1945 299; CONRAD HERMANN, Die Stellung der unehelichen Kinder in der neuzeitlichen Privatrechtsentwicklung Deutschlands, Frankreichs, Österreichs und der Schweiz, FamRZ *1962* 322; GULDENER MAX, Die Wirkungen von Urteilen über den Personenstand gegenüber Dritten, ZSR *1950* 325; HAUSER ROBERT, Der Zeugenbeweis im Strafprozess mit Berücksichtigung des Zivilprozesses, Zürich 1974; HEGNAUER C., Ehelichkeit und Ausserehelichkeit heute, ZBJV *1971* 1; *derselbe,* Vom zweifachen Grund des Kindesverhältnisses, ZSR *1971* I 4; *derselbe,* Familienname des Kindes, das vor der Geburt unter dem früheren Recht anerkannt worden ist, aber erst nach Inkrafttreten des neuen Rechts geboren wird?, ZZW *1978* 339; *derselbe,* Gesetzgebung und Fortpflanzungsmedizin, in: Gedächtnisschrift für Peter Noll, Zürich 1984; HEUSS VALENTIN, Zivilrechtliche Rechtsbegriffe in der AHV, Diss. Zürich 1957; JAQUES PIERRE B., La rectification des actes de l'état-civil, Diss. Lausanne 1949; KNÖPFEL G., Faktische Elternschaft, Bedeutung und Grenzen, FamRZ *1983* 317; KNŒPFLER F., Le nom et quelques autres questions de l'état civil en droit international privé suisse, aujourd'hui et demain. ZZW *1978* 305; MERONI RUDOLF, Dogmatik und praktische Bedeutung des schweizerischen Eheungültigkeitsrechts. Diss. Zürich 1984; MEULDERS-KLEIN MARIE-THÉRÈSE, Le secrete de la maternité, Journal des Tribunaux (Bruxelles) *91* 1976 415 ff, 433 ff; NABHOLZ ANDREAS/SIEGENTHALER TONI F., Die Entstehung des Kindesverhältnisses und seine Registrierung in den schweizerischen Zivilstandsregistern, ZZW *1980* 171; PEYER O., Die familienrechtliche Stellung der unehelichen Kinder im schweizerischen Privatrecht (Neues schweizerisches Civilgesetz und geltendes kantonales Recht), Diss. Zürich 1907; PFENNINGER HANS FELIX, Der strafrechtliche Schutz der Ehe, FS Egger, Zürich 1945 267; PIOTET PAUL, Les décisions préjudicielles de droit civil dans les jugements pénaux, JT *1960* IV 130; VILLELA J. B., Desbiologização da paternidade. Rivista de Faculdade de Direito, Minas Gerais, Belo Horizonte XXVII, *1979* 401.

3 Rechtsvergleichung In den Nachbarstaaten besteht die formale *Unterscheidung* zwischen *ehelichen* und *ausserehelichen* Kindern fort. *BGB:* Eheliche Abstammung 1591–1600, Nichteheliche Abstammung 1600a–1600o; *ABGB:* Vermutung der Ehelichkeit, Rechtsverhältnisse zwischen Eltern und Kindern 138–154a, Vermutung der Unehelichkeit, Vaterschaft zu einem unehelichen Kind, Rechtsverhältnisse zwischen Eltern und unehelichen Kindern 155, 163–170; *CCfr:* De la filiation légitime 312–333–6; De la filiation naturelle 334–343–8; *CCit:* Della filiazione legittima 231–249; Della filiazione naturale, Della legitimazione 250–290. Die Unterscheidung gilt auch für das Erbrecht: *BGB* 1934a–1934c, 2338; *ABGB* 754, 756, 757; *CCfr* 756–763–2; *CCit* 573–580, 592, 594.

4 Dass das Kindesverhältnis zur *Mutter* mit der Geburt entsteht, ist allgemein verbreiteter Grundsatz (vgl. Unehelichen-Übereinkommen Art. 2, hinten S. 649; CIEC-Mutterschafts-Übereinkommen Art. 1, hinten S. 658). Er wird freilich durchbrochen vom französischen Code civil und den ihm folgenden Gesetzen. Sie machen das Kindesverhältnis zum ausserehelichen Kind von der Anerkennung durch die Mutter abhängig (CCfr 335, CCit 250). Demnach kann die Mutter, auch die verheiratete, ihr Kind verleugnen (vgl. dazu MEULDERS 421). Immerhin kann das Kind unter gewissen Voraussetzungen die gerichtliche Feststellung des Kindesverhältnisses verlangen (CCfr 341, CCit 269). Auch gilt in Frankreich die Bezeichnung der Mutter im Geburtsregister als Anerkennung, wenn sie durch den tatsächlichen Familienstand erhärtet wird (CCfr 337). Vorschriften, welche das Kindesverhältnis zwischen der ausserehelichen Mutter und ihrem Kinde erst mit der Anerkennung oder gerichtlichen Feststellung entstehen lassen, sind mit Art. 8 und 14 EMRK unvereinbar (Urteil des Europäischen Gerichtshofes für Menschenrechte vom 13. Juni 1979 i. S. Marckx von Belgien, EuGRZ 1979, 234).

5 Zur Entstehung des *väterlichen* Kindesverhältnisses vgl. die rechtsvergleichenden Hinweise zu Art. 255 ff, 260 ff, 261, und zur Adoption vgl. Art. 264 ff.

Vgl. im übrigen KRAUSE sec. 23 ff, 61 ff.

6 Rechtsgeschichte Im *alten* Recht entsteht das Kindesverhältnis zur *Mutter,* auch wenn sie nicht verheiratet ist, ohne weiteres mit der Geburt. Das gilt für das römische Recht: «Mater semper certa est etiam si vulgo conceperit» (Paulus, Dig. 2, 4, 5), wie für das altgermanische Recht: «Kein Kind ist seiner Mutter Kebskind» (vgl. SCHMIDT-HIDDING 22). Unter dem Einfluss des kanonischen Rechts erleidet das ausereheliche Kind im Mittelalter starke Zurücksetzung. Es wird filius nullius und gehört damit weder zur Familie des Vaters noch zu der Mutter. Rechtsbeziehungen zwischen Kind und Mutter wurden, wiederum unter dem Einfluss der Kirche, gegen das Ende des Mittelalters anerkannt (HUBER IV 529 ff; CONRAD FamRZ *1962* 324).

7 In den meisten *kantonalen* Rechten des 19. Jahrhunderts entsteht das Kindesverhältnis zur Mutter mit der Geburt; nur Tessin, Wallis und Neuen-

burg folgten dem CCfr (N 4; HUBER I 486f, PEYER 63). Zur klaren Abgrenzung vom französischen Anerkennungssystem bestimmte das ZGB von 1907 ausdrücklich, dass das aussereheliche Kindesverhältnis zur Mutter mit der Geburt entsteht (aArt. 302 Abs. 1; hinten S. 670). Für das eheliche Kindesverhältnis war der Grundsatz seit jeher selbstverständlich (VA Art. 252 N 12). Die Revision von 1976 hat ihn darum allgemein ausgesprochen.

Nach dem ZGB von 1907 entstand das eheliche Kindesverhältnis zum *Vater* durch Ehelichkeitsvermutung (aArt. 252), Ehelicherklärung durch nachfolgende Ehe (aArt. 258/259) und durch den Richter (aArt. 260/261), sowie mit abgeschwächten Wirkungen durch Adoption (aArt. 268). Das aussereheliche Kindesverhältnis wurde durch Anerkennung (aArt. 303) und Zusprechung mit Standesfolge (aArt. 309/323) begründet; die gewöhnliche rechtliche Beziehung war aber die blosse Leistungsverpflichtung der Zahlvaterschaft ohne Kindesverhältnis (aArt. 309/319). Entsprechend dem Grundsatz der Einheit des Kindesverhältnisses (N 14) hat die Revision von 1976 die Ehelicherklärung und die Zahlvaterschaft beseitigt (vgl. Art. 259 N 8, Art. 261 N 6). 8

Textgeschichte

Art. 252 Abs. 1 und 2 knüpfen an aArt. 301 Abs. 1 und 2 an, Abs. 3 ist neu. Die Bestimmung stimmt wörtlich mit dem Entwurf überein. 9

I. Kindesverhältnis

1. Begriff

Das Kindesverhältnis (la filiation, il rapporto di filiazione) bezeichnet die familienrechtliche Beziehung des Kindes zu seinen Eltern. Als Rechtsbegriff ist es von der *Abstammung,* der biologischen Beziehung des Kindes zu seinem Erzeuger, zu unterscheiden (vgl. AUBERT 9). Das Kindesverhältnis erscheint zunächst als Spiegelbild der biologischen Abstammung im Bereich des Rechts. 10

Aber die beiden Begriffe decken sich nicht. Wohl bildet das mütterliche Kindesverhältnis die juristische Projektion der Abstammung von der Mutter (N 34). Die väterliche Abstammung ist dagegen nicht ohne weiteres und eindeutig fassbar. Das Recht muss darum das Kindesverhältnis zum Vater selbständig umschreiben (N 91). Dabei orientiert es sich primär an der Abstammung. Indessen kann das väterliche Kindesverhältnis von dieser abweichen. Der Ehemann der Mutter gilt als Vater des in der Ehe geborenen Kindes (Art. 255). Denn in der Regel hat sie es von ihm empfangen. Aber es gibt 11

Ausnahmen. Ebenso ist in den meisten Fällen die Erwartung gerechtfertigt, dass die Anerkennung eines Kindes von seinem Erzeuger ausgeht (Art. 260). Es kann sich jedoch anders verhalten. Endlich ist nicht auszuschliessen, dass die Vaterschaftsklage gegen einen Mann gutgeheissen wird, der tatsächlich nicht der Vater ist (Art. 262). Indem das väterliche Kindesverhältnis hier von der im Einzelfall vielleicht fehlenden Abstammung gelöst wird, kommt dem Begriff die Funktion eines *Fehlerkalküls* zu. Diese Gestaltung entspricht dem Bestreben der Rechtsordnung, das Kind mit seinen Eltern zu verbinden. Der favor filiationis ist im Verhältnis zur Mutter voll (Abs. 2), im Verhältnis zum Vater soweit als möglich anerkannt (Art. 255 N 17 ff; Art. 260 N 33; Art. 262 N 100 ff).

12 Aus der Selbständigkeit des Begriffes folgt aber auch, dass die väterliche Abstammung *nicht zwingend* ihren Niederschlag in einem entsprechenden Kindesverhältnis findet. Wird das Kind der unverheirateten Mutter nicht anerkannt und verschweigt sie den Erzeuger, so kann das Kindesverhältnis zum Vater auch durch Klage nicht festgestellt werden und bleibt das Kind rechtlich vaterlos. Und wenn eine verheiratete Frau ein Kind zur Welt bringt, das sie von einem Dritten empfangen hat, so besteht das väterliche Kindesverhältnis (unter Vorbehalt der Anfechtung) zum Ehemann und nicht zum Erzeuger, auch wenn dieser sich freiwillig als Vater bekennt und zu Unterhaltsleistungen verpflichtet. Ohne Kindesverhältnis sind Erzeuger und Kind einander familienrechtlich fremd. «Le père physique est à l'égard de l'enfant un étranger» (BGE *40* II 302; *108* II 348).

12a Ausserhalb des Kindesverhältnisses findet die genetische Abstammung keine selbständige Anerkennung. Es gibt keine Klage auf deren Feststellung (Art. 261 N 27 a). Der Erzeuger darf sich aber auch nicht gegen den Willen des Kindes oder dessen Vertreters als Vater ausgeben (N 26 a; BGE *108* II 344). Über die vorfrageweise Beurteilung der Abstammung vgl. Art. 261 N 19–26.

13 Die Selbständigkeit des Kindesverhältnisses gegenüber der natürlichen Abstammung erlaubt schliesslich auch, den Begriff auf die *Adoption* anzuwenden. Hier hat er die Funktion, das mit seinen Erziehern sozialpsychisch verwachsene Kind auch familienrechtlich mit ihnen zu verbinden und damit zugleich die auf der Abstammung beruhende Rechtsbeziehung aufzulösen (Art. 264, 267). Demgegenüber haben selbst enge sozialpsychische Beziehungen zum Stiefelternteil und zu Pflegeeltern nur beschränkte rechtliche Bedeutung (vgl. z. B. Art. 274 a Abs. 1, 299, 300, 310 Abs. 3). Vgl. KNÖPFEL FamRZ *1983* 320.

2. Einheit und Differenzierung des Kindesverhältnisses

A. Das Kindesrecht von 1976 hat an die Stelle des Dualismus des ehelichen und des ausserehelichen Kindesverhältnisses den Grundsatz der *Einheit* des Kindesverhältnisses gesetzt (BBl *1974* II 9-22). Die Einheit betrifft die *rechtliche Verwandtschaft* des Kindes zu seinen Eltern und deren Verwandten. In dieser Hinsicht bestehen keine Unterschiede im Verhältnis zu Vater oder Mutter, zu verheirateten, geschiedenen oder unverheirateten Eltern, und ist auch ohne Bedeutung, ob das Kindesverhältnis auf Abstammung oder auf Adoption beruht. Dagegen ist in einzelnen Punkten zu differenzieren: 14

B. In der Regel besteht das Kindesverhältnis zu *beiden* Eltern. Ist die Mutter freilich unverheiratet, so kann das väterliche Kindesverhältnis fehlen (vgl. das Beispiel in N 12 am Anfang). Und im Fall der Einzeladoption besteht nur ein mütterliches oder ein väterliches Kindesverhältnis (Art. 264 b N 3, Art. 267 N 11). 15

C. Sodann ist die Unterscheidung zwischen *mütterlichem* und *väterlichem* Kindesverhältnis bedeutsam. Das Kindesverhältnis zur Mutter *entsteht* nach andern Regeln als das zum Vater (Art. 252 Abs. 1 und Abs. 2). Auch ist das erste Voraussetzung für die Entstehung des zweiten (N 46). 16
Verschieden sind auch die *Wirkungen* des väterlichen und des mütterlichen Kindesverhältnisses in bezug auf den Familiennamen (Art. 270), das Bürgerrecht (Art. 271) und die elterliche Gewalt (Art. 298). 17
Dagegen sind die Voraussetzungen und die Wirkungen der *Adoption* für Vater und Mutter gleich. 18

D. Das auf *Adoption* beruhende Kindesverhältnis hat, abgesehen vom Ehehindernis (Art. 100 Abs. 3), die nämlichen Wirkungen wie das auf Abstammung beruhende. Allerdings ist jenes stärker, bringt es doch dieses zum Erlöschen und schliesst dessen spätere Entstehung aus (Art. 267 Abs. 2, dort N 20). 19

E. Das Kindesverhältnis *entsteht* von Gesetzes wegen zur Mutter (Abs. 1; N 34) und, wenn sie verheiratet ist, auch zum Vater (Art. 255 Abs. 1). Ist sie nicht verheiratet, entsteht das väterliche Kindesverhältnis durch Rechtsgeschäft (Anerkennung, Art. 260) oder durch Hoheitsakt (Urteil, Art. 261). Ebenfalls durch Hoheitsakt (behördliche Verfügung, Art. 268) wird die 20

Adoption begründet. Ihre Voraussetzungen folgen für verheiratete Personen andern Regeln als für unverheiratete (Art. 264 a, 264 b Abs. 1 und 2).

21 Von Gesetzes wegen *erlischt* das Kindesverhältnis mit der Adoption (Art. 267 Abs. 2). Durch Hoheitsakt (Gutheissung der Anfechtungsklage, Art. 256, 260 a, 269, 269 a) wird es beseitigt, sofern es nicht durch Vaterschaftsurteil (Art. 261) entstanden ist.

3. Gemeinsames und einfaches Kindesverhältnis

22   Ausser für die Entstehung des Kindesverhältnisses (N 20 am Anfang) ist das Bestehen oder Nichtbestehen einer Ehe der Eltern für bestimmte Wirkungen des Kindesverhältnisses von Bedeutung. Die Geburt in der Ehe (Art. 255 Abs. 1), die nachträgliche Heirat der Eltern (Art. 259 Abs. 1) und die gemeinschaftliche Adoption unter Einschluss der Stiefkindadoption (Art. 264 a Abs. 1 und 3, 267) lassen ein *gemeinsames* Kindesverhältnis entstehen. Dieses ist massgebend für den Erwerb des Familiennamens (Art. 270 Abs. 1) und des Bürgerrechtes (Art. 271 Abs. 1), die Erfüllung der Unterhaltspflicht (Art. 278 Abs. 1) und die Ausübung der elterlichen Gewalt (Art. 297 Abs. 1).

23 Sind die Eltern dagegen im Zeitpunkt der Geburt nicht verheiratet, so entsteht zu jedem Elternteil ein *einfaches* Kindesverhältnis. Es ist von Bedeutung für den Familiennamen (Art. 270 Abs. 2) und das Bürgerrecht (Art. 271 Abs. 2 und 3), den persönlichen Verkehr (Art. 273), die Unterhaltspflicht (Art. 276 Abs. 2, 279 Abs. 1) und die elterliche Gewalt (Art. 298).

24 Wird die Ehe *aufgelöst*, so zerfällt das gemeinsame Kindesverhältnis in ein einfaches Kindesverhältnis je zu Vater und Mutter, deren Wirkungen, abgesehen vom Familiennamen und Bürgerrecht, besonderer Regelung bedürfen (Art. 156, 275 Abs. 2, 279 Abs. 3, 297 Abs. 3); das gilt teilweise schon bei Aufhebung des gemeinsamen Haushaltes (Art. 145, 170, 297 Abs. 2).

25 Entschied früher die Geburt in der Ehe über den ehelichen oder ausserehelichen Stand des Kindes, so kann nach der sozialen Funktion der Ehe das gemeinsame Kindesverhältnis als ehelich, das einfache dagegen als ausserehelich bezeichnet werden (vgl. BBl *1974* II 19).

4. Bedeutung des Kindesverhältnisses

A. Verwandtschaft

Das Kindesverhältnis zu Vater und Mutter ist ein Hauptelement des Personenstandes. Es vermittelt überdies die rechtliche Verwandtschaft in der geraden Linie, zu den Grosseltern, Urgrosseltern usf., zu den Enkeln, Urenkeln usf., und in der Seitenlinie, zu den Geschwistern, zu Onkel und Tante, Neffe und Nichte, Vettern und Basen usf. 26

Das Kindesverhältnis gehört zu den persönlichen Verhältnissen im Sinne von Art. 28 Abs. 1 (BGE *108* II 348). 26a

Der Begriff der Abstammung in Art. 20 Abs. 2 ist daher im Sinne einer Kette von Kindesverhältnissen zu verstehen. Auch bestimmt sich der Grad der Verwandtschaft entgegen dem Wortlaut von Art. 20 Abs. 1 durch die Zahl der sie vermittelnden *Kindesverhältnisse,* nicht der Geburten. 27

Die auf dem Kindesverhältnis beruhende rechtliche Verwandtschaft im Sinne von Art. 20 unterscheidet sich von der *Blutsverwandtschaft:* 28
a) Für das Kindesverhältnis zum *Vater* ist nicht die Blutsverwandtschaft massgebend, sondern der möglicherweise davon abweichende (N 11) gesetzliche Tatbestand (Art. 255, 260, 262), was E. BUCHER, Art. 20/21 N 28, offenbar übersieht.

b) Das auf *Adoption* beruhende Kindesverhältnis begründet die rechtliche Verwandtschaft ohne Blutsverwandtschaft und lässt die in der Regel auf dieser beruhende erlöschen (Art. 267; E. BUCHER, Art. 20/21 N 20–26, 33). 29

Die durch das Kindesverhältnis vermittelte Verwandtschaft begründet auch die *Schwägerschaft* im Sinne von Art. 21 Abs. 1. Sie ist zudem für das *Ehehindernis* der Verwandtschaft (Art. 100) massgebend. Vgl. dazu im einzelnen MERONI 27 ff. 30

B. Unmittelbare Wirkungen

Das Kindesverhältnis ist die Grundlage für alle vom Gesetz im Verhältnis zwischen Eltern und Kindern vorgesehenen Wirkungen, so namentlich für das Zustimmungsrecht zur Adoption (Art. 265 a), für die im 8. Titel geregelten Wirkungen: den Erwerb des Familiennamens (Art. 270) und des Bürgerrechts (Art. 271, BüG 1, 5), die Pflicht zu Beistand und Rücksicht (Art. 272), den persönlichen Verkehr (Art. 273), die Unter- 31 haltspflicht (Art. 276), die elterliche Gewalt (Art. 296, 318), sodann für den Anspruch auf Lidlohn (Art. 334), die Begünstigung der Kinder und Eltern in der Privatversicherung (VVG 80, 81, 83–85), den Anspruch auf Waisen- und Kinderrenten der Sozialversicherung (z. B. AHVG 22ter, 25/27, IVG 35, 38, BGE *101* V 264; *107* V 209; HEUSS 24 f).

C. Mittelbare Wirkungen

32   Die durch das Kindesverhältnis vermittelte Verwandtschaft und Schwägerschaft hat mannigfaltige weitere Wirkungen im Privat- und im öffentlichen Recht. Vgl. den Überblick bei E. BUCHER, Art. 20/21 N 56–79. Hervorzuheben sind namentlich die Verwandtenunterstützungspflicht (Art. 328/329), das gesetzliche Erbrecht (Art. 457 ff), die Privilegierung und die Qualifizierung von Straftatbeständen (z. B. StGB 110 Ziff. 2, 137 Ziff. 3, 191 Ziff. 1 Abs. 2), das Zeugnisverweigerungsrecht (HAUSER, Zeugenbeweis §§ 44, 45, 49 ff), die Unvereinbarkeit und der Ausstand (z. B. OG 4, 22). Streitig ist, ob der Straftatbestand der Blutschande (StGB 217) die biologische (COMTESSE 315 ff; PIOTET JT *1960* IV 130, 136; SAGER [zit. Art. 260 N 2] 41 N 9; BGE *82* IV 102; SJZ *1949* 365; BJM *1961* 97) oder die durch das Kindesverhältnis begründete rechtliche Verwandtschaft schütze (AUBERT 12 ff; vgl. auch PFENNINGER 278 ff; BGE *77* IV 170); vgl. auch VA Art. 252 N 11.

5. Feststellung und Beweis des Kindesverhältnisses

33   Das Kindesverhältnis wird, wenn die gesetzlichen Voraussetzungen seiner Entstehung (Art. 252 Abs. 1, 255, 260, 261, 264 ff) erfüllt sind, im Geburts-, im Ehe- und im Familienregister eingetragen, ebenso sein Erlöschen (Art. 256, 260 a, 269). Vgl. ZStV 52, 59, 67, 73 a, 73 d, 94, 115, 117 (hinten S. 686). Die Register und die gestützt darauf erstellten Auszüge beweisen das Kindesverhältnis; ihre Unrichtigkeit kann aber jederzeit nachgewiesen werden (Art. 9; GÖTZ SPR II 402). Das Anerkennungsregister (ZStV 102 ff) erbringt den Beweis für die vor dem Zivilstandsbeamten ausgesprochene Anerkennung, nicht aber auch für das durch sie begründete Kindesverhältnis (vgl. Art. 260 N 38, 169, 260 a N 32).

II. Kindesverhältnis zur Mutter

1. Entstehung

A. Durch Geburt

Zwischen dem Kind und der Mutter entsteht das Kindes- 34
verhältnis *von Gesetzes wegen* mit der Geburt (Abs. 1). Eine Anerkennung durch die Mutter ist nicht notwendig, ein Einspruch durch das Kind oder Dritte nicht zulässig. Gleichgültig ist, ob die Mutter verheiratet ist oder nicht, ebenso, ob die Zeugung durch Beiwohnung oder künstliche Insemination erfolgt ist (vgl. auch N 38). Das Kindesverhältnis zur Frau, die das Kind gebiert, entsteht, auch wenn sie verspricht, lediglich die Schwangerschaft auszutragen und nach der Geburt das Kind dem Samenspender (und dessen Frau) zu überlassen. Solche Abmachungen verstossen gegen das Recht der Persönlichkeit (Art. 27) und sind unheilbar nichtig (OR 20). Der Samenspender kann allein durch Anerkennung (Art. 260), seine Frau allein durch Adoption (Art. 264 ff) ein Kindesverhältnis zu dem von der fremden Frau geborenen Kind begründen.

Zu den haftpflichtrechtlichen Aspekten der Geburt vgl. MAX RHEINSTEIN, Rechtswidrige Erzeugung menschlichen Lebens – Ein neuer Grund deliktischer Haftung? FS Fritz von Hippel, Tübingen 1967; DIETER GIESEN, Arzthaftungsrecht / Medical Malpractice Law, Bielefeld 1981 18 f; MANFRED KLINKE, Kann die Geburt eines unerwünschten Kindes Schadenersatzansprüche gegen Dritte auslösen? Zeitschrift für Versicherungswesen (Hamburg) *1979* 699, *1980* 18; UWE DIEDERICHSEN, Unterhaltskosten als Vermögensschäden, Versicherungsrecht (Karlsruhe) *1981* 693; WERNER PLUM, Schwangerschaftsbetreuende Medizin vor neuen Haftpflichtrisiken, Versicherungsrecht *1982* 722; M. FUCHS, Die zivilrechtliche Haftung des Arztes aus der Aufklärung über Gen-Schäden, NJW *1981* 610. WOLFGANG DEUCHLER, Die Haftung des Arztes für die unerwünschte Geburt eines Kindes («wrongful birth»). Frankfurt a. M./Bern 1984. – *Zur Gen-Manipulation:* GIESEN, Arzthaftungsrecht 73 und dort N 561; Empfehlung des Parlamentes des Europa-Rates 934 (1982), vgl. Bulletin d'information *13* 1982 12.

Das Kindesverhältnis entsteht auch, wenn die Mutter tatsächlich *unbekannt* 35
ist (Findelkind) oder eine andere Frau als Mutter angesehen oder eingetragen wird (Kindesverwechslung und -unterschiebung). Die nachträgliche

Feststellung der Mutter wirkt daher in jedem Fall auf den Zeitpunkt der Geburt zurück. Die Feststellung der Abstammung des Findelkindes ist entgegen dem Wortlaut von Art. 47 nicht eine Veränderung der Standesrechte, sondern lediglich deren Klärung. Ohne diese können freilich die Rechte und Pflichten aus dem Kindesverhältnis nicht geltend gemacht werden (vgl. N 59).

36 Die Entstehung des mütterlichen Kindesverhältnisses kann auch nicht durch *Adoption* verhindert werden. Denn die Zustimmung der Mutter darf frühestens sechs Wochen nach der Geburt erklärt werden (Art. 265 b Abs. 1), und der Adoption selbst muss ein wenigstens zweijähriges Pflegeverhältnis vorausgehen (Art. 264).

37 *Vor* der Geburt besteht das Kindesverhältnis, soweit dem neugeborenen Kind die Rechtspersönlichkeit zukommt, vgl. Art. 31 Abs. 2, 393 Ziff. 3, 544 Abs. 1, 605 (AUBERT 30, GROSSEN SPR II 301, E. BUCHER Art. 11 N 103, Art. 20/21 N 28; HEGNAUER ZZW *1978* 340; Erl. I 74). Zum strafrechtlichen Schutz des ungeborenen Kindes vgl. StGB 118–121. Zum Schwangerschaftsabbruch vgl. auch Art. 255 N 22 a. E.

B. Befruchtung des Eis ausserhalb der Gebärmutter

38 Das mütterliche Kindesverhältnis entsteht mit der Geburt, auch wenn das Ei ausserhalb des Mutterleibes befruchtet wird («Retortenbaby») und das Ei von einer andern Frau stammt (*egg transfer from donor* = ETD; vgl. dazu GIESEN, Arzthaftungsrecht 115 ff). Freilich ist die Frau, die das Kind gebiert, genetisch nicht die Mutter, aber sie betätigt, indem sie sich das befruchtete Ei einpflanzen lässt und die Schwangerschaft austrägt, den Willen zum Kind und setzt die entscheidende Ursache für die Geburt. Die rechtliche Verknüpfung des Kindes mit der Geburtsmutter anstatt mit der Eispenderin entspricht in einem gewissen Sinn der Begründung des väterlichen Kindesverhältnisses durch die Vermutung der Vaterschaft des Ehemannes (Art. 255) und durch Anerkennung (Art. 260). Vgl. HEGNAUER, Fortpflanzungsmedizin Nr. 11.

Vgl. die Parallele in 1. Mose 16, 1–16 (Abram-Sarai/Hagar) und 30, 3 (Jakob–Rahel/Bilha) und 9 (Jakob–Lea/Silpa). Gab die Frau «bei Kinderlosigkeit ihre Leibmagd dem Manne, so galt das von jener geborene Kind als das Kind der Herrin. Die Sklavin gebar auf den Knien der Herrin, wodurch dann das Kind symbolisch wie aus dem Schoss der Herrin selbst kam» (GERHARD VON RAD, 1. Buch Mose (Genesis), [Das Alte Testament Deutsch], 4. A. Göttingen 1956 161).

39 Das Kindesverhältnis zur Geburtsmutter kann von dieser und von der Eispenderin nicht angefochten werden, wenn sie der Entnahme und der Ein-

pflanzung des Eis zugestimmt haben (Analogie zu Art. 256 Abs. 3). Dagegen muss jeder von ihnen ohne diese Zustimmung das Anfechtungsrecht in Füllung einer Lücke (Art. 1 Abs. 2) zuerkannt werden. Es ist sinngemäss nach den Regeln über die Anfechtung der Vermutung gemäss Art. 256 ff und der Anerkennung nach Art. 260 a ff, zu entwickeln. Das gilt auch für die Anfechtung durch das Kind und Dritte. Die Haftung des Arztes entspricht sinngemäss der bei der künstlichen Insemination, vgl. Art. 255 N 45, 256 N 119, 261 N 68.

Zur Eispenderin als der genetischen Mutter kann nach erfolgreicher Anfechtung das Kindesverhältnis durch Anerkennung sinngemäss nach Art. 260 oder durch Urteil sinngemäss nach Art. 261 begründet werden, ohne Anfechtung dagegen nur durch Adoption gemäss Art. 264 ff. Ist die Eispenderin gestorben, bevor die befruchtete Eizelle der Geburtsmutter eingepflanzt wurde, so kann ein Kindesverhältnis zu jener nicht begründet werden, vgl. Art. 260 N 82, Art. 261 N 78 a. Vgl. im übrigen HEGNAUER, Fortpflanzungsmedizin Nr. 12. 40

C. Adoption

Das Kindesverhältnis zur Mutter entsteht ausser durch Geburt auch durch Adoption (Abs. 3; Art. 264 ff). 41

2. Erlöschen

Das mit der *Geburt* entstandene Kindesverhältnis zur Mutter erlischt, wenn das Kind durch ein Ehepaar (Art. 264 a Abs. 1), durch die Stiefmutter (Art. 264 a Abs. 3) oder durch eine Person allein (Art. 264 b) adoptiert wird (Art. 267 Abs. 2 Satz 1), nicht aber infolge Adoption durch den Stiefvater (Art. 267 Abs. 2 Satz 2). 42

Das durch *Adoption* begründete Kindesverhältnis zur Mutter wird nur infolge gerichtlicher Aufhebung der Adoption im Anfechtungsprozess (Art. 269 ff), oder infolge einer späteren Adoption durch ein Ehepaar (Art. 264 a Abs. 1) oder durch die Stiefmutter (Art. 264 a Abs. 3) oder infolge Einzeladoption (Art. 264 b) aufgehoben. 43

Betreffend das *ausserhalb des Mutterleibes* gezeugte Kind vgl. N 39. Betreffend *Geschlechtsänderung* der Mutter vgl. N 62. 44

3. Bedeutung

45 Aufgrund der Geburt ist jedes Kind rechtlich mit der Mutter und durch sie mit der mütterlichen Verwandtschaft verbunden. Mit Ausnahme der Einzeladoption durch einen Mann (Art. 264b) kennt das schweizerische Recht kein mutterloses Kind. Beim Findelkind ist das mütterliche Kindesverhältnis freilich nicht erkennbar (N 35).

46 Das Kindesverhältnis zur Mutter ist unter Vorbehalt der Adoption notwendige Voraussetzung für die Entstehung des Kindesverhältnisses zum *Vater* (Art. 255 N 21, Art. 260 N 47, Art. 261 N 9) und insofern gegenüber diesem primär. Vgl. im übrigen N 26 ff.

4. Eintragung und Mitteilung

A. Geburtsregister

a) Gegenstand

47 Einzutragen ist jede Geburt und jede nach dem sechsten Monat der Schwangerschaft erfolgte Fehlgeburt, ausserdem die Auffindung eines Kindes unbekannter Abstammung (Art. 46, ZStV 59).

b) Zuständigkeit

48 Die Geburten in der Schweiz werden im Register des Geburtsortes eingetragen (ZStV 60). Über die Eintragung der ausländischen Geburt vgl. ZStV 71, hinten N 78 ff.

c) Inhalt

49 Die ordentliche Eintragung enthält vor allem den genauen Zeitpunkt und den Ort der Geburt, Familiennamen, Vornamen und Geschlecht des Kindes, sowie den Familiennamen, Vornamen, Heimatort und Wohnsitz der Eltern, der Mutter in jedem Fall, den des Vaters nur, wenn das Kindesverhältnis zu ihm schon besteht (ZStV 67; vgl. im einzelnen Anhang

S. 688). Das trifft zu, wenn die Geburt während der Ehe der Mutter oder vor Ablauf von 300 Tagen seit Auflösung der Ehe erfolgt (Art. 255 N 46 ff), ausserdem wenn der Vater das Kind vor der Geburt oder vor der Eintragung der Geburt anerkannt hat (Art. 260 N 162). Im Gegensatz zum früheren Recht wird das Kind nicht mehr als ehelich oder ausserehelich bezeichnet (vgl. alt ZStV 70).

d) Grundlage

Die in der Schweiz erfolgte Geburt wird in erster Linie aufgrund der *Anzeige* der anzeigeberechtigten oder -verpflichteten Personen oder Stellen (ZStV 61–64) eingetragen. Die Anzeige ist innert drei Tagen seit der Geburt zu erstatten (ZStV 65 Abs. 1), doch ist auch eine verspätete Anzeige entgegenzunehmen (ZStV 65 Abs. 2 Satz 1). 50

Liegen zwischen Geburt und Anzeige mehr als sechs Monate, so ersucht der Zivilstandsbeamte die Aufsichtsbehörde um eine *Verfügung* (ZStV 65 Abs. 2 Satz 2). Erscheinen die Angaben über Geburtsdatum, Geburtsort und Mutterschaft als glaubwürdig, so ordnet diese die Eintragung an. 51

Fehlen diese Angaben oder erscheinen sie als unsicher, so hat die Aufsichtsbehörde Klage auf Feststellung des Kindesverhältnisses zur Mutter zu erheben (vgl. den Sachverhalt in SJZ *1972* 188 Nr. 72 E 1 = ZVW *1972* 78 Nr. 11). Das gutheissende Urteil wird dem Zivilstandsbeamten mitgeteilt (ZStV 130 Abs. 1 Ziff. 1). 52

Wer ein Kind *unbekannter Abstammung* auffindet, hat die vom kantonalen Recht bezeichnete zuständige Behörde zu benachrichtigen (Art. 46 Abs. 2, ZStV 72 Abs. 1), welche dem Findelkind einen Familiennamen und Vornamen gibt und dem Zivilstandsamt Anzeige mit allen bekannten Umständen erstattet (ZStV 72 Abs. 2 und 3). Gestützt darauf erfolgt die Eintragung im Geburtsregister (ZStV 72 Abs. 4). 53

e) Mitteilungen

Der Zivilstandsbeamte teilt die Geburt dem Zivilstandsamt des Heimatortes und des Wohnsitzes der Mutter und des Vaters mit, sofern das Kindesverhältnis zu ihm schon besteht (N 49 a. E.); über Totgeburten erfolgen keine solchen Mitteilungen (ZStV 120 Abs. 1 Ziff. 1). Die Mitteilung an den Heimatort bildet die Grundlage für die Eintragung im Familienregister, N 57 f. 54

55 Besteht das Kindesverhältnis im Zeitpunkt der Geburt *nur zur Mutter,* so hat der Zivilstandsbeamte die Geburt der Vormundschaftsbehörde am Wohnsitz der Mutter mitzuteilen (ZStV 125 Abs. 1 Ziff. 1), damit sie gemäss Art. 309 Abs. 1 dem Kind einen Beistand ernenne oder, wenn der Mutter die elterliche Gewalt nicht zukommt, den Entscheid gemäss Art. 298 Abs. 2 treffe. Auch die Totgeburt ist mitzuteilen (a. a. O. Satz 2), damit eine allfällige vor der Geburt errichtete Beistandschaft aufgehoben werden kann (!). Da die Anerkennung eines vor oder bei der Geburt anerkannten Kindes ebenfalls der Vormundschaftsbehörde mitzuteilen ist (ZStV 125 Abs. 1 Ziff. 4 Musterbeispiel 7.5.106 A), ist nach Auffassung der Zivilstandsbehörden eine Mitteilung der Geburt an die Vormundschaftsbehörde in diesem Falle nicht nötig.

56 Die Eintragung des *Findelkindes* wird der Vormundschaftsbehörde des Auffindungsortes mitgeteilt (ZStV 125 Abs. 1 Ziff. 3), damit diese Vormundschaft (Art. 368) errichte. Der Vormund hat, soviel an ihm liegt, die nötigen Schritte zu tun, um die Mutter festzustellen. Die Ernennung eines Beistandes gemäss Art. 309 genügt nicht, da ein Inhaber der elterlichen Gewalt einstweilen nicht bekannt ist (a. M. SCHNYDER/MURER Art. 376 N 95).

B. Familienregister

57 Über die Eintragung, wenn das Kind während der Ehe der Mutter oder vor Ablauf von 300 Tagen seit Auflösung der Ehe geboren wird, vgl. Art. 255 N 50–52.

58 In den übrigen Fällen wird das Kind auf dem Blatt der Mutter und, wenn es anerkannt oder die Vaterschaft festgestellt ist, auf dem Blatt des Vaters eingetragen (ZStV 115, 117 Abs. 1 Ziff. 6 lit. *a*). Die Eintragung erfolgt im Familienregister des Heimatortes des Vaters und der Mutter.

C. Wirkung der Eintragung

59 Die Eintragung hat deklaratorische Bedeutung. Sie bezeugt das Kindesverhältnis zur Mutter (Art. 9, ZStV 28), vgl. auch CIEC-Übereinkommen von 1962, Art. 1, siehe hinten S. 658. Aufgrund der Eintragung und der gestützt darauf ausgestellten Auszüge (ZStV 138, 140) können die Rechte und Pflichten aus dem Kindesverhältnis geltend gemacht werden.

D. Änderung der Eintragung

Wird das Kind adoptiert, so wird dies im Geburtsregister als Randbemerkung nachgetragen (Art. 47) und die ursprüngliche Eintragung durch ein Deckblatt ersetzt (ZStV 73 a ff). Ausserdem wird die Adoption im Familienregister der bisherigen Eltern und der Adoptiveltern eingetragen (ZStV 115 Abs. 1 Ziff. 8, 117 Abs. 1 Ziff. 6 lit. *b,* Abs. 2 Ziff. 16). 60

Das Urteil über die Feststellung der *nachträglichen Geschlechtsänderung* (Transsexualismus) ist als Veränderung des Standes gemäss Art. 47 und in sinngemässer Ergänzung von ZStV 52 und 117 im Geburts- und allenfalls im Eheregister, sowie im Familienregister nachzutragen (vgl. JAQUES 229 ff, ZZW *1975* 3; *1976* 221; *1979* 105, 281). Das gilt auch für den neuen geschlechtskonformen Vornamen. Art. 47 ist entgegen ZZW *1979* 284 allgemein auf die Änderung des Standes, nicht bloss auf die Änderung von Standes*rechten* anwendbar (vgl. französischer und italienischer Text). Wie bei der Adoption (Art. 267 N 22) findet *keine* Rückwirkung statt. In den Auszügen ist das veränderte Geschlecht mit dem neuen Vornamen aufzuführen (vgl. ZStV 142). – Die Änderung der Eintragung ist nicht im Berichtigungsverfahren nach Art. 45 (so ZBl *1961* 418, ZR *1965* Nr. 60; JT *1960* III 28; ZZW *1971* 129), sondern durch Klage auf Feststellung der Geschlechtsänderung zu erwirken (BGE *92* II 132; ZZW *1971* 257; *1975* 3, 181). Zuständig für diese Standesklage ist der Richter am Wohnsitz der betreffenden Person, und es ist das Recht des Wohnsitzes anwendbar (NAG 2); das gilt interkantonal (D. PIOTET [zit. Art. 253 N 2] ZZW *1981* 114 f) und international (BJM *1981* 264). Vgl. die ausdrückliche Regelung im deutschen Gesetz über die Änderung der Vornamen und die Feststellung der Geschlechtszugehörigkeit in besonderen Fällen (Transsexuellen-Gesetz vom 10. September 1980, vgl. ZZW *1981* 90). – Ferner EuGRZ *1981* 127, NJW *1982* 2060. Vgl. weitere Nachweise bei GIESEN [zit. N 34], Arzthaftungsrecht 96 ff. ALFRED SCHNEIDER, Rechtsprobleme der Transsexualität. Frankfurt/M, Bern 1977. 61

Hat die betreffende Person vorher ein Kind geboren, so bleibt das Kindesverhältnis zu ihr bestehen; auch werden die Wirkungen des Kindesverhältnisses dadurch nicht berührt. Die Person, die das Kind geboren hat, bleibt im Verhältnis zu diesem auch nach der Geschlechtsänderung rechtlich die Mutter und figuriert in den Registerauszügen des Kindes weiterhin mit ihrem bisherigen Geschlecht und Vornamen (ZZW *1976* 222). Über das rechtliche Schicksal der Ehe vgl. NEUHAUS 26 f, SJZ *1982* 273 Nr. 49. 62

E. Veröffentlichung

63 Das kantonale Recht kann die *Veröffentlichung* der Geburten vorsehen (ZStV 29 Abs. 5 Satz 1). Ist dies der Fall, so dürfen einzelne Geburten von der Veröffentlichung nur mit Zustimmung der Aufsichtsbehörde ausgenommen werden; die Aufsichtsbehörde kann einzelnen Zivilstandsbeamten allgemein die Befugnis erteilen, solche Ausnahmen zu machen (Satz 2).

64 Die Kantone können vorsehen, dass die Veröffentlichung auf Begehren der Betroffenen unterbleibt und die unverheiratete Mutter auf dieses Recht hinzuweisen ist (Zürich ZStV 20 Abs. 3). Der Gefahr unnötiger Blossstellung des rechtlich noch vaterlosen Kindes und seiner Mutter dürfte aber wirksamer begegnet werden, wenn für die Publikation ihr Einverständnis eingeholt werden müsste (vgl. auch ZZW *1979* 37).

5. Streitige Mutterschaft

A. Findelkind

65 Beim Findelkind ist unbekannt, welche Frau das Kind geboren hat. Regelmässig ist der Tatbestand der Unterdrückung des Personenstandes (StGB 216), oft auch der der Aussetzung (StGB 127) erfüllt. Beide Delikte sind von Amtes wegen zu verfolgen. Wird im Strafverfahren die mütterliche Abstammung zweifelsfrei ermittelt, so hat die Polizeibehörde oder das Gericht die Geburt dem Zivilstandsbeamten des Geburtsortes anzuzeigen (ZStV 61 Abs. 3).

66 Die Aufsichtsbehörde ordnet die Eintragung der Geburt ins Geburtsregister des Geburtsortes (N 49), die Anmerkung bei der Eintragung am Auffindungsort (N 53) und die Löschung dieser Eintragung an (ZStV 73).

67 Fehlen die Voraussetzungen eines Strafverfahrens oder führt es nicht zur eindeutigen Feststellung der Mutter, so kann jedermann, der ein Interesse hat, jederzeit Klage auf positive Feststellung erheben, dass eine bestimmte Frau das Kind geboren hat (AUBERT 40 ff; COMMENT ZBJV *1935,* 546; BBl *1974* II 24). Die Klage des Kindes richtet sich gegen die Mutter, die der Mutter gegen das Kind, die eines Dritten gegen Mutter und Kind. Hat die angebliche Mutter das Kind während der Ehe oder vor Ablauf von 300 Ta-

gen seit Auflösung der Ehe geboren, so ist die Klage notwendig auch auf Feststellung des Kindesverhältnisses zum Ehemann gerichtet (AUBERT 151 ff; BGE *41* II 425, Art. 255 N 77). Dieser ist daher ebenfalls am Prozess beteiligt; klagt er nicht selber, so ist die Klage auch gegen ihn zu erheben. Der unverheiratete Vater hat ein Interesse an der Feststellung der Mutterschaft, damit er das Kind anerkennen kann (Art. 260 N 47 ff). Zum Gerichtsstand vgl. Art. 253 N 8. Zum Verfahren vgl. Art. 254 und dort N 26. Das Urteil hat nur Wirkung zwischen den Parteien. Eine andere Frau kann gegen die Parteien des ersten Prozesses auf Feststellung klagen, sie sei die wirkliche Mutter (GULDENER ZSR *1950* 334, 338 f).

Das gutheissende Urteil wird dem Zivilstandsbeamten mitgeteilt (ZStV 130 Abs. 1 Ziff. 1), worauf die Aufsichtsbehörde die in N 66 erwähnten Anordnungen trifft. 68

Die positive Feststellungsklage (N 67) ist überdies gegeben, 69
– wenn die Geburt erst nach Ablauf von mehr als *sechs* Monaten angezeigt worden ist und nach Auffassung der Aufsichtsbehörde die Umstände zur Anordnung der Eintragung nicht ausreichen (N 52), oder
– wenn für das im *Ausland* geborene Kind keine zivilstandsamtliche Urkunde vorliegt und die Aufsichtsbehörde die Geburt von einer Schweizerin nicht sonst als ausreichend dargetan erachtet (ZStV 71 Abs. 1 und 3); vgl. dazu hinten N 79 ff. 70

B. Kindesunterschiebung

a) Wer die Eintragung einer Frau als Mutter eines Kindes erwirkt, das sie nicht geboren hat, begeht, wenn die subjektiven Tatbestandselemente erfüllt sind, Fälschung des Personenstandes (StGB 216) und Erschleichung einer Falschbeurkundung (StGB 253). Beide Delikte sind von Amtes wegen zu verfolgen (z. B. ZZW *1960* 246 f). Wird im Strafverfahren festgestellt, dass die Eintragung unrichtig ist, so ist die Aufsichtsbehörde zu benachrichtigen. Diese hat beim Richter auf Berichtigung durch Löschung des unrichtigen Eintrages und gegebenenfalls durch Eintragung der richtigen Mutter zu klagen (N 67). 71

b) Auch wenn kein Straftatbestand vorliegt, ist die Eintragung der unrichtigen Mutter zu berichtigen. Zum Berichtigungsverfahren vgl. sinngemäss Art. 255 N 64 ff. Ist das Kind während der Ehe der angeblichen Mutter oder vor Ablauf von 300 Tagen seit Auflösung der Ehe geboren, so entfällt mit der Feststellung der Nichtmutterschaft ohne weiteres auch die Vermutung 72 der Vaterschaft ihres Ehemannes (BGE *41* II 425, *50* II 101, ZZW *1960* 246, Art. 255 N 70). Umgekehrt begründet die entsprechende Feststellung für die wirkliche Mutter die Vermutung des Art. 255. Die Wirkungen des unrichtigen Kindesverhältnisses erlöschen, und die des richtigen entstehen rückwirkend auf den Zeitpunkt der Geburt. Für den Beweis der Mutterschaft und der Nichtmutterschaft kommen die naturwissenschaftlichen Gutachten in Betracht, vor allem die erbbiologischen (Art. 254 N 130 ff).

73 c) Bezeugt eine in der Schweiz nicht eingetragene ausländische Urkunde die Mutterschaft einer Schweizerin, die das Kind tatsächlich nicht geboren hat, so ist nicht das Berichtigungsbegehren (Art. 45), sondern die Klage auf Feststellung der Nichtmutterschaft gegeben (BGE *41* II 425). Doktrin und Rechtsprechung lassen die Feststellungsklage aber auch zu, wenn in der Schweiz eine Registereintragung besteht (COMMENT ZBJV *1935,* 540 ff; JAQUES 147 ff; AUBERT 40 ff; BGE *86* II 442 f, *87* I 469).

C. Streitige Identität

74 Die Eintragung in den Zivilstandsregistern bezeugt das Kindesverhältnis zwischen Mutter und Kind, nicht aber deren Identität. Ist diese streitig, so ist sie vorfrageweise von den Zivilstandsbehörden (vgl. ZZW *1976* 23) oder den Strafverfolgungsbehörden oder aber als Hauptfrage auf entsprechende Feststellungsklage vom Zivilrichter zu beurteilen (BGE *101* IV 309 f). Die Identität kann mit dem positiven Abstammungsgutachten (Art. 254 N 162, 179) bewiesen werden, unter Umständen auch durch den Nachweis, dass das Kind seit der Geburt bei der Mutter gelebt hat (vgl. AUBERT 42 f, 46 f). – In der Erzählung von Salomos Urteil (1. Könige 3, 16–27) und in den Kreidekreis-Dramen Klabunds (1925) und Brechts (1949) bildet dagegen die Reaktion auf eine seelische Probe den Beweis der wahren Mutterschaft; bei Brecht begründet sie darüber hinaus den Vorrang der sozialpsychischen vor der genetischen Mutterschaft (vgl. HEGNAUER ZSR *1971* I 1).

D. Aufwuchssituation

75 Die unrichtige Eintragung muss auch dann berichtigt werden, wenn die unrichtige Mutter das Kind erzogen hat und eine enge sozialpsychische Beziehung entstanden ist. Diese Aufwuchssituation kann als Pflegeverhältnis (Art. 300) weitergeführt und gegebenenfalls durch das Verbot der Rücknahme (Art. 310 Abs. 3) gesichert oder durch Adoption (Art. 264 ff) in ein Kindesverhältnis übergeführt werden.

6. Internationales Recht

Das CIEC-Übereinkommen über die Feststellung der mütterlichen Abstammung nichtehelicher Kinder, von 1962 (s. hinten 658) betrifft nur die Vereinheitlichung des materiellen Rechtes. Für die Mitgliedstaaten des Europarates gilt aufgrund des Entscheides des Europäischen Gerichtshofes für Menschenrechte von 1979 (vorn N 4 a. E.), dass das Kindesverhältnis zur Mutter von Gesetzes wegen entsteht (BÖHMER in: BÖHMER/ SIEHR 7.3 S. 2, 3, 5). – Für die internationale Rechtsanwendung ist das autonome Kollisionsrecht massgebend, s. Art. 255 N 84. 76

A. Zuständigkeit

Die Geburt in der *Schweiz* wird im Geburtsregister des Geburtsortes auf jeden Fall unter Angabe der Mutter eingetragen (vorn N 48). Über die Mitteilung der Geburt von Ausländern ins Ausland, vgl. ZStV 122. 77

Die Geburt im *Ausland* wird in der Schweiz eingetragen, wenn das Kind Schweizer oder seine Mutter Schweizerin ist. Die Eintragung erfolgt auf Verfügung der Aufsichtsbehörde aufgrund der ausländischen Geburtsurkunde (ZStV 137) im Familienregister des Heimatortes des Kindes oder, wenn es nicht Schweizer ist, des Heimatortes der Mutter (ZStV 115, 117). Die Mitteilung ausländischer Geburten an schweizerische Zivilstandsämter ist teils durch Staatsverträge, teils durch Weisungen an die schweizerischen Vertretungen im Ausland geregelt (vgl. GÖTZ SPR II 399 f.). 78

Besteht für die im Ausland erfolgte Geburt eines Schweizerbürgers *keine ausländische zivilstandsamtliche Urkunde,* so ordnet die Aufsichtsbehörde die Eintragung im Geburtsregister des Heimatortes an, sofern die Geburt sonst in ausreichender Weise dargetan werden kann (ZStV 71 Abs. 1). Das muss sinngemäss auch für das nichtschweizerische Kind einer Schweizerin gelten. Denn es wird ebenfalls im Familienregister des Heimatortes der Mutter eingetragen (ZStV 115 Ziff. 1 lit. *b*), und diese Eintragung kann bei Fehlen einer zivilstandsamtlichen Urkunde nur aufgrund der Eintragung im Geburtsregister erfolgen (ZStV 118 Abs. 2 Satz 2). 79

Die schweizerischen Behörden befinden über die *Berichtigung* oder Ergänzung der Eintragung der Geburt in einem schweizerischen Register, nicht aber in einem ausländischen Register oder einer ausländischen Urkunde (BGE *66* I 294). 80

81 Ist die Geburt im *Ausland* erfolgt, aber in einem *schweizerischen* Register einzutragen, so ist die schweizerische Behörde zuständig, die mütterliche Abstammung vorfrageweise oder in einem selbständigen Feststellungsverfahren zu beurteilen (ZStV 71 Abs. 3; VPB *1980* Nr. 108 E. 5; vgl. dazu vorn N 67, Art. 253 N 43 ff). Nach E/IPRG 64/65 sind die schweizerischen Behörden am gewöhnlichen Aufenthalt des Kindes oder am Wohnsitz der Mutter zuständig; am schweizerischen Heimatort der Mutter besteht ein Notgerichtsstand. – Vgl. Art. 253 N 55 ff.

B. Anwendbares Recht

a) Wohnsitzrecht

82 NAG 8 e stellt für die Feststellung und Anfechtung des Kindesverhältnisses in Abs. 1 lit. *a* und *b* auf das gemeinsame Wohnsitz- oder Heimatrecht *beider* Eltern und des Kindes ab. Die Bestimmung kann aber, wie die frühere von NAG 8, auf die Entstehung des Kindesverhältnisses zur Mutter nicht unmittelbar angewendet werden, da dieses vor und unabhängig von dem Kindesverhältnis zum Vater (N 46) entsteht. NAG 8 e Abs. 1 lit. *a* bedeutet aber sinngemäss, dass die Entstehung des Kindesverhältnisses sich nach dem Recht des Landes bestimmt, in welchem die *Mutter* und das *Kind* ihren Wohnsitz haben (gleicher Ansicht NABHOLZ/SIEGENTHALER ZZW *1980* 172; VPB *1980* Nr. 108 E. 3).

83 Nun teilt das Kind im Zeitpunkt der Geburt den *Wohnsitz der Mutter* (Art. 25 Abs. 1). Für das Kind der unmündigen Mutter ist im internationalen Verhältnis nicht deren allfälliger abgeleiteter Wohnsitz massgebend, sondern der tatsächliche Mittelpunkt ihrer Lebensbeziehungen (BGE *94* II 228 E. 6; A. BUCHER [zit. Art. 253 N 2], ZVW *1977* 44 ff; E. BUCHER Art. 25 N 76 ff.)

84 Demnach bestimmt sich die Feststellung des Kindesverhältnisses zur Mutter grundsätzlich nach dem Recht des Landes, in welchem die *Mutter* im Zeitpunkt der Geburt ihren *gewöhnlichen Aufenthalt,* also tatsächlichen Wohnsitz, hat. Art. 252 Abs. 1 ist daher anwendbar, wenn der tatsächliche Wohnsitz der Mutter sich in der Schweiz befindet (VPB *1980* N 108 E 3, 5). Nach E/IPRG 66 ist das Recht am gewöhnlichen Aufenthalt des Kindes oder das gemeinsame Heimatrecht von Mutter und Kind anwendbar, wenn die Mutter keinen Wohnsitz im Staat des gewöhnlichen Aufenthaltes des Kindes hat.

Ist das Kind in der Schweiz geboren und macht das Heimatrecht der Mutter 85
die Entstehung des Kindesverhältnisses von einer *Anerkennung* abhängig, so
kann sie diese Anerkennung beim Zivilstandsbeamten des Geburtsortes beurkunden lassen (ZStV 108). Diese Befugnis muss ihr auch zugestanden werden, wenn das Recht ihres ausländischen Wohnsitzes eine solche Anerkennung verlangt (vgl. dazu CIEC-Übereinkommen [zit. N 76], Art. 3). Der Zivilstandsbeamte soll in diesen Fällen die rechtsunkundige Mutter aufklären und zur Anerkennung anhalten. Da Wirkungen des Kindesverhältnisses, z. B. der Erwerb des Namens (z. B. CCit 262) oder der ausländischen Staatsangehörigkeit von der Anerkennung durch die Mutter und deren Zeitpunkt abhangen können, muss über den zu eng gefassten Wortlaut von ZStV 108 Abs. 1 hinaus die Anerkennungserklärung der Mutter immer dann entgegengenommen werden, wenn der Fall irgendeine Beziehung zu einem ausländischen Staat aufweist, dessen Recht eine Anerkennung durch die Mutter vorsieht (A. BUCHER ZZW *1977* 328 f = SA 8 *).

b) Heimatrecht

Das Kind erwirbt unabhängig vom Wohnsitz zur Zeit der 86
Geburt das Schweizerbürgerrecht, wenn die Eltern verheiratet sind und der
Vater Schweizer ist (BüG 1 Abs. 1 lit. *a*), wenn die Eltern verheiratet sind, die
Mutter Schweizerin, der Vater aber Ausländer ist und das Kind nicht von
Geburt an eine andere Staatsangehörigkeit erwerben kann (BüG 5 Abs. 1
lit. *b*) oder wenn die Eltern nicht verheiratet sind und die Mutter Schweizerin ist (BüG 1 Abs. 1 lit. *b*). Hängt aber der Erwerb des Schweizerbürgerrechts von der Entstehung des Kindesverhältnisses zur Mutter ab, so bestimmt sich auch dieses ohne Rücksicht auf Wohnsitz oder Geburtsort nach
schweizerischem Recht, also nach Art. 252 Abs. 1. Das Kindesverhältnis zur
Mutter entsteht daher in diesen Fällen von Gesetzes wegen mit der Geburt,
auch wenn die nach dem Recht des Wohnsitzes oder des Geburtsortes allenfalls nötige Anerkennung fehlt (im Ergebnis gleich A. BUCHER ZZW *1977*
329 = SA 8 *; F. KNOEPFLER ZZW *1978* 311 f; NABHOLZ/SIEGENTHALER ZZW
1980 172 f.). Die im Ausland wohnhafte schweizerische Mutter darf aber am
schweizerischen Geburtsort oder Heimatort das Kind anerkennen, wenn das
Recht des ausländischen Wohnsitzes oder der Heimat des Vaters die Anerkennung verlangt (vgl. N 87, Art. 260 N 191 a; A. BUCHER ZZW *1977* 329 =
SA 8 *).

87 Die ausländische Geburt eines Kindes einer Schweizerin ist auch dann in der Schweiz einzutragen, wenn es das Schweizerbürgerrecht nicht erwirbt (vgl. N 78 ff; Eltern verheiratet, Vater Ausländer, Mutter nicht von Abstammung Schweizerin, oder Eltern zur Zeit der Geburt nicht in der Schweiz wohnhaft, BüG 5 Abs. 1 lit. *a*). Auch in diesen Fällen dürfte Art. 252 Abs. 1 anzuwenden sein (vgl. VPB *1980* Nr. 108 E. 5).

88 Kasuistik   Ausländisches Register: Unwahre Eintragung einer Schweizerin als Mutter.
– Ein verheirateter Schweizer hatte gegenüber einem ausländischen Zivilstandsamt das von einer ledigen Mutter dort geborene Kind als von seiner Ehefrau geboren ausgegeben und damit erwirkt, dass es im Geburtsregister als sein und seiner Frau Kind eingetragen wurde. Auf Klage der Heimatgemeinde des Ehemannes stellte der schweizerische Richter die Nichtmutterschaft der Ehefrau fest (BGE *41* II 425).

89   Ausländisches Register: Eintragung des Kindes einer Schweizerin als von einer unbekannten Mutter geboren.
– Die in der Schweiz wohnhafte Mutter hatte das Kind in Frankreich geboren und es als von einer unbekannten Mutter geboren eintragen lassen; zwei Jahre später ordnete die Aufsichtsbehörde im Zivilstandswesen des Heimatkantons der Mutter die Eintragung in die Register der Heimatgemeinde der Mutter an (SJZ *1973* 122 Nr. 77 Spalte links).
– Entsprechender Fall einer Geburt in Italien. 35 Jahre später ordnet die kantonale Aufsichtsbehörde aufgrund eingehender Untersuchungen über die mütterliche Abstammung und die Identität in Anwendung von ZStV 71 und 73 die Eintragung der Geburt in das Geburts- und das Familienregister des Heimatortes der Mutter an (ZZW *1976* 23).

90   Ausländisches Register: Eintragung des Kindes einer Ausländerin als von einer unbekannten Mutter geboren.
– Italienerin mit Wohnsitz in der Schweiz oder in Italien behauptet, das Kind, das sie bei sich hat, sei ihr Kind. Frage, ob die schweizerische Behörde Kindesschutzmassnahmen zu treffen und die Mutterschaft abzuklären habe (VPB *1980* Nr. 108).

III. Kindesverhältnis zum Vater

91   Die väterliche Abstammung ist nicht ohne weiteres, sofort und eindeutig erkennbar. Das Recht ist daher auf Behelfe angewiesen, welche mittelbar auf die Vaterschaft schliessen lassen. Abs. 2 zählt sie auf. Das Kindesverhältnis zwischen dem Kind und dem Vater wird kraft der Ehe der Mutter begründet oder durch Anerkennung oder durch den Richter festgestellt. Ausserdem entsteht auch das väterliche Kindesverhältnis durch Adoption (Abs. 3).

Die Aufzählung hat vor allem *programmatische* Bedeutung. Ihre materielle 92 Regelung erfahren die drei Entstehungsgründe in den Bestimmungen des zweiten und dritten Abschnittes, und zwar die Begründung des Kindesverhältnisses zum Vater kraft der Ehe der Mutter in den Art. 255–258, durch Anerkennung in den Art. 260–260 c und durch Urteil des Richters in den Art. 261–263. Die Adoption schliesslich ist in den Art. 264–269 c geordnet.

Normative Bedeutung haben Abs. 2 und 3 insoweit, als sie die Entstehungs- 93 gründe des väterlichen Kindesverhältnisses *abschliessend* nennen. Ist keiner von ihnen gegeben, so ist das Kind rechtlich vaterlos.

Sodann bezeichnet die Reihenfolge in Abs. 2 auch eine *Rangordnung* der 94 drei auf Abstammung beruhenden Entstehungsgründe. Die Vermutung der Vaterschaft des Ehemannes (Art. 255; Ehelichkeitsvermutung) hat den Vorrang vor der Anerkennung (Art. 260), und diese geht dem Vaterschaftsurteil (Art. 261) vor.

Die Ehelichkeitsvermutung ist der *ordentliche* Weg der rechtlichen Verknüp- 95 fung des Kindes mit seinem Vater. Sie lässt das väterliche Kindesverhältnis von Gesetzes wegen gleichzeitig mit dem mütterlichen entstehen und schafft damit die Grundlage des gemeinsamen Kindesverhältnisses zu beiden Eltern (Art. 255 N 18). Darin liegt der hohe sozialpädagogische und sozialethische Wert der Vermutung. Sie steht auch praktisch weit im Vordergrund; vgl. dazu Art. 255 N 98 Tabelle (Rubrik 4), N 100.

Demgegenüber erscheinen die Anerkennung und noch mehr das Vater- 96 schaftsurteil als *ausserordentliche* Mittel zur Begründung des väterlichen Kindesverhältnisses. Sie kommen nur durch besonderen Rechtsakt und regelmässig erst nach der Geburt, oft erst geraume Zeit nachher, zustande.

Als freiwilliges Bekenntnis bietet die Anerkennung eine bessere Grundlage 97 für den Aufbau einer sozialpsychischen Beziehung zum Kind als das gegen den Willen des Vaters ergehende Urteil.

Anerkennung und Vaterschaftsurteil begründen nur ein einfaches Kindes- 98 verhältnis zum Vater (N 23). Wenn die Eltern aber einander heiraten, unterliegt das Kind den Bestimmungen über das während der Ehe geborene und entsteht ein gemeinsames Kindesverhältnis (N 22; Art. 259 Abs. 1).

Die drei in Abs. 2 genannten Entstehungsgründe sind an der *genetischen Ab-* 99 *stammung* orientiert. Die Vermutung des Art. 255 beruht auf der hohen Wahrscheinlichkeit, dass der Ehemann, und nur er, der Mutter beigewohnt hat. Sinngemäss ähnlich verhält es sich bei der Anerkennung des Art. 260. Doch besteht keine Sicherheit, dass der Ehemann oder der Anerkennende das Kind gezeugt hat. Rechtliche Vaterschaft kann daher von genetischer abweichen. Freilich sieht das Gesetz mit der Anfechtungsklage die Möglichkeit vor, die Vermutung der Vaterschaft des Ehemannes und die Anerkennung durch den Beweis der Nichtvaterschaft zu beseitigen; doch ist das Anfechtungsrecht persönlich und zeitlich beschränkt (Art. 256 ff, Art. 260 a ff). Denn neben dem genetischen sind auch andere Gesichtspunkte bedeutsam, wie namentlich die sozialpsychische Beziehung zwischen Erzieher und Kind (vgl. HEGNAUER ZSR *1971* I 4 ff). Solche Rücksichten entfallen beim Vaterschaftsurteil. Mit der Anknüpfung an die Beiwohnung und dem Beweis der Nichtvaterschaft sucht es das Kindesverhältnis zum Erzeuger herzustellen (Art. 262 und dort N 104).

100 Gemeinsam ist allen drei Behelfen zur Herstellung des väterlichen Kindesverhältnisses, dass sie zunächst ein erhebliches *Irrtumsrisiko* zulasten der genetischen Vaterschaft in Kauf nehmen, dann aber die Korrektur erlauben. Dank der hohen Ausschlussleistung der naturwissenschaftlichen Abstammungsgutachten wird heute jenes Risiko ausgeglichen, indem ein Nichtvater praktisch in allen Fällen erkannt werden kann (DAHR [zit. Art. 254 N 2] 126; vgl. im einzelnen Art. 254 N 66 ff).

IV. Entstehung des Kindesverhältnisses durch Adoption

101   Abs. 1 und 2 betreffen die Entstehung des Kindesverhältnisses aufgrund der Abstammung. Ausserdem entsteht das Kindesverhältnis durch Adoption (Abs. 3). Diese Bestimmung hat ebenfalls keine selbständige Bedeutung, sondern verweist auf den vierten Abschnitt, der in den Art. 264–269 c die Adoption im einzelnen regelt.

102 Das durch Adoption begründete Kindesverhältnis ist originär und selbständig. Es tritt anstelle des auf Abstammung beruhenden Kindesverhältnisses und schliesst eine spätere Feststellung des mütterlichen Kindesverhältnisses gemäss Abs. 1 oder die Begründung des väterlichen im Sinne von Abs. 2 aus.

Art. 253

B. Feststellung und Anfechtung des Kindesverhältnisses
I. Zuständigkeit

Die Klage auf Feststellung oder Anfechtung des Kindesverhältnisses ist beim Richter am Wohnsitz einer Partei zur Zeit der Geburt oder der Klage zu erheben.

B. Constatation et contestation de la filiation
I. For

L'action en constatation ou en contestation de la filiation est intentée devant le juge du domicile de l'une des parties au temps de la naissance ou au temps de la demande.

B. Accertamento e contestazione della filiazione
I. Competenza

L'azione di accertamento o di contestazione della filiazione è proposta al giudice del domicilio di una parte al momento della nascita o al momento dell'azione.

Übersicht

		Note	Seite
Materialien		1	66
Literatur		2	66
Rechtsgeschichte		3	66
Textgeschichte		4	67
I. Verfassungsmässige Grundlage		5	67
II. Begriff der Klage auf Feststellung oder Anfechtung des Kindesverhältnisses			67
1. Unmittelbare Anwendung von Art. 253		6	67
2. Sinngemässe Anwendung von Art. 253		9	68
3. Keine Anwendung von Art. 253		12	68
III. Wohnsitz einer Partei zur Zeit der Geburt oder der Klage			69
1. Wohnsitz		16	69
2. Partei		29	72
3. Zeitpunkt		34	73
IV. Gerichtsstand			74
1. Abschliessende Ordnung		39	74
2. Mehrheit von Gerichtsständen		40	75
3. Rechtsmittel		49	77
4. Änderung des Wohnsitzes		53	77
5. Sachliche und funktionelle Zuständigkeit		54	78
V. Internationale Zuständigkeit			78
1. Schweizerischer Gerichtsstand		55	78
2. Anerkennung ausländischer Entscheidungen		70	81

1 Materialien	aArt. 262 Abs. 2, 312 Abs. 1, 313; aNAG 8; BBl *1974* II 25 f; E 253; AmtlBullStR *1975* 115, *1976* 83; NR *1975* 1752 f.
2 Literatur	BUCHER ANDREAS, Der abhängige Wohnsitz nicht selbständiger Personen (Art. 25 ZGB), ZVW *1977* 41; FRICKER KURT, Die vorsorglichen Massregeln im Vaterschaftsprozess nach Art. 282–284 ZGB, Diss. Freiburg 1978; HEGNAUER CYRIL, Örtliche Zuständigkeit zur Errichtung der Beistandschaft gemäss Art. 392 Ziff. 2 ZGB, ZVW *1976* 21; *derselbe,* Der Gerichtsstand für die Abänderung einer Vereinbarung über Unterhaltsbeiträge an ein mündiges Kind Art. 279 Abs. 2, 286 Abs. 2 ZGB, ZVW *1981* 139; HENKEL HELMUT, Die Anordnung von Kindesschutzmassnahmen gemäss Art. 307 rev. ZGB, Diss. Zürich 1977; LALIVE PIERRE/BUCHER ANDREAS, Action en recherche de paternité, JIR *1981* 412; OSTERWALDER PETER, Die Rechtshängigkeit im schweizerischen Zivilprozessrecht, Diss. Zürich 1981; VON OVERBECK A. E., Internationalprivatrechtliches zum neuen schweizerischen Kindschaftsrecht, Zeitschr. f. Rechtsvergleichung, Wien *1978* 87. PIOTET DENIS, Des effets intercantonaux de l'abrogation de la Loi fédérale sur les rapports de droit civil des citoyens établis ou en séjour, ZZW *1981* 113; PIOTET PAUL, Remarques sur le domicile de l'enfant selon la loi actuelle et selon le projet de révision du droit de la filiation, JT *1974* I 570; *derselbe,* Le premier domicile de l'enfant illégitime, JT *1969* I 562; SCHNEIDER BERNARD, Le domicile international, Diss. Neuenburg 1973; SCHNYDER ANTON K., Staatsverträge im Internationalen Privat- und Zivilverfahrensrecht der Schweiz, Zürich 1983; STURM FRITZ, Das neue Schweizer Kindesrecht und seine Spiegelung im deutschen IPR. Das Standesamt *1979* 185; TERCIER PIERRE, La réparation du tort moral; crise ou évolution?, in: FS Deschenaux, Freiburg 1977 307; VILLIGER MARK EUGEN, Der Auslandschweizer und die schweizerische internationale Zuständigkeit im Personen-, Familien- und Erbrecht nach NAG Art. 28 ff, Diss. Zürich 1978; VISCHER ULRICH, Die Funktionen und Ausgestaltungen des Wohnsitzbegriffes in den verschiedenen Gebieten des schweizerischen Rechts, Diss. Basel 1977.
3 Rechtsgeschichte	Das ZGB von 1907 regelte den Gerichtsstand nur für die Anfechtung der Ehelicherklärung (aArt. 262 Abs. 2: Wohnsitz der Eltern, vgl. dazu BGE *95* II 391, oder Sitz des Richters, der die Ehelicherklärung ausgesprochen hatte) und für die Vaterschaftsklage (aArt. 312 Abs. 1: Wohnsitz der klagenden Partei zur Zeit der Geburt oder am Wohnsitz des Beklagten zur Zeit der Klage; aArt. 313: Heimatort des schweizerischen Beklagten für die Klage auf Zusprechung mit Standesfolge bei ausländischem Wohnsitz der Parteien). Für die übrigen Klagen auf Feststellung oder Anfechtung des Kindesverhältnisses galt interkantonal aNAG 8 (Zuständigkeit des Heimatkantons des Ehemanns oder Vaters), innerkantonal das kantonale Prozessrecht. Vgl. für die Anfechtung der Ehelichkeit VA Art. 253 N 26–31; die Anfechtung der Anerkennung VA Art. 306 N 15–19; die Klage auf Feststellung der Mutterschaft AUBERT 47. Vgl. als Beispiel für den unübersichtlichen Rechtszustand ZBJV *1975,* 525: Das Gericht beurteilte aus Versehen eine Anfechtung der Ehelich*erklärung* (aArt. 262) als Anfechtung der Ehelich*keit* (aArt. 253): für die eine war es örtlich zuständig, für die andere aber nicht! Bei der Vorbereitung der Revision von 1976 wurde für die Vaterschaftsklage ein weiterer Gerichtsstand am Ort der Geburt erwogen, aber abgelehnt (BBl *1974* II 251). Siehe auch Art. 252 N 2

Textgeschichte Art. 253 knüpft an aArt. 312 Abs. 1 über den Gerichtsstand für die Vater- 4
schaftsklage an, dehnt diesen aber auf alle Statusklagen aus und erweitert
ihn um den Gerichtsstand am Wohnsitz des Klägers zur Zeit der Klage
und den am Wohnsitz des Beklagten zur Zeit der Geburt. Die Bestimmung weicht nur redaktionell vom Entwurf ab. Der Ständerat hatte zunächst den Gerichtsstand am Wohnsitz des Klägers enger gefasst.

I. Verfassungsmässige Grundlage

Die Zuständigkeit des Bundes zur Gesetzgebung im Zivil- 5
recht (BV 64 Abs. 1, 2) schliesst die Befugnis ein, auch die Verfahrensvorschriften aufzustellen, die für eine einheitliche Anwendung des Bundesrechts nötig sind (Art. 254 N 22). Dazu gehören auch Gerichtsstandsbestimmungen. Solche waren schon vor der BV von 1874 erlassen worden. Die Verfassungsmässigkeit dieses Vorgehens wird durch BV 64 Abs. 3 bestätigt, wonach den Kantonen u. a. das gerichtliche Verfahren «wie bis anhin» verbleibt (GULDENER 64). Die bundesrechtliche Ordnung des Gerichtsstandes ist für die Feststellung und Anfechtung des Kindesverhältnisses unerlässlich (Habscheid 148). Sie erfolgt durch Art. 253. BV 59 ist in diesem Bereich ausgeschaltet (BGE *96* III 136, *81* I 338).

II. Begriff der Klage auf Feststellung oder Anfechtung des Kindesverhältnisses

1. Unmittelbare Anwendung von Art. 253

A. Statusgestaltungsklage

Art. 253 gilt für 6
– die *positive* Klage auf Feststellung des Kindesverhältnisses zum Vater (Vaterschaftsklage, Art. 261) und
– die *negative* Klage auf Anfechtung der Vermutung der Vaterschaft des 7
Ehemannes (Art. 256), auf Anfechtung der Anerkennung (Art. 260a, 259 Abs. 2 und 3) und auf Anfechtung der Adoption (Art. 269, 269a).

B. Statusfeststellungsklage

8 Art. 253 gilt ausserdem für die positive oder die negative Klage auf Feststellung des Kindesverhältnisses zur Mutter (Art. 252 N 67) oder zum Vater (Art. 255 N 62, 77, 260a N 33, 44). Ebenso D. PIOTET ZZW *1981* 114.

2. Sinngemässe Anwendung von Art. 253

9 *Die Leistungsklage der Mutter* ist bei dem für die Vaterschaftsklage zuständigen Richter zu erheben (Art. 295 Abs. 1). Damit wird auf Art. 253 verwiesen (vgl. AmtlBull. SR *1975* 115).

10 Für die *Unterhaltsklage* des Kindes ist der Richter am Wohnsitz des Klägers oder des Beklagten zuständig (Art. 279 Abs. 2). Sie kann mit der Vaterschaftsklage verbunden werden (Art. 280 Abs. 3; vgl. dazu Art. 261 N 17). In diesem Fall gilt die Zuständigkeit für die Vaterschaftsklage gemäss Art. 253 auch für die Unterhaltsklage (Art. 279 Abs. 3; HEGNAUER ZVW *1981* 139 Ziff. 3), unter Einschluss der Begehren um vorsorgliche Massnahmen (Art. 282–284; FRICKER 187).

11 Art. 253 ist sinngemäss auch für die Klagen anzuwenden, die das *Geschlecht* einer Person betreffen. Für die Klage auf Feststellung des Geschlechts ist der Richter am Wohnsitz des Gesuchsstellers zur Zeit der Geburt oder des Gesuches zuständig, für die Klage auf Feststellung der Änderung des Geschlechts (Art. 252 N 61) der Richter am Wohnsitz zur Zeit des Gesuches (D. PIOTET ZZW *1981* 115 leitet den Wohnsitzgerichtsstand aus NAG 2 ab).

3. Keine Anwendung von Art. 253

12 Auf andere Klagen ist Art. 253 nicht anwendbar, auch wenn das Bestehen oder Nichtbestehen eines Kindesverhältnisses vorfrageweise zu beurteilen ist. Das gilt namentlich für:

13 – Begehren um *Berichtigung* einer Eintragung in einem Zivilstandsregister (Art. 45). Liegt eine Eintragung in einem Einzelregister vor, so ist der Richter am Ort, wo dieses Register geführt wird, zuständig (BGE *86* II 444f; *92* II 132; Art. 252 N 48, 71ff; Art. 255 N 65; Art. 260a N 43). Der gutheissende Entscheid führt ohne weiteres auch zur entsprechenden Berichtigung einer allfälligen Eintragung im Familienregister. Besteht nur

eine Eintragung im Familienregister, so ist der Richter am Ort dieses Registers zuständig. – Über die Klage auf Eintragung einer Anerkennung vgl. Art. 260a N 30.

– Klagen auf Abänderung des Unterhaltsbeitrages (Art. 157, 286 Abs. 2; HEGNAUER ZVW *1981* 139). 14

– Klagen auf Rückerstattung von Unterhaltsleistungen (ausgenommen die Rückerstattung vorläufiger Zahlungen, die im verbundenen Vaterschafts-/Unterhaltsprozess auferlegt worden sind, vgl. N 10 und Art. 284), auf Leistung von Genugtuung an die Mutter (OR 49; TERCIER 323), auf Leistung von Schadenersatz und Genugtuung wegen fehlerhafter Führung des Prozesses zur Feststellung oder Anfechtung eines Kindesverhältnisses. 15

III. Wohnsitz einer Partei zur Zeit der Geburt oder der Klage

1. Wohnsitz

A. Allgemeines

Art. 253 will die gerichtliche Feststellung und Anfechtung des Kindesverhältnisses erleichtern (AmtlBull. Nr *1976* 1753 E. BLUNSCHY; vgl. dazu A. BUCHER ZVW *1977* 50f; E. BUCHER, N 21 ff vor Art. 23). Demgemäss ist bei der Wohnsitzbestimmung die Begründung eines schweizerischen Gerichtsstandes zu begünstigen (E. BUCHER N 27 vor Art. 23; s. hinten N 60). 16

Der Wohnsitz richtet sich nach den Art. 23–26 (GULDENER 100). Vgl. zum Wohnsitz: E. BUCHER zu Art. 23–26; SCHNYDER/MURER Art. 376 N 28–106; GROSSEN SPR II 345ff; TUOR/SCHNYDER 74ff; DESCHENAUX/STEINAUER 103ff; RIEMER, Bundesgerichtspraxis zum Personenrecht des ZGB (Bern 1979) 33ff; PEDRAZZINI (Bern 1982) 95ff. Vgl. VPB *1981* Nr. 77 I 2 und VA Art. 312/313 N 12–14. 17

Art. 25 über den Wohnsitz nicht selbständiger Personen erhält nach dem Entwurf (1979) über die Revision des Eherechts folgenden Wortlaut (BBl *1979* II 1422): 18
[1] Als Wohnsitz des Kindes unter elterlicher Gewalt gilt der Wohnsitz der Eltern oder, wenn die Eltern keinen gemeinsamen Wohnsitz haben, der Wohnsitz des Elternteils, unter dessen Obhut das Kind steht; in den übrigen Fällen gilt sein Aufenthaltsort als Wohnsitz.
[2] Bevormundete Personen haben ihren Wohnsitz am Sitz der Vormundschaftsbehörde.

19 Die Heimatgemeinde hat bei sich selbst Wohnsitz und kann bei ihrem eigenen Richter klagen (Art. 260a Abs. 1, Art. 259 Abs. 2 Ziff. 3)

B. Insbesondere Wohnsitz der Mutter

a) Die verheiratete Mutter

20   Nach Art. 25 Abs. 1 in der Fassung von 1907 teilt sie den Wohnsitz des Ehemannes. Ist sie berechtigt, den gemeinsamen Haushalt aufzuheben (Art. 170 Abs. 1 und 2), ist die Ehe gerichtlich getrennt (Art. 146/147) oder ist der Wohnsitz des Ehemannes nicht bekannt, so hat sie selbständigen Wohnsitz (Art. 25 Abs. 2).

21 Der Entwurf (1979) für die Revision des Eherechts sieht die Aufhebung des abgeleiteten Wohnsitzes der verheirateten Frau vor (N 19; BBl *1979* II 1249, 1345).

b) Die mündige unverheiratete Mutter

22   Sie hat selbständigen Wohnsitz gemäss Art. 23, 24, 26. Vgl. N 17. Bei Eintritt der Mündigkeit entsteht der Wohnsitz dort, wo sich jemand schon bisher mit der Absicht dauernden Verbleibens aufgehalten hat (ZVW *1946* 50 Nr. 8, *1967* 76 Nr. 11). Vgl. dazu SCHNYDER/MURER Art. 376 N 97ff.

23 Kasuistik   Der bisherige Wohnsitz in der Schweiz dauert fort bis zum Erwerb eines neuen (Art. 24 Abs. 1; BGE *85* II 320; ZVW *1946* 60 Nr. 14; *1957* 51 Nr. 15; *1967* 77 Nr. 11).
Hat die Schwangere ihren Wohnsitz im Ausland aufgegeben und in der Schweiz keinen neuen Wohnsitz begründet, so gilt ihr *Aufenthaltsort* in der Schweiz als Wohnsitz (Art. 24 Abs. 2; ZVW *1946* 140 Nr. 43; SJ *1969* 532).
Begibt sich eine *Braut* nur deshalb schon vor der Heirat an den als eheliches Domizil in Aussicht genommenen Ort, um dort Vorbereitungen für die Heirat zu treffen, so tritt der Wohnsitzwechsel nicht vor der Heirat ein (BGE *85* II 322f).
Die Ausländerin kann, auch wenn sie nur eine *befristete Aufenthaltsbewilligung* hat, Wohnsitz in der Schweiz begründen (BGE *89* II 114; ZBJV *1962* 391; ZVW *1965* 134 Nr. 15).
Der Aufenthalt zum Zweck des *Unterhaltserwerbs* begründet keinen Wohnsitz, wenn zum voraus feststeht, dass dieser Zweck nur vorübergehend und für kurze Zeit verwirklicht werden kann, so bei Saisonstellen oder bei Annahme einer Stelle durch eine Hochschwangere (ZVW *1967* 76 Nr. 11).

Durch Aufsuchen einer *Entbindungsanstalt* allein wird der bisherige Wohnsitz nicht aufgegeben und kein neuer begründet (Art. 26; ZR *1918* Nr. 47 = SJZ *1917/18* 108 Nr. 33; ZR *1918* Nr. 115, *1927* Nr. 92, *1956* Nr. 63; SJZ *1926/27* 105 Nr. 78; *1927/28* 49 Nr. 12; 296 Nr. 258; *1936/37* 313 Nr. 230; *1955* 211 Nr. 117; *1956* 49 Nr. 25; ZVW *1946* 50 Nr. 8, 58 Nr. 14; *1957* 52 Nr. 15; SJ *1969* 537 f).

c) Die unmündige oder entmündigte ledige Mutter

Sie hat abgeleiteten Wohnsitz gemäss Art. 25 Abs. 1 (BGE *67* II 82, *84* II 605). Die unmündige Mutter, die weder unter der elterlichen Gewalt noch unter Vormundschaft steht, teilt den Wohnsitz ihrer Mutter, wenn diese für ihr Kind gesorgt hat, wie wenn ihr die elterliche Gewalt zustünde (BGE *69* II 340 f). Das gilt sinngemäss für den unmündigen ledigen Vater. Hat ein unmündiger Elternteil keinen gesetzlichen Vertreter, so hat er Wohnsitz am Ort seines gewöhnlichen Aufenthaltes, Art. 24 Abs. 2. Vgl. auch N 28. 24

Nach dem Entwurf (1979) für die Revision des Eherechts gilt, wenn der Unmündige zwar unter elterlicher Gewalt, aber nicht in der Obhut eines Elternteils steht, der Aufenthaltsort als Wohnsitz (Art. 25 Abs. 1; vorn N 18). 25

C. *Insbesondere Wohnsitz des unmündigen Kindes*

a) Das Kind steht unter elterlicher Gewalt

Das Kind teilt den Wohnsitz des Inhabers der elterlichen Gewalt (Art. 25 Abs. 1; BGE *67* II 82, *84* II 605). Das aussereheliche Kind der mündigen Mutter steht von Geburt an unter ihrer elterlichen Gewalt (Art. 298 Abs. 1) und hat damit bei ihr Wohnsitz (vgl. SJ *1969,* 551). Haben Ehegatten (Art. 297 Abs. 1) keinen gemeinsamen Wohnsitz, so bestimmt der Wohnsitz des Elternteils, in dessen Obhut das Kind sich befindet, auch dessen Wohnsitz (HEGNAUER ZVW *1976,* 23 ff; HENKEL 137; vgl. auch E. BUCHER Art. 25 N 58 ff; ebenso ausdrücklich Entwurf [1979] Art. 25 Abs. 1). Demgemäss hat das Kind, das nach der Scheidung der Eltern geboren wird, regelmässig seinen Wohnsitz bei der Mutter, auch wenn das Scheidungsurteil über die elterliche Gewalt nichts bestimmt (a. M. BÜHLER/SPÜHLER Art. 157 N 57). Bringen die Eltern das Kind an einem dritten Orte unter, so hat es Wohnsitz bei dem Elternteil, der näher wohnt oder sich stärker um es 26 kümmert. Nach dem Entwurf (1979) Art. 25 Abs. 1 (vorn N 18) hat das Kind in diesem Fall Wohnsitz am Aufenthaltsort; nach A. Bucher (ZVW *1977* 56 f) gilt das schon für Art. 25 Abs. 1 in der Fassung von 1907.

b) Das Kind steht unter Vormundschaft

27   Ist das Kind bevormundet, so hat es Wohnsitz am Sitz der Vormundschaftsbehörde, welche die Vormundschaft führt, Art. 25 Abs. 1; Entwurf (1979) Abs. 2, vorn N 18. Dies gilt nicht für eine Vormundschaft am Heimatort eines Kindes, das im Ausland geboren ist und mit seiner Mutter im Ausland lebt (BGE *99* II 363, *100* I a 115 E. 7 für die der Vormundschaft entsprechende Beistandschaft nach aArt. 311; a. M. SJZ *1975* 26 Nr. 13). Ebensowenig begründet die Errichtung einer Beistandschaft nach Art. 308 oder 309 einen Wohnsitz im Sinne von Art. 25 Abs. 1 (vgl. dazu auch BGE *44* I 63); denn sie tritt *neben* die elterliche Gewalt der Mutter.

c) Das Kind steht weder unter elterliche Gewalt noch unter Vormundschaft

28   Befindet sich das Kind weder unter elterliche Gewalt noch unter Vormundschaft, so besteht kein abgeleiteter Wohnsitz im Sinne von Art. 25 Abs. 1. In diesem Fall gilt gemäss Art. 24 Abs. 2 sein Aufenthaltsort als Wohnsitz (KAUFMANN Art. 396 N 11; SILBERNAGEL Art. 311 N 43; PIOTET JT *1969* I 563 ff, *1974* I 571 ff; A. BUCHER ZVW *1977* 50; ebenso Entwurf [1979] Art. 25 Abs. 1, vorn N 18). Dieser befindet sich im Zeitpunkt der Geburt am Aufenthaltsort der Mutter und nicht an deren allenfalls abweichendem abgeleitetem Wohnsitz (vgl. BGE *94* II 228 E. 6, SJ *1969* 549, vgl. VA Art. 311 N 46; a. M. E. BUCHER Art. 25 mit Hinweisen: Das Kind teilt in Analogie zu Art. 25 Abs. 1 den Wohnsitz der Mutter; SCHNYDER/MURER Art. 376 N 88, 92 ff: Das Kind hat Wohnsitz am gewöhnlichen Aufenthalt). Ebenso im Zeitpunkt der Klage, sofern das Kind bei der Mutter lebt. Trifft das nicht zu, so ist sein eigener Aufenthaltsort massgebend (vgl. dazu Art. 315 Abs. 2; BGE *50* I 391 E. 3).

2. *Partei*

29   Partei im Sinne von Art. 253 ist, wem im Verfahren zur Feststellung oder Anfechtung des Kindesverhältnisses selbständige Parteistellung als Kläger oder Beklagter zukommt, somit

- das Kind als Kläger (Art. 256 Abs. 1 Ziff. 2, Art. 259 Abs. 2 Ziff. 2, 260a Abs. 1, Art. 261 Abs. 1) oder Beklagter (Art. 256 Abs. 2, Art. 260a Abs. 3),
- der Ehemann als Kläger (Art. 256 Abs. 1 Ziff. 1, Art. 259 Abs. 2 Ziff. 4) oder Beklagter (Art. 256 Abs. 2),
- der Anerkennende als Kläger (Art. 260a Abs. 1 und 2) oder Beklagter (Art. 260a Abs. 3),
- der Vater als Beklagter (Art. 261 Abs. 2),
- die Mutter als Klägerin (Art. 260a Abs. 1, Art. 259 Abs. 2 Ziff. 1, Art. 261 Abs. 1) oder Beklagte (Art. 256 Abs. 2),
- jedermann, der ein Interesse hat, als Kläger (Art. 260a Abs. 1),
- die Heimat- oder Wohnsitzgemeinde als Klägerin (Art. 260a Abs. 1, Art. 259 Abs. 2 Ziff. 3).

Nicht als Partei im Sinne von Art. 253 erscheint dagegen, wer als Nachfolger eines Partners des Kindesverhältnisses in die Parteistellung als Kläger oder Beklagter berufen ist, somit
- die Eltern des Ehemannes als Kläger (Art. 258 Abs. 1),
- die Nachkommen des Kindes als Kläger (Art. 260a Abs. 1, Art. 259 Abs. 2 Ziff. 2),
- die Nachkommen, Eltern oder Geschwister des Vaters als Beklagte (Art. 261 Abs. 2).

Der Verstorbene (im Fall von Art. 258 auch der Urteilsunfähige) bleibt Partner des Kindesverhältnisses. Demgemäss ist sein *letzter Wohnsitz* für die Bestimmung des Gerichtsstandes massgebend. Dafür spricht sinngemäss die Passivlegitimation der Behörde des letzten Wohnsitzes in Art. 261 Abs. 2 (vgl. Prot StRK 78/79).

Über das Verhältnis der Gerichtsstände bei mehreren Klägern oder Beklagten vgl. N 46 ff.

Rechtspolitisch ist die Beschränkung des Gerichtsstandes auf den Wohnsitz der am angestrebten oder angefochtenen Kindesverhältnis unmittelbar beteiligten Personen zu erwägen.

3. Zeitpunkt

A. Wohnsitz zur Zeit der Geburt

Massgebend ist die Geburt des Kindes, dessen Kindesverhältnis in Frage steht. Das gilt auch für die Anfechtung der Anerkennung, selbst wenn diese erst lange nach der Geburt erklärt worden ist. Ohne Bedeutung ist die Parteirolle des Kindes.

35 Kommt eine Klage *vor der Geburt* des Kindes in Betracht (vgl. Art. 263 Abs. 1), so kann die Klage beim Gerichte des Wohnsitzes, den eine Partei voraussichtlich im Zeitpunkt der Niederkunft haben wird, angebracht werden. Der Richter hat nachher zu beurteilen, ob die Partei ihren Wohnsitz wirklich hier gehabt habe (BGE *82* II 259; SJZ *1913/14* 158 Nr. 43; ZR *1952* Nr. 63; vgl. auch ZR *1956* Nr. 63; unrichtig ZR *1917* Nr. 35).

36 Für die Klage auf *Anfechtung der Adoption* ist nicht der Wohnsitz im Zeitpunkt der Geburt massgebend, sondern im Zeitpunkt, da die *Adoption* ausgesprochen wurde (Art. 269 N 13).

B. Wohnsitz zur Zeit der Klageerhebung

37 Abzustellen ist auf den Wohnsitz im Zeitpunkt der Prozesshandlung, welche nach dem kantonalen Prozessrecht die Rechtshängigkeit begründet (GULDENER 230f; OSTERWALDER 12ff; vgl. sinngemäss BGE *90* II 215, *91* II 322, BÜHLER/SPÜHLER Art. 144 N 23). Für Zürich vgl. ZPO 196 Ziff. 3, 203. Nicht anwendbar ist dagegen der für die Wahrung der Klagefristen massgebende bundesrechtliche Begriff der Klageanhebung (Art. 256 c N 38 f).

38 Ist der Vater gestorben, so kommt für die Klage gegen seine Nachkommen, Eltern oder Geschwister (Art. 261 Abs. 2) nicht deren Wohnsitz zur Zeit der Klage, sondern sein letzter Wohnsitz in Betracht (vgl. N 30, Art. 261 N 123). Ebenso kann die Klage gegen die Behörde des letzten Wohnsitzes des Vaters an diesem Ort erhoben werden.

IV. Gerichtsstand

1. Abschliessende Ordnung

39 Art. 253 bestimmt den interkantonalen und innerkantonalen Gerichtsstand abschliessend und zwingend. Das kantonale Recht kann keine weiteren Gerichtsstände vorsehen. Vor dem 1. Januar 1978 erlassene und abweichende kantonale Bestimmungen sind aufgehoben (SchlT 51). Der Richter hat seine örtliche Zuständigkeit von Amtes wegen zu prüfen (BGE *57* II 136, vgl. auch *85* II 299, *89* I 313; BÜHLER/SPÜHLER Art. 144 N 15; E. BUCHER N 71/72 vor Art. 22–26, N 26 vor Art. 23). Die Klagepartei trägt die Beweislast für die Tatsachen, aus denen sie den Wohnsitz an dem

von ihr behaupteten Gerichtsstand ableitet (E. BUCHER N 75 ff vor Art. 22–26).
Ein anderer Gerichtsstand kann weder durch Vereinbarung noch durch Einlassung begründet werden; ausgeschlossen ist auch eine Schiedsabrede und die Vereinbarung der Beurteilung durch eine einzige kantonale Instanz oder das Bundesgericht (OG 41 lit *c*; GULDENER 603; STRÄULI/MESSMER ZPO 54 N 14 a). Dagegen schliesst das Bundesrecht solche Vereinbarungen für die Unterhaltsklage (Art. 279; BGE *86* II 132 E. 1 für die nur auf Unterhaltsleistungen gerichtete Vaterschaftsklage gemäss aArt. 319 bleibt hier sinngemäss anwendbar) und die Leistungsklage der Mutter (Art. 295) nicht aus.

2. Mehrheit von Gerichtsständen

A. Grundsatz

Haben die Parteien zur Zeit der Geburt und zur Zeit der Klage verschiedenen Wohnsitz, so sind mindestens vier Gerichtsstände gegeben: 1. am Wohnsitz des Klägers zur Zeit der Geburt und 2. zur Zeit der Klage, 3. am Wohnsitz des Beklagten zur Zeit der Geburt und 4. zur Zeit der Klage. 40

Ihre Zahl erhöht sich, wenn mehrere Personen klageberechtigt sind, z. B. Mutter und Kind bei der Vaterschaftsklage (Art. 261 Abs. 1). Ebenso, wenn die Klage sich gegen mehrere Beklagte richtet, wie bei der Anfechtung der Vermutung des Art. 255 (Art. 256 Abs. 2) und der Anerkennung (Art. 260 a Abs. 3). Wird die Stellung des Kindes von Mehrlingen eingenommen (Art. 256 N 52), so können sie zur Zeit der Klage verschiedenen Wohnsitz haben und an jedem von diesen klagen oder beklagt werden. 41

Werden dagegen mehrere Personen als Nachfolger eines Verstorbenen in die Parteistellung berufen (N 30), so tritt keine Vermehrung der Gerichtsstände ein. 42

B. Wahl des Gerichtsstandes

Stehen nach den konkreten Umständen verschiedene Gerichtsstände zur Verfügung, so bestimmt der Kläger frei, an welchem er die Klage einreichen will (ZR *1952* Nr. 48). Das gilt auch, wenn das ausländische Wohnsitz- oder Heimatrecht einer Partei weitere Gerichtsstände anbietet (BGE *79* II 347). 43

44 Der Kläger darf sich bei der Wahl des Gerichtsstandes von seinem Interesse an einer raschen und einfachen Klageerhebung und Prozessführung leiten lassen. Immerhin hat er nach Treu und Glauben zu verfahren (Art. 2 Abs. 1 ZGB). Diese Pflicht wird durch Art. 272 verstärkt: Die Rücksicht zwischen Eltern und Kindern gebietet, unter mehreren im konkreten Fall für den Kläger gleichwertigen Gerichtsständen dort zu klagen, wo der Prozess von der beklagten Partei leichter zu führen ist. Rechtsmissbräuchlich wäre die Wahl eines Gerichtsstandes, der ohne dem Kläger ernsthafte Vorteile zu bieten, für den Beklagten gegenüber einem andern Gerichtsstand nur Nachteile bringt (Art. 2 Abs. 2).

45 Das Wahlrecht wird mit der Erhebung der Klage konsumiert. Solange diese hängig ist, kann der Kläger nicht an einem andern Gerichtsstand sie nochmals erheben (GULDENER 239, 365 ff; OSTERWALDER 124 ff; a. M. BGE *85* II 83, *96* II 449 f).

C. Gerichtsstand des Sachzusammenhangs

46 Steht das *Klagerecht* mehreren Personen zu (N 41), so begründet die an *einem* Gerichtsstand rechtshängig gemachte Klage von Bundesrechts wegen auch den Gerichtsstand für spätere Klagen eines andern Klägers (Forum praeventionis, BBl *1974* II 26; BGE *50* I 394 f, *94* II 230; GULDENER 102; STRÄULI/MESSMER § 13 N 5; vgl. für den Scheidungsprozess BÜHLER/SPÜHLER Art. 144 N 51 ff). Wegen des kantonal höchst unterschiedlich geregelten Beginns der Rechtshängigkeit verdiente der Zeitpunkt der bundesrechtlichen Klageeinreichung (vgl. Art. 256 c N 38 ff) den Vorzug (OSTERWALDER 134 f mit Hinweisen).
Das Prozessrecht bestimmt, ob die spätere Klage zu überweisen (so z. B. Zürich ZPO 112, Bern ZPO 163, St. Gallen ZPO 182) oder zurückzuweisen ist (GULDENER 81; JÜRG DUBS: Die Prozessüberweisung im zürcherischen Zivilprozessrecht unter Berücksichtigung der Regelungen anderer Kantone und des Auslands. Diss. Zürich 1981).

47 Haben notwendige *passive* Streitgenossen (vgl. z. B. Art. 256 Abs. 2, Art. 260 a Abs. 3) verschiedenen Wohnsitz und sind sie nicht bloss Nachfolger des verstorbenen Vaters (N 30; Art. 261 Abs. 2, dort N 78), so kann die Klage am Wohnsitz jedes von ihnen erhoben werden.

48 Wohnen sie im nämlichen Kanton, so wird der für alle Beklagten verbindliche Gerichtsstand vom kantonalen Prozessrecht bestimmt. Es sieht entweder die amtliche Anweisung im Einzelfall (so z. B. Zürich ZPO 14) oder den

Gerichtsstand am Ort, wo die meisten Beklagten wohnen (GULDENER 96 f) vor. Führt die letztere Vorschrift zu keinem Ergebnis oder fehlt eine solche überhaupt oder wohnen die Beklagten in verschiedenen Kantonen, so steht dem Kläger die Wahl – unter Beachtung von N 44 – frei (GULDENER 97).

3. Rechtsmittel

Die Anfechtung kantonaler Entscheidungen über die örtli- 49 che Zuständigkeit richtet sich zunächst nach dem *kantonalen Prozessrecht.* Gegen selbständige kantonale *Vor- und Zwischenentscheide* über die örtliche 50 Zuständigkeit, die nicht durch ein ordentliches Rechtsmittel angefochten werden können, ist die *Berufung an das Bundesgericht* wegen Verletzung von Art. 253 oder von Vorschriften über die internationale Zuständigkeit der schweizerischen Gerichte (BGE *93* II 356 E.1) zulässig (OG 49, vgl. dazu BGE *90* II 214f, *102* II 391). Die Feststellung der Tatsachen, aus denen der Wohnsitz abgeleitet wird, ist Tatfrage; Rechtsfrage dagegen, ob diese Tatsache die Annahme eines Wohnsitzes erlauben (OG 43 Abs. 2–4, 63 Abs. 2, 3; BGE *89* II 114; E. BUCHER N 67 vor Art. 22–26). Die Nichtigkeitsbeschwerde im Sinne von OG 68 ist ausgeschlossen, ebenso die staatsrechtliche Beschwerde (OG 84 Abs. 2).
Wird die Zuständigkeit in einem Vor- oder Zwischenentscheid bejaht, so 51 kann sie nicht nachträglich mit der Berufung gegen den Endentscheid angefochten werden (OG 48 Abs. 3 Satz 2). Anders dagegen, wenn erst in diesem die Zuständigkeit beurteilt wird. Vgl. im übrigen BÜHLER/SPÜHLER Art. 144 N 57 ff, 15.
Das formell rechtskräftige Urteil eines örtlich unzuständigen Gerichts ist 52 nicht nichtig (vgl. BGE *89* I 313).

4. Änderung des Wohnsitzes

Ist die Klage am Wohnsitz einer Partei rechtshängig ge- 53 worden und wechselt dieser später den Wohnsitz, so wird die einmal begründete örtliche Zuständigkeit nicht berührt (perpetuatio forti; GULDENER 234; OSTERWALDER 68 ff).

5. Sachliche und funktionelle Zuständigkeit

54   Sie richtet sich nach dem kantonalen Prozessrecht.
Wird die Unterhaltsklage mit der Vaterschaftsklage verbunden (Art. 280 Abs. 3), so untersteht die kombinierte Klage den für die Vaterschaftsklage geltenden Bestimmungen (Art. 279 Abs. 3; HEGNAUER ZVW *1981* 139 Ziff. 3; vorn N 10 a. E.).

V. Internationale Zuständigkeit

1. Schweizerischer Gerichtsstand

A. Staatsverträge

55   Abgesehen vom Haager Adoptionsübereinkommen (s. hinten S. 642) gibt es keine internationalen Übereinkommen über die Zuständigkeit der Behörden auf dem Gebiete der Feststellung oder Anfechtung des Kindesverhältnisses. Für Flüchtlinge bestimmt sich der Gerichtsstand sinngemäss nach den Regeln, die für Schweizer gelten (Genfer Übereinkommen über die Rechtsstellung der Flüchtlinge, vom 28. Juli 1951, SR 0.142.30, Art. 12, 16). Die Haager Übereinkommen über die Unterhaltspflicht (Einl N 15) sind nicht anwendbar (SIEHR, in: BÖHMER/SIEHR 7.4 Art. 1 N 82ff, Art. 5 N 4ff; vgl. aber bei Verbindung der Vaterschafts- mit der Unterhaltsklage Art. 261 N 117–119) ebensowenig dasjenige über Minderjährigenschutz (Einl N 16; SIEHR, in: BÖHMER/SIEHR 7.5 Art. 1 N 84–88). Der Gerichtsstandsvertrag mit Frankreich von 1869 gilt für familienrechtliche Streitigkeiten und damit auch für den Bereich von Art. 253 nicht (BGE *77* II 120, *85* II 82).

B. NAG 8d

56   Da eine staatsvertragliche Norm fehlt, beurteilt sich die internationale Zuständigkeit nach NAG 8d (Einl N 30, hinten S. 681).

a) Der Gerichtsstand des Wohnsitzes

57   Gemäss NAG 8d Abs. 1 kann die Klage auf Feststellung oder Anfechtung des Kindesverhältnisses beim Richter des schweizerischen *Wohnsitzes* des Kindes oder eines der Eltern angebracht werden. Zu beach-

ten ist allerdings, dass NAG 8 d Abs. 1 nur die Frage regelt, ob überhaupt in der Schweiz eine Zuständigkeit bestehe, während sich die interne Zuständigkeit nach Art. 253 richtet und somit nur am Wohnsitz einer *Partei* geklagt werden kann. Nach E/IPRG 64 sind die schweizerischen Gerichte am gewöhnlichen Aufenthalt des Kindes oder am Wohnsitz der Mutter oder des Vaters zuständig.

Für die Klage auf positive oder negative Feststellung der Mutterschaft kommen lediglich die Wohnsitze des *Kindes* und der *Mutter* in Betracht (vgl. sinngemäss Art. 252 N 82 ff). Für die Feststellung oder Anfechtung des Kindesverhältnisses zum *Vater* dagegen ausserdem auch dessen Wohnsitz. 58

Bei der *positiven* Klage erscheint die Person, die nach Behauptung des Klägers die Mutter oder der Vater ist, bei der *negativen* dagegen die Person, deren Mutterschaft oder Vaterschaft bestritten wird, als eines der Eltern im Sinne von NAG 8 d Abs. 1, somit bei der Klage gemäss Art. 261 der angebliche Vater, bei der gemäss Art. 256 a der Ehemann und gemäss Art. 260 a der Anerkennende. 59

Für den Wohnsitz vgl. N 16 ff. NAG 8 d und 8 e stützen sich aber – anders als das ZGB und die übrigen Bestimmungen des NAG – auf einen tatsächlichen Wohnsitzbegriff, welcher den abhängigen Wohnsitz im Sinne von Art. 25 ausschliesst (Art. 252 N 83; A. BUCHER ZZW *1977* 325 = SA 4*; KNÖPFLER, Revue critique de droit international privé 1981 307; vgl. auch BGE *89* I 303, *94* I 235; vgl. E/IPRG 19 Abs. 1). NAG 8 e spricht vom Wohnsitz im gleichen Land; demgemäss ist nicht erforderlich, dass die Eltern und das Kind im gleichen Haushalt oder in der gleichen Gemeinde leben (A. BUCHER, ZZW *1977* 325 = SA 4*; VON OVERBECK, Zeitschrift für Rechtsvergleichung [Wien] *1978* 91). Zum Wohnsitzbegriff des NAG vgl. sinngemäss auch Art. 261 N 123 f. 60

NAG 8 d bezeichnet den für die Bestimmung des Wohnsitzes massgebenden Zeitpunkt nicht. Art. 253 legt für die Füllung der Lücke die Anknüpfung an den Zeitpunkt der Geburt oder der Klageeinleitung nahe (VON OVERBECK, Zeitschrift f. Rechtsvergleichung [Wien] *1978* 91 f). Die in VPB *1981* Nr. 10 für die Bestimmung des anwendbaren Rechts entwickelte Regel, in erster Linie auf die Verhältnisse im Zeitpunkt der Geburt und nur in besondern Fällen auf die im Zeitpunkt der Klageerhebung abzustellen, dürfte sich auch für den Gerichtsstand rechtfertigen. 61

Dem Kläger steht in den Schranken von Art. 2 Abs. 1 (N 44) die Wahl unter mehreren nach NAG 8 d Abs. 1 gegebenen Gerichtsständen frei, ebenso zwischen diesen und allfälligen ausländischen Gerichtsständen. 62

b) Der Gerichtsstand des Heimatortes

63 Haben weder das Kind noch eines der Eltern in der Schweiz Wohnsitz und ist auch am ausländischen Wohnsitz nach den dort geltenden Bestimmungen ein Gerichtsstand nicht gegeben, so kann nach NAG 8d Abs. 2 die Klage beim Richter des schweizerischen *Heimatortes* des Kindes oder eines der Eltern angebracht werden. Vgl. dazu VILLIGER 191 f.

64 Der Heimatgerichtsstand ist auch gegeben, wenn das ausländische Wohnsitzrecht die Klage nicht zulässt und aus diesem Grunde keinen Gerichtsstand vorsieht. Es handelt sich um einen Notgerichtsstand. Bei der Klage auf positive oder negative Feststellung der Mutterschaft fallen nur die Heimatorte des Kindes und der Mutter in Betracht. Für die Vaterschaftsklage s. Art. 261 N 124. – Nach E/IPRG 65 sind die Gerichte am schweizerischen Heimatort der Mutter oder des Vaters zuständig, wenn die Eltern keinen Wohnsitz und das Kind keinen gewöhnlichen Aufenthalt in der Schweiz haben und es unmöglich oder unzumutbar ist, die Klage am Wohnsitz der Mutter oder des Vaters oder am gewöhnlichen Aufenthalt des Kindes zu erheben.

c) Ausschluss des schweizerischen Gerichtsstandes

65 Die Zuständigkeit am schweizerischen Wohnsitz oder Heimatort entfällt gemäss NAG 8d Abs. 3, wenn der Zusammenhang mit einem andern Land überwiegt und dieses den schweizerischen Gerichtsstand nicht anerkennt.

66 Der *Zusammenhang* mit einem andern Land muss eindeutig überwiegen. A. BUCHER (ZZW *1977* 326 = SA 5*f) nimmt einen solchen Zusammenhang an, wenn die Rumpffamilie (Mutter und Kind oder Vater und Kind) in demselben Land gemeinsamen gewöhnlichen Aufenthalt hat; dies geht zu weit, weil dadurch NAG 8e Abs. 1 Ziff. 2 seinen Sinn verlieren würde (STURM, Standesamt, 186; vgl. auch BGE *107* II 209). LALIVE/BUCHER nehmen immer eine schweizerische Zuständigkeit an, wenn das Urteil in der Schweiz Wirkungen entfaltet (JIR *1981* 418). Kein überwiegender Zusammenhang besteht, wenn die drei Beteiligten Franzosen sind, der Vater in Frankreich, Mutter und Kind in der Schweiz Wohnsitz haben (JIR *1981* 412). Vgl. auch VPB *1981* Nr. 77 II 4; VISCHER/VON PLANTA 117 f. – Bei Auslandschweizern vgl. VILLIGER 193 f.

Die Nichtanerkennung des schweizerischen Gerichtsstandes muss *feststehen*. Es genügt nicht, dass seine Anerkennung ungewiss ist.

Beide Voraussetzungen – der überwiegende Zusammenhang mit einem andern Land und die Nichtanerkennung des schweizerischen Gerichtsstandes – müssen *kumulativ* gegeben sein. Der schweizerische Gerichtsstand entfällt aber nur, wenn nach dem Recht des Landes, mit dem der Zusammenhang überwiegt, ein Gerichtsstand für die betreffende Klage gegeben ist.

Kasuistik   Zuständigkeit bejaht:
– Vaterschaftsklage des Kindes einer österreichischen Mutter mit Wohnsitz in Zürich gegen jordanischen Vater mit Wohnsitz in Zürich (VPB *1979* Nr. 7).
– Anfechtungs- und Vaterschaftsklage. Kind einer verheirateten Jugoslawin, die von ihrem in Jugoslawien wohnenden Ehemann getrennt als Saisonarbeiterin in der Schweiz lebt; Erzeuger jugoslawischer Saisonarbeiter in der Schweiz; Wohnsitz illiquid (VPB *1981* Nr. 77).
– Vaterschaftsklage des Kindes einer in der Schweiz wohnhaften Schweizerin gegen einen in Griechenland (Italien) wohnhaften Griechen (Italiener) (VPB *1982* Nr. 44).

2. Anerkennung ausländischer Entscheidungen

Die Anerkennung ausländischer Urteile richtet sich in erster Linie nach den *Staatsverträgen* über die Anerkennung und Vollstreckung gerichtlicher Entscheidungen. Vgl. die Aufstellung SR 0.274.11 ff, die Übersicht bei GULDENER XXVII, bei KELLER 487 ff.

Fehlt eine staatsvertragliche Norm, so ist NAG 8d sinngemäss als zweiseitige Kollisionsnorm zu verstehen, welche auch die Anerkennung einer ausländischen Entscheidung regelt. (Vgl. dazu GULDENER IZPR 38; NIEDERER, Einführung in die allgemeinen Lehren des IPR, 2. A., Zürich 1956 123; A. BUCHER ZZW *1977* 330 = SA 10*.) Ausländische Entscheidungen sind demnach anzuerkennen, wenn das Kind oder eines der Eltern im Urteilsstaat Wohnsitz hat (NAG 8d Abs. 1) oder wenn der Zusammenhang mit dem Urteilsstaat überwiegt (NAG 8d Abs. 3; vgl. Art. 261 N 127). Ausserdem müssen folgende Erfordernisse gegeben sein: gehörige Vorladung der unterlegenen Partei, Zuständigkeit des Gerichts und Rechtskraft nach dem Recht des Urteilsstaates, kein Verstoss gegen den schweizerischen ordre public (GULDENER 619 f). Dagegen darf nicht verlangt werden, dass der Urteilsstaat Gegenrecht hält. Nach E/IPRG 68 werden ausländische Entscheidungen betreffend Feststellung oder Anfechtung des Kindesverhältnisses in der

Schweiz anerkannt, wenn sie im Staat des gewöhnlichen Aufenthaltes des Kindes, im Wohnsitzstaat der Mutter oder des Vaters oder im Heimatstaat eines von ihnen ergangen sind; für die allgemeinen Voraussetzungen der Anerkennung vgl. E/IPRG 23 ff, 29, 30.

Art. 254

II. Verfahren

Das Verfahren zur Feststellung oder Anfechtung des Kindesverhältnisses wird durch das kantonale Prozessrecht geordnet unter Vorbehalt folgender Vorschriften:
1. Der Richter erforscht den Sachverhalt von Amtes wegen und würdigt die Beweise nach freier Überzeugung.
2. Die Parteien und Dritte haben an Untersuchungen mitzuwirken, die zur Aufklärung der Abstammung nötig und ohne Gefahr für die Gesundheit sind.

II. Procédure

La procédure de constatation ou de contestation de la filiation est réglée par le droit cantonal, sous les réserves suivantes:
1. Le juge examine d'office les faits et apprécie librement les preuves;
2. Les parties et les tiers sont tenus de prêter leur concours aux expertises qui sont nécessaires pour élucider la filiation et qui peuvent leur être imposées sans danger pour leur santé.

II. Procedura

La procedura di accertamento o di contestazione della filiazione è stabilita dal diritto cantonale riservate le seguenti norme:
1. il giudice esamina d'ufficio la fattispecie e valuta liberamente le prove;
2. le parti e i terzi devono cooperare agli esami necessari al chiarimento della discendenza, sempreché non pericolosi per la salute.

		Note	Seite
Übersicht	Materialien	1	83
	Literatur	2	83
	Rechtsvergleichung	3	86
	Rechtsgeschichte	5	86
	Textgeschichte	8	87
	I. Bundesrecht und kantonales Prozessrecht		87
	1. Bedeutung des Bundeszivilrechts für das Verfahren	9	87
	2. Schranken der Parteidisposition insbesondere	17	88
	3. Bundesrechtliche Verfahrensvorschriften	22	89
	4. Begriff des Verfahrens zur Feststellung und Anfechtung des Kindesverhältnisses	26	90

	Note	Seite
5. Unentgeltliche Prozessführung	28	90
6. Kantonale Vorschriften	36	92
7. Internationales Recht	40	92

II. Erforschung des Sachverhaltes von Amtes wegen (Offizialmaxime) 93

	Note	Seite
1. Sammlung des Prozessstoffes	41	93
2. Beschränkung der Verhandlungs- und Eventualmaxime	44	93
3. Beweisverfahren von Amtes wegen	47	94
4. Säumnis einer Partei	51	95
5. Parteiinteressen	53	96
6. Berufung ans Bundesgericht	55	96

III. Freie Beweiswürdigung 96

	Note	Seite
1. Als allgemeine Verfahrensnorm	56	96
2. Als Norm des Bundesrechts	58	97
3. Beweiswürdigung und Beweislast	65	98

IV. Naturwissenschaftliche Abstammungsgutachten 99

	Note	Seite
1. Im allgemeinen	66	99
2. Medizinische Gutachten	107	105
3. Blutgruppengutachten	130	110
4. Serostatistisches Gutachten	160	118
5. Anthropologisches Gutachten (Ähnlichkeitsgutachten)	172	121
6. Entwicklung des Abstammungsgutachtens	188	124
7. Reihenfolge der Abstammungsgutachten	189	124
8. Verhältnis der Abstammungsgutachten	199	127
9. Verhältnis von Abstammungsgutachten und Beweisaussagen	202	128

Materialien   aArt. 310; Art. 158 Ziff. 1 und 3; BBl *1974* II 26–28; E 254; AmtlBullStR 1 *1975* 116, NR *1976* 1753. Unehelichen-Übereinkommen Art. 5 (hinten S. 650).

Literatur   ANDRE A./HOSTE B., Blood Groups in Paternity Searches and Biological 2 Stains Investigations: Efficiency and Costs, in: Referate der 9. Internationalen Tagung der Gesellschaft für forensische Blutgruppenkunde, Bern 1981 345; BAUMANN G./BAUMANN J.A., La recherche de la paternité par la méthode anthropobiométrique, Revue intern. de criminologie et de la police technique, Genève 1964 216; BEITZKE G./HOSEMANN/DAHR/SCHADE, Vaterschaftsgutachten für die gerichtliche Praxis, 3. A., Göttingen 1978; BEITZKE G., Rechtsfragen der Vaterschaftsbegutachtung, in: Beitzke/Hosemann/Dahr/Schade, Vaterschaftsgutachten für die gerichtliche Praxis, 3. A., Göttingen 1978 1; BÉKY M., Rechtspolitische Probleme im Zusammenhang mit dem anthropologisch-erbbiologischen Gutachten, Diss. Zürich 1971; BERGHAUS G./STAAK M., Die Aufwertung des anthropologisch-erbbiologischen Gutachtens durch Metrisierung morphologischer Merkmale, in: Otto Prokop zum 60. Geburtstag, Eine Festschrift, Bad Homburg v.d.H. 1981 131; BERINGER MARTIN, Statistische Auswertung von Blut- und Serumgruppenbestimmungen bei Fällen strittiger Abstammung, Archiv der Julius-Klaus-Stiftung, Zürich 1967 63 ff; BÜTLER RENÉ, Der heutige Stand der hämatologisch-erbbiologischen (serologischen) Vaterschaftsbegutachtung, SJZ *1978* 305; CLEUSIX JEAN, Action en paternité, Expertises scientifiques qui s'y rattachent, selon la jurisprudence du Tribunal fédéral, RVJ *1974* 344; DAHR P., Blutgruppengutachten, in: Beitzke/Hosemann/Dahr/Schade, Vaterschaftsgutachten für die gerichtliche Praxis, 3. A., Göttingen 1978 75; DEGOUMOIS VALY, L'évolution de la jurisprudence en matière de filiation paternelle et la protection de l'enfant, in: Fg zur Hundertjahrfeier des Bundesgerichts, Basel 1975 315 ff; DOEPFMER R., Zeugungsfähigkeit, in: A. Ponsold, Lehrbuch der Gerichtlichen Medizin, 3. A., Stuttgart 1967 520; ESSEN-MÖLLER ERIK, Die Beweiskraft der Ähnlichkeit im Vaterschaftsbeweis, theoretische Grundlagen, Mitteilungen der Anthropologischen Gesellschaft Wien *68* 1938 368; FIEDLER H./HOPPE H.H./PETTENKOFER H.J., Ein neuer Weg zum «positiven Vaterschaftsbeweis» über die statistische Auswertung serologischer Befunde, Bundesgesundheitsblatt, Berlin/Heidelberg/New York 1968 129; GAUTHIER JEAN, La recherche de la paternité, Aperçu de jurisprudence, JdT *121* I 1973 354; *derselbe,* La recherche de la paternité et le désaveu, JdT *120* I 1972 558; GERHARDT K., Das anthropologisch-erbbiologische Vaterschaftsgutachten und die Rechtsprechung in Deutschland und in andern Ländern, SJZ *1959* 249; *derselbe,* Das anthropologisch-erbbiologische Abstammungsgutachten in der praktischen Erfahrung, SJZ *1965* 229; GILLIOZ VICTOR, Compétences des autorités judiciaires valaisannes et procédure civile pour l'application du nouveau droit de filiation. Etude des art. 1 à 7 de l'Ordonnance du Conseil d'Etat du 15 juin 1978 relative à l'introduction du nouveau droit de filiation, RVJ *12* 1978 Nr. 2 406; GÜRTLER H., Principles of Blood Group Statistical Evaluation of Paternity Cases at the University Institute of Forensic Medicine, Copenhagen, 9 Acta Medicinae Legalis et Socialis *83* 1956; HEGNAUER C., Law and Paternity Testing, in: Referate der 9. Intern. Tagung der Gesellschaft für forensische Blutgruppenkunde, Bern 1981 57; *derselbe,* Rechtsnorm und naturwissenschaftliche Erkenntnis in ihrer Bedeutung für die Feststellung der ausserehelichen Vaterschaft, in: Fg für Fritz Schwarz, Bern 1968 56; *derselbe,* Die Revision der Gesetzgebung über das aussereheliche Kindesverhältnis, ZSR *1965* II 1; HENNINGSEN K., Evidential Value of Haemogenetic Investigations in Paternity Research, in: Referate der 9. Intern. Tagung der Gesellschaft für forensische Blutgruppenkunde, Bern 1981 311; HOPPE H.H., Ergebnisse der forensischen Blutgruppenkunde, 7. Internat. Kongress der Gesellschaft für forensische Blutgruppenkunde, Berlin 1977; HOSEMANN H., Tragzeitgutachten, in: Beitzke/Hosemann/Dahr/Schade, Vaterschaftsgutachten für die gerichtliche Praxis, 3. A., Göttingen 1978 45; HUG BRUNO, Die gerichtliche Feststellung der Vaterschaft nach dem neuen Schweizer Kindesrecht, Diss. Freiburg, Zürich 1977; HUMMEL KONRAD, Biostatistischer Vaterschaftsbeweis, in: A. Ponsold, Lehrbuch der Gerichtlichen Medizin, 3. A., Stuttgart 1967 551 ff (zit. Hummel/Ponsold); *derselbe,* Vorschläge für Richtlinien zur statistischen Auswertung von Blutgruppenbefunden, in: Johannsen/Hummel, Vaterschaftsfeststellung bei nichtehelicher Abstammung, 92; *derselbe,* Biostatistische Abstammungsbegutachtung, Tabellenband I, Stuttgart 1971, Ergänzungen 1973, 1975, 1977; Tabellenband II, Stuttgart 1973; *derselbe,* Abstammungsbegutachtungs-Verständigungsschwierigkeiten zwischen Juristen und Gutachtern, in: K. H. Johannsen/K. Hummel: Vaterschaftsfeststellung bei nichtehelicher Abstammung, 31 ff; *derselbe,* On the Theory of the A Priori, the Value and the Court's Decision in Cases of Disputed Parentage, in: Referate der 9. Internationalen Tagung der Gesellschaft für forensische Blutgruppenkunde, Bern 1981 213; *derselbe,* Unusual cases in which the Relationship of the Individuals Involved has been Established by Evaluating the Blood Group Results with a Computer, a. a. O. 469; *derselbe,* Das «a priori» bei Entscheidungsprozessen, insbesondere bei der Feststellung der Vaterschaft, Zentralblatt für Jugendrecht und Jugendwohlfahrt (Köln) *1980* 620; *derselbe,* Das Blutgruppengutachten; seine Bedeutung vor Gericht, NJW *1981* 605; JOHANNSEN KURT H., Vaterschaftsfeststellung bei nichtehelicher Abstammung, in: FS für F. W. Bosch, Bielefeld 1976 469; JOHANNSEN K. H./HUMMEL K., Vaterschaftsfeststellung bei nichtehelicher Abstammung, Molter Kolleg, Molter GmbH 1977; KAYSER A., Entwicklungen bei der Vaterschaftsfeststellung, in: Biomathematischer Beweis der Vaterschaft, FS für Erik Essen-Möller, Berlin/Heidelberg 1981 21; KLINKHARDT H., Zu den verschiedenen Verfahren der biostatistischen Begutachtung, Der Amtsvormund (Heidelberg) *1982* 42; LABHARDT A., Zur Frage der Schwangerschaftdauer, Schweiz. med. Wochenschrift *1927* 729; *derselbe,* Die Berechnung des Konzeptionstermins aus der Kindeslänge in Vaterschaftsprozessen, Schweiz. med. Wochenschrift *1944* 128; LÖTTERLE J./WUERMELING H. B., Zur Systematik von Nichtausschlüssen im Vaterschaftsgutachten, in: FS für Otto Prokop zum 60. Geburtstag, Bad Homburg v. d. H. 1981 125; MAYR W. R./WALTZ H./WEGENER R., Das HLA-System in der Vaterschaftsserologie: Praktische Erfahrungen bei 1130 Fällen, in: Biomathematischer Beweis der Vaterschaft, FS für Erik Essen-Möller, Berlin/Heidelberg 1981 177; METAXAS M. N., Blutgruppen und strittige Vaterschaft, NZZ *1976* Nr. 288; MULLIS MARIE-LOUISE, Zahlvater oder biologischer Vater, Gedanken eines Biologen zum neuen Kindesrecht, SJZ *1978* 149; *dieselbe,* Die medizinisch-biologische Vaterschaftsbegutachtung und ihre momentane Stellung im schweizerischen Kindesrecht, Archives suisses d'anthropologie générale, Genève 1980 69; *dieselbe,* Serologische Ausschlüsse in der Abklärung strittiger Abstammungsverhältnisse. Sind Zweifel berechtigt? ZBJV *1979* 607; MULLIS M.-L./GLOWATZKI G., Der «99,8 prozentige Vater», Kriminalistik *1980* 11; OEPEN J./RITTER H., Das anthropologisch-erbbiologische Gutachten im Abstammungsprozess, NJW *1977* 2107; PFANNENSTIEL DORA, Anthropologische Gutachten im Vaterschaftsprozess, SJZ *1953* 101; PODLESCHKA KURT, Das geburtshilfliche Gutachten im Vaterschaftsprozess, Stuttgart 1954; *Richtlinien* für die Erstattung von Blutgruppengutachten, herausgegeben vom (deutschen) Bundesgesundheitsamt (Bundesgesundheitsblatt *1977* Nr. 22), auch abgedruckt in: Vaterschaftsfeststellung bei nichtehelicher Abstammung 81; RIEDWYL HANS, Wahrscheinlichkeitsberechnung bei Blutgruppengutachten, Ärztliches Laboratorium *16* 86/197c; ROTH-STIELOW KLAUS, Der Abstammungsprozess, NJW-Schriftenreihe 21, 2. A., 1978; *derselbe,* Zum Beweiswert des Blut- und Ähnlichkeitsgutachtens, NJW *1977* 2114; SANTELER RICHARD, Resultate und rechtliche Beurteilung von Blutgruppengutachten, Med. Diss. Zürich 1983; SIEG R., Das anthropologisch-erbbiologische Vaterschaftsgutachten weiterhin im Widerstreit der Meinungen, SJZ *1967* 49; *derselbe,* Die anthropologisch-erbbiologische Vaterschaftsbegutachtung; ein Situations- und Standortbericht, SJZ *1970* 213; SCHADE H., Anthropologisch-erbbiologische Gutachten, in: Beitzke/Hosemann/Dahr/Schade, Vaterschaftsgutachten für die gerichtliche Praxis, 3. A., Göttingen 1978 153; SCHWEIZER RUDOLF, Die Leistung des Beweises im Vaterschaftsprozess, Aarau 1936; SPIELMANN W., Zum Beweiswert von Faktoren ausschliessen (Ausschlüsse erster Art) im Vaterschaftsgutachten, in: Der Amtsvormund, Heidelberg 1981 557; STEGMANN H., Tragzeitgutachten, in: A. Ponsold, Lehrbuch der Gerichtlichen Medizin, 3. A., Stuttgart 1967 509; STURM FRITZ, Das neue Schweizer Kindesrecht und seine Spiegelung im deutschen IPR, Das Standesamt *1979* 185ff; WALDER H. U., Die Offizialmaxime, Zürich 1973; ZIMMERMANN WILHELM, Forensische Blutgruppenkunde, Einführung zum Verständnis von Vaterschaftsgutachten, Sammlung Göschen 2400, Berlin 1975. MARTIN W./HOPPE H.H./SACHS V./WEISE W., Zur Vereinfachung u. Vereinheitlichung von Blutgruppenbefunden in der Abstammungsbegutachtung. Referate des 10. Intern. Kongresses der Gesellschaft für Blutgruppenkunde. München *1983* 317. PFEIFER M., Der Untersuchungsgrundsatz und die Offizialmaxime im Verwaltungsverfahren. Basel 1980.

3 Rechtsvergleichung   Das Verfahren zur Feststellung und Anfechtung des Kindesverhältnisses untersteht der Offizialmaxime auch in Deutschland (ZPO 640 Abs. 1, 640d) und Österreich (VO über die Angleichung familienrechtlicher Vorschriften von 1943, § 6; BG über die Neuordnung der Rechtsstellung des unehelichen Kindes von 1970).

4   Die Pflicht zur Duldung von Abstammungsuntersuchungen statuieren Deutschland (ZPO 372a Abs. 1), Österreich (zit. VO § 7) und Italien (CPC 118). Das französische Recht enthält keine entsprechende Norm, obwohl auch es das Abstammungsgutachten vorsieht (CCfr 340–341). Rechtsvergleichend zum Abstammungsgutachten vgl. KRAUSE sec. 90ff. Das Europäische Unehelichen-Übereinkommen verlangt die Zulassung der wissenschaftlichen Beweismittel zum Nachweis der Vaterschaft oder der Nichtvaterschaft (Art. 5, hinten S. 650).

5 Rechtsgeschichte   Das ZGB von 1907 befasste sich nur mit dem Vaterschaftsprozess: Es verbot in aArt. 310 Abs. 2 Beweisvorschriften, die strenger sind als diejenigen des ordentlichen Prozessverfahrens. Der Versuch, den Eid auszuschliessen, scheiterte (VA Art. 310 N 4).

6   Indessen unterstellten Rechtsprechung und Doktrin in sinngemässer Anwendung von Art. 158 Ziff. 1 und 3 den Statusprozess des Kindes der Offizialmaxime (BBl *1974* II 26; VA Art. 253 N 32, Art. 323 N 14; WALDER, Offizialmaxime 11f).

7   Überdies wurde als Satz des Bundesrechts anerkannt, dass die beweisbelastete Partei im Abstammungsprozess Anspruch auf Einholung jedes Gutachtens hat, das nach dem Stande der Wissenschaft geeignet ist, die Abstammung oder Nichtabstammung nachzuweisen (BGE *90* II 222, *91* II 162, *101* II 14f mit Hinweisen; VA Art. 314/315 N 99 mit Hinweisen). Allerdings verlangte die bundesgerichtliche Rechtsprechung für die Pflicht

zur Mitwirkung an Untersuchungen eine gesetzliche Grundlage im Prozessrecht (BGE *82* II 509, *89* I 99, *90* I 110, *99* I a 412; kritisch dazu BBl *1974* II 27 mit Hinweisen auf die Doktrin; VA Art. 314/315 N 168 ff). Diese wurde aber nur von einzelnen Kantonen und in recht unterschiedlicher Weise geschaffen (BBl *1974* II 27). Die bundesrechtliche Normierung der Mitwirkungspflicht bildete daher ein zentrales Revisionspostulat (BBl *1974* II 26 ff; HEGNAUER ZSR *1965* II 117 ff; LALIVE ZSR *1965* II 695 ff; DEGOUMOIS 328 f).

Textgeschichte

Art. 254 knüpft im Ingress und in Ziff. 1 an aArt. 310 und Art. 158 an. Ziff. 2 hat sein Vorbild in neuern kantonalen Bestimmungen (vgl. BBl *1974* II 27 N 83, Zürich ZPO 177). Die Vorschrift stimmt, abgesehen von einer redaktionellen Vereinfachung («nach ihrer Auswirkung auf die Gesundheit zumutbar» wird zu «ohne Gefahr für die Gesundheit»), mit dem Entwurf überein.

8

I. Bundesrecht und kantonales Prozessrecht

1. Bedeutung des Bundeszivilrechts für das Verfahren

A. Da das Bundeszivilrecht die Feststellung und Anfechtung des Kindesverhältnisses durch *Klage* vorsieht, haben die Kantone deren Beurteilung in einem *Zivilprozess,* d. h. in einem kontradiktorischen gerichtlichen Verfahren, zu ermöglichen (vgl. dazu BÜHLER/SPÜHLER Art. 158 N 116 ff). Ausgeschlossen ist demnach die Behandlung im Adhäsionsverfahren zu einem Strafprozess (vgl. ZBJV *1966* 149), in einem Rechtsbotverfahren ohne richterliche Erkenntnistätigkeit (BGE *67* I 6 ff) oder in einem vormundschaftlichen Verfahren, selbst wenn die vormundschaftliche Behörde gerichtlich organisiert ist.

9

Über den Ausschluss der schiedsgerichtlichen Beurteilung vgl. N 21.

B. Die *Parteifähigkeit* richtet sich nach Bundeszivilrecht (GULDENER 124). Das gilt auch für den Parteiwechsel und den Einfluss des Todes einer Partei auf den Prozess (GULDENER 144). Im Verfahren zur Feststellung und Anfechtung des Kindesverhältnisses kommt die Parteifähigkeit neben natürlichen Personen auch der Gemeinde (Art. 259 Abs. 2 Ziff. 3, Art. 260a Abs. 1, Art. 269a Abs. 1) und der Behörde (Art. 261 Abs. 2) zu.

10

C. Die *Prozessfähigkeit* wird ebenfalls vom Bundesrecht geregelt (GULDENER 127 ff). Dieses bestimmt demnach über die Prozessführung für handlungsunfähige oder beschränkt handlungsunfähige Personen (vgl. Art. 256 N 36 f, 69 ff, 90 ff, Art. 260a N 74, 78, 90, 112; Art. 261 N 43, 48, 50, 66).

11

12 Dagegen untersteht die *Postulationsfähigkeit,* d. h. die Berechtigung zur Vornahme von prozessualen Handlungen und damit auch die gewillkürte Vertretung dem kantonalen Prozessrecht (GULDENER 132 ff): Es kann dem Jugendsekretär, der als Beistand des Kindes die Vaterschaftsklage erhebt, erlauben, auch ohne Anwaltspatent die klagende Mutter zu vertreten (ZR 1968 Nr. 46; STRÄULI/MESSMER ZPO 29 N 2).

13 *E.* Die *Sachlegitimation* bestimmt sich nach Bundeszivilrecht (GULDENER 139 ff). Sie steht ausser den Partnern des betreffenden Kindesverhältnisses auch Dritten zu, nämlich

14 – *die Aktivlegitimation*
den Eltern des Ehemannes (Art. 258), der Mutter (Art. 259 Abs. 2 Ziff. 1, Art. 260 a Abs. 1, Art. 261 Abs. 1), den Nachkommen des Kindes (Art. 259 Abs. 2 Ziff. 2, 260 a Abs. 1), der Heimat- und Wohnsitzgemeinde (Art. 259 Abs. 2 Ziff. 3, Art. 260 a Abs. 1, Art. 269 a Abs. 1), jedermann, der ein Interesse hat (Art. 260 a Abs. 1, Art. 269 a Abs. 1), den Zustimmungsberechtigten (Art. 269 Abs. 1).

15 – *die Passivlegitimation*
der Mutter (Art. 256 Abs. 2), den Eltern, Nachkommen oder Geschwistern des Vaters und der Behörde des letzten Wohnsitzes (Art. 261 Abs. 2).

16 *F.* Zur *Intervention* ist von Bundesrechts wegen im Vaterschaftsprozess die Witwe des Vaters befugt (Art. 261 Abs. 3, dort N 90). Im übrigen richtet sich die Intervention nach kantonalem Recht (vgl. GULDENER 306 ff; ERNST STAEHELIN, Die Nebenparteien im Zivilprozess ..., Basel/Frankfurt 1981 44 f.; Art. 256 N 93, Art. 260 a N 115, Art. 261 N 64, 86 ff). Verschiedene Kantone sehen die Intervention der Staatsanwaltschaft vor (GULDENER 315; VA Art. 253 N 33).

2. Schranken der Parteidisposition insbesondere

A. Grundsatz

17 Entstehung und Aufhebung des Kindesverhältnisses werden vom Bundeszivilrecht zwingend umschrieben. Es kann durch privates Rechtsgeschäft weder begründet (Ausnahme: Anerkennung durch eigenhändiges Testament, Art. 260 Abs. 3) noch aufgehoben werden. Die Dispositionsmaxime im Prozess ist daher stark beschränkt (BGE *65* I 157 mit Hin-

weisen). Vor der Revision von 1976 wurde dies mit analoger Anwendung von Art. 158 Ziff. 1 und 3 begründet (BGE *82* II 3, 503, *83* II 4, *95* II 295; VA Art. 253 N 32). Seither folgt die Einschränkung der Parteidisposition aus Art. 254 Ziff. 1 (vgl. BBl *1974* II 26; hinten N 41 ff). Im Unterhaltsprozess (Art. 280 Abs. 2) dient die Offizialmaxime dagegen der Wahrung der Kindesinteressen (vgl. dazu Art. 287; GULDENER 172; WALDER, Offizialmaxime 21 ff).

B. Parteidisposition

18 Jeder Klageberechtigte entscheidet frei über *Erhebung* und *Rückzug einer Klage* auf Feststellung oder Anfechtung des Kindesverhältnisses. Ebenso befindet jede Partei frei über die Einlegung eines Rechtsmittels. Der Vormund oder Beistand der urteilsunfähigen Partei bedarf aber für die Erhebung und den Rückzug der Klage der Zustimmung der Vormundschaftsbehörde nach Art. 421 Ziff. 8 (EGGER Art. 408 N 34 ff).

19 Nach Art. 260 Abs. 3 kann die *Vaterschaftsklage,* also die Klage auf Feststellung des Kindesverhältnisses, *anerkannt* werden (Art. 261 N 93). Der Richter hat zu prüfen, ob die Voraussetzungen für die Anerkennung des Kindes erfüllt sind (Art. 260 N 134 ff; vgl. auch GULDENER 151).

C. Ausschluss der Klageanerkennung

20 Die Klage auf Anfechtung des Kindesverhältnisses kann nur gutgeheissen werden, wenn der Richter sich davon überzeugt hat, dass der Klagegrund gegeben ist. Der Anfechtungsprozess kann daher nicht durch Anerkennung der Klage erledigt werden (Art. 256 N 94, Art. 260 a N 116, Art. 269 N 11 a).

D. Ausschluss einer Schiedsabrede

21 Die Feststellung und Anfechtung des Kindesverhältnisses können nicht Gegenstand einer Schiedsabrede sein (GULDENER 603, vgl. ZVW *1969* 28 Nr. 8).

3. Bundesrechtliche Verfahrensvorschriften

22 Der Bundeszivilgesetzgeber ist zur Aufstellung von Verfahrensvorschriften befugt, soweit dies zur Verwirklichung des Bundeszivil-

rechts notwendig ist (BURCKHARDT, Kommentar BV S. 589; FLEINER/GIACOMETTI, Bundesstaatsrecht 76 ff; GULDENER 64 ff; derselbe ZSR *1961* II 6, 22; VOYAME ZSR *1961* II 74, 84 ff; EICHENBERGER ZSR *1969* II 490 f, 495 f). Da Feststellung und Anfechtung des Kindesverhältnisses der freien Disposition der Parteien entzogen sind (N 17 ff), sind hier einheitliche Verfahrensregeln unerlässlich. Art. 254 normiert ausdrücklich die Offizialmaxime (Ziff. 1, hinten N 41 ff), die freie Beweiswürdigung (Ziff. 1, hinten N 56 ff) und die Pflicht zur Mitwirkung bei Abstammungsuntersuchungen (Ziff. 2, hinten N 77 ff). Daneben ergeben sich aus der dienenden Funktion des kantonalen Prozessrechts gegenüber dem Bundeszivilrecht weitere prozessrechtliche Folgerungen für das Verfahren (vgl. dazu WALDER, Zivilprozessrecht 33; BÜHLER/SPÜHLER Art. 158 N 18 ff). Dazu gehören beispielsweise:

23 – der Ausschluss kantonaler Bestimmungen über die Prozessverjährung (GULDENER 278);

24 – der bundesrechtliche Begriff der Klageeinreichung zur Wahrung der Klagefristen (Art. 256 c N. 38 ff, Art. 260 c, Art. 263, Art. 269 b), oder der Hängigkeit der Vaterschaftsklage im Sinne von Art. 260 Abs. 3 (dort N 121);

25 – die Massgeblichkeit des Sachverhaltes im Zeitpunkt der Urteilsfällung als Urteilsgrundlage (vgl. N 44).

4. Begriff des Verfahrens zur Feststellung und Anfechtung des Kindesverhältnisses

26 Art. 254 gilt für die Statusgestaltungsklagen der Art. 256, 260 a, 261, 269 und 269 a, für die Statusfeststellungsklage (vgl. Art. 253 N 6–8) und sinngemäss für das Berichtigungsverfahren (Art. 45).

27 Dagegen *nicht* für die Leistungsklage der Mutter (Art. 295), die Unterhaltsklage des Kindes (Art. 279 ff; vgl. aber zu dieser Art. 280 Abs. 2), die Verantwortlichkeitsklage wegen unsorgfältiger Führung eines Statusprozesses und ähnliche Klagen; vgl. auch Art. 253 N 12–15, Art. 261 N 17 ff.

5. Unentgeltliche Prozessführung

A. Hinterlegung oder Sicherstellung der Prozesskosten

28 Verschiedene Kantone nehmen das Verfahren zur Feststellung und Anfechtung des Kindesverhältnisses von der Pflicht zur Hinterle-

gung oder Sicherstellung der Prozesskosten aus: Uri, Glarus, Solothurn, Appenzell-Ausserrhoden, St. Gallen, Graubünden, Wallis.

29 Für Beweise, die von Amtes wegen zu erheben sind, dürfen keine Vorschüsse verlangt werden (N 50).

30 Im übrigen hat eine bedürftige Partei in einem für sie nicht aussichtslosen Prozess aufgrund von BV 4 Anspruch darauf, dass der Richter für sie ohne Hinterlegung oder Sicherstellung von Kosten tätig wird (BGE *99* I a 432).

31 Ob der Prozess genügende Erfolgsaussichten hat, ist nach den Verhältnissen im Zeitpunkt der Einreichung des Gesuchs zu beurteilen. Der Entscheid darf daher nicht aufgeschoben werden, bis die entscheidenden Beweise erhoben sind (BGE *101* I a 34). Solange das Blutgruppengutachten nicht vorliegt, kann die Bestreitung der Vaterschaft nicht als aussichtslos bezeichnet werden (Fribourg, Extraits ... *1979* 84).

32 Dem Kind darf die unentgeltliche Prozessführung nicht wegen der guten wirtschaftlichen Lage der Mutter verweigert werden; das Gemeinwesen kann aber von ihr die Rückerstattung der ihm erwachsenen Auslagen verlangen (BGE *99* I a 435; vgl. dazu Art. 289 Abs. 2). Dass die Mutter ihre Bedürftigkeit selbst verschuldet oder schon früher ein ausserehliches Kind geboren hat, rechtfertigt die Versagung der unentgeltlichen Prozessführung weder gegenüber dem Kind noch gegenüber der Mutter; das gilt auch, wenn die Mutter die nötigen Mittel zwar selber verdienen könnte, hiefür aber nicht mehr genügend Zeit zur Verfügung steht (BGE *99* I a 440 ff E. 3 a–c). Vgl. auch Art. 256 N 26 ff.

33 Das Armenrecht kann nicht für eine Beweiserhebung verlangt werden, an welcher der Gesuchsteller kein Interesse hat (BGE *91* I 163).

34 Ob eine bedürftige Partei auch von der Tragung der Prozesskosten zu befreien ist, bestimmt das kantonale Recht (BGE *99* I a 439; vgl. dazu STRÄULI/MESSMER ZPO 84 N 1 ff). Vgl. auch N 39.

B. Der unentgeltliche Rechtsbeistand

35 Die bedürftige Partei hat Anspruch auf einen unentgeltlichen Rechtsbeistand, wenn sie eines solchen zur gehörigen Wahrung ihrer Interessen bedarf (BGE *99* I a 432, 439). Das ist trotz der bundesrechtlichen Offizialmaxime (N 41 ff) nur zu verneinen, wenn der Sachverhalt liquid und die rechtliche Beurteilung einfach ist (vgl. BGE *78* I 5, *89* I 4, *104* I a 75 f). Von Bedeutung ist auch, ob die gesuchstellende Partei selbst rechtskundig ist, ob sich die Gegenpartei ihrerseits von einem Anwalt vertreten lässt, so-

wie die Tragweite des Rechtsstreites (BGE *104* I a 77, *107* I a 8). Der Anspruch besteht jedoch nicht, wenn die Vormundschaftsbehörde dem Kind ohne weiteres einen rechtskundigen Beistand ernennen könnte, dies aber unterlässt, um die Kosten auf ein ausserkantonales Gericht abzuwälzen (BGE *89* I 5/6; vgl. auch *100* I a 119 E. 8). Vgl. Art. 256 N 28.

6. Kantonale Vorschriften

36   Das kantonale Prozessrecht sieht für das Verfahren zur Feststellung und Anfechtung des Kindesverhältnisses verschiedene weitere Sondernormen vor (vgl. GULDENER 560 ff):

37 – Ausschluss der Öffentlichkeit (z. B. Zürich, Glarus, Solothurn, St. Gallen, Graubünden);
– Sühnverfahren: es fällt allgemein oder für den Anfechtungsprozess weg oder untersteht besonderer Regelung (Zürich, Uri, Schwyz, Glarus, Zug, Freiburg, Solothurn, Basel-Stadt, Basel-Landschaft, Schaffhausen, Appenzell-Ausserrhoden, St. Gallen, Tessin, Wallis);
– Untersuchungsverfahren vor dem Instruktionsrichter (vgl. GULDENER 174, 569 f), mündliches Verfahren (Zürich), polizeiliche Vorführung (Zürich);
– rasche Erledigung im ordentlichen Verfahren (Graubünden), beschleunigtes Verfahren (Uri, Aargau);
38 – Ausschluss des Parteieides (St. Gallen, Graubünden), vgl. dazu N 61; Zulassung verwandter Zeugen (Graubünden), vgl. dazu N 62; Pflicht zur Duldung körperlicher Untersuchung (Zürich, Bern, Schwyz, Glarus, Zug, Solothurn, Basel-Land, Appenzell-Ausserrhoden, Jura), vgl. dazu N 77 ff;
– Sicherung des Beweises in Vaterschaftssachen (Uri, Solothurn, Schaffhausen);
39 – Befreiung des Kindes von der Kostentragung (Bern, St. Gallen, Graubünden, Aargau), Kostenauflage unabhängig vom Prozessausgang (Zug, Appenzell-Ausserrhoden).

7. Internationales Recht

40   Das Verfahren richtet sich unter Vorbehalt abweichender staatsvertraglicher Regelung nach dem Recht des angerufenen Gerichts (lex fori).

II. Erforschung des Sachverhaltes von Amtes wegen (Offizialmaxime)

1. Sammlung des Prozessstoffes

Nach Art. 254 Ziff. 1 erforscht der Richter den Sachverhalt 41 von Amtes wegen. Das ist notwendig, damit nicht durch die Prozessführung die Schranken der Parteidisposition (N 17 ff) umgangen werden können (WALDER, Offizialmaxime 14, 15, 17). Gleichwohl obliegt es in erster Linie den Parteien, das in Betracht fallende Tatsachenmaterial dem Gericht zu unterbreiten und die Beweismittel zu nennen (GULDENER 169; BGE *104* Ia 77). Wesentliche Regeln sind schon vor der Revision durch sinngemässe Anwendung von Art. 158 Ziff. 1, 3 und 4 abgeleitet worden (VA Art. 253 N 32 mit Hinweisen, Art. 323 N 14 ff.). Art. 254 Ziff. 1 geht aber über Art. 158 hinaus, indem *alle* erheblichen Tatsachen zu erforschen und auch nicht behauptete Tatsachen zu berücksichtigen sind.

Die Parteien haben von Bundesrechts wegen Anspruch darauf, die erhebli- 42 chen Tatsachen vorzubringen und zum Beweis zugelassen zu werden (KUMMER Art. 8 N 74 ff; sinngemäss BÜHLER/SPÜHLER Art. 158 N 83 ff).

Indessen hat der Richter von sich aus einen Sachverhalt zu erforschen, der 43 nach der Aktenlage bedeutsam ist, aber von den Parteien keine ausreichende Darstellung erfahren hat (GULDENER 169; BGE *109* II 293 E. 2a mit Hinweisen). Das hat durch Befragung der Parteien und durch Beweiserhebungen zu geschehen. Vgl. Anwendungsfälle Art. 256a/256b N 18, 27, Art. 260a N 11, 18, Art. 262 N 29).

Den Parteien muss Gelegenheit geboten werden, sich zu Tatsachen, die nicht von ihnen behauptet, aber vom Richter erhoben worden sind, zu äussern (GULDENER 169 N 3; JT *1979* III 44).

2. Beschränkung der Verhandlungs- und Eventualmaxime

Die Offizialmaxime im Sinne von Art. 254 Ziff. 1 verpflich- 44 tet den Richter, Tatsachen zu berücksichtigen, die von keiner Partei behauptet worden sind. Das gilt auch für verspätete Behauptungen, Bestreitungen und Beweisanträge (GULDENER 74; ZR *1979* Nr. 127 = SJZ *1981* 111 Nr. 22). Sie sind bis zur Urteilsfällung durch die letzte ordentliche kantonale Instanz zu berücksichtigen (GULDENER 169; vgl. auch BGE *87* I 505). Ist die Verspätung verschuldet, so kann das kantonale Recht Ordnungsstrafen und die Auferlegung der zusätzlichen Kosten vorsehen (vgl. dazu GVP *1971* Nr. 46 E. 5).

45 Mehrere verwandte Prozesse sind von Amtes wegen in der sachlich gebotenen Reihenfolge zu behandeln (vgl. Art. 261 N 72).

46 Der Richter hat aufgrund von Art. 254 Ziff. 1 ein Urteil in einem Nachverfahren zu ergänzen, wenn es in bezug auf die notwendige Feststellung des Kindesverhältnisses unvollständig geblieben ist (BGE *108* II 527).

46a Über die Fristansetzung an die Klagepartei, wenn die Klage nicht gegen alle notwendigen Streitgenossen erhoben worden ist vgl. Art. 256 N 83.

3. Beweisverfahren von Amtes wegen

A. Grundsatz

47 Der Richter darf seine Entscheidung nur auf Tatsachen stützen, von deren Vorhandensein er sich überzeugt hat; es genügt daher nicht, dass diese behauptet und nicht bestritten oder zugestanden werden (GULDENER 168; WALDER, Zivilprozessrecht 219 ff, BGE *82* II 503, *83* II 4, *85* II 174; ZR *1979* Nr. 127 = SJZ *1981* 111 Nr. 22). Der Richter hat seine Ermittlungen solange fortzuführen, bis er die volle Überzeugung von der Wahrheit einer erheblichen Tatsache erlangt hat (FamRZ *1978* 586; BGE *109* II 293).

B. Parteiverhör

48 Die Feststellung und Anfechtung des Kindesverhältnisses hängen regelmässig von Tatsachen ab, die der Natur der Sache nach meist nur den unmittelbar Beteiligten, vorab der Mutter und dem angeblichen Vater, bekannt sind und ohne deren Befragung nicht befriedigend geklärt werden können. Aus Art. 254 Ziff. 1 ist daher zu folgern, dass die Mutter und der Mann, dessen Kindesverhältnis in Frage steht, persönlich verhört werden müssen. Das gilt auch für die Kantone, welche das Parteiverhör als Beweismittel nicht kennen (vgl. HUG 139 f, BÜHLER/SPÜHLER Art. 158 N 121 mit Hinweisen). Ist die Mutter im Vaterschaftsprozess nicht als Klägerin beteiligt, so ist sie von Amtes wegen als Zeugin zu vernehmen. Zur Durchset-

zung des persönlichen Erscheinens vgl. BÜHLER/SPÜHLER Art. 158 N 126. Das kantonale Recht kann die polizeiliche Vorführung vorsehen (z. B. Zürich ZPO 198 Abs. 2).

C. Keine Bindung an die Beweisanträge der Parteien

Der Richter hat von Amtes wegen über jede prozesserhebliche Tatsache Beweis zu erheben, für die sich aus den Akten oder aus dem Parteiverhör ein Anhaltspunkt ergibt, gleichgültig, ob die beweisbelastete Partei einen entsprechenden Antrag gestellt hat oder nicht (BGE *109* II 198; ZR *1979* Nr. 127 = SJZ *1981* 111 Nr. 22). Nötigenfalls kann er durch Beweiserhebung auch nach den in Frage kommenden Beweismitteln forschen (BÜHLER/SPÜHLER Art. 158 N 86). An der Beweislastverteilung und den Folgen der Beweislosigkeit wird damit nichts geändert (GULDENER, Beweiswürdigung 19 f). 49

D. Beweiserhebung ohne Kostenvorschüsse

Die Erhebung der notwendigen Beweise darf nicht von der Leistung von Kostenvorschüssen abhängig gemacht werden (WALDER, Offizialmaxime 36/37; ZR *1979* Nr. 127 = SJZ *1981* 111 Nr. 22). Dies gilt jedoch nicht für die Entkräftung der Vaterschaftsvermutung des Art. 262 (s. Art. 261 N 36 a. E.; BGE *109* II 198 E. 3). 50

4. Säumnis einer Partei

Ist die *Klagepartei* in der Begründung der Klage säumig, so richten sich die Folgen nach kantonalem Prozessrecht (GULDENER 173, 270, 271). 51

Für den Fall der Säumnis der *beklagten* Partei hat der Richter gleichwohl von Amtes wegen zu ermitteln, ob der Tatbestand sich verwirklicht hat, auf den der Kläger die Klage stützt (GULDENER 271; WALDER, Offizialmaxime 35 f). Dazu kann die Befragung der klagenden Partei oder der Mutter gehören. Vgl. auch N 48. Dagegen darf nicht Anerkennung der Klage gefolgert werden. 52

5. Parteiinteressen

53 Ist eine Klage auf Feststellung oder Anfechtung des Kindesverhältnisses hängig, so soll der Richter eine der materiellen Wahrheit entsprechende Beurteilung anstreben. Die Offizialmaxime gemäss Art. 254 Ziff. 1 gilt daher zugunsten beider Parteien (WALDER, Offizialmaxime 12 ff, HUG 142; ZR *1979* Nr. 127 = SJZ *1981* 111 Nr. 22; a. M. SJZ *1961* 207 Nr. 78; ZZW *1982* 6; BGE *109* II 198). Abweichend deutsche ZPO 640d: Im Anfechtungsprozess dürfen Tatsachen, die von den Parteien nicht vorgebracht worden sind, nur berücksichtigt werden, wenn sie sich gegen die Anfechtung richten.

54 Droht offensichtlich nachlässige oder fehlerhafte Prozessführung des gesetzlichen Vertreters die Interessen einer urteilsunfähigen Partei zu beeinträchtigen, so hat das Gericht die Vormundschaftsbehörde und – bei deren Untätigkeit – die Aufsichtsbehörde zu benachrichtigen (vgl. sinngemäss Art. 368 Abs. 2, 369 Abs. 2). Das ist namentlich wichtig zum Schutz des Kindes. Denn die nachteiligen Folgen mangelhafter Prozessführung können ihm gegenüber durch Schadenersatzleistungen (Art. 426 ff) nicht gutgemacht werden.

6. Berufung ans Bundesgericht

55 Die Pflicht, den Sachverhalt von Amtes wegen abzuklären, ist eine bundesrechtliche Verfahrensvorschrift, deren Verletzung mit der Berufung gerügt werden kann (OG 43). Von der Bindung des Bundesgerichtes an die Feststellungen über tatsächliche Verhältnisse (OG 43 Abs. 3, 55 Abs. 1 lit. *c,* 63 Abs. 2) ist daher neben der Verletzung bundesrechtlicher Beweisvorschriften und offensichtlich auf Versehen beruhenden Feststellungen auch die Verletzung von Art. 254 Ziff. 1 ausgenommen.

III. Freie Beweiswürdigung

1. Als allgemeine Verfahrensnorm

56 Die Beweiswürdigung umfasst den ganzen Vorgang der richterlichen Beurteilung, ob ein Beweis geleistet oder gescheitert ist. Der Grundsatz der *freien* Beweiswürdigung bedeutet, dass der Richter diese Ent-

scheidung nach seiner freigebildeten Überzeugung trifft (GULDENER 321 f, BÜHLER/SPÜHLER Art. 158 N 96 ff). Die freie Beweiswürdigung stellt dem Richter die Aufgabe, alle in Betracht fallenden Umstände frei von formalen Beweisregeln nach den Denkgesetzen und der Lebenserfahrung zu gewichten. Sie stellt die Entscheidung über das Beweisergebnis nicht ins Belieben des Richters, sondern muss verstandesmässig nachprüfbar sein. Daher ist sie im einzelnen zu begründen (GULDENER 321 f, HUG 178 f, BÜHLER/SPÜHLER Art. 158 N 100; BGE *100* I a 130, *101* I a 552).

In dieser Bedeutung ist das Gebot der freien Beweiswürdigung ein durch 57 den verfassungsmässigen Anspruch auf rechtliches Gehör vorgezeichneter Satz des *kantonalen* Prozessrechts (vgl. die bei GULDENER 321 N 16 zitierten kantonalen Bestimmungen). Seine unrichtige Handhabung kann daher nur mit den Rechtsmitteln des kantonalen Rechts und mit der staatsrechtlichen Beschwerde wegen Verletzung von BV 4 (Willkür), nicht mit der Berufung gerügt werden (vgl. z. B. BGE *98* I a 142 E 3; *100* I a 15 E 4 und 124 E 3–6). Es ist nicht willkürlich, wenn eine Rechtsmittelinstanz eine Beweisaufnahme nicht wiederholt, sondern sich auf die Überprüfung des Beweisergebnisses beschränkt (BGer II. Zivilabt. 17. 11. 1983 i. S. R. v. B.–S., unveröffentlicht).

2. Als Norm des Bundesrechts

Art. 254 Ziff. 1 schreibt für das Verfahren zur Feststellung 58 und Anfechtung des Kindesverhältnisses die freie Beweiswürdigung vor (ebenso Art. 158 Ziff. 4, 280 Abs. 2, OR 202, 343, SVG 86, SchKG 289).

A. Zulassung jedes tauglichen Beweismittels

Jedes Beweismittel, das zum Beweis der Vaterschaft oder 59 Nichtvaterschaft, gegebenenfalls der Mutterschaft oder der Nichtmutterschaft, objektiv geeignet ist und in der gegebenen Aktenlage eine relevante Aussage erwarten lässt, ist zuzulassen und zu erheben. Zum naturwissenschaftlichen Abstammungsgutachten vgl. N 70. – Dagegen besteht kein Anspruch auf Einholung eines Beweismittels, das an der bestehenden Rechtslage nichts zu ändern vermag, vgl. BGE *91* I 163.

Auch die Reihenfolge verschiedener in Betracht fallender Beweismittel richtet sich ausschliesslich nach sachlichen Kriterien, vgl. N 189 ff; BGE *97* II 60 297. Richtigerweise sollen die Beweise über die Abstammung erst erhoben werden, wenn die Rechtzeitigkeit der Klage feststeht.

B. Ausschluss gesetzlicher Beweisregeln

61 Das kantonale Recht darf kein Beweismittel mit bindender Kraft ausstatten. Eid und Handgelübde sind darum unzulässig, soweit sie der richterlichen Würdigung entzogen sind (BBl *1974* II 26; HEGNAUER ZSR *1965* II 113; BGE *85* II 175; BJM *1959* 67; GULDENER 325, KUMMER Art. 8 N. 68; vgl. dazu auch BÜHLER/SPÜHLER Art. 158 N 91 ff; anders das frühere Recht, vgl. VA Art. 310 N 31).

62 Ebensowenig darf das kantonale Recht einem Beweismittel einen Vorrang vor andern beilegen oder es wegen präsumtiver Wertlosigkeit zum voraus ausschliessen (KUMMER Art. 8 N 67; GULDENER 324). Daher können nicht generell bestimmte Personen wegen Befangenheit für die Partei- oder Zeugenaussage unfähig erklärt werden (BGE *77* II 23 E. 2; *84* IV 174 E. 2; *109* II 292 E. 1; BÜHLER/SPÜHLER Art. 158 N 104 ff). Dagegen folgt aus Art. 254 Ziff. 1 nicht, dass eine Rechtsmittelinstanz die Beweisabnahme einer untern Instanz zu wiederholen hätte (BGE *109* II 293).

63 Unzulässig ist auch, ein im ordentlichen Prozess zulässiges Beweismittel im Statusprozess auszuschliessen oder von strengeren Voraussetzungen abhängig zu machen (aArt. 310 Abs. 2, dazu VA Art. 310 N 34 f; BBl *1974* II 26).

C. Berufung ans Bundesgericht

64 Die freie Beweiswürdigung ist in dem in N. 59–63 umschriebenen Umfang ein Satz des Bundesrechts, dessen Verletzung mit der Berufung (OG 43) gerügt werden kann.

3. Beweiswürdigung und Beweislast

65 Die Beweislast wird vom materiellen Bundesrecht bestimmt (Art. 8, KUMMER Art. 8 N 58; vgl. Art. 256 N 27 ff.; 260b N 10 ff;, 262 N 29, 74). Sie wird durch die Pflicht des Richters, den Sachverhalt von Amtes wegen zu erforschen und die Beweise nach freier Überzeugung zu würdigen, nicht berührt. Ergibt die Beweiswürdigung, dass eine rechtserhebliche Tatsache nicht bewiesen ist, so ist zu Ungunsten der Partei zu entscheiden, welche die Beweislast trägt (GULDENER 325 f, KUMMER Art. 8 N 20).

IV. Naturwissenschaftliche Abstammungsgutachten

1. Im allgemeinen

A. Überblick

Für die Beurteilung der Abstammung oder Nichtabstammung stehen dem Richter selbst nur die beiden Erfahrungssätze zu Gebote, dass ein Mann, der als einziger der Mutter in der Empfängniszeit beigewohnt hat, der Vater sein muss, und dass ein Mann, der ihr nicht beigewohnt hat, nicht der Vater sein kann. Die Tatsache der ausschliesslichen Beiwohnung und die der Nichtbeiwohnung sind aber nur selten sicher zu beweisen (vgl. Art. 256 a/256 b N 33 ff; Art. 262 N 8). Zudem versagen beide Erfahrungssätze, wenn mit der Beiwohnung verschiedener Männer zu rechnen ist oder eine künstliche Insemination stattgefunden hat. 66

Die Beurteilung der Abstammung oder Nichtabstammung bedarf daher regelmässig der Feststellung besonderer biologischer Tatsachen, deren Wahrnehmung Fachkenntnisse erfordern, und der Anwendung biologischer Erfahrungssätze, die dem Richter nicht vertraut sind. Dieser ist daher auf die Hilfe des naturwissenschaftlichen Sachverständigen angewiesen. Nach dem untersuchten Merkmal lassen sich verschiedene Abstammungsgutachten unterscheiden. 67

Die *medizinischen* Gutachten beruhen auf medizinischen Tatsachen, die beim fraglichen Mann (andrologisches Gutachten, N 108 ff), bei der Mutter (gynäkologisches Gutachten, N 112 ff) oder beim Kind (Reifegradgutachten N 118 ff) erhoben worden sind. 68

Ihnen stehen die *erbbiologischen* Gutachten gegenüber. Sie werten die vererblichen Merkmale des Blutes (direkt: Blutgruppengutachten, N 130 ff, oder aufgrund deren Häufigkeit: serostatistisches Gutachten, N 160 ff), oder der äusseren Erscheinung (anthropologisches Gutachten, N 172 ff) aus. 69

B. Anspruch auf Einholung des Gutachtens

Schon vor der Revision von 1976 war der bundesrechtliche Anspruch auf das Blutgruppengutachten (BGE *61* II 76, *91* II 162 mit Hinweisen), das serostatistische Gutachten (BGE *101* II 15 E. 2 b mit Hinweisen) und das anthropologische Gutachten (BGE *91* II 159 E. 2, *97* II 197) 70 anerkannt. Die nun in Art. 254 Ziff. 2 ausdrücklich umschriebene Pflicht zur Mitwirkung bei Abstammungsuntersuchungen (N 77 ff) schliesst sinngemäss ein, dass solche Untersuchungen durchzuführen und die entsprechenden Gutachten einzuholen sind. Und zwar gilt das für jedes Gutachten, das nach dem jeweiligen Stande der Naturwissenschaft geeignet ist, eine zuverlässige Aussage zur Abstammung oder Nichtabstammung beizutragen (VA Art. 314/315 N 99 mit Hinweisen; vgl. auch vorn N 59).

71 Der Richter hat gemäss Art. 254 Ziff. 1 die nach der Aktenlage gebotenen Gutachten (vgl. N 189 ff) einzuholen, unabhängig davon, ob sie von einer Partei beantragt worden sind (vorn N 49).

72 Er hat auch von sich aus *neue,* während des Prozesses entdeckte naturwissenschaftliche Erkenntnismittel zu berücksichtigen und die entsprechende Ergänzung bereits eingeholter Gutachten anzuordnen. Das gilt bis zum Schluss des kantonalen Verfahrens (BGE *87* I 506). «Die Rechtsprechung hat der Entwicklung und Vervollkommnung der Grundlagen naturwissenschaftlicher Begutachtung zu folgen» (BGE *89* II 72).

73 Wird *nach Eintritt der Rechtskraft des Urteils* eine beweiskräftige neue naturwissenschaftliche Methode zur Feststellung der Abstammung oder Nichtabstammung entdeckt, so fragt sich, ob damit der *Revisions*grund der Auffindung eines neuen Beweismittels gegeben sei (z. B. OG 137 lit. *b,* Zürich ZPO 293 Abs. 1).

74 Das ist zu bejahen, wenn der Revisionskläger dartut, dass die neue Methode zu einer andern Entscheidung führen kann. Ob sie das im konkreten Fall wirklich tut, ist durch das im Revisionsverfahren einzuholende Gutachten abzuklären (vgl. GULDENER 531 N 5 a. E.; STRÄULI/MESSMER ZPO 293 N 5 a. E.; BALZ RUST, Die Revision im Zürcher Zivilprozess. Diss. Zürich *1981* 112, 118 f; a. M. BGE *61* II 361, *73* II 125).

75 Enger deutsche ZPO 641 i: Der Revisionskläger muss selber das neue Gutachten vorlegen. Für dessen Erstattung kann er die Mitwirkung Dritter an Untersuchungen gemäss ZPO 372 a nicht beanspruchen (BEITZKE 21).

76 Das Revisionsgesuch ist von einer Partei innert der Frist und in den Formen zu stellen, die das Prozessrecht vorschreibt. Hat der Revisionskläger die neue Methode und deren Zuverlässigkeit dargetan und könnte sie zu einer für ihn günstigeren Entscheidung führen, so hat der Richter das neue Gutachten von Amtes wegen einzuholen (Art. 254 Ziff. 1, vorn N 59, 70). Die Entdeckung neuer Erbmerkmale rechtfertigt die Revision nur, wenn diese aufgrund ihrer Verteilung in der Bevölkerung und unter Berücksichtigung der bestehenden Befunde eine ernsthafte Möglichkeit des Ausschlusses bieten.

C. Mitwirkungspflicht

a) Sachlicher Anwendungsbereich

Die Mitwirkungspflicht gemäss Art. 254 Ziff. 2 gilt nur für das Verfahren zur Feststellung oder Anfechtung des Kindesverhältnisses und das Berichtigungsverfahren (N 26), dagegen nicht für Klagen auf Leistungen gemäss Art. 295 oder auf Schadenersatz wegen Unterlassung einer Klage oder wegen unsorgfältiger Führung eines Prozesses zur Feststellung oder Anfechtung des Kindesverhältnisses und ähnliche (vgl. vorn N 27, BGE *87* II 372, *89* I 161, ZR *1948* Nr. 76, SJZ *1954* 45 Nr. 14). Für diese Prozesse bleiben kantonale Vorschriften, die allgemein die Pflicht zur Duldung von Abstammungsuntersuchungen vorsehen, anwendbar (vgl. z. B. Zürich ZPO 177 Abs. 1, dazu STRÄULI/MESSMER N 2). 77

b) Persönlicher Anwendungsbereich

Zur Mitwirkung ist jedermann verpflichtet, dessen Untersuchung zur Feststellung oder zum Ausschluss der streitigen Abstammung beitragen kann. Dazu gehören vorab das Kind, die Mutter und der Mann, dessen Vaterschaft streitig ist. Überdies aber auch weitere Männer, deren Vaterschaft aufgrund bewiesener oder behaupteter Beiwohnung in Betracht zu ziehen ist. 78

Lässt das Erscheinungsbild (Phänotypus) eines vererblichen Merkmals das Erbbild (Genotypus) nicht eindeutig erkennen oder ist ein Beteiligter gestorben, so kann die Untersuchung seiner *Blutsverwandten* die fehlenden Aufschlüsse geben (N 156). Der Sachverständige hat in solchen Fällen die Personen zu bezeichnen, deren Untersuchung nötig ist. Das gilt sinngemäss, wenn die Mutterschaft streitig ist. 79

Eine Person, deren Untersuchung zur Klärung der streitigen Abstammung von vornherein nichts beizutragen vermag, ist zur Mitwirkung nicht verpflichtet. So z. B. ein Mann, der weder Partei ist noch als Beischläfer oder Samenspender in Betracht fällt und auch nicht mit einem unmittelbar Beteiligten blutsverwandt ist. 80

Ist ein *Urteilsunfähiger* zu untersuchen, so haben die Personen, denen die Obhut zusteht, für die Erfüllung der Mitwirkungspflicht zu sorgen, also der oder die Inhaber der elterlichen Gewalt, der Vormund, der Beistand, die 81

Pflegeeltern (vgl. BGE *82* II 510, *89* I 97). Sie unterliegen sinngemäss den nämlichen Sanktionen wie die mitwirkungspflichtige urteilsfähige Person (N 92 ff).

82 Die Vormundschaftsbehörde kann aufgrund ihres Aufsichtsrechtes dem Vormund oder Beistand und aufgrund von Art. 307 Abs. 3 Eltern oder Pflegeeltern verbindliche Weisungen erteilen.

c) Untersuchungen

83 Die Mitwirkungspflicht besteht für Untersuchungen, die zur Aufklärung der Abstammung *nötig* sind. Das trifft zu, wenn eine Untersuchung die Grundlage für die zuverlässige Beantwortung einer nach der Aktenlage erheblichen und noch offenen Frage der Abstammung oder Nichtabstammung liefern kann.

84 Demgemäss ist die Pflicht zur Mitwirkung zu *verneinen,*
- wenn die Frage der Abstammung oder Nichtabstammung sich überhaupt nicht oder nicht mehr stellt: Im Vaterschaftsprozess hat ein Mann, von dem nicht behauptet wird, er habe der Mutter beigewohnt oder Samen gespendet, die Blutentnahme nicht zu dulden (vgl. aber N 79). Ebensowenig hat der Vaterschaftsbeklagte, dessen Vaterschaft serologisch zweifelsfrei ausgeschlossen ist, an einer anthropologischen Untersuchung mitzuwirken; dies gilt auch bezüglich des Beweises der Abstammung von einem Dritten, wenn nicht wenigstens entfernte Anhaltspunkte für eine Beiwohnung bestehen (BGE *92* II 80 f.);

85 – wenn die grundsätzliche Eignung und Zuverlässigkeit der fraglichen Untersuchung für die Beurteilung der Abstammung und Nichtabstammung nicht feststeht. Dieser Einwand ist gegenüber der Blutgruppen- und der anthropologischen Untersuchung ausgeschlossen (vgl. im einzelnen N 150 ff, 182 ff);

86 – wenn die betreffende Untersuchung richtigerweise erst durchzuführen ist, nachdem andere vorausgegangen sind und nicht zu einem schlüssigen Ergebnis geführt haben. So hat sich der Vaterschaftsbeklagte der anthropologischen Untersuchung erst zu unterziehen, wenn ausser der serologischen auch die serostatistische Begutachtung stattgefunden hat (BGE *97* II 297);

87 – wenn vorauszusehen ist, dass eine an sich taugliche Untersuchung im konkreten Fall keine brauchbare Aussage erbringen wird. So besteht kein Anspruch auf eine anthropologische Untersuchung und damit auch keine

Pflicht zur Mitwirkung an einer solchen, wenn als Erzeuger nur Angehörige einer anthropologisch noch nicht erforschten Rasse in Betracht kommen (BGE *98* II 346).

Ob die Untersuchung einer Person nötig ist, bestimmt der Richter, gegebenenfalls nach Anhörung des Sachverständigen. Er ist dabei nicht an die Anträge oder Meinungen der Parteien gebunden (N 59, 78; SJ *1981* 560). 88

Die Mitwirkungspflicht umfasst die zur Erstattung des Gutachtens nötigen Handlungen. Beim Blutgruppengutachten ist es die Duldung der Blutentnahme, beim anthropologischen Gutachten die Duldung der zur Feststellung der morphologischen Merkmale erforderlichen Messungen, Abdrücke, Photographien u. dgl. 89

Sodann ist die Mitwirkungspflicht auf Untersuchungen beschränkt, die *ohne Gefahr für die Gesundheit* sind. Die Mitwirkung kann nur abgelehnt werden, wenn ernstlich mit der Möglichkeit der Beeinträchtigung der Gesundheit zu rechnen ist und allfällige Risiken nicht durch besondere Modalitäten der Untersuchung mit Sicherheit ausgeschaltet werden können. Letzteres ist heute bei der Blutentnahme ohne weiteres möglich. 90

Unerheblich sind die *rechtlichen Folgen* der Untersuchung. Weder die Parteien noch Dritte dürfen die Mitwirkung wegen der Nachteile ablehnen, die ihnen oder den ihnen nahestehenden Personen aus dem ungünstigen Ergebnis erwachsen können (BBl *1974* II 28; STRÄULI/MESSMER ZPO 177 N 7; HABSCHEID 445; für den Rechtszustand vor 1978 vgl. HAUSER, [zit. Art. 252 N 2] 264 ff). 91

d) Durchsetzung

Die Mitwirkungspflicht ist mit den vom Prozessrecht vorgesehenen Mitteln durchzusetzen. Bundesrechtlich erscheinen Ordnungsbusse des Prozessrechts, Ungehorsamsstrafe nach StGB 292, polizeiliche Vorführung in den Untersuchungsraum als zulässig, unzulässig dagegen unmittelbarer körperlicher Zwang bei der Blutentnahme (BBl *1974* II 28; GROSSEN SPR II 362; a. M. HABSCHEID 445). 92

Nach Zürich ZPO 177 Abs. 2 Satz 2 ist gegen den säumigen *Dritten* wie gegen einen säumigen Zeugen vorzugehen. (Vgl. STRÄULI/MESSMER N 5; ZR *1979* Nr. 69, Nr. 127 E. 7). 93

Die Pflicht, den Sachverhalt von Amtes wegen zu untersuchen und die Beweise nach freier Überzeugung zu würdigen (Art. 254 Ziff. 1), verbietet, aus der Weigerung einer Partei generell zu folgern, die Untersuchung wäre zu 94 deren Ungunsten ausgegangen (GULDENER 322 N 20 Abs. 2; BGE *82* II 511; *99* I a 413; vgl. auch VA Art. 314/315 N 172). Dagegen ist solches Verhalten bei der Beweiswürdigung zu berücksichtigen (GULDENER 322; ZVW *1972* 142 Nr. 29; ZH ZPO 177 Abs. 2 Satz 1, dazu STRÄULI/MESSMER N 4/5; ZR *1979* Nr. 69 und Nr. 127 E. 7). Das ist aber nur statthaft, wenn die Weigerung unrechtmässig ist (vgl. dazu N. 83–91; BGE *97* II 301).

95 Kasuistik — Kann im Vaterschaftsprozess die anthropologische Untersuchung wegen des unüberwindlichen Widerstandes des urteilsunfähigen, bei Pflegeeltern untergebrachten Kindes nicht durchgeführt werden, so hat der Beklagte die Folge zu tragen, dass seine Vaterschaft nicht ausgeschlossen werden kann (AGVE *1968* Nr. 3).

96 — Verweigert die Mutter im Anfechtungsprozess (Art. 256 ff) die Blutentnahme, nachdem ihr eingehend erklärt worden ist, dass das Gutachten ihre Behauptung, sie habe nur mit dem Ehemann verkehrt, bestätigen werde, falls diese richtig sei, so erscheint sie als unglaubwürdig (ZVW *1972* 142 Nr. 29).

97 — Die Vermutung der Vaterschaft des Beklagten wird nicht zerstört, wenn die Blutentnahme bei der Mutter nicht stattfinden kann, weil sie an einen unbekannten Ort verreist ist, diese Abreise aber vorauszusehen war und der Richter den Beklagten rechtzeitig auf das Recht, eine Begutachtung zu verlangen, hingewiesen hat und keinerlei Anhaltspunkte für Mehrverkehr bestehen (SJ *1972,* 43).

98 — Wenn die serostatistische Wahrscheinlichkeit der Vaterschaft des Beklagten 97,7% beträgt und er zur Blutentnahme für die ergänzende HLA-Untersuchungen (N 144) ungenügend entschuldigt nicht erscheint, so hat er die Folgen des Scheiterns der Beweisergänzung zu tragen (Bezirksgericht Zürich, 4. Abt., 24. 9. 1981).

99 Wer unbefugterweise die Mitwirkung an einer Untersuchung verweigert, begeht eine *unerlaubte Handlung* im Sinne von OR 41. Bewirkt sie das Scheitern des Beweises, so kann er von der beweisbelasteten Partei auf Ersatz des ihr erwachsenden Schadens (Unterhalt, Erbansprüche, Prozesskosten) und unter den Voraussetzungen von OR 49 auf Genugtuung belangt werden (BBl *1974* II 28). Ersatzpflichtig ist der säumige Dritte (Zürich ZPO 163 Abs. 2 Satz 3, dazu STRÄULI/MESSMER N 5), aber auch die säumige Gegenpartei. Da es um vermögensrechtliche Ansprüche geht, darf davon ausgegangen werden, der Beweis wäre zuungunsten des Säumigen ausgegangen.

D. Stellung des Richters

100 Ernennung und Belehrung des Sachverständigen richten sich nach dem Prozessrecht. Ebenso ist es Sache des kantonalen Richters,

die Schlüssigkeit der tatsächlichen Feststellungen und Folgerungen des Sachverständigen zu prüfen und zu würdigen (BGE *98* II 267). Vorbehalten bleibt die Berichtigung offensichtlicher Versehen (OG 63 Abs. 2).

Das Bundesrecht bestimmt, 101
- ob Anspruch auf ein bestimmtes Abstammungsgutachten besteht (N 70 ff);
- in welcher Reihenfolge die verschiedenen Gutachten einzuholen 102 (N 189 ff) und wie ihre Ergebnisse zu würdigen sind (N 199 ff);
- welchen Anforderungen der Beweis der Vaterschaft oder der Nichtvater- 103 schaft oder der grössern Wahrscheinlichkeit der Vaterschaft zu genügen hat. Der Beweis der Vaterschaft oder der Nichtvaterschaft bedarf der an Sicherheit grenzenden Wahrscheinlichkeit (BGE *94* II 79 E. 2 mit Hinweisen; *98* II 264 E. 2, *101* II 14/15 E. 1);
- ob eine bestimmte Methode nach den anerkannten Grundsätzen der Na- 104 turwissenschaft zur Erbringung des geforderten Beweises tauglich ist (BGE *94* II 81 ff E 3, *96* II 323/324, *98* II 268 f E. III, *104* II 301).

Dementsprechend prüft das Bundesgericht, ob die rechtliche Würdigung 105 den gesetzlichen Anforderungen an den zu leistenden Beweis entspricht (BGE *96* II 319 f E. 3 b).

Der Richter darf die Folgerungen des Gutachtens nicht aus Gründen erwei- 106 tern oder einschränken, die sachfremd sind oder Sachkenntnisse erfordern, die er nicht besitzt (BGE *82* II 267, *86* II 133, 321, *94* II 84; verfehlt SJZ *1959* 314 Nr. 128).

2. *Medizinische Gutachten*

Sie beruhen auf bestimmten bei dem als Vater in Betracht 107 fallenden Mann, bei der Mutter oder dem Kind erhobenen medizinischen Befunden und äussern sich über die Wahrscheinlichkeit der *Zeugung* in einem bestimmten Zeitraum.

A. *Andrologisches Gutachten* (Fertilitätsgutachten)

Es spricht sich darüber aus, ob ein bestimmter Mann (der 108 Ehemann, Art. 256 Abs. 1; der Anerkennende, Art. 260 b Abs. 1; der Vaterschaftsbeklagte oder ein dritter Beischläfer, Art. 262 Abs. 3) zur Zeit der Empfängnis (BGE *45* II 491) zeugungsunfähig gewesen sei. Es dient damit dem Beweis der Nichtvaterschaft. Die natürliche Vermutung spricht für das Vorliegen der Zeugungsfähigkeit. Das Gutachten ist nur einzuholen, wenn ernsthafte Gründe bestehen, an ihr zu zweifeln (vgl. dazu GULDENER 322 f).

109 Da die Ursachen mannigfaltig sind und teilweise nur eine zeitweilige Zeugungsunfähigkeit bewirken, ist der erforderliche sichere Beweis nur schwer zu erbringen (DOEPFMER 520 ff, BEITZKE 25; HUG 109 ff; VA Art. 254 N 24 mit Hinweisen). Schlüssig sind operative Eingriffe vor der Empfängniszeit, welche die Zeugungsfähigkeit dauernd ausschliessen (BGE *91* II 154). Auf andere Weise ist die Zeugungsunfähigkeit zum nachhinein kaum nachweisbar. Dagegen darf aus der sichern Feststellung der Zeugungsunfähigkeit vor und nach der Empfängnis gefolgert werden, sie habe auch in der Zwischenzeit bestanden (SJZ *1952* 324 Nr. 121). Das Alter von 14½ Jahren schliesst die Zeugungsfähigkeit nicht mit Sicherheit aus (BGE *69* II 134), ebensowenig Kinderlosigkeit, Oligospermie oder hohes Alter.

110 Betreffend Unterbrechung des Geschlechtsverkehrs und die Verwendung von Empfängnisverhütungsmitteln vgl. Art. 262 N 21. Beischlafsunfähigkeit (impotentia coeundi) ist kaum zuverlässig nachweisbar.

111 Ein Gutachten, das die Zeugungsunfähigkeit für die Empfängniszeit zwar nicht ausschliesst, aber als unwahrscheinlich bewertet, kann im Rahmen des Additionsbeweises gewürdigt werden (N 199 f).

B. Gynäkologisches Gutachten (Geburtshilfliches Gutachten)

112 Es äussert sich darüber, ob die Mutter in einer zeitlich bestimmten Beiwohnung nicht habe empfangen können (Befruchtungsuntauglichkeit, impotentia concipiendi) und dient damit dem Beweis der Nichtvaterschaft eines Mannes, welcher der Mutter an genau bekannten Daten beigewohnt hat, ausserdem dem Beweis der geringeren Wahrscheinlichkeit der Vaterschaft des Vaterschaftsbeklagten bei Mehrverkehr der Mutter (Art. 262 Abs. 3, dort N 95 f). Eine brauchbare Aussage ist aber nur möglich, wenn die kritischen Beiwohnungen des Beklagten und des Dritten zeitlich feststehen und das Intervall länger als vier Wochen gedauert hat (BGE *43* II 559).

113 Lassen sich die kritischen Beiwohnungen zeitlich nicht fixieren oder verteilen sie sich über grössere Zeiträume oder folgen sich die Beiwohnungen verschiedener Männer in Abständen von weniger als vier Wochen, so ist das Gutachten *unbrauchbar*.

Von Bedeutung ist vorab der Zeitpunkt, in welchem die Mutter *schwanger* 114
geworden ist. Er kann in erster Linie aufgrund medizinischer Untersuchungen während der Schwangerschaft festgestellt werden (PODLESCHKA 136, SCHWEIZER 40 ff; HUG 112 ff; BGE *39* II 686, *42* II 543, *45* II 494, *61* II 22 und 305, *69* II 139, *82* II 502, *91* II 258). Bei schwacher Entwicklung der Frucht und geringer Fruchtwassermenge ist es möglich, dass die Mutter ihre Schwangerschaft bis kurz vor der Geburt nicht erkennt (Mitteilung von F. BLOCHER SJZ *1961* 99).

Weitere Hinweise auf den Zeitpunkt der Empfängnis können sich aus den 115
Angaben der Mutter ergeben über die letzte normale *Monatsblutung,* deren Zeitpunkt, Dauer und Art, und über das Datum der nächsten erwarteten, aber ausgebliebenen Blutung (PODLESCHKA 98, SCHWEIZER 42; HUG 113 f). Für die Glaubwürdigkeit dieser Angaben ist bedeutsam, ob sie mit den während der Schwangerschaft dem Arzt gemachten übereinstimmen und durch unverdächtige Aufzeichnungen gestützt werden (SJZ *1940/41* 16 Nr. 1; ZBJV *1945* 281; VA Art. 254 N 26). Unter günstigen Verhältnissen kann der nach dem Reifegradgutachten (N 118 ff) für die Empfängnis in Betracht zu ziehende Zeitraum durch die menstruelle Zäsur eingeengt und die Kausalität einer in Frage stehenden Beiwohnung ausgeschlossen werden. Dieses Beweismittel dürfte selten für sich allein ausreichen, kann aber im Rahmen eines Additionsbeweises (N 199 f) berücksichtigt werden.

Bei zweieiigen *Zwillingen* muss die Möglichkeit der Überschwängerung (Su- 116
perfecundatio) und der Überfruchtung (Superfetatio) bedacht werden (N 158; BEITZKE 26).

Keinen selbständigen Beweis erbringt das zeitliche Verhältnis der Beiwoh- 117
nung zur *Ovulation* (Eisprung). Die Theorie von Knaus/Ogino über die unfruchtbaren Tage der Frau ist wissenschaftlich nicht voll anerkannt. Ausserdem sind zuverlässige und über längere Zeit hin geführte Zyklusaufzeichnungen, welche für die Anwendung dieser Theorie notwendig sind, selten vorhanden (vgl. BGE *88* II 65, SJZ *1949* 27 Nr. 8, 240 Nr. 102, *1964* 144 Nr. 82; VA Art. 254 N 27; HOSEMANN 49; BEITZKE 26). Immerhin kann das zeitliche Verhältnis der Beiwohnung zum Zyklus als Indiz im Additionsbeweis berücksichtigt werden (N 199 f).

C. *Reifegrad- oder Tragzeitgutachten*

a) Grundlagen

118 Die körperliche *Reife* des Kindes bei der Geburt hängt von der *Dauer der Schwangerschaft* ab und gestattet damit einen Rückschluss auf den mutmasslichen Konzeptionstermin (BEITZKE 27; HOSEMANN 45 ff; STEGMANN 509 ff; PODLESCHKA 26, VA Art. 254 N 28 ff). Freilich unterliegt die Dauer der Schwangerschaft grossen Schwankungen. Die durchschnittliche Tragzeit von 268 Tagen (post conceptionem) trifft nur auf 4% aller Kinder zu, diejenige von 39 Wochen (266–272 Tage) nur auf rund ¼ aller reifen Kinder. Mehr als 10% aller reifen Kinder kommen ausserhalb eines mittleren Zeitraums von sechs Wochen zur Welt (HOSEMANN 52).

119 Das Gutachten vergleicht die von der fraglichen Beiwohnung bis zur Geburt laufende *hypothetische Schwangerschaftsdauer* mit der *Häufigkeit der Geburten* nach dieser Tragzeit und mit gleichen Reifemerkmalen. Statistisch verwertbar sind nur messbare Merkmale, womit die medizinisch nicht immer sichere Unterscheidung reifer und unreifer Früchte entfällt (HOSEMANN 46). Als zuverlässigstes Merkmal der Reife gilt die Länge. Hierauf beruhen die Tabellen von LABHARDT (Schweiz. Med. Wochenschrift *1927* 729, *1944* 128). HOSEMANN gibt ausser für die Länge auch Tabellen für das Gewicht und den Kopfumfang (HOSEMANN 58 ff). Das Gewicht ist für die Beurteilung kurzer Tragzeiten bedeutsam (HOSEMANN 57). Über die Berücksichtigung des Geschlechts, der Parität (Geburten der Mutter) und von Zwillingsgeburten vgl. HOSEMANN 68 ff; STEGMANN 511 ff.

120 Das Tragzeitgutachten setzt eine *zuverlässige Feststellung der Reifemerkmale,* namentlich eine exakte Messung, voraus (PODLESCHKA 23 ff, 98 f). Die blosse Feststellung, das Kind sei reif, genügt nicht (BGE *43* II 559), ebensowenig die nur aus der Erinnerung geschöpfte, durch keine schriftlichen Aufzeichnungen gestützte Zeugenaussage der Hebamme (BGE *45* II 490/494).

121 Die aufgrund der statistischen Häufigkeit ermittelte Wahrscheinlichkeit der hypothetischen Schwangerschaftsdauer wird in *Prozenten* wiedergegeben. Die Tabellen von LABHARDT teilen die Schwangerschaftsdauer ausgehend vom durchschnittlichen Termin in Zehntagesgruppen (Dekaden) ein und geben für jede von ihnen die statistische Häufigkeit an. Berücksichtigt sind jedoch nur Kindeslängen zwischen 45 und 54 cm. Aus den Tabellen von HOSEMANN können dagegen stufenlos für jedes Mass der Länge, des Gewichts

und des Kopfumfangs die Summenhäufigkeiten eines geringeren und eines grösseren Masses bestimmt werden.

Das Tragzeitgutachten soll wenn immer möglich mit dem *gynäkologischen* (N 112 ff) verbunden werden, wodurch die statistische Aussage regelmässig erheblich verstärkt oder abgeschwächt wird (HOSEMANN 49 f, 73 f; PODLESCHKA 96 ff; VA Art. 254 N 32 f). Die Anwendung der Ovulationshemmer (Antibaby-Pille) erschwert meist die Erstattung des Tragzeitgutachtens (BEITZKE/HOSEMANN/DAHR/SCHADE 204).

Das Tragzeitgutachten dient vorab dem *Beweis der Nichtvaterschaft* eines Mannes, der der Mutter in einem bestimmten Zeitpunkt oder Zeitraum beigewohnt hat oder haben soll (Art. 256 b Abs. 1, 260 b Abs. 1, 262 Abs. 3). Eine (Summen-)Häufigkeit von weniger als 1% nach HOSEMANN kommt der an Sicherheit grenzenden Unwahrscheinlichkeit gleich (HOSEMANN 48 f, BEITZKE 29, STEGMANN 516). Das gilt auch für die LABHARDTschen Zahlen (N 119); dabei sind die Häufigkeit der kritischen Dekade und, wenn die Tragzeit über dem Durchschnitt (N 118) liegt, die der vorausgehenden Dekaden oder, wenn sie darunter liegen, die der folgenden Dekaden zu addieren (vgl. BGE *80* II 300 f).

Auch sind die *weitern Umstände* zu berücksichtigen, insbesondere die Ergebnisse des gynäkologischen Gutachtens (vorn N 112 ff) und die Frage, ob Anhaltspunkte für Mehrverkehr der Mutter bestehen. Fehlen solche und ist die Zeugung im fraglichen Zeitpunkt nicht geradezu ausgeschlossen, so ist zu prüfen, ob eine Übertragung oder eine Frühgeburt vorliege (BGE *91* II 259 E. 3, ZR *1958* Nr. 40). Umgekehrt kann eine geringe, wenn auch 1% übersteigende Wahrscheinlichkeit im Rahmen des Additionsbeweises bedeutsam sein (N 199 f). Da die Überlebensaussichten von Früh- und Spätgeburten sich stark verbessert haben, darf der Richter eine Zeugung auch in einem extrem frühen oder späten Termin nur aufgrund eines Gutachtens ausschliessen; BGE *45* II 495 und VA Art. 314/315 N 121 erscheinen insofern überholt.

Sodann kommt das Gutachten in Betracht für den *Beweis der geringern Wahrscheinlichkeit der Vaterschaft* des Beklagten (Art. 262 Abs. 3). Eine eindeutige Aussage ist nur möglich, wenn die kritische Beiwohnung wenigstens vier Wochen vom durchschnittlichen Konzeptionstermin oder einer konkurrierenden Beiwohnung eines andern Mannes abweicht (HOSEMANN 45; vgl. auch BGE *43* II 559, *51* II 114, *69* II 282, *90* II 225, vorn N 112). Dabei sind die für die Zeitpunkte der Beiwohnung des Beklagten und der des Dritten errechneten Wahrscheinlichkeiten zu vergleichen. Der Beweis ist erbracht, wenn letztere eindeutig grösser ist. Bei geringer Differenz erscheint die Überprüfung der Wahrscheinlichkeit nach einer andern Methode angezeigt, also diejenige nach Labhardt durch diejenige nach Hosemann und umgekehrt. Ebenso ist die gynäkologische Untersuchung einzubeziehen (N 112 ff, 12?

126 Das Tragzeitgutachten vermag allein den *positiven* Beweis der Vaterschaft *nicht* zu erbringen. Es kann aber die Beweiskraft eines positiven serostatistischen oder anthropologischen Gutachtens verstärken (N 199 f).

127 Endlich dient das Tragzeitgutachten neben und mit dem gynäkologischen Gutachten dem Beweis der Zeugung vor Beginn oder nach Ablauf der gesetzlichen Empfängniszeit (Art. 255 Abs. 2 und dort N 34, Art. 256 a/256 b N 13, Art. 262 Abs. 2 und dort N 51), sowie dem Beweis der konkreten Empfängniszeit (Art. 260 b N 28).

b) Rechtsprechung

128   Vgl. VA Art. 254 N 34–39, Art. 314/315 N 34–36, 126–131. Die praktische Bedeutung des Tragzeitgutachtens hat mit der Entwicklung des erbbiologischen Gutachtens abgenommen.

129 Einziger seit 1969 publizierter Entscheid:
Mehrverkehr: Ausschluss des Dritten *bejaht.*
Bei Wahrscheinlichkeit von 0,2% (230 Tage) gegenüber 43,5% (273 Tage) für den Beklagten (SJ *1970* 433, Bundesgericht 3.7.1968; zudem hatte die Mutter einen Monat vor dem Mehrverkehr den Arzt wegen des Ausbleibens der Menstruation aufgesucht).

3. Blutgruppengutachten

Zur Terminologie

130   Die Bezeichnungen «Blutgruppengutachten» «serologisches», «hämatologisches» und «hämogenetisches» Gutachten sind gleichbedeutend. Die letztgenannte bringt auch das erbbiologische Element zum Ausdruck.

A. Grundlagen

131   Das menschliche Blut weist unterschiedliche vererbliche Eigenschaften auf, welche erlauben, die Menschen verschiedenen Gruppen zuzuordnen. Aufgrund der Untersuchung und Gegenüberstellung dieser gruppenspezifischen Merkmale beim Kind, bei der Mutter und bei dem als Vater in Betracht fallenden Mann kann beurteilt werden, ob dessen Vater-

schaft möglich oder ausgeschlossen ist. Für die Beurteilung der Abstammung verwertbar sind Eigenschaften, die genetisch stabil, von Alter, Krankheit und Umwelteinflüssen unabhängig, eindeutiger und zuverlässiger Feststellung zugänglich sind und sich gesetzmässig vererben (DAHR 129 f). Ein Erbmerkmalssystem ist forensisch verwertbar, wenn die Fehlergrenze unter 0,2 % liegt, unter 500 Ausschlüssen somit höchstens einer infolge einer Fehlbestimmung oder einer Abweichung des Erbganges unrichtig ist (vgl. im einzelnen BÜTLER SJZ *1978* 307 f; DAHR 127; BGE *94* II 85, *96* II 318).

Die Begutachtung unter Einschluss der Entnahme und der Untersuchung 132 des Blutes stellt höchste Anforderungen an die *Fachkenntnisse*. Sie sollte daher nur durch ein gerichtlich-medizinisches Institut oder das Zentrallaboratorium des Blutspendedienstes des Schweizerischen Roten Kreuzes erfolgen. Das letztgenannte Institut ist das führende schweizerische Entwicklungs-, Forschungs- und Referenzlaboratorium auf dem Gebiet der Hämogenetik. Die Blutentnahme kann nötigenfalls auch durch eine qualifizierte Stelle im Ausland vorgenommen werden.

Dem Kind soll das Blut im allgemeinen nicht vor Vollendung des achten Le- 133 bensmonates entnommen werden. Nach einer Transfusion ist in der Regel drei Monate, nach einem Blutaustausch beim neugeborenen Kind ein Jahr mit der *Blutentnahme* zuzuwarten (Richtlinien [N 134] 211/212; JOHANNSEN 476; ZR *1962* Nr. 91). Grösste Sorgfalt ist auf die Feststellung der Identität der zu untersuchenden Personen und die Kennzeichnung der entnommenen Blutproben zu legen (Richtlinien 213, 22).

Die «Richtlinien für die Erstattung von Blutgruppengutachten» des deutschen Bundesgesund- 134
heitsamtes (Bundesgesundheitsblatt *1977* Nr. 22) sind lediglich Empfehlungen. Sie haben auch in
der Bundesrepublik Deutschland keinen bindenden Charakter (DAHR 150 f; JOHANNSEN und
HUMMEL, in: Vaterschaftsfeststellung 65, 79 f).

B. Auswertungsregeln

Die Frage, ob die Vaterschaft eines Mannes auszuschlies- 135
sen oder möglich sei, ist nach folgenden Regeln zu beantworten:

Erste Regel
Ein Erbmerkmal (Gen) des Kindes muss auch bei einem der Eltern vorhanden sein. Demnach ist die Vaterschaft eines Mannes ausgeschlossen, wenn das Kind ein dominantes Merkmal aufweist, das weder bei ihm noch bei der Mutter vorhanden ist (Merkmalsausschluss, klassischer

Ausschluss, Ausschluss erster Klasse). Bei Systemen mit nur einem verwendbaren Merkmal (z. B. P_1, Km_1) ist nur diese Regel anwendbar.

Beispiel:

136   Jeder Mensch erbt vom Vater und von der Mutter je eines der drei Gene (Erbanlagen) A, B, 0. 0 vererbt sich rezessiv, tritt also neben A und B nicht in Erscheinung. Daraus ergeben sich aufgrund der sechs möglichen Gen-Kombinationen (Genotypen, Erbbilder) vier Blutgruppen (Phänotypen, Erscheinungsbilder): A (A/A, oder A/0), B (B/B oder B/0), AB (AB), 0 (0/0). Gehört die Mutter zur Gruppe B oder zur Gruppe 0 und das Kind zur Gruppe A, so muss es die Anlage A vom Vater geerbt haben. Ein Mann der Gruppen B oder 0 kann daher nicht der Vater sein.

Zweite Regel

137   Ist ein Elternteil in einem System mit zwei oder mehr nachweisbaren Merkmalen reinerbig (homozygot), so muss das betreffende Merkmal (Gen) auch beim Kind vorhanden sein. Demnach ist die Vaterschaft eines in einem kodominanten Gen reinerbigen Mannes ausgeschlossen, wenn das Kind in einem alternativ vererblichen Gen (Allel) reinerbig ist (Reinerbigkeitsausschluss, Ausschluss zweiter Klasse).

Beispiele:

138   Jeder Mensch erbt vom Vater und von der Mutter je eines der beiden Gene S und s. Daraus ergeben sich die drei Gruppen S (Genotypus: S/S), s (s/s) und Ss (S/s). Gehört das Kind zur Gruppe s, so ist die Vaterschaft eines Mannes der Gruppe S ausgeschlossen. Denn es muss das eine s-Gen vom Vater geerbt haben und kann daher nur einen Mann der Gruppe s oder der Gruppe Ss zum Vater haben. Auf die Untersuchung der Mutter kommt hier nichts an.

Im System der sauren Erythrozytenphosphatase (ACP) erbt das Kind je von Vater und Mutter eines der drei Allele A, B und C. Weisen die Mutter AC und das Kind AA auf, so kann ein Mann mit BB nicht der Vater sein.

Erweiterter Ausschluss

139   Bei mehrallelen Systemen muss das Kind eines der beiden beim Vater vorhandenen Allele aufweisen.

Beispiele:

Ist im ACP-System (N 138) bei der Mutter AB und beim Kind B nachgewiesen, so ist die Vaterschaft eines Mannes AC ausgeschlossen.

Für die Gruppen AB0 folgt aus dieser Regel, dass ein Kind der Gruppe 0 (Genotypus 0/0) keinen Vater und keine Mutter der Gruppe AB und ein Kind der Gruppe AB (Genotypus A/B) keinen Vater und keine Mutter der Gruppe 0 haben kann.

Genkomplex-Ausschluss

139a   Im Rhesus-System kann der Genkomplex Ce mit einem Antiserum nachgewiesen werden, wenn er sich auf dem gleichen Chromosom befindet. Diese Tatsache offenbart Ausschlüsse, die nach der ersten und der zweiten Regel nicht erkennbar sind. Der Ausschluss ist für sich allein nicht voll beweiskräftig, aber im Rahmen eines Additionsbeweises (N 199) verwertbar.

Beispiel:
Bei der Mutter finden sich die Merkmale ccDEe, beim Kind CcDEe und beim angeblichen Vater CcDEe. Ergibt sich beim Kind mit Anti-Ce eine positive Reaktion, so befinden sich C und e auf dem gleichen Chromosom, stammen somit vom gleichen Elternteil. Da die Mutter kein C aufweist, muss das Kind den Komplex Ce vom Vater geerbt haben. Reagiert der präsumtive Vater auf das Antiserum negativ, so befinden sich seine Merkmale C und e nicht auf dem gleichen Chromosom. Er konnte daher keinen Ce-Komplex auf das Kind vererben; seine Vaterschaft ist ausgeschlossen.

C. Merkmalgruppen

Die Vererblichkeit von Blutmerkmalen wurde 1900 mit der Entdeckung der A-B-0-Gruppen durch KARL LANDSTEINER erkannt (DAHR 75). Seither sind zahlreiche weitere Merkmale gefunden worden (BÜTLER SJZ *1978* 307). Ihre Erforschung ist noch nicht abgeschlossen (N 188). Zur Zeit werden vier Gruppen genetischer Polymorphismen untersucht, von denen jede verschiedene vererbliche Merkmalsysteme umfasst (vgl. die Tabelle in N 147), nämlich

– *Blutgruppen im engern Sinn (Erythrozytengruppen)*
Gegenstand der Untersuchung bilden die vererbten Oberflächenmerkmale der roten Blutkörperchen (Erythrozyten; vgl. DAHR 77 ff);

– *Serumgruppen*
Sie ergeben sich aus der Untersuchung vererbter Eigenschaften von Eiweissen des Blutserums (DAHR 108 ff);

– *Erythrozytenenzymgruppen*
Sie beruhen auf der Feststellung von Varianten von Enzymen (Fermenten) im Zellinnern der roten Blutkörperchen (DAHR 114 ff);

– *HLA-Gruppen (Human-Leuctocyte-Antigens)*
Sie bestimmen sich nach vererbten Oberflächenmerkmalen der weissen Blutzellen (Leukozyten). Ihre Erforschung ist im Gange. Bereits heute können mehr als 40 für die Begutachtung der Vaterschaft verwendet werden (DAHR 123 ff; BÜTLER SJZ *1978* 307; HUMMEL NJW *1981* 607).

Die Bestimmung der HLA-Gruppen ist sehr aufwendig. Sie ist nur sinnvoll, wenn das Blut allen Beteiligten durch das gleiche Institut und wenn möglich gleichzeitig entnommen werden kann. Sie erfolgt, wenn ein Ausschluss nach den Blut-, Serum- und Enzymgruppen nicht voll beweiskräftig ist (N 150, 152), wenn mehrere in Betracht fallende Männer auf diese Weise nicht ausgeschlossen werden können oder wenn für einen nicht ausgeschlossenen Mann die serostatistische Wahrscheinlichkeit der Vaterschaft von 99,8% nicht erreicht wird (BÜTLER SJZ *1978* 310 N 120ff; hinten N 165ff).

146 Für jedes System kann aufgrund der Häufigkeit der Merkmale in der Bevölkerung die allgemeine Wahrscheinlichkeit errechnet werden, dass ein Nichtvater erkannt wird *(allgemeine Vaterschaftsausschlusschance* = AVACH). Die allgemeine Vaterschaftsausschlusschance des HLA-Systems (Genloci A und B) allein beträgt rund 96%. Die totale kombinierte AVACH aller Gruppen wird dadurch auf über 99,7% erhöht.

147 *Allgemeine Vaterschaftsausschlusschance (AVACH) von Erbmerkmalsystemen des Blutes (ohne HLA-System)*

Genet. Blutpolymorph.	Merkmalsystem	Erbanlagen (Gene)	Einfache AVACH	Kombinierte AVACH
Blutgruppen (7 Systeme)	ABO	A_1, A_2, B, O	14,7%	73,4% (I)
	MNSs	M, N, S, s, (M^g)	31,3%	
	Rhesus	D, C, c, C^w, E, e	27,6%	
	P	P_1	1,8%	
	Kell	K, k	3,6%	
	Duffy	Fy^a, Fy^b	18,4%	
	Kidd	Jk^a, Jk^b	18,7%	
Serumgruppen (7 Systeme)	Hp	Hp^1, Hp^2, seltene	18,3%	66,4% (II)
	Gc	Gc^1, Gc^2, seltene	15,3%	
	Ag	Ag^x, Ag^y	14,0%	
	C3	F, S, seltene	13,4%	
	Bf*	F, S, seltene	12,2%	
	Gm	Gm^a, Gm^x, Gm^t, Gm^b, Gm^g	22,0%	
	Km*	Km^1	5,0%	
Erythrozyten-Enzymgruppen (8 Systeme)	ACP*	A, B, C, seltene	23,4%	67,3% (III)
	PGM_1	PGM_1^1, PGM_1^2, seltene	14,9%	
	AK	AK^1, AK^2, seltene	3,9%	
	ADA	ADA^1, ADA^2, seltene	5,3%	
	GPT	GPT^1, GPT^2, GPT^3, seltene	19,0%	
	EsD	EsD^1, EsD^2, seltene	10,2%	
	Gt	Gt^1, Gt^2, seltene	6,8%	
	GLO	GLO^1, GLO^2, seltene	18,6%	
Totale kombinierte AVACH (I+II+III, 22 Systeme)				97,1%

Nach BÜTLER SJZ *1978* 309
* Bezeichnung seither geändert.

D. Aussage

Das Blutgruppengutachten erlaubt eine Aussage darüber, ob die *Vaterschaft* eines Mannes ausgeschlossen oder nicht ausgeschlossen, also möglich ist. Es dient damit dem Beweis der Nichtvaterschaft des Ehemannes (Art. 256 a Abs. 1), des Anerkennenden (Art. 260 b Abs. 1), des Vaterschaftsbeklagten oder eines Dritten (Art. 262 Abs. 3). Dagegen erbringt es weder den (positiven) Beweis der Vaterschaft noch den Beweis der geringern Wahrscheinlichkeit des Beklagten (Art. 262 Abs. 3). Für den letztgenannten Beweis bleibt freilich kein Raum, wenn die Vaterschaft des Dritten serologisch ausgeschlossen ist.

Das Gutachten dient auch dem Nachweis der *Nichtmutterschaft* (vgl. DAHR 135 ff).

E. Beweiswert

Der Ausschluss nach der ersten Regel (N 135) weist in allen in N 147 genannten Merkmalen einen Sicherheitsgrad von mindestens 99,8 % auf, d. h. eine an Sicherheit grenzende Wahrscheinlichkeit, und ist damit voll beweiskräftig (BÜTLER SJZ *1978* 308). Dieser Sicherheitsgrad wird nur in sehr seltenen, für den Serologen erkennbaren und von ihm hervorzuhebenden Sonderfällen nicht erreicht; hier rechtfertigt sich die Erweiterung der Untersuchung durch das HLA-System (BÜTLER SJZ *1978* 310). Auch ein isolierter klassischer Ausschluss in einem neuern System kann die Überprüfung nach dem HLA-System nahelegen.

Rechtsprechung	A_1A_2B0: BGE *61* II 72, *89* II 71
	MN: BGE *66* II 66, *71* II 54
	S: BGE *87* II 281
	P: BGE *87* II 287
	Rhesus: BGE *79* II 17, *87* II 16 f
	Kell: BGE *86* II 135
	Duffy: BGE *88* II 495
	Haptoglobine: BGE *87* I 505; *88* II 394
	Gc-Gruppen und Gammaglobulin-Gruppen a und x (kombiniert): BGE *89* II 358; AGVE *1967* Nr. 4
	Ag: PKG *1971* Nr. 7
	ACP (früher SEP) Saure Erythrozytenphosphatase: BGE *104* II 301
	Die Blutuntersuchung an Rindern ist als geeignetes Mittel anerkannt, um die Möglichkeit der Abstammung von bestimmten Rindern auszuschliessen (BGE *108* I b 164).

152 Ein Ausschluss nach der *zweiten* Regel (vorn N 137) erbringt den vollen Beweis nur, wenn die Möglichkeit ausgeschlossen werden kann, dass eine stumme Erbanlage einen Ausschluss vortäuscht (BGE *80* II 10). Trifft dies nicht zu, so kommt ihm nur der Beweiswert einer erheblichen oder sehr erheblichen Wahrscheinlichkeit zu. Die Kombination von zwei oder mehr solchen Ausschlüssen ergibt aber ebenfalls die Sicherheit von 99,8% (Bütler SJZ *1978* 308). Liegt nur *ein* solcher Ausschluss vor, so ist die Bestimmung der HLA-Merkmale angezeigt (BÜTLER SJZ *1978* 310).

153 Rechtsprechung   Rhesusfaktoren Cc: BGE *80* II 10
Kombination Duffy und Gammaglobulingruppen a und b nicht voll beweiskräftig (BGE *94* II 83 ff).

154 Die in der Literatur zur Begründung von Zweifeln an serologischen Ausschlüssen angeführten zwei forensischen Beispiele (MULLIS ZBJV *1979* 607) betreffen isolierte Ausschlüsse nach der zweiten Regel, wobei für den einen auch die wissenschaftliche Untermauerung fehlte. Der serologische Sachverständige hatte ihnen keine an Sicherheit grenzende Wahrscheinlichkeit zuerkannt, weshalb sie von vornherein für den Richter nicht Beweis bilden konnten. Beim weiteren Fall des dreifachen Ausschlusses der biologischen Mutter (MULLIS, a.a.O.) handelt es sich ebenfalls in zwei Merkmalen um Ausschlüsse aufgrund entgegengesetzter Homozygotie und im dritten um ein noch nicht anerkanntes neues Ausschlusssystem. Dabei fehlen Angaben darüber, ob in den übrigen nicht zum Ausschluss führenden Systemen gewisse Konstellationen positive Hinweise enthalten, die Anlass zu weiteren Abklärungen hätten geben können. Der singuläre Fall ist nicht geeignet, das Vertrauen in die nach den anerkannten Regeln der Wissenschaft durchgeführte Untersuchung und Interpretation der Ergebnisse zu erschüttern. Vgl. dazu auch KAYSER 30 f.

155 Die *konkrete Ausschlussleistung* des Blutgruppengutachtens ist gross. Unter 1480 in den Jahren 1959–1962 vom Zentrallaboratorium des Blutspendedienstes des Schweizerischen Roten Kreuzes untersuchten Fällen befanden sich 645 (43,58%) Ausschlüsse. 1106 Untersuchungen mit 417 Ausschlüssen (37,70%) entfielen auf Vaterschaftsprozesse, 374 Untersuchungen mit 271 Ausschlüssen (72,46%) auf Ehelichkeitsanfechtungsprozesse (BERINGER 64, 71). Eine weitere Statistik des gleichen Institutes ergab in 150 Untersuchungen 56% Ausschlüsse, und zwar in 100 Vaterschaftsprozessen 36% und in 60 Anfechtungsprozessen 90% (BÜTLER SJZ *1978* 309). Die unterschiedliche Häufigkeit geht darauf zurück, dass die Vaterschaftsklage von vornherein

gegen den Mann gerichtet wird, der nach den Umständen am ehesten in Frage kommt, während die Anfechtungsklage gerade umgekehrt erhoben wird, wo nach den Umständen die Vaterschaft eines Mannes zweifelhaft ist. Am Gerichtlich-Medizinischen Institut der Universität Zürich wurden von 288 in den Jahren 1980/81 untersuchten Männern 94 (32,6%) ausgeschlossen, davon 88 nach der ersten Regel, und von diesen 81 in mehreren Systemen. Bei elf Ausschlüssen (davon zwei doppelte) nach der zweiten Regel wurde das HLA-System untersucht; es ergab vier Ausschlüsse, worunter die beiden doppelten Reinerbigkeitsfälle; für sechs weitere ergab sich dagegen eine Vaterschaftswahrscheinlichkeit von 99,8%. In 149 Vaterschaftsprozessen kam es zu 30 (20%), in 31 Anfechtungsprozessen zu 18 (=58%) Ausschlüssen (SANTELER 20ff).

F. Besondere Verhältnisse

Bei bestimmten Blutmerkmalen umfasst die durch die Untersuchung festgestellte Gruppe (Erscheinungsbild, Phänotyp) verschiedene mögliche Erbanlagen (Erbbilder, Genotypen). Durch *Untersuchung von Blutsverwandten,* namentlich der Eltern und Geschwister oder anderer Kinder, kann das Erbbild genauer festgestellt und so die Möglichkeit des Ausschlusses eines sonst nicht ausschliessbaren Mannes erweitert werden (vgl. DAHR 132ff, 87, 102). Die Untersuchung von Blutsverwandten erlaubt auch Rückschlüsse auf die Bluteigenschaften von Personen, die gestorben sind oder aus andern Gründen nicht untersucht werden können (DAHR 133). 156

Ob *Zwillinge* ein- oder zweieiig sind, ist oft erst aufgrund des serologischen Befundes eindeutig zu erkennen. Bei *eineiigen* kann die Vaterschaft eines Mannes nicht bloss für das eine Kind ausgeschlossen werden. Der Befund gilt auch für das andere Kind: sie haben den nämlichen Vater. 157

Bei *zweieiigen Zwillingen* ist wegen der Möglichkeit der Superfecundation (Überschwängerung: Befruchtung mehrerer Eier aus der gleichen Ovulationsperiode in verschiedenen Beiwohnungen) und der Superfetatio (Überfruchtung von Eiern aus verschiedenen Ovulationsperioden) umstritten, ob der Ausschluss des einen auch für den andern zu gelten habe; vgl. HOSEMANN 68, DAHR 137ff; SCHADE 163f; bejaht bei serologischem Ausschluss, FamRZ *1962* 181, in Verbindung mit wesentlicher anthropologischer Ähnlichkeit der Geschwister, Amtsvormund 1971, 392ff, bei anthropologischem Gutachten, PKG 1964 Nr.1. Ebenso sprechen positiver Beweis für den einen Zwilling und starke Ähnlichkeit desselben mit dem andern für die Vaterschaft des 158 gleichen Mannes, SJ *1973* 28. Anstelle des hier angewendeten unzulässigen (N 176) positiven anthropobiometrischen Gutachtens wäre heute an das serostatistische Gutachten (N 160 ff) zu denken. Vgl. dazu auch HUMMEL, Zentralblatt für Jugendrecht und Jugendwohlfahrt *1980* 626.

G. Kosten

159 Die Kosten für das Blutgruppengutachten ohne das HLA-System betragen 1984 rund Fr. 3050.–, das Zusatzgutachten für dieses weitere Fr. 1350.–; vgl. dazu N 50. Die serostatistische Auswertung (N 160 ff) ohne HLA-System beträgt rund Fr. 160.– und für dieses zusätzlich rund Fr. 100.–. Diese Beträge betreffen die Untersuchung der Mutter, des Kindes und des fraglichen Mannes.

4. Serostatistisches Gutachten

A. Grundlagen

160 Ist die Vaterschaft eines Mannes aufgrund des Blutgruppengutachtens nicht ausgeschlossen, so ist sie möglich, aber vorerst noch nicht bewiesen. Die statistische Auswertung der Merkmale, in welchen das Kind mit dem fraglichen Manne übereinstimmt, erlaubt jedoch auf die Wahrscheinlichkeit der Vaterschaft zu schliessen. Die Bedeutung der Übereinstimmung in einem Merkmal hängt von dessen Häufigkeit in der Bevölkerung (Y) und unter den wirklichen Vätern (X) ab. Gestützt darauf hat ESSEN-MÖLLER 1938 folgende Formel für die Berechnung der Vaterschaftswahrscheinlichkeit W entwickelt (s. N 2):

$$W = \frac{1}{1 + \frac{Y}{X}}$$

Die $\frac{Y}{X}$ Werte sind für die einzelnen Blutmerkmalsysteme in Tabellen aufgeführt (HUMMEL: Biostatistische Abstammungsbegutachtung, Tabellenband I). Ihre Multiplikation ergibt als Endwert die Wahrscheinlichkeit, dass der betreffende nicht ausgeschlossene Mann tatsächlich der Vater ist. Diese gibt an, in wie vielen von hundert Fällen die Bejahung der Vaterschaft mit der Abstammung übereinstimmt (DAHR 141 ff; SCHADE 191 ff; JOHANNSEN 476 ff; HUG 129 ff). Um Fehler auszuschliessen, ist der serostatistische Wert doppelt zu rechnen (ROTH-STIELOW NJW *1977* 2115).

Andere Methoden der Serostatistik haben 1956 GÜRTLER, 1968 FIEDLER, HOPPE und PETTENKOFER (vgl. dazu VA Art. 314/315 N 159) und 1970 RIED-WYL entwickelt. In der Praxis steht diejenige von ESSEN/MÖLLER im Vordergrund (vgl. dazu HUMMEL NJW *1981* 608). Vgl. dazu MARTIN/HOPPE/SACHS/WEISE (Kongress *1983* 317) 161

B. Aussage

Das serostatistische Gutachten erlaubt eine Aussage über die Wahrscheinlichkeit der Vaterschaft eines serologisch nicht ausgeschlossenen Mannes. Es dient damit vorab dem positiven *Beweis der Vaterschaft* und damit dem direkten Beweis der Vaterschaft des Vaterschaftsbeklagten (Art. 262 N 56, 105 ff) und durch den direkten Beweis der Vaterschaft eines Dritten dem indirekten Beweis der Nichtvaterschaft des Ehemannes (Art. 256 a/256 b N 36), des Anerkennenden (Art. 260 b N 34) und des Vaterschaftsbeklagten (Art. 262 N 68). Es kann auch den direkten Beweis der Nichtvaterschaft erbringen. Doch ist seine Leistung in dieser Hinsicht gering, da die meisten Nichtväter bereits durch das Blutgruppengutachten ausgeschlossen sind. Von 174 in den Jahren 1980/81 vom Gerichtlich-Medizinischen Institut der Universität Zürich untersuchten und nicht ausgeschlossenen Männern erreichten 80 (46%) einen Wert von mindestens 99,8%. Von den übrigen 94 wurde für 33 das HLA-System bestimmt, wobei ein Mann ausgeschlossen wurde, für 24 weitere Männer sich dagegen eine Wahrscheinlichkeit von 99,8% ergab (SANTELER 18 f). 162

Über die Anwendung der Serostatistik zum Beweis der geringern Wahrscheinlichkeit des Vaterschaftsbeklagten (Art. 262 Abs. 3) vgl. N 171. 163

C. Beweiswert

Ein Wert von 99,8% (genau 99,73%) beweist die Vaterschaft, ein solcher von 0,2% (genau 0,27%) die Nichtvaterschaft mit an Sicherheit grenzender Wahrscheinlichkeit (DAHR 143; BGE *96* II 314, *101* II 15 E. 2 b aufgrund einer Expertise von Prof. E. BATSCHELET). 164

Einem Wert zwischen 99 und 99,8% wird das Prädikat «höchstwahrscheinlich», zwischen 95 und 99% «sehr wahrscheinlich» und zwischen 90 und 95% «wahrscheinlich» beigelegt. Werte zwischen 10 und 5% bedeuten, dass die Vaterschaft unwahrscheinlich, zwischen 5 und 1% sehr unwahrscheinlich und zwischen 1 und 0,2% höchst unwahrscheinlich ist (DAHR 143, SCHADE 185). 165

166 Werte zwischen 10 und 90% sprechen weder für noch gegen eine bestimmte Abstammung (ROTH-STIELOW NJW *1977* 2115).

167 Die Wahrscheinlichkeitsstufen zwischen 90 und 99,8% und die Unwahrscheinlichkeitsstufen zwischen 10 und 0,2% erbringen den vom Gesetz geforderten Beweis nicht. Vielmehr verpflichten sie den Richter zur Untersuchung des HLA-Systems (BÜTLER SJZ *1978* 310), allenfalls zur Anwendung weiterer statistischer Methoden (vgl. DAHR 143, SCHADE 197 ff), und schliesslich zur Einholung des anthropologischen Gutachtens (vgl. N 172 ff). Es ist möglich, dass auch ein Mann, für dessen Vaterschaft zunächst eine hohe serostatistische Wahrscheinlichkeit berechnet worden ist, dadurch noch ausgeschlossen wird. Erzielen diese weiteren Gutachten keine Klärung, darf der Richter jene Wahrscheinlichkeitswerte im Rahmen eines Additionsbeweises berücksichtigen (N 199 f).

168 Rechtsprechung
– Der Vaterschaftsbeklagte hat Anspruch darauf, dass der Blutbefund zum Nachweis seiner Nichtvaterschaft serostatistisch ausgewertet werde (BGE *97* II 297).
– Beträgt die serostatistische Wahrscheinlichkeit der Vaterschaft nach ESSEN-MÖLLER 99,8% oder mehr, so ist die Vaterschaft mit an Sicherheit grenzender Wahrscheinlichkeit erwiesen und ist kein anthropologisches Gutachten zum Beweis der Nichtvaterschaft mehr einzuholen (BGE *96* II 314, *101* II 15 E. 2b; vorübergehend wurde dieser Schluss schon bei einem Wert von 97% gezogen, BGE *97* II 200, *98* II 264 E. 3, PKG *1972* Nr. 4).

D. Serologische Sonderfälle

169 Die serostatistische Wahrscheinlichkeit kann auch berechnet werden, wenn der fragliche Vater oder die Mutter gestorben ist, aber die Eltern serologisch untersucht worden sind (DAHR 146).

170 Besondere Berechnungen sind erforderlich, wenn die Mutter oder der fragliche Vater nicht kaukasischer Rasse ist, wenn sie blutsverwandt sind oder wenn die Abstammung von Zwillingen und Geschwistern in Frage steht (DAHR 145 f; HUMMEL NJW *1981,* 609; derselbe, Referate *1981* 469).

E. Mehrmannfälle

171 Die Grundformel von ESSEN-MÖLLER (N 160) betrifft die Wahrscheinlichkeit der Vaterschaft *eines* Mannes. Sie ist nur anwendbar, wenn andere Männer, die als Vater in Betracht kommen, nicht bekannt oder ausgeschlossen sind. Sind dagegen mehrere Männer, die in der Empfängnis-

zeit der Mutter beigewohnt haben, nicht ausgeschlossen und kommt ein weiterer unbekannter Mann nicht in Frage, so ist die Vergleichsformel von ESSEN-MÖLLER und QUENSEL anzuwenden. Anders dagegen, wenn neben den mehreren serologisch nicht ausgeschlossenen Männern ein noch unbekannter Dritter der Vater sein kann. Hier ist die Formel von SCHULTE-MÖNTING und HUMMEL zu verwenden. Das gilt auch bei Gewerbsunzucht der Mutter (Amtsvormund *1982* 895). Ist die Sachlage nicht eindeutig, soll die Berechnung sowohl nach ESSEN-MÖLLER und QUENSEL als auch nach SCHULTE-MÖNTING und HUMMEL erfolgen (JOHANNSEN 479 mit Hinweisen). Sache des Richters ist es, aufgrund seiner Würdigung des Sachverhaltes den Sachverständigen auf das Vorliegen einer Mehrmannsituation und deren Art hinzuweisen. Es ist daher *unzulässig,* in solchen Fällen den gewöhnlichen ESSEN-MÖLLER-Wert (N 160) zu berechnen und auf die Vaterschaft des Mannes mit der höheren Wahrscheinlichkeit zu schliessen (DAHR 144f; HUMMEL (1977) 38, 43 f; JOHANNSEN 478 f; MULLIS SJZ *1978* 153 f).

5. Anthropologisches Gutachten (Ähnlichkeitsgutachten)

Zur Terminologie

172 Das anthropologische Gutachten darf nicht mit dem erbbiologischen schlechthin gleichgesetzt werden. Denn das Blutgruppengutachten beruht ebenfalls auf der Erbbiologie. Es ist aber auch nicht nötig, das anthropologische Gutachten ausdrücklich als erbbiologisch zu kennzeichnen. Denn sonst müsste auch das Blutgruppengutachten als «serologisch-erbbiologisches» bezeichnet werden. Die Abkürzung «AEG» (= anthropologisch-erbbiologisches Gutachten, vgl. BGE *91* II 1, *109* II 293) ist ausserhalb eines kleinen Kreises deutschschweizerischer Spezialisten unbekannt.

A. Grundlagen

173 Das anthropologische Gutachten beruht auf der deskriptiven Erfassung und dem Vergleich von rund 200 morphologischen Merkmalen bei der Mutter, beim Kind und bei den in Frage stehenden Männern. Die Merkmale, in welchen Mutter und Kind unähnlich sind, fallen als Hinweis für oder gegen die Vaterschaft in Betracht. Sie bilden Gegenstand einer Wertung der Ähnlichkeiten und Unähnlichkeiten.

174 Ihre genetische Deutung ist gegenüber den Blutgruppen jedoch erschwert, da bei der Vererbung morphologischer Merkmale meist mehrere Erbanlagen zusammenwirken, die Merkmale während der Entwicklung in der Ausbil-

dung ihrer endgültigen Form schwanken, ja sogar eine Generation überspringen können, sich in Grad und Form unterschiedlich ausprägen, nach Geschlecht und Alter erhebliche Unterschiede aufweisen und durch Umwelteinwirkungen verändert werden können (SCHADE 161f; MULLIS, Vaterschaftsbegutachtung *1980* 76ff; HUG 134ff). Die Variabilität der Merkmale lässt sich in der Regel nicht scharf abgrenzen. Sie ist meist komplexhaft mehrdimensional. Daher ist für viele Merkmale die Häufigkeit in der Bevölkerung nicht eindeutig fassbar.

175 Die Wertung der Ähnlichkeit oder Unähnlichkeit ist weitgehend «autoritativ», d.h. im wesentlichen durch die Erfahrung, Kenntnis und Ausbildung des Sachverständigen und weniger durch objektive Häufigkeitszahlen gestützt (HUMMEL/PONSOLD 558; JOHANNSEN 480; BGE *96* II 320f, *109* II 294). Die Wertung hat *unabhängig* von der serostatistischen Wahrscheinlichkeit der Vaterschaft zu erfolgen (SCHADE 197; JOHANNSEN 480; OEPEN/RITTER NJW *1977* 2110).

176 Eine *mathematisch-statistische* Auswertung der morphologischen Ähnlichkeit oder Unähnlichkeit wird von den Sachverständigen überwiegend abgelehnt (SCHADE 186ff; vgl. auch VA Art. 314/315 N 183 mit Hinweisen). Das sogenannte anthropobiometrische Gutachten (BAUMANN) ist daher zum Beweis der Abstammung oder Nichtabstammung untauglich (BGE *98* II 269 E.3-5). BERGHAUS und STAAK schlugen 1981 eine neue Methode zur Aufwertung des anthropologischen Gutachtens durch «Metrisierung morphologischer Merkmale» vor (BERGHAUS/STAAK 131).

177 Die Beteiligten müssen vom Sachverständigen wenn möglich gleichzeitig untersucht werden. Die Untersuchung kann erst stattfinden, wenn das Kind das dritte Lebensjahr vollendet hat (SCHADE 153). Vorher ist sie nur möglich, wenn beim Kind oder bei einem beteiligten Mann fremde Rassenmerkmale oder vererbliche körperliche Missbildungen vorhanden sind (GERHARDT SJZ *1959* 252). Gestattet das kleinkindliche Merkmalsbild des Kindes keine sichere Aussage, so kann durch eine Nachuntersuchung die erste Beurteilung unter Umständen präzisiert werden (SIEG SJZ *1967* 55).

178 Scheinbare Ähnlichkeit mehrerer Männer beschränkt sich auf den Gesamthabitus, umfasst aber nie alle Einzelheiten der untersuchten Merkmale. Echte Doppelgänger sind nur eineiige Zwillinge (SCHADE 163f). Nahe Verwandtschaft schliesst eine erfolgreiche Begutachtung nicht von vornherein aus (SCHADE 164). Ist einer der Beteiligten verstorben, so kann eine Begutachtung unter Umständen aufgrund von Photographien oder durch Einbezug der Eltern oder Geschwister erfolgen (SCHADE 154; BGE *109* II 294f).

B. Aussage

Das anthropologische Gutachten gestattet eine graduell abgestufte Aussage über die Wahrscheinlichkeit oder Unwahrscheinlichkeit der Vaterschaft. Es dient dem positiven Beweis der Vaterschaft, dem Beweis der geringern Wahrscheinlichkeit der Vaterschaft (Art. 262 Abs. 3) und dem Beweis der Nichtvaterschaft (Art. 256 a Abs. 1, 260 b Abs. 1, Art. 262 Abs. 3). In der letztgenannten Hinsicht ist seine Leistung jedoch gering. Abgesehen davon, dass die meisten Nichtväter schon durch das serologische Gutachten ausgeschlossen sind, vermag das anthropologische Gutachten den sichern negativen Beweis in der Einmannsituation nur in seltenen Fällen zu erbringen, wo eindeutige Merkmale mit einfachem Erbgang in Frage stehen. In Einmannfällen vermag es darum die Ausschlussleistung des serologischen Gutachtens nur ganz unwesentlich zu steigern (vgl. dazu PFANNENSTIEL SJZ *1953 101,* GERHARDT SJZ *1965* 235, SIEG SJZ *1967* 50; vgl. auch MULLIS SJZ *1978* 152).

179

180

Werden *mehrere* als Erzeuger in Betracht fallende Männer untersucht und kommen weitere unbekannte Männer nicht in Frage, so sind die Aussichten für einen sichern Ausschluss *günstiger,* weil die hohe Wahrscheinlichkeit der Vaterschaft des einen und die hohe Unwahrscheinlichkeit der Vaterschaft der andern Männer sich zu der an Sicherheit grenzenden Unwahrscheinlichkeit der letztern steigern (SCHADE 183; vgl. dazu VA Art. 314/315 N 188 mit Hinweisen).

181

C. Beweiswert

Das anthropologische Gutachten ist beweiskräftig, wenn es die Vaterschaft oder Nichtvaterschaft mit an Sicherheit grenzender Wahrscheinlichkeit bejaht. Eine Aussage mit einer geringern Wahrscheinlichkeit kann im Rahmen eines Additionsbeweises bedeutsam sein (N 199 f).

182

Rechtsprechung   Vgl. VA Art. 254 N 68–70, VA Art. 314/315 N 189–192

183

Nichtvaterschaft
– des Ehemannes bejaht: das Kind weist mongolische Rassemerkmale auf, der Ehemann ist Europäer, die Mutter hat mit einem Japaner verkehrt (BGE *55* II 297); die Vaterschaft des Dritten, mit dem die Mutter verkehrt hat, ist gewiss, die des Ehemannes unwahrscheinlich (SJZ *1956* 226 Nr. 14, *1965* 340 Nr. 161; vgl. auch SJZ *1963* 205 Nr. 108; *1972* 275 Nr. 161).

184	– kann nicht bewiesen werden, wenn als Erzeuger nur Angehörige einer Rasse in Frage kommen, die anthropologisch-erbbiologisch noch nicht oder nicht ausreichend erforscht sind (BGE *98* II 350 E.3b).
	Vaterschaft
185	– bejaht, obwohl Beiwohnung nicht bewiesen (BGE *87* II 71 E.3); trotz unzüchtigen Lebenswandels der Mutter (BGE *89* II 276 E.2);
186	– eines Dritten ist nicht beweisbar, wenn das Gutachten über den Beklagten ergibt, dass das Kind überwiegend Merkmale der Mutter aufweist, in den wenigen Merkmalen, die es nicht von der Mutter geerbt haben kann, dem Beklagten gleicht, der seinerseits in vielen Merkmalen der Mutter ähnlich ist (BGE *92* II 81 f).

D. Kosten

187   Das Ähnlichkeitsgutachten kostete 1980 rund Fr. 1000.–.

6. Entwicklung des Abstammungsgutachtens

188   Erbmerkmale sind auch im Speichel, im Sperma, an den Haarwurzeln, an den Zähnen und an der Zahnpulpa nachweisbar. Zudem lässt die Untersuchung der Chromosomen Aufschlüsse über die Abstammung erwarten (OEPEN/RITTER NJW *1977* 2109; MULLIS, Vaterschaftsbegutachtung 79). Die Fortschritte der Genetik werden die Aussage des Abstammungsgutachtens weiter verstärken und in Einzelheiten modifizieren. Vgl. hierüber namentlich die Referate der Internationalen Tagungen der Gesellschaft für forensische Blutgruppenkunde.

7. Reihenfolge der Abstammungsgutachten

A. Blutgruppengutachten

189   Zum Beweis der Nichtvaterschaft des Ehemannes und des Anerkennenden im Anfechtungsprozess (Art. 256a/256b N 36, Art. 260b N 33) und zum Beweis der Nichtvaterschaft oder der Vaterschaft des Beklagten im Vaterschaftsprozess (Art. 262 N 65, 105) ist in erster Linie das Blutgruppengutachten (über die Blut-, Serum- und Enzymgruppen, N 130 ff) einzuholen. Schliesst es die Vaterschaft mit an Sicherheit grenzender Wahrscheinlichkeit (N 150 ff) aus, so entfallen weitere Beweise. Zum Beweis der geringeren Wahrscheinlichkeit vgl. Art. 262 N 99.

B. Serostatistische Gutachten

190 Führt das Blutgruppengutachten nicht zu einem Ausschluss, so sind die serologischen Ergebnisse statistisch auszuwerten (N 160 ff). Dabei ist auf Sonderfälle (N 169 f) und Mehrmannsituationen (N 171) Rücksicht zu nehmen. Bei einer Wahrscheinlichkeit von 0,2 % erscheint die Vaterschaft praktisch ausgeschlossen, bei einer solchen von 99,8 % praktisch erwiesen (N 164). In beiden Fällen erübrigen sich weitere Beweise.

C. Medizinische Gutachten

191 Ist nach der besondern Gestaltung des Sachverhaltes von einem medizinischen Gutachten (N 107 ff) Aufklärung zu erwarten, so ist es in den durch das serologische und das serostatistische Gutachten nicht aufgeklärten Fällen einzuholen. Bei serostatistischer Wahrscheinlichkeit zwischen 10 und 90 % (N 166) erbringen die medizinischen Gutachten Beweis, wenn die Empfängnis mit an Sicherheit grenzender Wahrscheinlichkeit ausgeschlossen wird. Eine geringere Wahrscheinlichkeit kann zusammen mit einem serostatistischen Wert unter 10 % zu einem beweiskräftigen Ausschluss führen (N 167, 199 f). Bei einer serostatistischen Wahrscheinlichkeit von mehr als 90 % ist dagegen, auch wenn das medizinische Gutachten gegen die Vaterschaft spricht, die Begutachtung weiterzuführen.

D. HLA-Gutachten

192 Wird die Vaterschaft durch das serologische und das serostatistische Gutachten und – in den besonderen in Betracht kommenden Fällen – auch durch medizinische Gutachten nicht geklärt, so sind die HLA-Gruppen (N 144 f) zu untersuchen. Es kann allein oder zusammen mit einem nicht voll beweiskräftigen Ausschluss im Grundgutachten zu einem vollen Ausschluss führen (SJZ *1984* 114 Nr. 17).
193 In den übrigen Fällen ist das serostatistische Gutachten durch Auswertung der HLA-Befunde zu ergänzen, wodurch der Bereich der praktisch erwiesenen Vaterschaft oder Nichtvaterschaft wiederum erweitert wird.

E. Das anthropologische Gutachten

194 In den verbleibenden ungeklärten Fällen ist das anthropologische Gutachten (N 172 ff) einzuholen. Es handelt sich praktisch um folgende (vgl. dazu SCHADE 201):
- Die serostatistische Wahrscheinlichkeit der Vaterschaft beträgt aufgrund der sicher bestimmbaren Merkmale weniger als 99,8% (BGE *101* II 16, *104* II 301);
- Es bestehen serostatistische Hinweise auf die Nichtvaterschaft oder ernsthafte Anhaltspunkte für eine serologische Fehlbestimmung;
- Dritte fallen als Erzeuger in Betracht, die mit den übrigen Gutachten nicht beweiskräftig ausgeschlossen worden sind.

195 Ausserdem ist das Gutachten in Betracht zu ziehen, wenn aus besondern Gründen schwerwiegende Zweifel an den Ergebnissen der bisherigen Begutachtung verbleiben, etwa weil die Mutter mit Brüdern Verkehr gehabt hat, weil Anhaltspunkte für Zeugungsunfähigkeit bestehen oder der Gebrauch von Schutzmitteln bewiesen ist (ROTH-STIELOW NJW *1977* 2115).

196 Die Auffassung, das anthropologische Gutachten sei auch einzuholen, wenn der Vaterschaftsbeklagte selbst nach Vorliegen des Blutgruppen- und des serostatistischen Gutachtens nicht bereit ist, die Vaterschaft zu anerkennen (OEPEN/RITTER NJW *1977* 2108), oder wenn die Mutter einen serologischen Ausschluss bestreitet (MULLIS, ZBJV *1979* 612), ist abzulehnen (ROTH-STIELOW NJW *1977* 2115). Ob das anthropologische Gutachten notwendig sei, ist nach objektiven Kriterien, nicht nach der subjektiven Meinung der unmittelbar Beteiligten zu beurteilen.

F. Ausfall von Gutachten

197 Können einzelne Gutachten wegen der Säumnis oder des Todes Beteiligter oder aus andern Gründen nicht eingeholt werden, so hat der Richter sein Urteil aufgrund der übrigen zu bilden.

G. Überprüfung durch das Bundesgericht

198 Die sachgerechte Reihenfolge der Beweismittel gehört zu den Beweisregeln des Bundesrechts. Ihre Verletzung kann mit der Berufung gerügt werden (OG 63 Abs. 2, BGE *97* II 298).

8. Verhältnis der Abstammungsgutachten

A. Übereinstimmende Ergebnisse

Verschiedene Abstammungsuntersuchungen, die je für sich die Vaterschaft oder Nichtvaterschaft mit einer gewissen Wahrscheinlichkeit bejahen, können sich nach dem Gesetz der Multiplikation der Wahrscheinlichkeiten zu einem höheren Grad der Wahrscheinlichkeit verdichten (Additionsbeweis BGE *94* II 86). Diese Gesamtbeurteilung ist in der Regel Sache des zuletzt beigezogenen Sachverständigen (HOSEMANN 74, HUG 209 ff). Über die Verbindung des gynäkologischen und des Reifegradgutachtens vgl. N 122; BGE *61* II 304, PODLESCHKA 154. Vgl. auch N 111, 115, 117, 124, 139a, 167, 182, 191, 192, 203.

Kasuistik
- Mehrfacher serologischer Ausschluss (BGE *71* II 54; *78* II 316; *89* II 357; dagegen abgelehnt in BGE *94* II 86, weil die Fehlermöglichkeiten bei den beiden verwendeten Ausschlussmethoden nicht angegeben werden konnten);
- Serologischer und anthropologischer Ausschluss (SJZ *1956* 227 Nr. 14);
- Serologischer und anthropologischer Ausschluss (BGE *82* II 175, 179);
- Serostatistisches und anthropologisches Gutachten (BGE *87* II 72; PKG *1972* Nr. 4; FamRZ *1973* 87; *1975* 683).

B. Widersprechende Ergebnisse

Widersprechen sich verschiedene Abstammungsgutachten, so ist zunächst jedes für sich vom bisherigen oder einem andern Sachverständigen nachzuprüfen und gegebenenfalls zu ergänzen oder zu berichtigen. Verbleibende Widersprüche sind vom Richter – allenfalls mit Hilfe eines Sachverständigen – zu entscheiden. Dabei wird im allgemeinen das negative medizinische Gutachten (N 107 ff) durch ein positives serostatistisches oder anthropologisches Gutachten widerlegt, nicht aber ein serologischer Ausschluss oder ein serostatistischer Nachweis der Vaterschaft durch ein anthropologisches Gutachten (vgl. BGE *91* II 164; *96* II 321 ff mit Hinweisen; AGVE *1967* Nr. 4, mit Bundesgerichtsentscheid; ROTH-STIELOW NJW *1977* 2115; JOHANNSEN 482). Dieses verpflichtet jedoch zu sorgfältiger Überprüfung der serologischen Untersuchung (BEITZKE 205; HUG 207 ff).

9. Verhältnis von Abstammungsgutachten und Beweisaussagen

202 Das Abstammungsgutachten wird durch Partei- und Zeugenaussagen nicht widerlegt. Erbringt es den geforderten Beweis, so entfällt jegliche weitere Haupt- oder Gegenbeweisführung mit Zeugen- oder Parteiaussagen (BGE *45* II 497; ZR *1962* Nr. 48). Der Auffassung, ein anthropologisches Gutachten sei einzuholen, wenn ein serologischer Ausschluss von der Mutter bestritten werde (MULLIS *1980* 276) oder der Vaterschaftsbeklagte die Vaterschaft auch nach Einholung des Blutgruppen- und des serostatistischen Gutachtens nicht anerkenne (OEPEN/RITTER NJW *1977* 2108), ist nicht zu folgen (N 196).

203 Die Befragung der Beteiligten, insbesondere der Mutter und der Männer, mit denen sie Beziehungen unterhalten hat, behält ihre Bedeutung für die Frage, ob und allenfalls wann eine Beiwohnung stattgefunden und aus welchen Gründen diese nicht zur Empfängnis geführt habe. Die Beweisaussage der Parteien und der Zeugen bildet dagegen nicht mehr selbständige Grundlage für den Beweis der Vaterschaft oder der Nichtvaterschaft. Sie soll daher in der Regel, sofern überhaupt noch nötig, erst nach Einholung der Gutachten erfolgen. Das ist nicht bloss ein Gebot der Ökonomie, sondern beugt auch falschen Partei- und Zeugenaussagen vor (HEGNAUER, Rechtsnorm 64; BEITZKE 6). Immerhin kann sie die Aussage eines nicht voll schlüssigen Abstammungsgutachtens zu einem Additionsbeweis verstärken (BGE *84* II 676; GERHARDT SJZ *1959* 253). Hierauf dürfte der Richter heute aber nur noch in singulären Situationen angewiesen sein.

Zweiter Abschnitt
Die Vaterschaft des Ehemannes

Chapitre II
De la paternité du mari

Capo secondo
Della paternità del marito

Vorbemerkung

Der zweite Abschnitt des siebenten Titels umfasst in fünf Unterabschnitten acht Artikel. Die beiden ersten Unterabschnitte normieren die ordentlichen Voraussetzungen der Vermutung der Vaterschaft des Ehemannes, A. Vermutung, Art. 255, und deren Beseitigung, B. Anfechtung: I. Klagerecht, Art. 256, II. Klagegrund, 1. Bei Zeugung während der Ehe, Art. 256a, 2. Bei Zeugung vor der Ehe oder während der Aufhebung des Haushaltes, Art. 256b, III. Klagefrist, Art. 256c. – Es folgen zwei Sondernormen zur Vermutung und zur Anfechtung: C. Zusammentreffen zweier Vermutungen, Art. 257, und D. Klage der Eltern, Art. 258. Abschliessend ordnet E. Heirat der Eltern, Art. 259, deren Bedeutung für das Kindesverhältnis. – Der Abschnitt entspricht im Recht von 1907 den beiden ersten Abschnitten des siebenten Titels, Die eheliche Abstammung (Art. 252–257) und Die Ehelicherklärung (Art. 258–263).

Art. 255

A. Vermutung

¹ Ist ein Kind während der Ehe oder vor Ablauf von dreihundert Tagen seit Auflösung der Ehe geboren, so gilt der Ehemann als Vater.
² Bei späterer Geburt gilt diese Vermutung nur, wenn das Kind vor Auflösung der Ehe gezeugt worden ist.
³ Ist der Ehemann für verschollen erklärt worden, so beginnt die Frist von dreihundert Tagen mit dem Zeitpunkt der Todesgefahr oder der letzten Nachricht.

A. Présomption

¹ L'enfant né pendant le mariage ou dans les trois cents jours après la dissolution du mariage a pour père le mari.

	² Lorsque l'enfant est né après les trois cents jours, cette présomption ne vaut que s'il a été conçu avant la dissolution du mariage. ³ Si le mari a été déclaré absent, le délai de trois cents jours court à partir du danger de mort ou des dernières nouvelles.
A. Presunzione	¹ La paternità del marito è presunta se il figlio è nato durante il matrimonio o entro trecento giorni dallo scioglimento del medesimo. ² Se il figlio è nato dopo, questa presunzione vale soltanto in caso di concepimento anteriore allo scioglimento del matrimonio. ³ Se il marito è stato dichiarato scomparso, il termine di trecento giorni decorre dal momento del pericolo di morte o dell'ultima notizia.

			Note	Seite
Übersicht		Materialien	1	131
		Literatur	2	131
		Rechtsvergleichung	3	132
		Rechtsgeschichte	4	132
		Textgeschichte	7	132
	I.	*Vermutung der Vaterschaft des Ehemannes*		133
		1. Ehe als Grundlage der Vermutung	9	133
		2. Rechtsnatur der Vermutung	12	133
		3. Begünstigung der Vermutung (favor legitimitatis)	17	134
	II.	*Voraussetzungen der Vermutung*		135
		1. Kindesverhältnis zur Mutter	21	135
		2. Ehe der Mutter	22	136
		3. Geburt oder Zeugung während der Ehe	23	136
		4. Beiwohnung des Ehemannes?	43	141
	III.	*Eintragung und Mitteilung*		142
		1. Eintragung	46	142
		2. Mitteilung	58	145
	IV.	*Streitige Voraussetzungen*		146
		1. Gegenstand des Streites	61	146
		2. Berichtigung des Zivilstandsregisters (Art. 45)	63	146
		3. Anordnung der Eintragung durch die Aufsichtsbehörde	76	149
		4. Statusfeststellungsklage	77	150
	V.	*Entstehung des väterlichen Kindesverhältnisses*	78	150
	VI.	*Intertemporales Recht*	83	151
	VII.	*Internationales Recht*	84	152
		1. Recht des Wohnsitzes	85	152

	Note	Seite
2. Recht der Heimat	88	152
3. Schweizerisches Recht	90	153
4. Ausweichklausel	91	154
5. Vorfragen	92	154
6. Ordre public	94	155
7. Widersprüchliche Ergebnisse	96	155
VIII. Kritik	97	155
IX. Statistik	99	156

Materialien   aArt. 252; BBl *1974* II 28 f; E 255; AmtlBullStR *1975* 116, *1976* 83; NR 1 *1975* 1753.

Literatur   ALBERTI ARNALDO, Figlio nato entro i 300 giorni dal divorzio della madre, 2 ZVW *1980* 53 = ZZW *1980* 29; BALLENEGGER-CORNAZ ISABELLE, Le droit de la filiation hors mariage aux Etats-Unis et en Suisse, Diss. Lausanne 1975; BERNHARD ROBERTO, Die künstliche Besamung, Diss. Zürich 1958; BERTOSSA BERNHARD, Sort de l'enfant conçu en cas de divorce de la mère, SJ *1980* 17; BRIDEL MARCEL, La règle «Pater is est ...» en droit suisse, Diss. Lausanne 1927; FORNI R., Berichtigung von Zivilstandseintragungen, ZZW *1973* 186; GIESEN DIETER, Die künstliche Insemination als rechtliches und ethisches Problem, Bielefeld 1962; *derselbe,* Heterologe Insemination – Ein neues legislatorisches Problem, FamRZ *1981* 413; GULDENER MAX, Bundesprivatrecht und kantonales Zivilprozessrecht, ZSR *1961* II 3; HAUSHEER HEINZ, Zur Problematik der künstlichen Insemination: ein Beitrag aus Strassburg? Anhang: Text des Resolutionsentwurfes und Gesetzesvorschlag für Frankreich, in: Berner Festgabe zum Schweizer. Juristentag 1979, 209; HEGNAUER C., Die Rechtsstellung eines ausländischen Kindes unbekannter Abstammung, das im Familienregister als im Ausland von einer verheirateten Schweizerin geboren eingetragen ist («Kurzschluss»-Adoption), ZVW *1982* 131; KASCHEWSKY R., Eine schweizerische Grundsatzentscheidung zur Strafwartefrist (Art. 104 ZGB) und Frauenwartefrist (Art. 103 ZGB) bei beabsichtigter Eheschliessung im Ausland, SJZ *1972* 250; LALIVE PIERRE, Vers un nouveau droit international privé de la filiation, ZZW *1973* 196; *derselbe,* Conflits de filiations en droit civil et en droit international, SJ *1966* 609; LAURITZEN CH., Die heterologe Insemination, Deutsche Medizinische Wochenschrift *1981* 195; *Law and Ethics of A. I. D. and Embryo Transfer* (Ciba Foundation Symposium 17, new series), Amsterdam 1973; MEZGER EDMUND, Das Kind mit den zwei Vätern, FS Ferid (München 1978) 621; MERZ HANS, Rechtsprobleme der künstlichen Samenübertragung (Praxis, Schw. Rundschau für Medizin, *1958* 1163); NABHOLZ ANDREAS, Eheschliessung in Tonder (Dänemark), ZZW *1978* 263 (franz.: 353); *derselbe,* Die Berichtigung fehlerhafter Registereintragungen, ZZW *1975* 232; NABHOLZ ANDREAS/SIEGENTHALER TONI F., Die Entstehung des Kindesverhältnisses und seine Registrierung in den schweizerischen Zivilstandsregistern, ZZW *1980* 171; PASQUAY JÜRGEN, Die künstliche Insemination, Diss. Freiburg i. Br. 1968; PIOTET PAUL, Deux points criticables du projet de loi sur la filiation, JT

1975 I 492; RIPPMANN ERNST T., Die ehefremde künstliche Befruchtung der Frau, Bern 1974; SAGER BERNHARD, Die Begründung des Kindesverhältnisses zum Vater durch Anerkennung und seine Aufhebung. Mit Hinweisen auf das französische Recht, Diss. Zürich 1979; SANDMEIER ERIKA, Die Ehelichkeitsvermutung und ihre Anfechtung, insbesondere durch das Kind, Diss. Zürich 1938; SIEHR KURT, Internationales Kindesrecht, SJZ *1982* 173.
Siehe auch Art. 252 N 2.

3 Rechtsvergleichung Art. 255 stimmt im wesentlichen überein mit CCfr 312–315, CCit 231–233, ABGB 138 und BGB 1591–1593. Das österreichische und das deutsche Recht bemessen die Frist nach Auflösung der Ehe auf *302* Tage. Bedeutender sind die Abweichungen des französischen und des italienischen Rechts: Die Vermutung gilt nur für das während der Ehe *gezeugte* Kind. Das vorher gezeugte, aber in der Ehe geborene Kind ist indessen durch die Regelung der Anfechtung jenem praktisch gleichgestellt. Zudem endigt die Vermutung mit Ablauf von 300 Tagen seit gerichtlicher Aufhebung des gemeinsamen Haushaltes im Scheidungs- oder Trennungsprozess. Endlich gilt nach CCfr 313-1 die Vermutung nicht, wenn das Kind ohne Nennung des Ehemannes im Geburtsregister eingetragen wird; vgl. dazu MEZGER 623; ferner JAYME FamRZ *1981* 222.
Vgl. im übrigen DUTOIT 3, KRAUSE sec. 23 ff., NABHOLZ ZZW *1977* 249.

4 Rechtsgeschichte In ältester Zeit entschied der Mann über die Aufnahme der von seiner Frau geborenen Kinder in die Familie. Das kaiserliche Rom anerkannte das Erbrecht des Kindes, das die Witwe binnen zehn Monaten seit dem Tod ihres Gatten zur Welt bringt, und beschränkte das Recht des Ehemannes, das in der Ehe oder nach der Scheidung geborene Kind zu verleugnen. Daraus entwickelte sich die Vermutung der Vaterschaft des Ehemannes. Der Paulus-Satz (Dig. 2, 4, 5) «Pater is est quem nuptiae demonstrant» ist erst später als deren allgemeine Formulierung verstanden worden (SANDMEIER 13 ff). Vgl. im einzelnen LEINEWEBER.

5 Im alten Recht und noch in den meisten kantonalen Gesetzen galt nur das in der Ehe gezeugte Kind als ehelich (HUBER IV 480; I 395 ff). Nach dem BG betreffend Feststellung und Beurkundung des Zivilstandes und die Ehe, vom 24. Dezember 1874, Art. 16 Abs. 1 lit. *c,* mussten aber alle in der Ehe *geborenen* Kinder als ehelich ins Geburtsregister eingetragen werden.

6 Die Revision hat die Vermutung aus aArt. 252 sachlich unverändert übernommen und mit Abs. 3 ergänzt.

7 Textgeschichte Art. 255 stimmt wörtlich mit dem Entwurf überein. Art. 255 Abs. 1 und 2 entsprechen aArt. 252 Abs. 1 und 2 (hinten S. 661). Der deutsche und italienische Text von Abs. 1 ist durch die Weglassung von «ehelich» und «legittimo» an den bisherigen auf CCfr 312 zurückgehenden französischen Text angeglichen. Der Randtitel ist gekürzt. In Abs. 2 ersetzt die bedingte Fortgeltung der Vermutung in Übereinstimmung mit Doktrin und Rechtsprechung die bisherige negative Aussage, bei späterer Geburt bestehe die Vermutung nicht (BBl *1974* II 28).

8 Der neue, vom Ständerat zunächst abgelehnte Abs. 3 entscheidet eine Kontroverse des früheren Rechts über den Beginn der 300 Tage im Falle der Verschollenerklärung (BBl *1974* II 28 f). Anlass für die Aufnahme der

Bestimmung gab ein Urteil des Eidgenössischen Versicherungsgerichtes (EVGE *1953* 226): Der Ehemann war infolge Verschwindens in hoher Todesgefahr für verschollen erklärt worden. Das Gericht sprach dem drei Jahre nach der Todesgefahr von der Ehefrau geborenen Kind die Halbwaisenrente zu.

I. Vermutung der Vaterschaft des Ehemannes

1. Ehe als Grundlage der Vermutung

Die Vaterschaft eines Mannes steht abgesehen vom positiven erbbiologischen Beweis (Art. 254 N 162, 179) und von künstlicher Insemination nur fest, wenn er und nur er der Mutter in der Empfängniszeit beigewohnt hat. Diese Tatsache kann aber nicht leicht bewiesen werden. Die Ehe der Mutter erlaubt, diesen Beweis durch die Vermutung der Vaterschaft des Ehemannes zu ersetzen. 9

Denn die Ehe bildet als umfassende, ausschliessliche und dauernde Lebensgemeinschaft die Grundlage der Tatsachenvermutung (KUMMER Art. 8 N 323), dass der Ehemann und nur er der Ehefrau beigewohnt hat und daher ein von ihr empfangenes Kind von ihm gezeugt worden ist. 10

Aufgrund dieser Tatsachenvermutung formuliert Art. 255 Abs. 1 die Rechtsvermutung (KUMMER Art. 8 N 325) der Vaterschaft des Ehemannes. 11

2. Rechtsnatur der Vermutung

Die Vermutung des Art. 255 hat verschiedene Aspekte:

A. Vermutung als echte Vermutung

Als echte Vermutung bewirkt die Vermutung eine *Änderung des Beweisthemas*. Sind ihre Voraussetzungen (N 21 ff) bewiesen, so bedarf es des Beweises der Vaterschaft des Ehemannes nicht mehr (KUMMER Art. 8 N 333). 12

Misslingt der Beweis der Voraussetzungen, so kann die Vermutungsfolge – das väterliche Kindesverhältnis (N 15) – nur durch Anerkennung (Art. 260) oder Vaterschaftsurteil (Art. 261) festgestellt werden. Das gilt auch, wenn der Vater nach der Geburt die Mutter heiratet (Art. 259 Abs. 1). 13

14 Sodann kann die Vermutung des Art. 255 *beseitigt* werden (KUMMER Art. 8 N 337 ff):
- durch den Gegenbeweis, dass eine *Voraussetzung* der Vermutung nicht gegeben ist (N 62 ff),
- durch den Beweis, dass die Vermutungs*folge* – die Vaterschaft des Ehemannes – unrichtig ist; diese Beseitigung der Vermutung ist nur im *Anfechtungsprozess* zulässig *(Art. 256 ff)*.

B. Vermutung der Vaterschaft als materielle Norm

15 Die Rechtsvermutung der Vaterschaft des Ehemannes begründet das Kindesverhältnis zum Vater (Art. 252 Abs. 2) und ist damit auch materielle Norm (AUBERT 31).

C. Vermutung als Fiktion

16 Die Vermutung kann nur unter bestimmten persönlichen (Art. 256 a, 258) und zeitlichen Voraussetzungen (Art. 256 c) angefochten werden. Sind diese nicht gegeben, ist sie unwiderleglich und erscheint als Fiktion. Demgemäss gilt der Ehemann auch dann als Vater, wenn er das Kind offensichtlich nicht gezeugt hat. «... tout enfant né pendant le mariage est censé être au mari. Il a beau avoir de bonnes raisons pour ne le pas croire: La loi le croit pour lui et le soulage de l'examen et des scrupules» (Montesquieu, Lettres persanes LXXXVI).

3. Begünstigung der Vermutung (favor legitimitatis)

17 Die mit der Vermutung verbundene rechtliche Verknüpfung des von der Ehefrau geborenen Kindes mit dem Ehemann ist dem Wesen der Ehe immanent. § 131 des zürcherischen PrGB führte sie unter den Wirkungen der Ehe auf.

18 Die Vermutung bringt das väterliche Kindesverhältnis von Gesetzes wegen mit der Geburt und damit gleichzeitig mit dem mütterlichen zur Entstehung (N 78 ff). Dieses *gemeinsame* Kindesverhältnis (Art. 252 N 22) gliedert das Kind ohne weiteres in die Gemeinschaft seiner Eltern ein.

Trifft die Vermutung dagegen nicht zu, so ist das Kind rechtlich zunächst vaterlos. Das Kindesverhältnis zum Vater muss durch besondern Rechtsakt – Anerkennung oder Vaterschaftsurteil – festgestellt werden. Auch sind die

Wirkungen des Kindesverhältnisses, sofern die Eltern nicht heiraten (Art. 259), für jedes von ihnen gesondert festzulegen. Die Vermutung des Art. 255 erscheint aus diesen Gründen der Anerkennung und dem Vaterschaftsurteil sozialethisch überlegen (Art. 252 N 95). Zur Abgrenzung der Vermutung gegen die Anerkennung vgl. Art. 260 N 16 ff und gegen das Vaterschaftsurteil vgl. Art. 261 N 14.

Im früheren Recht kamen die vollen Wirkungen des Kindesverhältnisses 19 nur dem in der Ehe geborenen Kinde zu. Es allein war rechtmässiges, eheliches oder legitimes Kind. Das aussereheliche oder illegitime Kind war dagegen rechtlos oder doch rechtlich zurückgesetzt. Ehelichkeit und Ausserehelichkeit, Legitimität und Illegitimität waren daher auch mit der Vorstellung von Wert und Unwert verbunden. Aus diesem Grund hat die Revision von 1976 die Bezeichnungen «ehelich» und «ausserehelich» preisgegeben (BBl *1974* II 24).

Wegen der rechtlichen Bevorzugung des ehelichen Kindes suchte das frü- 20 here Recht den ehelichen Stand möglichst vielen Kindern zuteil werden zu lassen und zu erhalten (VA Art. 252 N 6). Im Zweifel war zugunsten der Ehelichkeit zu entscheiden (in dubio pro legitimate, BRIDEL 15). Diese Begünstigung der Ehelichkeit hat mit der Revision von 1976 ihre Rechtfertigung verloren, soweit sie in den unterschiedlichen Wirkungen des Kindesverhältnisses begründet war. Sie erscheint aber wegen der wesentlichen Vorteile der Vermutung bei der Begründung des Kindesverhältnisses (N 18) weiterhin am Platze. Der favor legitimitatis kommt zum Ausdruck in der zeitlichen Abgrenzung der Vermutung (N 23 ff) und in deren Vorrang vor der Anerkennung und dem Vaterschaftsurteil (Art. 252 N 94, Art. 260 N 51, 261 N 10). Abgeschwächt erscheint er gegenüber früher dagegen durch die Erleichterung der Anfechtung (Art. 256 N 51, Art. 256a/256b N 10ff) und den Verzicht auf die Ehelicherklärung (Legitimation) als selbständiges Rechtsinstitut (Art. 259 N 8).

II. Voraussetzungen der Vermutung

1. Kindesverhältnis zur Mutter

Die Vermutung des Art. 255 setzt in erster Linie voraus, 21 dass das Kindesverhältnis zur Mutter feststeht. Über dessen Entstehung vgl. Art. 252 Abs. 1, und dort N 34. Besteht das Kindesverhältnis zur Frau, die als Mutter ausgegeben wird, in Wahrheit nicht, so ist der daran geknüpften Vermutung von vornherein der Boden entzogen (BGE *50* II 101). Vgl. VA Art. 252 N 12.

2. *Ehe der Mutter*

22 Die Vermutung trifft den *Ehemann* der Mutter. Diese muss somit eine Ehe im Sinne des Gesetzes (Art. 105 ff) geschlossen haben. Die Vermutung besteht auch, wenn die Ehe später ungültig erklärt (Art. 133 Abs. 1) oder geschieden wird. Dagegen entspringt der Nichtehe (matrimonium non existens, vgl. dazu GÖTZ N 5 ff vor Art. 120) keine Vermutung. Das Konkubinat begründet die Vermutung des Art. 255 nicht, wohl aber die Vermutung der Vaterschaft des Beischläfers im Sinne von Art. 262 Abs. 1. Hat die Ehe nicht bestanden, so ist auch die Vermutung nie begründet worden. Zur Frage der Heilung von Nichtehen vgl. NEUHAUS 103 ff. Zur Frage der polygamen Ehe vgl. BALLENEGGER-CORNAZ 137. Das Recht auf Achtung des Familienlebens im Sinne von EMRK 8 Ziff. 1 (hinten S. 648) gibt dem Ehemann in der Frage des *Schwangerschaftsabbruchs* keinen Anspruch auf Anhörung oder auf Anrufung der Behörden. Der Abbruch der Schwangerschaft zum Schutz der Gesundheit der Mutter stellt einen zulässigen Eingriff im Sinne von EMRK 8 Ziff. 2 in das Recht des Ehemannes dar. Das Recht auf Leben im Sinne von EMRK 2 Ziff. 1 Satz 1 wird durch einen Abbruch zum Schutz des Lebens oder der Gesundheit der Mutter nicht verletzt (Décisions et Rapports, Conseil de l'Europe, Strasbourg, N° 8416/79, vol. 19, 244).

3. *Geburt oder Zeugung während der Ehe*

A. *Der Zeitpunkt der Zeugung ist nicht allein massgebend*

23 Die Tatsachenvermutung der Zeugung durch den Ehemann setzt voraus, dass das Kind während der Ehe gezeugt worden ist. Demgemäss liess das frühere (N 4) und teilweise noch heute das ausländische Recht (N 3) die Vermutung nur in diesem Fall eintreten. Im neuern Recht, so auch nach aArt. 252 Abs. 1 und Art. 255 Abs. 1, genügt jedoch, dass das Kind während der Ehe *geboren* ist. Heiratet ein Mann eine schwangere Frau, so tut er es meist, weil er der Vater ist (AUBERT 160; VA Art. 252 N 7).

Auch wird das Kind voraussichtlich in dieser Ehe aufwachsen. Darum soll das väterliche Kindesverhältnis schon mit der Geburt während der Ehe entstehen. Zudem ist der Zeitpunkt der Geburt leichter und zuverlässiger festzustellen als derjenige der Zeugung.

B. Geburt während der Ehe

Es genügt, dass die Trauhandlung (Art. 116) der Geburt – und sei es noch so kurze Zeit – vorausgeht. Ist das Kind dagegen vorher geboren, so entsteht die Vermutung nicht und kann das väterliche Kindesverhältnis nur durch Anerkennung oder Vaterschaftsurteil begründet werden (Art. 259 N 20 ff). Die Möglichkeit, dass die Geburt bei Einhaltung der Verkündungsfristen vor der Trauung eintreten könnte, rechtfertigt die Nottrauung (Art. 115) nicht (vgl. aber Art. 259 N 28). Ist das Kind *vor* der Trauung gezeugt, so kann die Vermutung aber erleichtert angefochten werden (Art. 256 b, vgl. Art. 256 a/256 b N 11). 24

Die Vermutung besteht auch, wenn die Braut von einem *Dritten* schwanger ist. Der Bräutigam, der darum weiss, macht sich mit der Heirat keiner Fälschung des Personenstandes (StGB 216) schuldig. Er kann den Eintritt der unwahren Vermutung aber auch nicht verhindern. Hatte er keine Kenntnis von der Schwangerschaft, so kommt – abgesehen von der Anfechtung der Vermutung (Art. 256 N 50) – auch die Anfechtung der Ehe nach Art. 124 Ziff. 2 in Betracht. 25

Unerheblich ist, ob die Ehegatten zur Zeit der Zeugung in *gemeinsamem Haushalt* leben. Diese Tatsache ist aber für die Anfechtung bedeutsam (Art. 256 b; vgl. Art. 256 a/256 b N 15). 26

C. Geburt nach Auflösung der Ehe

a) Grundsatz

Die Tatsachenvermutung der Zeugung durch den Ehemann trifft auch zu, wenn das Kind während der Ehe gezeugt, aber erst nach deren Auflösung geboren wird. Nach Art. 256 a Abs. 2 ist zu vermuten, dass das spätestens 300 Tage nach Auflösung der Ehe geborene Kind während der Ehe gezeugt worden ist. Demgemäss lässt Art. 255 Abs. 1 es auch in diesem Fall der Vermutung teilhaftig werden. Dabei bleiben zwei Fälle aus- 27 ser Betracht: Einerseits dass das Kind während der Ehe gezeugt, aber erst nach Ablauf von 300 Tagen seit der Auflösung geboren wird (Art. 255 Abs. 2, hinten N 33 ff), anderseits dass es nach Auflösung der Ehe gezeugt, aber vor Ablauf von 300 Tagen seit der Auflösung geboren wird (N 37).

b) Die Auflösung der Ehe

28   Die Ehe wird aufgelöst durch Tod eines Ehegatten oder durch Scheidung oder Ungültigerklärung der Ehe, nicht aber durch Aufhebung des gemeinsamen Haushaltes oder gerichtliche Trennung (vgl. dazu Art. 256 a/256 b N 15). Für den Fall der Verschollenerklärung des Ehemannes vgl. N 38 ff.

c) Die Berechnung der 300-Tage-Frist

29   Die Frist ist in sinngemässer Anwendung von OR 77, 132 zu berechnen (Art. 7, vgl. FRIEDRICH Art. 7 N 44). Der Tag, an dem die Auflösung eintritt, wird nicht mitgezählt (OR 132 Abs. 1). Das Kind ist binnen der Frist geboren, wenn die Geburt am dreihundertsten Tage um Mitternacht vollendet ist, vgl. Art. 31 Abs. 1 (ZZW *1966* 160; gegenteilig: der Beginn der Geburt vor Ablauf der Frist genügt VA Art. 252 N 21 mit Hinweisen), bei Mehrlingen, wenn das letzte Kind bis zu diesem Zeitpunkt geboren ist, denn das väterliche Kindesverhältnis muss einheitlich begründet werden (BGE *62* II 194, AUBERT 30). Immerhin ist bei zweieiigen Zwillingen die Möglichkeit der Superfecundatio (Überschwängerung, vgl. Art. 254 N 158) zu bedenken.

30   Für die Berechnung der Frist vgl. die *Tabelle,* Art. 262 N 49. Vom Tag der Auflösung der Ehe (zweites Datum) kann das Ende der Vermutung (erstes Datum) bestimmt werden.

31   Wird die Ehe *geschieden* oder ungültig erklärt, so läuft die Frist von Bundesrechts wegen von dem Zeitpunkt an, in welchem das Urteil durch unbenützten Ablauf der ordentlichen Rechtsmittelfrist, durch ausdrücklichen Verzicht auf Weiterziehung oder durch Rückzug eines schon eingelegten Rechtsmittels unanfechtbar geworden ist. Das gilt nicht nur für Urteile der oberen kantonalen Instanz (OG 54 Abs. 2, BGE *71* II 53), sondern auch für die unterer Instanzen (GULDENER ZSR *1961* II 28 f; GÖTZ Art. 103 N 6). Kantonale Bestimmungen über die Rückdatierung der Rechtskraft auf den

Tag der Urteilsfällung sind in bezug auf die Scheidung und Ungültigerklärung der Ehe nicht anwendbar (GULDENER 391 N 118 Abs. 3; SJZ *1970* 182 Nr. 88 = ZR *1970* Nr. 2; vgl. dazu auch BGE *81* II 487). Die Gerichte haben daher neben dem Tag der Urteilsfällung auch den Tag, an dem in diesem Sinne die Rechtskraft eingetreten ist, den Zivilstandsämtern mitzuteilen (ZStV 130 Abs. 1 Ziff. 4 und Abs. 2). Die Entscheidungen des Bundesgerichtes werden mit der Ausfällung rechtskräftig (OG 38).

Die Frist wird durch die *Abkürzung der Wartefrist* nach Art. 103 Abs. 3 nicht berührt. Eine solche darf nur bewilligt werden, wenn eine Schwangerschaft der Frau aus der früheren Ehe zeitlich ausgeschlossen ist, d. h. wenn die Frau bei Auflösung der Ehe nicht schwanger gewesen ist. Dagegen hat der Abkürzungsrichter im nichtstreitigen Verfahren des Art. 103, an dem allein die Frau als Gesuchstellerin beteiligt ist, nicht darüber zu befinden, ob eine in jenem Zeitpunkt bestehende Schwangerschaft auf den früheren Ehemann zurückgeht oder nicht. Dieser Entscheid steht allein dem Richter im Anfechtungsprozess zu, an dem auch das Kind und der frühere Ehemann beteiligt sind (Art. 256 Abs. 2; AUBERT 203; VA Art. 252 N 17; ZR *1962* Nr. 44; SJZ *1971* 206 Nr. 93 = ZR *1970* Nr. 1; HEGNAUER ZZW *1983* 67; a. M. GÖTZ Art. 103 N 10, 11; DESCHENAUX/TERCIER 53; KASCHEWSKY SJZ *1972* 250; BERTOSSA SJ *1980* 21; SJZ *1955* 227 Nr. 122; *1957* 41 Nr. 15; *1961* 141 Nr. 35 = BJM *1960* 189; ZZW *1981* 101, *1982* 194). Vgl. im übrigen auch Art. 257 N 7. 32

d) Geburt nach Ablauf von 300 Tagen seit Auflösung der Ehe (Abs. 2)

Die Schwangerschaft dauert ausnahmsweise länger als 300 Tage (HOSEMANN [zit. Art. 254 N 2] S. 52). Es kann daher vorkommen, dass ein noch während der Ehe gezeugtes Kind erst nach Ablauf von 300 Tagen seit ihrer Auflösung geboren wird. Die Tatsachenvermutung der Zeugung durch den Ehemann (N 10) trifft auf es ebenfalls zu. Die Doktrin zum früheren Recht liess das Kind hier darum der Vermutung teilhaftig werden (VA Art. 252 N 25, 254 N 3 ff mit Hinweisen; vgl. auch BGE *62* II 67). Art. 255 Abs. 2 kodifiziert diese Regel (BBl *1974* II 28). Die vermutungsbegründende Empfängniszeit wird hier im Einzelfall verlängert (SAGER 53). Vgl. die entsprechende Situation in Art. 262 Abs. 2, dort N 52. 33

Die Vermutung besteht nur, wenn die Zeugung *vor* Auflösung der Ehe stattgefunden hat. Diese Tatsache ist nicht offenkundig und muss daher vom Richter festgestellt werden (VA Art. 252 N 25 b mit Hinweisen; vgl. im übri- 34 gen N 72). Zu beweisen ist nur die Zeugung vor Auflösung der Ehe, nicht die Zeugung durch den Ehemann. Als Beweismittel fallen das gynäkologische und das Tragzeitgutachten (Art. 254 N 127) in Betracht.

35 Hat die Schwangere erst nach Ablauf der 300 Tage, aber noch vor der Geburt *wieder geheiratet,* so ist Art. 257 sinngemäss anzuwenden: Der zweite Ehemann gilt als Vater. Wird die Vermutung seiner Vaterschaft beseitigt, so gilt der erste Ehemann als Vater (Art. 257 Abs. 2).

36 Ist das Kind zwar vom früheren Ehemann, aber erst *nach* Auflösung der Ehe gezeugt, so ist Art. 255 Abs. 2 nicht anwendbar und kann das väterliche Kindesverhältnis nur durch Anerkennung oder Vaterschaftsurteil festgestellt werden. Bei künstlicher Insemination der Witwe mit Samen des verstorbenen Ehemannes ist allerdings weder Anerkennung noch Vaterschaftsklage zulässig (vgl. HEGNAUER, Fortpflanzungsmedizin [zit. Art. 252 N 2] Nr. 3 N 7, Nr. 7, 10).

e) Zeugung nach Auflösung der Ehe, aber Geburt vor Ablauf der 300-Tage-Frist

37 Die durchschnittliche Schwangerschaftsdauer beträgt rund 270 Tage. Ein Kind kann aber bereits nach einer Schwangerschaftsdauer von 180 Tagen lebendig zur Welt kommen (HOSEMANN [zit. Art. 254 N 2] 53). Es ist daher möglich, dass eine Frau ein Kind, das sie *nach* Auflösung der Ehe empfangen hat, *vor* Ablauf der 300 Tage zur Welt bringt. Das Kind fällt nach dem Wortlaut unter die Vermutung von Art. 255 Abs. 1. Indessen trifft die Vermutung der Zeugung während der Ehe (Art. 256 a Abs. 2) und damit auch die der Zeugung durch den Ehemann (N 10) nicht zu. Die Korrektur ist nicht durch die Anfechtungsklage (Art. 256 ff) zu bewirken. Denn diese betrifft die Frage, ob die Mutter das Kind von einem *andern* Mann als ihrem Gatten (Art. 256 N 9) und *nicht wann* sie es empfangen hat. Vielmehr ist Art. 255 Abs. 2 sinngemäss zu ergänzen: Die Vermutung von Abs. 1 gilt nicht, wenn das Kind *nach* Auflösung der Ehe gezeugt worden ist (PIOTET JT 1975 I 495; SAGER 52). Diese nicht offenkundige Tatsache ist vom Richter festzustellen. Beweismittel ist auch hier vorab das gynäkologische und das Tragzeitgutachten (Art. 254 N 112 ff, 118 ff). Bringt die Mutter zu Beginn und gegen Ende der 300 Tage ein Kind zur Welt, so ist bewiesen, dass das zweite nach Auflösung der Ehe gezeugt worden ist. Über das prozessuale Vorgehen vgl. N 73 f. Ein Interesse an dieser Beschränkung der Vermutung dürfte nur bestehen, wenn die Mutter das Kind von einem andern Mann als dem früheren Ehemanne empfangen hat.

D. Nach Verschollenerklärung des Ehemannes (Abs. 3)

Die Verschollenerklärung eines verheirateten Mannes löst dessen Ehe nicht auf. Vielmehr muss die Auflösung vom Richter auf Antrag der Ehefrau ausdrücklich ausgesprochen werden (Art. 102). Das frühere Recht liess offen, ob die 300-Tage-Frist erst von der Auflösung der Ehe oder vom Tage an läuft, auf den die Wirkung der Verschollenerklärung zurückbezogen wird (Art. 38 Abs. 2). Die Rechtsprechung folgte jener (EVGE *1953* 226, vgl. vorn N 8), die Doktrin dagegen dieser Auffassung (VA Art. 252 N 20 mit Hinweisen). Letztere ist nun in Art. 255 Abs. 3 kodifiziert (BBl *1974* II 28 f): Der verschollenerklärte Ehemann der Mutter gilt nur dann als Vater, wenn das Kind vor Ablauf von 300 Tagen seit der Todesgefahr oder der letzten Nachricht geboren wird (ebenso CCfr 315). Abs. 2 ist sinngemäss anwendbar, wenn das Kind nach Ablauf von 300 Tagen geboren, aber vor der Todesgefahr oder der letzten Nachricht gezeugt worden ist, ebenso die umgekehrte Regel, wenn das Kind nach der Todesgefahr oder der letzten Nachricht gezeugt, aber vor Ablauf der 300 Tage geboren worden ist (N 33–37). 38

Die Verschollenerklärung schaltet somit die Vermutung der Vaterschaft des Ehemannes aus unabhängig davon, ob und wann die Ehe der Mutter aufgelöst wird. Unerheblich ist auch, wer die Verschollenerklärung verlangt hat. Solange die Verschollenerklärung nicht ausgesprochen ist, gilt der Ehemann gemäss Art. 255 Abs. 1 als Vater, auch wenn er längst verschwunden oder nachrichtenlos abwesend ist. Die Vermutung fällt aber mit der Verschollenerklärung für die seit Ablauf von 300 Tagen seit der Todesgefahr oder der letzten Nachricht geborenen Kinder rückwirkend dahin (N 57, Art. 256 N 7). Kinder, die *nach* der Verschollenerklärung geboren werden, unterstehen der Vermutung dagegen nicht, auch wenn die Ehe nicht aufgelöst worden ist. Über die familienrechtlichen Folgen der Verschollenerklärung vgl. im übrigen BÜHLER/SPÜHLER Einl N 46 f. 39 40 41 42

4. Beiwohnung des Ehemannes?

Die Vermutung des Art. 255 Abs. 1 gilt unabhängig davon, ob der Ehemann der Mutter beigewohnt hat. Denn seine Beiwohnung wird vermutet (N 10). Demgegenüber setzt die Vermutung der Vaterschaft des Beklagten gemäss Art. 262 Abs. 1 den Nachweis der Beiwohnung voraus. 43

Die Vermutung ist daher selbst anwendbar, wenn eine Beiwohnung des Ehemannes nicht stattgefunden hat oder bestritten wird. Diese Tatsache ist dagegen für die Anfechtung der Vermutung (Art. 256 ff) bedeutsam (Art. 256 a/256 b N 33 ff).

44 Der Ehemann gilt auch als Vater, wenn die Mutter das Kind durch *künstliche Insemination* empfangen hat (VA Art. 252 N 16, BERNHARD 166, HAUSHEER 216), gleichgültig, ob es sich um Samen des Ehemannes (homologe) oder eines Dritten (heterologe) handelt, und ohne Rücksicht darauf, ob der Ehemann der Insemination zugestimmt hat oder nicht (Art. 256 Abs. 3, dort N 39 ff; AUBERT 188, MERZ 1164).

45 Der Arzt macht sich aber bei der heterologen Insemination gegenüber dem Ehemann nach OR 41 ff, 49 verantwortlich, wenn er sie ohne dessen Zustimmung vorgenommen hat (GIESEN, Arzthaftungsrecht [zit. Art. 252 N 34] 119). Über die Verantwortung des Arztes gegenüber dem Kinde und dem Samenspender s. Art. 256 N 119, Art. 261 N 68.

III. Eintragung und Mitteilung

1. Eintragung

A. Im Geburtsregister

46 Stellt der Zivilstandsbeamte bei der Eintragung der Geburt ins Geburtsregister fest, dass die Mutter im Zeitpunkt der Geburt oder nicht mehr als 300 Tage vorher verheiratet gewesen ist, so trägt er neben der Mutter den Ehemann als Vater ein, und zwar dessen Familiennamen, Vornamen, Heimatort und Wohnsitz. Ist der Vater Ausländer, so ist seine Staatsangehörigkeit anzugeben und, wenn die Mutter Schweizerin ist, ihr Heimatort und Wohnsitz (ZStV 67 Abs. 1 Ziff. 4, 45). Bei Verschollenerklärung des Ehemannes vgl. N 40 f und 57.

47 Der Zivilstandsbeamte hat den Ehemann auch dann als Vater einzutragen, wenn dieser offensichtlich nicht der Vater ist oder ein anderer Mann als Vater angegeben wird (VA Art. 252 N 29 mit Hinweisen), ebenso, wenn gegen die Eintragung des Ehemannes Einspruch erhoben wird.

48 Ist das Kind *nach* Auflösung der Ehe geboren, so hat der Zivilstandsbeamte lediglich zu prüfen, ob das Kind vor Ablauf von 300 Tagen geboren ist,

nicht aber, ob es vor oder nach Auflösung der Ehe gezeugt worden ist (N 72 ff).

Die nach dem sechsten Monat der Schwangerschaft erfolgte *Totgeburt* wird ebenfalls eingetragen (ZStV 59 Abs. 1). 49

B. Im Familienregister

Ist der Vater *Schweizer,* so wird das Kind im Familienregister seiner Heimatgemeinde oder seiner Heimatgemeinden auf seinem Blatt eingetragen (ZStV 115 Abs. 1 Ziff. 1 lit. *a,* 117 Abs. 1 Ziff. 6). Ist nur die Mutter Schweizerin, so wird dem Ehemann im Familienregister ihrer Heimatgemeinde(n) ein Blatt eröffnet und das Kind eingetragen mit der Angabe, ob es das Schweizerbürgerrecht besitze oder nicht (ZStV 115 Abs. 1 Ziff. 1 lit. *b,* 117 Abs. 1 Ziff. 6). Ausserdem wird das Kind im Familienbüchlein der Eltern eingetragen (ZStV 147 b). 50

Ist das Kind im *Ausland* geboren, so wird die Geburt, für die eine ausländische Urkunde vorliegt, auf Verfügung der kantonalen Aufsichtsbehörde eingetragen (ZStV 137 Abs. 1, 137a, 137b). Bei Fehlen einer Urkunde vgl. Art. 252 N 79. Stellt die Aufsichtsbehörde fest, dass schweizerisches Recht anwendbar (N 85 ff) und die Vermutung nach Art. 255 gegeben ist, so ordnet sie die Eintragung des Kindes als Kind des Ehemannes an, auch wenn die ausländische Urkunde es als ausserehliches Kind ausweist. 51

Beispiel:
Schweizerische Ehegatten mit Wohnsitz in der Schweiz. Nach der Scheidung geht die von einem andern Mann schwangere Frau nach Frankreich zur Entbindung und lässt das Kind als ihr ausserehliches Kind eintragen.

Totgeborene Kinder werden nicht eingetragen (ZStV 117 Abs. 1 Ziff. 6 letzter Satz). 52

C. Sonderfälle

a) Zusammentreffen zweier Vermutungen:

Das Kind wird als Kind des zweiten Ehemannes eingetragen, vgl. Art. 257 Abs. 1, dort N 9 a. E. 53

b) Das Kind ist schon vor der Geburt anerkannt worden:

- Ist die Anerkennung vom späteren Ehemann der Mutter ausgesprochen worden, so fällt sie dahin (Art. 260a N 25).
- Ist die Anerkennung von einem Dritten erklärt worden, so fällt sie grundsätzlich dahin (LALIVE SJ *1966* 619). Der Ehemann wird im Geburts- und im Familienregister als Vater eingetragen. Die Anerkennung des Dritten ist freilich nicht absolut nichtig. Sie lebt wieder auf, falls die Vermutung durch Anfechtungsurteil beseitigt wird (Art. 260a N 25).

D. Rechtsmittel

54 Verweigert der Zivilstandsbeamte die Eintragung des Ehemannes als Vater oder nimmt er sie gegen den Willen des Ehemannes, der Mutter oder eines Dritten vor, so kann bei der kantonalen Aufsichtsbehörde Beschwerde und gegen deren Entscheid Verwaltungsgerichtsbeschwerde geführt werden (Art. 43, ZStV 19, 20). Vgl. im übrigen N 62–77.

E. *Wirkung der Eintragung*

55 Die Eintragung hat deklaratorische Bedeutung. Sie bezeugt das Kindesverhältnis zur Mutter und zum Vater (vgl. Art. 9, ZStV 28; ZVW *1971* 54 Nr. 2; VA Art. 252 N 33). Die Vermutung wird durch eine unrichtige Eintragung weder begründet noch ausgeschlossen (ZBJV *1950* 531). Aufgrund der Eintragung können die Rechte und Pflichten aus dem Kindesverhältnis geltend gemacht werden. Über die *Veröffentlichung* der Geburten vgl. Art. 252 N 59/60.

56 Die *Anerkennung* durch einen *Dritten* ist nur unter den Voraussetzungen und mit den Wirkungen der bedingten Anerkennung zulässig (Art. 260 N 36 ff, Art. 260a N 23 ff), im übrigen aber ausgeschlossen (Sperrwirkung).

F. *Änderung der Eintragung*

a) Berichtigung der Eintragung

57 Die Eintragung wird nach Art. 45 berichtigt, wenn eine Voraussetzung der Vermutung (N 21 ff) fehlt (N 63 ff).

b) Verschollenerklärung des Ehemannes

Fällt die Vermutung infolge Verschollenerklärung des Ehemannes nachträglich dahin (N 40), so ist dies im Geburtsregister als Randanmerkung nachzutragen (Art. 47). Im Familienregister ist sinngemäss wie bei Aufhebung des Kindesverhältnisses zum Ehemann zu verfahren (ZStV 117 Abs. 2 Ziff. 15 in Verbindung mit 115 Ziff. 7).

c) Aufhebung des Kindesverhältnisses im Anfechtungsprozess

Vgl. Art. 256 N 109 ff.

2. Mitteilung

Der Zivilstandsbeamte teilt die Geburt mit: 58
- dem *Zivilstandsamt* des Heimatortes und des Wohnsitzes des Vaters und der Mutter (ZStV 120 Abs. 1 Ziff. 1, 121). Die Mitteilung an den Heimatort bildet die Grundlage für die Eintragung im Familienregister (N 50 ff);
- der *Vormundschaftsbehörde* des Wohnsitzes des *Kindes,* wenn dieses in- 59 nert 300 Tagen nach Auflösung der Ehe der Mutter geboren worden ist (ZStV 125 Abs. 1 Ziff. 2). Fehlt ein Wohnsitz im Inland, so erfolgt die Mitteilung an die Vormundschaftsbehörde des Heimatortes (ZStV 125 Abs. 2). Die Vormundschaftsbehörde hat die zur Wahrung der Interessen des Kindes nötigen Vorkehren zu treffen, vgl. Art. 318 Abs. 2 (Kindesvermögen), Nachverfahren zur Regelung der Elternrechte und -pflichten (N 81), Kindesschutzmassnahmen (Art. 307 ff), Beistandschaft zur Anfechtung des Kindesverhältnisses zum Ehemann (Art. 256 N 70). Ist die Ehe durch Tod des Ehemannes aufgelöst, so teilt das Kind den *Wohnsitz* der Mutter (Art. 25 Abs. 1, 297 Abs. 3). Ebenso im Falle der Scheidung: die Mutter hat regelmässig das nachgeborene Kind in ihrer Obhut, und es ist höchst unwahrscheinlich, dass es zum voraus dem Ehemann zugeteilt oder bevormundet worden ist (vgl. dazu ALBERTI, ZZW *1980* 29; Bertossa SJ *1980* 20).

Die kantonalen Ausführungsvorschriften können auch Mitteilung der Ge- 60 burt an den *geschiedenen Ehemann* vorschreiben (ZZW *1954* 7; *1955* 72; *1961* 242).

IV. Streitige Voraussetzungen

1. Gegenstand des Streites

61 Zwei Bereiche sind auseinanderzuhalten:
– Die Voraussetzungen der Vermutung des Art. 255 (Vermutungsbasis) sind erfüllt, aber die *Vermutungsfolge, die Vaterschaft des Ehemannes der Mutter, ist streitig*. Das Gesetz sieht hiefür die gerichtliche Anfechtung vor: Art. 256, 256a, 256b, 256c, 258. Das gutheissende Anfechtungsurteil nimmt eine *Rechtsgestaltung* vor: Es hebt das Kindesverhältnis, das aufgrund der Vermutung bestünde, auf.

62 – *Die Voraussetzungen der Vermutung sind streitig*. Fehlt eine Voraussetzung, so besteht die Vermutung nicht. Diese Frage ist im Berichtigungsverfahren (N 63 ff), im Verfahren vor der Aufsichtsbehörde (N 76) oder durch selbständige Feststellungsklage (N 77) zu klären. Hier geht es nicht um Gestaltung, sondern um autoritative *Feststellung* der bestehenden Rechtslage.

2. Berichtigung des Zivilstandsregisters (Art. 45)

A. Im allgemeinen

63 Wird die in der Schweiz erfolgte Geburt binnen sechs Monaten angezeigt, so hat der Zivilstandsbeamte sie von sich aus in die Register einzutragen (N 46 ff). Zeigt sich in der Folge, dass der Ehemann als Vater eingetragen ist, obwohl die Voraussetzungen der Vermutung nicht gegeben sind, oder dass er nicht eingetragen ist, obwohl sie gegeben sind, so ist die Eintragung nach Art. 45 zu berichtigen.

64 Die Berichtigung des Zivilstandsregisters gehört zur freiwilligen Gerichtsbarkeit. Die Behörde hat den Sachverhalt von Amtes wegen abzuklären (GULDENER 44 f). Die Beteiligten sind anzuhören, in jedem Fall auch die Aufsichtsbehörde im Zivilstandswesen, sofern sie nicht selbst entscheidet (N 67 f). Widersetzen sich Beteiligte der Berichtigung, so ist das Verfahren gegen sie als Beklagte durchzuführen. Art. 254 ist sinngemäss anzuwenden. Vgl. auch Art. 260a N 40 ff. Das Verfahren kann sich auf die Löschung der unrichtigen Eintragung beschränken oder auch die Anordnung der richtigen Eintragung umfassen.

Das *Begehren* kann jederzeit von einem Beteiligten, von der zuständigen 65 kantonalen Behörde oder, mit Ermächtigung der Aufsichtsbehörde, von einem Zivilstandsbeamten gestellt werden (ZStV 50 Abs. 2). Erfährt die Vormundschaftsbehörde die Unrichtigkeit der Eintragung, so hat sie, wenn das Interesse des Kindes die Berichtigung gebietet, diese von Amtes wegen zu beantragen. Zuständig ist die Behörde am Ort des Geburtsregisters, also am Geburtsort; wenn aber nur eine Eintragung im Familienregister in Frage steht, diejenige am Ort, wo dieses geführt wird, also am Heimatort.

Da die Eintragung nur deklaratorische Bedeutung hat, kann eine Berichtigung 66 nicht als rechtsmissbräuchlich (Art. 2 Abs. 2) abgelehnt werden, auch wenn die Eintragung lange unangefochten geblieben ist. Stossenden Auswirkungen der Berichtigung ist gegebenenfalls aufgrund von Art. 30, 265c, 272, 310 Abs. 3, 312 zu begegnen.

Die Berichtigung wird vom Richter angeordnet (Art. 45 Abs. 1). Beruht der 67 Fehler aber auf einem offenbaren Versehen oder Irrtum, so kann die *kantonale Aufsichtsbehörde* die Berichtigung anordnen (Art. 45 Abs. 2) und erübrigt sich das gerichtliche Verfahren. Offenbar ist der Irrtum, wenn er aufgrund der Belege unbestreitbar, tatsächlich unbestritten und nicht während Jahren unbeachtet geblieben ist (BGE *89* I 321; FORNI ZZW *1973* 186ff; NABHOLZ ZZW *1975* 232).

Ein *offenbares Versehen* liegt z. B. vor, wenn der Zivilstandsbeamte die Frist 68 von 300 Tagen (Art. 255 Abs. 1) unrichtig berechnet, ein *offenbarer Irrtum,* wenn er ein ihm zugestelltes Trennungsurteil als Scheidungsurteil auffasst oder die unverheiratete Mutter aufgrund der Ausweise für die Ehefrau hält (ZZW *1978* 228; hinten N 70). Kein offensichtlicher Irrtum im Sinne von Art. 45 Abs. 2 liegt vor, wenn der Zivilstandsbeamte die Voraussetzungen der Vermutung aufgrund des anwendbaren ausländischen Rechts unrichtig beurteilt hat (BGE *76* I 231), von irgendeiner Seite mit einem Widerspruch zu rechnen ist oder die Eintragung den Angaben entspricht, über die der Zivilstandsbeamte verfügte (BGE *101* Ib 12).

Gegen den letztinstanzlichen kantonalen Entscheid, der die Berichtigung 69 anordnet oder verweigert, ist in jedem Fall die Verwaltungsgerichtsbeschwerde zulässig (OG 97, 98 lit. g, VwVG 5, ZStV 20).

B. Der Mangel betrifft das Kindesverhältnis zur Mutter oder deren Ehe

a) Kindesverhältnis zur Mutter

70 – Der Ehemann zeigte dem Zivilstandsbeamten an, seine Frau habe einen Knaben geboren. Dieser wurde als Sohn der Ehegatten eingetragen. Tatsächlich war das Kind von der ledigen Tochter der Ehefrau aus deren ersten Ehe geboren. Da die Ehefrau nicht die Mutter war, galt ihr Ehemann auch nicht als Vater. Die Heimatgemeinde des Ehemannes erwirkte gestützt auf Art. 45 Abs. 1 die Löschung der Eintragung (BGE *50* II 101).
– Zwei Kinder wurden 1972 und 1974 bei ihrer Geburt als eheliche Kinder ihrer Eltern ins Geburtsregister eingetragen. Tatsächlich war der Vater aber mit einer andern Frau verheiratet. Diese Ehe wurde 1975 geschieden. Die Eltern heirateten erst 1976. Die Aufsichtsbehörde ordnete die Berichtigung im Sinne der Eintragung der Kinder als ausserehelicher Kinder ihrer Mutter an. Gleichzeitig wurde der Vater eingeladen, die Kinder anzuerkennen (Uri ZZW *1978* 228).
– Eine ausländische unverheiratete Adlige brachte in der Schweiz ein Kind zur Welt. Um ihr einen Skandal zu ersparen, fand sich ein schweizerisches Ehepaar (gegen Bezahlung!) bereit, das Kind als eigenes Kind im Geburts- und im Familienregister eintragen zu lassen. 30 Jahre später stellte das Gericht auf Klage des Kindes fest, dass es nicht das Kind dieser Ehegatten ist, und ordnete die Löschung der Eintragungen an.
– Ein in der Schweiz verbürgertes und wohnhaftes Ehepaar übernahm in Brasilien ein Findelkind. Um die Vorschriften über die Adoption zu umgehen, wurde für das Kind ein Geburtsschein ausgestellt, worin es als Kind der Eheleute eingetragen war. Gestützt darauf erwirkten sie die Eintragung im Familienregister. Nach Aufdeckung der Unterschiebung wurden sie gemäss StGB 216, 253 bestraft. Die Eintragung wurde im Berichtigungsverfahren gelöscht. Die Eheleute konnten das Kindesverhältnis nur durch Adoption begründen (HEGNAUER ZVW *1982* 131).

b) Ehe

71 – Die in Dänemark geschlossene Ehe der geschiedenen dänischen Mutter und des spanischen Vaters wurde vom spanischen Heimatrecht des Ehemannes und damit zunächst gemäss NAG 7c auch vom schweizerischen Recht nicht anerkannt. Das von der Ehefrau geborene Kind wurde daher als ausserehelich ins Geburtsregister eingetragen. Seit BGE *97* I 389 war die Gültigkeit der Ehe jedoch nach schweizerischem Recht zu beurteilen und hier zu bejahen. Daher wurde als Berichtigung die Eintragung des Ehemannes der Mutter als Vater angeordnet (Aargau ZZW *1975* 116). Ähnlich Basel ZBl *1960* 62.

C. Das nach Auflösung der Ehe geborene Kind

72   a) Ist das Kind *nach Ablauf von 300 Tagen* seit Auflösung der Ehe geboren, so besteht die Vermutung des Art. 255 Abs. 1 nicht und wird der frühere Ehemann nicht als Vater eingetragen. Wird aber festge-

stellt, dass das Kind vor Auflösung der Ehe gezeugt ist, so gilt er als Vater (N 34), und der Richter lässt ihn durch Berichtigung eintragen. Nach AUBERT (161, ebenso BALLENEGGER-CORNAZ 140) ist eine *Feststellungs*klage zu erheben. PIOTET (JT *1975* I 494 mit Hinweisen; SPR IV/1, 558) postuliert zur Verhütung widersprechender Urteile eine *Gestaltungs*klage. Solche sind jedoch kaum zu befürchten. Denn ein schutzwürdiges Interesse an der Feststellung der Vermutung steht neben dem Kind, dem Ehemann und der Mutter nur einem sehr begrenzten Kreis von Personen zu (vgl. AUBERT 161 N 2), wie z. B. dem von einer Vaterschaftsklage bedrohten Dritten oder dem Gemeinwesen, das für das vaterlose Kind aufkommt (Art. 289 Abs. 2). Das Kind und der Ehemann müssten aber in jedem Fall in das Berichtigungsverfahren einbezogen werden.

b) Ist das Kind *vor Ablauf von 300 Tagen* geboren, so gilt die Vermutung, und der frühere Ehemann wird als Vater eingetragen. Wird aber festgestellt, dass das Kind nach Auflösung der Ehe gezeugt worden ist, so entfällt die Vermutung (N 37), und die Eintragung ist durch Löschung des Ehemannes als Vater zu berichtigen (AUBERT 161). Ein schutzwürdiges Interesse an dieser Feststellung besteht nur, wenn der frühere Ehemann nicht der Vater ist (N 37).

Die seit dem 24. Juni 1975 geschiedene Frau gebar am 28. Februar 1976 ein Kind. Da die 300-Tage-Frist seit der Scheidung bis 20. April 1976 lief, wurde der frühere Ehemann als Vater eingetragen. Nach der medizinischen Untersuchung lag jedoch eine Frühgeburt in der 33. Schwangerschaftswoche vor und hatte die Konzeption Ende Juli 1975 stattgefunden. Die Aufsichtsbehörde ordnete als Berichtigung die Löschung der Eintragung des Ehemannes als Vater an (Aargau ZZW *1976* 266 f). Der Entscheid ist materiell richtig, hätte jedoch vom Richter getroffen werden müssen (N 66 ff).

D. Anwendung ausländischen statt schweizerischen Rechts

Das während der Ehe, aber mehr als 300 Tage seit dem Trennungsurteil geborene Kind wird zunächst als eheliches Kind der Mutter und des Ehemannes eingetragen. Berichtigung dieser Eintragung, da nach dem massgebenden ausländischen Recht die Vermutung der Vaterschaft des Ehemannes mit Ablauf von 300 Tagen seit der Trennung erlischt (Luzern ZZW *1975* 56 für Frankreich; Zürich ZZW *1976* 85 für Brasilien).

3. Anordnung der Eintragung durch die Aufsichtsbehörde

Ist das Kind im Ausland geboren, so erfolgt die Eintragung in der Schweiz auf Verfügung der kantonalen Aufsichtsbehörde (ZStV

71, 137). Ebenso wenn eine Geburt in der Schweiz erst nach Ablauf von sechs Monaten angezeigt wird (ZStV 65 Abs. 2). Die Aufsichtsbehörde prüft vorfrageweise, ob die Voraussetzungen der Vermutung gegeben sind. Ihr Entscheid kann ebenfalls ans Bundesgericht weitergezogen werden (N 69).

4. Statusfeststellungsklage

77   Ist das Kind weder in einem schweizerischen Register eingetragen noch in ein solches einzutragen, so kann jeder, der ein Interesse hat, jederzeit Klage auf Feststellung des Bestehens oder Nichtbestehens des Kindesverhältnisses zum Ehemann der Mutter erheben (ZStV 71 Abs. 3, 95 Abs. 3; AUBERT 151 ff). Im gemeinen Recht hiess die positive Feststellungsklage «actio de partu agnoscendo»; sie stand nur der Frau zu (vgl. den Anwendungsfall in: Beiträge zur Kunde und Fortbildung der Zürcherischen Rechtspflege, Band 2, Zürich 1842, 32 ff). Heute kommt sie praktisch nur in Betracht, wenn die Abstammung eines Findelkindes im Strafverfahren nicht eindeutig geklärt werden kann (Art. 252 N 67), oder wenn im Ausland geborene Ausländer nicht imstande sind, Zivilstandsurkunden ihrer Heimat oder ihres Geburtslandes vorzulegen oder diese nicht beweiskräftig sind (ZZW *1983* 281).

V. Entstehung des väterlichen Kindesverhältnisses

78   Die Vermutung des Art. 255 Abs. 1 begründet das Kindesverhältnis zwischen dem Kind und dem Ehemann der Mutter (N 15, 18, Art. 252 Abs. 2). Und zwar entsteht das väterliche Kindesverhältnis *von Gesetzes wegen* zwingend als Reflexwirkung der Ehe der Mutter
– unabhängig davon, ob der Ehemann das Kind tatsächlich gezeugt hat oder auch nur gezeugt haben kann, und
– unabhängig vom Willen des Ehemannes, der Mutter, des Kindes und des allfälligen dritten Erzeugers, also auch wenn dieser das Kind schon vor der Geburt anerkannt hat (N 53; BGE *108* II 347). Eine Anerkennung durch den Ehemann ist ebensowenig nötig wie eine Zustimmung der Mutter.

Das Kindesverhältnis entsteht auch, wenn die Ehe nur geschlossen wurde, damit das Kind der Vermutung teilhaftig werde (ZBl *1941* 357).

Sind die Voraussetzungen (N 21 ff) gegeben, so kann die Vermutung nur 79
durch *Anfechtungsurteil* beseitigt werden (Art. 256 N 7).

Das väterliche Kindesverhältnis entsteht aufgrund der Vermutung des 80
Art. 255 Abs. 1 mit der *Geburt,* also gleichzeitig mit dem mütterlichen Kindesverhältnis. Die Geburt begründet damit ein *gemeinsames* Kindesverhältnis zu beiden Eltern (Art. 252 N 22). Dieses bestimmt den Erwerb des Familiennamens (Art. 270 Abs. 1) und des Bürgerrechts (Art. 271 Abs. 1) und bildet, solange die Ehe besteht, die Grundlage für die Erfüllung der elterlichen Unterhaltspflicht (Art. 278 Abs. 1) und für die Ausübung der elterlichen Gewalt (Art. 297 Abs. 1).

Auflösung der Ehe berührt den Bestand des Kindesverhältnisses nicht, be- 81
einflusst aber dessen Wirkungen. Ist der Ehemann gestorben, so obliegt die Unterhaltspflicht der Mutter allein (VA Art. 272 N 18, HEGNAUER, Kindesrecht 111) und steht die elterliche Gewalt der Mutter allein zu (Art. 297 Abs. 3). Wird die Ehe geschieden oder ungültig erklärt, so sind die Elternrechte und -pflichten nach Art. 156 zu regeln. Weiss der Richter zur Zeit der Scheidung, dass die Ehefrau schwanger ist, so hat er das von Amtes wegen zu tun, auch wenn sie zugibt, dass der Ehemann nicht der Vater ist (BERTOSSA SJ *1980* 18). Ist das im Scheidungsurteil nicht geschehen, so hat der Richter dieses auf Klage der Vormundschaftsbehörde oder eines Elternteils in einem Nachverfahren zu ergänzen (BÜHLER/SPÜHLER Art. 156 N 19; Art. 157 N 52 ff; VA Art. 252 N 22; BERTOSSA SJ *1980* 18). Namentlich die Festsetzung von Unterhaltsbeiträgen mag dem Ehemann die Wirkung der Vermutung und die Notwendigkeit der (rechtzeitigen) Anfechtung bewusst machen (BERTOSSA SJ *1980* 20). Vgl. aber Art. 256 N 121.

Fehlen die Voraussetzungen der Vermutung, so kann das väterliche Kindes- 82
verhältnis zum Erzeuger nur durch Anerkennung oder Vaterschaftsurteil begründet werden (N 18). Der direkte Beweis der Vaterschaft des Ehemannes kommt nur in Betracht im Vaterschaftsprozess gegen den Ehemann, der die Mutter *nach* der Geburt geheiratet hat (N 13, Art. 259 N 26).

VI. Intertemporales Recht

Die Entstehung des Kindesverhältnisses steht seit 1. Ja- 83
nuar 1978 unter dem neuen Recht (SchlT 12 Abs. 1 Satz 1; hinten S. 679). Art. 255 ist daher auch auf Personen anzuwenden, die unter dem früheren Recht geboren wurden, aber am 1. Januar 1978 noch lebten. Indessen stellen

sich praktisch keine übergangsrechtliche Fragen. Denn die Revision von 1976 hat die Voraussetzungen der Vermutung (aArt. 252) nicht verändert. Die neuen Bestimmungen Art. 255 Abs. 2 und 3, Art. 257 kodifizieren lediglich die herrschende Doktrin zu drei Sonderfragen (VA Art. 252 N 25, 25a, 25b, 20, 26ff). Zum Übergang vom kantonalen Recht zu aArt. 252 vgl. VA Art. 252 N 35.

VII. Internationales Recht

84 Staatsvertragliche Normen fehlen. Massgebend ist daher das autonome Kollisionsrecht, bis 1. Januar 1978 NAG 8 und 32, seither NAG 8e (S. 682). Für die intertemporale Geltung dieser Bestimmung sind SchlT 1, 2, 3 und 12 massgebend (vgl. BGE *96* II 11, VPB *1979* Nr. 5, *1980* Nr. 48 E. 1, Nr. 49 E. 6a). Zum früheren Recht vgl. VA Art. 252 N 36–40, SJZ *1973* 122 Nr. 77 = ZR *1972* Nr. 89.

1. Recht des Wohnsitzes

85 Haben beide Eltern und das Kind ihren Wohnsitz im nämlichen Land, so ist das Recht dieses Landes anwendbar (NAG 8e Abs. 1 Ziff. 1). Nicht erforderlich ist, dass sie im gleichen Haushalt oder in der gleichen Gemeinde wohnen. Zum Wohnsitz vgl. Art. 253 N 17ff. Gemeint ist aber der tatsächliche Wohnsitz und nicht ein abgeleiteter im Sinne von Art. 25 (A. BUCHER ZZW *1977* 325 = SA 4*; KNÖPFLER, Revue critique de droit international privé *1981* 307f; vgl. auch BGE *89* I 303, *94* I 235; vgl. E/IPRG 19 Abs. 2). Massgebend ist der Wohnsitz des Ehemannes der Mutter, nicht der des Erzeugers. Nach E/IPRG 66 Abs. 1 unterstehen die Entstehung des Kindesverhältnisses sowie dessen Feststellung und Anfechtung dem Recht am gewöhnlichen Aufenthalt des Kindes. Dabei ist der Zeitpunkt der Geburt massgebend; bei gerichtlicher Feststellung oder Anfechtung jedoch der Zeitpunkt der Klageerhebung, wenn ein überwiegendes Interesse des Kindes es rechtfertigt (E/IPRG 67).

Beispiele:
86 Die Ehegatten sind Italiener mit Wohnsitz in der Schweiz. Die Frau bringt nach Ablauf von 300 Tagen seit dem Trennungsurteil ein Kind zur Welt, das sie von einem Schweizer empfangen hat. Nach NAG 8e Abs. 1 Ziff. 1 ist schweizerisches Recht anwendbar. Demgemäss gilt der Ehemann als Vater (Art. 255 Abs. 1). Die Vermutung muss durch Anfechtungsurteil beseitigt werden, damit der Erzeuger das Kind anerkennen kann (ZZW *1979* 41).

Ist bei im übrigen gleicher Situation die Ehefrau aber Schweizerin und wohnen beide Ehegatten 87
in Italien, so ist italienisches Recht anwendbar. Danach gilt die Vermutung nicht (CCit 232
Abs. 2). Das Kind kann in der Schweiz am Heimatort des Anerkennenden oder der Mutter oder
am schweizerischen Geburtsort ohne vorherige Anfechtung der Vermutung anerkannt werden
(ZZW *1979* 320).

Die schweizerischen Ehegatten leben zur Zeit der Geburt des Kindes getrennt in Frankreich. 87a
Die Frau lässt das Kind ohne Nennung des Ehemannes registrieren (vgl. N 3 a. E.). Die Vermutung ist gemäss CCfr 313-1 nicht anwendbar. Das Kind wird im schweizerischen Familienregister nur auf dem Blatt der geschiedenen Mutter eingetragen (NABHOLZ ZZW *1983* 283). Vgl. auch den unter dem früheren Recht (NAG 8) entschiedenen Fall Zbl *1948* 228.

2. Recht der Heimat

Gehören beide Eltern und das Kind dem gleichen Staat 88
an, so ist dessen Recht anwendbar (NAG 8e Abs. 1 Ziff. 2). Auch hier ist das
Heimatrecht des Ehemannes, nicht das des Erzeugers massgebend. Anwendbar ist das Sachrecht der Heimat, nicht das Recht eines andern Landes, auf das das Kollisionsrecht der Heimat verweist (A. BUCHER ZZW *1977*
325 N 10 = SA 4*; STURM, Standesamt *1979* 190; BBl *1974* II 108, 136). Haben die drei Personen eine mehrfache Staatsangehörigkeit, so ist, wenn die
Heimatrechte nicht übereinstimmen, an die effektive Staatsangehörigkeit
anzuknüpfen, und zwar in erster Linie an das Recht des Heimatstaates, in
dem Wohnsitz eines oder zwei der drei Beteiligten besteht oder bestanden
hat, in zweiter Linie an das Recht des Heimatstaates, in dem Aufenthalt besteht oder bestanden hat (vgl. dazu SIEHR, in: BÖHMER/SIEHR 1.4.3.1). NAG
8e Abs. 1 Ziff. 2 ist nicht anwendbar, wenn einer der Beteiligten ausser der
gemeinsamen noch eine weitere nichtgemeinsame Staatsangehörigkeit besitzt und diese für ihn die effektive ist. Nach E/IPRG 66 Abs. 2 ist, wenn
weder die Mutter noch der Vater Wohnsitz im Staat des gewöhnlichen Aufenthaltes des Kindes haben, die Eltern und das Kind aber den gleichen
Staat angehören, ihr gemeinsames Heimatrecht anzuwenden.

Beispiel:
Vgl. Beispiel N 86. Der Ehemann hat aber Wohnsitz in Italien. Anwend- 89
bar ist italienisches Recht. Die Vermutung gilt nicht (CCit 232 Abs. 2). Der Erzeuger kann das
Kind anerkennen, ohne dass ein Anfechtungsprozess nötig wäre.

3. Schweizerisches Recht

Mangels eines Wohnsitzes im gleichen Land oder eines ge- 90
meinsamen Heimatrechtes ist schweizerisches Recht anwendbar (NAG 8e
Abs. 1 Ziff. 3). Das gilt auch, wenn der Richter des schweizerischen Heimatortes gemäss NAG 8d Abs. 2 zuständig ist.

4. Ausweichklausel

91 Überwiegt gegenüber dem Land, dessen Recht nach NAG 8e Abs. 1 anwendbar wäre, der Zusammenhang mit einem andern Land, so ist das Recht dieses Landes anwendbar (Abs. 3). In der Annahme eines überwiegenden Zusammenhanges ist Zurückhaltung geboten (A. BUCHER ZZW *1977* 325/326 = SA 5*). Vgl. dazu auch Art. 253 N 66; BGE *107* II 209. Ist der Ehemann ins Ausland verschwunden, haben aber er, die Mutter und das Kind die gleiche Staatsangehörigkeit, so ist gemäss NAG 8e Abs. 1 Ziff. 2 das gemeinsame Heimatrecht anzuwenden. Das befriedigt nicht, wenn nach dem ausländischen Heimatrecht die Anfechtung nicht möglich ist. Die Tatsache, dass der Ehemann sich um das Kind nicht kümmert, lässt aber die Bedeutung des gemeinsamen Heimatrechts in den Hintergrund treten und rechtfertigt es, stattdessen das Recht des gemeinsamen Wohnsitzes von Mutter und Kind (und oft auch des leiblichen Vaters) anzuwenden (vgl. dazu SIEHR SJZ *1982* 176f). Weiter gehen in der Annahme des überwiegenden Zusammenhanges BBl *1974* II 108; A. BUCHER ZZW *1977* 326 = SA 5*; LALIVE/BUCHER, Jahrbuch für intern. Recht *18* 1982 313 ff mit Hinweisen. Der E/IPRG enthält nur die allgemeine Ausnahmeklausel, Art. 14 Abs. 1.

5. Vorfragen

92 Getrennt anzuknüpfende Vorfragen (vgl. dazu SIEHR, in: BÖHMER/SIEHR 1.7.3) sind
– das Kindesverhältnis zur Mutter (vgl. Art. 252 N 34ff),
– die Ehe der Mutter (vgl. dazu NAG 7c, 7f; KELLER, Rechtsprechung I 30ff; NABHOLZ ZZW *1978* 263),
– die Auflösung der Ehe der Mutter (vgl. dazu NAG 7g; KELLER, Rechtsprechung I 163 ff; BGE *102* Ib 1, *105* II 1; Beispiel N 71).

93 Muss bei der Beurteilung des Unterhaltsanspruchs des Kindes (Art. 276 Abs. 1) vorfrageweise entschieden werden, ob ein Kindesverhältnis zum Ehemann nach Art. 255 bestehe, kann alternativ selbständig angeknüpft werden (s. Art. 260 N 195 mit Hinweisen und Art. 261 N 117–119).

6. Ordre public

94 Die Anwendung des ausländischen Rechts kann dazu führen, dass das Kindesverhältnis zwischen dem Kind einer verheirateten Frau

und ihrem Ehemann nicht entsteht, weil die Ehe getrennt ist (vgl. N 87, 89). Dieses Ergebnis verstösst nicht gegen den schweizerischen ordre public (vgl. auch Art. 255 Abs. 2; NABHOLZ/SIEGENTHALER ZZW *1980* 173).

Ebenso verhält es sich, wenn ein Kindesverhältnis zum Ehemann der Mutter nicht zustande kommt, weil die Mutter nach dem anwendbaren ausländischen Recht ihre Eintragung im Geburtsregister ablehnt (Art. 252 N 4) oder ein anderer Mann anerkennt, bevor eine Geburtsurkunde für ein eheliches Kind ausgestellt wird (ZZW *1979* 297; VPB *1980* Nr. 108 E. 3). 95

7. Widersprüchliche Ergebnisse

Die Vermutung der Vaterschaft des Ehemannes kann nach der einen Rechtsordnung gegeben sein, nach der andern nicht (BGE 97 I 411). 96

Die Ehe einer Schweizerin und eines Italieners wurde 1965 in der Schweiz geschieden. Später kehrte die Frau zu ihrem geschiedenen Gatten nach Italien zurück und gebar ihm drei Kinder. Nach schweizerischem Recht ist die Scheidung gültig und sind die drei Kinder ausserhalb der Ehe geboren. Das damalige italienische Recht anerkannte die Scheidung jedoch nicht. Demzufolge gelten die drei Kinder nach italienischem Recht als in der Ehe geboren, und sie wurden unter dem Namen des (früheren) Ehemannes in die italienischen Register eingetragen. Der Widerspruch lässt sich hier dadurch überbrücken, dass die Eintragung in die italienischen Register von der Schweiz als Anerkennung gewertet wird (VPB *1980* Nr. 47). Vgl. auch ZVW *1971* 54 Nr. 12 = SJZ *1972* 361 Nr. 217.

VIII. Kritik

Fragwürdig erscheint die Fortdauer der Vermutung bei Zeugung nach Aufhebung des gemeinsamen Haushaltes. (Vgl. das drastische Beispiel einer nach langem Getrenntleben sinnlosen Vermutung bei Tschechow, Erzählung eines Unbekannten, in: Späte Erzählungen 1893–1903.) Bis in die zweite Hälfte des 18. Jahrhunderts galt in diesem Fall die Vermutung nicht (SANDMEIER 115; vgl. auch HUBER I 403 f). ROY (ZZW *1976* 17) schlägt vor, wie in Frankreich und Italien (vgl. N 3) die Vermutung auch mit Ablauf von 300 Tagen seit dem Trennungsurteil erlöschen zu lassen. Nach NEUHAUS (234) sollten Geburten nach der Scheidung überhaupt nicht mehr der Vermutung unterstehen. Vgl. dazu immerhin die erleichterte Anfechtung gemäss Art. 256b Abs. 1 (dazu Art. 256a/256b N 10 ff) und die Priorität der Vermutung aus der zweiten Ehe der Mutter gemäss Art. 257 Abs. 1 (dort N 14). 97

Schweiz

Jahre	Lebendgeborene Ehelich			Ausserehelich				Im ganzen	Schweizer	Ausländer	Ausländer von 1000 Lebendgeborene	Ausserehelich-che	Totgeborene Total	Auf 1000 Geborene	Ausserehelich von 1000 Totgeborenen
	Schweizer	Ausländer	Total	Schweizer	Ausländer	Total	Ausserehelichenziffer*								
	1	2	3	4	5	6	7	8	9	10	11	12	13	14	15
1930	63 529	3 268	66 797	2 537	518	3 058	44	69 855	66 066	3 786	54	170	1 695	24	65
1940	59 517	2 139	61 656	2 280	179	2 459	38	64 115	61 797	2 318	36	73	1 342	21	68
1950	79 182	2 378	81 560	2 805	411	3 216	38	84 776	81 987	2 789	33	128	1 448	17	64
1960	80 425	10 337	90 762	2 579	1 031	3 610	38	94 372	83 004	11 368	120	286	1 089	12	79
1964¹	82 294	25 863	108 157	3 426	1 307	4 733	42	112 890	85 720	27 170	241	276	1 277	11	78
1970	66 666	28 804	95 470	2 863	883	3 746	38	99 216	69 529	29 687	299	236	886	9	71
1973	57 660	26 527	84 187	2 537	794	3 331	38	87 518	60 197	27 321	312	238	665	8	75
1974	55 599	25 820	81 419	2 354	734	3 088	37	84 507	57 953	26 554	314	238	603	7	66
1975	53 017	22 520	75 537	2 280	647	2 927	37	78 464	55 297	23 167	295	221	566	7	85
1976	52 410	18 979	71 389	2 218	592	2 810	38	74 199	54 628	19 571	264	211	536	7	76
1977	52 604	17 415	70 019	2 234	576	2 810	39	72 829	54 838	17 991	247	205	423	6	92
1978	55 399	13 055	68 454	2 369	552	2 921	41	71 375	57 768	13 607	191	189	435	6	62
1979	57 496	11 300	68 796	2 563	627	3 190	44	71 986	60 059	11 927	166	197	412	6	83
1980	58 826	11 339	70 165	2 842	654	3 496	47	73 661	61 668	11 993	163	187	361	5	80
1981	58 574	11 372	69 946	3 037	764	3 801	52	73 747	61 611	12 136	165	201	373	5	115
1982	59 104	11 658	70 762	3 353	801	4 154	55	74 916	62 457	12 459	166	193	366	5	104

Auf Grund des Statistischen Jahrbuchs der Schweiz *1983* 86–88.
* Ausserehelich Lebendgeborene auf 1000 Lebendgeborene.
¹ Jahr mit der höchsten Geburtenzahl

IX. Statistik

Aus Rubrik 8 (Tabelle N 98) sind die starken Schwankungen der Zahlen der Lebendgeburten zwischen 1930 und 1982 abzulesen: starker Anstieg bis 1964, starke Abnahme bis 1978, seither langsamer Anstieg. 99

Die Rubriken 1–7 zeigen: 100
- das starke Überwiegen der ehelichen Geburten über die ausserehelichen (vgl. namentlich R.3 und 6);
- die hohe Konstanz der Anteile zwischen 1930 und 1982 (vgl. auch VA Art.252 N 3 a.E);
- den langsamen Anstieg des Anteils der ausserehelichen Geburten seit Mitte der siebziger Jahre; er dürfte vor allem auf die Ausbreitung des Konkubinates zurückzuführen sein.

Aus den Rubriken 10 und 11 ist die starke absolute und relative Zunahme der Ausländergeburten ersichtlich. Der Ausländeranteil an den ausserehelichen Geburten ist 1930–1964 und seit 1979 grösser und 1965–1978 kleiner als der Ausländeranteil an den Geburten überhaupt (R.11 und 12). 101

Die Rubriken 13/14 belegen den starken absoluten und relativen Rückgang der Totgeburten. Der Vergleich der Rubriken 7 und 15 zeigt die viel höhere relative Häufigkeit der ausserehelichen Totgeburten gegenüber den ausserehelichen Lebendgeburten. 102

Die Tabelle (N 104) zeigt: 103
- Die Ausserehelichenziffer weist in den elf Ländern auffallend grosse Unterschiede auf.
- Sie nimmt in den elf Ländern zu.
- Soweit Angaben vorliegen, sind unter den Totgeburten die ausserehelichen Geburten häufiger als unter den Lebendgeburten.

104 *Ausland* Ausserehliche auf 1000 Geburten
(L = Lebendgeburten, T = Totgeburten)

	Bundesrepublik Deutschland	Deutsche Demokr. Republik		Frankreich	Grossbritannien	Italien		Liechtenstein	Niederlande		Österreich	Schweden		Schweiz		USA
	L	L	T	L	L	L	T	L	L	T	L	L	T	L	T	L
1930	120				83				18			164		44	65	
1940				68	46				14			118		38	68	35
1950	97	150	128	70	50	34		36	15	19	183	98	108	38	64	40
1960	61	89	114	61	52	24	31	37	13		130	113		38	79	53
1970	55	84	113	71	82	22	32	45	21	28	128	184	194	38	71	107
1973	63	93	156	82	86	25	34	50	19		137	284	313	38	75	130
1974	63	94	163	87	89	26	31	68	20		138	314	322	37	66	132
1975	61	91	161	85	91	29	40	36	21	36	135	324	397	37	85	142
1976	63	101	162	85	92	31	44	40	25		138	332	345	38	76	148
1977	65	100	158	88	97	35	52	61	27	37	142	347	395	39	92	155
1978	70	108	173	94	101	39	51	35	31	49	148	359	400	41	62	163
1979	71	104	196	103	108	39	51	49	34	60	165	375	425	44	83	171
1980	76	115	228	114	117	41	41	53			178	397	420	47	80	
1981	79	113	–	–	127	47	54	92			194	412	445	52	115	
1982	85	–	–	–				47			216	420	436	55	104	

Tabelle aufgrund des Demographic Yearbook (UNO) und nationaler Statistischer Jahrbücher. Für verschiedene Länder konnten nur die Lebendgeburten erfasst werden.

Art. 256

B. Anfechtung
I. Klagerecht

[1] **Die Vermutung der Vaterschaft kann beim Richter angefochten werden:**
1. vom Ehemann;
2. vom Kind, wenn während seiner Unmündigkeit der gemeinsame Haushalt der Ehegatten aufgehört hat.

[2] Die Klage des Ehemannes richtet sich gegen das Kind und die Mutter, die Klage des Kindes gegen den Ehemann und die Mutter.

[3] Der Ehemann hat keine Klage, wenn er der Zeugung durch einen Dritten zugestimmt hat.

B. Désaveu
I. Qualité pour agir

[1] La présomption de paternité peut être attaquée devant le juge:
1. Par le mari;

2. Par l'enfant, si la vie commune des époux a pris fin pendant sa minorité.

² L'action du mari est intentée contre l'enfant et la mère, celle de l'enfant contre le mari et la mère.

³ Le mari ne peut intenter l'action s'il a consenti à la conception par le fait d'un tiers.

B. Contestazione
I. Diritto all'azione

¹ La presunzione di paternità può essere contestata giudizialmente:
1. dal marito;
2. dal figlio, se la comunione domestica dei coniugi è cessata durante la sua minore età.

² L'azione del marito è diretta contro il figlio e la madre, quella del figlio contro il marito e la madre.

³ L'azione è improponibile per il marito che ha consentito al concepimento da parte di un terzo.

Übersicht		Note	Seite
	Materialien	1	160
	Literatur	2	160
	Rechtsvergleichung	3	161
	Rechtsgeschichte	4	161
	Textgeschichte	5	162
I.	*Anfechtungsklage*		162
	1. Funktion	6	162
	2. Ausschliesslichkeit der Anfechtungsklage	7	162
	3. Voraussetzungen der Klage	9	163
	4. Gegenstand und Natur der Klage	16	165
	5. Untergang des Klagerechts	18	165
	6. Gerichtsstand	24	165
	7. Verfahren	25	165
	8. Unentgeltliche Prozessführung	26	166
	9. Vorsorgliche Massnahmen	29	166
	10. Klagegrund	32	167
	11. Klagefrist	33	167
II.	*Klage des Ehemannes*		167
	1. Klagerecht	34	167
	2. Ausschluss der Klage	39	168
III.	*Klage des Kindes*		171
	1. Klagerecht	51	171
	2. Voraussetzungen	57	172
	3. Ausübung des Klagerechts	69	175
IV.	*Kein Klagerecht Dritter*	76	177

		Note	Seite
V.	*Beklagte*		178
	1. Partner des Kindesverhältnisses	80	178
	2. Mutter	82	178
	3. Notwendige Streitgenossenschaft	83	178
	4. Tod eines Beklagten	87	179
	5. Vertretung des handlungsunfähigen Beklagten	90	180
	6. Nebenintervention	93	180
VI.	*Prozesserledigung*		181
	1. Beschränkung der Parteidisposition	94	181
	2. Abweisung der Klage	98	181
	3. Gutheissung der Klage	99	181
	4. Kosten	103	182
	5. Rechtsmittel	104	182
VII.	*Mitteilung und Eintragung*		182
	1. Mitteilung	107	182
	2. Eintragung	109	183
VIII.	*Wirkungen der Aufhebung des Kindesverhältnisses*		183
	1. Für das Kind	112	183
	2. Für den Ehemann	120	185
IX.	*Intertemporales Recht*	135	188
X.	*Internationales Recht*	137	189
	1. Zuständigkeit	139	189
	2. Anwendbares Recht	140	189
	3. Anerkennung ausländischer Entscheidungen	141	189
XI.	*Kritik*	143	190

1 Materialien   aArt. 253; BBl *1974* II 29f; E 256; AmtlBullStR *1975* 116f; NR *1975,* 1753; Resolutions-Entwurf des Europarates über die künstliche Insemination, vom 5.3.1979 Art. 3.7; Medizinisch-ethische Richtlinien für die artifizielle Insemination (S. 715), Ziff. 2, 5.

2 Literatur   Siehe Art. 255 N 2, sowie BAUMANN WERNER, Die höchstpersönlichen Rechte des Bevormundeten, ZVW *1956* 1; DEGOUMOIS VALY, L'évolution de la jurisprudence en matière de filiation paternelle et la protection de l'enfant né hors mariage, in: Fg zur Hundertjahrfeier des Bundesgerichts, Basel 1975 315ff; ENGEL SIEGFRIED, Der Rückgriff des Scheinvaters wegen Unterhaltsleistungen, Berlin/München 1974; GROSSEN JACQUES-MICHEL, La protection de la personnalité en droit privé, ZSR *1960* II 1a; GRÜNKORN MATTHIAS, Die Frist zur Anfechtung der Ehelichkeit, Diss. Göttingen 1978 (Europäische Hochschulschriften II/196, Frankfurt a.M. 1978); HEGNAUER CYRIL, Fragen aus dem neuen Adoptionsrecht, SJZ *1976* 201; *derselbe,* Vom zweifachen Grund des Kindesverhältnisses, ZSR

1971 I 5; derselbe, Zur Anfechtung der Vermutung der Vaterschaft des Ehemannes, ZVW *1984* 53; JÄGGI P., Fragen des privatrechtlichen Schutzes der Persönlichkeit, ZSR *1960* II 133a; KNOEPFLER FRANÇOIS, Action en désaveu de paternité intentée par l'enfant étranger, une jurisprudence contra legem?, SJZ *1973* 52; LALIVE PIERRE A., Jurisprudence de droit international privé, JIR *1961* ff; NORDMANN PIERRE, Droit de l'enfant de demander son propre désaveu (CCS 253), SJZ *1963* 302; PFENNINGER H.F., Ist künstliche Befruchtung strafbar?, SJZ *1945* 144; PIOTET PAUL, Les décisions préjudicielles de droit civil dans les jugements pénaux, JT *1960* IV 130; REUSSER RUTH, Unterhaltspflicht, Unterstützungspflicht, Kindesvermögen, in: Das neue Kindesrecht, Bern 1978; RITSCHARD MATTHIAS, Klage auf Anfechtung der Ehelichkeit, intertemporales Recht. SJZ *1982* 242; SONDER MARIANNE, Die «Heirat der Eltern» nach Art. 259 ZGB, Diss. Freiburg 1982; STAUFFER WILHELM, Praxis zum NAG, Zürich 1973, Nachtrag Zürich 1977; STURM FRITZ, Wann werden Schweizer Vaterschaftsanfechtungsurteile in der Bundesrepublik Deutschland anerkannt?, in: Liber Amicorum Adolf F. Schnitzer, Memoires publiés par la Faculté de Droit de Genève, Genève 1979 455 (zit. FS Schnitzer); VOGEL OSCAR, Probleme des vorsorglichen Rechtsschutzes, SJZ *1980* 89; WAIBLINGER MAX, Begriff und Ausübung der Anfechtungsrechte im schweizerischen Privatrecht, unter besonderer Berücksichtigung des ehelichen Kindesverhältnisses, Diss. Bern 1928.

Rechtsvergleichung   Auch in den Nachbarstaaten kann die Vermutung nur durch Anfech- 3
tungsurteil umgestossen werden. Allgemein ist zur Anfechtung der Ehemann berechtigt (CCfr 312, 314, CCit 244; ABGB 156, BGB 1594). Ist er urteilsunfähig, so kann nach ABGB 157, BGB 1595 sein gesetzlicher Vertreter klagen. Die Anfechtung steht nach BGB 1596 und CCit 235, 244 auch dem Kind und nach CCit 235, 244 und CCfr 318 der Mutter zu, nach der letztgenannten Bestimmung jedoch nur, wenn das Kind durch Heirat der Mutter mit dem Vater legitimiert wird. Nach ABGB 156 kann der Staatsanwalt im Interesse des Kindes anfechten. Für die Anfechtung durch die Angehörigen des Ehemannes vgl. Art. 258 N 3; DUTOIT 4; KRAUSE sec. 36; NABHOLZ ZZW *1977* 249 f.
Nach Common Law kann dagegen jeder, der ein Interesse hat, jederzeit in jedem Verfahren die Vermutung bestreiten; vgl. KRAUSE sec. 36; BALLENEGGER-CORNAZ 36, 87, 116, 144; FamRZ *1963* 458; Shakespeare, King John I 1.

Rechtsgeschichte   War nach früherem Recht jeder, der ein Interesse hat, befugt, die Ehelich- 4
keit des Kindes zu bestreiten, so kennen die kantonalen Kodifikationen des 19. Jahrhunderts nur ein Anfechtungsrecht des Ehemannes (SANDMEIER 118 ff; HUBER I 398 ff; vgl. auch LEINEWEBER). Einzelne Kantone schlossen die Anfechtung aus, wenn der Ehemann das Kind anerkannt, die Geburt unter seinem Familiennamen angezeigt oder die Taufe angeordnet hatte (HUBER I 400). Auch aArt. 253 gab die Klage nur dem Ehemann. Das von der Doktrin und der kantonalen Rechtsprechung unter Annahme einer Gesetzeslücke bejahte Anfechtungsrecht des Kindes wurde erst 1962 vom Bundesgericht anerkannt (VA Art. 253 N 7 ff; SJZ *1960* 206 Nr. 85, 329 Nr. 123 = ZR *1960* Nr. 115; BGE *88* II 477; BJM *1967* 130; SJZ *1969* 374 Nr. 206 = ZR *1969* Nr. 72).

5 Textgeschichte Art. 256 Abs. 1 und 2 entsprechen unter Weglassung der Klagefrist (vgl. Art. 256c) den beiden Absätzen von aArt. 253 (hinten S. 661). Neu sind der Randtitel, Abs. 1 Ziff. 2 (Klagerecht des Kindes), in Abs. 2 die Umschreibung der Beklagten bei der Klage des Kindes, sowie Abs. 3 (Ausschluss der Klage). In den parlamentarischen Kommissionen wurden namentlich die Voraussetzung der Klage des Kindes und der Ausschluss der Klage der Mutter erörtert. Verlangte der Entwurf in Abs. 1 Ziff. 2, dass die Ehegatten den gemeinsamen Haushalt aufge*hoben* haben, so genügt nach dem Gesetz, dass dieser aufge*hört* hat. Im übrigen stimmt der Artikel mit dem Entwurf überein.

I. Die Anfechtungsklage

1. Funktion

6   Die Anfechtungsklage gemäss Art. 256 ff bezweckt, das durch die Vermutung des Art. 255 begründete Kindesverhältnis zum Ehemann der Mutter zu beseitigen, wenn er tatsächlich nicht der Erzeuger des Kindes ist. Die unwahre Vermutung ist im Gegensatz zur Vermutung, deren Voraussetzungen nicht erfüllt sind (Art. 255 N 62), nicht nichtig, sondern nur *vernichtbar* (Art. 255 N 61).

2. Ausschliesslichkeit der Anfechtungsklage

7   Das durch die Vermutung des Art. 255 begründete väterliche Kindesverhältnis kann nur im Anfechtungsprozess gemäss Art. 256 ff aufgehoben werden (BGE *49* I 29), dagegen nicht
– durch Verzichterklärung des Kindes;
– durch gerichtliche oder aussergerichtliche Vereinbarung (BGE *65* I 156);
– durch Eintragung Dritter als Eltern in die Zivilstandsregister (vgl. BGE *50* II 101);
– durch Statusfeststellungsurteil (BGE *82* II 177);
– durch Berichtigungsentscheid gemäss Art. 45 (ZR *1916* Nr. 27; *1921* Nr. 150; vgl. hiezu allerdings die Erweiterung und die Einschränkung der Vermutung, Art. 255 N 72, 73);
– durch Abkürzung der Wartefrist des Art. 103 (Art. 255 N 32; ZZW *1982* 195);
– durch Auflösung oder Ungültigerklärung der Ehe (Art. 255 N 81).
Vorbehalten bleiben lediglich das nachträgliche Dahinfallen der Vermutung

bei Verschollenerklärung des Ehemannes (Art. 255 Abs. 3, dort N 40, 57) und das Erlöschen des Kindesverhältnisses infolge Adoption (Art. 267 Abs. 2).

Die Vaterschaft des Ehemannes darf auch *nicht vorfrageweise* in einem andern Verfahren überprüft werden, wie etwa 8
- bei der Eintragung ins Geburts- und Familienregister (Art. 255 N 47, 48) und der Ausstellung von Auszügen aus den Zivilstandsregistern oder von andern Ausweisen (ZStV 138);
- beim Entscheid über die Elternrechte und -pflichten bei Aufhebung des gemeinsamen Haushaltes oder Scheidung (Art. 145, 156), die Festsetzung des persönlichen Verkehrs (Art. 275), die Unterhaltspflicht (Art. 279), die Verwandtenunterstützungspflicht (Art. 328/329), das gesetzliche Erbrecht der Verwandten (Art. 457 ff) und darüber hinaus allgemein bei der Anwendung jeder andern Norm des privaten oder öffentlichen Rechts, deren Tatbestand unmittelbar oder mittelbar an das Kindesverhältnis anknüpft;
- beim Entscheid über eine Klage der Eltern wegen Verletzung in den persönlichen Verhältnissen begangen durch die Behauptung eines Dritten, er sei der leibliche Vater eines ihrer Kinder (BGE *108* II 344);
- im Strafverfahren, wenn das Kindesverhältnis für die Strafbarkeit (vgl. z. B. StGB 213, 217; BGE *86* IV 180), die Strafverfolgung (z. B. StGB 137 Ziff. 3) oder den Strafrahmen (z. B. StGB 191 Ziff. 1 Abs. 2, 308 Abs. 2) bedeutsam ist (vgl. PIOTET JT *1960* IV 136).

3. Voraussetzungen der Klage

A. Vermutung

Die Anfechtungsklage richtet sich gegen die Vermutungs- 9 *folge:* die Vaterschaft des Ehemannes. Sie setzt somit voraus, dass die Vermutungs*basis* gegeben ist.

Diese wird zunächst für Schweizer durch den Personenstandsausweis und 10 für Ausländer durch den Geburtsschein oder einen Ausweis ihrer Heimat bewiesen (Art. 9 Abs. 1, ZStV 28).

Die Klage ist aber auch zulässig, wenn das Kind unrichtigerweise als von einer unverheirateten Mutter geboren eingetragen ist (ZBJV *1935* 243; *1950* 531), tatsächlich aber unter die Vermutung des Art. 255 fällt. Die Beurteilung der Klage setzt keine Berichtigung der Eintragung voraus. Diese ist aber nachzuholen.

11 *Fehlt* eine Voraussetzung der Vermutung (Art. 255 N 21 ff), so besteht die Vermutung nicht, und die Anfechtungsklage ist *unzulässig*. Sie ist abzuweisen oder, nach verbreitetem Sprachgebrauch, es ist auf sie nicht einzutreten. Um den Eindruck zu vermeiden, der Beweis der Nichtvaterschaft (Art. 256 a) sei misslungen, sollte das Dispositiv auf Abweisung wegen *Unzulässigkeit* lauten. Auch ist die Berichtigung einer allfälligen unrichtigen Eintragung im Geburts- und Familienregister anzuordnen (ZStV 50 Abs. 2 und 3).

12 Die Anfechtungsklage ist sodann unzulässig, wenn das durch die Vermutung begründete väterliche Kindesverhältnis infolge *Adoption* erloschen ist (Art. 267 Abs. 2, dort N 20). Das ist der Fall, wenn das Kind von Ehegatten (Art. 264a Abs. 1), vom Stiefvater (Art. 264a Abs. 3) oder von einer Einzelperson (Art. 264b) adoptiert worden ist.

13 Die Anfechtung ist aber auch ausgeschlossen, wenn das Kind durch die Stiefmutter adoptiert worden ist (Art. 264a Abs. 3). Zwar ersetzt die Adoption hier nur das mütterliche Kindesverhältnis (Art. 267 Abs. 2 Satz 2). Sie begründet aber zwischen der Adoptivmutter und dem Vater ein gemeinsames Kindesverhältnis (Art. 267 N 8; HEGNAUER SJZ *1976* 207). Das durch die Vermutung nach Art. 255 entstandene Kindesverhältnis zum Ehemann ist notwendige Grundlage der Adoption durch die Stiefmutter. Diese Grundlage darf ihr nicht nachträglich durch Anfechtung der Vermutung entzogen werden. Die Adoption durch die Stiefmutter entrückt daher diese Vermutung der Anfechtung (Art. 267 N 21).

B. Lebendgeburt des Kindes

14 Kommt das Kind tot zur Welt, so wird es – ohne Vornamen – im Geburtsregister, nicht aber im Familienregister eingetragen (Art. 255 N 49, 52). Das Kind figuriert daher in den Zivilstandsausweisen der Ehegatten nicht. Die Totgeburt entfaltet auch sonst keine Wirkungen (vgl. Art. 31 Abs. 1). Sie begründet kein Kindesverhältnis; damit ist die Anfechtung im Falle der Totgeburt ausgeschlossen. Der Ehemann und, im Falle von Art. 258, seine Eltern haben kein schutzwürdiges Interesse an der Anfechtung (Erl I 254, CURTI Art. 252 N 1, SILBERNAGEL Art. 252 N 4; BRIDEL 35). Das Interesse, den Ehebruch der Ehefrau in dieser Form zu dokumentieren, oder die Kosten des Wochenbettes auf sie abzuwälzen, reicht hiefür nicht aus (a. M. AUBERT 166).

15 Dagegen ist dieses Interesse gegeben, wenn das Kind lebend geboren ist und dann stirbt (BGE *62* II 193; ZZW *1982* 194).

4. Gegenstand und Natur der Klage

Die Anfechtungsklage ist auf Aufhebung des Kindesverhältnisses zwischen dem Kind und dem Vater gerichtet. Von Bundesrechts wegen genügt es, wenn das Klagebegehren die Aufhebung, die Anfechtung oder Beseitigung der Vermutung oder des Kindesverhältnisses zum Ehemann der Mutter, die Ausserehelicherklärung des Kindes oder die Aberkennung der Ehelichkeit verlangt (vgl. BGE *82* II 177 f).
Die Klage ist *negative Gestaltungsklage* (GULDENER 211).

5. Untergang des Klagerechts

Das Klagerecht gemäss Art. 256 und 258 geht unter:
- infolge *Erhebung* und *Erledigung* der *Klage* durch Sachurteil (N 98, 99); ausserdem durch Prozessurteil aufgrund von Rückzug (BGE *67* II 73; vgl. aber N 97); im Falle der Rückweisung der Klage aus prozessualen Gründen nur, wenn die Klagefrist und die Nachfrist gemäss OR 139 unbenützt verstreichen (Art. 256 c N 62);
- infolge *Gutheissung*, nicht aber infolge Abweisung oder Rückzugs der Klage eines *andern* Klägers (N 54, 102);
- infolge unbenützten Ablaufs der *Klagefrist* (Art. 256 c);
- infolge *Adoption* des Kindes gleichgültig durch wen (N 12, 13);
- infolge *Todes* des Klägers (N 38, 53);
- infolge *Zustimmung* des Ehemannes zur Zeugung durch einen Dritten (N 39 ff);
- infolge *Wiederaufnahme des gemeinsamen Haushaltes* während der Unmündigkeit des Kindes (N 66).

6. Gerichtsstand

Vgl. Art. 253.

7. Verfahren

Vgl. Art. 254 N 9 ff. Dem Kläger kann aufgegeben werden, die nötigen *Zivilstandsurkunden* einzureichen. Das Eintreten auf die Klage darf aber nicht hievon abhängig gemacht werden (Art. 254 Ziff. 1). Da die

Klage weder anerkannt werden noch Gegenstand eines Vergleiches bilden kann (N 94), erscheint ein Sühnverfahren wenig sinnvoll. In Zürich ist die Klage direkt beim Gericht einzureichen, ZPO 196 Ziff. 3.

8. Unentgeltliche Prozessführung

26 Vgl. Art. 254 N 28 ff. Sie kann nicht beansprucht werden, wenn die Gegenpartei zur Leistung eines Prozesskostenvorschusses verpflichtet werden kann (vgl. sinngemäss BGE *91* II 253); vgl. zu den Kosten auch N 103.

27 Dem beklagten Kind darf die unentgeltliche Prozessführung nicht wegen Aussichtslosigkeit verweigert werden, auch dann nicht, wenn die Mutter die Nichtvaterschaft des Ehemannes anerkennt; denn die Klage kann nicht durch Anerkennung erledigt werden (N 94; vgl. dazu BGE *78* I 1, Rep *1981* 109).

28 Ein unentgeltlicher Rechtsbeistand ist der urteilsunfähigen Partei nur zu bestellen, wenn im Vormundschaftskreis keine Person als vormundschaftlicher Beistand zu finden ist, die den Prozess selber führen kann (BGE *89* I 1).

9. Vorsorgliche Massnahmen

A. Prozesskostenvorschuss

29 Der Ehemann hat aufgrund seiner Beistandspflicht (Art. 159 Abs. 3, 272) der Ehefrau und dem Kinde die Mittel zur Führung des Prozesses vorzuschiessen (VA Art. 253 N 39; SJZ *1940/41* 296 Nr. 189; vgl. auch BÜHLER/SPÜHLER Art. 145 N 259 ff; Rep *1981* 107). Klagt das Kind, so kann es vom Ehemann und von der Mutter den Vorschuss verlangen.

B. Hinterlegung der Unterhaltsbeiträge und Einstellung der Zahlungen

30 Da der Ehemann bei Gutheissung der Klage nur geringe Aussichten hat, erbrachte Unterhaltsleistungen zurückzuerhalten (N 123 ff), und die zufällige Dauer des Prozesses nicht entgelten soll, muss er vorsorgliche Massnahmen verlangen können (vgl. dazu GULDENER 577 N 177; VOGEL

SJZ *1980* 89 ff). Ist glaubhaft gemacht, dass der Ehemann nicht der Vater ist, so kann der Richter in entsprechender Anwendung von Art. 282 anordnen, dass jener die Unterhaltsbeiträge nur hinterlegt, aber nicht mehr auszahlt. Die Nichtvaterschaft erscheint glaubhaft, wenn das Kind vor der Ehe oder zu einer Zeit gezeugt wurde, da der gemeinsame Haushalt aufgehoben war (Art. 256 b Abs. 1), ebenso sobald Beweismittel vorliegen, welche die Vaterschaft des Ehemannes als unwahrscheinlich erscheinen lassen.

Gibt die Mutter zu, dass sie das Kind von einem Dritten empfangen hat, so kann in sinngemässer Anwendung von Art. 283 schon vor dem Urteil die Einstellung der Zahlungen bewilligt werden. Ebenso, sobald Gutachten eingehen, welche die Vaterschaft des Ehemannes ausschliessen. 31

10. Klagegrund

Vgl. Art. 256 a/256 b. 32

11. Klagefrist

Vgl. Art. 256 c. 33

II. Klage des Ehemannes

1. Klagerecht

A. Grundsatz

Der Ehemann ist – neben dem Kind – an der Beseitigung einer unwahren Vermutung am stärksten interessiert. Darum teilt das Gesetz in erster Linie ihm das Klagerecht zu. Er befindet frei über die Erhebung oder Nichterhebung der Klage. Unterlässt er die Anfechtung, obwohl er weiss, dass er nicht der Vater ist, so macht er sich nicht der Unterdrückung des Personenstandes schuldig (ZR *1932* Nr. 42; PFENNINGER SJZ *1945* 144). Über das Verhältnis seines Klagerechts zu dem des Kindes vgl. N 54 f. 34

Der Erzeuger des Kindes, der das Kindesverhältnis herstellen will, kann sich als *Nebenintervenient* der Klage des Ehemannes anschliessen (vgl. dazu GULDENER 306 ff; VA Art. 253 N 54 mit Hinweisen). Um sein Interesse zu belegen, hat er das Kind zu anerkennen (vgl. dazu Art. 260 N 40, 44). 35

B. Ausübung

36 Die Klage steht dem Ehemann um seiner Persönlichkeit willen zu (Art. 19 Abs. 2). Der urteilsfähige Entmündigte erhebt sie allein (E. BUCHER Art. 19 N 252). Die Klage ist aber nicht absolut höchstpersönlich (vgl. Art. 258 Abs. 1).

37 Ist der Ehemann *urteilsunfähig,* so kann nach ABGB 157 und BGB 1595 Abs. 2 der gesetzliche Vertreter für ihn klagen. Für aArt. 253 war das streitig (bejahend CURTI N 3, BAUMANN ZVW *1956* 6, AUBERT 166, BUCHER Art. 19 N 252; verneinend EGGER N 2, VA N 6; BRIDEL 68; WAIBLINGER 125; SANDMEIER 127 N 6; BGE *73* II 207; SJZ *1937/38* 119 Nr. 87). Das Klagerecht der Eltern (Art. 258 Abs. 1) bedeutet nicht, dass *nur* sie klagen dürfen. Es zeigt aber, dass das Klagerecht des Ehemannes nicht absolut höchstpersönlich ist (E. BUCHER Art. 19 N 252). Für die Zulassung der gesetzlichen Vertretung sprechen die nämlichen Erwägungen wie in der Frage der Scheidungsklage des urteilsunfähigen Ehegatten (vgl. BÜHLER/SPÜHLER Art. 143 N 53 mit Hinweisen). Die Erhebung der Klage durch den gesetzlichen Vertreter setzt nicht voraus, dass die Eltern gestorben sind oder ihr Klagerecht nicht ausüben. Sie bedarf aber der Zustimmung der Vormundschaftsbehörde (Art. 421 Ziff. 8). Diese darf nur erteilt werden, wenn die Interessen des Ehemannes die Anfechtung gebieten.

C. Tod des Ehemannes

38 Das Klagerecht ist *unvererblich.* Hat der Ehemann die Klage bei Lebzeiten nicht erhoben, so steht sie seinen Eltern zu, Art. 258 Abs. 1. Stirbt er während des Prozesses, so können nur diese sie weiterführen (abweichend das frühere Recht, vgl. VA 253 N 6 a. E.).

2. Ausschluss der Klage

A. Zustimmung zur Zeugung durch einen Dritten

39 a) Art. 256 Abs. 3 versagt dem Ehemann die Klage, wenn er der Zeugung durch einen Dritten zugestimmt hat. Der Widerspruch zwischen Zustimmung und Anfechtung (Art. 2) ist weniger erträglich als der

Verzicht auf die künftige Ausübung eines höchstpersönlichen Rechts (Art. 27); vgl. BBl *1974* II 30; BERNHARD 170 ff; MERZ Art. 2 N 435. Die Bestimmung hat ihr Vorbild in Art. 137 Abs. 3, der die Scheidungsklage eines Ehegatten, der dem Ehebruch des andern zugestimmt hat, ausschliesst. Das Klagerecht des Kindes wird nicht berührt (N 59).

Über die Institution des «Zeugungshelfers» bei kinderloser Ehe vgl. KÖNIG 50, 153 N 94, und die Beispiele bei Maupassant, Contes et nouvelles (Pléjade, Paris 1979) I 963: Le cas de Mme Lumeau, II 3: L'héritage. 40

b) Die Zustimmung ist *Rechtshandlung*. Sie ist absolut höchstpersönlicher Natur, erfordert Urteilsfähigkeit und muss ernst gemeint sein (vgl. E. BUCHER Art. 17/18 N 15 ff, 26 ff; BÜHLER/SPÜHLER Einl N 97). Auf den Beweggrund kommt nichts an (a. a. O. N 98). Anders als die Zustimmung gemäss Art. 137 Abs. 3 (BÜHLER/SPÜHLER, Einl N 99, 101) muss diejenige gemäss Art. 256 Abs. 3 wegen ihrer ungleich schwereren Rechtsfolgen *zum voraus* und *ausdrücklich* erteilt werden (vgl. auch N 47 ff). Nachträglich und konkludent erfolgt sie nur durch Unterlassung der Anfechtung innerhalb der Klagefrist, sowie durch Rückzug einer erhobenen Klage. Die medizinischethischen Richtlinien, Ziff. 2 (N 1; hinten S. 715), verlangen Schriftlichkeit. Die Zustimmung muss der Ehefrau oder dem Dritten – bei künstlicher Insemination dem Arzt – kundgetan werden. Sie kann jederzeit mit Wirkung für die Zukunft widerrufen werden (BÜHLER/SPÜHLER Einl N 104). 41

Die Beklagten tragen die *Behauptungs- und Beweislast* für die Zustimmung, der Kläger für den Widerruf. Beide Tatsachen sind von Amtes wegen zu berücksichtigen, wenn sie sich aus den Akten ergeben, Art. 254 Ziff. 1 (BÜHLER/SPÜHLER, Einl N 105). 42

c) Die Zustimmung muss sich auf die *Herbeiführung der Schwangerschaft* beziehen. Zustimmung zum Geschlechtsverkehr mit einem Dritten oder Verzeihung des Ehebruchs allein genügen nicht (vgl. dazu BGE *82* II 180). 43

Sie kann umfassend oder auf die Zeugung nur durch einen bestimmten Dritten oder nur durch künstliche Insemination (BBl *1974* II 30) beschränkt sein. Unter Vorbehalt der letzteren schliesst die Zustimmung zur Zeugung durch einen Dritten diejenige zum Ehebruch im Sinne von Art. 137 Abs. 3 ein. 44

Das Klagerecht des Ehemannes ist nicht verwirkt, wenn die Zeugung auf eine nicht von der Zustimmung umfasste Weise herbeigeführt worden ist. 45

d) Ist die *künstliche Insemination* mit Samen eines Dritten (heterologe Insemination, Artifical Insemination by Donor = AID) *ohne Zustimmung* des Ehemannes erfolgt, so kann dieser die Anfechtungsklage erheben und nach 46 deren Gutheissung vom Arzt gestützt auf OR 41 ff Schadenersatz und Genugtuung verlangen; es stehen ihm die nämlichen Ansprüche zu wie gegen die Mutter und den Erzeuger (N 129; Art. 255 N 45; vgl. auch HAUSHEER 217).

B. Verzicht auf das Klagerecht

47 Nach dem früheren Recht ging das Klagerecht vor Ablauf der Frist durch ausdrückliche oder stillschweigende *Anerkennung* des Kindes unter (aArt. 257, hinten S. 662; VA Art. 257 N 3–6; ebenso aBGB 1596 Abs. 2, 1598, 1599). Das neue Recht erwähnt diese Möglichkeit nicht mehr. Sie dürfte dem Bedürfnis entsprungen sein, die Ehelichkeit zu begünstigen und ihre Anfechtung zu erschweren (VA Art. 252 N 6), und hat mit der Revision von 1976 ihre Berechtigung verloren (Art. 255 N 20). Ein vor Ablauf der Klagefrist ausgesprochener Verzicht auf das Klagerecht ist mit dessen höchstpersönlicher Natur unvereinbar (Art. 27 Abs. 2; SAGER 107; EGGER Art. 27 N 31; GROSSEN ZSR *1960* II 10 a; JÄGGI ZSR *1960* II 152 a; vgl. auch BÜHLER/SPÜHLER Einl. N 122 mit Hinweisen; ebenso für das deutsche Recht GRÜNKORN 164 ff).

C. Rechtsmissbrauch

48 Das Anfechtungsrecht des Ehemannes wird, abgesehen von Abs. 3, nur durch das Rechtsmissbrauchsverbot (Art. 2 Abs. 2) beschränkt. Angesichts der Kürze der einjährigen relativen Frist (Art. 256 c Abs. 1) erscheint das Zuwarten mit der Klage in der Regel aber nicht als rechtsmissbräuchlich (vgl. MERZ Art. 2 N 513).

49 Anfechtung nach vorausgehender faktischer Anerkennung des Kindes bildet zwar widersprüchliches Verhalten. Sie wäre aber nur missbräuchlich, wenn die Anerkennung beim Kind und bei der Mutter ein schutzwürdiges Vertrauen begründete (vgl. MERZ Art. 2 N 402 f). Das ist angesichts der Unzulässigkeit des Verzichts (N 47) und der kurzen einjährigen Anfechtungsfrist (Art. 256 c Abs. 1) zu verneinen. Der Ehemann soll diese Zeit voll zur Verfügung haben, um die Situation abzuklären und sich über seine Beziehung zur Mutter und zum Kinde und deren Entwicklung klar zu werden. Dabei soll er nicht der Gefahr ausgesetzt sein, sein Verhalten könne als vorzeitiger Verzicht gedeutet werden.

Weiss der Ehemann bei der *Trauung,* dass seine Frau schwanger ist, so ist er 50
selber – ähnlich wie bei der Anerkennung (Art. 260) – aktiv an der Begründung des Kindesverhältnisses beteiligt. Damit ist unvereinbar, dass er selber anficht (ebenso CCfr 314 Abs. 3 und vor dem ZGB Luzern, Aargau, Solothurn, Nidwalden, Zug, vgl. HUBER I 396; vgl. auch N 77). Die Klage steht ihm aber zu, wenn er nicht wusste, dass das Kind von einem andern Manne gezeugt wurde, oder wenn er hierüber erst so spät aufgeklärt wurde, dass er aus gesellschaftlichen oder andern Rücksichten in seinem Entschluss zur Eheschliessung nicht mehr frei war, oder wenn er auf andere Weise zur Ehe gezwungen wurde (vgl. dazu Art. 260a Abs. 2).

III. Klage des Kindes

1. Klagerecht

A. Grundsatz

Die unwahre Vermutung berührt neben dem Ehemann unmittelbar auch das Kind. Art. 256 Abs. 1 Ziff. 2 räumt ihm daher das Klagerecht ebenfalls ein (vgl. N 4). Es ist aber an besondere Voraussetzungen geknüpft (N 57 ff). 51
Sind Mehrlinge geboren worden, so steht das Klagerecht jedem von ihnen zu. Vgl. N 81, 83. 52

B. Tod des Kindes

Das Klagerecht erlischt mit dem *Tod* des Kindes (E. BUCHER Art. 19 N 261). Die bereits erhobene Klage wird gegenstandslos. Auch den Nachkommen steht im Gegensatz zu Art. 259 Abs. 2 Ziff. 2 und Art. 260a Abs. 1 kein Anfechtungsrecht zu (vgl. dazu Art. 260a N 79). 53

C. Verhältnis zur Klage des Ehemannes

Das Kind hat ein selbständiges Klagerecht. Dieses ist davon unabhängig, ob der Ehemann (oder seine Eltern, Art. 258) geklagt hat oder noch klagen könnte (SJZ *1973* 87 Nr. 56 E. 9). Ist freilich die Klage des 54

Ehemannes (oder der Eltern) gutgeheissen worden, so ist das Klagerecht des Kindes gegenstandslos, und umgekehrt.

55 Ist die Klage des Ehemannes hängig, so kann das beklagte Kind bis zu dem vom Prozessrecht (vgl. z. B. ZH/ZPO 200) bestimmten Zeitpunkt eine Eventualwiderklage erheben, die nur zu behandeln ist, wenn jene abgewiesen oder zurückgezogen wird, und umgekehrt. Das Kind kann auch noch klagen, wenn es sich der Klage des Ehemannes widersetzt hat und diese abgewiesen worden ist.

56 Zur Nebenintervention des Erzeugers vgl. N 35.

2. Voraussetzungen

A. Im allgemeinen

57   Die Rücksicht auf das *Interesse des Kindes* war unter dem früheren Recht entscheidend für die Anerkennung seines ungeschriebenen Klagerechts (BGE *88* II 484 ff). Das Klagerecht des Kindes setzt aber nicht voraus, dass die Anfechtung in seinem Interesse liegt. Der Anfechtungsrichter hat daher diese Frage nicht zu prüfen (SJZ *1973*, 122 Nr. 77 E. 6). Dagegen ist sie für die Ermächtigung der Vormundschaftsbehörde zur Prozessführung namens des urteilsunfähigen Kindes bedeutsam (N 73 f).

58 Das Anfechtungsrecht des Ehemannes ist ausgeschlossen, wenn er der Zeugung durch einen Dritten zugestimmt hat (Art. 256 Abs. 3, N 39 ff), und ist im übrigen verhältnismässig kurz befristet (Art. 256 c, dort N 10, 16). Beide Einschränkungen sind durch die Rücksicht auf das Kind (vgl. Art. 272) und die Mutter bestimmt. Gegenüber dem Klagerecht des Kindes haben umgekehrt auch der Ehemann und neben ihm die Mutter Anspruch auf Rücksicht. Namentlich soll die Anfechtung durch das Kind nicht gegen das Gebot von Treu und Glauben verstossen (Art. 2 Abs. 1; vgl. dazu BGE *88* II 487 f; vgl. die Kasuistik in BGB *1956* Abs. 1 Ziff. 1–5). Ein solcher Verstoss läge aber vor, wenn der Ehemann sich damit abgefunden hat, dass das Kind von einem Dritten gezeugt ist, und es in der Hausgemeinschaft von Ehemann und Mutter aufwächst oder aufgewachsen ist. Das Gesetz lässt die Anfechtung durch das Kind daher nur zu, wenn der gemeinsame Haushalt der Eltern während der Unmündigkeit des Kindes aufgehört hat (BBl *1974* II 29; AmtlBull StR *1975* 116). Die in BGE *88* II 488 umschriebenen Voraussetzungen des Klagerechts des Kindes: Auflösung der Ehe der Mutter,

Heirat mit dem Vater, Versäumnis der Klage durch den früheren Ehemann, gelten nicht mehr; vgl. dazu auch SJZ *1973* 87 Nr. 56, 122 Nr. 77. Abgesehen vom Gebot von Treu und Glauben, erscheint das Erfordernis des Aufhörens des gemeinsamen Haushaltes auch als Anerkennung der sozialpsychischen Elternschaft des Ehemannes (vgl. dazu HEGNAUER [zit. Art. 252 N 2] ZSR *1971* I 5). Eine Anfechtung kann auch nach Aufhören des Haushaltes rechtsmissbräuchlich sein (AmtlBull StR *1975* 116). Umgekehrt muss die Anfechtung in besonderen Fällen auch ohne Aufhören des Haushaltes zugelassen werden, vgl. N 61.

Die Zustimmung des Ehemannes zur *künstlichen Insemination* berührt das Anfechtungsrecht des Kindes nicht; ProtStRK 50; gegenteilig Art. 7 des Resolutionsentwurfes 1979 des Europarates. Vgl. dazu HEGNAUER, Fortpflanzungsmedizin (zit. Art. 252 N 2) Nr. 4.

B. *Aufhören des gemeinsamen Haushaltes*

a) Gemeinsamer Haushalt

Der Wortlaut des Gesetzes stellt auf den gemeinsamen Haushalt der Mutter und des von der Vermutung betroffenen Ehemannes ab. Dabei wird stillschweigend vorausgesetzt, dass auch das Kind in diesem Haushalt lebt und der Ehemann an ihm seine Vaterpflichten erfüllt (N 58). In der Regel verhält es sich so.

Indessen gibt es *Ausnahmen:* Die Mutter bleibt, obwohl die Ehe tief zerrüttet ist, aus Rücksicht auf den haltlosen Mann und die gemeinsamen Kinder im ehelichen Haushalt; das Ehebruchskind aber wächst ohne jede Beziehung zum Ehemann beim leiblichen Vater auf. Oder: Das Kind ist den Ehegatten in Anwendung von Art. 310 oder 311/312 entzogen, und der leibliche Vater ist bereit, sich seiner anzunehmen (BALLENEGGER-CORNAZ 147). Art. 256 Abs. 1 Ziff. 2 muss nach seinem Sinn in solchen Fällen auch auf das Aufhören des gemeinsamen Haushaltes des Ehemannes und des Kindes angewendet werden. Die Anfechtung des Kindesverhältnisses durch das Kind verletzt hier keine schutzwürdigen Interessen des Ehemannes, erlaubt aber, das wichtige Interesse des Kindes an der Feststellung des Kindesverhältnisses zum leiblichen Vater zu wahren.

b) Aufhören des Haushaltes

62 Der gemeinsame Haushalt muss objektiv endgültig – nicht bloss vorübergehend – aufgehört haben («pris fin») (SONDER 256 ff). Dies trifft eindeutig zu, wenn ein Ehegatte gestorben ist oder die Ehe geschieden oder ungültig erklärt worden ist. In der Regel auch bei gerichtlicher Trennung (Art. 147); selbst wenn sie nur auf bestimmte Zeit ausgesprochen wird, führt sie kaum je zur Wiedervereinigung (BÜHLER/SPÜHLER Art. 146 N 94; vgl. auch SONDER 259 ff).

63 Die tatsächliche Aufhebung des gemeinsamen Haushaltes – mit oder ohne richterliche Ordnung des Getrenntlebens (Art. 170, E 175/176) – genügt, wenn zu erwarten ist, sie werde auf unbestimmte Zeit fortdauern (SONDER 261 f). Das kann in der Regel erst beurteilt werden, wenn die Ehegatten bereits einige Zeit getrennt gelebt haben.

c) Unmündigkeit

64 Während Art. 256c Abs. 2, 260c Abs. 2, 263 Abs. 1 Ziff. 2 (dort N 9/10) auf das Mündigkeits*alter* (Art. 14 Abs. 1), also nach dem Recht von 1907, auf die Vollendung des zwanzigsten Altersjahrs, abstellen, spricht Art. 256 Abs. 1 Ziff. 2 bloss von Unmündigkeit. Der Unterschied ist unbeabsichtigt. Es besteht kein Grund, dem Kind, das durch Heirat oder Mündigerklärung mündig geworden ist (Art. 14 Abs. 2, 15), die Anfechtung zu versagen, wenn der gemeinsame Haushalt noch vor Vollendung des Mündigkeitsalters aufgehört hat.

65 Hört der gemeinsame Haushalt erst *später* auf, so kann das Kind nicht klagen. Denn bei solcher Dauer des gemeinsamen Haushaltes erscheint das Interesse des Kindes an der Anfechtung nicht mehr als schutzwürdig (SONDER 266; anders bei der Anfechtung der Anerkennung nach Art. 259 Abs. 2 Ziff. 2, wenn die Anerkennung nach Vollendung des zwölften Altersjahres des Kindes ausgesprochen worden ist; dort N 93).

d) Massgebender Zeitpunkt

66 Das Erfordernis, dass der gemeinsame Haushalt während der Unmündigkeit des Kindes aufgehört hat, muss im Zeitpunkt des *Urteils* erfüllt sein (GULDENER 377 N 62a). Haben die Ehegatten sich vor dem Urteil, aber noch während der Unmündigkeit des Kindes wiedervereinigt, so

ist die Klage als unzulässig abzuweisen (SONDER 258). Dabei ist freilich auch hier die Beziehung des Ehemannes zum Kinde zu bedenken (N 61). Dagegen entfällt das Klagerecht nicht, wenn die Eltern sich nach der Mündigkeit des Kindes, aber vor Ablauf der Klagefrist wiedervereinigen (ProtNRK 35). Das Kind dagegen braucht weder im Zeitpunkt der Klage noch dem des Urteils unmündig zu sein (vgl. Art. 256 c Abs. 2, dort N 32). 67

Das gutheissende Anfechtungsurteil wird durch spätere Wiedervereinigung nicht berührt. 68

3. Ausübung des Klagerechts

A. Durch das urteilsfähige Kind

Die Klage steht dem Kinde um seiner Persönlichkeit willen zu. Daher befindet der urteilsfähige Unmündige oder Entmündigte selbst über die Klageerhebung (BGE *88* II 488 E. 4; E. BUCHER Art. 19 N 252). Es muss auf Versehen beruhen, wenn das Bundesgericht (BGE *88* II 485, 487/488) und der ständerätliche Referent (AmtlBull StR *1975* 117 Spalte links) für den Unmündigen allgemein von der Mitwirkung der Vormundschaftsbehörde und der Vertretung durch Vormund oder Beistand ausgehen. An die Urteilsfähigkeit sind hohe Anforderungen zu stellen (BBl *1974* II 29; vgl. E. BUCHER Art. 16 N 105). Sie dürfte erst im fortgeschrittenen Jugendalter vorhanden sein. Der Unmündige kann bei der Vormundschaftsbehörde und den Organen der freiwilligen Jugendhilfe Auskunft und Rat einholen, allenfalls auch die Errichtung einer Beistandschaft nach Art. 308 Abs. 2 beantragen. Zum Entscheid des Mündigen vgl. BJM *1967* 130. 69

B. Durch das urteilsunfähige Kind

a) Gesetzlicher Vertreter

Das Klagerecht ist nicht absolut höchstpersönlich und kann daher für das urteilsunfähige Kind durch einen gesetzlichen Vertreter ausgeübt werden (BGE *88* II 488). Die ordentlichen Vertreter, der Ehemann und die Mutter (Art. 297, 304), können es jedoch nicht vertreten; denn die Klage richtet sich gerade gegen sie (Art. 256 Abs. 2). Daher muss dem Kind, wenn es nicht ohnehin bevormundet ist, nach Art. 392 Ziff. 2 ein Beistand er- 70 nannt werden. Der Vormund oder der Beistand führt mit Ermächtigung der Vormundschaftsbehörde (Art. 421 Ziff. 8) im Namen des Kindes den Prozess (BGE *88* II 488 E. 4; BBl *1974* II 29 f). Der Beistand soll die für die Führung des Prozesses nötigen Rechtskenntnisse besitzen (Art. 379; BGE 89 I 5). Mustersammlung Nr. 115.1.

71 *Örtlich zuständig* ist die Vormundschaftsbehörde am Wohnsitz des Kindes (Art. 396 Abs. 1, 315 Abs. 1); vgl. hierüber Art. 253 N 21–23. Das nachgeborene Kind hat Wohnsitz bei der geschiedenen Mutter (ZVW *1956* 23 Nr. 4; *1963* 33 Nr. 9; vgl. auch *1959* 19 Nr. 5). Der Richter hat die örtliche Zuständigkeit der Vormundschaftsbehörde, die den Beistand ernannt hat, nicht zu prüfen (BGE *94* II 230 E. 6).

b) Entscheid der Vormundschaftsbehörde

72 Die Vormundschaftsbehörde hat zu untersuchen:
Einerseits, ob Gründe bestehen, an der *Vaterschaft des Ehemannes* ernstlich zu *zweifeln*. Solche Zweifel können sich namentlich aus Angaben der Mutter, des Ehemannes oder des Erzeugers, aus Prozessakten oder aus der Tatsache ergeben, dass das Kind vor der Ehe oder in einem Zeitpunkt gezeugt wurde, da der gemeinsame Haushalt aufgehoben war (vgl. Art. 256 b Abs. 1).

73 Anderseits, ob die Anfechtung im *Interesse* des Kindes liegt. Das ist in jedem Fall zu bejahen, wenn die Ehe aufgelöst ist, die Mutter den mutmasslichen Erzeuger geheiratet hat (vgl. dazu BGE *88* II 477) und dieser schriftlich gesteht, der Mutter in der Empfängniszeit beigewohnt zu haben, seine Absicht bekundet, das Kind zu anerkennen, und verspricht, für dessen Unterhalt aufzukommen, oder es bedingt anerkennt (Art. 260 N 36 ff).

74 Dieses Interesse kann aber auch ohne Auflösung der Ehe gegeben sein. Das ergibt sich eindeutig aus der Umschreibung des Klagerechts in Art. 256 Abs. 1 Ziff. 2 (N 63, vgl. auch N 61). Die Anfechtung kann sich bereits rechtfertigen, wenn das durch die Vermutung begründete Kindesverhältnis dem Kinde Nachteile bringt oder ihm Vorteile entzieht. Vgl. dazu BJM *1967* 130. Neben den wirtschaftlichen Aspekten sind die sozialpsychischen Beziehungen des Kindes bedeutsam. Vgl. HEGNAUER ZVW *1984* 53.

75 Lehnt die Behörde die Ermächtigung zur Prozessführung ab, so kann jeder, der ein Interesse hat, namentlich auch die Mutter und der wirkliche Erzeuger, bei der Aufsichtsbehörde Beschwerde führen, Art. 420 (BBl *1974* II 30). Der letztinstanzliche kantonale Entscheid kann nur mit der staatsrechtlichen Beschwerde wegen Willkür (BV 4) angefochten werden.

IV. Kein Klagerecht Dritter

Ausser dem Ehemann (N 34), dem Kinde (N 51) und bei Tod oder Urteilsunfähigkeit des Ehemannes seinen Eltern (Art. 258) steht niemandem das Klagerecht zu. Die Revision von 1976 hat das subsidiäre Klagerecht der Erbberechtigten (aArt. 256 Abs. 1) auf die Eltern eingeengt und das gesetzgeberisch verfehlte Klagerecht der Heimatgemeinde (aArt. 256 Abs. 2) beseitigt (BBl *1974* II 34). Vgl. Art. 258 N 5.

Das Klagerecht der *Mutter* wurde in der Expertenkommission und in den parlamentarischen Kommissionen (ProtStRK 42f, 43, 47, ProtNRK 33ff) erwogen, aber abgelehnt. Anders als bei der Anerkennung ist sie in ihrer Stellung als Ehefrau an der Entstehung des Kindesverhältnisses entscheidend beteiligt (Art. 255 N 21/22). Damit hat sie das schutzwürdige Vertrauen des Ehemannes und des Kindes in dessen Bestand begründet (vgl. dazu MERZ Art. 2 N 401 ff). Daran ist sie gebunden. Wollen der Ehemann und das Kind als unmittelbare Partner das kraft der Ehe der Mutter entstandene Kindesverhältnis bestehen lassen, so muss sie sich dem fügen. Ihr Interesse an der Anfechtung ist nur schutzwürdig, soweit es mit dem des Kindes übereinstimmt. Letzteres kann sie im Verfahren vor den vormundschaftlichen Behörden über die Ausübung des Klagerechts des Kindes geltend machen (N 72 ff), a. M. DEGOUMOIS 325 f.

Erst recht versagt die umfassende und ausschliessliche Natur der Ehe (Art. 255 N 10) die Anfechtungsklage dem Dritten, der behauptet, der Vater zu sein (ZR *1916* Nr. 27). Vgl. z. B. John Kabys in Gottfried Kellers Novelle «Der Schmied seines Glücks»; Maupassant, Contés et nouvelles (Pléjade, Paris 1979) I 1071: Le père. Dem Dritten kann unter Androhung von Strafe gemäss StGB 292 verboten werden, zu behaupten, er sei der Vater des Kindes, wenn er damit die Mutter und ihren Ehemann in ihren persönlichen Verhältnissen verletzt (BGE *108* II 344).

Zur erweiterten Klageberechtigung bei der Anfechtung der Anerkennung vgl. Art. 250a N 73, Art. 259 N 92.

V. Beklagte

1. Partner des Kindesverhältnisses

80 Gegenstand der Anfechtung ist das Kindesverhältnis zwischen dem Ehemann und dem Kind. Demgemäss ist die Klage des Ehemannes gegen das Kind, die des Kindes gegen den Ehemann zu richten.

81 Sind *Mehrlinge* geboren worden, so hat der Ehemann gegen *alle* zu klagen. Klagt nur *ein* Mehrling, so hat er, da die Anfechtung auch das Kindesverhältnis der andern betrifft, auch gegen sie zu klagen. Vorbehalten bleibt bei Mehreiigen der höchst seltene Fall der Überschwängerung (Art. 255 N 29 a. E., Art. 254 N 158).

2. Mutter

82 Mit der Anfechtung wird behauptet, die Mutter habe das Kind nicht vom Ehemann empfangen. Dazu muss sie als Partei Stellung nehmen (so schon BGE *88* II 489 f). Das entspricht ihrer Schlüsselstellung für die Entstehung der Vermutung (Art. 255 N 21, 22). Während der Ehe hat sie auch ein Interesse daran, dass ihr Kind mit dem Ehemann durch das Kindesverhältnis verbunden bleibt. Nach Auflösung der Ehe hat sie ein moralisches und wirtschaftliches Interesse an dessen Fortbestand.

3. Notwendige Streitgenossenschaft

83 Gegenüber der Klage des Ehemannes sind Mutter und Kind, gegenüber der des Kindes sind Ehemann und Mutter notwendige Streitgenossen (BGE *51* II 10, *55* II 326; JT *1966* III 7), ebenso gegenüber der Alleinklage eines Mehrlings die übrigen nichtklagenden Mehrlinge (N 81). Ist die Klage nur gegen den einen erhoben, so gebietet die Offizialmaxime, dem Kläger Frist anzusetzen, um sie auch gegen den andern zu erheben (Art. 254 N 46 a; vgl. dazu auch GULDENER 298 Ziff. 3; STRÄULI/MESSMER § 39 N 12).

84 Die Klage ist verwirkt, wenn die Klage innert der Klagefrist (Art. 256 c) nur gegen einen Beklagten erhoben worden ist (BGE *51* II 10). Indessen rechtfertigt der Irrtum über die Streitgenossenschaft in der Regel die Wiederher-

stellung der Frist für die Klage gegen den andern (vgl. Fribourg, Extraits *1944* 187; Art. 256c N 52).

Wird die Klage gutgeheissen, ohne dass der Ehemann oder das Kind in den Prozess einbezogen worden sind, so ist das Urteil unwirksam (vgl. GULDENER 382 N 80, 492). 85

Jeder Streitgenosse ist zur selbständigen Wahrung seiner Interessen befugt (GULDENER 300) und kann unabhängig vom andern Rechtsmittel einlegen (BGE *82* II 2), die Mutter jedoch nur gegen die Gutheissung der Klage (SJZ *1926/27* 77 Nr. 17; vgl. dazu vorn N 77). Der Rechtsmittelentscheid wirkt gegen alle Streitgenossen. Daher muss auch dem, der selber kein Rechtsmittel eingelegt hat, Gelegenheit gegeben werden, sich zu äussern (GULDENER 300 N 21). 86

4. Tod eines Beklagten

A. Tod des Ehemannes

Ist der Ehemann gestorben, so ist die Klage in entsprechender Anwendung von Art. 261 Abs. 2 nacheinander gegen seine (übrigen) Nachkommen, Eltern oder Geschwister oder, wenn solche fehlen, gegen die zuständige Behörde des letzten Wohnsitzes zu richten (vgl. Art. 260a N 113). Stirbt der Ehemann während des Prozesses, so treten die Genannten in den Prozess ein. 87

B. Tod des Kindes

Das Klagerecht des Ehemannes erlischt mit dem Tod des Kindes nicht (N 15; BGE *62* II 193). Die Klage richtet sich wiederum in Analogie zu Art. 261 Abs. 2 (N 87) gegen allfällige Nachkommen des Kindes (höchst unwahrscheinlich) und, wenn auch die Mutter gestorben ist, gegen die Geschwister des Kindes oder, wenn auch solche fehlen, gegen die Behörde des letzten Wohnsitzes des Kindes (vgl. für das frühere Recht VA Art. 253 N 17). 88

C. Tod der Mutter

Ist die Mutter gestorben, so genügt die Klage des Ehemannes gegen das Kind, des Kindes gegen den Ehemann. 89

5. Vertretung des handlungsunfähigen Beklagten

A. Bei Urteilsfähigkeit

90   Wie die Anfechtung so ist auch die Stellungnahme zu ihr ein höchstpersönliches Recht. Der urteilsfähige unmündige oder entmündigte Beklagte führt daher den Prozess selbst (vgl. N 36, 69 und sinngemäss E. Bucher Art. 19 N 256).

B. Bei Urteilsunfähigkeit

91   Ist eine beklagte Person urteilsunfähig, so hat der gesetzliche Vertreter für sie den Prozess zu führen. Steht das urteilsunfähige Kind unter elterlicher Gewalt, so ist ihm nach Art. 392 Ziff. 2 ein Beistand zu ernennen (BGE *78* I 3, *89* I 3; ZVW *1963* 34 Nr. 9, *1971* 105 Nr. 28). Der Ehemann kann als Kläger das beklagte Kind nicht vertreten. Und die Interessen der beklagten Mutter stimmen oft mit denen des Kindes nicht überein. Zudem ist sie in dieser Situation meist zur sachgerechten Wahrung der Interessen des Kindes nicht imstande. In bezug auf sie erscheint daher neben dem Verbeiständungsgrund von Art. 392 Ziff. 2 auch der von Art. 308 Abs. 1 und 2 gegeben. Über die Eignung des Beistandes vgl. BGE *89* I 1. Mustersammlung Nr. 115.2.

92 Der Richter hat ohne Verzug die Vormundschaftsbehörde zu benachrichtigen und darf den Prozess erst weiterführen, wenn dem Kind ein Beistand bestellt ist (vgl. JT *1966* III 8; AGVE *1967* Nr. 2). Über die örtliche Zuständigkeit vgl. N 71.

6. Nebenintervention

93   Wer befürchtet, dass bei Aufhebung des Kindesverhältnisses die Vaterschaftsklage gegen ihn erhoben würde, kann *nicht* zugunsten der Beklagten intervenieren (VA Art. 253 N 34 mit Hinweisen).

VI. Prozesserledigung

1. Beschränkung der Parteidisposition

Die Anfechtungsklage kann zurückgezogen, aber weder anerkannt noch zum Gegenstand eines Vergleiches gemacht werden (Art. 254 Ziff. 1, dort N 20; BGE *65* I 157, *82* II 3, *95* II 295).

Der Kläger kann die Klage unter der Bedingung zurückziehen, dass das serologische Gutachten seine Vaterschaft nicht ausschliesse oder dass das serostatistische oder das anthropologische Gutachten seine Vaterschaft bejahe.

Dagegen ist der Rückzug unter der Bedingung der Einholung eines Gutachtens, aber unabhängig von dessen Ergebnis, unzulässig. Denn darin liegt sachlich ein mit Art. 27 unvereinbarer Verzicht auf das Klagerecht (N 47); vgl. dazu sinngemäss die Unzulässigkeit eines Verzichts zum voraus auf ein Rechtsmittel gegen die Abweisung der Scheidungsklage (BÜHLER/SPÜHLER Art. 158 N 58; GULDENER 501 N 102 a. E.).

Bedenkenswert ist die Auffassung, dass der Rückzug der Klage durch den gesetzlichen Vertreter des Urteilsunfähigen einer späteren Klage des Urteilsfähigen nicht entgegensteht (so für das deutsche Recht GRÜNKORN 170).

2. Abweisung der Klage

Die Abweisung der Klage hindert die Klage eines andern Klageberechtigten nicht (N 54, 55).

3. Gutheissung der Klage

Die Gutheissung der Klage hebt durch negatives Gestaltungsurteil das Kindesverhältnis zwischen dem Ehemann und dem Kinde rückwirkend auf den Zeitpunkt der Geburt und mit Wirkung für jedermann auf (GULDENER 213, 382; BGE *65* I 157; *71* II 144; *82* II 3/4, 177; *85* II 175). Über die Sperrwirkung vgl. N 120. – Eine *Landesstatistik* über die Anfechtungsprozesse fehlt. Vgl. dazu VA Art. 253 N 47.

Sind *Mehrlinge* geboren worden, so wird unter Vorbehalt der Überschwängerung (N 81) das Kindesverhältnis zu allen aufgehoben (BGE *62* II 193). Wenn nicht alle Streitgenossen beteiligt gewesen sind, vgl. N 85.

102 Mit der Gutheissung der Klage des einen Berechtigten erlischt das Klagerecht des andern (N 19, 54).

4. Kosten

103 Wird die Klage gutgeheissen, so sind die Kosten der Mutter allein aufzulegen, und nicht dem Kinde, das in keiner Weise zur Begründung der unwahren Vermutung beigetragen hat; auch ist das Kind nicht zu einer Prozessentschädigung an den obsiegenden Ehemann zu verpflichten (Art. 254 N 39; a. M. SJZ *1948* 213 Nr. 66, nach Zürich ZPO 64 Abs. 3 in der Fassung von 1976 wäre anders zu entscheiden). Auch eine Solidarhaftung des Kindes lässt sich nicht begründen.

5. Rechtsmittel

104 Das Urteil unterliegt der *Berufung* ans Bundesgericht gemäss OG 44. Jeder Streitgenosse ist allein zur Berufung legitimiert (BGE *82* II 3).

105 Das Bundesrecht hindert nicht, dass das kantonale Recht einer beklagten Partei, die am Schluss des erstinstanzlichen Verfahrens der Klage zugestimmt hat, die Weiterziehung des die Klage gutheissenden erstinstanzlichen Urteils versagt (BGE *95* II 295 E. 4–6).

106 Das rechtskräftige Urteil kann nur durch Revision nach den Bestimmungen des Prozessrechts aufgehoben werden. Vgl. Art. 254 N 73 ff.

VII. Mitteilung und Eintragung

1. Mitteilung

107 Das Gericht meldet die rechtskräftige Aufhebung des Kindesverhältnisses (ZStV 130 Abs. 1 Ziff. 7)
– dem *Zivilstandsamt* des Geburtsortes, des Wohnsitzes und des allfälligen Trauungsortes des Kindes, des Heimatortes und des Wohnsitzes des Ehemannes sowie gegebenenfalls des Heimatortes der Mutter und des Kindes;

108 – der *Vormundschaftsbehörde* des Wohnsitzes des Kindes (N 71), damit diese ihm einen Beistand ernenne (Art. 309 Abs. 2).

2. Eintragung

Die Aufhebung des Kindesverhältnisses wird im *Geburts-* und, wenn das Kind verheiratet ist, im *Eheregister* als Randanmerkung eingetragen (ZStV 52 Ziff. 1 und 3). Sie wird ausserdem im *Familienregister* auf dem Blatt des Ehemannes im Textteil rechts eingetragen (ZStV 117 Abs. 2 Ziff. 15). Dabei sind die das Kind betreffenden Eintragungen im Textteil links zu streichen. Sodann wird, wenn kein eigenes Blatt besteht, der Mutter und, wenn ihre Ehe nicht aufgelöst ist, dem Kinde ein solches eröffnet (ZStV 115 Abs. 1 Ziff. 7) und das Kind im Textteil links eingetragen (ZStV 117 Abs. 1 Ziff. 6). Die Eintragung darf nur aufgrund eines rechtskräftigen Anfechtungsurteils erfolgen (BGE *65* I 156).

109

110

111

VIII. Wirkungen der Aufhebung des Kindesverhältnisses

1. Für das Kind

A. Mütterliches Kindesverhältnis

Das Kind steht, sofern es nicht bedingt anerkannt ist (Art. 260a N 23, 28), nur zur Mutter in einem Kindesverhältnis. Es erhält ihren Familiennamen und ihr Bürgerrecht im Zeitpunkt der Geburt (Art. 270 Abs. 2, Art. 271 Abs. 2). Nach Art. 161 Abs. 1 in der Fassung von 1907 hat sie den Familiennamen und das Bürgerrecht des Ehemannes erhalten. Infolgedessen sind Familiennamen und Bürgerrecht der Mutter im Zeitpunkt der Geburt diejenigen, die das Kind schon auf Grund der Vermutung (Art. 270 Abs. 1, 271 Abs. 1) erworben hat. Das Anfechtungsurteil bewirkt somit keine Änderung.
Eine Ausnahme gilt für das *nach* der Scheidung oder Ungültigerklärung der Ehe geborene Kind (Art. 255 N 27 ff.). Denn seine Mutter trägt im Zeitpunkt der Geburt den Namen, den sie vor der Ehe getragen hat (Art. 149 Abs. 1). Ist der geschiedenen Mutter aber durch Namensänderung die Weiterführung des Ehenamens bewilligt worden (Art. 30), so behält ihr Kind auch im

112

Fall der Anfechtung diesen mit der Geburt erworbenen Namen; BGE *100* II 290 ist durch die Aufhebung von aArt. 324 Abs. 1 überholt. Vgl. dazu SIEGEN-THALER ZZW *1982* 251.

113 Nach dem Stand der Eherechtsrevision im April 1984 wird das Anfechtungsurteil dagegen zur Folge haben, dass das Kind, ohne das auf Grund der Vermutung erworbene Bürgerrecht des Ehemannes zu verlieren, noch das angestammte Bürgerrecht der Mutter erhält. Auch beim Familiennamen können Änderungen eintreten, die wegen der verschiedenen Varianten der Namensführung der Ehegatten im einzelnen noch nicht überblickbar sind.

114 Das Kind verliert das bei der Geburt erworbene *Bürgerrecht* auch nicht, wenn die Ehe ungültig erklärt worden ist und die Mutter bei der Trauung bösgläubig war. Denn die Ungültigerklärung wirkt ex nunc (Art. 132 Abs. 2). Die bösgläubige Mutter verliert somit ihr Bürgerrecht nur für die Zukunft (GÖTZ Art. 134 N 6). Auch soll das Kind den bösen Glauben der Eltern nicht entgelten (Art. 133 Abs. 1). Unrichtig VA Art. 253 N 42 mit Hinweisen, GÖTZ Art. 133 N 6.

B. *Väterliches Kindesverhältnis*

115 Die Vormundschaftsbehörde hat dem Kinde einen Beistand zu ernennen, der für die Feststellung des Kindesverhältnisses zum Vater zu sorgen hat (Art. 309 Abs. 1 und 2).

116 Das Kind kann vom Vater *anerkannt* werden (Art. 260). Eine bedingte Anerkennung wird mit der Rechtskraft des Anfechtungsurteils wirksam (Art. 260a N 28).

117 Die Feststellung des Kindesverhältnisses kann auch mit der *Vaterschaftsklage* verlangt werden (Art. 261). Ist die ordentliche Frist (Art. 263 Abs. 1) verstrichen, so kann die Klage in jedem Fall noch binnen eines Jahres seit dem Anfechtungsurteil erhoben werden (Art. 263 Abs. 2, dort N 20).

118 *Heiraten* die Eltern, so gilt Art. 259 Abs. 1.

119 Kann das in heterologer *künstlicher Insemination* (N 46) empfangene Kind den Vater nicht feststellen, weil der Samenspender nicht bekannt ist, so ist der Arzt ihm aufgrund von OR 41 und 49 zu Schadenersatz und Genugtuung verpflichtet. (Art. 261 N 68). Für die Verjährung vgl. OR 60.

2. Für den Ehemann

A. Feststellung des Kindesverhältnisses

Ist das Kindesverhältnis rechtskräftig aufgehoben, so kann 120
der Ehemann das Kind nicht mehr anerkennen; ebensowenig kann eine Vaterschaftsklage gegen ihn erhoben werden (Art. 260 N 64; Art. 261 N 10). Ein ausländisches Urteil hat diese Wirkung jedoch nur, wenn es in der Schweiz anerkannt wird (N 134).

B. Unterhaltspflicht

Die rückwirkende Beseitigung des Kindesverhältnisses ist 121
vor allem bedeutsam für die *Unterhaltspflicht* des Ehemannes (Art. 276). Ist im Zeitpunkt der Scheidung die Anfechtungsklage hängig, so kann die Beitragspflicht des Vaters mit der aufschiebenden Bedingung verbunden werden, dass die Klage abgewiesen wird (BJM *1956* 203), sofern für den Unterhalt des Kindes anderweitig genügend gesorgt ist (BÜHLER/SPÜHLER Art. 156 N 228).
Im übrigen fällt die im Urteil festgelegte Beitragspflicht mit der Gutheis- 122
sung der Anfechtungsklage von Gesetzes wegen dahin (BÜHLER/SPÜHLER Art. 156 N 229; BERTOSSA SJ *1980* 20). Vom Ehemann als vorsorgliche Massnahme *hinterlegte* Beiträge (N 30) sind bei Gutheissung der Klage ihm und bei Abweisung dem Kind auszuzahlen.
In bezug auf die Rückerstattung bereits erbrachter Unterhaltsleistungen 123
sieht Art. 289 Abs. 2 den *Übergang* der *Unterhaltsforderung* nur für das Gemeinwesen vor, das für den Unterhalt aufkommt, im Gegensatz zu BGB 1615b dagegen nicht für den Ehemann. Von den übrigen Fällen, in welchen das Gesetz Subrogation eintreten lässt (vgl. dazu GAUCH/SCHLUEP/JAEGGI, OR, Allg. Teil, 3. A. Zürich 1983, II Nr. 2269 ff) ist keiner hier gegeben. Der Übergang des Unterhaltsanspruchs auf den Ehemann wäre im übrigen auch sachlich nicht zu rechtfertigen. Denn er würde dessen Stellung durch die Begrenzung des Rückerstattungsanspruchs auf ein Jahr vor der Klageerhebung stark verschlechtern (Art. 279 Abs. 1), während ihm umgekehrt aber wesentliche Vorrechte des Unterhaltsanspruches versagt blieben (vgl. z. B. BGE *106* III 18).

124 Entgegen der früher vertretenen Auffassung (HEGNAUER, in: Neues Kindesrecht 86; derselbe, Kindesrecht 49) folgt aus SchlT 13a Abs. 2 (hinten S. 681) kein Ausschluss der Rückforderung. Denn diese Bestimmung lässt bei Abweisung der Unterstellungsklage (SchlT 13a Abs. 1) (nur) den Anspruch auf künftigen Unterhalt erlöschen, versagt also den Anspruch auf Rückerstattung bisheriger Leistungen (Art. 261 N 113), weil Kind und Mutter infolge Ablaufs der altrechtlichen einjährigen Klagefrist (aArt. 308) keine Vaterschafts- und damit auch keine Unterhaltsklage mehr erheben können. SchlT 13a Abs. 2 will also nur die nachteiligen Folgen der Abweisung der Unterstellungsklage beschränken. Dagegen stehen die Vaterschafts- und die Unterhaltsklage aufgrund des neuen Rechts nach Aufhebung des Kindesverhältnisses zum Ehemann ohne weiteres offen (Art. 263 Abs. 2, 280 Abs. 3).

125 Indessen steht dem Ehemann ein Anspruch aus *ungerechtfertigter Bereicherung* (OR 62 ff) zu. Einmal gegen das *Kind* als Gläubiger des Unterhaltsanspruches (Art. 289 Abs. 1). Indessen dürfte die Rückforderung gegenüber ihm in der Regel daran scheitern, dass es in diesem Zeitpunkt nicht mehr bereichert ist (OR 64). Eine Ersparnisbereicherung (BGE *71* II 153) liegt nicht vor. Denn das Kind ist grundsätzlich nicht verpflichtet, für seinen Unterhalt selbst aufzukommen, sondern hat einen primären Unterhaltsanspruch gegen seine Eltern (Art. 276 Abs. 1). Vorbehalten bleiben die Ausnahmefälle der Befreiung der Eltern nach Art. 276 Abs. 3. – Die einjährige Verjährungsfrist beginnt mit der Kenntnis der Rechtskraft des Anfechtungsurteils, die zehnjährige mit deren Eintritt (OR 67).

126 Ungerechtfertigt bereichert ist auch die *Mutter*. Denn ohne die Unterhaltsbeiträge des Ehemannes hätte sie – unter Vorbehalt der Unterhaltspflicht des wirklichen Vaters – für den ganzen Unterhalt des Kindes aufkommen müssen (HEGNAUER, Kindesrecht 111 f; Rep 109/1976, 184). Sie hat daher durch den Verbrauch der Unterhaltsbeiträge entsprechende Ausgaben erspart und kann sich darum nicht auf OR 64 berufen. Auch musste sie mit der Rückerstattung rechnen, wenn sie dem Ehemann verschwieg, dass ein Dritter der Vater ist oder sein kann. Für die Verjährung s. N 125 a. E.; sie beginnt aber nicht vor Auflösung der Ehe (OR 134 Abs. 1 Ziff. 3).

127 Schliesslich ist auch der *wirkliche* Vater ungerechtfertigt bereichert. Denn er hätte die Unterhaltsbeiträge leisten müssen, die der Ehemann aufgrund des unwahren Kindesverhältnisses entrichtet hat. Die Unterhaltspflicht des Vaters setzt freilich voraus, dass das Kindesverhältnis zu ihm vorher oder gleichzeitig festgestellt worden ist oder wird. Diese Feststellung und damit auch die Begründung der Unterhaltspflicht erfolgen aber rückwirkend auf

den Zeitpunkt der Geburt (Art. 260 N 170, Art. 261 N 102; HEGNAUER, Kindesrecht 114). Die ungerechtfertigte Vermögensverschiebung tritt somit erst mit der Feststellung des Kindesverhältnisses zum wirklichen Vater, dann aber rückwirkend ein. Diese kann freilich nur vom Vater selbst durch Anerkennung (Art. 260) oder vom Kind oder von der Mutter mit der Vaterschaftsklage (Art. 261), nicht aber vom Ehemann bewirkt werden. Die einjährige Verjährungsfrist beginnt mit der Kenntnis der Feststellung des Kindesverhältnisses zum wirklichen Vater, die zehnjährige mit dieser Feststellung (OR 67).

Ist das Kind während der Ehe gezeugt worden, so kann der Ehemann gegen die Mutter und den wirklichen Vater auch einen *Schadenersatzanspruch* gemäss OR 41 ff geltend machen. Die Mutter hat – unter Vorbehalt der Notzucht – das Kind schuldhaft durch unerlaubte Handlung – Ehebruch, Verletzung der Treuepflicht (Art. 159 Abs. 3) – empfangen. Der Vater hat, sofern er um die Ehe der Mutter wusste, mit der Beiwohnung unbefugt in die Rechte des Ehemannes eingegriffen (BGE *78* II 291 f, *84* II 331, *109* II 5 f). Die Zeugung des Kindes, die Entstehung des Kindesverhältnisses zum Ehemann und dessen Unterhaltspflicht stehen damit in adäquatem Zusammenhang. Die Frage, ob die Geburt des Kindes ein Schaden sei (verneinend: OFTINGER, Haftpflichtrecht I, 4. A., S. 62), stellt sich, wenn das Kindesverhältnis beseitigt ist, nicht. Die aufgrund des unwahren und nun aufgehobenen Kindesverhältnisses erbrachten Unterhaltsleistungen bilden als Vermögensminderung einen echten Schaden im Sinne von OR 41. 128

Bei vorehelicher Zeugung ist die Mutter aus OR 41 ff schadenersatzpflichtig, wenn sie dem Ehemann vor der Trauung arglistig vorgetäuscht hat, das Kind könne nur von ihm gezeugt sein. 128a

Gegenüber der Mutter beginnt die einjährige Verjährungsfrist mit Kenntnis der Rechtskraft des Anfechtungsurteils, die zehnjährige mit dem Zeitpunkt des Ehebruchs (OR 60 Abs. 1), aber nicht vor Auflösung der Ehe (OR 134 Abs. 1 Ziff. 3). Wird der Anspruch bei Zeugung während der Ehe statt auf OR 41 ff auf OR 97 ff gestützt, so verjährt er binnen zehn Jahren, seitdem das Anfechtungsurteil rechtskräftig geworden und die Ehe aufgelöst ist (OR 120 Abs. 1, 134 Abs. 1 Ziff. 3). Die Geltendmachung gegenüber dem Vater setzt nicht voraus, dass das Kindesverhältnis zu diesem festgestellt sei, sondern nur, dass er Erzeuger ist; das ist als Vorfrage im Schadenersatzprozess zu beurteilen. Die einjährige Verjährungsfrist läuft von der Kenntnis des Anfechtungsurteils und der Person des Erzeugers an, die zehnjährige vom Ehebruch an (OR 60 Abs. 1). 129

130 Der Ehemann kann nach seiner Wahl die Ansprüche aus OR 62 gegen das Kind, die Mutter und den Vater oder aus OR 41 gegen die Mutter und den Vater geltend machen. Im Umfange, in dem einer davon erfüllt wird, sind auch die andern erledigt.

131 Für die Klage des Ehemannes gegen den *Arzt* im Falle der künstlichen Insemination vgl. N 46.

132 Für die Rückerstattung von Leistungen des Ehemannes im Zusammenhang mit der *Schwangerschaft und Geburt* gelten N 126–129 sinngemäss.

133 Endlich haftet der wirkliche Erzeuger dem Ehemann aus unerlaubter Handlung auch für den Ersatz der bei der Mutter nicht einbringlichen *Prozesskosten* (BGE *109* II 4). Der adäquate Kausalzusammenhang zwischen der unbefugten Beiwohnung des Erzeugers und den Prozesskosten ist entgegen den in BGE *109* II 7 geäusserten Bedenken voll zu bejahen. Abgesehen davon, dass die Belastung des Kindes mit Kosten von vornherein verfehlt ist (N 103), ist seine Insolvenz die Regel. Aber auch die volle oder teilweise Insolvenz der kostenpflichtigen Mutter gehört durchaus zum gewöhnlichen Lauf der Dinge und der allgemeinen Erfahrung. Denn die Mutter ist durch die Pflege des Kindes regelmässig in ihrer Erwerbsfähigkeit beeinträchtigt, hat aber gerade in diesen Situationen meist allein für ihren eigenen Unterhalt und den des Kindes aufzukommen.

C. Erbrecht

134 Das gegenseitige gesetzliche Erbrecht fällt rückwirkend dahin. In entsprechender Anwendung von Art. 154 Abs. 3 können Ehemann und Kind aus Verfügungen, die sie vor dem Anfechtungsurteil errichtet haben, keine Ansprüche erheben. Bereits empfangene Leistungen können mit der Erbschaftsklage zurückgefordert werden (Art. 598 ff).

IX. Intertemporales Recht

135 Für die vor dem 1. Januar 1978 geborenen Personen bleiben die unter dem früheren Recht eingetretenen Wirkungen bestehen (SchlT 1 Abs. 1 und 2; a.M. offenbar RITSCHARD SJZ *1982* 242). Ist die Anfechtungsklage vorher rechtskräftig abgewiesen worden, so hat es – unter Vorbehalt der Revision – dabei sein Bewenden; ebenso ist das Klagerecht verwirkt, wenn die Klagefrist des früheren Rechts vor dem 1. Januar 1978 unbe-

nützt verstrichen ist (HEGNAUER, Übergangsbestimmungen 158). Zur Klagefrist vgl. Art. 256 c N 64 ff.
Im übrigen richtet sich die Anfechtung der Vermutung seit 1. Januar 1978 136
nach dem neuen Recht (SchlT 12 Abs. 1). Das gilt, auch wenn die Klage vorher erhoben, aber erst nachher beurteilt wird (SJ *1980* 295). Für das Klagerecht des Kindes ist gleichgültig, ob der gemeinsame Haushalt der Eltern vor oder nach dem 1. Januar 1978 aufgehört hat (N 62 f). Vgl. HEGNAUER, Übergangsbestimmungen 158; *derselbe,* Übergangsrecht 125.

X. Internationales Recht

Staatsvertragliche Normen über die Anfechtung fehlen. 137
Diese untersteht daher dem autonomen Kollisionsrecht, bis 1. Januar 1978 NAG 8 und 32, seither NAG 8 d und 8 e (S. 682).

Zum früheren Recht
VA Art. 253 N 26–31; STAUFFER W., Praxis zum NAG, Zürich 1973, Nachtrag Zürich 1977. 138
KNŒPFLER F., Action en désaveu de paternité intentée par l'enfant étranger; une jurisprudence contra legem? SJZ 1973, 52.
LALIVE PIERRE A., Jurisprudence de droit international privé, in: JIR 1961 ff.

1. Zuständigkeit

Vgl. Art. 253 N 55 ff. 139

2. Anwendbares Recht

Vgl. Art. 255 N 84 ff und sinngemäss Art. 261 N 117–119, 140
126 ff. Mutter, Ehemann, Kind sind Jugoslaven, VPB 1981 Nr. 77 II

3. Anerkennung ausländischer Entscheidungen

Vgl. Art. 253 N 70 f und sinngemäss Art. 261 N 133 ff. Wird 141
das gutheissende ausländische Urteil anerkannt, so kann in der Schweiz keine Vaterschaftsklage gegen den Ehemann erhoben werden (N 120). Ein Grund, dem ausländischen Urteil wegen Verletzung des schweizerischen ordre public die Anerkennung zu versagen, kann aber darin liegen, dass die

nach den Umständen gebotenen Beweise, z. B. das serologische Gutachten, nicht von Amtes wegen (Art. 254 N 70 ff) erhoben worden sind.

142 Über die Anerkennung schweizerischer Anfechtungsurteile in der Bundesrepublik Deutschland vgl. STURM, in: FS Schnitzer 1979, 455 ff, in Jugoslawien vgl. VPB *1981* Nr. 77 II 4–7. Vgl. auch Art. 261 N 138.

XI. Kritik

143   Anlass zu Diskussionen gibt vor allem das Anfechtungsrecht des Kindes. Einerseits: Sind die Voraussetzungen zu erweitern (vgl. N 61, 65, 66)? Anderseits: Ist dem aus künstlicher Insemination empfangenen Kind die Anfechtung zu versagen (vgl. N 59)? Beide Fragen lassen sich erst aufgrund künftiger Erfahrungen beurteilen.

Art. 256 a

II. Klagegrund
1. Bei Zeugung während der Ehe

¹ Ist ein Kind während der Ehe gezeugt worden, so hat der Kläger nachzuweisen, dass der Ehemann nicht der Vater ist.

² Ist das Kind frühestens hundertachtzig Tage nach Abschluss und spätestens dreihundert Tage nach Auflösung der Ehe geboren, so wird vermutet, dass es während der Ehe gezeugt worden sei.

II. Moyen
1. Enfant conçu pendant le mariage

¹ Lorsque l'enfant a été conçu pendant le mariage, le demandeur doit établir que le mari n'est pas le père.

² L'enfant né cent quatre-vingts jours au moins après la célébration du mariage ou trois cents jours au plus après sa dissolution est présumé avoir été conçu pendant le mariage.

II. Motivo
1. Concepimento nel matrimonio

¹ Se il figlio è stato concepito durante il matrimonio, l'attore deve dimostrare che il marito non è il padre.

² Si presume concepito durante il matrimonio il figlio nato non prima di centottanta giorni dalla celebrazione e non oltre trecento dallo scioglimento del matrimonio.

Art. 256 b

2. Bei Zeugung vor der Ehe oder während Aufhebung des Haushaltes

¹ Ist ein Kind vor Abschluss der Ehe oder zu einer Zeit gezeugt worden, da der gemeinsame Haushalt aufgehoben war, so ist die Anfechtung nicht weiter zu begründen.

² Die Vaterschaft des Ehemannes wird jedoch auch in diesem Fall vermutet, wenn glaubhaft gemacht wird, dass er um die Zeit der Empfängnis der Mutter beigewohnt hat.

2. Enfant conçu avant le mariage ou pendant la suspension de la vie commune	¹ Lorsque l'enfant a été conçu avant la célébration du mariage ou lorsqu'au moment de la conception la vie commune était suspendue, le demandeur n'a pas à prouver d'autre fait à l'appui de l'action. ² Toutefois, dans ce cas également, la paternité du mari est présumée lorsqu'il est rendu vraisemblable qu'il a cohabité avec sa femme à l'époque de la conception.
2. Concepimento prima del matrimonio o durante la sospensione della comunione domestica	¹ Se il figlio è stato concepito prima della celebrazione del matrimonio o in un momento in cui la comunione domestica era sospesa, la contestazione non dev'essere ulteriormente motivata. ² La paternità del marito è tuttavia presunta anche in questo caso quando sia reso verosimile ch'egli abbia avuto concubito con la madre al tempo del concepimento.

Übersicht

		Note	Seite
	Materialien	1	191
	Literatur	2	191
	Rechtsvergleichung	3	192
	Rechtsgeschichte	4	192
	Textgeschichte	5	192
I.	*Die Nichtvaterschaft des Ehemannes als Klagegrund*	6	193
II.	*Die erleichterte Anfechtung (Art. 256 b)*		194
	1. Die Vermutung der Nichtbeiwohnung des Ehemannes	10	194
	2. Die Widerlegung der Vermutung der Nichtbeiwohnung	17	196
III.	*Die ordentliche Anfechtung (Art. 256 a Abs. 1)*		198
	1. Anwendungsbereich	24	198
	2. Behauptungs- und Beweislast	27	198
	3. Beweis der Nichtvaterschaft mangels Beiwohnung	33	199
	4. Beweis der Nichtvaterschaft trotz allfälliger Beiwohnung	36	200
IV.	*Künstliche Insemination*		201
	1. Mit Samen des Ehemannes	37	201
	2. Mit Samen eines Dritten	38	201
V.	*Kritik*	40	202

Materialien	aArt. 254, 255; BBl *1974* II 30f; E 256a/256b; AmtlBull StR *1975* 117, *1976* 83f, NR *1975* 1753f.	1
Literatur	Siehe Art. 255 N 2.	2

3 Rechtsvergleichung	Nachzuweisen ist, dass der Ehemann nicht der Vater ist (CCfr 312 Abs. 2, BGB 1591 Abs. 1, ABGB 159). CCit 235 verlangt den Beweis, dass der Ehemann während der Empfängniszeit der Mutter nicht beigewohnt hat, dass er zeugungsunfähig war, oder dass die Mutter die Ehe gebrochen oder die Schwangerschaft und die Geburt verheimlicht hat und seine Vaterschaft ausgeschlossen ist. – Ist das Kind vor der Ehe gezeugt, so genügt die einfache Bestreitung der Ehelichkeit (CCit 233), es sei denn, die Beiwohnung in der Empfängniszeit werde dargetan (BGB 1591 Abs. 1), oder der Ehemann habe die Schwangerschaft vor der Ehe gekannt oder sich nach der Geburt wie der Vater verhalten (CCfr 314 Abs. 3). – CCfr 311 stellt die widerlegbare Vermutung auf, dass das Kind zwischen dem 300. und dem 180. Tag vor der Geburt gezeugt worden ist, und zwar gilt die Vermutung für jeden Zeitpunkt, soweit das Interesse des Kindes auf dem Spiele steht. Vgl. auch BALLENEGGER-CORNAZ 36, 87, 116, 148.
4 Rechtsgeschichte	Die kantonalen Rechte verlangten im allgemeinen den Beweis, dass der Ehemann der Mutter in der gesetzlichen (300–180 Tage vor der Geburt) oder in der konkreten Empfängniszeit nicht beiwohnte; der Beweis des Ehebruchs der Mutter genügte nicht (HUBER I 399 f). In einzelnen Kantonen konnte der Ehemann die Ehelichkeit des vor der Ehe gezeugten Kindes durch den Nachweis anfechten, dass die Ehefrau ihm ihre Schwangerschaft bis zur Trauung verheimlichte oder über deren Dauer wissentlich falsche Angaben machte; die Vermutung wurde jedoch durch den Nachweis wiederhergestellt, dass der Mann ihr schon vor der Ehe beigewohnt hatte (HUBER I 397). In den westschweizerischen Kantonen konnte der Ehemann die Ehelichkeit des vor dem 180. Tage nach der Eheschliessung geborenen Kindes bestreiten, sofern er nicht vor der Ehe schon um die Schwangerschaft wusste, bei der Eintragung der Geburt mitgewirkt hatte oder das Kind nicht lebensfähig war (HUBER I 397). Nach dem ZGB von 1907 musste bei Zeugung während der Ehe die Unmöglichkeit der Vaterschaft des Ehemannes bewiesen werden (aArt. 254). Bei Zeugung vor der Ehe oder während der Trennung war dieser Beweis jedoch nur zu leisten, wenn Beiwohnung des Ehemannes glaubhaft gemacht war (aArt. 255).
5 Textgeschichte	Art. 256a Abs. 1 entspricht aArt. 254, Art. 256b aArt. 255 (hinten S. 661 f). Art. 256a Abs. 2 ist neu, ebenso der gemeinsame Randtitel «II. Klagegrund». Im übrigen stimmen die Randtitel weitgehend überein. Art. 256a Abs. 1 verlangt anstelle des Beweises der Unmöglichkeit der Vaterschaft nur noch den der Nichtvaterschaft des Ehemannes; und zwar gilt das bei Zeugung während der Ehe statt wie bisher bei Geburt binnen 180 Tagen nach Abschluss der Ehe. Art. 256b Abs. 1 gestattet dementsprechend die erleichterte Anfechtung bei Zeugung *vor* der Ehe, nicht wie bisher bei Geburt vor Ablauf von 180 Tagen nach Abschluss der Ehe und erweitert sie bei Zeugung während der Ehe vom Fall der gerichtlichen Trennung auf den der Aufhebung des gemeinsamen Haushaltes überhaupt. Der Entwurf enthielt in Art. 256b Abs. 1 auch den Fall der Zeugung nach Auflösung der Ehe. Er wurde aufgrund der Kritik PIOTETS (JT *1975* I 492) gestrichen. Im übrigen blieben beide Bestimmungen unbestritten und wurde der Entwurf nur redaktionell geändert.

I. Die Nichtvaterschaft des Ehemannes als Klagegrund

Die Anfechtungsklage richtet sich gegen das durch die Vermutung des Art. 255 begründete Kindesverhältnis und die diesem zugrunde liegende Tatsachenvermutung der Vaterschaft des Ehemannes (Art. 255 N 10). Klagegrund ist daher die Behauptung, der Ehemann sei nicht der Erzeuger (sinngemäss gleich Art. 260b Abs. 1). Sie ist in der Erhebung der Klage enthalten und braucht nicht ausdrücklich aufgestellt zu werden (vgl. KUMMER Art. 8 N 45 f). 6

Der Begriff der Nichtvaterschaft ist der gleiche wie in Art. 260b Abs. 1 und der Ausschluss der Vaterschaft in Art. 262 Abs. 3. Erforderlich ist eine an Sicherheit grenzende Wahrscheinlichkeit (Art. 262 N 58). Sie entspricht dem, was für die Bildung der richterlichen Überzeugung überhaupt erforderlich ist (GULDENER 323). Die vom früheren Recht verlangte Unmöglichkeit der Vaterschaft meinte nichts anderes (BBl *1974* II 31; VA Art. 254 N 9). Dass die Vaterschaft des Ehemannes weniger wahrscheinlich ist als die eines Dritten (Art. 262 Abs. 3), genügt nicht. 7

Der Kläger trägt neben der Behauptungs- auch die Beweislast dafür, dass der Ehemann nicht der Vater ist (Art. 256a Abs. 1). Diese betrifft aber, da der Richter den Sachverhalt von Amtes wegen zu erforschen hat (Art. 254 Ziff. 1, dort N 41), nicht die Beweisführung, sondern die Folgen der Beweislosigkeit (vgl. KUMMER Art. 8 N 28, 31 f, 112 ff; GULDENER 169, 325). Bleibt unbewiesen, dass der Ehemann nicht der Vater ist (N 6 ff), so ist die Klage abzuweisen. 8

Art. 256a/256b unterscheiden nach der Behauptungs- und Beweislast des Klägers eine erleichterte und eine ordentliche Anfechtung. Die *erleichterte* Anfechtung (N 10–23) setzt voraus, dass das Kind vor der Ehe oder während der Aufhebung des Haushaltes der Ehegatten gezeugt worden ist (Art. 256b Abs. 1 und Randtitel zu Art. 256b). Die Behauptungs- und Beweislast des Klägers beschränkt sich auf diese Tatsache. Ist ihr genügt, so wird vermutet, der Ehemann habe der Mutter um die Zeit der Empfängnis nicht beigewohnt, woraus folgt, dass er nicht der Vater ist. Die Erleichterung fällt aber dahin, wenn glaubhaft gemacht wird, dass der Ehemann der Mutter beigewohnt hat (Art. 256b Abs. 2). Die Anfechtung folgt dann den *ordentlichen* Regeln (N 24–36) wie bei Zeugung während der Ehe und des gemeinsamen Haushaltes, d.h. dem Kläger obliegt die volle Behauptungs- 9 und Beweislast für die Nichtvaterschaft des Ehemannes (Art. 256 a Abs. 1). Der Zeitpunkt der Zeugung ist aufgrund der gesetzlichen Empfängniszeit (Art. 256 a Abs. 2) zu bestimmen.

II. Die erleichterte Anfechtung (Art. 256 b)

1. Die Vermutung der Nichtbeiwohnung des Ehemannes

A. Grundsatz

10   Die Vermutung der Vaterschaft des Ehemannes beruht auf der durch die Ehe begründeten Tatsachenvermutung der umfassenden, ausschliesslichen und dauernden Lebensgemeinschaft der Ehegatten (Art. 255 N 10). Besteht diese Gemeinschaft tatsächlich nicht, so fehlt der Vermutung die sachliche Rechtfertigung und besteht kein Grund, dem Ehemann von vornherein den Beweis seiner Nichtvaterschaft aufzubürden. Art. 256 b Abs. 1 trägt dem Rechnung: Ist das Kind vor Abschluss der Ehe oder zu einer Zeit gezeugt worden, da der gemeinsame Haushalt aufgehoben war, so ist die Anfechtung nicht weiter zu begründen. Die Behauptungs- und Beweislast des Klägers beschränkt sich auf die Tatsache der Zeugung vor Abschluss der Ehe (N 12 ff), oder während der Aufhebung des Haushaltes (N 15 f). Art. 256 b Abs. 1 knüpft somit an den Beweis der Zeugung vor der Ehe oder während der Aufhebung des Haushaltes die Tatsachenvermutung (KUMMER Art. 8 N 323), der Ehemann habe der Mutter um die Zeit der Empfängnis nicht beigewohnt. Wird diese Vermutung nicht widerlegt (N 17 ff), so ist der Beweis der Nichtvaterschaft erbracht und die Klage gutzuheissen. Die Vermutung der Nichtbeiwohnung gemäss Art. 256 b Abs. 1 bildet damit den Ausgleich für die weite Umschreibung der Voraussetzungen der Vermutung in Art. 255 Abs. 1.

11 Art. 256 b Abs. 1 entbindet den Kläger aber nicht von der Behauptungs- und Beweislast für die Voraussetzungen der Klage (Art. 256 N 9–15) und die Einhaltung der Klagefrist (Art. 256 c). Erhebt der Ehemann die Klage nach Ablauf eines Jahres seit der Geburt (Art. 256 c N 21), so hat er daher darzutun, wann er die Geburt und seine Nichtvaterschaft oder die Beiwohnung eines Dritten erfahren hat (Art. 256 c Abs. 1, dort N 22 ff). Ist seit diesem

Zeitpunkt mehr als ein Jahr oder sind seit der Geburt mehr als fünf Jahre verstrichen, so hat der Kläger die Wiederherstellung der Klagefrist gemäss Art. 256 c Abs. 3 zu begründen (dort N 45 ff).

B. Voraussetzungen

a) Zeugung vor Abschluss der Ehe

Ist das Kind frühestens 180 Tage nach Abschluss der Ehe geboren, so wird vermutet, dass es während der Ehe gezeugt worden ist (Art. 256a Abs. 2). Demnach ist zu vermuten, dass ein Kind, das früher geboren wird, vor der Ehe gezeugt worden ist. 12
Der 180. Tag nach Abschluss der Ehe kann mit Hilfe der Tabelle (Art. 262 N 49) bestimmt werden: Vom Tag der Eheschliessung (drittes Datum) ist das erste Datum aufzusuchen. Massgebend ist der Zeitpunkt der Vollendung der Geburt (vgl. dazu sinngemäss Art. 255 N 29).
Eine Schwangerschaft von 180 Tagen unterschreitet die durchschnittliche Schwangerschaftsdauer um 88 Tage (Art. 254 N 118). Auch Kinder, die nach dem 180. Tag seit Abschluss der Ehe geboren werden, können vor der Ehe gezeugt worden sein. Der Kläger kann dies im Anfechtungsprozess mit dem gynäkologischen und Tragzeitgutachten beweisen (Art. 254 N 112 f, 118 f). Gelingt dieser Beweis, so ist Art. 256 b Abs. 1 anwendbar (vgl. N 9). 13
Umgekehrt können die Beklagten beweisen, dass das vor dem 180. Tage seit der Trauung geborene Kind *während* der Ehe gezeugt worden ist und damit dem Kläger die Erleichterung von Art. 256 b Abs. 1 entziehen. Vgl. sinngemäss Art. 255 N 33 ff, Art. 262 N 51 f. 14

b) Zeugung während Aufhebung des Haushaltes

Entscheidend ist, ob die Ehegatten tatsächlich nicht zusammenlebten. Die Situation muss die Tatsachenvermutung begründen, es habe keine Beiwohnung stattgefunden. Das ist nicht der Fall, wenn die Ehegatten lediglich innerhalb der Wohnung getrennt leben oder – bei getrennten Haushalten – das Wochenende, die Freitage oder die Ferien miteinander verbringen. Gleichgültig sind die Gründe der Aufhebung des gemeinsamen Haushaltes. Sie können im persönlichen Verhältnis oder in äusseren Umständen liegen (vgl. dazu auch VA Art. 254 N 17). Unerheblich ist auch, ob 15 für die Aufhebung des Haushaltes ein gesetzlicher Grund bestand (BBl·*1974* II 31). Der Richter hat sich von Amtes wegen zu vergewissern, ob der Haushalt wirklich aufgehoben war (Art. 254 Ziff. 1). Es genügt nicht, dass dies glaubhaft gemacht wird. Vielmehr ist voller Beweis nötig. Ein Trennungsurteil im Sinne von Art. 146/147 ist weder erforderlich (anders aArt. 255 Abs. 1), noch ausreichend, ebensowenig eine Bewilligung des Richters im Eheschutzverfahren oder als vorsorgliche Massnahme im Scheidungsprozess.

16 Der Zeitpunkt der Zeugung ist in sinngemässer Anwendung von Art. 256 a Abs. 2 zu bestimmen. Ist das Kind frühestens 180 Tage seit Aufnahme oder Wiederaufnahme des Zusammenlebens und spätestens 300 Tage seit dessen Aufhebung geboren, so wird vermutet, dass es *während* des gemeinsamen Haushaltes, ist es dagegen vor oder nach diesen Zeitpunkten geboren, dass es während dessen Aufhebung gezeugt worden sei. Diese Vermutung kann aber widerlegt werden durch den Nachweis, dass das Kind tatsächlich vor Aufnahme oder Wiederaufnahme des gemeinsamen Haushaltes oder nach dessen Aufhebung gezeugt worden ist (vgl. N 13/14). Für die Bestimmung des 180. und des 300. Tages vgl. die Tabelle Art. 262 N 49. *Aufnahme* des gemeinsamen Haushaltes = drittes Datum; 180. Tag nachher = erstes Datum. – *Aufhebung* des gemeinsamen Haushaltes = zweites Datum; 300. Tag nachher = erstes Datum.

2. *Die Widerlegung der Vermutung der Nichtbeiwohnung*

17 Die Vermutung der Nichtbeiwohnung (N 10) fällt dahin, wenn glaubhaft gemacht wird, dass der Ehemann um die Zeit der Empfängnis der Mutter beigewohnt hat. Dem Kläger obliegt alsdann die volle Behauptungs- und Beweislast für die Nichtvaterschaft des Ehemannes (N 27 ff).

18 Mit der Glaubhaftmachung sind die *Beklagten* belastet. Indessen hat der Richter von Amtes wegen zu untersuchen (Art. 254 Ziff. 1, dort N 41 ff), ob der Ehemann der Mutter beigewohnt habe. Verläuft die Untersuchung ergebnislos, so wirkt sich dies zugunsten des Klägers aus.

19 *Glaubhaft* ist die Beiwohnung des Ehemannes, wenn für sie eine gewisse Wahrscheinlichkeit spricht, auch wenn mit der Möglichkeit zu rechnen ist, dass es sich anders verhalten könnte (vgl. GULDENER 323 N 27). Die übereinstimmende Aussage der Ehegatten, es habe keine Beiwohnung stattgefun-

den, oder die Erklärung der Mutter, ein Dritter, nicht der Ehemann, sei der Vater, genügen nicht, um die Beiwohnung auszuschliessen. Solche Aussagen sind im Zusammenhang mit den gesamten Umständen zu würdigen (GULDENER 323 N 28; Rep *1974* 308 = SJZ *1975* 299 Nr. 137). Besondere Vorsicht ist am Platze, wenn die Mutter der Klage zustimmt oder am Verfahren nicht teilnimmt. Angesichts der schwerwiegenden Folgen der erleichterten Anfechtung (N 10) dürfen an die Glaubhaftmachung der Beiwohnung nur geringe Anforderungen gestellt werden. Es muss genügen, dass die Beiwohnung des Ehemannes auch nur um ein Geringes wahrscheinlicher ist als das Gegenteil. Dass der Kläger den vollen Beweis der Nichtvaterschaft des Ehemannes zu erbringen hat, obwohl er tatsächlich der Mutter nicht beigewohnt hat, ist angesichts der hohen Ausschlussleistung der naturwissenschaftlichen Gutachten (Art. 254 N 155) leichter zu ertragen, als dass das Kindesverhältnis zum Ehemann aufgehoben wird, obwohl er in Wahrheit beigewohnt hat und der Vater sein kann (vgl. auch BALLENEGGER-CORNAZ 152 f).

20 Ist das Kind *vor* der Ehe gezeugt, so ist von Bedeutung, wann die Ehegatten sich kennenlernten und wann der Ehemann die Schwangerschaft erfuhr. Kenntnis der Schwangerschaft bei Abschluss der Ehe ist zwar von Bedeutung für die Zulässigkeit der Anfechtung durch den Ehemann (Art. 256 N 50), macht aber seine Beiwohnung nicht ohne weiteres auch glaubhaft (StenBull NR 1905, 731).

21 Hat die Zeugung *während der Aufhebung des Haushaltes* stattgefunden, so ist bedeutsam, aus welchen Gründen die Ehegatten sich trennten und wie sich ihre Beziehungen zueinander und zu Dritten in dieser Zeit entwickelten.

22 Mit der *Zeit der Empfängnis* ist nicht die gesetzliche Empfängniszeit im Sinne von Art. 256a Abs. 2 und 262 Abs. 1 gemeint, sondern jeder Zeitpunkt, der aufgrund des gynäkologischen und des Reifegradgutachtens (Art. 254 N 112 ff, 118 ff) nicht mit an Sicherheit grenzender Wahrscheinlichkeit als Empfängnistermin auszuschliessen ist (BGE *69* II 216, *83* II 179).

23 Zum Begriff der Beiwohnung vgl. Art. 262 N 21 f. Geschlechtsverkehr der Mutter mit Dritten schliesst nicht aus, dass eine Beiwohnung des Ehemannes glaubhaft gemacht wird.

III. Die ordentliche Anfechtung (Art. 256 a Abs. 1)

1. Anwendungsbereich

24   Die ordentliche Anfechtung ist in zwei Fällen anwendbar:
- Das Kind ist während der Ehe und des gemeinsamen Haushaltes der Ehegatten gezeugt worden (Art. 256 a Abs. 1).
- Das Kind ist zwar vor der Ehe oder in der Ehe während der Aufhebung des gemeinsamen Haushaltes gezeugt worden, es ist aber Beiwohnung des Ehemannes um die Zeit der Empfängnis glaubhaft gemacht (Art. 256 b).

25 Der Wortlaut von Art. 256 a Abs. 1 ist in zwei Punkten *zu eng:*
- Es genügt nicht, dass das Kind während der *Ehe* gezeugt worden ist. Die Zeugung muss auch während des *gemeinsamen Haushaltes* erfolgt sein (vgl. Randtitel zu Art. 256 b, Text von Art. 256 b Abs. 1).
- Art. 256 a Abs. 1 gilt nicht nur bei Zeugung *während* der Ehe. Aus Art. 256 b ergibt sich, dass auch bei Zeugung *vor* der Ehe die Nichtvaterschaft des Ehemannes nachzuweisen ist, wenn glaubhaft gemacht wird, dass der Ehemann der Mutter um die Zeit der Empfängnis beigewohnt hat.

26 Der Wortlaut von Art. 256 b Abs. 2 ist *ungenau:* Die Vermutung der Vaterschaft des Ehemannes entsteht gemäss Art. 255 von Gesetzes wegen durch die Geburt (dort N 18), und nicht etwa erst dadurch, dass die Beiwohnung des Ehemannes glaubhaft gemacht wird. Die Tatsache des Glaubhaftmachens bewirkt nur, dass die Vermutung nicht schon durch die Erhebung der Klage gemäss Art. 256 b Abs. 1, sondern erst durch den Nachweis der Nichtvaterschaft des Ehemannes gemäss Art. 256 a Abs. 1 beseitigt werden kann.

2. Behauptungs- und Beweislast

27   Der Kläger hat – abgesehen von den Voraussetzungen seines Klagerechts (Art. 256 N 9 ff) – seine Behauptung, der Ehemann sei nicht der Vater (N 6), zu begründen, d.h. er hat die Indizien zu nennen, aus denen sich dieser Schluss nach den Denkgesetzen und den Erfahrungen des Lebens ergibt. Nötigenfalls hat der Richter von Amtes wegen (Art. 254 Ziff. 1, dort N 41 ff), insbesondere durch Befragung des Ehemannes und der Mutter, zu ermitteln, ob und welche tatsächlichen Gründe für die Klage beste-

hen. Fehlen solche, so ist die Klage ohne Beweisverfahren abzuweisen. Nicht nötig erscheint es dagegen, eigens für die Einholung des Blutgruppengutachtens aus Rücksicht auf die Ehre der Mutter stichhaltige Anhaltspunkte für Zweifel an der Vaterschaft des Ehemannes zu verlangen, wie dies in BGE *71* II 60, *79* II 20, *82* II 504, *87* II 15 geschah (offengelassen in ZR *1983* Nr. 48 E. 2 c). Die Indizien können betreffen:

– die Tatsache, dass der Ehemann der Mutter um die Zeit der Empfängnis *nicht beigewohnt* hat (N 33 ff). Sie ist in der Behauptung enthalten, das Kind sei vor der Ehe oder während der Aufhebung des Haushaltes gezeugt worden (N 10); 28

– *medizinische* Tatsachen, wie Zeugungsunfähigkeit oder Unvereinbarkeit der Reife bei der Geburt mit dem Beiwohnungstermin, welche die Zeugung durch den Ehemann ausschliessen (N 36); 29

– *erbbiologische* Tatsachen, welche die Vaterschaft des Ehemannes trotz allfälliger Beiwohnung direkt oder indirekt ausschliessen (N 36). Sie sind freilich nur durch Gutachten feststellbar und daher in der Regel vor dem Prozess nicht bekannt. Der Kläger muss aber wenigstens Tatsachen nennen, welche Zweifel an der Vaterschaft des Ehemannes rechtfertigen, namentlich Geschlechtsverkehr oder verdächtigen Umgang der Mutter mit Dritten um die Empfängniszeit (vgl. BGE *87* II 15 mit Hinweisen), auffallende Ähnlichkeit mit einem Dritten. Es genügen aber auch Behauptungen im Sinne von N 28 und 29. 30

Wird die Vaterschaft des Ehemannes sowohl mangels Beiwohnung (N 28) als auch mangels Kausalität einer allfälligen Beiwohnung des Ehemannes (N 29, 30) bestritten, so ist über die zweite Behauptung nur Beweis zu erheben, wenn für die erste kein genügender Beweis erbracht wird (vgl. GULDENER 262). 31

Der Kläger trägt die *Beweislast* (Abs. 1). Vorn N 8. Der Beweis über die Nichtvaterschaft ist nur zu erheben, wenn die Rechtzeitigkeit der Klage feststeht. 32

3. Beweis der Nichtvaterschaft mangels Beiwohnung

Die Beiwohnung des Ehemannes ist unter Vorbehalt der künstlichen Insemination (N 37 ff) notwendige Voraussetzung seiner Vaterschaft. Sie wird, ausgenommen bei Zeugung vor der Ehe oder während Aufhebung des Haushaltes (N 9 ff), vermutet. Wird diese Vermutung widerlegt, so ist seine Vaterschaft ausgeschlossen (BGE *62* II 78, *71* II 58). Dieser Be- 33 weis stand früher im Vordergrund (N 4). Er kommt auch heute noch in Betracht, muss aber strengen Anforderungen genügen (BJM *1959* 67 f; JT *1965* III 71). Über den Begriff der Beiwohnung vgl. Art. 262 N 21. Dass die Ehegatten Geschlechtsverkehr verneinen, genügt nicht (BGE *85* II 174); ebensowenig, dass die Mutter Drittverkehr zugibt oder erklärt, das Kind stamme nicht vom Ehemanne (ausdrücklich CCit 235 Abs. 2).

Auch der Beweis der Beischlafsunfähigkeit (impotentia coeundi) reicht nicht aus. Rechtsprechung und Doktrin zu aArt. 254 liessen den Kläger auch bei Zeugung während des gemeinsamen Haushalts zum Beweis zu, dass der Ehemann der Mutter nicht beigewohnt habe (VA Art. 254 N 16 mit Hinweisen; BGE *83* II 4). Hiefür kamen praktisch nur die Parteiaussagen der Mutter und des Ehemannes in Betracht. Bei deren Würdigung wurde der sogenannten *«moralischen Unmöglichkeit»* der Beiwohnung besondere Bedeutung beigelegt. Sie liegt in einer so starken innern Entfremdung der Ehegatten, dass Abscheu, Feingefühl oder Gleichgültigkeit sie trotz bestehender Gelegenheit von einer geschlechtlichen Annäherung abhielt (BGE *62* II 76, *71* II 58, *82* II 502, 504, *85* II 173 f; BJM *1960* 189; VA Art. 254 N 19 mit Hinweisen).

34 Diese Beweisführung ist jedoch mit einem hohen Risiko falscher Aussage belastet. Auch erscheint der Schluss auf die «moralische Unmöglichkeit» fragwürdig, angesichts der Tatsache, dass es nicht selten auch zwischen stark entzweiten, selbst zwischen geschiedenen Ehegatten zu geschlechtlichen Kontakten kommt.

35 Die Figur der «moralischen Unmöglichkeit» der Beiwohnung bildete eine Notlösung, solange zuverlässigere Beweismittel fehlten. Seitdem naturwissenschaftliche Gutachten den objektiven Beweis der Nichtvaterschaft in praktisch allen Fällen zu erbringen vermögen (DAHR [zit. Art. 254 N 2] 126), genügt sie aber den bundesrechtlichen Anforderungen nicht mehr, sondern kann höchstens im Rahmen eines Additionsbeweises berücksichtigt werden (Art. 254 N 203). Vgl. z. B. Rep *1974* 308 = SJZ *1975* 299 Nr. 137; dieser Entscheid könnte heute auf Art. 256 b Abs. 1 gestützt werden.

4. Beweis der Nichtvaterschaft trotz allfälliger Beiwohnung

36 Kann die Beiwohnung des Ehemannes nicht ausgeschlossen werden oder ist sie glaubhaft gemacht, so kann seine Nichtvaterschaft nur mit medizinischen oder erbbiologischen Gutachten bewiesen werden.

Die medizinischen Gutachten können beweisen, dass die Mutter das Kind nicht vom Ehemann empfangen hat, die erbbiologischen, dass es nicht vom Ehemann oder aber von einem bestimmten Dritten abstammt (vgl. Art. 254 N 107 ff, 130 ff). Der Beweis ist in gleicher Weise zu führen wie der Beweis der Nichtvaterschaft des Beischläfers gemäss Art. 262 Abs. 3, vgl. Art. 262 N 61–69.

IV. Künstliche Insemination

1. Mit Samen des Ehemannes
(Homologe Insemination, A. I. H. = *a*rtificial *i*nsemination with semen derived from *h*usband).

37 Die künstliche Insemination mit Samen des Ehemannes steht rechtlich einer Beiwohnung gleich ohne Rücksicht darauf, ob er ihr zugestimmt hat oder nicht (Art. 255 N 44). Der Beweis der Nichtvaterschaft mangels Beiwohnung (N 33 ff) ist daher ausgeschlossen. Massgebend sind vielmehr die Regeln über den Beweis der Nichtvaterschaft trotz Beiwohnung (N 36). Das gilt auch, wenn glaubhaft gemacht wird, dass bei Zeugung vor der Ehe oder während Aufhebung des Haushaltes Samen des Ehemannes übertragen wurde (vgl. N 17 ff). Dem Kläger steht zudem der Beweis offen, dass tatsächlich Samen eines Dritten verwendet wurde.

2. Mit Samen eines Dritten
(Heterologe Insemination, A. I. D. = *a*rtificial *i*nsemination with semen derived from *d*onor)

A. Der Ehemann hat zugestimmt

38 Ist nachgewiesen, dass der Ehemann der Insemination zugestimmt und diese zur Konzeption geführt hat, so kann er nicht anfechten, Art. 256 Abs. 3, dort N 39 ff. Dagegen kann das Kind anfechten, sofern während seiner Unmündigkeit der gemeinsame Haushalt der Ehegatten aufgehört hat, Art. 256 Abs. 1 Ziff. 2, dort N 57 ff. Im Verhältnis zum Kind ist die Zustimmung des Ehemannes unerheblich. Sie schliesst weder das Anfechtungsrecht des Kindes aus (Art. 256 N 59), noch bewirkt sie, dass die Insemi-

nation einer Beiwohnung des Ehemannes gleichsteht. Das Kind hat daher auch in dieser Situation nur die Nichtvaterschaft des Ehemannes und nicht etwa auch die des Samenspenders zu beweisen.

B. Der Ehemann hat nicht zugestimmt

39   Die Insemination ist wie die Beiwohnung eines Dritten zu behandeln. Der Beweis der Nichtvaterschaft des Ehemannes richtet sich nach den ordentlichen Regeln (N 10–36).

V. Kritik

40   Der stark an das frühere Recht angelehnte Wortlaut von Art. 256a/256b ist kompliziert und ungenau (N 25, 26). Der Sinn der beiden Bestimmungen könnte einfacher und präziser wie folgt ausgedrückt werden:

[1] Der Kläger hat nachzuweisen, dass der Ehemann nicht der Vater ist.
[2] Ist das Kind vor der Ehe oder zu einer Zeit gezeugt worden, da der gemeinsame Haushalt aufgehoben war, so ist dieser Beweis nur zu leisten, wenn glaubhaft gemacht wird, dass der Ehemann der Mutter um die Zeit der Empfängnis beigewohnt hat.
[3] Es wird vermutet, dass das Kind frühestens 300 und spätestens 180 Tage vor der Geburt gezeugt worden ist.

Art. 256c

III. Klagefrist	[1] Der Ehemann hat die Klage binnen Jahresfrist einzureichen, seitdem er die Geburt und die Tatsache erfahren hat, dass er nicht der Vater ist oder dass ein Dritter der Mutter um die Zeit der Empfängnis beigewohnt hat, in jedem Fall aber vor Ablauf von fünf Jahren seit der Geburt. [2] Die Klage des Kindes ist spätestens ein Jahr nach Erreichen des Mündigkeitsalters zu erheben. [3] Nach Ablauf der Frist wird eine Anfechtung zugelassen, wenn die Verspätung mit wichtigen Gründen entschuldigt wird.
III. Délai	[1] Le mari doit intenter action au plus tard un an après qu'il a connu la naissance et le fait qu'il n'est pas le père ou qu'un tiers a cohabité avec la mère à l'époque de la conception, mais en tout cas dans les cinq ans depuis la naissance. [2] L'action de l'enfant doit être intentée au plus tard une année après qu'il a atteint l'âge de la majorité. [3] L'action peut être intentée après l'expiration du délai lorsque de justes motifs rendent le retard excusable.

III. Termine ¹ Il marito può proporre l'azione entro un anno dacché ebbe notizia della nascita e dell'esclusa sua paternità, o del concubito di un terzo con la madre al tempo del concepimento, in ogni caso però entro cinque anni dalla nascita.
² L'azione del figlio può essere proposta al più tardi un anno dopo la raggiunta maggiore età.
³ Scaduto il termine, la contestazione è ammessa se il ritardo è scusato da gravi motivi.

Übersicht			Note	Seite
	Materialien		1	204
	Literatur		2	204
	Rechtsvergleichung		3	204
	Rechtsgeschichte		4	204
	Textgeschichte		6	204
	I.	Klage vor der Geburt	7	205
	II.	Zweck der Klagefrist	9	205
	III.	Die Klagefrist für den Ehemann		206
		1. Die relative und die absolute Frist	12	206
		2. Die relative Frist	16	207
		3. Die absolute Frist	30	209
	IV.	Die Klagefrist für das Kind	32	209
	V.	Die Berechnung der Fristen	33	209
	VI.	Die Wahrung der Fristen		210
		1. Die Rechtsnatur der Fristen	37	210
		2. Der bundesrechtliche Begriff der Klageeinreichung	38	210
		3. Das kantonale Prozessrecht	41	211
	VII.	Die Wiederherstellung der Fristen		212
		1. Die Wiederherstellung aus wichtigen Gründen	45	212
		2. Nachfrist gemäss OR 139	62	215
		3. Wiederherstellung nach Prozessrecht	63	216
	VIII.	Intertemporales Recht	64	216
		1. Klage des Ehemannes	65	217
		2. Klage des Kindes	69	218
	IX.	Internationales Recht	70	218

1 Materialien	aArt. 253; BBl *1974* II 32; E 256c; AmtlBullStR *1975* 117; NR *1975* 1754.
2 Literatur	Siehe Art. 255 N 2, sowie BOSSHART PIERRE, La sauvegarde des délais péremptoires par l'introduction d'instance selon la jurisprudence du Tribunal fédéral, Diss. Freiburg 1963; CAPITAINE GEORGES, Des courtes prescriptions, des délais et actes de déchéance (péremption) du CCS et du CO, Genf 1937; DUBS JÜRG, Die Prozessüberweisung im Zürcherischen Zivilprozessrecht, unter Berücksichtigung der Regelungen anderer Kantone und des Auslands, Diss. Zürich 1981; MATTMANN FRITZ, Die Anspruchs- und Klagerechtsverwirkung aus prozessualen Gründen in den schweizerischen Zivilprozessordnungen, Diss. Freiburg 1963; RATHGEB C., L'action en justice et l'interruption de la prescription, FS François Guisan, Lausanne 1950; *derselbe,* A propos de la péremption de l'action en recherche de la paternité, JT *1967* III 34; ROGGWILLER HANS, Der «wichtige Grund» und seine Anwendung in ZGB und OR, Diss. Zürich 1957; VOYAME JOSEPH, Droit privé fédéral et procédure civile cantonale, ZSR *1961* II 67; WICHSER WERNER, Rückwirkung im intertemporalen Kindesrecht?, SJZ *1982* 388; WYSS JEAN-ALBERT, La péremption dans le Code civil suisse (Diss. Lausanne 1957).
3 Rechtsvergleichung	Die Frist der Anfechtungsklage weist grosse Unterschiede auf. Für den *Ehemann* beträgt sie nach BGB 1594 zwei, nach ABGB 156 ein Jahr seit Kenntnis der Umstände, die für die Unehelichkeit des Kindes sprechen, nach CCfr 316 sechs Monate, nach CCit 244 Abs. 2 ein Jahr seit der Geburt oder seit Rückkehr nach Abwesenheit bei der Geburt oder seit Entdeckung einer verheimlichten Geburt. Dem *Kind* läuft die Frist nach BGB 1598 bis zum Ablauf von zwei Jahren seit der Volljährigkeit, nach CCit 244 Abs. 3 von einem Jahr seit der Volljährigkeit oder seit Kenntnis der Tatsachen, die eine Anfechtung ermöglichen. Nach CCit 244 Abs. 1 beträgt die Klagefrist für die *Mutter* sechs Monate seit der Geburt; die Mutter und ihr neuer Ehemann haben nach CCfr 318-1 Abs. 2 binnen sechs Monaten seit der Eheschliessung und vor Vollendung des 7. Altersjahres des Kindes zu klagen. Unbefristet ist die Anfechtung durch den Staatsanwalt in Österreich. Das angelsächsische Recht kennt überhaupt keine Frist. DUTOIT 7, KRAUSE sec. 36; BALLENEGGER-CORNAZ 89, 117, 154.
4 Rechtsgeschichte 5	Die Klagefristen der kantonalen Rechte betrugen zwischen vier Wochen und sechs Monaten seit Kenntnis der Geburt (HUBER I 400ff). aArt. 253 (hinten S. 661) befristete die Klage auf drei Monate seit Kenntnis der Geburt. Die Frist konnte nach aArt. 257 wiederhergestellt werden, wenn der Ehemann durch Arglist zur Anerkennung der Ehelichkeit oder zur Unterlassung der Anfechtung bewogen worden war oder die Verspätung mit wichtigen Gründen entschuldigt wurde.
6 Textgeschichte	Die Regelung der Klagefrist in einer besonderen Bestimmung ist neu. Art. 256c geht in Abs. 1 auf aArt. 253 und in Abs. 3 auf aArt. 257 zurück (hinten S. 662); Abs. 2 ist neu. Abs. 1 verlängert die Frist von drei Monaten auf ein Jahr, verlangt neben der Kenntnis der Geburt neu auch die Kenntnis der Umstände, die gegen die Vaterschaft des Ehemannes sprechen und

führt die absolute Frist von fünf Jahren seit der Geburt ein. Abs. 3 ersetzt die Differenzierung der Wiederherstellung bei Arglist und bei andern wichtigen Gründen (aArt. 257 Abs. 1 und 3) durch die Generalklausel der wichtigen Gründe und verzichtet auf eine Bemessung der Nachfrist (aArt. 257 Abs. 2). Die weitherzige Regelung stiess in der ständerätlichen Kommission auf starke Bedenken, blieb aber im Parlament unbestritten. Gegenüber dem Entwurf wurde die Bestimmung lediglich redaktionell leicht geändert.

I. Klage vor der Geburt

Ehemann und Kind können ein schutzwürdiges Interesse daran haben, dass die Vermutung des Art. 255 noch vor der Geburt oder möglichst bald nachher beseitigt wird. Daher muss ihnen in entsprechender Anwendung von Art. 263 Abs. 1 Ingress gestattet werden, die Anfechtungsklage schon vor der Niederkunft der Mutter zu erheben. Die Parteifähigkeit des gezeugten, aber noch ungeborenen Kindes folgt aus Art. 31 Abs. 2. Es wird wie das urteilsunfähige Kind durch einen Beistand gemäss Art. 392 Ziff. 2 vertreten (vorn Art. 256 N 70f). 7

Kann die Empfängniszeit mit der nötigen Gewissheit bestimmt werden und steht fest, dass der Ehemann in dieser Zeit der Mutter nicht beigewohnt hat oder zeugungsunfähig gewesen ist, so kann die Klage noch vor der Niederkunft gutgeheissen werden. Das Kindesverhältnis zum Ehemann entsteht in diesem Falle mit der Geburt nicht, obwohl die Voraussetzungen der Vermutung gemäss Art. 255 gegeben sind. 8

II. Zweck der Klagefrist

Die Befristung der Anfechtungsklage dient vorab der Rechtssicherheit: Das väterliche Kindesverhältnis soll zeitlich nicht unbegrenzt in Frage gestellt werden können. Dazu kommt, dass die im Laufe der Zeit entstandene sozial-psychische Beziehung die fehlende Abstammung aufwiegt (HEGNAUER [zit. Art. 252 N 2] ZSR *1971* I 3 ff). Freilich kann ein unwahres Kindesverhältnis auch ohne solche Beziehung lange unangefochten bleiben. 9

Das Gesetz bemisst die Frist für den Ehemann (und seine Eltern, Art. 258) kürzer als für das Kind (Abs. 1 und Abs. 2). Denn dem Interesse des Kindes 10 (und der Mutter) an der Nichtanfechtung kommt mehr Gewicht zu als dem des Ehemannes an der Anfechtung, dem Interesse des Kindes an der Anfechtung mehr als dem gegenteiligen des Ehemannes (und der Mutter).

11 Da für die Klageberechtigten aber in jedem Fall viel auf dem Spiel steht, können versäumte Fristen aus wichtigen Gründen wiederhergestellt werden (Abs. 3; BBl *1974* II 32 f, hinten N 45 ff).

III. Die Klagefrist für den Ehemann

1. Die relative und die absolute Frist

12   Der Ehemann hat die Klage binnen Jahresfrist einzureichen, seitdem er die Geburt und die Tatsache erfahren hat, dass er nicht der Vater ist oder dass ein Dritter der Mutter um die Zeit der Empfängnis beigewohnt hat, in jedem Fall aber vor Ablauf von fünf Jahren seit der Geburt (Abs. 1). Die Klage ist somit relativ (N 16 ff) und absolut (N 30) befristet. Solche doppelte Befristung findet sich auch bei den Klagen auf Anfechtung der Anerkennung (Art. 260 c), der Adoption (Art. 269 b) und der Ehe (Art. 127), auf Scheidung der Ehe (Art. 137, 138) und auf Ungültigerklärung oder Herabsetzung einer Verfügung von Todeswegen (Art. 521, 533) und bei der Erbschaftsklage (Art. 600).

13 Die *relative* Frist nimmt auf die subjektiven Verhältnisse des Klägers Rücksicht. Sie muss ausreichen für die nötigen Nachforschungen, Überlegungen und Handlungen (GRÜNKORN 157).

14 Bei der *absoluten* Frist steht dagegen die objektive Situation im Vordergrund. Sind fünf Jahre seit der Geburt verstrichen, erscheint das Interesse des Ehemannes an der Anfechtung nicht mehr als schutzwürdig.

15 Die Klage ist rechtzeitig, wenn beide Fristen eingehalten sind. Die einjährige relative Frist ist nur innerhalb der fünfjährigen absoluten Frist bedeutsam. Klageerhebung vor der Geburt oder binnen eines Jahres seither wahrt in jedem Fall beide Fristen. Zwischen einem und fünf Jahren seit der Geburt ist dagegen die Einhaltung der relativen Frist wesentlich. Beginnt diese erst nach Ablauf des vierten Jahres, so dauert sie nicht mehr ein volles Jahr, sondern endigt vorzeitig mit dem Ablauf der absoluten Frist.

2. Die relative Frist

A. Grundsatz

Die einjährige Frist beginnt, sobald der Ehemann die Geburt des Kindes (N 22 ff) und die Tatsache erfahren hat, dass er nicht der Vater ist (N 25 f) *oder* dass ein Dritter der Mutter um die Zeit der Empfängnis beigewohnt hat (N 27 f). 16

Sie beginnt nicht vor Kenntnis der Geburt, auch wenn der Ehemann bei der Trauung weiss, dass die Frau von einem andern Mann schwanger ist. 17

Erfährt der Ehemann seine Nichtvaterschaft und die Drittbeiwohnung zu verschiedener Zeit, so ist der frühere Zeitpunkt massgebend. 18

Die Frist läuft ohne Rücksicht darauf, ob der Ehemann weiss, dass er als Vater gilt und diese Vermutung nur durch fristgerechte Anfechtungsklage beseitigen kann (GRÜNKORN 66). 19

Ist der Ehemann urteilsunfähig (Art. 256 N 37), so ist die Kenntnis des gesetzlichen Vertreters massgebend. Die Frist läuft nicht, solange dieser nicht bestellt ist (GRÜNKORN 68 ff). 20

Wird die Klage vor Ablauf eines Jahres seit der Geburt erhoben, so ist die relative Frist auf jeden Fall gewahrt (N 15). 21

B. Gegenstand der Kenntnis

a) Die Geburt

Leben die Ehegatten im gemeinsamen Haushalt, so erfährt der Ehemann die Geburt in der Regel sofort. 22

Ist der Haushalt aufgehoben, so kann zwischen der Geburt und deren Kenntnis erhebliche Zeit verstreichen. Die Kenntnis der Schwangerschaft oder des voraussichtlichen Geburtstermins genügt nicht. 23

Bei Zusammentreffen zweier Vermutungen (Art. 257) ist für die Anfechtungsklage des ersten Ehemannes neben der Kenntnis der Geburt auch die Kenntnis der *Aufhebung* des Kindesverhältnisses zum zweiten Ehemann erforderlich (Art. 257 N 13). 24

b) Die Nichtvaterschaft

25   Der Ehemann erfährt, dass er nicht der Vater ist, schon mit der Kenntnis der *Geburt,* wenn er der Mutter in der Empfängniszeit nicht beigewohnt hat, oder wenn er von vornherein weiss, dass er nicht zeugungsfähig ist oder dass die Mutter zur Zeit seiner ersten Beiwohnung schon schwanger ist, oder *später* durch Entdeckung auffallender fremdrassiger Merkmale beim Kinde, die bei ihm und der Mutter fehlen, oder durch die Ergebnisse medizinischer oder erbbiologischer Untersuchungen.

26 Ob der Ehemann aus den ihm bekannten Tatsachen auf seine Nichtvaterschaft habe schliessen müssen, ist nicht abstrakt, sondern nach seinen konkreten intellektuellen Fähigkeiten zu beurteilen (vgl. GRÜNKORN 52; ZR *1980* Nr. 119).

c) Die Beiwohnung eines Dritten um die Zeit der Empfängnis

27   Es genügt die Kenntnis, dass ein Dritter der Mutter beigewohnt hat. Kenntnis der Person ist nicht erforderlich (GRÜNKORN 61). Unerheblich ist, ob die Mutter in die Beiwohnung eingewilligt hat oder dazu gezwungen worden ist; ebenso, ob auch der Ehemann ihr beigewohnt und seine Vaterschaft noch nicht ausgeschlossen ist.

28 Massgebend ist die konkrete Empfängniszeit im Sinne von Art. 256b Abs. 2, nicht die gesetzliche im Sinne von Art. 256a Abs. 2 (Art. 256a/256b N 22). Zum Begriff der Beiwohnung vgl. Art. 262 N 21 f.

C. Anforderungen an die Kenntnis

29   Der Kläger hat darzutun und zu beweisen, wann und wie er die Geburt und die Tatsache seiner Nichtvaterschaft oder der Beiwohnung eines Dritten erfahren hat (KUMMER Art. 8 N 312 ff). Massgebend ist die sichere, prozessual verwertbare Kenntnis der Tatsache; blosse Zweifel und Befürchtungen genügen nicht, sofern die Umstände nicht so liegen, dass der Kläger gehalten ist, sich über den Tatbestand Gewissheit zu verschaffen (BGE *71* II 259 f, *83* II 175, *91* II 156, *100* II 283; BJM *1968* 133; GRÜNKORN 62 ff; vgl. auch BÜHLER/SPÜHLER Einl. N 68). Ein blosses Kennensollen, d. h. ein fahrlässiges Nichtgewahrwerden der verdächtigen Um-

stände setzt die einjährige Frist nicht in Gang (ZR *1983* Nr. 48). Die Kenntnis der Tatsache setzt aber nicht voraus, dass auch Beweismittel für sie vorliegen. Werden die massgebenden Umstände nicht von den Parteien vorgebracht, so hat der Richter sie gemäss Art. 254 Ziff. 1 (dort N 41 ff) abzuklären. Die Beweislast für mangelnde Fristwahrung liegt bei den Beklagten (KUMMER Art. 8 N 316; GRÜNKORN 226).

3. Die absolute Frist

Die absolute Frist beginnt mit der Geburt. Massgebend ist der Tag, an dem die Geburt vollendet ist, bei Mehrlingen der Tag, an dem das letzte Kind geboren wird (vgl. Art. 255 N 29). Für den Sonderfall der «doppelten Ehelichkeit» vgl. Art. 257 N 13. 30

Ist die absolute Frist abgelaufen, so kann die Klage – unter Vorbehalt der Wiederherstellung gemäss Abs. 3, hinten N 45 ff – nicht mehr erhoben werden, auch wenn der Ehemann die Geburt oder die Tatsache seiner Nichtvaterschaft oder die Beiwohnung eines Dritten noch nicht erfahren hat. 31

IV. Die Klagefrist für das Kind

Die Klage des Kindes ist spätestens ein Jahr nach Erreichen des Mündigkeitsalters zu erheben (Abs. 2). Diese Frist ist gleich bemessen wie für die Anfechtung der Anerkennung (Art. 260 c Abs. 2) und für die Vaterschaftsklage (Art. 263 Abs. 1 Ziff. 2). Siehe Art. 263 N 8–10. 32

V. Die Berechnung der Fristen

Die Fristen sind gemäss Art. 7 nach den Vorschriften des OR zu bestimmen (FRIEDRICH Art. 7 N 44 Ziff. 6; WEBER OR 75 N 8, 77 N 5). Der Tag, von dem an die Frist läuft, ist nicht mitzurechnen (OR 132 Abs. 1; BGE *42* II 331; OG 32 Abs. 1). Die Frist endigt an dem Tag, dessen Monats- und Tagesdatum dem des Fristbeginns entspricht (OR 77 Abs. 1 Ziff. 3). 33

Fällt der letzte Tag der Frist auf einen Samstag oder Sonntag oder auf einen andern am Gerichtsstand der Klage staatlich anerkannten Feiertag, so gilt der nächstfolgende Werktag als letzter Tag der Frist (OR 78 Abs. 1; BG über 34 den Fristenlauf an Samstagen, vom 21. Juni 1963, SR 173.110.3; OG 32 Abs. 2; SPIRO II 1046f; WEBER OR 78 N 16–23).

35 Beginnt die Frist am 29. Februar eines Schaltjahres, so endigt sie am 28. Februar des Endjahres (OR 77 Abs. 1 Ziff. 3 Satz 1 a. E.).

36 Ist das Kind am 30. März 1978 geboren, so lief die absolute Frist am 30. März 1983 ab. Erfuhr der Ehemann die Geburt und seine Nichtvaterschaft oder die Drittbeiwohnung am 16. Juli 1978, so endigte die relative Frist am 16. Juli 1979. Das Kind kann dagegen bis 30. März 1999 klagen.

VI. Die Wahrung der Fristen

1. Die Rechtsnatur der Fristen

37 Die Art. 256c, 260c, 263 und 269b normieren *Verwirkungs-*, nicht Verjährungsfristen (ebenso die Fristen gemäss aArt. 253, 256, 262, 306, 308; BGE *42* II 101, *44* II 459, *45* II 237, *55* II 17; Erl I 265; CAPITAINE 171; WYSS 70). Ihre Einhaltung ist von Amtes wegen, nicht bloss auf Einrede der beklagten Partei zu prüfen (BJM *1958* 220, vgl. auch BGE *85* II 537; WYSS 28ff; AUBERT 202; RATHGEB JT *1967* III 38f; BÜHLER/SPÜHLER Einl N 63). Die Vorschriften über Hinderung, Stillstand und Unterbrechung der Verjährung (OR 134/135) sind nicht anwendbar. Sind die Fristen unbenützt abgelaufen, so geht der Klageanspruch von Gesetzes wegen unter und ist die Klage abzuweisen. Die beklagte Partei kann auf die Einhaltung der Fristen nicht verzichten (a. M. SPIRO II § 541 S. 1566). Über die Nichtvaterschaft des Ehemannes ist nur Beweis zu erheben, wenn die Rechtzeitigkeit der Klage feststeht.

2. Der bundesrechtliche Begriff der Klageeinreichung

38 Der Begriff der Klageeinreichung wird vom *Bundesrecht* bestimmt. Gemeint ist die Prozesshandlung, mit welcher die Klagepartei zum ersten Mal in bestimmter Form den Schutz des Richters anruft. Unerheblich ist, ob diese Handlung vom Prozessrecht vorgeschrieben ist und die Streithängigkeit begründet (BGE *74* II 15f mit Hinweisen; BGE *82* II 590; GULDENER 233).

39 Die *Anrufung des Sühnbeamten* genügt, wenn er nach Prozessrecht die Sache mangels Aussöhnung von Amtes wegen an das Gericht weiterzuleiten

hat oder die Klagepartei sie innert einer bestimmten Frist nach Abschluss des Sühnverfahrens vor den urteilenden Richter bringen muss, um Rechtsnachteile zu vermeiden, und eine solche Frist auch eingehalten ist (BGE *74* II 16f, *85* II 315, *87* II 369, *89* II 307, *91* II 158; GULDENER 233; vgl. auch BÜHLER/SPÜHLER Einl N 70). Nicht erforderlich ist, dass die Klageeinleitung innert der Frist dem Beklagten zugestellt worden ist (BGE *85* II 317; *98* II 181). Dagegen wahrt das Gesuch um Bewilligung der unentgeltlichen Prozessführung die Frist nicht (BGE *46* II 92f; ZBJV *1936* 561, *1958* 241).

Die Frist ist gewahrt, wenn die Klage am letzten Tag beim zuständigen *Gericht eintrifft* oder zu dessen Handen einer schweizerischen *Poststelle übergeben* wird (GULDENER 233 N 17; OG 32 Abs. 2, SchKG 32). Fristgerechte Aufgabe bei ausländischer Poststelle genügt nicht (SJZ *1920/21* 365 Nr. 72; BGE *92* II 215). Nach E/IPRG 12 Abs. 1 genügt es für die Wahrung von Fristen, wenn die Eingabe am letzten Tag der Frist bei einer schweizerischen diplomatischen oder konsularischen Vertretung eintrifft. 40

3. Das kantonale Prozessrecht

In welcher Form der Richter anzurufen ist, wird vom kantonalen Prozessrecht bestimmt (BGE *55* II 17; SJZ *1918/19* 154 Nr. 36; SJ *1958* 182 = SJZ *1959* 92 Nr. 38). So wird nach ZH ZPO 196 Ziff. 3 die Klage ohne Sühnverfahren beim Bezirksgericht durch schriftliche Eingabe rechtshängig gemacht. Das kantonale Recht schreibt vor, wie die Parteien zu bezeichnen, welche Belege einzureichen sind, ob und in welcher Frist die Sache nach Anrufung des Sühnbeamten an das Gericht zu bringen ist. 41

Es bestimmt auch, ob eine fehlerhafte Prozesshandlung verbesserlich ist (GULDENER 282), z. B. ob eine ungenügende Parteibezeichnung nachträglich mit Rückwirkung auf den Zeitpunkt der Klageeinreichung korrigiert werden kann (vgl. BGE *85* II 313). 42

Es kann vorsehen, dass die beim unzuständigen Gericht erhobene Klage ohne Unterbrechung der Rechtshängigkeit dem zuständigen Gericht zu überweisen ist (BGE *75* III 76; GULDENER 233; BOSSHART 92f; N 62). 43

Das kantonale Recht darf aber vor Ablauf der bundesrechtlichen Fristen die Klage nicht wegen eines formellen Fehlers im kantonalen Verfahren als verwirkt erklären (BGE *93* II 371; RATHGEB 268ff; VOYAME ZSR *1961* II 104f; MATTMANN 30, 35ff; BOSSHART 56f; gegenteilig BGE *67* II 73, *87* I 68; GULDENER 71 N 67). 44

VII. Die Wiederherstellung der Fristen

1. Die Wiederherstellung aus wichtigen Gründen

A. Allgemeines

45 Nach Ablauf der Frist wird nach Abs. 3 eine Anfechtung zugelassen, wenn die Verspätung mit wichtigen Gründen entschuldigt wird. Für den Ehemann, namentlich aber für das Kind steht soviel auf dem Spiel, dass die Anfechtung nicht scheitern soll, wenn die Frist aus entschuldbaren Gründen versäumt worden ist (BBl *1974* II 32 f). Abs. 3 lautet gleich wie Art. 260 c für die Anfechtung der Anerkennung und Art. 263 Abs. 3 für die Vaterschaftsklage; vgl. auch VVG 45 Abs. 3 und PatG 47. Im übrigen kennt das Bundesprivatrecht keine Wiederherstellung einer versäumten Frist (BGE *101* II 88 f).

46 Der Wiederherstellung sind die absolute und die relative Frist für den Ehemann (Abs. 1) zugänglich (BBl *1974* II 33), ebenso die Frist für das Kind (Abs. 2).

47 Der Richter hat auch Abs. 3 von Amtes wegen anzuwenden (vgl. N 37).

48 Die Wiederherstellung ist zeitlich nicht absolut begrenzt (ebenso VA Art. 257 N 7. Vgl. unter dem früheren Recht BGE *91* II 153; SJZ *1969* 374 Nr. 206: Anfechtung 30 Jahre nach der Geburt).

B. Der Begriff der mit wichtigen Gründen entschuldigten Verspätung

49 Die Verspätung wird in jedem Fall entschuldigt, wenn der Kläger oder sein Vertreter durch ein unverschuldetes Hindernis abgehalten worden ist, die Klage innert Frist zu erheben. Insoweit ist die Rechtsprechung und Doktrin zu OG 35, BZPO 13, VwVG 24 hier sinngemäss anzuwenden.

50 Abweichend von diesen Bestimmungen sieht Art. 256 Abs. 3 vor, dass die Verspätung «mit wichtigen Gründen» entschuldigt wird. Dieser Verweis auf Art. 4 (vgl. dazu MEIER-HAYOZ Art. 4 N 10 ff, 18, 46 ff; ROGGWILLER 65 ff) begründet die Befugnis des Richters, beim Entscheid über die Zulassung einer verspäteten Klage alle erheblichen Umstände des Einzelfalles, und zwar im

Gegensatz zu den in N 49 erwähnten Verfahrensvorschriften neben den Hindernissen der rechtzeitigen *Ausführung* auch die Hindernisse bei der *Bildung* des Klageentschlusses zu berücksichtigen. Bei der Auslegung von Art. 256 c Abs. 3 dürfen Lehre und Rechtsprechung zum wörtlich gleich lautenden aArt. 257 Abs. 3 nicht unbesehen übernommen werden. Art. 256 c Abs. 3 erfasst auch den Fall der Arglist im Sinne von aArt. 257 Abs. 1. Vor allem aber sind die Verlängerung der Frist von drei Monaten auf ein Jahr und der Aufschub ihres Beginns bis zur Kenntnis der Umstände, die gegen die Vaterschaft des Ehemannes sprechen, sowie die neue absolute Frist von fünf Jahren seit der Geburt (N 6) von Bedeutung. Sie sprechen für einen strengeren Massstab als bisher. Umgekehrt können die verstärkte Beachtung der subjektiven Umstände (N 54, 58) und die Rücksicht auf die Interessen des Kindes (N 61) eine mildere Beurteilung rechtfertigen. Vgl. auch SONDER 306 ff.

C. Objektive Hindernisse

Der Kläger oder sein Vertreter kann nicht rechtzeitig klagen, z. B. wegen Freiheitsentziehung, schwerer Krankheit, vorübergehender Urteilsunfähigkeit (vgl. Art. 258 N 7), Ausfalls der Verkehrsmittel, Unterbruchs der Postverbindungen, oder weil dem Urteilsunfähigen kein gesetzlicher Vertreter bestellt worden ist (vgl. dazu sinngemäss BGE *103* II 15; SJZ *1937/38* 119). 51

D. Subjektive Hindernisse bei Ausführung des Klageentschlusses

Von Bedeutung ist namentlich der Rechtsirrtum über die notwendige Streitgenossenschaft (Art. 256 Abs. 2, dort N 84), die für die Fristwahrung massgebende Handlung (BGE *85* II 310), Fragen des internationalen Rechts oder der internationalen Zuständigkeit, oder die unrichtige Rechtsauskunft einer sachkundigen Person oder Stelle (vgl. dazu ZR *1964* Nr. 119; BGE *55* II 11 f). 52
Versäumnisse des Prozessvertreters rechtfertigen die Wiederherstellung nur, wenn der Kläger sie bei eigenem Vorgehen beanspruchen könnte (BGE *85* II 310; vgl. im übrigen AGVE *1956* 15; ZR *1964* Nr. 119 S. 291; SJZ *1970* 156 Nr. 77 = PKG *1968* Nr. 2). 53

E. *Subjektive Hindernisse bei der Bildung des Klageentschlusses*

a) Relative Frist

54 Der Ehemann weiss zwar, dass er nicht der Vater ist oder dass ein Dritter der Mutter beigewohnt hat, aber er lässt die Frist verstreichen im Vertrauen darauf, dass die Ehe dennoch weitergeführt werden kann. Die Entdeckung, dass diese Erwartung sich nicht erfüllt, kann einen wichtigen Grund im Sinne von Art. 256 c Abs. 3 bilden (vgl. Wallis RB 1948 78; a. M. ZBJV *1928* 564 = SJZ *1928/29* 332; VA Art. 257 N 11). Zu denken ist etwa an den Fall, wo die Mutter verspricht, die Beziehungen zum Erzeuger abzubrechen, diese aber in der Folge doch wieder aufnimmt.

b) Absolute Frist

55 Die Verspätung ist ohne weiteres entschuldbar, wenn der Ehemann die Geburt erst nach Ablauf der Frist erfährt, oder wenn wegen unrichtiger Eintragung im Zivilstandsregister oder im Scheidungsurteil (FamRZ *1972* 372), Kontroversen des internationalen Rechts (vgl. SJZ *1969* 374 Nr. 206) oder aus andern Gründen das Kindesverhältnis zwischen Ehemann und Kind verborgen geblieben ist.

56 Ein wichtiger Grund, der die Verspätung entschuldigt, liegt sodann vor, wenn der Ehemann während der Fünfjahresfrist durch Vorspiegelung falscher Tatsachen an der Entdeckung seiner Nichtvaterschaft oder der Beiwohnung eines Dritten gehindert worden ist (vgl. unter dem früheren Recht BGE *83* II 174: Vortäuschung einer Frühgeburt; SJZ *1956* 226; planmässige Irreführung über die eheliche Treue der Mutter).

57 Dagegen bildet im Gegensatz zum früheren Recht (VA Art. 257 N 10 mit Hinweisen, BGE *91* II 155; vgl. auch SJ *1980* 297) das Fehlen zureichender Veranlassung zu Zweifeln allein keinen wichtigen Grund. Der Sinn der Fünfjahresfrist liegt gerade darin, in solchen Fällen die nachträgliche Anfechtung im Interesse des Kindes auszuschliessen. Erst recht fehlt ein wichtiger Grund im Sinne von Abs. 3, wenn der Ehemann sich um das Kind, als dessen Vater er gilt, nicht ernsthaft gekümmert und deshalb die Frist verpasst hat. Zurückhaltung in der Annahme eines wichtigen Grundes ist auch geboten, wenn die Zeugung für den Ehemann erkennbar vor der Ehe oder

in einer Zeit stattgefunden hat, da der gemeinsame Haushalt aufgehoben war.

Anders dagegen, wenn der (frühere) Ehemann intellektuell nicht imstande war, von sich aus die biologischen Zusammenhänge rechtzeitig zu verstehen (BGE *91* II 154, 156, 157: Ein einfacher Mann, der zwei schwere Hodenoperationen durchgemacht hat, aber beischlafsfähig geblieben ist, erfährt erst nach Jahren, dass er infolge jener Operationen zeugungsunfähig ist). 58

F. Mass der Verspätung

Der wichtige Grund muss nicht nur die Nichteinhaltung der Frist, sondern auch das Zuwarten bis zum Zeitpunkt der Klageerhebung entschuldigen. Die Klage ist daher nach Wegfall des Hindernisses mit aller nach den Umständen möglichen Beschleunigung einzureichen (TUOR/SCHNYDER 242; BGE *55* II 12, *71* II 262, *83* II 176, *85* II 311 f, *91* II 155; ZR *1942* Nr. 52 S. 135, *1961* Nr. 54, *1964* Nr. 119; SJZ *1952* 323 Nr. 21; AGVE *1956* 14; BJM *1966* 273; vgl. auch BGE *49* II 323, *103* II 24; ZR *1962* Nr. 45 E. 5). 59

Das Ermessen des Richters schliesst ein, dass bei Würdigung des wichtigen Grundes und der Entschuldbarkeit auch das Mass der Verspätung berücksichtigt wird (vgl. unter dem früheren Recht ZR *1964* Nr. 119 S. 293). 60

G. Interessenlage

Von Bedeutung ist auch die konkrete Interessenlage (MEIER-HAYOZ Art. 4 N 47 ff). Ein starkes Überwiegen des Interesses des Klägers an der Zulassung der verspäteten Klage über das gegenteilige Interesse der Beklagten kann die Annahme eines wichtigen Grundes unter Umständen rechtfertigen, die sonst hiefür nicht ausreichen würden. Ist auch das Kind an der Anfechtung interessiert, so erspart ihm die Zulassung der verspäteten Klage des Ehemannes die Erhebung der eigenen Klage, die ihm innerhalb der viel längeren Frist des Abs. 2 regelmässig noch offen stünde (vgl. dazu sinngemäss SPIRO II § 541 S. 1566 oben). 61

2. Nachfrist gemäss OR 139

Ist eine Klage wegen Unzuständigkeit oder wegen eines andern verbesserlichen Fehlers zurückgewiesen worden, so beginnt, falls die 62

Frist unterdessen abgelaufen ist, nach OR 139 eine neue Frist von 60 Tagen. Die Bestimmung ist auf alle Klagefristen des Bundeszivilrechts anzuwenden (BGE *89* II 307 ff, *93* II 367, *98* II 183, *100* II 284, *101* II 88; SPIRO II S. 1045, GULDENER 274), so auch auf diejenige des Art. 256 c (vgl. VA Art. 253 N 14 mit Hinweisen, Art. 308 N 22 mit Hinweisen). Der Fehler, der zur Rückweisung geführt hat, braucht nicht entschuldbar zu sein (BGE *72* II 329). Unerheblich ist auch, ob er bei Einleitung des Sühnverfahrens oder nachher unterlaufen ist (BGE *89* II 311 f, *98* II 183). Nicht erforderlich ist, dass die Rückweisung abgewartet wird; es genügt, wenn sie mit Sicherheit vorausgesehen werden kann (BGE *72* II 328). Ob es sich um einen verbesserlichen Fehler handle, muss nach Bundesrecht beurteilt werden (RATHGEB 269 ff; WYSS 108; MATTMANN 30; BOSSHART 93; vgl. auch BGE *46* II 89). Das Verstreichenlassen einer kantonalen Frist, um die Klage nach Misslingen des Sühnversuchs beim Gericht hängig zu machen, stellt keinen verbesserlichen Fehler dar (BGE *93* II 370 ff). Kasuistik VA Art. 308 N 23. Die Nachfrist erübrigt sich, wenn die zwar rechtzeitig, aber beim unzuständigen Gericht erhobene Klage von diesem ohne Unterbrechung der Rechtshängigkeit an das zuständige überwiesen wird (vgl. GULDENER 233, 240; DUBS 23 ff).

3. Wiederherstellung nach Prozessrecht

63   Ist eine Frist des Prozessrechts versäumt worden, so richtet sich die Wiederherstellung nach diesem (BGE *89* II 312, *93* II 371; GULDENER 273; vgl. z. B. OG 35, ZH GVG 199). Sie sollte aber nicht an strengere Voraussetzungen geknüpft werden als die Wiederherstellung der Klagefrist selbst.

VIII. Intertemporales Recht

64   Ist das Kind vor dem 1. Januar 1978 geboren, so stellt sich die Frage, inwieweit die Fristen des Art. 256 c anzuwenden sind.

1. Klage des Ehemannes

A. Die altrechtliche Klagefrist ist vor dem 1. Januar 1978 abgelaufen

Ist die dreimonatige Klagefrist seit Kenntnis der Geburt gemäss aArt. 253 vor dem 1. Januar 1978 unbenützt abgelaufen, so ist das Klagerecht verwirkt (MUTZNER SchlT 12, 1. Aufl. N 7, 2. Aufl. N 4, SchlT 49 N 3; HUBER/MUTZNER 249 N 59; BROGGINI 506; ZR *1939* Nr. 135 E. 2 und 4). Ob die verspätete Klage zuzulassen sei, richtet sich nach aArt. 257, nicht nach Art. 256c Abs. 3 (HEGNAUER, Übergangsbestimmungen 158; ZR *1980* Nr. 119; WICHSER SJZ *1982* 388; a.M. BBl *1974* II 99). Dass aArt. 257 Abs. 3 und Art. 256c Abs. 3 den gleichen Wortlaut haben, bedeutet entgegen SJ *1980* 296 nicht, das Recht habe sich nicht geändert. Die erste Vorschrift betrifft die Frist des aArt. 253, die zweite dagegen die neuen Fristen des Art. 256c Abs. 3. Vgl. auch vorn N 50.

65

66

B. Die altrechtliche Klagefrist ist am 1. Januar 1978 noch nicht abgelaufen

Ist die Klagefrist des aArt. 253 am 1. Januar 1978 noch nicht abgelaufen, so ist das Klagerecht nicht verwirkt und untersteht die Befristung der Klage dem neuen Recht (MUTZNER SchlT 49 N 5; HUBER/ MUTZNER 269f; BROGGINI 506f; HEGNAUER, Übergangsbestimmungen 159 Nr. 421.26, *derselbe,* Übergangsrecht 125). Die vor dem 1. Januar 1978 verstrichene Zeit wird angerechnet, wenn die Frist des neuen Rechts an den gleichen Sachverhalt anknüpft wie die Frist des früheren Rechts (MUTZNER SchlT 49 N 9f; BROGGINI 507). Das trifft auf die Fristen des Art. 256c Abs. 1 nicht zu. Die fünfjährige von der Geburt an laufende Frist ist neu und lief daher erst vom 1. Januar 1978 an bis 31. Dezember 1982. SchlT 49 Abs. 1 ist nicht anwendbar. Diese Bestimmung verlangt nicht nur, dass eine Verjährung (oder Verwirkung) von fünf oder mehr Jahren neu eingeführt ist, sondern überdies, dass der Anspruch unter dem früheren Recht dem gleichen Verjährungs-(oder Verwirkungs-)tatbestand wie nach dem neuen Recht unterstand (MUTZNER SchlT 49 N 7; BROGGINI SPR I 507). Denn nur dann kann von einer «vor dem Inkrafttreten dieses Gesetzes *begonnenen* Verjährung» gesprochen werden. Diese zweite Voraussetzung trifft nun aber auf

67

die absolute Frist des Art. 256c Abs. 1 nicht zu, kannte doch das frühere Recht keine absolute Frist (BBl *1974* II 99). Auch die einjährige Frist von einem Jahr seit Kenntnis der Umstände, die gegen die Vaterschaft des Ehemannes sprechen (N 16 ff), ist neu. Daher beginnt sie, wenn der Ehemann die Geburt und die Tatsache der Nichtvaterschaft oder der Drittbeiwohnung vor dem 1. Januar 1978 erfahren hat, erst am 1. Januar 1978. Erfährt der Ehemann die Geburt erst nach dem 1. Januar 1978, so hat die altrechtliche Klagefrist nie zu laufen begonnen. Sie beginnt gemäss Art. 256c Abs. 1 erst, wenn er auch die Tatsache seiner Nichtvaterschaft oder der Drittbeiwohnung erfährt.

68 Die Wiederherstellung der nach dem 1. Januar 1978 abgelaufenen Fristen richtet sich nach Art. 256c Abs. 3, siehe N 45 ff.

2. Die Klage des Kindes

69 Die Frage nach dem Verhältnis der Frist des Art. 256c Abs. 2 zum früheren Recht stellt sich nicht. Denn das Anfechtungsrecht des Kindes gemäss Art. 256 Abs. 1 Ziff. 2 ist neu. Zwar war es schon vorher in Füllung einer Lücke anerkannt (BGE *88* II 477). Dabei wurde angenommen, die Klage unterliege jedenfalls während der Unmündigkeit des Kindes keiner Verwirkung (BGE *88* II 491). Ihre Dauer nach der Mündigkeit blieb jedoch offen. Es drängt sich daher auf jeden Fall die sinngemässe Anwendung von SchlT 49 Abs. 1 auf. Demgemäss ist davon auszugehen, dass ein Kind, das am 1. Januar 1978 das Mündigkeitsalter erreicht hatte, spätestens bis 31. Dezember 1979 klagen konnte. Die Rechtzeitigkeit einer solchen Klage wäre in Ergänzung von BGE *88* II 491 aufgrund von Art. 1 Abs. 2 und aArt. 257 Abs. 3 zu beurteilen. Seit 1. Januar 1980 gelten für die Klage des Kindes ausschliesslich die Art. 256c Abs. 2 und 3.

IX. Internationales Recht

70 Die Klagefristen der Art. 256c gehören dem materiellen, nicht dem Prozessrecht an. Ihre Anwendung richtet sich somit nach den Regeln über das anwendbare Recht, zur Zeit nach NAG 8e. Sie bilden nicht Teil des ordre public und gelten demgemäss nur für Klagen, die nach schweizerischem Recht zu beurteilen sind. Vgl. dazu sinngemäss HEGNAUER aArt. 308 N 35 mit Hinweisen. Zu NAG 8e vgl. Art. 255 N 84 ff, Art. 261 N 126 ff.

Art. 257

C. Zusammentreffen zweier Vermutungen

¹ Ist ein Kind vor Ablauf von dreihundert Tagen seit Auflösung der Ehe der Mutter geboren und hat diese inzwischen eine neue Ehe geschlossen, so gilt der zweite Ehemann als Vater.
² Wird diese Vermutung beseitigt, so gilt der erste Ehemann als Vater.

C. Conflit de présomptions

¹ Lorsqu'un enfant est né dans les trois cents jours après la dissolution du mariage de sa mère alors qu'elle a contracté un nouveau mariage, le second mari est réputé être le père.
² Si cette présomption est écartée, le premier mari est réputé être le père.

C. Duplice presunzione

¹ Se il figlio è nato nei trecento giorni successivi allo scioglimento del matrimonio della madre e questa è nel frattempo passata a nuove nozze, il presunto padre è il secondo marito.
² Se questa presunzione è infirmata, si ha per padre il primo marito.

Übersicht

		Note	Seite
	Materialien	1	219
	Literatur	2	210
	Rechtsvergleichung	3	220
	Rechtsgeschichte	4	220
	Textgeschichte	5	220
I.	Das Zusammentreffen zweier Vermutungen	6	220
	1. Die Nichteinhaltung der Frauenwartefrist	7	221
	2. Doppelehe (Bigamie)	8	221
II.	Die Vermutung der Vaterschaft des zweiten Ehemannes		21
	1. Grundsatz	9	221
	2. Die Anfechtung der Vermutung	11	222
III.	Die Vermutung der Vaterschaft des ersten Ehemannes		222
	1. Grundsatz	12	222
	2. Die Anfechtung der ersten Vermutung	13	222
IV.	Verhältnis zu Art. 103	14	223

Materialien BBl *1974* II 33; E 257; AmtlBullStR *1975* 117, *1976* 84; NR *1975* 1754. 1

Literatur Vgl. Art. 255 N 2, sowie HEGNAUER C., Wann trifft die Vermutung der Vaterschaft auf zwei Ehemänner zu (Art. 257 ZGB)?, ZZW *1983* 44; *derselbe,* 2

	Abschaffung der Frauenwartefrist nach Art. 103 ZGB, ZZW *1983* 65; LALIVE PIERRE, Conflits de filiations, SJ *1966* 609; SPAHN J., Doppelte Ehelichkeit, Diss. Zürich 1970.
3 Rechtsvergleichung	BGB 1600 Abs. 1 und ABGB 138 Abs. 2 sowie die Familiengesetze Belgiens, der Niederlande, Norwegens, Polens, Ungarns und der Tschechoslowakei regeln das Zusammentreffen mehrerer Vermutungen übereinstimmend mit Art. 257. Im französischen und italienischen Recht erscheint eine Norm kaum nötig, weil die Vermutung der Vaterschaft des ersten Ehemannes schon mit der gerichtlichen Aufhebung des Haushaltes endigt (CCfr 313 Abs. 1, CCit 232 Abs. 2) und überdies durch Nichteintragung des Ehemannes im Geburtsregister ausgeschlossen werden kann (CCfr 313-1). Zum Recht der USA vgl. BALLENEGGER-CORNAZ 140 f.
4 Rechtsgeschichte	Das kanonische Recht gab der Vermutung den Vorrang, die durch das Zusammenleben unterstützt wurde (SANDMEIER 37). Nach dem Walliser Code civil, Art. 115, galt, wenn die Witwe innert zehn Monaten seit dem Tode des Gatten wieder heiratete, das wenigstens 180 Tage seit der Heirat geborene Kind im Zweifel als Kind des zweiten Mannes (HUBER I 403 N 1).
5 Textgeschichte	Art. 257 ist neu. Er kodifiziert die frühere Praxis und Doktrin (BBl *1974* II 33; VA Art. 252 N 26–28; LALIVE SJ *1966* 613 f). Das Parlament strich im Sinne einer redaktionellen Vereinfachung den im Entwurf ausdrücklich erwähnten Fall der Bigamie.

I. Das Zusammentreffen zweier Vermutungen

6   Art. 257 ist nach Randtitel und Text anwendbar, wenn die Vermutung der Vaterschaft des Ehemannes im Sinne von Art. 255 auf zwei Männer zutrifft. Der Tatbestand ist gegeben, wenn das Kind geboren wird, nachdem die Mutter eine zweite Ehe geschlossen hat und bevor 300 Tage seit Auflösung der ersten Ehe verstrichen sind. Es genügt somit nicht, dass innerhalb von 300 Tagen seit Auflösung der ersten Ehe das Kind geboren und die zweite Ehe geschlossen wird. Die zweite Eheschliessung muss der Geburt vorausgehen (HEGNAUER ZZW *1983* 44). Der mit dem Wort «inzwischen» bezeichnete Zeitraum beginnt mit der Auflösung der ersten Ehe und endigt mit der Geburt des Kindes und nicht mit dem Ablauf der 300 Tage. Die Bestimmung ist somit so zu verstehen, wie wenn es statt «inzwischen» heissen würde: «vor der Geburt». Art. 257 erfasst zwei Situationen:

1. Die Nichteinhaltung der Frauenwartefrist

Die erste Ehe der Mutter ist durch Tod des Ehemannes 7 oder durch Urteil aufgelöst, und das Kind ist binnen 300 Tagen seither geboren. Die Mutter hat aber *vor* der Niederkunft – infolge gesetzwidriger Abkürzung der Wartefrist (vgl. Art. 255 N 32), Irrtums des Zivilstandsbeamten über die Wartefrist oder Trauung in einem Land ohne Wartefrist – eine zweite Ehe schliessen können. Die zweite Ehe ist unanfechtbar (Art. 130). Für die Berechnung und Anwendung der 300-Tage-Frist vgl. sinngemäss Art. 255 N 27–37.

2. Doppelehe (Bigamie)

Die erste Ehe der Mutter ist nicht aufgelöst. Die Mutter 8 schliesst entgegen Art. 101 eine zweite Ehe und bringt hierauf ein Kind zur Welt. Dass die zweite Ehe an einem Nichtigkeitsgrund leidet (Art. 120 Ziff. 1), berührt die Vermutung der Vaterschaft des zweiten Ehemannes nicht (Art. 133 Abs. 1, 132). Auch ist nach Auflösung der ersten Ehe die Nichtigerklärung der zweiten ausgeschlossen (Art. 122 Abs. 3). Art. 257 Abs. 1 betrifft nach dem Wortlaut nur die unter Missachtung der Wartefrist geschlossene Ehe, nach seinem Sinn und den Materialien (N 5) aber auch die Doppelehe.

II. Die Vermutung der Vaterschaft des zweiten Ehemannes

1. Grundsatz

Eine natürliche Vermutung spricht dafür, dass die Mutter 9 schon zur Zeit der Empfängnis mit dem zweiten Mann enger verbunden war als mit dem ersten. Auch ist zu erwarten, dass das Kind in der zweiten Ehe aufwachsen wird. Dementsprechend gibt Art. 257 der zweiten Vermutung den Vorrang: Der zweite Ehemann gilt von Gesetzes wegen als Vater des Kindes, also unabhängig vom Willen der Beteiligten und vom Schicksal der zweiten Ehe. Das Kind wird im Geburts- und im Familienregister als sein Kind eingetragen (Art. 255 N 46 ff).

10 Ist die erste Ehe geschieden oder ungültig erklärt worden, so bedarf das Urteil, da das Kind der zweiten Ehe zugeordnet ist, keiner Ergänzung hinsichtlich der Elternrechte und -pflichten. Im Urteil zum voraus getroffene Anordnungen für das ungeborene Kind treten nicht in Kraft (BERTOSSA SJ *1980* 21).

2. Die Anfechtung der Vermutung

11 Die Anfechtung der Vaterschaft des zweiten Ehemannes richtet sich nach Art. 256 ff. Dem ersten Ehemann steht kein Anfechtungsrecht zu (abweichend VA Art. 253 N 28 mit Hinweisen; LALIVE SJ *1966* 614). Er kann aber als Nebenintervenient die Anfechtung unterstützen oder bekämpfen.

III. Die Vermutung der Vaterschaft des ersten Ehemannes

1. Grundsatz

12 Wird die Vaterschaft des zweiten Ehemannes erfolgreich angefochten, so gilt der erste Ehemann von Gesetzes wegen als Vater (Abs. 2). Die Eintragungen im Geburts- und Familienregister sind von Amtes wegen entsprechend zu ändern. Ist die erste Ehe geschieden worden, so hat die Vormundschaftsbehörde, der das Urteil mitzuteilen ist (Art. 256 N 108), beim Scheidungsrichter die Ergänzung des Urteils in bezug auf die Elternrechte und -pflichten zu beantragen (BÜHLER/SPÜHLER Art. 157 N 52 ff).

2. Die Anfechtung der ersten Vermutung

13 Die Vermutung der Vaterschaft des ersten Ehemannes unterliegt der Anfechtung nach Art. 256 ff. Für die Anfechtungsfrist muss Art. 256 c Abs. 1 sinngemäss angewendet werden. Die fünfjährige absolute Frist (dort N 30) beginnt nicht mit der Geburt, sondern mit der rechtskräftigen Gutheissung der Anfechtungsklage inbezug auf den zweiten Ehemann. Hat der erste Ehemann der Mutter in der Empfängniszeit nicht beigewohnt, so läuft die einjährige relative Frist vom Zeitpunkt der Kenntnis jenes Anfechtungsurteils.

IV. Verhältnis zu Art. 103

Art. 257 hat die Frauenwartefrist des Art. 103 nicht aufge- 14
hoben. Er will Konflikte lösen, die aus der Missachtung von Art. 103 (und 101) entstehen. Freilich hat er zugleich die praktische Notwendigkeit der Frauenwartefrist stark vermindert. Das legt die Aufhebung von Art. 103 nahe (HEGNAUER ZZW *1983* 65).

Art. 258

D. Klage der Eltern

¹ Ist der Ehemann vor Ablauf der Klagefrist gestorben oder urteilsunfähig geworden, so kann die Anfechtungsklage von seinem Vater oder seiner Mutter erhoben werden.
² Die Bestimmungen über die Anfechtung durch den Ehemann finden entsprechende Anwendung.
³ Die einjährige Klagefrist beginnt frühestens mit der Kenntnis des Todes oder der Urteilsunfähigkeit des Ehemannes.

D. Action des père et mère

¹ Lorsque le mari est décédé ou devenu incapable de discernement avant l'expiration du délai, l'action en désaveu peut être intentée par son père ou par sa mère.
² Les dispositions sur le désaveu par le mari sont applicables par analogie.
³ Le délai d'une année pour intenter l'action commence à courir au plus tôt lorsque le père ou la mère a appris le décès ou l'incapacité de discernement du mari.

D. Azione dei genitori

¹ L'azione di contestazione può essere proposta dal padre o dalla madre del marito morto o divenuto incapace di discernimento prima della scadenza del termine per proporla.
² Le disposizioni sulla contestazione da parte del marito si applicano per analogia.
³ Il termine annuale per proporre l'azione decorre al più presto dal momento in cui si è avuto conoscenza della morte o dell'incapacità di discernimento del marito.

Übersicht		Note	Seite
	Materialien	1	224
	Literatur	2	224
	Rechtsvergleichung	3	224
	Rechtsgeschichte	4	224
	Textgeschichte	6	224

		Note	Seite
I.	*Voraussetzungen der elterlichen Klage*		225
	1. Der Ehemann ist gestorben oder urteilsunfähig geworden	7	225
	2. Die Klagefrist ist für den Ehemann nicht abgelaufen	8	225
	3. Das Klagerecht stand dem Ehemann noch zu	9	225
II.	*Klagerecht der Eltern*		
	1. Jeder Elternteil hat ein selbständiges Klagerecht	10	226
	2. Ausübung des Klagerechts	11	226
	3. Übrige anwendbare Bestimmungen	12	226
III.	*Klagefrist*	14	226
IV.	*Eintritt in den Prozess des Ehemannes*	16	227
V.	*Intertemporales Recht*	18	227

1	Materialien	aArt. 256; BBl *1974* II 33f; E 258; AmtlBullStR *1975* 117; *1976* 84, NR *1975* 1754f; *1976* 423f.
2	Literatur	Siehe Art. 255 N 2.
3	Rechtsvergleichung	BGB 1595a gibt den Eltern des Ehemannes das Anfechtungsrecht, wenn der Mann vor Ablauf der Frist gestorben ist. Ihr Anfechtungsrecht ist aber ausgeschlossen, wenn der Ehemann nicht anfechten wollte. Nach CCit 246 Ziff. 1 können die Nachkommen und die Vorfahren des Ehemannes anfechten, wenn er vor Ablauf der Frist gestorben ist. Für den geschäftsunfähigen Ehemann kann nach BGB 1595 Abs. 2 der Vormund mit Zustimmung des Vormundschaftsgerichtes anfechten. CCfr 316-1 gibt den Erben unter gewissen Voraussetzungen ein Anfechtungsrecht. Nach ABGB 158 steht ausser dem Staatsanwalt nur dem Ehemann ein Anfechtungsrecht zu.
4	Rechtsgeschichte	Die meisten Kantone kannten ein Anfechtungsrecht der Erben des Ehemannes, sofern dieser selbst geklagt hatte oder vor Ablauf der Frist gestorben war und das Kind nicht anerkannt hatte; Bern versagte aber den Geschwistern die Anfechtung (HUBER I 401f).
5		Nach dem ZGB von 1907 konnten die Erben des Ehemannes die Ehelichkeit anfechten, wenn dieser vor Ablauf der Frist gestorben oder urteilsunfähig geworden oder unbekannten Aufenthaltes war oder die Geburt ihm aus anderem Grunde nicht mitgeteilt werden konnte; ausserdem stand das Anfechtungsrecht dem Heimatkanton des Ehemannes zu (aArt. 256, hinten S. 662). Die Revision hat das Anfechtungsrecht der Erben auf die Eltern beschränkt und das des Heimatkantons, das untauglich war, dessen Interessen zu wahren (BBl *1974* II 33; VA Art. 256 N 12), beseitigt.
6	Textgeschichte	Art. 258 entspricht aArt. 256 Abs. 1. Der Entwurf versagte den Erben ein Anfechtungsrecht, gewährte ihnen aber die unbefristete Befugnis, Unter-

stützungs- und Erbansprüche des Kindes zu bestreiten (BBl *1974* II 33f; Kritik bei BALLENEGGER-CORNAZ 156ff). Das Parlament nahm das subsidiäre und befristete Anfechtungsrecht des bisherigen Rechts wieder auf, beschränkte es jedoch auf die Eltern des Ehemannes, da sie neben ihm durch die unwahre Vermutung am stärksten betroffen werden.

I. Voraussetzungen der elterlichen Klage

1. Der Ehemann ist gestorben oder urteilsunfähig geworden

Dem Tod ist die Verschollenerklärung gleich zu achten (Art. 38 Abs. 1). Die Urteilsunfähigkeit muss dauernder Art sein (vgl. Art. 264b Abs. 2, 265c Ziff. 1). Vorübergehende Urteilsunfähigkeit des Ehemannes rechtfertigt die Zulassung einer verspäteten Klage (Art. 256c Abs. 3, dort N 51), begründet aber kein Klagerecht der Eltern.

7

2. Die Klagefrist ist für den Ehemann nicht abgelaufen

Massgebend sind die Klagefristen gemäss Art. 256c Abs. 1. Dagegen ist Art. 256c Abs. 3 auf die Frage des Ablaufs der Klagefrist im Sinne von Art. 258 Abs. 1 nicht anwendbar. Demnach kommt den Eltern die Klage nur zu, wenn der Ehemann vor Ablauf von fünf Jahren seit der Geburt gestorben oder urteilsunfähig geworden ist und er, wenn überhaupt, die Geburt und die Tatsache, dass er nicht der Vater ist oder dass ein Dritter der Mutter um die Zeit der Empfängnis beigewohnt hat, weniger als ein Jahr vorher erfahren hat. Hat der Ehemann diese Tatsachen vor dem Tode oder der Urteilsunfähigkeit nicht erfahren, so wird das Klagerecht der Eltern nur durch die fünfjährige absolute Frist begrenzt (N 14, 15).

8

3. Das Klagerecht stand dem Ehemann noch zu

Ist die Klage des Ehemannes nach Art. 256 Abs. 3 ausgeschlossen oder rechtsmissbräuchlich (Art. 256 N 48ff) oder von ihm zwar erhoben, aber zurückgezogen worden, so steht sie auch den Eltern nicht zu. Dass der Ehemann nicht anfechten wollte, schliesst dagegen das Klagerecht der Eltern nicht aus (anders BGB 1595a Abs. 2 Satz 2; vgl. Art. 256 N 47); denn er hätte seine Meinung innerhalb der Frist noch ändern können.

9

II. Klagerecht der Eltern

1. Jeder Elternteil hat ein selbständiges Klagerecht

10   Die Klage steht je dem Vater und der Mutter zu. Jeder entscheidet selbständig über die Ausübung des Klagerechts. Sie können gemeinsam klagen, sind aber nicht notwendige Streitgenossen.

2. Ausübung des Klagerechts

11   Die Klage steht den Eltern um ihrer Persönlichkeit willen zu. Der Urteilsfähige erhebt sie daher allein, für den Urteilsunfähigen handelt der gesetzliche Vertreter (vgl. Art. 256 N 36/37). Stirbt der Kläger, so kann der Prozess von den Erben nicht fortgesetzt werden. Das neue Recht schützt die vermögensrechtlichen Interessen der übrigen Verwandten nicht mehr (AmtlBull StR *1975* 117, NR *1975* 1755 f).

3. Übrige anwendbare Bestimmungen

12   Die Bestimmungen über die Anfechtung durch den Ehemann finden entsprechende Anwendung (Abs. 2). Für die Passivlegitimation vgl. Art. 256 Abs. 2, für den Klagegrund vgl. Art. 256 a und 256 b.

13   Für den Gerichtsstand gilt Art. 253. Die Eltern leiten ihr Klagerecht von dem ihres Sohnes ab (N 7–9). Es besteht kein Grund, ihnen das Privileg der Klage an ihrem Wohnsitz einzuräumen. Gerichtsstand am Wohnsitz der Klagepartei im Sinne von Art. 253 ist daher nicht ihr Wohnsitz, sondern der des Sohnes zur Zeit der Geburt, sofern er damals noch lebte, oder sein letzter Wohnsitz (vgl. auch Art. 253 N 30/31).

III. Klagefrist

14   Art. 256 c Abs. 1 und 3 sind ebenfalls entsprechend anzuwenden. Der klagende Elternteil hat die Klage somit binnen Jahresfrist einzureichen, seitdem *er* die Geburt und die Tatsache erfahren hat, dass der Ehemann nicht der Vater ist oder dass ein Dritter der Mutter um die Zeit der Empfängnis beigewohnt hat. Diese Frist beginnt frühestens mit der

Kenntnis des Todes oder der Urteilsunfähigkeit des Ehemannes (Abs. 3). In jedem Fall muss die Klage vor Ablauf von fünf Jahren seit der Geburt erhoben werden (N 8).

Die Frist kann nach Art. 256c Abs. 3 wiederhergestellt werden. Die wichtigen Gründe müssen in der Person des klagenden Elternteils, nicht des Ehemannes liegen.

IV. Eintritt in den Prozess des Ehemannes

Stirbt der Ehemann während des Prozesses, so können die Eltern diesen fortsetzen (Art. 256 N 38). Ebenso sind sie berechtigt, die Rechtsmittel einzulegen, die ihm offengestanden hätten, auch die Revision. Wird der Ehemann urteilsunfähig, so steht der Eintritt den Eltern offen, falls der gesetzliche Vertreter den Prozess nicht weiterführen will (vgl. Art. 256 N 37).

V. Intertemporales Recht

Seit 1. Januar 1978 steht die Anfechtung auch in bezug auf früher geborene Kinder, abgesehen vom Ehemann und vom Kind, nur den Eltern des Ehemannes gemäss Art. 258 zu, nicht aber den weiteren Erbberechtigten und dem Heimatkanton gemäss aArt. 256.

Art. 259

E. Heirat der Eltern

¹ Heiraten die Eltern einander, so finden auf das vorher geborene Kind die Bestimmungen über das während der Ehe geborene entsprechende Anwendung, sobald die Vaterschaft des Ehemannes durch Anerkennung oder Urteil festgestellt ist.

² Die Anerkennung kann angefochten werden:
1. von der Mutter;
2. vom Kind, oder nach seinem Tode von den Nachkommen, wenn während seiner Unmündigkeit der gemeinsame Haushalt der Ehegatten aufgehört hat oder die Anerkennung erst nach Vollendung seines zwölften Altersjahrs ausgesprochen worden ist;
3. von der Heimat- oder Wohnsitzgemeinde des Ehemannes;
4. vom Ehemann.

³ Die Vorschriften über die Anfechtung der Anerkennung finden entsprechende Anwendung.

E. Mariage des père et mère	¹ Lorsque les père et mère se marient, les dispositions concernant l'enfant né pendant le mariage sont applicables par analogie à l'enfant né avant leur mariage, dès que la paternité du mari est établie par une reconnaissance ou un jugement. ² La reconnaissance peut être attaquée: 1. Par la mère; 2. Par l'enfant ou, après sa mort, par ses descendants, si la vie commune des époux a pris fin pendant sa minorité ou si la reconnaissance a eu lieu après qu'il a atteint l'âge de douze ans révolus; 3. Par la commune d'origine ou de domicile du mari; 4. Par le mari. ³ Les dispositions sur la contestation de la reconnaissance sont applicables par analogie.
E. Matrimonio dei genitori	¹ Se i genitori si uniscono in matrimonio, ai figli prenati s'applicano per analogia le disposizioni sui figli nati durante il matrimonio, tosto che la paternità del marito sia stata stabilita per riconoscimento o per sentenza del giudice. ² Il riconoscimento può essere contestato: 1. dalla madre; 2. dal figlio o, dopo la sua morte, dai suoi discendenti, se la comunione domestica dei coniugi è cessata durante la sua minore età o il riconoscimento è stato pronunciato soltanto dopo il compimento del suo dodicesimo anno d'età; 3. dal Comune di origine o di domicilio del marito; 4. dal marito. ³ Le disposizioni sulla contestazione del riconoscimento sono applicabili per analogia.

Übersicht		Note	Seite
	Materialien	1	229
	Literatur	2	229
	Rechtsvergleichung	3	230
	Rechtsgeschichte	4	230
	Textgeschichte	9	231
I.	Funktion und systematische Stellung	11	232
II.	Voraussetzungen des gemeinsamen Kindesverhältnisses		232
	1. Kindesverhältnis zur Mutter	14	232
	2. Kindesverhältnis zum Vater	15	232
	3. Eheschliessung der Eltern	27	234
III.	Formelle Wirkungen des gemeinsamen Kindesverhältnisses		235
	1. Eheschliessungsverfahren	30	235
	2. Mitteilungen	32	235

		Note	Seite
	3. Geburtsregister	35	236
	4. Eheregister	36	236
	5. Familienregister	40	236
IV.	*Materielle Wirkungen des gemeinsamen Kindesverhältnisses*	42	237
	1. Familienname	43	237
	2. Bürgerrecht	49	238
	3. Unterhaltspflicht	59	240
	4. Elterliche Gewalt	69	242
V.	*Anfechtung der Anerkennung*		243
	1. Anfechtung des Kindesverhältnisses zum Ehemann	82	243
	2. Aktivlegitimation zur Anfechtungsklage	91	245
	3. Eintritt und Wirkung der Beschränkung des Klagerechts	104	247
VI.	*Übergangsrecht*		248
	1. Anwendung von Art. 259 Abs. 1 auf die vor dem 1.Januar 1978 geborenen Kinder	108	248
	2. Anfechtung einer Ehelicherklärung nach aArt. 258/259	113	250
VII.	*Internationales Recht*		250
	1. Kindesverhältnis zum Ehemann	114	250
	2. Wirkungen des gemeinsamen Kindesverhältnisses	119	251
	3. Anfechtung der Anerkennung	124	252

Materialien   aArt. 258, 259, 262, 263; BBl *1974* II 34ff; AmtlBullStR *1975,* 117f; *1976,* 84f, NR *1975,* 1756f; *1976,* 423f; Europäisches Unehelichen-Übereinkommen Art. 10 (S. 650).

Literatur   Siehe Art. 255 N 2, sowie DREHER ERIKA, Namensänderung und gleichzeitige Bürgerrechtsänderung, ZZW *1977* 355; HAUSHEER HEINZ, Die Begründung des Eltern-Kind-Verhältnisses, in: Das neue Kindesrecht, Bern 1978 23; HEGNAUER C., Zur Errichtung und Aufhebung der Beistandschaft für das ausserhalb der Ehe geborene Kind (Art. 309 ZGB), ZVW *1982* 45; *derselbe,* Zwei Jahre neues Kindesrecht, in: Kindes- und Adoptionsrecht (Dokumentation zum Seminar vom 11./12. Juni 1980 in Bern), Zürich 1981 10; *derselbe,* Die Legitimation im bisherigen und künftigen schweizerischen Kindesrecht, in FS Hinderling, Basel 1976, 81; JACCOTTET CATHERINE, Die Geltendmachung von Unterhaltsansprüchen im Ausland, in: Kindes- und Adoptionsrecht (Dokumentation zum Seminar vom 11./12.Juni 1980 in Bern), Zürich 1981; JORIO TINO, Der Inhaber der elterlichen Gewalt nach dem neuen Kindesrecht, Diss. Freiburg 1977; NABHOLZ ANDREAS, Die neuen Bestimmungen über Erwerb und Verlust des

Schweizer Bürgerrechts, ZZW *1978* 184; OCHSNER JOSEF, Die Legitimation alten Rechtes, ZZW *1984* 61; SAGER BERNHARD, Die Begründung des Kindesverhältnisses zum Vater durch Anerkennung und seine Aufhebung. Mit Hinweisen auf das französische Recht, Diss. Zürich 1979; SIEGENTHALER TONI, Die Legitimation als ein der Begründung des Kindesverhältnisses dienendes Rechtsinstitut, ZZW *1980* 213; SIEGENTHALER TONI F., Die namensrechtlichen und bürgerrechtlichen Wirkungen der Eheschliessung der Eltern auf das voreheliche Kind, ZZW *1978* 9; SONDER MARIANNE, Die «Heirat der Eltern» nach Art. 259 ZGB, Diss. Freiburg 1982; STURM FRITZ, Das neue Schweizer Kindesrecht und seine Spiegelung im deutschen IPR, Das Standesamt *1979* 185 ff; WEITNAUER ALBERT, Die Legitimation des ausserehelichen Kindes im römischen Recht und in den Germanenrechten des Mittelalters, Diss. Basel 1940.

Für die Ehelicherklärung gemäss aArt. 258–263 vgl. VA Art. 258/259 N 1.

3 Rechtsvergleichung Dass das voreheliche Kind mit der Heirat der Eltern die gleiche rechtliche Stellung erlangt wie das in der Ehe geborene, ist heute in den meisten Staaten anerkannt (KRAUSE sec. 52), vgl. Europäisches Unehelichen-Übereinkommen Art. 10 (S. 650). Rechtsordnungen auf dem Boden der herkömmlichen Unterscheidung zwischen Ehelichkeit und Ausserehelichkeit verwirklichen die Gleichstellung durch das selbständige Institut der Legitimation oder Ehelicherklärung durch nachfolgende Ehe. Dazu gehören die Nachbarstaaten der Schweiz, vgl. BGB 1719–1722, 1600i Abs. 2, ABGB 161, CCfr 230, CCit 280 ff. Ebenso kennen sie die Ehelicherklärung durch obrigkeitliche Anordnung ohne Eheschliessung der Eltern, vgl. BGB 1723, 1740a, ABGB 162, CCfr 333, 333-1, CCit 280 Abs. 2, 284. Indessen ist die Bedeutung der Legitimation als Mittel zur Gleichstellung der innerhalb und der ausserhalb der Ehe Geborenen im Abnehmen begriffen (KRAUSE sec. 59). Gesetze, welche jene Unterscheidung aufgegeben haben, begnügen sich, bei den Wirkungen des Kindesverhältnisses soweit nötig, die Anwendung der Bestimmungen für Kinder verheirateter Eltern auf die vorehelichen Kinder vorzusehen.

4 Rechtsgeschichte Die Legitimation im Sinne der rechtlichen Gleichstellung der gemeinsamen vorehelichen Kinder der Ehegatten mit den in der Ehe geborenen (legitimatio per matrimonium subsequens) geht auf Konstantin (335) zurück. Sie wurde 1179 von Papst Alexander III. ins kanonische Recht aufgenommen (Tanta est vis matrimonii, ut qui antea sunt geniti, post contractum matrimonium legitimi habeantur) und setzte sich in der Schweiz schon im Mittelalter durch (HUBER IV 480; WEITNAUER; LEINEWEBER; SONDER 17 ff).

5 Die Legitimation durch *nachfolgende Ehe* wurde schon 1874 in der Bundesverfassung (Art. 54 Abs. 5) und im BG betreffend Feststellung und Beurkundung des Zivilstands und die Ehe (Art. 25 Abs. 5, Art. 41) festgelegt (SONDER 32 ff).

6 Die Legitimation durch *obrigkeitliche Verfügung* (legitimation per rescriptum principis) wurde von Justinian (538) geschaffen und fasste im Laufe des Mittelalters auch in der Schweiz Fuss (HUBER IV 480 f; WEITNAUER 43, 98). Sie fand im 19. Jahrhundert Eingang in die Gesetzgebung von 12 Kantonen (HUBER I 406 ff; SONDER 30 ff).

Das *ZGB von 1907* regelte die Ehelicherklärung in einem besonderen Abschnitt mit den Artikeln 258–263. Diese befassten sich mit der Ehelicherklärung durch nachfolgende Ehe (Art. 258/259), mit der Ehelicherklärung durch den Richter (Art. 260/261), der Anfechtung (Art. 262) und der Wirkung (Art. 263); s. hinten S. 663, sowie VA zu aArt. 258–263, SONDER 38 ff.

7

Die *Revision von 1976* hat die Legitimation als selbständiges Institut beseitigt (vgl. dazu im einzelnen BBl *1974* II 34 ff; HEGNAUER, Legitimation, 81 ff, 89 ff; SAGER 124 ff; SONDER 1–14, 47 ff). Denn deren Hauptfunktion, die Gleichstellung des ausserehelichen Kindes mit dem ehelichen, ist mit der Preisgabe der umfassenden Unterscheidung von Ehelichkeit und Ausserehelichkeit gegenstandslos geworden. Soweit einzelne Wirkungen des Kindesverhältnisses für das Kind verheirateter Eltern anders geregelt werden als für das Kind unverheirateter, sieht Art. 259 Abs. 1 die Anwendung der Bestimmungen über das während der Ehe geborene Kind auf das vorher geborene vor, sobald die Vaterschaft des Ehemannes durch Anerkennung oder Urteil festgestellt ist. Insoweit übernimmt Art. 259 Abs. 1 die Funktion der Legitimation durch nachfolgende Ehe. Der wertende Ausdruck «Legitimation» ist aber nicht mehr am Platze. Denn es geht nicht mehr darum, das Kind aus einem geringern in einen bessern Stand zu heben (SONDER 210; vgl. auch Art. 255 N 19). Die weitere Funktion der Ehelicherklärung, die Begründung des Kindesverhältnisses zum Vater, ist durch die Anerkennung (Art. 260) und das Vaterschaftsurteil (Art. 261) übernommen. Die richterliche Ehelicherklärung ist ersatzlos entfallen.

8

Textgeschichte

Art. 259 Abs. 1 entspricht funktionell aArt. 258/259 und 263. Anstelle der Begriffe der Ehelichkeit und der Ehelicherklärung tritt die Anwendung der Bestimmungen über das während der Ehe geborene Kind. Sie bringt inhaltlich auch die von BV 54 Abs. 5 vorgeschriebene Legitimation zum Ausdruck (BBl *1974* II 35). Dabei genügt blosse Anmeldung der vorehelichen Kinder nicht; vielmehr bedarf es in jedem Fall der Anerkennung oder des Vaterschaftsurteils.

9

Mit der Legitimation ist auch deren selbständige Anfechtung (aArt. 262) entfallen. Im Entwurf enthielt Art. 259 lediglich den heutigen Abs. 1. Danach hätte das väterliche Kindesverhältnis nur nach Art. 256 ff angefochten werden können, was unbefriedigend gewesen wäre. Die parlamentarische Beratung fügte darum mit den Abs. 2 und 3 Bestimmungen über die Anfechtung ein, welche die Funktion von aArt. 262 übernehmen. Dabei wird in Abs. 2 die Aktivlegitimation umschrieben und in Abs. 3 auf die Bestimmungen über die Anfechtung der Anerkennung verwiesen. Die Aufzählung der Klageberechtigten in Abs. 2 entspricht den Beispielen von Art. 260a Abs. 1. Sie kodifiziert das Anfechtungsrecht der Mutter, des Kindes und des Ehemannes (VA Art. 262 N 10/11); die Beschränkung des Anfechtungsrechts des Kindes ist aus Art. 256 Abs. 1 Ziff. 2 übernommen. Das Anfechtungsrecht der Heimat- und Wohnsitzgemeinde ist Art. 121 Abs. 2 und 269a Abs. 1 nachgebildet; es tritt anstelle des Rechts der Behörde des Heimatkantons. Dagegen ist die Anfechtung durch die erbberechtigten Verwandten beseitigt.

10

I. Funktion und systematische Stellung

11 Nach Art. 259 bewirkt die nachfolgende Ehe der Eltern in erster Linie, dass auf das vorher geborene Kind die Bestimmungen über das während der Ehe geborene entsprechende Anwendung finden (Abs. 1; N 11–81). Ausserdem beschränkt die Ehe der Eltern das Recht zur Anfechtung der Anerkennung, wenn das Kindesverhältnis zum Ehemann durch Anerkennung begründet worden ist (Abs. 2; N 91–107); im übrigen richtet sich die Anfechtung nach den Bestimmungen über die Anerkennung (Abs. 3; N 82).

12 Art. 259 Abs. 1 befasst sich im Gegensatz zu den vorausgehenden Art. 255–258 nicht mit der Entstehung und Anfechtung der Vermutung der Vaterschaft des Ehemannes. Die Bestimmung ist aber hier eingeordnet, weil sie wie jene die *Ehe* der Eltern zur Grundlage eines *gemeinsamen* Kindesverhältnisses (Art. 252 N 22) macht (kritisch SONDER 15 f).

13 Das gilt sinngemäss für Abs. 2. Die Einschränkung des Anfechtungsrechtes gehört hieher und nicht zu Art. 260 a, weil sie aus der elterlichen Ehe folgt und die Anfechtung eines gemeinsamen Kindesverhältnisses betrifft.

II. Voraussetzungen des gemeinsamen Kindesverhältnisses

1. Kindesverhältnis zur Mutter

14 Nur die Ehe der *Mutter* mit dem Vater löst die Wirkung des Art. 259 Abs. 1 aus. Darum muss das Kindesverhältnis zur Mutter feststehen, vgl. Art. 252 Abs. 1, und dort N 34.

2. Kindesverhältnis zum Vater

A. Der Ehemann der Mutter gilt nicht als Vater

15 Das Kind ist nicht während der Ehe der Mutter oder vor Ablauf von 300 Tagen seit ihrer Auflösung geboren (Art. 255, dort N 21 ff). Ist die Vermutung der Vaterschaft des Ehemannes durch Anfechtung besei-

tigt (Art. 256), so kann das Kindesverhältnis zu ihm weder durch Anerkennung noch durch Vaterschaftsurteil festgestellt werden (Art. 260 N 64; Art. 261 N 65).

B. Es besteht kein Kindesverhältnis zu einem andern Mann

weder aufgrund einer früheren Ehe der Mutter (Art. 255), noch aufgrund einer Anerkennung (Art. 260) oder eines Vaterschaftsurteils (Art. 261). 16

Besteht bereits ein solches Kindesverhältnis, so ist Art. 259 Abs. 1 erst anwendbar, wenn es durch rechtskräftiges Urteil beseitigt ist. 17

Art. 259 Abs. 1 ist auch auf das *Adoptivkind* nicht anwendbar. Denn die Adoption hat das bisherige Kindesverhältnis zum Erlöschen gebracht (Art. 267 Abs. 2) und schliesst die Feststellung eines auf Abstammung bestehenden Kindesverhältnisses aus (Art. 267 N 20). 18

Dagegen bietet die *Stiefkindadoption* durch den Ehemann eine Alternative zu Art. 259 Abs. 1. Sie begründet ein gemeinsames Kindesverhältnis, ohne dass das bereits bestehende Kindesverhältnis zu einem andern Mann durch Anfechtung beseitigt werden müsste (Art. 264 N 7). Dagegen ist die Gefälligkeitsanerkennung durch den Ehemann der Mutter keine freie Alternative zur Stiefkindadoption (s. Art. 260 N 62). 19

C. Das Kindesverhältnis zum Ehemann der Mutter ist festgestellt

a) Anerkennung (Art. 260)

Die Mutter heiratet den Mann, der das Kind anerkannt hat, oder der Ehemann der Mutter anerkennt das Kind. Auch der frühere Ehemann kann das Kind nachträglich anerkennen, sofern das Kindesverhältnis zu ihm nicht schon bestanden hat und durch Anfechtungsurteil beseitigt worden ist (N 15, Art. 260 N 64/65). 20

Anerkennt ein Vater, der das Mündigkeitsalter nicht vollendet hat, nach der Trauung, so bedarf er der Zustimmung des gesetzlichen Vertreters (Art. 260 Abs. 2) nicht (Art. 14 Abs. 2). 21

Dagegen bleibt diese Zustimmung zur Anerkennung durch den Entmündigten nötig. Sie ist in der Zustimmung zur Eheschliessung nicht eingeschlossen (a. M. SAGER 66; SONDER 82). 22

23 Im Vordergrund steht die Anerkennung vor dem *Zivilstandsbeamten* (Art. 260 N 93 ff). Wird sie bei der Trauung ausgesprochen, so entspricht sie der Anmeldung der gemeinsamen vorehelichen Kinder durch die Ehegatten gemäss aArt. 259 (vgl. dazu auch SONDER 69 ff). Sie muss entgegen ZStV 104 auch am Trauungsort zugelassen werden (SAGER 82, SONDER 94; Art. 260 N 94). – Über die Beurkundung vgl. auch ZZW *1982* 178.

24 Die Anerkennung vor dem *Richter* (Art. 260 N 120 ff) kommt vor allem in Betracht, wenn sie vor dem Zivilstandsbeamten nicht erklärt werden kann, weil der Vater gestorben oder urteilsunfähig geworden ist, oder weil sie auf schwer überwindliche formelle Hindernisse stösst.

25 Die Anerkennung durch *letztwillige Verfügung* (Art. 260 N 145 ff) wird erst mit dem Tod des Anerkennenden wirksam (dort N 150).

b) Urteil

26 Die Mutter heiratet den Mann, der gemäss Art. 261 als Vater festgestellt ist, oder es wird der gegenwärtige oder ein früherer Ehemann als Vater festgestellt. Praktisch bedeutsam ist dieser Weg vor allem, wenn es nicht zur Anerkennung vor dem Zivilstandsbeamten kommt, weil der Vater urteilsunfähig oder gestorben ist oder nicht anerkennen will. Das Urteil übernimmt die unter dem früheren Recht anerkannte Möglichkeit, bei Fehlen der gemeinsamen Anmeldung den Eintritt der Legitimation administrativ oder gerichtlich feststellen zu lassen (VA Art. 258/259 N 21–23; HEGNAUER, Legitimation 97 f; SONDER 101 ff).

3. Eheschliessung der Eltern

27 Die Eltern schliessen *nach* der Geburt des Kindes und vor, bei oder nach Feststellung des Kindesverhältnisses (N 20–26) miteinander die Ehe.

28 Ist der Tod der Mutter zu befürchten, so kann sich im Hinblick auf Art. 259 Abs. 1 eine Nottrauung (Art. 115) rechtfertigen. Denn dadurch werden dem Kinde ohne weiteres der Familienname und das Bürgerrecht des Vaters und diesem die elterliche Gewalt verschafft (N 44, 51, 72). Ausnahmsweise kann auch bevorstehender Tod des Vaters die Nottrauung nahelegen, wenn wegen besonderer Umstände der Erwerb des väterlichen Namens und Bürgerrechts im Interesse des Kindes liegt.

Die *Ungültigerklärung* der Ehe hebt die Wirksamkeit von Art. 259 Abs. 1 29
nicht auf (Art. 133 Abs. 1; SONDER 156 ff). Das Kind befindet sich in der
nämlichen Lage wie das Scheidungskind (N 48, 53, 68, 81). Die Ungültigerklärung einer ohne Einwilligung der Eltern oder des Vormundes geschlossenen Ehe ist in Analogie zu Art. 128 Abs. 2 abzulehnen, wenn der mündige
Ehemann durch Anerkennung oder Urteil als Vater festgestellt ist (SONDER
157 N 2).

III. Formelle Wirkungen des gemeinsamen Kindesverhältnisses

1. Eheschliessungsverfahren

Ist das Kindesverhältnis zum künftigen Ehemann *vor* der 30
Eheschliessung festgestellt, so sind für die Vornahme der Verkündung auch
die Ausweise über das Kind einzureichen, d. h. entweder ein Familienschein
für jeden Verlobten oder der Geburtsschein für das Kind (ZStV 150 Abs. 1
Ziff. 2 und 3). Das gemeinsame Kind figuriert im Verkündgesuch, in den
Verkündakten und in der Trauungsermächtigung (ZStV 152 Abs. 1 Ziff. 3,
153 Abs. 1 Ziff. 4, 162; Musterbeispiele 4.111, 4.111 A, 4.111 B; SONDER 149).
Es ist aber auf der Rückseite des Verkündaktes aufgeführt und wird daher
vom öffentlichen Anschlag nicht erfasst.
Nach der Trauung wird das Kind im Eheregister eingetragen (N 36 ff). 31

2. Mitteilungen

Der Zivilstandsbeamte hat die Trauung der Eltern den Zi- 32
vilstandsämtern des Geburtsortes und, wenn das Kind seinerseits schon verheiratet ist, des Trauungsortes mitzuteilen (ZStV 120 Abs. 1 Ziff. 3). Über
Mitteilung und Eintragung, wenn das Kind bereits gestorben ist, vgl. ZZW
1981 221.
Ausserdem hat der Zivilstandsbeamte die Trauung der Vormundschaftsbe- 33
hörde des Wohnsitzes des unmündigen Kindes mitzuteilen (ZStV 125 Abs. 1
Ziff. 5), damit sie eine allfällige infolge der Heirat der Eltern erloschene
Vormundschaft oder Beistandschaft (N 75, 65, vgl. auch 78) formell aufheben oder jetzt notwendige Kindesschutzmassnahmen anordnen (N 77) kann.
Über die Mitteilung der Anerkennung und des Vaterschaftsurteils vgl. 34
Art. 260 N 157 ff und Art. 261 N 97 ff.

3. Geburtsregister

35   Die nachträgliche Eheschliessung der Eltern wird als Randanmerkung eingetragen (ZStV 52 Ziff. 1; Musterbeispiel 1.201). Diese Eintragung setzt aber voraus, dass das Kindesverhältnis zum Ehemann festgestellt und im Geburtsregister eingetragen ist (N 20–26; Art. 260 N 162, 261 N 101).

4. Eheregister

36   Ist das Kindesverhältnis *vor* der Eheschliessung festgestellt worden, so wird das Kind nach der Trauung im Eheregister mit dem bisherigen Familiennamen, dem Vornamen sowie Ort und Datum der Geburt eingetragen (ZStV 94 Abs. 1 Ziff. 8; Musterbeispiel 3.111); das gilt auch, wenn das Kind anlässlich der Trauung anerkannt wird (SONDER 150).

37   Richtigerweise müsste auch das Datum der Anerkennung oder des Vaterschaftsurteils angegeben werden (SAGER 88 N 87, SONDER 150f). Damit könnte vermieden werden, dass irrtümlicherweise wie unter dem früheren Recht ein Kind eingetragen wird, obwohl das Kindesverhältnis zum Ehemann nicht festgestellt ist.

38   Erfolgt die Feststellung des väterlichen Kindesverhältnisses oder die Eheschliessung der Eltern erst *nach* der Heirat des Kindes, so wird im Eheregister des Kindes eine Randanmerkung eingetragen (ZStV 52 Ziff. 3).

39   Im *Eheschein* (ZStV 166 Abs. 2) und in Auszügen aus dem Eheregister (ZStV 140 Abs. 2 Ziff. 2) werden die gemeinsamen Kinder nicht aufgeführt.

5. Familienregister

40   Ist das Kindesverhältnis zum künftigen Ehemann *vor* der Eheschliessung festgestellt, so wird diese auf dem Blatt des Vaters und dem der Mutter oder des Kindes, wenn es ein eigenes besitzt, im Textteil rechts eingetragen, ausserdem erfolgt die Eintragung des Kindes auf dem Blatt des Vaters im Textteil links (ZStV 117 Abs. 2 Ziff. 12; Musterbeispiel 6.108).

41   Wird das Kindesverhältnis *nach* der Eheschliessung festgestellt, so ist zunächst diese Feststellung auf dem Blatt des Vaters und der Mutter im Textteil links einzutragen (ZStV 117 Abs. 1 Ziff. 6 lit. *a*). Hierauf folgen die Eintragung der vorausgegangenen Trauung der Eltern im Textteil rechts (N 40)

und die Neueintragung des Kindes mit dem Familiennamen und Bürgerrecht des Vaters im Textteil links (N 40; Musterbeispiel 6.116). Besondere Blätter der Mutter und allenfalls des Kindes werden gelöscht (ZStV 115 Abs. 1 Ziff. 4; 119a Abs. 1 und 2).

IV. Materielle Wirkungen des gemeinsamen Kindesverhältnisses

Nach Art. 259 Abs. 1 finden auf das vorher geborene Kind 42 die Bestimmungen über das während der Ehe geborene entsprechende Anwendung. Die Eheschliessung der Eltern bewirkt im Gegensatz zum früheren Recht keine umfassende Änderung des Familienstandes des Kindes, sondern lediglich die Änderung einzelner Wirkungen des Kindesverhältnisses. Diese besonderen Wirkungen des gemeinsamen Kindesverhältnisses betreffen:
– den Familiennamen (N 43 ff),
– das Bürgerrecht (N 49 ff),
– die Unterhaltspflicht (N 59 ff),
– die elterliche Gewalt (N 69 ff).
Sie treten von Gesetzes wegen ein, sobald beide Voraussetzungen – die Eheschliessung und das Kindesverhältnis – erfüllt sind. Gleichgültig ist die Reihenfolge (SONDER 210). Die Änderungen in bezug auf Familiennamen und Bürgerrecht sind dauernder Art und berühren insofern Teilaspekte des Standes, diejenigen in bezug auf die Unterhaltspflicht und die elterliche Gewalt gelten dagegen nur, solange das Kind unmündig ist und die Eltern verheiratet sind.

1. Familienname

Sind die Eltern miteinander verheiratet, so erhält das Kind 43 ihren Familiennamen (Art. 270 Abs. 1); sind sie nicht miteinander verheiratet, so erhält es den Familiennamen der Mutter (Art. 270 Abs. 2). Massgebend für die Abgrenzung ist, ob die Vermutung der Vaterschaft des Ehemannes (Art. 255 Abs. 1) gegeben ist oder nicht (s. dort N 23 ff).
Nach Art. 161 Abs. 1 in der Fassung von 1907 erwirbt die Frau den Namen 44 des Mannes. Demgemäss wechselt das Kind auf Grund von Art. 259 Abs. 1 und Art. 270 Abs. 1 vom Namen der Mutter zu dem des Vaters. Nach dem

Stand der Eherechtsrevision im April 1984 erwirbt das Kind verheirateter Eltern den Familiennamen des *Vaters* (rev. Art. 270 Abs. 1). Unter Vorbehalt des Sonderfalls, in welchem der Ehemann zum Namen der Ehefrau wechselt, wird daher der Name des Kindes auch in Zukunft unter den Voraussetzungen des Art. 259 Abs. 1 ändern.

45 Vor Eintritt des Tatbestandes von Art. 259 Abs. 1 kann es den Namen des Vaters nur aufgrund behördlicher Namensänderung gemäss Art. 30 erwerben. Ein wichtiger Grund für diese liegt u. a. nach Art. 271 Abs. 3 vor, wenn das Kind unter der elterlichen Gewalt des Vaters aufwächst (vgl. auch N 47).

46 Die Änderung des Familiennamens tritt unabhängig vom Alter des Kindes ein. Sie erstreckt sich auch auf seinen Ehegatten und seine Kinder, soweit sein Name für sie bestimmend ist (N 43). Diese Wirkung sollte freilich für mündige Kinder nur mit ihrer Zustimmung eintreten (vgl. z. B. CCfr 334-4).

47 Sie kann nur durch Namensänderung gemäss Art. 30 abgewendet werden (SONDER 181 f). Ein wichtiger Grund im Sinne dieser Bestimmung liegt regelmässig vor, wenn das Kind urteilsfähig geworden und mit der gesetzlichen Namensänderung nicht einverstanden ist. Ist das Kind schon verheiratet, so muss, solange der Grundsatz der Namenseinheit gilt (vgl. BGE *108* II 161), der Ehegatte verlangen können, dass sein Partner – das betroffene Kind – um die Namensänderung nachsucht.

48 Der Namenswechsel wird durch die spätere Auflösung der Ehe der Eltern nicht berührt. Er tritt unter der Voraussetzung von N 27 auch ein, wenn das väterliche Kindesverhältnis erst nach der Auflösung der Ehe festgestellt wird. Indessen liegt auch hier regelmässig ein wichtiger Grund für eine behördliche Namensänderung vor, die dem Kind erlaubt, beim bisherigen Namen zu bleiben (N 47).

2. Bürgerrecht

A. Beide Eltern sind Schweizer

49 Sind die Eltern miteinander verheiratet, so erhält das Kind das Bürgerrecht des Vaters (Art. 271 Abs. 1); sind sie nicht miteinander verheiratet, so erhält es das Bürgerrecht der Mutter (Art. 271 Abs. 2). Massgebend ist, ob der Ehemann der Mutter als Vater gilt (Art. 255 Abs. 1). Das Bürgerrecht umfasst das Schweizer-, das Kantons- und das Gemeindebürgerrecht (BüG 1 Abs. 1, 4 lit. *a* und *b*).

Ohne Eheschliessung der Eltern erwirbt das Kind anstelle des Bürgerrechts 50
der Mutter von Gesetzes wegen das des Vaters nur, wenn kumulativ
- das Kindesverhältnis zu diesem festgestellt ist (Art. 260, 261),
- das Kind bei ihm aufwächst und unter dessen elterlicher Gewalt gestellt wird (Art. 298 Abs. 2), und
- es deswegen durch Namensänderung gemäss Art. 30 den Familiennamen des Vaters erhält (Art. 271 Abs. 3; HEGNAUER, in: Kindes- und Adoptionsrecht 12f; DREHER ZZW *1977* 355).

Mit Eintritt des Tatbestandes des Art. 259 Abs. 1 erwirbt das Kind anstelle 51
des Kantons- und Gemeindebürgerrechts der Mutter von Gesetzes wegen
das des Vaters.

Der Bürgerrechtswechsel vollzieht sich unabhängig vom Alter des Kindes 52
und erstreckt sich auch auf den Ehegatten und die Kinder, soweit sein Bürgerrecht für sie bestimmend ist. Diese Wirkung kann nur durch erneute Einbürgerung und Entlassung aus dem Bürgerrecht rückgängig gemacht werden.

Spätere Auflösung der Ehe der Eltern berührt das Bürgerrecht des Kindes 53
nicht. Der Bürgerrechtswechsel tritt unter der Voraussetzung von N 27 auch
ein, wenn das Kindesverhältnis zum Vater erst nach Auflösung der Ehe festgestellt wird.

B. Der Vater ist Schweizer, die Mutter Ausländerin

Schliessen der schweizerische Vater und die Mutter nachträglich die Ehe, so erwirbt das *unmündige* ausländische Kind das Schweizerbürgerrecht, wie wenn der Erwerb mit der Geburt erfolgt wäre (BüG 1 Abs. 2 lit. *a*), und gleichzeitig das Kantons- und Gemeindebürgerrecht des Vaters (BüG 4 lit. *a*). Vorausgesetzt wird dabei, dass das Kindesverhältnis zum Vater im Zeitpunkt der Trauung festgestellt ist. Der Bürgerrechtserwerb tritt aber auch ein, wenn diese Feststellung erst nach der Trauung erfolgt. 54

Der Tatbestand muss erfüllt sein, *bevor* das Kind *mündig* geworden ist. 55
Mündigkeit und Unmündigkeit richten sich nach Art. 14 (BüG 35). Die Beschränkung des Bürgerrechtserwerbs auf das unmündige Kind geht auf die Revision von 1976 zurück (BBl *1974* II 110; kritisch SONDER 186). Sie entspricht der früheren Regel für das anerkannte Kind (ohne Eheschliessung der Eltern; aBüG 2 Abs. 1 lit. *c*) und der seit 1972 für das adoptierte Kind geltenden Regel (BüG 7).

56 Dass das Kind das Schweizerbürgerrecht erwirbt, «wie wenn der Erwerb mit der Geburt erfolgt wäre», verlangt nicht eine praktisch kaum vollziehbare Rückwirkung auf den Zeitpunkt der Geburt, sondern bedeutet, dass das Kind weiblichen Geschlechts als Schweizerin «von Abstammung» (BV 44 Abs. 3, BüG 5 Abs. 1 lit. *a*, 57 Abs. 6) oder «gebürtige» Schweizerin (BüG 15 Abs. 2, 27 Abs. 1) gilt (vgl. dazu auch BGE *101* I b 117 ff).

C. Der Vater ist Ausländer, die Mutter Schweizerin

57 Schliessen der ausländische Vater und die schweizerische Mutter nachträglich die Ehe, oder wird nach der Trauung das Kindesverhältnis zwischen dem Ehemann und dem vor der Ehe geborenen Kind festgestellt, so verliert das Kind das mit der Geburt erworbene Schweizerbürgerrecht auch dann nicht, wenn es nach dem Heimatrecht des Vaters dessen Staatsangehörigkeit erwirbt. Die Revision von 1976 hat die frühere Bestimmung, welche für diesen Fall den Verlust des Schweizerbürgerrechts vorsah (aBüG 8 Abs. 1), ersatzlos gestrichen (BBl *1974* II 111).

58 Der Verlust tritt selbst dann nicht ein, wenn das Kind, wäre die Ehe vor der Geburt geschlossen worden, das Schweizerbürgerrecht aufgrund von BüG 5 Abs. 1 nicht erworben hätte (Siegenthaler ZZW *1978* 10; Nabholz ZZW *1978* 188). Das vor der Ehe geborene Kind ist insofern im Vergleich zu dem während der Ehe geborenen bessergestellt (Sonder 188). Diese Ungleichheit soll gemäss Botschaft vom 18. April 1984 (BBl 1984 II 211) behoben werden: Nach dem neuen Art. 1 Abs. 1 lit. a ist das Kind der mit einem Ausländer verheirateten Schweizerin von Geburt an Schweizer Bürger.

3. Unterhaltspflicht

59 Die Unterhaltspflicht der Eltern ist zwingende Folge des Kindesverhältnisses (Art. 276 Abs. 1). Ob sie miteinander verheiratet sind oder nicht, ist für die Unterhaltspflicht als solche, ihr Mass und ihre Dauer gleichgültig, nicht aber für die Art und Weise ihrer Erfüllung.

60 Während der Ehe tragen die Eltern die Kosten des Unterhalts nach den Bestimmungen des Eherechts (Art. 278 Abs. 1). Sie sind demgemäss verpflichtet, für die Kinder gemeinsam zu sorgen (Art. 159 Abs. 2).

61 Dabei hat nach dem Recht von 1907 der Ehemann für den Unterhalt in gebührender Weise Sorge zu tragen (Art. 160 Abs. 2). Die Ehefrau hat ihn aber in dieser Sorge nach Kräften zu unterstützen (Art. 161 Abs. 2), namentlich

indem sie den Haushalt führt (Art. 161 Abs. 3) und ihren Arbeitserwerb, soweit erforderlich, für die Bedürfnisse des Haushaltes verwendet (Art. 192 Abs. 2).

Das revidierte Eherecht verpflichtet die Ehegatten dagegen, gemeinsam, ein jeder nach seinen Kräften, für den gebührenden Unterhalt zu sorgen und sich über den Beitrag zu verständigen, den jeder von ihnen leistet, namentlich durch Geldzahlungen, Besorgen des Haushaltes, Betreuen der Kinder oder durch Mithilfe im Beruf oder Gewerbe des andern (Entwurf 1979 Art. 163 Abs. 1 und 2). 62

Ist das väterliche Kindesverhältnis *vor* der Ehe festgestellt worden, so bewirkt Art. 278 Abs. 1, dass die durch Vertrag (Art. 287) oder Urteil (Art. 279) festgelegte Unterhaltsbeitragspflicht mit der Eheschliessung ohne weiteres ausser Kraft tritt (SONDER 192f); bis zur Trauung fällig gewordene Beiträge bleiben geschuldet, dürften aber in der Regel erlassen werden. 63

Das gilt freilich nur, wenn den Eltern oder wenigstens einem von ihnen die elterliche Gewalt zusteht und die elterliche Obhut nicht nach Art. 310 oder StGB 84ff aufgehoben ist. Bleibt den Eltern auch nach der Eheschliessung die elterliche Gewalt oder auch nur die Obhut entzogen (N 76, 78), so dauert die bereits festgelegte Kostenbeitragspflicht fort. 64

Auch eine Beistandschaft nach Art. 308 Abs. 2 zur Regelung des Unterhaltsanspruches gegen den Vater (HEGNAUER ZVW *1982* 49) erlischt, sobald mit der Eheschliessung Art. 278 Abs. 1 wirksam wird. Sie ist neu zu errichten, wenn während der Ehe die elterliche Obhut aufgehoben oder die elterliche Gewalt entzogen wird (Art. 310–312). 65

Ist das Kindesverhältnis zum Ehemann im Zeitpunkt der Trauung nicht festgestellt, so hat er als Stiefvater der Mutter in der Erfüllung der Unterhaltspflicht in angemessener Weise beizustehen (Art. 278 Abs. 2). Mit der nachträglichen Feststellung des Kindesverhältnisses wandelt sich diese Beistandspflicht zur vollen Unterhaltspflicht (Art. 276 Abs. 1, 278 Abs. 1). Anerkennt der Vater das Kind in letztwilliger Verfügung, so kann Art. 278 Abs. 1 keine Wirkung entfalten (N 25). 66

Eine Abfindungsvereinbarung (Art. 288) wird durch die nachträgliche Heirat der Eltern aufgehoben. Die gesetzliche Unterhaltspflicht des Vaters (Art. 276ff) lebt wieder auf; umgekehrt hat er Anspruch auf Rückerstattung der im Verhältnis der abgelaufenen zur noch bevorstehenden Dauer der Unterhaltspflicht verminderten Abfindung (a. M. SONDER 193ff). 67

Wird der gemeinsame Haushalt der verheirateten Eltern während der Unmündigkeit des Kindes aufgehoben, die Ehe ungültig erklärt, getrennt oder 68 geschieden, so wird die Beitragspflicht des Elternteils, der die Obhut über es verliert, im eherechtlichen Verfahren festgesetzt (Art. 133 Abs. 2, 145, 156, 170, Entwurf 1979 Art. 176 Abs. 3). Wird das Kindesverhältnis zum Ehemann erst nach gerichtlicher Auflösung der Ehe festgestellt, so ist das Urteil zu ergänzen (SONDER 222 f).

4. Elterliche Gewalt

69 Das Kindesverhältnis als solches begründet die elterliche Gewalt nicht, sondern zusammen mit der Mündigkeit (Art. 296 Abs. 2) lediglich die Fähigkeit, Inhaber der elterlichen Gewalt zu sein.

70 Deren Zuteilung selbst hängt im übrigen in erster Linie vom rechtlichen Verhältnis der Eltern, in zweiter von behördlichen Anordnungen ab. Sind die Eltern miteinander verheiratet, haben sie gemeinsam elterliche Gewalt (vgl. Art. 297 Abs. 1). Das trifft zu, wenn die Vermutung gemäss Art. 255 gegeben ist, d. h. der Ehemann der Mutter als Vater gilt, und diese Vermutung nicht beseitigt ist (Art. 256).

71 Aufgrund von Art. 259 Abs. 1 verhält es sich gleich, wenn die Eltern einander nach der Geburt heiraten und das Kindesverhältnis zum Vater festgestellt ist.

72 Ist die Mutter vor der Ehe Inhaberin der elterlichen Gewalt, das ist gemäss Art. 298 Abs. 1 die Regel, so erwirbt der Vater mit der Heirat ohne weiteres die elterliche Gewalt ebenfalls.

73 Das gilt auch für die unmündige Mutter, wenn die Vormundschaftsbehörde vor der Ehe gemäss Art. 298 Abs. 2 die elterliche Gewalt ausnahmsweise dem Vater übertragen hat (in der Regel ist das Kind in dieser Situation zu bevormunden, vgl. HEGNAUER, Kindesrecht 138 f).

74 Mit dem Erwerb der elterlichen Gewalt wird der Anspruch auf *persönlichen Verkehr* (Art. 273) in der Regel gegenstandslos.

75 Heiraten *unmündige* Eltern, so werden sie mündig (Art. 14 Abs. 2) und erwerben von Gesetzes wegen die elterliche Gewalt; die Vormundschaft über ihr Kind fällt ohne weiteres dahin (VA Art. 263 N 10; JORIO 74 f).

76 Dagegen erwirbt ein *entmündigter* Elternteil die elterliche Gewalt nicht. Denn Heirat hebt die Entmündigung nicht auf (E. BUCHER Art. 14 N 60). Ebensowenig berührt sie die Entziehung der elterlichen Gewalt nach Art. 311 oder 312.

77 Dagegen hindert die Entmündigung des *einen* Elternteils oder die gegen ihn ausgesprochene Entziehung der elterlichen Gewalt nicht, dass der andere

Elternteil mit der Heirat die elterliche Gewalt erwirbt und die Vormundschaft über das Kind dahinfällt. Doch ist zu prüfen, ob er die elterliche Gewalt unter diesen Umständen allein gehörig auszuüben vermag, oder ob sie ihm zu entziehen ist, oder ob mildere Kindesschutzmassnahmen zu treffen sind (VA Art. 285 N 13–15, JORIO 114, SONDER 199 f).

Bestehende *Kindesschutzmassnahmen* gemäss Art. 307, 308 oder 310 fallen mit der Eheschliessung der Eltern nicht dahin. Doch kann sich jetzt ihre Aufhebung rechtfertigen (Art. 313 Abs. 1). Die Beistandschaft nach Art. 309 ist aufzuheben, wenn das Kindesverhältnis zum Ehemann festgestellt ist (vgl. HEGNAUER ZVW *1982* 49). 78

Ist das Kindesverhältnis zum Ehemann bei der Eheschliessung nicht festgestellt, so kommt ihm die Stellung des *Stiefvaters* gemäss Art. 299 zu. Mit der Feststellung des Kindesverhältnisses wächst ihm ohne weiteres die elterliche Gewalt zu. Hat er das Kind in letztwilliger Verfügung anerkannt, so bleibt Art. 259 Abs. 1 ohne Wirkung auf die elterliche Gewalt (N 25). 79

Tritt die elterliche Gewalt anstelle der Vormundschaft, so teilt das Kind hinfort den *Wohnsitz* der Eltern (Art. 25). 80

Wird der gemeinsame Haushalt der verheirateten Eltern während der Unmündigkeit des Kindes aufgehoben, die Ehe getrennt, ungültig erklärt oder geschieden, so wird über die Zuteilung der elterlichen Gewalt und den persönlichen Verkehr im eherechtlichen Verfahren entschieden (Art. 133 Abs. 2, 145, 156, 170, 275 Abs. 2, 297 Abs. 2 und 3, Entwurf 1979 Art. 176 Abs. 3). Wird das Kindesverhältnis zum Ehemann erst nach gerichtlicher Auflösung der Ehe festgestellt, so ist das Urteil zu ergänzen (SONDER 222 f). 81

V. Anfechtung der Anerkennung

1. Anfechtung des Kindesverhältnisses zum Ehemann

A. Hat der Ehemann das Kind vor oder nach der Trauung *anerkannt,* so finden die Vorschriften über die Anfechtung der Anerkennung entsprechende Anwendung (Art. 259 Abs. 3). Das gilt für die *Passivlegitimation* (Art. 260a Abs. 3; dort N 109 ff; SAGER 158 f; SONDER 293 ff, zur Prozessnachfolge 296), für die *Klagefrist* (Art. 260c; SAGER 180, SONDER 247, 297 ff; vgl. auch N 100), für den *Klagegrund* (Art. 260b; SONDER 311 ff), für den *Gerichtsstand* (Art. 253, dort N 7), für das *Verfahren* (260a N 69). Auch die Anfechtung der vor dem Richter ausgesprochenen Anerkennung richtet 82 sich, wenn der Prozess rechtskräftig erledigt ist, nach Art. 260 a ff (Art. 260 a N 55; SONDER 233 f). Für die *Aktivlegitimation* vgl. N 91 ff.

83 *B.* Ist das Kindesverhältnis zum Ehemann vor oder nach der Trauung durch *Vaterschaftsurteil* festgestellt, so kann dieses nur mit den Rechtsmitteln des Prozessrechts, letztlich mit der Revision umgestossen werden (Art. 261 N 96).

84 *C.* Die rechtskräftige *Gutheissung der Anfechtungsklage* beseitigt rückwirkend auf den Zeitpunkt der Geburt das Kindesverhältnis zum Ehemann (vgl. Art. 260 a N 118). Damit erlöschen mit den Wirkungen des väterlichen Kindesverhältnisses auch die besonderen Wirkungen des gemeinsamen Kindesverhältnisses.

85 Das aufgehobene Kindesverhältnis kann, sofern die Ehe noch besteht, auf dem Wege der Adoption des Kindes durch den Ehemann (Art. 264 a Abs. 3, 267 Abs. 2 Satz 2) wiederhergestellt werden.

86 Über die Mitteilung und Eintragung des Urteils vgl. Art. 260 a N 120–125. Es ist auch dem Zivilstandsamt des Heimatortes der Mutter zur Zeit der Geburt mitzuteilen (ZStV 130 Abs. 1 Ziff. 8 Satz 2).

87 Das Kind nimmt als Folge der Aufhebung der Anerkennung den *Familiennamen* an, den die Mutter im Zeitpunkt der Geburt, also vor der Eheschliessung, trug (Art. 270 Abs. 2; SONDER 337 f).

88 Es verliert auch das aufgrund von Art. 259 Abs. 1 erworbene *Bürgerrecht* und kehrt zu dem mit der Geburt erworbenen Bürgerrecht der Mutter (Art. 271 Abs. 2) zurück. Der Verlust umfasst auch das durch die Heirat der ausländischen Mutter mit dem schweizerischen Anerkennenden erworbene Schweizerbürgerrecht (N 54). Die Auffassung, das Kind behalte das Schweizerbürgerrecht, weil das Gesetz in BüG 8 a ff die Aufhebung des Kindesverhältnisses nicht als Verlustgrund aufführe (SONDER 339), verkennt, dass das Anfechtungsurteil den Erwerbsgrund – die Vaterschaft des Ehemannes der Mutter (BüG 1 Abs. 2 lit. *a*) – rückwirkend beseitigt. Immerhin dürfte der Verlust des Schweizerbürgerrechts nur eintreten, wenn das Kind die ursprüngliche Staatsangehörigkeit der Mutter noch besitzt oder ohne weiteres wieder erwerben kann. Letzteres setzt aber die Anerkennung des Anfechtungsurteils im ursprünglichen Heimatstaat voraus.

89 Die elterliche *Unterhaltspflicht* erlischt. Besteht die Ehe fort, so hat der Ehemann der Mutter in der Erfüllung ihrer Unterhaltspflicht für das Kind in angemessener Weise beizustehen (Art. 278 Abs. 2). Ist der gemeinsame Haushalt der Ehegatten aufgehoben oder die Ehe getrennt, ungültig erklärt

oder geschieden, so fallen die im eherechtlichen Verfahren angeordneten Verpflichtungen des Ehemannes zu Unterhaltsbeiträgen (N 68) von Gesetzes wegen dahin. Über die Rückerstattung bisheriger Leistungen vgl. sinngemäss Art. 256 N 123 ff.

Die *elterliche Gewalt* des Ehemannes entfällt. Besteht die Ehe fort, so befindet er sich in der Stellung des Stiefvaters (Art. 299). Im eherechtlichen Verfahren getroffene Anordnungen über die Zuteilung der Obhut oder der elterlichen Gewalt oder eines Besuchsrechtes an den Ehemann (N 81) werden unwirksam. Die elterliche Gewalt kommt von Gesetzes wegen der Mutter zu, sofern sie nicht entmündigt ist oder ihr die elterliche Gewalt nicht früher schon nach Art. 311 oder 312 von den vormundschaftlichen Behörden entzogen worden ist (a. M. SONDER 344). Zur Anordnung von Kindesschutzmassnahmen sind ausschliesslich die vormundschaftlichen Behörden zuständig. Der Richter hat im eherechtlichen Verfahren nur über gemeinsame Kinder zu befinden. 90

2. Aktivlegitimation zur Anfechtungsklage

Die Klage auf Anfechtung der Anerkennung steht nicht wie nach Art. 260 a Abs. 1 jedermann, der ein Interesse hat, zu, sondern nur den in Art. 259 Abs. 2 abschliessend genannten Personen. Ausgeschlossen ist insbesondere das Klagerecht der erbberechtigten Verwandten (anders aArt. 262, dazu VA Art. 262 N 8, Rep. 109/1976, 193) und des Mannes, der behauptet, der Erzeuger zu sein (anders das frühere Recht VA Art. 262 N 12). Die Beschränkung will, wie die enge Umschreibung des Klagerechts für die Anfechtung der Vermutung der Vaterschaft des Ehemannes (Art. 256), den Angriff auf die intakte Ehe ausschliessen. Die Aktivlegitimation ist aber weiter als nach Art. 256, weil die Ehe im Zeitpunkt der Geburt des Kindes noch nicht bestanden hat. 91

A. Mutter (Ziff. 1)

Das Anfechtungsrecht der Mutter gemäss Art. 260 a Abs. 1 (dort N 73 f) besteht auch, wenn sie den Anerkennenden geheiratet hat. Dagegen ist ihr die Anfechtung der Vermutung des Art. 255 versagt (Art. 256 N 77). Ihre unterschiedliche Stellung erklärt sich daraus, dass sie durch ihre Ehe unmittelbar an der Entstehung der Vermutung beteiligt ist, während die Anerkennung ohne ihr Zutun (vgl. aber Art. 260 N 127) zustandekommt und 92 auch von der Eheschliessung unabhängig ist (andere Erklärung bei HAUSHEER 23; kritisch SONDER 250). Die Mutter hat in der Regel ein Interesse an der Anfechtung nur, wenn die Ehe scheitert. Vgl. im übrigen Art. 260a N 73 f.

B. Kind (Ziff. 2)

93 a) Ist die Anerkennung erst *nach* Vollendung seines zwölften Altersjahres ausgesprochen worden, so steht dem Kind die freie Anfechtung gemäss Art. 260a Abs. 1 zu. Hat ein Mann mit der Anerkennung solange zugewartet, so kann dem Kinde nicht zugemutet werden, sein Interesse an der Anfechtung der Rücksicht auf die Ehe der Mutter und des Anerkennenden unterzuordnen (HEGNAUER SJZ *1977* 152; SONDER 253 f). – Vgl. dazu bei der Adoption das Erfordernis der Zustimmung des urteilsfähigen Kindes, Art. 265 Abs. 2, dort N 9 ff.

94 b) Wird die Anerkennung ausgesprochen, *bevor* das Kind das zwölfte Altersjahr vollendet hat, so steht ihm die Klage nur zu, wenn der gemeinsame Haushalt der Ehegatten während seiner Unmündigkeit aufgehört hat. Die Anfechtung durch das Kind untersteht somit hier der nämlichen Voraussetzung wie nach Art. 256 Abs. 1 Ziff. 2 bei der Anfechtung der Vermutung des Art. 255. Vgl. dazu Art. 256 N 60 ff.

C. Nachkommen des verstorbenen Kindes (Ziff. 2)

95 a) Ist das Kind *nach* der Anerkennung gestorben, so haben die Nachkommen das Anfechtungsrecht nur, wenn dieses dem Kind im Zeitpunkt des Todes noch zustand. Demnach gelten die Voraussetzungen gemäss N 93/94 auch für die Nachkommen; zudem darf die Klage des Kindes nicht abgewiesen worden sein. Die absolute fünfjährige Frist nach Art. 260c Abs. 1 gilt auch für die Nachkommen nicht (SONDER 271; a. M. SAGER 146). Vgl. im übrigen Art. 260a N 79 ff.

96 b) Wird das Kind nach seinem *Tod* anerkannt, so haben die Nachkommen ein selbständiges Anfechtungsrecht gemäss Art. 260a Abs. 1 (SONDER 272). Vgl. Art. 260a N 79.

D. Heimat- und Wohnsitzgemeinde des Ehemannes (Ziff. 3)

97 Die Heimatgemeinde und die Wohnsitzgemeinde haben nebeneinander ein selbständiges Klagerecht. Es ist unbedingt, setzt somit an

sich weder den Nachweis eines Interesses, noch die Auflösung der Ehe voraus. Dennoch sollte der Entscheid über die Erhebung der Klage nicht ohne Abwägung der öffentlichen Interessen an der Anfechtung und der gegenteiligen Interessen des Kindes und der Ehegatten getroffen werden (SAGER 149, SONDER 275). Vgl. die Kritik bei SONDER 242, 273 ff.

Die unwahre Anerkennung trifft die Heimatgemeinde, weil das Kind das 98 *Bürgerrecht* des Ehemannes erwirbt (N 51, 54), und die Wohnsitzgemeinde, weil es dessen Wohnsitz teilt (N 80) und gegebenenfalls hier öffentliche *Unterstützung* beanspruchen kann (BG über die Zuständigkeit für die Unterstützung Bedürftiger, vom 24. Juni 1977, SR 851.1, Art. 7).

Das Anfechtungsrecht der Gemeinde will aber vor allem *rechtsmissbräuchlichen* 99 Anerkennungen entgegen treten (BBl *1974* II 40). Es darf nicht ausgeübt werden, um die Interessen Dritter, denen kein Anfechtungsrecht zusteht, zu wahren (SONDER 274).

Die Gemeinde hat binnen der *Fristen* gemäss Art. 260c Abs. 1 zu klagen. Der 100 Zeitpunkt der Eheschliessung und ihrer Kenntnis hat keinen Einfluss auf den Beginn der Frist (SONDER 247). Vgl. im übrigen Art. 260a N 84 ff.

E. Ehemann (Ziff. 4)

Die Anerkennung ist im Regelfall vom Ehemann ausge- 101 sprochen worden. Aufgrund der Verweisung von Abs. 3 richtet sich sein Anfechtungsrecht nach Art. 260a Abs. 2, dort N 88 ff (SAGER 150f, 159 ff; SONDER 279 ff).

Ist nach dem Tod des Ehemannes eine Vaterschaftsklage gegen seine *Ange-* 102 *hörigen* erhoben worden (Art. 261 Abs. 2) und haben sie unter dem Einfluss eines Willensmangels die Klage anerkannt, so steht ihnen die Anfechtung ebenfalls zu (SONDER 290 ff).

Unter den Voraussetzungen des Art. 258 erscheinen auch die *Eltern* des Ehe- 103 mannes zur Klage berechtigt. Es besteht kein Grund, sie schlechter zu stellen, als wenn das Kind unter der Vermutung des Art. 255 geboren wäre.

3. Eintritt und Wirkung der Beschränkung des Klagerechts

A. Geht die Anerkennung der Eheschliessung voraus, so 104 richtet sich die Befugnis zur Anfechtung zunächst nach Art. 260a Abs. 1 und 2. Von der Eheschliessung an ist sie auf die in Art. 259 Abs. 2 genannten Personen beschränkt. Das Klagerecht der übrigen in Art. 260 a Abs. 1 genannten Personen erlischt von Gesetzes wegen. Eine hängige Klage einer solchen ist abzuweisen. Das gilt auch für die Klage des Kindes, wenn die Voraussetzungen von Art. 259 Abs. 2 Ziff. 2 nicht erfüllt sind.

105 *B. Folgt die Anerkennung der Eheschliessung jedoch nach,* so sind von Anfang an nur die in Art. 259 Abs. 2 genannten Personen zur Anfechtung befugt.

106 *C. Wird die Ehe aufgelöst,* so lebt das Klagerecht der nach Art. 260 a Abs. 1 weiteren interessierten Personen nicht auf (SAGER 155 N 61, SONDER 245 f). Anders verhält es sich mit dem *vor Vollendung des zwölften Altersjahres anerkannten Kind.* Sein Anfechtungsrecht entsteht erst mit dem Aufhören des Haushaltes der Ehegatten (N 94). Das gilt auch, wenn die aufgrund von Art. 260 a Abs. 1 erhobene, im Zeitpunkt der Eheschliessung hängige Anfechtungsklage wegen Verlustes der Klageberechtigung abgewiesen worden ist. Das Kind verliert durch die Eheschliessung nur das Recht, die Anerkennung während des gemeinsamen Haushaltes der Ehegatten anzufechten. Dagegen wird dadurch sein Recht gemäss Art. 259 Abs. 2 Ziff. 2 die Anerkennung anzufechten, sobald der Haushalt der Ehegatten aufgehört hat, nicht berührt.

107 *D.* Wird die Anerkennung erst nach Auflösung der Ehe ausgesprochen, so hat das gemeinsame Kindesverhältnis nie bestanden. Damit fehlt die Art. 259 Abs. 2 zugrundeliegende Rechtfertigung der Beschränkung des Klagerechts (N 91). Dieses richtet sich vielmehr nach Art. 260 a.

VI. Übergangsrecht

1. Anwendung von Art. 259 Abs. 1 auf die vor dem 1. Januar 1978 geborenen Kinder

A. Eheschliessung vor dem 1. Januar 1978

108 Hat die Trauung vor dem 1. Januar 1978 stattgefunden, so muss die Anmeldung der gemeinsamen ausserehelichen Kinder weiterhin entgegengenommen und die Legitimation beurkundet werden (aZStV 96 ff). Die Schliessung der Legitimationsregister auf 31. Dezember 1977 (ZStV

188b Abs. 1) steht dem nicht entgegen. Denn die Ehelicherklärung ist gemäss aArt. 258 mit der Eheschliessung, also vor dem 1. Januar 1978 eingetreten (HEGNAUER, Übergangsbestimmungen 160 Nr. 422.12, Nachdruck S. 179 A.; *derselbe,* Übergangsrecht 127, 137). Ebenso muss in dieser Situation die administrative und die gerichtliche Feststellung der vor dem 1. Januar 1978 eingetretenen Legitimation (VA Art. 258/259 N 21/22) weiterhin zugelassen werden.

Die in Registern nach dem früheren Recht eingetragene Bezeichnung «legitimiert» wird in Auszügen weggelassen (ZStV 188b Abs. 3).

109

B. *Eheschliessung nach dem 1. Januar 1978*

Heiraten die Eltern erst nach dem 1. Januar 1978, so ist – auch wenn das väterliche Kindesverhältnis schon vorher festgestellt war – eine Ehelicherklärung nach aArt. 258/259 ausgeschlossen (BBl *1974* II 99f; HEGNAUER, Übergangsbestimmungen 159 Nr. 422.11). Art. 259 Abs. 1 ist allein anwendbar.

110

Ist das Kindesverhältnis vor dem 1. Januar 1978 nicht festgestellt worden, so kann dies nur noch nach dem neuen Recht geschehen. Lehnt der Vater die Anerkennung ab, so konnte bis 31. Dezember 1979 die gerichtliche Feststellung des Kindesverhältnisses gemäss SchlT 13a Abs. 1 (vgl. Art. 261 N 112–114) verlangt werden. Ausgeschlossen war diese Möglichkeit aber von vornherein für die vor dem 1. Januar 1968 geborenen Kinder. Diese sind somit schlechter gestellt als unter dem früheren Recht. Das hätte nur mit einer besonderen Übergangsbestimmung vermieden werden können. Der Gesetzgeber rechnete aber nicht mit der Möglichkeit, dass der Vater eines vor dem 1. Januar 1968 geborenen ausserehelichen Kindes nach dem 1. Januar 1978 zwar dessen Mutter heiraten, aber sich weigern würde, es zu anerkennen.

111

C. *Richterliche Ehelicherklärung*

Die richterliche Ehelicherklärung ist mit der Ausserkraftsetzung von aArt. 260/261 seit 1. Januar 1978 nicht mehr zulässig (vgl. dazu BBl *1974* II 36). Zu berücksichtigen ist aber, dass sie die unbefristete Möglichkeit zur Feststellung des Kindesverhältnisses zum Vater bot (VA Art. 260/261 N 10). Demgemäss muss, wenn vor dem 1. Januar 1978 die Voraussetzungen von aArt. 260 (Eheversprechen, nachträgliche Unmöglichkeit der Trauung) gegeben waren und die Anerkennung vom Vater abgelehnt

112

wird oder sonst nicht möglich ist, der Mutter und dem Kind das Recht zustehen, die Vaterschaftsklage gemäss Art. 261–263 zu erheben, auch wenn die einjährige Frist seit der Geburt für die Vaterschaftsklage des früheren Rechts verstrichen ist (aArt. 308). Die Fristen des Art. 263 sind nach SchlT 49 zu berechnen. Die einjährige Frist gemäss Art. 263 Abs. 1 und 2 läuft gemäss SchlT 49 Abs. 2 frühestens vom 1. Januar 1978 (HEGNAUER, Übergangsbestimmungen 160 Nr. 422.13). In sinngemässer Anwendung von SchlT 49 Abs. 1 durfte das Kind, das am 1. Januar 1978 schon mündig war, noch bis 31. Dezember 1979 klagen.

2. Anfechtung einer Ehelicherklärung nach aArt. 258/259

113   Ist die Ehelicherklärung durch nachfolgende Ehe vor dem 1. Januar 1978 erfolgt, dazu gehört auch der Tatbestand gemäss N 108, so gelten nach SchlT 12 d für ihre Anfechtung sinngemäss die Art. 259 Abs. 2 und 3 über die Anfechtung einer Anerkennung nach der Heirat der Eltern, s. N 82 ff. Das bezieht sich aber nur auf die Ehelicherklärung, für welche das Anfechtungsrecht am 1. Januar 1978 noch nicht verwirkt war (HEGNAUER, Übergangsbestimmungen Nr. 423.22 in Verbindung mit Nr. 421.25). War die Klagefrist nach dem früheren Recht abgelaufen, so ist das Klagerecht endgültig erloschen.

Für die Verwandten und die Heimatbehörde betrug nach aArt. 262 die Anfechtungsfrist drei Monate seit Kenntnis der Ehelicherklärung. Für den Ehemann lief die Anfechtungsfrist dagegen erst von der Entdeckung des Irrtums oder der Täuschung oder der Beseitigung der Drohung an (VA Art. 262 N 17, BGE *100* II 282 E. 2 a); sie betrug in sinngemässer Anwendung von OR 31 Abs. 2 ein Jahr (BGE *79* II 28, offengelassen in *100* II 282). War die Klage am 1. Januar 1978 nicht verwirkt, so richtet sich die Rechtzeitigkeit nach Art. 260 c (s. dort N 42).

VII. Internationales Recht

1. Kindesverhältnis zum Ehemann

114   *A.* Für die *Eheschliessung* gelten die Regeln über die Anerkennung der Ehe (NAG 7 c; E/IPRG 43).

B. Die *Feststellung des Kindesverhältnisses* zum Ehemann richtet sich nach den Regeln über die Anerkennung (Art. 260 N 185 ff) und die Vaterschaftsklage (Art. 261 N 116 ff). E/IPRG 64 ff, 69 ff.

Viele Staaten lassen, wie früher nach aArt. 259 (vgl. dazu HEGNAUER, Legitimation 95 ff), das Kindesverhältnis zum Ehemann durch eine im Zusammenhang mit der Eheschliessung erfolgende Anmeldung des gemeinsamen vorehelichen Kindes entstehen (Legitimation). Ist nach NAG 8e Abs. 1 Ziff. 1 oder 2 das Recht eines solchen Staates als Wohnsitz oder Heimatrecht anwendbar, so ist diese Anmeldung in der Schweiz als Anerkennung anzusehen (VISCHER/VON PLANTA 121). E/IPRG 72.

Die Eintragung in den schweizerischen Registern erfolgt auf Verfügung der Aufsichtsbehörde (ZStV 137); das gilt auch, wenn keine ausländische Urkunde vorliegt, sondern ausländisches Recht unmittelbar angewendet werden muss. Befinden sich die Register in verschiedenen Kantonen, sollte der Entscheid über die Anerkennung von der Behörde des Heimatkantons des Vaters oder, wenn er Ausländer ist, der Mutter für alle verbindlich getroffen werden (SIEGENTHALER ZZW *1980* 213 ff). Die ausländische Legitimation wird unmittelbar ins Familienregister eingetragen, BUCHER ZZW *1977* 329 = SA 9*.

In den Staaten, welche die Legitimation als gesondertes Institut beibehalten haben, wird der Eintritt des Tatbestandes von Art. 259 Abs. 1 als Legitimation behandelt. Vgl. z. B. für die Bundesrepublik Deutschland STURM, Standesamt *1979* 190 f Nr. 5.

2. Wirkungen des gemeinsamen Kindesverhältnisses

Ob und inwieweit die Eheschliessung die Wirkungen des gemeinsamen Kindesverhältnisses beeinflusst, bestimmt sich nach den für jede von ihnen geltenden Regeln.

A. Familienname

Bis zum Inkrafttreten des neuen Kindesrechts unterstand der Erwerb und Verlust des Namens als Teil des Familienstandes gemäss NAG 8 dem Heimatrecht des Vaters. Seit Aufhebung dieser Bestimmung besteht eine Lücke (BBl *1974* II 108 f). Sie ist nach herrschender Lehre durch die Anknüpfung an den Wohnsitz des Namensträgers (A. BUCHER ZZW

1977 332 = SA 12*; KNOEPFLER ZZW *1978* 307; BGE *106* II 104f), hier somit des Kindes, zu füllen. Hat das Kind Wohnsitz in der Schweiz, so gelten daher die in N 43 ff umschriebenen Regeln. E/IPRG 35.

B. Bürgerrecht

121   Die Wirkung der Heirat der Eltern auf das Bürgerrecht des Kindes richtet sich nach dem Heimatrecht des Vaters und der Mutter. Für das Kind eines schweizerischen Vaters oder einer schweizerischen Mutter vgl. N 54 ff.

C. Unterhaltspflicht

122   Die elterliche Unterhaltspflicht untersteht im internationalen Verhältnis den Haager Übereinkommen über das auf Unterhaltsverpflichtungen gegenüber Kindern anzuwendende Recht, vom 24. Oktober 1956 (SR. 0.211.221.431), und über das auf Unterhaltsverpflichtungen anzuwendende Recht, vom 2. Oktober 1973 (SR. 0.211.213.01); vgl. dazu CATHERINE JACCOTTET, in: Kindes- und Adoptionsrecht 99 ff; *dieselbe,* Les obligations alimentaires envers les enfants dans les Conventions de la Haye. Diss. Lausanne 1982; KURT SIEHR, in: BÖHMER/SIEHR 7.4. Ausserhalb des Geltungsbereiches dieser Übereinkommen ist gemäss NAG 1 das Recht des Wohnsitzes der Eltern massgebend. E/IPRG 81 Abs. 1. Für die Anknüpfung der Vorfrage (insbesondere der Frage nach dem Bestehen oder Nichtbestehen eines Kindesverhältnisses) s. Art. 261 N 117–119.

D. Elterliche Gewalt

123   Die elterliche Gewalt bestimmt sich gemäss NAG 9 Abs. 1 nach dem Recht des Wohnsitzes der Eltern; E/IPRG 80 Abs. 1 und 2.

3. Anfechtung der Anerkennung

124   Die Anfechtung der Anerkennung richtet sich in bezug auf die Zuständigkeit nach NAG 8 d und in bezug auf das anwendbare Recht nach NAG 8 e. Vgl. dazu sinngemäss Art. 253 N 55 ff, Art. 255 N 84 ff, Art. 260 N 192 ff, Art. 261 N 126 ff.

Dritter Abschnitt
Anerkennung und Vaterschaftsurteil

Chapitre III
De la reconnaissance et du jugement de paternitè

Capo terzo
Del riconoscimento e della sentenza di paternità

Vorbemerkung

Der dritte Abschnitt umfasst zwei Unterabschnitte mit zusammen sieben Artikeln. Der erste (A.) regelt die Anerkennung, ihr Zustandekommen: I. Zulässigkeit und Form Art. 260, und ihre Anfechtung: II. 1. Klagerecht Art. 260 a, 2. Klagegrund Art. 260 b und 3. Klagefrist Art. 260 c. – Der zweite Unterabschnitt (B.) normiert die Vaterschaftsklage: I. Klagerecht Art. 261, II. Vermutung Art. 262 und III. Klagefrist Art. 263. – Dieser Abschnitt entspricht den Unterabschnitten B. Anerkennung (Art. 303–306) und – teilweise – C. Vaterschaftsklage (Art. 307–309, 314–316, 323) des früheren achten Titels: «Das ausserehelige Kindesverhältnis».

Art. 260

A. Anerkennung
I. Zulässigkeit und Form

¹ Besteht das Kindesverhältnis nur zur Mutter, so kann der Vater das Kind anerkennen.
² Ist der Anerkennende unmündig oder entmündigt, so ist die Zustimmung seiner Eltern oder seines Vormundes notwendig.
³ Die Anerkennung erfolgt durch Erklärung vor dem Zivilstandsbeamten oder durch letztwillige Verfügung oder, wenn eine Klage auf Feststellung der Vaterschaft hängig ist, vor dem Richter.

A. Reconnaissance
I. Conditions et forme

¹ Lorsque le rapport de filiation existe seulement avec la mère, le père peut reconnaître l'enfant.
² Si l'auteur de la reconnaissance est mineur ou interdit, le consentement de ses père et mère ou de son tuteur est nécessaire.

Art. 260

³ La reconnaissance a lieu par déclaration devant l'officier de l'état civil ou par testament ou, lorsqu'une action en constatation de paternité est pendante, devant le juge.

A. Riconoscimento
I. Condizioni e forma

¹ Se il rapporto di filiazione esiste soltanto nei confronti della madre, il padre può riconoscere il figlio.
² Se l'autore del riconoscimento è minorenne o interdetto, è necessario il consenso dei genitori o del tutore.
³ Il riconoscimento avviene mediante dichiarazione davanti all'ufficiale di stato civile o per testamento o, se è pendente un'azione d'accertamento della paternità, davanti al giudice.

Übersicht

		Note	Seite
Materialien		1	255
Literatur		2	255
Rechtsvergleichung		3	256
Rechtsgeschichte		4	256
Textgeschichte		7	257
I.	*Rechtsnatur der Anerkennung*		257
	1. Anerkennung als Rechtshandlung	8	257
	2. Anerkennung als höchstpersönliches Recht	11	258
	3. Abgrenzungen	16	259
	4. Begünstigung der Anerkennung (favor recognitionis)	33	263
	5. Bedingungen	34	263
II.	*Voraussetzungen*		267
	1. Kindesverhältnis zur Mutter besteht	47	267
	2. Väterliches Kindesverhältnis fehlt	50	267
	3. Vaterschaft des Anerkennenden ist möglich	62	269
	4. Handlungsfähigkeit des Anerkennenden	68	271
	5. Leben und Alter des Kindes	81	274
	6. Mehrlinge	87	275
	7. Unerhebliche Umstände	89	275
III.	*Form der Anerkennung*		276
	1. Im allgemeinen	92	276
	2. Anerkennung vor dem Zivilstandsbeamten	93	276
	3. Anerkennung vor dem Richter	120	284
	4. Anerkennung durch letztwillige Verfügung	145	289
IV.	*Mitteilung und Eintragung*		291
	1. Mitteilung	152	291
	2. Eintragung	161	292

		Note	Seite
V.	Wirkungen der Anerkennung		294
	1. Begründung des väterlichen Kindesverhältnisses	170	294
	2. Wirkungen im einzelnen	171	294
VI.	Intertemporales Recht	179	296
VII.	Internationales Recht	185	297
	1. Zuständigkeit	187	297
	2. Anwendbares Recht	192	298
	3. Ausländische Anerkennung	195	299
VIII.	Statistik	204	301

Materialien aArt. 303/304; BBl *1974* II 16 ff, 37 ff; E 260; AmtlBullStR *1975* 118; NR 1 *1975* 1757 f. Unehelichen-Übereinkommen Art. 3 (hinten S. 649).

Literatur ALBERTI ARNALDO, Principi e articoli di legge che regolano il riconosci- 2 mento, ZZW *1979* 388; BOLLE PIERRE-HENRI, La légitimation de complaisance en droit français et suisse, Diss. Neuenburg 1979; BUCHER ANDREAS, Auswirkungen der Streichung von Artikel 8 NAG. ZZW *1977* 323 (franz.), 348 (deutsche Übersetzung); dt. Zusammenfassung des franz. Textes als Separatausgabe, Beilage zu ZZW *1978* Nr. 3 (zit. SA*); *derselbe,* Sachliche Zuständigkeit zur Beurkundung einer Anerkennung mit Standesfolge nach ausländischem Recht: schweizerischer oder Zivilstands- oder ausländischer Konsularbeamter, ZZW *1979* 135; CALUORI GUSTAV, Die «Feststellung des Kindesverhältnisses zum Vater» durch Anerkennung im neuen schweizerischen Kindesrecht, ZZW *1979* 97 ff, 129 ff; FRANK RAINER, Grenzen der Adoption, Frankfurt a. M. 1978; GÖTZ ERNST, Die neue Zivilstandsverordnung. Hinweise auf wesentliche Änderungen gegenüber der Verordnung von 1928, Zbl *1953* 554; HEGNAUER CYRIL, Gesetzgebung und Fortpflanzungsmedizin, in: Gedächtnisschrift für Peter Noll, Zürich 1984; *derselbe,* Familienname des Kindes, das vor der Geburt unter dem früheren Recht anerkannt worden ist, aber erst nach Inkrafttreten des neuen Rechts geboren wird?, ZZW *1978* 339; *derselbe,* Die Legitimation im bisherigen und künftigen schweizerischen Kindesrecht, in: FS für Hans Hinderling, Basel 1976 81; GROSSEN JACQUES-MICHEL, L'opposition à la reconnaissance de l'enfant né hors mariage, in: FS für J. W. Bosch, Bielefeld 1976 349; JORIO TINO, Der Inhaber der elterlichen Gewalt nach dem neuen Kindesrecht, Diss. Freiburg 1977; KNOEPFLER FRANÇOIS, Le nom et quelques autres questions de l'état civil en droit international privé suisse, aujourd'hui et demain, ZZW *1978* 305 (deutsch: ZZW *1979* 161); *derselbe,* Zu BGE *106* II 236, Revue critique de droit international privé *1981* 307; METZLER MARTIN, Die Unterhaltsverträge nach dem neuen Kindesrecht, Art. 287 und 288 ZGB, Diss. Freiburg 1980; NABHOLZ ANDREAS, Die Entstehung des Kindesverhältnisses und seine Registrierung in den schweizerischen Zivilstandsregistern, ZZW *1980* 171; OBERHOLZER HEINZ, Neurechtliche Anerkennung, ZZW *1977* 276; OCHSNER JOSEF, Die Anerkennung eines Kindes nach altem Recht, ZZW *1984*

36; VON OVERBECK ALFRED E., L'intérêt de l'enfant et l'évolution du droit international privé de la filiation, in: Liber amicorum Adolf F. Schnitzer, Genf 1979 361; *derselbe,* Internationalprivatrechtliches zum neuen schweizerischen Kindschaftsrecht, in: Zeitschrift für Rechtsvergleichung (Wien) *1978* 87; ROY J., Des effets de la reconnaissance prénatale reçu avant le 1er janvier 1978, ZZW *1978* 21; RUST BALZ, Die Revision im Zürcher Zivilprozess, Diss. Zürich 1981; SAGER BERNHARD, Die Begründung des Kindesverhältnisses zum Vater durch Anerkennung und seine Aufhebung. Mit Hinweisen auf das französische Recht, Diss. Zürich 1979; SIEGENTHALER TONI F., Die neurechtliche Anerkennung, Ausweise, Eintragung und Mitteilungen, ZZW *1979* 107; SONDER MARIANNE, Die «Heirat der Eltern» nach Art. 259 ZGB, Diss. Freiburg 1982; STUBER WERNER, Reconnaissance conditionnelle, ZZW *1979* 53; STURM FRITZ, Das neue Schweizer Kindesrecht und seine Spiegelung im deutschen IPR, Das Standesamt *1979* 185ff; VISCHER FRANK, Internationales Privatrecht, SPR I 511; VOLKEN PAUL, Aktuelle Fragen des internationalen Kindesrechts, ZZW *1980* 163; WEITNAUER ALBERT, Die Legitimation des ausserehelichen Kindes im römischen Recht und in den Germanenrechten des Mittelalters, Diss. Basel 1940.

3 Rechtsvergleichung   Das Kindesverhältnis zum Vater kann in den Nachbarstaaten ebenfalls durch Anerkennung begründet werden (BGB 1600aff; ABGB 163bff; CCfr 334-8 Abs. 1, 335ff; CCit 250ff; EUeÜ3). In Frankreich und Italien gilt dies auch für das Kindesverhältnis zur Mutter (vgl. Art. 252 N 4) und kann ein Kindesverhältnis zum Vater ohne ein solches zur Mutter bestehen (CCfr 336, CCit 250 Abs. 1, 258).

Auch das aussereheliche, im Ehebruch gezeugte Kind kann anerkannt werden (ausdrücklich CCit 250 Abs. 1, CCfr 334-8 Abs. 1, 335). Dagegen ist die Anerkennung des Inzestkindes nach CCfr 334-10, CCit 251 ausgeschlossen.

Wie in der Schweiz ist die Anerkennung auch in Frankreich einseitiger Rechtsakt (CCfr 339 Abs. 1). In der Bundesrepublik, Österreich und Italien bedarf sie dagegen der Zustimmung des Kindes (BGB 1600c, 1600d; ABGB 163c Abs. 2, 164 Abs. 1 Ziff. 2; CCit 250 Abs. 2), der Mutter (ABGB) oder des andern Elternteils (CCit 250 Abs. 3).

Die Anerkennung kommt durch öffentliche Beurkundung (BGB 1600e, CCfr 335, CCit 254 Abs. 1) oder durch Erklärung vor bestimmten Amtsstellen (ABGB 163c Abs. 1, CCfr 335, CCit 254 Abs. 1) oder durch letztwillige Verfügung zustande (CCit 254 Abs. 1).

Dem Rechtskreis des Common Law ist die Anerkennung auch heute noch weitgehend fremd (KRAUSE sec. 63, 64, 71). Vgl. im übrigen DUTOIT 8; SAGER 6, 14, 40, 49, 103, 136; KRAUSE sec. 62ff; NABHOLZ ZZW *1977* 250; GROSSEN 351; MEULDERS (1981, zit. Einl N 37) 366.

4 Rechtsgeschichte   Die Anerkennung des Kindes durch den Vater hat ihren Ursprung im frühesten Recht. Sie bedeutet den Verzicht des Vaters auf Aussetzung des Kindes und auf dessen Aufnahme als rechtmässigen Nachkommen (SCHMIDT-HIDDING 17ff). Im Mittelalter wurde die Anerkennung durch das kanonische Recht stark zurückgedrängt (WEITNAUER 58, 69, 103). Vom CCfr aus fand sie Eingang in die romanischen Kantone, Bern, Solo-

thurn und Aargau, blieb aber den übrigen Kantonen fremd (HUBER I 521 ff, SAGER 11 ff).
Die Aufnahme der Anerkennung ins ZGB war unbestritten. Die Diskussion betraf vorab das Verbot der Anerkennung der ehewidrigen Kinder (aArt. 304) und die Frage, ob die Anerkennung der Zustimmung der Mutter und des Kindes bedürfe. Vgl. VA Art. 303 N 1, 3, 304 N 1–3.
Die Revision von 1976 beseitigte die Anerkennungsbefugnis des väterlichen Grossvaters. Diese war rechtsvergleichend singulär und praktisch bedeutungslos. Auch widersprach sie der höchstpersönlichen Natur der Anerkennung (BBl *1974* II 37 f). Neu wurde mit Rücksicht auf die Tragweite der Anerkennung das Erfordernis der Zustimmung des gesetzlichen Vertreters des Anerkennenden eingeführt (BBl *1974* II 38). Eine Neuregelung erfuhr überdies die Form (BBl *1974* II 38 f; hinten N 7). Vor allem aber wurde das Verbot der Anerkennung der ehewidrigen Kinder aufgehoben. Denn es vergalt am Kinde den Fehler seiner Eltern, ohne an der natürlichen Abstammung etwas zu ändern, und vertrug sich schlecht mit der Bejahung der Unterhaltspflicht des Vaters (BBl *1974* II 16 f mit Hinweisen; VA Art. 304 N 28; SAGER 57 ff). Die Streichung entsprach auch Art. 3 des Europäischen Unehelichen-Übereinkommens (S. 649).

Textgeschichte

Art. 260 Abs. 1 und 3 entsprechen aArt. 303 Abs. 1 und 2 (S. 671). Weggefallen ist aber in Abs. 1 die frühere Befugnis des väterlichen Grossvaters, das Kind anstelle des verstorbenen oder dauernd urteilsunfähigen Vaters zu anerkennen. Abs. 2 ist neu. Abs. 3 ersetzt die frühere Anerkennung in öffentlicher Urkunde durch die Erklärung vor dem Zivilstandsbeamten, beschränkt die frühere Anerkennung durch Verfügung von Todes wegen auf die durch letztwillige Verfügung und kodifiziert die Anerkennung vor dem Richter.
Die in aArt. 303 Abs. 2 normierte Mitteilungspflicht bleibt in ZStV 120 Abs. 1 Ziff. 5 festgehalten. Das Verbot der Anerkennung eines im Ehebruch oder in Blutschande erzeugten Kindes (aArt. 304; S. 671) ist ersatzlos gestrichen. Die nationalrätliche Kommission lehnte einen Antrag, das Verbot für das Inzestkind beizubehalten, mit grosser Mehrheit ab (ProtNRK 45). Gegenüber dem Entwurf verdeutlichten die Räte in Abs. 1, dass das Kindesverhältnis nur zur Mutter bestehen dürfe. In Abs. 2 dehnten sie das nur bei einem Alter unter 18 Jahren vorgesehene Erfordernis der Zustimmung des gesetzlichen Vertreters auf alle Unmündigen aus. In Abs. 3 nahmen sie die vom Entwurf weggelassene Anerkennung durch letztwillige Verfügung wieder auf.

I. Rechtsnatur der Anerkennung

1. Anerkennung als Rechtshandlung

Die Anerkennung ist eine formbedürftige (N 92 ff), unwiderrufliche Erklärung des Vaters. Sie ist einseitig, bedarf also weder der Zustimmung des Kindes, seines gesetzlichen Vertreters noch der Mutter (vgl.

aber N 127 a. E.); über das Erfordernis der Zustimmung des gesetzlichen Vertreters des Anerkennenden vgl. Abs. 2, N 70 ff.

9 Nach ihrem Wortlaut ist die Anerkennung die *rechtsgeschäftliche Erklärung des Willens* zur Begründung des Kindesverhältnisses. Ihrem Sinne nach enthält sie aber notwendig auch die Erklärung der Vorstellung des Anerkennenden, Vater des Kindes zu sein (vgl. dazu VON TUHR/PETER OR I § 23 I 2; KRAMER OR 1 N 67). Diese Erklärung besagt:
- der Anerkennende habe der Mutter in der Empfängniszeit *beigewohnt* (vgl. Art. 260 b N 17; für den Fall der künstlichen Insemination vgl. N 63), und
- seine Beiwohnung habe die *Empfängnis herbeigeführt* (BGE *49* II 157 f, *53* II 95 f, *79* II 30; AUBERT 49).

10 Die Anerkennung bewirkt von Gesetzes wegen die Entstehung des Kindesverhältnisses zwischen dem Anerkennenden und dem Kind (N 170 ff). Sie ist *positiver Gestaltungsakt* (BGE *75* II 14, VA Art. 303 N 8 mit Hinweisen, SAGER 20 ff). «Le Code civil ne fait découler aucun droit vis-à-vis de l'enfant du seul fait matériel de la paternité. Le père physique est à l'égard de l'enfant un étranger; pour faire constater juridiquement le rapport de filiation qui l'unit à son enfant, il doit procéder à une reconnaissance» (BGE *40* II 302).

2. *Anerkennung als höchstpersönliches Recht*

11 Die Befugnis zur Anerkennung steht dem Vater um seiner *Persönlichkeit* willen zu (VA Art. 303 N 45 mit Hinweisen). Sie ist unverzichtbar. Das gilt auch für den Mann, der Samen für künstliche Insemination spendet (HEGNAUER, Fortpflanzungsmedizin Nr. 5).

12 Sie kann freilich vom urteilsfähigen Unmündigen und Entmündigten entgegen Art. 19 Abs. 2 nicht allein, sondern gemäss Art. 260 Abs. 2 nur mit *Zustimmung des gesetzlichen Vertreters* ausgeübt werden (N 70 ff; SAGER 32 f).

13 Dagegen ist die Anerkennung der *gesetzlichen Stellvertretung* unzugänglich (GROSSEN SPR II 258; BUCHER Art. 19 N 259; DESCHENAUX/STEINAUER 196; SAGER 31). Weder der Inhaber der elterlichen Gewalt noch der Vormund können im Namen des unmündigen oder entmündigten Vaters die Anerkennung aussprechen. Ist dieser urteilsunfähig, so kann niemand an seiner Stelle anerkennen; gegenteilig BGB 1600 d Abs. 1 Satz 2. – Die Anerkennung durch den Vater des verstorbenen oder urteilsunfähigen Vaters gemäss aArt. 303 Abs. 1 ist nicht mehr zulässig; N 6.

Der Ausschluss der gesetzlichen Vertretung gilt auch für die Anerkennung 14
durch die *Angehörigen* des verstorbenen Vaters, gegen die Vaterschaftsklage
erhoben worden ist. Sind sie jedoch urteilsunfähig, so kann der gesetzliche
Vertreter in ihrem Namen anerkennen (N 129).
Die *rechtsgeschäftliche Vertretung* ist – abweichend von der Doktrin und 15
Praxis zum früheren Recht (EGGER Art. 303 N 5; VA Art. 303 N 62 mit Hinweisen) – ausgeschlossen bei der Anerkennung vor dem Zivilstandsbeamten
(N 93 ff; ausdrücklich BGB 1600 d Abs. 3) und in letztwilliger Verfügung
(N 145 ff), ebenso bei der Anerkennung vor dem Richter (N 120 ff; SAGER
39); vorbehalten bleibt freilich die Anerkennung der Vaterschaftsklage
durch das zuständige Organ der Wohnsitzbehörde (N 130).

3. Abgrenzungen

A. Vermutung der Vaterschaft des Ehemannes (Art. 255)

a) Entstehung des Kindesverhältnisses

Die Vermutung der Vaterschaft des Ehemannes entsteht 16
von Gesetzes wegen (Art. 255 N 18), die Anerkennung nur kraft *Willenserklärung* des Anerkennenden. Unterlässt der Ehemann die Anfechtung binnen
der Klagefrist (Art. 256 c N 12–31), so kann das Kindesverhältnis von ihm
(und seinen Eltern) nicht mehr angefochten werden. Darin liegt aber keine
Anerkennung im Sinne von Art. 260. Der Ehemann gestaltet die Rechtslage
nicht um, sondern er duldet, dass diese, wie sie vom Gesetz normiert ist,
fortbesteht. Zur Bedeutung der «faktischen» Anerkennung vgl. Art. 256
N 49.
Die Vermutung ist *Reflexwirkung* der Ehe der Mutter (Art. 255 N 78). Sie 17
geht der Anerkennung vor: Ist die Mutter im Zeitpunkt der Geburt oder der
Empfängnis verheiratet, so ist eine gleichwohl ausgesprochene Anerkennung nur wirksam, wenn die Vermutung durch Anfechtungsurteil beseitigt
worden ist (N 38, 119; Art. 255 N 53).

b) Wirkung des Kindesverhältnisses

Die Vermutung des Art. 255 begründet ein gemeinsames 18
Kindesverhältnis, die Anerkennung ein einfaches. Dementsprechend unter-

scheiden sich teilweise die Wirkungen (Art. 252 N 22, 23). Gehen die Mutter und der Anerkennende aber die Ehe miteinander ein, so entsteht ein gemeinsames Kindesverhältnis (Art. 259, dort N 12, 42 ff).

c) Beseitigung der Vermutung

19   Das aufgrund der Vermutung des Art. 255 und das durch Anerkennung begründete Kindesverhältnis können durch gerichtliches Anfechtungsurteil beseitigt werden (Art. 256 ff, 260 a ff). Der Kreis der Anfechtungsberechtigten ist bei der Anerkennung weiter als bei der Vermutung (Art. 256 N 76 ff, Art. 259 N 91 ff, Art. 260 a N 72 ff). Die Anfechtung setzt in beiden Fällen den Nachweis der Nichtvaterschaft voraus (Art. 256 a, 260 b), die Anfechtung der Anerkennung durch den Anerkennenden ausserdem den Nachweis eines Willensmangels (Art. 260 a Abs. 2). Die Anfechtungsfrist ist sinngemäss gleich geregelt (Art. 256 c, 260 c).

B. Legitimation (Ehelicherklärung)

Vgl. dazu im einzelnen BBl *1974* II 34 ff; HEGNAUER, Legitimation; SAGER 110 ff, 116 ff; SONDER 68 ff.

a) Legitimation durch nachfolgende Ehe

20   Die Legitimation durch nachfolgende Eheschliessung der Eltern gemäss aArt. 258/259 begründete einerseits das Kindesverhältnis zwischen dem Kind und dem Ehemann, wenn das Kind bisher vaterlos gewesen war, und stellte anderseits das vor der Ehe geborene Kind rechtlich dem während der Ehe geborenen gleich (aArt. 263). Die erste Funktion ist im neuen Recht von der Anerkennung und dem Vaterschaftsurteil übernommen, die zweite in Art. 259 normiert (dort N 42 ff).

b) Legitimation durch Hoheitsakt

21   Die richterliche Ehelicherklärung gemäss aArt. 260/261 und einzelnen ausländischen Rechten (Art. 259 N 3) hatte die nämliche Doppelfunktion. In bezug auf die Begründung des väterlichen Kindesverhältnisses ist die Ehelicherklärung ebenfalls in der Anerkennung und im Vaterschaftsurteil aufgegangen. In bezug auf die Gleichstellung mit dem ehelichen Kind ist sie gegenstandslos geworden, da das Gesetz zwischen dem ehelichen und dem ausserehelichen Kindesverhältnis nicht mehr unterscheidet (Einl N 63). Auch soweit die Wirkungen des Kindesverhältnisses verschieden geordnet werden (Einl N 64), bleibt für die richterliche Ehelicherklärung kein Raum, weil die Unterschiede nicht an die Umstände der Zeugung, sondern an das Bestehen eines gemeinsamen Kindesverhältnisses (verheiratete Eltern) oder das Nebeneinander zweier einfacher Kindesverhältnisse (unverheiratete Eltern) anknüpfen (Art. 252 N 22 ff).

C. Vaterschaftsklage (Art. 261)

a) Entstehung des Kindesverhältnisses

Anerkennung und Vaterschaftsurteil begründen das väterliche Kindesverhältnis durch gestaltenden Rechtsakt, wo es noch nicht entstanden oder nachträglich wieder beseitigt worden ist. Die Anerkennung ist aber freiwilliger Gestaltungsakt des Anerkennenden (N 8). Sie ist sittliche Pflicht des Vaters (LALIVE ZSR *1965* II 572). Das Vaterschaftsurteil ergeht dagegen auf Klage der Mutter oder des Kindes (Art. 261 Abs. 1) und nur, wenn die Anerkennung unterbleibt (ausdrücklich BGB 1600 n Abs. 1). Die Anerkennung geht insofern dem Vaterschaftsurteil vor. Eine Brücke zwischen beiden besteht aber in der Möglichkeit, die Anerkennung im Vaterschaftsprozess auszusprechen (Art. 260 Abs. 3, N 120 ff). 22

b) Wirkung des Kindesverhältnis

Das durch Anerkennung und das durch Vaterschaftsurteil begründete Kindesverhältnis hat die nämlichen Wirkungen (N 170 ff). 23

c) Beseitigung des Kindesverhältnisses

Die Anerkennung kann durch Anfechtung gemäss Art. 260 a ff beseitigt werden (vgl. immerhin N 140), das Vaterschaftsurteil dagegen nur durch Revision, die dem Prozessrecht untersteht (Art. 261 N 96). 24

D. Unterhaltsklage (Art. 279)

Die elterliche Unterhaltspflicht (Art. 276 ff) ist eine Wirkung des Kindesverhältnisses. Die Unterhaltsklage kann daher nur erhoben werden, wenn das Kindesverhältnis durch Anerkennung oder Vaterschaftsurteil bereits begründet ist (Art. 261 N 18) oder wenn sie mit der Vaterschaftsklage verbunden wird (Art. 280 Abs. 3). 25

Ist das Kind bereits anerkannt, so kann im Unterhaltsprozess die *vorsorgliche Massregel* der Hinterlegung oder der vorläufigen Zahlung von Unterhaltsbeiträgen verlangt werden (Art. 281). 26

27 Anstelle der Erhebung der Unterhaltsklage kann, wenn das Kindesverhältnis bereits besteht, auch ein *Unterhaltsvertrag* gemäss Art. 287/288 geschlossen werden (vgl. dazu METZLER 34 ff). Er bedarf zu seiner Verbindlichkeit für das Kind der Genehmigung durch die Vormundschaftsbehörde (Art. 287 Abs. 1) oder die vormundschaftliche Aufsichtsbehörde (Art. 287 Abs. 2, 288 Abs. 2 Ziff. 1).

28 Wird die *Unterhaltsklage* mit der Vaterschaftsklage verbunden (Art. 280 Abs. 3), so kann die Vaterschaftsklage gemäss Art. 260 Abs. 3 durch Anerkennung des Kindes beendigt werden (N 120 ff). Erfolgt diese Anerkennung oder wird die Vaterschaftsklage gutgeheissen, so ist die Unterhaltsklage durch Urteil, Klageanerkennung oder Vergleich zu erledigen (N 142 f). Der Vergleich bedarf der Genehmigung des Richters (Art. 287 Abs. 3, 288 Abs. 2 Ziff. 1).

E. *Unterhaltsverträge ohne Feststellung des Kindesverhältnisses*

29 Verpflichtet sich ein Mann zu Unterhaltsleistungen, ohne dass zuvor oder gleichzeitig durch Anerkennung oder Vaterschaftsurteil ein Kindesverhältnis begründet wird, so ist das Versprechen zwar für den Mann verbindlich, stellt aber *keine* Anerkennung im Sinne von Art. 260 dar.

30 Ein solches Versprechen bindet nur den Mann und bedarf daher der Genehmigung im Sinne von Art. 287/288 nicht. Das Recht des Kindes und der Mutter, gegen diesen oder einen andern Mann die Vaterschaftsklage zu erheben, bleibt bestehen (HEGNAUER, Kindesrecht 121; SAGER 105 f), ebenso das Recht, gleichzeitig oder nach Begründung des Kindesverhältnisses die Unterhaltsklage zu erheben (N 25 ff).

31 Das Versprechen steht auch der Anerkennung des Kindes durch den verpflichteten oder einen andern Mann nicht entgegen.

F. *Adoption*

32 Anerkennung und Adoption lassen das Kindesverhältnis aufgrund eines freiwilligen Entschlusses des Vaters entstehen. Während die Anerkennung aber nur das Kindesverhältnis zum Vater betrifft, kann die Adoption es zu Mutter oder Vater oder beiden zugleich begründen. Die Anerkennung bedarf im Gegensatz zur Adoption (Art. 265 Abs. 2 und 3, 265 a,

266 Abs. 2) keiner Zustimmung des Kindes, der Mutter oder des Ehegatten. Sachlich beruht die Anerkennung lediglich auf der Abstammung (N 8, 9), während die Adoption an die sozialpsychische Elternschaft anknüpft (Art. 264 ff, 268 a). Die Anerkennung kommt durch einseitige Willenserklärung des Vaters, die Adoption durch Hoheitsakt auf Antrag der Adoptierenden zustande. Begründet die Anerkennung das Kindesverhältnis rückwirkend auf den Zeitpunkt der Geburt, so kommt bei der Adoption eine Rückwirkung höchstens bis zum Zeitpunkt des Adoptionsgesuches in Frage (Art. 267 N 23). Die Anerkennung ist länger und umfassender der Anfechtung ausgesetzt als die Adoption (Art. 260 ff, 269 ff). Die Adoption hat stärkere Wirkungen als die Anerkennung: Das anerkannte Kind kann adoptiert, ein adoptiertes Kind dagegen nicht anerkannt werden (N 58 ff).

4. Begünstigung der Anerkennung (favor recognitionis)

Fehlen die Voraussetzungen der Vermutung der Vaterschaft des Ehemannes (Art. 255) oder ist die Vermutung infolge Anfechtung (Art. 256 ff) beseitigt, so ermöglicht die Anerkennung, das Kindesverhältnis zum Vater einfach und rasch und zugleich in einer Weise herzustellen, welche den Aufbau der persönlichen Beziehung zum Kind erleichtert; demgegenüber ist der Vaterschaftsprozess langwierig und belastet das Verhältnis des Vaters zur Mutter und zum Kind. Die Anerkennung ist daher im Interesse des Kindes zu begünstigen. Dieser für das internationale Recht anerkannte favor recognitionis (VPB *1980* Nr. 48, 50) gilt auch für die Anwendung des materiellen Rechts. 33

5. Bedingungen

A. Unzulässige Bedingungen

Die bedingte Anerkennung ist unzulässig, sofern sie eine für das Kind oder die Mutter unzumutbare Unsicherheit der Rechtslage entstehen liesse (vgl. dazu von TUHR/PETER OR I § 20 II 3; VA Art. 303 N 9 mit Hinweisen). Demgemäss darf die Anerkennung beispielsweise *nicht* mit der Bedingung verknüpft werden, dass die Mutter den Anerkennenden heirate, dass ein Gutachten dessen Vaterschaft erhärte oder nicht ausschliesse (SA- 34

GER 22; ZR *1966* Nr. 127, 128) oder dass das vor der Geburt anerkannte Kind ein Knabe oder ein Mädchen sei (EGGER aArt. 303 N 7). BGB 1600b Abs. 1 schliesst Bedingungen ausdrücklich aus.

B. Pränatale Anerkennung

35 Die vor der Geburt ausgesprochene Anerkennung steht von Rechtswegen unter der dreifachen Bedingung, dass das Kind im Zeitpunkt der Anerkennung gezeugt ist, dass es lebend zur Welt kommt und dass die Mutter nicht vor der Geburt einen andern Mann heiratet. Die vorläufige Unsicherheit der Rechtslage belastet niemanden und endigt mit der Geburt (N 81). Betreffend die Anerkennung durch letztwillige Verfügung vgl. N 150, Art. 260a N 27.

C. Anerkennung trotz des Bestehens eines Kindesverhältnisses zu einem andern Mann

36 Grundsätzlich kann ein Kind nur anerkannt werden, wenn noch kein Kindesverhältnis zu einem andern Mann besteht (vgl. Art. 260 Abs. 1; N 50 ff). Steht die Aufhebung dieses Kindesverhältnisses in Aussicht, so stellt sich die Frage, ob ein Dritter eine Anerkennung aussprechen könne, deren Wirksamkeit durch die Aufhebung des bestehenden Kindesverhältnisses bedingt ist. Sie wurde von der Rechtsprechung und Doktrin zum früheren Recht bejaht (BGE *40* II 300 ff; AUBERT 82, 144; LALIVE ZSR *1965* II 576f, 589; derselbe SJ *1966* 617 ff; VA Art. 303 N 75). Die Revision hat daran nichts geändert (SAGER 52, 87/88; SONDER 97).

37 BGE *107* II 403 verneint demgegenüber die Zulässigkeit einer solchen Anerkennung. Es bestehe kein Grund in Abweichung vom Wortlaut des Art. 260 Abs. 1 eine bedingte Anerkennung während des Bestehens eines Kindesverhältnisses zuzulassen. Denn das neue Recht erlaube, mit der Vaterschaftsklage auf jeden Fall das Kindesverhältnis zum dritten Erzeuger festzustellen, sobald das bestehende Kindesverhältnis infolge Anfechtung aufgehoben sei und der Erzeuger nicht mehr freiwillig anerkennen wolle oder könne. Zudem widerspreche die Zulassung einer Anerkennung vor der Aufhebung des bestehenden Kindesverhältnisses dem Interesse des Kindes, da dadurch Ungewissheit über die Vaterschaft bewirkt würde. Auch könne die Anerkennung nicht von der Anhebung eines Anfechtungsprozesses abhängig gemacht werden, da dessen Ausgang nicht voraussehbar sei.

38 Es ist zwischen der *Beurkundung* und der *Wirksamkeit* der Anerkennungserklärung zu unterscheiden (vgl. auch N 169). Art. 260 Abs. 1 schliesst aus, dass eine Anerkennung *wirksam* wird, wenn bereits ein Kindesverhältnis zu

einem andern Mann besteht. Denn das Kind kann rechtlich nicht zwei Väter haben (vgl. für das französische und das italienische Recht VON OVERBECK, in: FS Schnitzer, 376 und dort N 45; METZGER [zit. Art. 255 N 2] 621). Dagegen folgt aus Art. 260 Abs. 1 nicht, dass eine Anerkennung nur unter jener Voraussetzung *beurkundet* werden könne. Es lässt sich nicht verhindern, dass ein Mann durch *letztwillige Verfügung* ein Kind anerkennt, das bereits zu einem Mann in einem Kindesverhältnis steht. Eine solche Anerkennung ist zwar zunächst nicht wirksam. Aber es besteht kein Grund, sie als absolut nichtig zu behandeln. Vielmehr erlaubt die Annahme einer durch die Beseitigung des bestehenden Kindesverhältnisses bedingten Wirksamkeit, sowohl dem Willen des Anerkennenden wie auch dem Interesse des Kindes gerecht zu werden. Das entspricht dem favor recognitionis (N 33). Unter den Beteiligten entsteht keine unzumutbare Unsicherheit der Rechtslage. Für die Anerkennung vor dem *Zivilstandsbeamten* und vor dem *Richter* kann in bezug auf diese Unterscheidung zwischen Beurkundung und Wirksamkeit nichts anderes gelten. Denn das Gesetz stellt die drei Formen in den gleichen Rang. Ein Unterschied ist nur insofern zu machen, als der Zivilstandsbeamte und der Richter eine bedingte Anerkennung nicht unabhängig von den Aussichten, dass sie wirksam werden könnte, zu beurkunden haben, sondern nur, wenn hiefür ein schutzwürdiges Interesse besteht (N 41 ff).

Nun hat das Kind ein primäres Interesse daran, dass das Kindesverhältnis zum Vater möglichst *rasch* und *einfach* festgestellt werden kann. Dieses Interesse wird entgegen der Auffassung des Bundesgerichtes durch den Vaterschaftsprozess *bei weitem* nicht in gleicher Weise gewahrt wie durch die Anerkennung. Der Prozess benötigt in jedem Fall viel mehr Zeit und ist kostspieliger. Ist der Vater Ausländer, wohnt er im Ausland oder ist er gestorben, so ergeben sich unvermeidlich erhebliche weitere Komplikationen. Gerade sie können durch die bedingte Anerkennung vermieden werden. Denn diese ermöglicht, dass das Kindesverhältnis zum Vater nach Aufhebung des bestehenden Kindesverhältnisses ohne weiteres wirksam wird. – Vgl. dazu auch die bedingte Unwirksamkeit der vor der Geburt erklärten Anerkennung, wenn die Mutter vor der Niederkunft einen andern Mann heiratet; Art. 255 N 53, Art. 260a N 25. 39

Dass damit *Ungewissheit* über die Vaterschaft entstünde, ist nicht einzusehen. Sie besteht vielmehr regelmässig schon und gibt gerade Anlass zur bedingten Anerkennung. Ebensowenig ist Ungewissheit über das väterliche Kindesverhältnis zu befürchten. Indem die bedingte Anerkennung nach Beseitigung des bisherigen Kindesverhältnisses ohne weiteres wirksam wird, 40 bewirkt sie im Gegenteil, dass keine Ungewissheit darüber entsteht, ob und zu wem das väterliche Kindesverhältnis vorliegt.

41 Freilich besteht hiefür nur ein *schutzwürdiges Interesse,* wenn ernsthaft mit der Beseitigung des bestehenden Kindesverhältnisses zu rechnen und die Situation für Zivilstandsbehörden und Richter überblickbar ist. Das trifft jedenfalls in folgenden Fällen zu:

42 *Der Ehemann der Mutter gilt als Vater* (Art. 255)
   - Die Anfechtungsklage ist hängig (Art. 256).
   - Die Ehe der Schwangeren ist vor weniger als 300 Tagen aufgelöst worden. Es ist möglich, dass das Kind erst nach Ablauf der 300-Tage-Frist geboren wird (a. M. ZZW 334).
   - Der geschiedene Ehemann ist nach schweizerischem Recht als Vater eingetragen; nach dem massgebenden ausländischen Recht gilt er aber nicht mehr als Vater. Die Eintragung wird berichtigt, nachdem der Erzeuger inzwischen die Mutter geheiratet und das Kind anerkannt hat (ZZW *1974* 295; vgl. Art. 255 N 75).

43 *Das Kind ist schon von einem andern Mann anerkannt*
   - Die Klage auf Anfechtung der ersten Anerkennung ist hängig (Art. 260 a, 259 Abs. 2 und 3). Ficht der Vater selbst an (Art. 260 a Abs. 1), so muss genügen, dass die Klage eingeleitet ist. Die bedingte Anerkennung erscheint – abgesehen vom Interesse des Kindes (N 33, 36, 38) – nötig zur Begründung des Anfechtungsinteresses (BGE *40* II 301 f; AUBERT 82, 144, LALIVE ZSR *1965* II 576 f, 589; a. M. ZZW *1979* 40 f; STUBER ZZW *1979* 54.

44 Freilich überbindet die bedingte Anerkennung Zivilstandsbehörden und Richtern besondere Aufgaben. Der Beamte, vor dem sie erklärt wird, hat festzustellen, ob und wann sie wirksam wird, bevor er sie ins Geburts- und Familienregister eintragen oder zum Zwecke dieser Eintragung mitteilen kann (N 152 ff), und der Zivilstandsbeamte, der eine solche Mitteilung erhält, hat zu prüfen, ob die Anerkennung wirksam ist (N 161). Indessen stellen sich ähnliche Fragen, wenn das Kind vor der Geburt (N 35) oder in letztwilliger Verfügung (N 150) anerkannt wird. Der damit verbundene Aufwand ist aber zumutbar angesichts des starken Interesses des Kindes, übrigens regelmässig auch des Vaters und der Mutter, dass das Kindesverhältnis zum Vater ohne weiteres mit der Beseitigung des bestehenden Kindesverhältnisses wirksam werden kann.

45 In dem in BGE *107* II 403 beurteilten Fall war, was aus dem veröffentlichten Teil der Entscheidung nicht hervorgeht, die Anfechtungsklage nicht erhoben und demgemäss völlig ungewiss, ob das bestehende Kindesverhältnis

je beseitigt werden würde. Es bestand daher kein schutzwürdiges Interesse an der bedingten Anerkennung. Insofern wurde diese zu recht abgelehnt. Zu weit geht aber ihre generelle Ablehnung (ebenso SCHNYDER ZBJV *1983* 71 f). Über die formelle Behandlung vgl. N 104, 116 f, 119, 154; Art. 260 a N 23 ff, 29 f, 35 ff, 46 f, 54, 103, 131.

II. Voraussetzungen

1. Kindesverhältnis zur Mutter besteht

Der Ingress zu Art. 260 Abs. 1 «Besteht das Kindesverhältnis nur zur Mutter» normiert neben der negativen Bedingung, dass ein väterliches Kindesverhältnis noch fehlt (N 50 ff), auch eine positive: Das Kind kann nur anerkannt werden, wenn das Kindesverhältnis zur Mutter besteht (SAGER 50 f, Art. 252 N 46). Unter Vorbehalt der künstlichen Insemination kann ein Mann sich vernünftigerweise nur als Vater des Kindes bekennen, wenn er der Mutter in der Empfängniszeit beigewohnt hat (N 8, 9; vgl. Art. 260 b Abs. 2). Auch kann nur aufgrund des Kindesverhältnisses zur Mutter festgestellt werden, ob nicht schon nach Art. 255 ein Kindesverhältnis zu einem andern Mann besteht (N 50 ff). Das Kindesverhältnis zur Mutter gehört damit zu der für die Anerkennung notwendigen Individualisierung des Kindes (N 95).

Das *Findelkind* und das Kind, das nach dem ausländischen Geburtsschein von einer unbekannten Mutter geboren ist, können daher in der Schweiz nicht anerkannt werden; BGE *66* I 293 und die übrigen Hinweise in VA Art. 303 N 119 sind durch die Revision von 1976 überholt. Offensteht aber die Adoption.

Das *gezeugte,* aber noch ungeborene Kind ist gemäss Art. 31 Abs. 2 so zu behandeln, wie wenn es schon rechtsfähig wäre und das Kindesverhältnis zur Mutter schon bestünde (GROSSEN SPR II 301). Demgemäss kann es, wenn die Identität der Schwangeren feststeht, vor der Geburt anerkannt werden (N 81).

2. Väterliches Kindesverhältnis fehlt

Die Voraussetzung, dass ein Kindesverhältnis nur zur Mutter besteht, macht die Anerkennung davon abhängig, dass ein Kindesverhältnis zwischen dem Kind und dem Anerkennenden oder einem andern Manne fehlt. Unter Vorbehalt der bedingten Anerkennung (N 36 ff) ist die Anerkennung daher in folgenden Fällen unzulässig:

A. Der Ehemann der Mutter gilt als Vater (Art. 255)

51 Gilt der Ehemann der Mutter aufgrund der Vermutung des Art. 255 als Vater, so kann weder er noch ein Dritter das Kind anerkennen. Über die Abgrenzung der Vermutung vgl. Art. 255 N 23 ff.

52 Steht fest, dass die Vermutung nicht gegeben (Art. 255 N 62) oder infolge Anfechtung beseitigt ist (Art. 256 a ff), so kann das Kind anerkannt werden. Trifft die Vermutung auf zwei Ehemänner zu, so kann das Kind erst anerkannt werden, wenn auch die Vermutung der Vaterschaft des ersten Ehemannes beseitigt ist (Art. 257 Abs. 2). Massgebend ist die materielle Rechtslage und nicht eine allenfalls unrichtige Eintragung (vgl. Art. 256 N 10).

B. Das Kind ist schon anerkannt

53 Hat ein Mann das Kind bereits anerkannt, so kann weder er noch ein Dritter es nochmals anerkennen. Unzulässig ist auch die gleichzeitige Anerkennung durch mehrere Männer (VA Art. 303 N 22).

C. Das Kindesverhältnis zum Vater ist durch Urteil festgestellt

54 Ist das Kindesverhältnis zu einem Mann durch rechtskräftiges Urteil festgestellt (Art. 261), so kann weder dieser noch ein anderer Mann das Kind anerkennen (SAGER 54). Das gilt auch, wenn das Kind vor dem 1. Januar 1978 dem Vater mit Standesfolge zugesprochen worden ist (aArt. 323, VA Art. 323 N 22 mit Hinweisen).

55 Eine *vor dem 1. Januar 1978* durch einfaches Vaterschaftsurteil oder durch Vertrag begründete Unterhaltsbeitragspflicht des ausserehelichen Vaters (aArt. 319, Zahlvater), steht der Anerkennung nicht entgegen (aArt. 303 N 23, vgl. SJZ *1959* 159 Nr. 64 E. 4). Vgl. N 181.

56 Ebensowenig ein nach dem 1. Januar 1978 abgegebenes Unterhaltsversprechen ohne Feststellung des Kindesverhältnisses (N 29 ff).

57 Die *Hängigkeit* einer Vaterschaftsklage hindert die Anerkennung durch den Beklagten oder durch einen Dritten nicht. Anerkennt der Beklagte vor dem

Richter, so ist der Prozess dadurch erledigt (N 140). Anerkennt er oder ein Dritter vor dem Zivilstandsbeamten, so wird der Prozess gegenstandslos (SAGER 54; hinten N 123; Art. 261 N 31).

D. Das Kind ist adoptiert

58 Ein adoptiertes Kind kann nicht anerkannt werden (ZStV 102 Abs. 2). Ist es von Ehegatten gemeinsam oder vom Stiefvater adoptiert (Art. 264a Abs. 1 und 3), so besteht das väterliche Kindesverhältnis zum Adoptivvater.

59 Hat eine *Einzeladoption* stattgefunden (Art. 264b), so steht das Kind nur in einem Kindesverhältnis zum Adoptierenden (Art. 267 N 11/12). Ist diese Person eine Frau, so hat das Kind rechtlich nur eine Mutter; ein väterliches Kindesverhältnis ist ausgeschlossen. Der Vater kann daher hier nicht anerkennen, obwohl kein väterliches Kindesverhältnis besteht.

60 Einen Vater kann das Einzeladoptivkind nur bekommen, wenn der Mann, der die Adoptivmutter geheiratet hat (Art. 264b Abs. 1) oder schon mit ihr verheiratet ist (Art. 264b Abs. 2), es nach Art. 264a Abs. 3 adoptiert. Auch dem Erzeuger, der die Adoptivmutter heiratet, steht nur dieser Weg, nicht aber die Anerkennung offen (SAGER 54; a. M. OBERHOLZER ZZW *1977* 277).

61 Ist die Adoption *vor* dem 1. April 1973 ausgesprochen und nicht nach SchlT 12b dem neuen Recht unterstellt worden, so bleibt die spätere Anerkennung zulässig (VA Art. 303 N 21; CALUORI 131). Denn die altrechtliche Adoption hat das frühere Kindesverhältnis nicht beseitigt (Art. 267 N 3; VA Art. 268 N 4).

3. Vaterschaft des Anerkennenden ist möglich

62 Die Befugnis, das Kindesverhältnis durch Anerkennung zu begründen, steht nur dem *Vater* zu. Ist der Anerkennende nicht der Vater, so ist die Anerkennung anfechtbar (Art. 260b Abs. 1, vgl. dort N 6ff). Überdies erfüllt die wissentlich unwahre Anerkennung die Straftatbestände der Fälschung des Personenstandes und der Erschleichung einer falschen Beurkundung (StGB 216, 253; BGE *84* IV 17, *90* IV 24; SJZ *1945* 90 Nr. 42; BOLLE 37f; a. M. SAGER 70; für das frühere Recht VA Art. 303 N 33; vgl. Art. 260a N 61). Die Anerkennung ist daher keine freie Alternative zur Adoption. Deren strenge Voraussetzungen (Art. 264ff) dürfen nicht durch eine Gefälligkeitsanerkennung «kurzgeschlossen» werden (a. M. SAGER 69;

für die abweichende französische Praxis und Doktrin vgl. BOLLE 14ff, sowie das Beispiel in Maupassants «Contes et nouvelles» [Pléjade] II 1017, Divorce; für die deutsche Rechtslage vgl. FRANK 98ff).
Die Gefälligkeitsanerkennung ist nicht nur unzulässig. Sie widerspricht auch den Interessen des Kindes (vgl. im einzelnen BOLLE 29ff). Abgesehen davon, dass sie länger und stärker der Anfechtung ausgesetzt bleibt als die Adoption (vgl. Art. 260 a ff; Art. 269 ff), kann sie das Verhältnis der Ehegatten zueinander und des Ehemannes zum Kinde später schwer belasten (BOLLE 54; vgl. SAGER 69 N 109/110).
Auch der unverheiratete Partner der Mutter darf das durch künstliche Insemination mit Samen eines Dritten gezeugte Kind nicht anerkennen. Die Medizinisch-ethischen Richtlinien (hinten S. 715), Ziff. 2 sind in diesem Punkt irreführend (vgl. HEGNAUER, Fortpflanzungsmedizin Nr. 6). Die von ihnen postulierte schriftliche Einwilligung des Konkubinatspartners ist rechtlich völlig irrelevant. Abgesehen davon, dass er als Nichtvater nicht anerkennen darf, ist eine Anerkennung in dieser Form und zum voraus ausgeschlossen (Art. 260 a N 16; hinten N 82).
Dagegen kann ein Nichtvater durch Heirat einer Schwangeren ohne weiteres das väterliche Kindesverhältnis entstehen lassen (Art. 255 N 25).

63 Die Anerkennung setzt aber nicht voraus, dass die Vaterschaft *bewiesen* ist. Vielmehr genügt, dass der Anerkennende sie für möglich halten kann. Das ist gemäss der in der Anerkennung enthaltenen Vorstellungsäusserung (N 9) der Fall, wenn der Anerkennende der Mutter in der Empfängniszeit beigewohnt hat und nach den Umständen annehmen darf, seine Beiwohnung habe zur Empfängnis geführt. Diese Voraussetzung steht in Einklang mit der Behauptungslast des Klägers im Vaterschaftsprozess (Art. 262 Abs. 1, dort N 10, 29). Sinngemäss darf der Mann anerkennen, der Samen zur künstlichen Insemination der Mutter gespendet hat; diese Befugnis ist unverzichtbar (N 11).

Demgemäss ist die Anerkennung *unzulässig,* wenn der Anerkennende in guten Treuen (Art. 2 Abs. 1) sich nicht für den Erzeuger halten darf. Die Unzulässigkeit kann sich aber rechtlich nur auswirken, wenn sie im Zeitpunkt der Anerkennung objektiv erkennbar ist (vgl. N 105f). Das trifft zu:

64 – wenn ein *früheres,* aufgrund der Vermutung gemäss Art. 255 oder durch Anerkennung begründetes *Kindesverhältnis* zwischen dem *Anerkennenden* und dem Kind durch gutheissendes Anfechtungsurteil rechtskräftig *aufgehoben* worden ist (VA Art. 303 N 49ff);

65 – wenn eine *Vaterschaftsklage* gegen den *Anerkennenden* abgewiesen wor-

den ist, weil seine Vaterschaft ausgeschlossen oder weniger wahrscheinlich ist als die eines Dritten (Art. 262; a. M. VA Art. 303 N 24, SAGER 64);
- wenn der Anerkennende *altersmässig* das Kind nicht gezeugt haben kann 66 (LALIVE ZSR *1965* II 570 N 65b). Das ist in der Regel anzunehmen, wenn der Anerkennende weniger als 14 Jahre älter ist als das Kind (Art. 265 Abs. 1 verlangt sogar 16 Jahre; vgl. SAGER 62). Die Beiwohnung im Alter unter 16 Jahren ist strafbar (StGB 191). Die Vaterschaft eines Mannes, der im Zeitpunkt der Geburt des Kindes weniger als 14 Jahre alt ist, erscheint physiologisch und psychologisch so wenig wahrscheinlich, dass die Anerkennung abzulehnen ist (Art. 260a N 13) und die Beteiligten auf den Vaterschaftsprozess zu verweisen sind. In Frankreich hat der Zivilstandsbeamte die Beurkundung abzulehnen, wenn der Altersunterschied geringer ist als 12 Jahre (FRANK 109 bei N 48);
- wenn glaubwürdig – namentlich durch Geständnis des Anerkennenden 67 selbst – dargetan ist, dass er der Mutter in der Empfängniszeit *nicht beigewohnt* (und auch nicht Sperma für eine künstliche Insemination gespendet) hat, oder aus andern Gründen, z. B. einem aussergerichtlichen Blutgruppengutachten, hervorgeht, dass er *nicht der Vater* ist. Weiss der Anerkennende, dass er nicht der Vater ist, so darf er nicht anerkennen. Ist dieses Wissen aber nicht erkennbar, so kann die Anerkennung trotz ihrer Unzulässigkeit nicht verhütet werden.

4. Handlungsfähigkeit des Anerkennenden

A. Urteilsfähigkeit

Die Anerkennungsbefugnis kann als höchstpersönliches 68 Recht (N 11 ff) nur vom Urteilsfähigen ausgeübt werden (Art. 16–18). Er muss einerseits den biologischen Zusammenhang zwischen Beiwohnung (oder künstlicher Insemination) und Schwangerschaft sowie die rechtliche Bedeutung der Anerkennung verstehen und anderseits dem Versuch einer Willensbeeinflussung widerstehen können (BGE *77* II 99, ZR *1932* Nr. 152; LALIVE ZSR *1965* II 571 f; E. BUCHER Art. 16 N 44, 105, Art. 19 N 192; GROSSEN SPR II 318; DESCHENAUX/STEINAUER 38 f; SAGER 62 f). Gegenüber dem urteilsunfähigen Vater kann das Kindesverhältnis nur durch Vaterschaftsurteil (Art. 261) begründet werden.

B. Mindestalter

69 Für die Anerkennung vor dem *Zivilstandsbeamten* (N 93 ff) und vor dem *Richter* (N 120 ff) genügt, dass der Anerkennende jener Stufe des Kindesalters entwachsen ist, während der ihm die nötige Urteilsfähigkeit fehlt (vgl. Art. 16; vorn N 68). Dies dürfte aber kaum vor Vollendung des 18. Altersjahres der Fall sein (vgl. dazu auch N 66, 146). In *letztwilliger Verfügung* kann die Anerkennung auf jeden Fall erst nach Vollendung des 18. Altersjahres ausgesprochen werden (Art. 467).

C. Zustimmung

70 Die Anerkennung steht an Bedeutung nicht hinter dem Gesuch um Mündigerklärung (Art. 15 Abs. 1), dem Verlöbnis (Art. 90 Abs. 2), dem Gesuch um Ehemündigerklärung (Art. 96 Abs. 2) und der Eheschliessung (Art. 98 und 99) zurück. Zwar ist sie im Gegensatz zu diesen Rechtsakten nicht bloss Willens-, sondern auch Vorstellungserklärung (N 9). Wegen der Einschränkung der Anfechtung durch den Anerkennenden (Art. 260a Abs. 2) bedarf der Unmündige und der Entmündigte aber nicht weniger des Schutzes vor unüberlegter Bindung (BBl *1974* II 38). Das neue Recht verlangt daher abweichend vom früheren (VA Art. 303 N 45 ff) die Zustimmung des gesetzlichen Vertreters. Damit sollen Unmündige und Entmündigte vor Übereilung und unzulässiger Beeinflussung geschützt werden. Über die Anerkennung durch letztwillige Verfügung vgl. N 147.

71 Die Zustimmung ist zu erteilen, wenn die *Vaterschaft* des Anerkennenden nach den Umständen als gewiss erscheint, dagegen zu verweigern, wenn ernstliche Zweifel daran bestehen. Allenfalls ist auf die Einholung eines aussergerichtlichen serologischen Gutachtens hinzuwirken (SAGER 65).

72 Steht der Unmündige unter *elterlicher Gewalt,* so haben die Eltern zuzustimmen. Kommt die elterliche Gewalt nur *einem* Elternteil zu, so genügt dessen Zustimmung (vgl. Art. 98 Abs. 2). Wird die Zustimmung von einem oder beiden Eltern verweigert, so kann nicht nach Art. 420 bei der Vormundschaftsbehörde Beschwerde geführt werden.

73 Anerkennt der *Bevormundete* vor dem Richter, so genügt die Zustimmung des *Vormundes;* die Zustimmung der Vormundschaftsbehörde nach Art. 421 Ziff. 8 ist nicht erforderlich. Dagegen kann die Vormundschaftsbehörde mit

der Beschwerde nach Art. 420 angerufen werden, wenn der Vormund die Zustimmung verweigert.

Scheitert die Anerkennung an der fehlenden Zustimmung, so kann das Kindesverhältnis zum unmündigen oder entmündigten Vater nur durch *Vaterschaftsurteil* (Art. 261) begründet werden. 74

Die Zustimmung ist notwendig, wenn der Anerkennende im *Zeitpunkt der Anerkennung* unmündig oder entmündigt ist. Sie wird durch späteren Eintritt der Mündigkeit oder Aufhebung der Vormundschaft nicht überflüssig (SAGER 191). Doch ist sie in diesem Falle nicht mehr vom früheren gesetzlichen Vertreter zu erteilen. Vielmehr hat der handlungsfähige Anerkennende seine frühere Erklärung zu genehmigen. Vgl. VON TUHR/PETER OR I § 27 IV a. E. und dort N 45 b. 75

Die Zustimmung ist *ausdrücklich* zu erklären. Abweichend von den Verkehrsgeschäften (BGE 75 II 341 f), aber übereinstimmend mit der Zustimmung zur Ehemündigerklärung und zur Eheschliessung (GÖTZ Art. 96 N 11, Art. 98 N 9) ist stillschweigende Zustimmung hier ausgeschlossen. Vgl. im übrigen N 100. 76

Die Anerkennung wird erst mit der Erteilung der Zustimmung wirksam (vgl. E. BUCHER Art. 19 N 138 ff, 218). Solange die Zustimmung fehlt, steht die Anerkennung einer anderweitigen Begründung des Kindesverhältnisses nicht entgegen (vgl. N 53). Die Zustimmung kann auch nach dem Tod des Anerkennenden erteilt werden. Die Wirksamkeit der Anerkennung ist bis zum Entscheid über Erteilung oder Verweigerung der Zustimmung suspensiv bedingt (Art. 260 a N 23, 26). 77

Wird die Zustimmung *verweigert,* so fällt die Anerkennungserklärung endgültig dahin. Steht die Zustimmung aus, so kann der Zivilstandsbeamte (N 100) oder der Richter (N 134) dem gesetzlichen Vertreter in sinngemässer Anwendung von Art. 410 Abs. 2 eine Frist zur Stellungnahme ansetzen mit der Androhung, dass bei Stillschweigen Verweigerung der Zustimmung angenommen würde. 78

Wird auch ein *Vertrag über die Unterhaltspflicht* des unmündigen oder entmündigten Anerkennenden geschlossen, so ist die Zustimmung des gesetzlichen Vertreters nach Art. 304, 407 erforderlich (VA Art. 303 N 48). Kommt der Vertrag eines bevormundeten Anerkennenden im Prozess zustande, so ist die Zustimmung der Vormundschaftsbehörde gemäss Art. 421 Ziff. 8 nötig. Ausserdem bedarf der Vertrag für das Kind der Zustimmung der vormundschaftlichen Behörden oder des Richters gemäss Art. 287/288. 79

Für die Anerkennung in *letztwilliger Verfügung* ist die Zustimmung des ge- 80 setzlichen Vertreters nicht erforderlich (SAGER 102, SONDER 82). Das gilt auch, wenn der Anerkennende im Zeitpunkt des Todes noch unmündig oder entmündigt ist. Denn er bedarf des mit der Zustimmung bezweckten Schutzes (N 70) nicht mehr. Vgl. dazu BREITSCHMID [zit. Art. 260a N 2] Nr. 687 N 37.

5. Leben und Alter des Kindes

81 Die Anerkennung kann schon *vor der Geburt,* aber erst nach der Zeugung erklärt werden (Art. 31 Abs. 2; vgl. auch Art. 263 Abs. 1 Ingress, dort N 6; VA Art. 303 N 28; SAGER 55; BGB 1600b Abs. 2). Ein Nachweis der Schwangerschaft ist nicht erforderlich. Wohl aber erscheint die Anerkennung nur als wirksam, wenn die Geburt ihr binnen spätestens 300 Tagen folgt (Art. 260a N 11; vgl. Art. 255 Abs. 1, 256a Abs. 2, 262 Abs. 1; DESCHENAUX/STEINAUER 119). Liegt die Anerkennung weiter zurück, so ist nachzuweisen, dass die Empfängnis ebenfalls früher eintrat (vgl. Art. 255 Abs. 2, 262 Abs. 2). Die pränatale Anerkennung ist daher von Rechtswegen bedingt (N 35). Zur Häufigkeit vgl. N 204.

82 Dagegen ist die Anerkennung *vor der Zeugung* nicht zulässig. Die dem Sinne nach notwendige Erklärung des Wissens um die Beiwohnung und deren Kausalität für die Empfängnis (N 9) ist von vornherein ausgeschlossen. Demgemäss kann der Samenspender ein mit seinem Samen künstlich zu zeugendes Kind nicht zum voraus anerkennen. (HEGNAUER, Fortpflanzungsmedizin Nr. 5, 7).

83 *Nach der Geburt* kann die Anerkennung in jedem beliebigen Zeitpunkt erklärt werden, also auch wenn das Kind bereits mündig geworden ist, geheiratet hat und selbst Vater oder Mutter geworden ist. Zur Anerkennung vor dem Richter vgl. N 120. Zur Statistik vgl. N 204.

84 Nach seinem *Tode* kann das Kind anerkannt werden, auch wenn es keine Nachkommen hinterlässt (EGGER aArt. 303 N 8; AUBERT 57; LALIVE ZSR *1965* II 576; a. M. VA Art. 303 N 26). Die Mutter hat an der Anerkennung mit Rücksicht auf ihre Ansprüche gemäss Art. 295 ein schutzwürdiges materielles Interesse. Darüberhinaus aber, da das Kind im Familienregister auf dem Blatt der Mutter eingetragen wird (ZStV 115 Abs. 1 Ziff. 4, 117 Abs. 1 Ziff. 6, Abs. 2 Ziff. 8), auch ein moralisches. Mit der Zulassung der Anerkennung kann der Eindruck vermieden werden, der Vater des Kindes sei unbekannt (vgl. auch Art. 261 N 41).

85 Ist freilich die Mutter vor dem Kind gestorben und von diesem beerbt worden, so besteht die Gefahr, dass der Vater das Kind lediglich anerkennt, um

es seinerseits zu beerben. Die Anerkennung als solche ist zulässig. Dagegen ist dem Anerkennenden aufgrund von Art. 2 Abs. 2 die Erbberechtigung zu versagen (SAGER 57 in Anlehnung an MERZ Art. 2 N 292 ff; SONDER 89). Die Anerkennung bezweckt die Übernahme der rechtlichen Verantwortung für das Kind. Sie erscheint daher jedenfalls dann als offenbar zweckwidrig und damit rechtsmissbräuchlich, wenn der Anerkennende sich um das Kind zu dessen Lebzeiten nicht gekümmert hat (EGGER Art. 303 N 8; LALIVE ZSR *1965* II 575f). Sterben Mutter und Kind nacheinander bei der Geburt, so kann nur aufgrund des früheren Verhaltens des Anerkennenden gegenüber der Mutter beurteilt werden, ob Rechtsmissbrauch vorliege.

Die *Totgeburt* kann nicht anerkannt werden. Denn es hat die Rechtspersönlichkeit nicht erlangt (AUBERT 57; SAGER 57 N 39). Die vor der Geburt ausgesprochene Anerkennung fällt dahin, wenn das Kind tot zur Welt kommt (N 35, 118); sie bleibt jedoch bedeutsam für die Geltendmachung der Ansprüche der Mutter gemäss Art. 295.

86

6. Mehrlinge

Bekundet der Anerkennende mit der Anerkennung seine Beiwohnung in der Empfängniszeit und die Vorstellung, diese habe zur Empfängnis geführt (N 9), so bezieht sie sich von Gesetzes wegen auf *alle* von der Mutter aus der nämlichen Schwangerschaft geborenen Kinder (AUBERT 30 N 1; ZZW *1943* 163; GÖTZ ZBl *1953* 555; a. M. VA Art. 303 N 31; SAGER 55f). Der Vater hat kein schutzwürdiges Interesse, die Anerkennung auf eines von ihnen zu beschränken.

87

Macht er geltend, es liege der äusserst seltene Fall der Überfruchtung (Superfetatio, Art. 254 N 158) vor, indem einer der Mehrlinge aus der Beiwohnung eines andern Mannes empfangen worden sei, so ist ihm in Füllung einer echten Lücke (Art. 1 Abs. 2) insoweit das Recht zur Anfechtung ohne Nachweis des Willensmangels im Sinne von Art. 260a Abs. 2 einzuräumen.

88

7. Unerhebliche Umstände

Die Anerkennung setzt nicht voraus, dass sie *im Interesse des Kindes* liege. Sie bedarf weder der Zustimmung des Kindes oder seines Vertreters noch derjenigen der Mutter.

89

Das Kind kann – im Gegensatz zu aArt. 304 – auch anerkannt werden, wenn es im Ehebruch oder in Blutschande gezeugt worden ist (N 6, 7). Der verhei-

90

ratete Vater kann ohne Zustimmung der Ehefrau sein von einer andern Frau geborenes Kind anerkennen. Vgl. auch VA Art. 303 N 50. Ebenso EUeÜ 3.

91 Zu erwägen ist dagegen, ob die Anerkennung unzulässig sei, wenn sie zwischen Ehegatten nachträglich das Ehehindernis der Verwandtschaft (Art. 100) begründen würde (vgl. N 171).

III. Form der Anerkennung

1. Im allgemeinen

92 Art. 260 Abs. 3 stellt drei Formen zur Verfügung: die Erklärung vor dem Zivilstandsbeamten (N 93 ff), durch letztwillige Verfügung (N 145 ff) und vor dem Richter (N 120 ff). Die drei Formen entsprechen verschiedenen praktischen Situationen. Die Anerkennung vor dem Zivilstandsbeamten ist für den Regelfall bestimmt, in welchem der Vater *von sich aus* das Kindesverhältnis feststellen will. Bei der Erklärung vor dem Richter bildet die Anerkennung dagegen die *Antwort des Beklagten auf die Vaterschaftsklage* der Mutter oder des Kindes. Eine Sonderstellung kommt schliesslich der Anerkennung durch letztwillige Verfügung insofern zu, als sie erst mit dem Tod des Anerkennenden wirksam wird (N 150). Ausserdem entfällt bei ihr praktisch die vorausgehende Prüfung der materiellen Voraussetzungen.

Rechtlich sind die drei Formen gleichwertig. Sie verkörpern die massgebende Erklärung des Anerkennenden. Im Gegensatz zur Trauung vor dem Zivilstandsbeamten (vgl. Art. 117 Abs. 2, 132) genügt die Einhaltung der Form allein aber nicht. Vielmehr ist die Anerkennung nur wirksam, wenn auch ihre materiellen Voraussetzungen (N 47 ff) erfüllt sind. Das ist von Bedeutung für die Zulassung der bedingten Anerkennung (N 34 ff), die Anforderungen an die formellen Voraussetzungen (N 95) und die Behandlung der fehlerhaften Anerkennung (Art. 260 a N 6 ff).

2. Anerkennung vor dem Zivilstandsbeamten

A. Sachliche Zuständigkeit

93 Der Zivilstandsbeamte ist – abgesehen vom Richter im Vaterschaftsprozess – zur Entgegennahme und Beurkundung der Anerkennung

allein zuständig. Die vom kantonalen Recht gemäss aArt. 303 Abs. 2 und SchlT 55 anderen Urkundspersonen (vgl. die Übersicht in VA Art. 303 N 51–55) eingeräumte Befugnis ist seit 1. Januar 1978 erloschen. Eine Anerkennung vor einer Urkundsperson des kantonalen Rechts oder vor der Vormundschaftsbehörde ist unwirksam (Art. 260a N 15).

B. Örtliche Zuständigkeit

Zur Beurkundung von Anerkennungen ist wahlweise zuständig der Zivilstandsbeamte des Wohnsitzes und des Heimatortes des Anerkennenden oder der Mutter sowie des Geburtsortes des Kindes (ZStV 104 Abs. 1). Die Anerkennung muss aber auch beim Zivilstandsbeamten des Trauungsortes zugelassen werden (SAGER 82). Hat sie nach dem klaren Willen des Gesetzgebers die Funktion der Anmeldung der gemeinsamen ausserehelichen Kinder bei der Legitimation des früheren Rechts (aArt. 259 Abs. 1) übernommen (BBl *1974* II 35f, vgl. auch ProtStRK 69), so darf sie unter dem neuen Recht im Falle der Trauung der Eltern nicht erschwert werden. Ebenso ist die Zuständigkeit am Ort, wo der Anerkennende sich in Haft befindet, zu bejahen (ZZW *1982* 311). Örtliche Unzuständigkeit des Zivilstandsbeamten berührt die Gültigkeit der Anerkennung nicht (GULDENER, Freiwillige Gerichtsbarkeit 25 N 5, SAGER 82). 94

C. Prüfung durch den Zivilstandsbeamten

a) Im allgemeinen

Der Zivilstandsbeamte hat die Identität des Anerkennenden und des Kindes sowie die Voraussetzungen der Anerkennung zu prüfen. Einzelheiten sind in ZStV 104 Abs. 2 enthalten; vgl. überdies SIEGENTHALER ZZW *1979* 131. Diese Ordnungsvorschriften sind nach dem Zweck des Art. 260 Abs. 3, der einfachen Feststellung des Kindesverhältnisses, auszulegen. Die Zivilstandsbeamten haben sich daher vor überspitztem Formalismus zu hüten. Die Formstrenge der Trauung darf nicht auf die Beurkundung der Anerkennung übertragen werden. Abgesehen von der verschiedenen Funktion (vgl. N 92) ist auch die Interessenlage anders. Brautleute haben ein eigenes Interesse an der raschen und einwandfreien Erfüllung der 95 formellen Erfordernisse. Demgegenüber kann die Bereitschaft des Vaters zur Anerkennung vom Beistand des Kindes (Art. 309 Abs. 1) oft nur mit erheblicher Mühe geweckt werden. Und sie erlahmt und verflüchtigt sich leicht vor formellen Hindernissen und Umtrieben. Die Anerkennung vor dem Zivilstandsbeamten verfehlt ihren Zweck, wenn sie so gehandhabt wird, dass die Erhebung und Anerkennung der Vaterschaftsklage einfacher und rascher zum Ziele führt.

b) Identität des Anerkennenden und des Kindes

96 Nach ZStV 104 Abs. 2 Satz 1 erfolgt die Anmeldung der Anerkennung mündlich unter Vorlegung der notwendigen, vor weniger als einem Monat ausgestellten Urkunden (Personenstandsausweise, Familienscheine) für den Anerkennenden, für die Mutter und, sofern es bereits geboren ist, für das Kind. Indessen darf die Beurkundung der Anerkennung nicht verweigert werden, wenn die Identität des Anerkennenden und des Kindes aus andern unverdächtigen Urkunden hervorgeht. Da die örtliche Zuständigkeit nicht Gültigkeitsvoraussetzung ist (N 94), geht es zu weit, Wohnsitzbescheinigungen der Beteiligten zu verlangen (a. M. SIEGENTHALER ZZW *1979* 107).

97 Sind die vorgelegten Ausweise unvollständig oder erscheinen sie nicht als zuverlässig, so macht der Zivilstandsbeamte von sich aus die nötigen Erhebungen, wenn erforderlich mit Hilfe der Aufsichtsbehörde (ZStV 13 Abs. 3 Satz 2). Für die Anerkennung eines ungeborenen Kindes (N 81) darf kein Arztzeugnis über das Bestehen einer Schwangerschaft oder deren Dauer verlangt werden (CALUORI 131). Der Zivilstandsbeamte darf aber fragen, wann die Niederkunft zu erwarten ist (N 81/82).

98 Der Anerkennende hat nur zur Beurkundung persönlich zu erscheinen (N 110). Die Vorschrift, die Anmeldung der Anerkennung erfolge mündlich (ZStV 104 Abs. 2 Satz 1), schliesst nicht aus, dass Dritte, namentlich der Beistand des Kindes bei der Sammlung der Unterlagen und der Vorbereitung der Beurkundung mitwirken.

c) Urteilsfähigkeit

99 Fehlt dem Anerkennenden nach Auffassung des Zivilstandsbeamten eindeutig die Urteilsfähigkeit, so ist die Beurkundung der Anerkennung einstweilen oder endgültig abzulehnen (vgl. dazu ALBERTI

ZZW *1979* 388). Die Verwirklichung des Bundesrechts wird dadurch nicht verhindert, da das Kindesverhältnis durch Vaterschaftsklage gegen den Urteilsunfähigen festgestellt werden kann. Der Auffassung, die Erklärung des Urteilsunfähigen sei mit einem entsprechenden Vorbehalt zu beurkunden (E. BUCHER Art. 17/18 N 220), kann deshalb für diesen Fall nicht gefolgt werden.

d) Zustimmungen

Der Zivilstandsbeamte hat zu prüfen, ob der Anerkennende unmündig oder entmündigt ist (CALUORI 131). Er hat aber von ihm kein Handlungsfähigkeitszeugnis zu verlangen. Fehlt die Mündigkeit, so ist die schriftliche Zustimmung der Eltern oder des Vormundes beizubringen (N 70 ff). Die Unterschriften sind zu beglaubigen (ZStV 103 Abs. 1); hiezu ist der Zivilstandsbeamte befugt (ZStV 14). Nach der Systematik der Zivilstandsverordnung hat die Zustimmung bei der Beurkundung vorzuliegen (vgl. CALUORI 131). Indessen sollte sie auch nachgebracht werden können (vgl. 75, N 77 f). 100

e) Internationales Recht

Ist der Anerkennende Ausländer, so bedarf die Beurkundung der Anerkennung der Bewilligung der kantonalen Aufsichtsbehörde; sie muss erteilt werden, wenn die Anerkennung nach dem anwendbaren Recht möglich ist (ZStV 103 Abs. 2). Es handelt sich nur um eine Ordnungsvorschrift. Die Anerkennung ist auch gültig, wenn sie ohne diese Bewilligung beurkundet wird. ZStV 103 Abs. 2 befriedigt auch abgesehen von der fragwürdigen Umschreibung des Anwendungsbereiches (N 189) nicht. Zwar rechtfertigen die mit einer Auslandsbeziehung verbundenen Fragen regelmässig eine Mitwirkung der Aufsichtsbehörde. Es widerspricht aber dem favor recognitionis (N 33) und verkennt die tatsächlichen Verhältnisse und die Interessenlage, die Entgegennahme der Anerkennung von einer Bewilligung abhängig zu machen, deren Erteilung erhebliche Zeit beanspruchen kann (vgl. N 95). Steht die Identität der Beteiligten fest (N 96), so sollte die Anerkennung beurkundet werden und lediglich deren Eintragung im Geburts- (und allenfalls im Familien-)register einer Bewilligung der Aufsichtsbehörde bedürfen. Vgl. das drastische Beispiel der für das Kind nachteiligen Auswirkungen des heutigen Verfahrens in BGE *108* II 88. 101

f) Kindesverhältnis zur Mutter

102   N 47 ff

g) Fehlen eines väterlichen Kindesverhältnisses

103   N 50 ff.
104 Besteht bereits ein Kindesverhältnis zu einem Mann, so ist zu prüfen, ob der Vater das Kind unter der Bedingung anerkennen wolle, dass jenes Kindesverhältnis beseitigt werde. Die in diesem Sinne bedingte Anerkennung ist unter den vorn N 42/43 genannten Voraussetzungen zuzulassen.

h) Möglichkeit der Vaterschaft

105   Erkennt der Zivilstandsbeamte aufgrund der Unterlagen (N 95 f), dass die Anerkennung unzulässig ist, so hat er die Beurkundung abzulehnen. In der Regel trifft das zu, wenn ein früheres Kindesverhältnis zum Anerkennenden aufgehoben worden ist oder der Mindestaltersunterschied fehlt (N 64, 66).
106 Dagegen weiss der Zivilstandsbeamte im allgemeinen nicht, ob in einem früheren Vaterschaftsprozess die Vaterschaft des Anerkennenden ausgeschlossen worden ist (N 65). Ebensowenig kann er sicher beurteilen, ob die Vaterschaft des Anerkennenden aus andern Gründen unmöglich ist (N 67). Indessen kann er das aus dem mit der Belehrung (N 107) verbundenen Gespräch mit dem Anerkennenden auf andere Weise erfahren. In einem solchen Fall ist die Beurkundung abzulehnen (BGE *90* IV 24; VPB *1980* Nr. 77 = ZZW *1981,* 3; CALUORI 129; a. M. VA Art. 303 N 33; SAGER 68 ff). Der Zivilstandsbeamte hat aber nicht nach Einzelheiten der Beziehungen des Anerkennenden zur Mutter zu forschen (vgl. BGE *63* I 198; *70* I 113; *74* I 75; BOLLE 25).

D. Belehrung durch den Zivilstandsbeamten

107   Erscheint die Anerkennung nach den Akten als zulässig, so hat der Zivilstandsbeamte den Anerkennenden zu belehren, dass durch die Anerkennung das Kindesverhältnis zwischen dem Vater und dem Kind festgestellt wird (ZStV 104 Abs. 3). Diese Belehrung soll folgende Hinweise umfassen:

– dass nur der Vater anerkennen darf und die wissentlich falsche Anerkennung strafbar ist (N 62; CALUORI 129; a. M. SAGER 85);
– dass der Anerkennende die Anerkennung nur wegen Drohung oder eines Irrtums über seine Vaterschaft anfechten darf (Art. 260a Abs. 2);
– die wichtigsten Wirkungen des Kindesverhältnisses (SAGER 86).

Ist der Anerkennende mit der Mutter verheiratet, so ist auch darauf hinzuweisen, dass der Stiefvater das Kindesverhältnis durch Adoption begründen kann (Art. 264a Abs. 3). Der Unterschied zwischen Anerkennung und Adoption ist zu erklären (vgl. N 32, 62; CALUORI 129). 108

E. Ablehnung der Beurkundung

Erweist sich die Anerkennung als unzulässig, so lehnt der Zivilstandsbeamte die Beurkundung ab. Hiegegen wie auch gegen die Verzögerung der Beurkundung kann bei der Aufsichtsbehörde Beschwerde geführt werden; deren Entscheid unterliegt der Verwaltungsgerichtsbeschwerde ans Bundesgericht (ZStV 19/20; OG 98 lit. g). 109

F. Beurkundung

a) Erklärung des Anerkennenden

Die Anerkennung erfolgt durch *Erklärung vor dem Zivilstandsbeamten* (Art. 260 Abs. 1). Der Anerkennende hat sie persönlich und unmittelbar auszusprechen. Ausgeschlossen ist demnach die briefliche oder telefonische Erklärung oder diejenige durch einen Stellvertreter (N 13–15). Kann der Anerkennende nicht auf das Zivilstandsamt kommen, so hat der Zivilstandsbeamte ihn aufzusuchen (CALUORI 131). 110

b) Beurkundungsakt

Die Anerkennung wird durch Eintragung der Erklärung im *Anerkennungsregister* beurkundet (ZStV 102). Dieses wird in Buchform geführt (ZStV 34 Abs. 1). Jede Seite enthält den Formularvordruck für eine Anerkennung. Die Benützung dieses Registers ist aber nicht Gültigkeitserfordernis (vgl. BGE *108* II 90f E. 4). Wenn Art. 260 Abs. 3 selbst die Anerkennung durch eigenhändige letztwillige Verfügung (Art. 505) zulässt, so 111 muss die Beurkundung der Anerkennung vor dem Zivilstandsbeamten auf jede Weise erfolgen können, welche die Identität des Anerkennenden und des Kindes eindeutig feststellt und den Anerkennungswillen klar zum Ausdruck bringt (vgl. auch vorn N 95, 96). Ist die Wirksamkeit der Anerkennung umstritten, so kann jeder, der ein Interesse hat, auf Feststellung der Gültigkeit der Anerkennung klagen (BGE *108* II 92 E.5a; vgl. auch Art.260a N 33).

112 Die Beurkundung enthält als *Randtitel* den Familiennamen (Art.270 Abs.2) und Vornamen des Kindes. Wird das Kind nach der Eheschliessung der Eltern anerkannt, so lautet der Randtitel auf den Namen, den es mit der Anerkennung gemäss Art.259 Abs.1 erhält, also den Namen des Vaters (dort N 44).

113 Im Textteil werden aufgeführt Ort und Datum der Beurkundung, Familienname, Vornamen, Geburtsdatum, Heimatort und Wohnsitz des Anerkennenden, die Namen seiner Eltern oder, wenn er verheiratet war oder ist, der Name der früheren oder gegenwärtigen Ehefrau und gegebenenfalls das Datum der Auflösung der Ehe, dann die nämlichen Angaben für die Mutter, Familienname und Vornamen des Kindes sowie Ort und Datum der Geburt (ZStV 105 Abs.1 Ziff.1–4). Sollte die Wirksamkeit der Anerkennung von der Beseitigung eines bestehenden Kindesverhältnisses abhängen, vgl. N 36ff.

114 Hierauf wird die Eintragung vom Zivilstandsbeamten dem Anerkennenden vorgelesen und von beiden *unterzeichnet* (ZStV 105 Abs.2). Mit der Unterzeichnung ist die Beurkundung abgeschlossen; sie darf nur noch durch Randanmerkung berichtigt oder ergänzt (N 116) werden (ZStV 49 Abs.2/50).

115 Ist eine unterzeichnungspflichtige Person *ausserstande* zu unterzeichnen, so bescheinigt der Zivilstandsbeamte diese Tatsache im Register (ZStV 48 Abs.2). Nach ZStV 48 Abs.2 ist gleich zu verfahren, wenn eine solche Person sich weigert zu unterzeichnen. Das ist richtig, wenn die Eintragung eine natürliche oder rechtliche Tatsache betrifft wie Geburt, Tod und Eheschliessung (ZStV 67 Abs.3, 83 Abs.2, 94 Abs.2). Bei der Anerkennung dagegen erscheint die Unterzeichnung der Eintragung als letzter Akt der Willenserklärung. Ihre *Verweigerung* bedeutet daher, dass der Anerkennende im letzten Moment – vielleicht unter dem Eindruck der Belehrung des Zivilstandsbeamten (N 106, 107) – von der Anerkennung absteht. Sie ist in diesem Fall formell nicht zustandegekommen (CALUORI 132). Demnach wirkt die Unterschrift des Anerkennenden – ist er schreibunkundig: die Beurkundung seiner mündlichen Erklärung – konstitutiv.

Die Beurkundung wird durch *Randanmerkung* ergänzt: 116
- wenn das Kind *vor* der Geburt anerkannt worden ist, durch die Angabe des Geburtsdatums und des Vornamens (Musterbeispiel 5.106);
- wenn bei der Beurkundung die *Zustimmung* des gesetzlichen Vertreters gefehlt hat (N 77), durch Angabe des Datums ihrer Erteilung;
- wenn das Kind unter der *Bedingung* der Beseitigung eines bestehenden Kindesverhältnisses anerkannt worden ist (N 36 ff), durch die Angabe des Datums des Eintritts der Bedingung (N 119, Art. 260 a N 37).

Die Beurkundung wird auf Anordnung des Richters oder der Aufsichtsbe- 117
hörde *gelöscht* (ZStV 51):
- wenn das *vor der Geburt* anerkannte Kind als Kind verheirateter Eltern oder tot zur Welt kommt (N 118);
- wenn die im Zeitpunkt der Beurkundung fehlende *Zustimmung* der Eltern oder des Vormundes verweigert oder binnen Frist nicht erteilt wird (N 78);
- wenn die Anfechtungsklage, mit welcher die *bedingte* Anerkennung begründet worden ist (N 42/43), rechtskräftig abgewiesen oder zurückgezogen worden ist;
- wenn das vor der Geburt bedingt anerkannte Kind *vor* Ablauf von 300 Tagen seit Auflösung der Ehe der Mutter geboren wird (N 42);
- wenn die Anerkennung nichtig ist (Art. 260 a N 47).

Die Beurkundung, Eintragung und Anmerkung der Anerkennung ist *gebüh-* 117a
renfrei (ZStV 178 Abs. 1, 179 Abs. 1). Die Erhebung von Gebühren widerspräche dem Interesse des Kindes an der Begründung des Kindesverhältnisses zum Vater; diese liegt auch im öffentlichen Interesse.

c) Ungeborenes Kind

Ist das Kind noch nicht geboren, so lautet der Randtitel 118
auf den Namen der Mutter. Die Vornamen des Kindes, Ort und Datum der Geburt können nicht eingetragen werden. Die Anerkennung betrifft das erwartete Kind. Nach der Geburt wird die Eintragung auf Verfügung der Aufsichtsbehörde als Randanmerkung ergänzt (N 116; ZStV 50 Abs. 4). Bei Geburt von Mehrlingen vgl. N 87 f. Gehen die Eltern noch *vor* der Geburt die Ehe ein, so kommt das Kind als Kind verheirateter Eltern zur Welt (Art. 255 Abs. 1) und ist die Anerkennung gegenstandslos. Die Eintragung im Anerkennungsregister wird gelöscht (ZStV 51 Abs. 2). Ebenso wird verfahren, wenn das Kind tot geboren wird (N 86). ZZW *1984* 176 f.

d) Bedingte Anerkennung

119 Wird während Bestehens eines väterlichen Kindesverhältnisses eine bedingte Anerkennung erklärt (N 42, 43), so ist der Beurkundung ein Vorbehalt anzufügen, wonach die Anerkennung erst wirksam wird, wenn das bestehende Kindesverhältnis rechtskräftig beseitigt ist. Der Fall ist sinngemäss gleich zu behandeln wie die vor der Geburt erklärte Anerkennung (N 116, 118): Es ist Sache des Anerkennenden oder der Mutter dem Zivilstandsamt, das die Beurkundung vorgenommen hat, die Beseitigung des ersten Kindesverhältnisses zur Kenntnis zu bringen. Bei Eintritt der Bedingung ist die Beurkundung auf Verfügung der Aufsichtsbehörde durch Randanmerkung zu ergänzen (N 116; SAGER 87).

3. Anerkennung vor dem Richter

A. Vaterschaftsprozess

120 Vor dem Richter kann die Anerkennung nur im Vaterschaftsprozess im Sinne von Art. 261, dagegen nicht in einem andern gerichtlichen Verfahren erklärt werden. Unerheblich ist, ob die Klage von der Mutter oder dem Kind erhoben wird (vgl. Art. 261 Abs. 1). Da die Anerkennungsbefugnis des Vaters unbefristet ist (N 83), kann er auch die verspätete Klage wirksam anerkennen. Die Anerkennung durch die Angehörigen und die Wohnsitzbehörde ist dagegen nur gegenüber der im Sinne von Art. 263 rechtzeitigen Klage zulässig.

121 Die Klage ist von Bundesrechtswegen im Sinne von Art. 260 Abs. 3 *hängig*, wenn der Vaterschaftsprozess durch Klageerhebung eingeleitet ist. Sie braucht nicht im Sinne des kantonalen Prozessrechts hängig zu sein. Die Anerkennung ist daher auch im Sühnverfahren zulässig (SAGER 98; ebenso PETER OSTERWALDER, Die Rechtshängigkeit im schweizerischen Prozessrecht, Diss. Zürich 1951, 42).

122 Sie kann von der Einleitung (Art. 263 N 6 ff) bis zur rechtskräftigen Erledigung des Prozesses erklärt werden (SAGER 92 f; GULDENER 399 f).

123 Die Anerkennung kann, auch wenn die Klage hängig ist (N 121), weiterhin vom Beklagten oder von einem Dritten beim *Zivilstandsbeamten* erklärt werden (N 57). Der Vaterschaftsprozess wird dadurch gegenstandslos (Art. 261 N 31).

Ist die *Unterhaltsklage* mit der Vaterschaftsklage verbunden (Art. 280 124
Abs. 3), so kann die Vaterschaftsklage durch Anerkennung des Kindes und
die Unterhaltsklage durch Anerkennung, durch Vertrag oder durch Urteil
erledigt werden (vgl. N 28 und die Kommentierung von Art. 279).

B. Anerkennungsbefugnis der Beklagten

a) Vater

Ist die Anerkennung beim Zivilstandsbeamten zulässig, so 125
muss der Vaterschaftsbeklagte auch die Klage anerkennen können (N 131).
Diese Befugnis stand schon früher ausser Zweifel (VA Art. 303 N 81,
Art. 323 N 15 ff, SAGER 92). Das neue Recht hat sie kodifiziert.
Die Anerkennung vor dem Richter unterliegt den allgemeinen Vorausset- 126
zungen der Anerkennung (N 47 ff). Demgemäss kann der urteilsunfähige
Beklagte auch vor dem Richter nicht anerkennen; über die Klage ist durch
Urteil zu entscheiden (N 68, GULDENER 94). Ist der urteilsfähige Beklagte
unmündig oder entmündigt, so bedarf die Anerkennung der Zustimmung
der Eltern oder des Vormundes (Abs. 2; N 69 ff).

b) Angehörige

Die Befugnis zur Anerkennung steht auch den Angehöri- 127
gen des verstorbenen Vaters zu, die an seiner Stelle in die Beklagtenrolle berufen sind (Art. 261 Abs. 2, dort N 78 ff). Sie übernimmt die Funktion der
früheren Anerkennungsbefugnis des väterlichen Grossvaters, der richterlichen Ehelicherklärung (aArt. 303 Abs. 1, 260 Abs. 1; SAGER 95) und der – ge-
setzwidrigen – Befugnis der Aufsichtsbehörde, die Eintragung der Legitimation ins Legitimationsregister anzuordnen, wenn das Kind nicht von den Eltern gemäss aArt. 259 angemeldet worden war (aZStV 98 Abs. 5 und 6; VA
Art. 258/259 N 21; vgl. auch SAGER 96). Im Unterschied zur Anerkennungsbefugnis des Vaters – wie auch zur früheren des väterlichen Grossvaters
(N 6) – kann die der Angehörigen weder durch Erklärung vor dem Zivilstandsbeamten noch durch letztwillige Verfügung ausgeübt werden, sondern
setzt voraus, dass die Mutter oder das Kind mit der befristeten Vaterschaftsklage die Vaterschaft des Verstorbenen behaupten und die Feststellung des
Kindesverhältnisses zu ihm verlangen. Diese Initiative von Mutter und
Kind macht die bei der Anerkennung durch die Angehörigen fehlende Un-

mittelbarkeit des Wissens um die Beiwohnung und deren Kausalität (N 9) wett. Sie schliesst die Anerkennung durch Angehörige eines Mannes aus, dessen Vaterschaft weder von der Mutter noch vom Kind behauptet wird und nähert die Anerkennung in dieser besondern Situation einem zweiseitigen Rechtsgeschäft an (vgl. N 8).

128 Die in Art. 261 Abs. 2 festgelegte *Reihenfolge* ist zwingend. Die Nachkommen können die Anerkennung nicht den Eltern des Vaters, diese nicht den Geschwistern überlassen. Sind mehrere Nachkommen, beide Eltern oder mehrere Geschwister vorhanden, so steht ihnen die Anerkennungsbefugnis nur *gemeinsam* zu (vgl. Art. 261 N 79). Widersetzt sich einer von ihnen der Anerkennung, so muss über die Klage durch Urteil entschieden werden.

129 Die Anerkennungsbefugnis der Angehörigen ist wie die des Vaters selbst (N 11 ff) *höchstpersönlicher* Art (SAGER 34f). Sie wird daher durch urteilsfähige Unmündige und Entmündigte selber ausgeübt. Doch ist auch hier die Zustimmung gemäss Art. 260 Abs. 2 (N 70ff) erforderlich. Ist ein Angehöriger urteilsunfähig, so erscheint – anders als beim Vater selbst (N 68) – die Anerkennung durch seinen gesetzlichen Vertreter zulässig. Denn die Anerkennung bekundet hier nicht das Wissen um die Beiwohnung und die Vorstellung um deren Kausalität (N 9, 127). Auch berühren die Wirkungen die Angehörigen nicht im gleichen Masse. Diese können auch selbst ein Interesse haben, dass der Prozess durch Anerkennung und nicht durch Urteil beendigt wird. Demnach kann die Ehefrau des Vaters namens der unter ihrer elterlichen Gewalt befindlichen urteilsunfähigen Nachkommen anerkennen. Für die Abgabe der Anerkennung durch den gesetzlichen Vertreter sind die nämlichen Gesichtspunkte massgebend wie für dessen Zustimmung zur Anerkennung durch den urteilsfähigen Unmündigen oder Entmündigten (N 71).

c) Zuständige Behörde des letzten Wohnsitzes

130 Die zuständige Behörde des letzten Wohnsitzes, gegen die sich die Klage bei Fehlen von Angehörigen richtet (VA Art. 261 Abs. 2 a. E.), ist ebenfalls zur Anerkennung befugt (SAGER 96f; kritisch TERCIER [zit. Art. 261] 401). N 127–129 gelten sinngemäss.

C. Anerkennung

131 Die vor dem Richter abgegebene Erklärung erscheint ihrem *Inhalte* nach im Hinblick auf Art. 260 Abs. 1 und 3 als Anerkennung des

Kindes. Dementsprechend unterliegt sie auch der Anfechtung gemäss Art. 260 a ff. *Prozessual* hat sie dagegen die Wirkung einer Klageanerkennung (SAGER 75). Sie kann denn auch als solche erklärt werden.

Die Anerkennung vor dem Richter bedarf von Bundesrechts wegen einer *ausdrücklichen* Erklärung der beklagten Partei. Aus prozessualer Säumnis – Nichteinhaltung von Fristen, unentschuldigtem Ausbleiben – darf keine Anerkennung gefolgert werden (Art. 254 N 52). 132

Die *Form* der Anerkennung richtet sich nach den Vorschriften des Prozessrechts über die Klageanerkennung. Kann diese schriftlich erfolgen, so ist auch die Anerkennung des Kindes durch schriftliche Erklärung zulässig (a. M. SAGER 94). 133

Der Richter hat zu *prüfen,* ob die Anerkennung zulässig und klar sei (GULDENER 404). Die Identität des Anerkennenden und des Kindes, das Bestehen eines Kindesverhältnisses zur Mutter und das Fehlen eines väterlichen Kindesverhältnisses sind schon bei der Anhandnahme der Vaterschaftsklage zu prüfen, vgl. Art. 261 N 8, 9; vgl. auch vorn N 95 ff, 102 ff. Für die Urteilsfähigkeit und die Zustimmung des gesetzlichen Vertreters des Anerkennenden vgl. N 99, 100. 134

Der Richter prüft selber, ob die Anerkennung *internationalrechtlich* zulässig sei (N 193). Eine Bewilligung der Aufsichtsbehörde im Zivilstandswesen im Sinne von ZStV 103 Abs. 2 (N 101) ist nicht erforderlich. 135

Die Pflicht, den Sachverhalt *von Amtes wegen* zu erforschen (Art. 254 Ziff. 1), beschränkt sich im Falle der Anerkennung auf die Prüfung der Möglichkeit der Vaterschaft des Anerkennenden. Vgl. N 105, 106. Dazu gehört namentlich, dass die Klägerschaft behauptet, der Beklagte habe der Mutter in der gesetzlichen Empfängniszeit beigewohnt, dieser die Beiwohnung zugibt und seine Vaterschaft nach den Akten nicht ausgeschlossen oder weniger wahrscheinlich ist als die eines Dritten (Art. 261 Abs. 3); a. M. SAGER 93. Der Richter hat aber zum Zwecke dieser Prüfung keine Beweiserhebungen anzustellen. Das Geständnis der Beiwohnung (Art. 262 N 37) ist nicht gleichbedeutend mit der Anerkennung der Klage. 136

Erfolgt die Anerkennung erst im Laufe des Prozesses unter dem Druck der Beweise, so erübrigt sich im allgemeinen eine ausdrückliche *Belehrung* des Anerkennenden. Wird die Anerkennung dagegen vor Erhebung von Beweisen erklärt, so gilt das über die Belehrung durch den Zivilstandsbeamten Gesagte (N 107 f) sinngemäss auch für den Richter. Die in diesem Stadium erklärte schriftliche Anerkennung (N 133) muss zum Ausdruck bringen, dass der Anerkennende die Wirkungen der Anerkennung, die Beschränkung 137 seines Anfechtungsrechtes und die Straffolgen einer wissentlich unwahren Anerkennung kennt. Die Anerkennung vor dem Richter darf die wesentlichen Erfordernisse der Anerkennung vor dem Zivilstandsbeamten nicht unterlaufen. Der Richter darf daher – unter Vorbehalt der Erweiterung der Anerkennungsbefugnis (N 127–130) – keine Anerkennung entgegennehmen, die der Zivilstandsbeamte ablehnen müsste (N 95–109).

138 Wird eine Unterhaltsklage mit der *Vaterschaftsklage* verbunden (Art. 280 Abs. 3), so hat der Beklagte sich gesondert zu beiden zu äussern. Ist die Unterhaltsklage beziffert, so kann der Beklagte sie ebenfalls anerkennen. Der Richter hat sich zu vergewissern, ob die Anerkennung nur die Vaterschaftsklage oder auch die Unterhaltsklage betrifft (N 142).

139 Die *Protokollierung* der mündlichen oder schriftlichen Anerkennung richtet sich nach dem kantonalen Prozessrecht.

D. *Erledigung des Prozesses*

140 Ist die Anerkennung zulässig, so hat sie die gleiche prozessuale Wirkung wie eine Klageanerkennung: der hängige Vaterschaftsprozess wird nach dem kantonalen Prozessrecht entweder durch ein der Rechtskraft fähiges Gerichtsurteil oder durch die Anerkennungserklärung selbst beendigt, welche einem rechtskräftigen Urteil gleichgestellt wird (GULDENER 404; SAGER 75; VPB *1980* Nr. 50 E. 4c). In Kantonen, welche die Anerkennung vor dem Sühnbeamten zulassen, bestimmt das Prozessrecht auch, ob dieser oder das für die Beurteilung der Klage zuständige Gericht den Erledigungsentscheid fällt (z. B. ZH/ZPO 203 Abs. 1). Ist der Prozess durch gerichtliche Entscheidung erledigt worden, so kann diese auf dem Rechtsmittelweg angefochten werden (GULDENER 404). Dagegen kann der Anerkennende nach rechtskräftiger Beendigung des Prozesses nur mit der Anfechtungsklage gemäss Art. 260 a ff und nicht mit der kantonalrechtlichen Revision geltend machen, er sei nicht der Vater (RUST 154).

141 Das Kindesverhältnis zum anerkennenden Vater oder – im Falle der Anerkennung durch die Angehörigen oder die Wohnsitzbehörde – zum verstorbenen Vater *entsteht* mit der vom Prozessrecht für die Klageanerkennung vorgeschriebenen Erklärung, nicht erst mit dem Erledigungsentscheid des Gerichtes (SAGER 75). Über die Mitteilung des Erledigungsentscheides vgl. N 152 ff. Für die Häufigkeit der Anerkennungen vor dem Richter, vgl. Art. 261 N 140.

Ist gleichzeitig mit der Vaterschaftsklage auch eine bezifferte Unterhaltsklage (N 138) anerkannt oder über die Unterhaltsleistung ein Vertrag geschlossen worden, so wird auch der *Unterhaltsprozess* mit dem Erledigungsbeschluss beendigt.

Im Fall des Unterhaltsvertrages erfolgt die Erledigung durch die *Genehmigung* gemäss Art. 287/288. Wird ein Unterhaltsvertrag beim Sühnbeamten geschlossen, so ist er zur Genehmigung an den Richter weiterzuleiten, der zur Beurteilung der Unterhaltsklage zuständig wäre. Das Bundesrecht schreibt aber nicht vor, dass der Richter mit den Parteien über die Genehmigung eine Verhandlung durchführt. Eine solche Verhandlung erübrigt sich jedenfalls dann, wenn mit dem Unterhaltsvertrag die nötigen Unterlagen über die Einkommens- und Vermögensverhältnisse eingereicht werden, welche erlauben, die Angemessenheit der zugesagten Leistungen zu beurteilen (Art. 287 Abs. 3; vgl. SAGER 99; STRÄULI/MESSMER § 203 N 7), und den heutigen Stand im Blick auf spätere Abänderungsbegehren (Art. 286 Abs. 2) festhalten. Das Prozessrecht kann auch die Erledigung der vor dem Sühnbeamten anerkannten Unterhaltsklage dem Richter übertragen (z. B. Zürich ZPO 203 Abs. 2). Vernünftigerweise sollte über die Erledigung der verbundenen Vaterschafts- und Unterhaltsklage (Art. 280 Abs. 3) auch im Fall der Verständigung der nämliche Richter befinden.

Ist die Anerkennung dagegen *unzulässig*, so ist der Vaterschaftsprozess weiterzuführen und über die Klage durch Urteil zu entscheiden.

4. Anerkennung durch letztwillige Verfügung

A. Form

Die Anerkennung kann in der Form der öffentlichen (Art. 499 ff), der eigenhändigen (Art. 505) oder der mündlichen letztwilligen Verfügung (Art. 506 ff) erklärt werden. Dagegen kann sie nicht Gegenstand eines Erbvertrages sein (SAGER 101).

Der Anerkennende muss bei Errichtung der Verfügung das 18. Altersjahr zurückgelegt haben, Art. 467 (a. M. SAGER 102; ESCHER N 2 und 5 vor Art. 481; EGGER aArt. 303 N 12). Abgesehen davon dürfte die Urteilsfähigkeit für die Anerkennung schwerlich vorher vorhanden sein (N 69, VA Art. 303 N 77).

Dagegen bedarf die Anerkennung der Zustimmung nach Art. 260 Abs. 2 nicht (N 80).

148 Nicht erforderlich ist, dass die letztwillige Verfügung auch erbrechtliche Anordnungen enthält (VA Art. 303 N 79 mit Hinweisen).

B. Anerkennung

149 Die Verfügung muss die Identität des Kindes klar bezeichnen und den eindeutigen Willen des Verfügenden zum Ausdruck bringen, das Kind als das Seinige zu anerkennen. Die Einsetzung als Erbe oder die Zuwendung eines Vermächtnisses genügt nicht, ebensowenig, dass der Verfügende von seinem Kinde spricht (vgl. BGE *50* II 445 f; SAGER 102).

C. Wirksamkeit

150 Die in der letztwilligen Verfügung ausgesprochene Anerkennung wird erst mit dem *Tod* des Anerkennenden wirksam (N 38). Bis dahin ist sie frei widerruflich (Art. 509/510, BGE *79* II 34, VA Art. 303 N 80; gegenteilig CCit 256 Satz 2). Die Verfügung ist der zuständigen Behörde einzuliefern (Art. 556 Abs. 1) und von dieser binnen Monatsfrist zu eröffnen (Art. 557 Abs. 1).

D. Problematik

151 Die Anerkennung durch letztwillige Verfügung ist sachlich fragwürdig, weil sie das Kindesverhältnis erst auf den Tod des Vaters hin begründet (BBl *1974* II 39; CALUORI 133; a. M. SAGER 100 f; vgl. dazu AmtlBullNR *1975* 1757 f). Auch widerspricht die Möglichkeit der Anerkennung durch eigenhändiges und durch mündliches Testament der Formstrenge der Anerkennung vor dem Zivilstandsbeamten und vor dem Richter (LALIVE ZSR *1965* II 580). Zudem verträgt sich die erst mit dem Tod wirksame Anerkennung nicht mit dem Zustimmungserfordernis des Art. 260 Abs. 2. Ein schutzwürdiges Bedürfnis für die Anerkennung durch letztwillige Verfügung besteht nur, wenn ausnahmsweise die Anerkennung vor dem Zivilstandsbeamten oder vor dem Richter objektiv nicht mehr möglich ist. Zu den Mängeln des Zustandekommens der Verfügung vgl. Art. 260 a N 7.

IV. Mitteilung und Eintragung

1. Mitteilung

A. Mitteilungspflichtig sind:

a) Der Zivilstandsbeamte,

der die Anerkennung beurkundet hat (ZStV 120 Abs. 1 Ziff. 5, 125 Abs. 1 Ziff. 4, 106; SIEGENTHALER ZZW *1979* 108, Musterbeispiele 7.5.101 ff; 7.5.106). 152

Die *vor der Geburt* erklärte Anerkennung kann dem noch nicht bekannten Geburtsort nicht mitgeteilt werden. Es ist Sache des Anerkennenden oder der Mutter, sie dem Zivilstandsamt des Geburtsortes zur Kenntnis zu bringen. 153

Ist die Anerkennung unter der *Bedingung* ausgesprochen worden, dass ein bereits bestehendes Kindesverhältnis beseitigt wird (N 42/43 ff), so ist sie erst mitzuteilen, wenn feststeht, dass dieses rechtskräftig aufgehoben ist. 154

b) Der Richter,

vor dem die Vaterschaftsklage anerkannt worden ist (ZStV 130 Abs. 4, 106; vgl. dazu ZZW *1979* 66). Vgl. Art. 261 N 97 ff. 155

c) Die zuständige Behörde

die eine letztwillige Verfügung mit einer Anerkennung eröffnet (ZStV 132 Abs. 1 Ziff. 2, 106). Nicht mitzuteilen ist die vom Anerkennenden selbst widerrufene Verfügung. 156

B. Die Anerkennung ist mitzuteilen:

a) *den Zivilstandsämtern* des Heimatortes und des Wohnsitzes des Vaters und der Mutter, des Geburtsortes, des allfälligen abweichenden Heimatortes und des allfälligen Trauungsortes des Kindes. 157
Die Mitteilung hat die für die Eintragung nötigen Angaben zu enthalten,

vgl. ZStV 105 Abs. 1 Ziff. 2–4, 45; dazu Kreisschreiben der Verwaltungskommission des Obergerichtes des Kantons Zürich, vom 31. Januar 1979, ZZW *1979* 66; bei Anerkennung des Kindes der Ehefrau, ZZW *1982* 34.

158 *b) der Vormundschaftsbehörde* des Wohnsitzes des unmündigen Kindes, damit diese über die Aufhebung der Beistandschaft oder Anordnung anderer Kindesschutzmassnahmen beschliessen kann (Art. 309 Abs. 3; Art. 125 Abs. 1 Ziff. 4, vgl. dazu ZZW *1978* 238, *1979* 147). Die Bestellung des Beistandes i. S. von Art. 309 Abs. 1 entfällt, sofern sie noch nicht erfolgt ist (BGE *107* II 312). Indessen hat die Vormundschaftsbehörde auch in diesem Fall der Mutter die Beratung und Betreuung gemäss Art. 309 Abs. 1 anzubieten und zu prüfen, ob Massnahmen i. S. von Art. 307 ff, insbesondere eine Beistandschaft zur Geltendmachung des Unterhaltsanspruches (Art. 308 Abs. 2), nötig seien (HEGNAUER, ZVW *1982* 49 f, 54; ZVW *1983* 28 ff; Mustersammlung Nr. 113, 118, 124). Ist die Mutter unmündig oder entmündigt, so hat die Vormundschaftsbehörde den Entscheid nach Art. 298 Abs. 2 zu treffen (vgl. ZZW *1982* 105).

159 *c) der Heimat- und Wohnsitzgemeinde* des Anerkennenden, der *Mutter,* dem *Kinde* und nach dessen Tod seinen Nachkommen unter Hinweis auf das Anfechtungsrecht gemäss Art. 260 a, 260 b und 260 c, gegebenenfalls gemäss Art. 259 Abs. 2; ZStV 106 Abs. 1.

160 *d) den zuständigen ausländischen* Stellen ist die Anerkennung eines ausländischen Kindes oder durch einen Ausländer mitzuteilen, wenn internationale Vereinbarungen dies vorsehen oder die Mitteilung auf Übung beruht, ZStV 122 Abs. 1 und 2.

2. Eintragung

161 Der Zivilstandsbeamte hat die Wirksamkeit der von ihm selbst beurkundeten oder ihm zur Eintragung mitgeteilten Anerkennung aufgrund der zur Verfügung stehenden Unterlagen zu *prüfen* (ZStV 134). Besondere Aufmerksamkeit erfordert die Anerkennung des ungeborenen Kindes (N 35, 49, 118), die Anerkennung bei Bestehen eines väterlichen Kindesverhältnisses (N 36 ff, 104, 116 f, 119, 154) und die Anerkennung durch letztwillige Verfügung (N 145 ff). Ist die Anerkennung zwar vor dem Zivilstandsbeamten, aber nicht im Anerkennungsregister beurkundet worden, so hat der Richter, nicht die Aufsichtsbehörde über ihre Wirksamkeit zu entscheiden (BGE *108* II 88). Über die Eintragung einer im Ausland erfolgten Anerkennung vgl. N 196 ff. Über die Eintragung bei Heirat der Eltern vgl.

Art. 259 N 35 ff. Die Eintragung ist gebührenfrei (ZStV 178 Abs. 1, 179 Abs. 1 Ziff. 1).

Wird die Anerkennung als wirksam befunden, so trägt der Zivilstandsbeamte sie in das schweizerische *Geburtsregister,* in das die Geburt eingetragen oder einzutragen ist (Art. 252 N 48), ein. Erfolgt die Anerkennung vor oder gleichzeitig mit der Anzeige der Geburt, so wird sie in den Text der Geburtseintragung selbst aufgenommen (CALUORI 133, vgl. dazu ZStV 61 Abs. 1; Musterbeispiel 1.208). Das gilt auch bei Anerkennung vor der Geburt (Musterbeispiel 1.217). In den übrigen Fällen wird die Anerkennung als Randanmerkung eingetragen (Art. 47; ZStV 52 Ziff. 1). Über die Namensführung ausländischer Kinder s. ZZW *1984* 176. 162

Ist das Kind im Zeitpunkt der Anerkennung schon verheiratet, so wird die Anerkennung auch im *Eheregister* als Randanmerkung eingetragen (ZStV 52 Ziff. 3).

Im *Familienregister* wird das anerkannte Kind auf dem Blatt des schweizerischen *Vaters* eingetragen. Hat er noch kein Blatt, so wird ihm eines eröffnet (Musterbeispiel 6.601). Ist er verheiratet, so wird das Kind auf dem bestehenden Blatt eingetragen. ZStV 115 Abs. 1 Ziff. 1 lit. *a* und Ziff. 5, 117 Abs. 1 Ziff. 6 lit. *a*, Abs. 2 Ziff. 9; SIEGENTHALER ZZW *1979* 107. 163

Ausserdem wird die Anerkennung auf dem Blatt der schweizerischen *Mutter* eingetragen, das ihr bei der Scheidung oder bei der Geburt des Kindes eröffnet wurde (ZStV 115 Abs. 1 Ziff. 2, 4 lit. *a*, 117 Abs. 1 Ziff. 6 lit. *a*; Musterbeispiele 6.304, 6.401, 6.404) oder auf dem Blatt des *Kindes,* wenn es ein eigenes besitzt (ZStV 115 Abs. 1 Ziff. 4 lit. *b* und Ziff. 7, 117 Abs. 1 Ziff. 6 lit. *a*). 164

Das Kindesverhältnis zum Anerkennenden wird fortan in den Text der *Registerauszüge* aufgenommen (ZStV 142 Abs. 1; Musterbeispiele 8.1.201 A, 8.1.204, 8.1.208). 165

Fehlen in der Mitteilung der Anerkennung *Angaben,* die für die Eintragung nötig sind, so darf der Zivilstandsbeamte diese nicht einfach unterlassen, sondern hat von sich aus, wenn erforderlich mit Hilfe der Aufsichtsbehörde, die nötigen Erhebungen anzustellen (ZStV 14 Abs. 3 Satz 2; 134 Satz 2; ZZW *1979* 147). 166

Schliesslich kann die Anerkennung nach kantonalem Recht auf den *Einwohnerkontrollkarten* am Wohnsitz des Vaters und der Mutter angemerkt werden (SAGER 91). 167

Ist die Anerkennung nach Auffassung des Zivilstandsbeamten *unwirksam* (Art. 260 a N 30), so lehnt er – gegebenenfalls nach Einholung der Weisung der Aufsichtsbehörde – die Eintragung in das oder die von ihm geführten 168

Register ab unter Anzeige an die Stelle, welche die Anerkennung mitgeteilt hat, sowie an den Anerkennenden, die Mutter und das Kind. Letzteren steht die Beschwerde gemäss Art. 43, ZStV 19/20 offen. Vgl. Art. 260a N 30, N 32 ff.

169 Die Eintragung im Geburts- und/oder im Familienregister *beweist* das Kindesverhältnis zwischen dem Kind und dem Anerkennenden (Art. 9, ZStV 28; GÖTZ SPR II 402, 406, 408). Gestützt darauf können die Rechte und die Pflichten aus dem Kindesverhältnis geltend gemacht werden (N 170 ff). Die Beurkundung der Anerkennung im Anerkennungsregister und im Gerichtsprotokoll sowie die letztwillige Verfügung beweisen lediglich die Anerkennungserklärung als solche, nicht aber ohne weiteres auch deren Wirksamkeit (N 38). Allerdings ist auch die Beweiskraft der Eintragung im Geburts- und/oder Familienregister nicht absolut. Die Eintragung heilt die Unwirksamkeit einer Anerkennung nicht. Daher kann ihre Unrichtigkeit geltend gemacht werden (Art. 9; vgl. im einzelnen Art. 260a N 31, 39 ff).

V. Wirkungen der Anerkennung

1. *Begründung des väterlichen Kindesverhältnisses*

170 Die Anerkennung begründet das väterliche Kindesverhältnis zwischen dem Anerkennenden und dem Kind, sofern in diesem Zeitpunkt noch keines besteht (N 50 ff), und zwar rückwirkend auf den Zeitpunkt der Geburt (BBl *1974* II 36, SAGER 23 f; ebenso das frühere Recht VA Art. 303 N 11 mit Hinweisen), soweit die Rückwirkung durchführbar ist. Einzelne Wirkungen des Kindesverhältnisses ändern sich, wenn die Eltern einander heiraten (Art. 259 N 42 ff).

2. *Wirkungen im einzelnen*

171 Infolge des Kindesverhältnisses entsteht die rechtliche Verwandtschaft im Sinne von Art. 20/21 und damit das *Ehehindernis* gemäss Art. 100. Ist die Ehe bereits geschlossen, so erscheint die Anerkennung als unwirksam (N 91). Diese Folgerung ist weniger hart als die Nichtigerklärung der Ehe gemäss Art. 120 Ziff. 3 in Verbindung mit Art. 121/122 Abs. 1.

172 Sodann erwirbt der Anerkennende das *Zustimmungsrecht zur Adoption* gemäss Art. 265a Abs. 1 (vgl. dort N 5).

Im Gegensatz zum früheren Recht (VA Art. 324–327 N 18–58) hat die Anerkennung keine Wirkung auf den *Familiennamen* und das *Bürgerrecht* des Kindes (vgl. Art. 270 Abs. 2, 271 Abs. 2). Vgl. auch ZZW *1984* 176. Anders wenn die Eltern einander heiraten; vgl. Art. 259 Abs. 1 und dort N 44, 51 ff. 173

Der Anerkennende hat Anspruch auf ein angemessenes *Besuchsrecht* gemäss Art. 273 ff. Lehnt der Inhaber der elterlichen Gewalt oder der Obhut das vom Vater beanspruchte Besuchsrecht überhaupt oder im Umfang ab, so ist es auf dessen Gesuch von der Vormundschaftsbehörde festzusetzen (Art. 275 Abs. 1, HEGNAUER, Kindesrecht 106 f). Dabei ist auf die Situation des Kindes im Zeitpunkt der Anerkennung Rücksicht zu nehmen (vgl. SAGER 41 f). 174

Mit der Anerkennung entstehen die *Unterhaltspflicht* des Vaters (Art. 276 ff; zum früheren Recht vergleiche VA Art. 324–327 N 68 ff) und die gegenseitige *Verwandtenunterstützungspflicht* (Art. 328 f). Lebt das Kind – wie es die Regel ist – nicht in der Obhut des Vaters, so hat dieser einen Unterhaltsbeitrag zu zahlen (Art. 276 Abs. 2, 285 ff; SAGER 45). Der Beitrag kann durch Vertrag festgesetzt oder mit der Unterhaltsklage geltend gemacht werden (Art. 286/287, 279; N 25 ff). Bei Heirat der Eltern vgl. Art. 259 N 63 ff. Das Kind kann den Unterhalt nur für ein Jahr vor der Klage nachfordern (Art. 279 Abs. 1). Über die Ersatzpflicht des Anerkennenden gegenüber dem früheren Scheinvater vgl. Art. 256 N 124 ff. 175

Dem Anerkennenden kann die *elterliche Gewalt* übertragen werden, wenn die Mutter entmündigt oder gestorben ist oder ihr die elterliche Gewalt entzogen ist (Art. 298 Abs. 1; SAGER 46, JORIO 218 ff). Ist sie unmündig, so sollte die Übertragung nur geschehen, wenn vorauszusehen ist, dass die Gewalt ihr nach Eintritt der Mündigkeit entzogen werden müsste (HEGNAUER, Kindesrecht 138 f). Für den Fall der Eheschliessung der Eltern vgl. Art. 259 N 71 ff. 176

Die gesetzliche *Erbberechtigung* entsteht rückwirkend auf den Zeitpunkt der Geburt – gegebenenfalls der Empfängnis (Art. 31 Abs. 2, 544; PIOTET SPR IV/1 37, IV/2 557). Das ist von Bedeutung, wenn der Vater vor der Anerkennung infolge Enterbung, Erbunwürdigkeit oder Ausschlagung die Erbschaft nicht angetreten hat: Das Kind nimmt aufgrund der Anerkennung nachträglich die Stelle des Vaters ein (Art. 478 Abs. 3, 541 Abs. 2, 572 Abs. 1). Ebenso ist das Kind am Nachlass des Vaters erbberechtigt, wenn die Vaterschaftsklage nach dessen Tod von den Angehörigen oder von der Wohnsitzbehörde anerkannt wird. Anerkennt der Vater das verstorbene Kind, so wird er an dessen Nachlass erbberechtigt (vgl. dazu N 85). Die Rückwirkung 177 wird durch die Fristen der Erbschaftsklage gemäss Art. 600 begrenzt. Sind diese verstrichen, so kann die durch nachträgliche Anerkennung begründete Erbberechtigung nicht mehr geltend gemacht werden.

178 Für weitere Wirkungen des Kindesverhältnisses vgl. Art. 252 N 26 ff.

VI. Intertemporales Recht

179 Die Anerkennung richtet sich *seit 1. Januar 1978* ausschliesslich – also auch für die vorher geborenen Kinder – nach den Bestimmungen des neuen Rechts (SchlT 12 Abs. 1).

180 Demgemäss können *früher geborene Kinder,* deren Anerkennung nach aArt. 304 ausgeschlossen war, anerkannt werden, wenn die Voraussetzungen des neuen Rechts erfüllt sind (BBl *1974* II 100; HEGNAUER, Übergangsbestimmungen 161, Übergangsrecht 126). Das gilt auch für die vor dem 1. Januar 1978 in letztwilliger Verfügung ausgesprochene Anerkennung, sofern der Anerkennende nach diesem Zeitpunkt stirbt; denn die Anerkennung wird erst in diesem Zeitpunkt wirksam (N 150). Ist das Kind aber vor dem 1. Januar 1978 gestorben, so kann die unter dem früheren Recht ausgeschlossene Anerkennung nicht mehr nachgeholt werden. Beim Richter (N 120 ff) können vor dem 1. Januar 1978 geborene Kinder noch anerkannt werden, soweit für sie nach dem 1. Januar 1978 die Vaterschaftsklage zulässig ist (vgl. N 120, Art. 261 N 108 ff).

181 Eine nach aArt. 319 durch Urteil oder Vertrag begründete Verpflichtung zu Vermögensleistungen steht der Anerkennung nicht entgegen (N 55). Anerkennt der Zahlvater, so bleibt seine Verpflichtung in Kraft, untersteht aber den neuen Bestimmungen über die elterliche Unterhaltspflicht, insbesondere Art. 277, 279 und 286 (HEGNAUER, Übergangsbestimmungen 175 f; Übergangsrecht 134). Anerkennt ein Dritter, so erlischt die Verpflichtung des altrechtlichen Zahlvaters.

182 Die *vor dem 1. Januar 1978 ausgesprochene Anerkennung* bleibt wirksam. Sie schliesst daher eine neue Anerkennung aus (N 53). Es kommen ihr die Wirkungen gemäss den neuen Bestimmungen zu (SchlT 12 Abs. 1 Satz 1). Indessen bleiben der Familienname und das Bürgerrecht, die nach dem früheren Recht erworben wurden, erhalten (SchlT 12 Abs. 1 Satz 2). Vgl. dazu HEGNAUER, Übergangsbestimmungen 154 ff, 166, Übergangsrecht 124, 132 f. Zur Bedeutung einer altrechtlichen Zusprechung mit Standesfolge vgl. N 54, und einer altrechtlichen Adoption vgl. N 61.

Ist das Kind vor dem 1. Januar 1978 anerkannt, aber erst nachher geboren 183
worden, so richten sich die Wirkungen der Anerkennung nach dem neuen
Recht (ROY ZZW *1978* 21; HEGNAUER ZZW *1978* 339).
Für die altrechtliche Ehelicherklärung vgl. Art. 259 N 108 ff. 184

VII. Internationales Recht

Nach dem CIEC-Übereinkommen betreffend die Erweiterung der Zustän- 185
digkeit der Behörden, die zur Entgegennahme von Anerkennungen ausserehelicher Kinder befugt sind, von 1961 (hinten S. 656) können die Angehörigen der Vertragsstaaten, deren Recht die Anerkennung mit Standesfolge vorsieht, eine solche Anerkennung auch im Hoheitsgebiet von Vertragsstaaten vornehmen, deren Recht nur die Anerkennung ohne Standesfolge vorsieht (Art. 2). Da alle Vertragsstaaten die Anerkennung mit Standesfolge kennen, hat das Übereinkommen zur Zeit keine praktische Bedeutung (BÖHMER, in: BÖHMER/SIEHR 7.2 Einf Ziff. 3; vgl. auch VA Art. 303 N 124).
In Beratung befindet sich ein neues CIEC-Übereinkommen über die freiwillige Anerkennung von ausserhalb der Ehe geborenen Kindern. Die Schweiz dürfte ihm jedenfalls vorläufig nicht beitreten (ZZW *1979* 347f). Andere staatsvertragliche Normen fehlen. Bis Ende 1977 waren NAG 8 und 32 anwendbar (VA Art. 303 N 113–130; STAUFFER W., Praxis zum NAG. Zürich 1973 – Nachtrag 1977).

Seit 1. Januar 1978 werden NAG 8 d und 8 e sinngemäss auf die Anerken- 186
nung angewendet (BBl *1974* II 109; KNOEPFLER ZZW *1978* 310f; *1979* 167;
VOLKEN ZZW *1980* 167ff; nach A. BUCHER ZZW *1977* 327 = SA 7* gelten
NAG 8 d und 8 e unmittelbar auch für die Anerkennung). Zu berücksichtigen ist dabei namentlich der *favor recognitionis,* d. h. das Zustandekommen der Anerkennung ist zu begünstigen. Dieses Gebot wird mit Hilfe alternativer Anknüpfungen verwirklicht. Für die Anerkennung des Kindes durch die Mutter s. Art. 252 N 85.

1. Zuständigkeit

Der schweizerische Zivilstandsbeamte am Geburtsort des 187
Kindes oder am Wohnsitz oder am Heimatort des Anerkennenden oder der
Mutter ist zur Beurkundung einer Anerkennung zuständig (N 94; ZStV 104
Abs. 1; NAG 8 d Abs. 1 und 2; VPB *1980* Nr. 48 E. 2, Nr. 50 E. 2 b; ZZW *1981*
378). Dabei ist der tatsächliche Wohnsitz, nicht ein allfälliger abgeleiteter
Wohnsitz im Sinne von Art. 25 massgebend (Art. 252 N 83; A. BUCHER ZZW
1977 325 = SA 4*; E/IPRG 19 Abs. 2). – E/IPRG 69 Abs. 1 sieht ausserdem
noch die Zuständigkeit am gewöhnlichen Aufenthalt des Kindes vor.
Der schweizerische Zivilstandsbeamte darf eine dem ausländischen Recht 188

unterstehende Anerkennung aber nur beurkunden, sofern sie der Anerkennung des schweizerischen Rechts im wesentlichen gleichwertig ist (A. BUCHER ZZW *1979* 135). Das ist der Fall, wenn die Anerkennung das Kindesverhältnis zum Vater entstehen lässt ohne Rücksicht darauf, ob sie sich auf den Familiennamen und das Bürgerrecht auswirkt (A. BUCHER ZZW *1979* 136; unrichtig ZZW *1979* 36; vgl. auch hinten N 197).

189 Ist der *Anerkennende* Ausländer, so bedarf die Beurkundung der Anerkennung der Bewilligung der Aufsichtsbehörde (ZStV 103 Abs. 2). Dieses Erfordernis geht zu weit, wenn nach NAG 8e *schweizerisches* Recht anzuwenden ist. Umgekehrt ist die Einholung des Rates der Aufsichtsbehörde am Platze, wenn der Anerkennende zwar Schweizer ist, aber wegen seines Wohnsitzes oder dem des Kindes oder aus anderen Gründen sich Fragen des anwendbaren Rechts oder eines ausländischen Rechts stellen (A. BUCHER ZZW *1977* 328 = SA 7*; vgl. das Beispiel bei NABHOLZ ZZW *1980* 177f). Vgl. auch vorn N 101.

190 Für die Anerkennung vor dem *Richter* gelten die Regeln über die Vaterschaftsklage, vgl. Art. 261 N 116ff; für die Anerkennung durch letztwillige Verfügung vgl. das Haager Übereinkommen über das auf die Form letztwilliger Verfügungen anzuwendende Recht, vom 5. Oktober 1961, für die Schweiz in Kraft seit 17. Oktober 1971, AS *1971* 1369ff; NAG 24.

191 Ausländische *Konsularbeamte* sind zur Beurkundung von Anerkennungen in der Schweiz nicht zuständig (A. BUCHER ZZW *1979* 138; unrichtig ZZW *1979* 36, 41). Vgl. Art. 260a N 18.

2. Anwendbares Recht

192 Die Beurkundung der Anerkennung ist zulässig, wenn sie dem Recht des Wohnsitzes der Eltern und des Kindes, dem Recht ihrer Heimat, dem schweizerischen Recht oder dem Recht des Landes entspricht, mit dem der Zusammenhang überwiegt (NAG 8e). Nach dem Prinzip der alternativen Anknüpfung (N 186) genügt es aber, dass die Anerkennung dem Recht des Wohnsitzes oder der Heimat eines Beteiligten entspricht (VPB *1980* Nr. 48 E. 2, Nr. 50 E. 2b; *1981* Nr. 78 E. 1; ZZW *1981* 378). Nach E/IPRG 70 Abs. 1 ist das Recht am gewöhnlichen Aufenthalt des Kindes oder am Wohnsitz oder Heimatort der Mutter oder des Vaters anwendbar; massgebend ist der Zeitpunkt der Anerkennung. Zum Wohnsitz s. N 187. Die *Form* richtet sich nach dem schweizerischen Recht; so ausdrücklich E/IPRG 70 Abs. 2.

Ist nach dem anwendbaren ausländischen Recht die *Zustimmung des Kindes* 193
erforderlich, so ist diese zu verlangen. Weist der Fall eine Beziehung zu einem Staat auf, der die Zustimmung des Kindes verlangt, so empfiehlt es
sich, diese auch dann entgegenzunehmen, wenn das Recht dieses Landes
nach NAG 8 e nicht anwendbar ist, da dadurch die Aussichten der Anerkennung verbessert werden (A. BUCHER ZZW *1977* 328 = SA 7* f).
Ist schweizerisches Recht anwendbar, so beurteilt sich die Frage, ob der An- 194
erkennende *unmündig* sei und der Zustimmung des gesetzlichen Vertreters
gemäss Art. 260 Abs. 2 bedürfe, nach dessen Heimatrecht (NAG 34 in Verbindung mit Art. 10 des BG betreffend die persönliche Handlungsfähigkeit
vom 22. Juni 1881; VISCHER SPR I 568). Nach E/IPRG 33 Abs. 1 untersteht
die Frage dem Recht des Wohnsitzes.
Ist bei der Beurteilung des Unterhaltsanspruches des Kindes (Art. 276 195
Abs. 1) vorfrageweise zu entscheiden, ob durch Anerkennung ein Kindesverhältnis begründet worden sei, so kann alternativ an das für den Unterhaltsanspruch oder an das auf die Anerkennung anwendbare Recht angeknüpft
werden (SIEHR, in: BÖHMER/SIEHR 7.4 Art. 1 N 82 ff, 100; LALIVE/BUCHER
JIR 33/1977, 390). Vgl. auch Art. 261 N 117–119. Im übrigen siehe für die
Wirkungen der Anerkennung die Kommentierung der entsprechenden Bestimmungen des 8. Titels.

3. Ausländische Anerkennung

Die im Ausland beurkundete Anerkennung darf nur mit 196
Bewilligung der kantonalen Aufsichtsbehörde eingetragen werden (ZStV
137 Abs. 1). Die Bewilligung bedeutet die Anerkennung (Homologierung)
der ausländischen Anerkennung, d. h. eines Aktes der ausländischen freiwilligen Gerichtsbarkeit (VOLKEN ZZW *1980* 169 f).
Die Anerkennung setzt allgemein voraus, dass das Kind anerkannt werden 197
konnte, dass die ausländische Anerkennung mit der schweizerischen vergleichbar ist (N 188, 198), dass sie von einer international zuständigen Behörde entgegengenommen wurde (N 199/200), in einem ordentlichen Verfahren erklärt worden und endgültig ist (N 201) und dem schweizerischen
ordre public nicht widerspricht (N 202), vgl. VOLKEN ZZW *1980* 169. Nach
E/IPRG 71 Abs. 1 wird die ausländische Anerkennung in der Schweiz anerkannt, wenn sie nach dem Recht am gewöhnlichen Aufenthalt des Kindes,
nach dem Recht am Wohnsitz der Mutter oder des Vaters oder nach dem

Heimatrecht eines von ihnen gültig ist. – Für die Anerkennung der ausländischen Legitimation (Ehelicherklärung) vgl. Art. 259 N 116, E/IPRG 72 (sinngemässe Anwendung der Bestimmungen über die Anerkennung).

198 Für die Frage der *Gleichwertigkeit* ist entscheidend, ob die ausländische Anerkennung die rechtliche Verwandtschaft zwischen dem Kind und dem Anerkennenden begründet (N 188; A. BUCHER ZZW *1977* 330 = SA 9*f; VOLKEN ZZW *1980* 169f; NABHOLZ ZZW *1980* 173f, 176f, 181f). Das trifft zu für die Anerkennung des *französischen* und des *spanischen* Rechts (VPB *1980* Nr. 48 Erw. 4; vgl. auch NABHOLZ ZZW *1982* 245), nicht aber für die des *englischen* Rechtes (BGE *106* II 236; zustimmend KNOEPFLER F., Rev. crit. d. droit intern. privé, *1981* 302f) und des Rechtes von *Texas* (VPB *1982* Nr. 45). Als Anerkennung im Sinne von Art. 260 ist zu werten, wenn ein nach schweizerischem Recht ausserhalb der Ehe geborenes Kind in der Heimat des Vaters als in dessen Ehe geboren eingetragen ist (VPB *1980* Nr. 47; vgl. dazu Art. 255 N 96).

199 Die internationale *Zuständigkeit* der ausländischen Behörde bestimmt sich nach ihrem eigenen Recht. Für das *kalifornische* Recht vgl. VPB *1980* Nr. 50 E. 3a.

200 Der Bundesrat kann die *schweizerischen Vertretungen im Ausland* allgemein oder für einzelne Fälle mit den Obliegenheiten eines Zivilstandsbeamten betrauen (Art. 41 Abs. 3, ZStV 26 Abs. 1). Das Eidgenössische Justiz- und Polizeidepartement ist befugt, die entsprechenden Verfügungen zu erlassen (BRB über die Ausübung von zivilstandsamtlichen Obliegenheiten durch schweizerische Vertretungen im Ausland vom 30. April 1969; SR 211.112.20). Das ist nur für wenige (vor allem islamische) Staaten geschehen. Auch aufgrund des Wiener Übereinkommens über konsularische Beziehungen, vom 24. April 1963 (SR 0.191.02) bedarf die Ausübung zivilstandsamtlicher Befugnisse durch eine konsularische Vertretung einer besonderen Anordnung des Entsendestaates (VPB *1980* Nr. 50 E. 3a). Die schweizerischen Konsulate in den USA sind zur Entgegennahme einer Anerkennung nicht zuständig (VPB *1980* Nr. 50 E. 3a). – Für die konsularischen Vertretungen der Schweiz im Ausland ist schweizerisches Recht massgebend.

201 Keine Anerkennung in einem *ordnungsgemässen* Verfahren liegt in der Unterzeichnung einer Übersicht über die Neuerungen des schweizerischen Kindesrechts (VPB *1980* Nr. 50 E. 1, 3b).

202 Dass der verheiratete Vater im Zeitpunkt der Anerkennung nach aArt. 304 nicht hätte anerkennen dürfen, verletzt seit Aufhebung dieser Bestimmung

den schweizerischen *ordre public* nicht (VPB *1980* Nr. 48 E. 5 a; für den früheren Rechtszustand BGE *89* I 316; VPB *1975* Nr. 54). Ebensowenig, dass er am ausländischen Wohnsitz nur anerkennen konnte, weil er sich wahrheitswidrig als unverheiratet ausgab (VPB *1980* Nr. 48 E. 5 b). Auch die Anerkennung durch einen Bevollmächtigten verstösst nicht gegen den ordre public (NABHOLZ ZZW *1982* 246).

Das gilt wohl auch, wenn die Anerkennung das Kind einer unbekannten Mutter betrifft und der Anerkennende sich weigert, den Namen der Mutter zu nennen (vgl. dazu Art. 252 N 4; BGE *66* I 290, VA Art. 303 N 119).

VIII. Statistik

Anerkennung von Kindern seit 1950 (nach: Statistisches Jahrbuch 1983 86, 89).

Jahre	Anerkannte Kinder			Zeitpunkt der Anerkennung				Ausserehelich Lebendgeborene	Anerkannte Kinder auf 1000 a. e. Lebendgeborene
	Knaben	Mädchen	Total	Vor der Geburt	1. Monat	2.–12. Monat	Später		
1950	264	253	517	30	311	123	53	3 216	161
1955	252	203	455	34	284	113	24	3 103	147
1960	215	164	379	18	255	83	23	3 610	105
1965	181	171	352	29	210	81	32	4 358	81
1970	159	121	280	20	173	55	32	3 746	75
1971	132	138	270	20	146	60	44	3 584	77
1972	151	126	277	17	158	73	29	3 400	82
1973	154	136	290	12	166	75	37	3 331	87
1974	179	182	361	29	201	82	49	3 088	117
1975	208	188	396	27	226	90	53	2 927	135
1976	248	228	476	31	235	110	100	2 810	169
1977	315	263	578	36	309	148	85	2 810	206
1978	1 539	1 371	2 910	75	557	1 178	1 100	2 921	996
1979	1 751	1 689	3 440	138	649	1 257	1 396	3 190	1 078
1980	1 500	1 561	3 061	218	721	1 361	761	3 496	876
1981	1 606	1 559	3 165	254	843	1 452	616	3 801	833
1982	1 780	1 828	3 608	380	964	1 704	560	4 154	869

Die Zahl der anerkannten Kinder hat seit Inkrafttreten des neuen Rechts sehr stark zugenommen. Hauptgründe sind die Beseitigung der Legitimation durch nachfolgende Eheschliessung (s. Art. 259 N 8) und der Zahlvaterschaft (s. Art. 261 N 6). Zu den Spitzenzahlen der Jahre 1978 und 1979 hat beigetragen, dass viele Anerkennungen, die früher verboten waren (N 6, 7), nach Inkrafttreten des neuen Rechts nachgeholt und weitere ausgesprochen wurden, um einer Unterstellungsklage nach SchlT 13a Abs. 1 (s. Art. 261 N 112) zuvorzukommen. In wie vielen Fällen von Anerkennungen die Eltern die Ehe miteinander eingingen (Art. 259 Abs. 1), wird im Gegensatz zur Legitimation des früheren Rechts (VA Art. 258/259 N 41; HEGNAUER ZSR *1965* II 32f) statistisch leider nicht mehr erfasst.

Art. 260a

II. Anfechtung
1. Klagerecht

[1] Die Anerkennung kann von jedermann, der ein Interesse hat, beim Richter angefochten werden, namentlich von der Mutter, vom Kind und nach seinem Tode von den Nachkommen sowie von der Heimat- oder Wohnsitzgemeinde des Anerkennenden.
[2] Dem Anerkennenden steht diese Klage nur zu, wenn er das Kind unter dem Einfluss einer Drohung mit einer nahen und erheblichen Gefahr für das Leben, die Gesundheit, die Ehre oder das Vermögen seiner selbst oder einer ihm nahestehenden Person oder in einem Irrtum über seine Vaterschaft anerkannt hat.
[3] Die Klage richtet sich gegen den Anerkennenden und das Kind, soweit diese nicht selber klagen.

II. Action en contestation
1. Qualité pour agir

[1] La reconnaissance peut être attaquée en justice par tout intéressé, en particulier par la mère, par l'enfant et, s'il est décédé, par ses descendants, ainsi que par la commune d'origine ou la commune de domicile de l'auteur de la reconnaissance.
[2] L'action n'est ouverte à l'auteur de la reconnaissance que s'il l'a faite en croyant qu'un danger grave et imminent le menaçait lui-même, ou l'un de ses proches, dans sa vie, sa santé, son honneur ou ses biens, ou s'il était dans l'erreur concernant sa paternité.
[3] L'action est intentée contre l'auteur de la reconnaissance et contre l'enfant lorsque ceux-ci ne l'intentent pas eux-mêmes.

II. Contestazione
1. Diritto all'azione

[1] Il riconoscimento può essere contestato davanti al giudice da ogni interessato, segnatamente dalla madre, dal figlio e, dopo la sua morte, dai suoi discendenti, nonché dal Comune di origine o di domicilio dell'autore del riconoscimento.
[2] L'autore del riconoscimento può proporre l'azione soltanto se ha riconosciuto il figlio sotto l'influsso di una minaccia di grave ed imminente pericolo per la vita, la salute, l'onore o il patrimonio proprio o di una persona a lui intimamente legata ovvero trovandosi in errore circa la sua paternità.
[3] L'azione è diretta contro l'autore del riconoscimento e il figlio, sempreché essi non siano attori.

			Note	Seite
Übersicht	Materialien		1	304
	Literatur		2	304
	Rechtsvergleichung		3	304
	Rechtsgeschichte		4	304
	Textgeschichte		5	305
	I.	*Unwirksame Anerkennung*		305
		1. Unwahre und mangelhafte Anerkennung	6	305
		2. Anerkennung durch mangelhafte letztwillige Verfügung	7	306
		3. Nichtigkeit wegen materieller Mängel	8	307
		4. Nichtigkeit wegen formeller Mängel	16	308
		5. Bedingte Anerkennung	23	309
		6. Geltendmachung der Unwirksamkeit	29	310
	II.	*Anfechtungsklage*		314
		1. Zweck	49	314
		2. Voraussetzungen	53	315
		3. Gegenstand und Natur der Klage	56	316
		4. Abgrenzung	57	316
		5. Verwandte Klagen	60	316
		6. Anfechtung als Recht	62	317
		7. Untergang des Klagerechts	63	317
		8. Gerichtsstand	68	317
		9. Verfahren	69	318
		10. Klagegrund	70	318
		11. Klagefrist	71	318
	III.	*Kläger*	72	318
		1. Mutter	73	318
		2. Kind	75	319
		3. Nachkommen des verstorbenen Kindes	79	320
		4. Heimat- und Wohnsitzgemeinde des Anerkennenden	84	320
		5. Der Anerkennende	88	321
		6. Jeder, der ein Interesse hat	101	324
		7. Verhältnis der Klageberechtigten	108	325
	IV.	*Beklagte*	109	325
	V.	*Prozesserledigung*		326
		1. Beschränkung der Parteidisposition	116	326
		2. Abweisung der Klage	117	326
		3. Gutheissung der Klage	118	327
		4. Rechtsmittel	119	327

		Note	Seite
VI.	*Mitteilung und Eintragung*		327
	1. Mitteilung	120	327
	2. Eintragung	123	328
VII.	*Wirkungen der Aufhebung der Anerkennung*		328
	1. Wegfall des Kindesverhältnisses zum Anerkennenden	126	328
	2. Begründung eines neuen Kindesverhältnisses	130	329
VIII.	*Intertemporales Recht*	133	329
IX.	*Internationales Recht*		330
	1. Zuständigkeit	135	330
	2. Anwendbares Recht	136	330
	3. Anerkennung ausländischer Entscheidungen	137	330

1 Materialien   aArt. 305/306; BBl *1974* II 39 f; E 260a; AmtlBullStR *1975* 118; NR *1975* 1758.

2 Literatur   Siehe Art. 260 N 2, sowie BREITSCHMID PETER, Formvorschriften im Testamentsrecht: de lege lata – rechtsvergleichend – de lege ferenda: dargestellt am Beispiel des eigenhändigen Testaments, Diss. Zürich 1982;
FORNI R., Berichtigung von Zivilstandseintragungen, ZZW *1973* 186

3 Rechtsvergleichung   BGB 1600f unterscheidet ursprüngliche Unwirksamkeit und gerichtliche Anfechtung der Anerkennung: Jene kann nur binnen 5 Jahren seit Eintragung der Anerkennung in ein Personenstandsbuch geltend gemacht werden. Diese steht nach BGB 1600g dem Anerkennenden (nach seinem Tode den Eltern), der Mutter und dem Kinde zu.
ABGB 164, 164a sehen neben der Feststellung der Unwirksamkeit der Anerkennung, die von Amtes wegen oder auf Widerspruch erfolgt, nur eine Anfechtung durch den Anerkennenden vor.
Nach CCfr 339, CCit 263 ff kann jeder, der ein Interesse hat, die Anerkennung anfechten. Das gilt auch für den Anerkennenden, selbst wenn er im Wissen um seine Nichtvaterschaft anerkannte. Unter gewissen Voraussetzungen gibt Frankreich die Klage der Staatsanwaltschaft und schränkt umgekehrt bei mindestens zehnjähriger Dauer eines mit der Anerkennung übereinstimmenden tatsächlichen Familienstandes das Anfechtungsrecht ein.
DUTOIT 9; SAGER 196; NABHOLZ ZZW *1977,* 250; KRAUSE sec. 75.

4 Rechtsgeschichte   Die romanischen Kantone übernahmen mit der Anerkennung auch deren Anfechtung aus dem CCfr. Vereinzelt räumten sie das Anfechtungsrecht auch der Heimatgemeinde ein (HUBER I 523f).
Das ZGB von 1907 (aArt. 305) gab der Mutter und dem Kind das Recht, gegen die Anerkennung mit der Behauptung Einspruch zu erheben, der Anerkennende sei nicht der Vater oder die Anerkennung wäre dem Kinde nachteilig. Klagte der Anerkennende nicht auf Abweisung des Einspruchs

oder wurde seine Klage abgewiesen, so fiel die Anerkennung dahin. Im übrigen konnte die Anerkennung nur durch Klage mit dem Nachweis der Nichtvaterschaft des Anerkennenden oder der Unzulässigkeit der Anerkennung angefochten werden, aArt. 306 (S. 671). Dieser Dualismus von Einspruch und Anfechtung wurde wegen seiner Kompliziertheit beseitigt (BBl *1974* II 39 f).

Textgeschichte

Art. 260a Abs. 1 tritt anstelle von aArt. 305 und 306 über die Aufhebung der Anerkennung (S. 671). Die Bestimmung ersetzt den früheren Einspruch von Mutter und Kind gemäss aArt. 305 durch die Anfechtung. Das Klagerecht des Gemeinwesens kommt nicht mehr der Behörde des Heimatkantons, sondern wie in Art. 269a Abs. 1 der Heimat- und Wohnsitzgemeinde zu. Es wurde nur gegen erhebliche Bedenken beibehalten (SAGER 147). Abs. 2 und 3 sind neu; sie kodifizieren die frühere Praxis und Doktrin (VA Art. 306 N 27 ff; N 10). Art. 260a stimmt abgesehen von einer redaktionellen Umstellung in Abs. 1 und einer geringfügigen Ergänzung in Abs. 2 («... das Vermögen ...») mit dem Entwurf überein.

Art. 260a Abs. 1 übernimmt in Verbindung mit Art. 259 Abs. 2 und 3 auch die Funktion von aArt. 262 Abs. 1 über die Anfechtung der Ehelicherklärung (S. 663; vgl. Art. 259 N 10, 113).

I. Die unwirksame Anerkennung

1. Unwahre und mangelhafte Anerkennung

Zwei Fehlerbereiche sind auseinanderzuhalten:
- Die Anerkennung ist gültig, aber *unwahr.* Der Anerkennende ist nicht der Vater. Das Gesetz sieht hiefür die gerichtliche Anfechtung vor, Art. 260a, 260b, 260c (N 49 ff).
- Die Anerkennung ist *mangelhaft zustandegekommen.* Im Gegensatz zur mangelhaften Ehe (Art. 120 ff) und Adoption (Art. 269 ff) befasst sich das Gesetz nicht mit ihr (vgl. aber N 7). Sie ist entweder wegen des Fehlers ungültig oder trotz des Fehlers gültig.

Die ungültige Anerkennung ist im allgemeinen von Anfang an nichtig, in besonderen Fällen dagegen nur bedingt unwirksam. Massgebend für die Zuordnung ist die Bedeutung des Mangels unter Berücksichtigung das favor recognitionis (Art. 260 N 33).

2. Anerkennung durch mangelhafte letztwillige Verfügung

7 Ist die *letztwillige Verfügung,* in der ein Kind anerkannt wird, mangelhaft, so sind die entsprechenden erbrechtlichen Bestimmungen sinngemäss anzuwenden (vgl. dazu BREITSCHMID Nr. 688; a. M. VA Art. 303 N 105; 306 N 14, 25; AUBERT 67, 85 N 1; SAGER 187f, 192; SONDER 232f). Damit wird dem Umstand Rechnung getragen, dass der Anerkennende hier anders als bei der Anerkennung vor dem Zivilstandsbeamten oder dem Richter von vornherein keine zweite mangelfreie Anerkennung aussprechen kann (vgl. auch Art. 260 N 33). Demgemäss ist ein offenbarer Irrtum in bezug auf Personen (Kind oder Mutter) zu berichtigen (Art. 469 Abs. 3). Verfügungsunfähigkeit des Anerkennenden und Formmängel (Art. 519 Abs. 1 Ziff. 1, 520) sind durch die befristete Ungültigkeitsklage geltend zu machen. Das Klagerecht steht freilich nur einer Person zu, die als Erbe oder Bedachter ein Interesse daran hat, dass die Verfügung für ungültig erklärt werde (Art. 519 Abs. 2, Art. 520 Abs. 3). Diese Eigenschaft kommt in der Regel dem Kinde, der Mutter und der Heimat- und Wohnsitzgemeinde nicht zu. Das Interesse des Kindes und der Mutter an der Beseitigung einer fehlerhaften Anerkennung ist nur schutzwürdig, wenn die Anerkennung unwahr ist, und kann dann durch die erleichterte Anfechtung gemäss Art. 260b Abs. 2 gewahrt werden. – Unbedenklich ist die Ungültigerklärung wegen Willensmängeln (Art. 519 Abs. 1 Ziff. 2). Nur sie erlaubt, den Willensmangel des verstorbenen Anerkennenden geltend zu machen. Die Erben können sich aber lediglich auf den in Art. 260a Abs. 2 umschriebenen Willensmangel des Anerkennenden berufen (vgl. hinten N 89). Abzulehnen ist dagegen die Ungültigerklärung nach Art. 519 Abs. 1 Ziff. 3. Ist die Anerkennung oder eine ihr angefügte Bedingung unsittlich oder rechtswidrig, so ist jene von Gesetzeswegen ungültig oder nur bedingt wirksam (N 10–15). Ebenso ist die unbefristete Einrede der Ungültigkeit gemäss Art. 521 Abs. 3 nicht anwendbar; sie widerspricht dem vorrangigen Interesse des Kindes an der endgültigen Feststellung des Kindesverhältnisses (vgl. dazu auch Art. 260c).

3. Nichtigkeit wegen materieller Mängel

A. Mängel der Erklärung

Der Anerkennende ist im Zeitpunkt der Anerkennung 8
nicht urteilsfähig (Art. 18; Art. 260 N 68; BGE *77* II 97). Die *Zustimmung* gemäss Art. 260 Abs. 2 wird verweigert oder binnen Frist nicht erteilt (Art. 260 N 78).
Der Anerkennende *irrt* über den *Inhalt* seiner Erklärung (Art. 260 N 9). Er 9
will keine Beiwohnung und deren Kausalität für die Empfängnis bekunden und kein Kindesverhältnis begründen (BGE *86* II 437, 443: sprachliches und rechtliches Missverständnis). Die unter dem Einfluss einer *Drohung* oder in einem *Irrtum* über die *Vaterschaft* erklärte Anerkennung unterliegt dagegen der gerichtlichen Anfechtung vgl. N 88 ff.
Die Anerkennung wird unter einer *unzulässigen Bedingung* erklärt (Art. 260 10
N 34).

B. Mängel im Verhältnis zwischen den Beteiligten

Das vor der Geburt anerkannte *Kind* kommt *tot* zur Welt 11
(Art. 260 N 86) oder ist im Zeitpunkt der Anerkennung – bei Anerkennung durch letztwillige Verfügung im Zeitpunkt ihrer Errichtung – *noch nicht gezeugt* (Art. 260 N 81 f; SAGER 191 N 12).
Die *Mutter* ist nicht bekannt oder das Kind ist nicht von der Frau geboren, 12
als deren Kind es anerkannt worden ist (Art. 260 N 47 f; SAGER 190).
Die *Vaterschaft* des Anerkennenden ist von vornherein *ausgeschlossen*, weil 13
ein früheres Kindesverhältnis zwischen dem Anerkennenden und dem Kind beseitigt oder eine Vaterschaftsklage gegen den Anerkennenden abgewiesen worden ist (Art. 260 N 64 f). Nichtig erscheint die Anerkennung auch, wenn der Anerkennende wegen seines Alters das Kind gar nicht gezeugt haben kann, was auf jeden Fall bei einem Altersunterschied von weniger als 14 Jahren zutrifft (vgl. BGE *69* II 134, SAGER 190, Art. 260 N 66). Im übrigen ist die Anerkennung durch den Mann, der weiss, dass er nicht der Vater ist, zwar unzulässig (Art. 260 N 63, 67), wenn sie aber doch erfolgt ist, nicht nichtig, sondern nur nach Art. 260 a ff anfechtbar. Auch die durch strafbare Handlung (StGB 216, 253) erwirkte Anerkennung ist nicht im Sinne von OR 20 nichtig (BGE *86* II 450 mit Hinweisen; *101* Ib 9).

14 Es besteht bereits ein *Kindesverhältnis zum Anerkennenden oder zu einem andern Mann*, ohne dass die besonderen Voraussetzungen der bedingten Anerkennung vorliegen (Art. 260 N 50ff, 41 ff).

15 *C.* Nichtig ist die Anerkennung schliesslich, wenn sie den Regeln über die internationale Zuständigkeit und das anwendbare Recht (Art. 260 N 186 ff widerspricht.

4. Nichtigkeit wegen formeller Mängel

A. Unzuständigkeit

16 Die Anerkennung wird weder vor dem Zivilstandsbeamten noch dem mit der Vaterschaftsklage angerufenen Richter erklärt (Art. 260 N 92 f; SAGER 191, VA Art. 303 N 56, 94), und es liegt keine letztwillige Verfügung vor. Der Richter kann weder im Anfechtungsprozess (Art. 256, 260 a) noch im reinen Unterhaltsprozess (Art. 279 Abs. 1) eine Anerkennung im Sinne von Art. 260 Abs. 3 gültig entgegennehmen.

17 Ist eine Anerkennung im guten Glauben vor einer Person erklärt worden, die ohne Zivilstandsbeamter zu sein, dessen Funktion ausübt, so sind die Regeln über eine unter solchen Umständen geschlossene Ehe sinngemäss anzuwenden (AUBERT 66 N 1, GÖTZ Art. 117 N 8 mit Hinweisen; NEUHAUS 76, 104).

18 Wird eine Anerkennung unbefugterweise von einem ausländischen Konsularbeamten in der Schweiz beurkundet (Art. 260 N 195), so ist sie nicht nichtig, sondern wird anerkannt, wenn sie im ausländischen Heimatstaat gültig ist (A. BUCHER ZZW *1979* 139). Dagegen ist eine vor einer schweizerischen Vormundschaftsbehörde ausgesprochene Anerkennung selbst dann ungültig, wenn das anwendbare ausländische Recht (Art. 260 N 192) die Anerkennung vor der Vormundschaftsbehörde vorsieht.

19 *Örtliche* Unzuständigkeit berührt die Gültigkeit der Anerkennung nicht (VA Art. 303 N 59, SAGER 82, GULDENER, Freiwillige Gerichtsbarkeit 25 N 5).

B. Verletzung wesentlicher Verfahrensvorschriften

20 Die Identität des Anerkennenden, der Mutter oder des Kindes steht nicht eindeutig fest und ist auch nicht feststellbar (Art. 260 N 95 ff, 135, 149; SAGER 192).

Der Anerkennende erklärt die Anerkennung vor dem *Zivilstandsbeamten* 21
nicht persönlich, sondern brieflich oder durch einen Stellvertreter, oder er
verweigert die Unterzeichnung der Beurkundung (Art. 260 N 115). Weniger
erhebliche Verfahrens- oder Formfehler berühren dagegen die Gültigkeit
nicht (GULDENER, Freiwillige Gerichtsbarkeit 73 ff; AUBERT 66). Der Favor
recognitionis ist auch hier zu respektieren (BREITSCHMID Nr. 688 a. E.).
Für die *Anerkennung vor dem Richter* gilt dies sinngemäss, soweit hier nicht 22
die Vertretung oder die schriftliche Erklärung zulässig ist (Art. 260 N 133).
Die Verletzung kantonaler Prozessvorschriften ist sinngemäss abzuwägen
(vgl. dazu KUMMER Art. 9 N 29 ff; SAGER 192). Betreffend Formmängel der
Anerkennung durch *letztwillige Verfügung* vgl. vorn N 7.

5. Bedingte Anerkennung

Die befugtermassen bedingte Anerkennung (N 28, Art. 260 23
N 35 ff) ist zwar unwirksam, aber nicht nichtig. Die Wirksamkeit ist suspensiv bedingt. Mit dem Eintritt der Bedingung wird die Anerkennung wirksam; mit deren Ausfall fällt sie dagegen dahin.
Die Anerkennung des *ungeborenen Kindes* wird wirksam mit der Lebendge- 24
burt und verfällt der Nichtigkeit, wenn es tot zur Welt kommt (Art. 260 N 35,
86, 117, 118).
Sie ist überdies von der weiteren Bedingung abhängig, dass die Mutter nicht 25
vor der Niederkunft heiratet. Die Anerkennung durch den späteren *Ehemann* ist nichtig. Denn das aufgrund der Vermutung des Art. 255 entstandene Kindesverhältnis lässt keinen Raum für das durch Anerkennung begründete. Hat jedoch ein *Dritter* anerkannt, so bleibt die Anerkennung im
Verhältnis zum Kindesverhältnis zum Ehemann bedingt wirksam, vgl. N 28;
Art. 255 N 53; SAGER 190.
Fehlt die *Zustimmung* des gesetzlichen Vertreters, so ist die Anerkennung 26
durch den Unmündigen und Entmündigten bedingt unwirksam (Art. 260
N 77).
Die Anerkennung durch *letztwillige Verfügung* ist suspensiv bedingt durch 27
den Tod des Anerkennenden und resolutiv durch den Widerruf der Verfügung (Art. 260 N 150). Sie steht ausserdem unter der Resolutivbedingung der
gerichtlichen Ungültigerklärung (N 7).
Die während *Bestehens eines Kindesverhältnisses* zu einem andern Mann 28
ausgesprochene Anerkennung (Art. 260 N 41 ff) ist zunächst unwirksam und
wird erst wirksam mit der rechtskräftigen Beseitigung des ersten Kindesver-

hältnisses (VA Art. 303 N 22, 75 f, 91, Art. 306 N 51; SAGER 189). Sie verfällt aber der Nichtigkeit, wenn die Anfechtungsklage (Art. 256 a ff, 260 a ff, 269 ff) abgewiesen oder zurückgezogen wird.

6. Geltendmachung der Unwirksamkeit

29 Jeder, der ein Interesse hat, kann jederzeit geltend machen, die Anerkennung sei nichtig oder bedingt unwirksam und es sei demgemäss das Kindesverhältnis zwischen dem Kind und dem Vater nicht entstanden. Das Vorgehen ist verschieden je nachdem, ob die Anerkennung im Geburts- und Familienregister eingetragen ist oder nicht und ob sie vor dem Zivilstandsbeamten, vor dem Richter oder in letztwilliger Verfügung erklärt worden ist.

A. Vor Eintragung im Geburts- und Familienregister

30 Stellt der Zivilstandsbeamte fest, dass die von ihm selbst beurkundete oder ihm zur Eintragung mitgeteilte (Art. 260 N 152 ff) Anerkennung nichtig oder noch nicht wirksam ist, so verweigert er von sich aus oder nach Einholung der Weisung der Aufsichtsbehörde die Eintragung (Art. 260 N 168). Dieser Entscheid ist dem Kind und – bei Anerkennung vor dem Zivilstandsbeamten oder dem Richter – auch dem Anerkennenden mitzuteilen. Beide, aber auch jeder Dritte, der ein Interesse hat, wie namentlich die Mutter, können hiegegen Beschwerde an die kantonale Aufsichtsbehörde und gegen deren Entscheid die Verwaltungsgerichtsbeschwerde ans Bundesgericht erheben (ZStV 19/20, OG 97 ff). Wird die Anerkennung von einem Gericht mitgeteilt, so hat der Zivilstandsbeamte dessen Zuständigkeit nicht zu prüfen (ZZW *1979* 147; vgl. auch vorn N 19). Ist streitig, ob eine von einem schweizerischen Zivilstandsbeamten aufgesetzte und entgegengenommene vorläufige Anerkennungserklärung im Geburts- (und allenfalls im Familienregister) einzutragen sei, so ist die Aufsichtsbehörde nicht befugt, die Eintragung anzuordnen, dagegen kann jeder, der ein Interesse hat, auf Feststellung der Wirksamkeit der Anerkennung und deren Eintragung klagen (BGE *108* II 91 f). Der Streit um die Eintragungsfähigkeit der Anerkennung kann in sinngemässer Anwendung der Regeln über die Berichtigungsklage (Art. 45; hinten N 43) oder im selbständigen Statusfeststellungsprozess (N 33, 44) ausgetragen werden. Im ersten Fall wird die Gültigkeit der Anerkennung vorfrageweise entschieden, im zweiten bildet sie die Hauptfrage,

aus deren Beantwortung sich dann die Eintragung oder Nichteintragung ergibt (vgl. dazu N 45).

Über die Bestreitung einer eingetragenen Anerkennung (Art. 260 N 161 ff) 31 vgl. N 39 ff.

Wird die Eintragung abgelehnt, so fehlt der Beweis für das Kindesverhältnis 32 zwischen dem Kind und dem Vater (Art. 9, 39; ZStV 28) und können die Rechte und Pflichten aus diesem Kindesverhältnis nicht geltend gemacht werden (vgl. aber N 33 f).

Eine Klage auf Feststellung der Wirksamkeit der Anerkennung und des Be- 33 stehens des Kindesverhältnisses zum Vater *(positive Statusfeststellungsklage)* ist nur gegeben, wenn keine Beurkundung bei einem schweizerischen Zivilstandsamt in Frage steht. Die Praxis lässt sie freilich auch alternativ neben der Berichtigungsklage zu (N 30 a.E; Art. 252 N 73; Art. 255 N 77). Zum Gerichtsstand vgl. Art. 253 N 8.

Diese Klage erscheint namentlich zulässig, wenn das Kind im Ausland ge- 34 boren, die Mutter und der Anerkennende Ausländer sind und ein schutzwürdiges Interesse besteht, das Kindesverhältnis zum Vater für die Schweiz nachzuweisen.

Wird die Eintragung einer vor dem *Zivilstandsbeamten* erklärten Anerken- 35 nung wegen Nichtigkeit abgelehnt, so ordnet die Aufsichtsbehörde gleichzeitig die Löschung der nichtigen Anerkennung im *Anerkennungsregister* (Art. 260 N 111 ff) an (ZStV 50/51).

Soweit die *bedingte Wirksamkeit* nicht wie bei der Anerkennung vor der Ge- 36 burt aus der Anerkennung selbst hervorgeht, ist sie im Anerkennungsregister ebenfalls einzutragen (Art. 260 N 36, 38).

Der Eintritt der Bedingung ist durch Randanmerkung einzutragen (Art. 260 37 N 116). Steht fest, dass die Anerkennung nicht mehr wirksam werden kann, so ist die Eintragung zu löschen (N 35).

Ist die Anerkennung vor dem *Richter* oder in *letztwilliger Verfügung* erklärt 38 worden, so bestimmt das kantonale Recht, ob die Verweigerung der Eintragung im Geburts- oder Familienregister im Protokoll des Gerichts oder der zur Eröffnung des Testaments zuständigen Behörde anzumerken ist.

B. Nach Eintragung im Geburts- und/oder im Familienregister

Die Eintragung der Anerkennung im Geburts- und/oder 39 Familienregister beweist das Kindesverhältnis zwischen dem Kind und dem

Vater (Art. 260 N 169). Die Unwirksamkeit der Anerkennung kann *nicht mehr einredeweise* geltend gemacht werden.

Zur Überprüfung des Familienstandes bei Ausstellung des Heimatscheines in der früheren Rechtsprechung:
- BGE *35* I 668. Ein verheirateter Tessiner anerkannte 1886 seinen im Kanton Waadt geborenen, im Ehebruch gezeugten Sohn. Nach dem damaligen tessinischen Recht war die Anerkennung absolut nichtig; sie wurde daher in der Heimatgemeinde des Vaters *nicht* eingetragen. Das Begehren des Sohnes um Ausstellung des Heimatscheines wurde abgewiesen.
- BGE *45* I 155. Bestreitung der Abstammung vom Anerkennenden vgl. N 52.
- BGE *49* I 25. Ein (lediger) Schweizer anerkannte im Ausland die von seiner Frau während ihrer früheren Ehe mit einem andern Mann geborene Tochter. Die in keinem schweizerischen Register eingetragene Anerkennung war nach schweizerischem Recht unwirksam. Das Begehren um Ausstellung des Heimatscheines wurde verweigert.
- BGE *55* I 19. Ein Kind wurde entgegen aArt. 323 Abs. 2 einem verheirateten Mann mit Standesfolge zugesprochen. Der Mangel war nach aArt. 306 mit der Anfechtungsklage geltend zu machen und konnte daher dem Begehren um Ausstellung des Heimatscheines nicht entgegengehalten werden.

a) Die Berichtigung durch die Aufsichtsbehörde im Zivilstandswesen

40   Die Aufsichtsbehörde ist zur Berichtigung befugt, wenn der Fehler auf einem offenbaren Versehen oder Irrtum beruht (Art. 45 Abs. 2; vgl. auch FORNI ZZW *1973* 188; SAGER 194). Der Fehler muss für jedermann offenkundig unbestreitbar und unbestritten sein (DESCHENAUX/ STEINAUER 170).

41 Das trifft beispielsweise zu,
- wenn das anerkannte Kind tot zur Welt gekommen ist (N 24; Art. 260 N 86),
- wenn bereits ein väterliches Kindesverhältnis besteht (Art. 260 N 50ff),
- wenn die Anerkennung vor der Vormundschaftsbehörde oder einer andern sachlich unzuständigen Behörde erklärt worden ist (N 16; Art. 260 N 92f).

42 Dagegen ist die Aufsichtsbehörde *unzuständig,* wenn von irgendeiner Seite mit Widerspruch zu rechnen ist oder die Eintragung den Angaben entspricht, über die der Zivilstandsbeamte verfügt (BGE *101* Ib 12 mit Hinweisen). Gegen die Anordnung der Aufsichtsbehörde ist Verwaltungsgerichtsbeschwerde zulässig (ZStV 20, OG 97).

b) Die Berichtigung durch den Richter

In den übrigen Fällen ist nur der Richter zuständig, die 43
Berichtigung der Eintragung einer nichtigen oder noch nicht wirksamen Anerkennung anzuordnen (Art. 45 Abs. 1), z. B. BGE *86* II 437 Nichtigkeit einer altrechtlichen Legitimation wegen Erklärungsirrtums. Das Begehren kann von jedermann, der ein Interesse hat, gestellt werden, auch von der Aufsichtsbehörde im Zivilstandswesen. Das Begehren richtet sich gegen das Kind und den Anerkennenden, soweit sie nicht selber klagen (BGE *86* II 438 f: Klage des Kindes). Klagen beide, so ist das Verfahren als nichtstreitiges ohne Gegenpartei durchzuführen (vgl. auch SAGER 194). Die Aufsichtsbehörde ist zur Stellungnahme einzuladen. Zuständig ist der Richter am Orte des Geburtsregisters; ist das Kind nicht in der Schweiz geboren, der Richter am Orte des Familienregisters (vgl. sinngemäss BGE *86* II 444 f, *92* II 132). Stellt der mit der Anfechtungsklage angerufene Richter fest, dass die Anerkennung nichtig ist, so ist auch er zur Anordnung der Berichtigung zuständig (N 53).

c) Negative Standesfeststellungsklagen

Nach Lehre und Rechtsprechung kann die Unwirksamkeit 44
der Anerkennung auch mit der Klage auf Feststellung der Nichtigkeit oder bedingten Unwirksamkeit der Anerkennung und damit des Nichtbestehens des Kindesverhältnisses *(negative Statusfeststellungsklage)* geltend gemacht werden (VA Art. 303 N 101–103 mit Hinweisen, SAGER 193 f). So z. B. bei Urteilsunfähigkeit des Anerkennenden (BGE *77* II 99) und bei Verletzung von Verfahrensvorschriften (BGE *49* II 321).
Indessen reicht das Berichtigungsverfahren aus und erscheint die Statusfest- 45
stellungsklage nicht nötig (abweichend VA Art. 303 N 102/103; SAGER 193 f). Zwar wird der Stand des Kindes im Berichtigungsverfahren nur vorfrageweise geprüft, während er im Feststellungsprozess unmittelbar Gegenstand des Urteils ist. Im Ergebnis entscheidet aber die Eintragung oder Nichteintragung darüber, ob der durch die Anerkennung erworbene Stand rechtliche Wirkungen entfaltet (N 32). Auch können im gerichtlichen Berichtigungsverfahren alle zur Abklärung nötigen Beweise erhoben werden, sodass es nicht weniger Gewähr bietet für die Wahrheitsfindung als der Statusfeststellungsprozess. Zudem vermeidet der Verzicht auf die Statusklage,

die dem Gerichtsstand des Art. 253 untersteht (Art. 253 N 8), die Konkurrenz von Gerichtsständen. Der letztinstanzliche kantonale Entscheid im gerichtlichen Berichtigungsverfahren unterliegt ebenfalls der Verwaltungsgerichtsbeschwerde ans Bundesgericht gemäss OG 97 und VwVG 5. – Die negative Statusfeststellungsklage ist höchstens vorzubehalten für Fälle, in denen die Wirksamkeit einer ausländischen Anerkennung streitig ist, die in der Schweiz weder eingetragen noch eintragbar ist, und im Ausland nicht rechtskräftig geklärt werden kann.

d) Inhalt der Entscheidung

46 Erweist sich die Anerkennung als nichtig oder noch nicht wirksam, so wird die *Berichtigung* der unrichtigen Eintragung angeordnet. Sie erfolgt im Geburts- und Eheregister durch Randanmerkung (ZStV 50); für das Familienregister vgl. ZStV 55; für die Mitteilungspflicht vgl. ZStV 130 Abs. 1 Ziff. 10.

47 Ist die Anerkennung vor dem *Zivilstandsbeamten* erklärt worden, so wird gleichzeitig im Falle der Nichtigkeit die Löschung der Beurkundung (vgl. sinngemäss ZStV 107) und im Falle der bedingten Wirksamkeit die Eintragung der Bedingung im Anerkennungsregister angeordnet (N 23, 36, 37; ZStV 51, 50; Art. 260 N 119).

48 Ist die Anerkennung vor dem *Richter* oder in *letztwilliger Verfügung* erklärt worden, so bestimmt das kantonale Recht, ob die Rechtslage im entsprechenden Protokoll anzumerken sei.

II. Anfechtungsklage

1. Zweck

49 Die Anfechtungsklage gemäss Art. 260 a ff bezweckt, das durch *gültige*, aber *unwahre* Anerkennung durch den Nichtvater begründete Kindesverhältnis aufzuheben. Diese ist somit – unter Vorbehalt der in N 13 genannten Fälle – nicht nichtig, sondern nur vernichtbar.

50 Abgesehen von der Adoption (N 59) und der gerichtlichen Ungültigerklärung der testamentarischen Anerkennung (N 7), ist die Aufhebung auf *keinem* andern Weg möglich.

Sie ist insbesondere *ausgeschlossen:* 51
- durch Widerruf der Anerkennung (Art. 260 N 8);
- durch Einspruch der Mutter oder des Kindes (anders aArt. 305; vgl. dazu VA Art. 305 N 5–31; SAGER 135 ff);
- durch gerichtliche oder aussergerichtliche Vereinbarung (vgl. BGE *65* I 156);
- durch Strafurteil (N 61; SAGER 131);
- durch Statusfeststellungsurteil (vgl. BGE *82* II 177, *86* II 449 E. 4);
- durch Berichtigungsentscheid des Richters oder der Aufsichtsbehörde nach Art. 45 (vgl. BGE *101* Ib 9 ff).

Die Vaterschaft des Anerkennenden darf auch *nicht vorfrageweise* in einem 52 andern Verfahren überprüft werden (Art. 256 N 8). Anders dagegen bei Strafverfolgung wegen Fälschung des Personenstandes und Erschleichung einer falschen Beurkundung, vgl. N 61.

2. *Voraussetzungen*

Die Anfechtungsklage setzt eine gültige Anerkennung vor- 53 aus. Über deren Beweis, vgl. Art. 260 N 169, 256 N 10. Ist die Anerkennung nichtig (N 8 ff), so ist die Klage als unzulässig abzuweisen oder – nach verbreitetem Sprachgebrauch – auf sie nicht einzutreten. Um das Missverständnis zu vermeiden, der Beweis der Nichtvaterschaft (Art. 260 b) sei gescheitert, ist im Dispositiv die Abweisung wegen Unzulässigkeit zum Ausdruck zu bringen. Auch ist von Amtes wegen die Löschung der Beurkundung im Anerkennungsregister und allfälliger Eintragungen in den andern Registern anzuordnen (N 35, 46, 47; ZStV 51, 107).

Ist die Anerkennung nur *bedingt* wirksam (N 23 ff), so erscheint die Anfech- 54 tungsklage ebenfalls unzulässig, und es ist entsprechend zu verfahren (N 36, 37).

Ist die Anerkennung vor dem *Richter* erklärt worden (Art. 260 N 120 ff), so 55 ist die Anfechtungsklage nur zulässig, wenn die Anerkennung – abgesehen von der Revision – mit den Rechtsmitteln des kantonalen Rechts nicht mehr angefochten werden kann (Art. 260 N 140; SONDER 289). Die in letztwilliger Verfügung ausgesprochene Anerkennung ist anfechtbar, sobald ihre Wirksamkeit (Art. 260 N 150, 168, 169) feststeht. Die Behandlung der Anfechtungsklage kann ausgesetzt werden, wenn eine Ungültigkeitsklage nach Art. 519 oder 520 (vorn N 7) erhoben wird.

3. Gegenstand und Natur der Klage

56   Die Klage ist auf Aufhebung des Kindesverhältnisses zwischen dem Kind und dem Vater gerichtet. Es genügt, wenn die Aufhebung, Anfechtung oder Beseitigung der Anerkennung oder des Kindesverhältnisses zum Vater verlangt wird. Die Klage ist *negative Gestaltungsklage*. Das gutheissende Urteil hebt das bestehende Kindesverhältnis mit Wirkung gegen jedermann auf (VA Art. 306 N 47; SAGER 129 ff; AUBERT 75).

4. Abgrenzung

57   Die Anfechtung der Anerkennung hat mit der *Anfechtung der Vermutung des Art. 255* den Gegenstand gemein: die Aufhebung des Kindesverhältnisses und den Anfechtungsgrund: die Nichtvaterschaft des Mannes, zu dem das Kindesverhältnis besteht. Sie unterscheidet sich von dieser in der Umschreibung der Aktiv- (N 72 ff) und der Passivlegitimation (N 109 ff), in der Besonderheit der Anfechtung durch den Anerkennenden (N 88 ff) und in Einzelheiten der Klagefristen (Art. 260 c).

58 Die *Vaterschaftsklage* ist im Gegensatz zur Anfechtung der Anerkennung *positive* Gestaltungsklage (Art. 261 N 12).

59 Ist das Kind nach der Anerkennung *adoptiert* worden, so ist das Kindesverhältnis zum Anerkennenden erloschen (Art. 267 Abs. 2 Satz 1) und die Anfechtung der Anerkennung ausgeschlossen. Bei der *Anfechtung der Adoption* geht es ebenfalls um die Aufhebung des Kindesverhältnisses, sie kann aber hier auch das mütterliche oder das gemeinsame Kindesverhältnis zu beiden Eltern betreffen. Auch sind die Klagegründe und -fristen anders geregelt (Art. 269 ff).

5. Verwandte Klagen

60   Im *Verwaltungsverfahren* vor den Zivilstandsbehörden geht es um die Zulässigkeit der Beurkundung der Anerkennung vor dem Zivilstandsbeamten oder der Eintragung im Geburts- und/oder Familienregister (N 29 ff, Art. 260 N 161 ff), unter Vorbehalt der Fälle, in denen die Vaterschaft von vornherein ausgeschlossen ist (N 13, Art. 260 N 64 ff, 105 f), dagegen nicht um die Frage, ob der Anerkennende der Vater sei. Ebenso betreffen das *Berichtigungsverfahren* (N 40 ff) und die Standesfeststellungs-

klage (N 33, 34, 44) die Gültigkeit der Anerkennung, nicht deren Wahrhaftigkeit.

Die durch wissentlich unwahre Anerkennung begangenen *Delikte*, Fälschung des Personenstandes (StGB 216) und Erschleichung einer falschen Beurkundung (StGB 253), sind von Amtes wegen zu verfolgen. Der Zivilstandsbeamte und die Aufsichtsbehörde haben nach den Bestimmungen des kantonalen Rechts Strafanzeige zu erstatten. Die Verurteilung als solche berührt jedoch die Anerkennung nicht (BGE *101* I b 9 ff). Vielmehr kann diese auch in einem solchen Fall nur vom Zivilrichter aufgrund einer Anfechtungsklage im Sinne von Art. 260 a aufgehoben werden. Die Verurteilung kann aber der Heimat- oder Wohnsitzgemeinde Anlass zur Erhebung der Anfechtungsklage geben und sollte ihnen darum mitgeteilt werden. – Kann die Anerkennung infolge Ablaufs der Klagefristen (Art. 260 c) nicht mehr aufgehoben werden, so erscheint eine Strafverfolgung kaum mehr sinnvoll. 61

6. Anfechtung als Recht

Die Klageberechtigten (N 72 ff) entscheiden frei über die Erhebung der Klage. Das kantonale Recht kann die Gemeinden verpflichten, das ihnen zustehende Klagerecht (N 86, 87) auszuüben. 62

7. Untergang des Klagerechts

Das Klagerecht gemäss Art. 260 a geht unter: 63
– infolge Erhebung und Erledigung der Klage durch Sachurteil; ausserdem durch Prozessurteil aufgrund von Rückzug (BGE *67* II 73); im Fall der Rückweisung der Klage aus prozessualen Gründen nur, wenn die Klagefrist und die Nachfrist gemäss OR 139 unbenützt verstreichen (Art. 260 c N 35, Art. 256 c N 62);
– durch Gutheissung, nicht aber durch Abweisung oder Rückzug der von einem *andern* Klageberechtigten erhobenen Klage (N 117 f); 64
– durch unbenützten Ablauf der Klagefrist (art. 260 c); 65
– durch Adoption des Kindes, gleichgültig durch wen (N 59); 66
– durch Tod des Klageberechtigten (N 102). 67

8. Gerichtsstand

Siehe Art. 253. 68

9. Verfahren

69 Siehe Art. 254 N 9 ff. – Dem Kläger kann aufgegeben werden, die nötigen Zivilstandsurkunden einzureichen, doch darf das Eintreten auf die Klage nicht hievon abhängig gemacht werden. Da die Klage weder anerkannt werden noch Gegenstand eines Vergleiches bilden kann (N 116), erscheint ein Sühnverfahren wenig sinnvoll. In Zürich ist die Klage direkt beim Gericht einzureichen, ZPO 196 Ziff. 3.

10. Klagegrund

70 Siehe Art. 260 b.

11. Klagefrist

71 Siehe Art. 260 c.

III. Kläger

72 Die Klageberechtigung ist in Art. 260 Abs. 1 allgemein und mit Beispielen umschrieben. Sind die Mutter und der Anerkennende die Ehe eingegangen oder hat der Ehemann das vaterlose Kind anerkannt (Art. 259 Abs. 1), so steht nach Art. 259 Abs. 2 das Klagerecht nur den ausdrücklich bezeichneten Personen zu (dort N 91 ff). Diese Beschränkung gilt auch, wenn die Ehe in der Folge aufgelöst wird, nicht aber, wenn die Anerkennung erst nach Auflösung der Ehe erklärt wird (vgl. Art. 259 N 105 ff).

1. Mutter

73 Die Mutter hat ein Interesse daran, dass ein Nichtvater nicht durch Anerkennung das väterliche Kindesverhältnis begründe. Sie hat das Klagerecht nach Art. 259 Abs. 2 Ziff. 1, selbst wenn sie mit dem Anerkennenden verheiratet ist, und zwar ohne Rücksicht auf das Alter des Kindes oder den Bestand der Ehe. Im Gegensatz zur Vermutung der Vaterschaft des Ehemannes (Art. 255) akzeptiert die Mutter mit der Eheschliessung den anerkennenden Ehemann nicht zwingend als Vater ihres Kindes, auch ist sie

rechtlich an der Anerkennung nicht beteiligt (vgl. dazu Art. 256 N 77, 82);
kritisch zum Anfechtungsrecht der Mutter: SONDER 248 ff.

Das Klagerecht der Mutter ist *höchstpersönlich*. Die urteilsfähige Unmündige oder Entmündigte übt es selbständig aus. Ist sie urteilsunfähig, so kann der gesetzliche Vertreter klagen, wenn dies zur Wahrung schutzwürdiger Interessen der Mutter nötig ist, z. B. um zu verhindern, dass ein Nichtvater durch Anerkennung des verstorbenen Kindes sich zu dessen gesetzlichen Erben macht (vgl. dazu E. BUCHER Art. 19 N 263; vgl. auch Art. 256 N 37; a. M. SAGER 145 mit Hinweisen; SONDER 251). Nach ihrem Tode können ihre Erben den Prozess weiterführen, soweit sie ein eigenes Interesse an der Anfechtung haben (N 106). Zum Anfechtungsrecht der Mutter, welche zuvor gegen den Anerkennenden Vaterschaftsklage erhoben hatte, vgl. SONDER 252. 74

2. Kind

A. Die Mutter ist mit dem Anerkennenden nicht verheiratet

Das Anfechtungsrecht des Kindes ist unbeschränkt Art. 260 a Abs. 1. Immerhin kann das Kind die Anerkennung durch den Mann, gegen den es selbst die Vaterschaftsklage erhoben hatte, nicht anfechten (vgl. SONDER 252). 75

B. Die Mutter ist (oder war) mit dem Anerkennenden verheiratet

Siehe Art. 259 N 93 f. 76

C. Ausübung des Klagerechts

Siehe sinngemäss Art. 256 N 69 ff. 77

Der Beistand nach Art. 309 Abs. 1 hat für die Feststellung des Kindesverhältnisses zum Vater zu sorgen und ist daher zur Erhebung der Anfechtungsklage nicht befugt. Dagegen hat er, wenn die Anfechtung im Interesse des Kindes liegt, der Vormundschaftsbehörde nach Art. 309 Abs. 3 Antrag zu stellen, es sei im Sinne von Art. 392 Ziff. 2 Beistandschaft zur Erhebung der Anfechtungsklage zu errichten (teilweise abweichend SAGER 145). Vgl. dazu sinngemäss Art. 256 N 72 ff. 78

3. Nachkommen des verstorbenen Kindes

79 Die Anerkennung unterliegt keiner Frist und kann selbst nach dem Tod des Kindes erklärt werden (Art. 260 N 84 ff). Darum gesteht das Gesetz anders als nach Art. 256 (dort N 53) auch den Nachkommen des Kindes das Klagerecht zu (Abs. 1; Art. 259 Abs. 2 Ziff. 2). Dieses ist selbständig, wenn das Kind erst nach seinem Tod anerkannt wird (SAGER 146, SONDER 272).

80 Ist das Kind dagegen bei Lebzeiten anerkannt worden, so haben die Nachkommen wie die Eltern nach Art. 258 (dort N 7 ff) ein Klagerecht nur, wenn das Kind im Zeitpunkt des Todes zur Klage berechtigt war. Hatte es selbst die Klage erhoben und wurde diese abgewiesen, so können die Nachkommen nicht mehr klagen (SAGER 146). Demnach ist deren Klagerecht unselbständig und besteht nur:

81 – wenn das Kind die Klage erhoben hat, aber während des Prozesses gestorben ist;

82 – wenn es ohne Ausübung des Klagerechts vor Ablauf eines Jahres seit Erreichen des Mündigkeitsalters (Art. 260 c N 23) oder nach diesem Zeitpunkt vor Ablauf der Klagefristen von Art. 260 c Abs. 1 gestorben ist (SONDER 271; a. M. SAGER 146).

83 Mehrere Nachkommen können gemeinsam oder selbständig klagen. Sie sind nicht notwendige Streitgenossen (SONDER 270).

4. Heimat- und Wohnsitzgemeinde des Anerkennenden

84 Ihr Klagerecht besteht unabhängig von einem unmittelbaren Interesse an der Beseitigung der unwahren Anerkennung. Immerhin hat die Heimatgemeinde ein Interesse, weil das Kind im Falle der Heirat der Eltern oder bei Übertragung der elterlichen Gewalt auf den Vater in Verbindung mit Namensänderung (Art. 259 Abs. 1, dort N 49 ff; Art. 271 Abs. 3, BüG 1 Abs. 2 lit. *b*) das Bürgerrecht des Anerkennenden erwirbt; ebenso die Wohnsitzgemeinde, weil der Anerkennende infolge seiner Unterhaltspflicht gegenüber dem Kinde unterstützungsbedürftig werden kann. Das Klagerecht der Wohnsitzgemeinde ist von dem der Heimatgemeinde unabhängig.

85 Das Anfechtungsrecht der Heimat- und Wohnsitzgemeinde soll aber vor allem die Möglichkeit bieten, gegen *missbräuchliche Anerkennung* vorzugehen

(N 61). Vgl. die Kritik bei SAGER 147ff; SONDER 273ff. Sie fordern mit Recht, dass die Gemeinde beim Entscheid über die Anfechtung auch die Interessen des Kindes bedenken soll. Zum Klagerecht der Gemeinde, die zuvor die Vaterschaftsklage anerkannt hat, vgl. SONDER 276f.

Das Anfechtungsrecht der Heimatgemeinde besteht nur, wenn der Anerkennende Schweizer ist; das der Wohnsitzgemeinde dagegen unabhängig von der Staatsangehörigkeit. 86

Das kantonale Recht bezeichnet das zur Ausübung des Klagerechts zuständige Organ. Es kann die Gemeinden verpflichten, die Klage unter gewissen Voraussetzungen zu erheben (N 61/62). Auch kann es vorsehen, dass die Gemeinden ein kantonales Organ, z.B. die Staatsanwaltschaft, mit der Prozessführung betrauen dürfen. 87

5. Der Anerkennende

A. Grundsatz

Bei der Anfechtung durch den Anerkennenden selbst steht die Abgrenzung gegen Rechtsmissbrauch im Vordergrund (vgl. auch Art. 256 Abs. 3, und dort N 39ff). Wer anerkennt, obwohl er weiss, dass er nicht der Vater ist, handelt rechtswidrig (Art. 260 N 62/63) und kann sich nicht auf seine eigene Unredlichkeit berufen (BGE *86* II 450; MERZ Art. 2 N 436, 540ff; nemo auditur turpitudinem suam allegans). Und wer anerkennt, obwohl er Tatsachen kennt, welche Zweifel an seiner Vaterschaft rechtfertigen, nimmt die Möglichkeit in Kauf, dass er nicht der Vater ist, und kann später nicht im Widerspruch dazu seine Nichtvaterschaft geltend machen (venire contra factum proprium nemo conceditur; MERZ Art. 2 N 400ff, 444ff). Der Anerkennende wird daher zur Anfechtung nur zugelassen, wenn er unter dem Einfluss einer Drohung oder in einem Irrtum über seine Vaterschaft anerkannt hat. Im wesentlichen übereinstimmend die Lehre und Rechtsprechung zu aArt. 262 (VA Art. 262 N 11; BGE *100* II 278 mit Hinweisen), ebenso zu aArt. 306 (VA Art. 306 N 27ff; BGE *79* II 27 mit Hinweisen). Immerhin verlangte die frühere Rechtsprechung zu aArt. 306 – weitergehend als Art. 260a Abs. 2 –, dass der Anerkennende Umstände nicht kannte, welche die Unmöglichkeit seiner Vaterschaft dartaten (BGE *79* II 30; *100* II 282; vgl. dazu BBl *1974* II 40). Gegen die aufgrund seiner Anerkennung vor dem Richter erfolgte Prozesserledigung kann der Anerkennende mit einem 88 ordentlichen Rechtsmittel die Aufhebung der Anerkennung nur unter der Voraussetzung von Art. 260a Abs. 2 verlangen (SAGER 186, SONDER 289). – Zur Anfechtung der Anerkennung eines Mehrlings ohne Nachweis eines Willensmangels, s. Art. 260 N 88.

89 Art. 260a Abs. 2 regelt die Anfechtung durch den Anerkennenden *abschliessend*. Er kann nicht aufgrund von OR 23 ff anfechten (a. M. SAGER 167; SONDER 282). Zum Erklärungsirrtum vgl. N 9.

90 Der Anerkennende kann gemäss Art. 260a Abs. 2 auch anfechten, wenn er mit der Mutter verheiratet ist oder war (Art. 259 Abs. 2 Ziff. 4). Der urteilsfähige Unmündige oder Entmündigte übt das Recht selbständig aus. Erfordert das Interesse des Urteilsunfähigen die Anfechtung, so kann die Klage vom gesetzlichen Vertreter erhoben werden (vgl. dazu sinngemäss E. BUCHER Art. 19 N 252).

B. Willensmangel als Voraussetzung für das Klagerecht

a) Drohung

91 Der Anerkennende hat das Kind «unter dem Einfluss einer Drohung mit einer nahen und erheblichen Gefahr für das Leben, die Gesundheit, die Ehre oder das Vermögen seiner selbst oder einer ihm nahestehenden Person» anerkannt. Für den Kreis der nahestehenden Personen vgl. Literatur und Rechtsprechung zu Art. 126 und OR 30, ferner zu Art. 397d, 477 Ziff. 1 und OR 249 Ziff. 1.

92 Die Drohung kann von der Mutter oder von Dritten ausgehen. Sie muss für die Anerkennung kausal gewesen sein. Unbeachtlich ist die Drohung, der Ehefrau des Anerkennenden die ehewidrige Beziehung zu offenbaren. Denn das durch die Anerkennung begründete Kindesverhältnis kann ihr erst recht nicht verheimlicht werden. Auch liegt darin keine Gefahr für die Ehre oder das Vermögen des Anerkennenden (vgl. SAGER 166 N 41).

93 Ebensowenig kann der Anerkennende sich darauf berufen, er sei mit der Vaterschaftsklage bedroht worden. Hat er der Mutter in der Empfängniszeit beigewohnt, so kann er der Vater sein (Art. 262 Abs. 1) und ist die Vaterschaftsklage der gesetzliche Behelf, um die Verantwortlichkeit des Vaters geltend zu machen, wenn dieser die Anerkennung ablehnt (vgl. SAGER 167 f; SONDER 283; AUBERT 86). Hat er der Mutter nicht beigewohnt, so stellt die Klage für ihn keine Gefahr dar.

b) Irrtum

Der Anerkennende hat das Kind «in einem Irrtum über seine Vaterschaft anerkannt». Ein solcher Irrtum liegt vor, wenn der Anerkennende im Zeitpunkt der Anerkennung Tatsachen nicht kennt, die seine Vaterschaft ausschliessen oder zweifelhaft erscheinen lassen. So z. B. dass er im Zeitpunkt der Beiwohnung zeugungsunfähig war (Art. 254 N 108 f), dass die Mutter damals schon schwanger war (Art. 254 N 112 ff), dass die Reifemerkmale des Kindes bei der Geburt auf eine wesentlich längere oder kürzere Tragzeit hinwiesen, als einer Konzeption im Zeitpunkt seiner Beiwohnung entspräche (Art. 254 N 118 ff), dass seine Vaterschaft aufgrund des Blutgruppen- oder des Ähnlichkeitsgutachtens (Art. 254 N 130 ff, 172 ff) ausgeschlossen ist.

Im Gegensatz zur Rechtsprechung zum früheren Recht (BGE *79* II 30 mit Hinweisen, *100* II 282; vgl. dazu AUBERT 91 f, VA Art. 306 N 43 f) genügt für die Zulassung der Anfechtung wegen Irrtums auch, dass der Anerkennende *nicht wusste,* dass die Mutter in der gesetzlichen Empfängniszeit (Art. 262 Abs. 1) noch mit *Dritten* geschlechtlich verkehrte (BBl *1974* II 40, vgl. SAGER 162 ff; SONDER 285 ff).

Sodann muss der Irrtum für die Anerkennung *kausal* gewesen sein (VA Art. 306 N 38, SAGER 161). Das ist nicht der Fall, wenn der Anerkennende im Zeitpunkt der Anerkennung wusste oder damit rechnete, dass die Mutter auch mit Dritten geschlechtlichen Umgang hatte. Er hat damit die Möglichkeit seiner Nichtvaterschaft in Kauf genommen und kann sich nicht auf später entdeckte Tatsachen berufen, die gegen seine Vaterschaft sprechen. – Anders verhält es sich, wenn der Anerkennende den Mehrverkehr zwar kannte, aber aufgrund der ihm damals bekannten Umstände irrtümlicherweise davon ausging, dieser habe nicht zur Konzeption geführt.

Unerheblich ist, ob der Anerkennende durch Dritte getäuscht wurde oder den Irrtum sich selbst zuzuschreiben hat.

Irrt der Anerkennende über einen *andern* Sachverhalt als die Vaterschaft, so kann er nicht anfechten, selbst wenn dieser für die Anerkennung kausal gewesen ist. Demgemäss ist die Anfechtung ausgeschlossen, wenn er im Vertrauen auf das Versprechen, die Mutter werde ihn heiraten (vgl. BGE *75* II 11, *79* II 30), oder auf andere verheissene Vorteile anerkannt hat (a. M. SAGER 167).

Mit der Entdeckung des Irrtums oder dem Wegfall der Drohung beginnt die einjährige Klagefrist gemäss Art. 260 c (dort N 18).

c) Wirkung des Willensmangels

100   Der Nachweis des Willensmangels (N 90 ff) bringt die Anerkennung nicht zu Fall, sondern bewirkt lediglich, dass der Anerkennende zum Beweis seiner Nichtvaterschaft (Art. 260 b Abs. 1, dort N 9) zugelassen wird. Gelingt ihm dieser Beweis nicht, so wird die Anfechtungsklage abgewiesen, auch wenn die Anerkennung unter dem Einfluss eines Willensmangels im Sinne von Art. 260 a Abs. 2 erklärt worden ist. Damit wird der Grundsatz, dass die Anerkennung auf dem freien Willen des Anerkennenden beruhen muss, im Interesse der Aufrechterhaltung des Kindesverhältnisses eingeschränkt (SAGER 22 f, 166; kritisch NEUHAUS 236). Der Anerkennende ist aber gegenüber dem Vaterschaftsbeklagten, der der Mutter beigewohnt hat, nur insofern schlechter gestellt, als diesem ausser dem Beweis der Nichtvaterschaft auch noch der Beweis offensteht, dass seine Vaterschaft weniger wahrscheinlich ist als die eines Dritten (Art. 262 Abs. 3). Dieser Möglichkeit kommt heute kaum Bedeutung zu (Art. 262 N 104).

6. Jeder, der ein Interesse hat

A. Grundsatz

101   Die Anerkennung kann «von jedermann, der ein Interesse hat», angefochten werden; ebenso aArt. 306 (VA Art. 306 N 5 ff) vgl. auch Art. 89, 121, 269 a und 482. Dieses Interesse kommt den vom Gesetz ausdrücklich genannten Personen (Mutter, Kind, Nachkommen des Kindes, Heimat- und Wohnsitzgemeinde, Anerkennender) ohne weiteres zu.

102 Ausser ihnen können aber auch noch weitere Personen ein Interesse an der Anfechtung haben. Im Gegensatz zu jenen haben diese ihr Interesse zu begründen. Es kann materieller oder ideeller, aktueller oder virtueller Art sein (VA Art. 306 N 5 ff mit Hinweisen). Der Kläger muss durch das unrichtige Kindesverhältnis unmittelbar und ernstlich betroffen sein. Das Klagerecht ist auch hier höchstpersönlich und demzufolge unvererblich, aber der gesetzlichen Vertretung zugänglich (N 74, 77/78, 90; Art. 256 N 37).

B. Beispiele

103   Ein solches rechtlich schutzwürdiges Interesse haben beispielsweise (vgl. SAGER 153 f):

a) Der wirkliche Erzeuger. Sein Interesse ist aber nur schutzwürdig, wenn er das Kind gleichzeitig bedingt anerkannt hat (Art. 260 N 43, SAGER 153; VA Art. 306 N 6 mit Hinweisen, BGE *40* II 302).

b) Die Ehefrau des Anerkennenden hat neben dem vermögensrechtlichen ein starkes ideelles Interesse an der Anfechtung (SAGER 153). 104

c) Die Verwandten des Anerkennenden haben ein Interesse an der Anfechtung, soweit sie durch das Erbrecht des Kindes in ihrem gesetzlichen Erbrecht gegenüber dem Anerkennenden beeinträchtigt (Art. 457 ff), in ihrer Verfügungsfreiheit (Art. 471 f) beschränkt oder gegenüber dem Kind unterstützungspflichtig werden (Art. 328). Das Anfechtungsrecht steht ihnen auch zu, wenn der Anerkennende selbst nicht anfechten kann (N 88 ff, SAGER 151). 105

d) Die eingesetzten Erben können anfechten, wenn sie durch die Anerkennung in ihren Ansprüchen verletzt werden (VA Art. 306 N 5; AUBERT 82; a. M. SAGER 154). 105a

e) Die Erben der Mutter sind an der Anfechtung interessiert, wenn die Anerkennung zur Folge haben kann, dass der Anerkennende nach dem Tode der Mutter und des Kindes sie beerbt (SAGER 154). 106

C. Ausschluss bei Heirat

Siehe Art. 259 N 91–107. 107

7. Verhältnis der Klageberechtigten

Das Klagerecht der einzelnen Klageberechtigten ist voneinander unabhängig; vgl. sinngemäss Art. 261 N 55–63. Statt selber zu klagen, können die Klageberechtigten als Nebenintervenienten die Prozessführung des Klägers unterstützen (Art. 261 N 64). 108

IV. Beklagte

Die Anerkennung begründet das Kindesverhältnis zwischen dem Anerkennenden und dem Kind. Die Anfechtung eines *Dritten* – Mutter, Heimat- oder Wohnsitzgemeinde, Erzeuger, Erben (N 101 ff) – muss daher wie im früheren Recht (VA Art. 306 N 10 mit Hinweisen) gegen *beide* gerichtet werden. Im Fall von Mehrlingen vgl. sinngemäss Art. 256 N 81. 109

110 Sie sind *notwendige passive Streitgenossen*. Wird nur gegen einen geklagt, so ist die Klage als unbegründet abzuweisen (GULDENER 298, SAGER 158). Indessen gebietet die Offizialmaxime, dass dem Kläger vorher Frist angesetzt wird, sie auch gegen den andern zu erheben (Art. 256 N 83; vgl. dazu auch GULDENER 298 Ziff. 3; STRÄULI/MESSMER § 39 N 12). Ist inzwischen die Klagefrist verstrichen, so liegt in der Regel ein wichtiger Grund für ihre Wiederherstellung vor (Art. 256 N 84).

111 Jeder Beklagte führt den Prozess selbständig; das gilt auch für die Einlegung von Rechtsmitteln (GULDENER 300). Vgl. Art. 256 N 86.

112 Der urteilsfähige unmündige oder entmündigte Beklagte ist *prozessfähig*. Für den Urteilsunfähigen handelt der gesetzliche Vertreter. Ist das Kind urteilsunfähig, so hat das Gericht die Vormundschaftsbehörde zu benachrichtigen, damit sie ihm nach Art. 392 Ziff. 2 einen Beistand ernennt.

113 Ist der Anerkennende *gestorben,* so ist Art. 261 Abs. 2 sinngemäss anzuwenden (SAGER 158). Nach dem Tod des Kindes, richtet sich die Klage gegen seine Nachkommen (vgl. sinngemäss Art. 260a Abs. 1, Art. 259 Abs. 2 Ziff. 2).

114 Die Klage des *Anerkennenden* richtet sich gegen das Kind, die des *Kindes* gegen den Anerkennenden (Art. 260a Abs. 3).

115 Die Mutter ist – im Gegensatz zur Anfechtung der Vermutung des Art. 255 (Art. 256 Abs. 2, vgl. SAGER 158 f) – nicht Beklagte. Sie kann aber als Nebenintervenientin auf Seiten der Beklagten am Prozess teilnehmen.

V. Prozesserledigung

1. Beschränkung der Parteidisposition

116 Die Anfechtungsklage kann zurückgezogen, aber weder anerkannt noch zum Gegenstand eines Vergleiches gemacht werden (Art. 256 N 94–97, Art. 254 N 20; BGE *51* II 8/9; VA Art. 303 N 20).

2. Abweisung der Klage

117 Die Abweisung der Klage steht der Klage eines andern Klageberechtigten nicht entgegen (Art. 256 N 98).

3. Gutheissung der Klage

Die Gutheissung der Klage hebt durch negatives Gestal- 118
tungsurteil das Kindesverhältnis zwischen dem Anerkennenden und dem
Kind rückwirkend und mit Wirkung für jedermann auf (N 56, GULDENER
213, 382, vgl. auch Art. 256 N 99 ff). Das Klagerecht der übrigen Klageberechtigten (N 72 ff) erlischt (SAGER 131). Wird die Klage gutgeheissen, so
sind dem beklagten Kind keine Kosten aufzulegen und ist es auch nicht zu
einer Prozessentschädigung zu verpflichten, da es zur unwahren Anerkennung in keiner Weise beigetragen hat (vgl. Art. 256 N 103).

4. Rechtsmittel

Das Urteil unterliegt der Berufung gemäss OG 44. Vgl. 119
auch Art. 256 N 104–106

VI. Mitteilung und Eintragung

1. Mitteilung

Das Gericht meldet die rechtskräftige Aufhebung der An- 120
erkennung (ZStV 130 Abs. 1 Ziff. 8)
– dem *Zivilstandsamt* des Geburtsortes, des Heimatortes, des Wohnsitzes
  und des allfälligen Trauungsortes des Kindes sowie des Heimatortes des
  Anerkennenden und des Ortes, wo die Anerkennung beurkundet worden
  ist, ausserdem, wenn der Anerkennende mit der Mutter verheiratet ist
  oder war (Art. 259 Abs. 1), dem Zivilstandsamt des Heimatortes der Mutter zur Zeit der Geburt des Kindes, und wohl auch dem Zivilstandsamt
  des Trauungsortes (vgl. ZStV 94 Abs. 1 Ziff. 8, SAGER 134 N 39);
– der *Vormundschaftsbehörde* des Wohnsitzes des Kindes, damit diese ihm 121
  nach Art. 309 Abs. 2 einen Beistand ernennt.
Stellt sich im Anfechtungsprozess heraus, dass der Anerkennende das Kind 122
im Wissen um seine Nichtvaterschaft anerkannt hat, so hat das Gericht nach
kantonalem Recht (vgl. z. B. ZH StPO 21) gegen ihn *Strafanzeige* wegen Fälschung des Personenstandes und Erschleichung einer falschen Beurkundung (StGB 216, 253 Abs. 1) zu erstatten (N 61).

2. Eintragung

123   Die Aufhebung der Anerkennung wird als Randanmerkung im *Geburtsregister* (Art. 47; ZStV 52 Ziff. 1) eingetragen, ausserdem, wenn das Kind bei der Anerkennung verheiratet war (Art. 260 N 162), auch im *Eheregister* (ZStV 52 Ziff. 3).

124 Sie wird überdies im *Familienregister* eingetragen; gleichzeitig werden die das Kind betreffenden Eintragungen auf dem Blatt des Vaters gestrichen (ZStV 117 Abs. 2 Ziff. 10).

125 Ist die Anerkennung vor dem Zivilstandsbeamten erklärt worden, so wird ihre Beurkundung im *Anerkennungsregister* (Art. 260 N 111 ff) auf Verfügung der kantonalen Aufsichtsbehörde gelöscht (ZStV 107).

VII. Wirkungen der Aufhebung der Anerkennung

1. Wegfall des Kindesverhältnisses zum Anerkennenden

126   Das Kindesverhältnis zum Anerkennenden fällt rückwirkend auf den Zeitpunkt seiner Entstehung (Art. 260 N 170) dahin.

127 Der Familienname und das Bürgerrecht des Kindes werden nur im Falle der Ehe zwischen der Mutter und dem Anerkennenden betroffen, vgl. Art. 259 N 87/88.

128 Hat das Kind durch Namensänderung (Art. 30) den Namen des Anerkennenden erhalten, so verliert es mit der Aufhebung des Kindesverhältnisses allein diesen Namen nicht. Doch kann diese einen wichtigen Grund für eine neue Namensänderung im Sinne der Rückkehr zum früheren Namen bilden. Dagegen verlieren die Übertragung der elterlichen Gewalt nach Art. 298 Abs. 2 und der gesetzliche Erwerb des Bürgerrechts nach Art. 271 Abs. 3 und BüG 1 Abs. 2 lit. *b* ihre Grundlage.

129 Eine durch Urteil gemäss Art. 279 oder durch Vertrag gemäss Art. 287/288 begründete *Unterhaltsverpflichtung* des Anerkennenden fällt mit der Aufhebung der Anerkennung von Gesetzes wegen dahin. Über die Rückforderung von Unterhaltsleistungen und erbrechtlichen Empfängen vgl. sinngemäss Art. 256 N 123 ff.

2. Begründung eines neuen Kindesverhältnisses

Das väterliche Kindesverhältnis kann zu einem *andern* Mann durch Anerkennung (Art. 260) oder durch Vaterschaftsklage (Art. 261 ff) begründet werden. Die Vormundschaftsbehörde hat dem Kind einen Beistand zu ernennen, der hiefür zu sorgen hat (Art. 309 Abs. 1 und 2).
Eine *bedingte* Anerkennung eines Dritten wird nun wirksam (N 23, 28) und ist demgemäss jetzt mitzuteilen und einzutragen (Art. 260 N 152 ff, 161 ff).
Für die Frist zur Erhebung der Vaterschaftsklage (Art. 263) vgl. Art. 256 N 117 und Art. 263 N 22 ff.

VIII. Intertemporales Recht

Die Anfechtung der Anerkennung richtet sich seit 1. Januar 1978 ausschliesslich – also auch für die vorher gemäss aArt. 303 erklärten Anerkennungen – nach den Bestimmungen des neuen Rechts (SchlT 12 Abs. 1; HEGNAUER, Übergangsbestimmungen 162, und Übergangsrecht 125 f).
Eine vor dem 1. Januar 1978 erklärte Anerkennung einer altrechtlichen einfachen Vaterschaftsklage (aArt. 319) kann nur mit den vom Prozessrecht gegen den Erledigungsbeschluss vorgesehenen Rechtsmitteln angefochten werden (GULDENER 388, 403 f; VA Art. 310 N 15 mit Hinweisen). Nach zürcherischem Recht ist das, wenn der Erledigungsbeschluss rechtskräftig ist, die Revision, ZPO 293 Abs. 2; dagegen ist keine selbständige Klage gegeben (STRÄULI/MESSMER § 188 N 25, § 293 N 14). Über die Anfechtung einer solchen Anerkennung wegen Irrtums vgl. STRÄULI/MESSMER § 293 N 10 ff; VA Art. 319 N 130 ff. Die Anfechtung nach Art. 260a, welche eine Anerkennung im Sinne von aArt. 303 oder Art. 260 Abs. 3 voraussetzt (N 53), ist ausgeschlossen.
Für die Anfechtung einer vor dem 1. Januar 1978 erfolgten Ehelicherklärung (Legitimation) gelten sinngemäss die Bestimmungen des neuen Rechts über die Anfechtung einer Anerkennung nach der Heirat der Eltern (SchlT 12 d; vgl. Art. 259 N 113).

IX. Internationales Recht

1. Zuständigkeit

135 Die Klage auf Anfechtung der Anerkennung kann beim Richter des schweizerischen Wohnsitzes oder im Sinne eines Notgerichtstandes beim Richter des Heimatortes des Kindes oder eines der Eltern angebracht werden (NAG 8 d Abs. 1 und 2). Die schweizerische Zuständigkeit entfällt, wenn der Zusammenhang mit einem andern Land überwiegt und dieses den schweizerischen Gerichtsstand nicht anerkennt (NAG 8 d Abs. 3). Vgl. im einzelnen Art. 253 N 55 ff, E/IPRG 69 Abs. 2 verweist ebenfalls auf die allgemeine Zuständigkeit für die Feststellung und Anfechtung des Kindesverhältnisses.

2. Anwendbares Recht

136 Das auf die Anfechtung der Anerkennung anwendbare Recht ist nach NAG 8 e zu ermitteln. Vgl. zu dieser Bestimmung sinngemäss Art. 255 N 84 ff und Art. 261 N 126 ff. Nach E/IPRG 70 Abs. 3 untersteht die Anfechtung der Anerkennung dem schweizerischen Recht.

3. Anerkennung ausländischer Entscheidungen

137 Vgl. Art. 253 N 70 f und sinngemäss Art. 256 N 141, Art. 261 N 133 ff. Ausländische Entscheidungen über die Anfechtung der Anerkennung werden künftig unter den gleichen Voraussetzungen wie ausländische Anerkennungen anerkannt (E/IPRG 71; siehe Art. 260 N 197 Satz 2).

Art. 260 b

2. Klagegrund

[1] Der Kläger hat zu beweisen, dass der Anerkennende nicht der Vater des Kindes ist.
[2] Mutter und Kind haben diesen Beweis jedoch nur zu erbringen, wenn der Anerkennende glaubhaft macht, dass er der Mutter um die Zeit der Empfängnis beigewohnt habe.

2. Moyen	¹ Le demandeur doit prouver que l'auteur de la reconnaissance n'est pas le père de l'enfant. ² Toutefois, la mère et l'enfant n'ont à fournir cette preuve que si l'auteur de la reconnaissance rend vraisemblable qu'il a cohabité avec la mère à l'époque de la conception.
2. Motivo	¹ L'attore deve dimostrare che l'autore del riconoscimento non è il padre. ² Madre e figlio devono tuttavia addurre questa prova soltanto se l'autore del riconoscimento rende verosimile di aver avuto concubito con la madre al tempo del concepimento.

Übersicht			Note	Seite
	Materialien		1	331
	Literatur		2	331
	Rechtsvergleichung		3	331
	Rechtsgeschichte		4	332
	Textgeschichte		5	332
	I.	Nichtvaterschaft des Anerkennenden als Klagegrund	6	332
	II.	Behauptungs- und Beweislast		333
		1. Im allgemeinen	10	333
		2. Mutter und Kind als Kläger	17	334
		3. Künstliche Insemination	21	335
	III.	Beweis der Nichtvaterschaft	25	335
		1. Der Anerkennende hat der Mutter nicht beigewohnt	26	336
		2. Die Mutter hat das Kind nicht vom Anerkennenden empfangen	32	336
		3. Der Anerkennende ist erbbiologisch nicht der Vater	33	337
		4. Ein Dritter ist der Vater	34	337

Materialien	aArt. 305/306; BBl *1974* II 41; E 260 b; AmtlBullStR *1975* 119; NR *1975* 1758. – Unehelichen-Übereinkommen Art. 4 (hinten S. 650).	1
Literatur	Siehe Art. 260 N 2.	2
Rechtsvergleichung	Nach deutschem Recht ist zu beweisen, dass der Anerkennende nicht der Vater ist (BGB 1600f). Der Anerkennende kann auch beweisen, dass er unter einem Willensmangel anerkannt hat (BGB 1600m). Ähnlich AGBG 164a. Das französische Recht verlangt den Beweis, dass die Abstammung des Anerkennenden wenig wahrscheinlich ist. Wer seine wissentlich unrichtige Anerkennung anficht, hat dem Kind den daraus erwachsenen	3

Schaden zu ersetzen. Das italienische Recht fordert den Beweis, dass die Anerkennung nicht der wahren Sachlage entspricht (CCit 263 Abs. 1); das kann die Nichtabstammung oder ein Anerkennungshindernis betreffen. Die Anfechtung ist auch wegen Drohung oder Fehlens der Geschäftsfähigkeit möglich (CCit 265, 266). Nach EUeU 4 darf die Anerkennung nur wegen Nichtvaterschaft des Anerkennenden angefochten werden.

4 Rechtsgeschichte Vgl. Art. 260a N 4. – Nach dem ZGB von 1907 konnte Mutter oder Kind gegen die Anerkennung mit der Behauptung Einspruch erheben, dass der Anerkennende nicht der Vater oder Grossvater sei, oder dass die Anerkennung dem Kind nachteilig wäre; Sache des Anerkennenden war es, beim Richter auf Abweisung des Einspruches zu klagen (aArt. 305; hinten S. 671). Im Anfechtungsprozess Dritter war nachzuweisen, dass der Anerkennende nicht der Vater oder Grossvater des Kindes, oder dass die Anerkennung ausgeschlossen war, d.h. gegen das Verbot der Anerkennung des Ehebruch- und Inzestkindes (aArt. 304) verstiess (aArt. 306; VA Art. 306 N 21 ff).

5 Textgeschichte Der in Abs. 1 umschriebene Anfechtungsgrund der Nichtvaterschaft stimmt mit aArt. 306 a. E. überein. Der Verzicht auf andere Gründe, wie namentlich auch auf den der Nachteiligkeit der Anerkennung für das Kind, entspricht Art. 4 des Unehelichen-Übereinkommens. Die Privilegierung von Mutter und Kind in Abs. 2 hat ihr Vorbild in aArt. 305 Abs. 1; sachlich ist sie Art. 256b Abs. 2 nachgebildet. – Art. 260b stimmt mit dem Entwurf überein.

I. Nichtvaterschaft des Anerkennenden als Klagegrund

6 Die Anfechtungsklage richtet sich gegen das durch die Anerkennung begründete Kindesverhältnis und die ihr zugrunde liegende Behauptung der Vaterschaft des Anerkennenden (Art. 260 N 9). Anfechtungsgrund ist daher die Behauptung, der Anerkennende sei nicht der Vater (sinngemäss gleich Art. 256a Abs. 1). Sie ist in der Erhebung der Klage enthalten.

7 Der Begriff der Nichtvaterschaft ist in Art. 260b Abs. 1 gleich zu verstehen wie in Art. 256a Abs. 1 und wie der Ausschluss der Vaterschaft in Art. 262 Abs. 3 (SAGER 168 f): Sie muss mit an Sicherheit grenzender Wahrscheinlichkeit bewiesen werden. Dass die Vaterschaft des Anerkennenden weniger wahrscheinlich ist als die eines Dritten (vgl. Art. 262 Abs. 3) genügt nicht.

8 Andere Gründe sind ausgeschlossen, insbesondere auch die Behauptung, die Anerkennung sei dem Kinde nachteilig (anders aArt. 305 Abs. 1, vgl. dazu VA Art. 305 N 19, 21 f, 43 ff; GROSSEN in: FS Bosch). Der Richter hat

aber von Amtes wegen zu prüfen, ob die Anerkennung nicht wegen anderer Mängel nichtig sei (vgl. Art. 260a N 53).

Die Klage des *Anerkennenden* stützt sich auf zwei kumulative Klagegründe: 9
den Willensmangel (Art. 260a Abs. 2, dort N 88 ff) und die Nichtvaterschaft. Die letztere ist nur zu beurteilen, wenn der Willensmangel bewiesen ist.

II. Behauptungs- und Beweislast

1. Im allgemeinen

A. Behauptungslast

Wer die Anfechtungsklage erhebt, behauptet zugleich, der 10
Anerkennende sei nicht der Vater. Da diese Behauptung nur mit Hilfe von Indizien bewiesen werden kann, hat der Kläger sie so zu begründen, dass ersichtlich ist, über welche Indizien (N 25) Beweis zu erheben ist. Über die Ausnahme bei der Klage von Mutter oder Kind vgl. N 17, 20.
Nötigenfalls hat der Richter von Amtes wegen (Art. 254 Ziff. 1, dort N 41 ff), 11
insbesondere durch Befragung der Parteien zu untersuchen, ob und welche tatsächlichen Gründe für die Klage bestehen. Fehlen solche, so ist die Klage ohne Beweisverfahren abzuweisen.
Behauptet der Kläger, der Anerkennende habe der Mutter um die Zeit der 12
Empfängnis *nicht beigewohnt* (N 25 ff), so hat er dies mit Tatsachen zu begründen, die dem Beweis zugänglich sind.
Auch die Behauptung, die Mutter habe aus *medizinischen* Gründen das 13
Kind nicht vom Anerkennenden empfangen (N 32), lässt sich mit entsprechenden Tatsachen über den Beiwohnungstermin, die Zeugungsunfähigkeit, den Zeitpunkt des Eintritts der Schwangerschaft oder die Reife des Kindes bei der Geburt näher begründen.
Dagegen sind die *erbbiologischen* Tatsachen, aus denen die Nichtvaterschaft 14
des Anerkennenden oder die Vaterschaft eines Dritten sich ergeben (N 33, 34), in der Regel vor dem Prozess nicht bekannt (Art. 254 N 67) und können daher auch nicht behauptet werden. Es müssen aber wenigstens Tatsachen genannt werden können, welche an der Vaterschaft des Anerkennenden zweifeln lassen, z.B. in der Empfängniszeit habe ein Dritter der Mutter beigewohnt (vgl. dazu auch Art. 260c Abs. 1), das Kind sei der Mutter und dem Anerkennenden auffallend unähnlich und allenfalls einem Dritten auffal-

lend ähnlich. Es genügen aber auch die in N 13 genannten medizinischen Tatsachen.

15 Wird die Vaterschaft des Anerkennenden sowohl mangels Beiwohnung (N 26 ff) als auch mangels Kausalität einer allfälligen Beiwohnung des Anerkennenden (N 32–34) bestritten, so ist über die zweite Behauptung nur Beweis zu erheben, wenn für die erste kein genügender Beweis erbracht worden ist (vgl. GULDENER 262).

B. Beweislast

16 Der Kläger trägt die Beweislast (Abs. 1). Diese betrifft aber, da der Richter den Sachverhalt von Amtes wegen zu erforschen hat (Art. 254 Ziff. 1, dort N 41 ff), nicht die Beweisführung, sondern die Folgen der Beweislosigkeit (vgl. KUMMER Art. 8 N 28, 31 f, 112 ff; GULDENER 169, 325): Bleibt unbewiesen, dass der Anerkennende nicht der Vater des Kindes ist (N 6 ff), so ist die Klage abzuweisen. Beweis über die Nichtvaterschaft ist nur zu erheben, wenn die Rechtzeitigkeit der Klage (s. Art. 260 c) feststeht.

2. Mutter und Kind als Kläger

A. Vermutung der Nichtbeiwohnung des Anerkennenden

17 Mutter und Kind werden durch eine unwahre Anerkennung besonders empfindlich betroffen. Das frühere Recht kam ihnen mit dem Einspruchsrecht entgegen (N 4, 5). Art. 260 b Abs. 2 tut es dagegen, indem sie den Beweis für die Nichtvaterschaft des Anerkennenden nur erbringen müssen, wenn dieser glaubhaft macht, dass er der Mutter um die Zeit der Empfängnis beigewohnt habe. Das Gesetz unterstellt somit der Klage der Mutter und des Kindes die Behauptung, der Anerkennende habe der Mutter nicht beigewohnt, und erhebt sie zur Tatsachenvermutung (KUMMER Art. 8 N 323; vgl. Art. 260 N 9, sowie Art. 256 a/256 b N 10).

B. Widerlegung der Vermutung

18 Macht der Anerkennende glaubhaft (vgl. dazu Art. 256 a/256 b N 18, 19), er habe der Mutter um die Zeit der Empfängnis (vgl. dazu Art. 256 a/256 b N 22) beigewohnt (vgl. dazu Art. 262 N 21 f), so fällt die Ver-

mutung seiner Nichtbeiwohnung dahin. Nötigenfalls hat der Richter von Amtes wegen (Art. 254 Ziff. 1, dort N 43) die Beziehungen zwischen dem Anerkennenden und der Mutter und die Motive der Anerkennung aufzuklären.

Ist die Beiwohnung des Anerkennenden glaubhaft, so haben auch Mutter und Kind die Tatsachen vorzubringen, aus denen sich ergibt, dass der Anerkennende nicht der Vater ist (N 10 ff), und sie tragen für seine Nichtvaterschaft die Beweislast (N 16). 19

Liegen dagegen *keine* Tatsachen vor, welche die Beiwohnung des Beklagten als glaubhaft erscheinen lassen, so ist davon auszugehen, der Beklagte habe der Mutter um die Zeit der Empfängnis nicht beigewohnt, und es ist die Klage ohne weiteres Beweisverfahren gutzuheissen. 20

3. Künstliche Insemination

A. Mit Samen des Anerkennenden

Vgl. sinngemäss Art. 256 a/256 b N 37. 21

B. Mit Samen eines Dritten

War dem Anerkennenden die Insemination im Zeitpunkt der Anerkennung bekannt, so kann er anfechten, wenn er unter dem Einfluss einer Drohung anerkannt hat, nicht aber wegen Irrtums über seine Vaterschaft (Art. 260 a Abs. 2; dort N 91 ff). Wer behauptet, der Anerkennende habe die Insemination gekannt, trägt dafür die Beweislast. 22

War die künstliche Insemination dem Anerkennenden *nicht* bekannt, so steht sie der Beiwohnung eines Dritten gleich und richtet sich die Behauptungs- und Beweislast für den anfechtenden Anerkennenden hinsichtlich seiner Nichtvaterschaft nach den allgemeinen Regeln (N 10 ff). 23

Die Stellung der übrigen Klageberechtigten wird durch die künstliche Insemination nicht berührt. 24

III. Beweis der Nichtvaterschaft

Dass der Anerkennende das Kind nicht gezeugt hat, kann nur mit Hilfe von Indizien bewiesen werden, d. h. von mittelbar erheblichen 25

Tatsachen, aus denen nach Erfahrungssätzen die unmittelbar erhebliche Tatsache der Nichtvaterschaft folgt (vgl. dazu KUMMER Art. 8 N 93). In Betracht kommen folgende:

1. Der Anerkennende hat der Mutter nicht beigewohnt

26 Die Tatsache, dass der Anerkennende der Mutter in der Empfängniszeit nicht beigewohnt hat, schliesst unter Vorbehalt der künstlichen Insemination (N 21 ff) seine Vaterschaft aus. Die Nichtbeiwohnung muss mit an Sicherheit grenzender Wahrscheinlichkeit bewiesen sein (N 7). Zu beachten ist, dass die Anerkennung als solche das Geständnis der Beiwohnung einschliesst (Art. 260 N 9). Ist bei der Klage von Mutter oder Kind die Beiwohnung des Anerkennenden glaubhaft gemacht (Abs. 2, N 18 ff), so ist der Beweis der Nichtbeiwohnung zwar nicht ausgeschlossen, aber nach den Umständen kaum zu erbringen.

27 Für den Begriff der *Beiwohnung* vgl. Art. 262 N 21 f.

28 Die Nichtbeiwohnung ist für den *Zeitraum* zu beweisen, für den die Empfängnis nicht mit an Sicherheit grenzender Wahrscheinlichkeit ausgeschlossen werden kann (vgl. BGE *83* II 179; Art. 256a/256b N 22). Dieser ist mit dem gynäkologischen und dem Reifegradgutachten zu bestimmen (Art. 254 N 127). Er kann die gesetzliche Empfängniszeit (Art. 262 Abs. 1) oder unter den Voraussetzungen von Art. 262 Abs. 2 die Zeit vor oder nach dieser betreffen (SAGER 169/170).

29 Die *Nichtbeiwohnung* ist eine unbestimmte negative Tatsache (vgl. dazu KUMMER Art. 8 N 196 ff, insbesondere N 203). Der Beweis ist erbracht, wenn feststeht, dass der Anerkennende und die Mutter sich damals noch nicht kannten oder Kontakte wegen Entfernung, Isolierung oder Krankheit nicht stattfinden konnten (SAGER 170). Vgl. auch Art. 256a/256b N 33.

30 Über die Zulassung des Anerkennenden und der Mutter als Partei zur Beweisaussage vgl. sinngemäss Art. 256a/256b N 33f, Art. 262 N 3.

31 Der Beweis der «moralischen Unmöglichkeit» der Beiwohnung genügt auch hier nicht (vgl. Art. 256a/256b N 35).

2. Die Mutter hat das Kind nicht vom Anerkennenden empfangen

32 Der Beweis wird mit den medizinischen Gutachten (Art. 254 N 107 ff) geführt.

3. Der Anerkennende ist erbbiologisch nicht der Vater

Der Beweis wird mit den erbbiologischen Gutachten geführt. Die weitaus grösste praktische Bedeutung kommt auch hier dem Blutgruppengutachten zu (vgl. Art. 254 N 130 ff). 33

4. Ein Dritter ist der Vater

Wird mit den erbbiologischen Gutachten bewiesen, dass ein Dritter der Vater ist (Art. 256 a/256 b N 36, Art. 262 N 68 f), so ist die Vaterschaft des Anerkennenden ausgeschlossen. Der Beweis, dass ein Dritter der Mutter in der Empfängniszeit beigewohnt hat und seine Vaterschaft wahrscheinlicher ist als die des Anerkennenden (Art. 262 Abs. 3), genügt nicht. 34

Art. 260 c

3. Klagefrist

¹ Die Klage ist binnen Jahresfrist einzureichen, seitdem der Kläger von der Anerkennung und von der Tatsache Kenntnis erhielt, dass der Anerkennende nicht der Vater ist oder dass ein Dritter der Mutter um die Zeit der Empfängnis beigewohnt hat, oder seitdem er den Irrtum entdeckte oder seitdem die Drohung wegfiel, in jedem Fall aber vor Ablauf von fünf Jahren seit der Anerkennung.
² Die Klage des Kindes kann in jedem Fall bis zum Ablauf eines Jahres seit Erreichen des Mündigkeitsalters erhoben werden.
³ Nach Ablauf der Frist wird eine Anfechtung zugelassen, wenn die Verspätung mit wichtigen Gründen entschuldigt wird.

3. Délai

¹ Le demandeur doit intenter l'action dans le délai d'un an à compter du jour où il a appris que la reconnaissance a eu lieu et que son auteur n'est pas le père ou qu'un tiers a cohabité avec la mère à l'époque de la conception, ou à compter du jour où l'erreur a été découverte ou de celui où la menace a été écartée, mais en tout cas dans les cinq ans depuis la reconnaissance.
² Dans tous les cas, l'action de l'enfant peut encore être intentée dans l'année après qu'il a atteint l'âge de la majorité.
³ L'action peut être intentée après l'expiration du délai lorsque de justes motifs rendent le retard excusable.

3. Termine

¹ L'attore deve proporre l'azione entro un anno da quando ebbe conoscenza del riconoscimento e del fatto che l'autore di esso non è il padre o che un terzo ha avuto concubito con la madre al tempo del concepimento,

ovvero dalla scoperta dell'errore o dalla cessazione della minaccia, in ogni caso però entro cinque anni dal riconoscimento.
² Tuttavia, l'azione del figlio può essere proposta fino a un anno dopo la raggiunta maggiore età.
³ Scaduto il termine, la contestazione è ammessa se il ritardo è giustificato da gravi motivi.

Übersicht			Note	Seite
	Materialien		1	338
	Literatur		2	338
	Rechtsvergleichung		3	338
	Rechtsgeschichte		4	339
	Textgeschichte		5	339
	I.	*Allgemeine Klagefristen*	6	339
		1. Absolute Frist	7	339
		2. Relative Frist	9	340
		3. Heirat der Eltern	20	342
	II.	*Klagefrist für das Kind*		342
		1. Bis zum 21. Lebensjahr	21	342
		2. Nach dem 21. Lebensjahr	22	342
		3. Nach dem Tode des Kindes	23	342
	III.	*Wahrung der Fristen*		343
		1. Rechtsnatur der Fristen	26	343
		2. Bundesrechtlicher Begriff der Klageeinreichung	27	343
	IV.	*Wiederherstellung der Fristen*		343
		1. Wiederherstellung aus wichtigen Gründen	28	343
		2. Nachfrist gemäss OR 139	35	344
		3. Wiederherstellung nach Prozessrecht	36	344
	V.	*Intertemporales Recht*	37	344
		1. Im allgemeinen	38	345
		2. Für das Kind	43	346
	VI.	*Internationales Recht*	44	346

1 Materialien aArt. 306; BBl *1974* II 41 f; E 260c; AmtlBullStR *1975* 119, *1976* 85; NR *1975* 1785, *1976* 423 f.

2 Literatur Siehe Art. 260 N 2, Art. 256c N 2

3 Rechtsvergleichung Die Klagefrist beträgt im deutschen Recht ein Jahr für den Anerkennenden und die Mutter und zwei Jahre für das Kind (BGB 1600h, 1600i).

ABGB 164 Abs. 1, 164a Abs. 2 bemessen die Widerspruchsfrist für Mutter und Kind auf drei Monate und die Anfechtungsfrist für den Anerkennenden auf 1 Jahr. Nach CCfr 311-7 ist die Klage binnen 30 Jahren seit der Anerkennung zu erheben. CCit 263 Abs. 3 lässt die Anfechtung wegen Unrichtigkeit der Anerkennung unbefristet zu; bei Drohung oder Geschäftsunfähigkeit besteht dagegen eine Frist von einem Jahr, CCit 265, 266.

Rechtsgeschichte   Vgl. Art. 260a N 4. – Nach aArt. 305 und 306 betrugen die Fristen für den Einspruch und die Anfechtung drei Monate seit Kenntnis der Anerkennung. Auch die Klage auf Abweisung des Einspruchs war binnen drei Monaten zu erheben. 4

Textgeschichte   Art. 260c ist Art. 256c nachgebildet. Die Vorschrift stimmt, abgesehen von redaktionellen Änderungen in Abs. 1 und 2, mit dem Entwurf überein. 5

I. Allgemeine Klagefristen

Die Anfechtungsklage untersteht im allgemeinen den Fristen von Abs. 1. Die Klage ist wie die Anfechtung der Vermutung des Art. 255 (vgl. Art. 256c) absolut und relativ befristet. Für die Anfechtung durch das Kind gilt ausserdem die Frist von Abs. 2 (N 21 ff). 6

1. Absolute Frist

Die Klage muss in jedem Fall vor Ablauf von fünf Jahren seit der Anerkennung erhoben werden (Abs. 1 a. E.). Die Frist beginnt mit der Anerkennung und endigt mit dem Tage, der im fünften auf die Anerkennung folgenden Jahr dem Anerkennungsdatum entspricht. Ist die Anerkennung am 30. März 1978 erfolgt, so läuft die Frist mit dem 30. März 1983 ab. Für die Berechnung der Frist vgl. im übrigen Art. 256c N 33 ff. Die Frist beginnt auch dann mit der Anerkennung, wenn die Eltern miteinander die Ehe eingehen (Art. 259 Abs. 1 und 3). 7

Massgebend ist der Zeitpunkt, in dem die Anerkennung *wirksam* geworden ist, d. h. in der Regel der Tag der Beurkundung vor dem Zivilstandsbeamten, der mündlichen Erklärung vor dem Richter oder des Eingangs der schriftlichen Erklärung bei diesem, des Todes des Anerkennenden im Falle der testamentarischen Anerkennung (Art. 260 Abs. 3). Ist die Anerkennung dagegen bedingt, so beginnt die Frist erst mit dem Eintritt der Bedingung (Art. 260 N 116, 119; Art. 260a N 37). 8

2. Relative Frist

A. Jahresfrist

9   Die Klage ist binnen Jahresfrist seit Kenntnis der Anerkennung und des Umstandes, der zur Anfechtung Anlass gibt (N 15–18), einzureichen. Werden die beiden Tatsachen nicht gleichzeitig erfahren, so beginnt die Frist erst mit Kenntnis der zweiten Tatsache. Sie endigt an dem Tag des folgenden Jahres, der dem Datum des Beginnes entspricht. Hat der Kläger die massgebende zweite Tatsache am 30. März 1982 erfahren, so endigt die Frist am 30. März 1983. Vgl. im übrigen für die Berechnung der Frist Art. 256 c N 33 ff.

10 Wird die Klage vor Ablauf eines Jahres seit der Anerkennung erhoben, so ist die relative Frist auf jeden Fall gewahrt (vgl. Art. 256 c N 21).

11 Beginnt die einjährige Frist später als vier Jahre seit der Anerkennung, so wird sie unter Vorbehalt der Wiederherstellung aus wichtigen Gründen gemäss Abs. 3 (N 28 ff) durch den Ablauf der absoluten Fünfjahresfrist (N 7, 8) entsprechend gekürzt.

B. Kenntnis der Tatsachen

a) Anerkennung

12 Bedeutsam ist die Kenntnis der wirksamen Anerkennung. Ist die Anerkennung bedingt, so läuft die Frist von der Kenntnis des Eintritts der Bedingung an (N 8). Die Mutter, das Kind, gegebenenfalls seine Nachkommen, sowie die Heimat- und Wohnsitzgemeinde erfahren die Anerkennung spätestens mit der Mitteilung durch den Zivilstandsbeamten (ZStV 106, Art. 260 N 160).

13 Ist die absolute Frist gewahrt, so ist die Einhaltung der relativen Frist (N 9 ff) zu prüfen.

14 Ist die absolute Frist dagegen abgelaufen, so ist die Klage – unter Vorbehalt der Wiederherstellung der Frist (N 28 ff) – verwirkt, auch wenn der Kläger die Anerkennung oder die Nichtvaterschaft des Anerkennenden oder die Drittbeiwohnung noch nicht erfahren hat oder die Drohung noch nicht weggefallen ist.

b) Umstände, die gegen die Vaterschaft sprechen

Der Kläger hat erst Anlass zur Klage, wenn er ernsthafte 15
Gründe hat, an der Vaterschaft des Anerkennenden zu zweifeln. Das ist der
Fall, wenn der Kläger erfährt:
- *dass der Anerkennende nicht der Vater ist.* Hat der Anerkennende der 16
Mutter in der Empfängniszeit nicht beigewohnt, so ist bei ihr die Kenntnis der Nichtvaterschaft mit der Kenntnis der Anerkennung gegeben. Im übrigen erfährt der Kläger diese Tatsache aus medizinischen oder erbbiologischen Untersuchungen (vgl. z.B. BGE *100* II 283f), allenfalls durch Entdeckung auffallender Unähnlichkeit zwischen Kind und Anerkennendem, vgl. Art. 260b N 13, 14.
- *dass ein Dritter der Mutter um die Zeit der Empfängnis beigewohnt hat.* 17
Massgebend ist nicht die ganze gesetzliche Empfängniszeit im Sinne von Art. 262 Abs. 2, sondern nur die Zeit, die nach den konkreten Umständen für die Empfängnis in Betracht fällt (Art. 260b N 28). Da der Irrtum des Anerkennenden über seine Vaterschaft auch die Tatsache umfasst, er habe der Mutter in der Empfängniszeit als Einziger beigewohnt (Art. 260a N 95), beginnt die Frist für den Anerkennenden, sobald er erfährt (N 19), dass ein Dritter beigewohnt hat. Kannte er den Mehrverkehr, hielt er ihn aber aus bestimmten Gründen (Zeitpunkt der Beiwohnung, Verhältnis zum Monatszyklus u. dgl.) für nicht kausal (Art. 260c N 96 a. E.), läuft die Frist von der Entdeckung des Irrtums über diese Gründe. Die Frist beginnt, auch wenn der Anerkennende nicht weiss, ob seine eigene Vaterschaft ausgeschlossen ist.

c) Entdeckung des Irrtums oder Wegfall der Drohung

Für den Anerkennenden selbst beginnt die Frist mit der 18
Entdeckung des Irrtums oder mit dem Wegfall der Drohung (vgl. OR 31).
Gemeint ist der Irrtum über seine Vaterschaft und die für die Anerkennung kausale Drohung im Sinne von Art. 260a Abs. 2. Der Anerkennende entdeckt daher seinen Irrtum, wenn er erfährt, dass er nicht der Vater ist oder dass ein Dritter der Mutter um die Zeit der Empfängnis beigewohnt hat (N 16, 17). Dagegen stellt der Wegfall der Drohung eine selbständige Tatsache dar.

d) Anforderungen an die Kenntnis

19 Vgl. sinngemäss Art. 256 c N 29, SONDER 302 f.

3. Heirat der Eltern

20 Die Heirat des Anerkennenden und der Mutter (Art. 259) hat auf den Fristenlauf keinen Einfluss. Auch für die Heimat- und Wohnsitzgemeinde richten sich die Fristen ausschliesslich nach Art. 260 c Abs. 1 (Art. 259 N 100).

II. Klagefrist für das Kind

1. Bis zum 21. Lebensjahr

21 Die Klage des Kindes kann *in jedem Fall,* also ohne Rücksicht auf die Fristen von Abs. 1, bis zum Ablauf eines Jahres seit Erreichen des Mündigkeitsalters erhoben werden (Abs. 2). Das Mündigkeitsalter richtet sich nach Art. 14 Abs. 1 (Art. 263 N 9/10). Ist das Kind am 10. März 1971 geboren und während seiner Unmündigkeit anerkannt worden, so kann es, wenn das Mündigkeitsalter bis dahin nicht herabgesetzt wird, bis 10. März 1992 klagen.

2. Nach dem 21. Lebensjahr

22 Nach Ablauf eines Jahres seit Vollendung des Mündigkeitsalters richten sich die Klagefristen auch für das Kind nach Abs. 1. Es hat demnach binnen Jahresfrist zu klagen, seitdem es von der Anerkennung und von der Tatsache Kenntnis erhalten hat, dass der Anerkennende nicht der Vater ist oder dass ein Dritter der Mutter um die Zeit der Empfängnis beigewohnt hat, in jedem Fall aber vor Ablauf von fünf Jahren seit der Anerkennung. Frühestens beginnt die absolute Frist mit Vollendung des 16. Lebensjahres, die relative Frist mit der Vollendung der Mündigkeit.

3. Nach dem Tode des Kindes

23 Ist das Kind bei Lebzeiten anerkannt worden, so können die Nachkommen nur anfechten, wenn es vor Ablauf eines Jahres seit Errei-

chen des Mündigkeitsalters gemäss Abs. 2 oder nach diesem Zeitpunkt, aber vor Ablauf der absoluten und der relativen Frist gemäss Abs. 1 gestorben ist, ohne die Klage zu erheben (Art. 260a N 80 ff).

Die Klagefristen richten sich nach Abs. 1. Die fünfjährige Frist seit der Anerkennung läuft weiter. Die einjährige Frist beginnt, sobald die Nachkommen von der Anerkennung und der Nichtvaterschaft des Anerkennenden oder der Drittbeiwohnung Kenntnis erhalten, frühestens aber mit der Kenntnis des Todes des Kindes (vgl. Art. 258 Abs. 3; SAGER 181). 24

Wird das Kind erst nach seinem Tod anerkannt, so bestimmt sich die Klagefrist für die Nachkommen gemäss Abs. 1. Sind sie noch unmündig, so ist Abs. 2 sinngemäss anzuwenden. 25

III. Wahrung der Fristen

1. Rechtsnatur der Fristen

Vgl. sinngemäss Art. 256c N 37. 26

2. Bundesrechtlicher Begriff der Klageeinreichung

Vgl. sinngemäss Art. 256c N 38 ff, ebenso für die Bedeutung des kantonalen Prozessrechts N 41 ff. 27

IV. Wiederherstellung der Fristen

1. Wiederherstellung aus wichtigen Gründen, Abs. 3

Die absolute und die relative Frist von Abs. 1 sind vom Richter von Amtes wegen wiederherzustellen, wenn die Verspätung mit wichtigen Gründen entschuldigt wird. Eine absolute zeitliche Grenze besteht nicht. Vgl. Art. 256c N 45 ff. 28

Die Frist von Abs. 2 bedarf keiner Wiederherstellung. Nach Vollendung des Mündigkeitsalters richtet sich die Klagefrist für das Kind nach Abs. 1 (N 6 ff) und kann nach Abs. 3 wiederhergestellt werden. 29

Ob wichtige Gründe vorliegen, ist nach Recht und Billigkeit zu beurteilen (Art. 4; vgl. Art. 256c N 49 ff). Bedeutsam sind namentlich: 30

Ursache der Verspätung

31 Ein wichtiger Grund liegt vor, wenn die Klage aus objektiven Gründen nicht rechtzeitig erhoben werden konnte: Der Kläger war ohne Kontakt mit der Aussenwelt, vorübergehend urteilsunfähig, landesabwesend oder schwer krank (SAGER 183). Ebenso wenn während der Frist objektiv kein Anlass zur Klage bestand, weil die Anerkennung aus besonderen Gründen, wie z. B. Unterlassung der Eintragung, nicht bekannt war und nicht bekannt sein konnte, vgl. Art. 256 c N 55.

32 Ein wichtiger Grund ist in der Regel auch zu bejahen, wenn der Kläger über Umstände, die für die Beurteilung der Vaterschaft des Anerkennenden bedeutsam sind, irrte (a. M. SAGER 183). Vgl. im übrigen sinngemäss Art. 256 c N 56, 58.

Mass der Verspätung

33 Vgl. Art. 256 c N 59.

Betroffene Interessen

34 Der wichtige Grund setzt voraus, dass das Interesse des Klägers an der nachträglichen Anfechtung gegenüber dem gegenteiligen Interesse der Beklagten oder der Allgemeinheit eindeutig überwiegt. Klagt das Kind, so ist in der Regel der wichtige Grund zu bejahen, wenn zum Anerkennenden keine Beziehungen, wohl aber zum mutmasslichen Vater bestehen. Zudem ist ein Bedürfnis nach einer Befristung der Klage des Kindes ohnehin weniger ausgeprägt. Vgl. auch Art. 256 c N 61; SONDER 307.

2. Nachfrist gemäss OR 139

35 Vgl. Art. 256 c N 62.

3. Wiederherstellung nach Prozessrecht

36 Vgl. Art. 256 c N 63.

V. Intertemporales Recht

37 Ist das Kind vor dem 1. Januar 1978 anerkannt worden, so stellt sich die Frage, inwieweit die Fristen des Art. 260 c anzuwenden sind. Ebenso, wenn das Kind vor dem 1. Januar 1978 ehelich erklärt worden ist (SchlT 12 d, vgl. Art. 259 N 113).

1. Im allgemeinen

A. Fünfjährige Frist

Die absolute Frist von fünf Jahren seit der Anerkennung ist neu. Die in SchlT 49 Abs. 1 vorgesehene Anrechnung der unter dem früheren Recht verstrichenen Zeit findet daher nicht statt (Art. 256 c N 67). Die Frist begann somit am 1. Januar 1978. Nach dem 31. Dezember 1982 kann daher eine vor dem 1. Januar 1978 erfolgte wirksame Anerkennung oder Ehelicherklärung nicht mehr angefochten werden. Vorbehalten bleiben die Wiederherstellung der Frist nach Abs. 3 (N 28 ff) und die Anfechtung durch das Kind (N 21). 38

B. Relative Frist

a) Die altrechtliche Frist ist vor dem 1. Januar 1978 abgelaufen

Ist die dreimonatige Klagefrist seit Kenntnis der Anerkennung gemäss aArt. 306 oder seit Kenntnis der Ehelicherklärung gemäss aArt. 262 vor dem 1. Januar 1978 unbenützt abgelaufen, so ist das Klagerecht verwirkt (vgl. sinngemäss Art. 256 c N 65 mit Hinweisen). Das gilt sinngemäss für das dreimonatige Einspruchsrecht der Mutter gemäss aArt. 305 Abs. 1 und die dem Anerkennenden laufende Jahresfrist seit Entdeckung des Willensmangels (HEGNAUER VA Art. 306 N 32). 39
Die Wiederherstellung der Frist ist in sinngemässer Anwendung von aArt. 257 zulässig (HEGNAUER, Übergangsbestimmungen 158, Art. 256 c N 66 mit Hinweisen; zur Anwendung von aArt. 257 auf die Frist von aArt. 262 BJM *1961* 144, auf die Frist von aArt. 305 Abs. 1, vgl. HEGNAUER VA Art. 305 N 16, und von aArt. 306 VA Art. 306 N 13). 40
Über die Einsprüche von Mutter und Kind, die vor dem 1. Januar 1978 erhoben und in diesem Zeitpunkt noch nicht erledigt waren, vgl. HEGNAUER, Übergangsbestimmungen 163 f. 41

b) Die altrechtliche Frist ist am 1. Januar 1978 noch nicht abgelaufen

42 Ist die Klagefrist gemäss aArt. 306, 262 oder die Einspruchsfrist gemäss aArt. 305 Abs. 1 am 1. Januar 1978 noch nicht abgelaufen, so ist das Klagerecht nicht verwirkt und untersteht die Befristung der Klage dem neuen Recht (Art. 256 c N 67 mit Hinweisen). Die einjährige relative Frist seit Kenntnis der Anerkennung und der Tatsache der Nichtvaterschaft des Anerkennenden oder der Beiwohnung eines Dritten beginnt nicht vor dem 1. Januar 1978. Das gilt auch für die Anfechtung durch den Anerkennenden. Die einjährige Frist seit Entdeckung des Willensmangels (oder des Wegfalls des Drohung) stimmt zwar mit dem früheren Recht überein (VA Art. 306 N 32). Die vor Inkrafttreten des neuen Rechts verstrichene Zeit ist aber nur anzurechnen, wenn die Frist fünf Jahre oder mehr beträgt (BROGGINI 507 N 86; HEGNAUER, Übergangsbestimmungen 162 N 43). Die Wiederherstellung richtet sich nach Abs. 3.

2. Für das Kind

43 Die dreimonatige altrechtliche Frist für den Einspruch gegen die Anerkennung und für die Anfechtung der Ehelicherklärung begann für das Kind jedenfalls nicht vor seiner Mündigkeit (VA Art. 305 N 12 mit Hinweisen). Art. 260 c führt eine im Verhältnis zu ihr neue Frist von fünf Jahren ein. In sinngemässer Anwendung von SchlT 49 Abs. 1 stand daher dem Kind, das am 1. Januar 1978 das Mündigkeitsalter erreicht hatte, die Klage noch während zweier Jahre, also bis 31. Dezember 1979 zu (vgl. Art. 256 c N 69). Seit 1. Januar 1980 richtet sich die Klagefrist für das Kind ausschliesslich nach Art. 260 c: Hat es das Mündigkeitsalter noch nicht um ein Jahr überschritten, so steht ihm die Klage gemäss Abs. 2 offen. Nach diesem Alter unterliegt seine Klage der Frist gemäss Abs. 1 und 3.

VI. Internationales Recht

44 Vgl. Art. 256 c N 70.

Art. 261

B. Vaterschaftsklage
I. Klagerecht

¹ Sowohl die Mutter als das Kind können auf Feststellung des Kindesverhältnisses zwischen dem Kind und dem Vater klagen.

² **Die Klage richtet sich gegen den Vater oder, wenn er gestorben ist, nacheinander gegen seine Nachkommen, Eltern oder Geschwister oder, wenn solche fehlen, gegen die zuständige Behörde seines letzten Wohnsitzes.**

³ **Ist der Vater gestorben, so wird seiner Ehefrau zur Wahrung ihrer Interessen die Einreichung der Klage vom Richter mitgeteilt.**

B. Action en paternité
I. Qualité pour agir

¹ La mère et l'enfant peuvent intenter action pour que la filiation soit constatée à l'égard du père.

² L'action est intentée contre le père ou, s'il est décédé, contre ses descendants ou à leur défaut, dans l'ordre, contre ses père et mère, contre ses frères et sœurs ou contre l'autorité compétente de son dernier domicile.

³ Lorsque le père est décédé, le juge informe l'épouse que l'action a été intentée afin qu'elle puisse sauvegarder ses intérêts.

B. Azione di paternità
I. Diritto all'azione

¹ Tanto la madre quanto il figlio possono proporre l'azione d'accertamento della filiazione paterna.

² L'azione è diretta contro il padre o, dopo la sua morte e nell'ordine qui dato, contro i suoi discendenti, genitori o fratelli e sorelle ovvero, se questi mancano, contro l'autorità competente del suo ultimo domicilio.

³ Se il padre è morto, sua moglie, a salvaguardia dei propri interessi, è informata dal giudice che l'azione è stata proposta.

Übersicht

		Note	Seite
Materialien		1	348
Literatur		2	348
Rechtsvergleichung		3	349
Rechtsgeschichte		4	350
Textgeschichte		7	350
I.	*Vaterschaftsklage*		351
	1. Zweck	8	351
	2. Voraussetzungen	9	351
	3. Gegenstand und Rechtsnatur	12	352
	4. Abgrenzung	14	353
	5. Verwandte Klagen	17	353
	6. Untergang des Klagerechts	28	356
	7. Gerichtsstand und Verfahren	34	357
	8. Klagegrund und Klagefrist	37	357
II.	*Aktivlegitimation*		358
	1. Mutter	38	358
	2. Kind	48	359

		Note	Seite
	3. Verhältnis der Klagen von Mutter und Kind	54	360
	4. Nebenintervention	64	361
III.	Passivlegitimation		362
	1. Vater	65	362
	2. Klagen gegen mehrere Männer	69	363
	3. Tod des Vaters	77	364
	4. Intervention	86	366
IV.	Prozesserledigung		367
	1. Ohne Feststellung des Kindesverhältnisses	91	367
	2. Mit Feststellung des Kindesverhältnisses	93	367
	3. Kosten	95	368
	4. Rechtsmittel	96	368
V.	Mitteilung und Eintragung		369
	1. Mitteilung	97	369
	2. Eintragung	101	369
VI.	Wirkungen der Feststellung der Vaterschaft	102	369
VII.	Intertemporales Recht	103	370
	1. Anwendung des neuen Rechts	107	270
	2. Unterstellung der Vaterschaft unter das neue Recht (SchlT 13 a)	112	372
	3. Nichtanwendung des neuen Rechts	115	372
VIII.	Internationales Recht		373
	1. Staatsverträge	116	373
	2. Autonomes Kollisionsrecht	121	374
IX.	Statistik	140	379

1 Materialien aArt.307, 312 Abs.2, 309, 323 (hinten S.671f); BBl *1974* II 14f, 42f; E 261; AmtlBullStR *1975* 119, *1976* 85; NR *1975* 1759. Unehelichen-Übereinkommen Art.3 (hinten S.649).

2 Literatur CONRAD HERMANN, Die Stellung der unehelichen Kinder in der neuzeitlichen Privatrechtsentwicklung Deutschlands, Frankreichs, Österreichs und der Schweiz. FamRZ *1962* 322; FRANK RICHARD, Gerichtswesen und Prozessverlauf z.B. im Kanton Zürich, Zürich 1980; FRICKER KURT, Die vorsorglichen Massregeln im Vaterschaftsprozess nach Art. 282–284 ZGB, Diss. Freiburg 1978; GIESEN DIETER, Heterologe Insemination – Ein neues legislatorisches Problem, FamRZ *1981* 413; GMÜR MAX, Das ausserehelige Kindesverhältnis nach dem Vorentwurf zum schweizerischen Privatrecht, ZBJV *1899* 516; HAUSER ROBERT, Kurzlehrbuch des schweizerischen Strafprozessrechts, Basel/Stuttgart 2.A., 1984; HAUSHEER HEINZ, Zur Problematik der künstlichen Insemination: ein Beitrag aus

Strassburg? Anhang: Text des Resolutionsentwurfes und Gesetzesvorschlag für Frankreich, in: Berner Festgabe zum Schweiz. Juristentag 1979 209; HEGNAUER CYRIL, Gesetzgebung und Fortpflanzungsmedizin, in: Gedächtnisschrift für Peter Noll, Zürich 1984 49; *derselbe,* Zur Errichtung und Aufhebung der Beistandschaft für das ausserhalb der Ehe geborene Kind (Art. 309 ZGB), ZVW *1982* 41; *derselbe,* Darf der Beistand von der Feststellung des Kindesverhältnisses zum Vater absehen?, ZVW *1979* 101; *derselbe,* Zwei Jahre neues Kindesrecht, in: Kindes- und Adoptionsrecht (Dokumentation zum Seminar vom 11./12. Juni 1980 in Bern), Zürich 1981 10; *derselbe,* Zum Verhältnis von Art. 261 ff ZGB und Art. 13a SchlT, ZVW *1980* 21; *derselbe,* Soll das Verbot der Standesfolge für ehewidrige Kinder beibehalten werden?, SJZ *1968* 161; HOLZHAUER HEINZ, Verwandtschaftliche Elternstellung, verfassungsmässiges Elternrecht und elterliche Sorge, FamRZ *1982* 109. HUG BRUNO, Die gerichtliche Feststellung der Vaterschaft nach dem neuen Schweizer Kindesrecht, Diss. Freiburg, Zürich 1977; KLEINEKE WILHELM, Das Recht des Kindes auf Kenntnis der eigenen Abstammung, Diss. Göttingen 1976; LALIVE PIERRE/BUCHER ANDREAS, Sur la loi applicable à l'obligation alimentaire et à la «question préalable» de la filiation, selon la convention de La Haye du 24 octobre 1956, JIR *1977* 377; MOHR G. R., Die Vaterschaftsklage des schweiz. ZGB und ihre historische Grundlage, Diss. Bern 1912; PEYER H. K., Schadenersatzklage eines ausserehelichen Kindes gegen seinen Vater, SJZ *1965* 68; PEYER O., Die familienrechtliche Stellung der unehelichen Kinder im schweizerischen Privatrecht (Neues schweizerisches Civilgesetz und geltendes kantonales Recht), Diss. Zürich 1907; RHEINSTEIN MAX, Rechtswidrige Zeugung menschlichen Lebens. Ein neuer Grund deliktischer Haftung?, in: FS Hippel, Tübingen 1967 373; RUST BALZ, Die Revision im Zürcher Zivilprozess, Diss. Zürich 1981; SAGER BERNHARD, Die Begründung des Kindesverhältnisses zum Vater durch Anerkennung und seine Aufhebung. Mit Hinweisen auf das französische Recht, Diss. Zürich 1979; SCHÄTZLE REINHOLD, Das Kind im Zivilprozess, unter besonderer Berücksichtigung seiner Stellung als selbständig handelnde Partei (am Beispiel der zürcherischen Zivilprozessordnung), Zürich 1982; SIEHR KURT, Das neue schweizerische Kindschaftsrecht und sein Einfluss auf den deutsch-schweizerischen Rechtsverkehr, in: Internationales Familien- und Kindschaftsrecht (aus der Auslandsarbeit des Deutschen Instituts für Vormundschaftswesen, herausgegeben von Direktor Walter H. Zarbock), Heidelberg 1981 17 ff; TERCIER PIERRE, L'action en paternité selon le nouveau droit de la filiation, ZBJV *1978* 377; *derselbe,* La réparation du tort moral; crise ou évolution?, in: FS Deschenaux, Freiburg 1977 307; THÜMMEL RODERICH C., Das internationale Privatrecht der nichtehelichen Kindschaft, Schriften zum Internationalen Recht *27,* München 1983; VOGEL OSCAR, Die gerichtliche Feststellung der Vaterschaft nach dem neuen Schweizer Kindesrecht, Buchbesprechung in: SJZ *1980* 291. WALDER HANS ULRICH, Prozesserledigung ohne Anspruchsprüfung nach zürcherischem Recht, Zürich 1966.

Rechtsvergleichung   Die Klage steht in erster Linie dem Kind zu (BGB 1600n Abs. 1, ABGB 3 1640 Abs. 1 Ziff. 1; CCfr 340-2 Abs. 1; CCit 270 Abs. 1). Es wird durch einen Pfleger, einen Vormund oder die Mutter (BGB 1706 ff), den Vormund (ABGB 163a) oder die Mutter (CCfr 340-2 Abs. 2, CCit 273 Abs. 1) vertreten. Der Vater selbst kann klagen, wenn seine Anerkennung wegen Fehlens der Zustimmung oder wegen Widerspruchs gescheitert ist (BGB 1600n Abs. 1, ABGB 164c Abs. 1). Österreich kennt unter gewissen Voraussetzungen eine Klage der Staatsanwaltschaft (ABGB 164c Abs. 1). Nach dem Tod des Vaters ist die Vaterschaft auf Antrag des Kindes, nach dem Tod des Kindes auf Antrag der Mutter vom Vormundschaftsgericht festzustellen (BGB 1600n Abs. 2). Anstelle des verstorbenen Kindes steht die Klage seinen Nachkommen zu (CCit 270). Ist der Vater verstorben, so richtet sich die Klage gegen seine Erben (CCit 276, CCfr 340-3), schlagen die Erben aus, gegen den Staat (CCfr 340-3).

Das französische und das italienische Recht unterscheiden neuerdings – wie das schweizerische Recht vor 1976 – eine Vaterschaftsklage und eine blosse Unterhaltsklage (CCfr 342 ff, CCit 279).

EUeÜ 3 postuliert die allgemeine Zulassung der gerichtlichen Feststellung der Vaterschaft. Vgl. im übrigen DUTOIT 10, HUG 49, KRAUSE sec. 77 ff.

4 Rechtsgeschichte

Die Vaterschaftsklage setzte sich erst seit Ende des 15. Jahrhunderts durch (HUBER IV 534 ff; vgl. auch LEINEWEBER). Die kantonalen Kodifikationen liessen mit Ausnahme von Neuenburg die Vaterschaftsklage grundsätzlich zu, Tessin und Waadt allerdings nur in den engen Grenzen des damaligen CCfr 340. Die Klage stand der Mutter, vereinzelt der Heimatgemeinde und dem Kind zu. In Betracht kamen Ansprüche auf Schadloshaltung der Mutter, auf Alimente für das Kind und auf Standesfolge (HUBER I 488 ff; SILBERNAGEL aArt. 307 N 30–37; PEYER 1 ff; MOHR 1 ff; vgl. auch CONRAD FamRZ *1962* 325.

5

Die allgemeine Zulassung der Vaterschaftsklage war bei der Vorbereitung des ZGB unbestritten (vgl. GMÜR ZBJV *1899* 529 ff; EGGER aArt. 307 N 1). Neu gegenüber dem früheren Recht war das selbständige Klagerecht des Kindes, das aber eher subsidiär gedacht war (StenBull *1905* 779, 785).

6

Inhalt des Klagebegehrens (aArt. 309) war – abgesehen von Leistungen an die Mutter (aArt. 317/318) – die Verpflichtung des Vaters zur Zahlung von Unterhaltsbeiträgen (einfache oder gewöhnliche Vaterschaftsklage, «petite» action, aArt. 319). Diese Zahlvaterschaft begründete jedoch keine familienrechtliche Beziehung zwischen Kind und Vater. Hatte der Vater aber der Mutter die Ehe versprochen, oder sich mit der Beiwohnung an ihr eines Verbrechens schuldig gemacht oder die ihm über sie zustehende Gewalt missbraucht, so konnte mit der Vaterschaftsklage verlangt werden, dass das Kind dem Vater mit Standesfolge zugesprochen werde (aArt. 323 Abs. 1). Damit wurde zwischen Kind und Vater ein Kindesverhältnis begründet. Die Zusprechung des Ehebruch- und Inzestkindes war ausgeschlossen (aArt. 323 Abs. 2). Die Vaterschaftsklage des neuen Rechts kennt anstelle des Dualismus von Standesfolge und Zahlvaterschaft nur noch die einheitliche Klage auf Feststellung des Kindesverhältnisses (BBl *1974* II 15 ff, 43).

7 Textgeschichte

Art. 261 Abs. 1 und 2 entsprechen aArt. 307 (hinten S. 671). Bei Tod des Vaters richtete sich die Klage jedoch nach aArt. 307 Abs. 3 gegen die Erben. Art. 261 Abs. 3 geht auf aArt. 312 Abs. 2 zurück. Die noch vom Entwurf vorgesehene Mitteilung der Klage an die Heimat- und Wohnsitzgemeinde wurde von den Räten gestrichen. Im übrigen blieb der Entwurf unverändert.

I. Vaterschaftsklage

1. Zweck

Die Vaterschaftsklage bezweckt, das väterliche Kindesverhältnis herzustellen, wenn es nicht auf andere Weise – durch die Vermutung des Art. 255, Anerkennung gemäss Art. 260 oder Adoption gemäss Art. 268 – begründet worden ist. Darin liegt der entscheidende Unterschied zur gewöhnlichen Vaterschaftsklage des früheren Rechts: Diese war nicht auf Feststellung des Kindesverhältnisses, sondern nur auf Leistung von Unterhaltsbeiträgen gerichtet (N 6). 8

2. Voraussetzungen

A. Kindesverhältnis zur Mutter

Was Art. 260 Abs. 1 für die Anerkennung ausdrücklich verlangt (Art. 260 N 47 ff), gilt sinngemäss auch für die Vaterschaftsklage: Das Kindesverhältnis zur Mutter muss feststehen. Die Vermutung des Art. 262 setzt notwendig voraus, dass die Mutterschaft bekannt ist. Aber auch der direkte Nachweis der väterlichen Abstammung (Art. 262 N 105 ff) ist nur möglich, wenn bekannt ist, wann welche Frau das Kind geboren hat. Das Findelkind (Art. 252 N 35) kann keine Vaterschaftsklage erheben. 9

B. Väterliches Kindesverhältnis fehlt

Wie die Anerkennung (Art. 260 N 50 ff), so setzt auch die Vaterschaftsklage voraus, dass ein väterliches Kindesverhältnis fehlt. Die Klage ist daher unzulässig, wenn die Vermutung der Vaterschaft des Ehemannes der Mutter besteht (Art. 255), das Kind anerkannt (Art. 260) oder adoptiert ist (Art. 264 ff) oder das Kindesverhältnis durch Vaterschaftsurteil festgestellt ist. Über das Verhältnis mehrerer Klagen vgl. N 54 ff, 69 ff. Über den Ausschluss der Klage gegen den Mann, zu dem ein Kindesverhältnis bestanden hat vgl. N 65. 10

C. *Unerhebliche Umstände*

11 Die Vaterschaftsklage setzt *nicht* voraus, dass die Feststellung des Kindesverhältnisses zum Vater im *Interesse* des Kindes liege (vgl. Art. 309; HEGNAUER ZVW *1979* 101, *1980* 17; *derselbe* in: Zwei Jahre 10f). Unerheblich ist auch die familienrechtliche Beziehung der Eltern: die Klage ist daher im Gegensatz zu aArt. 323 (N 6) auch zulässig, wenn das Kind im Ehebruch oder in Blutschande gezeugt worden ist (vgl. BBl *1974* II 16f; VA Art. 323 N 44ff; HEGNAUER SJZ *1968* 161ff). Vgl. Unehelichen-Übereinkommen, Art. 3 (hinten S. 649).

3. *Gegenstand und Rechtsnatur*

12 Die Klage ist «auf Feststellung des Kindesverhältnisses zwischen dem Kind und dem Vater» gerichtet (Abs. 1); dieses entsteht erst durch die Feststellung des Richters (Art. 252 Abs. 2), also durch das *Urteil*. Der Richter stellt nicht ein bereits bestehendes Rechtsverhältnis fest, sondern begründet es durch seine Entscheidung, und zwar mit Wirkung gegen jedermann (N 94). Das Urteil hat daher – wie die Anerkennung (Art. 260 N 10) – *konstitutive,* nicht bloss deklaratorische Wirkung. Demgemäss ist die Vaterschaftsklage des Art. 261 – wie die frühere Klage auf Zusprechung mit Standesfolge, aArt. 309 Abs. 1, 323 (VA Art. 307 N 9, Art. 323 N 19; AUBERT 94ff) – entgegen dem Wortlaut von Art. 261 Abs. 1 *Gestaltungsklage* (HEGNAUER, Kindesrecht 59, 65; TERCIER 381; SAGER 104; GULDENER 212 N 26, 382; VOGEL SJZ *1980* 291; a. M. HUG 68ff). – Auch die gerichtliche Feststellung der Vaterschaft im Sinne von BGB 1600n geschieht durch Gestaltungsurteil (HOLZHAUER FamRZ *1982* 110).

13 Von Bundesrechtswegen genügt es, wenn die Klage die Feststellung des Kindesverhältnisses zum Beklagten oder der Vaterschaft des Beklagten verlangt (vgl. SJ *1979* 514). Mit der Vaterschaftsklage kann die Unterhaltsklage (Art. 279) und die Leistungsklage der Mutter (Art. 295) verbunden werden (N 17, 19). Mustersammlung Nr. 131, 132. Dagegen ist der für die Beurteilung der Vaterschaftsklage zuständige Richter im Gegensatz zum Scheidungsrichter (Art. 156, 275 Abs. 2, 315a) nicht zuständig, über die elterliche Gewalt, Kindesschutzmassnahmen oder das Besuchsrecht zu befinden, ebensowenig hat er sich mit dem Familiennamen zu befassen (kritisch TERCIER 394).

4. Abgrenzung

Bei der *Vermutung der Vaterschaft des Ehemannes* (Art. 255 Abs. 1) entsteht das Kindesverhältnis *von Gesetzes wegen,* bei der Vaterschaftsklage durch *Urteil.*

Bei der *Anerkennung* entsteht es durch *Gestaltungsakt des Anerkennenden* (Art. 260), aufgrund der Vaterschaftsklage durch *Urteil gegen den Willen des Vaters.* Anerkennung und Vaterschaftsklage hängen jedoch insofern eng zusammen, als die hängige Klage durch Anerkennung vor dem Richter erledigt werden kann (Art. 260 Abs. 3).

Bei der *Adoption* kommt das väterliche Kindesverhältnis auf *Gesuch* des *Adoptivvaters* zustande (Art. 268 Abs. 1), bei der Vaterschaftsklage auf *Begehren von Mutter oder Kind.* Betreffend Rückwirkung vgl. Art. 260 N 32. Das durch Vaterschaftsurteil festgestellte Kindesverhältnis schliesst eine spätere Adoption nicht aus, wohl aber die Adoption die Gutheissung einer Vaterschaftsklage, vgl. auch N 32, Art. 260 N 32 a. E., 58 ff.

5. Verwandte Klagen

A. Unterhaltsklage

Die Vaterschaftsklage ist nicht wie die einfache Vaterschaftsklage des früheren Rechts (vgl. aArt. 309 Abs. 1, 319, vorn N 6) auf Leistung von Unterhaltsbeiträgen gerichtet. Die Unterhaltsklage des Art. 279 Abs. 1 kann aber mit ihr verbunden werden (Art. 280 Abs. 3). In diesem Fall kommen auch vorsorgliche Massnahmen gemäss Art. 282/283 in Betracht (K. FRICKER). Die verbundenen Klagen sind von dem für die Vaterschaftsklage sachlich zuständigen Richter und in dem dafür vorgesehenen Verfahren zu beurteilen. Die Anwendung besonderer kantonaler Vorschriften über das einfache und rasche Verfahren im Unterhaltsprozess (vgl. Art. 280 Abs. 1) wird dadurch eingeschränkt. Die Verbindung ist freilich nur möglich, wenn die Unterhaltsklage vom Kind erhoben wird, nicht aber, wenn das Klagerecht aufgrund von Art. 289 Abs. 2 auf das Gemeinwesen übergegangen ist. Auch die Mutter kann die Unterhaltsklage nicht mit der in eigenem Namen erhobenen Vaterschaftsklage verbinden. Dagegen ist sie befugt, als Inhaberin der elterlichen Gewalt in dem vom Beistand nach Art. 308

Abs. 2 namens des Kindes aufgehobenen Unterhaltsprozess Anträge zu stellen, es sei denn ihre elterliche Gewalt sei nach Art. 308 Abs. 3 insoweit ausgeschaltet (OG Zürich, 1.3.1984 i.S. Y.B/R.S v. P.W.).
Ohne vorausgehende oder gleichzeitige Feststellung des Kindesverhältnisses kann aufgrund von Art. 279 nicht Unterhalt verlangt werden (HEGNAUER, Kindesrecht 116; TERCIER 379). Möglich ist aber die Klage auf Feststellung und Erfüllung eines privaten Unterhaltsversprechens. Dieses hat seinen Rechtsgrund nicht im Kindesverhältnis, sondern im Leistungsversprechen des Beklagten. Sein Zustandekommen richtet sich nach den Bestimmungen des OR (HEGNAUER, Kindesrecht 121; VA Art. 272 N 9, Art. 319 N 85).

B. Unterstützungsklage

18 Wird die Vaterschaftsklage nach dem Tod des Vaters gegen die Angehörigen oder die Wohnsitzbehörde erhoben (Abs. 2, N 77 ff), so kann sie nicht mit der Unterhaltsklage verbunden werden; denn diese Beklagten sind nicht unterhaltspflichtig, sondern allenfalls unterstützungspflichtig. Art. 329 Abs. 3 verweist auf Art. 280 Abs. 3. Die Vaterschaftsklage kann daher mit der Unterstützungsklage verbunden werden. Dies allerdings nur, wenn beide Klagen sich gegen die nämlichen Beklagten richten.

Das ist z.B. der Fall, wenn der Vater keine andern Nachkommen hinterlässt und seine Eltern leben (Art. 329 Abs. 1, 458). Ist jedoch ein anderes, aber mittelloses Kind vorhanden, so ist dieses für die Vaterschaftsklage passivlegitimiert, für die Unterstützungsklage sind es dagegen die Eltern des Vaters. Über die letztere kann erst entschieden werden, wenn die erste gutgeheissen ist.

C. Ersatzansprüche der Mutter

19 Die Klage der Mutter auf Ersatz ihrer Kosten (Art. 295) kann mit der Vaterschaftsklage verbunden oder selbständig erhoben werden. Im letzteren Fall ist die Vaterschaft vorfrageweise zu beurteilen (vgl. HEGNAUER, Kindesrecht 131 f; für das deutsche Recht HOLZHAUER FamRZ *1982* 110).

D. Schadenersatzklagen

20 Wer schuldhaft die *Erhebung oder Gutheissung* der *Vaterschaftsklage vereitelt,* begeht gegenüber Mutter und Kind eine unerlaubte oder sittenwidrige Handlung und kann aufgrund von OR 41 ff, 49 auf Scha-

denersatz und Genugtuung belangt werden (VA Art. 307 N 18 ff). Die in VA Art. 307 N 20–22 genannten Fälle: Absichtliche Herbeiführung von Mehrverkehr, der zur Abweisung der Klage führt, Verweigerung einer erbbiologischen Untersuchung, Tötung des Erzeugers vor Regelung der Vaterschaft, dürften unter dem neuen Recht kaum mehr aktuell werden. Dagegen kommt diese Klage in Betracht für das Kind, das durch künstliche Insemination empfangen worden ist, wenn der Arzt sich weigert oder ausserstande ist, den Samenspender zu nennen (vgl. N 68, 78 a, Art. 262 N 26; Art. 256 N 119, 46). Zur Frage, ob die Mutter gegenüber dem Kind verpflichtet sei, den Schwängerer anzugeben, vgl. N 67 und die Kommentierung zu Art. 309; VA Art. 311 N 65 ff.

Beistand oder *Vormund* und die *vormundschaftlichen Behörden* sind dem Kind nach Art. 426 für die rechtzeitige Erhebung und sorgfältige Führung des Vaterschaftsprozesses verantwortlich. 21

Die Zivilstandsbeamten und die *Aufsichtsbehörden* haften nach Art. 42 für Schaden wegen Unterlassung rechtzeitiger Mitteilung der Geburt an die Vormundschaftsbehörde (ZStV 125 Abs. 1). 22

Der mit der Führung des Vaterschaftsprozesses beauftragte *Rechtsanwalt* haftet gemäss OR 398 (BGE *87* II 364, vgl. auch *89* I 158). 23

Die *ausserehelich Zeugung* als solche ist keine unerlaubte Handlung, welche den Vater zum Ersatz des dadurch verursachten Schadens verpflichtet (vgl. hiezu RHEINSTEIN 373; PEYER SJZ *1965* 68). 24

Zur Schadenersatzpflicht der Mutter und des Erzeugers nach Aufhebung des Kindesverhältnisses zum Ehemann s. Art. 256 N 126–129, 133. 24a

Hat sich der Vater mit der *Beiwohnung* einer unerlaubten Handlung gegenüber der Mutter schuldig gemacht, so schuldet er ihr dafür gemäss OR 41 ff., 49 Schadenersatz und Genugtuung. Diese Ansprüche können in einem allfälligen Strafprozess adhäsionsweise oder, wenn die übrigen prozessualen Voraussetzungen wie namentlich inbezug auf Zuständigkeit und Verfahren gegeben sind, zusammen mit der Vaterschaftsklage und der Klage gemäss Art. 295 geltend gemacht werden. Dagegen steht der Mutter wegen der ausserehelichen Zeugung als solchen im Gegensatz zum früheren Recht (aArt. 318) keine Genugtuung mehr zu (vgl. dazu TERCIER, Réparation du tort moral 323). 25

Vereitelt ein *Dritter* schuldhaft den Beweis, dass die Vaterschaft des Beklagten ausgeschlossen oder weniger wahrscheinlich ist als die eines Dritten (Art. 262 Abs. 3), so kann der Beklagte ihn nach OR 41 ff, 49 auf Schadenersatz und Genugtuung belangen. 26

E. Standesfeststellungsklage und Berichtigung des Zivilstandsregisters

27 Die Vaterschaftsklage ist auf Herstellung des Kindesverhältnisses gerichtet, das sonst nicht bestünde (N 12). Die positive oder negative Standesfeststellungsklage betrifft dagegen die Frage, ob das Kindesverhältnis aufgrund des Gesetzes oder eines Rechtsaktes zustandegekommen sei oder nicht (Art. 255 N 72, 77; Art. 260a N 33, 44f; TERCIER 381 N 15 Ziff. 1 und 2). Die Berichtigung fällt gemäss Art. 45 in Betracht, wenn das Kindesverhältnis zum Vater im Zivilstandsregister nicht richtig eingetragen ist.

27a Dagegen gibt es keine selbständige Klage auf Feststellung der genetischen Abstammung (vgl. dazu Art. 252 N 12a).

6. Untergang des Klagerechts

28 Das Klagerecht gemäss Art. 261 geht unter:
  – durch Erhebung der Klage und deren Erledigung in einem Sachurteil (Gutheissung oder Abweisung) oder einem Prozessurteil (Anerkennung oder Rückzug BGE *67* II 73); nicht aber bei Rückweisung der Klage aus prozessualen Gründen und bei Rückzug wegen eines prozessualen Mangels zum Zwecke der verbesserten Wiedereinbringung (GULDENER 204, 402f). Vgl. N 91f;
29 – durch Gutheissung oder Anerkennung, nicht aber durch Abweisung oder Rückzug der vom *andern* Klageberechtigten erhobenen Klage (N 62);
30 – durch unbenützten Ablauf der Klagefrist (Art. 263);
31 – durch Anerkennung des Kindes durch den Beklagten oder einen Dritten, sofern diese nicht angefochten wird (Art. 260; ZBJV *1932* 139; WALDER, Prozesserledigung 105); erfolgt die Anerkennung beim Zivilstandsbeamten, so wird eine bereits hängige Vaterschaftsklage gegenstandslos;
32 – durch Adoption des Kindes, gleichgültig durch wen (N 10, 16);
  – durch Tod von Mutter oder Kind? Vgl. N 41, 44, 52.
33 Dagegen kann *nicht* wirksam auf das Klagerecht *verzichtet* werden. Auch ein Unterhaltsvertrag ohne Feststellung des Kindesverhältnisses berührt das Recht zur Erhebung der Vaterschaftsklage nicht (HEGNAUER, Kindesrecht 121; TERCIER 379 N 6).

7. Gerichtsstand und Verfahren

Zum Gerichtsstand vgl. Art. 253 und dort N 6, 38. Zum Verfahren vgl. Art. 254. Vgl. auch vorn N 17. Eine Schiedsklausel ist ausgeschlossen (vgl. ZVW *1969* 28 Nr. 8). Die Parteien können angehalten werden, die *Zivilstandsausweise* mit den Angaben beizubringen, die im Falle der Gutheissung der Klage zur Eintragung des Kindesverhältnisses im Zivilstandsregister nötig sind (vgl. N 65a, 98; vgl. z. B. ZH ZPO 197). Das Eintreten auf die Klage darf aber nicht hievon abhängig gemacht werden. *Konkurs* des Beklagten hindert die Durchführung des Prozesses nicht (SchKG 207 Abs. 2). Zu den Kosten und zur unentgeltlichen Prozessführung Art. 254 N 28 ff, 39, 50, ausserdem hinten N 36 a. E. 34

Da die Vaterschaftsklage anerkannt werden kann (N 93), ist ein *Sühnverfahren* im Gegensatz zu den Anfechtungsklagen (Art. 256, 260a) sinnvoll. Dafür spricht auch die häufige Verbindung der Vaterschaftsklage mit der Unterhaltsklage (Art. 280 Abs. 3), die der Anerkennung und dem Vergleich zugänglich ist. Demgemäss ist in Zürich trotz der unklaren Neufassung (1977) von ZPO 203 die Vaterschaftsklage weiterhin beim Friedensrichter zu erheben (STRÄULI/MESSMER ZPO § 203 N 2; FRANK 96 N 5, 98 N 7). 35

Der Sachverhalt ist auch im Vaterschaftsprozess von Amtes wegen zu erforschen (Art. 254 Ziff. 1). Demgemäss gelten die Grundsätze der *Offizialmaxime* (Art. 254 N 41 ff) auch hier. Immerhin werden sie durch die Befugnis des Beklagten, die Klage anzuerkennen (Art. 260 Abs. 3), eingeschränkt. Der Richter hat im Falle der Anerkennung (Art. 260 N 136) lediglich zu prüfen, ob der Beklagte der Vater sein kann. Demgemäss hat er sich davon zu überzeugen, dass der Beklagte der Mutter um die Empfängniszeit beigewohnt hat. Dagegen hat er nicht abzuklären, ob der Beklagte wirklich der Vater ist. Allfälligem Mehrverkehr hat er daher nicht nachzuforschen, ebensowenig zu untersuchen, ob die Vaterschaft des Beklagten trotz Beiwohnung ausgeschlossen sei. Daher verbietet Art. 254 Ziff. 1 nicht, dass das kantonale Prozessrecht dem Beklagten für den Beweis seiner Nichtvaterschaft einen Kostenvorschuss auflegt (BGE *109* II 195). Bei Säumnis des Beklagten gelten die ordentlichen Regeln für den Statusprozess, vgl. Art. 254 N 52. 36

8. Klagegrund und Klagefrist

Vgl. Art. 262 und 263. 37

II. Aktivlegitimation

1. Mutter

38   Das überlieferte (N 4) Klagerecht der Mutter hat mit der Einführung des Klagerechts des Kindes durch das ZGB seine frühere Bedeutung weitgehend verloren und ist nach HUG (76) und TERCIER (385) überholt. Es kommt vor allem in Betracht, wenn das Kind gestorben ist (N 41) oder die vormundschaftlichen Organe untätig bleiben. Die Vaterschaftsklage der Mutter ist nicht Voraussetzung für die Geltendmachung ihrer Ansprüche gemäss Art. 295 (a. M. HUG 78).

39   Das Klagerecht der Mutter setzt voraus, dass das *Kindesverhältnis* zwischen ihr und dem Kind besteht (N 9). Lässt ihr Heimatrecht diese Beziehung erst mit der Anerkennung eintreten (Art. 252 N 85), so kann sie nur klagen, wenn sie das Kind anerkannt hat (BGE *42* II 328; kritisch AUBERT 111). Der verheirateten, verwitweten oder geschiedenen Mutter steht die Klage zu, sofern die Vermutung der Vaterschaft des Ehemannes nicht besteht (Art. 255) oder beseitigt ist (Art. 256 a).

40   Die Mutter hat ein *selbständiges* Interesse daran, dass das Kindesverhältnis zum Vater begründet wird (GULDENER 140 N 7). Nicht erforderlich ist, dass die Vormundschaftsbehörde die Ernennung des Beistandes (Art. 309) oder die Klageerhebung ablehnt (ZBJV *1932* 139 E. 1).

41   Das Klagerecht besteht auch, wenn das Kind *gestorben* ist. Ja das Interesse der Mutter an der Feststellung des Kindesverhältnisses zum Vater kann dann nur auf diese Weise gewahrt werden (VA Art. 323 N 7, AUBERT 111 f, HUG 78, TERCIER 383 N 23).

42   *Künstliche Insemination* berührt das Klagerecht der Mutter nicht. Hat die Mutter aber der Insemination mit Samen eines anonymen Spenders zugestimmt, so ist ihr Klagerecht in analoger Anwendung von Art. 256 Abs. 3 (s. dort N 39) zu verneinen.

43   Die Klage steht der Mutter um ihrer Persönlichkeit willen zu (Art. 19 Abs. 2): Die urteilsfähige Unmündige und Entmündigte erhebt sie allein. Die Klage ist aber nicht absolut höchstpersönlich, sondern wird namens der Urteilsunfähigen vom gesetzlichen Vertreter erhoben (EGGER aArt. 307 N 9; E. BUCHER Art. 19 N 260; HUG 78; vgl. Art. 256 N 37; a. M. VA Art. 307 N 72; TERCIER 383 N 22).

Nach dem Tod der Mutter geht das Klagerecht nicht auf ihre Eltern über 44
(VA Art. 307 N 43; AUBERT 111; HUG 78; TERCIER 383).
Dagegen ist die Leistungsklage der Mutter (Art. 295) der gesetzlichen Stell- 45
vertretung (Art. 19 Abs. 1, Art. 304, 407) zugänglich (E. BUCHER Art. 19
N 254; VA Art. 317 N 7) und vererblich (VA Art. 307 N 6).
Die Mutter kann mit der Vaterschaftsklage die *Leistungsklage* nach Art. 295 46
verbinden.
Steht der Mutter die *elterliche Gewalt* zu (Art. 298 Abs. 1), so kann sie gleich- 47
zeitig mit ihrer Vaterschaftsklage namens des Kindes die *Unterhaltsklage*
(Art. 280 Abs. 3; TERCIER 383) erheben.

2. Kind

Vor allem steht das Klagerecht auch dem Partner des Kin- 48
desverhältnisses, dem Kinde, zu (Abs. 1). Es ist höchstpersönlicher Natur.
Ist das Kind *urteilsunfähig,* so wird die Klage vom gesetzlichen Vertreter erhoben, und zwar vom Beistand im Sinne von Art. 309, wenn das Kind unter
elterlicher Gewalt der Mutter steht, oder vom Vormund, wenn es bevormundet ist (Art. 298 Abs. 2, 407, VA Art. 323 N 72, GULDENER 129). Das Gericht
hat nicht zu prüfen, ob der Beistand von der örtlich zuständigen Vormundschaftsbehörde ernannt worden ist (BGE *94* II 230f). Über die Pflicht zur
Erhebung der Klage s. Art. 309 Abs. 1, HEGNAUER ZVW *1979* 101; *derselbe,*
Zwei Jahre 10. Vgl. Mustersammlung Nr. 111, 112.
Dagegen kann die Mutter, auch wenn ihr die elterliche Gewalt zusteht 49
(Art. 298 Abs. 1), nicht im Namen des Kindes klagen (TERCIER 383 N 20, 384
N 28). Über ihr eigenes Klagerecht N 38 ff.
Ist das Kind jedoch *urteilsfähig,* so befindet es, auch wenn es unmündig 50
oder entmündigt ist, selbständig über die Ausübung des Klagerechts.
An die Urteilsfähigkeit dürfen nicht geringere Anforderungen gestellt werden als bei der Adoption (Art. 265 N 8f; E. BUCHER Art. 16 N 70, 107; über
die Anforderungen im allgemeinen E. BUCHER Art. 16 N 96, 104, Art. 19
N 192).
Die Erhebung der *Unterhaltsklage* (Art. 279, 280 Abs. 3, vorn N 17/18) be- 51
darf aber der Mitwirkung des gesetzlichen Vertreters (VA Art. 307 N 71,
HEGNAUER, Kindesrecht 116, E. BUCHER Art. 19 N 254, TERCIER 384). Ist dem
Kind hiefür ein Beistand nach Art. 308 bestellt (HEGNAUER, Kindesrecht 60,
151), so kann diesem auf Antrag des urteilsfähigen, unmündigen Kindes auch
dessen Vertretung in bezug auf die Vaterschaftsklage übertragen werden.

52 Ist das Kind *gestorben,* so ist seinen Nachkommen in entsprechender Anwendung von Art. 260a Abs. 1 und Art. 259 Abs. 2 Ziff. 2 das Recht zur Erhebung oder zur Fortsetzung der Klage einzuräumen. (Den Erben räumen dieses Recht ein: AUBERT 112; WALDER, Prozesserledigung 99; TERCIER 384; SONDER 128f; nach HUG 80 erlischt das Klagerecht).

53 Das Klagerecht des Kindes besteht auch bei *künstlicher Insemination.* Dritte, namentlich die Mutter, der Ehemann der verheirateten Mutter (vgl. Art. 256 N 59), der Arzt können durch Schweigeversprechen gegenüber dem Samenspender das Klagerecht des Kindes nicht aufheben. Vgl. N 20, 68, HEGNAUER, Fortpflanzungsmedizin Nr. 8, 13, 14.

3. Verhältnis der Klagen von Mutter und Kind

A. Forderungsklage der Mutter (Art. 295) und Vaterschaftsklage des Kindes (Art. 261)

54 Beide Klagen sind formell und materiell völlig selbständig. Sie können getrennt oder vereinigt behandelt werden (ZR *1963* Nr. 49). Der Entscheid über die eine Klage präjudiziert die andere nicht.

B. Die Vaterschaftsklage der Mutter und die des Kindes

55 Mutter und Kind können *unabhängig* voneinander klagen (BGE *65* II 123). Damit will das Gesetz das Interesse der Mutter und des Kindes an der Feststellung des Kindesverhältnisses zum Vater optimal wahren. Allerdings steht die Klage des Kindes infolge der obligatorischen Beistandschaft (Art. 309) praktisch weit im Vordergrund. Das Klagerecht der Mutter wird nur in besonderen Situationen aktuell (N 38).

56 Es besteht *keine Subsidiarität* der einen Klage im Verhältnis zur andern. Der Beklagte kann sich gegenüber der einen nicht auf die Hängigkeit der andern berufen, wohl aber die Vereinigung beider Prozesse oder die Einstellung des einen bis zur Erledigung des andern beantragen (N 63).

57 Mutter und Kind sind *nicht* notwendige Streitgenossen (ZR *1963* Nr. 49).

58 Die beiden Klagen können getrennt oder gemeinsam erhoben und behandelt werden. Treten Mutter und Kind gemeinsam als Kläger auf, muss darüber Klarheit geschaffen werden, ob die Mutter nur nach Art. 295 oder auch nach Art. 261 klagt. Das ist von Bedeutung für die Frage der Weiterziehung

(N 60), aber auch für die Zulassung der Mutter zum Zeugnis im Prozess des Kindes (Art. 262 N 39; ZR *1963* Nr. 49). Im Zweifel ist anzunehmen, dass die Mutter auch für das Kind klagen will (a. M. EGGER aArt. 307 N 10; SJZ *1928/29* 204 Nr. 37).

Mutter und Kind sind in der *Führung* der Prozesse selbständig. Erklärungen 59 der Mutter binden das Kind nicht und umgekehrt (vgl. dazu aArt. 319 Abs. 3, BGE *50* I 394, ZBJV *1916* 88, BGE *65* II 123). Die Mutter kann aber bei der Vormundschaftsbehörde gemäss Art. 420 gegen die Prozessführung des Beistandes oder Vormundes Beschwerde führen, wenn diese dem Interesse des Kindes widerspricht.

Rechtsmittel können selbständig eingelegt werden. Sie stehen einem Klage- 60 berechtigten aber nur zu, soweit er am bisherigen Verfahren teilgenommen hat (ZR *1926* Nr. 27, *1955* Nr. 170; SJZ *1928/29* 204 Nr. 37; BJM *1956* 158).

Die Selbständigkeit der Klagen gilt auch für die *Zustellungen:* Im Prozess 61 des Kindes ist die Mitteilung an die Mutter, der die elterliche Gewalt nicht zusteht, unwirksam (ZBJV *1923* 240 f); aber auch wenn die Mutter elterliche Gewalt hat, sind die Mitteilungen für das klagende Kind an dessen Beistand gemäss Art. 309 zu richten.

Vereinigte Klagen (N 63) können miteinander gutgeheissen werden. Dage- 62 gen können die Klagen von Mutter und Kind nicht nacheinander gutgeheissen werden, weil mit der Gutheissung (oder Anerkennung) der einen Klage die andere gegenstandslos wird (N 10, 29). Die Abweisung oder der Rückzug der einen Klage hindert aber die Gutheissung der andern nicht.

Die sachliche Identität beider Klagen nötigt zur *Koordinierung* ihrer Be- 63 handlung (BGE *50* I 394; SILBERNAGEL aArt. 307 N 14, aArt. 319 N 12; GULDENER 303, 305). Das gilt vorab für die örtliche, aber auch für die funktionelle Zuständigkeit. So werden beim nämlichen Richter erhobene Klagen regelmässig vereinigt. Sind die Klagen bei verschiedenen Gerichten erhoben, so ist das zuerst angerufene Gericht auch für die zweite Klage zuständig (vgl. Art. 253 N 46); diese ist von Amtes wegen ihm zu überweisen. Vgl. dazu JÜRG DUBS, Die Prozessüberweisung im zürcherischen Zivilprozessrecht unter Berücksichtigung der Regelung anderer Kantone und des Auslandes, Diss. Zürich 1981.

4. Nebenintervention

Mutter und Kind können nach kantonalem Recht (Art. 254 64 N 16) je am Vaterschaftsprozess des andern als Nebenintervenient auf der

Klägerseite teilnehmen (SJZ *1918/19* 66 Nr. 46; a. M. in bezug auf die Mutter ZBJV *1960* 519 f). In Betracht kommt auch die Nebenintervention des Gemeinwesens, das nach öffentlichem Recht zur Unterstützung des Kindes verpflichtet ist. Vgl. auch GULDENER 306 ff. Dagegen kann das Gemeinwesen, das für das Kind aufkommt, nicht gestützt auf Art. 289 Abs. 2 die Vaterschaftsklage erheben (a. M. BALLENEGGER-CORNAZ [zit. Art. 255 N 2] 177 bei N 117).

III. Passivlegitimation

1. Vater

65 Entsprechend ihrem Rechtsgrund (N 8, Art. 262 N 8) ist die Klage gegen den Mann zu richten, der nach der Klagebehauptung das Kind gezeugt hat. Unerheblich ist, ob er verheiratet ist. Ausgeschlossen ist die Klage gegen einen Mann, zu dem das Kindesverhältnis aufgrund der Vermutung des Art. 255 oder einer Anerkennung gemäss Art. 260 bestanden hat, aber durch Anfechtungsurteil (Art. 256, 260 a) aufgehoben oder gegen den die Vaterschaftsklage abgewiesen worden ist (GULDENER 382). – Ein ausländisches Urteil hat diese Wirkung nur, wenn es in der Schweiz anerkannt werden kann (vgl. Art. 256 N 141).
Bei künstlicher Insemination richtet sich die Klage gegen den Samenspender, s. N 68, Art. 262 N 23 ff.

65a Die Klägerschaft hat zu beweisen, dass der Beklagte existiert (STRÄULI/MESSMER ZPO 108 N 3). Dieser Beweis kann auch durch Indizien geleistet werden. Dagegen kann sie nicht zur Einreichung von Personalausweisen des Beklagten verpflichtet werden (OG Zürich, 22. 2. 1984, i. S. M. B. v. T. T.).

66 Ist der Beklagte *urteilsunfähig,* so wird der Prozess in seinem Namen und von seinem gesetzlichen Vertreter geführt (N 48; VA Art. 307 N 72; BGE *85* II 223).
Ist er *urteilsfähig,* so führt auch der Unmündige oder Entmündigte den Prozess selbst (N 50; VA Art. 307 N 74). Zur Anerkennung der Klage bedarf er allerdings der Zustimmung des gesetzlichen Vertreters (Art. 260 Abs. 2 und 3; dort N 70, 126). Ist mit der Vaterschaftsklage die Unterhaltsklage verbunden (Art. 280 Abs. 3), so hat der gesetzliche Vertreter des Beklagten in bezug auf diese bei der Prozessführung mitzuwirken (N 51).

67 Die *Mutter* ist aufgrund von Art. 272 verpflichtet, dem Beistand des urteilsunfähigen Kindes oder dem urteilsfähigen Kind selbst den Mann oder die

Männer zu nennen, die als Schwängerer in Betracht zu ziehen sind. Sie darf diese Angaben nur verschweigen, soweit sie im Strafprozess die Aussage verweigern dürfte. Hiezu ist sie berechtigt, wenn sie sich der Unzucht mit einem Kinde (StGB 191/192), der Blutschande (StGB 213) oder des Ehebruches (StGB 214) bezichtigen müsste und überdies die besonderen zeitlichen und persönlichen Voraussetzungen der Strafbarkeit und der Strafverfolgung erfüllt sind. Sodann darf sie nach den meisten Strafprozessrechten das Zeugnis verweigern, wenn ein naher Verwandter sich mit der Beiwohnung an ihr strafbar gemacht hat (ROBERT HAUSER, Strafprozessrecht 167, 172). Dagegen ist sie nicht befugt, den Namen zu verschweigen, um den Vater zu schonen oder von vornherein eine rechtliche Beziehung zu ihm zu verhindern. Der Anspruch des Kindes auf Feststellung des Kindesverhältnisses geht der Rücksicht auf den Vater und dem Interesse der Mutter vor. Ebensowenig darf die Mutter aus Rücksicht auf das Kind die Aussage verweigern. Allerdings kann, wenn die Mutter geltend macht, sie sei befugt zu schweigen, nicht verlangt werden, dass sie die Gründe hiefür darlegt. Insoweit ist ihr Entschluss, den Vater nicht zu nennen, ein nicht überprüfbarer Gewissensentscheid (HEGNAUER ZVW *1982* 52 f; vgl. dazu auch KLEINEKE 125 ff). 1978–1981 konnte die Vaterschaft von der Amtsvormundschaft Zürich in 5 Fällen nicht abgeklärt werden, 1982 in 4 Fällen, weil die Mutter Angaben über den Vater verweigerte (Geschäftsbericht der Stadt Zürich *1981* 2; *1982* 19). Vgl. Mustersammlung Nr. 123.

Im Falle der *künstlichen Insemination* (Art. 262 N 23 ff) ist der Arzt zur Offenbarung des Samenspenders verpflichtet. Sein Schweigeversprechen gegenüber diesem ist unwirksam. Er kann sich auch nicht auf das ärztliche Berufsgeheimnis im Verhältnis zum Kind, zur Mutter oder zu deren Ehemann berufen. Der Anspruch des Kindes auf Feststellung des Kindesverhältnisses zum Vater geht vor (HEGNAUER, Fortpflanzungsmedizin Nr. 9, 13 ff; vgl. dazu GIESEN, FamRZ *1981* 413 mit Hinweisen; KLEINEKE 292 ff; gegenteilig Resolutionsentwurf des Europarates Art. 1, dazu HAUSHEER 221; Medizinisch-ethische Richtlinien Ziff. 5, hinten S. 715). Über Schadenersatz- und Genugtuungsansprüche vgl. N 20, Art. 262 N 25–27. 68

2. Klagen gegen mehrere Männer

Sind wegen Mehrverkehrs der Mutter verschiedene Männer als Schwängerer in Betracht zu ziehen, so kann gegen jeden von ihnen unabhängig von der Hängigkeit des Prozesses gegen andere Klage erhoben 69 werden (VA Art. 307 N 68; TERCIER 386; BGE *101* I a 34). Unter dem früheren Recht musste wegen der kurzen einjährigen Klagefrist (aArt. 308) von dieser Möglichkeit vorsorglich immer Gebrauch gemacht werden. Heute braucht das Kind dank der langen Frist des Art. 263 eine zweite Klage erst zu erheben, wenn die erste nicht zum Ziel geführt hat. Bei der zeitlichen Staffelung der Klagen ist allerdings die Begrenzung der Nachforderung des Unterhalts gemäss Art. 279 Abs. 1 zu beachten.

70 Die Erhebung der Klagen gegen mehrere Männer erscheint als *eventuelle und subjektive Klagenhäufung:* die Gutheissung der Klage gegen den zweiten Beklagten wird nur für den Fall beantragt, dass die Klage gegen den ersten abgewiesen oder zurückgezogen wird (vgl. GULDENER 301 ff).

71 Die mehreren Klagen können vereinigt oder getrennt behandelt werden.

72 Die *Reihenfolge* der materiellen Behandlung mehrerer gleichzeitig hängiger Klagen ist vom Richter von Amtes wegen (Art. 254 Ziff. 1) zu bestimmen. Werden die Prozesse nicht vereinigt, so ist die Klage gegen den Beklagten zuerst zu behandeln, dessen Vaterschaft nach der Aktenlage am ehesten in Betracht zu ziehen ist. Gegebenenfalls ist hierüber ein Sachverständiger zu befragen (TERCIER 391 N 57). In Betracht fallen bei datierten Beiwohnungen verschiedener Männer namentlich das gynäkologische Gutachten und das Reifegradgutachten (Art. 254 N 112 ff, 118 ff).

73 Die übrigen Beischläfer können ins Beweisverfahren einbezogen werden (Art. 254 Ziff. 2, dort N 78).

74 Zeigt sich während des Beweisverfahrens, dass die Wahrscheinlichkeit der Vaterschaft eines andern Beklagten grösser ist, so kann es sich rechtfertigen, den Prozess gegen diesen aufzunehmen und den ersten Prozess einzustellen. Gegen einen säumigen Beklagten ist das Verfahren in der Regel zuletzt durchzuführen, weil es geringere Aussichten der Feststellung der materiellen Wahrheit bietet.

75 Gleich ist zu verfahren, wenn Mutter und Kind je gegen einen andern Mann klagen.

76 Ergeht nach rechtskräftiger Gutheissung einer Klage ein zweites gutheissendes Urteil gegen einen *andern* Mann, so ist dieses unter Vorbehalt der Revision und Aufhebung des ersten Urteils *unwirksam* (vgl. dazu N 10).

3. Tod des Vaters

77   Da allein der Vater vor dem Zivilstandsbeamten und durch letztwillige Verfügung anerkennen kann, ist nach seinem Tod die

Feststellung des Kindesverhältnisses nur durch Vaterschaftsklage zu erwirken. Sie ist die notwendige Grundlage für alle aus dem Tod des Vaters abgeleiteten Rechte des Kindes, insbesondere die erbrechtlichen Ansprüche und die Sozialversicherungsrenten.

A. Nachkommen, Eltern, Geschwister

Ist der angebliche Vater gestorben, so richtet sich die Klage als Statusklage nicht wie früher gegen die nur vermögensrechtlich betroffenen Erben (aArt. 307 Abs. 3), sondern gegen seine Nachkommen; fehlen solche, gegen seine Eltern. Sind beide Eltern gestorben, so richtet sich die Klage gegen die Geschwister (z. B. ZZW *1982* 4), unter Einschluss der Halbgeschwister. Zum Gerichtsstand Art. 253 N 38. Über die Verbindung der Vaterschaftsklage mit der Unterstützungsklage gegen die Angehörigen vgl. N 18. Stirbt der Vater während des Prozesses, so treten die genannten Angehörigen von Gesetzes wegen in den Prozess ein. 78

Die Klage gegen die Angehörigen setzt voraus, dass die Zeugung bei *Lebzeiten des Vaters* stattgefunden hat. Bei *postmortaler Insemination* ist der Samenspender im Zeitpunkt des Todes noch nicht Vater gewesen. Daher ist die Klage gegen die Angehörigen ausgeschlossen. Dies folgt auch daraus, dass der Arzt nach dem Tod des Samenspenders nicht wirksam über den Samen verfügen kann und damit bei der postmortalen Insemination das die Verantwortung des Erzeugers rechtfertigende Element der Vaterschaftsklage (Art. 262 N 23 a) fehlt. Der Arzt ist dem rechtlich vaterlosen Kind nach Art. 28 und OR 49 zu Schadenersatz und Genugtuung verpflichtet (N 20; vgl. im einzelnen HEGNAUER, Fortpflanzungsmedizin Nr. 10). 78a

Mehrere Nachkommen sind *notwendige Streitgenossen* (TERCIER 386; vgl. dazu GULDENER 296 ff). Das gilt auch für die Eltern unter sich und mehrere Geschwister. Sie haben den Prozess gemeinsam zu führen, soweit nach dem anwendbaren Prozessrecht die Prozesshandlungen eines Streitgenossen nicht auch für die übrigen gelten (GULDENER 299, z. B. ZH ZPO 39 Abs. 2, BE ZPO 39). Die Einlegung von Rechtsmitteln richtet sich ebenfalls nach dieser Regel. 79

Die Angehörigen können sich nicht durch Ausschlagung der Erbschaft der Passivlegitimation entziehen und nur durch gemeinsame Anerkennung den Prozess erledigen (Art. 260 N 128). 80

B. Behörde des Wohnsitzes

81   Leben weder Nachkommen noch Eltern noch Geschwister, so ist die Klage gegen die zuständige Behörde des letzten Wohnsitzes des Beklagten zu richten.

82 Diese wird vom *kantonalen* Recht bezeichnet. Beispiele: Zürich: Gemeinderat; Bern: Gemeinderat oder die von der Gemeinde bezeichnete Behörde; Waadt: Gemeindevorsteherschaft; Genf: Staatsanwaltschaft.

83 Der Wohnsitz bestimmt sich nach Art. 23 ff.

84 War der angebliche Vater Schweizer, hatte er aber seinen letzten Wohnsitz im Ausland, so ist die Klage gegen die zuständige Behörde des schweizerischen *Heimatortes* zu richten (vgl. dazu Art. 22). War er Ausländer, so ist, wenn sein Heimatstaat die Teilnahme am Prozess ablehnt, die Klage ohne beklagte Partei anhand zu nehmen.

85 Die beklagte Behörde hat auf die Feststellung des wahren Kindesverhältnisses hinzuwirken (HUG 85). Sie kann die Klage anerkennen (Art. 260 N 130). Vgl. im übrigen sinngemäss N 78, 78 a.

4. Intervention

86   Die Anerkennung kann, auch wenn sie vor dem Richter erfolgt, nach Art. 260 a und 259 Abs. 2 und 3 angefochten werden (Art. 260 a N 55). Wer zur Anfechtung der Anerkennung befugt wäre, muss daher im Vaterschaftsprozess zur Intervention neben dem Beklagten befugt sein (VA Art. 323 N 11, SAGER 184 f), sofern das kantonale Recht sie zulässt (Art. 254 N 16), vgl. aber N 87 a. E.

87 Ist der Beklagte mit der Mutter *nicht verheiratet,* so steht demgemäss die Nebenintervention jedermann zu, der ein Interesse hat (Art. 260 a Abs. 1), namentlich auch der Ehefrau des Beklagten (Art. 260 a N 104). Ist er gestorben, so wird der Witwe zur Wahrung ihrer Interessen die Einreichung der Klage von Amtes wegen mitgeteilt (Art. 261 Abs. 3). Sie hat daher von Bundesrechts wegen das Interventionsrecht.

88 Sind der Beklagte und die Mutter dagegen *verheiratet,* können nur die Mutter und die Heimat- und Wohnsitzgemeinde intervenieren (Art. 259 Abs. 2 Ziff. 1, 3), sowie unter den Voraussetzungen von Art. 259 Abs. 2 Ziff. 2 das Kind oder seine Nachkommen.

Der Nebenintervenient ist auf die Unterstützung des Beklagten beschränkt; 89
er kann sich zu ihm nicht in Widerspruch setzen. Namentlich kann er nicht
verhindern, dass der Beklagte den Prozess durch Anerkennung beendigt
(vgl. GULDENER 308).

Eine Ausnahme gilt für die Witwe des verstorbenen Vaters. Wird die Klage 90
von den Angehörigen oder der Wohnsitzgemeinde anerkannt, so steht ihr
aufgrund von Art. 261 Abs. 3 von Bundesrecht wegen das Recht zur *Hauptintervention* zu (BBl *1974* II 43; vgl. zum entsprechenden Recht der Heimatgemeinde nach aArt. 312 Abs. 2 vgl. VA Art. 312/313 N 59/60; HUG 85 f).

IV. Prozesserledigung

1. Ohne Feststellung des Kindesverhältnisses

Der Prozess endet ohne Feststellung des Kindesverhältnis- 91
ses durch Abweisung, Rückzug oder Rückweisung (Vonderhandweisung,
Nichteintreten) der Klage. Ist die Vaterschaftsklage mit der Unterhaltsklage
verbunden (Art. 280 Abs. 3), so ist auch diese damit erledigt.

Die zurückgewiesene Klage kann wieder eingebracht werden. Abweisung 92
und Rückzug der Klage der Mutter berühren das Klagerecht des Kindes
nicht und umgekehrt (N 55 ff). Ebensowenig hindern Abweisung und Rückzug die Erhebung einer neuen Klage gegen einen *andern* Beklagten (N 69).
Nach TERCIER (400) ist selbst die Wiedereinbringung einer zurückgezogenen
Klage gegen den nämlichen Beklagten zu erwägen. Zum Rückzug vgl. im
übrigen N 28 und GULDENER 402 ff.

2. Mit Feststellung des Kindesverhältnisses

A. Anerkennung

Die Vaterschaftsklage kann, anders als die Anfechtungs- 93
klagen (Art. 256 N 94, 260a N 116), anerkannt werden (Art. 260 N 120 ff).

B. Gutheissung

Das gutheissende Urteil begründet mit Wirkung für jeder- 94
mann das Kindesverhältnis zwischen dem Kind und dem Vater (N 12, 102;

TERCIER 381, 393; GULDENER 213, 382). Weitere hängige Klagen werden gegenstandslos (N 28/29), neue Klagen sind ausgeschlossen (N 10). Eine mit der Vaterschaftsklage verbundene Unterhaltsklage (N 17) ist gleichzeitig zu beurteilen. Auch sie ist der Anerkennung zugänglich. Der Unterhaltsanspruch kann auch vertraglich geregelt werden (Art. 287/288). Mustersammlung Nr. 142, 116.

3. Kosten

95 Wird die Klage des Kindes zurückgezogen oder abgewiesen, so ist dem Beklagten, der der Mutter in der Empfängniszeit beigewohnt hat, keine Prozessentschädigung zuzusprechen (ZR *1926* Nr. 28, *1938* Nr. 22, *1951* Nr. 68; SJZ *1944* 109 Nr. 65, *1968* 302 Nr. 165; ZBJV *1922* 545; PKG *1971* 38; a. M. SJZ *1973* 243 Nr. 105). Indessen rechtfertigt die Tatsache, dass der Beklagte sich leichtfertig mit der Mutter eingelassen hat, allein die Verweigerung der Prozessentschädigung nicht (AGVE *1964* 34). Dem Beklagten können auch Kosten auferlegt werden (PKG *1971* 38). Für die Mutter, die den Prozess arglistig verursacht hat, kann das Kind nicht belangt werden. Klagt sie nicht selber, so ist der Beklagte auf eine selbständige Schadenersatzklage gegen sie verwiesen (SJZ *1944* 109 Nr. 65, ZR *1951* Nr. 68). Unterliegen Mutter und Kind, so können ihnen die Kosten nicht unter solidarischer Haftung auferlegt werden (ZVW *1948* 73 Nr. 13). Vgl. auch Art. 254 N 39.

4. Rechtsmittel

96 Als nichtvermögensrechtliche Zivilrechtsstreitigkeit unterliegt das Urteil der Berufung gemäss OG 44. Vgl. auch N 60. Wird im kombinierten Vaterschafts-Unterhaltsprozess (Art. 280 Abs. 3) nur der Entscheid über die Unterhaltspflicht angefochten, so liegt eine vermögensrechtliche Zivilrechtsstreitigkeit vor, bei der die Berufung nur zulässig ist, wenn der Streitwert nach dem vor der letzten kantonalen Instanz noch streitigen Rechtsbegehren wenigstens Fr. 8000.– beträgt (OG 46). Zur Legitimation vgl. vorn N 60. Das rechtskräftige Urteil kann nur durch Revision nach den Bestimmungen des Prozessrechts aufgehoben werden. Über die Anfechtung der Anerkennung im Vaterschaftsprozess vgl. RUST 153 f; vorn Art. 260a N 55.

V. Mitteilung und Eintragung

1. Mitteilung

Das Gericht hat die rechtskräftige Feststellung der Vaterschaft gemäss ZStV 130 Abs. 1 Ziff. 6 dem *Zivilstandsamt* des Geburtsortes, des Heimatortes, des Wohnsitzes und des allfälligen Trauungsortes des Kindes sowie des Heimatortes des Vaters zu melden. Über Mitteilungen ins Ausland vgl. Art. 260 N 160. Das Gericht hat die Mitteilung ins Ausland von Amtes wegen, nicht erst auf Antrag der Klägerschaft vorzunehmen. 97

Die Mitteilung hat die nämlichen Angaben wie für die Eintragung der Anerkennung zu enthalten, vgl. ZStV 105 Abs. 1 Ziff. 2–4, 45. Das Gericht hat die nötigen Zivilstandsausweise von den Parteien einzufordern oder sie von Amtes wegen beizuziehen (vgl. Kreisschreiben der Verwaltungskommission des Obergerichtes des Kanton Zürich, vom 31. Januar 1979, ZZW *1979* 66). Vgl. dazu Art. 260 N 166. 98

Ausserdem ist das Urteil der *Vormundschaftsbehörde* des Wohnsitzes des Kindes zu melden, damit diese gemäss Art. 309 Abs. 3 über die Aufhebung der Beistandschaft und die Anordnung anderer Kindesschutzmassnahmen befinden kann. 99

Über die Mitteilung der Anerkennung vor dem Richter Art. 260 N 155. 100

2. Eintragung

Der Zivilstandsbeamte trägt die Feststellung der Vaterschaft durch Randanmerkung im *Geburts*register und, wenn das Kind schon verheiratet ist, auch im *Ehe*register ein (Art. 47; ZStV 52 Ziff. 1 und 3). Über die Eintragung im *Familien*register vgl. sinngemäss Art. 260 N 163, 164. Weigert sich ein ausländischer Staat, die nötigen Angaben über den Beklagten zu liefern, so bestimmt die Aufsichtsbehörde, aufgrund welcher Unterlagen sie zu erfolgen habe (vgl. ZStV 13 Abs. 3, 21, 137). 101
Vgl. im übrigen sinngemäss Art. 260 N 165–169.

VI. Wirkungen der Feststellung der Vaterschaft

Siehe sinngemäss Art. 260 N 170ff. Wird nach künstlicher Insemination die Vaterschaft des Samenspenders festgestellt, so stellt sich die Frage, ob er gegen den Arzt Ansprüche erheben kann, vgl. Art. 262 N 27. 102

VII. Intertemporales Recht

103 Materialien aSchlT 13; BBl *1974* II 100ff; ESchlT 13, 13a; AmtlBullStR *1975* 147f, *1976* 93ff, 324f, NR *1975* 1797ff.
SchlT 1–4, 12, 13, 13a vgl. hinten S. 678f.

104 Literatur ALBERTI ARNALDO, Nuove azioni e riconoscimenti nell'ambito dell'applicazione dell'articolo 13a del codice civile, diritto transitorio, ZVW *1979* 55 = ZZW *1979* 124; BOURGKNECHT LOUIS, Les nouvelles actions en paternité au sens de l'art. 13a Tit. fin. CC, ZVW *1979* 81 ff; HEGNAUER CYRIL, Die Klage auf Feststellung des Kindesverhältnisses zum Vater gemäss Art. 13a SchlT/ZGB (Unterstellungsklage), ZVW *1979* 41; SCHNEIDER BERNARD, Conséquences pratiques du droit transitoire en matière de recherche de paternité, SJ *1978* 481.

Zur Entstehung von SchlT 13 und 13a

105 War das Kind vor Inkrafttreten des ZGB – 1. Januar 1912 – geboren, so konnten Mutter und Kind nach aSchlT 13 Abs. 2 gegenüber dem Vater nur die familienrechtlichen Ansprüche des früheren (kantonalen) Rechts geltend machen. Die Bestimmung war eine zeitbedingte Sondervorschrift, die auf die starken Unterschiede zwischen den früheren kantonalen Vorschriften über die ausserehelichen Vaterschaft Rücksicht nahm und bei deren Erlass wohl auch die Vorstellung mitwirkte, die Unterhaltspflicht des ausserehelichen Vaters beruhe weniger auf dem Dauertatbestand der Abstammung als auf einer Art unerlaubter Handlung (BBl *1974* II 101).

106 Der Entwurf wollte zwar die unter dem früheren Recht geborenen ausserehelichen Kinder nicht allgemein dem neuen Recht unterstellen, aber doch den im Zeitpunkt des Inkrafttretens noch Unmündigen das Recht einräumen, binnen zwei Jahren nach den Bestimmungen des neuen Rechts auf Feststellung des Kindesverhältnisses zum Vater zu klagen (BBl *1974* II 101ff, 135). Indessen lehnte der Ständerat die Anwendung des neuen Rechts auf die bereits geborenen Kinder zunächst überhaupt ab. Im Nationalrat setzte sich nach heftiger Diskussion die vermittelnde Lösung durch, die Gesetz geworden ist. Im Ständerat wurde sie nur mit einer Stimme Mehrheit angenommen, und sie gab verschiedenen Mitgliedern in der Folge Anlass, die Revision überhaupt abzulehnen. Die Anwendung des neuen Rechts auf die im Zeitpunkt des Inkrafttretens hängigen Klagen (SchlT 13) war unbestritten.

1. Anwendung des neuen Rechts

107 Ist das Kind nach dem 1. Januar 1978 geboren, so richtet sich die Feststellung der Vaterschaft nach den Bestimmungen des neuen Rechts (SchlT 12 Abs. 1 Satz 1). Das neue Recht ist ausserdem in folgenden Fällen auch auf das vorher geborene Kind anwendbar:

A. Das Kind ist zwischen dem 1. Januar und 31. Dezember 1977 geboren

Die einjährige Klagefrist gemäss aArt. 308 (hinten S. 672) war am 1. Januar 1978 noch nicht abgelaufen. Seit 1. Januar 1978 untersteht die Verwirkung der Klage aber dem neuen Recht (SchlT 49 Abs. 3). Die einjährige Klagefrist für die Mutter (Art. 263 Abs. 1 Ziff. 1) ist eine kürzere Frist im Sinne von SchlT 49 Abs. 2 und lief demgemäss vom 1. Januar bis 31. Dezember 1978. Auf die durch das Alter des Kindes bestimmte Frist (Art. 263 Abs. 1 Ziff. 2) kann die vor dem 1. Januar 1978 abgelaufene Zeit nicht nach SchlT 49 Abs. 1 angerechnet werden. Das Kind kann daher bis Ablauf eines Jahres seit Erreichen des Mündigkeitsalters klagen (HEGNAUER, Übergangsrecht, 139), auch wenn bereits eine altrechtliche Zahlvaterschaft begründet wurde und SchlT 13a Abs. 1 (N 112 ff) anwendbar gewesen wäre (HEGNAUER ZVW *1980* 21).

B. Vor dem 1. Januar 1978 ist ein Kindesverhältnis zu einem andern Mann entstanden

- Wurde das kraft der Ehe der Mutter, durch Ehelicherklärung oder Anerkennung entstandene Kindesverhältnis zu einem andern Mann *vor* dem 1. Januar 1978 aufgehoben, so begann die einjährige Klagefrist gemäss aArt. 316 in diesem Zeitpunkt (VA Art. 316 N 2–6). War die Jahresfrist am 1. Januar 1978 noch nicht abgelaufen, so gelten die Erwägungen gemäss N 108.
- Wird das Kindesverhältnis dagegen erst *nach* dem 1. Januar 1978 aufgehoben, so richtet sich die Vaterschaftsklage nach den Bestimmungen des neuen Recht (Art. 263 N 27).

C. Die Vaterschaftsklage war am 1. Januar 1978 hängig

Die am 1. Januar 1978 hängige Vaterschaftsklage wird nach dem neuen Recht beurteilt (SchlT 13 Abs. 1, SJ *1979* 511). Zur Hängigkeit vgl. HEGNAUER, Übergangsbestimmungen, Nachtrag 179 a f. Das Klagebegehren ist nunmehr von Gesetzes wegen auf die Begründung des Kindesverhältnisses zum Vater (N 12) gerichtet. Bei der früheren einfachen Vaterschaftsklage auf Unterhaltsleistungen (aArt. 309 Abs. 1, 319) wandelt sich die Vorfrage der Vaterschaft zum selbständigen Begehren auf Feststellung der Vaterschaft, das mit einer Unterhaltsklage verbunden ist (vgl. Art. 280 Abs. 3). Ist der Vater gestorben, so richtet sich der Kreis der Beklagten nunmehr nach Art. 261 Abs. 2, nicht mehr nach aArt. 307 Abs. 3. Die Klage ist materiell statt nach aArt. 314/315 nach Art. 262 zu beurteilen. Die Wirkungen des Kindesverhältnisses bestimmen sich für die Zeit bis zum Inkrafttreten aber nach dem bisherigen Recht (SchlT 13 Abs. 2). Vgl. auch HEGNAUER, Übergangsbestimmungen 167. – Unterlässt das Gericht die selbständige Feststellung des Kindesverhältnisses, so ist das Urteil unvollständig und von Amtes wegen in einem Nachverfahren in diesem Punkt zu ergänzen (BGE *108* II 527).

2. Unterstellung der Vaterschaft unter das neue Recht (SchlT 13 a)

112   Kinder, die am 1. Januar 1978 das zehnte Altersjahr noch nicht vollendet hatten, d. h. nach dem 31. Dezember 1967 geboren sind, konnten bis 31. Dezember 1979 nach den Bestimmungen des neuen Rechts, also nach Art. 261, auf die *Feststellung des Kindesverhältnisses* klagen, wenn vor dem 1. Januar 1978 durch gerichtliche Entscheidung oder Vertrag eine Verpflichtung des Vaters zu Vermögensleistungen begründet worden war. Vgl. im einzelnen die in N 104 zitierte Literatur, sowie HEGNAUER, Übergangsbestimmungen 168 ff, Übergangsrecht 128 f, 137 ff. Auch eine bloss grundsätzliche, ziffernmässig nicht festgelegte Verpflichtung eines Mannes zur Leistung von Unterhaltsbeiträgen fällt unter SchlT 13 a Abs. 1 (BGE *108* II 391).

113   Dem Beklagten stand wie dem Vaterschaftsbeklagten nach Art. 262 Abs. 3 der *Beweis* offen, dass seine Vaterschaft ausgeschlossen oder weniger wahrscheinlich ist als die eines Dritten. Erbrachte er diesen Beweis, so erlosch mit der Abweisung der Unterstellungsklage auch der Anspruch auf künftigen Unterhalt (SchlT 13 a Abs. 2). Vgl. HEGNAUER, Übergangsbestimmungen 177, Nachtrag 179 c, Übergangsrecht 139.

114   SchlT 13 a normiert ein materielles *Zwischenrecht,* das sich sowohl von der alten materiell rechtlichen Regelung als auch von der neuen unterscheidet (vgl. BROGGINI 424).

3. Nichtanwendung des neuen Rechts

115   Die vor dem 1. Januar 1978 geborenen, aber in N 108–113 nicht genannten Kinder können die Vaterschaftsklage gemäss Art. 261 nicht erheben, auch wenn sie das Alter gemäss Art. 263 Abs. 1 Ziff. 2 (dort N 8–10) noch nicht erreicht haben. Das gilt insbesondere,
– wenn vor dem 1. Januar 1978 eine Vaterschaftsklage erhoben, aber abgewiesen oder zurückgezogen wurde;
– wenn die altrechtliche Klagefrist (aArt. 308) vor dem 1. Januar 1978 unbenützt ablief;
– wenn die Unterstellungsklage (SchlT 13 a, N 112) bis 31. Dezember 1979 nicht erhoben oder abgewiesen wurde.
Damit ist auch die Anerkennung einer Vaterschaftsklage durch die Angehörigen des verstorbenen Vaters (Art. 261 Abs. 2 in Verbindung mit Art. 260 Abs. 3) ausgeschlossen, vgl. dazu Art. 260 N 120. – Vgl. auch Art. 259 N 111. Das Verhältnis untersteht weiterhin dem früheren Recht. Vgl. HEGNAUER, Übergangsbestimmungen 175, Übergangsrecht 133 f. Ist unter dem bisherigen Recht nur die grundsätzliche Unterhaltspflicht begründet worden und

wird die Unterstellung nicht erwirkt, so kann weiterhin auf die Feststellung von Unterhaltsbeiträgen geklagt werden im Sinne von VA Art. 319 N 98; vgl. dazu BGE *108* II 392f.

Ob ein altrechtliches *Schweigeversprechen* (VA Art. 311 N 67, 319 N 103) 115a wirksam bleibe, ist in Abwägung der Persönlichkeitsrechte der Beteiligten zu beurteilen. Nach dem Tod des Erzeugers dürfte das Interesse des Kindes das gegenteilige Interesse der Angehörigen im allgemeinen überwiegen.

VIII. Internationales Recht

1. Staatsverträge

Hinsichtlich der Vaterschaftsklage fehlen staatsvertragli- 116 che Normen über die Zuständigkeit und das anwendbare Recht; s. Art. 253 N 55.

Wird aber mit der Vaterschaftsklage die *Unterhaltsklage* verbunden (Art. 280 117 Abs. 3), so untersteht diese den *Haager Übereinkommen* von 1956 über das auf Unterhaltsverpflichtungen gegenüber Kindern anzuwendende Recht und von 1973 über das auf Unterhaltspflichten anzuwendende Recht (Einl N 15). Die aufgrund dieser Übereinkommen gefällten Entscheidungen greifen jedoch den Fragen der Abstammung und der familienrechtlichen Beziehungen nicht vor (1956: Art. 5 Abs. 2; 1973: Art. 2 Abs. 2); vgl. dazu auch die Haager Übereinkommen von 1958 über die Anerkennung und Vollstreckung von Entscheidungen auf dem Gebiete der Unterhaltspflicht gegenüber Kindern (Art. 1 Abs. 2), und von 1973 über die Anerkennung und Vollstreckung von Unterhaltsentscheidungen (Art. 3). Dieser Vorbehalt nimmt Rücksicht darauf, dass viele Länder abgesehen von der Unterhaltspflicht familienrechtliche Beziehungen zwischen dem ausserehelichen Kind und seinem Vater überhaupt nicht oder nur unter engen Voraussetzungen erlaubten oder erlauben. Die Vertragsstaaten sind daher frei, die Wirkung einer bei Beurteilung der Unterhaltspflicht getroffenen Feststellung über die Abstammung des Kindes auf diese zu beschränken oder auf weitere familienrechtliche Beziehungen auszudehnen (SIEHR, in: BÖHMER/SIEHR 7.4 Art. 5 N 4ff). Der Vorbehalt verpflichtet die Vertragsstaaten somit entgegen BGE *102* II 135 nicht, die Feststellung über die Vaterschaft nur als Entscheidung über eine Vorfrage mit einer auf die Unterhaltspflicht begrenzten Wirkung aufzufassen (SIEHR SJZ *1982* 182).

118 Nach schweizerischem Recht ist die Unterhaltspflicht eine *Wirkung* des Kindesverhältnisses (HEGNAUER, Kindesrecht 111, 116). Demnach setzt die Unterhaltspflicht des Vaters voraus, dass das Kindesverhältnis zu ihm festgestellt ist. Ist dies noch nicht geschehen, so kann die Unterhaltsklage nur behandelt werden, wenn sie mit der Vaterschaftsklage verbunden wird. Unterstehen beide dem schweizerischen Recht, so wird notwendig dem Erfordernis der formellen Feststellung des Kindesverhältnisses genügt.

119 Verlangt nun zwar das gemäss den Haager Übereinkommen auf die Unterhaltsklage anwendbare Recht die selbständige Feststellung des Kindesverhältnisses, unterstünde die Vaterschaftsklage aber nach NAG 8 e (N 126 ff) einem Recht, das eine solche nicht erlaubt, so könnte der Richter die Abstammung nur vorfrageweise beurteilen und würde seine Entscheidung lediglich eine Zahlvaterschaft begründen. Das widerspräche jedoch einem Grundanliegen des neuen Kindesrechts (Einl N 63) und ist abzulehnen. Vielmehr ist die mit der Unterhaltsklage verbundene Vaterschaftsklage alternativ nach dem auf die Unterhaltsklage oder nach dem gemäss NAG 8 e (N 126 ff) anwendbaren Recht zu beurteilen (LALIVE/BUCHER Jahrbuch 33/1977, 389 f; SIEHR, in: BÖHMER/SIEHR 7.4 Art. 1 N 82 ff, 100, Art. 5 N 4 ff; SIEHR SJZ *1982* 181 f; BGE *102* II 128 ist unter dem früheren Recht ergangen). Vgl. im übrigen die Kommentierung zu Art. 276 ff.

120 Unter diesem Vorbehalt bestimmen sich Zuständigkeit und anwendbares Recht nach NAG 8 d und 8 e (hinten S. 682). Das gilt auch für die Unterstellungsklage gemäss SchlT 13 a (N 112 ff; VPB *1979* Nr. 7; HEGNAUER ZVW *1979* 45 f). Zum früheren Recht VA Art. 307 N 82; STAUFFER W., Praxis zum NAG, Zürich 1973, Nachtrag 1977.

2. Autonomes Kollisionsrecht

A. Zuständigkeit

a) Wohnsitz

121 Die Vaterschaftsklage kann beim Richter des schweizerischen *Wohnsitzes* des Kindes oder eines der Eltern angebracht werden (NAG 8 d Abs. 1); s. Art. 253 N 57 ff.

122 Der *Wohnsitz* ist nach Art. 23 ff zu bestimmen, wobei der Zweck einer sachgerechten Zuständigkeitsbegründung zu beachten ist (E. BUCHER N 21 ff vor

Art. 23) und die Begründung einer inländischen Zuständigkeit zu begünstigen ist (E. BUCHER N 27 vor Art. 23; VPB *1981* Nr. 77 I 3). Im allgemeinen verdient der gewöhnliche Aufenthalt vor einem abweichenden abgeleiteten Wohnsitz den Vorzug (E. BUCHER Art. 25 N 64 ff; A. BUCHER ZVW *1977* 52 f; *derselbe* ZZW *1977* 325 = SA 4*). Damit wird die Anerkennung und Vollstreckung einer gleichzeitig mit der Feststellung des Kindesverhältnisses verlangten Unterhaltsverpflichtung (Art. 280 Abs. 3) nach den Haager Übereinkommen von 1958 (Art. 3) und von 1973 (Art. 7) erleichtert. Vgl. auch Art. 260 N 186 und im übrigen Art. 253 N 60 ff.

Ist der Vater gestorben, so bleibt sein *letzter Wohnsitz* für die Zuständigkeit 123 massgebend und nicht der der Angehörigen, gegen die sich gemäss Art. 261 Abs. 2 die Klage nun richtet (N 77 ff; Art. 253 N 38).

b) Heimat

Da das Kind der unverheirateten Schweizerin Schweizer- 124 bürger ist (BüG 1 Abs. 1 lit. *b*), fallen lediglich der gemeinsame Heimatort von Mutter und Kind oder der des Vaters in Betracht.

c) Ausschluss des schweizerischen Gerichtsstandes

Siehe Art. 253 N 65 ff. 125

B. Anwendbares Recht

a) Wohnsitzrecht

Die Feststellung des Kindesverhältnisses bestimmt sich in 126 erster Linie nach dem Recht des Landes, in dem beide Eltern und das Kind ihren Wohnsitz haben (NAG 8 e Abs. 1 Ziff. 1). Vgl. dazu sinngemäss N 122. Es wird das materielle Recht berufen; ein Renvoi des ausländischen Kollisionsrechts wird nicht beachtet (STURM, Standesamt *1979* 190).
Zur Frage des für die Bestimmung des Wohnsitzes massgeblichen *Zeitpunk-* 127 *tes* vgl. VPB *1981* Nr. 10: Er geht aus dem Gesetz nicht hervor. Für die Füllung der Lücke kommt praktisch nur der Zeitpunkt der Geburt oder derjenige der Klageeinreichung in Betracht, nicht aber der Zeitpunkt der Urteilseröffnung. Angesichts des materiellen Rechts (Art. 263 Abs. 1 Ziff. 1, 309

Abs. 3) ist in erster Linie auf die Verhältnisse im Zeitpunkt der Geburt abzustellen (ebenso SIEHR SJZ *1982* 176 N 21). In besonderen Situationen kann aber die Ausrichtung auf den Zeitpunkt der Klageeinleitung sinnvoll sein, so namentlich wenn die Geburt bereits längere Zeit zurückliegt und in der Zwischenzeit der Wohnsitz oder die Staatsangehörigkeit einzelner oder aller Beteiligten geändert hat. Haben die spanischen Beteiligten im Zeitpunkt der Geburt ihren Wohnsitz in der Schweiz gehabt, ist aber der Vater im Zeitpunkt der Klage in Spanien wohnhaft und ist nicht auszuschliessen, dass Kind und Mutter wieder in die Heimat zurückkehren, so kann das Interesse des Kindes an der Anerkennung des schweizerischen Urteils in Spanien es nahelegen, auf die Verhältnisse im Zeitpunkt der Klageeinleitung abzustellen und demgemäss das spanische Heimatrecht anzuwenden. Ähnlich E/IPRG 67: Massgebend ist an sich der Zeitpunkt der Geburt (Abs. 1), für die Beurteilung einer Klage jedoch der Zeitpunkt der Klageerhebung, wenn ein überwiegendes Interesse des Kindes es erfordert (Abs. 2).

b) Heimatrecht

128   Haben Kind und Vater nicht Wohnsitz im gleichen Land, so ist das Recht ihrer gemeinsamen Heimat anzuwenden (NAG 8e Abs. 1 Ziff. 2). Vgl. sinngemäss N 124.

VPB *1979* Nr. 8: Die Klage eines in der Schweiz wohnhaften spanischen Kindes gegen den in Spanien wohnhaften verheirateten Vater untersteht dem spanischen Recht. Dieses lässt aber die Vaterschaftsklage gegen den zur Zeit der Empfängnis verheirateten Vater nicht zu. Das Kind kann jedoch gestützt auf das Haager Unterhaltsübereinkommen (N 117) eine Unterhaltsklage gegen den Vater erheben, wobei die Abstammung zwar nach Art. 262, aber nur vorfrageweise, somit ohne Begründung des Kindesverhältnisses, zu beurteilen ist (N 117 ff).

c) Schweizerisches Recht

129   Haben Kind und Vater weder Wohnsitz im gleichen Land noch gemeinsame Heimatangehörigkeit, so ist das schweizerische Recht anzuwenden (NAG 8e Abs. 1 Ziff. 3; vgl. z. B. VPB *1978* Nr. 122: Schweizerisches Kind mit Wohnsitz in der Schweiz, Vater Tunesier mit Wohnsitz in Tunesien; BGE *107* II 209: Mutter und Kind mit deutscher Staatsangehörigkeit in Deutschland, Vater Schweizer mit Wohnsitz in der Schweiz). Ebenso, wenn der Richter des schweizerischen Heimatortes gemäss NAG 8d Abs. 2 zuständig ist (NAG 8e Abs. 2).

d) Ausweichklausel

Überwiegt der Zusammenhang mit einem andern Land, so ist das Recht dieses Landes anzuwenden (NAG 8e Abs. 3; vgl. dazu sinngemäss Art. 253 N 66). Die Ausweichklausel ist nur anwendbar, wenn das Recht des andern Landes die Begründung des Kindesverhältnisses zwischen Kind und Vater vorsieht.

Die Tatsache, dass das Kind und die Mutter in einem andern Land leben und diesem angehören, begründet gegenüber dem Land, in welchem der Vater wohnt und dem er angehört, allein noch keinen überwiegenden Zusammenhang (BGE *107* II 209; a.M. LALIVE/BUCHER JIR *38* 1982 313ff; VISCHER/VON PLANTA 119).

Über die Anwendung des Rechts am gewöhnlichen Aufenthalt des Kindes bei Verbindung der Vaterschafts- mit der Unterhaltsklage vgl. N 117ff.

C. Anerkennung ausländischer Vaterschaftsurteile

Ausländische Vaterschaftsurteile dürfen nur auf Verfügung der kantonalen Aufsichtsbehörde in ein schweizerisches Zivilstandsregister eingetragen werden (ZStV 137). Die Anordnung der Eintragung (Homologierung) bedeutet die Anerkennung der ausländischen Entscheidung. Massgebend sind in erster Linie die bilateralen *Staatsverträge über die Anerkennung und Vollstreckung gerichtlicher Entscheidungen,* welche die Schweiz mit zahlreichen Staaten abgeschlossen hat. Diese sind ersichtlich in SR 0.276. (Vgl. auch GULDENER XXVIII; KELLER, Rechtsprechung I XV und 487ff).

Zum Abkommen mit dem *Deutschen* Reich vom 2. November 1929 (SR 0.276.191.361):

- Vaterschaftsurteil des Amtsgerichtes Berlin-Schöneberg zwischen einem in der Bundesrepublik Deutschland wohnhaften deutschen Kind und einem in der Schweiz wohnhaften Schweizer, VPB *1980* Nr. 49;
- Vaterschaftsklage eines in der Bundesrepublik Deutschland wohnhaften deutschen Kindes gegen einen in der Schweiz wohnhaften Schweizer, der bisher ohne schriftliche Abmachung Unterhaltsbeiträge bezahlt hat, VPB *1982* Nr. 30.

Zum Abkommen mit *Spanien* vom 19. November 1896 (SR 0.276.193.321) vgl. VPB *1981* Nr. 10 E. 4.

Wie ein rechtskräftiges Urteil wird die in einem Gerichtsurteil festgestellte Klageanerkennung oder die ihr gleichgestellte Erklärung des Anerkennenden behandelt (VPB *1980* Nr. 50 E. 4c; vgl. dazu Art. 260 N 140).

135 Fehlt eine staatsvertragliche Regelung, so setzt die Anerkennung voraus, dass das Urteil nach dem Recht des Urteilsstaates rechtskräftig ist, dass der Urteilsstaat nach schweizerischem Recht zuständig war, dass die unterlegene Partei gehörig vorgeladen wurde und dass das Urteil den schweizerischen ordre public nicht verletzt, insbesondere dass die ausländische Entscheidung in ihren Wirkungen einem Urteil im Sinne von Art. 261 im wesentlichen gleichwertig ist (vgl. GULDENER 619f; A. BUCHER ZZW *1977* 330 = SA 9*f). Vgl. im übrigen Art. 253 N 71.

136 NAG 8d darf nicht dahin ausgelegt werden, dass die ausländische Zuständigkeit ausgeschlossen ist, sobald auch nur eine beteiligte Person in der Schweiz wohnt. Vielmehr ist aufgrund von NAG 8d und mit Rücksicht auf das Ziel des neuen Kindesrechts anzunehmen, dass alternativ auch ausländische Wohnsitzzuständigkeiten offenstehen (VPB *1980* Nr. 49 E. 6b, *1982* Nr. 30 E. 3a).

D. Anerkennung der gesetzlichen Umwandlung einer Zahlvaterschaft in ein Kindesverhältnis nach ausländischem Recht

137 Nach Art. 12 des bundesdeutschen Nichtehelichengesetzes von 1969, in Kraft seit 1. Juli 1970, sind die vorher begründeten Zahlvaterschaften von Gesetzes wegen in Standesfolgevaterschaften umgewandelt worden. Damit stellt sich die Frage, ob dies auch für eine Zahlvaterschaft gilt, die in der Schweiz zwischen einem hier wohnhaften Schweizer und einem in der Bundesrepublik Deutschland wohnhaften deutschen Kind begründet worden ist. Sie wird in VPB *1980* Nr. 109 bejaht, ebenso die Anerkennung dieser Umwandlung in der Schweiz seit Inkrafttreten des neuen schweizerischen Kindesrechts (1. Januar 1978).

E. Anerkennung schweizerischer Vaterschaftsurteile im Ausland

138 – in den USA: VPB *1980* Nr. 50 E. 5 (Kalifornien), *1982* Nr. 45 (Texas);
– in Jugoslawien: VPB *1981* Nr. 77 E. 4–7 (Anfechtung!);
– in Griechenland und Italien: VPB *1982* Nr. 44.
Vgl. auch Art. 256 N 142.

F. Klage im Ausland

– in den USA: VPB *1980* Nr. 50 E. 6 (Kalifornien), *1982* Nr. 45 (Texas).

IX. Statistik

Eine Landesstatistik fehlt. Angaben enthalten die Rechenschaftsberichte der Gerichte. Für den Kanton Zürich ergibt sich folgendes Bild:

Jahr	Vaterschaft festgestellt			%	Vaterschaft **nicht** festgestellt		Total
	durch Anerkennung	durch Urteil	davon mit Standesfolge		infolge Rückzugs oder Nichteintretens	infolge Abweisung	
	1	2	3	4	5	6	7
1973	221	88	1	88	36	6	351
1974	222	78	–	92	23	3	326
1975	223	87	3	92	20	6	336
1976	205	69	2	90	27	3	304
1977	208	75	3	92	18	6	307

	Kindesverhältnis festgestellt		%	Kindesverhältnis **nicht** festgestellt		
	durch Anerkennung	durch Urteil		infolge Rückzugs oder Nichteintretens	infolge Abweisung	
1978	97	61	90	16	2	176
1979	96	71	84	17	14	198
1980	133	101	85	38	3	275
1981	66	54	88	11	1	132
1982	56	59	86	17	2	134
1983	91	58	87	17	5	171

Der Rückgang der Vaterschaftsklagen (Rubrik 7) unter dem neuen gegenüber dem alten Recht um etwa die Hälfte und der Anerkennungen (Rubrik 1) um gegen zwei Drittel dürfte zur Hauptsache auf die Beseitigung der Zahlvaterschaft (N 6) zurückzuführen sein. Bemerkenswert ist die geringe

Zahl der Zusprechungen mit Standesfolge (Rubrik 3; aArt. 323; vorn N 6). Der Rückgang der Urteile – der gutheissenden und der abweisenden (Rubriken 2 und 6) – ist wohl mit der Änderung des materiellen Rechts zu erklären. Wegen der Beschränkung der Einreden des Beklagten (Art. 262 N 6, 100 ff) lässt dieser es weniger auf den Prozess ankommen und obsiegt in diesem auch seltener. Zudem mag vermehrte vorprozessuale serologische Begutachtung die aussergerichtliche Regelung begünstigen. Die Zahl der Fälle, in welchen die Vaterschaft nicht festgestellt wurde (Rubriken 5 und 6), ist nicht identisch mit der Zahl der Kinder, die rechtlich vaterlos bleiben. Sie enthält auch Klagen, die zurückgezogen wurden, weil die Klage gegen einen andern Mann gutgeheissen oder das Kind beim Zivilstandsbeamten anerkannt wurde. Die hohen Zahlen für 1978 bis 1980 dürften durch die Unterstellungsklagen gemäss SchlT 13a Abs. 1 (vorn N 112f) zu erklären sein.

Art. 262

II. Vermutung

[1] Hat der Beklagte in der Zeit vom dreihundertsten bis zum hundertachtzigsten Tag vor der Geburt des Kindes der Mutter beigewohnt, so wird seine Vaterschaft vermutet.

[2] Diese Vermutung gilt auch, wenn das Kind vor dem dreihundertsten oder nach dem hundertachtzigsten Tag vor der Geburt gezeugt worden ist und der Beklagte der Mutter um die Zeit der Empfängnis beigewohnt hat.

[3] Die Vermutung fällt weg, wenn der Beklagte nachweist, dass seine Vaterschaft ausgeschlossen oder weniger wahrscheinlich ist als die eines Dritten.

II. Présomption

[1] La paternité est présumée lorsque, entre le trois centième et le cent quatre-vingtième jour avant la naissance de l'enfant, le défendeur a cohabité avec la mère.

[2] La paternité est également présumée lorsque l'enfant a été conçu avant le trois centième jour ou après le cent quatre-vingtième jour avant la naissance et que le défendeur a cohabité avec la mère à l'époque de la conception.

[3] La présomption cesse lorsque le défendeur prouve que sa paternité est exclue ou moins vraisemblable que celle d'un tiers.

II. Presunzione

[1] La paternità è presunta quando il convenuto ha avuto concubito con la madre nel tempo dal trecentesimo al centottantesimo giorno prima della nascita.

[2] Questa presunzione vale anche se il figlio è stato concepito innanzi il trecentesimo giorno o dopo il centottantesimo giorno prima della nascita e il convenuto ha avuto concubito con la madre al tempo del concepimento.

[3] La presunzione cade se il convenuto dimostra che la sua paternità è esclusa o meno verosimile di quella altrui.

			Note	Seite
Übersicht	Materialien		1	381
	Literatur		2	381
	Rechtsvergleichung		3	382
	Rechtsgeschichte		4	382
	Textgeschichte		7	383
	I.	*Klagegrund der Vaterschaftsklage*		384
		1. Beweisnot der Kläger	8	384
		2. Vermutung als Beweislastregel	10	384
		3. Vermutung als Rechtsvermutung	13	385
		4. Vermutung der Vaterschaft des Ehemannes (Art. 255) und des Beischläfers (Art. 262)	18	385
	II.	*Voraussetzungen der Vaterschaftsvermutung*		386
		1. Beiwohnung	21	386
		2. Empfängniszeit	48	393
		3. Glaubhaftmachung der Vaterschaft	56a	395
	III.	*Beseitigung der Vermutung durch Beweis der Nichtvaterschaft*		395
		1. Grundlagen	57	395
		2. Beweis der Nichtvaterschaft	61	396
	IV.	*Beseitigung der Vermutung durch Beweis der geringeren Wahrscheinlichkeit der Vaterschaft des Beklagten*		397
		1. Mehrverkehr der Mutter	70	397
		2. Geringere Wahrscheinlichkeit der Vaterschaft	85	400
		3. Risiko der Nichtvaterschaft	100	403
	V.	*Direkter Beweis der Vaterschaft*	105	404
	VI.	*Internationales Recht*	109	404

Materialien aArt. 314; BBl *1974* II 43 ff; E 262; AmtlBullStR *1975* 119, *1976* 85; NR 1 *1975* 1759 ff; *1976* 423 f.

Literatur Siehe Art. 261 N 2, sowie AUBERT JEAN-FRANÇOIS, L'action en recherche 2 de paternité, JIR *1955* 105; BERNHARD ROBERTO, Die künstliche Besamung, Diss. Zürich 1958; DEGOUMOIS VALY, L'évolution de la jurisprudence en matière de filiation paternelle et la protection de l'enfant né hors mariage, in: Fg zur 100-Jahr-Feier des Bundesgerichts 1875–1975, Basel 1975; DÖLLE HANS, Familienrecht, Darstellung des Deutschen Familienrechts mit rechtsvergleichenden Hinweisen, 2 Bde., Karlsruhe 1964/1965; HEGNAUER CYRIL, Gesetzgebung und Fortpflanzungsmedizin, in: Gedächtnisschrift für Peter Noll, Zürich 1984; *derselbe,* Die Revision der Gesetzgebung über das ausserehelichen Kindesverhältnis, ZSR *1965* II 1; HESS MAX, Aussereheliche Vaterschaft als kriminogener Faktor, Kriminologisches Bulletin, Zürich 1978 7; MERZ HANS, Das Schweizerische Zivilgesetzbuch, Entstehung und Bewährung, ZSR *1962* I 30; MULLIS MARIE-LOUISE, Zahlvater oder biologischer Vater, Gedanken eines Biologen zum neuen Kindesrecht, SJZ *1978* 149; PETER OTTO, Das Problem der rechtlichen Feststellung der Vaterschaft, Diss. Zürich 1923; SCHLATTER ERNST, Berechnung der kritischen Zeit im Vaterschafts- und Ehelichkeitsanfechtungsprozess, SJZ *1969* 147; SPANN W., Heterologe Insemination aus rechtlicher Sicht, Deutsche Medizinische Wochenschrift *1981* 198.

3 Rechtsvergleichung   Auch BGB 1600o Abs. 2 Satz 1 und ABGB 163 Abs. 1 vermuten die Vaterschaft des Mannes, der der Mutter in der Empfängniszeit – 180 bis 302 Tage vor der Geburt – beigewohnt hat: Die Vermutung entfällt nach BGB 1600o Abs. 2 Satz 2, wenn nach Würdigung aller Umstände schwerwiegende Zweifel an der Vaterschaft verbleiben, und nach ABGB 163 Abs. 2, wenn die Vaterschaft des Beklagten so unwahrscheinlich ist, dass sich die Annahme seiner Vaterschaft in Würdigung aller Umstände nicht rechtfertigt oder unwahrscheinlicher ist als die eines andern Mannes. CCfr 340 lässt die Feststellung der Vaterschaft dagegen nur in folgenden Fällen zu: 1. bei Entführung oder Notzucht, 2. bei Verführung, 3. wenn Schriftstücke des Beklagten seine Vaterschaft dartun, 4. bei Konkubinat, 5. wenn der Beklagte für den Unterhalt oder die Erziehung des Kindes gesorgt hat. Die Klage ist unzulässig, wenn das Kind im Inzest gezeugt worden ist und das Kindesverhältnis zur Mutter besteht (CCfr 334-10). Sie wird nach CCfr 340-1 abgewiesen: 1. bei unzüchtigem Lebenswandel oder Mehrverkehr der Mutter, 2. wenn der Beklagte der Mutter nicht beigewohnt hat, 3. wenn seine Vaterschaft durch naturwissenschaftliches Gutachten ausgeschlossen ist. Nach CCit 269 kann die Vaterschaftsklage erhoben werden, wenn die Anerkennung zulässig ist. Sie wird aber auch bei Inzest im Fall der Entführung oder Notzucht zugelassen (CCit 278). Die Klage setzt in jedem Fall voraus, dass besondere Anhaltspunkte vorliegen, welche sie begründet erscheinen lassen (CCit 274 Abs. 1). Wird die Vaterschaftsklage abgewiesen oder nicht zugelassen, so können gegen den Mann, der der Mutter beigewohnt hat, wenigstens Unterhaltsleistungen geltend gemacht werden (CCfr 342ff., CCit 279). DUTOIT 11, HUG 49ff, KRAUSE sec. 77ff.

4 Rechtsgeschichte   Die Vaterschaftsklage des späten Mittelalters stützt sich auf den Eid der unbescholtenen Mutter («Creditur virgini parturienti, asserenti se praegnantem esse ex aliquo»). Der Beklagte war zunächst auf den Nachweis der Eidesunwürdigkeit der Mutter beschränkt, später wurde er auch zum Reinigungseid zugelassen (HUBER IV 534ff). Der französische Code Civil von 1804 (art. 340: La recherche de la paternité est interdite) löst das Problem des Vaterschaftsnachweises radikal durch Ausschluss der Klage. Ihm folgten Neuenburg, Tessin und Waadt. Das österreichische ABGB von 1810 (§ 163) nahm dagegen die Vaterschaft des Beklagten an, wenn er der Mutter beigewohnt hatte, und überliess es ihm, seine Nichtvaterschaft zu beweisen. Dieses für den Beklagten ungünstige System wurde von den kantonalen Kodifikationen nicht übernommen. Vielmehr sahen diese vielfältige Gründe für den Ausschluss der Klage vor, wie namentlich un-

züchtigen Lebenswandel oder Mehrverkehr der Mutter, Änderung ihrer Angaben über die Person des Schwängerers, Minderjährigkeit des Beklagten, Ehe des Beklagten oder der Mutter, Unmöglichkeit der Vaterschaft des Beklagten (HUBER SPR I 500ff; SILBERNAGEL aArt.315 N 1–6). Die Klägerschaft hatte zu beweisen, dass innert eines bestimmten Zeitraumes vor der Geburt der Beklagte – und nur er – der Mutter beigewohnt hatte. Der Beweis wurde regelmässig durch Eid erbracht, sofern die Mutter hievon nicht ausgeschlossen war (HUBER I 511ff).

Nach dem ZGB von 1907 war die Vaterschaft des Beklagten zu vermuten, wenn der Beklagte der Mutter in der Zeit zwischen dem 300. und dem 180. Tage vor der Geburt beigewohnt hatte (aArt.314 Abs.1). Doch fiel die Vermutung mit dem Nachweis erheblicher Zweifel an der Vaterschaft des Beklagten dahin (aArt.314 Abs.2). Zudem war die Klage abzuweisen, wenn die Mutter um die Zeit der Empfängnis einen unzüchtigen Lebenswandel geführt hatte (aArt.315). Über die Entstehungsgeschichte vgl. SILBERNAGEL aArt.315 N 5–9, EGGER aArt.314 N 11, VA Art.314/315 N 4. Abgesehen vom Nachweis der Nichtvaterschaft (BGE *94* II 79f, VA Art.314/315 N 38–42) rechtfertigte Mehrverkehr der Mutter in der gesetzlichen Empfängniszeit erhebliche Zweifel an der Vaterschaft des Beklagten, sofern die Vaterschaft des Dritten nicht ausgeschlossen werden konnte (BGE *89* II 68). Später wurden erhebliche Zweifel dagegen nur angenommen, wenn die Vaterschaft des Dritten nach den Umständen ernstlich in Betracht kam (BGE *95* II 77). Vgl. die Entwicklung der Auslegung von aArt.314 Abs.2 VA Art.314/315 N 45–54. – Die Abweisung der Klage bei unzüchtigem Lebenswandel der Mutter (aArt.315) beruhte auf der Vorstellung, es könne unter solchen Umständen die Vaterschaft überhaupt nicht sicher festgestellt werden. Die Entwicklung des positiven Abstammungsbeweises gestattete aber, den Verdacht, das Kind stamme von einem unbekannten Dritten, zu entkräften. Mit der Zulassung dieses Beweises wurde die nach ihrem Wortlaut absolute Einrede relativiert (BGE *89* II 277, *90* II 273; VA Art.314/315 N 71–90). Vgl. im einzelnen V. DEGOUMOIS, L'évolution de la jurisprudence en matière de filiation paternelle et la protection de l'enfant né hors mariage, in: Fg Bundesgericht Basel 1975.

Die Revision von 1976 hat die Einrede des Mehrverkehrs stark eingeschränkt und die des unzüchtigen Lebenswandels beseitigt (BBl *1974* II 44ff).

Textgeschichte

Art.262 Abs.1 übernimmt aArt.314 Abs.1. Abs.2 ist neu. Abs.3 entspricht aArt.314 Abs.2. der freilich die Vermutung schon bei erheblichen Zweifeln an der Vaterschaft des Beklagten wegfallen liess. Die Abweisung der Klage bei unzüchtigem Lebenswandel der Mutter (aArt.315) ist ersatzlos gestrichen. Art.262 stimmt, abgesehen von einer kleinen redaktionellen Änderung von Abs.2, mit dem Entwurf überein. Ein im Nationalrat gestellter Antrag, die Vermutung habe auch zu entfallen, wenn der Beklagte nachweist, dass die Vaterschaft eines Dritten ebenso wahrscheinlich ist wie die eigene, wurde mit starker Mehrheit abgelehnt (AmtlBullNR *1975* 1759–1761).

I. Klagegrund der Vaterschaftsklage

1. Beweisnot der Kläger

8 Klagegrund der Vaterschaftsklage ist die Abstammung des Kindes vom Beklagten. Nach der allgemeinen Regel, dass, wer aus einer Tatsache, die er behauptet, Rechte ableitet, diese zu beweisen hat (Art. 8), müsste der Kläger – Mutter oder Kind (Art. 261 Abs. 1) – die Abstammung beweisen. Der Vorgang der Zeugung ist jedoch äusserer Wahrnehmung nicht zugänglich. Dass ein bestimmter Mann das Kind gezeugt hat, kann daher grundsätzlich nur mit den beiden Indizien nachgewiesen werden, dass er und kein anderer Mann der Mutter in der Empfängniszeit beigewohnt hat. Die zweite Tatsache kann aber als unbestimmtes Negativum – abgesehen von der hier problematischen Beweisaussage der Mutter – nicht bewiesen werden. Diese Beweisnot der Klägerschaft durch Umkehr der Beweislast zu überbrücken, ist der Grundgedanke der Vaterschaftsvermutung von Art. 262 Abs. 1 und 2 wie schon von aArt. 314 Abs. 1 (Erl I 265; BGE *86* II 313, *87* II 69, *91* II 162, KUMMER Art. 8 N 196, 328).

9 Die Regeln der Erbbiologie gestatten heute freilich, die Vaterschaft auch unabhängig von der Vermutung des Abs. 1 zu beweisen (Art. 254 N 162, 179). Dieser direkte Beweis der Abstammung kann aber nicht immer und nicht ohne weiteres erbracht werden. Daher ist ohne die Vermutung nicht auszukommen. Der Kläger darf aber, wenn die Beiwohnung nicht nachgewiesen werden kann, den direkten Beweis der Vaterschaft antreten (N 105).

2. Vermutung als Beweislastregel

10 Die Vaterschaftsvermutung von Art. 262 Abs. 1 und 2 schränkt zunächst die Behauptungs- und Beweislast des Klägers auf die Beiwohnung des Beklagten in der gesetzlichen (Abs. 1) oder der konkreten Empfängniszeit (Abs. 2) ein (Vermutungs*basis*) und nimmt dem Kläger die Beweislast für die Ausschliesslichkeit und damit auch für die Kausalität der Beiwohnung ab (KUMMER Art. 8 N 333).

11 Misslingt der Beweis der Vermutungsbasis, so kann der Kläger die Vermutungsfolge – die Vaterschaft des Beklagten – direkt nachweisen (N 9, 105 ff; KUMMER Art. 8 N 334). Bleibt diese beweislos, so ist die Klage abzuweisen.

12 Der Beklagte dagegen trägt die Beweislast für die Unrichtigkeit der Vermutungs*folge* (N 16; KUMMER Art. 8 N 336).

3. Vermutung als Rechtsvermutung

Die Vaterschaftsvermutung gemäss Art. 262 Abs. 1 und 2 ist *gesetzliche Vermutung:* Sind ihre Voraussetzungen gegeben, so ist der Beklagte von Gesetzes wegen als Vater anzusehen.

Und zwar erscheint sie als *Rechtsvermutung.* An die unselbständige Tatsachenvermutung der Kausalität der Beiwohnung des Beklagten und damit seiner biologischen Vaterschaft wird die Rechtsfolge, das Kindesverhältnis, angeknüpft (KUMMER Art. 8 N 325).

Die gesetzliche Vermutung des Art. 262 Abs. 1 und 2 kann *beseitigt* werden (vgl. dazu KUMMER Art. 8 N 337 ff):
– durch den *Gegenbeweis* gegen den Beweis der Vermutungs*basis,* d.h. gegen den Beweis der Beiwohnung (N 21 ff);
– durch den *Beweis,* dass die Vermutungs*folge* – die Vaterschaft des Beklagten – *unrichtig* oder die *Vaterschaft* eines Dritten *wahrscheinlicher* ist (Abs. 3, hinten N 57 ff, 70 ff).

Wird weder der Gegenbeweis bezüglich der Vermutungsbasis noch der Beweis gegen die Vermutungsfolge erbracht, so wird die Rechtsvermutung endgültig, und die Klage ist gutzuheissen.

4. Vermutung der Vaterschaft des Ehemannes (Art. 255) und des Beischläfers (Art. 262)

Die Basis der Vermutung der Vaterschaft
– des *Ehemannes* ist die Geburt während der Ehe der Mutter oder binnen 300 Tagen seit deren Auflösung (Art. 255 Abs. 1),
– des *Vaterschaftsbeklagten* ist dessen Beiwohnung in der gesetzlichen oder der konkreten Empfängniszeit (Art. 262 Abs. 1 und 2).

Sie stimmen überein in der *Folge.* Beide vermuten die Vaterschaft eines bestimmten Mannes: des Ehemannes (Art. 255 Abs. 1) und des beklagten Beischläfers (Art. 262 Abs. 1). Das Kindesverhältnis entsteht freilich nach Art. 255 Abs. 1 unmittelbar von Gesetzes wegen (dort N 78), nach Art. 262 dagegen erst durch das gutheissende Urteil (Art. 261 N 94).

Die *Beseitigung* der beiden Vermutungen unterscheidet sich bezüglich des Gegenbeweises gegen die Vermutungsbasis (N 15, Art. 255 N 62 ff) entsprechend deren Verschiedenheit (N 18), stimmt dagegen überein in bezug auf den Beweis der Unrichtigkeit der Vermutungsfolge durch den Beweis der

Nichtvaterschaft (N 57 ff; Art. 256 a/256 b N 6 ff). Die Vermutung der Vaterschaft des Beischläfers kann im Gegensatz zu der des Ehemannes (Art. 256 a/256 b N 7) auch durch Beweis der grösseren Wahrscheinlichkeit der Vaterschaft eines Dritten beseitigt werden (N 70 ff).

II. Voraussetzungen der Vaterschaftsvermutung

1. Beiwohnung

A. Begriff

21   Beiwohnung ist jede geschlechtliche Berührung zwischen einer Frau und einem Mann, die geeignet ist, eine Befruchtung zu bewirken. Die bloss äusserliche Berührung der Geschlechtsteile genügt, ebenso der unvollständige, unterbrochene oder mit Empfängnisverhütungsmitteln ausgeübte Verkehr (BGE *45* II 491, *51* II 258, *77* II 30, *82* II 505, *93* II 6; SJZ *1912/13* 159 Nr. 127, *1930/31* 316 Nr. 60; BJM *1958* 268; SJ *1973,* 26); nicht aber blosses «Petting» (AGVE *1975* Nr. 6); Beischlafsunfähigkeit (Impotentia coeundi) ist unerheblich. Die Beiwohnung im Sinne von Art. 262 Abs. 1 deckt sich nicht mit dem strafrechtlichen Begriff des Beischlafs (BGE *66* II 82). Der Beischläfer braucht nicht urteilsfähig gewesen zu sein (BGE *71* II 16).

22   Der Einwand, die Beiwohnung habe nicht zur Empfängnis geführt, hindert die Begründung der Vermutung nicht, ist aber für deren Beseitigung von Bedeutung (BGE *45* II 491; vgl. N 57 ff).

B. Künstliche Insemination

23   Künstliche Insemination ist einer Beiwohnung des Samenspenders gleichzustellen (PETER 21, 106 f, BERNHARD 186 ff; DÖLLE II 45; HUG 148).

23a   Solche Gleichstellung rechtfertigt sich aber nur, wenn der Samenspender noch lebt und selber der Mutter hätte beiwohnen können. Denn die mit der Vaterschaftsklage angestrebte Feststellung des Kindesverhältnisses hat ihre Grundlage nicht bloss in der genetischen Beziehung des Vaters zum Kinde, sondern überdies in der Tatsache, dass er das Kind *gezeugt* hat (HEGNAUER, Fortpflanzungsmedizin Nr. 10). Bei der Zeugung durch Beiwohnung sind beide Elemente vereinigt. Bei der künstlichen Insemination bedarf es dagegen neben dem Samen noch des Willens des Samenspenders zu dieser Verwendung seines Samens. Dieser Wille ist bei Lebzeiten des Spenders zu vermuten. Er erlischt aber, da der Samen Teil der Persönlichkeit ist, endgültig und zwingend mit dem Tod des Samenspenders. Daraus folgt der Ausschluss der Vaterschaftsklage bei postmortaler Insemination (Art. 261 N 78 a). Die Begründung der Vermutung fällt daher hier von vornherein nicht in Betracht.

Der Kläger hat die Insemination und die Herkunft des Samens zu beweisen. 23 b
Geheimnisherr ist neben der Mutter auch das Kind. Der Arzt, der die Insemination vorgenommen hat, muss daher, wenn die Mutter oder das Kind (wenn es urteilsunfähig ist, sein gesetzlicher Vertreter) ihn von der Schweigepflicht entbinden, den Samenspender bekanntgeben. Diese Pflicht des Arztes folgt aus der Rechenschaftspflicht (OR 400 Abs. 1, GAUTSCHI OR 398 N 15 d, 400 N 23). Sie besteht auch gegenüber dem Kind. Denn der Behandlungsauftrag der Frau schliesst auch einen Auftrag zugunsten des zu zeugenden Kindes ein (GAUTSCHI OR 394 N 46 b). Die Mutter kann nicht zum voraus und auch nicht zulasten des Kindes auf den Offenbarungsanspruch verzichten (GAUTSCHI OR 400 N 38 e). Vgl. dazu HEGNAUER, Fortpflanzungsmedizin Nr. 9. Auf diese Rechtslage nehmen die Medizinisch-ethischen Richtlinien (hinten S. 715, Ziff. 5) ungenügend Rücksicht. 24

Der Arzt haftet (vgl. auch Art. 261 N 20, 68; Art. 255 N 45; Art. 256 N 46, 25
119, 124)
- der *Mutter* nach OR 398 ff, eventuell nach OR 41 ff, wenn er die Insemination ohne ihre Zustimmung vorgenommen hat;
- dem *Kind* nach OR 41 ff, wenn er die Bekanntgabe des Samenspenders 26
verweigert oder wenn er Samen eines Spenders verwendet hat, gegen den die Vaterschaftsklage nicht erhoben werden kann, weil er gestorben oder seine Identität nicht bekannt ist, oder gegen den die dem Kind zustehenden Ansprüche nicht durchgesetzt werden können, weil er unbekannten Aufenthaltes ist. Dem Kind stehen auch Vertragsansprüche aus OR 398 ff zu, denn der Behandlungsauftrag der Mutter schliesst hier auch einen Auftrag zugunsten des zu zeugenden Kindes ein (vgl. dazu GAUTSCHI OR 394 N 46 b, 400 N 23);
- dem *Samenspender* aus OR 398 ff, eventuell OR 41 ff, wenn gegen diesen 27
die Vaterschaftsklage gutgeheissen wird, es sei denn, er habe diese Folge bei der Samenspende in Kauf genommen (vgl. dazu auch BERNHARD FamRZ *1963* 595; HAUSHEER 219, 224; SPANN 198 f).

C. Der Beweis

28 richtet sich nach kantonalem Recht unter Vorbehalt folgender bundesrechtlicher Regeln:

a) Im allgemeinen

29 Der Kläger trägt die Behauptungs- und Beweislast für die Beiwohnung des Beklagten in der Empfängniszeit (N 48 ff). Er hat deren Umstände – insbesondere Ort und Zeit – anzugeben (JT *1965* III 108). Nötigenfalls hat der Richter diese Angaben durch Befragung zu ergänzen (Art. 254 Ziff. 1, dort N 41 ff). Lässt sich die Behauptung der Beiwohnung überhaupt nicht substanzieren, so ist die Klage ohne Beweisverfahren abzuweisen. Da der Richter den Sachverhalt von Amtes wegen erforscht (Art. 254 Ziff. 1, dort N 49), betrifft die Beweislast nicht die Beweisführung als solche, sondern die Folge der Beweislosigkeit (KUMMER Art. 8 N 28, 31 f, 112 ff; GULDENER 169, 325). Scheitert der Beweis der Beiwohnung, so ist zu prüfen, ob der direkte Beweis der Vaterschaft in Betracht zu ziehen ist (N 105 ff), und, wenn dies nicht der Fall ist, die Klage abzuweisen. – Der Kläger trägt nicht die Beweislast dafür, dass die Mutter sich in der Empfängniszeit keinem andern Mann hingegeben hat (N 8, 74; BGE *57* II 2, *85* II 20; SJZ *1928/29* 26 Nr. 31).

30 Die *Anforderungen* an den Beweis richten sich nach der Natur des Beweisthemas. Glaubhaftmachung genügt nicht (BGE *39* II 506), wohl aber – wie für den Beweis des Ehebruchs gemäss Art. 137 (BÜHLER/SPÜHLER Art. 137 N 23 ff) – der Beweis des dringenden Verdachts der Beiwohnung (violenta suspicio fornicationis; BGE *43* II 565, *44* II 236, *52* II 109 f, *57* II 394, *66* II 82, *75* II 104, *95* II 80 f; ZR *1916* Nr. 3; SJ *1973* 25). Doch darf diese Milderung nicht auf eine Umkehr der Beweislast hinauslaufen (BGE *46* II 347).

31 Einen allfälligen durch Tod oder unbekannten Aufenthalt der Mutter oder des Kindes oder eines Dritten entstehenden Beweisnotstand hat die beweisführende Partei auf sich zu nehmen (vgl. WALDER, Prozesserledigung 98 N 23 a).

b) Die Beweismittel

32 dürfen gegenüber dem ordentlichen Zivilprozess erweitert, aber nicht eingeschränkt werden. Das ergibt sich aus dem Grundsatz der freien Beweiswür-

digung (Art. 254 Ziff. 1, dort N 62; früher aus aArt. 310 Abs. 2, VA Art. 310 N 34f). Dabei sind nur solche Auskunftsmittel zulässig, die nach der Lebenserfahrung geeignet sind, dem Richter die Überzeugung von der Wahrheit eines behaupteten Sachverhalts zu verschaffen (BGE *80* II 295 ff). Er darf darum nicht auf blosse Behauptungen des Beweisführers abstellen (BGE *39* II 506, *43* II 559, *45* II 247, *46* II 348, *71* II 127, *75* II 103; KUMMER Art. 8 N 84). Dass die Mutter mit keinem andern Mann verkehrt hat, ersetzt den Beweis der Beiwohnung mit dem Beklagten nicht (ZR *1916* Nr. 3).

Zur Frage, ob ein *Zeuge* über die Frage des Geschlechtsverkehrs mit der 33 Mutter das Zeugnis verweigern dürfe, und darüber, ob bei der Beweiswürdigung die Ausübung des Zeugnisverweigerungsrechts in Betracht gezogen werden dürfe vgl. GULDENER 342 N 21 d, 21 e (vgl. auch hinten N 78).

Der *Zeugeneid* wie auch das Handgelübde sind durch den Grundsatz der 34 freien Beweiswürdigung jeglicher bindenden Wirkung für den Richter entkleidet (Art. 254 Ziff. 1, dort N 61).

In Betracht kommen *Akten* anderer Verfahren, z. B. eines Straf-, Ehescheidungs- 35 oder Anfechtungsprozesses, Korrespondenzen (BÜHLER/SPÜHLER Art. 137 N 22). Dagegen ist der Richter an die Verneinung des Nachweises eines Geschlechtsverkehrs in einem vorausgegangenen Strafverfahren nicht gebunden (BGE *66* II 81 ff; vgl. auch SJZ *1938/39* 51 Nr. 9).

c) Aussagen der Mutter und des Beklagten

Der Partei*eid* (Schiedseid, Ergänzungs- und Reinigungs- 36 eid) und das ihm entsprechende Handgelübde einer Partei erbringen den Beweis für die beschworene Tatsache nicht (GULDENER 358). Sie sind durch das Gebot der freien Beweiswürdigung (Art. 254 Ziff. 1, dort N 61) ausgeschlossen.

Die Beiwohnung kann durch *Geständnis* des Beklagten bewiesen werden 37 (BGE *39* II 485). Da der Beklagte die Klage anerkennen kann (Art. 260 N 120 ff, Art. 261 N 93), darf der Richter sich damit begnügen, zu prüfen, ob das Geständnis nach den Umständen und der Lebenserfahrung glaubwürdig ist (vgl. dazu Art. 260 N 136). Die Offizialmaxime verpflichtet ihn nicht zu weiteren Erhebungen.

Dem Beklagten kann aufgegeben werden, eine *Photographie* einzureichen, 38 um die Konfrontation mit Zeugen, die im Ausland wohnen, zu ermöglichen (ZR *1931* Nr. 77).

39 Nimmt die *Mutter* am Prozess nicht teil, so kann sie als Zeugin vernommen werden. Gegenteilige kantonale Bestimmungen sind infolge des bundesrechtlichen Grundsatzes der freien Beweiswürdigung (Art. 254 Ziff. 1, dort N 62) unanwendbar.

40 Hat sie ihre Ansprüche nach Art. 295 eingeklagt, so darf ihr Zeugnis zwar bei der Entscheidung über die Klage des Kindes, nicht aber bei der über ihre eigene berücksichtigt werden (ZR *1963* Nr. 49 = SJZ *1962* 285 Nr. 151).

41 Das Prozessrecht kann aber auch die als Klägerin auftretende Mutter zur Beweisaussage zulassen, ebenso den Beklagten. Dies sollte jedoch nur unter der Strafandrohung von StGB 306 geschehen (GULDENER 353; abweichend BGE *80* II 297 bezüglich des einfachen Parteiverhörs gemäss BE ZPO 273 ff). Vgl. im einzelnen GULDENER 353 f, sowie die Literatur zu den kantonalen Prozessgesetzen. Zum früheren Recht vgl. VA Art. 314/315 N 22.

d) Indizien

42 Von besonderer Bedeutung ist der Indizienbeweis (BGE *39* II 506 E. 4, *43* II 564, *44* II 236, *46* II 349, *52* II 110, *57* II 394 E. 1, *66* II 82, *75* II 103; SJ *1964* 181; *1973* 23; GULDENER 319; KUMMER Art. 8 N 93).

43 Kasuistik

Vgl. auch N 82; ferner BÜHLER/SPÜHLER Art. 137 N 24; HUG 150 f:
Der Beklagte erklärt aussergerichtlich, er sei der Vater des Kindes (BGE *44* II 4; PKG *1945* Nr. 6).
Er rühmt sich, er könne mit der Mutter machen, was er wolle (BGE *43* II 567).
Er bezahlt die Kosten der Entbindung und der Kindesausstattung (Rev. trim. de droit civil *1956* 110).
Auf Vorhalt des Arztes, die Mutter sei von ihm schwanger, erklärt der Beklagte, das Kind könne ebensogut von einem andern sein (BGE *75* II 104).
Der Beklagte gibt der Mutter, mit der er ein Liebesverhältnis unterhalten hat, bestimmte Abtreibungsmittel und deren Bezugsquellen an (SJZ *1945* 106 Nr. 55).

44 Die Mutter und der Beklagte schliessen sich in einem Zimmer ein und antworten auf Rufe, zu öffnen, nicht (BGE *43* II 563).
Wenn der Beklagte vor und nach der kritischen Zeit mit der Mutter geschlechtlich verkehrt hat, so ist anzunehmen, dies sei auch bei einer während dieser Zeit gemeinsam verbrachten Nacht geschehen (SJ *1958* 374).
Dass die Mutter den Beklagten in seinem Zimmer besucht hat, rechtfertigt allein den Schluss nicht, es habe Geschlechtsverkehr stattgefunden, wohl aber in Verbindung mit weitern Indizien: dem entsprechenden Zeugnis der Mutter und den Tatsachen, dass der Beklagte hiegegen nichts unternommen hat, dass er zuerst die Besuche der Mutter überhaupt bestritten und für diese auch keinen andern plausiblen Grund gegeben hat, dass ein solcher auch schwerlich bestanden haben kann, da die beiden sich

sprachlich kaum verständigen konnten, und dass die Vaterschaft erbbiologisch wahrscheinlich ist; eine Beweiswürdigung, die unter solchen Umständen die Beiwohnung verneint, verstösst gegen das Willkürverbot von BV 4 (BGE *98* I a 142 ff).

Der Beklagte gibt Geschlechtsverkehr mit der Mutter vor und nach der gesetzlichen Empfängniszeit zu, ausserdem, dass er während dieser mit der Mutter eine Nacht im gleichen Bett verbracht hat und beide dabei nackt gewesen sind (BGE *95* II 80).

Beziehungen vor der kritischen Zeit begründen eine Vermutung tatsächlicher Natur dafür, dass es auch in der kritischen Zeit noch zum Geschlechtsverkehr gekommen ist, falls das Verhältnis so lange angedauert hat und der Beklagte nicht nachweist, dass die Beziehungen einen «wesentlich andern Charakter» angenommen haben (BJM *1955* 65, *1966* 123, *1968* 63; vgl. auch BGE *39* II 498). 45

«Bestreitet der Beklagte, mit der Mutter überhaupt zusammengetroffen zu sein, ergibt sich aber, dass er mit ihr Ausflüge gemacht und Tanzereien besucht hat, so kann daraus geschlossen werden, er suche die Beziehungen zur Mutter im Bewusstsein zu verheimlichen, dass er der Vater sei» (GULDENER, Beweiswürdigung 11).

Über die Bedeutung der Beschreibung des Zimmers des Beklagten durch die Mutter vgl. BJM *1962* 163, HUG 150.

e) Überprüfung

Die Feststellung der kantonalen Instanz, ob der Beklagte der Mutter in der gesetzlichen Empfängniszeit beigewohnt habe, ist vom *Bundesgericht* im Berufungsverfahren unter Vorbehalt der Verletzung bundesrechtlicher Aufklärungs- und Beweisvorschriften (N 29, Art. 254 N 55, 64) und der Aktenwidrigkeit nicht zu überprüfen (OG 63 Abs. 2; statt vieler BGE *80* II 295, *88* II 494, *92* II 79). Ist die Würdigung von Indizien aber mit der Anwendung von Erfahrungssätzen verbunden, so ist sie Rechtsfrage und unterliegt der Überprüfung (vgl. BGE *69* II 204 ff; KUMMER Art. 8 N 99 a). Willkürliche Beweiswürdigung oder Verletzung kantonaler Prozessvorschriften ist mit staatsrechtlicher Beschwerde wegen Verletzung von Art. 4 BV zu rügen, vgl. BGE *98* I a 142 ff. 46

f) Scheitern des Beweises

Scheitert der Beweis der Beiwohnung, so bleibt der Klägerschaft von Bundesrechts wegen die Möglichkeit gewahrt, die Vermutungsfolge – die Vaterschaft des Beklagten – direkt nachzuweisen (KUMMER Art. 8 N 335, 337; vgl. darüber hinten N 105 ff). 47

Tabelle zur Bestimmung der gesetzlichen Empfängniszeit. 1 = Geburtstag, 2 = erster, 3 = letzter Tag der Empfängniszeit (vgl. im übrigen N 49).

1	2	3	1	2	3	1	2	3	1	2	3	1	2	3	1	2	3	1	2	3	1	2	3
Jan.	März	Juli	Febr.	April	Aug.	März	Juni	Sept.	Mai	Juli	Nov.	Juni	Aug.	Dez.	Juli	Okt.	Febr.	Sept.	Nov.	März	Okt.	Dez.	Febr.
1	7	5	1	13	17	1	28	29	1	8	9	1	20	22	1	31	1	1	12	16	1	25	6
2	8	6	2	14	18	2	29	30	2	9	10	2	21	23	2	Aug.	2	2	13	17	2	26	7
3	9	7	3	15	19	3	30	Okt.	3	10	11	3	22	24	3	1	3	3	14	18	3	27	8
4	10	8	4	16	20	4	31	1	4	11	12	4	23	25	4	2	4	4	15	19	4	28	9
5	11	9	5	17	21	5	April	2	5	12	13	5	24	26	5	3	5	5	16	20	5	29	10
6	12	10	6	18	22	6	1	3	6	13	14	6	25	27	6	4	6	6	17	21	6	30	11
7	13	11	7	19	23	7	2	4	7	14	15	7	26	28	7	5	7	7	18	22	7	31	12
8	14	12	8	20	24	8	3	5	8	15	16	8	27	29	8	6	8	8	19	23	8	Nov.	13
9	15	13	9	21	25	9	4	6	9	16	17	9	Sept.	30	9	7	9	9	20	24	9	1	14
10	16	14	10	22	26	10	5	7	10	17	18	10	28	31	10	8	10	10	21	25	10	2	15
11	17	15	11	23	27	11	6	8	11	18	19	11	29	Jan.	11	9	11	11	22	26	11	3	16
12	18	16	12	24	28	12	7	9	12	19	20	12	30	1	12	10	12	12	23	27	12	4	17
13	19	17	13	25	29	13	8	10	13	20	21	13	Juli	2	13	11	13	13	24	28	13	5	18
14	20	18	14	26	30	14	9	11	14	21	22	14	1	3	14	12	14	14	25	29	14	6	19
15	21	19	15	27	31	15	10	12	15	22	23	15	2	4	15	13	15	15	26	30	15	7	20
16	22	20	16	28	Sept.	16	11	13	16	23	24	16	3	5	16	14	16	16	27	Dez.	16	8	21
17	23	21	17	Mai	1	17	12	14	17	24	25	17	4	6	17	15	17	17	28	1	17	9	22
18	24	22	18	1	2	18	13	15	18	25	26	18	5	7	18	16	18	18	29	2	18	10	23
19	25	23	19	2	3	19	14	16	19	26	27	19	6	8	19	17	19	19	30	3	19	11	24
20	26	24	20	3	4	20	15	17	20	27	28	20	7	9	20	18	20	20	Dez.	4	20	12	25
21	27	25	21	März	4	21	16	18	21	28	29	21	8	10	21	19	21	21	1	5	21	13	26
22	28	26	22	1	5	22	17	19	22	29	30	22	9	11	22	20	22	22	2	6	22	14	27
23	29	27	23	2	6	23	18	20	23	30	31	23	10	12	23	21	23	23	3	7	23	15	28
24	30	28	24	3	7	24	19	21	24	31	Aug.	24	11	13	24	22	24	24	4	8	24	16	März
25	31	29	25	4	8	25	20	22	25	Juni	1	25	12	14	25	23	25	25	5	9	25	17	1
26	April	30	26	5	9	26	21	23	26	1	2	26	13	15	26	24	26	26	6	10	26	18	2
27	1	31	27	6	10	27	22	24	27	2	3	27	14	16	27	25	27	27	7	11	27	19	3
28	2	Aug.	28	7	11	28	23	25	28	3	4	28	15	17	28	26	28	28	8	12	28	20	4
29	3	1				29	24	26	29	4	5	29	16	18	29	27	März	29	9	13	29	21	5
30	4	2				30	25	27	30	5	6	30	17	19	30	28	1	30	10	14	30	22	6
31	5	3				31	26	28	31	6	7				31	Nov.	2				31	23	7
Febr.		4					27		Juli	7	8	Aug.	18	20		1	3	Okt.	11	15	Dez.	24	8
1	6	5					28	29	1	8	9	1	19	21	Sept.	2	4	1	12	16	1	25	9
2	7	6					29	30	2	9	10	2	20	22	1	3		2	13	17	2	26	10
3	8	7					30	31	3	10	11	3	21	23	2	4		3	14	18	3	27	11
4	9	8					Juli	Nov.	4	11	12	4	22	24	3	5	6	4	15	19	4	28	12
5	10	9					1	1	5	12	13	5	23	25	4	6	7	5	16	20	5	29	13
6	11	10					2	2	6	13	14	6	24	26	5	7	8	6	17	21	6	30	14
7	12	11					3	3	7	14	15	7	25	27	6	8	9	7	18	22	7	31	15
8	13	12					4	4	8	15	16	8	26	28	7	9	10	8	19	23	8	Jan.	16
9	14	13					5	5	9	16	17	9	27	29	8	10	11	9	20	24	9		17
10	16	14					6	6	10	17	18	10	28	30	9	11	12	10	21	25	10	1	18
11	17	15					7	7	11	18	19	11	29	31	10	12	13	11	22	26	11	2	19
12	18	16					8	8	12	19	20	12	30		11	13	14	12	23	27	12	3	20

2. Empfängniszeit

A. Gesetzliche Empfängniszeit

a) Dauer

Die gesetzliche Empfängniszeit beginnt mit dem 300. und endigt mit Ablauf des 180. Tages vor der Geburt; sie umfasst damit 121 Tage (BGE *45* II 492). Der Tag der Geburt wird nicht mitgezählt. Massgebend ist die Vollendung der Geburt, nicht der Beginn der Wehen.
Für die Bestimmung der Empfängniszeit vgl. die Tabelle (vgl. auch die Faustregelmethode von ERNST SCHLATTER SJZ *1969* 147).
Vom Geburtstag (erstes Datum) aus können Beginn (zweites Datum) und Ende (drittes Datum) der gesetzlichen Empfängniszeit ermittelt werden. Bei Geburten zwischen dem 1. März und dem 27. August eines Schaltjahres ist dem Beginn (zweites Datum) und dem Ende (drittes Datum) der Empfängniszeit je ein Tag, bei Geburten zwischen dem 28. August und 25. Dezember eines Schaltjahres ist nur dem Beginn (zweites Datum) ein Tag hinzuzuzählen. Für eine Geburt am 29. Februar läuft die Empfängniszeit vom 5. Mai bis 2. September, für eine solche am 27. August eines Schaltjahres vom 1. November bis 29. Februar, für eine solche am 25. Dezember eines Schaltjahres vom 29. Februar bis 28. Juni. – Über die Verwendung der Tabelle bei der Vermutung des Art. 255 vgl. dort N 30, und deren Anfechtung Art. 256a/ 256b N 12, 16.

b) Bedeutung

Das Gesetz vermutet, die Empfängnis sei zwischen dem 300. und dem 180. Tag vor der Geburt eingetreten (vgl. auch Art. 256a Abs. 2). Darum begründet jede Beiwohnung des Beklagten innerhalb dieses Zeitraumes die Vermutung seiner Vaterschaft (AUBERT 115), auch ohne den Nachweis, dass die Reife des Kindes diesem Konzeptionstermin entspricht (BGE *51* II 112; ZR *1915* Nr. 68, *1924* Nr. 135). Die Vermutung der Zeugung in der gesetzlichen Empfängniszeit kann aber widerlegt werden.

B. Beiwohnung vor oder nach der gesetzlichen Empfängniszeit

51 Die medizinisch mögliche Empfängniszeit ist länger als die gesetzliche: Die Schwangerschaft eines lebensfähigen Kindes kann ausnahmsweise mehr als 300 oder weniger als 180 Tage dauern (PODLESCHKA [zit. Art. 254 N 2] 45 ff; 64 ff). Die Vermutung kann auch in diesen Fällen begründet werden. Die Klägerschaft hat aber zu beweisen, dass die konkrete Empfängniszeit vor dem 300. oder nach dem 180. Tag vor der Geburt liegt. In Betracht kommen das gynäkologische und das Tragzeitgutachten (Art. 254 N 112 ff, 118 ff). Eine erhebliche Wahrscheinlichkeit genügt (vgl. HUG 153). Ausserdem ist zu beweisen, dass der Beklagte der Mutter um jene Zeit beigewohnt hat.

52 Abs. 2 kodifiziert damit die von der früheren Rechtsprechung und der herrschenden Doktrin zu aArt. 314 Abs. 1 vertretene Meinung (BBl *1974* II 44; BGE *43* II 137 f, *55* II 233, *62* II 67; ZR *1930* Nr. 140, *1938* Nr. 34; SJZ *1927/28* 232 Nr. 207, *1930/31* 317 Nr. 60; ZBJV *1940* 409; BJM *1965* 79; vgl. Art. 255 N 33; HEGNAUER ZSR *1965* II 70 f; SILBERNAGEL Art. 314 N 12 ff; EGGER Art. 314 N 5; vgl. im übrigen VA Art. 314/315 N 32/33).

53 Kasuistik Begründung der Vermutung bei folgenden Intervallen zwischen Beiwohnung und Geburt
bejaht:
– 177 Tage (unreif, 38,5 cm, 1320 g, Dekadenwahrscheinlichkeit 5,65%; BJM *1965* 79);
– 301 Tage (überreif; BGE *62* II 65; vgl. auch ZR *1938* Nr. 34);
– 302 Tage (BGE *43* II 135);
– 321–322 Tage (sichere Feststellung der Spätgeburt; BGE *91* II 258);

54 *verneint:*
– 305 Tage (höchst unwahrscheinlich; ZBJV *1940* 409);
– 312 Tage (keine Anzeichen einer Spätgeburt; BGE *55* II 233, *70* II 70);
– 330 Tage (SJZ *1930/31* 317 Nr. 60).

55 Im Armenrechtsverfahren wurde die Aussichtslosigkeit der Klage *bejaht,* wenn der Beklagte 167 Tage (SJZ *1959* 280 Nr. 115), *verneint,* wenn er 303 Tage vor der Geburt beigewohnt hat und eine solche Tragzeit nicht ausgeschlossen ist (SJZ *1966* 45 Nr. 17).

56 Vermag die Klägerschaft nicht zu beweisen, dass das Kind mit erheblicher Wahrscheinlichkeit vor oder nach der gesetzlichen Empfängniszeit gezeugt worden ist, so hat sie den positiven Beweis der Vaterschaft zu erbringen, wofür unter diesen Umständen nur das serostatistische (Art. 254 N 162) und das Ähnlichkeitsgutachten (Art. 254 N 179) in Betracht fallen (N 105 ff). Zu

diesem Beweis ist sie aber nicht zuzulassen, wenn die behauptete Beiwohnung des Beklagten nicht wenigstens glaubhaft gemacht ist, die behauptete Tragzeit nach der Reife des Kindes oder die Vaterschaft des Beklagten serologisch ausgeschlossen ist oder Anhaltspunkte für Mehrverkehr in einem der Reife besser entsprechenden Zeitpunkt bestehen (vgl. SJZ *1930/31* 316 Nr. 60).

3. Glaubhaftmachung der Vaterschaft

Für die Anordnung der Pflicht zur Hinterlegung (Art. 282) genügt, dass die Vaterschaft des Beklagten glaubhaft gemacht wird. Dies trifft zu, wenn Anhaltspunkte für die Beiwohnung des Beklagten bestehen oder diese nach Ort, Zeit und weiteren Umständen dargetan ist und ihr Zeitpunkt mit der Möglichkeit einer Konzeption ernstlich zu rechnen erlaubt (HEGNAUER, Kindesrecht 118). Unzüchtiger Lebenswandel der Mutter macht die Vaterschaft des Beklagten nicht unglaubhaft (BGE *109* II 201). 56a

III. Beseitigung der Vermutung durch Beweis der Nichtvaterschaft

1. Grundlagen

Eine gesetzliche Vermutung wird durch den Beweis des Gegenteils widerlegt. Hat die Klägerschaft die Vermutungs*basis* – die Beiwohnung des Beklagten in der Empfängniszeit (N 21 ff) – bewiesen, so kann dieser die Vermutungs*folge* widerlegen, indem er beweist, dass er doch nicht der Vater ist. Art. 262 Abs. 3 kodifiziert diese unter dem früheren Recht von Lehre und Rechtsprechung entwickelte Regel (EGGER Art. 314 N 11 ff; KUMMER Art. 8 N 108, 338; BGE *86* II 314: «la preuve contraire», *91* II 162 f, *94* II 79 f). Der Anspruch des Beklagten auf die Abnahme des Beweises seiner Nichtvaterschaft ist unabhängig davon, ob Anhaltspunkte für Mehrverkehr der Mutter in der kritischen Zeit bestehen, und umfasst namentlich auch die Einholung der entsprechenden naturwissenschaftlichen Abstammungsgutachten (BGE *91* II 164, *98* II 350). 57

Die Nichtvaterschaft muss wie nach Art. 256 a Abs. 1 und Art. 260 b Abs. 1 mit an *Sicherheit grenzender Wahrscheinlichkeit* bewiesen werden (BGE *82* II 87, 266; *94* II 80 f; *101* II 14). Vgl. auch Art. 256 a/256 b N 7, Art. 260 b 58

N 7. Ob das Beweisergebnis diesen Anforderungen genüge, ist als Rechtsfrage vom Bundesgericht als Berufungsinstanz zu überprüfen (BGE *82* II 262f, *87* II 70, *94* II 81 E.3, *101* II 15). Vgl. Art.254 N 100ff.

59 Ist der Beweis der Nichtvaterschaft erbracht, so fällt die Vermutung endgültig dahin, und die Klage ist abzuweisen. Der Klägerschaft steht kein Anspruch zu, die Vaterschaft des ausgeschlossenen Beklagten direkt zu beweisen (BGE *88* II 397 E.2).

60 Eine geringere Wahrscheinlichkeit der Nichtvaterschaft hebt wie bisher (BGE *91* II 159; VA Art.314/315 N 44) die Vermutung nicht auf (TERCIER 391 Ziff.5), kann aber bei Nachweis von Mehrverkehr bedeutsam sein (N 70ff).

2. Beweis der Nichtvaterschaft

61   Die Nichtvaterschaft eines Mannes, der der Mutter beigewohnt hat, kann nur mit naturwissenschaftlichen Abstammungsgutachten bewiesen werden. Über diese und deren Reihenfolge vgl. Art.254 N 66ff, 189ff.

A. Die Beiwohnung des Beklagten kann aus medizinischen Gründen nicht zur Konzeption geführt haben

62 wegen *Zeugungsunfähigkeit* des Beklagten (andrologisches Gutachten, Art.254 N 108ff), wegen *Befruchtungsunfähigkeit* der Mutter (gynäkologisches Gutachten, Art.254 N 112ff) oder wegen des Verhältnisses des Beiwohnungstermines zu den *Reifemerkmalen* des Kindes (Reifegrad- oder Tragzeitgutachten, Art.254 N 118ff).

63 Der Beklagte trägt die Beweislast nur dafür, dass die nachgewiesene, die Vermutung begründende Beiwohnung nicht zur Konzeption geführt hat (BGE *58* II 194).

64 Die medizinischen Gutachten kommen beim heutigen Stand des Blutgruppengutachtens für den Beweis der Nichtvaterschaft nur noch in besonderen Fällen in Betracht (Art.254 N 191).

B. Die Vaterschaft des Beklagten ist erbbiologisch ausgeschlossen

65 wegen Unvereinbarkeit der *hämatologischen* Merkmale (Blutgruppengutachten, Art.254 N 130ff), wegen der statistischen *Häufigkeit* der *nichtgemeinsamen* hämatologischen Merkmale (serostatistisches Gutachten,

Art. 254 N 160 ff) oder wegen Unvereinbarkeit der *morphologischen* Merkmale (anthropologisches Gutachten, Art. 254 N 172 ff).

Der serologische und der anthropologische Ausschluss erfordern eine an Sicherheit grenzende Wahrscheinlichkeit (N 58). Über deren Voraussetzungen beim serologischen Gutachten s. Art. 254 N 131, 150, 152, beim anthropologischen s. Art. 254 N 175. 66

Der serostatistische Ausschluss ist bei einer Wahrscheinlichkeit von 0,2% und darunter bewiesen (Art. 254 N 164). 67

C. Die Vaterschaft eines Dritten ist erbbiologisch bewiesen (BGE *92* II 80; TERCIER 390 Ziff. 1)

Die Beweiserhebung erfolgt im Rahmen des Beweises der geringeren Wahrscheinlichkeit der Vaterschaft des Beklagten (N 70 ff) oder im gleichzeitigen Vaterschaftsprozess gegen den Dritten (vgl. Art. 261 N 69 ff). Der Beweis ergibt sich aufgrund 68
- der statistischen Häufigkeit der dem Kind und dem Dritten gemeinsamen *hämatologischen* Merkmale (serostatistisches Gutachten, Art. 254 N 163, 171), oder
- der Übereinstimmung der *morphologischen* Merkmale von Kind und Drittem (anthropologisches Gutachten, Art. 254 N 179, 181).

Der positive Beweis ist erbracht, wenn das serostatistische Gutachten eine Wahrscheinlichkeit von 99,8%, oder das anthropologische eine an Sicherheit grenzende Wahrscheinlichkeit ergibt. Bei geringerer Wahrscheinlichkeit vgl. Art. 254 N 199 f. 69

IV. Beseitigung der Vermutung durch Beweis der geringeren Wahrscheinlichkeit der Vaterschaft des Beklagten

1. Mehrverkehr der Mutter

A. Bedeutung

Nach aArt. 314 Abs. 2 fiel die Vermutung weg bei Nachweis von Tatsachen, die erhebliche Zweifel über die Vaterschaft des Beklag- 70 ten rechtfertigten. Als solche Tatsache erschien vorab Mehrverkehr der Mutter (VA Art. 314/315 N 45). Und zwar legte die Rechtsprechung jedem Mehrverkehr in der Empfängniszeit diese Bedeutung bei, sofern die Zeugung durch den Dritten nicht ausgeschlossen war (BGE *84* II 676; VA Art. 314/315 N 46 mit Hinweisen). Aufgrund der Kritik (VA Art. 314/315 N 47 ff mit Hinweisen) nahm BGE *95* II 77 erhebliche Zweifel nur noch an, wenn der Dritte nach den Umständen als Vater des Kindes ernstlich in Betracht kam. Das neue Recht geht noch einen wesentlichen Schritt weiter: Die Vermutung fällt nur dahin, wenn die Vaterschaft des Dritten wahrscheinlicher ist als die des Beklagten (vgl. dazu BBl *1974* II 46 f).

71 Dieser Beweis fällt ausser Betracht, wenn die Vaterschaft des Beklagten nachgewiesen (N 105 ff; BGE *87* II 73, PKG *1964* Nr. 1) oder ausgeschlossen (N 57 ff) ist.

72 Als Mehrverkehr erscheint jede *Beiwohnung eines Dritten,* auch wenn diese in widerrechtlicher oder sittenwidriger Weise herbeigeführt worden ist (VA Art. 314/315 N 57, 67 mit Hinweisen). Für den Begriff der Beiwohnung vgl. N 21 ff.

73 Von Bedeutung ist jedoch nur Mehrverkehr in der gesetzlichen *Empfängniszeit* (Abs. 1, N 48 ff) oder bei Früh- oder Spätgeburt um die konkrete Empfängniszeit (Abs. 2, N 51 ff; VA Art. 314/315 N 68, BGE *75* II 107; SJ *1969* 534).

B. Beweis des Mehrverkehrs

74 Die Behauptungs- und Beweislast trifft den Beklagten. Die Regeln für den Beweis der Beiwohnung des Beklagten sind sinngemäss anzuwenden (N 28 ff). Der Beklagte hat die Umstände des Drittverkehrs, namentlich in bezug auf Zeit, Ort und Person, anzugeben (SJ *1969* 535). Der Beweis des Mehrverkehrs kann durch das Zeugnis der Mutter, sie habe mit keinem andern Mann verkehrt, nicht abgeschnitten werden. Der Kläger hat aber nicht zu beweisen, dass kein Mehrverkehr stattgefunden hat, sondern nur dass der Mann, mit dem die Mutter verdächtigen Umgang unterhalten hat, ihr nicht beigewohnt hat (BGE *85* II 20 f).

75 Für die *Anforderungen* an den Beweis vgl. N 30. Auch hier genügt der dringende Verdacht der Beiwohnung (BGE *39* II 179, *44* II 24, *77* II 292, *78* II 318) und sind unterbrochener Geschlechtsverkehr und beischlafsähnliche Handlungen als Beiwohnung anzusehen (BJM *1956* 208; *1958* 268; N 21). Für die *Beweismittel* vgl. N 32 ff. Aus der Pflicht des Richters, den Sachver-

halt von Amtes wegen zu erforschen (Art. 254 Ziff. 1), folgt, dass er den Kläger verpflichten kann, ihm bekannte Angaben über den Dritten zu offenbaren, die nötig sind, damit dieser ins Beweisverfahren einbezogen werden kann (a. M. PKG *1963* Nr. 10).

Der am Prozess nicht beteiligten Mutter kann nach kantonalem Recht ein 77 Zeugnisverweigerungsrecht zustehen, weil sie mit dem Kind verwandt ist und weil ihre Aussage das Kind und damit auch sie benachteiligen könnte. Auf den Zeugnisverweigerungsgrund der Aussage zum eigenen Nachteil kann sich auch der Dritte berufen, der eine Klage gegen sich befürchten müsste (vgl. GULDENER 342 f, STRÄULI/MESSMER § 159 N 3–5).

Ob eine ledige Person des Zeugnis über den Geschlechtsverkehr mit der 78 Mutter als Aussage zur eigenen Schande verweigern dürfe, ist umstritten (vgl. VA Art. 314/315 N 63 mit Hinweisen), dürfte aber heute jedenfalls im Vaterschaftsprozess eher zu verneinen sein (vgl. dazu GULDENER 342 N 21 d; HAUSER, Zeugenbeweis 168 f). Erst recht darf die Mutter, die am Prozess als Partei teilnimmt, die Aussage nicht verweigern. Auch muss eine an sich befugte Zeugnisverweigerung bei der Beweiswürdigung in Betracht gezogen werden können (GULDENER 342 N 21 e). Vorn N 33.

Für die Würdigung von *Akten* anderer Verfahren vgl. N 35. Die Edition vor- 79 mundschaftlicher Akten über die Mutter darf nur verlangt werden, soweit sie selber als Partei oder als Zeugin zur Auskunft verpflichtet ist (vgl. dazu SCHNYDER/MURER Art. 360 N 145 ff; BGE *80* I 5).

Der Richter ist an die Feststellungen über die Beiwohnung oder Nichtbei- 80 wohnung des Ehemannes in einem vorausgegangenen *Anfechtungsprozess* nicht gebunden (BGE *60* II 14 f; PKG *1949* Nr. 13).

Auch hier ist der *Indizienbeweis* (vorn N 42 ff) zulässig und von grosser Be- 81 deutung (BGE *39* II 179, *40* II 5, *44* II 24, *77* II 293 f, *78* II 318; SJZ *1951* 143 Nr. 48, ZBJV *1952* 360). Die Indizien müssen sich auf den Verkehr der Mutter mit einem bestimmten Manne beziehen.

Kasuistik	Die Mutter verbringt in der Empfängniszeit ein Wochenende mit einem 82 Dritten in dessen Zweierzelt (ZBJV *1952* 360) oder nimmt nachts einen Mann ins Bett (BGE *40* II 4 f). Die Mutter bezeichnet zunächst einen andern als Schwängerer (BGE *43* II 140, *78* II 111, *80* II 302), es sei denn, sie mache diese Angaben gegenüber Dritten, die es nichts angeht (BGE *69* II 135).
	Nicht zwingend auf Mehrverkehr lässt schliessen, dass die Mutter ihre 83 Klage zurückzieht (ZR *1915* Nr. 68) oder die Schwangerschaft dem Beklagten erst spät anzeigt (BGE *82* II 93).

84 Ob Mehrverkehr stattgefunden habe, ist – unter Vorbehalt von N 46 – Tatfrage, die im Berufungsverfahren vom Bundesgericht nicht zu überprüfen ist (OG 63 Abs. 2; BGE *40* II 5, *90* II 226).

2. Geringere Wahrscheinlichkeit der Vaterschaft

A. Grundsatz

85 Der Beweis des Mehrverkehrs reicht nicht aus. Es muss darüberhinaus bewiesen werden, dass die Vaterschaft des Dritten *wahrscheinlicher* ist als die des Beklagten. Darin liegt die wesentliche Änderung gegenüber dem früheren Recht (vgl. N 70).

86 Zu vergleichen ist die *konkrete naturwissenschaftliche Wahrscheinlichkeit* der Vaterschaft des Beklagten und der des Dritten. Das setzt voraus, dass sie vom Sachverständigen (TERCIER 390) für beide bestimmt wird. Der Dritte muss daher bekannt sein und ins Beweisverfahren einbezogen werden. Der Nachweis, dass die Vaterschaft eines unbekannten Dritten wahrscheinlicher sei, ist unzulässig (TERCIER 390 f, Ziff. 4). Dem Richter darf auch nicht ohne naturwissenschaftliche Gutachten lediglich aufgrund der ihm bekannten Indizien die Wahrscheinlichkeit der Vaterschaft des Beklagten und des Dritten gegeneinander abwägen.

87 Die Wahrscheinlichkeit muss für den *Beklagten* bestimmt werden, wenn der Beweis der Nichtvaterschaft (N 57 ff) nicht erbracht werden kann.

88 Was den *Dritten* betrifft, so genügt nicht wie im früheren Recht der Nachweis, dass die Vaterschaft des Dritten ernstlich in Betracht kommt (BGE *95* II 77 f, vorn N 70). Vielmehr muss bewiesen werden, dass die Vaterschaft des Beklagten weniger wahrscheinlich ist als die des Dritten, mit andern Worten, dass die Wahrscheinlichkeit der Vaterschaft des Dritten grösser ist als die des Beklagten.

89 Bei *gleicher* Wahrscheinlichkeit ist der Beweis gescheitert und bleibt die Vermutung zulasten des Beklagten bestehen (BBl *1974* II 47; AmtlBullNR *1975* 1759 ff). Über die Aufgabe des Richters bei gleicher Wahrscheinlichkeit mehrerer Beklagten vgl. TERCIER 391. Vgl. auch Art. 261 N 72 ff.

90 Mehrverkehr der Mutter soll nach dem klaren Willen des historischen Gesetzgebers das Kind nicht um das Recht bringen, das väterliche Kindesverhältnis feststellen zu lassen. Das ist für die Anforderungen an den Beweis von Bedeutung. Die Wahrscheinlichkeit der Vaterschaft des Beklagten muss

daher *eindeutig* geringer sein als die des Dritten, und zwar um mindestens soviel, dass die Gefahr einer umgekehrten Würdigung im spätern Vaterschaftsprozess gegen den Dritten gebannt ist (vgl. immerhin N 93).

Haben *mehrere* Dritte der Mutter in der Empfängniszeit beigewohnt, so ist die Wahrscheinlichkeit für jeden, dessen Vaterschaft nicht ausgeschlossen ist, zu bestimmen, und mit der Wahrscheinlichkeit für den Beklagten zu vergleichen. Die Vermutung fällt nur weg, wenn die Wahrscheinlichkeit für *einen* dieser Dritten grösser ist als für den Beklagten. Es dürfen nicht die Wahrscheinlichkeiten für die mehreren Dritten addiert und ihre Summe der Wahrscheinlichkeit für den Beklagten gegenübergestellt werden. 91

Ist der Beweis der grösseren Wahrscheinlichkeit der Vaterschaft eines Dritten erbracht, so entfällt die Vermutung endgültig und ist auch der direkte Beweis der Vaterschaft des Beklagten ausgeschlossen (a. M. HUG 160; TERCIER 390 Ziff. 2; vgl. hinten N 107). 92

Das Urteil, das die Klage abweist, weil die Vaterschaft des Dritten wahrscheinlicher ist, bindet den Richter im Vaterschaftsprozess gegen den Dritten nicht (vgl. auch N 80). Der Dritte kann seinerseits geltend machen, seine Vaterschaft sei ausgeschlossen oder weniger wahrscheinlich als die des ersten Beklagten. Der Richter hat im zweiten Prozess die im ersten erhobenen Beweise selbständig zu würdigen und sie nötigenfalls zu ergänzen. Ergibt sich aufgrund neuentdeckter Merkmale (Art. 254 N 73 ff), dass die Vaterschaft des Dritten ausgeschlossen ist, und wird die Klage deswegen abgewiesen, so kann nach dem kantonalen Prozessrecht die Revision des ersten Urteils verlangt werden (GULDENER 531 und dort N 5). 93

Ob die Vaterschaft eines Dritten wahrscheinlicher ist als die des Beklagten, ist vom Bundesgericht zu überprüfende *Rechtsfrage* (vgl. sinngemäss BGE 76 II 6f, *82* II 262f). 94

B. Beweismittel

a) Medizinische Gutachten (Art. 254 N 107 ff)

Alle drei medizinischen Gutachten fallen in Betracht. 95

Beispiele:
- Nach dem andrologischen Gutachten (Art. 254 N 108 ff) ist die Zeugung durch den Beklagten sehr unwahrscheinlich, die Zeugung für den Zeit-

punkt der Beiwohnung des Dritten nach dem gynäkologischen (Art. 254 N 112 ff), oder dem Reifegradgutachten (Art. 254 N 118 ff) oder beiden zusammen dagegen sehr wahrscheinlich.

96 – Das Reifegradgutachten ergibt für die Zeugung zur Zeit der Beiwohnung des Beklagten eine Wahrscheinlichkeit von 5% und zur Zeit der Beiwohnung des Dritten eine solche von 50% (vgl. die nach dem früheren Recht beurteilten Fälle BGE *76* II 6, *78* II 110 vgl. auch PKG *1971* Nr. 6). Vorausgesetzt wird, dass die grössere Wahrscheinlichkeit der Zeugung durch den Dritten im Einklang oder wenigstens nicht in Widerspruch steht mit dem gynäkologischen Gutachten (Art. 254 N 112 ff).

b) Das serostatistische Gutachten (Art. 254 N 160 ff)

97   Die nur je für die Wahrscheinlichkeit der Vaterschaft des Beklagten und des Dritten errechneten Werte dürfen *nicht* miteinander verglichen werden. Vielmehr sind die für Mehrmannfälle entworfenen Tafeln anzuwenden (Art. 254 N 171).

c) Das anthropologische Gutachten (Art. 254 N 172 ff)

98   Dieses erlaubt bei hinreichender Mutter-Kind-Unähnlichkeit in der Regel eine Aussage über die grössere Wahrscheinlichkeit der Vaterschaft von zwei in Betracht fallenden Männern (Art. 254 N 181). Vgl. die unter früherem Recht beurteilten Fälle: BGE *82* II 263, ZR *1956* Nr. 150, SJZ *1947* 222 Nr. 101.

99 Beim Entscheid, ob die Vaterschaft des Beklagten weniger wahrscheinlich sei als die eines Dritten, sind alle verfügbaren naturwissenschaftlichen Erkenntnisse auszuwerten. Demgemäss sind in der Regel das serologische (Art. 254 N 130 ff), das serostatistische (Art. 254 N 160 ff) und das anthropologische Gutachten (Art. 254 N 172 ff) einzuholen. Ergeben sie weder den sichern Ausschluss oder Nachweis der Vaterschaft des Beklagten oder des Dritten, noch eine eindeutig geringere Wahrscheinlichkeit der Vaterschaft des Beklagten, so sind die medizinischen Gutachten (Art. 254 N 107 ff) heranzuziehen. Nur in singulären Situationen dürfte ein Entscheid aufgrund der medizinischen Gutachten allein in Betracht kommen (Art. 254 N 191).

3. Risiko der Nichtvaterschaft

Mit der stark beschränkten Berücksichtigung des Mehrverkehrs der Mutter nimmt das Gesetz in Kauf, dass ein Beischläfer, der tatsächlich nicht der Vater ist, rechtlich als Vater gilt (BBl *1974* II 47). Der hiegegen erhobenen Kritik (MULLIS SJZ *1978* 149, 153; NEUHAUS 238) ist zu entgegnen: 100

A. Der Beklagte hat mit der Beiwohnung das Seinige getan, um Vater zu werden. Es ist weniger stossend, wenn ein Mann als Vater gilt, dessen Vaterschaft zwar nicht sicher, aber doch möglich ist, als dass das Kind überhaupt keinen gesetzlichen Vater hat (BBl *1974* II 47; HEGNAUER ZSR *1965* II 99; LALIVE ZSR *1965* II 666f). Zur Sachgerechtigkeit der Entscheidung nach der grössern Wahrscheinlichkeit, vgl. RICHARD MOTSCH, Vom rechtsgenügenden Beweis. Zur Entscheidung von Zivilsachen nach Wahrscheinlichkeit, unter besonderer Berücksichtigung der Abstammungsfeststellung. Berlin 1983, S. 170, 246, 248. 101

B. Bei der Vermutung der Vaterschaft des Ehemannes (Art. 255) ist das Risiko der Nichtvaterschaft grösser. Die Vermutung entsteht *ohne Beweis der Beiwohnung* des Ehemannes. Wird bei Zeugung zu einer Zeit, da ein gemeinsamer Haushalt fehlt, eine Beiwohnung des Ehemannes *glaubhaft* gemacht, so ist zur Anfechtung der Beweis seiner Nichtvaterschaft erforderlich (Art. 256b Abs. 2). Mehrverkehr wird bei der Anfechtung überhaupt nicht berücksichtigt. Ähnlich verhält es sich bei der Anerkennung (Art. 260 ff). 102

C. Das Beweisthema der grösseren Wahrscheinlichkeit der Vaterschaft des Dritten erlaubt dem Kinde, nach Abweisung der Klage gegen den Beklagten binnen Frist (Art. 263) eine solche gegen den Dritten zu erheben. Damit wird die vom früheren Recht (aArt. 314, aArt. 308) begünstigte «Solidarität der Niedertracht» zwischen dem Beklagten und dem Dritten (MERZ ZSR *1962* I 40) ausgeschaltet und der Vaterschaftsprozess versachlicht. Es ist nicht mehr zu befürchten, dass der Beklagte Dritte anstiftet, die Mutter ebenfalls zur Beiwohnung zu verführen, oder wider besseres Wissen zu bezeugen, sie hätten ihr beigewohnt (HESS 18). Zudem erleichtert das klare Beweisthema auch eine klare Rechtsprechung (BBl *1974* II 47). 103

D. Das Risiko, dass ein Mann, der der Mutter in der Empfängniszeit beigewohnt hat, als Vater erklärt wird, obwohl er das Kind nicht gezeugt hat, ist 104 wegen der sehr hohen Ausschlussleistung der naturwissenschaftlichen Gutachten heute schon sehr gering und nimmt mit den weiteren Fortschritten der Erbbiologie immer mehr ab (DAHR [zit. Art. 254 N 2] 126). Die Klageabweisung wegen der geringern Wahrscheinlichkeit der Vaterschaft des Beklagten scheint denn auch bisher keine praktische Bedeutung erlangt zu haben.

V. Direkter Beweis der Vaterschaft

105 Scheitert der Beweis der Beiwohnung, so ist der direkte Beweis der Vaterschaft des Beklagten in Betracht zu ziehen (Vgl. BGE *55* II 233, *70* II 73f, *87* II 69, *91* II 258, *98* II 263, *101* II 14; ZR *1962* Nr. 46; SJZ *1966* 45 Nr. 17; BJM *1968* 65; SJ *1973* 23). Erforderlich ist eine an Sicherheit grenzende Wahrscheinlichkeit der Vaterschaft (BGE *87* II 70, *90* II 274, *92* II 80, *98* II 264, *101* II 15). Der Beweis kann nur mit dem serostatistischen und dem anthropologischen Gutachten erbracht werden (Art. 254 N 160 ff). Das serostatistische setzt aber voraus, dass zuvor das serologische eingeholt worden ist (Art. 254 N 130 ff, 172 ff).

106 Die Klägerschaft hat Anspruch auf Erhebung dieses Beweises nur, wenn die Beiwohnung (oder die künstliche Insemination mit Samen) des Beklagten wenigstens glaubhaft oder seine Vaterschaft auf andere Weise plausibel gemacht wird.

107 Für den direkten Beweis bleibt kein Raum, wenn die Vaterschaft des Beklagten ausgeschlossen (BGE *104* II 300) oder weniger wahrscheinlich ist als die eines Dritten (a. M. HUG 160, TERCIER 390). Der direkte Beweis hat daher nicht mehr wie unter dem früheren Recht die Funktion, die Schutzeinreden des Beklagten «kurzzuschliessen» (vgl. dazu VA Art. 314/315 N 96).

108 Dagegen ergeben die zur Beseitigung der Vermutung eingeholten Gutachten sehr oft, dass die Vaterschaft des Beklagten nicht nur nicht ausgeschlossen, sondern praktisch erwiesen ist.

VI. Internationales Recht

109 Die an die Beiwohnung anknüpfende Vaterschaftsvermutung und ihre Beseitigung durch den Beweis, dass die Vaterschaft des Beklagten ausgeschlossen oder weniger wahrscheinlich ist als die eines Drit-

ten, sind nicht Teil des schweizerischen ordre public. Sie sind daher vom Richter bei Anwendbarkeit ausländischen Rechts (vgl. Art. 261 N 128 ff) nicht zwingend zu berücksichtigen, und ihre Einhaltung ist für die Anerkennung und Vollstreckung ausländischer Urteile in der Schweiz nicht erforderlich (vgl. sinngemäss BGE *53* II 94, *77* II 117 E. 3; ZBJV *1942* 282; KNAPP, Protection des faibles, in: Mélanges F. Guisan, 217 f; AUBERT JIR *1955* 129 f).

Über das hinsichtlich der Vaterschaftsvermutung und ihrer Beseitigung sowie des Beweisrechts im Rahmen der Haager Unterhaltsübereinkommen (Art. 261 N 117 ff) anwendbare Recht vgl. SIEHR, in: BÖHMER/SIEHR 7.4 Art. 1 N 137–143.   110

Art. 263

III. Klagefrist

¹ **Die Klage kann vor oder nach der Niederkunft angebracht werden, ist aber einzureichen:**
1. **von der Mutter vor Ablauf eines Jahres seit der Geburt;**
2. **vom Kind vor Ablauf eines Jahres seit Erreichen des Mündigkeitsalters.**

² **Besteht schon ein Kindesverhältnis zu einem andern Mann, so kann die Klage in jedem Fall innerhalb eines Jahres seit dem Tag, da es beseitigt ist, angebracht werden.**

³ **Nach Ablauf der Frist wird eine Klage zugelassen, wenn die Verspätung mit wichtigen Gründen entschuldigt wird.**

III. Délai

¹ L'action peut être intentée avant ou après la naissance de l'enfant, mais au plus tard:
1. Par la mère, une année après la naissance;
2. Par l'enfant, une année après qu'il a atteint l'âge de la majorité.

² S'il existe déjà un rapport de filiation avec un autre homme, l'action peut en tout cas être intentée dans l'année qui suit la dissolution de ce rapport.

³ L'action peut être intentée après l'expiration du délai lorsque de justes motifs rendent le retard excusable.

III. Termine

¹ L'azione può essere proposta prima o dopo il parto, ma al più tardi:
1. dalla madre, entro un anno dalla nascita;
2. dal figlio, entro un anno dalla raggiunta maggiore età.

² Se già esiste rapporto di filiazione con un altro uomo, l'azione può essere in ogni caso proposta entro un anno dal giorno dell'estinzione di tale rapporto.

³ Scaduto il termine, l'azione è ammessa se il ritardo è scusato da gravi motivi.

Übersicht		Note	Seite
	Materialien	1	406
	Literatur	2	406
	Rechtsvergleichung	3	406
	Rechtsgeschichte	4	406
	Textgeschichte	5	407
I.	*Klage vor der Niederkunft*	6	407
II.	*Klagefrist*		407
	1. Klage der Mutter	7	407
	2. Klage des Kindes	8	407
III.	*Berechnung und Wahrung der Fristen*	11	408
IV.	*Wiederherstellung der Fristen*		408
	1. Wiederherstellung nach Aufhebung eines andern Kindesverhältnisses	12	408
	2. Wiederherstellung aus wichtigen Gründen	22	410
	3. Nachfrist gemäss OR 139	25	410
	4. Wiederherstellung nach kantonalem Recht	26	410
V.	*Intertemporales Recht*	27	411
VI.	*Internationales Recht*	30	411

1 Materialien   aArt. 308, 316; BBl *1974* 47 ff; E 263; AmtlBullStR *1975* 119 f; NR *1975* 1761.

2 Literatur   Siehe Art. 261 N 2, Art. 256c N 2.

3 Rechtsvergleichung   Unbefristet ist die Vaterschaftsklage – wie in vielen anderen Rechten – nach deutschem und österreichischem Recht, ebenso nach italienischem Recht für die Klage des Kindes, während die Nachkommen sie binnen zwei Jahren seit seinem Tod zu erheben haben (CCit 270). Nach CCfr 340-4 kann die Klage bis zwei Jahre nach Eintritt der Mündigkeit erhoben werden.
Vgl. Dutoit 12, Hug 49 ff, Krause sec. 89.

4 Rechtsgeschichte   Die Vaterschaftsklage war in allen kantonalen Rechten befristet. Sie musste teils vor der Geburt, teils innerhalb bestimmter, meist kurzer Zeit nachher erhoben werden (vgl. im einzelnen: Huber I 497 ff; Silbernagel aArt. 308 N 1–5). Die Entwürfe zum ZGB sahen eine dreimonatige Frist seit der Geburt vor; aus triftigen Gründen sollte auch eine spätere Klage zugelassen werden, namentlich bei «Hinhaltung durch Versprechungen des Vaters» (Botsch 39). Die eidgenössischen Räte verlängerten die Frist zunächst auf sechs Monate und schliesslich auf ein Jahr, wobei dann aber die Möglichkeit späterer Anhebung ausgeschlossen wurde (StenBull *1907*

262, 272). Die einzige Ausnahme bildete die Ausserehelicherklärung eines Kindes, das von einer verheirateten Mutter geboren worden war (aArt. 316). Doktrin und Rechtsprechung liessen indessen in verschiedenen Fällen die Wiederherstellung einer versäumten Frist zu (BGE *103* II 15, VA Art. 308 N 21–33). Die Revision von 1976 verlängert die Frist für das Kind wesentlich und gestattet deren Wiederherstellung aus wichtigen Gründen.

Textgeschichte   Art. 263 Abs. 1 entspricht aArt. 308, Abs. 2 aArt. 316, Abs. 3 ist neu. Nach aArt. 308 betrug die Frist auch für das Kind ein Jahr seit der Geburt. aArt. 316 regelte die Frist nur im Falle der Ausserehelicherklärung. – Abs. 1 und 2 wurden von den Räten gegenüber dem Entwurf neu formuliert. Dieser hatte eine relative Frist von einem Jahr seit Kenntnis der Beiwohnung des Beklagten vorgesehen.

I. Klage vor der Niederkunft

Die Klage kann erhoben werden, sobald die Schwangerschaft feststeht. Das ist für den Kläger von Vorteil, wenn er den Gerichtsstand am derzeitigen Wohnsitz des Beklagten festlegen (Art. 253 N 37), Hinterlegung (Art. 282) oder vorsorgliche Beweisaufnahme, z. B. Blutentnahme, Bestimmung der morphologischen Merkmale (Art. 254 N 173) erwirken will. Wird die Klage vom Beklagten nicht anerkannt, so kann sie der Natur der Sache nach nicht vor der Geburt und in der Regel nicht vor dem für die serologische Untersuchung erforderlichen Mindestalter des Kindes (Art. 254 N 133) beurteilt werden.

II. Klagefrist

1. Klage der Mutter (Abs. 1 Ziff. 1)

Die Mutter hat die Vaterschaftsklage wie schon nach aArt. 308 binnen Jahresfrist seit der Geburt des Kindes einzureichen. Für die Berechnung der Frist vgl. N 11 ff. Ist das Kind am 30. März 1980 geboren, so endigte die Frist am 30. März 1981.

2. Klage des Kindes (Abs. 1 Ziff. 2)

Die Klage des Kindes kann vor seiner Geburt (N 6), während seiner ganzen Unmündigkeit und darüberhinaus bis zum Ablauf eines

Jahres seit Vollendung des Mündigkeitsalters erhoben werden. Für die Berechnung der Frist vgl. N 11 ff.

9 Das Mündigkeitsalter richtet sich nach Art. 14 Abs. 1. Ist das Kind am 30. März 1978 geboren, so wird die Frist – wenn das Mündigkeitsalter in der Zwischenzeit nicht herabgesetzt wird – mit dem 30. März 1999 ablaufen.

10 Nicht in Betracht fällt ein früherer Eintritt der Mündigkeit infolge Heirat (Art. 14 Abs. 2) oder Mündigerklärung (Art. 15). Aus diesem Grund spricht das Gesetz von Mündigkeits*alter* und nicht einfach von Mündigkeit, was TUOR/SCHNYDER 240 N 14, HUG 93 N 3, TERCIER 392 ausser acht lassen. Das Kind soll die frühere Mündigkeit nicht mit einer Verkürzung der Klagefrist entgelten. Sinngemäss gleich verhält es sich mit dem ausländischen Kind, dessen Heimatrecht die Mündigkeit vor dem 20. Altersjahr eintreten lässt.

III. Berechnung und Wahrung der Fristen

11 Siehe sinngemäss Art. 256 c N 33–35, 37–44.
In Zürich ist die Frist mit der Anrufung des Sühnbeamten gewahrt, sofern die Weisung innert drei Monaten dem Gericht eingereicht wird (STRÄULI/ MESSMER §§ 101 N 1, 203 N 3).

11a Über die Bedeutung der Frist für die Anerkennung vor dem Richter s. Art. 260 N 120.

IV. Wiederherstellung der Fristen

1. Wiederherstellung nach Aufhebung eines andern Kindesverhältnisses

12 Die Vaterschaftsklage kann nicht erhoben werden, wenn bereits ein Kindesverhältnis zu einem andern Mann besteht (Art. 261 N 10). Wird dieses in der Folge beseitigt, so muss die Vaterschaftsklage nachträglich zugelassen werden, auch wenn die Klagefristen gemäss Abs. 1 abgelaufen sind. Abs. 2 räumt den Klägern eine neue Klagefrist von wenigstens einem Jahr seit Aufhebung des ersten Kindesverhältnisses ein.

13 Das erste Kindesverhältnis kann kraft Ehe der Mutter (Art. 255) oder durch

Anerkennung (Art. 260) entstanden und durch Anfechtung (Art. 256, 260 a) beseitigt sein. Es kann aber auch ein erstes Vaterschaftsurteil ergangen sein, das durch Revision aufgehoben worden ist. Abs. 2 ist auch anwendbar, wenn ein rechtlich vaterloses Kind adoptiert worden ist und die Adoption erfolgreich angefochten wird (Art. 269 f). Trifft die Vermutung der Vaterschaft gemäss Art. 255 in bezug auf zwei Ehemänner zu (Art. 257), so ist Art. 263 Abs. 2 erst anwendbar, wenn die Vermutung auch in bezug auf den ersten Ehemann beseitigt ist (vgl. Art. 257 Abs. 2).

Ist im Vertrauen auf die *Eintragung* des Kindesverhältnisses im Zivilstandsregister die rechtzeitige Vaterschaftsklage unterlassen worden, so ist Abs. 2 sinngemäss anzuwenden, sobald sich herausstellt, dass die Eintragung unrichtig ist, weil die Voraussetzungen der Vermutung der Vaterschaft des Ehemannes (Art. 255) nicht gegeben sind oder die Anerkennung (Art. 260) unwirksam ist. 14

Die Jahresfrist *beginnt* mit der Rechtskraft des Urteils (BGE *56* II 343, *81* II 489 ff, BJM *1958* 219). Diese tritt von Bundesrechts wegen (TERCIER 392) in dem Zeitpunkt ein, in welchem das Urteil durch unbenützten Ablauf der ordentlichen Rechtsmittelfrist, durch ausdrücklichen Verzicht auf Weiterziehung oder durch Rückzug eines schon eingelegten Rechtsmittels unanfechtbar geworden ist (BGE *81* II 493). Sinngemäss gelten die Regeln für den Beginn der 300-Tage-Frist des Art. 255 Abs. 1 im Falle der Scheidung (Art. 255 N 31). 15

Abs. 2 ist nach seinem Sinne nur anwendbar, wenn wegen des andern Kindesverhältnisses die ordentliche Frist gemäss Abs. 1 überhaupt nicht oder nicht wenigstens in der Dauer *eines Jahres* zur Verfügung steht. 16

Demgemäss läuft der Mutter die Jahresfrist gemäss Abs. 2, wenn das beseitigte Kindesverhältnis zu einem andern Mann im Zeitpunkt der Geburt oder vor Ablauf eines Jahres seit der Geburt entstanden war. Dagegen wird die Frist nicht wiederhergestellt, wenn die ordentliche einjährige Klagefrist (Abs. 1 Ziff. 1) vor Entstehung des beseitigten Kindesverhältnisses abgelaufen ist. 17

Das *Kind* braucht die neue Frist nur, wenn das erste Kindesverhältnis bei der Geburt oder während seiner Unmündigkeit entstanden ist, aber erst *nach* Erreichen des Mündigkeitsalters beseitigt wird. Geschieht dies dagegen früher, so hat das Kind immer noch die Frist gemäss Abs. 1 Ziff. 2, um die Vaterschaftsklage zu erheben. Abs. 2 ist auch nicht anwendbar, wenn das (erste) Kindesverhältnis erst nach Ablauf der ordentlichen Klagefrist (Abs. 1 Ziff. 2) begründet und später beseitigt wird. 18

Beispiele:

19 – Das Kind ist am 30. März 1978 geboren. Das Kindesverhältnis zum Ehemann der Mutter wird am 6. Oktober 1979 aufgehoben. Das Kind kann die Vaterschaftsklage bis 30. März 1999 erheben (N 9). Es bedarf keiner Wiederherstellung der Klagefrist nach Abs. 2, weil es innerhalb der ordentlichen Frist mehr als ein Jahr Zeit hat, um die Klage zu erheben.

20 – Das Kindesverhältnis zum Ehemann der Mutter wird erst am 5. Juni 1999 aufgehoben. Die ordentliche Klagefrist gemäss Abs. 1 Ziff. 2 ist abgelaufen. Dem Kind steht aber gemäss Abs. 2 die Klage bis 5. Juni 2000 zu.

21 – Das Kind wird im Beispiel N 19 am 10. März 2000 anerkannt. Die Anerkennung wird am 29. Januar 2001 aufgehoben. Abs. 2 ist nicht anwendbar, weil die ordentliche Klagefrist am 30. März 1999, also vor Begründung des ersten Kindesverhältnisses, unbenützt abgelaufen ist.

2. Wiederherstellung aus wichtigen Gründen (Abs. 3)

22 Die Fristen von Abs. 1 und 2 können wiederhergestellt werden, wenn die Verspätung mit wichtigen Gründen entschuldigt wird (s. allgemein sinngemäss Art. 256c N 45–61; HUG 98f). Wichtige Gründe, welche die Verspätung entschuldigen, liegen ausserdem vor,

– wenn dem Kind die Identität des Vaters mit oder ohne dessen Dazutun verheimlicht oder es hierüber getäuscht worden ist oder wenn die Mutter und deren Familienstand zur Zeit der Geburt unbekannt sind (SJZ *1972* 188 Nr. 77 = ZVW *1972* 78 Nr. 11);

– wenn der Kläger in entschuldbarem Irrtum auf das Bestehen der Vermutung des Art. 255 (dort N 55) oder die Wirksamkeit einer Anerkennung vertraut hat (vgl. VA Art. 308 N 25–27; ZVW *1972* 148f Nr. 32);

– wenn der Kläger, sein gesetzlicher Vertreter oder die Vormundschaftsbehörde, die diesen bestellen muss, über die Aufhebung des bisherigen Kindesverhältnisses nicht rechtzeitig oder in bezug auf den Zeitpunkt nicht richtig informiert wird (vgl. dazu BGE *103* II 15).

23 Zum Mass der Verspätung vgl. Art. 256c N 59/60.

24 Zur Interessenlage vgl. Art. 256c N 61. Die Begrenzung der Nachforderung von Unterhaltsbeiträgen (Art. 279 Abs. 1, 277) lässt die Wiederherstellung der Klagefrist für den Vater eher zumutbar erscheinen.

3. Nachfrist gemäss OR 139

25 Siehe Art. 256c N 62; VA Art. 308 N 22, 23.

4. Wiederherstellung nach Prozessrecht

26 Siehe Art. 256c N 63.

V. Intertemporales Recht

Die Klagefristen des Art. 263 gelten, wenn das Kind geboren ist: 27
- nach dem 1. Januar 1978;
- zwischen dem 1. Januar und 31. Dezember 1977 (Art. 261 N 108);
- vor dem 1. Januar 1978, wenn ein Kindesverhältnis zu einem andern Mann vorher entstanden, aber erst nachher aufgehoben worden ist oder wird (Art. 261 N 109, 110).

Keine neue Frist im Sinne von Art. 263 Abs. 2 beginnt, wenn die Klagefrist 28 des früheren Rechts (aArt. 308) vor dem 1. Januar 1978 unbenützt ablief, das Kind nachher anerkannt, die Anerkennung aber wieder aufgehoben wird. Siehe im übrigen für das vor dem 1. Januar 1978 geborene Kind Art. 261 29 N 111–114.

VI. Internationales Recht

Die Klagefristen des Art. 263 sind materiell-, nicht prozessrechtlicher Natur. Sie gehören nicht zum schweizerischen ordre public und gelten demgemäss nur für Klagen, die nach schweizerischem Recht zu beurteilen sind (Art. 261 N 128ff; BGE *41* II 424, *45* II 505, *51* I 105f; AUBERT JIR *1955* 128f; BJM *1967* 28). Über die Bedeutung der Fristen im Zusammenhang mit den Haager Unterhaltsübereinkommen (Art. 261 N 117) vgl. SIEHR, in: BÖHMER/SIEHR 7.4 Art. 1 N 130. 30

Vierter Abschnitt
Die Adoption

Chapitre quatrième
De l'adoption

Capo quarto
Dell'adozione

Einleitung

		Note	Seite
Übersicht	Materialien	1	413
	Literatur	2	413
	I. Rechtsgeschichte	8	416
	II. Soziale Bedeutung der Adoption		417
	1. Zweck	9	417
	2. Typen	11	418
	3. Statistik	15a	419
	4. Verwandte Situationen	15b	422
	III. Rechtsvergleichung		423
	1. Rechtsvereinheitlichung	16	423
	2. Ausländisches Recht	17a	424
	IV. Die Revision von 1972		424
	1. Das Recht von 1907	18	424
	2. Die Kritik am bisherigen Recht	22	425
	3. Die Vorbereitung der Revision	23	425
	4. Die Revision	27	426
	5. Grundzüge des neuen Rechts	31	426
	6. Kritik	46	429
	V. Aufbau des vierten Abschnittes	49	431

Materialien

a) Zu Art. 264–269 in der Fassung vom 10. Dezember 1907: 1

VE 289–295; E 274–279; Erl I 238, 255; ProtExpKom I 270–274; Botschaft 35; StenBullNR *1905* 735; StR *1905* 1170.

b) Zu Art. 264–269c in der Fassung von 1972

Bericht der Studienkommission für die Teilrevision des Familienrechts vom 13. Juni 1962 (I. Teil: Ausserehelichen-, Adoptions- und Ehegüterrecht) (vervielfältigt). Zusammenstellung der Vernehmlassungen zum Bericht und Vorentwurf der Studienkommission für die Teilrevision des Familienrechts vom 15. November 1968 (A. Allgemeine Vorbemerkungen zur Revision des Familienrechts, B. Eheliches Kindesverhältnis, im besonderen Adoption). Vorentwürfe und Protokolle der Expertenkommission für die Revision des Familienrechts 1969–1970, Band I, 1–498 (vervielfältigt). Botschaft vom 12. Mai 1971, BBl *1971* I 1200. Protokolle der Kommissionen des StR und des NR *1971* 72 (vervielfältigt). AmtlBullStR *1971* 715–737, 808–815, *1972* 393–400, 549; NR *1972* 491–502, 567–590, 606–631, 997–1002, 1339. AS *1972* 2819.
Zum Europäischen Übereinkommen über die Adoption von 1967 (vgl. N 17): BBl *1971* I 1186; AmtlBullStR *1971* 815, NR *1972* 631 f; AS *1973* 418.
Zum Haager Adoptionsübereinkommen von 1965 s. Art. 268 N 1, 10

c) Zur Anpassung der Art. 264 und 267, von 1976

BBl *1974* II 49; AmtlBullStR *1975* 120, NR *1975* 1761

Literatur

A. Adoption im allgemeinen

AMMANN LUZIA, Uneheliche Kindschaft und Adoption aus der Sicht des 2 Sozialberaters (ZVW *1973* 98); ANCEL MARC, L'adoption dans les législations modernes (2. A., Paris 1958); *Adoptivkinder aus der dritten Welt,* in: Sozialarbeit *1983* Heft 4, Bern; BIRCHER ANDRES A., Das Adoptionssyndrom. Eine Vergleichsstudie von 80 Adoptivkindern mit 80 Nichtadoptivkindern (Med. Diss. Zürich 1981); BOWLBY JOHN, Maternal Care and Mental Health (Genf 1953); FRANK RAINER, Grenzen der Adoption (Frankfurt a. M. 1978); GOLDSTEIN J./ FREUD A./SOLNIT A., Jenseits des Kindeswohls (Frankfurt a. M. 1974); *dieselben,* Diesseits des Kindeswohls (Frankfurt a. M. 1982); HASSENSTEIN BERNHARD, Verhaltensbiologie des Kindes (München 1973); *derselbe,* Verhaltensbiologische Grundlagen zum Problem der Adoption (ZVW *1974* 14); HESS EDITH/BLASS JACQUELINE, Peter und Susie finden eine Familie (Zürich 1972); LIGGENSTORFER, NIKLAUS (und Mitverfasser), Terre des Hommes-Adoptionen aus der Dritten Welt (Solothurn, Schule für Sozialarbeit, 1976); MARMIER M.-P., Sociologie de l'adoption (Paris 1969); NAPP-PETERS ANNEKE, Das alleinstehende Kind und seine Familien (Neuwied/Darmstadt 1978); OESCHGER WITGAR, Die Pflege- und Adoptivkinderversorgung (Freiburg 1957); *Pro Ju-*

ventute (Schweiz. Zeitschrift für Jugendhilfe, Zürich), Sonderhefte über Adoption jeweils mit ausführlichem Literaturverzeichnis: *1960* 613; *1963* 381; *1968* 67; *1970* 3; SCHWAB D., Soll die Rechtsstellung der Pflegekinder ... neu geregelt werden? Gutachten zum 54. Deutschen Juristentag (München 1982); SEGLOW J./PRINGLE M. K./WEDGE P., Growing up adopted (Slough, England 1972); ZENZ G., Soll die Rechtsstellung der Pflegekinder ... neu geregelt werden? Gutachten zum 54. Deutschen Juristentag (München 1982).

B. Rechtsvergleichung und ausländisches Recht

3   ANCEL MARC, L'adoption dans les législations modernes (2. A., Paris 1958); Das neue *deutsche* Adoptionsrecht (ZVW *1977* 18); BATES FRANK, The child and the Law. The Proceedings of the First World Conference of the International Society on Familiy Law (New York 1976). Mit Beiträgen über die Adoption von G. G. CANTERO (Spanien I 283), H. ENGLER (Deutschland I 297), J. GOLDSTEIN (II 595), G. MICHAELIDES-NOUAROS (Griechenland I 271), O. M. STONE (Grossbritannien I 245), Y. KIM (Korea I 325); Die Auswirkungen der Neuordnung des Adoptionsrechts auf Alt-Adoptionen nach *deutschem* Recht (ZVW *1977* 21); ENGLER HELMUT, Das neue (deutsche) Adoptionsrecht (FamRZ *1976* 584); FOETISCH PATRICK, La filiation adoptive en droit comparé (Thèse Lausanne 1960); GLÄTTLI MAJA, Die Adoption im französischen und italienischen Recht, verglichen mit dem schweiz. Recht (Diss. Zürich 1978); GRASSHOF BERNHARD, Die Vereinten Nationen und das Adoptionsrecht (Vereinte Nationen, Zeitschrift, Koblenz BRD 1/1978 S. 14); HEGNAUER CYRIL, Entwicklungstendenzen im Adoptionsrecht (Familiendynamik, interdisziplinäre Zeitschrift für Praxis und Forschung, Stuttgart *1977* 166). KRAUSE HARRY, Internat. Encyclopedia of Comparative Law (zit. Einl vor Art. 252 N 37), p. 73–95; LUTHER G., Die Sonderadoption des italienischen Rechts (Rabels Z. 32/1968, 488); NABHOLZ ANDREAS, Rechtsvergleichende Darstellung ausländischer Adoptionsvorschriften (ZZW *1973* 116); OSWALD, Das neue deutsche Adoptionsrecht (SJZ *1977* 373); ROTH-STIELOW KLAUS, Adoptionsgesetz und Adoptionsvermittlungsgesetz (Stuttgart 1976).
Siehe im übrigen EICHENBERGER (zit. N 6) S. 34–39; VON OVERBECK (zit. N 5, 1968); SEILER (zit. N 5); SB Einl N 3.

C. Das Adoptionsrecht von 1907

4   BALTENSWEILER MAX R. Die Kindesannahme als fürsorgerisches Problem (Diss. Zürich 1931); BÉGUIN LOUIS, L'adoption dans le projet de Code civil suisse (Diss. Lausanne 1904); BIRRER A., Zum rechtlichen Charakter und zur Beurkundung der Adoption (SJZ *1969* 337); EGGER AUGUST, Kommentar zum Schweizerischen Zivilgesetzbuch, Das Familienrecht, 2. Abteilung: Die Verwandtschaft, Art. 252–359 (2. A., Zürich 1943); FEHR OTTO, Die Zustimmung der leiblichen Eltern zur Kindesannahme (ZVW *1949* 130); FLÜCKIGER P., Die Zustimmung der Eltern zur Adoption des Kindes (ZBJV *1920* 297); GUISAN F., Le nom de famille de l'adopté après la révocation de l'adoption (ZZW *1933* 26); HEGNAUER C., Berner Kommentar zum Schweizerischen Privatrecht, Familienrecht, 2. Abteilung, Die Verwandtschaft, 1. Teilband: Das eheliche Kindesverhältnis, Art. 252–301 ZGB (3. A., Bern 1964), zit. VA 1964; *derselbe,* Der Ausschluss des Pflichtteils des Adoptivkindes gemäss aArt. 268 Abs. 3 ZGB (SJZ *1979* 233 ff); HESS MAX, Voraussetzungen und Wirkungen der Adoption (Pro Juventute *1958* 223); MONNARD CHARLES, L'adoption dans la pratique juridique suisse (Diss. Lausanne 1943); OCHSNER J., Die Adoption alten Rechts (ZZW *1983* 353); PEYER E., Die Vertretung des Anzunehmenden und die Form der Willensäusserungen bei der Kindesannahme (ZBGR *1954* 131); PICOT A., L'adoption, ses avantages et ses inconvénients (SJZ *1918/19* 55); PIOTET P., Les droits successoraux de l'adopté et de l'adoptant parents du sang (ZBJV *1967* 198); ROGGWILLER HANS, Der «wichtige

Grund» und seine Anwendung im ZGB und OR (Diss. Zürich 1956); ROGNON P. A., L'adoption d'enfants issus de parents divorcés (ZVW *1965* 560); SCHLATTER CARL, Die Adoption im schweizerischen Recht (Pro Juventute *1960* 613); *derselbe,* Schweizerische Adoptionspraxis – heute und morgen (Pro Juventute *1963* 429); SECRÉTAN PHILIPPE; L'adoption (Diss. Lausanne 1914); SPITZER G., Über die Adoption von Mündeln (Winterthur 1947); *derselbe,* Der Blankoverzicht bei der Adoption (ZVW *1968* 81); STAMPA U., Die Kindesannahme (SJK Nr. 25); STEBLER O., Die Adoption und ihre Wirkungen auf die Unterhalts- und Unterstützungspflicht (ZVW *1960* 25); THALBERG JACOB, Die Adoption im heutigen deutschen Recht, mit besonderer Berücksichtigung des geltenden schweizerischen Rechts und des ZGB (Diss. Zürich 1906); WACKERNAGEL WOLFGANG D., Die rechtliche Stellung der Nachkommen des Adoptivkindes nach schweizerischem Recht – Der Ursprung der Adoption (Diss. Basel 1952, in Maschinenschrift).

D. Die Revision des Adoptivrechts (chronologisch)

GOETZ E., Anmerkungen zum Postulat Allemann über die Revision der 5 Bestimmungen über die Adoption (ZBl *1956* 475); HESS-HAEBERLI EDITH, Ist das Adoptionsrecht revisionsbedürftig (Pro Juventute *1960* 618); SOLIVA C., Zur Revisionsbedürftigkeit der schweiz. Adoptionsgesetzgebung (SJZ *1961* 261, 377); SPITZER G., Vor einer Revision des Familienrechts (in: FS zum 50jährigen Bestehen der Vereinigung schweiz. Amtsvormünder *1963* 167); *derselbe,* Die rechtlichen Grundlagen der Adoption und die Revisionsvorschläge (Pro Juventute *1963* 400); GROSSEN J.-M., Le droit suisse de l'adoption dans les perspectives d'aujourd'hui (ZVW *1964* 301); LIESCH A., Erste Tagung über schweiz. Adoptionsprobleme (ZVW *1964* 30); MARTIN A., Réflexions sur l'adoption (ZZW *1965* 195); GROSSEN J.-M., Observations comparatives à propos de la réforme de droit suisse de la famille (ZVW *1966* 125); VON OVERBECK A. E., Quelques observations sur la revision du droit de l'adoption (ZSR *1967* I 241); *derselbe,* Der Schutz der unehelichen Mutter bei der Adoption (Zeitschrift für Rechtsvergleichung *1968* 1); FARNER H., Pro-Juventute-Vorschläge zur Revision des Adoptionsrechts (Pro Juventute *1968* 70); SPITZER G., Der Blankoverzicht bei der Adoption (ZVW *1968* 81); HEGNAUER C., Die Revision des Adoptionsrechts (SJZ *1969* 85); SEILER U., Die Zustimmung der leiblichen Eltern zur Adoption (Diss. Freiburg 1969); BAUMANN U., Voraussetzungen und Verfahren der Adoption. Ein Beitrag zur Revision (Diss. Zürich 1970); BLUNSCHY-STEINER E., Wünsche zur Revision des Adoptionsrechts und die praktischen Folgerungen (Zeitschrift für Gemeinnützigkeit *1970* 228); GERVASONI M., Das Bürgerrecht des Adoptivkindes (ZZW *1970* 98); GROSSEN J.-M., La convention de Strasbourg et la révision du droit suisse de l'adoption (Pro Juventute *1970* 56); *derselbe,* A propos des conditions de l'adoption (ZVW *1970* 121); HEGNAUER C., Neue Gedanken zum Adoptionsverfahren (Pro Juventute *1970* 5); SPITZER G., Geltendes und künftiges Adoptionsrecht (Pro Juventute *1970* 17); GÖTZ E., Das geltende Adoptionsrecht, verglichen mit dem Vorentwurf VI der Expertenkommission vom 17. April 1970 (ZVW *1971* 1).
Vgl. ferner BALTENSWEILER (zit. N 4), HEGNAUER (zit. N 4 [1964]) und OESCHGER (N 2).

E. Das Adoptionsrecht von 1972

a) Einführungen, Sammlungen von Aufsätzen, allgemeine Fragen

BAECHLER W., Das neue materielle und internationale Adoptionsrecht der 6 Schweiz (ZZW *1972* 321); *Beiträge zur Anwendung des neuen Adoptionsrechts,* Referate und ausgewählte Unterlagen des Verwaltungskurses vom 25. April 1979, St. Gallen 1979; BLUNSCHY-STEINER E., Das neue Adoptionsrecht (ZöF *1972* 179); EICHENBERGER ROLF, Das neue Adoptionsrecht des ZGB (Neue Zürcher Zeitung Nr. 274, Fernausgabe Nr. 162 vom 17. Juni 1973, 37);

derselbe, Das neue Adoptionsrecht des Schweizerischen Zivilgesetzbuches (Zeitschrift für das gesamte Familienrecht, Bethel-Bielefeld 1975 16); *Empfehlungen für die Anwendung des neuen Adoptionsrechtes* (ZVW *1974* 81); GROSSEN J.-M., in: Rev. trim. de droit civil (Paris *1973* 639); HEGNAUER CYRIL, Das neue Adoptionsrecht (ZVW *1973* 341); *derselbe,* Das neue schweizerische Adoptionsrecht (Deutsche Juristenzeitung *1973* 583); *derselbe,* Fragen aus dem neuen Adoptionsrecht (SJZ *1976* 201); *derselbe,* Die Adoption – das Gesetz und seine Anwendung, in: Kindes- und Adoptionsrecht (S. 41, vgl. auch 77); HESS MAX, Das neue Adoptionsrecht (Vierteljahreszeitschrift für Heilpädagogik und ihre Nachbargebiete, Luzern 1973 243); *derselbe,* Die eidgenössische Verordnung über die Aufnahme von Pflegekindern (ZVW *1978* 81); *Kindes- und Adoptionsrecht.* Dokumentation zum Seminar vom 11./12. Juni 1980 in Bern (Schweiz. Landeskonferenz für Sozialwesen, Bern 1981. Auch in französischer Sprache erschienen); KNOEPFLER FRANÇOIS, Revue critique de droit intern. privé. [Paris] *1974* 173; NABHOLZ ANDREAS, Erfahrungen mit dem neuen Adoptionsrecht (ZZW *1975* 230); *Neues Adoptionsrecht.* Kreisschreiben der Justizdirektion Zürich vom 23. Oktober 1972 (ZVW *1973* 30 Nr. 1); NIEDERBERGER FERDINAND, Das neue schweizerische Adoptionsrecht und die genealogische Familienforschung (ZZW *1973* 34); ODERMATT O., Neuerungen im Adoptionsrecht (ZBGR *1972* 321); PACHTER RENÉ, Les enfants adoptifs étrangers à la lumière des prescriptions et de la pratique de la Police fédérale des étrangers (ZVW *1976* 1 [deutsch 12]); PERRIN MARCEL, Einige Gedanken zur Praxis der Adoption, in: Kindes- und Adoptionsrecht S. 55; *Probleme des Adoptionsrechts.* Sondernummer ZZW 295–361, Zusammenfassung der geltenden Praxis. Referattexte von C. Hegnauer und H. Sandoz; REUSSER RUTH, Die Grundzüge des neuen Adoptionsrechts (Der bernische Notar *1973* 121); RIHS CLAIRE, Le nouveau droit de l'adoption. Assoc. suisse des parents adoptifs (Genève 1973); TERCIER PIERRE, Annuaire de législation française et etrangère (Paris 1972 537);

b) Systematische Darstellungen

EICHENBERGER ROLF, Die materiellen Voraussetzungen der Adoption nach neuem schweizerischen Adoptionsrecht (Diss. Freiburg 1974); GROSSEN JACQUES-MICHEL, Adoption (Schweiz. Jur. Kartothek, Karten Nr. 1352–1360, Genf 1976/77); HEGNAUER CYRIL, Berner Kommentar. Sonderband: Die Adoption. Art. 264–269c ZGB und 12a–12c SchlT (1975. Zitiert: SB); *derselbe,* Grundriss des Kindesrechts (Bern, 2. A. 1983); *derselbe,* Droit suisse de la filiation, adapt. française par Bernard Schneider (Bern, 2. A. 1984); HESS MAX, Die Adoption in rechtlicher und sozialpädagogischer Sicht (Wädenswil 1976); SCHNYDER BERNHARD, Kindesrecht. Suppl. zu Tuor/Schnyder, Das Schweizerische Zivilgesetzbuch (Zürich 1977); TUOR P./ SCHNYDER B., Das Schweizerische Zivilgesetzbuch. Nachdruck der 9. Auflage mit Einschluss des Suppl. Kindesrechts 1977 (Zürich 1979).

F. Internationales Recht

7   Siehe Art. 268 N 2a.

I. Rechtsgeschichte

8   Der Gedanke, dass ein Kindesverhältnis nicht bloss durch Abstammung, sondern durch Rechtsakt zwischen nicht verwandten Personen begründet werden könne, ist schon im ältesten Recht verwirklicht (BÉGUIN 11 ff; WACKERNAGEL 34 ff). Für das heutige Recht

besonders bedeutungsvoll ist die Adoption des römischen Rechts (HECKER; zusammenfassende Darstellung bei EICHENBERGER 3 ff). Im Mittelalter fast völlig vergessen, erwachte sie zu Beginn der Neuzeit zu neuem Leben (BÉGUIN 41 ff; SECRÉTAN 4 ff). Die einfache Adoption (adoptio minus quam plena), welche das Kind aus seiner leiblichen Familie nicht völlig löst und nur teilweise mit der Adoptivfamilie verbindet, fand Eingang in die Kodifikationen der Aufklärung, ins Allgemeine Preussische Landrecht von 1794, in den französischen Code civil von 1804, ins österreichische Allgemeine Bürgerliche Gesetzbuch von 1811, aber auch in spätere Gesetze des 19. Jahrhunderts, wie namentlich in den italienischen Codice civile von 1865 und ins deutsche Bürgerliche Gesetzbuch von 1896 (SECRÉTAN; EICHENBERGER 9 ff; GLÄTTLI 3 ff, 11 ff). Das Institut blieb jedoch – nicht zuletzt wegen seiner sehr engen Voraussetzungen und seiner schwachen Wirkungen – ohne grosse praktische Bedeutung (BBl *1971* I 1206 f).

II. Soziale Bedeutung der Adoption

1. Zweck

Der Adoption liegt zunächst das Bedürfnis zugrunde, dem Kinderlosen die Fortsetzung des Ahnenkultes zu sichern und sein Geschlecht vor dem Aussterben zu bewahren. Später tritt der Zweck in den Vordergrund, einen gesetzlichen Erben zu schaffen (BBl *1971* I 1226 und dort Zitierte). In der Neuzeit vollzieht sich ein radikaler Wandel. Die Adoption wird immer stärker vom Gedanken bestimmt, elternlosen Kindern neue Eltern zu geben und zugleich Kinderlosen das Erlebnis der Elternschaft zugänglich zu machen. Die Adoption wird damit zu einem wichtigen Institut der Erziehung und Fürsorge für das familienlose Kind (BALTENSWEILER; OESCHGER). Dementsprechend tritt die Adoption Unmündiger in den Mittelpunkt.

Der Aufschwung der Adoption in der ersten Hälfte des 20. Jahrhunderts hängt wesentlich mit einem veränderten Verständnis der Beziehung von Eltern und Kind zusammen. Die Abstammung ist nicht Gegenstand unmittelbarer Erfahrung. Das Kind erfährt als Mutter und als Vater jene Menschen, die sich seiner annehmen, es pflegen und erziehen. Das sind in der Regel die natürlichen Eltern, können aber auch Stief- oder Pflegeeltern sein. Das entscheidende geistig-soziale Band zwischen dem Kind und seiner Umwelt wird durch Pflege und Erziehung begründet (HEGNAUER ZVW *1973* 43; HASSENSTEIN ZVW *1974* 14 ff). Die umfassende britische Untersuchung «National Child Development Study (1958 Cohort)» hat überzeugend nachgewiesen, dass Adoptivkinder – obwohl weit überwiegend ausserehelich geboren – nach sieben Jahren im allgemeinen einen wesentlich günstigeren Entwicklungsstand erreicht hatten als die ausserehelichen Kinder, die nicht adoptiert worden waren; ja er übertraf namentlich in bezug auf die geistige Entwicklung sogar den Durchschnitt der ehelichen Kinder (SEGLOW/PRINGLE/ WEDGE, Growing up adopted 62 ff).

2. Typen

11 *A.* Nach der Beziehung zwischen den Adoptiveltern und dem Adoptivkind lassen sich verschiedene Typen unterscheiden:
a) *Fremdadoption:* Ein fremdes Kind, dessen Eltern sich um seine Erziehung nicht kümmern wollen oder können, wird möglichst früh zu kinderliebenden Ehegatten gebracht, die es aufziehen und ihm ein dauerndes Heim geben. Es handelt sich überwiegend um ausereheliche Kinder, gelegentlich auch um ehelich geborene, die im Ehebruch empfangen worden sind, deren Ehelichkeit aber vom Ehemann nicht angefochten worden ist. Bei der Fremdadoption drängt sich noch eine weitere Unterteilung auf in Kinder aus europäischen Ländern und solchen aus Entwicklungsländern.

12 b) *Stiefkindadoption:* Das Kind eines ledigen, verwitweten oder geschiedenen Elternteils wird bei dessen Heirat in den neuen Hausstand aufgenommen und mit der Adoption durch den Stiefelternteil auch rechtlich in die neue Familie eingegliedert. In der rechtlichen Annäherung der Stiefkinder und der gemeinsamen Kinder erscheint die Einkindschaft (unio prolium) des älteren deutschen Rechts als Vorläufer der Stiefkindadoption (vgl. FRANK 55 ff). Kennzeichnend für die Stiefkindadoption ist, dass nur *ein* Elternteil fehlt und der Adoptierende, der ihn ersetzt, *neben* den andern leiblichen Elternteil tritt. Als eine Abart der Stiefkindadoption erscheint die Adoption des Adoptivkindes des einen Ehegatten durch den andern. Der Anteil der Stiefkindadoptionen hat sich seit der Revision von 1972 stark erhöht (N 15 a, Tabellen I, II Rubrik 3). Sie weist eine besondere Problematik auf, die erst allmählich erkannt wird (vgl. HEGNAUER, in: Kindes- und Adoptionsrecht 45 ff; FRANK 21 ff; hinten Art. 264 a N 42).

13 Weniger häufig ist die *Verwandten-* oder *Bekanntenadoption.* Wie bei der Fremdadoption fallen die leiblichen Eltern aus. An ihre Stelle treten Onkel, Tante, Grosseltern, Paten, Freunde. Vgl. dazu FRANK 126 ff.

14 *B.* Bedeutsam ist sodann die Unterscheidung nach dem *Alter* des Adoptivkindes.
Die Adoption *Unmündiger* hat in der Erziehung und Pflege des Kindes eine klare Zielsetzung und Rechtfertigung. Die Adoption *Mündiger* dagegen ist

Einleitung zur Adoption

nach ihren Motiven und ihrer Struktur uneinheitlich und oft undurchsichtig (BBl *1971* I 1211 f und dort Zitierte).

C. Im weitern erscheint wesentlich, ob *Verheiratete* gemeinschaftlich adoptieren oder nur eine *Einzel*person. Dort erhält das Kind durch die Adoption Vater *und* Mutter, hier dagegen nur Vater *oder* Mutter. 15

3. Statistik

Die Tabellen I–IV beruhen auf Angaben des Bundesamtes   15a
für Statistik, Tabelle V auf Angaben des Bundesamtes für Ausländerfragen. Tabelle IV zeigt, dass die Fremdadoptionen zu einem grossen Teil ausländische Kinder betreffen. Der Anteil der aussereuropäischen Kinder hat seit 1979 stark zugenommen und betrug 1982 55% aller Fremdadoptionen. Demgegenüber stammen die adoptierten Stiefkinder in ihrer grossen Mehrheit aus der Schweiz oder dem übrigen Europa (1979–1982: 95,6%).
Die Zahl der Adoptionen (Tabelle IV) ausländischer Kinder bleibt stark hinter der der Einreisebewilligungen (Tabelle V) zurück.

I. Adoptionen nach angewendeten Bestimmungen

Jahr	Adoptionen Unmündiger durch					Adoptionen Mündiger nach	Neuadoptionen insgesamt (4–6)	Unterstellungen nach SchlT 12b	Total
	① Ehepaar 264 a[1]	② Einzelperson 264 b	③ Stiefeltern 264 a[3]	④ Im ganzen (1–3)		⑤ Art. 266	⑥ SchlT 12c		
			Stiefvater	Stiefmutter					
1973	1 098	22	351	15	1 486	77	68	1 631	965	2 596
1974	1 981	54	1 079	16	3 130	111	134	3 375	1 382	4 757
1975	1 049	30	1 029	25	2 133	138	123	2 394	789	3 183
1976	1 037	29	972	12	2 050	138	92	2 280	535	2 815
1977	935	30	917	31	1 913	104	101	2 118	519	2 637
1978										
1979	818	59	868	33	1 778	130	82	1 990	170	2 160
1980	639	31	757	31	1 458	106	3	1 567	16	1 583
1981	599	20	728	36	1 383	89	2	1 474	2	1 476
1982	695	21	694	17	1 427	79	–	1 506	1	1 507
1973–82	8 851	296	7 395	216	16 758	972	605	18 335	4 379	22 714

II.

Jahr	Anteil der Adoptionen Unmündiger durch				
	① Ehepaar 264a[1]	② Einzelperson 264b	③ Stiefeltern 264a[3]		
			Stiefvater	Stiefmutter	
1973	73,9	1,5	23,6	1	100
1974	63,3	1,7	34,5	0,5	100
1975	49,2	1,4	48,2	1,2	100
1976	50,6	1,4	47,4	0,6	100
1977	48,9	1,6	47,9	1,6	100
1978	keine Angaben möglich				
1979	46,0	3,3	48,8	1,9	100
1980	43,8	2,1	51,9	2,2	100
1981	43,3	1,5	52,6	2,6	100
1982	48,7	1,5	48,6	1,2	100

III.

Jahr	Anteil der Neuadoptionen			
	Unmündiger	Mündiger		
		Art. 266	SchlT 12c	
1973	91,1	4,7	4,2	100
1974	92,7	3,3	4,0	100
1975	89,1	5,8	5,1	100
1976	89,9	6,1	4,0	100
1977	90,3	4,9	4,8	100
1978	keine Angaben möglich			
1979	89,4	6,5	4,1	100
1980	93,0	6,8	0,2	100
1981	93,8	6,1	0,1	100
1982	94,8	5,2	–	100

Einleitung zur Adoption

IV. Frühere Heimat der unmündigen Adoptierten

Jahr	Fremdadoption (Adoption durch Ehepaare und Einzelpersonen, Art. 264a[1], 264b)							Stiefkindadoption, Art. 264a[3]						Total
	Schweiz	Übriges Europa	Afrika	Amerika	Asien	Übrige Fälle	Im ganzen	Schweiz	Übriges Europa	Afrika	Amerika	Asien	Übrige Fälle	Im ganzen	
1979	666	114	23	61	258	–	1 122	803	208	10	6	10	1	1 038	2 160
1980	330	83	12	90	155	–	670	608	145	9	12	12	2	788	1 458
1981	276	65	19	124	135	–	619	598	122	13	12	15	4	764	1 383
1982	255	67	10	176	207	1	716	547	123	8	15	18	–	711	1 427
1979–82	1 527	329	64	451	755	1	3 127	2 556	598	40	45	55	7	3 301	6 428

Anteile

Jahr	Schweiz	Übriges Europa	Afrika	Amerika	Asien	Übrige Fälle	Im ganzen	Schweiz	Übriges Europa	Afrika	Amerika	Asien	Übrige Fälle	Im ganzen
1979	59,4	10,2	2,0	5,4	23,0		100	77,3	20,0	1,0	0,6	1,0	0,1	100
1980	49,3	12,4	1,8	13,4	23,1	–	100	77,2	18,4	1,1	1,5	1,5	0,3	100
1981	44,6	10,5	3,1	20,0	21,8	–	100	78,3	16,0	1,7	1,6	2,0	0,4	100
1982	35,6	9,4	1,4	24,6	28,9	0,1	100	76,9	17,3	1,2	2,1	2,5	–	100
1979–82	48,8	10,6	2,0	14,4	24,1	0,1	100	77,5	18,1	1,2	1,4	1,6	0,2	100

V. Einreisebewilligungen für Adoptivpflegekinder und Pflegekinder nach Heimat

Jahr	Europa	Afrika	Amerika	Asien	Übrige Fälle	Total	
1970	1	14	3	151	–	169	(142)
1971	1	4	–	89	–	94	(80)
1972	5	5	14	124	–	148	(111)
1973	1	6	31	227	–	265	(227)
1974	9	16	54	301	–	380	(278)
1975	33	21	73	387	–	514	(350)
1976	140	21	87	302	3	553	(256)
1977	114	17	96	152	2	381	(98)
1978	137	27	149	152	–	465	(60)
1979	93	27	213	218	–	551	(39)
1980	83	23	365	395	2	868	(81)
1981	64	19	306	454	4	847	(72)
1982	37	13	177	432	–	659	(54)
1983	13	10	211	302	–	536	(48)

Zahlen in Klammern: Durch «Terre des hommes» eingeholte Bewilligungen.

4. Verwandte Situationen

A. Pflegekindschaft

15 b
Das Pflegekindverhältnis geht der Adoption voraus und steht faktisch der Fremdadoption nahe. Es ist aber rechtlich unbeständig. Das Kindesrecht von 1976 hat die Stellung der Pflegeeltern (Art. 294, 300) und den Schutz des Pflegekindes gegen Eltern und Pflegeeltern verbessert (Art. 307 Abs. 3, 310 Abs. 3, 315 Abs. 2, 316). Vgl. dazu auch DIETER SCHWAB und GISELA ZENZ, Soll die Rechtsstellung der Pflegekinder ... neu geregelt werden?, Gutachten zum Deutschen Juristentag 1982, München 1982.

B. Stiefkindschaft

15 c
Verheiratet sich der Elternteil, in dessen Obhut das Kind lebt, so entwickelt sich in der Regel eine enge sozialpsychische Beziehung zwischen dem Kind und dem Stiefelternteil, die rechtlich berücksichtigt wird (Art. 278 Abs. 2, 299).

C. Namensänderung

15 d
Wird der Namen des Kindes durch Namensänderung nach Art. 30 in den Namen der Pflegeeltern oder des Stiefvaters geändert, so wird es formal in die neue Familie eingegliedert, ohne dass im übrigen das bestehende Kindesverhältnis geändert würde.

D. Künstliche Befruchtung

15 e
Lässt sich eine Frau mit Zustimmung ihres Ehemannes mit Samen eines Dritten befruchten oder eine befruchtete Eizelle einer andern Frau einpflanzen, so befindet sich das Kind faktisch in einer ähnlichen Situation wie sie durch Adoption herbeigeführt wird. Gleich verhält es sich, wenn die Anfechtung eines im Ehebruch empfangenen Kindes unterbleibt.

III. Rechtsvergleichung

1. Rechtsvereinheitlichung

Die Wandlung der sozialen Funktion der Adoption (N 9 f) löst namentlich seit dem Ersten Weltkrieg eine eingreifende Reform des Adoptionsrechts aus. Sie ist gekennzeichnet durch den Verzicht auf die Erfordernisse der Kinderlosigkeit und eines entsprechend hohen Mindestalters und durch den Übergang zur Volladoption (adoptio plena) mit voller Eingliederung des Kindes in die Adoptivfamilie. Über die Entwicklung in den Nachbarstaaten der Schweiz vgl. EICHENBERGER 33 ff. In ihrer neuen Gestalt verbreitet sich die Adoption auch im angelsächsischen und skandinavischen Rechtskreis, in Australien und in verschiedenen Staaten Asiens und Afrikas (ANCEL M.). Gleichzeitig nimmt die Zahl der Adoptionen, zumal nach Ende des Zweiten Weltkrieges, stark zu (vgl. BBl *1971* I 1227). Die jüngste Rechtsentwicklung ist durch die Tendenz zur gegenseitigen Angleichung geprägt. Diese Bestrebungen sind durch das *Europäische Übereinkommen über die Adoption von Kindern,* vom 24. April 1967, in Kraft seit 26. April 1968 (EAdÜ, siehe hinten S. 651), massgeblich gefördert worden. Es befasst sich ausschliesslich mit der Adoption von Kindern, d. h. von Personen, die weder das 18. Altersjahr zurückgelegt haben noch als mündig gelten (Art. 3). Das Übereinkommen enthält kein unmittelbar anwendbares Recht, sondern verpflichtet die Vertragsstaaten lediglich, in ihren nationalen Gesetzgebungen eine Reihe wesentlicher Grundsätze zu verwirklichen (Art. 1, 4–15) und ausserdem einige zusätzliche Empfehlungen in Erwägung zu ziehen (Art. 2, 17–20, vgl. EICHENBERGER 29 ff). Sie dürfen Bestimmungen erlassen, die für das Adoptivkind günstiger sind (Art. 16). Das Übereinkommen erstrebt die Angleichung und die zeitgemässe Entwicklung der nationalen Gesetzgebung (GROSSEN, Pro Juventute *1970* 56). Im Vordergrund steht das Wohl des Adoptivkindes. Die Vereinten Nationen befassen sich mit der Vorbereitung einer «Déclaration sur les principes sociaux et juridiques applicables à la protection et au bien-être des enfants envisagés surtout sous l'angle des pratiques en matière d'adoption et de placement familial sur les plans national et international» (GROSSHOF 14 ff).

2. Ausländisches Recht

17a Auch in den Nachbarstaaten der Schweiz ist die Adoption neu geregelt worden: in der Bundesrepublik Deutschland 1976, in Österreich 1960, in Liechtenstein 1976, in Italien 1967 und 1983 und in Frankreich 1966 und 1976. Vgl. im einzelnen NABHOLZ (zit. N 3), EICHENBERGER (zit. N 6), GLÄTTLI (zit. N 3) und Einl vor Art. 252 N 39–43.

IV. Die Revision von 1972

1. Das Recht von 1907
Materialien N 1a, Literatur N 4.

18 Vor dem Schweizerischen Zivilgesetzbuch von 1907 hatte die Adoption nach dem Vorbild des französischen Code civil Eingang gefunden im Berner Jura, in den Kantonen Genf, Tessin, Solothurn und – in selbständigerer Ausgestaltung – in Zürich, Thurgau und St. Gallen, ausserdem ohne gesetzliche Regelung in Basel-Land (HUBER, System und Geschichte des Schweiz. Privatrechts I 410; THALBERG 118 ff; EICHENBERGER 15 ff). Dem Recht der übrigen Stände blieb die Adoption fremd.

19 Die Aufnahme der Adoption ins ZGB war nicht unbestritten, beantragte doch das Justizdepartement des Kantons Waadt, die Adoption nicht zu gestatten, eventuell den Kantonen freizustellen, sie ihren Bürgern zu untersagen (StenBullStR *1905* 1172, HOFFMANN). Auch die Erläuterungen zum Vorentwurf und die bundesrätliche Botschaft lassen deutliche Zurückhaltung gegenüber dem ungewohnten Institut erkennen (Erl I 238; BBl *1904* IV 35).

20 Das ZGB von 1907 regelt die Adoption – im wesentlichen übereinstimmend mit dem Vorentwurf und dem Entwurf – äusserst knapp und allgemein (s. Text hinten S. 664; vgl. auch EICHENBERGER 19 ff):

21 Sie ist nur Personen gestattet, die wenigstens vierzig Jahre alt sind und keine ehelichen Nachkommen haben und zudem wenigstens achtzehn Jahre älter sind als die anzunehmende Person (Art. 264). Ist diese urteilsfähig, so bedarf die Adoption ihrer Zustimmung; ist sie unmündig oder entmündigt, so ist überdies die Zustimmung der Eltern oder der vormundschaftlichen Aufsichtsbehörde nötig (Art. 265). Eine verheiratete Person kann nur mit Zustimmung ihres Ehegatten adoptieren oder adoptiert werden; die gemeinschaftliche Adoption ist nur Ehegatten gestattet (Art. 266). Die Adoption kommt auf Grund einer öffentlichen Urkunde mit Ermächtigung der zuständigen Behörde zustande; sie setzt voraus, dass dem Adoptierende dem Kind Fürsorge und Pflege erwiesen hat oder andere wichtige Gründe vorliegen und dem Kind aus der Adoption kein Nachteil entsteht (Art. 267). Das Kind erhält den Familiennamen des Adoptierenden und wird diesem gegenüber erbberechtigt, ohne die bisherige Erbberechtigung zu verlieren; die elterlichen Rechte und Pflichten gehen auf den Adoptierenden über; durch öffentliche Urkunde können aber über die elterlichen Vermögensrechte und das Erbrecht beliebige Abweichungen von den Bestimmungen über die Rechtsstellung eines ehelichen Kindes vereinbart werden (Art. 268). Die Adoption kann in beidseitigem Einverständnis aufgehoben werden, ausserdem durch den Richter auf Klage des Kindes, wenn es wichtige Gründe geltend macht, oder auf Klage des Adoptierenden, wenn er gegenüber dem Kinde einen Enterbungsgrund hat; die Aufhebung beseitigt jede künftige Wirkung der Adoption und ist unwiderruflich (Art. 269).

2. Die Kritik am bisherigen Recht

Die Adoption fasste zwar seit Inkrafttreten des ZGB in der schweizerischen Rechtspraxis festen Fuss. Doch machten sich Mängel ihrer rechtlichen Regelung bemerkbar, welche die Verwirklichung der vom neuen Leitbild der Erziehungs- und Fürsorgeadoption gesetzten Zwecke in Frage stellten oder doch ernstlich beeinträchtigten. Diese Mängel betrafen in erster Linie die Voraussetzungen der Adoption, die als zu eng erschienen und die Adoption in vielen Fällen zum Nachteil der Beteiligten verunmöglichten, überdies aber auch die Interessen der natürlichen Eltern ungenügend berücksichtigten. Zudem wurde den Risiken, die der Adoption innewohnen, zuwenig Beachtung geschenkt. Als unbefriedigend musste im weitern empfunden werden, dass das Kind infolge Fortdauer wesentlicher Beziehungen des angestammten Kindesverhältnisses einerseits und Beschränkung der Wirkungen anderseits nur unvollkommen in die Adoptivfamilie integriert wurde. Schliesslich liess das Adoptionsverfahren wegen seiner Unklarheit und Kompliziertheit viel zu wünschen übrig (BBl *1971* I 1212; EICHENBERGER 22 ff). Literatur s. N 5.

3. Die Vorbereitung der Revision
Materialien N 1 b, Literatur N 5.

Der 1957 eingesetzten *Studienkommission* für die Teilrevision des Familienrechts (s. Einl vor Art. 252 N 53) lag aus dem Gebiete der Adoption als einzige parlamentarische Intervention das Postulat ALLEMANN vom 20. September 1955 über die bürgerrechtliche Wirkung der Adoption vor. Die Kommission prüfte diese Anregung im Zusammenhang mit andern Fragen, welche in der juristischen und fürsorgerischen Literatur aufgeworfen worden waren. Besonders eindringlich waren diese 1960 durch das Europäische Seminar über zwischenstaatliche Adoptionen in Leysin ins Licht gerückt worden (Vereinte Nationen, Dienst für Technische Hilfe, Genf 1960; vgl. auch JUNOD, ZVW *1960* 124).

Die Studienkommission schlug in ihrem *Bericht* vom 13. Juni 1962 (N 1 b) folgende Änderungen vor (BBl *1971* I 1202 f; SPITZER, Teilrevision, S. 167 ff; EICHENBERGER 25 ff): Das Mindestalter wird auf 35 Jahre herabgesetzt; von diesem Erfordernis und dem der Kinderlosigkeit kann aus wichtigen Gründen befreit werden, namentlich wenn Ehegatten gemäss ärztlichem Zeugnis keine Nachkommenschaft oder nach Geburt eines Kindes kein weiteres zu erwarten haben (Art. 264). Die adoptierte Person erhält die volle Rechtsstellung eines ehelichen Kindes des Adoptierenden, die familien- und erbrechtlichen Beziehungen zu den leiblichen Eltern erlöschen; das Kind erwirbt das Bürgerrecht des Adoptierenden, wenn es nicht älter ist als zwölf Jahre (Art. 268). In bezug auf die vermögens- und erbrechtlichen Verhältnisse, das Besuchsrecht und die Unterstützungspflicht dürfen Abweichungen vereinbart werden (Art. 268bis). Die Adoption kann nur durch gerichtliches Urteil aufgehoben werden; die Aufhebung berührt den Familiennamen und das Bürgerrecht der angenommenen Person nicht (Art. 269). Die adoptierte Person und ihre Nachkommen einerseits und der Adoptierende und seine Verwandten anderseits sind unter Vorbehalt abweichender Vereinbarung gegenseitig erbberechtigt (Art. 465).

Das 1966–1968 durchgeführte *Vernehmlassungsverfahren* unterstützte das Bestreben, die Adoption zu erleichtern und ihre Wirkungen zu verstärken, beurteilte aber teilweise die Vorschläge der Studienkommission als ungenügend (Zusammenstellung der Vernehmlassungen s. N 1 b; VON OVERBECK ZSR *1967* I 241 ff; HEGNAUER SJZ *1969* 85 ff; Pro Juventute *1968* 67 ff).

Die *Expertenkommission* (s. Einl vor Art. 252 N 55) erhielt in ihrer ersten Sitzung vom 14. Januar 1969 den Auftrag, zuerst die Revision des Adoptionsrechts und des Art. 321 ZGB vorzubereiten. Grundlage der in 18 Sitzungen des Plenums und seiner Subkommissionen durchgeführten Beratungen bildeten Vorentwürfe des Verfassers dieses Kommentars. Am 17.Juni 1970 wurde der Vorentwurf mit einlässlichem Bericht zuhanden des Eidgenössischen Justiz- und Polizeidepartements verabschiedet. (BBl *1971* I 1204; vgl. dazu URSULA BAUMANN; Pro Juventute *1970* 3 ff).

4. Die Revision
Materialien N 1 b.

27   Der Bundesrat unterbreitete am 12.Mai 1971 der Bundesversammlung die Botschaft über die Änderung des ZGB (Adoption und Art.321 ZGB) (BBl *1971* I 1200). Abgesehen von Art.269c betreffend die Aufsicht über die Adoptionsvermittlung, übernahm die bundesrätliche Vorlage den Vorentwurf der Expertenkommission. Sie wurde nach eingehender Vorbereitung in den parlamentarischen Kommissionen vom Ständerat in der Wintersession 1971 und vom Nationalrat in der ausserordentlichen Frühjahrssession 1972 behandelt. Die Differenzen wurden in der Sommersession 1972 bereinigt. In der Schlussabstimmung vom 30.Juni 1972 wurde das Bundesgesetz in beiden Räten einstimmig angenommen.

28 Umstritten waren in den parlamentarischen Beratungen zur Hauptsache die Höhe des Mindestalters als Alternative zur Mindestdauer der Ehe (Art.264a und b), das Erfordernis der Kinderlosigkeit bei der Mündigenadoption (Art.266), die sachliche Zuständigkeit zur Adoption (Art.268) und die Aufsicht über die Adoptionsvermittlung (Art.269c). Das Gesetz weicht materiell vom bundesrätlichen Entwurf nur in wenigen Punkten ab (Art.265d, 266, 268, 268b, 269c, SchlT 12a, 12b, 12c).

29 Nach unbenütztem Ablauf der Referendumsfrist setzte der Bundesrat das neue Recht auf 1.April 1973 in Kraft (AS *1972* 2829). Die Zivilstandsverordnung vom 1.Juni 1953 wurde am 27.November 1972 dem neuen Recht angepasst (AS *1972* 2830). Am 28.März 1973 folgte die Verordnung über die Adoptionsvermittlung (AS *1973* 628).

30 Das Übereinkommen über die Adoption von Kindern (EAdÜ, N 17, siehe auch hinten S.651) war von der Bundesversammlung am 27.April 1972 (AmtlBullStR *1971* 815–816; NR *1972* 631–632) genehmigt worden und trat nach der am 29.Dezember 1972 erfolgten Ratifikation ebenfalls am 1.April 1973 in Kraft (BBl *1971* I 1186; AS *1973* 418). Das neue Adoptionsrecht entspricht den obligatorischen Bestimmungen des Übereinkommens in vollem Umfang und geht teilweise zugunsten des Adoptivkindes noch über diese hinaus (BBl *1971* I 1188). Es verwirklicht auch die Empfehlungen der Art. 17, 18 und 20 des Übereinkommens. Von der Möglichkeit, zwei Vorbehalte anzubringen (Art.25), hat die Schweiz keinen Gebrauch gemacht.

5. Grundzüge des neuen Rechts

A. Terminologie

31   Im deutschen Text wird «Kindesannahme» durch «Adoption» ersetzt. Das Fremdwort ist hier verständlicher und präziser (BBl *1971* I 1215f).

B. Methode

Soweit der Natur der Sache nach möglich, werden die Voraussetzungen der Adoption, um der Klarheit des Instituts und der Einheit der Rechtsanwendung willen, fest und ohne Dispensvorbehalt umschrieben (vgl. HEGNAUER, in: Kindes- u. Adoptionsrecht 42 ff). 32

Auch die Wirkungen der Adoption sind zwingend festgelegt (Art. 267, 267 a). Abgesehen von der Erteilung eines neuen Vornamens, ist den Beteiligten eine Einwirkung versagt. 33

Das Ermessen kommt dagegen zum Zuge beim Entscheid, ob die Adoption dem Wohl des Kindes diene, ohne andere Kinder der Adoptiveltern in unbilliger Weise zurückzusetzen (Art. 264), ob von der Zustimmung eines Elternteils abzusehen sei (Art. 265 c), ob andere wichtige Gründe für die Adoption einer mündigen Person vorliegen (Art. 266 Abs. 1 Ziff. 3), ob durch die Anfechtung das Wohl des Kindes ernstlich beeinträchtigt würde (Art. 269 Abs. 1) oder eine Adoption an einem andern schwerwiegenden Mangel leide (Art. 269 a Abs. 1). 34

C. Kindeswohl

Massgebender Gesichtspunkt für die Anwendung des neuen Rechts ist das Wohl des Adoptivkindes, das nur durch die billige Rücksicht auf die anderen Kinder beschränkt wird (Art. 264). Es ist auf Grund umfassender Untersuchung zu beurteilen (Art. 268, 268 a). Dem Kindeswohl dienen auch das Adoptionsgeheimnis (Art. 268 b) und die Beschränkung der Anfechtung (Art. 269 Abs. 1, 269 a, 269 b). Vgl. BRAUCHLI (zit. Art. 264 N 2) 78 ff. 35

D. Einheit der Adoption

Das neue Recht hält an der Einheit der Adoption fest. Immerhin ergeben sich Differenzierungen infolge der strengern Voraussetzungen und der schwächeren Wirkungen der Mündigenadoption (Art. 266), der Besonderheiten der Stiefkindadoption (Art. 264 a Abs. 3, Art. 267 Abs. 2 Satz 2) und der Einzeladoption (Art. 264 b) sowie infolge des Fortbestehens altrechtlicher Adoptionen (Art. 12 a SchlT). 36

E. Adoption Unmündiger und Mündiger

37 Im Mittelpunkt steht die Adoption Unmündiger (Art. 264 bis 265 d). Für sie wird das Erfordernis der Kinderlosigkeit beseitigt. Die Adoption Mündiger und Entmündigter unterliegt erschwerten Voraussetzungen (Art. 266) und beschränkten Wirkungen (Art. 267 a).

F. Adoption durch Verheiratete und Unverheiratete

38 Die Adoption durch Verheiratete wird begünstigt (Art. 264 a), diejenige durch Unverheiratete erschwert (Art. 264 b Abs. 1). Für Verheiratete ist die gemeinschaftliche Adoption die Regel, die Einzeladoption die Ausnahme (Art. 264 a Abs. 1, Art. 264 b Abs. 2).

G. Stellung der leiblichen Eltern

39 Die Adoption bedarf der Zustimmung der leiblichen Eltern (Art. 265 a). Sie werden vor Übereilung und Reue geschützt (Art. 265 b). Indessen entfällt das Zustimmungsrecht, wenn es nicht ausgeübt werden kann oder nicht mehr schutzwürdig ist (Art. 265 c). Hierüber kann ein Entscheid erwirkt werden, der spätere Mitsprache der Eltern bei der Adoption ausschliesst (Art. 265 d).

H. Volladoption

40 Das Adoptivkind verlässt rechtlich die angestammte Familie und tritt in die Adoptivfamilie ein, wie wenn es in ihr geboren wäre (Art. 267). Ausnahmen bestehen für das Ehehindernis (Art. 100 Abs. 3), für das Erlöschen des bisherigen Kindesverhältnisses bei der Stiefkindadoption (Art. 267 Abs. 2 Satz 2) und für das Bürgerrecht bei der Adoption Mündiger (Art. 267 a).

I. Verfahren

41 Die Adoption ist staatlicher Hoheitsakt, der auf Antrag und mit Zustimmung der Beteiligten und nach eingehender Untersuchung zustande kommt (Art. 268, 268 a).

K. Unauflöslichkeit

Die Adoption ist unauflöslich. Vorbehalten bleiben die Anfechtung (Art. 269–269 b) und eine zweite Adoption. 42

L. Adoptionsvermittlung

Die Vermittlung von Kindern zur spätern Adoption bedarf einer Bewilligung und steht unter Aufsicht (Art. 269 c). 43

M. Übergangsrecht

Die vor dem 1. April 1973 ausgesprochene Adoption bleibt unter dem früheren Recht (SchlT 12 a), konnte aber, wenn eine unmündige Person adoptiert wurde, bis 31. März 1978 dem neuen Recht unterstellt werden (SchlT 12 b). Bis zum gleichen Zeitpunkt konnte eine mündige oder entmündigte Person nach den neuen Bestimmungen über die Adoption Unmündiger adoptiert werden, wenn das frühere Recht die Adoption nicht zugelassen hatte, die Voraussetzungen des neuen Rechts aber erfüllt gewesen wären (SchlT 12 c). 44

N. Internationales Recht

Zuständigkeit und anwendbares Recht bestimmen sich nach dem Wohnsitz der Adoptierenden (NAG 8 a Abs. 1, 8 b). Für Auslandschweizer, die an ihrem Wohnsitz nicht adoptieren können, ist die Heimatbehörde zuständig (NAG 8 a Abs. 2). Die schweizerische Zuständigkeit für Auslandschweizer und für Ausländer steht unter dem Vorbehalt, dass dem Kind aus der Nichtanerkennung der Adoption am ausländischen Wohnsitz oder in der ausländischen Heimat der Adoptierenden kein schwerwiegender Nachteil erwachse (NAG 8 a Abs. 2, 8 c). Der Entwurf für ein IPR-Gesetz, von 1982 (BBl *1983* I 371 ff) schliesst diese Bestimmungen – geringfügig geändert – ein. Für das Haager Übereinkommen s. Art. 268 N 10. 45

6. Kritik

Die Revision hat nach den bis 1. Januar 1984 gesammelten Erfahrungen ihre Ziele (N 22) im wesentlichen erreicht. Auch sind die Pro- 46 bleme der Rechtsanwendung von der Praxis im allgemeinen gemeistert worden. Voraussehbar waren die in der Natur der Sache begründeten Schwierigkeiten beim Absehen von der Zustimmung des Elternteils, der sich nicht ernstlich um das Kind gekümmert hat (Art. 265 c Ziff. 2). Weniger bedeutsam sind die Kontroversen um die Vertretung des Kindes unter elterlicher Gewalt im Adoptionsverfahren (Art. 265 a N 4), den Namenserwerb bei der Mündigenadoption (Art. 267 N 37, 40) und das Adoptionsgeheimnis (Art. 268 N 81). In besonderen Situationen werden gelegentlich die Erfordernisse der gemeinschaftlichen Adoption durch Ehegatten (Art. 264 a Abs. 1), des Mindestaltersunterschiedes (Art. 265 Abs. 1) oder der Kinderlosigkeit bei der Adoption Mündiger (Art. 266 Abs. 1) als hart empfunden. Solche Nachteile der starren Regeln werden jedoch durch die Klarheit und Voraussehbarkeit der Rechtsanwendung reichlich aufgewogen. Zu erwähnen sind schliesslich gewisse Zweifel an der sachlichen Notwendigkeit der Zustimmung der vormundschaftlichen Aufsichtsbehörde (Art. 265 Abs. 3) und der Sperrfrist für die elterliche Zustimmung (Art. 265 b Abs. 1).

47 Das neue Recht hat aber auch *neue Probleme* geschaffen oder doch verstärkt. Zu nennen ist einmal die *Stiefkindadoption* (N 12, 15 a, Art. 264 a N 42). Sie kann die Stellung des geschiedenen Elternteils, dem das Kind entzogen worden ist, empfindlich erschweren. Eine sorgfältig differenzierende Rechtsanwendung dürfte dieser Gefahr aber weitgehend begegnen können, sodass eine Gesetzesänderung sich jedenfalls heute noch nicht aufdrängt. Das zweite Hauptproblem betrifft die Adoption aus der Dritten Welt. Die rechtliche Volladoption steht in einem deutlichen Spannungsverhältnis zu der hier nur begrenzt möglichen sozialpsychischen Integration. Auch wird der gesetzliche Zweck der Adoption – die Wahrung des Kindeswohls (Art. 264) – oft überlagert durch die imperative Forderung kinderloser Ehegatten nach einem Kind (Art. 269 c N 34). Die Interessen des Kindes, seiner leiblichen Eltern und der Öffentlichkeit rufen dringend einer eingehenden Überprüfung des geltenden Fremdenpolizei-, Adoptionsvermittlungs- und Pflegekinderrechts.

48 Genauere Aufschlüsse über die Bewährung des neuen Rechts im allgemeinen und hinsichtlich der Stiefkindadoptionen und der Drittweltadoptionen im besonderen wären von sozialpädagogischen *Langzeituntersuchungen* zu erwarten. Vorbildlich ist die grosse 1966 begonnene englische Untersuchung, vgl. hierüber SEGLOW/PRINGLE/WEDGE, Growing up adopted, 1972.

V. Aufbau des vierten Abschnittes

Die 18 Artikel sind in *sechs Unterabschnitte* gegliedert. Die 49 ersten *drei* umfassen die *materiellen* Bestimmungen. Der erste und längste (A.) regelt in acht Artikeln die *Adoption Unmündiger* (I. Allgemeine Voraussetzungen, Art. 264, II. Gemeinschaftliche Adoption, Art. 264a, III. Einzeladoption, Art. 264b, IV. Alter und Zustimmung des Kindes, Art. 265, V. Zustimmung der Eltern: 1. Form, Art. 265a, 2. Zeitpunkt, Art. 265b, 3. Absehen von der Zustimmung: a. Voraussetzungen, Art. 265c, b. Entscheid, Art. 265d). Der zweite (B.) betrifft die *Adoption Mündiger* (Art. 266), der dritte (C.) die *Wirkungen* (I. Im allgemeinen, Art. 267, II. Heimat, Art. 267a). Die letzten *drei* enthalten die Normen über das *formelle* Recht: das *Verfahren* (D., I. Im allgemeinen, Art. 268, II. Untersuchung, Art. 268a, III. Adoptionsgeheimnis, Art. 268b); die *Anfechtung* (E., I. Gründe, 1. Fehlen der Zustimmung, Art. 269, 2. Andere Mängel, Art. 269a, 3. Klagefrist, Art. 269b) und die *Adoptionsvermittlung* (F., Art. 269c).

Art. 264

A. Adoption Unmündiger I. Allgemeine Voraussetzungen	Ein Kind darf adoptiert werden, wenn ihm die künftigen Adoptiveltern während wenigstens zweier Jahre Pflege und Erziehung erwiesen haben und nach den gesamten Umständen zu erwarten ist, die Begründung eines Kindesverhältnisses diene seinem Wohle, ohne andere Kinder der Adoptiveltern in unbilliger Weise zurückzusetzen.
A. Adoption de mineurs I. Conditions générales	Un enfant peut être adopté si les futurs parents adoptifs lui ont fourni des soins et ont pourvu à son éducation pendant au moins deux ans et si toutes les circonstances permettent de prévoir que l'établissement d'un lien de filiation servira au bien de l'enfant sans porter une atteinte inéquitable à la situation d'autres enfants des parents adoptifs.
A. Adozione di minorenni I. Condizioni generali	Il minorenne può essere adottato quando i futuri genitori adottivi gli abbiano prodigato cure e provveduto alla sua educazione, durante almeno due anni, e l'insieme delle circostanze consenta di prevedere che il vincolo di filiazione servirà al suo bene, senza pregiudicare, in modo non equo, altri figli dei genitori adottivi.

		Note	Seite
Übersicht	Materialien	1	432
	Literatur	2	432
	Rechtsvergleichung	2a	433

	Note	Seite
Rechtsgeschichte	2b	433
Textgeschichte	2c	433
I. Ein Kind		434
1. Das fremde Kind	1	434
2. Das Stiefkind	5	434
3. Das verwandte Kind	6	434
4. Zahl der Kinder	23	438
II. Unmündigkeit		438
1. Bedeutung	24	438
2. Begriff	25	439
3. Massgebender Zeitpunkt	27	439
III. Das Pflegeverhältnis		439
1. Sinn	28	439
2. Pflege und Erziehung	29	440
3. Begründung des Pflegeverhältnisses	31	442
4. Tragung der Unterhaltskosten	32	444
5. Dauer	33	445
6. Kein Dispens	42	447
7. Wirkung des Pflegeverhältnisses	44	447
IV. Das Kindeswohl		453
1. Bedeutung	56	453
2. Begriff	58	453
3. Wertung	59	454
4. Grundlage der Beurteilung	61	454
V. Andere Kinder der Adoptiveltern		455
1. Kinderlosigkeit nicht erforderlich	63	455
2. Andere Kinder	64	455
3. Die Zurücksetzung der andern Kinder	67	456
4. Die unbillige Zurücksetzung	70	456
5. Die Entscheidung	75	458

1 Materialien aArt. 264 Abs. 1, 267 Abs. 2 (hinten S. 664); BBl *1971* I 1216f, 1219f; E 264; AmtlBullStR *1971* 716f, *1972* 393; NR *1972* 573–575. – BBl *1974* II 49; E 264; AmtlBullStR *1975* 120, NR *1975* 1761. – EAdÜ 6 Ziff. 2; 8 Ziff. 1, 2; 12; 17.

2 Literatur BRAUCHLI ANDREAS, Das Kindeswohl als Maxime des Rechts, Diss. Zürich 1982; BREITENSTEIN FRIEDRICH, Voraussetzungen der Adoption, in: Beiträge zur Anwendung des neuen Adoptionsrechts, St. Gallen 1979; EICHENBERGER ROLF, Die materiellen Voraussetzungen der Adoption Unmündiger nach neuem schweizerischen Adoptionsrecht, Diss. Freiburg 1974; FRANK RAINER, Grenzen der Adoption, Frankfurt a. M. 1978; GUG-

GENBÜHL-HERTNER J., Das Pflegekind: gestern – heute – und morgen? SJZ *1975* 89; HEGNAUER CYRIL, «Pflege und Erziehung» als Voraussetzung für die Adoption, ZVW *1974* 136; *derselbe,* Zur Übertragung der Vormundschaft bei Wohnsitzwechsel der Adoptivpflegeeltern, ZVW *1983* 113; *derselbe,* Fragen aus dem neuen Adoptionsrecht, SJZ *1976* 201; *derselbe,* Das Erfordernis der Kinderlosigkeit bei der Mündigenadoption und die Regel der gemeinschaftlichen Adoption durch Ehegatten, ZVW *1981* 12; *derselbe,* Die Rechtstellung eines ausländischen Kindes unbekannter Abstammung, das im Familienregister als im Ausland von einer verheirateten Schweizerin geboren eingetragen ist («Kurzschluss-Adoption»), ZVW *1982* 131; HESS MAX, Die Adoption in rechtlicher und sozialpädagogischer Sicht, Wädenswil 1976; JORIO T., Der Inhaber der elterlichen Gewalt nach dem neuen Kindesrecht, (Diss. Freiburg 1977; VOGEL-ETIENNE CHRISTINE, Das Pflegeverhältnis vor der Adoption, Diss. Zürich 1981.

Rechtsvergleichung	Ein der Adoption vorausgehendes Pflegeverhältnis (EAdÜ 17) wird im ABGB nicht ausdrücklich verlangt. Nach BGB 1744 soll der Annehmende in der Regel das Kind angemessene Zeit in Pflege gehabt haben. Für die Volladoption verlangt CCfr 343 Abs. 1 ein Pflegeverhältnis von sechs Monaten, das ital. Adoptionsgesetz, Art. 25, ein solches von einem Jahr, verlängerbar um ein Jahr, vgl. auch VOGEL 38 ff. Dass die Adoption dem *Kindeswohl* dienen müsse (EAdÜ 8 Ziff. 1, 2), wird in ähnlicher Formulierung wie in Art. 264 von BGB 1741 Abs. 1 und ABGB 180a Abs. 1 Satz 2 verlangt. Nach CCfr 353 Abs. 1 muss die Adoption mit dem Kindeswohl vereinbar sein. Kinderlosigkeit setzt CCit 291 für die Mündigenadoption voraus. Die Interessen der übrigen Kinder der Annehmenden sind nach BGB 1745 und ABGB 180a Abs. 2 zu berücksichtigen. Nach CCfr 353 Abs. 2 (Fassung von 1976) darf die Adoption, wenn die Adoptierenden Nachkommen haben, das Familienleben nicht beeinträchtigen. Vgl. auch N 69.	2a
Rechtsgeschichte	Kinderlosigkeit war nach den kantonalen Rechten (EICHENBERGER 16) und nach aArt. 264 absolute Voraussetzung der Adoption. Verschiedene kantonale Rechte verlangten ein Pflegeverhältnis von sechs Jahren vor der Adoption (vgl. VOGEL 14f). Das ZGB von 1907 (aArt. 267 Abs. 2) machte die Annahme davon abhängig, dass der Annehmende dem Kinde Fürsorge und Pflege erwiesen hatte oder andere wichtige Gründe vorlagen, und begnügte sich damit, dass dem Kinde aus der Annahme kein Nachteil entstand (hinten S. 664).	2b
Textgeschichte	Art. 264 knüpft an aArt. 267 Abs. 2 an, macht aber das Pflegeverhältnis vor der Adoption zum selbständigen Erfordernis und verlangt anstelle des blossen Fehlens von Nachteilen positiv, dass die Adoption dem Kindeswohl diene. Die Voraussetzung der Kinderlosigkeit, aArt. 264, ist dem Gebot der Rücksicht auf die Interessen der anderen Kinder der Adoptiveltern gewichen. Art. 264 stimmt mit dem Entwurf überein. Der Ständerat hatte zunächst die Fassung beschlossen: «... wenn die künftigen Adoptiveltern während wenigstens zwei Jahren für seinen Unterhalt und seine Erziehung gesorgt haben, ...» (AmtlBullStR *1971* 716). 1976 wurde das Wort «ehelichen» vor «Kindesverhältnisses» gestrichen (hinten S. 677).	2c

I. Ein Kind

1. Das fremde Kind

3   Die Adoption ist in erster Linie für das fremde familienlose Kind bestimmt, das zum Adoptierenden weder in einem Kindesverhältnis steht noch sonst mit ihm verwandt oder verschwägert ist.

4   Auch ein *Adoptivkind* kann adoptiert werden. Denn die erste Adoption wird durch die zweite aufgehoben (Art. 267 N 19; EAdÜ 6 Ziff. 2 lit. *d*). Gleichgültig ist, ob die erste Adoption unter dem früheren oder unter dem neuen Recht ausgesprochen worden ist (vgl. Art. 265 a N 7, 8).

2. Das Stiefkind

5   Die Adoption will auch die Eingliederung des Stiefkindes in die (neue) Familie des Elternteils ermöglichen, in dessen Obhut es lebt (EICHENBERGER 110). Das Gesetz geht in Art. 264a Abs. 3 und Art. 267 Abs. 2 Satz 2 auf die Stiefkindadoption ein. Sie erfordert noch in weiteren Fragen besondere Behandlung (Art. 265 a N 23, 265 b N 10, 268 b N 18). Vgl. zur Problematik und zur Häufigkeit Einleitung vor Art. 264 N 12, 15 a, 47, Art. 264 a N 42.

3. Das verwandte Kind

A. Das eigene Kind

6   Besteht bereits ein Kindesverhältnis, so ist eine Adoption zwischen den nämlichen Personen begrifflich ausgeschlossen. Unter dem früheren Kindesrecht konnte das eigene aussereheliche Kind adoptiert werden, weil das eheliche Kindesverhältnis im Verhältnis zum ausserehelichen rechtliche und gesellschaftliche Vorteile brachte (VA Art. 264 N 9; vgl. auch EAdÜ 12 Ziff. 3). Dieser Grund ist mit der Revision von 1976 entfallen (Art. 252 N 14).

6a Immerhin gibt es immer noch Situationen, in welchen die Adoption des eigenen Kindes zugelassen werden muss, weil sie seine Rechtsstellung verbessert:
   – Das Kind einer schweizerischen Mutter und ihres ausländischen Ehe-

manns erwirbt das Schweizerbürgerrecht nicht mit der Geburt, wenn die Eltern damals nicht Wohnsitz in der Schweiz hatten (BüG 5 Abs. 1 lit. *a*, hinten S. 684). Ziehen sie in die Schweiz und adoptieren sie das Kind, so erwirbt es das Schweizerbürgerrecht sofort (Art. 267a N 11). Dieses Vorgehen erübrigt sich, wenn BüG 1 Abs. 1 lit. a gemäss Botschaft vom 18. April 1984 (BBl *1984* II 211) dahin geändert wird, dass dieses Kind von Geburt an Schweizer Bürger ist.

– Der ausserehelige Vater kann durch Einzeladoption seines Kindes (Art. 264b) in *einem* Akt die elterliche Gewalt erwerben und dem Kind seinen Namen und sein Bürgerrecht verschaffen. Dieser Weg kommt nur in Betracht, wenn der Verlust des mütterlichen Kindesverhältnisses mit dem Kindeswohl vereinbar und die Anwendung der Art. 30, 271 Abs. 3 und 298 Abs. 2 nicht oder nur schwer zu bewerkstelligen ist.

Ein Mann darf das von ihm gezeugte Kind auch adoptieren, wenn es zu einem andern Manne in einem Kindesverhältnis steht, ohne dass dieses zuerst durch Anfechtung beseitigt wird. Empfängt eine verheiratete Frau im Ehebruch ein Kind und heiratet sie nach der Scheidung den Erzeuger, so darf dieser das in einem Kindesverhältnis zum ersten Ehemann stehende Kind adoptieren und damit die sonst nötige Anfechtung (Art. 256) und anschliessende Anerkennung (Art. 259 Abs. 1) «kurzschliessen» (ebenso GÖTZ ZZW *1976* 105, 263; ZVW *1976* 69 Nr. 6; VPB *1978* Nr. 48). 7

Ebenso darf der genetische Vater sein Kind adoptieren. Die Adoption ist eine zulässige Alternative zur Anerkennung. Sie dürfte aber, da sie strengeren Voraussetzungen unterliegt, praktisch nur in besonderen Situationen gewählt werden (anders unter dem früheren Kindesrecht, SB N 8). 8

Dagegen ist die Adoption des eigenen Kindes nicht zulässig, wenn sie lediglich die Begründung des Kindesverhältnisses zum andern Elternteil verhindern oder dieses aufheben will (vgl. Art. 264b N 4). 8a

Die Adoption des früheren Rechts hindert eine zweite Adoption nach neuem Recht zwischen den nämlichen Personen nicht; sie konnte auch nach SchlT 12b dem neuen Recht unterstellt werden (vgl. SB Art. 12b SchlT N 3 bis 13). 9

Ebenso kann auf eine Adoption des ausländischen Rechts, die mit geringeren Wirkungen verbunden ist, zwischen den nämlichen Personen eine neue Adoption nach schweizerischem Recht folgen. 10

Aufhebung der altrechtlichen Adoption schliesst die Adoption zwischen den nämlichen Personen nach neuem Recht nicht aus; aArt. 269 Abs. 3 gilt für neue Adoptionen nicht. 11

B. Enkel

12 Zwischen Grosseltern und Enkel besteht kein Kindesverhältnis. Die Adoption ist daher grundsätzlich möglich. Für die Frage, ob sie dem Wohl des Kindes zu dienen vermöge, hat aber die bestehende Verwandtschaft in gerader Linie wesentliche Bedeutung.

13 Abgesehen vom Ehehindernis (Art. 100 Abs. 3), ist der adoptierte Enkel im Gegensatz zum früheren Recht nicht gleichzeitig Kind und Geschwister eines leiblichen Elternteils. Denn die Volladoption bringt das bisherige Kindesverhältnis zum Erlöschen (Art. 267 Abs. 2 Satz 1). Das Kind ist nach der Adoption rechtlich nur noch ein Geschwister seines leiblichen Elternteils.

14 Auch die Adoption des Enkels des einen Ehegatten (Kind der Tochter oder des Sohnes aus erster Ehe) ist zulässig. Da beide Ehegatten gemeinsam adoptieren müssen (Art. 264a Abs. 1), entsteht zu beiden ein gemeinsames Kindesverhältnis. Das Kind ist nicht gleichzeitig Adoptivkind des einen und Enkel des andern Ehegatten. Die Entscheidungen ZVW *1964* 94 Nr. 13, *1965* 107 Nr. 11 haben für das neue Recht keine Geltung mehr (ZVW *1974* 111 f Nr. 10 = SJZ *1975* 75 = ZZW *1974* 363; a. M. SJZ *1974* 175 Nr. 33 E. 1–3).

15 Von Bedeutung ist die genetische Abstammung des Adoptivkindes von einem Kind der Adoptiveltern, wenn sie in der sozialen Wirklichkeit zum Ausdruck kommt. Besteht eine lebendige Eltern-Kind-Beziehung, so kann es nicht im Interesse des Kindes liegen, dass das rechtliche Kindesverhältnis zum leiblichen Elternteil aufgehoben und durch ein solches zu den Grosseltern ersetzt werde. Das gilt auch, wenn das Kind gleichzeitig mit den Grosseltern eng verbunden ist, wie es oft vorkommt, wenn Kind, Mutter und Grosseltern im gleichen Haushalt leben. Ist dagegen eine ernsthafte geistig-soziale Beziehung zwischen dem Kind und dem betreffenden Elternteil nicht entstanden, so kann die Enkeladoption nicht wegen ihres scheinbaren Widerspruches zur natürlichen Familienordnung abgelehnt werden (a. M. SJZ *1974* 175 Nr. 33 E. 1–3). Vielmehr ist wie bei jeder andern Adoption zu prüfen, ob sie nach den konkreten Umständen dem Wohl des Kindes diene (N 56 ff); kritisch FRANK 128 ff.

16 Demgemäss erscheint die Enkeladoption grundsätzlich zulässig, wenn der betreffende leibliche Elternteil schon bald nach der Geburt des Kindes aus dessen Lebenskreis ausscheidet und die Grosseltern die Sorge um das Kind übernehmen, so etwa wenn er stirbt (vgl. VA Art. 264 N 5, 6), auswandert oder interniert wird, aber auch wenn er sich tatsächlich um das Kind nicht

kümmert und die Sorge um es den Grosseltern überlässt (vgl. auch EICHEN-
BERGER 78f).

Die Enkeladoption kann auch im Interesse des Kindes liegen, wenn der Vater die Mutter umgebracht und damit sein Elternrecht verwirkt hat. 16a

Unzulässig ist die Enkeladoption dagegen im allgemeinen, wenn der leibliche Elternteil im Haushalt der adoptierenden Grosseltern oder in ihrer Umgebung lebt und es immer wieder besucht. Indessen kann es auch unter solchen Verhältnissen vorkommen, dass die Mutter wegen ihres sehr jugendlichen Alters oder ihres geistigen Zustandes zum Aufbau einer sozialpsychischen Mutter-Kind-Beziehung nicht imstande ist und die Enkeladoption im Interesse des Kindes liegt. 17

Neben der tatsächlichen Beziehung des Kindes zum betreffenden Elternteil sind auch die rechtlichen Auswirkungen der Adoption durch die Grosseltern zu beachten, so namentlich der Erwerb und Verlust des Familiennamens und Bürgerrechts, des Unterhalts- und Unterstützungsanspruchs, des Erbrechts und der elterlichen Gewalt (ZVW *1975* 19 Nr. 2, 27 Nr. 3 E. 4). 18

Zudem ist zu bedenken, dass das Kind mit der Adoption durch die Eltern des einen Elternteils jegliche rechtliche Beziehung zum andern Elternteil und dessen Verwandtschaft verliert (Art. 267 N. 13 ff), während es gegenüber den adoptierenden Grosseltern ohnehin unterstützungs- und erbberechtigt (Art. 328, 457) ist und die Grosseltern ein Vorrecht auf Bestellung als Vormünder haben (Art. 380). 19

Dagegen dürfte die gemeinschaftliche Adoption eines rechtlich vaterlosen Kindes durch die Eltern der Mutter im allgemeinen dem Wohl des Kindes dienen. Fragwürdig erscheint indessen die Einzeladoption durch einen schon betagten Grosselternteil. Die Adoption einer Vollwaise durch das eine Grosselternpaar dürfte nur in Betracht kommen, wenn kein schutzwürdiges Interesse an der Aufrechterhaltung der rechtlichen Beziehungen zum andern Grosselternpaar besteht. 20

Kasuistik   Die Adoption eines Enkels wurde *zugelassen:* 20a
– Durch Heirat legitimiertes Kind; lebt vom dritten Monat an bei den väterlichen Grosseltern; von diesen nach Scheidung der Eltern adoptiert; Beziehung zur Mutter ganz abgebrochen (ZVW *1974* 110 Nr. 10 = SJZ *1975* 75 = ZZW *1974* 363).
– Aussereheliches Kind wächst von den ersten Monaten an bei den Eltern der Mutter auf; diese heiratet und zieht weg; ihr Ehemann will vom Stiefkind nichts wissen; es nennt die Grosseltern «Mami» und «Papi», die Mutter bei den seltenen Begegnungen beim Vornamen; Adoption durch die 47- und 46jährigen Grosseltern (ZVW *1975* 22 Nr. 3).
– Aussereheliches Kind einer im Zeitpunkt der Geburt 17jährigen Mut-

ter; wächst seit der Geburt bei der 40 Jahre älteren verwitweten mütterlichen Grossmutter und ihrem kinderlosen 51 Jahre älteren zweiten Ehemann auf; die Mutter, die nur wenige Wochen mit dem Kind zusammenlebte, hat später geheiratet und sich in einem andern Kanton niedergelassen; Adoption durch Grossmutter und Pflegevater (ZVW *1975* 19 Nr. 2).

– Aussereheliches Kind wächst seit der Geburt bei den 57 und 58 Jahre älteren Eltern des Erzeugers auf. Dieser hat geheiratet und den elterlichen Haushalt verlassen. Zwischen Kind und Mutter bestehen keinerlei Beziehungen (PKG/GR *1975* Nr. 10).

Dagegen wurde sie abgelehnt:

– Aussereheliches Kind wächst im Haushalt der mütterlichen Grosseltern auf; die Mutter lebt im gleichen Hause (SJZ *1974* 175 Nr. 33).

C. Andere Verwandte

21   Auch unter Geschwistern ist an sich eine Adoption möglich. Sie dürfte aber nur in seltenen singulären Situationen dem Wohl des Kindes dienen.

22   Auch andere Beziehungen der Verwandtschaft und Schwägerschaft sind lediglich nach ihrer tatsächlichen geistig-sozialen Bedeutung unter den für die Adoption wesentlichen Umständen zu würdigen.

4. Zahl der Kinder

23   Mehrere Kinder dürfen gleichzeitig oder nacheinander adoptiert werden. Ihre Zahl wird lediglich durch die Rücksicht auf das Wohl der neu zu adoptierenden (N 56 ff) und der bereits vorhandenen Kinder (N 64 ff) begrenzt. Zu beachten ist allerdings ihre rechtliche Beziehung. Die sukzessive oder gleichzeitige Adoption von zwei Personen, die in direkter Linie miteinander verwandt sind (Art. 20 Abs. 2), ist abzulehnen, es sei denn, es bestehe keine der biologischen Abstammung entsprechende sozialpsychische Beziehung (vgl. N 17).

II. Unmündigkeit

1. Bedeutung

24   Die Art. 264 bis 265 d setzen, wie der Randtitel «A. Adoption Unmündiger» zeigt, Unmündigkeit des Adoptivkindes voraus. Die

Adoption Mündiger unterliegt erschwerten Voraussetzungen (Art. 266) und hat keine Wirkung auf das Bürgerrecht (Art. 267a).

2. Begriff

Unmündig ist, wer das zwanzigste Lebensjahr nicht vollendet hat und weder mündig erklärt worden noch verheiratet ist (Art. 14, 15; EICHENBERGER 168f). 25

Das gilt auch für die Adoption *ausländischer* Kinder. Zwar untersteht die Mündigkeit, soweit es um die Handlungsfähigkeit geht, dem Heimatrecht (BGE *106* Ib 196f; VISCHER SPR I 563, 629; anders E/IPRG 33 Abs. 1: dem Wohnsitzrecht). Hier hat sie aber die ganz andere Funktion der Abgrenzung zweier in bezug auf die Voraussetzung der Kinderlosigkeit und den Bürgerrechtserwerb verschiedener Arten der Adoption (Art. 264, 266, 267b, BüG 7). Für diese richtet sich die Mündigkeit nach schweizerischem Recht (vgl. BüG 35; Kreisschreiben der Justizabteilung vom 28. Mai 1975, Ziff. II 2; BAECHLER ZZW *1972* 327, 331; ZVW *1983* 72 Nr. 6; *1984* 73 Nr. 3 E. 1). Sind die Adoptierenden Ausländer, so kann nach NAG 8c Abs. 1 = E/IPRG 75 Abs. 2 auch in diesem Punkt ihr Heimatrecht zu berücksichtigen sein. Italiener, die eigene Kinder haben, können daher in der Schweiz nicht einen 18jährigen Italiener adoptieren (ZZW *1980* 313f). 26

3. Massgebender Zeitpunkt

Die Bestimmungen über die Adoption Unmündiger sind anwendbar, wenn im Zeitpunkt des Adoptionsgesuches das Kind noch unmündig ist und die übrigen zeitlichen Voraussetzungen (N 33ff; Art. 264a, 264b) gleichzeitig oder vor Eintritt der Mündigkeit erfüllt sind. Unerheblich ist, wenn das Kind, nachdem diese Voraussetzungen erfüllt sind, während des Verfahrens mündig wird (Art. 268 Abs. 3, dort N 26; ZVW *1974* 136 Ziff. 1). Für das Erfordernis der elterlichen Zustimmung s. Art. 265a N 20, 57, Art. 265c N 24a. 27

III. Das Pflegeverhältnis

1. Sinn

Ein längeres Pflegeverhältnis ist vor allem wegen der umfassenden Wirkungen (Art. 267) und der Unauflöslichkeit (Art. 269 N 3) der 28

Adoption notwendig. In dieser Zeit zeigt sich in der Regel, ob die künftigen Adoptiveltern sich als Erzieher des Kindes eignen und zwischen diesem und ihnen sowie allfälligen andern Kindern eine tragfähige Beziehung besteht. Bei der geplanten Fremdadoption ist schon bei der Auswahl des Pflegeplatzes zu prüfen, ob die spätere Adoption möglich sei (PfKV, hinten S. 710, Art. 5 Abs. 3; ZVW *1982* 37 Nr. 4). Sorgfältige Auswahl des Pflegeplatzes bei der Fremdadoption vermag zwar viele Risiken auszuschalten, die Bewährung im Alltag verbürgt sie nicht. Das Pflegeverhältnis hat daher vorab die Funktion einer Probe- und Bedenkzeit für die unmittelbar Beteiligten (BBl *1971* I 1217; EICHENBERGER 127 ff; HESS 14 f; VOGEL 49 ff; GROSSEN SJK Nr. 1353). Ihr Verlauf erlaubt gleichzeitig eine ungefähre Prognose über die künftige Entwicklung der Beziehung und bildet damit eine wichtige Grundlage für den Entscheid der vormundschaftlichen Aufsichtsbehörde über die Zustimmung zur Adoption (Art. 265 Abs. 3) und der zuständigen Behörde über das Adoptionsgesuch (Art. 268 a N 11; vgl. auch EAdÜ Art. 9 Ziff. 1 lit. *d;* 17). Schliesslich bildet das erfolgreiche Pflegeverhältnis auch eine selbständige Rechtfertigung der Adoption. Diese Funktion ist um so wichtiger, je länger das Pflegeverhältnis gedauert hat und je enger es Pflegeeltern und Kind miteinander verbunden hat. Insoweit kann es auch des Schutzes von EMRK 8 Ziff. 1 (Achtung des Familienlebens) teilhaftig werden (D. R. 12, 32 mit Hinweisen, Entscheid der Kommission vom 15. 12. 1977).

2. *Pflege und Erziehung*

29   Der Begriff der Pflege und Erziehung ist von der *Funktion* des Pflegeverhältnisses (N 28) her zu verstehen. «Damit Eltern und Kind zu einer Familie zusammenwachsen, braucht es das Erlebnis der Pflege und Erziehung, das Aufwachsen eines in seiner Persönlichkeit noch nicht fertig entwickelten jungen Menschen in der Hausgemeinschaft mit den Eltern» (AmtlBullNR *1972* 494 f; E. BLUNSCHY-STEINER). Betrifft die Pflege mehr die leiblichen Bedürfnisse, so umfasst die Erziehung vor allem den geistigen und seelischen Bereich. Gleichgültig ist, ob das Pflegeverhältnis in der Schweiz oder im Ausland bestanden hat.

30   Sowenig wie leibliche Eltern können die künftigen Adoptiveltern selber umfassend die Pflege und Erziehung erweisen. Auch sie sind auf die Hilfe Dritter angewiesen. Aber sie müssen sich an der Pflege und Erziehung *persönlich, unmittelbar und massgebend* beteiligen. Die künftigen Adoptiveltern müssen faktisch die Stellung von Pflegeeltern versehen (siehe N 44), prak-

tisch die Verantwortung für die Erziehung getragen haben (BREITENSTEIN 43). Das setzt notwendigerweise *Hausgemeinschaft* voraus (BGE *101* II 9, GROSSEN SJK Nr. 1353; a. M. BJM *1977* 292). Dafür spricht neben den Materialien die Analogie zu Art. 266 Abs. 1 Ziff. 3 (HEGNAUER ZVW *1974* 137 ff; vgl. Art. 266 N 22). Das Erfordernis der Hausgemeinschaft gilt für die Stiefkindadoption ebenfalls. Wer mit dem – sonst auswärts wohnenden – Kind und dessen Mutter die Ferien und die Freizeit verbringt, erweist nicht im Sinne von Art. 264 Pflege und Erziehung. Ebensowenig trifft dies zu, wenn die Kosten der Unterbringung des Kindes bei Dritten übernommen werden, mag damit auch ein echtes Interesse an seinem Ergehen verbunden sein. Das Bestehen eines Pflegeverhältnisses im Sinne von Art. 264 ist vom Vorliegen einer Pflegekinderbewilligung gemäss Art. 316 unabhängig.

Die *Art,* in der Pflege und Erziehung erwiesen werden, wechselt mit dem *Alter* des Kindes (EICHENBERGER 133 ff). Beim Jugendlichen stehen die in engem persönlichen Kontakt ausgeübte Leitung und Überwachung der Erziehung im Vordergrund. Solange das Kind nicht in die Hausgemeinschaft der Pflegeeltern eingetreten ist und sobald es diese definitiv verlässt, können Pflege und Erziehung im Sinne von Art. 264 nicht erwiesen werden. 30a

Das Pflegeverhältnis bedarf der *Kontinuität* und *Stabilität.* Doch wird es nicht durch jede Abwesenheit der Pflegeeltern oder des Kindes unterbrochen. So besteht es weiter, wenn der zwölfjährige Knabe während den regelmässigen kurzfristigen beruflichen Abwesenheiten des alleinlebenden Pflegevaters von einer benachbarten Familie betreut wird und jener dafür die entsprechend länger dauernden Freizeitphasen mit ihm verbringt. Ebenso dauert ein Pflegeverhältnis fort, das bereits längere Zeit bestanden hat, wenn das Kind zur Ausbildung oder zur Behandlung auswärts untergebracht werden muss, die künftigen Adoptiveltern aber weiterhin die primäre persönliche Verantwortung für es tragen und ihr Haushalt sein Heim bleibt, in das es während der Ferien und gegebenenfalls über das Wochenende zurückkehrt. Das gilt sinngemäss auch, wenn ein Ehegatte den Haushalt verlässt, aber weiterhin durch Besuche einen regelmässigen Kontakt unterhält (insofern wäre der bei BREITENSTEIN 38 f erwähnte Fall 1 anders zu beurteilen). 30b

Muss ein Kind wegen seines körperlichen oder geistigen Zustandes dauernd in einer *Anstalt* untergebracht werden, so kann es sich rechtfertigen, vom Erfordernis der Hausgemeinschaft und der unmittelbaren Pflege abzusehen, sofern die Adoptivpflegeeltern die von aussen nötige und mögliche persönliche Betreuung besorgen und nähere Bezugspersonen sonst fehlen. 30c

3. Begründung des Pflegeverhältnisses

A. Geplante Fremdadoption

31 Wer ein Kind zur künftigen Adoption sucht, ist regelmässig darauf angewiesen, dass es ihm durch Dritte *vermittelt* wird. Über die Adoptionsvermittlung siehe Art. 269 c. Das Pflegeverhältnis kommt mit der Unterbringung des Kindes durch seinen gesetzlichen Vertreter oder mit dessen Zustimmung zustande (vgl. im einzelnen VOGEL 74 ff).

31a Hat das Kind die Schulpflicht oder das 15. Altersjahr noch nicht erfüllt, so bedarf seine Aufnahme einer *Pflegekinderbewilligung* gemäss Art. 4 der Pflegekinderverordnung (PfKV). Die Bewilligung ist vor der Aufnahme des Kindes einzuholen (PfKV 8). Für die Aufnahme eines noch unbekannten Kindes aus der Dritten Welt kann die Bewilligung zunächst nur provisorisch aufgrund der Verhältnisse der Pflegeeltern erteilt werden. Ist das Kind bekannt, so ist über die definitive Bewilligung zu befinden. Die Verhältnisse sind in geeigneter Weise, vorab durch Hausbesuche und nötigenfalls unter Beizug von Sachverständigen abzuklären; bei Aufnahme zur späteren Adoption kann die Abklärung einer anerkannten Adoptionsvermittlungsstelle (Art. 269 c N 44) übertragen werden (PfKV 7). Jedoch können Hausbesuche unterbleiben, wenn die Bewilligung unabhängig von den Wohnverhältnissen verweigert werden muss (ZVW *1982* 40 Nr. 4). Die Bewilligung darf nur erteilt werden, wenn die Pflegeeltern und ihre Hausgenossen nach Persönlichkeit, Gesundheit und erzieherischer Eignung sowie nach den Wohnverhältnissen für gute Pflege, Erziehung und Ausbildung des Kindes Gewähr bieten und das Wohl anderer in der Pflegefamilie lebender Kinder nicht gefährdet wird; das Kind muss gegen die Folgen von Krankheit, Unfall und Haftpflicht angemessen versichert werden (PfKV 5 Abs. 1 und 2). Wird ein Kind zur späteren Adoption aufgenommen, so darf die Bewilligung nur erteilt werden, wenn der Adoption keine gesetzlichen Hindernisse entgegenstehen und nach den gesamten Umständen zu erwarten ist, dass die Adoption später ausgesprochen werden kann (PfKV 5 Abs. 3).

31b Die Aufnahme eines *ausländischen* Kindes darf nur bewilligt werden, wenn überdies die Einreisebewilligung oder die Aufenthaltsbewilligung erteilt ist (PfKV 6 Abs. 2 lit. *a*); wenn das Kind zur späteren Adoption oder aus einem andern wichtigen Grund aufgenommen wird und die Pflegefamilie und ihre Umgebung den mit seiner Herkunft verbundenen besonderen Anforderungen voraussichtlich gewachsen sein werden (lit. *b*); wenn eine Erklärung des nach dem Heimatrecht des Kindes zuständigen gesetzlichen Vertreters des Kindes über den Zweck der Unterbringung in der Schweiz und seine Zustimmung dazu vorliegen (lit. *c*); wenn die Pflegeeltern sich schriftlich verpflichten, für sämtliche Kosten des Unterhalts in der Schweiz aufzukommen, ohne Rücksicht auf die Dauer oder die spätere Entwicklung des Pflegeverhältnisses (lit. *d*).

Die für die Bewilligung zuständige Behörde (PfKV 2) überweist das Gesuch mit ihrem Bericht der Fremdenpolizei und bewilligt die Aufnahme erst, wenn die fremdenpolizeiliche Bewilligung vorliegt oder schriftlich zugesichert ist (PfKV 6 Abs. 3). Gegen den letztinstanzlichen kantonalen Entscheid ist die Verwaltungsgerichtsbeschwerde ans Bundesgericht zulässig (BGE *107* I 283). 31c

Kasuistik   Bewilligung *erteilt:* 31d
– Einem kinderlosen Ehepaar darf die Aufnahme eines zweiten Pflegekindes nicht schon deshalb versagt werden, weil der Mann bereits 48jährig und 22 Jahre älter ist als die Frau; gegenüber der Mehrbelastung durch das zweite Kind sind auch die Vorteile zu berücksichtigen, welches es für das erste mit sich bringt, wenn es nicht allein aufwachsen muss; es muss die Gesamtheit der Umstände gewürdigt werden. (Bundesgericht, unveröffentl. Entscheid vom 5.11.1981 i.S. B.E. 7; dessen E.1 ist in BGE *107* I b 283 publiziert.)

Bewilligung *verweigert:*
– Eine alleinstehende Frau will ein 12jähriges Kind aus Indien zur späteren Adoption in Pflege nehmen, obwohl sie dessen Sprache nicht beherrscht, für ihre eigenen Kinder der Unterstützung durch einen Erziehungsbeistand bedarf und die Problematik nicht richtig einzuschätzen vermag, überdies eigennützige Motive und missionarischer Übereifer vorliegen; auch die bloss versuchsweise Plazierung widerspricht in einem solchen Fall dem Kindeswohl (ZVW *1980* 154 Nr. 13).
– Eine alleinstehende Frau will ein unbekanntes kolumbisches Kind zur späteren Adoption in Pflege nehmen, obwohl sie gezwungen wäre, es wegen ihrer Erwerbstätigkeit in Tagespflege zu geben. Die Einzeladoption läge nicht im Interesse des Kindes. Unerheblich ist das Bedürfnis, neben dem eigenen Sohn noch ein Kind aufzuziehen (ZVW *1982* 35 Nr. 4).

Das Pflegeverhältnis untersteht der *Pflegekinderaufsicht* (PfKV 10), und ist überdies vom gesetzlichen Vertreter des Kindes zu überwachen (VOGEL 92). Zeigt sich, dass die Adoptionsabsicht nicht verwirklicht werden kann, hat der gesetzliche Vertreter zu prüfen, ob das Kind umplaziert werden soll. Bleibt er bei Gefährdung des Kindes untätig, so haben die vormundschaftlichen Behörden (Art. 307 ff) und die Pflegekinderaufsicht (PfKV 11) einzuschreiten. 31e

B. Spontane Fremdadoption

31 f   Das Pflegeverhältnis im Sinne von Art. 264 entsteht auch dann mit der Unterbringung des Kindes bei den Adoptiveltern, wenn diese das Kind ohne Adoptionsabsicht aufgenommen haben (VOGEL 99 ff). Das Pflegeverhältnis unterliegt den nämlichen Bestimmungen wie bei der geplanten Fremdadoption (vorn N 31 a ff). Bei Eintritt der Adoptionsabsicht haben die Pflegeeltern mit dem gesetzlichen Vertreter abzuklären, ob die Zustimmung der Eltern erteilt wird oder von dieser abgesehen werden kann (Art. 265 a, 265 c, 265 d).

C. Verwandtenadoption

31 g   N 31 f gilt sinngemäss (vgl. VOGEL 105 ff). – Die Kantone können die Bewilligungspflicht für die Aufnahme verwandter Kinder aufheben (PfKV 4 Abs. 3; kritisch HESS ZVW *1978* 89). In diesen Kantonen wird das Pflegeverhältnis nur vom gesetzlichen Vertreter überwacht. Steht das Kind unter elterlicher Gewalt, so haben die vormundschaftlichen Behörden bei Gefährdung nach Art. 307 ff einzuschreiten.

D. Stiefkindadoption

31 h   Das Pflegeverhältnis im Sinne von Art. 264 entsteht mit dem Eintritt des Partners in die engere Hausgemeinschaft des leiblichen Elternteiles und des Kindes oder des Kindes in die Hausgemeinschaft des leiblichen Elternteiles und des Partners. Unerheblich ist, ob diese jetzt oder erst später die Ehe schliessen. Da die Pflege durch den leiblichen Elternteil fortdauert, untersteht das Verhältnis nicht der Pflegekinderaufsicht.

4. Die Tragung der Unterhaltskosten

32   Die elterliche Unterhaltspflicht geht erst mit der Adoption auf die Adoptiveltern über (Art. 267 N 45). Indessen sollen sie schon vorher zeigen, dass sie imstande sind, ihre Unterhaltspflicht zu erfüllen. Dazu gehört, dass sie die Pflege und Erziehung grundsätzlich unentgeltlich erweisen (EICHENBERGER 132; vgl. auch N 51 ff). Demgemäss ist Unentgeltlichkeit zu vermuten, wenn ein Kind zur späteren Adoption aufgenommen wird

(Art. 294 Abs. 2). Die Vermutung betrifft aber nur die von den Pflegeeltern unmittelbar geleistete Pflege, nicht ohne weiteres auch Kosten für Ausbildung, ärztliche Behandlung oder Spital- oder Anstaltsaufenthalt. Das gilt sinngemäss auch für den Stiefelternteil, der die Adoption anstrebt. Er sollte jedenfalls in bezug auf den gewöhnlichen Aufenthalt soviel beitragen wie ein leiblicher Elternteil. Indessen schliesst der Empfang eines Entgelts ein Pflegeverhältnis im Sinne von Art. 264 nicht aus (AmtlBullStR *1971* 717), z. B. wenn zunächst ein entgeltliches Pflegeverhältnis begründet worden ist und die Adoptionsabsicht erst später entsteht. Immerhin ist abzuklären, ob die Adoptiveltern imstande sind, für das Kind ohne Beiträge Dritter aufzukommen (Art. 268 a N 6). Unbedenklich ist die Entgegennahme eines Entgelts, wenn die Pflegeeltern es als Kindesvermögen anlegen. Zu beachten ist aber, dass nur das *unentgeltliche* Pflegeverhältnis Ansprüche auf Leistungen der AHV oder IV begründet (AHVV 49 Abs. 1; AHVG 28 Abs. 1; IVG 43 Abs. 1; Merkblatt AHV Nr. 20/79 d Ziff. 4, 8; BGE *104* V 193; VOGEL 238 f). Entsprechendes gilt für die Kinderabzüge im Steuerrecht (vgl. VOGEL 241).

5. Dauer

Das Pflegeverhältnis muss wenigstens zwei Jahre dauern. 33 Diese Voraussetzung ist unabhängig von der Mindestdauer der Ehe und dem Mindestalter der Adoptierenden im Sinne von Art. 264 a Abs. 2 und 3 und Art. 264 b. Sie gilt auch für die Stiefkindadoption (ZVW *1974* 62 Nr. 8; 140 Nr. 13; ZZW *1975* 297).

Bei der gemeinschaftlichen Adoption muss die Frist für beide Ehegatten er- 34 füllt sein. Ist ein Ehegatte längere Zeit abwesend oder erst nach Beginn des Pflegeverhältnisses zum andern in die Hausgemeinschaft eingetreten, so darf die Adoption erst stattfinden, wenn auch er das Kind zwei Jahre in Pflege gehabt hat.

Das Pflegeverhältnis beginnt mit der tatsächlichen Unterbringung des Kin- 35 des bei den künftigen Adoptiveltern. Dieser Zeitpunkt kann bei der Fremdadoption regelmässig auf Grund der vorgeschriebenen Meldung (Art. 269 c N 11, 32 ff) festgestellt werden.

Ohne Bedeutung für den Beginn ist der Zeitpunkt der Eheschliessung der 36 Pflegeeltern, ebenso der Zeitpunkt der Zustimmung der leiblichen Eltern.

Kurze Abwesenheit der Pflegeeltern oder des Kindes, z. B. im Spital, in den 37 Ferien oder zur Erholung, unterbrechen das Pflegeverhältnis nicht. Längere Abwesenheit ist dagegen beachtlich, wenn in dieser Zeit ein näherer persönlicher Kontakt fehlt und der Haushalt der Pflegeeltern nicht mehr als Heim des Kindes angesehen werden kann. Vgl. auch N 30a.

37a Das Pflegeverhältnis muss nicht in einem Zug verlaufen. Mehrere durch Intervalle getrennte längere Abschnitte können zusammengerechnet werden, wenn während ihrer Dauer ein echtes Pflegeverhältnis bestand (SANDOZ ZZW *1975* 296; a.M. ZVW *1974* 140 Nr.13). Beispiel: Ein Mädchen lebt nach der Geburt während fast vier Jahren bei Pflegeeltern, verbringt in den folgenden 13 Jahren jährlich zwei bis drei Monate bei ihnen und siedelt im Alter von 18¼ Jahren ganz zu ihnen über (ZVW *1984* 74 Nr.3). Dagegen geht es nicht an, zahlreiche kurze Besuche zu addieren.

38 Das Adoptionsgesuch darf erst anhandgenommen werden, wenn das Pflegeverhältnis zwei Jahre gedauert hat (Art.268 N 18). Vgl. auch ZZW *1975* 298.

39 Das Pflegeverhältnis ist Vorstufe der Adoption. Es muss daher grundsätzlich im Zeitpunkt, da diese ausgesprochen wird, immer noch bestehen. Immerhin genügt die in N 30a umschriebene Beziehung. Hat ein Ehegatte den ehelichen Haushalt verlassen, aber den Kontakt mit dem Kind weitergeführt, so erscheint die gemeinschaftliche Adoption weiterhin zulässig, wenn sie im übrigen noch dem Wohl des Kindes entspricht, vgl. auch Art.264a N 14.

40 Die Adoption muss nicht schon nach Ablauf der zwei Jahre erfolgen. Die Pflegeeltern dürfen mit dem Adoptionsgesuch zuwarten. Allerdings kann der Vormund in einem solchen Fall die Umplazierung des Kindes anordnen, wenn Aussicht besteht, dass es an einem andern Ort adoptiert werden kann (vgl. dazu auch N 47).

41 Die Adoptionsbehörde kann das Adoptionsgesuch zur Zeit abweisen und ein längeres Pflegeverhältnis verlangen, wenn dessen Verlauf nach zwei Jahren für die Zukunft nicht schlüssig erscheint (EICHENBERGER 251). Das kommt namentlich in Betracht, wenn das Pflegeverhältnis erst im vorgerückten Jugendlichenalter beginnt. Denn die Entwicklung jener dauerhaften gegenseitigen geistig-seelischen Beziehung, welche die Begründung eines Kindesverhältnisses rechtfertigt, verläuft um so langsamer, je älter das Kind ist (vgl. Art.266 N 4; ZVW *1974* 139). Ebenso kann eine Verlängerung nötig sein, wenn das Pflegeverhältnis in mehreren Etappen verlaufen und die letzte zu kurz ist, um die Beziehung zwischen Pflegeeltern und Kind zuverlässig zu beurteilen. Ist eine Verlängerung geboten, so darf von ihr auch nicht abgesehen werden, wenn sie zur Folge hat, dass eine Adoption nach den Bestimmungen über die Unmündigenadoption nicht mehr stattfinden kann (Art.268 N 26).

6. Kein Dispens

Das zweijährige Pflegeverhältnis ist unabdingbare Voraussetzung jeder Adoption, auch der Stiefkindadoption (ZVW *1974* 62 Nr. 5, 140 Nr. 13; ZZW *1975* 297 f; PERRIN 58 f). Werden mehrere Kinder adoptiert, so muss sie für jedes Kind, adoptieren Eheleute, so muss sie für jeden Ehegatten erfüllt sein. 42

Die Frist dient dem Schutz der Beteiligten vor Übereilung. Sie kann darum nicht abgekürzt werden. Damit wird ungeduldigem Drängen enthusiastischer Adoptionsanwärter eine feste Schranke gesetzt (BBl *1971* I 1217; EICHENBERGER 142). Die Vorteile der festen Frist überwiegen den Nachteil einzelner Härten. 43

7. Wirkung des Pflegeverhältnisses

A. Im allgemeinen

a) Fremdadoption

Während des Pflegeverhältnisses im Sinne von Art. 264 kommt dem Kinde, sofern es sich nicht bei einem leiblichen Elternteil und dessen Ehegatten befindet, die Stellung eines Pflegekindes, den künftigen Adoptiveltern die von Pflegeeltern zu (vgl. VA dazu N. 17–29 vor Art. 264; BERTHOLET PIERRE ALAIN, Les aspects juridiques du placement familial, Diss. Neuenburg 1969. 44

Das Pflegeverhältnis untersteht im Rahmen ihres Geltungsbereiches der Verordnung über die Aufnahme von Pflegekindern, vom 19. Oktober 1977 (PfKV; hinten S. 710). Bedeutsam sind namentlich Art. 5 Abs. 3 und Art. 6. Vgl. dazu VOGEL 189, 192 ff. Ausserdem haben auch der Vormund und gegebenenfalls der Adoptionsvermittler das Pflegeverhältnis zu überwachen und zu begleiten. 44a

Wird das Kind den Pflegeeltern ausdrücklich zur späteren Adoption übergeben, so beeinflusst dieser Zweck das Pflegeverhältnis wesentlich. Es entstehen besondere Rechte und Pflichten zwischen dem Kind und seinem gesetzlichen Vertreter einerseits und den Pflegeeltern anderseits. Wie das Verlöbnis die Pflicht begründet, nach Möglichkeit die Eheschliessung vorzuberei- 45 ten und zu ihr Hand zu bieten (EGGER Art. 91 N 3), so verpflichtet auch die Unterbringung des Kindes zur späteren Adoption den gesetzlichen Vertreter und die Pflegeeltern, diese im Rahmen des Zumutbaren vorzubereiten und anzustreben.

45a Ist das Kind einer unverheirateten Mutter zur späteren Adoption untergebracht und kann mit dieser gerechnet werden, so darf mit der *Feststellung des Kindesverhältnisses zum Vater* zugewartet werden und ist diese nur noch nötig, wenn die Adoption wider Erwarten scheitert (HEGNAUER, Kindesrecht 154; PERRIN 58).

45b Das Kind hat vor der Adoption kein gesetzliches *Erbrecht* gegenüber den Pflegeeltern. Diese können es für den Fall ihres Todes vor der Adoption nur durch Verfügung von Todes wegen oder Versicherungsvertrag begünstigen. Dabei ist Klarheit darüber zu schaffen, ob diese Begünstigung nur bis zum Eintritt der gesetzlichen Erbberechtigung (Art. 457; Art. 267 N 65) oder auch später neben dieser gelten soll. Von einer erbvertraglichen Bindung ist abzuraten (HEGNAUER, in: Kindes- und Adoptionsrecht 79).

46 Das zum Zweck der späteren Adoption begründete Pflegeverhältnis darf vom Vormund nur noch *aufgelöst* werden, wenn das Kindeswohl gefährdet ist oder eine spätere Adoption nicht möglich ist oder dem Kindeswohl nicht dienen würde. Die Pflegeeltern können hiegegen nach Art. 420 Beschwerde führen. Über die Beendigung des Pflegeverhältnisses durch Anordnung der Pflegekinderaufsicht vgl. PfKV 11; VOGEL 146 ff.
Löst der Inhaber der elterlichen Gewalt das Pflegeverhältnis auf, so kann die Vormundschaftsbehörde die Rückgabe des Kindes nach Art. 310 Abs. 3 untersagen. Nach Zustimmung zur Adoption durch benannte Dritte ist die Auflösung, wenn das Kindeswohl nicht gefährdet ist, rechtsmissbräuchlich (Art. 2 Abs. 2). Bei Zustimmung zur Adoption durch ungenannte Dritte entfällt dagegen mit der Entziehung der elterlichen Gewalt (Art. 312 Ziff. 12) auch die Befugnis zur Auflösung.

46a Wird die Ehe der Adoptivpflegeeltern vor der Adoption getrennt oder *geschieden,* so hat der gesetzliche Vertreter des Kindes, nicht der Scheidungsrichter, zu bestimmen, ob und wenn ja mit welchem Ehegatten das Pflegeverhältnis weitergeführt werden soll. In bezug auf die Unterhaltspflicht vgl. N 54a.

47 Heben die Pflegeeltern ohne wichtigen Grund das Pflegeverhältnis auf oder wird es aus einem Grunde, an dem sie selber schuld sind, vom Versorger aufgehoben, so können dem Kinde nach Art. 28 ZGB und Art. 49 OR Ansprüche auf Schadenersatz und Genugtuung erwachsen, wenn dadurch

seine Entwicklung beeinträchtigt wird oder die Aussichten auf anderweitige Adoption verringert werden (vgl. VOGEL 135 ff; HEGNAUER, in: Kindes- und Adoptionsrecht 80). Aufhebung des Haushaltes, Trennung oder Scheidung der Ehe kann einen wichtigen Grund bilden. Besteht aber bereits eine enge sozialpsychische Bindung des Kindes, so dürfte sich meist die Fortsetzung des Pflegeverhältnisses bei einem Ehegatten rechtfertigen (vgl. dazu N 54a).

b) Stiefkindadoption

Das Kind ist mit dem leiblichen Elternteil durch das Kindesverhältnis verbunden und mit dessen Ehegatten verschwägert (Art. 21 Abs. 1). Das Pflegeverhältnis im Sinne von Art. 264 wird durch diese familienrechtliche Stellung des Kindes umfassend bestimmt. Ein rechtlich selbständiges Pflegeverhältnis besteht nicht (HEGNAUER, in: Kindes- und Adoptionsrecht 45 f; VOGEL 68). 47a

B. *Gesetzliche Vertretung*

Die elterliche Gewalt der Adoptiveltern wird erst mit der Adoption begründet (Art. 267 N 53). Steht das Kind bereits unter Vormundschaft, so dauert diese während des Pflegeverhältnisses fort. Sie darf den Pflegeeltern nicht übertragen werden (vgl. Art. 384 Ziff. 3; HESS 42 f; VOGEL 75 f; a.M. EICHENBERGER 137 f). Denn sie vermögen die dem gesetzlichen Vertreter obliegende wichtige Aufgabe, das Pflegeverhältnis zu überwachen und zu beurteilen, ob die Adoption dem Wohl des Kindes diene (Art. 265 N 23, 28), nicht unbefangen zu erfüllen. Auch ein Vorschlagsrecht (Art. 380/381) steht ihnen nicht zu. 48

Wird das bevormundete Kind an einem Pflegeplatz ausserhalb des Vormundschaftskreises zur späteren Adoption untergebracht, so ist die Vormundschaft an den Wohnsitz der Pflegeeltern zu *übertragen,* sobald feststeht, dass das Pflegeverhältnis dauerhaft ist (SCHNYDER/MURER Art. 377 N 21 ff, 28, 34, 36). Bei Wechsel des Wohnsitzes der Pflegeeltern ist die Vormundschaft am bisherigen Wohnsitz bis zur Adoption weiterzuführen, wenn diese unmittelbar oder doch so nahe bevorsteht, dass die Behörde am neuen Wohnsitz sich bis zur Adoption mit den Verhältnissen nicht mehr so gut vertraut machen kann wie diejenige am bisherigen Wohnsitz (HEGNAUER ZVW *1983* 113). Von der Übertragung der Vormundschaft kann im Interesse der 48a

Kontinuität auch abgesehen werden, wenn der (neue) Wohnsitz der Pflegeeltern so nahe gelegen ist, dass die wirksame Betreuung durch die bisherigen vormundschaftlichen Organe gewährleistet ist; vgl. dazu auch Art. 265 N 56a, 265d N 14, 268b N 26. Stärker differenzierend HESS 45f.

49 Kommt die elterliche Gewalt den leiblichen Eltern zu und willigen sie in eine künftige Adoption ihres Kindes durch ungenannte Dritte ein, so ist ihnen die Gewalt zu *entziehen* (Art. 312 Ziff. 2; diese Bestimmung ersetzt den 1972 eingefügten Art. 286a, s. hinten S. 677 und BBl *1971* I 1226). Bei Zustimmung zur Adoption durch benannte Dritte dürften sie meist um Entziehung der elterlichen Gewalt aus wichtigen Gründen nachsuchen (Art. 312 Ziff. 1). Wird dagegen gemäss Art. 265c von ihrer Zustimmung abgesehen, so sind von vornherein die Voraussetzungen für die Entziehung gemäss Art. 311 Abs. 1 gegeben.

49a Ist ein Kind aus dem *Ausland* zur späteren Adoption in die Schweiz verbracht worden und liegt eine nach dem Recht des Herkunftsstaates gültige Zustimmung (Art. 265a N 57) vor, so besteht eine Art. 312 Ziff. 2 entsprechende Situation. Fehlt eine solche Zustimmung, aber auch eine wirksame gesetzliche Vertretung im Herkunftsstaat, so ist sinngemäss nach Art. 311 Ziff. 1 vorzugehen. In beiden Fällen ist gemäss Art. 368 Abs. 1 Vormundschaft zu errichten. Vgl. dazu MSA 1, 2; ZVW *1976* 150 Nr. 19; HEGNAUER, in Kindes- und Adoptionsrecht 85; derselbe ZVW *1982* 133f; SCHNYDER/MURER, System. Teil N 72ff. Eine Beistandschaft nach Art. 392 Ziff. 3 genügt nicht (a.M. ZVW *1977* 157 Nr. 17). Das Kind bedarf gerade in dieser Situation umfassender und dauernder Sorge (vgl. Art. 405). Stimmen in der Schweiz wohnhafte ausländische Eltern der Adoption ihres Kindes im Sinne von Art. 312 Ziff. 2 zu, so ist die Vormundschaftsbehörde des Wohnsitzes zur Entziehung der Gewalt und zur Bevormundung zuständig (MSA 1, 2; vgl. dazu VPB *1975* Nr. 58). Zur internationalen Zuständigkeit für ein Herausgabebegehren ausländischer Eltern mit Wohnsitz im Ausland gegen Adoptivpflegeeltern mit Wohnsitz in der Schweiz vgl. AGVE *1979* 34, JIR *1981* 425 mit Bemerkungen von P. LALIVE und A. BUCHER.

49b Die Adoptivpflegeeltern vertreten, unter Vorbehalt abweichender Anordnungen, die Eltern in der Ausübung der elterlichen Gewalt, soweit es zur gehörigen Erfüllung ihrer Aufgabe angezeigt ist; auch sind sie vor wichtigen Entscheidungen anzuhören (Art. 300 Abs. 1 und 2). Das gilt sinngemäss für bevormundete Kinder. Diese Befugnisse der Adoptivpflegeeltern verstärken sich – entsprechend dem Zweck des Pflegeverhältnisses – mit dessen erfolgreichem Verlauf immer mehr (JORIO 138ff; VOGEL 179ff). Ist das Kind noch nicht getauft, so dürfen sie es nur mit Zustimmung des gesetzlichen Vertreters taufen lassen. Bei Taufe auf den künftigen Adoptivnamen ist zu bedenken, dass die Adoption aus irgendeinem Grunde unterbleiben kann.

C. Persönlicher Verkehr

Als Wirkung des Kindesverhältnisses besteht das Recht auf persönlichen Verkehr (Art. 273) auch während des Pflegeverhältnisses grundsätzlich fort. Dem ausserehelichen Vater steht es nur zu, wenn das Kindesverhältnis zu ihm festgestellt ist (vgl. VA Art. 324–327 N 153 ff). Das Besuchsrecht kann aus den in Art. 274 Abs. 2 genannten Gründen verweigert, entzogen oder beschränkt werden (vgl. VA Art. 324–327 N 160 ff; BÜHLER/SPÜHLER Art. 157 N 114 ff; VOGEL 243 ff). Es *erlischt* aber mit der Zustimmung der Eltern zur spätern Adoption (Art. 274 Abs. 3; BBl *1974* II 55), ebenso mit dem Beschluss, es sei von dieser Zustimmung abzusehen (Art. 265 d, dort N 34), sobald das Kind zur späteren Adoption untergebracht ist.

D. Unterhaltspflicht

Die elterliche Unterhaltspflicht (Art. 276) endigt erst mit der Adoption (Art. 267 N 45), bleibt somit während des Pflegeverhältnisses bestehen. Indessen sind die Unterhaltsbeiträge nicht einzufordern, wenn die Adoptivpflegeeltern, was zu vermuten ist, für den Unterhalt des Kindes unentgeltlich aufkommen (vorn N 32; Art. 294 Abs. 2); das gilt auch für die Beiträge des Zahlvaters im Sinne von aArt. 319. Der Bezug der Unterhaltsbeiträge sollte spätestens mit dem Erlöschen des Besuchsrechtes (N 50) eingestellt werden, d.h. sobald die Eltern der Adoption zugestimmt haben oder von ihrer Zustimmung abgesehen werden kann und das Kind bei den Adoptivpflegeeltern untergebracht ist (vgl. Art. 274 Abs. 3; EICHENBERGER 132, VOGEL 203 f). Können die Unterhaltskosten bis zur Unterbringung anderweitig bestritten werden, so sollten die Unterhaltsbeiträge schon von der Zustimmung zur Adoption oder vom Absehen von dieser an nicht bezogen werden. Dementsprechend besteht in dieser Situation in der Regel auch kein Anlass, die Feststellung des väterlichen Kindesverhältnisses oder die Festsetzung des Unterhaltsbeitrages anzustreben. Ist für den Unterhalt des Kindes gesorgt und liegen nicht besondere Umstände vor, so rechtfertigt es sich auch nicht, die Unterhaltsbeiträge lediglich zur Äufnung des Kindesvermögens während des Pflegeverhältnisses einzufordern. Das widerspräche der den Eltern geschuldeten Rücksicht (Art. 272; dazu HEGNAUER ZVW *1977* 63). Das Gesagte gilt nicht bloss für die Fremdadoption, sondern sinngemäss auch für die Stiefkindadoption (vorn N 32; VOGEL 210).

52 Kommen die Adoptivpflegeeltern unentgeltlich für den Unterhalt des Kindes auf, so steht es in der *Sozialversicherung* dem leiblichen und dem Adoptivkind gleich (BGE *107* V 210 E; VOGEL 238). Eine Ausnahme gilt für die Eingliederungsmassnahmen der Invalidenversicherung, s. Art. 267 N 79 a. Das *Steuerrecht* gewährt den Adoptivpflegeeltern, die das Kind unentgeltlich in Pflege haben, einen Abzug (vgl. dazu VOGEL 241).

53 Die elterliche Unterhaltspflicht (Art. 276) kann ohne weiteres geltend gemacht werden, soweit und sobald die Adoptivpflegeeltern für das Kind nicht allein (N 32) aufzukommen vermögen oder wenn das Adoptivpflegeverhältnis vorzeitig aufgehoben wird (N 46/47) und das Kind nicht an einem neuen Adoptivpflegeplatz untergebracht wird (VOGEL 214).

53a Die bisherigen Adoptivpflegeeltern können die Rückerstattung ihrer Unterhaltsleistungen nur in singulären Situationen, wie z. B. bei grundloser Auflösung des Pflegeverhältnisses durch den gesetzlichen Vertreter oder Unverbindlichkeit des Pflegevertrages wegen Willensmängeln, beanspruchen (vgl. im einzelnen VOGEL 215 ff).

54 Die bisherigen Adoptivpflegeeltern können auch nach Aufhebung des Pflegeverhältnisses unterhaltspflichtig bleiben. Das gilt namentlich für Personen, die ein Kind in die Schweiz bringen, für das ein familienrechtlicher Unterhalts- oder Unterstützungsanspruch nicht besteht oder praktisch nicht geltend gemacht werden kann. Sie haben nach PfKV 6 Abs. 2 lit. d sich schriftlich zu verpflichten, für sämtliche Kosten des Unterhaltes des Kindes in der Schweiz aufzukommen, ohne Rücksicht auf die Dauer oder die spätere Entwicklung des Pflegeverhältnisses. Aber auch ohne schriftliche Erklärung liegt eine wirksame formlose Übernahme der Unterhaltspflicht vor. Wer im Ausland ein fremdes Kind aus dessen Umgebung weg in seine eigene Obhut nimmt, ist sittlich verpflichtet, für es solange zu sorgen, bis eine neue gesetzliche Unterhaltspflicht begründet ist. Bringt er es in die Schweiz, so begründet er konkludent die verbindliche Verpflichtung, diese sittliche Pflicht zu erfüllen (vgl. dazu VON TUHR/PETER OR I 34f). Die schriftliche wie die formlose Verpflichtung wird gegenüber dem Kinde eingegangen. Einer Annahme durch dieses bedarf es nicht (OR 6). Stirbt der Pflichtige, so geht die Schuld auf die Erben über (Art. 560 Abs. 2).

54a Wird der gemeinsame Haushalt der Adoptivpflegeeltern dauernd aufgeho-

ben oder die Ehe getrennt oder geschieden, so endigt das Adoptivpflegeverhältnis auf jeden Fall zum einen Ehegatten. Gegenüber diesem kommen Ansprüche des Kindes gemäss N 47 oder 54 in Betracht. Setzt der andere das Pflegeverhältnis fort, weil dessen Aufhebung auch durch ihn dem Kindeswohl widerspräche (N 46 a), so muss die damit verbundene Vergrösserung seiner Unterhaltslast bei der Bemessung der ihm nach Art. 170 Abs. 3, 145 oder 151/152 zustehenden Ansprüche angemessen berücksichtigt werden.
Diese Regeln über die elterliche Unterhaltspflicht gelten sinngemäss für die 55 Unterstützungspflicht der Verwandten (Art. 328/329).

IV. Das Kindeswohl

1. Bedeutung

Nach aArt. 267 Abs. 2 durfte dem Kinde aus der Annahme 56 kein Nachteil erwachsen. Das neue Recht verlangt mehr: Die Adoption darf nur ausgesprochen werden, wenn sie dem Wohl des Kindes dient. Das muss in jedem einzelnen Fall selbständig geprüft werden. Es darf nicht zum voraus von der Vermutung ausgegangen werden, die Adoption diene dem Wohl des Kindes (HEGNAUER, in: Kindes- und Adoptionsrecht 43). Die Frage stellt sich aber nur, wenn die übrigen Voraussetzungen (Pflegeverhältnis, Ehedauer oder Alter, Altersunterschied, Zustimmung) erfüllt sind.
Das Kindeswohl hat den Vorrang vor den Interessen der Adoptiveltern und 57 der leiblichen Eltern. Diese sind allerdings insoweit von Bedeutung, als ihre Beeinträchtigung im Falle der Adoption sich mittelbar auch auf das Kind nachteilig auswirken könnte, wie z. B. wenn die Adoption die psychischen oder wirtschaftlichen Kräfte der Adoptiveltern überfordern würde. Im übrigen dürfen die Interessen der Adoptiveltern und der leiblichen Eltern nur berücksichtigt werden, soweit dies mit dem Wohl des Kindes vereinbar ist. Das gilt auch für die übrigen Verwandten. Diese haben kein Vorrecht, ein Kind zu adoptieren (ZVW *1980* 107 Nr. 7). Es gibt keine Kompensation zwischen dem Kindeswohl und den Interessen dieser weitern Beteiligten.

2. Begriff

Das Kindeswohl ist der Inbegriff der Voraussetzungen, 58 von denen in einer gegebenen Situation die optimale Entwicklung der Persönlichkeit des Kindes abhängt. Sie umfassen alle Aspekte der Persönlichkeit: die affektiven und intellektuellen, die körperlichen und gesundheitlichen, die sozialen und rechtlichen.

3. Wertung

59 Die beiden Situationen, die das Kind mit oder ohne Adoption erwarten, sind miteinander zu vergleichen. Im Mittelpunkt steht die Frage, ob die *familienrechtliche* Wirkung der Adoption, die Begründung eines Kindesverhältnisses zu dem oder den Adoptierenden, dem Wohl des Kindes diene. Hiefür ist die Intensität der innern Beziehung zwischen den Adoptiveltern und dem Kind massgebend, und die Aussichten, dem Kind ein beständiges und ausgeglichenes Zuhause zu verschaffen (vgl. EAdÜ Art. 8 Ziff. 2; ZVW *1981* 29 Nr. 2). Diese positive Wirkung ist abzuwägen gegen die negative des Erlöschens des bisherigen Kindesverhältnisses. Bei der Stiefkindadoption ist namentlich der Verlust der Beziehung zum einen leiblichen Elternteil und dessen Verwandtschaft zu bedenken, bei der Einzeladoption die Begründung eines Kindesverhältnisses nur zu einem Elternteil (vgl. Art. 267 N 15; ZVW *1974* 144 Ziff. 6). Wird nur eines von mehreren Geschwistern adoptiert, so ist auch der Verlust der Verwandtschaft zu diesen zu berücksichtigen (vgl. HEGNAUER, in: Kindes- und Adoptionsrecht 44). Siehe die Kasuistik in VA Art. 267 N 33.

60 Dagegen haben die übrigen Wirkungen der Adoption, namentlich die erbrechtlichen, bürgerrechtlichen und sozialversicherungsrechtlichen, nur *sekundäre* Bedeutung. Sie vermögen allein weder Gutheissung noch Abweisung des Adoptionsgesuches zu rechtfertigen, sondern dürfen nur zusätzlich herangezogen werden.

4. Grundlage der Beurteilung

61 Ob die Adoption dem Wohl des Kindes diene, ist «nach den gesamten Umständen» zu beurteilen. Diese sind in jedem einzelnen Fall durch die Untersuchung gemäss Art. 268 a festzustellen (vgl. dazu EICHENBERGER 153, BRAUCHLI 81 ff). Die verschiedenen Umstände sind im Zusammenhang zu würdigen. Ihre Bedeutung kann je nach den Verhältnissen des Einzelfalls, z. B. nach dem Alter des Kindes oder der Adoptiveltern, verschieden sein. Die Adoption wird nicht schon dadurch ausgeschlossen, dass

einzelne Umstände gegen sie sprechen. Vielmehr sind diese gegen die positiven abzuwägen. Dabei darf nicht ein Umstand allein verabsolutiert werden, wie z. B. die Zugehörigkeit der Adoptiveltern zur nämlichen Konfession wie das Kind (vgl. VA Art. 265 N 25, Art. 268 N 37; verfehlt BGE *73* I 110). Die Adoption dient dann dem Wohl des Kindes, wenn die Voraussetzungen für seine Entwicklung eindeutig verbessert werden, die positiven Umstände die negativen eindeutig überwiegen. Ebenso SANDOZ, ZZW *1975* 300. Über die Wertung einer gelöschten Vorstrafe des Pflegevaters vgl. ZZW *1975* 301.

Bei der Fremdadoption ist schon bei der Auswahl der Pflegeeltern umfassend und sorgfältig abzuklären, ob die spätere Adoption dem Wohl des Kindes dienen werde (N 31 a; EICHENBERGER 146 ff; BRAUCHLI 79 f). Umgekehrt ist beim späteren Entscheid über die Adoption die Erhaltung oder der Verlust des bisherigen Pflegeplatzes in die Wertung einzubeziehen (BRAUCHLI 80; ZVW *1980* 77 Nr. 6, 107 Nr. 7). 61a

Dabei handelt es sich um einen Wahrscheinlichkeitsschluss, der auf Grund umfassender Abwägung der Umstände die nach menschlichem Ermessen voraussehbare und zu erwartende Entwicklung zu erfassen sucht. Gewissheit kann der Natur der Sache nach nicht verlangt werden. 62

V. Andere Kinder der Adoptiveltern

1. Kinderlosigkeit nicht erforderlich

Haupterfordernis des früheren Rechts war das Fehlen ehelicher Nachkommen (aArt. 264; EICHENBERGER 106 ff). Das neue Recht behält es nur für die Adoption Mündiger bei (Art. 266 Abs. 1). Dagegen dürfen Unmündige nun adoptiert werden, auch wenn die Adoptiveltern bereits Kinder haben (vgl. auch EAdÜ 12 Ziff. 2). Die Zahl der Kinder, die eine Person adoptieren darf, ist gesetzlich nicht beschränkt (EAdÜ 12 Ziff. 1; vorn N 23). Indessen darf die Adoption andere Kinder der Adoptiveltern «nicht in unbilliger Weise zurücksetzen». 63

2. Andere Kinder

Andere Kinder im Sinne von Art. 264 sind ohne Rücksicht auf das Alter alle Kinder, die zu den Adoptiveltern in einem Kindesverhält- 64 nis stehen, also auch Adoptivkinder. Unerheblich ist, ob sie bei den Adoptiveltern gelebt haben oder leben.

65 Eigene Kinder, die von Dritten adoptiert worden sind, fallen dagegen ausser Betracht.

66 Den Kindern stehen die Nachkommen vorverstorbener Kinder sinngemäss gleich.

3. Die Zurücksetzung der andern Kinder

A. Erbrecht

67 Die Adoption eines weitern Kindes verkleinert notwendig den gesetzlichen Erbanspruch der vorhandenen Kinder (Art. 267 N 65).

B. Unterhalt und Erziehung

68 Mit der Adoption geht die Unterhalts- und Unterstützungspflicht auf die Adoptiveltern über (Art. 267 N 45, 51). Sind ihre Mittel beschränkt, so steht für den Unterhalt vorhandener unmündiger und die Unterstützung mündiger Kinder weniger zu Verfügung. Leben die andern Kinder im Haushalt der Adoptiveltern, so kann die Adoption eines weitern Kindes zudem die Fürsorge, welche die Eltern persönlich jedem Kind zuwenden können, aber auch die Möglichkeit äusserer Entfaltung in der elterlichen Wohnung beeinträchtigen.

C. Veränderung der Familienstruktur

69 Die Adoption verändert die Struktur der Familie wesentlich (EICHENBERGER 114 ff, 159). Machen die Adoptiveltern das neue Adoptivkind zum Mittelpunkt, so können die bereits vorhandenen Kinder in ihrer seelischen Entwicklung geschädigt werden.

4. Die unbillige Zurücksetzung

70 Mit dem Verzicht auf das Erfordernis der Kinderlosigkeit nimmt das neue Recht grundsätzlich eine gewisse Zurücksetzung der vor-

handenen Kinder in Kauf. Aber diese Zurücksetzung findet ihre Schranke in der Billigkeit.

Wann eine unbillige Zurücksetzung vorliegt, ist auf Grund der Umstände des Einzelfalls zu beurteilen (Art. 4). Wesentlich ist vorab die Abwägung der Vorteile der Adoption für das Adoptivkind und ihrer Nachteile für die andern Kinder. Die Zurücksetzung erscheint dann nicht als unbillig, wenn die Vorteile für das Adoptivkind nach der Wertordnung des Familienrechts eindeutig grösser sind als die Nachteile für die übrigen Kinder.

So ist die *erbrechtliche* Beeinträchtigung der vorhandenen Kinder nicht unbillig, wenn es darum geht, einem familienlosen Kleinkind eine neue Familie zu geben (vgl. BBl *1971* I 1217, 1219; AmtlBullStR *1971* 717). Je älter aber das zu adoptierende Kind ist, um so geringer ist die Erziehungsfunktion der Adoption und um so weniger vermag sie die erbrechtliche Zurücksetzung der übrigen Kinder zu rechtfertigen. Diese gewinnt in dem Masse an Gewicht, als die erbrechtliche Begünstigung des Adoptivkindes Motiv der Adoption bildet. Vgl. dazu auch BGB 1745 letzter Satz; ABGB 180a Abs. 2.

Unterhaltsrechtlich liegt eine unbillige Zurücksetzung vor, wenn die Adoptiveltern die Mittel nicht haben, um ausser für das Adoptivkind auch für die schon vorhandenen Kinder angemessen zu sorgen (vgl. ABGB 180a Abs. 2). Bei der Stiefkindadoption ist namentlich von Bedeutung, ob der adoptierende Ehegatte die Unterhaltsbeiträge für seine ausserehelichen Kinder oder Kinder aus geschiedener Ehe, die nicht in seiner Obhut leben, aufzubringen vermag. Ein wichtiges Indiz bildet die bisherige Erfüllung der Unterhaltspflicht.

Von der *Familienstruktur* aus gesehen, kann eine unbillige Zurücksetzung darin liegen, dass das neue Adoptivkind sich wegen seines Alters oder wegen seiner körperlichen oder charakterlichen Eigenschaften nicht in harmonischer Weise in die Geschwisterreihe einfügt, sondern Zwietracht, Neid oder Hass weckt (EICHENBERGER 159), ebenso, wenn beide Ehegatten eigene Kinder in die Ehe bringen, der eine zwar die Kinder des andern adoptiert, dieser aber die Adoption der Kinder des ersten ablehnt. Denn es müsste für das Verhältnis der Kinder zueinander, aber auch zu den Ehegatten nachteilig sein, wenn die einen rechtlich Kinder beider Ehegatten würden, die andern aber Stiefkinder des einen blieben.

5. Die Entscheidung

75 Ob die andern Kinder in unbilliger Weise zurückgesetzt würden, ist im Falle der geplanten Fremdadoption schon bei der Auswahl der Adoptiveltern vom Adoptionsvermittler mit aller Umsicht zu untersuchen. Die Plazierung ist zu unterlassen, wenn mit der Möglichkeit einer unbilligen Zurücksetzung zu rechnen ist (EICHENBERGER 161).

76 Im übrigen steht die Entscheidung der Adoptionsbehörde zu. Sie ist nur zu treffen, wenn alle übrigen Voraussetzungen der Adoption gegeben sind. Liegt eine unbillige Zurücksetzung vor, so ist die Adoption abzulehnen. Die Entscheidung hierüber betrifft eine Rechtsfrage, die vom Bundesgericht zu überprüfen ist (vgl. Art. 268 N 68).

77 Verneint oder übergeht die Adoptionsbehörde die Frage zu Unrecht, so kann darin ein «anderer schwerwiegender Mangel» im Sinne von Art. 269 a Abs. 1 liegen.

78 Eine wesentliche Grundlage für die Entscheidung bildet die Einstellung der Nachkommen der Adoptiveltern. Sie ist gemäss Art. 268 Abs. 3 zu würdigen (vgl. Art. 268 a N 24 ff).

Art. 264 a

II. Gemeinschaftliche Adoption	**¹ Ehegatten können nur gemeinschaftlich adoptieren; anderen Personen ist die gemeinschaftliche Adoption nicht gestattet.** **² Die Ehegatten müssen fünf Jahre verheiratet sein oder das fünfunddreissigste Altersjahr zurückgelegt haben.** **³ Ein Ehegatte darf jedoch das Kind des andern adoptieren, wenn er zwei Jahre verheiratet gewesen ist oder das fünfundreissigste Altersjahr zurückgelegt hat.**
II. Adoption conjointe	¹ Des époux ne peuvent adopter que conjointement; l'adoption conjointe n'est pas permise à d'autres personnes. ² Les époux doivent être mariés depuis cinq ans ou être âgés de trente-cinq ans révolus. ³ Un époux peut cependant adopter l'enfant de son conjoint s'il est marié avec lui depuis deux ans ou s'il est âgé de trente-cinq ans révolus.
II. Adozione congiunta	¹ Coniugi possono adottare soltanto congiuntamente; l'adozione in comune non è permessa ad altri. ² I coniugi devono essere sposati da cinque anni o aver compiuto il trentacinquesimo anno d'età. ³ Tuttavia, un conjugate può adottare il figlio dell'altro se è sposato da due anni o ha compiuto il trentacinquesimo anno d'età.

		Note	Seite
Übersicht	Materialien	1	459
	Literatur	2	459
	Rechtsvergleichung	2a	459
	Rechtsgeschichte	2b	460
	Textgeschichte	2c	460
	I. Die Adoptiveltern		460
	1. Natürliche Rechtspersönlichkeit	3	460
	2. Handlungsfähigkeit	4	460
	II. Die gemeinschaftliche Adoption		461
	1. Grundsatz	7	461
	2. Pflicht	10	461
	3. Recht	16	462
	III. Voraussetzungen der gemeinschaftlichen Adoption		463
	1. Die Ehegatten sind wenigstens fünf Jahre verheiratet	21	463
	2. Beide Ehegatten haben das 35. Altersjahr zurückgelegt	25	464
	3. Massgebender Zeitpunkt	27	464
	4. Verhältnis zur Pflegezeit	28	464
	IV. Voraussetzungen der Stiefkindadoption		465
	1. Stiefkindadoption	29	465
	2. Ehe des Adoptierenden mit einem Elternteil	33	466
	3. Mindestdauer der Ehe	38	467
	4. Mindestalter	39	467
	5. Zustimmungen	40	467
	6. Kindeswohl	42	468

Materialien   aArt. 264 Abs. 1, 266 Abs. 2 (s. hinten S. 664); BBl *1971* I 1217f, 1220ff; 1
E 264a Abs. 1 und 2; AmtlBullStR *1971* 716f, 1972 393f; NR *1972* 575ff,
997ff. – EAdÜ Art. 5 Ziff. 1 lit. *b;* Art. 6 Ziff. 1 und 2 lit. *a;* Art. 7 Ziff. 1.

Literatur   Siehe Art. 264 N 2.   2

Rechtsvergleichung   *Gemeinschaftliche* Adoption ist nur Ehegatten gestattet (EAdÜ 6 Ziff. 1): 2a
BGB 1741 Abs. 2 und 3, ABGB 179 Abs. 2; CCit 294 Abs. 2, Adoptionsgesetz 6; CCfr 346 Abs. 1. Die *Einzel*adoption ist, abgesehen von der Adoption des Stiefkindes, verheirateten Personen gestattet: allgemein CCfr 343-1, nur für die Mündigenadoption CCit 294, in besonderen Situationen BGB 1741 Abs. 2, ABGB 179 Abs. 2. Unverheirateten steht die Adoption offen: BGB 1741 Abs. 3, ABGB 179 Abs. 1, CCfr 343-1; CCit 294 (nur die Mündigenadoption). Das *Mindestalter* [EAdÜ 7] beträgt nach BGB 1643

25 Jahre für den einen, 21 für den anderen Ehegatten, für die Stiefkindadoption 21 und die Einzeladoption 25 Jahre, nach ABGB 30 Jahre für den Adoptivvater, 28 für die Adoptivmutter, nach CCfr 343-1 30 Jahre, ausgenommen, wenn die Mindestdauer der Ehe gegeben ist oder das Stiefkind adoptiert wird (343, 343-2). Eine Mindestdauer der Ehe von fünf Jahren verlangt CCfr 343 generell als Alternative zum Mindestalter, von drei Jahren das ital. Adoptionsgesetz (6) für die Unmündigenadoption.

2b Rechtsgeschichte

Die gemeinschaftliche Adoption war auch in den kantonalen Rechten nur Ehepaaren gestattet (HUBER SPR I 410ff; EICHENBERGER 15ff), ebenso nach aArt. 266 Abs. 2. Die Einzeladoption durch Verheiratete bedurfte der Zustimmung des Ehegatten (aArt. 266 Abs. 2). Das Mindestalter betrug in den kantonalen Rechten im allgemeinen 50 Jahre (im Tessin 60, in Neuenburg 40), nach aArt. 264 40 Jahre.

2c Textgeschichte

Die Beschränkung der gemeinschaftlichen Adoption auf Ehegatten – Art. 264a Abs. 1 Satz 2 – ist aus aArt. 266 Abs. 2 übernommen. Das Mindestalter knüpft an aArt. 264 an: es ist aber um fünf Jahre niedriger und für Verheiratete nur alternatives Erfordernis zur Ehedauer (Art. 264a Abs. 2). Neu ist, dass Verheiratete nur gemeinschaftlich adoptieren dürfen (Art. 264a Abs. 1 Satz 1), ebenso sind neu die Sonderregeln für die Stiefkind- (Art. 264a Abs. 3) und die Einzeladoption (Art. 264b). Art. 264a und 264b gehen auf Art. 264a des Entwurfes zurück. Im Nationalrat trat eine starke Minderheit für ein Mindestalter von 30 Jahren ein.

I. Die Adoptiveltern

1. Natürliche Rechtspersönlichkeit

3   Die Adoption begründet ein Kindesverhältnis (Art. 267 Abs. 1). Sie steht nur natürlichen Personen offen (vgl. Art. 53).

2. Handlungsfähigkeit

4   Das Recht, die Adoption eines Dritten nachzusuchen, kommt dem Einzelnen um seiner Persönlichkeit willen zu. Seine Ausübung setzt Urteilsfähigkeit, nicht aber Mündigkeit voraus. BGB 1743 Abs. 4 und ABGB 179 Abs. 1 verlangen volle Handlungsfähigkeit.

5 Der Entmündigte kann adoptieren, bedarf aber, wenn er bevormundet ist, der Zustimmung der vormundschaftlichen Aufsichtsbehörde (Art. 422 Ziff. 1), wenn er unter elterlicher Gewalt steht (Art. 385 Abs. 3), der Zustimmung der Eltern.

Die Tatsache der Entmündigung ist ein Umstand, der im Sinne von Art. 264 6
beim Entscheid, ob die Adoption dem Wohl des Kindes diene, sorgfältig zu
würdigen ist. Die Frage dürfte nur in singulären Fällen bejaht werden können (EICHENBERGER 176; VA Art. 264 N 3).

II. Die gemeinschaftliche Adoption

1. Grundsatz

Die Adoption dient dem Wohl des Kindes am besten dadurch, dass sie ihm die Geborgenheit eines beständigen und ausgeglichenen Heimes verschafft (EAdÜ 8 Ziff. 2). Dazu gehört vorab, dass das Kind Eltern bekommt, die sich seiner annehmen, und zwar Vater *und* Mutter, nicht bloss Vater *oder* Mutter. Die Einzeladoption durch Verheiratete, die nach früherem Recht zulässig und wegen der Erfordernisse der Kinderlosigkeit und des Mindestalters häufig allein möglich war, macht das Kind zum Stiefkind des andern Ehegatten. Das ist unerwünscht (BBl *1971* I 1218). Die gemeinschaftliche Adoption soll darum im neuen Recht die Regel, die Einzeladoption dagegen die Ausnahme sein.

Indessen darf die gemeinschaftliche Adoption nur verheirateten Personen 8
gestattet werden. Denn die Adoption will die eheliche Familie nachbilden.
Daraus ergeben sich die beiden Grundsätze, dass Ehegatten nur gemeinschaftlich adoptieren können und andern Personen die gemeinschaftliche
Adoption nicht gestattet ist (Abs. 1). Ohne Bedeutung ist, ob die Ehe an einem Ungültigkeitsgrund leide (Art. 132; EICHENBERGER 178).

Bei der *Stief*kindadoption tritt der (neue) Ehegatte des Elternteils, der das 9
Kind in seiner Obhut hat, anstelle des andern Elternteils. Es wird damit ein
gemeinsames eheliches Kindesverhältnis begründet (Art. 252 N 22, Art. 267
N 8, 9 HEGNAUER SJZ *1976* 206 f). Das Gesetz regelt darum die Stiefkindadoption als Sonderfall der gemeinschaftlichen Adoption (Abs. 3).

2. Pflicht

Ist eine Person verheiratet, so kann sie unter Vorbehalt 10
von Abs. 3 (N 29 ff) und Art. 264 b Abs. 2 nur zusammen mit ihrem Ehegatten
adoptieren (Art. 264 a Abs. 1 Satz 1). Die Zustimmung des Ehegatten (so
aArt. 266 Abs. 1) genügt nicht.

11 Von der Pflicht zur gemeinschaftlichen Adoption kann nicht befreit werden. Bietet ein Ehegatte zu der vom andern gewünschten Adoption nicht Hand, so hat diese zu unterbleiben (vgl. BBl *1971* I 1219). Ebenso wenn ein Ehegatte weniger als 16 Jahre älter ist als das Kind oder bei der Mündigenadoption Nachkommen hat, s. Art. 266 N 12, 28.

12 Massgebend ist der Zivilstand in dem Zeitpunkt, in dem das Adoptionsgesuch gestellt ist und anhandgenommen werden kann (Art. 268 N 18).

13 Die Bestimmung ist auch anwendbar, wenn der gemeinsame Haushalt der Ehegatten als vorsorgliche Massnahme im Ehescheidungs- oder -trennungsprozess oder auf Grund der Bestimmungen über den Eheschutz aufgehoben oder die Ehe seit weniger als drei Jahren gerichtlich getrennt ist (vgl. Art. 264b Abs. 2).

14 Wird die Ehe während des Adoptionsverfahrens aufgelöst, so bleibt die gemeinschaftliche Adoption zulässig, sofern diese dem Wohl des Kindes dient (vgl. N 34, 35; Art. 268 Abs. 2 und 3 und dort N 22, 24, 32). Im Falle der Scheidung sind die Elternrechte und -pflichten durch den Scheidungsrichter wie für ein nachgeborenes Kind zu regeln, entweder zum voraus im Scheidungsurteil oder aber im Nachverfahren (Art. 255 N 81; BÜHLER/SPÜHLER Art. 156 N 19, Art. 157 N 52, 54).

15 Gemeinschaftliche Adoption bedeutet *gleichzeitige* Adoption durch beide Ehegatten. Die Adoption ist daher erst zulässig, wenn das Pflegeverhältnis zu beiden Ehegatten zwei Jahre gedauert hat, und bei einer Ehedauer von weniger als fünf Jahren, wenn beide Ehegatten das 35. Altersjahr zurückgelegt haben (N 21 ff).

3. Recht

A. Andere Personen

16 Personen, die nicht miteinander verheiratet sind, dürfen nicht gemeinschaftlich adoptieren (ebenso Art. 264a Abs. 1 Satz 2; Art. 266 Abs. 2; EAdÜ 6 Ziff. 1). Somit dürfen Geschwister nicht gemeinschaftlich adoptieren, ebensowenig Konkubinatspartner oder eine Gruppe von Personen, z. B. eine Mehrheit von Männern, von denen jeder der Vater des Kindes sein könnte, vgl. z. B. Maupassant, Contes et nouvelles (Pléiade 1979) II 1175 (Mouche): «Donnons-nous la main et adoptons l'enfant.»

B. Massgebender Zeitpunkt

17 Die Ehegatten dürfen gemeinsam adoptieren, wenn die Ehe im Zeitpunkt besteht, in dem das Adoptionsgesuch gestellt ist und anhand genommen werden kann (vorn N 12). Wird die Ehe während des Adoptionsverfahrens aufgelöst, so gilt N 14. Bei Aufhebung des gemeinsamen Haushaltes vgl. Art. 264 N 39.

18 Ist die Ehe vor Einreichung des Adoptionsgesuches geschieden worden, so ist die gemeinschaftliche Adoption nicht mehr zulässig.

19 Wird die Ehe während des Adoptionsverfahrens geschlossen und sind die zeitlichen Voraussetzungen (Art. 264, 264a Abs. 2 und 3) erfüllt, so dürfen die Ehegatten gemeinschaftlich adoptieren.

20 Indessen bleibt die von einem der Brautleute vor der Ehe nachgesuchte Einzeladoption zulässig (vgl. Art. 264b N 11, 12).

III. Voraussetzungen der gemeinschaftlichen Adoption

1. Die Ehegatten sind wenigstens fünf Jahre verheiratet

21 Die Mindestdauer der Ehe hat einen zweifachen Sinn (vgl. HEGNAUER SJZ *1969* 89; ZVW *1973* 44; EICHENBERGER 180f):
– Das Kind soll durch die Adoption ein dauerndes Heim bekommen. Es soll nicht in eine gefährdete Ehe adoptiert werden. Hat die Ehe fünf Jahre gedauert, so lässt sich ihre Bewährung einigermassen beurteilen (BAUMANN 12).
22 – Sodann bleibt Kinderlosigkeit – auch wenn sie nicht mehr gesetzliches Erfordernis ist – wichtigstes Motiv für die Adoptierenden. In den ersten fünf Jahren zeigt sich in der Regel, ob den Ehegatten eigene Kinder beschieden sind und wie sie im andern Fall mit der Kinderlosigkeit fertig werden.

23 Das Erfordernis der fünfjährigen Ehedauer ersetzt das Erfordernis des Mindestalters von 40 Jahren des früheren Rechts (aArt. 264) und bildet die Alternative zum Erfordernis des Mindestalters von 35 Jahren (N 25f). Es ist allein massgebend, wenn nicht beide Ehegatten das 35. Altersjahr zurückgelegt haben.

24 Die Frist von fünf Jahren beginnt mit der Eheschliessung. Ein vorausgehendes Konkubinat wird nicht angerechnet. Unerheblich ist auch, ob die Ehegatten ständig in gemeinsamem Haushalt gelebt haben. Diese Tatsache ist dagegen von Bedeutung für die Frage, ob ein Pflegeverhältnis vorliege (Art. 264 N 34 ff).

2. Beide Ehegatten haben das 35. Altersjahr zurückgelegt

25 Art. 264 b gestattet die Einzeladoption, wenn der Adoptierende das 35. Altersjahr zurückgelegt hat. Sollen Verheiratete nicht schlechter gestellt sein, so müssen auch sie in diesem Alter adoptieren dürfen, selbst wenn ihre Ehe noch nicht fünf Jahre gedauert hat (vgl. Kritik bei EICHENBERGER 183). Indessen ist auch in diesem Falle bei der Plazierung des Kindes und beim Entscheid über die Adoption zu prüfen, ob die Ehe tragfähig sei und die Ehegatten die nötige Reife haben.

26 Die Adoption ist nur zulässig, wenn *beide* Ehegatten das Mindestalter erfüllen. Hat nur *ein* Ehegatte dieses Alter, so darf die Adoption erst stattfinden, wenn auch der andere das Mindestalter erreicht oder die Ehe fünf Jahre gedauert hat. Die Einzeladoption durch jenen ist unter Vorbehalt des Art. 264 b Abs. 2 nicht zulässig. Insoweit sind Verheiratete mit grossem Altersunterschied gegenüber Alleinstehenden benachteiligt.

3. Massgebender Zeitpunkt

27 Auf das Adoptionsgesuch darf erst eingetreten werden, wenn die Mindestdauer der Ehe oder das Mindestalter erfüllt ist (Art. 268 N 18). Wird das Gesuch früher gestellt, so kommt ihm die Wirkung gemäss Art. 268 Abs. 2 und 3 nicht zu (Art. 268 N 23, 26).

4. Verhältnis zur Pflegezeit

28 Die Mindestdauer der Ehe und das Mindestalter haben eine andere Funktion als das Pflegeverhältnis gemäss Art. 264 und sind daher von diesem unabhängig. Demgemäss ist nicht erforderlich, dass das Pflegeverhältnis (Art. 264) auf die Mindestdauer der Ehe oder das Mindestalter folgt (vgl. allerdings EICHENBERGER 182 f).

IV. Voraussetzungen der Stiefkindadoption

1. Stiefkindadoption

Die rechtliche Eingliederung des Stiefkindes in die neue Familie liegt oft im Interesse der Beteiligten (EICHENBERGER 184). Seine Adoption wird darum erleichtert. Über die Problematik der Stiefkindadoption (vgl. HEGNAUER, Kindes- und Adoptionsrecht 45 ff; FRANK 21 ff).

Die Adoption kann sich auf eines von mehreren Stiefkindern beschränken. Immerhin ist zu prüfen, ob es mit dem Wohl des Kindes vereinbar ist, wenn es in dieser Weise aus einer Geschwisterreihe herausgelöst wird.

Das Erfordernis des zweijährigen *Pflegeverhältnisses* gemäss Art. 264 gilt auch für die Stiefkindadoption (ZVW *1974* 62 Nr. 5, 140 Nr. 13; ZZW *1975* 298).

Das Kind muss zum Ehegatten des Adoptierenden bereits in einem *Kindesverhältnis* stehen. Es stammt aus erster durch Tod oder Scheidung aufgelöster Ehe des Ehegatten. Oder es ist dessen aussereheliches Kind: Das Kindesverhältnis zur Ehefrau besteht kraft Geburt (Art. 252 Abs. 1) oder zum Ehemann infolge Anerkennung oder Vaterschaftsurteil (Art. 260, 261). Da die Stiefkindadoption ein gemeinsames Kindesverhältnis begründet (vorn N 9), ist die Mitadoption durch den leiblichen Elternteil weder nötig noch zulässig (vorn Art. 264 N 6; HEGNAUER SJZ *1976* 207; a. M. EICHENBERGER 185). Adoptiert die Ehefrau das aussereheliche, anerkannte Kind ihres Ehemannes, so erwirbt es den Familiennamen und das Bürgerrecht des Vaters (Art. 267 N 34 b; Art. 267 a N 4).

Schliesslich kann das Kind durch eine frühere *Adoption* zum Ehegatten des Adoptierenden in einem Kindesverhältnis stehen (EAdÜ 6 Ziff. 2 lit. *a*). Unerheblich ist, ob es sich um eine Einzeladoption nach Art. 264 b Abs. 1 oder 2 oder eine gemeinschaftliche Adoption in einer früheren Ehe nach Art. 264 a Abs. 2 oder 3 handelt (BREITENSTEIN 43). Die Stiefkindadoption ist auch zulässig, wenn eine altrechtliche Adoption nach SchlT 12 b dem neuen Recht unterstellt worden ist (SB Art. 12 b SchlT N 30; vgl. dazu den Sonderfall ZVW *1975* 56 Nr. 11 = ZZW *1975* 304; ZZW *1975* 306). Dagegen ist die Stiefkindadoption nicht möglich, wenn ein Ehegatte ein Pflegekind in die Ehe gebracht hat.

Da die erste Adoption das ursprüngliche Kindesverhältnis beseitigt hat

(Art. 267 Abs. 2 Satz 1), kann der leibliche Vater, der die Adoptivmutter heiratet, das Kindesverhältnis nur durch Stiefkindadoption und nicht etwa durch Anerkennung nach Art. 260 herstellen.

2. Ehe des Adoptierenden mit einem Elternteil

33 Die Stiefkindadoption setzt voraus, dass der Adoptierende mit einem Elternteil des Kindes verheiratet ist. Sie ist beim Konkubinat ausgeschlossen.

34 *Stirbt* der Adoptierende oder der leibliche Elternteil, nachdem das Adoptionsgesuch eingereicht worden ist und anhandgenommen werden kann (Art. 268 N 18), so bleibt die Stiefkindadoption zulässig, sofern sie immer noch im Interesse des Kindes liegt (N 14, Art. 268 Abs. 2 und dort N 22–24, 29, 30). Ebenso, wenn der Stiefelternteil während des Verfahrens wieder heiratet.

35 Das gilt sinngemäss auch, wenn die Ehe nach Einreichung des Adoptionsgesuches, aber vor Aussprechung der Adoption *geschieden* wird. Allerdings dürfte die Stiefkindadoption in dieser Situation nur selten im Interesse des Kindes liegen.

36 Sind die zeitlichen Voraussetzungen der Stiefkindadoption (Art. 264a Abs. 3) erfüllt, *stirbt* aber der leibliche Elternteil, bevor das Adoptionsgesuch gestellt worden ist, so ist die Stiefkindadoption nach dem Wortlaut des Gesetzes nicht zulässig. Indessen ist die Einzeladoption nach Art. 264b Abs. 1 durch den verwitweten Stiefelternteil sinnwidrig, weil sie das Kindesverhältnis zum verstorbenen leiblichen Elternteil und damit die rechtliche Beziehung zu dessen ganzer Verwandtschaft aufhebt (Art. 267 Abs. 2 Satz 1). Dagegen trifft der Sinn der Stiefkindadoption auch auf diese Situation in vollem Umfang zu. Es liegt eine planwidrige Unvollständigkeit des Gesetzes vor (Art. 1 Abs. 2). Die Lücke ist durch die Regel zu füllen, dass der verwitwete Ehegatte das Kind des Verstorbenen unter den Voraussetzungen (Art. 264a Abs. 3) und mit den Wirkungen (Art. 267 Abs. 2 Satz 2) der Stiefkindadoption adoptieren darf.

36a Eine ledige Mutter heiratet. Ihr Kind wird in den ehelichen Haushalt aufgenommen und erhält durch Namensänderung den Familiennamen des Stiefvaters. Den Eheleuten werden noch zwei Kinder geboren. Kurz nach Inkrafttreten des neuen Rechts stirbt die Ehefrau. – Dem Witwer wird die Adoption seines Stiefkindes nach Art. 264a Abs. 3 bewilligt und im Adoptionsbeschluss festgehalten, dass das Kindesverhältnis zur verstorbenen Mutter bestehen bleibt (ZVW *1974* 142 Nr. 14; 1975 56 Nr. 11; zweifelnd BREITENSTEIN 41).

Ein verheirateter Mann hatte unter dem früheren Recht ein Pflegekind adoptiert. Die gleichzeitige Adoption durch die Ehefrau war wegen ihres Alters nicht möglich. Der Adoptivvater starb,

bevor er um Unterstellung und seine Gattin um Neuadoption (Art. 12b SchlT N 29/30) nachgesucht hatten (ZVW *1975* 56 Nr. 11). Die Stiefkindadoption durch die Witwe erscheint zulässig. Für die Wirkungen vgl. sinngemäss SB Art. 12b SchlT N 78 ff, 101 a. E.
Das zweijährige Pflegeverhältnis (Art. 264) muss erst im Zeitpunkt des Gesuches (Art. 268 N 18), nicht schon im früheren Zeitpunkt des Todes des leiblichen Elternteils erfüllt sein.

Dagegen ist nach der *Scheidung* die Stiefkindadoption ausgeschlossen. Die 37 Ehegatten haben es in der Hand, die Adoption vorher nachzusuchen (N 14, 35). Tun sie es nicht, so liegt keine planwidrige Unvollständigkeit des Gesetzes vor, die der Korrektur bedürfte.

3. Mindestdauer der Ehe

Eine zweijährige Dauer der Ehe genügt. Auch diese Frist 38 ist vom gleich langen Pflegeverhältnis gemäss Art. 264 unabhängig. Die Mindestdauer der Ehe muss daher auch dann abgewartet werden, wenn das Pflegeverhältnis schon vor der Eheschliessung begonnen hat, z. B. wenn die Mutter des Adoptivkindes mit dem adoptierenden Stiefvater zunächst im Konkubinat gelebt oder als Haushälterin bei ihm gearbeitet hat, oder wenn der Vater die langjährige Pflegemutter des Kindes heiratet. N 23, 24, 27 gelten sinngemäss.

Rechtspolitisch betrachtet erscheint die Frist wohl als zu kurz. 38a

4. Mindestalter

Auch hier gilt als Alternative zur Mindestdauer der Ehe 39 das Mindestalter von 35 Jahren. Es muss nur vom adoptierenden Stiefelternteil erfüllt sein. Unerheblich ist, wenn der leibliche Elternteil jünger ist. N 27, 28 gelten sinngemäss.

Ein Mann lebt mit einer verheirateten Frau zusammen. Aus der Verbindung geht ein Kind hervor. Das Kindesverhältnis zum Ehemann wird nicht angefochten. Nach Scheidung der Ehe der Frau heiraten die Konkubinatspartner. Der Mann ist bereits 35jährig. Er kann sein neunjähriges Kind, das rechtlich sein Stiefkind ist, sofort adoptieren (vgl. auch Art. 264 N 7).

5. Zustimmungen

Die Stiefkindadoption bedarf der nämlichen Zustimmun- 40 gen wie eine andere Adoption: des urteilsfähigen Kindes (Art. 265 Abs. 2), der vormundschaftlichen Aufsichtsbehörde, wenn das Kind bevormundet ist (Art. 265 Abs. 3), der Eltern (Art. 265 a, dort N 19), und zwar sowohl des

Elternteils, der mit dem adoptierenden Stiefelternteil verheiratet ist, als auch des andern, sofern zu diesem ein Kindesverhältnis besteht. Dagegen ist eine Beistandschaft nach Art. 392 Ziff. 2 nicht notwendig (Art. 265a N 4).

41 Ist der andere Elternteil verstorben, so ist die Zustimmung seiner Eltern nicht erforderlich. Dagegen sind sie anzuhören (Art. 265a N 13, 268 N 39, 268a N 14). Steht das Kind zu ihnen in einem engen Verhältnis oder besteht sonst ein Interesse am Fortbestehen der Verwandtschaft mit ihnen, so kann darin ein wichtiger Grund gegen die Adoption liegen.

6. Kindeswohl

42 Die Adoption beseitigt das Kindesverhältnis zum leiblichen Elternteil, der nicht mit dem Stiefelternteil verheiratet ist (Art. 267 N 16). Bei der Entscheidung über die Adoption ist daher mit Sorgfalt zu prüfen, ob die Adoption angesichts dieser negativen Wirkung mit dem Kindeswohl vereinbar sei. Dies gilt in besonderem Masse, wenn dieser Elternteil sich nicht äussern kann, weil er gestorben oder urteilsunfähig ist (vgl. Report of the Departmental Committee on the Adoption of Children, Nrn. 103–109, mit kritischen Bemerkungen zur Stiefkindadoption; Einl vor Art. 264 N 12; HEGNAUER SJZ *1976* 202f; *derselbe,* in: Kindes- und Adoptionsrecht 48; Art. 265a N 4a; Art. 267 N 15). Zu beachten ist namentlich, dass die alleinige Obhut des mit dem Stiefelter verheirateten Elters an sich nur die Folge des Fehlens oder der Auflösung der Ehe und nicht notwendigerweise auch einer fehlenden sozialpsychischen Bindung ist, dass das Kind Anspruch darauf hat, solche Bindungen zu bewahren und zu entwickeln, und dass es auch ohne Adoption mit dem Elter, der Ehegatte des Stiefelters ist, und durch jenen auch mit diesem familienrechtlich verbunden ist (Art. 21, 278 Abs. 2, 299; vgl. auch Art. 265c N 24). Die Stiefkindadoption ist gerechtfertigt, wenn keine schützenswerten Bindungen zum gewaltfreien Elternteil oder zu den Eltern des verstorbenen Elters bestehen, und sie ist ungerechtfertigt, wenn sie angestrebt wird, um solche Bindungen zu trennen und den früheren Partner aus der Sphäre des Kindes zu verdrängen. Schulbeispiel für die erste Situation: Mutter ist vom ausserehelichen Vater im Stich gelassen worden, ihre spätere Ehe ist kinderlos; vgl. Maupassant, Histoire d'une fille de ferme (Contes et nouvelles [Pléjade 1979] I 225).

Art. 264 b

III. Einzeladoption ¹ **Eine unverheiratete Person darf allein adoptieren, wenn sie das fünfunddreissigste Altersjahr zurückgelegt hat.**
² **Eine verheiratete Person, die das fünfunddreissigste Altersjahr zurückgelegt hat, darf allein adoptieren, wenn sich die gemeinschaftliche Adoption als unmöglich erweist, weil der Ehegatte dauernd urteilsunfähig oder seit mehr als zwei Jahren mit unbekanntem Aufenthalt abwesend, oder wenn die Ehe seit mehr als drei Jahren gerichtlich getrennt ist.**

III. Adoption par une personne seule ¹ Une personne non mariée peut adopter seule si elle a trente-cinq ans révolus.
² Une personne mariée, âgée de trente-cinq ans révolus, peut adopter seule lorsqu'une adoption conjointe se révèle impossible parce que le conjoint est devenu incapable de discernement de manière durable, ou qu'il est absent depuis plus de deux ans sans résidence connue, ou lorsque la séparation de corps a été prononcée depuis plus de trois ans.

III. Adozione singola ¹ Una persona non coniugata può adottare da sola se ha compiuto il trentacinquesimo anno di età.
² Una persona coniugata che ha compiuto il trentacinquesimo anno d'età può adottare da sola se l'adozione congiunta si rileva impossibile poichè l'altro coniuge è durevolmente incapace di discernimento o è, da oltre due anni, assente con ignota dimora, oppure se vi è separazione giudiziale pronunciata da oltre tre anni.

Übersicht	Materialien	Note	Seite
	Materialien	1	469
	Literatur	2	469
	Rechtsvergleichung, Rechts- und Textgeschichte	2a	469
	I. Die Einzeladoption im allgemeinen	3	470
	II. Voraussetzungen der Einzeladoption		471
	1. Das Mindestalter von 35 Jahren	6	471
	2. Der Adoptierende ist unverheiratet	9	471
	3. Der Adoptierende ist verheiratet	14	471

Materialien aArt. 264 Abs. 1 (s. hinten S. 664); BBl *1971* I 1217 ff, 1220 ff; E 264a 1
Abs. 3; AmtlBullStR *1971* 718 f, *1972* 393 f; NR *1972* 575 ff, 997 ff; EAdÜ
Art. 5 Ziff. 1 lit. *b*, Ziff. 2 lit. *b*.

Literatur Siehe Art. 264 N 2. LAGET, O., L'adoption par une seule personne, Thèse 2
Lyon 1972.
Rechtsvergleichung, Rechts- und Textgeschichte s. Art. 264a N 2a–2c. 2a

I. Die Einzeladoption im allgemeinen

3   Die Einzeladoption gibt dem Kinde nur *einen* Elternteil, Vater oder Mutter, und bürdet diesem allein die volle Verantwortung für das Kind auf (Art. 267 N 11, 12). Sie wird deshalb erschwert: vorab durch das Mindestalter (N 6), durch die Pflicht Verheirateter, gemeinschaftlich zu adoptieren (Art. 264a Abs. 1 Satz 1) und durch die Bevorzugung Verheirateter bei der Adoptionsvermittlung (Art. 269c N 34ff). Vgl. dazu ZVW *1982* 38 Nr. 4.

4   Dagegen ist nicht erforderlich, dass die Einzeladoption im konkreten Fall durch wichtige Gründe gerechtfertigt wird. Immerhin ist bei der geplanten Fremdadoption das Kind wenn möglich in einer vollständigen und intakten Familie unterzubringen (Art. 269c N 34). Auch ist bei der Beurteilung des Kindeswohls im Sinne von Art. 264 der besonderen Eigenart der Einzeladoption (N 3) gebührende Beachtung zu schenken. Unvereinbar mit dem Kindeswohl ist die Einzeladoption durch den Konkubinatspartner der Mutter, weil dadurch das Kindesverhältnis zu ihr aufgehoben wird (Art. 267 Abs. 2 Satz 1, dort N 11, 14). Die Einzeladoption darf auch nicht lediglich dazu dienen, die Begründung des Kindesverhältnisses zum andern Elternteil zu verhindern oder dieses aufzuheben.

5   Praktisch kommt die Einzeladoption vorab in folgenden singulären Situationen in Betracht (BBl *1971* I 1218f):
- allgemein, wenn der Adoptierende und die verstorbenen Eltern des Kindes miteinander verwandt oder befreundet gewesen sind;
- bei Ledigen, wenn das Kind besondere Anforderungen an die Eignung des Erziehers stellt – wie bei körperlicher oder geistiger Gebrechlichkeit – und deswegen schwer zu plazieren ist, der Adoptierende aber gerade diesen Anforderungen genügt, z. B. als Fürsorger oder Arzt tätig ist;
- bei Verwitweten (vgl. aber Art. 264a N 36), Geschiedenen oder in notleidender Ehe Verheirateten, wenn die eheliche Gemeinschaft aufgelöst worden ist, nachdem das Pflegeverhältnis begonnen und sich wenigstens zum Adoptierenden gut entwickelt hat.

II. Voraussetzungen der Einzeladoption

1. Das Mindestalter von 35 Jahren

Es soll die für den Adoptionsentschluss nötige besondere 6
Reife des Adoptierenden verbürgen, darüber hinaus aber auch die Einzeladoption in ein Alter verschieben, in dem die Lebenssituation des Adoptierenden sich stabilisiert hat und die Wahrscheinlichkeit einer Heirat und der Geburt eigener Kinder nicht mehr sehr gross ist (BBl *1971* I 1221).
Eine Befreiung vom Erfordernis des Mindestalters ist nicht zulässig. 7
Im Fall der Einzeladoption durch Verheiratete (N 14ff) ist die Dauer der 8
Ehe und das Alter des andern Gatten ohne Bedeutung. Für den massgebenden Zeitpunkt vgl. Art. 264a N 27, 28.

2. Der Adoptierende ist unverheiratet

Unverheiratet sind ledige, verwitwete und geschiedene 9
Personen (BBl *1971* I 1219).
Eine gemeinschaftliche Adoption durch geschiedene Ehegatten ist nicht zulässig. 10
Die Voraussetzung ist erfüllt, wenn der Adoptierende zur Zeit des Adoptionsgesuches unverheiratet ist und die übrigen zeitlichen Voraussetzungen (Pflegeverhältnis, Mindestalter) erfüllt sind (ZVW *1974* 144 Ziff. 4). 11
Spätere Heirat während des Adoptionsverfahrens hindert die Einzeladoption nicht, sofern diese auch in der neuen Situation noch dem Kindeswohl dient (vgl. Art. 264a N 14, 35; Art. 268 Abs. 2 und dort N 31; ZVW *1974* 144 Ziff. 5) und nicht die Umgehung der gemeinschaftlichen Adoption bezweckt. Die Zustimmung des Ehegatten ist nicht erforderlich. 12
Will eine verwitwete oder geschiedene Person das Kind ihres früheren Ehegatten nach Art. 264b Abs. 1 adoptieren, so ist zu beachten, dass das Kindesverhältnis zu letzterem dahinfällt (Art. 267 Abs. 2 Satz 1), und zu prüfen, ob das im Interesse des Kindes liegt (vgl. Art. 264a N 36, Art. 267 N 14, 15). 13

3. Der Adoptierende ist verheiratet

Art. 264b Abs. 2 ist nur anwendbar auf die Adoption eines 14
fremden Kindes. Für die Adoption des leiblichen oder adoptierten Kindes

einer verheirateten Person steht dem Ehegatten die Stiefkindadoption gemäss Art. 264a Abs. 3 offen.

15 Das Gesetz verlangt die Zustimmung des Ehegatten des Annehmenden nicht. Eine solche ist in den Fällen der Urteilsunfähigkeit und der Abwesenheit nicht möglich und im Falle der Trennung nicht sinnvoll. Art. 264b Abs. 2 steht daher sachlich in Einklang mit EAdÜ 5 Ziff. 1 lit. *b* und Ziff. 2 lit. *b*.

15a Die Einzeladoption steht einer verheirateten Person nur in den ausdrücklich genannten Fällen offen. Die Aufzählung ist erschöpfend (HEGNAUER ZVW *1981* 13; ZVW *1981* 74 Nr. 9; s. auch Art. 266 N 28).

A. Die gemeinschaftliche Adoption ist unmöglich

16 a) Weil der andere Ehegatte *dauernd urteilsunfähig* ist.
Nur der Urteilsfähige kann das Gesuch um Adoption stellen (Art. 264a N 4, Art. 268 N 14). Die Urteilsfähigkeit bezieht sich auf die Frage, ob ein Kindesverhältnis sinnvoll aufgebaut werden könne. Der Begriff der Urteilsunfähigkeit ist sinngemäss gleich zu verstehen wie in Art. 120 Ziff. 1, 258 Abs. 1, 265c Ziff. 1 (dort N 19) (vgl. EICHENBERGER 190f; E. BUCHER Art. 16 N 22ff). Sie muss von einem medizinischen Sachverständigen festgestellt werden.

17 b) Weil der andere Ehegatte *seit mehr als zwei Jahren mit unbekanntem Aufenthalt abwesend* ist.
Die Voraussetzung der Abwesenheit ist gleich zu verstehen wie in Art. 265c Ziff. 1, 393 Ziff. 1, 558 Abs. 2, SchKG 190 Ziff. 1 (vgl. im einzelnen EICHENBERGER 191f). Die Frist beginnt in dem Zeitpunkt, da der Ehegatte seinen bekannten Aufenthalt mit unbekanntem Ziel verlässt.

18 Die Voraussetzung ist auch erfüllt, wenn ein Ehegatte verschollen erklärt, die Ehe aber nicht aufgelöst worden ist.

19 c) Erlangt der andere Ehegatte die Urteilsfähigkeit wieder oder kehrt er zurück, so kann er das Kind seinerseits nach Art. 264a Abs. 3 adoptieren und so ein gemeinschaftliches Kindesverhältnis herstellen.

19a d) Die Einzeladoption ist in Anwendung von Art. 1 Abs. 2 auch zuzulassen, wenn Ehegatten mit verschiedener Staatsangehörigkeit nicht gemeinschaftlich adoptieren können, weil nach NAG 8c (= E/IPRG 75 Abs. 2) die Anerkennung der Adoption durch einen fremden Staat nötig wäre, dieser aber die Adoption nicht zulässt. Vgl. HEGNAUER ZVW *1981* 14.

B. Die Ehe ist getrennt

Verheiratete Personen können nur gemeinschaftlich adoptieren. Das gilt auch, wenn der gemeinsame Haushalt aufgehoben ist. Ebenso grundsätzlich, wenn die Ehe gerichtlich getrennt ist, sofern das Pflegeverhältnis zu beiden Ehegatten bestanden hat und die Adoption auch in dieser Situation dem Wohl des Kindes dient (vgl. Art. 264a N 13). 20

Hat die Trennung aber dauernden Charakter, so dürfte die gemeinschaftliche Adoption wegen des persönlichen Verhältnisses der Ehegatten nur selten zustande kommen und auch kaum im Interesse des Kindes liegen. Zudem dauert in der Regel das Pflegeverhältnis nur zu einem Ehegatten fort. 21

Das Gesetz gestattet darum hier die Einzeladoption, sofern die Ehe seit mehr als drei Jahren gerichtlich getrennt ist. Das setzt voraus, dass die Trennung 22

- gemäss Art. 147 auf unbestimmte Zeit ausgesprochen worden ist (BBl *1971* I 1218; aArt. 255 Abs. 1; EICHENBERGER 193; a. M. HESS 20),
- im massgebenden Zeitpunkt (vgl. Art. 264a N 27) mehr als drei Jahre gedauert hat und
- noch fortdauert.

Überdies müssen die allgemeinen Voraussetzungen des Art. 264 erfüllt sein. Besonders ist zu prüfen, ob bei der Einzeladoption die negative Wirkung im Interesse des Kindes liege (Art. 267 N 14). 23

Ein verheirateter, von seiner Frau gerichtlich getrennter Mann lebt mit einer andern Frau zusammen und hat von ihr ein Kind. Die allein mögliche Einzeladoption dient dem Wohl des Kindes nicht, da sie das Kindesverhältnis zur Mutter aufhöbe.

Hat eine Einzeladoption durch einen Ehegatten stattgefunden, so darf auch hier der andere nach Art. 264a Abs. 3 seinerseits adoptieren, sofern die allgemeine Voraussetzung des Art. 264 erfüllt ist. 24

Art. 265

IV. Alter und Zustimmung des Kindes

[1] Das Kind muss wenigstens sechzehn Jahre jünger sein als die Adoptiveltern.

[2] Ist das Kind urteilsfähig, so ist zur Adoption seine Zustimmung notwendig.

[3] Ist es bevormundet, so kann, auch wenn es urteilsfähig ist, die Adoption nur mit Zustimmung der vormundschaftlichen Aufsichtsbehörde erfolgen.

IV. Age et consentement de l'enfant	¹ L'enfant doit être d'au moins seize ans plus jeune que les parents adoptifs. ² L'adoption ne peut avoir lieu que du consentement de l'enfant, si ce dernier est capable de discernement. ³ Lorsque l'enfant est sous tutelle, l'autorité tutélaire de surveillance devra consentir à l'adoption, même s'il est capable de discernement.
IV. Età e consenso dell'adottando	¹ L'adottando deve avere almeno sedici anni meno dei genitori adottivi. ² Se è capace di discernimento, il suo consenso è necessario perché possa essere adottato. ³ Se è sotto tutela, è necessario il consenso dell'autorità di vigilanza sulle tutele, quand'anche sia capace di discernimento.

Übersicht		Note	Seite
	Materialien	1	474
	Literatur	2	474
	Rechtsvergleichung	2a	475
	Rechtsgeschichte	2b	475
	Textgeschichte	2c	475
I.	*Altersunterschied*	3	475
II.	*Zustimmung des Kindes*		476
	1. Bei Urteilsfähigkeit	7	476
	2. Bei Urteilsunfähigkeit	16	478
III.	*Zustimmung der vormundschaftlichen Aufsichtsbehörde*		479
	1. Voraussetzungen	18	479
	2. Zuständigkeit	22	480
	3. Vorbereitung durch Vormund und Vormundschaftsbehörde	23	480
	4. Zeitpunkt	25	481
	5. Gegenstand der Zustimmung	27	481
	6. Die Entscheidung	28	481
	7. Wirkung	30	482
	8. Rechtsmittel	32	482
	9. Kritik	35	483

1	Materialien	aArt. 264 Abs. 2, 265; BBl *1971* I 1224; E 265; AmtlBullStR *1971* 719 ff, *1972* 394; NR *1972* 581. – EAdÜ 5 Ziff. 1 lit. *a*, 8 Ziff. 3, 9 Ziff. 2 lit. *f* (hinten S. 652 f).
2	Literatur	HEGNAUER, C., Zur Stellung der Vormundschaftsbehörde bei der Zustimmung der vormundschaftlichen Aufsichtsbehörde zur Adoption, ZVW

	1976 81 ff.; *derselbe,* Ist die Aufklärung des Kindes über seine Herkunft Voraussetzung zur Adoption? ZVW *1979* 128; SCHNYDER, B., Zustimmung zur Adoption. In: Beiträge zur Anwendung des neuen Adoptionsrechts, S. 51. Siehe auch Art. 264 N 2.	
Rechtsvergleichung	Der *Altersunterschied* (EAdÜ 8 Ziff. 3) wird im BGB nicht erwähnt. ABGB 180 setzt ihn auf 18 Jahre, für Stief- und verwandte Kinder auf 16 Jahre fest; dabei ist geringfügige Unterschreitung unbeachtlich, wenn bereits eine Eltern-Kind-Beziehung besteht. CCit 291 schreibt 18 Jahre für die Mündigenadoption, das Adoptionsgesetz (6) 18–40 Jahre für die Unmündigenadoption vor. Nach CCfr 344 muss der Unterschied wenigstens 15 Jahre, beim Stiefkind 10 Jahre betragen; aus wichtigen Gründen ist seit 1976 Dispens möglich.	2a
	Die *Zustimmung des Kindes* ist nach BGB 1746 nötig, wenn es urteilsfähig und wenigstens 14 Jahre alt ist; über die Zustimmung des gesetzlichen Vertreters vgl. BGB 1746 Abs. 1 und 3. ABGB 179a verlangt für das unmündige Kind die Zustimmung des gesetzlichen Vertreters und die Anhörung des Kindes, sofern es erst nach dem 5. Lebensjahr bei den Adoptiveltern untergebracht worden ist. Nach ital. Adoptionsgesetz (7) ist die Zustimmung des Kindes vom 14. Altersjahr an nötig; das mehr als 12jährige, nötigenfalls auch das jüngere, ist anzuhören. Zudem bedarf es grundsätzlich der Feststellung der Adoptierbarkeit (8–21; Ausnahmen: 44). CCfr 345 Abs. 3 verlangt die Zustimmung des Kindes, wenn es älter ist als 13 Jahre.	
Rechtsgeschichte	In den kantonalen Rechten betrug der Mindestaltersunterschied teils 16, teils 15 oder wie nach aArt. 264 Abs. 2 18 Jahre. Kantone, welche die Adoption Unmündiger gestatteten, verlangten neben der Zustimmung des gesetzlichen Vertreters die Zustimmung des über 14 oder 16 Jahre alten Kindes (EICHENBERGER 16). Nach aArt. 265 war die Zustimmung des urteilsfähigen Kindes notwendig, ausserdem bei Unmündigen oder Entmündigten die des Inhabers der elterlichen Gewalt oder der vormundschaftlichen Aufsichtsbehörde.	2b
Textgeschichte	Art. 265 Abs. 1 geht auf aArt. 264 Abs. 2 zurück, verkürzt aber den Unterschied um zwei Jahre. Abs. 2 und 3 übernehmen mit redaktionellen Anpassungen aArt. 265. – Art. 265 stimmt mit dem Entwurf überein. Der Ständerat sah zunächst nur die Herabsetzung des Altersunterschiedes aus wichtigen Gründen, insbesondere bei Adoption eines Stiefkindes, um zwei Jahre vor.	2c

I. Altersunterschied

Das Kind soll wenigstens 16 Jahre jünger sein als die Adoptiveltern (Abs. 1). Das entspricht der Vorstellung, dass die Adoption das auf Abstammung beruhende Kindesverhältnis nachbilde. «Adoptio naturam imitatur» (Inst. 1, 11 § 4). EAdÜ 8 Ziff. 3 (s. S. 653) versteht das Erfordernis als Gebot des Kindeswohls. Dieses verlangt eine minimale Klarheit 3 der Familienstruktur. Die 16 Jahre liegen erheblich unter dem gewöhnlichen Altersunterschied zwischen Eltern und Kindern. Das Erfordernis begünstigt aber auch Einfachheit, Einheitlichkeit und Voraussehbarkeit der Rechtsanwendung (HEGNAUER, in: Kindes- und Adoptionsrecht 41 f; s. auch Schnyder ZVW 1975 44; demgegenüber FamRZ 1982 844 deutscher Entscheid über ein Gesuch bei einem Unterschied von sieben Jahren).

4 Von der Einhaltung dieses Erfordernisses kann nicht befreit werden (BGE *102* II 79; ZZW *1975* 310, 312; a. M. ZZW *1975* 309; kritisch EICHENBERGER 170 f). Eine Dispensregel, die ohne den Grundsatz preiszugeben alle Härten vermiede, ist auch kaum denkbar (vgl. Bundesrat in ZZW *1975* 308; EICHENBERGER 170; HEGNAUER, Kindes- und Adoptionsrecht 42 f). Vgl. dazu aber Art. 269 a N 5.

5 Adoptieren Ehegatten, so ist das Alter des jüngern massgebend. Die Adoption ist ausgeschlossen, wenn der Altersunterschied zu diesem nicht gegeben ist. Der ältere Ehegatte, der den Altersunterschied erfüllt, darf nicht allein adoptieren. Um die Zahl der Adoptionen, die aus diesem Grunde scheitern, möglichst zu verringern, hat das neue Recht den Altersunterschied herabgesetzt (BBl *1971* I 1224). Bei der Stiefkindadoption muss der adoptierende Stiefelternteil 16 Jahre älter sein als das Kind.

5a Sollen *Geschwister* adoptiert werden, so muss der Altersunterschied zum ältesten gewahrt sein. Fehlt er, so können die Geschwister nicht gemeinsam adoptiert werden, und es ist zu prüfen, ob die Adoption der jüngern allein den Nachteil der rechtlichen Trennung der Geschwister aufwiege (HEGNAUER, Kindes- und Adoptionsrecht 44).

6 Der Altersunterschied ist zudem für die Frage, ob die Adoption dem Wohl des Kindes diene (Art. 264), von Bedeutung. Unter diesem Gesichtspunkt kann ein sehr grosser Altersunterschied die Ablehnung der Adoption rechtfertigen. Auch der Altersunterschied der Ehegatten kann ins Gewicht fallen. So erscheint fragwürdig, wenn ein 70jähriger Ehemann und eine 32jährige Ehefrau einen 16jährigen Jüngling adoptieren wollen.

II. Zustimmung des Kindes

1. Bei Urteilsfähigkeit

7 Die Adoption verändert die Rechtsstellung des Kindes und bedarf darum grundsätzlich seiner Zustimmung. Gegenstand der Zu-

stimmung ist nicht die Adoption an sich, sondern die durch den oder die betreffenden Gesuchsteller nachgesuchte Adoption (SCHNYDER 56).
Die Zustimmung steht dem Kinde um seiner Persönlichkeit willen zu. Es 8
übt, sofern es urteilsfähig ist, dieses Recht *persönlich* aus (Art. 19 Abs. 2).
Die Urteilsfähigkeit ist nach Art. 16 zu beurteilen. Das Kind muss nach sei- 9
ner geistigen Reife imstande sein, die Tragweite der Adoption für seine eigene Situation zu verstehen und sich ein selbständiges Urteil darüber zu bilden (HESS 22). Nach E. BUCHER (Art. 16 N 107) sind an sich geringe Anforderungen an die geistige Entwicklung zu stellen.
Die Urteilsfähigkeit wird – bei normaler geistiger Entwicklung – heute frü- 10
her angenommen. VA Art. 265 N 4: 16 Jahre, gelegentlich auch früher; SB
N 10: 14–16 Jahre, was nach HESS 22 eher zu hoch ist; GROSSEN SJK
Nr. 1354: 15 Jahre (vgl. dazu SJ *1981* 149); E. BUCHER Art. 16 N 70: meist bei
12jährigen (verneint ZVW *1981* 29 N 2); beim 10jährigen ist sie nicht gegeben (BGE *107* II 22), ebensowenig beim 11jährigen (ZZW *1982* 220); vgl.
auch das ausländische Recht vorn N 2 a.
Eine bestimmte *Form* ist für die Zustimmung nicht vorgeschrieben. Sie muss 11
in einer Weise abgegeben werden, die Zweifel darüber ausschliesst, ob sie
mit vollem Wissen und Willen erteilt worden sei. Darum genügt nicht, dass
die Adoptiveltern oder der Vormund die schriftliche Zustimmung des Kindes beibringen. Vielmehr ist es unerlässlich, dass die Adoptionsbehörde selber oder eine von ihr mit der Untersuchung der Verhältnisse betraute unabhängige Stelle in Abwesenheit der Adoptiveltern und der leiblichen Eltern
die Frage der Adoption und der Zustimmung zu dieser mit dem Kinde bespricht und dann gegebenenfalls die schriftliche Zustimmung des Kindes
entgegennimmt (EICHENBERGER 172 f; HESS 22 f; BREITENSTEIN 47). Eine stillschweigende Zustimmung ist ausgeschlossen (SANDOZ ZZW *1975* 312).
Vom Erfordernis der Zustimmung des urteilsfähigen Kindes kann *nicht be-* 12
freit werden. Auch dann nicht, wenn die Pflegeeltern das Kind im Glauben
gelassen haben, es sei ihr eigenes Kind. Die gegenteilige Praxis (ZZW *1975*
313) ist rechtswidrig (HEGNAUER, Kindes- und Adoptionsrecht 81 f). Die
frühe Aufklärung des Kindes über seine Herkunft gehört zu den elementaren Pflichten der Adoptiveltern (AMMANN, ZVW *1973* 108; HESS 22, 49 f;
HEGNAUER ZVW *1979* 128 f; BGE *107* II 23 E. 6; ZZW *1982* 216 ff). Hievon
darf nur unter ganz besonderen Umständen, etwa bei einem Inzestkind, abgesehen werden, sofern es vor der Urteilsfähigkeit adoptiert worden ist.
Das Kind kann die Zustimmung frei *widerrufen* bis zum Adoptionsent- 13
scheid, ebenso in einem kantonalen Rechtsmittelverfahren, soweit neue An-

träge gestellt werden dürfen (GVP *1981* 65 = ZZW *1981* 277; vgl. dazu sinngemäss BÜHLER/SPÜHLER Art. 142 N 140).

14 Ist die Zustimmung nicht eingeholt worden, so kann das Kind die Adoption anfechten (Art. 269 Abs. 1).

15 Ist die Zustimmung unter dem Einfluss eines Willensmangels im Sinne von OR 23–30 erklärt worden, so kann sie vom Kinde *angefochten* werden. Bis zur rechtskräftigen Adoption im Adoptionsverfahren selbst, nachher mit der Anfechtungsklage gemäss Art. 269 (dort N 21).

2. Bei Urteilsunfähigkeit

16 Ist das Kind nicht urteilsfähig, so ist es voll handlungsunfähig (Art. 17, 18) und demgemäss seine Zustimmung zur Adoption nicht erforderlich.

17 Indessen ist, sobald es dem frühesten Kindesalter entwachsen ist, seine Einstellung zur Adoption im Rahmen der Untersuchung gemäss Art. 268 a abzuklären und zu würdigen (BBl *1971* I 1224, vgl. auch EAdÜ 9 Ziff. 2 lit. *f*). Das setzt notwendigerweise voraus, dass es über seine Herkunft aufgeklärt worden ist (s. N 12 und dortige Hinweise). Der Auffassung des Kindes kommt um so mehr Gewicht zu, je mehr es sich der Urteilsfähigkeit nähert (SCHNYDER 57 f). So erscheint eine unmittelbare Anhörung des Kindes durch die Adoptionsbehörde oder die von ihr betraute Stelle in der Regel vom zehnten Altersjahr an als angezeigt (vgl. ZVW *1975* 20 Nr. 2). Sind die übrigen Voraussetzungen gegeben, so darf die Adoption nicht verweigert werden, bis das Kind urteilsfähig ist (BGE *107* II 21). Anders dagegen, wenn die Adoptivpflegeeltern sich bei der Aufnahme des Kindes verpflichtet haben, vor dessen Urteilsfähigkeit das Adoptionsgesuch nicht zu stellen (ZZW *1975* 330 f).

17a Das während seiner Urteilsunfähigkeit adoptierte Kind kann die Adoption nicht nach Art. 269 anfechten (dort N 20). Vgl. dazu für den Ausschluss der Anfechtung der Anerkennung durch das Kind Art. 259 N 94.

III. Zustimmung der vormundschaftlichen Aufsichtsbehörde

1. Voraussetzungen

Steht das Kind unter Vormundschaft, so ist zur Adoption in jedem Fall, also auch wenn es urteilsfähig ist, die Zustimmung der vormundschaftlichen Aufsichtsbehörde erforderlich (Abs. 3), nicht aber, wenn es nach Art. 308 oder 309 verbeiständet ist. Eine Beistandschaft nach Art. 308 Abs. 2 mit dem Auftrag, das Kind zur späteren Adoption unterzubringen, darf nicht mit der Beschränkung der elterlichen Gewalt im Sinne von Art. 308 Abs. 3 verbunden werden. Für die Bevormundung eines Kindes aus dem Ausland vgl. Art. 264 N 49 a. Für die Zustimmung des gesetzlichen Vertreters beim Kind unter elterlicher Gewalt s. Art. 265 N 4. 18

Nach PfKV 6 Abs. 2 lit. *c* darf die Aufnahme eines Kindes aus dem Ausland nur bewilligt werden, wenn u. a. eine Erklärung des nach dem Heimatrecht des Kindes zuständigen Vertreters des Kindes über den Zweck der Unterbringung und seine Zustimmung dazu vorliegen (s. Art. 264 N 31 b). Diese Zustimmung betrifft nur die Unterbringung zur späteren Adoption. Sie ersetzt daher die Zustimmung der vormundschaftlichen Aufsichtsbehörde im Sinne von Art. 265 Abs. 3 nicht, welche erst aufgrund des Pflegeverhältnisses erteilt werden kann (N 25). 18a

Massgebend ist die Rechtslage zur Zeit des Adoptionsentscheides. Ist das Kind in diesem Zeitpunkt mündig und nicht entmündigt, so ist die Zustimmung der vormundschaftlichen Aufsichtsbehörde nicht nötig, auch dann nicht, wenn im Sinne von Art. 268 Abs. 3 die Adoption nach den Bestimmungen über die Adoption Unmündiger erfolgt. Wird das mündige Kind dagegen entmündigt, so ist Art. 265 Abs. 3 sinngemäss auch in diesem Falle anzuwenden (vgl. Art. 422 Ziff. 1). 19

Die Zustimmung der vormundschaftlichen Aufsichtsbehörde ist nicht erforderlich, wenn das Kind im Zeitpunkt der Adoption unter *elterlicher Gewalt* steht. 20

Ist das Kind bis vor Einleitung des Adoptionsverfahrens bevormundet gewesen, so dürfen sich die vormundschaftlichen Organe der ihnen durch Art. 265 Abs. 3 überbundenen Aufgabe nicht durch Aufhebung der Vormundschaft entziehen. Die Vormundschaft wird nicht dadurch überflüssig, dass eine Adoption in Aussicht steht. 21

21a Das kantonale Recht kann vormundschaftliche Organe mit der Prüfung und Begutachtung *aller* Adoptionsgesuche betrauen. Diese Tätigkeit ist von derjenigen gemäss Art. 265 Abs. 3 zu unterscheiden. Die örtliche Zuständigkeit dafür richtet sich nach Art. 268 Abs. 1.

2. Zuständigkeit

22 Die vormundschaftliche Aufsichtsbehörde wird vom kantonalen Recht bestimmt (Art. 361 Abs. 2; SCHNYDER/MURER Art. 361 N 89 ff). Sieht es zwei Instanzen vor, so legt es auch fest, welche für die Zustimmung gemäss Art. 265 Abs. 3 zuständig ist.

22a Für die Erteilung der Zustimmung ist *örtlich* die Aufsichtsbehörde der Vormundschaftsbehörde zuständig, welche die Vormundschaft führt (BGE *79* II 250; EGGER N 6 zu Art. 422). Das gilt auch bei einer Auslandsbeziehung; die Zustimmung einer ausländischen Behörde, die das Kind betreut, ist gültig (A. BUCHER, SJK Nr. 157 S. 11). Ebenso ist in einem solchen Fall die Verweigerung der Zustimmung durch die ausländische Behörde zu beachten (ZZW *1975* 330 f). Hat das Kind Wohnsitz oder gewöhnlichen Aufenthalt in der Schweiz, so sind auch international die schweizerischen Behörden zuständig (Haager Minderjährigenschutzabkommen 1; VOLKEN, in: Beiträge zur Anwendung des neuen Adoptionsrechts 104 N 55). Über die Bedeutung der örtlichen Zuständigkeit für die Wahrung des Adoptionsgeheimnisses (vgl. Art. 265 d N 14, Art. 268 b N 26.

3. Vorbereitung durch Vormund und Vormundschaftsbehörde

23 Die Zustimmung der vormundschaftlichen Aufsichtsbehörde wird durch den Vormund und die Vormundschaftsbehörde vorbereitet (Art. 422 Satz 1). Will der Vormund adoptieren, so ist dem Mündel ein Beistand gemäss Art. 392 Ziff. 2 zu bestellen. Der Vormund hat das Pflegeverhältnis zu überwachen und alle nach Art. 268 b Abs. 2 bedeutsamen Umstände abzuklären, die Vormundschaftsbehörde die Untersuchung des Vormundes zu überprüfen und gegebenenfalls zu ergänzen. Vgl. im einzelnen OESCHGER 127 ff; HESS 52; Empfehlungen ZVW *1974* 88. Mustersammlung Nr. 214.1.

24 Ist das Adoptionsgesuch gestellt, so haben Vormund und Vormundschaftsbehörde das Geschäft in jedem Fall an die vormundschaftliche Aufsichtsbe-

hörde zum Entscheid weiterzuleiten, also auch dann, wenn sie die Adoption ablehnen und Verweigerung der Zustimmung beantragen; der Entscheid steht allein der Aufsichtsbehörde zu (HEGNAUER ZVW *1976* 81). Die Pflegeeltern oder das Kind können gegen Saumseligkeit des Vormundes oder der Vormundschaftsbehörde Beschwerde führen (EGGER Art. 420 N 22/23).

4. Zeitpunkt

Die Zustimmung der vormundschaftlichen Aufsichtsbehörde ist erst einzuholen und zu erteilen, wenn das Adoptionsgesuch gestellt ist und anhandgenommen werden kann (Art. 268 N 18).

Beim Entscheid über die Adoption muss die Zustimmung der vormundschaftlichen Aufsichtsbehörde vorliegen. Versieht nach kantonalem Recht die Adoptionsbehörde zugleich die Aufgaben der vormundschaftlichen Aufsichtsbehörde, so darf über Zustimmung und Adoption gleichzeitig entschieden werden (vgl. dazu ZVW *1975* 28 Nr. 3 E. 5). Eine fehlende Zustimmung kann nachträglich erteilt werden (ZZW *1975* 313 f).

5. Gegenstand der Zustimmung

Die Zustimmung bezieht sich nicht auf die Adoption an sich, sondern auf die durch den oder die betreffenden Gesuchsteller nachgesuchte Adoption (SCHNYDER 56). Eine Inkognito- oder Blankozustimmung ist ausgeschlossen.

6. Die Entscheidung

Massgebend für die Erteilung oder Verweigerung der Zustimmung ist das Wohl des Kindes. Es sind die gleichen Gesichtspunkte zu beachten wie für den Entscheid der Adoptionsbehörde nach Art. 264 (dort N 56 ff). Dabei sind richtigerweise auch die Interessen der andern Kinder der Adoptiveltern zu berücksichtigen, soweit ihre unbillige Zurücksetzung nachteilige Rückwirkungen auf das Adoptivkind haben könnte. Sinngemäss sind auch die Interessen unmündiger und entmündigter leiblicher Eltern in die Würdigung einzubeziehen. Dagegen hat die vormundschaftliche Aufsichtsbehörde die Interessen weiterer Drittpersonen und der Öffentlichkeit, sowie das Vorliegen der übrigen gesetzlichen Voraussetzungen der Adoption nicht zu prüfen (ZVW *1975* 25 Nr. 3 E. 3a, 137 f; Nr. 22 E. 3; *1980* 80

Nr. 6; HEGNAUER SJZ *1976* 201 f; *derselbe,* in: Kindes- und Adoptionsrecht 87 f; SCHNYDER 60).

29 Die beteiligten Personen, die Adoptiveltern, das Adoptivkind und die andern Kinder der Adoptiveltern, gegebenenfalls auch die leiblichen Eltern, sind soweit nötig anzuhören. Der Entscheid hat das Adoptionsgeheimnis zu wahren (Art. 268 b). Eine Mitteilung an die leiblichen Eltern ist nicht erforderlich.

7. Wirkung

30 Die Zustimmung der vormundschaftlichen Aufsichtsbehörde bindet die Adoptionsbehörde nicht. Sie hat die Voraussetzungen der Adoption selbständig zu überprüfen. Sie muss die Adoption ablehnen, wenn eine gesetzliche Voraussetzung fehlt. Das gilt auch, wenn sie das Wohl des Kindes anders beurteilt.

31 Wird die Zustimmung verweigert, so ist die Adoption ausgeschlossen. Der Entscheid hat keine materielle Rechtskraft. Auf Grund neuer Tatsachen kann die Zustimmung in einem späteren Verfahren erteilt werden.

31a Die ohne Zustimmung ausgesprochene Adoption ist nicht nichtig, aber nach Art. 269 Abs. 1 anfechtbar (dort N 20).

8. Rechtsmittel

32 Der Entscheid über die Zustimmung kann mit den Rechtsmitteln des kantonalen Rechts (EGGER Art. 420 N 58–62, ZVW *1975* 24 Nr. 3 E. 1 a), und ausserdem beim Bundesgericht nach Art. 68 OG mit der Nichtigkeitsbeschwerde und bei Willkür mit der staatsrechtlichen Beschwerde nach Art. 84/87 OG angefochten werden (Bundesgericht, Staatsrechtl. Kammer, unveröffentl. Urteil vom 19. 12. 1973 i. S. L. v. Autorité de surveillance des tutelles Genève, E. 2).

33 Bis zum Abschluss des Adoptionsverfahrens kann die Zustimmung widerrufen werden, wenn neue Tatsachen entdeckt werden.

34 Wird die Zustimmung im Rechtsmittelverfahren aufgehoben, nachdem die Adoption ausgesprochen worden ist, so fällt diese nicht von Gesetzes wegen dahin, sondern nur, wenn sie durch Urteil gemäss Art. 269 Abs. 1 beseitigt wird.

9. Kritik

Auch wenn der Beurteilungsmassstab für die vormundschaftliche Auf- 35
sichtsbehörde nicht der gleiche ist wie für die Adoptionsbehörde, so deckt er sich doch weitgehend (vorn N 28). Dazu kommt der ungleiche Rechtsschutz gegen die Verweigerung der Zustimmung der vormundschaftlichen Aufsichtsbehörde zur Adoption und gegen die Abweisung des Adoptionsgesuches (vorn N 32, Art. 268 N 67f; vgl. auch Art. 265a N 4c). Der Dualismus der beiden Entscheidungen erscheint daher als fragwürdig.

Art. 265a

V. Zustimmung der Eltern 1. Form	[1] Die Adoption bedarf der Zustimmung des Vaters und der Mutter des Kindes. [2] Die Zustimmung ist bei der Vormundschaftsbehörde am Wohnsitz oder Aufenthaltsort der Eltern oder des Kindes mündlich oder schriftlich zu erklären und im Protokoll vorzumerken. [3] Sie ist gültig, selbst wenn die künftigen Adoptiveltern nicht genannt oder noch nicht bestimmt sind.
V. Consentement des parents 1. Forme	[1] L'adoption requiert le consentement du père et de la mère de l'enfant. [2] Le consentement est déclaré, par écrit ou oralement, à l'autorité tutélaire du domicile ou du lieu de séjour des parents ou de l'enfant et il doit être consigné au procès-verbal. [3] Il est valable, même s'il ne nomme pas les futurs parents adoptifs ou si ces derniers ne sont pas encore désignés.
V. Consenso dei genitori del sangue 1. Forma	[1] Per l'adozione è richiesto il consenso del padre e della madre dell'adottando. [2] Il consenso dev'essere dato, oralmente o per scritto, all'autorità tutoria del domicilio o della dimora dei genitori o dell'adottando e registrato a verbale. [3] È valido anche ove non indicasse i futuri genitori adottivi o questi non fossero ancora designati.

Übersicht		Note	Serie
	Materialien	1	484
	Literatur	2	484
	Rechtsvergleichung	2a	484
	Rechtsgeschichte	2b	485
	Textgeschichte	2c	485
	I. Zustimmung der Eltern		485
	1. Sinn	3	485

		Note	Seite
	2. Voraussetzungen	5	487
	3. Massgebender Zeitpunkt	20	489
II.	Zustimmungsverfahren		489
	1. Zuständigkeit	21	489
	2. Form	26	490
	3. Protokollierung	31	491
	4. Prüfung	35	492
	5. Mitteilung	37	492
III.	Inhalt der Zustimmung		493
	1. Notwendiger Inhalt	39	493
	2. Bezeichnung der Adoptiveltern	41	493
	3. Bedingungen	43	493
IV.	Verhältnis der Eltern	48	494
V.	Wirkungen		494
	1. Zeitpunkt	49	494
	2. Standesänderungen	50	495
	3. Unterhaltspflicht	51	495
	4. Persönlicher Verkehr	52	495
	5. Elterliche Gewalt	54	496
VI.	Internationales Recht	57	497

1 Materialien aArt. 265 Abs. 2; BBl *1971* I 1224 ff; E 265a; AmtlBullStR *1971* 721 f, *1972* 394, NR *1972* 581 f – EAdÜ 5 Ziff. 1 und 5 (s. S. 652).

2 Literatur AMMANN LUZIA, Uneheliche Kindschaft und Adoption aus der Sicht des Sozialarbeiters, ZVW *1972* 98; Freiburger Kolloquium über den schweiz. Entwurf zu einem BG über das internationale Privatrecht, Zürich 1979; HEGNAUER C., Zur Zustimmung im Ausland wohnender Mütter zur Adoption ihres Kindes in der Schweiz, ZVW *1976* 16; *derselbe,* Adoption – Zustimmung der unmündigen Mutter und Entziehung der elterlichen Gewalt (Art. 312 Ziff. 2 ZGB), ZVW *1980* 57; *derselbe,* Zur Form der Zustimmung der Eltern zur Adoption (Art. 265a, 265b ZGB), ZVW *1982* 101; VON OVERBECK ALFRED E., Der Schutz der unehelichen Mutter bei der Adoption ihres Kindes, Zeitschrift für Rechtsvergleichung, Wien 1968 1; SCHNYDER B., Zustimmung zur Adoption, in: Beiträge zur Anwendung des neuen Adoptionsrechts, St. Gallen 1979 60; SEILER URSULA, Die Zustimmung der leiblichen Eltern zur Adoption ihres Kindes, Diss. Freiburg 1969. Siehe auch Art. 264 N 2.

2a Rechtsvergleichung BGB 1747 und ABGB 181 verlangen die Zustimmung beider Eltern zur Adoption des ehelichen Kindes, der Mutter zur Adoption des nichtehelichen Kindes. Nach CCit 297 bedarf die Mündigenadoption der Zustimmung der Eltern, während bei der Unmündigenadoption das Verfahren der Feststellung der Adoptionseignung (Adopt.-Gesetz 8–21) die Zustimmung der Eltern ersetzt (GLAETTLI, zit. Einl vor Art. 264 N 3, 68 ff). CCfr 347–348-5 schreiben die Zustimmung der Eltern vor; ausgenommen sind die Staatsmündel (pupilles de l'état, art. 349) und die durch Urteil als verlassen (abandonnés, art. 350) erklärten Kinder (GLAETTLI, 33 ff). BGB 1747 Abs. 3 lässt die Inkognito-, CCfr 348-4 auch die Blanko-Zustimmung zu. Über die Wirkung der Zustimmung auf die elterliche Gewalt, das Besuchsrecht und die Unterhaltspflicht s. BGB 1751.

Rechtsgeschichte

In kantonalen Rechten war die Zustimmung der Eltern nötig, zum Teil jedoch nur, wenn ihnen die elterliche Gewalt zustand (EICHENBERGER 15, 17). Letzteres war auch nach aArt. 265 Abs. 2 der Fall. Immerhin waren Eltern ohne elterliche Gewalt anzuhören (VA Art. 265 N 17 ff). 2b

Textgeschichte

Art. 265 a Abs. 1 knüpft an aArt. 265 Abs. 2 an, die Abs. 2 und 3 sind dagegen neu. Die Bestimmung stimmt mit dem Entwurf überein; in Abs. 2 ersetzt die Wendung «mündlich oder schriftlich zu erklären» das Wort «entgegenzunehmen». 2c

I. Zustimmung der Eltern

1. Sinn

Die Adoption hebt das Kindesverhältnis zu den Eltern auf (vgl. Art. 267 Abs. 2 Satz 1). Das Gesetz verlangt darum ihre Zustimmung (vgl. EAdÜ 5 Ziff. 1, lit. *a;* SEILER 194, 197). Dieses Erfordernis ist Ausfluss ihres Persönlichkeitsrechts und nicht wie im früheren Recht ihrer elterlichen Gewalt (vgl. VA Art. 265 N 10; BBl *1971* I 1224f). Das Erfordernis ist unabhängig von der Zustimmung des urteilsfähigen Kindes (Art. 265 Abs. 1). Die Zustimmung der Eltern ist auch nötig, wenn das Kind bevormundet ist und die vormundschaftliche Aufsichtsbehörde der Adoption zustimmt (Art. 265 Abs. 3). Das Zustimmungsrecht der Mutter gehört zum Anspruch auf Achtung des Familienlebens gemäss EMRK 8 Ziff. 1 (D.R. 11/160 Nr. 7626/76). 3

Die Eltern erteilen ihre Zustimmung nur in eigenem Namen und nicht als gesetzliche Vertreter, auch wenn ihnen die elterliche Gewalt zusteht (GROSSEN, SJK Nr. 1354 S. 3; a. M. EICHENBERGER 196). Ihr Zustimmungsrecht entfällt nur aufgrund von Art. 265 c und 265 d, nicht aber durch Entziehung der elterlichen Gewalt nach Art. 311 oder 312. Die Adoption des Kindes unter elterlicher Gewalt kommt daher ohne formale Zustimmung des gesetzlichen Vertreters des Kindes zustande. Das Kindeswohl wird hier nur durch die Zustimmung der Eltern, von denen einer oder beide zugleich Inhaber der elterlichen Gewalt sind, und der Adoptionsbehörde (Art. 268) gewahrt (sowie 4 allenfalls des Kindes, Art. 265 Abs. 1). Das reicht jedoch aus. Denn bei der seltenen Fremdadoption durch bekannte Dritte tragen die Eltern als Inhaber der elterlichen Gewalt die Verantwortung für die Übergabe des Kindes an diese. Und bei der Stiefkindadoption ist die Stiefkindsituation durch die Heirat des Inhabers der elterlichen Gewalt entstanden. Demgegenüber ist die Zustimmung der vormundschaftlichen Aufsichtsbehörde nach Art. 265 Abs. 3 weniger formaler Vertreterkonsens als Folge der Tatsache, dass das bevormundete Kind von den vormundschaftlichen Organen direkt oder doch unter ihrer Verantwortung zur späteren Adoption untergebracht worden ist. Für die Adoption des Kindes unter elterlicher Gewalt ist daher kein Vertretungsbeistand nach Art. 392 Ziff. 2 zu bestellen und damit auch die Zustimmung der vormundschaftlichen Aufsichtsbehörde nach Art. 265 Abs. 3/422 Ziff. 1 nicht einzuholen (HEGNAUER, SJZ *1976* 202 f; *derselbe,* in: Kindes- und Adoptionsrecht, 85 f; a. M. HESS 23).

4a Das gilt auch für die *Stiefkindadoption* (a. M. BREITENSTEIN 49). Der erst im Adoptionsverfahren ernannte Beistand stünde – anders als der Vormund, der das Pflegeverhältnis von Anfang an begleitet hat – vor der genau gleichen Aufgabe wie die Adoptionsbehörde selbst, nämlich zu untersuchen und zu beurteilen, ob die Adoption dem Wohl des Kindes diene (Art. 264, 268). Ist diese Aufgabe auch mit besonderer Sorgfalt zu behandeln, wenn der andere Elternteil gestorben ist, so vermag ein Beistand dazu doch nicht mehr beizutragen als die Adoptionsbehörde.

4b Stimmt neben dem Inhaber der elterlichen Gewalt der andere Elternteil zu oder kann von dessen Zustimmung nach Art. 265 c abgesehen werden, so wird ein Beistand so wenig wie die Adoptionsbehörde Anlass haben, der Adoption im Interesse des Kindes zu opponieren. Verweigert der andere Elternteil aber die Zustimmung und kann von ihr nicht abgesehen werden, so hat die Adoption ohne Rücksicht auf die Stellungnahme des Beistandes zu unterbleiben.

4c Neben der Verlängerung des Verfahrens würde auch der Rechtsschutz durch die Einschaltung eines Vertretungsbeistandes verkürzt. Denn sie bedingte die Anwendung von Art. 265 Abs. 3/422 Ziff. 1 (EGGER Art. 417 N 10, 421 N 4). Lehnte die vormundschaftliche Aufsichtsbehörde aber die Zustimmung ab, so wäre die Adoption ausgeschlossen, ohne dass dagegen die Berufung ans Bundesgericht gegeben wäre (Art. 265 N 31/32, 268 N 68). Das wäre stossend, da die vormundschaftliche Aufsichtsbehörde bei der Stiefkindadoption keine breitere Beurteilungsgrundlage hat als die Adoptionsbehörde.

Ausnahmsweise ist ein Beistand zu ernennen, wenn die Anerkennung der 4d
Adoption im ausländischen Heimatstaat von der Mitwirkung eines Beistandes abhängt (so z. B. in der Bundesrepublik Deutschland, vgl. dazu aber SIEHR, Standesamt 1982 61), vgl. NAG 8c.

2. Voraussetzungen

A. Kindesverhältnis

Erforderlich ist die Zustimmung der Personen, die im 5
Sinne des Gesetzes Vater und Mutter des Kindes sind (EAdÜ 5 Ziff. 5). Das sind die Mutter (Art. 252 Abs. 1) und der Vater, zu dem das Kindesverhältnis besteht (Art. 252 Abs. 2), sei es kraft der Ehe der Mutter (Art. 255), sei es infolge Anerkennung (Art. 260) oder Vaterschaftsurteils (Art. 261). (EAdÜ 5 Ziff. 1 lit. *a* verlangt nur die Zustimmung des ehelichen Vaters).

Bei der Adoption eines *Adoptivkindes* ist zu unterscheiden: 6
Adoptiert eine verheiratete Person das Adoptivkind seines Ehegatten (Art. 264a Abs. 3, dort N 32), so ist dessen Zustimmung erforderlich, da er rechtlich Vater oder Mutter des Kindes ist (Art. 267 Abs. 1). Hatte dieser Ehegatte in einer früheren geschiedenen Ehe mit seinem damaligen Ehegatten gemeinschaftlich adoptiert, so bedarf es auch dessen Zustimmung.

Wird ein fremdes Adoptivkind adoptiert, so ist die Zustimmung der bisherigen 7
Adoptiveltern nötig.

Dagegen ist in beiden Fällen die Zustimmung der leiblichen Eltern nicht er- 8
forderlich. Wenn die erste Adoption unter dem neuen Recht erfolgt ist: weil sie das Kindesverhältnis zu den leiblichen Eltern beseitigt hat (Art. 267 Abs. 2). Wenn die erste Adoption altrechtlich ist: weil nach SchlT 12a Satz 2 die unter dem alten Recht gültig erklärte Zustimmung auch für eine Adoption des neuen Rechts gültig bleibt (vgl. SB Art. 12a SchlT N 7), zudem weil nach SchlT 12b Abs. 3 Satz 2 die Zustimmung der Eltern zur Unterstellung nicht nötig ist, die Neuadoption durch Dritte ihre Rechtsstellung aber nicht stärker berührt als die Unterstellung (vgl. dazu auch SB Art. 12b SchlT N 6).

Nicht erforderlich ist die Zustimmung der Erzeuger, solange ein Kindesver- 9
hältnis nicht besteht (vgl. AmtlBullStR *1971* 721 f). Dazu gehören:
- der Schwängerer, der das Kind weder anerkannt hat (Art. 260) noch durch Urteil als Vater festgestellt ist (Art. 261), somit auch der Vaterschaftsbeklagte;

- der Mann, der nach Art. 319 durch Urteil oder Vertrag als Vater oder seit 1. Januar 1978 durch obligationenrechtlichen Vertrag zu Unterhaltsleistungen verpflichtet ist (Art. 260 N 29; HEGNAUER, Kindesrecht 121);

10 - der Erzeuger, wenn das Kind bereits zu einem andern Mann in einem Kindesverhältnis steht;

11 - die Mutter, wenn das im internationalen Verhältnis massgebende Recht für die Entstehung des Kindesverhältnisses auch zu ihr eine besondere Anerkennung oder Beurkundung voraussetzt (Art. 252 N 85) und diese unterblieben ist.

12 Konnte der Vater oder die Mutter das Kindesverhältnis nicht herstellen, besteht aber zwischen ihnen und dem Kinde eine enge geistig-soziale Beziehung, so sind sie zur geplanten Adoption anzuhören.

13 Ebenso ist die Zustimmung weiterer Verwandter, wie namentlich der Grosseltern, Geschwister, Onkel, Tanten oder von Stief- und Pflegeeltern nicht erforderlich (ZVW *1980* 104 Nr. 7). Doch sind auch sie, wenn sie zum Kinde eine engere Beziehung haben, anzuhören (Art. 268 N 37, Art. 268a N 14).

B. Urteilsfähigkeit

14   Die Erteilung oder Verweigerung der Zustimmung setzt Urteilsfähigkeit voraus (Art. 16). Für den Fall der Urteilsunfähigkeit vgl. Art. 265c N 18 ff.

15 Dieses Recht steht den Eltern um ihrer Persönlichkeit willen zu (EICHENBERGER 195f). Unmündige und Entmündigte üben es ohne Mitwirkung ihrer gesetzlichen Vertreter aus (Art. 19 Abs. 2; E. BUCHER, Art. 19 N 266). Die Zustimmung kann nicht von diesen erklärt werden.

16 An die Urteilsfähigkeit sind hohe Anforderungen zu stellen; (vgl. E. BUCHER, Art. 16 N 105, Art. 19 N 266). Über die Vorbereitung der leiblichen Mutter auf die Adoption vgl. AMMANN ZVW *1973* 105 f; HESS 28 f. Ist die Urteilsfähigkeit zweifelhaft, so ist sie durch Sachverständige abzuklären (vgl. auch Art. 265c N 18, 19).

17 Sind die Eltern nicht damit einverstanden, dass ihr unmündiges Kind der Adoption seines eigenen Kindes zustimmt, so können sie bei den vormundschaftlichen Behörden geltend machen, die Adoption widerspreche den Interessen des zu adoptierenden Kindes oder seiner leiblichen Eltern und es sei demgemäss die Zustimmung im Sinne Art. 265 Abs. 3 zu verweigern (vgl. Art. 265 N 28).

Sozialarbeiter und vormundschaftliche Organe, welche unmündige oder 18
entmündigte Eltern in der Frage der Zustimmung beraten, sind nicht verpflichtet, die Eltern der Zustimmungsberechtigten anzuhören, es sei denn, dies sei im Interesse der unmündigen oder entmündigten Person geboten. Auch die Angehörigen mündiger Eltern haben keinen Anspruch auf Anhörung. Bei der Beratung der Eltern ist aber in der Regel auch zu erwägen, ob das Kind bei den Grosseltern oder andern Angehörigen aufwachsen könnte.

C. Elterliche Gewalt und Obhut

Die Zustimmung von Vater und Mutter ist einzuholen unabhängig davon, ob ihnen die elterliche Gewalt oder die Obhut zusteht. 19

3. Massgebender Zeitpunkt

Die Zustimmung der Eltern ist nicht nur nötig, wenn das 20
Kindesverhältnis gegenüber der Mutter und – wenn sie verheiratet ist – ihrem Ehemann mit der Geburt entsteht (Art. 252 Abs. 1, 255 Abs. 1), sondern auch wenn es erst später durch Anerkennung oder Urteil begründet wird (Art. 260, 261), selbst wenn das Kind bereits bei Pflegeeltern untergebracht worden ist. Das Zustimmungsrecht erlischt vor der Adoption ausser durch den Eintritt der Mündigkeit des Kindes und durch Tod nur durch Entscheid der Vormundschaftsbehörde gemäss Art. 265d Abs. 1 (dort N 18). Vgl. N 57 (Internationales Recht) und Art. 268 N 27a (Eintritt der Mündigkeit während des Adoptionsverfahrens).

Die Zustimmung des Vaters ist auch wirksam, wenn sie vor der Begründung 20a
des Kindesverhältnisses zu ihm erklärt wird.

II. Zustimmungsverfahren

1. Zuständigkeit

A. Sachlich

Die Zustimmung ist gegenüber der Vormundschaftsbe- 21
hörde zu erklären. Das kantonale Recht kann die Entgegennahme der Zu-

stimmung einem Ausschuss oder dem Präsidenten und/oder Schreiber delegieren.

22 Dagegen kann die Zustimmung nicht wirksam gegenüber dem Vormund oder Beistand erklärt werden. Vgl. aber N 28 ff.

23 Bei der Entgegennahme der Zustimmung handelt die Vormundschaftsbehörde als Hilfsorgan der Adoptionsbehörde (vgl. Art. 265 d Abs. 1 u. 2). Die Zuständigkeit der Vormundschaftsbehörde ist daher im Verhältnis zur Adoptionsbehörde nicht ausschliesslich. Vielmehr kann, sobald das Adoptionsgesuch gestellt ist, die Zustimmung auch gegenüber der *Adoptionsbehörde* erklärt werden. Das kommt namentlich in Betracht bei der Verwandten- und Stiefkindadoption, ausserdem bei der Fremdadoption, wenn der Adoptionsentschluss erst nach längerem Bestehen des Pflegeverhältnisses gefasst wird.

B. Örtlich

24 Der Berechtigte kann nach seiner freien Wahl die Zustimmung erklären gegenüber der Vormundschaftsbehörde
– am Wohnsitz oder Aufenthaltsort der *Eltern*. Haben sie einen verschiedenen Wohnsitz oder Aufenthalt, so ist die Behörde am Wohnsitz oder Aufenthalt des zustimmenden Elternteils zuständig.
– am Wohnsitz oder Aufenthaltsort des *Kindes*.

25 Der Wohnsitz ist im Sinne von Art. 23 ff zu verstehen. Der Aufenthaltsort befindet sich dort, wo eine Person tatsächlich verweilt (GROSSEN, Schweiz. PR II 553). Das gilt auch für den Unmündigen oder Entmündigten. Der Aufenthaltsort begründet eine selbständige Zuständigkeit, setzt somit nicht etwa im Sinne von Art. 24 Abs. 2 voraus, dass kein Wohnsitz besteht. Das Gesetz will eine vierfache Zuständigkeit (BBl *1971* I 1226). (Denkbar wäre auch eine allgemeine Zuständigkeit jeder schweizerischen Vormundschaftsbehörde gewesen.) Zum internationalen Recht vgl. N 57.

2. Form

A. Mündlich

26 Die Zustimmung kann bei der Vormundschaftsbehörde mündlich erklärt werden. Gestattet das kantonale Recht die Übertragung einzelner Funktionen der Vormundschaftsbehörde an den Präsidenten und/

oder Schreiber, so genügt es, wenn die Zustimmung diesen gegenüber erklärt wird.

Eine telefonische Erklärung erscheint nicht zulässig, da die Identität, die 27 Urteilsfähigkeit und die Freiheit des Willens nicht überprüft werden können (vgl. demgegenüber beim Rechtsvorschlag BGE *99* III 58). Anders beim Widerruf Art. 265b N 12.

B. Schriftlich

Die Zustimmung kann schriftlich eingereicht werden. Eigenhändige Niederschrift ist nicht erforderlich, wohl aber eigenhändige Unterzeichnung (HEGNAUER ZVW *1982* 102). Stillschweigen auf eine Fristansetzung für das Vorbringen von Einwendungen gegen die Adoption bildet keine Zustimmung (unrichtig ZVW *1974*, 155 Nr. 16). Eine konkludente Zustimmung ist ausgeschlossen (SANDOZ ZZW *1975* 315; HEGNAUER ZVW *1976* 17f). 28

Die Erklärung darf von Dritten, z.B. vom Vormund oder Beistand des Kindes oder einem Vermittler, aufgesetzt werden (BBl *1971* I 1226; HEGNAUER ZVW *1982* 102; kritisch EICHENBERGER 210). Zu empfehlen ist die Beglaubigung der Unterschrift des Zustimmenden durch diese Drittperson oder durch die nach kantonalem Recht für Beglaubigungen zuständige Amtsperson. Die Zustimmung kann auch auf einem Formular erklärt werden. Vgl. Mustersammlung Nr. 222. 29

Die Zustimmung ist erst mit dem Eingang bei der Vormundschaftsbehörde 30 wirksam. Übermittlung durch Dritte ist zulässig.

3. Protokollierung

Die Zustimmung ist im Protokoll der Vormundschaftsbehörde vorzumerken (vgl. dazu Art. 570 Abs. 3). 31

Wird sie mündlich erklärt, so ist sie sofort unter genauer Angabe des Datums und der Person oder der Personen, vor welcher sie abgegeben worden ist, zu protokollieren. Die Unterzeichnung des Protokolls durch die zustimmende Person ist nicht erforderlich (HEGNAUER ZVW *1982* 101). 32

Wird die Zustimmung schriftlich erteilt, so hat das Protokoll den Zeitpunkt 33 ihres Eingangs anzugeben.

Die Protokollierung setzt keinen Beschluss der Vormundschaftsbehörde 34 voraus (HEGNAUER, in: Kindes- und Adoptionsrecht 82). Sie kann nach

Massgabe des kantonalen Rechts vom Schreiber selbständig vorgenommen werden. Es genügt, das Eingangsdatum auf der Erklärung zu vermerken (HESS 33, HEGNAUER ZVW *1978* 6). Mustersammlung Nr. 211.1.

4. Prüfung

35 Die Vormundschaftsbehörde oder die mit der Entgegennahme der Zustimmung betraute Abordnung hat zu prüfen, ob die zustimmende Person urteilsfähig sei und in vollem Wissen und Willen gehandelt habe, sowie ob die Sperrfrist (Art. 265 b Abs. 1) eingehalten sei. Bestehen bei der schriftlichen Zustimmung hierüber Zweifel, so ist die betreffende Person vorzuladen und mündlich zu befragen. (Vgl. den in ZZW *1975* 315 f erwähnten Fall einer Zustimmung, die ein Vater in einem Verhör wegen Vernachlässigung der Unterstützungspflicht (StGB 217) gegen Rückzug des Strafantrags erklärte). Das ist namentlich am Platze, wenn aus einer schriftlichen Erklärung nicht hervorgeht, wie sie zustandegekommen ist und die Umstände auch sonst nicht bekannt sind (vgl. dazu auch EICHENBERGER 210 f).

36 Die Vormundschaftsbehörde hat Umstände, welche Zweifel an der Gültigkeit der Zustimmung wecken, im Protokoll festzuhalten. Sie darf aber die Entgegennahme der Zustimmung nur verweigern, wenn diese offensichtlich rechtswidrig ist. Art und Zulässigkeit der geplanten Adoption hat sie nicht zu untersuchen (ZVW *1973* 32 Nr. 1 Ziff. 6).

5. Mitteilung

37 Die Vormundschaftsbehörde hat die Zustimmung dem gesetzlichen Vertreter des Kindes mitzuteilen und ihm hierüber eine Bescheinigung auszustellen. Ist das Kind bereits zur künftigen Adoption untergebracht und sind die Pflegeeltern der Vormundschaftsbehörde bekannt, so soll die Zustimmung auch ihnen mitgeteilt werden. Steht den zustimmenden Eltern die elterliche Gewalt zu, so ist die Zustimmung auch der Vormundschaftsbehörde am Wohnsitz des Kindes mitzuteilen (N 54).

38 Ausserdem ist es angezeigt, dem zustimmenden Elternteil eine Kopie seiner Erklärung oder eine entsprechende Bescheinigung zu übergeben (ZVW *1973* 32 Nr. 1 Ziff. 6; vgl. auch Art. 265 d Abs. 3), die auf das Widerrufsrecht gemäss Art. 265 b Abs. 2 hinweist. Mustersammlung Nr. 211.2.

III. Inhalt der Zustimmung

1. Notwendiger Inhalt

Die Erklärung muss enthalten 39
- die genaue Bezeichnung der zustimmenden Person und des Kindes,
- die Erklärung des Willens, der Adoption dieses Kindes zuzustimmen.

Die Zustimmung soll, wenn sie schriftlich erfolgt, auch Auskunft geben über 40
den gesetzlichen Vertreter des Kindes, und darüber, dass die rechtlichen Wirkungen der Zustimmung (N 50 ff) und der Adoption sowie das Widerrufsrecht bekannt sind, sowie darüber, ob sie selbständig oder unter Mitwirkung Dritter zustandegekommen ist. Diese Angaben sind aber für die Gültigkeit der Erklärung ohne Bedeutung.

2. Bezeichnung der Adoptiveltern

Die Zustimmung kann nach Abs. 3 gültig erteilt werden, 41
auch wenn die künftigen Adoptiveltern darin nicht genannt oder überhaupt noch nicht bestimmt sind (Inkognito- und Blankozustimmung; vgl. dazu EICHENBERGER 211 ff).

Es ist aber zulässig, die Zustimmung nur gerade für die Adoption durch eine 42
bestimmte namentlich oder mittelbar umschriebene Person, z. B. den Stiefvater, zu erteilen. Alsdann gilt sie nur für diese.

3. Bedingungen

Die Zustimmung kann mit Suspensiv- oder Resolutivbedingungen verbunden werden, die sich auf die Unterbringung des Kindes 43
beziehen, z. B. dass es in der Schweiz (ZVW *1976* 144 Nr. 19) oder binnen einer bestimmten Frist zur späteren Adoption plaziert werde (vgl. dazu Art. 265 b N 23).

Die Bedingung der Unterbringung bei Pflegeeltern einer bestimmten *Konfession* ist allerdings fürsorgerisch abzulehnen. Sie kann die vom Interesse des Kindes gebotene Plazierung stark behindern, erscheint angesichts des Erlöschens des Kindesverhältnisses zu den leiblichen Eltern innerlich ungerechtfertigt und ausserdem wegen der Unzulässigkeit verbindlicher Verpflichtung der Adoptiveltern, das Kind in einer bestimmten Konfession zu erziehen (vgl. N 45, Art. 267 N 55), als fragwürdig. Der britische Report of the Departmental Committee on the Adoption of Children (1972 p. 65 Nrn. 228–231) empfiehlt daher, künftig diese Bindung überhaupt nicht mehr zuzulassen. Das schliesst nicht aus, dass einem entsprechenden Wunsch der Eltern soweit möglich Rechnung getragen werde.

44 Der Zustimmende hat Anspruch auf Auskunft über die Einhaltung solcher Bedingungen, soweit dadurch das Adoptionsgeheimnis (Art. 268 b) nicht verletzt wird.

45 Dagegen dürfen die Bedingungen die endgültige Unterbringung des Kindes bei den künftigen Adoptiveltern nicht hindern oder nachträglich in Frage stellen. Darum sind Bedingungen unzulässig, welche die Wirksamkeit der Zustimmung vom Eintritt oder Nichteintritt von Tatsachen abhängig machen, die mit dem Schicksal des Kindes keinen Zusammenhang haben, z. B. dass der Zustimmende ein Entgelt erhalte, dass er nach Übersee auswandere, dass er heirate, dass er ein eigenes Kind bekomme.

Ebenso sind Bedingungen unzulässig, welche in die Stellung der künftigen Adoptiveltern eingreifen, wie die Erziehung des Kindes in einer bestimmten Konfession, die Berichterstattung über seine Entwicklung oder die Gestaltung von Besuchen (HEGNAUER ZVW *1979* 133 f; vgl. dazu N 52).

46 Zustimmungen, die unter solchen Bedingungen erteilt werden, sind unwirksam (Art. 157 OR) und dürfen nicht entgegengenommen werden.

47 Die Zustimmung darf auch nicht befristet werden. Ebensowenig sind Auflagen zulässig.

IV. Verhältnis der Eltern

48 Art. 265 a Abs. 1 verlangt die Zustimmung von Vater und Mutter. Die Adoption darf somit nur ausgesprochen werden, wenn für jeden Elternteil – sofern er nicht gestorben ist (Art. 265 c N 4) – entweder die Zustimmung vorliegt oder gemäss Art. 265 c von ihr abgesehen werden kann. Die Zustimmung jedes Elternteils steht daher unter der stillschweigenden Suspensivbedingung, dass die Zustimmung vom andern ebenfalls erklärt wird oder nach Art. 265 c nicht nötig ist.

V. Wirkungen

1. Zeitpunkt

49 Die Zustimmung eines Elternteils entfaltet ihre Wirkungen, sobald sie gemäss Abs. 2 erklärt worden ist und die Zustimmung des andern vorliegt oder nach Art. 265 c nicht nötig ist (vgl. N 48). Sie steht frei-

lich unter der Resolutivbedingung, dass sie nicht widerrufen wird. Vgl. hierüber Art. 265 b, über das Absehen von der Zustimmung s. Art. 265 c, 265 d. Über Zustimmungen vor dem 1. April 1973 s. SchlT 12 a Satz 2 und SB SchlT 12 a N 6 ff, S. 185.

2. Standesänderungen

Mit der Erteilung der Zustimmung erlischt das Zustimmungsrecht für die betreffende Elternstelle endgültig. Spätere Standesänderungen sind unerheblich. Wird, nachdem der Vater der Adoption zugestimmt hat, das Kindesverhältnis durch Anfechtung beseitigt und das Kind von einem andern Mann anerkannt, so ist dessen Zustimmung nicht mehr nötig. 50

3. Unterhaltspflicht

Die Unterhaltspflicht der Eltern erlischt mit der Adoption (Art. 267 N 45). Indessen entspricht es in der Regel der Billigkeit, von dem Zeitpunkt an, da die Zustimmung der Eltern wirksam ist (N 49), keine Unterhaltsbeiträge mehr einzufordern. Über die Unterhaltspflicht nach Unterbringung des Kindes bei den künftigen Adoptiveltern vgl. Art. 264 N 51 ff; vgl. auch BGB 1757 Abs. 4. Dagegen erwerben die Eltern mit der Erteilung der Zustimmung keinen Anspruch darauf, dass das Kind adoptiert und das Kindesverhältnis zu ihnen aufgelöst werde. Sie können daher auch nicht mit der Zustimmung zur Adoption einseitig ihre Unterhaltspflicht beenden. 51

4. Persönlicher Verkehr

Haben die Eltern der Adoption zugestimmt, so erlischt das Recht auf persönlichen Verkehr, sobald das Kind zum Zweck künftiger Adoption untergebracht wird (Art. 274 Abs. 3). 52
Den Adoptivpflegeeltern steht es frei, den Eltern weiterhin Besuche zu gestatten. Die Vormundschaftsbehörde kann in besonderen Situationen auch gestützt auf Art. 274 a ein Besuchsrecht einräumen. Beides kann vor der Zustimmungserklärung geschehen (HEGNAUER ZVW *1979* 132 ff). 53

5. Elterliche Gewalt

54 Steht das Kind unter elterlicher Gewalt und stimmt deren Inhaber der Adoption durch ungenannte Dritte zu, so hat die Vormundschaftsbehörde ihm nach Art. 312 Ziff. 2 die elterliche Gewalt zu *entziehen* (Diese Bestimmung ersetzt den 1972 eingefügten Art. 286 a, s. hinten S. 677, BBl *1971* I 1226). Art. 312 Ziff. 2 betrifft nach dem Wortlaut nur die Inkognito-Zustimmung, gilt aber a fortiori auch für die Blanko-Zustimmung (EICHENBERGER 112; JORIO 134). Mustersammlung Nr. 212.

54a Ist die Mutter zur Zeit der Zustimmung noch *unmündig,* so ist ihr die elterliche Gewalt zum voraus auf den Zeitpunkt des Eintritts der Mündigkeit zu entziehen und die Vormundschaft für die Zeit bis dahin auf Art. 368 und für die spätere Zeit auf Art. 312 Ziff. 2 zu stützen (HEGNAUER ZVW *1980* 57).

54b Befindet sich das Kind nicht mehr unter elterlicher Gewalt, so ist es zu *bevormunden* (Art. 368). Damit darf nicht bis zur Plazierung zugewartet werden, hat doch der Vormund gerade diese vorzubereiten. Steht die Adoption unmittelbar bevor, so kann von der Bestellung des Vormundes abgesehen werden (SCHNYDER/MURER Art. 368 N 86, 100).

54c Die Entziehung der Gewalt kann erfolgen, sobald die Zustimmung wirksam geworden ist (vgl. N 49). Die Mitteilung kann allerdings den Elternteil gerade zum Widerruf reizen; mit diesem würden aber die Entziehung und eine allfällige Bevormundung wieder hinfällig (JORIO 135). Insofern rechtfertigt es sich, mit der Entziehung bis zum Ablauf der Widerrufsfrist zuzuwarten.

55 Mit der Zustimmung zur Adoption durch ungenannte Dritte löst sich der betreffende Elternteil völlig vom Kind. Die Zustimmung schliesst daher hier dem Sinne nach auch den Verzicht auf das Recht ein, *Wünsche* in bezug auf die Person des Vormundes zu äussern (Art. 381). Auch die Mitteilung der Bevormundung an den zustimmenden Elternteil kann unterbleiben.

56 Örtlich zuständig für die Entziehung der Gewalt und die Errichtung der Vormundschaft ist die Vormundschaftsbehörde am Wohnsitz des Kindes (vgl. Art. 315 Abs. 1). Ist das Kind bei Pflegeeltern zur künftigen Adoption untergebracht, so ist auch die Vormundschaftsbehörde am Ort zuständig, wo sich das Kind aufhält, also am Wohnsitz der Pflegeeltern (Art. 315 Abs. 2, SCHNYDER/MURER, Art. 376 N 104). Über die Übertragung der Vormundschaft an den Pflegeort vgl. Art. 264 N 48 a, aber auch Art. 265 d N 14.

VI. Internationales Recht

Nach NAG 8b richten sich die Zustimmung und das Absehen von dieser nach schweizerischem Recht. Die Zustimmung ist daher auch erforderlich, wenn das ausländische Kind nach seinem Heimatrecht mündig ist. An der in ZVW *1984* 73 f. Nr. 3 E. 2 vertretenen Auffassung kann nicht festgehalten werden. Über die Berücksichtigung des Alters des Kindes beim Absehen von der Zustimmung s. Art. 265 c N 24 a. Doch ist in bezug auf die Form auch das ausländische Recht zu berücksichtigen. Es genügt, wenn die Form der Zustimmung dem Recht des Erklärungsortes entspricht. Sie kann gegenüber der Vormundschaftsbehörde des ausländischen Wohnsitzes der Eltern oder des Kindes oder einer entsprechenden Stelle oder einem schweizerischen Konsularbeamten im Ausland abgegeben oder von der schweizerischen Behörde direkt eingeholt werden (A. BUCHER SJK Nr. 157 S. 10). Ist die für die Bewilligung der Aufnahme eines Kindes aus dem Ausland erforderliche Zustimmung des nach dem Heimatrecht des Kindes zuständigen gesetzlichen Vertreters (PfKV 6 Abs. 2 lit. *c*) von den Eltern erteilt worden, so umfasst sie auch die Zustimmung der Eltern im Sinne von Art. 265 a Abs. 1. Die im ausländischen Heimat- oder Wohnsitzstaat des Kindes ausgesprochene Adoption kann, auch wenn ihr die Anerkennung in der Schweiz versagt ist (Art. 268 N 88), insofern berücksichtigt werden, als sie davon dispensiert, die Einwilligung der leiblichen Eltern zur Adoption in der Schweiz einzuholen (A. BUCHER, in: Freiburger Kolloquium 28). 57

Art. 265 b

2. Zeitpunkt	**¹ Die Zustimmung darf nicht vor Ablauf von sechs Wochen seit der Geburt des Kindes erteilt werden.** **² Sie kann binnen sechs Wochen seit ihrer Entgegennahme widerrufen werden.** **³ Wird sie nach einem Widerruf erneuert, so ist sie endgültig.**
2. Moment	¹ Le consentement ne peut être donné avant six semaines à compter de la naissance de l'enfant. ² Il peut être révoqué dans les six semaines qui suivent sa réception. ³ S'il est renouvelé après avoir été révoqué, il est définitif.
2. Termini	¹ Il consenso non può essere dato prima di sei settimane dalla nascita dell'adottando. ² Può essere revocato entro sei settimane dalla ricezione. ³ Se rinnovato dopo la revoca è definitivo.

Übersicht		Note	Seite
	Materialien	1	498
	Literatur	2	498
	Rechtsvergleichung	2a	498
	Rechtsgeschichte	2b	498
	Textgeschichte	2c	498
	I. Sperrfrist		499
	1. Sinn	3	499
	2. Berechnung der Frist	4	499
	3. Wirkung	5	499
	4. Unbekannter Aufenthalt der Eltern	8	500
	II. Widerruf der Zustimmung		500
	1. Sinn	9	500
	2. Form	11	501
	3. Widerrufsfrist	13	501
	4. Wirkung des Widerrufs	15	502
	5. Erlöschen des Widerrufsrechts	16	502
	6. Spätere Anfechtung der Zustimmung	20	502
	7. Widerruf mangels Zweckverwirklichung	23	503

1 Materialien   BBl *1971* I 1225 f; E 265 b; AmtlBullStR *1971* 722 f, NR *1972* 582 ff; EAdÜ 5 Ziff. 4 (hinten S. 652).

2 Literatur   Siehe Art. 264 N 2, 265 a N 2.

2a Rechtsvergleichung   Die Sperrfrist (EAdÜ 5 Ziff. 3) beträgt nach BGB 1747 Abs. 3 acht Wochen seit der Geburt. Die Einwilligung ist unwiderruflich, und verliert ihre Kraft, wenn das Kind nicht binnen drei Jahren angenommen wird, § 1750. Nach CCfr 348-5 ist die Zustimmung zur Adoption eines nichtverwandten Kindes unter zwei Jahren nur gültig, wenn es der Jugendhilfe oder einem Adoptionshilfswerk übergeben worden ist. CCfr. 348-3 Abs. 2 gestattet den Widerruf einer Zustimmung binnen drei Monaten; zudem kann nach Abs. 3 das Kind auch später noch zurückverlangt werden, solange es nicht plaziert ist.

2b Rechtsgeschichte   Die kantonalen Rechte und das ZGB kannten weder eine Sperrfrist noch Bestimmungen über den Widerruf der Zustimmung.

2c Textgeschichte   Art. 265 b Abs. 1 und 2 übernehmen den Entwurf; Abs. 3 wurde vom Ständerat eingefügt. Die Sperrfrist war in der Expertenkommission umstritten (EICHENBERGER 204 f). In den Räten wurde ein Antrag, sie zu streichen, abgelehnt (AmtlBullNR *1972* 582–585).

I. Sperrfrist

1. Sinn

Die Zustimmung soll aus freiem Willen und ohne Übereilung erteilt werden. Bei der Mutter ist die Gefahr unüberlegter Zustimmung während der Schwangerschaft und unmittelbar nach der Geburt besonders gross (BBl *1971* I 1225f; FRANK ZSR *1965* II 934f; vgl. ZENZ 36). Die Zustimmung darf daher nicht vor Ablauf von sechs Wochen seit der Geburt erteilt werden (Abs. 1; kritisch VON OVERBECK, Zeitschrift für Rechtsvergleichung, Wien 1968, 11f; EICHENBERGER 204f; aus medizinischer Sicht: BIRCHER [zit. Einl. vor Art. 264 N 2] 119; zum Gedanken der pränatalen Einwilligung vgl. Mitteilungen der Arbeitsgemeinschaft für Jugendhilfe [Bonn] *1973* 33ff). Die Sperrfrist gilt auch für den Vater, obwohl er kaum dieses Schutzes bedarf (EAdÜ 5 Ziff. 4 verlangt ihn nur für die Mutter).

3

2. Berechnung der Frist

Die Frist ist in entsprechender Anwendung (Art. 7) von OR 77 Abs. 1 Ziff. 2 zu berechnen: Sie ist mit Ablauf des Wochentags vollendet, der in der sechsten Woche danach dem Geburtstag entspricht. Ist das Kind an einem Mittwoch geboren, so darf die Zustimmung frühestens vom siebenten darauffolgenden Donnerstag an erteilt werden.

4

3. Wirkung

Die Sperrfrist muss bei *Erteilung* der Zustimmung abgelaufen sein. Eine vorher erteilte Zustimmung ist unwirksam (Art. 269 N 21; BBl *1971* I 226). Bei der mündlichen Zustimmung (Art. 265a N 26, 33) ist der Zeitpunkt der Erklärung massgebend. Die schriftliche Zustimmung ist dagegen nicht schon mit der Unterzeichnung erteilt, sondern erst, wenn der Zustimmende die unterzeichnete Erklärung zur Absendung an die Vormundschaftsbehörde abgibt. Übergibt er sie selbst der Post, so ist sie damit erteilt. Übergibt er sie dagegen einem Dritten, z.B. dem Adoptionsvermittler, Vormund oder Beistand, so ist dieser Zeitpunkt massgebend und nicht der spätere, in welcher der Dritte sie der Post übergibt oder der Vormundschaftsbehörde überbringt. Damit die Einhaltung der Frist bewiesen werden

5

kann, hat der Dritte auf der Erklärung den Zeitpunkt, indem sie ihm übergeben worden ist, anzumerken. Datiert er absichtlich die während der Sperrfrist erfolgte Entgegennahme auf einen Zeitpunkt nach ihrem Ablauf, so macht er sich der Urkundenfälschung schuldig (StGB 251).

6 Die Sperrfrist steht der *Plazierung* des Kindes bei den künftigen Adoptiveltern nicht entgegen. Ob diese ratsam sei, hängt von den Umständen des Einzelfalls ab. Auf keinen Fall berührt sie die Notwendigkeit der Zustimmung und die Freiheit, diese zu verweigern.

7 Sie soll nicht ohne das Einverständnis der Mutter erfolgen. Wesentlich ist im übrigen die Wahrscheinlichkeit, dass die Zustimmung erteilt und nicht widerrufen werden wird. Ausserdem müssen die Pflegeeltern wissen, dass die Plazierung unter der Resolutivbedingung der Nichterteilung und des Widerrufs der Zustimmung steht, und bereit sein, dieses Risiko zu tragen (vgl. HEGNAUER, in: Kindes- und Adoptionsrecht 59; PERRIN a.a.O. 57; EICHENBERGER 208).

4. Unbekannter Aufenthalt der Eltern

8 Sind die Eltern nach Ablauf der Sperrfrist unbekannten Aufenthaltes, so kann von der Zustimmung nach Art. 265 c Ziff. 1 oder 2 abgesehen werden (s. dort N 15, 22 a).

8a Die zustimmungsbereite Mutter, die vor Ablauf der Sperrfrist die Schweiz verlassen will, ist zu veranlassen, schriftlich der sofortigen Unterbringung des Kindes zur späteren Adoption zuzustimmen (N 7). Ausserdem ist ihr eine vorbereitete Erklärung der Zustimmung zur Adoption mit der Einladung mitzugeben, diese nach Ablauf der Frist unterzeichnet der Vormundschaftsbehörde zuzusenden, oder ist sie, sofern ihre Adresse bekannt ist, nach Ablauf der Frist um die Zustimmung zu ersuchen (HEGNAUER ZVW *1976* 18 f). Lässt sie gleichwohl nichts von sich hören, so erfüllt sie den Tatbestand von Art. 265 c Ziff. 2 (dort N 22 a). Über das Vorgehen, wenn die Mutter keine Mitteilung wünscht, vgl. Art. 265 d N 25 b.

II. Widerruf der Zustimmung

1. Sinn

9 Die leiblichen Eltern sind nicht nur vor Übereilung, sie sind auch vor Reue nicht gefeit. Darum dürfen sie die Zustimmung binnen

sechs Wochen frei, also ohne Angabe von Gründen, widerrufen (Abs. 2). Widerrufe sind sehr selten (PERRIN 57).

Dieses Recht besteht auch, wenn die Zustimmung erst während des Adoptionsverfahrens gegenüber der Adoptionsbehörde erklärt wird (Art. 265a N 23). Es kommt auch dem leiblichen Elternteil zu, welcher der Adoption durch den eigenen Ehegatten (Art. 264a Abs. 3) zustimmt (a. M. SB N 10), denn die Adoption verändert auch seine Rechtsstellung. Die Belehrung über das Widerrufsrecht gehört je nach den Umständen zur gehörigen Beratung des Zustimmenden; die Zustimmung ist aber auch ohne sie gültig (EICHENBERGER 204).

2. Form

Der Widerruf kann wie die Zustimmung mündlich oder schriftlich erklärt werden und ist ebenfalls im Protokoll vorzumerken (vgl. Art. 265a N 26, 28, 29, 31–33).

Ein telefonischer Widerruf ist zulässig, sofern über die Identität des Widerrufenden kein Zweifel besteht (vgl. BGE *99* III 58). Es genügt, wenn aus der Erklärung hervorgeht, dass der Zustimmende mit der Adoption nicht mehr einverstanden ist.

3. Widerrufsfrist

Die Widerrufsfrist beträgt sechs Wochen von dem im Protokoll der Vormundschaftsbehörde oder der Adoptionsbehörde vorgemerkten Zeitpunkt der Entgegennahme (BBl *1971* I 1226; vgl. Art. 265a N 32, 33). Die mündliche Zustimmung ist mit ihrer Erklärung auch entgegengenommen (N 5, Art. 265a N 26, 32), die schriftliche dagegen erst mit dem Eintreffen bei der Vormundschaftsbehörde, und nicht schon mit ihrer Erteilung oder mit ihrer Übergabe an einen Dritten (vorn N 5, Art. 265a N 30, 33; HEGNAUER ZVW *1982* 103), aber auch nicht erst mit der allfälligen Bescheinigung ihres Einganges oder einer Belehrung über das Widerrufsrecht. Die Adoption darf nicht vor Ablauf der Frist ausgesprochen werden. Für die Berechnung der Frist vgl. N 4.

Die Frist ist gewahrt, wenn der Widerruf vor ihrem Ablauf mündlich der Vormundschaftsbehörde oder der Adoptionsbehörde (HEGNAUER SJZ *1976* 204), die sie entgegengenommen hat, erklärt oder schriftlich einer schweizerischen Poststelle zu deren Handen übergeben wird (Art. 32 Abs. 3 OG; vgl.

dazu aber E/IPRG 12 Abs. 1). Die Beweislast für die Einhaltung der Frist trifft den Widerrufenden (vgl. dazu BGE *99* III 58). Rechtzeitiger Widerruf gegenüber der unzuständigen Behörde wahrt die Frist (vgl. VwVG 21 Abs. 2).

4. Wirkung des Widerrufs

15 Die Zustimmung steht unter der Resolutivbedingung des Widerrufs. Wird dieser ausgesprochen, so fällt die Zustimmung rückwirkend dahin. Vorbehalten bleibt das Absehen von der Zustimmung gemäss Art. 265 c und d. Stirbt der betreffende Elternteil, so entfällt das Zustimmungserfordernis.

5. Erlöschen des Widerrufsrechts

16 Das Widerrufsrecht kann nur *einmal* ausgeübt werden. Wird eine widerrufene Zustimmung erneut erteilt, so ist sie endgültig und kann nicht mehr widerrufen werden (Abs. 3).

17 Mit unbenütztem Ablauf der Frist geht das freie Widerrufsrecht unter. Immerhin ist ein späterer Widerruf zu berücksichtigen, wenn das Kind noch nicht zur künftigen Adoption untergebracht worden ist und die Rückgabe in die Obhut eines Elternteils das Wohl des Kindes nicht gefährdet (EICHENBERGER 229; vgl. auch CCfr 248-3 Abs. 3, vorn N 2 a).

18 Die Adoptivvermittlungsstelle, die Pflegeeltern und der gesetzliche Vertreter sind sofort zu *benachrichtigen,* wenn eine Zustimmung widerrufen wird. Dagegen besteht keine Pflicht, ihnen auch den unbenützten Ablauf der Frist anzuzeigen. Sie haben aber Anspruch auf Auskunft und Bescheinigung, dass während der Frist kein Widerruf ausgesprochen worden ist. Mustersammlung Nr. 211.3.

19 Betreffend die Unterbringung des Kindes bei den künftigen Adoptiveltern vor Ablauf der Widerrufsfrist vgl. N 6, 7.

6. Spätere Anfechtung der Zustimmung

20 Nach Ablauf der Widerrufsfrist kann die Zustimmung nur noch wegen Willensmängeln im Sinne von OR 23–30 angefochten werden (SANDOZ ZZW *1975* 320; ZVW *1976* 147 f Nr. 19).

Die Anfechtung erscheint nach Art. 2 Abs. 2 unzulässig, wenn der Willensmangel vor Ablauf der Widerrufsfrist entdeckt, der Widerruf aber unterlassen wurde. 21

Die Anfechtung ist gegenüber der Vormundschaftsbehörde oder Adoptionsbehörde, welche die Zustimmung entgegengenommen hat, geltend zu machen und von ihr zu beurteilen. Ist das Adoptionsverfahren schon eingeleitet, so hat die Adoptionsbehörde auch über die Anfechtung einer vorher gegenüber einer Vormundschaftsbehörde erklärten Zustimmung zu befinden. Der Entscheid der Vormundschaftsbehörde oder der Adoptionsbehörde unterliegt den nämlichen Rechtsmitteln wie der Entscheid im Sinne von Art. 265d Abs. 1 und 2 (vgl. dort N 28, 29, 33), jedoch unter Ausschluss der Berufung ans Bundesgericht. Nach der Adoption kann die Zustimmung nur noch mit der Klage gemäss Art. 269 Abs. 1 angefochten werden. 22

7. *Widerruf mangels Zweckverwirklichung*

Die elterliche Zustimmung betrifft die Adoption des Kindes. Sie steht daher unter dem stillschweigenden Vorbehalt, dass es in der Folge zur Adoption komme, oder – im Falle von Art. 265a Abs. 3 – dass das Kind bei Pflegeeltern zur künftigen Adoption untergebracht werden könne (vgl. für die ausdrückliche Bedingung Art. 265a N 43). Erweist sich dies als unmöglich, so erscheint die Berufung auf die Zustimmung als zweckwidrig und damit wegen Verstosses gegen Treu und Glauben (Art. 2 Abs. 1) als unwirksam. Dem zustimmenden Elternteil erwächst ein Widerrufsrecht (vgl. dazu MERZ Art. 2 N 285 ff, insbesondere 337). In Analogie zur zweijährigen Dauer des Pflegeverhältnisses (Art. 264) entsteht es, wenn das Kind innerhalb von zwei Jahren seit der Zustimmung nicht bei Pflegeeltern zur späteren Adoption untergebracht worden ist oder die Pflegeeltern nach zwei Jahren seit der Unterbringung des Kindes ihre Absicht, das Kind zu adoptieren, aufgegeben haben (vgl. dazu BAUMANN 62 f). 23

Art. 265 c

3. Absehen von der Zustimmung
a) Voraussetzungen

Von der Zustimmung eines Elternteils kann abgesehen werden,
1. wenn er unbekannt, mit unbekanntem Aufenthalt länger abwesend oder dauernd urteilsunfähig ist,
2. wenn er sich um das Kind nicht ernstlich gekümmert hat.

3. Dispense du consentement a) Conditions	Il peut être fait abstraction du consentement d'un des parents, 1. Lorsqu'il est inconnu, absent depuis longtemps sans résidence connue ou incapable de discernement de manière durable; 2. Lorsqu'il ne s'est pas soucié sérieusement de l'enfant.
3. Astrazione a) Condizioni	Si può prescindere dal consenso di un genitore, 1. s'egli è sconosciuto, assente da lungo tempo con ignota dimora oppure durevolmente incapace di discernimento; 2. s'egli non si è curato seriamente del figlio.

Übersicht		Note	Seite
	Materialien	1	504
	Literatur	2	504
	Rechtsvergleichung	2a	504
	Rechtsgeschichte	2b	505
	Textgeschichte	2c	505
I.	*Grenzen des Zustimmungsrechts*	3	505
II.	*Objektive Unmöglichkeit der Zustimmung*	4	506
	1. Die Eltern sind unbekannt	6	506
	2. Die Eltern sind mit unbekanntem Aufenthalt länger abwesend	11	507
	3. Die Eltern sind dauernd urteilsunfähig	18	508
III.	*Verwirkung des Zustimmungsrechts*	20	509
	1. Funktion von Art. 265c Ziff. 2	20	509
	2. Begriff des Sich-ernstlich-Kümmerns	21	509
	3. Zeitliche Umstände	22	510
	4. Situation des Kindes	23	511
	5. Hindernisse	25	512
	6. Änderung	26	514
	7. Kasuistik	27	514
IV.	*Rechtsmissbrauch*	28	518

1	Materialien	BBl *1971* I 1227f; E 265c Abs. 1; AmtlBullStR *1971* 723, *1972* 395, NR *1972* 585f; EAdÜ 5 Ziff. 2 und 3.
2	Literatur	HEGNAUER C., Absehen von der Zustimmung zur Adoption, ZVW *1980* 55; KLUSSMANN RUDOLF W., Das Kind im Rechtsstreit der Erwachsenen, München/Basel 1981. Siehe auch Art. 264 N 2, 265a N 2.
2a	Rechtsvergleichung	Nach BGB 1747 Abs. 4 ist die Einwilligung eines Elternteils nicht erforderlich, wenn er zur Abgabe einer Erklärung dauernd ausserstande oder sein Aufenthalt dauernd unbekannt ist; ähnlich ABGB 181 Abs. 2. Sind

die Eltern gestorben, ausserstande, ihren Willen zu äussern, ist ihnen die elterliche Gewalt entzogen oder ist das Kindesverhältnis nicht festgestellt, so wird die Zustimmung vom Familienrat erteilt. CCfr 348-2. BGB 1748 gestattet die Einwilligung zu ersetzen, wenn ein Elternteil seine Pflichten anhaltend gröblich verletzt oder durch sein Verhalten gezeigt hat, dass ihm das Kind gleichgültig ist, und das Unterbleiben der Adoption dem Kinde zum unverhältnismässigen Nachteil gereichen würde; ausserdem, wenn er wegen besonders schwerer geistiger Gebrechen zur Betreuung des Kindes dauernd unfähig ist und das Kind ohne die Adoption nicht in einer Familie aufwachsen könnte und dadurch in seiner Entwicklung schwer gefährdet wäre. Nach ABGB 181 Abs. 3 wird eine verweigerte Zustimmung ersetzt, wenn keine sittlich gerechtfertigten Gründe für die Weigerung vorliegen. CCfr 348-6 gibt dem Gericht die Befugnis, die Adoption auszusprechen, wenn die Verweigerung der Zustimmung rechtsmissbräuchlich ist, weil die Eltern sich um das Kind in einem sein Wohl gefährdenden Mass nicht gekümmert haben (GLÄTTLI zit. Einl vor Art. 264 N 3 32 ff).

Das Verfahren zur Feststellung des Zustandes der Adoptierbarkeit nach ital. Adoptionsgesetz 8–21 erübrigt eine Ersetzung der elterlichen Zustimmung (GLÄTTLI 69 ff).

Rechtsgeschichte	Die kantonalen Rechte und das ZGB von 1907 kannten abgesehen von der Entziehung der elterlichen Gewalt keine Vorschriften über das Absehen von der elterlichen Zustimmung.	2b
Textgeschichte	Art. 265c stimmt inhaltlich mit E 265c Abs. 1 überein. Der Ständerat sah zunächst nur ein Absehen von der Zustimmung von Eltern ohne elterliche Gewalt vor.	2c

I. Grenzen des Zustimmungsrechts

Mit dem Erfordernis der Zustimmung der Eltern zur Adoption ihres Kindes will das Gesetz die in ihrer Persönlichkeit wurzelnde Beziehung zum Kinde schützen (Art. 265a N 3). Dieser Schutz ist aber begrenzt durch das Interesse des Kindes, in der Geborgenheit einer Familie aufzuwachsen und dieser anzugehören. Die Rechtsordnung muss daher die Adoption auch ohne Zustimmung der Eltern gestatten, wenn dieses Interesse des Kindes an der Adoption schutzwürdiger erscheint als ein gegenteiliges Interesse der Eltern, dass sie unterbliebe (VON OVERBECK, Zeitschrift für Rechtsvergleichung, Wien 1968, 8; EICHENBERGER 214f). Dies trifft nach Art. 265c zu, wenn die Eltern aus objektiven Gründen die Zustimmung nicht erteilen können (Ziff. 1; N 4 ff), oder wenn sie sich um das Kind nicht ernstlich gekümmert haben (Ziff. 2; N 20 ff). Sind die Voraussetzungen von

Art. 265 c erfüllt, so ist die Zustimmung von Gesetzes wegen nicht erforderlich (E 265 c Abs. 1; vgl. Art. 265 d N 18).

3a Die in Art. 265 c angeführten Gründe sind auch Gründe für die Entziehung der elterlichen Gewalt gemäss Art. 311 (JORIO 135 f). Indessen dienen die beiden Bestimmungen verschiedenen Zwecken: Art. 311 dem Kindesschutz, Art. 265 c der Ermöglichung einer dem Kindeswohl dienenden Adoption ohne Zustimmung der Eltern. Sie sind daher selbständig auszulegen. Der Auffassung, an die Anwendung von Art. 265 c seien strengere Anforderungen, als an die von Art. 311 zu stellen, weil Art. 265 c stärkere Wirkungen hervorrufe (JORIO 137 f), ist entgegenzuhalten, dass nach Art. 265 a die Zustimmung eine einseitige freie Erklärung ist, während die elterliche Gewalt nach Art. 311/312 nur aus bestimmten Gründen durch behördlichen Entscheid entzogen werden kann.

II. Objektive Unmöglichkeit der Zustimmung

4 Mit dem *Tod* des Zustimmungsberechtigten erlischt das Zustimmungserfordernis. Es geht nicht auf die Erben oder Angehörigen über. Die Eltern können nicht durch letztwillige Verfügung die Adoption ihres Kindes ausschliessen.

5 Daneben gibt es noch weitere Fälle, wo der Zustimmung objektive Gründe entgegenstehen und von ihr abgesehen werden kann. Sie wird nicht durch die Zustimmung eines gesetzlichen Vertreters oder der Erben oder Angehörigen ersetzt.

1. Die Eltern sind unbekannt

6 Das Zustimmungsrecht entsteht mit dem Kindesverhältnis (Art. 265 a N 5, 20). Solange dieses nicht hergestellt ist, sind die Eltern rechtlich unbekannt und besteht das Zustimmungserfordernis nicht. In diesem Sinne sind unbekannt:

7 Die Eltern des *Findelkindes:* Das Kind ist ausgesetzt worden oder hat seine Eltern infolge von Naturkatastrophen, kriegerischen Ereignissen oder Entführung verloren, ohne dass ihre Identität bekannt wäre. Das Kindesverhältnis kann tatsächlich nicht festgestellt werden (Art. 252 N 65 ff).

8 Die *Mutter,* die aus Gründen des internationalen Rechts zum Kinde nicht in einem Kindesverhältnis steht (Art. 265 a N 11, Art. 252 N 85).

Der *genetische Vater,* der zum Kind nicht in einem Kindesverhältnis steht, gleichgültig, ob er tatsächlich bekannt oder unbekannt ist (s. Art. 265 a N 9/10). Er hat keinen Anspruch auf Benachrichtigung, wenn Mutter oder Beistand (Art. 309) das Kindesverhältnis zu ihm nicht herstellen und das Kind zur späteren Adoption plazieren wollen.

An sich wäre die Zustimmung in den Fällen N 8 und 9 nicht erforderlich (s. Art. 265 a N 9–11; EICHENBERGER 215). Indessen entsteht das Zustimmungsrecht, sobald das Kindesverhältnis hergestellt ist (Art. 265 a N 20). Die Anwendung von Art. 265 c Ziff. 1 und 265 d auf diese Fälle ist daher sinnvoll und wichtig, weil dadurch *zum voraus* abgeklärt werden kann, ob die Adoption ohne Zustimmung des betreffenden Elternteils erfolgen kann (Art. 265 d N 3 und 35; HEGNAUER SJZ *1976* 204 f, ZVW *1977* 126, *1978* 6 f, in: Kindes- und Adoptionsrecht 44; SCHNYDER 65).

2. Die Eltern sind mit unbekanntem Aufenthalt länger abwesend

Der Natur der Sache nach erteilen die Eltern die Zustimmung nicht spontan, sondern werden um diese angegangen, wenn eine Plazierung des Kindes zur späteren Adoption oder diese selbst in Aussicht steht. Daher sind Eltern, deren Aufenthalt unbekannt ist, praktisch ausserstande, das Zustimmungsrecht auszuüben, und kann von ihrer Zustimmung abgesehen werden (SEILER 204 f).

Unbekannt ist der Aufenthalt, wenn dieser weder den vormundschaftlichen Organen noch der Adoptionsvermittlungsstelle noch den Pflegeeltern bekannt ist und auch mit den nach den Umständen gebotenen und möglichen Erhebungen nicht festgestellt werden kann (BBl *1971* I 1227).

Der unbekannte Aufenthalt muss nicht wie in Art. 264 b Abs. 2 wenigstens zwei Jahre gedauert haben. *«Länger»* im Sinne von Art. 265 c Ziff. 1 bedeutet hier nur, dass es sich nicht bloss um eine momentane, kurzfristige Abwesenheit handeln darf. Im übrigen richtet sich die Dauer der Abwesenheit, welche ein Absehen von der Zustimmung rechtfertigt, nach den Umständen. Bedeutsam ist vorab die *Situation des Kindes.* Ist in seinem Interesse eine rasche Entscheidung über die Plazierung oder die Adoption geboten, so genügt es, wenn die sofort und unmittelbar möglichen Erhebungen nach dem Aufenthalt vorgenommen werden (EICHENBERGER 216 ff).

Zu berücksichtigen sind aber auch die Umstände, unter denen die Eltern ihren *bekannten Aufenthalt aufgegeben* haben. Haben sie für die Erziehung des Kindes selber keine angemessenen Anordnungen getroffen und wussten sie oder mussten sie wissen, dass für das von ihnen zurückgelassene Kind die Plazierung zur späteren Adoption in Betracht gezogen werden könnte, so genügt eine Anfrage an die letzte bekannte Adresse. Ebenso wenn die Eltern durch ihr Verhalten zum Ausdruck bringen, dass sie sich Nachforschungen nach ihrem Aufenthalt entziehen und mit Entscheidungen über das Schicksal des Kindes gar nicht behelligt werden wollen. Das gilt namentlich auch für Eltern, die vor Ablauf der Sperrfrist verschwinden, ohne ihre neue Adresse den Pflegeeltern, dem Adoptionsvermittler, den vormundschaftlichen Organen oder der Einwohnerkontrolle bekanntzugeben (vgl. HEGNAUER, in: Kindes- und Adoptionsrecht 49; *derselbe, ZVW 1976* 19).

16 Sind sie dagegen *ohne ihr Dazutun* vom Kinde getrennt worden, wie etwa bei Flüchtlingen und bei Entführung, so sind, solange dies mit dem Interesse des Kindes vereinbar ist, alle nach den Umständen möglichen Anstrengungen zu unternehmen, um sie ausfindig zu machen. Eine Verschollenerklärung ist nicht erforderlich (SCHNYDER 66).

17 Das Zustimmungsrecht *ruht,* solange die Eltern unbekannten Aufenthaltes sind, und lebt auf, sobald ihr Aufenthalt mit oder ohne ihr Dazutun bekannt wird. Alsdann kann die Anwendung von Art. 265 c Ziff. 2 in Betracht kommen.

3. Die Eltern sind dauernd urteilsunfähig

18 Die Zustimmung setzt Urteilsfähigkeit voraus (Art. 265 a N 14 ff). Ist ein Elternteil dauernd urteilsunfähig, so entfällt sein Zustimmungsrecht.

19 Für den Begriff der dauernden Urteilsunfähigkeit vgl. Art. 264 b N 16. Die Urteilsfähigkeit ist für die Wirkung der Adoption, insbesondere die Aufhebung des bestehenden Kindesverhältnisses, zu beurteilen (EICHENBERGER 217 f). «Dauernde» Urteilsunfähigkeit setzt keine minimale Zeitspanne voraus, sondern steht lediglich im Gegensatz zu der bloss momentanen, vorübergehenden. Nicht erforderlich ist, dass eine unheilbare Geisteskrankheit oder Geistesschwäche vorliegt. Es genügt, dass während der Zeit, da im Interesse des Kindes der Entscheid über die Plazierung zur Adoption oder über diese selbst getroffen werden sollte, der zustimmungsberechtigte Elternteil nicht urteilsfähig ist (vgl. dazu EICHENBERGER 216 ff). Unerheblich ist, ob für einen späteren Zeitpunkt der Eintritt der Urteilsfähigkeit wieder

möglich oder zu erwarten sei. Demgemäss ist Art. 265c Ziff. 1 anzuwenden, wenn die Mutter wegen ihres jugendlichen Alters während der betreffenden Zeit urteilsunfähig erscheint, auch wenn sie voraussichtlich später urteilsfähig werden wird. Über die Würdigung der Einstellung urteilsunfähiger Eltern vgl. Art. 265d N 16.

III. Verwirkung des Zustimmungsrechts

1. Funktion von Art. 265c Ziff. 2

Das Zustimmungsrecht der Eltern ist Ausfluss ihres Persönlichkeitsrechts (Art. 265a N 3). Es will ihre lebendige Beziehung zum Kinde schützen (BBl *1971* I 1227f) und entbehrt darum, wenn diese fehlt, der Rechtfertigung (BAUMANN 53f). Nach Treu und Glauben (Art. 2 Abs. 1) soll aber eine Adoption, die im übrigen dem Wohl des Kindes dienen würde, nicht daran scheitern, dass die Eltern in einer solchen Situation die Zustimmung nicht erteilen. Das Festhalten am Zustimmungserfordernis verstösst vielmehr hier gegen das Rechtsmissbrauchsverbot (Art. 2 Abs. 2; vgl. dazu MERZ Art. 2 N 420), und es kann demzufolge die Verweigerung der Zustimmung übergangen werden. Art. 265c Ziff. 2 positiviert diese Regel dahin, dass von der Zustimmung eines Elternteils abgesehen werden kann, «wenn er sich um das Kind nicht ernstlich gekümmert hat». Diese Formel ist bei der Revision von 1976 auch in Art. 274 Abs. 2 (Verweigerung und Entziehung des persönlichen Verkehrs) und Art. 311 Abs. 1 Ziff. 2 (Entziehung der elterlichen Gewalt) eingegangen. Sie ist aber für jede Bestimmung selbständig auszulegen. 20

Art. 265c verweist mit dem Wort «kann» auf das Ermessen im Sinne von Art. 4 (EICHENBERGER 215; MEIER-HAYOZ Art. 4 N 72/73; ZVW *1981* 105 Nr. 11). Es sind daher bei der Auslegung des Begriffes des Sich-nicht-ernstlich-Kümmerns alle erheblichen Umstände zu beachten und die betroffenen Interessen wertend abzuwägen (MEIER-HAYOZ Art. 4 N 46, 47). 20a

2. Begriff des Sich-ernstlich-Kümmerns

Im Mittelpunkt steht das *Verhältnis des betreffenden Elternteils* zum Kind, nicht das des andern Elternteils oder der Adoptiveltern (ZVW *1981* 103 Nr. 11). 21

21a Nach dem Wortsinn *kümmert* sich um das Kind, wer an dessen Ergehen Anteil nimmt (BBl *1971* I 1227). Die bloss subjektive Hinwendung zum Kinde genügt nicht. Es braucht ein positives Verhalten für es, ein Tätigwerden für sein Wohl, vor allem die Erfüllung der elementaren Bindungsbedürfnisse des Kindes (vgl. dazu KLUSSMANN 24 ff).

21b *Ernstlich* meint intensiv, kontinuierlich und Ausrichtung auf das Kindeswohl. Nicht ernstlich kümmert sich, wer sein Interesse nur beiläufig, nur sporadisch oder in einer für das Kind nachteiligen Weise bekundet.

21b *Von vornherein* hat sich um das Kind nicht ernstlich gekümmert, wer den Abbruch der Schwangerschaft anstrebt, die Mutter vor der Geburt im Stiche gelassen (vgl. Art. 31 Abs. 2), seine Vaterschaft bestritten oder dem Kinde nicht nachgefragt hat. Ebenso aber auch, wer es misshandelt oder gröblich vernachlässigt (SANDOZ ZZW *1975* 322). Hat der Vater die Mutter umgebracht, so hat er sich damit auch gegenüber dem Kinde in nicht wiedergutzumachender Weise vergangen.

21c Bezahlung oder Nichtbezahlung der *Unterhaltsbeiträge* ist für sich allein nicht schlüssig, sondern in Verbindung mit den übrigen Umständen, den wirtschaftlichen Verhältnissen des Pflichtigen und des Kindes, zu werten; das Kümmern darf sich aber nicht in finanziellen Leistungen erschöpfen (BBl *1971* I 1227 f; EICHENBERGER 222; SANDOZ ZZW *1975* 322; SJ *1981* 157; ZVW *1981* 105 Nr. 11). Macht ein Elternteil die Zustimmung von der Rückzahlung von Unterhaltsbeiträgen oder sonst von finanziellen Leistungen abhängig, so ist zu vermuten, dass ihm das Kind gleichgültig ist, d. h. der Tatbestand von Art. 265 c Ziff. 2 ist erfüllt.

3. Zeitliche Umstände

22 Eine bestimmte *Mindestdauer* des Sich-nicht-Kümmerns ist nicht erforderlich (EICHENBERGER 222). Einmalige qualifizierte Verletzung der Elternpflichten (vgl. die Beispiele in N 21 b) kann genügen. Bei passivem Verhalten dürfte im allgemeinen ein schlüssiges Urteil vor Ablauf der sechswöchigen Sperrfrist (Art. 265 b Abs. 1) nicht möglich sein. Im übrigen hat das Fehlen der Beziehung um so mehr Gewicht, je länger es dauert (ZVW *1974* 63 Nr. 6; *1975* 29 Nr. 4).

22a Höchst bedeutsam ist das *Alter* des Kindes. Wegen des besonderen kindlichen Zeitbegriffes (GOLDSTEIN/FREUD/SOLNIT, Jenseits des Kindeswohls 33 ff) wirkt sich das Fehlen elterlicher Zuwendung auf das Kleinkind schon in viel kürzerer Zeit nachteilig aus als auf den Jugendlichen. Der Tatbestand ist daher schon erfüllt, wenn die Mutter nach der Geburt verschwindet und während der Sperrfrist nichts von sich hören lässt. Vgl. auch ZVW *1978* 150 Nr. 20; ZZW *1978* 128.

Zu beachten ist sodann das *Verhältnis der Zeitspanne,* während der eine 22b enge Beziehung, namentlich Hausgemeinschaft, bestanden hat, zu der des Fehlens näherer Kontakte. Sind die Eltern nie verheiratet gewesen oder ist ihre Ehe früh geschieden worden und das Kind während Jahren in der Hausgemeinschaft von Mutter und Stiefvater aufgewachsen und in diese integriert, so wiegt Passivität schwerer, als wenn das Kind längere Zeit mit dem betreffenden Elternteil in enger Beziehung gestanden hat. Vgl. ZVW *1981* 111 Nr. 13; BGE *107* II 22.

4. Situation des Kindes

Dass die in Aussicht stehende Adoption im Interesse des 23 Kindes liegt, genügt nicht (HEGNAUER SJZ *1976* 205; SCHNYDER 68; HAUSHEER ZBJV *1980* 116; SJ *1981* 156; a. M. BGE *104* II 68, *107* II 23 E. 5 a. E.; BRAUCHLI 86 N 204). Denn sonst ist die Adoption von vornherein unzulässig (Art. 264 und dort N 56ff). Das Absehen von der Zustimmung kann auch nicht schon damit begründet werden, das Kind sei bei den Pflegeeltern besser aufgehoben als bei den leiblichen Eltern (EICHENBERGER 219).

Dagegen ist die Bedeutung der Beziehung für das *Kind* zu würdigen. Die el- 23a terliche Zuwendung muss in einer seinem Alter entsprechenden Weise für es spürbar geworden sein (HEGNAUER SJZ *1976* 205f; vgl. auch PERRIN 60: es muss ein «Mutterbild» entstanden sein). Dementsprechend erscheint die *Einstellung* zum betreffenden Elternteil umso bedeutsamer, je älter das Kind ist. Stimmt das urteilsfähige Kind der Adoption in voller Kenntnis ihrer Wirkungen zu, so bildet das ein gewichtiges Indiz dafür, dass der Elternteil sich um das Kind nicht so gekümmert hat, dass eine lebendige Beziehung zu diesem entstanden ist oder fortgedauert hat. Das Persönlichkeitsrecht der *Eltern* ist nur in der Abstimmung auf das Persönlichkeitsrecht des *Kindes* sinnvoll. Das elterliche Zustimmungsrecht ist daher nicht mehr schutzwürdig, wenn eine lebendige Beziehung vom urteilsfähigen Kind glaubwürdig und einfühlbar verneint wird. Art. 265a Abs. 1 will nicht eine blosse Einbahn-Beziehung der Eltern zum Kind sichern. Vgl. dazu die Fälle ZVW *1974* 63 Nr. 6; *1976* 99 Nr. 11. Anders offenbar die bundesgerichtliche Rechtsprechung seit 1982.

Zu beachten ist sodann, wie es sich auf das Kind *auswirkt,* wenn die Adop- 24 tion *nicht* ausgesprochen werden kann. In dieser Hinsicht besteht ein wesentlicher Unterschied zwischen der Stiefkind- und der Fremdadoption. Dort ist das Kind schon familienrechtlich mit dem leiblichen Elternteil und dem Stiefelternteil (Art. 278 Abs. 2, 299) verbunden und bleibt auch ohne Adoption in ihrer Hausgemeinschaft. Vgl. HEGNAUER, in: Kindes und Adoptionsrecht 46 f. Zudem kann das Kind durch Namensänderung (Art. 30) formal in die Familie des Stiefvaters eingegliedert werden (ZVW *1981* 108 Nr. 11). Demgemäss sind an das Sich-nicht-ernstlich-Kümmern höhere Anforderungen zu stellen als bei der Fremdadoption. Beim ausserehelichen Kind, das nie in der Hausgemeinschaft des Vaters gelebt hat, kommt diesem Gesichtspunkt freilich weniger Bedeutung zu als dem in N 22 b genannten, BGE *107* II 21. Demgemäss ist das Absehen von der Zustimmung gerechtfertigt, wenn der leibliche Vater nie in den Lebenskreis des Kindes getreten oder völlig aus diesem ausgeschieden und der Stiefvater sozialpsychisch ganz zum Vater geworden ist (SJ *1981* 145).

24a Das Zustimmungsrecht der Eltern ist nur für die Adoption des *unmündigen* Kindes nötig (Art. 266 N 29). Das Interesse der Eltern ist daher umso kleiner, je mehr das Kind sich der Mündigkeit nähert, und kann in ein krasses Missverhältnis zu den Nachteilen treten, die das Kind treffen, wenn die Adoption am Fehlen der elterlichen Zustimmung scheitert: Ausschluss der Erwachsenenadoption, weil die Adoptiveltern Nachkommen haben (Art. 266 Abs. 1), oder Nichterwerb des Bürgerrechts der Adoptiveltern (Art. 267 a). Das ist zusätzlich zu N 23 a zu berücksichtigen (vgl. auch MERZ Art. 2 N 373 ff). Erst recht muss das gelten, wenn das Kind während des Adoptionsverfahrens mündig wird. Vgl. das Beispiel in Art. 264 N 37 a. Dann ist die Zustimmung aber nicht mehr nötig, Art. 268 N 27 a.

5. Hindernisse

25 Entscheidend ist grundsätzlich, ob zwischen dem Elternteil und dem Kind eine lebendige Beziehung besteht. Schutzwürdig ist nur diese, nicht die subjektive Einstellung des Elternteils. Die Anwendung von Art. 265 c Ziff. 2 setzt daher *kein Verschulden* voraus (ProtExpKom 271; BBl *1971* I 1228; EICHENBERGER 220; HESS 36; HEGNAUER SJZ *1976* 205 f; SCHNYDER 69; BGE *107* II 23, zustimmend SCHNYDER ZBJV *1983* 72; ZVW *1974* 63 Nr. 6, 156 Nr. 16; *1975* 29 Nr. 4; *1976* 99 Nr. 11; *1978* 149 Nr. 19; *1981* 28 Nr. 2, 73 Nr. 8; SJ *1981* 157; a. M. ZVW *1981* 103 Nr. 11; *1983* 144 Nr. 11 = BGE *108* II 523; ZVW *1984*, 107 Nr. 6 = BGE *109* II ...). Demgemäss ist

der Tatbestand erfüllt, wenn aus Gründen, die objektiv beim betreffenden Elternteil liegen, eine lebendige Beziehung nicht zustande gekommen ist, obwohl er sich um eine solche bemüht hat. Situationen, die vom Kind aus gleich liegen, sind gleich zu beurteilen, unabhängig davon, ob die Ursachen vom Willen des Elternteils abhängig sind oder nicht. Dagegen ist zu berücksichtigen, ob und inwieweit die Gründe, die bisher die lebendige Beziehung verhindert haben, auch künftig bestehen werden. Dazu gehört auch die Frage, ob eine solche überhaupt noch aufgebaut werden könne.

So ist in der Regel Art. 265 c Ziff. 2 anzuwenden, wenn *objektive Hindernisse,* 25 a wie grosse Entfernungen oder Schranken des Reise- und Briefverkehrs («Eiserner Vorhang») den Aufbau und die Pflege einer sinnvollen Beziehung praktisch dauernd ausschliessen (vgl. dazu ZVW *1974* 63 Nr. 6, *1981* 26 Nr. 2; 72 Nr. 8). Gleich zu werten ist es, wenn die Mutter die Sprache des Kindes nicht spricht.

Ebenso auch, wenn im Interesse des Kindes das *Besuchsrecht* überhaupt 25 b nicht (ZVW *1976* 155 Nr. 16, BGE *107* II 23, SJ *1981* 151) oder nicht im gewünschten Umfang gewährt werden kann (vgl. ZVW *1981* 30 Nr. 3), oder der Kontakt durch Flucht vor Verhaftung und verschuldete Freiheitsentziehung erschwert wurde und wird (ZZW *1978* 128).

Besteht anstelle einer positiven lebendigen Beziehung beim Kind eine ausgeprägte *Ablehnung,* die sich in schweren Störungen äussert, so ist von der 25 c Zustimmung abzusehen, sofern nicht ernstliche Aussicht besteht, dass diese Ablehnung ohne Schaden für das Kind überwunden werden kann. (Diese letztere Voraussetzung wurde in BGE *108* II 523 = ZVW *1983* 142 Nr. 11 nicht geprüft!)

Gleich verhält es sich, wenn der betreffende Elternteil wegen seiner persönlichen Eigenschaften oder aufgrund früheren Verhaltens dauernd *unfähig* 25 d erscheint, eine lebendige Beziehung zum Kinde herzustellen (auch dieser Aspekt hätte im Falle ZVW *1983* 142 Nr. 11 = BGE *108* II 523 relevant sein können).

Anders ist dagegen zu beurteilen, wenn die Gründe des Fehlens oder des 25 e Erlahmens der Beziehung in der *Umgebung* des Kindes liegen. So namentlich, wenn erst nach Wiederverheiratung des Inhabers der elterlichen Gewalt Schwierigkeiten bei der Ausübung des Besuchsrechts auftreten, Kind und Elternteil sich immer wieder spontan begegnen und die Überwindung der Entfremdung möglich ist (ZVW *1981* 106f, 108 Nr. 11).

Auch das Verbot der Rücknahme des Kindes vom Pflegeplatz im Sinne von 25 f Art. 310 Abs. 3 allein genügt für die Anwendung von Art. 265 c Ziff. 2 nicht.

6. *Änderung*

26 Änderung der Einstellung eines Elternteils, der sich zunächst um das Kind nicht ernsthaft gekümmert hat, ist zu beachten, wenn es noch nicht zur späteren Adoption untergebracht oder an einem solchen Pflegeplatz noch nicht eingelebt ist. Sie hat aber um so weniger Gewicht, je länger das Kind bei den künftigen Adoptiveltern gelebt hat und je enger es mit ihnen verbunden ist. Vgl. dazu ZVW *1978* 149 Nr. 19. Nach Art. 269 Abs. 1 ist die Anfechtung einer Adoption wegen Fehlens der Zustimmung unzulässig, wenn durch Aufhebung der Adoption das Kindeswohl ernstlich beeinträchtigt würde. Das Kind soll es somit nicht entgelten, wenn eine Adoption ohne Zustimmung ausgesprochen worden ist. Dieser Grundsatz ist hier sinngemäss anzuwenden: Die Adoption soll nicht unterbleiben müssen, weil das Verfahren im Sinne von Art. 265 d Abs. 1 nicht schon vor oder bei der Unterbringung eingeleitet worden ist (vgl. HEGNAUER, in: Kindes- und Adoptionsrecht 84; Art. 265 d N 19 c; a. M. BGE *108* II 386).

26a Die Verneinung des Tatbestandes des Art. 265 c Ziff. 2 wird materiell *nicht rechtskräftig*. Er kann später aufgrund neuer Tatsachen bejaht werden, wobei der frühere Sachverhalt mitzuwürdigen ist. Je älter das Kind wird, umso mehr Bedeutung kommt in einem späteren Verfahren seiner Einstellung zu (vgl. N 23 a).

7. *Kasuistik*

27 Absehen von der Zustimmung *bejaht:*

1jährig, Fremdadoption – Vater
Geburt durch verheiratete Mutter. Scheidungsklage hängig, ebenso Anfechtungsklage des Ehemannes. Dieser hat keinen Kontakt mit dem Kind unterhalten, seine Vaterschaft ist serologisch ausgeschlossen. ZVW *1978* 150 Nr. 20. Vgl. zusätzlich N 22 a.

2jährig, Fremdadoption – Mutter
Die Mutter hat eine englische Klinik aufgesucht, um die Schwangerschaft abbrechen zu lassen. Da diese schon zu weit fortgeschritten war, willigte sie auf Vorschlag des Arztes in die spätere Plazierung des Kindes zur Adoption ein. Die Mutter, die ihr Kind nie gesehen hat, musste sich einige Monate nach der Niederkunft die Gebärmutter entfernen lassen. Sie verweigerte in der Folge die Zustimmung zur Adoption, da sie keine eigenen Kinder mehr haben kann. Das Absehen von ihrer Zustimmung durch den englischen Richter verstösst nicht gegen EMRK 8 Ziff. 1 (D.R. 11/160, Nr. 7626/76).

3-jährig, Fremdadoption – Mutter
Kind lebt seit der Geburt im Säuglingsheim. Im ersten Jahr häufige Besuche der bevormundeten 32jährigen Mutter; ohne Gefährdung des Kindeswohls konnte es ihr nicht in dem von ihr gewünschten Masse überlassen werden, worauf sie weitere Besuche, die ihr möglich gewesen wären, seit zwei Jahren unterliess. ZVW *1981* 30 Nr. 3. Vgl. zusätzlich N 22 a.

4jährig, Fremdadoption – Vater/Mutter
Kind lebt seit der Geburt bei den Pflegeeltern (Schwester und Schwager des Vaters). Nach zwei Jahren Adoptionsgesuch. Die Eltern haben sich während dieser Zeit kaum um das Kind gekümmert. Der Vater befand sich in Arbeitserziehungsanstalt, in Untersuchungs- und Strafverhaft und mit der Mutter auf der Flucht. ZZW *1978* 128.

5jährig, Fremdadoption – Mutter
Scheidungskind. Vater, Inhaber der elterlichen Gewalt, hat zugestimmt. Frühere Besuche der Mutter waren für das Wohl des Kindes so abträglich, dass Entziehung des Besuchsrechts erwogen werden musste; dann Abbruch des Kontaktes; seit einem Jahr hat sie dem Kind nicht mehr nachgefragt, die schriftliche Frage der Vormundschaftsbehörde, ob sie zustimme, nicht beantwortet. ZVW *1981* 32 Nr. 4.

7jährig, Stiefkindadoption – Vater
2jährig bei Scheidung der elterlichen Ehe. Seitdem es 3jährig ist, hat der Vater aufgrund einer Vereinbarung mit der Mutter es nicht mehr besucht, aber auch keine Unterhaltsbeiträge bezahlt. Wiederverheiratung der Mutter und Adoption durch Stiefvater. – Von der Zustimmung des Vaters ist abzusehen, obwohl er infolge Operation keine weiteren Kinder haben kann und die Beziehungen zum Kinde wieder aufnehmen möchte. ZVW *1978* 147 Nr. 19.

7jährig, Fremdadoption – Vater/Mutter
Das Kind musste den erziehungsunfähigen Eltern bald nach der Geburt weggenommen werden und wurde mit sechs Monaten in der Nähe bei den Pflegeeltern untergebracht. Der Vater hat es ein einziges Mal besucht. Die Mutter hat seit drei Jahren nichts mehr von sich hören lassen. Sie verweigern die Adoption, weil sie das Kind nach der Schulentlassung als Arbeitskraft einsetzen wollen. HEGNAUER ZVW *198* 55.

7jährig, Stiefkindadoption – Vater
4jährig bei der Scheidung der Eltern in der Tschechoslowakei und Einreise der Mutter als politischer Flüchtling mit dem Kind in die Schweiz; völliger Abbruch des Kontaktes. Wiederverheiratung der Mutter. Adoption durch Stiefvater. Vater verweigert Zustimmung, da er ungenügende Information über den Stiefvater und die Mutter erhalten habe. ZVW *1981* 72 Nr. 8.

8jährig, Fremdadoption – Vater
Weniger als 4jährig bei der Scheidung der elterlichen Ehe. Dem wegen Geistesschwäche entmündigten Vater musste das Besuchsrecht zum Schutze des Kindes verweigert werden. Das Kind lebt seit vier Jahren bei den Pflegeeltern. ZVW *1974* 154 Nr. 4.

8jährig, Fremdadoption – Vater
Kind lebt seit dem 3. Monat bei den Pflegeeltern. Der Vater anerkennt das Kind, zu dem er nie Kontakt unterhalten hat, erst nachdem es 8jährig geworden und die Mutter gestorben ist. ZZW *1978* 37.

10jährig, Stiefkindadoption – Vater
Ausserehliches Kind lebt seit dem ersten Lebensjahr in der Hausgemeinschaft der Mutter und des Stiefvaters. Der Vater, Algerier, hat das Kind gegen den Willen der Mutter anerkannt; er lebt verheiratet in Algier, hat einzelne Unterhaltsleistungen erbracht und sich um das Besuchsrecht bemüht. Die vormundschaftlichen Behörden verweigerten zunächst ein Besuchsrecht, gewährten es nach zwei Jahren in engsten Grenzen und entzogen es ein Jahr später wieder. Das Kind kennt den Vater nicht und hält den Stiefvater für seinen Vater. BGE *107* II 22 E.3. Vgl. zusätzlich N 22 b.

12jährig, Fremdadoption – Mutter
Kind lebt seit Geburt bei den Pflegeeltern. Die Mutter hat – im Interesse des Kindes – Kontakte unterlassen. ZVW *1975* 29 Nr. 4.

12jährig, Stiefkindadoption – Vater
4jährig zur Zeit der Scheidung. Kind lebt seit acht Jahren im Haushalt der Mutter und des Stiefvaters. Seit fünf Jahren kein näherer persönlicher Kontakt mit dem in Ungarn lebenden Vater. ZVW *1981* 26 Nr. 2.

15- und 16jährig, Stiefkindadoption – Vater
3- und 4jährig bei der Scheidung der Eltern. Ein Jahr später Wiederverheiratung der Mutter. Nach zehn Jahren Adoptionsgesuch des Stiefvaters. Der Vater hat seit sechs Jahren nur noch seltene, zufällige, flüchtige Kontakte; nach Angaben der Kinder haben sie ihn seit drei bis vier Jahren nicht mehr gesehen. Absehen von der Zustimmung, in Anwendung von ABGB 181 Abs. 3 (vorn N 2a), da das Interesse der Kinder an der Adoption schwerer wiege als das gegenteilige des Vaters. ZVW *1981* 111 Nr. 13.

16jährig, Stiefkindadoption – Vater
3jährig, als der Vater den ehelichen Haushalt verlässt, 5jährig bei der Scheidung der elterlichen Ehe, 7jährig bei Beginn der Hausgemeinschaft mit dem Stiefvater. Vom 4. Altersjahr an nur geringe Kontakte mit dem Vater, hat ihn seit dem 6. Altersjahr nicht mehr gesehen. Besuche unterblieben in der Folge auf Rat des Psychologen, da die Kontakte mit dem Vater das Kind verängstigten. Völlige Integration des Kindes in die Stieffamilie, der leibliche Vater ist für das Kind zum Fremdling geworden und wird nach Meinung des Psychologen vom Kind nicht mehr als Vater angenommen werden. SJ *1981* 145 (ausführlicher Entscheid nach eingehender Untersuchung; betrifft den durch BGE *104* II 65 zurückgewiesenen Fall).

16jährig, Fremdadoption – Vater/Mutter
Tibetanisches Kind kam mit fünf Jahren in die Schweiz, lebt seit über zehn Jahren bei den Pflegeeltern. Abgesehen vom sporadischen Briefkontakt keine Verbindung mit den Eltern. Dass diese das Kind seinerzeit den Pflegeeltern nur zur Erziehung anvertraut haben, ist unerheblich. ZVW

1974 63 Nr. 6. Vgl. zusätzlich N 23, 25. – Gegenteilig der allerdings ohne Zeitangaben von VOLKEN, in: Beiträge zur Anwendung des neuen Adoptionsrechts, St. Gallen 1979, S. 90, erwähnte Fall.

18- und 19jährig, Fremdadoption – Vater/Mutter
Die beiden Töchter leben seit 17 Jahren in einer Pflegefamilie. Die Eltern haben praktisch keine Kontakte unterhalten, um die Entwicklung der Mädchen nicht zu gefährden und um Friktionen mit den Pflegeeltern zu vermeiden. ZVW *1976* 99 Nr. 11. Vgl. zusätzlich N 24a.

19jährig, Verwandtenadoption – Mutter
Vom 2. Monat an bei den Pflegeeltern (Bruder und Schwägerin des Vaters) aufgewachsen, 7jährig bei der Scheidung der elterlichen Ehe, 14jährig beim Tod des Vaters, 17jährig bei Aufklärung, dass die flüchtig bekannte «Tante» seine Mutter ist (Bez. rat Meilen 19. 1. 1981, i. S. W.).

Absehen von der Zustimmung *verneint:* 27a

8jährig, Fremdadoption – Mutter
Das von seiner Mutter gleich nach der Geburt einer französischen Adoptivvermittlungsstelle überlassene Kind wird im Alter von 6 Monaten von dieser bei Pflegeeltern in der Schweiz zur späteren Adoption plaziert, obwohl die Mutter inzwischen das Kind zurückverlangt hatte. Zwei Jahre später ersuchten die Vermittlungsstelle und die Mutter die Pflegeeltern um Rückgabe des Kindes, was diese ablehnten. Das Gesuch der auf der Rückgabe beharrenden Mutter um Gewährung persönlicher Kontakte wurde von der Vormundschaftsbehörde abgewiesen, da Kind und Mutter einander überhaupt nicht kannten und sich nicht einmal sprachlich hätten verständigen können. – Kein Absehen von der Zustimmung, denn die Mutter sei am Fehlen einer lebendigen Mutter-Kind-Beziehung unschuldig (BGer 11. 11. 1983, ZVW *1984* 107 Nr. 6 mit Bemerkung HEGNAUER = BGE *109* II ...). Der Entscheid lässt die in N 22a, 22b, 24, 25 a. E., 25a und 25b erwähnten Umstände ausser acht.

9jährig, Fremdadoption – Mutter
Kind kam nach der Geburt zu Pflegeeltern, seit sieben Jahren bei den heutigen Pflegeeltern, die es adoptieren möchten. Die Mutter hat das Kind seit vier Jahren nicht mehr gesehen. Besuchsankündigungen der Mutter lösen beim Kind extreme Spannungszustände, Verzweiflung, Schlaflosigkeit, Nahrungsverweigerung, Erbrechen, Asthma aus (ZVW *1983* 142 Nr. 11 = BGE *108* II 523; Kritisch SCHNYDER ZBJV *1984* 131f und vorn N 25c, 25d).

12jährig, Stiefkindadoption – Vater
2jährig bei der Scheidung der Eltern, 8jährig bei Wiederverheiratung der Mutter. Vater stellt Besuche ein, nachdem der Sohn sich dem Stiefvater eng anschliesst, erfüllt aber Unterhaltspflicht pünktlich. Absehen von der Zustimmung abgelehnt, weil Vater und Kind sich im Dorf immer wieder beggenen, spätere Wiederannäherung nicht auszuschliessen ist und das Kind bei Mutter und Stiefvater auch ohne Adoption ein festes Heim hat. ZVW *1981* 103 Nr. 11.

IV. Rechtsmissbrauch

28 Art. 265 c schliesst die Anwendung von Art. 2 Abs. 2 nicht aus (vgl. MERZ Art. 2 N 29 ff, 63; vgl. auch SEILER 232 ff). Demgemäss kann von der Zustimmung eines Elternteils, ohne dass ein Tatbestand gemäss Art. 265 c vorliegt, auch abgesehen werden, wenn ihre Verweigerung rechtsmissbräuchlich ist (SCHNYDER 67).

29 Ein Ehepaar nimmt 1967 ein Kind in Pflege zur späteren Adoption. Der Ehemann adoptiert 1971 mit Vollendung des 40. Altersjahres; die sieben Jahre jüngere Ehefrau kann dagegen noch nicht adoptieren. Nach Inkrafttreten des neuen Rechts verweigert der Ehemann als Adoptivvater die Zustimmung zu der nun auch von der Ehefrau angestrebten Adoption. Die Ehe ist zwar völlig zerrüttet, das Kind aber mit der Pflegemutter viel enger verbunden als mit dem Adoptivvater. Seine Weigerung verstösst gegen begründetes Vertrauen und ist rechtsmissbräuchlich (MERZ, Art. 2 N 402 f, 444 ff). Denn die Ehefrau hat 1971 ihre Zustimmung im Vertrauen darauf erteilt, dass er dannzumal seinerseits ebenfalls zustimme. Er hat sich durch die Adoption auch gegenüber dem Kinde verpflichtet, das Seinige zu tun, damit die Pflegemutter es adoptieren könne. (In Betracht fällt auch die Aufhebung der altrechtlichen Adoption zum Ehemann auf Klage des Kindes gestützt auf Art. 269 a. F.)

30 Die Ehe steht vor der Scheidung. Der Ehemann ficht die Vermutung seiner Vaterschaft an (Art. 256), verweigert aber die Zustimmung (ZVW *1978* 150 Nr. 20).

Art. 265 d

b) Entscheid

[1] Wird das Kind zum Zwecke späterer Adoption untergebracht und fehlt die Zustimmung eines Elternteils, so entscheidet die Vormundschaftsbehörde am Wohnsitz des Kindes, auf Gesuch einer Vermittlungsstelle oder der Adoptiveltern und in der Regel vor Beginn der Unterbringung, ob von dieser Zustimmung abzusehen sei.

[2] In den andern Fällen ist hierüber anlässlich der Adoption zu entscheiden.

[3] Wird von der Zustimmung eines Elternteils abgesehen, weil er sich um das Kind nicht ernstlich gekümmert hat, so ist ihm der Entscheid schriftlich mitzuteilen.

b) Décision

[1] Lorsque l'enfant est placé en vue d'une future adoption et que le consentement d'un des parents fait défaut, l'autorité tutélaire du domicile de l'enfant décide, sur requête d'un organisme de placement ou des parents adoptifs et en règle générale avant le début du placement, si l'on peut faire abstraction de ce consentement.

[2] Dans les autres cas, c'est au moment de l'adoption qu'une décision sera prise à ce sujet.

[3] Lorsqu'il est fait abstraction du consentement d'un des parents, parce qu'il ne s'est pas soucié sérieusement de l'enfant, la décision doit lui être communiquée par écrit.

Art. 265 d

b) Decisione

¹ Se il genitore del figlio collocato in vista di un'adozione non dà il consenso, l'autorità tutoria del domicilio del figlio decide, a richiesta di un ufficio per il collocamento o dei genitori adottivi e, di regola, prima del collocamento, se si possa prescindere da tale consenso.
² Negli altri casi, la decisione è presa al momento dell'adozione.
³ Il genitore, dal cui consenso si prescinde perché non si è curato seriamente del figlio, deve ricevere comunicazione scritta della decisione.

Übersicht

Materialien		1	520
Literatur		2	520
Rechtsvergleichung, Rechts- und Textgeschichte		2a	520
I.	Notwendigkeit des Entscheides	3	520
II.	Zeitpunkt		
	1. Vor Einleitung des Adoptionsverfahrens	4	521
	2. Nach Einleitung des Adoptionsverfahrens	6	521
III.	Verfahren		
	1. Einleitung	7	521
	2. Zuständigkeit	11	522
	3. Untersuchung	16	523
IV.	Entscheid		
	1. Pflicht zu rascher Entscheidung	17	523
	2. Rechtsnatur	18	524
	3. Massgebender Zeitpunkt	19	524
	4. Inhalt	20	524
	5. Begründung	22	525
	6. Materielle Rechtskraft	23	525
	7. Mitteilung	24	525
V.	Rechtsmittel		
	1. Anfechtungsklage	27	526
	2. Vormundschaftliche Beschwerde	28	527
	3. Rechtsmittel des kantonalen Rechts	29	527
	4. Anrufung des Bundesgerichts	30	527
VI.	Wirkung		
	1. Zeitpunkt	34	528
	2. Standesänderungen	35	528
	3. Unterhaltspflicht	37	528
	4. Persönlicher Verkehr	38	528
	5. Elterliche Gewalt	39	529

1	Materialien	BBl *1971* I 1228; E 265c Abs. 2 und 3; AmtlBullStR *1971* 723 f, *1972* 395, NR *1972* 586 f.
2	Literatur	Art. 264 N 2, 265 a N 2.
2a	Rechtsvergleichung und -geschichte	s. Art. 265c N 2a, 2b. *Textgeschichte:* Art. 265d ist gegenüber dem Entwurf neu, Abs. 1 und 2 gehen inhaltlich auf E 265c Abs. 2 zurück: «Massgebend sind die Verhältnisse um die Zeit der Unterbringung des Kindes bei den Adoptiveltern, wenn sie zum Zwecke späterer Adoption erfolgte, in den andern Fällen die Verhältnisse um die Zeit der Adoption.» Inhaltlich neu ist der selbständige Entscheid über das Absehen von der Zustimmung. Abs. 3 übernimmt E 265c Abs. 3.

I. Notwendigkeit des Entscheides

3   Kann die Zustimmung der Eltern zur Adoption nicht eingeholt werden oder wird sie von ihnen verweigert, so muss im Interesse des Kindes und der künftigen Adoptiveltern darüber Gewissheit geschaffen werden können, ob die Adoption dennoch ausgesprochen werden dürfe. Das geschieht durch den Entscheid gemäss Art. 265 d (HEGNAUER SJZ *1976* 203). Dieser macht das Kind, für das die elterliche Zustimmung nicht vorliegt, adoptierbar und ist insoweit dem Verfahren gemäss dem italienischen Adoptionsgesetz 8–21 vergleichbar.

3a Ob von der Zustimmung abzusehen sei, ist für die väterliche oder mütterliche Elternstelle, für die sie fehlt, zu entscheiden. Dies ist zu bejahen, wenn ein Tatbestand gemäss Art. 265 c erfüllt ist.

3b Fehlt das Kindesverhältnis, so ist für die betreffende Elternstelle die Zustimmung an sich nicht erforderlich (Art. 265 a N 9, 11). Indessen ist, da der betreffende Elternteil in diesen Fällen unbekannt ist, auch der Tatbestand von Art. 265 c Ziff. 1 gegeben (dort N 6ff). Der Entscheid gemäss Art. 265 d muss daher auch hier getroffen werden können.

3c Er ist nötig, damit schon vor der Adoption, vor der Unterbringung oder während des Pflegeverhältnisses die Gefahr gebannt wird, dass ein bisher unbekannter Elternteil bei nachträglicher Feststellung des Kindesverhältnisses das Zustimmungsrecht erwirbt (N 35). Praktisch wichtig ist dieses Vorgehen gegenüber dem ausserehelichen Erzeuger, wenn die Mutter der späteren Adoption zustimmt (s. Art. 265 c N 10; a. M. EICHENBERGER 215).

II. Zeitpunkt

1. Vor Einleitung des Adoptionsverfahrens

Der Entscheid über das Absehen von der Zustimmung eines Elternteils kann vor Einleitung des Adoptionsverfahrens und unabhängig von diesem getroffen werden (Abs. 1). Bei der geplanten Fremdadoption gehört dieser Entscheid bei Fehlen der elterlichen Zustimmung zur gehörigen Vorbereitung (N 3). Bei der Stiefkindadoption kann, wenn nur diese Frage zweifelhaft ist, ein Interesse bestehen, sie vorweg zu klären. Reift die Adoptionsabsicht erst während des Pflegeverhältnisses, wie meist bei der Verwandten-, der Stiefkind- und der spontanen Fremdadoption, so kann ebenfalls ein schutzwürdiges Interesse an der Entscheidung über die Frage der elterlichen Zustimmung bestehen. Demgemäss darf sie auch in diesen Fällen schon vor Einleitung des Adoptionsverfahrens verlangt werden (vgl. EICHENBERGER 225 N 215). Die etwas missverständliche Wendung am Anfang «Wird das Kind zum Zwecke späterer Adoption untergebracht», bedeutet nicht, dass dies vor dem Entscheid schon geschehen sein muss. Denn sonst könnte der Entscheid nicht schon «vor Beginn der Unterbringung» getroffen werden. Vielmehr genügt die Absicht, das Kind zwecks späterer Adoption unterzubringen. Im übrigen kann der Entscheid auch jederzeit nach der Unterbringung erfolgen. Die vorherige Unterbringung ist aber mit dem Risiko verbunden, dass sie bei negativem Entscheid nicht zur Adoption führt.

2. Nach Einleitung des Adoptionsverfahrens

Liegt bei Einleitung des Adoptionsverfahrens die Zustimmung der Eltern nicht vor, so ist der Entscheid, ob hievon abzusehen sei, mit dem Entscheid über die Adoption zu treffen (Abs. 2).

III. Verfahren

1. Einleitung

Die *Vormundschaftsbehörde* trifft den selbständigen Entscheid gemäss Abs. 1 von sich aus oder auf Gesuch einer Vermittlungsstelle oder der Adoptiveltern.

8 Die *Vermittlungsstelle* muss Inhaberin einer Bewilligung im Sinne von Art. 269 c Abs. 2 sein.

9 Das Antragsrecht der *Adoptivpflegeeltern* erscheint nur gerechtfertigt, wenn die zeitlichen Voraussetzungen der Adoption erfüllt sind, somit auf keinen Fall vor der Unterbringung. Vgl. ZVW *1981* 110 Nr. 12.

10 Zudem sind das urteilsfähige Kind und sein *gesetzlicher Vertreter,* Vormund, Beistand, Inhaber der elterlichen Gewalt, in Wahrung der Interessen des Kindes befugt, das Gesuch zu stellen. Bei der Stiefkindadoption befindet sich der Inhaber der elterlichen Gewalt in einem Interessenkonflikt und ist das Gesuch durch einen Beistand nach Art. 392 Ziff. 2 zu stellen (ZVW *1982* 28 Nr. 2).

10a Fehlen im Adoptionsverfahren die Zustimmung und ein Entscheid im Sinne von Abs. 1, so hat die Adoptionsbehörde von Amtes wegen zu prüfen, ob von der Zustimmung abzusehen sei (Abs. 2; vgl. auch ZZW *1978* 39).

2. Zuständigkeit

A. Sachlich

11 *Vor* dem Adoptionsverfahren (Abs. 1) ist die Entscheidung von der Vormundschaftsbehörde zu treffen. Sie amtet als Hilfsorgan der Adoptionsbehörde, die sich in dieser Phase mit der Adoption noch nicht zu befassen hat (HEGNAUER SJZ *1976* 203 f).

12 Ist dagegen *im* Adoptionsverfahren zu entscheiden (Abs. 2), so ist die Adoptionsbehörde zuständig (ZVW *1975* 59 Nr. 12).

13 Die Adoptionsbehörde ist auch für ein bei der Vormundschaftsbehörde gestelltes, aber von ihr noch nicht rechtskräftig erledigtes Gesuch zuständig, sobald das Adoptionsgesuch gestellt ist und anhandgenommen werden kann (Art. 268 N 18; vgl. dazu ZZW *1978* 131; a. M. ZVW *1983* 69 Nr. 5: Die Vormundschaftsbehörde bleibt zuständig, auch wenn vor Abschluss des Verfahrens das Adoptionsgesuch gestellt wird.).

B. Örtlich

14 Zuständig ist die *Vormundschaftsbehörde* am *Wohnsitz des Kindes* (Art. 25 Abs. 1; EICHENBERGER 225), beim bevormundeten Kind somit die Vormundschaftsbehörde, welche die Vormundschaft führt. Eine vor der

Unterbringung in der Schweiz von einer ausländischen Behörde getroffene Entscheidung ist gültig (A. BUCHER SJK Nr. 157 S. 11).
Dagegen bestimmt sich die Zuständigkeit der *Adoptionsbehörde* nach dem *Wohnsitz der Adoptivpflegeeltern* (Art. 268 Abs. 1).

15

3. Untersuchung

Die Behörde hat von Amtes wegen alle für die Entscheidung nach Art. 265 c bedeutsamen Umstände abzuklären, vorab welchen Personen das Zustimmungsrecht zusteht (Art. 265 a N 5 ff). Sind sie unbekannt (Art. 265 c N 6 ff), so besteht in der Regel keine Pflicht, ihnen nachzuforschen. Für die Abklärung des unbekannten Aufenthaltes vgl. Art. 265 c N 12–17, der Urteilsunfähigkeit Art. 265 c N 18/19.

16

Soll von der Zustimmung eines Elternteils abgesehen werden, weil er sich nicht ernsthaft um das Kind gekümmert hat (Art. 265 c Ziff. 2), so muss ihm in einer den Umständen entsprechenden Weise Gelegenheit geboten werden, sich zu allen erheblichen Tatsachen zu äussern (BGE *104* II 65, ZVW *1981* 29 Nr. 2, SJ *1981* 149 ff), auch wenn er tatsächlich das Kind nicht gezeugt hat (HEGNAUER ZVW *1979* 133). Dabei besteht keine Vermutung zulasten des betreffenden Elternteils (EICHENBERGER 222 f). Stillschweigen kann nach den Umständen als Anerkennung der vorgehaltenen Tatsachen, aber auch als Ausdruck des Sich-nicht-Kümmerns gedeutet werden. Zum Wunsch der Mutter, wegen des Kindes nicht mehr behelligt zu werden, s. N. 25 b.

16a

IV. Entscheid

1. Pflicht zur raschen Entscheidung

Das Kind, die künftigen Adoptiveltern und der Adoptionsvermittler haben ein schutzwürdiges Interesse, möglichst früh volle Klarheit über die Frage der elterlichen Zustimmung zu gewinnen. Die nach Art. 265 d angerufene Behörde ist daher verpflichtet, über das Gesuch mit aller nach den Umständen möglichen und gebotenen Beschleunigung zu entscheiden (EICHENBERGER 225). Gegen säumige Vormundschaftsbehörden ist mit der Beschwerde nach Art. 420 vorzugehen.

17

2. Rechtsnatur

18 Der positive Entscheid über das Absehen ist rechtsgestaltender Natur. Er beseitigt das Zustimmungsrecht für die betreffende Elternstelle endgültig. Es kann in Zukunft nicht mehr entstehen (Art. 265 c N 10) und auch nicht mehr aufleben (Art. 265 c N 17, 19 a. E.).

3. Massgebender Zeitpunkt

19 Ist das Kind noch nicht am Adoptivpflegeplatz untergebracht, so ist auf die Verhältnisse bei Einleitung des Verfahrens und unmittelbar vorher abzustellen.

19a Befindet sich das Kind dagegen bereits am Adoptivpflegeplatz, so sind bei der Fremdadoption grundsätzlich die Verhältnisse im Zeitpunkt der Unterbringung und unmittelbar vorher massgebend (vgl. EICHENBERGER 224; E 265c Abs. 2; BBl *1971* I 1228; AmtlBullStR *1971* 723). Neue Tatsachen, die zwischen Unterbringung und Entscheidung eintreten, sind nur zu beachten, wenn das Wohl des Kindes durch den Verlust der sozialpsychischen Beziehung zu den Adoptiveltern nicht ernstlich beeinträchtigt wird. Das Kind soll es nicht entgelten, wenn das Verfahren gemäss Art. 265 d Abs. 1 nicht sofort eingeleitet wird. Vgl. sinngemäss Art. 269 Abs. 1, sowie Art. 265 c N 26. Der in BGE *108* II 386 vertretenen Auffassung, die Verhältnisse im Zeitpunkt der Einleitung des Verfahrens seien schlechthin massgebend, kann daher nicht gefolgt werden; Bedenken weckt auch, dass die zwischen der Unterbringung und der Entscheidung eingetretene neue Tatsache überhaupt nicht ein verändertes Verhalten des Vaters gegenüber dem Kind betraf (S. 389), sondern lediglich die behauptete positive *Absicht* der neuen Ehefrau des Vaters, das ihr unbekannte Kind aufzunehmen (S. 390).

4. Inhalt

20 Ist die Zustimmung im Sinne von Art. 265 c Ziff. 1 *objektiv* unmöglich, so stellt die Behörde in ihrem Entscheid fest, dass die Zustimmung nicht nötig und demgemäss von ihr abzusehen sei.

21 Haben die Eltern sich nicht um das Kind gekümmert (Art. 265 c Ziff. 2), ist festzustellen, ob sie die Zustimmung erteilen. Tun sie es, so ist nach Art. 265 a N 26 ff zu verfahren und erübrigt sich ein behördlicher Entscheid.

Verweigern sie ausdrücklich oder stillschweigend (vgl. Art. 265a N 28) die Zustimmung, so ist im Entscheid festzustellen, dass von ihrer Zustimmung abgesehen werde. Ebenso bei Rechtsmissbrauch (vgl. Art. 265c N 28).

5. Begründung

Der Entscheid ist in jedem Fall, also auch bei Abweisung 22 des Gesuches, so zu begründen, dass er von einer Rechtsmittelinstanz überprüft werden kann. Dabei ist das Adoptionsgeheimnis zu wahren (Art. 268b; ZVW *1975* 30 Nr. 4; Mustersammlung Nr. 213). Entscheidet die Adoptionsbehörde (Abs. 2), so hat dies vom Adoptionsentscheid getrennt zu geschehen (BGE *109* Ia 17f).

6. Materielle Rechtskraft

Der rechtskräftige *positive* Entscheid der *Vormundschafts-* 23 *behörde* ist für die Adoptionsbehörde verbindlich. Immerhin kann diese in ihrem Entscheid prüfen, ob die Adoption angesichts der Einstellung der Eltern dem Wohl des Kindes diene (Art. 268a N 14). Dagegen hindert die Abweisung des Gesuches durch die Vormundschaftsbehörde die Adoptionsbehörde nicht, nach selbständiger Prüfung der Frage von der Zustimmung abzusehen. Auch kann die Vormundschaftsbehörde ein späteres Gesuch bei veränderten Verhältnissen gutheissen.
Der positive Entscheid der *Adoptionsbehörde* nimmt an der Rechtskraft des 23a Adoptionsentscheides teil, der negative steht dagegen einer späteren positiven Beurteilung durch die Vormundschafts- oder Adoptionsbehörde aufgrund neuer Tatsachen nicht entgegen.

7. Mitteilung

Der Entscheid ist dem Gesuchsteller und dem gesetzlichen 24 Vertreter des Kindes schriftlich mitzuteilen.
Ebenso dem gesetzlichen Vertreter des dauernd urteilsunfähigen Elternteils 24a (Art. 265c Ziff. 1) sowie dem Elternteil, der sich um das Kind nicht ernstlich gekümmert hat (Art. 265c Ziff. 2, Art. 265d Abs. 3, s. N 30/31). Die Mitteilung hat sich auf die für das Absehen von der Zustimmung wesentlichen Tatsachen und Gründe zu beschränken und darf die Identität und den Aufenthalt der Adoptiveltern nicht preisgeben (Art. 268b N 27).

24b Unter Vorbehalt besonderer kantonaler Vorschriften genügt die Zustellung durch eingeschriebenen Brief und gilt, wenn der Adressat diesen nicht abholt, als am letzten Tag der Abholungsfrist erfolgt (BGE *109* I a 18).
25 An den unbekannten Elternteil (Art. 265 c N 6 ff) erfolgt keine Mitteilung, auch dann nicht, wenn der genetische Erzeuger bekannt ist, aber das Kindesverhältnis nicht besteht.
25a Ebenso unterbleibt die Mitteilung an einen Elternteil, der unbekannten Aufenthaltes ist (Art. 265 c N 11 ff). Mitteilung durch öffentliche Bekanntmachung ist mit Rücksicht auf den Elternteil und das Kind abzulehnen (ZVW *1976* 100 Nr. 12; an der in Kindes- und Adoptionsrecht 49 vertretenen Auffassung wird nicht festgehalten).
25b Die Weigerung einer Mutter, die nur zur Niederkunft in die Schweiz kommt und vor Ablauf der Sperrfrist das Land wieder verlässt (vgl. dazu Art. 265 b N 8 a), eine Heimadresse anzugeben, oder ihr ausdrücklicher Wunsch, keine Mitteilungen wegen des Kindes zu erhalten, sind zu achten, wenn sie sonst von ihrer Familie oder der übrigen Umgebung schwere Nachteile zu befürchten hätte. Denn die Regel, dass die Mutter vor dem Entscheid anzuhören und der Entscheid ihr zuzustellen ist, dient *ihrem* Interesse und darf daher nicht gegen ihren Willen in einer Weise angewendet werden, die sie in anderer Weise noch schwerer verletzt (HEGNAUER ZVW *1976* 21; *derselbe*, in: Kindes- und Adoptionsrecht 49). Ihre spätere Berufung auf Unterlassung der Anhörung und der Mitteilung wäre aber rechtsmissbräuchlich (Art. 2 Abs. 2).
26 Unterbleibt die Mitteilung an den Elternteil befugtermassen (N 25, 25 a, 25 b), so tritt die *Rechtskraft* spätestens mit Ablauf der Rechtsmittelfrist für Gesuchsteller und Kind ein. Das muss auch gelten, wenn Art. 265 c Ziff. 2 neben Ziff. 1 angewendet worden ist. Erfährt der betreffende Elternteil den Entscheid erst später, so bleibt ihm nur die Anfechtung gemäss Art. 269 ff.

V. Rechtsmittel

1. Anfechtungsklage

27 Wird eine Adoption zu Unrecht in Anwendung von Art. 265 c Ziff. 1 ohne elterliche Zustimmung ausgesprochen, so kann die Adoption nach Art. 269 angefochten werden. Ebenso bei Anwendung von Art. 265 c Ziff. 2, wenn der Entscheid den Eltern nicht mitgeteilt worden ist

(Art. 269 N 21). Die Anfechtungsklage ist subsidiär im Verhältnis zur vormundschaftlichen Beschwerde, ordentlichen kantonalen Rechtsmitteln und der Berufung ans Bundesgericht (Art. 269 N 16).

2. Vormundschaftliche Beschwerde

Gegen den Entscheid der Vormundschaftsbehörde im Sinne von Abs. 1 ist gemäss Art. 420 Abs. 2 die Beschwerde an die Aufsichtsbehörde zulässig und nach Massgabe des kantonalen Rechts gegebenenfalls an die obere Aufsichtsbehörde (EGGER N 60–62). 28

3. Rechtsmittel des kantonalen Rechts

Entscheidet die Adoptionsbehörde gemäss Abs. 2, so richtet sich die Weiterziehung nach kantonalem Recht. Der Adoptivpflegevater ist zur Weiterziehung der Ablehnung des Absehens von der Zustimmung legitimiert (Solothurn ZVW *1981* 110 Nr. 12), der leibliche Vater ist es, wenn von seiner Zustimmung abgesehen wird (St. Gallen ZVW *1981* 115 Nr. 13). 29

4. Anrufung des Bundesgerichts

Die *Berufung* steht gemäss OG 44 lit. *c* den *Eltern* offen, wenn in Anwendung von Art. 265 c Ziff. 2 durch selbständigen Entscheid im Sinn von Abs. 1 oder durch Adoptionsentscheid im Sinne von Abs. 2 von ihrer Zustimmung abgesehen wird (vgl. N 24a, Art. 268 N 67). Im zweiten Fall wird bei Gutheissung der Berufung mit dem Entscheid über das Absehen von der Zustimmung auch der darauf gestützte Adoptionsentscheid aufgehoben. 30

Gegen Entscheidungen im Sinne von Abs. 1 und 2, die in Anwendung von Art. 265 c Ziff. 1 ergangen sind, ist die Berufung nicht zulässig; der ordentliche Rechtsbehelf ist hier die Anfechtungsklage gemäss Art. 269 (s. dort N 20 ff). 31

Lehnt die Adoptionsbehörde gemäss Abs. 2 das Absehen von der Zustimmung und gestützt darauf die Adoption ab, so können die Adoptivpflegeeltern Berufung einlegen (Art. 268 N 68), nicht aber der Ehegatte des Adoptierenden bei der Stiefkindadoption (ZVW *1982* 28 Nr. 2). 32

Der Entscheid im Sinne von Abs. 1, der das Absehen von der Zustimmung 33 *ablehnt,* kann vom Gesuchsteller gemäss OG 84/87 nur mit der staatsrechtlichen Beschwerde wegen Willkür angefochten werden, nicht aber mit der Berufung (ZVW *1982* 28 Nr. 2). Gegebenenfalls fällt die Nichtigkeitsbeschwerde nach OG 68 Abs. 1 lit. *b* in Betracht (EICHENBERGER 227).

VI. Wirkung

1. Zeitpunkt

34   Der Entscheid wird wirksam (N 18, 19, 19 a) auf den Zeitpunkt seiner Rechtskraft (s. N 26).

2. Standesänderungen

35   Der positive Entscheid bewirkt den endgültigen Untergang des Zustimmungsrechts für die betreffende Elternstelle (N 18). Demgemäss ist die Zustimmung eines Vaters nicht nötig, der das Kind erst nach diesem Entscheid oder, wenn das Kind vorher zur späteren Adoption untergebracht worden ist (N 19 a), nach der Unterbringung anerkennt (BBl *1971* I 1228; vgl. auch Art. 265 a N 20; Art. 265 c N 27).

36   Das gilt sinngemäss, wenn in der Folge die Eltern als solche oder ihr Aufenthalt bekannt werden, oder die Urteilsunfähigkeit behoben wird, oder die Eltern sich um das Kind zu kümmern beginnen. Immerhin hat die Adoptionsbehörde zu prüfen, ob die Adoption angesichts solcher Änderungen noch im Interesse des Kindes liege (BBl *1971* I 1228).

3. Unterhaltspflicht

37   Vgl. sinngemäss Art. 265 a N 51.

4. Persönlicher Verkehr

38   Mit dem Entscheid, dass von der Zustimmung der Eltern abzusehen sei, erlischt ihr Besuchsrecht, sobald das Kind zum Zwecke künftiger Adoption untergebracht ist (Art. 274 Abs. 3). Vgl. sinngemäss auch Art. 265 a N 53.

5. Elterliche Gewalt

Die elterliche Gewalt wird durch den Entscheid nach Art. 265 d nicht berührt. Art. 312 Ziff. 2 ist nicht anwendbar (vgl. Art. 265 a N 54 ff). Dagegen sind die Voraussetzungen für die Entziehung der elterlichen Gewalt gemäss Art. 311 praktisch immer gegeben (vgl. auch VOGEL 178). 39

Art. 266

B. Adoption Mündiger und Entmündigter

¹ Fehlen Nachkommen, so darf eine mündige oder entmündigte Person adoptiert werden,
1. wenn sie infolge körperlicher oder geistiger Gebrechen dauernd hilfsbedürftig ist und die Adoptiveltern ihr während wenigstens fünf Jahren Pflege erwiesen haben,
2. wenn ihr während ihrer Unmündigkeit die Adoptiveltern wenigstens fünf Jahre lang Pflege und Erziehung erwiesen haben,
3. wenn andere wichtige Gründe vorliegen und die zu adoptierende Person während wenigstens fünf Jahren mit den Adoptiveltern in Hausgemeinschaft gelebt hat.

² Eine verheiratete Person kann nur mit Zustimmung ihres Ehegatten adoptiert werden.

³ Im übrigen finden die Bestimmungen über die Adoption Unmündiger entsprechende Anwendung.

B. Adoption de majeurs et d'interdits

¹ En l'absence de descendants, une personne majeure ou interdite peut être adoptée:
1. Lorsqu'elle souffre d'une infirmité physique ou mentale nécessitant une aide permanente et que les parents adoptifs lui ont fourni des soins pendant au moins cinq ans;
2. Lorsque, durant sa minorité, les parents adoptifs lui ont fourni des soins et ont pourvu à son éducation pendant au moins cinq ans;
3. Lorsqu'il y a d'autres justes motifs et qu'elle a vécu pendant au moins cinq ans en communauté domestique avec les parents adoptifs;

² Un époux ne peut être adopté sans le consentement de son conjoint.

³ Au surplus, les dispositions sur l'adoption de mineurs s'appliquent par analogie.

B. Adozione di maggiorenni e interdetti

¹ Ove manchino discendenti, una persona maggiorenne o interdetta può essere adottata:
1. se è durevolmente bisognosa di aiuto, per infermità mentale o fisica, ed i genitori adottivi le hanno prodigato cure durante almeno cinque anni;
2. se durante la sua minore età, i genitori adottivi, per almeno cinque anni, le hanno prodigato cure e provveduto alla sua educazione;

3. se esistono altri motivi gravi ed essa ha vissuto, per almeno cinque anni, in communione domestica con i genitori adottivi.
² Un coniuge non può essere adottato senza il consenso dell'altro.
³ Per altro si applicano analogicamente le norme sull'adozione dei minorenni.

Übersicht	Materialien	Note	Seite
	Materialien	1	530
	Literatur	2	530
	Rechtsvergleichung	2a	530
	Rechtsgeschichte	2b	531
	Textgeschichte	2c	531
	I. *Die Adoption Mündiger im allgemeinen*	3	531
	II. *Mündige und Entmündigte*	5	532
	III. *Fehlen von Nachkommen*	8	532
	IV. *Positive Voraussetzungen*		
	1. Dauernde Hilfsbedürftigkeit	15	534
	2. Erziehung während der Unmündigkeit	19	534
	3. Andere wichtige Gründe	20	535
	V. *Zustimmung des Ehegatten*	23	536
	VI. *Vorschriften über die Adoption Unmündiger*	28	537
	VII. *Wirkungen und Verfahren*	32	5348

1 Materialien aArt.264, 266 Abs.2; BBl *1971* I 1222f; E 266; AmtlBullStR *1971* I 724f, *1972* 396, NR *1972* 587ff, 606ff, 1001. Das EAdÜ betrifft nur die Adoption von Personen unter 18 Jahren (Art.3).

2. Literatur HEGNAUER C., Zur posthumen Adoption, ZVW *1977* 102; *derselbe,* Mündigenadoption – Wichtige Gründe im Sinne von Art.266 Abs.1 Ziff.3 ZGB, ZVW *1978* 132; *derselbe,* Das Erfordernis der Kinderlosigkeit bei der Mündigenadoption und die Regel der gemeinschaftlichen Adoption durch Ehegatten, ZVW *1981* 12. Siehe auch Art.264 N 2.

2a Rechtsvergleichung Die jüngere ausländische Gesetzgebung übt gegenüber der Adoption Erwachsener Zurückhaltung. Grossbritannien, Australien, Kanada, Neuseeland, die meisten Staaten der USA, Mexiko, Ecuador, Argentinien, die Niederlande, die Sowjetunion und die übrigen Oststaaten lassen sie überhaupt nicht zu. Frankreich beschränkt die Volladoption auf Kinder unter 15 Jahren (CCfr 345 Abs.1), Italien auf Unmündige (Adoptionsgesetz von 1983); älteren Personen ist nur die einfache Adoption zugänglich (CCfr

360 Abs. 1; CCit 291 ff). Nach BGB 1767 muss die Adoption Mündiger sittlich gerechtfertigt sein, was insbesondere zutrifft, wenn ein Eltern-Kind-Verhältnis bereits entstanden ist; doch dürfen überwiegende Interessen der Kinder des Adoptierenden oder des Adoptierten nicht entgegenstehen (1769). ABGB 180a verlangt für die Adoption Mündiger ein sittlich gerechtfertigtes Anliegen des Adoptierenden oder des Adoptierten.

Rechtsgeschichte Wie nach dem CCfr von 1804 konnten in einzelnen welschen Kantonen nur mündige Personen adoptiert werden. Das zürcherische PGB verlangte in § 238 für die Adoption Volljähriger erhebliche Gründe und Hausgemeinschaft von wenigstens drei Jahren. Nach dem ZGB von 1907 unterstand dagegen die Adoption Mündiger abgesehen von den Zustimmungserfordernissen keinen anderen Voraussetzungen als diejenige Unmündiger. 2b

Textgeschichte Art. 266 Abs. 1 und 3 sind neu, Abs. 2 geht auf aArt. 266 Abs. 2 zurück (hinten S. 664). Das Erfordernis der Kinderlosigkeit wurde vom Ständerat eingefügt und vom Nationalrat gegen eine starke Minderheit angenommen. Damit wurde E 266 Abs. 2 über die Anhörung von Nachkommen überflüssig. In Abs. 1 Ziff. 3 wurde gegenüber dem Entwurf das Erfordernis der fünfjährigen Hausgemeinschaft aufgenommen. 2c

I. Die Adoption Mündiger im allgemeinen

Die Adoption empfängt ihren Sinn daraus, dass sie einem familienlosen Kind eine neue Familie gibt und gleichzeitig in der Regel eine kinderlose Ehe zur Vollfamilie erweitert. Die der ehelichen Familie eigene enge und dauerhafte Gemeinschaft von Eltern und Kindern entsteht im wesentlichen aus der Pflege und Erziehung des Kindes. Diese entscheidende Rechtfertigung der Adoption (Art. 264 N 28) entfällt beim Erwachsenen. Zudem ist dieser rechtlich und oft auch wirtschaftlich selbständig. Demgemäss ist die häusliche Gemeinschaft mit den Adoptiveltern meist nur zufällig und nicht auf die Dauer angelegt (BBl *1971* I 1222). Die Gründe der Adoption Erwachsener sind uneinheitlich und schwer aufzudecken. Nicht selten spielen sachfremde Motive hinein, vorab erb- (vgl. z. B. BGE *106* II 282), steuer- oder niederlassungsrechtliche oder die Absicht, einer sonst verpönten Hausgemeinschaft einen erlaubten Anstrich zu geben (BBl *1971* I 1212 und dort in N 31 Zitierte; FRANK 194 ff). 3

Das neue Recht gestattet daher die Adoption Mündiger nur Kinderlosen (N 8 ff) und nur in Situationen, die mit der Adoption Unmündiger vergleichbar sind (N 15 ff). Dabei wird entsprechend der langsameren gegenseitigen Anpassung eine wenigstens fünfjährige Hausgemeinschaft verlangt. Auch 4 entfällt der Erwerb (und Verlust) des Bürgerrechts (Art. 267a); das kann in besonderen Fällen Grund sein, nur die Mündigenadoption anzustreben (vgl. z. B. bei HEGNAUER ZVW *1977* 102).

II. Mündige und Entmündigte

5 Mündige und Entmündigte können nur unter den Voraussetzungen des Art. 266 adoptiert werden. Mündig ist, wer das Mündigkeitsalter von 20 Jahren vollendet oder vor diesem Alter geheiratet hat oder mündig erklärt worden ist (Art. 14f). Entmündigt ist ein Mündiger, dem die Mündigkeit nach Art. 369–372 entzogen worden ist. Art. 266 gilt auch für den Entmündigten unter elterlicher Gewalt (Art. 385 Abs. 3). Sollen Geschwister adoptiert werden, von denen einzelne mündig sind, so unterstehen diese Art. 266. Mündigkeit und Unmündigkeit richten sich nach schweizerischem Recht (Art. 264 N 26).

6 Massgebend ist die Situation im Zeitpunkt, in dem das Adoptionsgesuch gestellt ist und anhandgenommen werden kann (Art. 268 N 18). Über den Eintritt der Mündigkeit während des Adoptionsverfahrens vgl. Art. 268 Abs. 3. Die Mündigenadoption ist nicht zulässig, wenn das Gesuch zwar vor der Mündigkeit gestellt wird, der Gesuchsteller aber vor dieser stirbt (HEGNAUER ZVW *1977* 102).

6a Mehrere mündige oder entmündigte Personen können gleichzeitig, aber nicht nacheinander adoptiert werden (N 10). Sind sie miteinander verwandt oder verschwägert, so ist zu prüfen, ob es mit ihrem Wohl vereinbar sei, wenn sie rechtlich Geschwister werden. Die Adoption eines Ehepaars ist unter den gleichen Voraussetzungen zulässig (s. Art. 267 N 30ff).

7 Über die bis 1. April 1978 mögliche Adoption Mündiger und Entmündigter nach den Bestimmungen über die Adoption Unmündiger auf Grund von SchlT 12c sowie die Unterstellung altrechtlicher Adoptionen Unmündiger nach Eintritt der Mündigkeit unter das neue Recht gemäss SchlT 12b vgl. SB 206ff und 186ff.

III. Fehlen von Nachkommen

8 Die Adoption Mündiger ist nur Personen gestattet, die keine Nachkommen haben. Von diesem Erfordernis kann nicht befreit werden. Es gilt, auch wenn die Nachkommen mündig sind und der Adoption zustimmen (BGE *106* II 282).

Nachkommen sind Kinder, Enkel und Urenkel (vgl. Art. 20 Abs. 1), soweit 9
die Verwandtschaft durch das Kindesverhältnis vermittelt wird (Art. 252
N 26).

Nachkommen im Sinne von Art. 266 Abs. 1 sind auch das Adoptivkind 10
(St. Gallen GVP *1980* Nr. 60) und das diesem durch Kindesverhältnis verbundene Kind. Dagegen kommt die Ausschlusswirkung der altrechtlichen Adoption nicht zu, denn sie begründete kein volles Kindesverhältnis (VA Art. 264 N 8).

Mit Art. 266 Abs. 1 ist vereinbar die *gleichzeitige* Adoption mehrerer Personen, die alle oder zum Teil mündig sind (N 6a).

Der Ausschluss der Adoption bei Vorhandensein von Nachkommen will de- 11
ren Interessen schützen. Er ist daher nicht anwendbar, wenn es gerade um
die Adoption dieser Nachkommen geht. Demgemäss steht das Erfordernis
der Nachkommenlosigkeit der Adoption eines Mündigen nicht entgegen,
wenn er der einzige Nachkomme des oder der Adoptierenden ist (vgl. hiezu
VA Art. 264, N 5, 6, 9; Art. 264 N 6 ff).

Bei der *gemeinschaftlichen* Adoption (Art. 264a Abs. 1) müssen beiden Ehe- 12
gatten Nachkommen fehlen. Hat der Adoptivvater Kinder aus erster Ehe, so
ist die Adoption ausgeschlossen (HEGNAUER ZVW *1981*, 13; ZVW *1981*, 74
Nr. 9; hinten N 28).

Bei der *Stiefkind*adoption (Art. 264a Abs. 3) darf der Stiefelternteil keine 13
Nachkommen haben (BGE *106* II 278). Dagegen schadet es nicht, wenn der
leibliche Elternteil noch andere Kinder hat, gleichgültig, ob diese ebenfalls
adoptiert werden (N 10) oder nicht.

Die Voraussetzung muss im Zeitpunkt, da die Adoption ausgesprochen 14
wird, erfüllt sein (VA Art. 264 N 7 ff). Wird den Adoptiveltern später ein
Kind geboren, so wird die Adoption dadurch nicht berührt. War die Adoptierende im Zeitpunkt der Adoption schwanger, so ist diese nach Art. 269a
anfechtbar.

IV. Positive Voraussetzungen

Ausserdem muss eine der folgenden besonderen Situationen vorliegen:

1. Dauernde Hilfsbedürftigkeit

15 Die zu adoptierende Person ist infolge körperlicher oder geistiger Gebrechen dauernd hilfsbedürftig und die Adoptiveltern haben ihr während wenigstens fünf Jahren Pflege erwiesen (Abs. 1 Ziff. 1).

15a Gemeint ist ein *Gebrechen,* das den Betroffenen dauernd von der persönlichen Hilfe und Fürsorge Dritter abhängig macht.

16 Zudem müssen die Adoptiveltern der zu adoptierenden Person während wenigstens *fünf Jahren Pflege* erwiesen haben. Dieses Pflegeverhältnis hat wie in Art. 264 den Sinn einer Probe- und Überlegungszeit und zugleich einer Rechtfertigung der Adoption (Art. 264 N 28). Die Pflege muss daher dem hilfsbedürftigen Gebrechlichen gegolten haben.

17 Die Adoptiveltern müssen sich an der Pflege massgebend beteiligt haben. Das setzt grundsätzlich *Hausgemeinschaft* voraus (BGE *101* II 7). Nicht erforderlich, aber auch nicht genügend ist, dass die Adoptiveltern für die Pflegekosten aufgekommen sind. Gemeinsames Verbringen der Wochenenden und der Ferien reicht nicht aus (BGE *101* II 7). Immerhin unterbrechen zeitweilige Anstaltsaufenthalte das Pflegeverhältnis nicht, wenn die Adoptiveltern den Gebrechlichen weiterhin den Umständen entsprechend betreuen und ihn im Falle der Entlassung wieder aufnehmen. Vgl. dazu N 22, Art. 264 N 31 a, 31 b; HESS 40.

18 Das Pflegeverhältnis muss zur Zeit der Adoption noch bestehen und voraussichtlich auch in Zukunft fortdauern, Art. 264 N 39.

2. Erziehung während der Unmündigkeit

19 Die Adoptiveltern haben der zu adoptierenden Person während deren Unmündigkeit wenigstens fünf Jahre lang Pflege und Erziehung erwiesen (Abs. 1 Ziff. 2). Unerheblich ist, weshalb die Adoption während der Unmündigkeit unterblieben ist.

Zum Pflegeverhältnis vgl. sinngemäss Art. 264 N 29 ff, 33 ff; die zu adoptierende Person muss mit den Adoptiveltern in Hausgemeinschaft gelebt haben. Vgl. dazu N 22. Unterbrechungen infolge Internatsaufenthalten sind im Verhältnis zur Dauer der vorausgehenden und/oder folgenden Hausgemeinschaft und den während dieser Zeit bestehenden Kontakten zu werten. Dagegen kann das Pflegeverhältnis nicht bloss in – seien es noch so vielen – punktuellen Wochenend- und kurzfristigen Ferienkontakten bestehen. Die

Frist kann nicht abgekürzt werden (Bundesgericht in ZVW *1975* 61 Nr. 13; BGE *106* II 6).

Dass die *Hausgemeinschaft* im Zeitpunkt des Adoptionsgesuchs (Art. 268 N 18) oder doch unmittelbar vorher besteht, verlangt der Wortlaut der Vorschrift nicht, wohl aber ihr Sinn (a. M. HESS 40; ZVW *1977* 71 Nr. 7). Das Pflegeverhältnis rechtfertigt die Adoption nur, solange die durch sie begründete sozialpsychische Beziehung fortdauert. Diese schwächt sich aber meist um so mehr ab, je länger die Hausgemeinschaft zurückliegt. Eine Adoption nach weitzurückliegender Hausgemeinschaft erscheint fragwürdig. Die Praxis lässt sie jedoch zu, vgl. z. B. BGE *105* II 65: 35jährig, verheiratet; *108* II 1: 30jährig, verheiratet, zwei Kinder. In beiden Fällen verlangten die Adoptierten die Namensänderung, um den angestammten Namen weiterführen zu können (Art. 267 N 37), was zeigt, dass sie gesellschaftlich nicht oder nicht mehr in die Familie des Adoptivvaters integriert waren. In BGE *108* II 1 wurde dem Adoptivsohn bewilligt, den bisherigen Namen Lévy beizubehalten, weil dieser Ausdruck der starken Verwurzelung in seiner jüdischen Herkunft und damit Teil seiner Persönlichkeit ist. Das steht aber in Widerspruch zu der von ihm mit der Zustimmung zur Adoption bejahten Wirkung, dass er infolge der Adoption rechtlich nicht mehr Kind seiner jüdischen Eltern, sondern seines nichtjüdischen Adoptivvaters ist (Art. 267).

3. Andere wichtige Gründe

Es liegen andere wichtige Gründe vor und die zu adoptierende Person hat während wenigstens fünf Jahren mit den Adoptiveltern in Hausgemeinschaft gelebt (Abs. 1 Ziff. 3). Zu den wichtigen Gründen vgl. Art. 4 und aArt. 267 Abs. 2 (VA Art. 267 N 28). Sie müssen die Adoption rechtfertigen. Das trifft zu, wenn sie nach Art und Gewicht mit den Situationen gemäss Ziff. 1 und 2 vergleichbar sind. Beispiel: Die zu adoptierende Person besorgte und besorgt den Adoptiveltern den Haushalt (HEGNAUER ZVW *1978* 132). Kein wichtiger Grund liegt darin, dass eine mündige Person zusammen mit ihren unmündigen Geschwistern adoptiert werden soll (BGE *106* II 11). Erst recht liegt kein wichtiger Grund vor, wenn der Adoptivperson mit der Adoption Vorteile – z. B. erbrechtliche, steuerrechtliche, niederlassungsrechtliche (N 3) – verschafft werden sollen. Vielmehr muss der wichtige Grund in der persönlichen Beziehung der zu adoptierenden Person und der Adoptiveltern liegen (Art. 264 N 60). Vgl. dazu FamRZ *1983* 533 f. Nicht erforderlich ist, dass die Adoptiveltern für die zu adoptierende

Person aufgekommen sind oder aufkommen (vgl. dazu auch HEGNAUER ZVW *1978* 133 lit. *b*).

21 *Hausgemeinschaft* liegt vor, wenn die Adoptiveltern und die zu adoptierende Person im gleichen Haushalt und damit in ständigem Kontakt leben. Das Erfordernis ist wegen des Ausnahmecharakters der Mündigenadoption eng auszulegen, und wegen der Unbestimmtheit der wichtigen Gründe (N 20) enger als in Ziff. 1 und 2 (vgl. dazu BGE *101* II 5/6, *106* II 8). Die Hausgemeinschaft wird nicht aufgehoben durch gelegentliche Abwesenheit wegen Ausbildung, Militärdienst oder Berufsreisen, sofern sie nach Wegfall dieser Gründe wieder aufgenommen wird (BGE *101* II 6). Dagegen besteht keine Hausgemeinschaft, wenn die Adoptivperson bei den Adoptiveltern nur die Wochenenden verbringt (BGE *101* II 6, siehe auch *101* II 7, *106* II 9). Die richtige Kontinuität fehlt auch, wenn die Adoptivperson während längerer Zeit auswärts Schulen besucht und Stellen versieht (BGE *106* II 8). Vgl. auch Art. 264 N 29 ff, 33 ff.

21a In Betracht fällt auch die Zeit, welche die zu adoptierende Person vor der Mündigkeit in der Hausgemeinschaft der Adoptiveltern verbracht hat.

22 Die Hausgemeinschaft muss im Zeitpunkt der Adoption bestehen oder jedenfalls bis unmittelbar vorher bestanden haben (N 19a). Ohne Hausgemeinschaft ist ein wichtiger Grund zur Adoption kaum denkbar (vgl. dazu N 20). Je weiter die Hausgemeinschaft zurückliegt, um so näher liegt der Verdacht, die Adoption werde weniger um der familienrechtlichen Befestigung der persönlichen Beziehung als vielmehr um einer mit ihr verbundenen Nebenwirkung willen angestrebt (s. N 3, 20).

V. Zustimmung des Ehegatten

23 Ist die zu adoptierende Person verheiratet, so bedarf ihre Adoption der Zustimmung des Ehegatten (vgl. aArt. 266 Abs. 1).

24 Die Zustimmung ist der Adoptionsbehörde schriftlich oder mündlich zu Protokoll zu erklären.

25 Sie ist erforderlich, wenn die zu adoptierende Person im Zeitpunkt, da das Gesuch anhandgenommen werden kann (Art. 268 N 18), verheiratet ist. Heiratet die zu adoptierende Person während des Verfahrens, so gilt Art. 268 N 27.

26 Fehlt die Zustimmung, so ist die Adoption nach Art. 269 Abs. 1 anfechtbar.

27 Der urteilsfähige Ehegatte befindet allein über die Erteilung der Zustim-

mung, auch wenn er entmündigt ist. Ist er dauernd urteilsunfähig oder länger unbekannt abwesend, so ist von der Zustimmung abzusehen (vgl. sinngemäss Art. 265c Ziff. 1; anders VA Art. 266 N 6, 7).

VI. Vorschriften über die Adoption Unmündiger

Abgesehen von dem Erfordernis des Fehlens von Nachkommen und den besonderen Voraussetzungen der Ziff. 1–3, finden die Bestimmungen über die Adoption Unmündiger entsprechende Anwendung. Das gilt namentlich für 28
- die allgemeine Voraussetzung, dass die Begründung eines Kindesverhältnisses dem Wohl der zu adoptierenden Person dienen muss (Art. 264). Hiefür genügen aber bloss einzelne materielle oder rechtliche Vorteile nicht (s. N 20);
- die besonderen Voraussetzungen der gemeinschaftlichen Adoption (Art. 264a) und der Einzeladoption (Art. 264b). Verheiratete können – unter Vorbehalt von Art. 264b Abs. 2 – nur gemeinschaftlich adoptieren; hat ein Ehegatte Nachkommen, so kann der andere nicht allein adoptieren; HEGNAUER, ZVW *1981* 12; ZVW *1981* 74 Nr. 9; vorn N 12;
- den Mindestaltersunterschied von sechzehn Jahren (Art. 265 Abs. 1): er gilt wie für die Adoption Unmündiger, BGE *102* II 79;
- die Zustimmung der urteilsfähigen zu adoptierenden Person (Art. 265 Abs. 2) und der vormundschaftlichen Aufsichtsbehörde, wenn diese Person bevormundet ist (Art. 265 Abs. 3).

Dagegen sind die Art. 265a–d über die *Zustimmung der Eltern* nicht anwendbar (ebenso SPITZER, ZZW *1975* 337). Denn Mündige und Entmündigte bedürfen zur Ausübung familienrechtlicher Gestaltungsrechte wie z. B. Verlobung, Eheschliessung, Anerkennung, Anfechtung, Namensänderung der Zustimmung ihrer Eltern nicht (vgl. BGE *97* I 622f E. 4b). Nach aArt. 265 Abs. 2 galt dies auch für die Adoption. Die Revision hat daran nichts geändert. Das Interesse einer Person, sich unter den Voraussetzungen des Art. 266 Abs. 1 von einem Dritten adoptieren zu lassen, geht einem gegenteiligen Interesse seiner Eltern vor. – Die Bestimmung des VE V, welche die Einwilligung der Eltern hier ausdrücklich ausschloss, wurde daher von der Expertenkommission als überflüssig gestrichen (ProtExpK 307ff, 383, 433). – Dass die Zustimmung der Eltern zur Adoption Mündiger und Entmündigter nicht nötig ist, ergibt sich auch aus SchlT 12c (s. hinten S. 680). 29

Wenn diese Bestimmung die Adoption Mündiger ausnahmsweise unter den erleichterten Voraussetzungen und mit den verstärkten Wirkungen der Unmündigenadoption ohne Zustimmung der leiblichen Eltern gestattete, so ist diese Zustimmung um so weniger für die ordentliche Adoption einer mündigen Person nach Art. 266 nötig.

30 Immerhin sind im Rahmen der Untersuchung gemäss Art. 268a die Beziehungen zur leiblichen Familie abzuklären. Die Adoption wäre ungerechtfertigt, wenn das Kind damit vorab sich der Unterstützungspflicht gegenüber seinen Eltern, die ihre Pflicht an ihm erfüllt haben, entziehen oder die Geschwister um ihr Erbrecht bringen wollte.

31 Steht die zu adoptierende entmündigte Person unter elterlicher Gewalt (Art. 385 Abs. 3), so haben die Eltern in sinngemässer Anwendung von Art. 265 Abs. 3 als gesetzliche Vertreter zuzustimmen.

VII. Wirkungen und Verfahren

32 Die Wirkungen und das Verfahren richten sich nach den allgemeinen Bestimmungen der Art. 267 ff. Eine Ausnahme gilt für das Bürgerrecht, vgl. Art. 267 a.

Art. 267

C. Wirkung
1. Im allgemeinen

[1] Das Adoptivkind erhält die Rechtsstellung eines Kindes der Adoptiveltern.
[2] Das bisherige Kindesverhältnis erlischt; vorbehalten bleibt es zum Elternteil, der mit dem Adoptierenden verheiratet ist.
[3] Bei der Adoption kann dem Kind ein neuer Vorname gegeben werden.

C. Effets
I. En général

[1] L'enfant acquiert le statut juridique d'un enfant de ses parents adoptifs.
[2] Les liens de filiation antérieurs sont rompus, sauf à l'égard du conjoint de l'adoptant.
[3] Un nouveau prénom peut être donné à l'enfant lors de l'adoption.

C. Effetti
I. In generale

[1] L'adottato acquista lo stato giuridico di figlio dei genitori adottivi.
[2] I vincoli di filiazione anteriori sono sciolti, eccetto nei riguardi del coniuge dell'adottante.
[3] Con l'adozione può essere dato al figlio un nuovo prenome.

		Note	Seite
Übersicht	Materialien	1	540
	Literatur	2	540
	Rechtsvergleichung	3	540
	Rechtsgeschichte	3a	541
	Textgeschichte	3b	541

I. *Wirkungen der Adoption im allgemeinen*

	Note	Seite
1. Volladoption	4	541
2. Begründung des Kindesverhältnisses	6	541
3. Erlöschen des bisherigen Kindesverhältnisses	13	542
4. Standesänderungen	20	543
5. Massgebender Zeitpunkt	22	543
6. Unauflöslichkeit	24	544

II. *Verwandtschaft*

	Note	Seite
1. In der angestammten Familie	25	544
2. In der Adoptivfamilie	26	544
3. Ehehindernis	27	545

III. *Name*

	Note	Seite
1. Grundsatz	34	546
2. Adoption einer verheirateten Frau	39	547
3. Erstreckung auf Angehörige	40	548
4. Spätere Namensänderungen	41	548
5. Vornamen	42	548

IV. *Bürgerrecht* — 43 — 549

V. *Unterhalts- und Unterstützungspflicht* — 44 — 549

	Note	Seite
1. Unterhaltspflicht	45	549
2. Unterstützungspflicht	51	550
3. Beistandspflicht	52	550
4. Familienstiftungen	52a	550

VI. *Elterliche Gewalt*

	Note	Seite
1. Grundsatz	53	550
2. Persönlicher Verkehr	59	551
3. Kindesvermögen	61	551
4. Auflösung der Ehe der Adoptiveltern	62	552

VII. *Erbrecht*

	Note	Seite
1. In der Adoptivfamilie	65	552
2. In der leiblichen Familie	69	553
3. Erbbescheinigung	72	553
4. Altrechtliche Adoptionen	73	553

	Note	Seite
VIII. Öffentliches Recht		
1. Grundsatz	74	553
2. Sozialversicherung	77	554
3. Steuerrecht	80	555
4. Strafrecht	81	555
IX. Intertemporales Recht	81 a	555
X. Internationales Recht	82	556

1 Materialien   aArt. 268, 465 (s. hinten S. 664, 676); BBl *1971* I 1229 ff; E 267; AmtlBullStR *1971* 725, 808 ff, *1972* 398, NR *1972* 609, 627 f, 1001. – BBl *1974* II 49; E 267; AmtlBullStR *1975* 120, NR *1975* 1761. – EAdÜ 10 (s. hinten S. 654).

2 Literatur   HEGNAUER C., Adoption und Unterhaltsversprechen der leiblichen Eltern, ZVW *1976* 136; *derselbe,* Der Familienname mündiger Nachkommen des Adoptivkindes, ZZW *1977* 98; *derselbe,* Adoption und Besuchsrecht der leiblichen Mutter, ZVW *1979* 132; *derselbe,* Der Ausschluss des Pflichtteils des Adoptivkindes gemäss aArt. 268 Abs. 3 ZGB, SJZ *1979* 233; *derselbe,* Unterhaltsabfindung und Adoption, ZVW *1983* 26; *derselbe,* Haben Adoptiveltern Anspruch auf Geburtszulagen?, SZS *1981* 94; STEBLER O., Die Adoption und ihre Wirkung auf die Unterhalts- und Unterstützungspflicht, ZVW *1960* 25 (vor der Revision!). Siehe auch Einl vor Art. 264 N 6.

3 Rechtsvergleichung   In der neueren ausländischen Gesetzgebung steht die Volladoption im Vordergrund (vgl. EAdÜ 10). Indessen schränken viele Länder diese ein oder sehen neben ihr noch die einfache Adoption vor (vgl. die Übersicht in ZVW *1975* 149). BGB 1754/1755 stellen den Grundsatz der Volladoption auf; doch begrenzt § 1756 das Erlöschen der Verwandtschaft im Falle der Verwandten- und der Stiefkindadoption. Die Mündigenadoption hat keine Wirkung auf die Verwandten der Adoptivkindes (§ 1770), doch kann in bestimmten Fällen die Gleichstellung mit der Unmündigenadoption angeordnet werden (§ 1772). – ABGB 182, 182a, 182b, 183 legen der Adoption die Wirkungen des ehelichen Kindesverhältnisses bei, beschränken es aber auf die Beziehung zwischen den Adoptiveltern sowie ihrer Nachkommen einerseits und dem Kind anderseits und lassen wesentliche Wirkungen zwischen dem Kind und den leiblichen Verwandten fortdauern. – Die Unmündigenadoption des italienischen Rechts ist Volladoption (Adoptionsgesetz 27), während die Mündigenadoption nur schwache Wirkungen entfaltet (CCit. 299 ff). Die Volladoption des französischen Rechts gliedert das Kind voll in die Adoptivfamilie ein (CCfr 356–358); die einfache Adoption hat Wirkungen auf den Namen, die elterliche Gewalt, die Unterhaltspflicht und das Erbrecht, ohne die Adoptivperson aber aus der bisherigen Familie zu lösen (CCfr 363–368-1).

Rechtsgeschichte	Die kantonalen Rechte kannten nur die einfache Adoption mit begrenzten positiven und negativen Wirkungen (EICHENBERGER 11, 15, 17). Das gilt auch vom ZGB von 1907; aArt. 268, 465 (s. hinten S. 664, 676).	3a
Textgeschichte	Art. 267 entspricht aArt. 268, ist aber inhaltlich neu. Der Übergang zur Volladoption war unbestritten. Der Vorschlag der Aufsichtsbehörden im Zivilstandswesen, daneben eine einfache Adoption vorzusehen, fand kein Gehör. Art. 267 entspricht E 267; nur in Abs. 2 Satz 2 wurde «dasjenige» durch «es» ersetzt. – In Art. 20, 21, 120, 328, 331, 355, 457, 461 und 503 wurde im Wort «Blutsverwandte» die Silbe «Bluts-» gestrichen. 1976 wurde in Abs. 1 das Wort «ehelichen» vor «Kindes» gestrichen und in Abs. 3 das Wort «Personenname» durch «Vorname» ersetzt (hinten S. 677).	3b

I. Wirkungen der Adoption im allgemeinen

1. Volladoption

Das ZGB von 1907 liess das Adoptivkind in einer Zwitterstellung zwischen der leiblichen und der Adoptivfamilie. Das Recht von 1972 löst es dagegen praktisch völlig aus der bisherigen Familie und gliedert es ganz der neuen ein (vgl. EAdÜ 10, hinten S. 654). 4

Über die Fortgeltung des früheren Rechts für die altrechtlichen Adoptionen vgl. Art. 12a SchlT und deren Unterstellung unter das neue Recht vgl. SchlT 12b, hinten S. 679f. Vgl. dazu SB S. 184ff. 5

2. Begründung des Kindesverhältnisses

Die Adoption begründet zwischen dem oder den Adoptierenden und dem Kind das Kindesverhältnis (Art. 267 Abs. 1). Es entsteht selbständig und unabhängig vom bisherigen Kindesverhältnis. Die Adoptiveltern rücken nicht in die Stelle der leiblichen Eltern ein. Unter Vorbehalt der Stiefkindadoption (N 8ff) wird das Kindesverhältnis des Adoptivkindes und damit seine Rechtsstellung allein durch die Adoption bestimmt. 6

A. Begründung eines gemeinsamen Kindesverhältnisses

Adoptieren Ehegatten gemeinschaftlich (Art. 264a Abs. 1), so entsteht wie mit der Geburt eines Kindes durch eine verheiratete Frau (Art. 252 N 22) ein gemeinsames Kindesverhältnis zu beiden. 7

Adoptiert eine verheiratete Person das Kind seines Ehegatten (Art. 264a 8

Abs. 3), so entsteht zum Adoptierenden ein Kindesverhältnis. Dieses tritt aber nicht einfach neben das Kindesverhältnis zum (leiblichen) Elternteil, sondern verbindet sich mit diesem zu einem gemeinsamen Kindesverhältnis (Art. 252 N 22). In einem andern Verhältnis können Eltern, die miteinander verheiratet sind, zu ihrem Kinde nicht stehen.

9, 10

B. Begründung eines einfachen Kindesverhältnisses

11   Adoptiert eine unverheiratete (ledige, verwitwete oder geschiedene) Person (Art. 264 b Abs. 1), so entsteht das Kindesverhältnis nur zu ihr. Adoptiert eine verheiratete Person unter den besonderen Voraussetzungen der Einzeladoption (Art. 264 b Abs. 2), so entsteht es nur zum adoptierenden Ehegatten.

12   Das Adoptivkind hat hinfort rechtlich nur *einen* Elternteil, Vater oder Mutter. Heiratet dieser in der Folge, so ist das Adoptivkind Stiefkind des andern und kann von diesem seinerseits nach Art. 264 a Abs. 3 adoptiert werden (N 8).

3. Erlöschen des bisherigen Kindesverhältnisses

A. Grundsatz

13   Das bisherige Kindesverhältnis erlischt (Abs. 2 Satz 1) unter Vorbehalt des Ehehindernisses (N 27) vollständig und unabhängig von ihrer positiven Wirkung (N 6). Es wird beseitigt und kann nur durch neue Adoption wieder begründet werden (Art. 269 N 4).

14   Auch wenn das Kind nur von *einer* Person adoptiert wird (Art. 264 b), erlischt das bisherige Kindesverhältnis zu *beiden* Eltern.

15   Die Adoptionsbehörde hat zumal bei der Adoption eines verwandten, Stief- oder Adoptivkindes den Bereich der negativen Wirkung genau abzuklären und sich zu vergewissern, ob diese den Beteiligten: den Adoptiveltern, dem Kinde, den zustimmenden Eltern, bekannt und von ihnen gewollt sei, sowie ob sie im Interesse des Kindes liege (ZVW *1974* 144 Ziff. 6).

B. Stiefkindadoption

16   Adoptiert ein Ehegatte das Kind des andern (Art. 264 a Abs. 3), so erlischt lediglich das Kindesverhältnis zum Elternteil, der mit

dem Adoptierenden nicht verheiratet ist. Dagegen bleibt es zwischen dem Kind und dem Elternteil, der mit dem Adoptierenden verheiratet ist, bestehen (Abs. 2 Satz 2).

Dies gilt auch, wenn ein Stiefelternteil nach dem Tode seines Ehegatten 17 adoptiert (vgl. Art. 264a N 36). Adoptiert dagegen eine geschiedene Person das Kind seines früheren Ehegatten, so erlischt das Kindesverhältnis zu diesem (vgl. N 14).

C. Adoption eines Adoptivkindes

Adoptiert ein Ehegatte das Adoptivkind des *andern,* so 18 liegt eine Stiefkindadoption im Sinne von Art. 264a Abs. 3 vor (Art. 264a N 32, 37). Für den Fall einer altrechtlichen Erstadoption vgl. SB Art. 12b SchlT N 30.

Wird ein *fremdes* Adoptivkind adoptiert, so wird, da das bisherige Kindes- 19 verhältnis erlischt, die erste Adoption aufgehoben (vgl. Art. 264 N 4, Art. 269 N 4). Untersteht die erste Adoption dem früheren Recht (SchlT 12a Satz 1), so beseitigt die neue Adoption sowohl die nach dem früheren Recht fortdauernden Beziehungen zur leiblichen Familie als auch diejenigen zu den ersten Adoptiveltern.

4. Standesänderungen

Erlischt mit der Adoption das bisherige Kindesverhältnis, 20 so kann es nicht mehr Gegenstand anderer Standesänderungen sein. Demgemäss sind die Anfechtung des bisherigen Kindesverhältnisses wie auch dessen Veränderung durch Anerkennung ausgeschlossen (vgl. dazu ZStV 102 Abs. 2; a. M. OBERHOLZER ZZW *1977* 277).

Bei der *Stiefkind*adoption gilt diese Ausschlusswirkung rechtslogisch nur im 21 Verhältnis zu dem Elternteil, der nicht mit dem adoptierenden Ehegatten verheiratet ist. Nach der positiven Wirkung der Stiefkindadoption (N 8) muss sie aber auch auf das Verhältnis zum anderen Elternteil angewendet werden. Demgemäss schliesst die Adoption durch die Stiefmutter auch eine spätere Anfechtung des Kindesverhältnisses zum Vater aus (Art. 256 N 13).

5. Massgebender Zeitpunkt

Die Adoption entfaltet ihre Wirkungen vom Zeitpunkt an, 22 da sie – unter Vorbehalt des Eintritts der Rechtskraft – ausgesprochen wird

(BGE *101* I b 113). Die Wirkungen des bisherigen Kindesverhältnisses bis zu diesem Zeitpunkt bleiben bestehen.

23 Vorbehalten bleiben jedoch vermögensrechtliche Ansprüche, die mit dem Tode der Adoptiveltern oder der leiblichen Eltern während des Adoptionsverfahrens entstehen. In bezug auf sie sind die Wirkungen der Adoption auf den Tag des Todes zurückzubeziehen (vgl. Art. 268 N 23, 24). Die Grundsätze über die Rechtsstellung des ungeborenen Kindes (Art. 31 Abs. 2) sind entsprechend anzuwenden; für das Erbrecht vgl. N 68, 71. Sie gelten sinngemäss für Ansprüche aus Haftpflichtrecht und Versicherungsrecht. Dagegen findet eine Rückwirkung auf den Zeitpunkt der (natürlichen) Geburt im Gegensatz zur Anerkennung (Art. 260 N 170) nicht statt.

6. Unauflöslichkeit

24 Vgl. Art. 269 N 3.

II. Verwandtschaft

1. In der angestammten Familie

25 Das Kind scheidet mit der Adoption – unter Vorbehalt des Ehehindernisses (N 27) – aus der angestammten Familie vollständig aus.

2. In der Adoptivfamilie

26 Das Adoptivkind wird so behandelt, wie wenn das Kindesverhältnis zu den Adoptiveltern durch Geburt entstanden wäre. Demgemäss wird es im Sinne von Art. 20/21 verwandt und verschwägert. So wird es Geschwister der anderen Kinder der Adoptiveltern, Enkel ihrer Eltern, bei der Einzeladoption Stiefkind des Ehegatten des Adoptierenden. Der Ehegatte des Adoptivkindes wird Schwiegersohn oder -tochter der Adoptiveltern. Zwischen Blutsverwandten und Adoptivverwandten wird nicht mehr unterscheiden, vgl. auch N 3 b.

3. Ehehindernis

A. In der angestammten Familie

Die Adoption hebt das Ehehindernis der Verwandtschaft 27 und der Schwägerschaft zwischen dem Adoptivkind und seinen Nachkommen einerseits und seiner angestammten Familie anderseits *nicht* auf (Art. 100 Abs. 3). Der Wortlaut ist missverständlich. Das Ehehindernis gilt auch für die *nach* der Adoption begründete Verwandtschaft und Schwägerschaft. Die Eheschliessung ist daher auch verboten zwischen dem Adoptivkind und einem den leiblichen Eltern nach der Adoption geborenen Geschwister oder dem Stiefelternteil, den ein leiblicher Elternteil nach der Adoption geheiratet hat.

Stellt der Zivilstandsbeamte des Heimatortes im Verkündverfahren fest, 28 dass es sich bei einem Verlobten um eine adoptierte Person handelt, so teilt er dies dem die Verkündung leitenden Zivilstandsbeamten mit (ZStV 153 Abs. 5). Dieser holt hierauf den Bericht des Eidgenössischen Amtes für das Zivilstandswesen über das Bestehen eines allfälligen Ehehindernisses im Sinne von Art. 100 Abs. 3 ein (ZStV 152 Abs. 4). Laut Auskunft dieses Amtes vom 9. Januar 1984 sind rund 200 solche Berichte eingeholt worden. Seit 1. April 1973 ist auf diesem Weg kein Ehehindernis aufgedeckt worden. Ist bei ausländischen Verlobten die Adoption aus den Zivilstandsausweisen (ZStV 150) nicht ersichtlich, so kann das Bestehen eines Ehehindernisses nicht geprüft werden.

B. In der Adoptivfamilie

Die Eheschliessung zwischen Verwandten im Sinne von 29 Art. 100 Abs. 1 Ziff. 1 ist verboten, «seien sie einander durch Abstammung oder durch *Adoption* verwandt». Das muss, obwohl im Wortlaut von Ziff. 2 nicht gesagt, auch für die durch Adoption begründete Schwägerschaft gelten (BBl *1971* I 1232). Demgemäss darf ein Mann weder die frühere Frau seines Adoptivsohnes noch die Adoptivtochter seiner früheren Frau heiraten. Massgebend ist die Rechtslage im Zeitpunkt der beabsichtigten Eheschliessung.

Die Regierung des Wohnsitzkantons kann, wenn schwerwiegende Rücksich- 30 ten es rechtfertigen, die Eheschliessung zwischen Adoptivverwandten gestatten, ausgenommen zwischen denen in gerader Linie (Art. 100 Abs. 2).

Dagegen ist der Dispens ausgeschlossen für die Ehe des leiblichen Kindes der Adoptiveltern und dem von einem der Ehegatten adoptierten Stiefkind; denn sie sind Halbgeschwister (N 27, Art. 100 Abs. 3).

30a Solche Dispense sind bisher nicht bekannt geworden.

31 Haben die Brautleute in verschiedenen Kantonen Wohnsitz, so ist die Regierung des Kantons zuständig, in dem der Bräutigam wohnt (vgl. Art. 106 Abs. 1).

32 Schwerwiegende Rücksichten sind z. B. gerechtfertigt, wenn die Brautleute nicht miteinander aufgewachsen sind oder wenn das Adoptivverhältnis erst begründet worden ist, nachdem die Brautleute schon herangewachsen sind (vgl. im übrigen die Kommentare EGGER u. GÖTZ zu Art. 96 Abs. 2).

33 Vom Ehehindernis der Schwägerschaft kann nicht befreit werden. Denn dieses betrifft die Schwägerschaft ersten Grades in gerader Linie (vgl. Art. 20 Abs. 2, 21 Abs 1). Unrichtig BBl *1971* I 1232.

33a Im Ungültigkeitsprozess wegen Verletzung des Ehehindernisses (Art. 120 Ziff. 3) ist in Analogie zu Art. 122 Abs. 3 ein nachträglicher Dispens zu beachten (MERONI [zit. Art. 252 N 2] § 3 N 66).

III. Name

1. Grundsatz

34 Das Kind erwirbt den Familiennamen, den es trüge, wenn es im Zeitpunkt der Adoption als Kind des oder der Adoptierenden geboren würde. Der neue Name ist im Adoptionsbeschluss aufzuführen.

34a Wird das Kind von Ehegatten *gemeinschaftlich* adoptiert (Art. 264a Abs. 2), so erhält es ihren Familiennamen (Art. 270 Abs. 1 von 1976).

34b Das gilt auch für die *Stiefkindadoption* als einer Variante der gemeinschaftlichen Adoption (Art. 264a N 9): Adoptiert der Stiefvater, so erhält das Kind seinen Namen. Adoptiert die Stiefmutter das Kind des Ehemannes aus früherer Ehe, so tritt kein Namenswechsel ein. Anders dagegen, wenn sie das vom Ehemann nach Art. 260 anerkannte Kind adoptiert. Dieses trägt – ohne Namensänderung nach Art. 30 – den Namen seiner Mutter (Art. 270 Abs. 2). Mit der Stiefkindadoption entsteht ein gemeinsames Kindesverhältnis (Art. 252 N 22), welches dem Kind den Namen der Eltern (Art. 270 Abs. 1 in der Fassung von 1976) oder des Vaters (Art. 270 Abs. 1 in der Fassung von 1984) verschafft.

Nach dem Stand der Eherechtsrevision vom April 1984 soll das Kind ver- 34c
heirateter Eltern den Namen des Vaters erhalten (rev. Art. 270 Abs. 1). Bei
der gemeinschaftlichen Adoption – unter Einschluss der Stiefkindadoption
– wird daher das Kind den Namen des Ehemannes erwerben, ohne Rücksicht darauf, ob die Ehefrau den gleichen Namen trägt.

Bei der *Einzeladoption* erhält das Kind den Namen des Adoptierenden. Das 35
gilt auch, wenn eine Witwe (Art. 264b Abs. 1) oder eine verheiratete Frau
(Art. 264b Abs. 2) allein adoptiert (Art. 270 Abs. 2).

Adoptiert eine *geschiedene* Frau, so erhält das Kind den Namen, den sie in 36
diesem Zeitpunkt von Gesetzes wegen (Art. 149) oder infolge Namensänderung (Art. 30) trägt.

Der Adoptivname tritt anstelle des kraft des bisherigen Kindesverhältnisses 37
oder kraft Namensänderung (Art. 30) erworbenen Namens. Das Kind kann
nur durch Namensänderung nach Art. 30 seinen bisherigen Familiennamen
beibehalten. Ein wichtiger Grund für diese ist zum Beispiel gegeben, wenn
eine Witwe adoptiert, das Kind keine Beziehung zu ihrem verstorbenen
Ehegatten hatte, aber mit seinem verstorbenen Vater eng verbunden war
(ZVW *1975* 18 Nr. 1 = ZZW *1974* 368). Dagegen sind bei der Mündigenadoption blosse Unannehmlichkeiten keine wichtigen Gründe (BGE *105* II
65, kritisch GUINAND ZZW *1980* 739; LIVER ZBJV *1981* 70), wohl aber, wenn
der bisherige Name für seinen Träger eine besondere moralische Bedeutung
hat (BGE *108* II 1: Beibehaltung des Namens «Lévy» bei Adoption durch
einen Nichtjuden). Vgl. dazu Art. 266 N 19a.

Das Kind darf aber im privaten Verkehr seinen bisherigen Namen dem 38
Adoptivnamen beifügen (VA Art. 268 N 19 und dort Zitierte).

2. Adoption einer verheirateten Frau

Wird eine verheiratete Frau adoptiert, so behält sie den 39
angeheirateten Namen; an Stelle des vor der Ehe geführten Namens tritt
aber der Adoptivname. Nach einer Scheidung trägt sie diesen Namen. Eine
bei der Adoption schon geschiedene Frau führt nur noch den Adoptivnamen. Bei Adoption einer Witwe tritt der Adoptivname an Stelle des vor der
Ehe geführten Namens (vgl. die zu VA Art. 268 N 14 zitierte Praxis und Literatur).

Neues Eherecht: Hat die Frau den Namen des Mannes erworben, so hat die 39a
Adoption die gleiche Wirkung wie bisher, N 39. Will sie im Fall der Schei-

dung den Ehenamen nicht beibehalten (Art. 149 Abs. 1), so nimmt sie den Adoptivnamen an.

39b Hat sie aber ihren Namen durch erleichterte Namensänderung beibehalten (neuer Art. 30 Abs. 2), so wird dieser durch den Adoptivnamen ersetzt.

3. Erstreckung auf Angehörige

40 Die Adoption wirkt sich auch auf die Personen aus, deren Name familienrechtlich durch die adoptierte Person bestimmt wird, also für die Ehefrau des Adoptierten und für die gemeinsamen Kinder (Art. 255, 259 Abs. 1, 270). Für diese gilt das auch, wenn die Ehe geschieden ist und die Kinder unter der elterlichen Gewalt der Mutter aufwachsen, ebenso wenn sie schon mündig sind. Solche Umstände fallen aber als wichtige Gründe für die Namensänderung (Art. 30) im Sinne der Beibehaltung des bisherigen Namens in Betracht (HEGNAUER ZZW *1977* 98). Wird bei der Erwachsenenadoption das Erfordernis der Hausgemeinschaft im Sinne von Art. 266 N 19a verstanden, so dürften solche Fälle aber höchst selten sein. Der Namenswechsel betrifft auch die Kinder der unverheirateten Mutter (Art. 270 Abs 2).

4. Spätere Namensänderungen

41 Eine nach Art. 30 ausgesprochene Namensänderung der Adoptiveltern erstreckt sich auch auf das unmündige Adoptivkind, nicht dagegen eine Namensänderung infolge Heirat oder Scheidung (VA Art. 268 N 13).

5. Vornamen

42 Bei der Adoption kann dem Kinde anstelle des bisherigen oder zu diesem hinzu ein neuer Vorname gegeben werden (Abs. 3). Diese Befugnis steht den Adoptiveltern zu (vgl. Art. 275 Abs. 3). Sie kann bis zur Adoption ausgeübt werden. Die Adoptionsbehörde hat zu prüfen, ob die Namenswahl mit dem Wohl des Kindes vereinbar sei. Bei der Stiefkindadoption ist die Änderung des Vornamens weniger am Platz als bei der Fremdadoption. Zurückhaltung ist auch geboten gegenüber Kindern, die unter ihrem bisherigen Vornamen in ihrer Umgebung schon bekannt sind.

Ist das Kind urteilsfähig, so bedarf die Wahl eines neuen Vornamens seiner Zustimmung (vgl. Art. 19 Abs. 2). Die neuen Vornamen sind im Adoptionsbeschluss festzuhalten.

IV. Bürgerrecht

Vgl. Art. 267 a. 43

V. Unterhalts- und Unterstützungspflicht 44

1. Unterhaltspflicht

Die elterliche Unterhaltspflicht geht mit der Adoption auf 45 die Adoptiveltern über. Die Unterhaltspflicht der bisherigen Eltern erlischt endgültig. Sie lebt, auch wenn die Adoptiveltern sterben oder die Unterhaltspflicht nicht erfüllen, nicht mehr auf.

Vorbehalten bleibt bei der Stiefkindadoption die Unterhaltspflicht des Ehe- 46 gatten des Adoptierenden. Sie besteht fort und unterliegt künftig den Regeln über die Unterhaltspflicht verheirateter Eltern (Art. 278 Abs. 1; VA Art. 272 N 77–89).

Der gesetzliche Vertreter des Kindes darf vom Zeitpunkt der Adoption an 47 von den leiblichen Eltern keine Unterhaltsbeiträge mehr einfordern. Leisten die Eltern unaufgefordert die Unterhaltsbeiträge weiter, so hat er sie vom Erlöschen der Unterhaltspflicht zu benachrichtigen und Zuvielbezahltes zurückzuerstatten. Die vertragliche Verpflichtung zur Weiterzahlung der Unterhaltsbeiträge ist zulässig und unterliegt als Schenkungsversprechen der Herabsetzung nach OR 250 (HEGNAUER ZVW *1976* 136). Über die Rechte der Adoptiveltern an einer vom ausserehelichen Erzeuger bezahlten Abfindung vgl. HEGNAUER, ZVW *1983* 26.

Für die Unterhaltspflicht während des Pflegeverhältnisses vor der Adoption 48 vgl. Art. 264 N 51 ff, 265 a N 51.

Der Anspruch auf die bis zur Adoption verfallenen Unterhaltsbeiträge er- 49 lischt nicht; für die Verjährung vgl. VA Art. 272 N 169, Art. 319 N 33, 34. Indessen ist, wenn nicht besondere Umstände vorliegen, von ihrer Eintreibung abzusehen (vgl. Art. 264 N 51).

Heiratet ein lediger, verwitweter oder geschiedener Adoptivelternteil 50 (Art. 264 b Abs 1) oder hat ein Verheirateter unter dem früheren Recht allein adoptiert, so hat sein Ehegatte ihm in der Erfüllung der Unterhaltspflicht beizustehen (Art. 278 Abs. 2; HEGNAUER, Kindesrecht 112 f; VA Art. 272 N 31 ff). Dies gilt nicht für die Einzeladoption durch Verheiratete gemäss Art. 264 b Abs. 2.

50a Die Adoptiveltern haben für den ganzen Unterhalt im Sinne von Art. 276 Abs. 1 aufzukommen, also auch für die Kosten von Kindesschutzmassnahmen (BJM *1983* 2).

2. Unterstützungspflicht

51   Die Adoption begründet die Unterstützungspflicht zwischen dem Adoptivkind und seinen Nachkommen einerseits und den Adoptiveltern, deren Eltern und Kindern anderseits (Art. 328) und beseitigt sie unter Vorbehalt der Stiefkindadoption im Verhältnis zwischen dem Adoptivkind und seiner angestammten Familie (N 16).

3. Beistandspflicht

52   Mit der Adoption entsteht die Pflicht zu Beistand, Rücksicht und Achtung gemäss Art. 272 innerhalb der Adoptivfamilie, wogegen sie gegenüber der angestammten Familie entfällt.

4. Familienstiftungen

52a   Der Ausschluss von Adoptivkindern, die dem neuen Recht unterstehen, ist im Gegensatz zum früheren Recht (RIEMER, System. Teil N 110) wegen der vollen verwandtschaftlichen Gleichstellung nicht mehr zulässig. Die Unterscheidung ist auch infolge des Adoptionsgeheimnisses nicht durchführbar (Art. 268 N 70 ff).

VI. Elterliche Gewalt

1. Grundsatz

53   Ist das Kind unmündig, so erwerben die Adoptiveltern mit der Adoption die elterliche Gewalt (Art. 296).

54 Mit der Stiefkindadoption (Art. 264 a Abs. 3) wandelt sich die alleinige elter-

liche Gewalt des leiblichen Elternteils auf Grund des gemeinsamen Kindesverhältnisses (N 8) zur gemeinsamen elterlichen Gewalt (Art. 297 Abs. 1). Steht diesem die elterliche Gewalt nicht zu, so erwirbt er als Reflexwirkung der Adoption durch den Stiefelternteil mit diesem zusammen die elterliche Gewalt. So z. B. der ausserehelich Vater, dessen Frau das von ihm anerkannte Kind adoptiert.

Den Adoptiveltern steht die volle elterliche Gewalt zu. Die Adoptivbehörde 55 kann ihnen keine Auflagen über die Erziehung des Kindes machen. Das gilt insbesondere auch für die religiöse Erziehung. Betreffend Bedingungen der leiblichen Eltern vgl. Art. 265 a N 43 ff. Vgl. auch VA Art. 277 N 10–23.

Sind die Adoptiveltern entmündigt, so erwerben sie die elterliche Gewalt 56 nicht (Art. 296 Abs. 2).

Die elterliche Gewalt der leiblichen Eltern erlischt. Ebenso entfallen Kin- 57 desschutzmassnahmen gemäss Art. 307 ff, die gegen die leiblichen Eltern getroffen worden sind. Auch eine Vormundschaft fällt von Gesetzes wegen dahin.

Vorbehalten bleibt bei der *Stiefkind*adoption das Verhältnis zum Ehegatten 58 des Adoptierenden. Bestehende Kindesschutzmassnahmen (Art. 307 ff) bleiben wirksam, sind aber allenfalls den durch die Adoption veränderten Verhältnissen anzupassen (Art. 313 Abs. 1).

2. Persönlicher Verkehr

Mit der Beseitigung des bisherigen Kindesverhältnisses er- 59 lischt auch der Anspruch der leiblichen Eltern auf persönlichen Verkehr mit dem Kinde, soweit er nicht schon vorher entfallen ist (Art. 274 Abs. 2; Art. 264 N 50, Art. 265 a N 52/53).

Den Adoptiveltern steht es frei, weiterhin den persönlichen Verkehr zu ge- 60 statten. Die Vormundschaftsbehörde kann sie unter den Voraussetzungen von Art. 274 a Abs. 1 dazu verpflichten (HEGNAUER ZVW *1979* 134 f). Das gilt auch im Verhältnis von Geschwistern. Über den Zusammenhang von Zustimmung zur Adoption und Einräumung des Besuchsrechts vgl. HEGNAUER ZVW *1979* 132 ff.

3. Kindesvermögen

Mit der elterlichen Gewalt erwerben die Adoptiveltern 61 auch das Recht und die Pflicht zur Verwaltung des Kindesvermögens

(Art. 318 ff). Eine Abfindung, die der ausserehelische Erzeuger geleistet hat, ist zwar den Adoptiveltern herauszugeben, bildet aber nach der Adoption allgemeines Kindesvermögen und darf von ihnen nicht im Sinne von Art. 320 Abs. 1 für die laufenden Bedürfnisse des Kindes verbraucht werden. Die Vormundschaftsbehörde hat darüber zu befinden, ob die Anzehrung nach Art. 320 Abs. 2 gestattet oder Massnahmen nach Art. 318 Abs. 3, 324 oder 325 zu treffen seien (HEGNAUER ZVW *1983* 26).

4. Auflösung der Ehe der Adoptiveltern

62 Stirbt ein Adoptivelternteil, so steht die elterliche Gewalt dem überlebenden Adoptivelternteil allein zu (Art. 297 Abs. 3).

63 Bei Scheidung der Ehe der Adoptiveltern hat der Richter die Elternrechte und -pflichten zu regeln (Art. 156, 297 Abs. 3; BÜHLER/SPÜHLER Art. 145 N 198, Art. 156 N 11, 88).

64 Besteht das Adoptivverhältnis nur zu einem Ehegatten, so ist nach dessen Tod das Kind zu bevormunden (Art. 368; SCHNYDER/MURER Art. 368 N 44); ebenso wenn beide Adoptiveltern sterben (a. a. O. N 33).

VII. Erbrecht

1. In der Adoptivfamilie

65 Mit der Adoption entsteht zwischen dem Adoptivkind (und seinen Nachkommen) einerseits und den Adoptiveltern (und deren Verwandtschaft) anderseits das gegenseitige gesetzliche Erbrecht unter Einschluss des Pflichtteilsschutzes (Art. 457 ff, 471). Die Heirat von Adoptivgeschwistern (N 30) kann erbrechtliche Doppelberufungen zur Folge haben.

66 Abweichende Vereinbarungen können nur durch Erbvertrag gemäss Art. 494 ff getroffen werden.

67 Die erbrechtlichen Wirkungen treten mit der Adoption ein.

68 Wird der Erbgang aber während des Adoptionsverfahrens eröffnet, so werden sie unter dem Vorbehalt, dass die Adoption ausgesprochen wird, auf den Zeitpunkt zurückbezogen, da das Adoptionsgesuch eingereicht und anhandgenommen werden kann (vgl. Art. 31 Abs. 2, 544; Art. 268 N 18). Die Teilung ist bis zum Entscheid über das Adoptionsgesuch aufzuschieben (vgl. Art. 605 Abs. 1).

2. In der leiblichen Familie

Das gesetzliche Erbrecht zwischen dem Adoptivkind und seinen Nachkommen einerseits und den leiblichen Eltern und deren Verwandten anderseits erlischt; vorbehalten bleibt die Stiefkindadoption (Art. 267 Abs. 2 Satz 2). 69

Aus Verfügungen von Todes wegen, die vor der Adoption errichtet worden sind, können keine Ansprüche erhoben werden (sinngemässe Anwendung von Art. 154 Abs. 3). 70

Massgebend ist auch hier der Zeitpunkt, in dem das Adoptionsgesuch gestellt und die zeitlichen Voraussetzungen der Adoption erfüllt sind, sofern das Gesuch in der Folge gutgeheissen wird (vgl. N 68). 71

3. Erbbescheinigung

Ist nach neuem Recht adoptiert oder die altrechtliche Adoption dem neuen Recht unterstellt worden, so führt die Erbbescheinigung (Art. 559) nur die gemäss N 65 bestimmten gesetzlichen Erben der Adoptivfamilie auf, im Fall der Stiefkindadoption ausserdem die gesetzlichen Erben der von der Adoption nicht betroffenen elterlichen Seite (N 69). 72

4. Altrechtliche Adoptionen

Vgl. SchlT 12a. SB S. 184; VA Art. 268 N 40–49; HEGNAUER SJZ *1979* 233; vgl. auch BGE *106* II 272. 73

VIII. Öffentliches Recht

1. Grundsatz

Entstehung und Aufhebung des Kindesverhältnisses werden vom Bundeszivilrecht für die ganze schweizerische Rechtsordnung geregelt (vgl. Art. 252 N 10/11), einschliesslich des öffentlichen Rechts des Bundes und der Kantone (vgl. auch HUBER Art. 6 N 173). Begründet die Adoption nach Art. 267 ein Kindesverhältnis, so kommt dem Adoptivkind auch in diesem Bereich die Stellung eines Kindes zu. Umgekehrt ist das frühere 74 durch die Adoption beseitigte Kindesverhältnis (N 13 ff) auch für das öffentliche Recht unbeachtlich. Eine Differenzierung ist zudem praktisch undurchführbar, da das Adoptionsgeheimnis grundsätzlich die Tatsache der Adoption als solche einschliesst (vgl. Art. 268 b N 13) und diese in den Registerauszügen nicht in Erscheinung tritt (Art. 268 N 80).

75 Ausgenommen bleiben im Falle der Adoption Mündiger und Entmündigter das Bürgerrecht (Art. 267 a) und die damit verbundenen Wirkungen.

76 Die bestehenden besonderen Vorschriften des öffentlichen Rechts (vgl. VA Art. 268 N 50–54) sind nur noch auf die unter dem früheren Recht begründeten und dem neuen Recht nicht unterstellten Adoptivverhältnisse anwendbar.

76a Untersteht die Adoption dem neuen Recht, so begründet sie das *Zeugnisverweigerungsrecht* der Verwandtschaft, vgl. SCHUBARTH MARTIN, Neue Formen der Lebensgemeinschaft und ihre Auswirkungen auf das Zeugnisverweigerungsrecht, in: FS Hinderling, Basel 1976 232 N 4. ROBERT HAUSER, Der Zeugenbeweis im Strafprozess mit Berücksichtigung des Zivilprozesses (Zürich 1974), S. 196 f.

76b Für die periodischen *Kinderzulagen* darf nicht zwischen leiblichen und Adoptivkindern unterschieden werden; inbezug auf die Geburtszulage ist das öffentliche Recht dagegen frei, die Adoption der Geburt gleichzustellen oder nicht (HEGNAUER ZSZ *1981* 94).

2. Sozialversicherung

77 Die Anspruchsberechtigung des Adoptivkindes richtet sich nach der des Kindes.

78 Dabei ist für ihre Voraussetzungen davon auszugehen, das Kind sei im sozialversicherungsrechtlich massgebenden Zeitpunkt der Geburt, der Erkrankung, des Unfalls, des Todes Kind der Adoptiveltern gewesen. Dagegen besteht ein Anspruch nur auf die Leistungen, die von dem für den Eintritt der Wirkungen massgebenden Zeitpunkt der Adoption (N 22, 23) anfällig werden.

79 Ansprüche, die dem Kinde auf Grund des früheren durch die Adoption beseitigten Kindesverhältnisses zustanden, entfallen.

79a Kasuistik: – Die Adoption des Kindes durch die überlebende Pflegemutter beraubt das Kind nicht des durch den Tod des Pflegevaters begründeten Anspruchs auf eine Rente. Da das gemeinsame Adoptionsgesuch offenbar im Zeitpunkt des Todes des Pflegevaters gestellt war, hätte die gemein-

schaftliche Adoption ausgesprochen werden können (Art. 268 Abs. 2) (BGE *101* I b 261).
- Ein in der Schweiz lebendes Pflegekind, das bei seiner Geburt Wohnsitz in der Bundesrepublik Deutschland hatte und in der Schweiz adoptiert wird, begründet erst im Zeitpunkt dieser Adoption einen schweizerischen Wohnsitz und hat erst von diesem Zeitpunkt an Anspruch auf Gewährung von Eingliederungsmassnahmen (BGE *106* V 160, *108* V 64).
- Ein ausländisches Pflegekind kann solche Massnahmen erst von der Adoption durch einen Schweizer an beanspruchen, selbst wenn die Invalidität vorher eingetreten ist (BGE *107* V 207).

3. Steuerrecht

80 Eine Unterscheidung zwischen dem leiblichen und dem Adoptivkind ist unzulässig. Das nach neuem Recht adoptierte Kind ist in allen Bereichen des Steuerrechts, unter Einschluss der Erbschafts- und Schenkungssteuer, wie ein leibliches zu behandeln (vgl. dazu BGE *96* I 57; ZBl *1980* 219 ff [Zürich]). Das gilt auch für die Adoption Mündiger und Entmündigter.

4. Strafrecht

81 Das StGB stellte schon die altrechtlich adoptierten Kinder den leiblichen gleich (StGB 110 Ziff. 2; 191 Ziff. 1 Abs. 2, Ziff. 2 Abs. 2; 192 Ziff. 2; 202 Ziff. 2). Erst recht gilt das für das Adoptivkind des neuen Rechts.
- Dagegen erfüllt Beischlaf unter Adoptivverwandten den Tatbestand der Blutschande (StGB 213) nicht; vgl. dazu die Kontroverse Art. 252 N 32 a. E.

IX. Intertemporales Recht

81a Ist eine Adoption vor dem 1. April 1973 ausgesprochen worden, so bestimmen sich ihre Wirkungen weiterhin nach dem früheren Recht (SchlT 12a Satz 1; hinten S. 679). SB Art. 12a SchlT N 3–5 (S. 184f). Zum *früheren* Recht vgl. die Kommentare zu aArt. 268 (Einl vor Art. 264 N 4); ferner: HEGNAUER, Der Ausschluss des Pflichtteils des Adoptivkindes gemäss aArt. 268 Abs. 3, SJZ *1979* 233. Zum Recht auf Einsicht in die Adoptionsakten, ZVW *1977* 24 Nr. 2. Eine altrechtliche Adoption konnte bis 31. März 1978 nach SchlT 12b dem neuen Recht unterstellt werden. Vgl. dazu SB Art. 12b SchlT (S. 186ff) und hinten Art. 268 N 102ff.

X. Internationales Recht

82   Die Wirkungen einer in der Schweiz ausgesprochenen Adoption bestimmen sich gemäss NAG 8 b nach schweizerischem Recht. Damit ist aber nur die Wirkung der Begründung eines neuen und Aufhebung des bisherigen Kindesverhältnisses (Art. 267) sowie der Unterstellung unter das Adoptionsgeheimnis (Art. 268 b) gemeint. Die sich *aus dem Kindesverhältnis ergebenden Wirkungen* unterstehen dagegen den für dieses geltenden allgemeinen Kollisionsregeln und nicht NAG 8 b. Die Vorfrage der Gültigkeit der Adoption und damit ihrer Gleichstellung mit einem durch Abstammung begründeten Kindesverhältnis untersteht ausschliesslich dem schweizerischen Recht (BUCHER SJK Nr. 159 S. 2 ff). Das gilt sinngemäss für die Wirkungen einer ausländischen Adoption. Ausländische einfache Adoptionen, die der schweizerischen Adoption vor 1973 gleichwertig sind, unterstehen wie diese dem früheren Recht (SchlT 12 a, a. a. O. S. 6/7). Die durch Art. 267 Abs. 1 begründete gesetzliche *Erbberechtigung* gemäss Art. 457 ff gegenüber einem Erblasser mit letztem Wohnsitz in der Schweiz (NAG 22) kann auf Grund einer ausländischen Adoption nur beansprucht werden, wenn diese das Adoptivkind gleich einem den Adoptiveltern geborenen Kind in die Adoptivfamilie einfügt (vgl. VISCHER/VON PLANTA 128; a. M. ZEMEN FamRZ *1978* 308 ff). Auf die österreichische Adoption, die nur Beziehungen zwischen dem Adoptivkind einerseits und dem Adoptierenden und dessen Nachkommen anderseits, aber nicht zu dessen Aszendenten und Seitenverwandten entstehen und zahlreiche Rechtsbeziehungen zwischen dem Adoptivkind und seiner leiblichen Familie fortdauern lässt (ABGB 182, 182 a, 182 b), trifft das nicht zu (unrichtig Kreisschreiben 1975, ZVW *1975* 152). Ebensowenig auf eine 1947 ausgesprochene italienische Adoption (BGE *106* II 272).

Art. 267 a

II. Heimat	**Das unmündige Kind erhält anstelle seines bisherigen das Bürgerrecht der Adoptiveltern.**
II. Droit de cité	L'enfant mineur acquiert, en lieu et place de son droit de cité antérieur, celui des parents adoptifs.
II. Cittadinanza	Il figlio minorenne acquista la cittadinanza dei genitori adottivi in luogo e vece di quella anteriore.

		Note	Seite
Übersicht	Materialien	1	557
	Literatur	2	557
	Rechtsvergleichung	2a	557
	Rechtsgeschichte	2b	557
	Textgeschichte	2c	557
	I. Das Bürgerrecht des Unmündigen		
	1. Adoption eines schweizerischen Kindes	3	558
	2. Adoption eines ausländischen Kindes	8	559
	3. Intertemporales Recht	16a	561
	II. Das Bürgerrecht des mündigen Adoptierten	17	561

Materialien — BBl *1971* I 1232ff; E 267a; AmtlBullStR *1971* 726; NR *1972* 609; EAdÜ 11 (hinten S. 654). – BüG 7, 8a; AmtlBullStR *1971* 815; *1972* 399f; NR *1972* 630.

Literatur — HEGNAUER C., Das Bürgerrecht des nach Art. 12b SchlT/ZGB dem neuen Recht unterstellten Adoptivkindes, ZZW *1978* 188; *derselbe,* Erwirbt das von einer Schweizerin und ihrem ausländischen Ehemann adoptierte Kind das Schweizer Bürgerrecht?, ZZW *1980* 39; WIEDERKEHR EVELYN B., Erwerb und Verlust des Schweizer Bürgerrechts von Gesetzes wegen, Diss. Zürich 1983.

Rechtsvergleichung — Die Adoption bewirkt den Erwerb der Staatsangehörigkeit: in der Bundesrepublik Deutschland für das minderjährige Kind (Reichs- und Staatsangehörigkeitsgesetz § 6), in Italien und Frankreich im Falle der Volladoption (Gesetz vom 4.5.1983, Art. 39; Code de la nationalité Art. 17, 26 Abs. 2).

Rechtsgeschichte — Nach den kantonalen Rechten vor dem ZGB von 1907 und diesem selbst blieb die Adoption ohne Wirkung auf das Bürgerrecht, ebenso nach BüG 7 in der Fassung von 1952. Verschiedene neuere kantonale Bürgerrechtsgesetze gewährten dem unmündigen schweizerischen Adoptivkind entweder den Anspruch auf erleichterte Einbürgerung oder liessen es von Gesetzes wegen ins Kantons- und Gemeindebürgerrecht der Adoptiveltern eintreten (BBl *1971* I 1232f). Das Postulat Allemann vom 20. September 1955 über das Bürgerrecht des Adoptivkindes gab den ersten parlamentarischen Anstoss zur Revision des Adoptionsrechts.

Textgeschichte — Art. 267a entspricht mit einer geringfügigen redaktionellen Änderung dem Entwurf. Die Revision von 1972 betraf auch BüG 7, 8a und 57 Abs. 5 (hinten S. 684; BBl *1971* I 1233f). BüG 15 Abs. 3 gilt praktisch nur noch für Kinder, die vor dem 1. April 1973 durch Schweizerbürger adoptiert worden sind. Vgl. dazu BBl *1971* I 1233, 1270; ProtNR Komm. 135.

I. Das Bürgerrecht des Unmündigen

1. Adoption eines schweizerischen Kindes

3 Das unmündige schweizerische Kind erwirbt mit der Adoption anstelle des bisherigen das Kantons- und Gemeindebürgerrecht der Adoptiveltern oder des Adoptierenden (Art. 267 a). Stehen diesen Bürgerrechte in mehreren Kantonen und Gemeinden zu, so erhält das Kind alle. Der Bürgerrechtserwerb erstreckt sich auch auf das Kind der ledigen Adoptivtochter (ZZW *1974* 13).

4 Bei der gemeinschaftlichen Adoption (Art. 264 a Abs. 1 und 2) ist das Bürgerrecht nach dem ZGB von 1907 für beide Adoptiveltern gleich (Art. 161 Abs. 1). Adoptiert der Stiefvater, so erhält das Kind anstelle des bisherigen ebenfalls dieses gemeinsame Bürgerrecht. Adoptiert die Stiefmutter das Kind des Mannes aus früherer Ehe, so tritt kein Bürgerrechtswechsel ein, weil das Kind das Bürgerrecht des Vaters und der Adoptivmutter bereits besitzt. Adoptiert sie aber das vom Ehemann nach Art. 260 anerkannte Kind, so erhält das Kind als Folge des gemeinsamen Kindesverhältnisses (Art. 252 N 22) anstelle des von seiner Mutter erworbenen (Art. 271 Abs. 2) das gemeinsame Bürgerrecht der Adoptivmutter und des Vaters.

4a Nach dem Stand der Eherechtsrevision vom April 1984 soll die Ehefrau das Bürgerrecht des Ehemannes erhalten, ohne ihr bisheriges zu verlieren. Dann muss Art. 267 a sinngemäss im Zusammenhang mit Art. 267 und Art. 271 Abs. 1 ausgelegt werden. Das Kind soll so gestellt sein, wie wenn es als Kind der Adoptiveltern geboren worden wäre. Daraus folgt, dass es bei der gemeinschaftlichen Adoption nur das Bürgerrecht des Adoptivvaters, nicht das der Adoptivmutter erhält. Adoptiert der Stiefvater das voreheliche Kind der Frau, so erhält es anstelle des bisherigen Bürgerrechts nur das des Ehemannes und verliert das von der Mutter erworbene. Adoptiert die Frau das Kind des Mannes aus früherer Ehe, so verändert sich sein Bürgerrecht nicht; adoptiert sie das vom Mann anerkannte Kind, so erhält es das Bürgerrecht des Ehemannes, aber nicht das der Adoptivmutter.

5 Massgebend ist, ob das Kind im Zeitpunkt, da das Adoptionsgesuch gestellt ist und anhandgenommen werden kann (vgl. Art. 268 N 18), noch unmündig ist. Für den Begriff der Unmündigkeit vgl. Art. 264 N 25 f.

6 Der Wechsel des Bürgerrechts vollzieht sich von Gesetzes wegen, nicht durch behördlichen Beschluss und wirkt erst von der Adoption an (Art. 267 N 22/23; BGE *101* Ib 117).

Das durch Adoption erworbene Bürgerrecht steht dem durch Abstammung 7
erworbenen gleich. Das gilt für alle Wirkungen, die das öffentliche und das
private Recht des Bundes und der Kantone dem Bürgerrecht beilegt.

2. Adoption eines ausländischen Kindes

A. Erwerb

Wird ein unmündiges ausländisches Kind von einem 8
Schweizerbürger adoptiert, so erwirbt es das Kantons- und Gemeindebürgerrecht des Adoptierenden und damit das Schweizerbürgerrecht (BüG 7).
Das gilt auch für das Kind der unmündigen Adoptivtochter (ZZW *1974* 13).
Das Adoptivkind ist «von Abstammung» oder «gebürtiger» Schweizerbürger (HEGNAUER ZBl *1978* 388; GROSSEN SJK Nr. 1357 3; ZZW *1978* 148;
NABHOLZ ZZW *1978* 187). Der Bürgerrechtserwerb tritt auch ein, wenn das
Kind nach Einreichung des Gesuches mündig wird (Art. 268 Abs. 3). Die
Anpassung von BüG 7 an Art. 268 Abs. 3, der erst von den eidgenössischen
Räten eingefügt wurde, unterblieb nur aus Versehen.

BüG 7 zieht für den Bereich des Schweizerbürgerrechts die Folgerungen aus 8a
dem Grundsatz der Volladoption. Die Bestimmung bedeutet daher nur, dass
das unmündige Adoptivkind das Schweizerbürgerrecht unter den gleichen
Voraussetzungen erwirbt wie das leibliche Kind.

Demnach tritt bei der gemeinschaftlichen Adoption (Art. 264a Abs. 1 und 2) 9
der Erwerb ein, wenn der Adoptivvater Schweizerbürger ist (vgl. BüG 1
Abs. 1 lit. *a*). Ebenso wenn der schweizerische Stiefvater das ausländische
Kind seiner Frau adoptiert (Art. 264a Abs. 3). Der Bürgerrechtserwerb ist
davon unabhängig, ob das Kind die ausländische Staatsangehörigkeit beibehält oder verliert. Vgl. dazu VPB *1983* Nr. 8 E. 7.

Adoptiert eine *Schweizerbürgerin* gemeinschaftlich mit ihrem ausländischen 10
oder staatenlosen Ehegatten (Art. 264a Abs. 1 und 2), so erwirbt das ausländische Kind entgegen dem Wortlaut von BüG 7 das Schweizerbürgerrecht
nicht ohne weiteres, sondern sinngemäss nur unter den Voraussetzungen
von BüG 5 Abs. 1. Das heisst: Wenn die Adoptivmutter von Abstammung
Schweizerbürgerin ist und die Adoptiveltern zur Zeit der Adoption ihren
Wohnsitz in der Schweiz haben (lit. *a*) oder wenn es in den übrigen Fällen
mit der Adoption keine andere Staatsangehörigkeit erwerben kann (lit. *b*)
(HEGNAUER ZZW *1980* 39; VPB 1981 49 Nr. 11). Das gilt sinngemäss, wenn
eine Schweizerbürgerin das Kind ihres ausländischen oder staatenlosen

Ehemannes adoptiert (a. M. NABHOLZ ZZW *1982* 7: Bei Stiefkindadoption durch Schweizerin Bürgerrechtserwerb auch bei ausländischem Wohnsitz).

11 Haben die Ehegatten zur Zeit der Geburt ihren Wohnsitz im Ausland, so erwirbt ihr leibliches Kind gemäss BüG 5 Abs. 1 lit. *a* das Schweizerbürgerrecht nicht. Sie können aber, sobald sie sich in der Schweiz niederlassen und die zeitlichen Voraussetzungen erfüllt sind, durch Adoption des eigenen Kindes ihm das Schweizerbürgerrecht verschaffen; vgl. dazu Art. 264 N 6.

12 Die in N 10 umschriebene Norm über die sinngemässe Anwendung von BüG 5 Abs. 1 lit. *a* geht BüG 8a vor und gilt demnach unabhängig davon, ob das Kind mit der Adoption die Staatsangehörigkeit des ausländischen Adoptivvaters erwirbt (VPB 1981 Nr. 11, Nr. 80; a. M. VPB 1980 Nr. 51).

12a Die mit Botschaft vom 18. April 1984 (BBl 1984 II 211) eingeleitete Revision des BüG (Erweiterung von Art. 1 Abs. 1 lit. a; Streichung von Art. 5) wird die in N 9–12 umschriebene Rechtslage wesentlich vereinfachen.

13 Einzeladoption durch einen Schweizer oder eine Schweizerin (Art. 264b Abs. 1 und 2) bewirkt den Erwerb des Schweizerbürgerrechts (sinngemässe Anwendung von BüG 1 Abs. 1 lit. *b*).

B. Verlust

14 Wird ein unmündiger Schweizerbürger von einem Ausländer adoptiert, so verliert er mit der Adoption das Schweizerbürgerrecht, wenn er damit die Staatsangehörigkeit des Adoptierenden erwirbt oder diese bereits besitzt, BüG 8a. (Diese Wirkung tritt auch ein, wenn die ausländische einfache Adoption nachträglich zur Volladoption mit Bürgerrechtserwerb umgewandelt wird, wie dies durch das deutsche Adoptionsgesetz von 1976 geschah, ZZW *1984* 101).

14a Das entsprach BüG 8, wodurch das aussereheliche Kind einer Schweizerin und eines Ausländers das Schweizerbürgerrecht verlor, wenn die Eltern heirateten und es durch Legitimation die Staatsangehörigkeit des Vaters erhielt. 1976 ist BüG 8 aufgehoben und BüG 5 Abs. 1 lit. *a* über den Erwerb des Schweizerbürgerrechts durch das Kind einer schweizerischen Mutter und eines ausländischen Ehemannes eingefügt worden. BüG 8a ist seither durch die aus BüG 5 Abs. 1 lit. *a* folgende, in N 10, 12 umschriebene Norm eingeschränkt. Demnach verliert das schweizerische Kind einer schweizerischen Mutter, das vom ausländischen Stiefvater adoptiert wird, sein Bürgerrecht nicht, wenn die Mutter von Abstammung Schweizerin ist und die Ehegatten zur Zeit der Adoption in der Schweiz Wohnsitz hatten (VPB 1981 Nr. 11).

Das Kind verliert sein durch Adoption nach BüG 5 Abs. 1 lit. *b* erworbenes 14b Schweizerbürgerrecht (vorn N 10), wenn es vor der Mündigkeit die ausländische Staatsangehörigkeit des Adoptivvaters erhält (sinngemäss BüG 5 Abs. 2). Hatte das Kind aber vor dem 1. Januar 1978 infolge Anerkennung das Kantons- und Gemeindebürgerrecht des schweizerischen Vaters erworben, so erhält es bei Adoption durch den ausländischen Stiefvater anstelle jenes Bürgerrechts dasjenige seiner Mutter (ZZW *1983* 312).

Die Botschaft vom 18. April 1984 über die Änderung des BüG (Bürgerrecht der Kinder eines schweizerischen Elternteils) befasst sich mit dem Adoptivkind nicht (BBl 1984 II 211).

C. Ausländische Adoptionen

Auch eine ausländische Adoption eines ausländischen 15 Kindes durch einen Schweizerbürger führt zum Erwerb des Schweizerbürgerrechts, sofern sie mit den Wirkungen der Volladoption ausgestattet ist und in der Schweiz anerkannt wird (Art. 268 N 98); vgl. aber N 8–13. Für den Begriff der Unmündigkeit vgl. Art. 264 N 26. Art. 268 Abs. 3 ist sinngemäss auf die ausländische Adoption anzuwenden: massgebend ist der Zeitpunkt des Adoptionsgesuchs, nicht der Meldung der Adoption. Ist die Adoption vor dem 1. April 1973 erfolgt, so trat diese Wirkung mit 16 dem 1. April 1973 ein, sofern das Kind in diesem Zeitpunkt noch unmündig war. Damit sie praktisch geltend gemacht werden kann, muss die Adoption im schweizerischen Zivilstandsregister eingetragen oder die bestehende Eintragung entsprechend ergänzt werden (Art. 268 N 95, 97).

3. Intertemporales Recht

Die bürgerrechtlichen Wirkungen kommen der Adoption 16a zu, die seit 1.4.73 nach Art. 264–265 d oder SchlT 12 c neu ausgesprochen oder nach SchlT 12 b dem neuen Recht unterstellt worden ist; s. a. bei N 17.

II. Das Bürgerrecht des mündigen Adoptierten

Die Adoption einer mündigen oder entmündigten Person 17 hat keinen Einfluss auf das Bürgerrecht (BGE *101* Ib 115). Über die Ausnahmen während der Übergangszeit bis 31. März 1978 gemäss SchlT 12 b und 12 c, BüG 57 Abs. 5 (hinten S. 684) siehe Sonderband Art. 12 b SchlT N 68 ff (S. 200), Art. 12 c SchlT N 19 (S. 211); BGE *101* Ib 113; HEGNAUER ZZW *1978* 188; VPB *1978* Nr. 47.

18 Den Kantonen steht es frei, den durch Kantonsbürger adoptierten mündigen Schweizern das Gemeinde- und Kantonsbürgerrecht zuzuerkennen oder ihnen einen Anspruch auf erleichterte Einbürgerung zu gewähren.

Art. 268

D. Verfahren
I. Im allgemeinen

¹ Die Adoption wird von der zuständigen kantonalen Behörde am Wohnsitz der Adoptiveltern ausgesprochen.

² Ist das Adoptionsgesuch eingereicht, so hindert Tod oder Eintritt der Urteilsunfähigkeit des Adoptierenden die Adoption nicht, sofern deren Voraussetzungen im übrigen nicht berührt werden.

³ Wird das Kind nach Einreichung des Gesuches mündig, so bleiben die Bestimmungen über die Adoption Unmündiger anwendbar, wenn deren Voraussetzungen vorher erfüllt waren.

D. Procédure
I. En général

¹ L'adoption est prononcée par l'autorité cantonale compétente du domicile des parents adoptifs.

² Lorsqu'une requête d'adoption est déposée, la mort ou l'incapacité de discernement de l'adoptant ne fait pas obstacle à l'adoption, si la réalisation des autres conditions ne s'en trouve pas compromise.

³ Lorsque l'enfant devient majeur après le dépôt de la requête, les dispositions sur l'adoption de mineurs restent applicables si les conditions étaient réalisées auparavant.

D. Procedura
I. In generale

¹ L'adozione è pronunciata dall'autorità cantonale competente del domicilio dei genitori adottivi.

² Presentata la domanda, il sopravvenire della morte o dell'incapacità di discernimento dell'adottante non è di ostacolo all'adozione, purché non comprometta le altre condizioni.

³ Se il figlio diventa maggiorenne dopo la presentazione della domanda, rimangono applicabili le disposizioni sull'adozione di minorenni se le pertinenti condizioni erano precedentemente adempite.

Übersicht

	Note	Seite
Materialien	1	563
Literatur	2a	563
Rechtsvergleichung	2b	565
Rechtsgeschichte	2c	565
Textgeschichte	2d	565
I. Rechtsnatur der Adoption	3	565
II. Zuständigkeit		565
1. Sachlich	4	565
2. Örtlich	8	567

		Note	Seite
III.	*Verfahren*		570
	1. Rechtsnatur und Grundlagen	11	570
	2. Adoptionsgesuch	14	571
	3. Anhandnahme des Gesuches	18	572
	4. Veränderungen während des Verfahrens	20	572
	5. Prüfung des Gesuches	33	575
IV.	*Entscheid*		576
	1. Inhalt	41	576
	2. Begründung	44	576
	3. Dispositiv	49	576
	4. Mitteilung	54	577
	5. Rechtskraft	59	578
	6. Rechtsmittel	63	578
	7. Kosten	69	580
V.	*Zivilstandsregister*		580
	1. Gesetzliche Grundlagen	70	580
	2. Eintragung einer schweizerischen Adoption	72	580
	3. Eintragung einer ausländischen Adoption	85	583
VI.	*Andere Register und Ausweise*		588
	1. Kirchliche Register	100	588
	2. Andere Ausweise und Zeugnisse	101	588
VII.	*Intertemporales Recht*		588
	1. Unterstellung altrechtlicher Adoptionen	102	588
	2. Nachadoption	105	589
	3. Neuadoption	108	590
VIII.	*Internationales Recht*		590
	1. Zuständigkeit und anwendbares Recht	109	590
	2. Anerkennung schweizerischer Adoptionen im Ausland	110	590
	3. Anerkennung ausländischer Adoptionen in der Schweiz	111	590

Materialien   aArt. 267 Abs. 1; BBl *1971* I 1236 ff; E 268; AmtlBullStR *1971* 726 ff, *1972* 396 ff; NR *1972* 609 ff. – EAdÜ 4, 20 Ziff. 3, 4 (hinten S. 651). NAG 8a, 8b, 8c (hinten S. 681); BBl *1971* I 1243 f; AmtlBullStR *1971* 811 ff; *1972* 398 f; NR *1972* 629 f, 1001 f. E/IPRG von 1982 Art. 73–76; BBl *1983* I 371 ff (Separatausgabe 109 ff); Haager Adoptions-Übereinkommen (hinten S. 642): BBl *1971* I 1165, AmtlBullStR *1972* 664 f; NR *1972* 1973 f; AS *1978* 2089.

Literatur   *Im allgemeinen:* Empfehlungen für die Anwendung des neuen Adoptionsrechtes, ZVW *1974* 81, GROSSEN J.-M., SJK Nr. 1356; HEGNAUER C., Wer soll über die Adoption entscheiden?, NZZ *1972* Nr. 189; *derselbe,* Begründungspflicht, Verwaltungsrekurs und Rechtsmittelbelehrung bei der Aussprechung von Adoptionen nach neuem Recht (Kanton Zürich), ZVW *1973* 132; *derselbe,* Zur posthumen Adoption, ZVW *1977* 102; *derselbe,* Posthume Adoption – Anforderungen an das Adoptionsgesuch, ZVW *1981* 11. SPITZER G., Ist die neue Adoption wirklich Gerichtssache?, NZZ *1972* Nr. 186. – Zum früheren Recht: BIRRER ANTON, Zum rechtlichen Charakter und zur Beurkundung der Adoption, SJZ *1969* 337.

2a *Internationale Adoption*

(zum Recht vor 1972 s. SB Einl N 7) Anerkennung und Eintragung der im Ausland ausgesprochenen Adoptionen in der Schweiz, Zentralblatt für Jugendrecht und Jugendwohlfahrt (Köln) *1976* 59; BAECHLER WALTER, Das neue materielle und internationale Kindesrecht der Schweiz, ZZW *1972* 321; BUCHER ANDREAS, Anerkennung und Eintragung von im Ausland ausgesprochenen Adoptionen in der Schweiz. Zu einem Kreisschreiben der Eidg. Justizabteilung, ZZW *1977* 161; *derselbe,* Adoption (internationales Privatrecht), SJK Nr. 157–161, Genf 1980; ENGIN-DENIZ GERHARD, Die Rechtswirksamkeit einer schweizerischen Blanko-Adoption für den österreichischen Rechtsbereich, ZVW *1972* 69; HELD ROBERT, Zu den Voraussetzungen der Anerkennung ausländischer Adoptionsentscheidungen, Standesamt (Frankfurt a. M.) *1982* 75; Kreisschreiben der Eidg. Justizabteilung vom 28. Mai 1975 über die Anerkennung und Eintragung der im Ausland ausgesprochenen Adoptionen in der Schweiz, ZVW *1975* 143 Nr. 24; *1976* 28 Nr. 2 (franz.); KUPFER HANS, Praktische Aspekte der Eintragung von ausländischen Adoptionen in die Zivilstandsregistern (Art. 137 ZVO), ZZW *1973* 287; KUSSBACH E., Aktuelle Fragen des österreichischen internationalen Kindesrechts, ZVW *1967* 107; NABHOLZ ANDREAS, Erfahrungen mit dem neuen Adoptionsrecht, ZZW *1975* 230 f; PACHTER RENÉ. Les enfants adoptifs étrangers à la lumière des prescriptions et de la pratique de la Police fédérale des étrangers, ZVW *1976* 1; SCHÖN MARTIN, Die schweiz. internat. Zuständigkeit in Sachen der freiwilligen Gerichtsbarkeit. Rechtsvergleichend dargestellt anhand der Adoption und der Eberöffnung im Kollisionsrecht der Schweiz und der Vereinigten Staaten, Diss. Freiburg 1974; SIEHR KURT, Die Anerkennung ausländischer, insbesondere schweizerischer Adoptionsdekrete in der Bundesrepublik. Standesamt (Frankfurt a. M.) *1982* 61; VILLIGER MARK EUGEN, Der Auslandschweizer und die schweizerische internationale Zuständigkeit im Personen-, Familien- und Erbrecht nach NAG Art. 28 ff, Diss. Zürich 1978; VINARD R., Transcriptions des décisions étrangères d'adoptions plénières prises avant le 1er avril 1973 et nationalité suisse, ZZW *1978* 155; VOLKEN PAUL, Adoptionen und Auslandsbeziehungen, in: Beiträge zur Anwendung des neuen Adoptionsrechts, St. Gallen 1979; VON OVERBECK ALFRED E., L'intérêt de l'enfant et l'évolution du droit international privé, in: Liber amicorum Adolf F. Schnitzer, Genève 1979, 361; VON STEIGER WERNER, Die Konvention über die Zuständigkeit der Behörden, das anwendbare Recht und die Anerkennung von Entscheiden in Adoptionssachen, Schweiz. Jahrbuch für internat. Recht XXII (1965) 30; ZEMEN HERBERT, Schweizerisches Erbrecht und ausländische Adoption, FamRZ *1978* 308.

Rechtsvergleichung	Nach BGB 1752 wird die Adoption auf notariell beurkundeten Antrag des Adoptierenden vom Vormundschaftsgericht ausgesprochen. § 1753 erlaubt die Adoption auch nach dem Tod des Adoptierenden, sofern das Gesuch vorher eingereicht worden ist. ABGB 179a Abs. 1 lässt die Adoption durch schriftlichen Vertrag und Bewilligung des Richters entstehen; Tod des Adoptierenden nach Vertragsschluss hindert die Bewilligung nicht. Die Volladoption des italienischen Rechts wird vom Gericht nach Abschluss des Verfahrens zur Feststellung der Adoptionseignung ausgesprochen (Ad. Gesetz 25); über die einfache Adoption entscheidet das Gericht aufgrund der Einigung des Adoptierenden und des Adoptierten oder seines gesetzlichen Vertreters (CCit 311–313). Nach CCfr 353 spricht das Gericht die Adoption auf Gesuch des Adoptierenden aus; ist das Kind zur Adoption aufgenommen, so kann das Gesuch auch nach dem Tod des Adoptierenden von dessen Ehegatten oder einem Erben gestellt werden.	2b
Rechtsgeschichte	In den welschen Kantonen wurde die Adoption aufgrund der Einigung der Beteiligten vom Gericht bewilligt, in den deutschschweizerischen in einem umständlichen Verwaltungsverfahren ausgesprochen (HUBER SPR I 412ff). Nach aArt. 267 Abs. 1 erfolgte die Adoption aufgrund einer öffentlichen Urkunde mit Ermächtigung der zuständigen Behörde am Wohnsitz des Adoptierenden (vgl. BBl *1971* I 1236f).	2c
Textgeschichte	Art. 268 Abs. 1 entspricht aArt. 267 Abs. 1. Anstelle der Ermächtigung der zuständigen Behörde tritt aber der Entscheid der zuständigen kantonalen Behörde. Das Erfordernis der öffentlichen Urkunde entfällt. – Abs. 2 und 3 sind neu. – Der Entwurf hatte in Abs. 1 die Zuständigkeit des Richters vorgesehen. Abs. 2 stimmt mit dem Entwurf überein. Abs. 3 wurde in den Beratungen des Parlamentes aufgenommen.	2d

I. Rechtsnatur der Adoption

Die Adoption ist staatlicher Hoheitsakt, der auf Antrag und mit Zustimmung der beteiligten Personen ergeht (BBl *1971* I 1236; ebenso EAdÜ Art. 4). 3

II. Zuständigkeit

1. Sachlich

Die sachlich zuständige Behörde wird vom *kantonalen* Recht bestimmt (SchlT 54 Abs. 1). Sie kann eine richterliche oder eine Verwaltungsbehörde sein (SchlT 54 Abs. 2). Es darf nur eine *kantonale* Behörde, eine einzige oder eine solche des Bezirks, nicht aber eine Gemeindebehörde bestimmt werden. 4

5 Die Adoptionsbehörde kann sich nach kantonalem Recht der *Hilfe* anderer geeigneter Stellen bedienen. In Betracht kommen insbesondere eine Gemeindebehörde, die Vormundschaftsbehörde, die Amtsvormundschaft, das Jugendsekretariat, der Sozialdienst, die Pflegekinderaufsicht. Solchen Stellen kann die Entgegennahme des Adoptionsgesuches, die Durchführung der Untersuchung im Sinne von Art. 268 a, die Vorprüfung des Gesuches und die Antragstellung zuhanden der Adoptionsbehörde übertragen werden. Mustersammlung Nr. 214.2.

6 Dagegen kommt ihnen in keinem Falle die Befugnis zu, ein Gesuch abzuweisen oder von der Hand zu weisen. Die Gesuchsteller haben von Bundesrechts wegen Anspruch darauf, dass ihr Gesuch von der *Adoptionsbehörde* behandelt und entschieden wird, auch wenn es nach Auffassung der vorbereitenden Stelle nicht gutgeheissen werden kann (Art. 265 N 24).

7 Nach dem Stand der kantonalen Gesetzgebung am 1. Januar 1984 sind folgende Behörden zuständig (vgl. dazu ZVW *1973* 110 und 160, *1984* 29; ZZW *1973* 232, 310):

Kanton	Für die Entgegennahme des Adoptionsgesuches	Für die Aussprechung der Adoption	Für die Aufsicht über die Adoptionsvermittlung
Zürich	Bezirksrat	Bezirksrat	Kant. Jugendamt
Bern	Kant. Jugendamt	Justizdirektion	Regierungsrat
Luzern	Regierungsstatthalter	Regierungsstatthalter	Justizdepartement
Uri	Justizdirektion	Justizdirektion	Vormundschaftsdirektion
Schwyz	Departement des Innern	Departement des Innern	Departement des Innern
Obwalden	Justizdepartement	Regierungsrat	Justizdepartement
Nidwalden	Kantonsgerichtspräsident	Kantonsgerichtspräsident	Regierungsrat
Glarus	Fürsorgedirektion	Regierungsrat	Fürsorgedirektion
Zug	Direktion des Innern	Direktion des Innern	Direktion des Innern
Freiburg	Justizdepartement	Justizdepartement	Kant. Jugendamt
Solothurn	Justizdepartement	Justizdepartement	Justizdepartement
Basel-Stadt	Justizdepartement	Justizdepartement	Justizdepartement
Basel-Landschaft	Justizdirektion	Justizdirektion	Erziehungsdirektion
Schaffhausen	Waisenbehörde	Gemeindedirektion	Gemeindedirektion
Appenzell Ausserrhoden	Gemeinderat	Regierungsrat	Gemeindedirektion
Appenzell Innerrhoden	Standeskommission	Standeskommission	Standeskommission
St. Gallen	Bezirksammann	Bezirksammann	Justizdepartement
Graubünden	Bezirksgerichtsausschuss	Bezirksgerichtsausschuss	Kant. Fürsorgeamt

Kanton	Für die Entgegennahme des Adoptionsgesuches	Für die Aussprechung der Adoption	Für die Aufsicht über die Adoptionsvermittlung
Aargau	Bezirksamt	Departement des Innern	Departement des Innern
Thurgau	Vormundschaftsbehörde	Regierungsrat	Vormundschaftsdepartement
Tessin	Ufficio cantonale dello Stato civile	Consiglio di Stato	Dipartimento delle opere sociali
Waadt	Etat civil cantonal	Département de la Justice et de la Police	Département de la Prévoyance sociale et des assurances
Wallis	Staatsrat	Staatsrat	Kant. Jugendamt
Neuenburg	Autorité tutélaire de surveillance (Tribunal cantonal)	Autorité tutélaire de surveillance (Tribunal cantonal)	Office cantonal des mineurs et des tutelles
Genf	Autorité tutélaire de surveillance (Cour de justice)	Autorité tutélaire de surveillance (Cour de justice)	Département de l'instruction publique (Tuteur général)
Jura	Département de la Justice et de l'Intérieur	Gouvernement	Département de la Justice et de l'Intérieur

2. Örtlich

A. Grundsatz

Zuständig ist die Behörde am Wohnsitz der Adoptiveltern. Massgebend ist der Wohnsitz im Zeitpunkt, da das Adoptionsgesuch gestellt ist und anhand genommen werden kann (N 18; ZVW *1976* 68 Nr. 6). Haben die Adoptiveltern einen verschiedenen Wohnsitz, so ist die Behörde am Wohnsitz jenes Ehegatten zuständig, unter dessen Obhut das Kind lebt oder zuletzt gelebt hat. Örtliche Unzuständigkeit ist kein Nichtigkeitsgrund. Ist die angerufene Behörde unzuständig, so ist das Gesuch an die zuständige Behörde weiterzuleiten (vgl. dazu VwVG 8, Zürich VRG 5). 8a

B. Im internationalen Verhältnis

a) Autonomes schweizerisches Kollisionsrecht

α) Zuständigkeit der Behörde am schweizerischen Wohnsitz
Haben die Adoptiveltern ihren Wohnsitz in der Schweiz, 9
so ist die Behörde dieses Wohnsitzes zuständig, eine Adoption auszuspre-

chen (NAG 8a Abs. 1; ebenso E/IPRG 73 Abs. 1). Das gilt auch, wenn die Gesuchsteller staatenlos oder Ausländer sind, BGE *106* II 279; BAECHLER ZZW *1972* 330). Ist ein im Ausland begründeter Wohnsitz aufgegeben und in der Schweiz kein neuer begründet worden, so ist die Behörde am Aufenthaltsort zuständig (Art. 24 Abs. 2; vgl. dazu BGE *96* II 395). Zum Wohnsitzbegriff BUCHER SJK Nr. 157 S. 4; NAG 8e Abs. 1 schliesst eine Heimatzuständigkeit für Ausländer mit Wohnsitz in der Schweiz nicht aus (VOLKEN 85 ff).

9a Die Wohnsitzbehörde wendet auf die *Voraussetzungen* der Adoption *schweizerisches Recht* an (NAG 8b; ebenso E/IPRG 75 Abs. 1). Sie berücksichtigt aber neben den Voraussetzungen des schweizerischen Rechts auch diejenigen des Heimatrechts der adoptierenden Personen, wenn eine Adoption im Heimatstaat des oder der Adoptierenden nicht anerkannt würde und dem Kind daraus ein schwerer Nachteil erwüchse; erscheint die Anerkennung auch auf diesem Weg nicht als gesichert, so ist das Gesuch abzuweisen (NAG 8c; E/IPRG 75 Abs. 2 verlangt überdies die Berücksichtigung des Rechtes des Wohnsitzstaates). Über die Anwendung dieses Grundsatzes, wenn einer der adoptierenden Ehegatten Schweizerbürger oder der Adoptierende neben der ausländischen Staatsangehörigkeit noch das Schweizerbürgerrecht besitzt, s. BUCHER SJK Nr. 157 S. 5; VISCHER/VON PLANTA 122; VPB *1975* Nr. 57, *1973* Nr. 54.

9b Das Interesse des Kindes (Art. 264) an der Anerkennung der Adoption in seiner Heimat kann auch die Berücksichtigung seines Heimatrechts rechtfertigen (BUCHER SJK Nr. 156 S. 5; VISCHER/VON PLANTA 122; a. M. VPB *1975* Nr. 57).

9c Vom ausländischen Heimatrecht sind die Anforderungen zu berücksichtigen, die es an die Anerkennung der schweizerischen Volladoption stellt. Es genügt, wenn die Anerkennung wahrscheinlich ist (BUCHER SJK Nr. 157 S. 5).

9d Ob dem Kind aus der Nichtanerkennung ein schwerer Nachteil erwüchse, ist aufgrund der konkreten Umstände zu beurteilen, wozu auch die Wahrscheinlichkeit gehört, dass das Kind in dem Staat, der die Adoption nicht anerkennt, leben wird (BUCHER SJK Nr. 157 S. 6/7; VOLKEN 89 f).

9e Kasuistik *Kind und Mutter Schweizer, Stiefvater Italiener*
Anerkennung der Stiefkindadoption durch Italien wahrscheinlich. VPB *1975* Nr. 16. Gegenteilig VPB *1974* Nr. 8, *1980* Nr. 111, *1981* Nr. 11. Frage des schweren Nachteils hängt vom Grad der Integration der Familie in der Schweiz ab; ähnlich:

Kind und Mutter Franzosen, Stiefvater Italiener
VPB *1983* Nr. 27. Zu beachten ist die Revision des ital. Adoptionsrechts vom 4.5.1983!
Kind und Mutter Guatemalteken, Stiefvater Südafrikaner
Anerkennung wahrscheinlich, wenn nichteuropäische Rasse des Kindes aus den Akten nicht hervorgeht. VPB *1981* Nr. 79.
Kind österreichisch, Adoptivvater ungarischer Flüchtling, Adoptivmutter Spanierin
Adoptivvater steht einem Schweizer gleich, Anerkennung in Spanien zu erwarten. VPB *1975* Nr. 57.
Kind italienisch, Adoptivvater Belgier, Adoptivmutter belgisch-schweizerische Doppelbürgerin
Nichtanerkennung in Belgien nicht sicher. Schwerer Nachteil allfälliger Nichtanerkennung wegen ausreichender Integration in der Schweiz eher zu verneinen. VPB *1973* Nr. 54.
Kinder Schweizer, in der Schweiz altrechtlich adoptiert durch italienische Ehegatten
Unterstellung nach SchlT 12 b durch Adoptivmutter mit Wohnsitz in der Schweiz und Adoptivvater mit Wohnsitz in Italien. VPB *1976* Nr. 56.
Kind mündig, Flüchtling, Adoptivmutter Flüchtling und Mutter von zwei Kindern
Adoption nach schweizerischem Recht unzulässig. VPB *1974* Nr. 10.
Kind schweizerisch, mündig und verheiratet, Nachadoption durch italienische Adoptiveltern nach SchlT 12 c
Anerkennung durch Italien unwahrscheinlich. Schwerer Nachteil Ermessensfrage. VPB *1974* Nr. 8.

Eine ausländische diplomatische oder konsularische Vertretung in der Schweiz ist nicht befugt, eine Adoption auszusprechen. Eine solche «Adoption» ist in der Schweiz unbeachtlich. VPB *1974* Nr. 9.

β) Zuständigkeit der Heimatbehörde

Für Schweizer, die an ihrem ausländischen Wohnsitz nicht adoptieren können, ist die Behörde ihres Heimatortes zuständig (NAG 8 a Abs. 2). Für das anwendbare Recht s. N 9 a–9 d. Die Unmöglichkeit kann rechtlicher oder tatsächlicher Art sein (BUCHER SJK Nr. 157 S. 7/8). Sie ist auch gegeben, wenn im Ausland nur die einfache Adoption möglich ist. Bei Auslandschweizern, die am ausländischen Wohnsitz integriert sind, ist Zurückhaltung geboten (VOLKEN 90). Nach E/IPRG 74 ist die Heimatbehörde zuständig, wenn die Adoption am Wohnsitz unmöglich oder unzumutbar ist. Die Zuständigkeit der Heimatbehörde entfällt jedoch, wenn sie im ausländischen Wohnsitzstaat nicht anerkannt wird und dem Kind daraus ein schwerer Nachteil erwächst, NAG 8 a Abs. 2. Wie bei NAG 8 c (N 9 a, 9 c) genügt es, wenn die Anerkennung wahrscheinlich ist. Im Fall der Nichtanerkennung kommt der Frage des schweren Nachteils wegen des Wohnsitzes mehr

Gewicht zu als bei NAG 8c (BUCHER SJK Nr. 157 S. 9). NAG 28 Ziff. 2 ist 1976 durch den Vorbehalt von NAG 8a–8e ergänzt worden.

9h Die Heimatbehörde ist auch zuständig, wenn im Ausland kein Wohnsitz und in der Schweiz weder Wohnsitz noch Aufenthalt besteht.

b) Haager Adoptions-Übereinkommen

10 Das Übereinkommen (hinten S. 651) gilt für die Adoption von Personen unter 18 Jahren, wenn diese und der oder die Adoptierenden die Staatsangehörigkeit eines Vertragsstaates und in einem solchen gewöhnlichen Aufenthalt haben (Art. 1). Zuständig sind die Behörden des Aufenthalts- oder des Heimatstaates der Adoptierenden (Art. 3); die Schweiz hat vom Vorbehalt gemäss Art. 22 Gebrauch gemacht. Die Behörden wenden ihr innerstaatliches Recht an; indessen haben die Behörden des gewöhnlichen Aufenthalts die Adoptionsverbote des Heimatrechts des oder der Adoptierenden zu beachten; für die Schweiz sind es die Erfordernisse gemäss Art. 265 Abs. 1, 264a Abs. 2 und 3 und 264 (Pflegeverhältnis) (Art. 4, 13). Auf die Zustimmungs- und Anhörungsrechte anderer Personen als des Annehmenden, seiner Familie oder seines Ehegatten ist das Heimatrecht des Kindes anzuwenden (Art. 5). Die Adoption darf nur ausgesprochen werden, wenn sie dem Wohl des Kindes dient (Art. 6). Vgl. im einzelnen BUCHER, SJK Nr. 161, BAECHLER, ZZW *1972,* 332ff, VOLKEN 104ff.

10a Kasuistik   Adoption *österreichischer* Kinder durch den schweizerischen Stiefvater in der Schweiz. Anwendung österreichischen Rechts auf das Absehen von der Zustimmung, ZVW *1981* 116 Nr. 13. Für das Verhältnis zu *Österreich* vgl. auch E. KUSSBACH, ZVW *1967* 108; G. ENGIN-DENIZ, ZVW *1972* 69 Nr. 13; hinten N 89a a. E., ZZW *1984* 170.

III. Verfahren

1. Rechtsnatur und Grundlagen

11 Das Adoptionsverfahren wird unter Vorbehalt des Bundesrechts vom kantonalen Recht geregelt (SchlT 54 Abs. 3). Bundesrechtlich geordnet sind die Aktivlegitimation, die Bedeutung von Veränderungen, die Untersuchung, der Inhalt des Entscheides, das Adoptionsgeheimnis.

Die Adoption gehört zur freiwilligen oder nichtstreitigen Gerichtsbarkeit. 12
Soweit die Gesetzgebung hierüber nicht besondere Vorschriften aufstellt,
gelten die allgemeinen Regeln dieser Verfahrensart (vgl. GULDENER, Grundzüge der freiwilligen Gerichtsbarkeit, Zürich 1954). Die kantonalen Vorschriften dürfen von denen des ordentlichen Zivilprozesses abweichen
(BGE *109* I a 17).
Insbesondere steht das Adoptionsverfahren unter der Offizialmaxime (GUL- 13
DENER 55). Die Behörde hat von Amtes wegen die Untersuchungen durchzuführen und die Beweise zu sammeln, die für die Beurteilung des Gesuches
erforderlich sind (ZZW *1981* 279). Sie darf unter Vorbehalt von N 19 den
Gesuchstellern oder andern Beteiligten nicht Beweis auflegen. Die Adoptionsbehörde und alle Hilfsorgane sind zur Wahrung des Adoptionsgeheimnisses verpflichtet (Art. 268 b).

2. Adoptionsgesuch

Das Adoptionsverfahren wird durch das Gesuch der 14
Adoptiveltern eingeleitet. Das Recht, das Adoptionsgesuch zu stellen, ist
höchstpersönlicher Natur und erlischt mit dem Tod (HEGNAUER ZVW *1981*
12). Es setzt Urteilsfähigkeit voraus (vgl. Art. 264a N 4, 5). Das Gesuch kann
nicht vom gesetzlichen Vertreter gestellt werden, auch nicht von Dritten,
insbesondere nicht vom Kind oder dessen gesetzlichem Vertreter. Ebenso ist
rechtsgeschäftliche Vertretung ausgeschlossen (VA Art. 267 N 12), zulässig
dagegen ist die Verbeiständung durch einen Rechtskundigen.
Bei der gemeinschaftlichen Adoption (Art. 264a Abs. 1) ist das Gesuch von 15
jedem Ehegatten persönlich zu stellen.
Eine bestimmte Form ist nicht vorgeschrieben. Unerlässlich ist eine eindeu- 16
tige Willenserklärung gegenüber der Behörde (HEGNAUER ZVW *1981* 12).
Das setzt voraus, dass das Gesuch schriftlich eingereicht oder mündlich zu
Protokoll erklärt wird (vgl. auch Art. 265a Abs. 2). Öffentliche Beurkundung
des Gesuches ist nicht erforderlich. Vgl. Mustersammlung Nr. 231.
Die Adoptiveltern können das Gesuch, solange die Adoption nicht ausge- 17
sprochen ist, zurückziehen. Das Verfahren wird damit gegenstandslos.
Eine Pflicht zur Stellung eines Adoptionsgesuches besteht nicht und kann 17a
nicht eingegangen werden. Immerhin kann, wer ein Kind zur späteren
Adoption in Pflege nimmt und es dann doch nicht adoptiert, schadenersatz-
und genugtuungspflichtig werden, Art. 264 N 47.

3. Anhandnahme des Gesuches

18   Das Adoptionsgesuch darf erst anhandgenommen werden, wenn die zeitlichen Voraussetzungen – Pflegeverhältnis (Art. 264, 266), Mindestdauer der Ehe oder Mindestalter (Art. 264 a und b) – erfüllt sind. Trifft dies nicht zu, so ist das Gesuch zur Zeit abzuweisen oder seine Behandlung zu sistieren.

19   Die Anhandnahme des Gesuches setzt im weitern voraus, dass die Identität und der Familienstand der Adoptiveltern und des Kindes feststeht. Den Gesuchstellern kann aufgegeben werden, die entsprechenden Belege einzureichen. Dagegen brauchen die Zustimmungen (Art. 265 Abs. 2 und 3, 265 a Abs. 1) nicht vorzuliegen. Vgl. Mustersammlung Nr. 232.

19a Wird das Gesuch wegen Unzuständigkeit an eine andere Behörde überwiesen (N 8 a), so bleibt der Zeitpunkt der Einreichung bei der unzuständigen Behörde im Blick auf Abs. 2 und 3 (N 23, 25) massgebend (Zürich VRG 5 Abs. 2; VwVG 21 Abs. 2). Das gilt auch, wenn das kantonale Recht die Überweisung nicht kennt, auf das Gesuch daher nicht eingetreten wird, der Gesuchsteller aber in sinngemässer Anwendung von OR 139 das Gesuch binnen 60 Tagen bei der zuständigen Behörde stellt.

4. Veränderungen während des Verfahrens

A. Tod des Adoptivkindes

20   Die Adoption soll dem Kindeswohl dienen (Art. 264). Diesen Zweck vermag sie nicht mehr zu erfüllen, wenn das Kind *gestorben* ist. Das Verfahren wird daher grundsätzlich mit dem Tod des Adoptivkindes gegenstandslos (VA Art. 267 N 25; BBl *1971* I 1338; BGB 1753 Abs. 1).

21   Andere tatsächliche Veränderungen in der Person des Adoptivkindes während des Verfahrens schliessen dagegen die Adoption nicht zwingend aus, sondern sind im Rahmen des Entscheides, ob die Adoption dem Kindeswohl diene, zu würdigen. (Für den Eintritt der Mündigkeit vgl. N 26 f). Sie können den Adoptiveltern Anlass geben, das Adoptionsgesuch zurückzuziehen (N 17).

B. Tod oder Urteilsunfähigkeit der Adoptiveltern

Das Adoptionsgesuch wird bei Tod oder Eintritt der Urteilsunfähigkeit der Adoptiveltern nicht schon von Gesetzes wegen gegenstandslos. Vielmehr kann die Adoption auch in diesen Fällen ausgesprochen werden, sofern 22

– das Adoptionsgesuch eingereicht ist und hätte anhandgenommen werden können (N 18–19a) und 23
– die Voraussetzungen der Adoption im übrigen nicht berührt werden (Abs. 2, vgl. auch VA Art. 267 N 25). Damit sind vor allem die allgemeinen Voraussetzungen des Art. 264 gemeint: Die Adoption muss dem Wohl des Kindes dienen und darf andere Kinder der Adoptiveltern nicht in unbilliger Weise zurücksetzen (BBl *1971* I 1238). Diese Voraussetzungen sind namentlich erfüllt, wenn nur einer der Pflegeeltern während des Adoptionsverfahrens ausfällt und zum andern ein gutes Verhältnis besteht. Dann liegt es durchaus im Interesse des Kindes, wenn die gemeinschaftliche Adoption ausgesprochen wird. Die posthume Adoption kann aber auch sinnvoll sein, wenn beide Adoptiveltern oder der einzige (alleinige) Adoptierende sterben, aber eine gute Beziehung zu den Eltern der Verstorbenen besteht. Entsprechendes gilt für die Stiefkindadoption (vgl. dazu auch N 29, Art. 264a N 34f). In dem in BGE *101* V 261 beurteilten Sachverhalt bleibt die Frage offen, warum Art. 268 Abs. 2 nicht angewendet wurde. 24

C. Eintritt der Mündigkeit

Wird das Kind nach Einreichung des Gesuches mündig, so bleiben die Bestimmungen über die Adoption Unmündiger anwendbar, wenn deren Voraussetzungen vorher erfüllt waren (Abs. 3). Das trifft zu, wenn es hätte anhandgenommen werden können (N 18–19a; ZVW *1974* 136 Ziff. 1; ZZW *1981* 279). 25

Ein Adoptionsgesuch wird vor der Mündigkeit gestellt, es soll aber erst nachher behandelt werden, damit der Adoptivsohn das bisherige Bürgerrecht (Art. 267a) nicht verliere. Die Gesuchstellerin stirbt noch vor der Mündigkeit des Pflegesohnes. Die Mündigenadoption ist damit ausgeschlossen (N 23; HEGNAUER ZVW *1977* 102).

Wird ein Gesuch abgewiesen, weil das Pflegeverhältnis trotz zweijähriger Dauer nach den Umständen sich als zu kurz erweist (Art. 264 N 41), so ist 26 eine spätere Adoption nach Eintritt der Mündigkeit nur nach Art. 266 möglich.

27 Heiratet das Kind während des Verfahrens, so bedarf die Adoption der Zustimmung des Ehegatten nicht. Immerhin sind der Umstand der Verehelichung und die Einstellung des Ehegatten zur Adoption von der Adoptionsbehörde zu untersuchen und in ihrem Entscheid zu würdigen.

27a Fehlt die Zustimmung der Eltern (Art. 265a Abs. 1), so ist sie nach Eintritt der Mündigkeit nicht mehr nötig. Art. 268 Abs. 3 dient nicht dem Interesse der Eltern, sondern will zugunsten des Kindes das Erfordernis der Kinderlosigkeit (Art. 266 a. A.) und den Ausschluss des Bürgerrechtserwerbes (Art. 267 b, BüG 7) vermeiden. Das Kind wird familienrechtlich voll handlungsfähig (BGE *97* I 622f, E. 4b). Damit ist die Fortdauer des Erfordernisses der Zustimmung der vormundschaftlichen Aufsichtsbehörde (Art. 265 Abs. 3, dort N 19), wie auch die der Eltern unvereinbar. SchlT 12b Abs. 3 Satz 2 und 12c Abs. 2 sind sinngemäss anwendbar.

D. *Andere Veränderungen*

28 während des Verfahrens sind in entsprechender Anwendung der Abs. 2 und 3 zu beurteilen (nach ENGLER FamRZ *1977* 673 sind Abs. 2 und 3 eher als Ausnahmen zu verstehen und liegt daher der Umkehrschluss näher als die Analogie; vgl. demgegenüber zugunsten des Analogieschlusses EUGEN HUBER, Erl 2. A. I 11). Das heisst: Wenn die objektiven Voraussetzungen der Adoption im Zeitpunkt des Gesuches (N 18) erfüllt gewesen sind, so soll das Kind es nicht entgelten, dass das Adoptionsverfahren eine weitgehend vom Zufall bestimmte Dauer beansprucht. Die Bedeutung der Änderung ist im Rahmen der Untersuchung gemäss Art. 268a abzuklären und bei der Entscheidung zu berücksichtigen. Dient die Adoption auch unter den veränderten Verhältnissen dem Wohl des Kindes, so ist sie entsprechend dem gestellten Gesuch auszusprechen.

29 Unter diesem Vorbehalt darf der Stiefelternteil das Kind des Ehegatten nach Art. 264a Abs. 3 adoptieren, auch wenn dieser leibliche Elternteil während des Verfahrens stirbt (vgl. Art. 264a N 34).

30 Das gilt auch, wenn der Stiefelternteil während des Verfahrens wieder heiratet (vgl. Art. 264a N 34).

31 Ebenso darf die Einzeladoption gemäss Art. 264b Abs. 1 ausgesprochen werden, wenn der Gesuchsteller während des Verfahrens heiratet. Die Zustimmung des neuen Ehegatten ist in den beiden letztgenannten Fällen

(N 30, 31) nicht erforderlich; immerhin gilt N 27 sinngemäss auch hier (ZVW *1974* 144 Ziff. 5, 8).

Auch Scheidung oder gerichtliche Trennung der Gesuchsteller schliesst die Adoption nicht aus. 32

Eine Ausnahme gilt für die Mündigenadoption: Das Erfordernis des Fehlens von Nachkommen muss auch im Zeitpunkt der Adoption noch erfüllt sein (Art. 266 N 14). Das Interesse des Mündels an der Adoption wiegt weniger als das öffentliche Interesse an der Einhaltung dieses Erfordernisses. 32a

5. *Prüfung des Gesuches*

Die Adoptionsbehörde hat – abgesehen von ihrer Zuständigkeit (N 8 ff) – auf Grund der Untersuchung (Art. 268 a) die gesetzlichen Voraussetzungen der Adoption zu prüfen. Dazu gehören folgende Fragen: 33

– *Liegt ein gültiges Gesuch vor?* Urteilsfähigkeit (N 14). Gemeinsames Gesuch Verheirateter (Art. 264 a Abs. 1) oder Sondertatbestände der Einzeladoption (Art. 264 b Abs. 2). Zustimmung der vormundschaftlichen Aufsichtsbehörde zum Gesuch Entmündigter (Art. 422 Ziff. 1). Kenntnis der Wirkungen der Adoption und der Unauflöslichkeit. 34

– *Sind die zeitlichen Voraussetzungen erfüllt?* Dauer des Pflegeverhältnisses (Art. 264) oder der Hausgemeinschaft (Art. 266). Mindestdauer der Ehe oder Mindestalter (Art. 264 a und 264 b). Mindestaltersunterschied (Art. 265 Abs. 1). Vgl. dazu auch Art. 265 N 17 a. E. 35

– *Sind die Zustimmungen erteilt:* Des urteilsfähigen Kindes (Art. 265 Abs. 2). Der vormundschaftlichen Aufsichtsbehörde bei Bevormundung des Kindes (Art. 265 Abs. 3, 422 Ziff. 1). Des Ehegatten (Art. 266 Abs. 2). 36

– *Haben die leiblichen Eltern zugestimmt (Art. 265 a)?* Oder liegt ein Entscheid der Vormundschaftsbehörde über das Absehen von der Zustimmung vor (Art. 265 d Abs. 1)? Oder sind die Voraussetzungen für einen solchen Entscheid der Adoptionsbehörde gegeben (Art. 265 d Abs. 2)? 37

– Ist die Sperrfrist für die Zustimmung der Eltern eingehalten und die Widerrufsfrist abgelaufen (Art. 265 b Abs. 1 und 2)? 38

– *Welches ist die Einstellung weiterer Betroffener?* Des noch nicht urteilsfähigen Kindes (Art. 265 N 16 f). Der andern Nachkommen der Adoptiveltern (Art. 264 a. E., 268 a Abs. 3). Von Angehörigen, wenn Eltern fehlen (Art. 265 a N 13; Art. 268 a N 14). 39

– *Dient die Adoption dem Wohl des Kindes,* ohne andere Kinder in unbilliger Weise zurückzusetzen (Art. 264)? 40

IV. Entscheid

1. Inhalt

41 Der Entscheid hat das Ergebnis der Prüfung der einzelnen Voraussetzungen (N 33–40) festzuhalten und daraus die Folgerung für die Gutheissung oder Abweisung des Adoptionsgesuches zu ziehen.

42 In bezug auf die objektiven, absoluten Voraussetzungen handelt es sich im wesentlichen um die einfache Subsumtion des Sachverhaltes.

43 Dagegen erfordert die Entscheidung der Frage, ob die Adoption dem Wohl des Kindes diene, eine Wertung der konkreten Umstände (Art. 264 N 59 ff) und damit die Handhabung von Ermessen. Dies gilt auch für die Berücksichtigung der Interessen anderer Kinder (Art. 264 N 70 ff) und das Absehen von der Zustimmung der Eltern, wenn hierüber noch kein Entscheid gefällt worden ist (Art. 265 d Abs. 2).

2. Begründung

44 Der Entscheid über das Adoptionsgesuch ist in jedem Falle zu begründen (HEGNAUER ZVW *1973* 134 ff).

45 Wird die Adoption abgelehnt, so müssen die hiefür massgebenden Gründe für die Rechtsmittelinstanz ohne weiteres überprüfbar sein.

46 Wird sie dagegen ausgesprochen, so muss zur Selbstkontrolle der Behörde und im Blick auf eine allfällige Anfechtung (Art. 269 ff) aus der Begründung hervorgehen, dass die gesetzlichen Voraussetzungen geprüft worden sind.

47 Keineswegs genügt es, lediglich auf die angewendeten gesetzlichen Bestimmungen oder den Antrag der vorbereitenden Stelle hinzuweisen.

48 Besondere Fälle wie die Stiefkind-, die Einzel- und die Mündigenadoption sind entsprechend eingehend zu begründen und auch in ihren Wirkungen zu klären.

3. Dispositiv

49 Der Entscheid lautet auf Gutheissung oder Abweisung des Adoptionsgesuches. Im Falle der Gutheissung ist das Dispositiv so zu fassen, dass ersichtlich ist, zu welchen Personen das Kindesverhältnis begrün-

det wird. Über das Bürgerrecht ist nicht zu befinden (PKG/GR *1976* Nr. 16). Ein neuer Vorname (Art. 267 N 42) ist aufzuführen (ZVW *1973* 33 Nr. 1 Ziff. 12).

Wird die Adoption von Verheirateten nicht gemeinschaftlich nachgesucht, 50 so ist eindeutig festzuhalten, ob es sich um eine Stiefkind- oder um eine Einzeladoption handelt (Art. 264 a Abs. 3; Art. 264 b Abs. 2).

Im Fall der *Stiefkind*adoption ist ausdrücklich der Fortbestand des Kindes- 51 verhältnisses zum leiblichen Elternteil, der mit dem Stiefelternteil verheiratet ist oder war, vorzubehalten (Art. 267 Abs. 2 Satz 2, dort N 16/17).

Bedingungen oder Auflagen sind unzulässig (vgl. Art. 267 N 55). 52

Beschränkungen der elterlichen Gewalt über das unmündige Kind sind un- 53 zulässig. Die Adoptionsbehörde kann in besonderen Situationen vor ihrem Entscheid die Vormundschaftsbehörde einladen, für den Fall der Adoption Kindesschutzmassnahmen (Art. 307 ff) oder Anordnungen über den persönlichen Verkehr zu treffen (s. Art. 265 a N 53).

4. Mitteilung

Der Entscheid über das Adoptionsgesuch ist den Gesuch- 54 stellern, dem urteilsfähigen Kind und dem gesetzlichen Vertreter des Kindes sowie der Aufsichtsbehörde im Zivilstandswesen (N 72) mitzuteilen, gegebenenfalls überdies der Adoptionsvermittlungsstelle, der Vormundschaftsbehörde und der Pflegekinderaufsicht am Wohnsitze der Adoptiveltern. Weitere Mitteilungen sieht das Haager Adoptionsübereinkommen vor (Art. 9, hinten S. 645).

Die Adoption ist überdies der Wohnsitzgemeinde, die eines Unmündigen 54a auch der Heimatgemeinde des Adoptierenden unter Hinweis auf das Anfechtungsrecht gemäss Art. 269 a Abs. 1 mitzuteilen. Diese Pflicht ergibt sich als ungeschriebener Satz des Bundesrechts in Analogie zu ZStV 106 Abs. 1.

An die *leiblichen Eltern* erfolgt eine Mitteilung, wenn sie im Zeitpunkt der 55 Adoption gesetzliche Vertreter des Kindes sind.

Sind sie nicht gesetzliche Vertreter und haben sie der Adoption zugestimmt 56 oder hat die Vormundschaftsbehörde entschieden, dass von der Zustimmung der Eltern abzusehen sei (Art. 265 d Abs. 1), so ist ihnen die Adoption nur auf besonderes Gesuch mitzuteilen (HEGNAUER ZVW *1973* 133; vgl. auch BGE *109* Ia 17). Die Mitteilung hat sich auf die Tatsache der Adoption und das Datum des Entscheides zu beschränken, unter Weglassung der Personalien der Adoptiveltern (ZVW *1977* 72 Nr. 8).

57 Sind sie nicht gesetzliche Vertreter und entscheidet die Adoptionsbehörde, dass von der Zustimmung abzusehen sei (Art. 265 d Abs. 2), so ist ihnen die Tatsache der Adoption sowie der begründete Entscheid über das Absehen von ihrer Zustimmung mitzuteilen (Art. 265 d Abs. 3; BGE *109* I a 17 f), jedoch ohne die Personalien der Adoptiveltern (Art. 268 b).

58 Soweit eine Orientierung der leiblichen Eltern nötig ist, wie z. B. für das Erlöschen der Unterhaltspflicht oder des Besuchsrechts (Art. 267 N 47, 59), ist sie Sache des bisherigen gesetzlichen Vertreters.

5. Rechtskraft

59 Die Gutheissung des Adoptionsgesuches wirkt konstitutiv und löst die positiven und negativen Wirkungen der Adoption aus (Art. 267).

60 Die Adoption begründet Rechte und beseitigt Pflichten verschiedener beteiligter Personen (Art. 267). Die Rücknahme des positiven Entscheides durch die Adoptionsbehörde ist daher unzulässig, unter Vorbehalt zweifelsfreier Nichtigkeit (GULDENER, Freiwillige Gerichtsbarkeit, 62 f; a. M. PKG/GR *1974* Nr. 13 E. 2 b). Zulässig bleibt aber die Erläuterung, Präzisierung oder Ergänzung einer unklaren, ungenauen oder unvollständigen Entscheidung.

61 Der negative Entscheid schliesst ein weiteres, auf neue Tatsachen gestütztes Gesuch nicht aus.

62 Die Adoption wird von Bundesrechts wegen mit der Mitteilung des Adoptionsentscheides an den oder die Gesuchsteller wirksam, nach deren Tod mit der Mitteilung an das Kind. Im übrigen richtet sich der Eintritt der formellen Rechtskraft nach kantonalem Recht; vorbehalten bleibt OG 54 Abs. 2 für den letztinstanzlichen kantonalen Entscheid.

6. Rechtsmittel

A. Nach kantonalem Recht

63 Das kantonale Recht bestimmt über die Weiterziehung an eine kantonale Instanz, die Legitimation hiezu und die Rechtsmittelbelehrung. Steht der Rekurs jeder in ihren Rechten betroffenen Person zu, so kann er von den gleichen Personen eingelegt werden, die zur Anfechtungsklage gemäss Art. 269 a berechtigt sind (s. Art. 269 a N 10). Soweit neue Be-

gehren verfahrensrechtlicher Art und neue tatsächliche Behauptungen zulässig sind, ist zum Rekurs auch zugelassen, wer den angefochtenen Entscheid nachgesucht oder ihm zugestimmt hat (HEGNAUER ZVW *1973* 132f). So kann das urteilsfähige Adoptivkind gegen die Adoption rekurrieren und seine Zustimmung widerrufen (St. Gallen, ZZW *1981* 277; vgl. auch Art. 265 N 13). Auch der bevormundete, aber urteilsfähige leibliche Vater ist ohne Zustimmung des Vormundes zum Rekurs befugt (Waadt ZZW *1978* 130).

Hemmt ein kantonales Rechtsmittel den Eintritt der Rechtskraft, so kann das Adoptionsgesuch noch im Rechtsmittelverfahren zurückgezogen werden (N 17). 64

Anerkennt der Vater das Kind erst während der Rechtsmittelfrist, so richtet sich die Frage, ob ihm die Beschwerdelegitimation zukomme, nach kantonalem Recht. Sie dürfte in der Regel zu bejahen sein, wenn dieses die Berücksichtigung neuer Tatsachen vorsieht. Die Rechtsmittelinstanz kann die Sache zur Neubeurteilung an die Adoptionsbehörde zurückweisen oder aufgrund der neuen Sachlage selbst entscheiden. Rügt der Vater gestützt auf seine Anerkennung das Fehlen seiner Zustimmung, so kann sie, wenn ein entsprechender Beschluss (Art. 265 d N 3 c) noch nicht vorliegt, beschliessen, dass von seiner Zustimmung abgesehen werde (Art. 265 d Abs. 2). 64a

Ordentliche kantonale Rechtsmittel gehen der Anfechtungsklage im Sinne von Art. 269 ff vor (HEGNAUER ZVW *1973* 133 f). 65

Ist die Adoption mit Ablauf der zweijährigen Klagefrist (Art. 269 b) bundesrechtlich unanfechtbar geworden, so können auch keine kantonalen Rechtsmittel mehr eingelegt werden (Art. 269 b N 5, 8). Dagegen beschränkt die bundesrechtliche Anfechtungsklage die Legitimation zur Weiterziehung des Adoptionsentscheides an eine kantonale Instanz nicht (a. M. PKG/GR *1974* Nr. 13). 66

B. Berufung ans Bundesgericht

Die Berufung ist gegen den letztinstanzlichen kantonalen Entscheid zulässig (OG 44 lit. *c*): 67

- wenn die Adoption ausgesprochen und dabei von der Zustimmung eines Elternteils abgesehen worden ist (Art. 265 c Ziff. 2). Zur Berufung ist nur der betreffende *Elternteil* berechtigt (s. Art. 265 d N 3 a); 67a
- wenn die Adoption verweigert worden ist. Die Berufung steht nur der Person zu, die das *Adoptionsgesuch* gestellt hat, somit weder dem Kind, noch dem Ehegatten des Gesuchstellers (vgl. ZVW *1982* 28 Nr. 2) noch dem Adoptionsvermittler. 68

68a Wird eine Adoption ausgesprochen, so ist die Berufung unter Vorbehalt von N 67a ausgeschlossen, selbst wenn die Adoptionsbehörde oder eine kantonale Rechtsmittelinstanz das Gesetz verletzt hat. Dagegen kommt die Anfechtung nach Art. 269 ff in Betracht.

7. Kosten

69 Die Adoptionsbehörde kann den Gesuchstellern nach kantonalem Recht Gebühren und Kosten auferlegen. Die Kantone haben jedoch dabei dem familienrechtlichen Zweck der Adoption Rechnung zu tragen. Sie dürfen die Adoption nicht verunmöglichen oder übermässig erschweren (vgl. dazu HUBER Art. 6 N 231 ff, 238; PIDOUX, Pro Juventute *1960* 688). Vgl. für die 1974 geltenden Gebührenansätze ZVW *1975* 16 f.

V. Zivilstandsregister

1. Gesetzliche Grundlagen

70 Die Eintragung der Adoption erfolgt als Randbemerkung im Geburtsregister (Art. 47). Sie muss das Adoptionsgeheimnis wahren (Art. 268 b). Die Eintragung erfolgt unentgeltlich (ZStV 178 Abs. 1, 179 Abs. 1 Ziff. 1, 3, 4, 5, Abs. 2). – Über die Behandlung altrechtlicher Adoptionen s. SB Art. 267 N 34 ff.

71 Die Zivilstandsverordnung (ZStV; hinten S. 685) regelt die Einzelheiten. Sie folgt dabei den Empfehlungen von EAdÜ 20 Ziff. 3 und 4 (siehe hinten S. 656).

Das vom Eidg. Justiz- und Polizeidepartement herausgegebene Handbuch für das Zivilstandswesen II. Teil enthält Musterbeispiele (vgl. Ergänzungsheft 1/1973 mit Zusätzen von 1974 und 1980).

2. Eintragung einer schweizerischen Adoption

A. Mitteilungen (ZStV 132 Abs. 1 Ziff. 1)

72 Die Adoptionsbehörde teilt die Adoption der kantonalen Aufsichtsbehörde im Zivilstandswesen ihres Sitzes mit.

Diese leitet die Mitteilung weiter an: 73
- das Eidgenössische Amt für Zivilstandswesen,
- die Zivilstandsämter des Geburtsortes, des früheren und des neuen Heimatortes und des allfälligen Trauungsortes des Adoptierten sowie des Wohnsitzes des Adoptierenden und des Adoptierten. Die Mitteilung an Zivilstandsämter anderer Kantone erfolgt durch Vermittlung der betreffenden anderen kantonalen Aufsichtsbehörden.

B. Zentrales Verzeichnis der Adoptionen (ZStV 27 Abs. 2)

Das Eidgenössische Amt für das Zivilstandswesen führt 74 ein zentrales Verzeichnis der Adoptionen. Es dient der Adoptionsstatistik und der Aufdeckung von Ehehindernissen zwischen Adoptivverwandten und angestammten Verwandten (vgl. Art. 267 N 27/28).

C. Geburtsregister (ZStV 59 Abs. 3, 73 a–c)

Die Adoption wird auf Verfügung der kantonalen Auf- 75 sichtsbehörde am Rande der Eintragung im Geburtsregister angemerkt (ZStV 73a Abs. 1). Hierauf wird die ursprüngliche Eintragung durch ein Deckblatt ersetzt (ZStV 59 Abs. 3, 73a Abs. 2). Auf dem Deckblatt werden eingetragen neben der Zeit und dem Ort der Geburt der neue Familienname und der oder die (allenfalls neuen) Vornamen des Kindes; bei gemeinschaftlicher Adoption durch ein Ehepaar (Art. 264a Abs. 1) die Personalien der Adoptiveltern, bei der Stiefkindadoption (Art. 264a Abs. 3) die Personalien des Adoptierenden und seines Ehegatten, bei Einzeladoption die des Adoptierenden sowie – wenn er ledig ist – seiner Eltern, – wenn er verheiratet, verwitwet oder geschieden ist – des gegenwärtigen oder früheren Ehegatten und allenfalls das Datum der Auflösung der Ehe, schliesslich das Datum der Eintragung und die Angabe der Verfügung der Aufsichtsbehörde (ZStV 73b). Musterbeispiele 161–166.

Ist ein Adoptivkind im Ausland geboren und kann die Eintragung der 76 Adoption am Geburtsort nicht oder nur sehr schwer erwirkt werden, so kann die kantonale Aufsichtsbehörde die Eintragung der Geburt im Geburtsregister des Heimatortes anordnen (ZStV 73c). Musterbeispiel 167.

D. Familienregister (ZStV 115, 117)

77 Dem ledigen Adoptivvater oder der ledigen Adoptivmutter wird, sofern noch kein eigenes Blatt besteht, ein Blatt eröffnet, ebenso dem ledigen Adoptierten, der das Bürgerrecht der Adoptiveltern nicht erhalten hat (ZStV 115 Abs. 1 Ziff. 8). Musterbeispiel 689.

78 Auf dem Blatt der Adoptiveltern werden links der oder die Vornamen des Adoptivkindes eingetragen mit dem Vermerk «adoptiert», gegebenenfalls mit dem Vermerk, dass es nicht Gemeindebürger sei. Musterbeispiele 681–686, 6.202.

79 Auf dem Blatt der leiblichen Eltern werden die das Adoptivkind betreffenden Eintragungen im Textteil links gestrichen und im Textteil rechts vermerkt «adoptiert durch Dritte» (ZStV 117 Abs. 1 Ziff. 9, Abs. 2 Ziff. 16). Musterbeispiele 687, 688.

E. Auszüge (ZStV 138, 140)

80 Geburtsscheine für adoptierte Personen werden auf Grund des Deckblattes (N 75) ausgestellt. Sie enthalten somit keinen Hinweis auf die Adoption. Auch in den übrigen Auszügen wird die Bezeichnung «adoptiert» weggelassen (ZStV 140 Abs. 2 und 3). Musterbeispiele 1161, 1167.
Den leiblichen Eltern dürfen Familienscheine der Adoptiveltern oder des Kindes nicht ausgestellt werden (ZStV 138 Abs. 2 Satz 2).

81 Auszüge und Abschriften der überdeckten und gelöschten Eintragungen dürfen nur mit *Bewilligung* der kantonalen *Aufsichtsbehörde* abgegeben werden (ZStV 138 Abs. 3). Der Zivilstandsbeamte darf von sich aus hierüber weder mündlich noch schriftlich Auskunft geben, auch nicht gegenüber dem Adoptivkind, das weiss, wer seine leiblichen Eltern sind (ZZW *1978* 346; HAUSHEER, in: Beiträge zur Anwendung des neuen Adoptionsrechts, St. Gallen 1979 30; a. M. WAGNER ZZW *1979* 9f). Gegen den Entscheid der Aufsichtsbehörde ist die Verwaltungsgerichtsbeschwerde ans Bundesgericht zulässig (OG 97 ff; ZStV 20; ZZW *1973* 153).

81a Die Aufsichtsbehörde hat das *Interesse* des Gesuchstellers auf Einsicht in die ursprüngliche Eintragung gegen das gegenteilige Interesse der übrigen Beteiligten abzuwägen. Vgl. auch ZStV 29 Abs. 2, 138 Abs. 2. Das Interesse des urteilsfähigen Adoptivkindes, zu wissen, wer seine leiblichen Eltern sind, wird heute im allgemeinen als schutzwürdig anerkannt (vgl. Report of the Departmental Comittee on the Adoption of Children, London 1972, Nr. 300–305; KLEINEKE, W., Das Recht des Kindes auf Kenntnis seiner eigenen Abstammung, Diss. Göttingen 1976, 251 ff). Nach englischem Recht gilt dies, wenn das Adoptivkind das 18., nach § 61 Abs. 2 des deutschen Personenstandsgesetzes, wenn es das 16. Altersjahr vollendet hat. Über Auskünfte durch andere Behörden vgl. Art. 268b N 7 ff.

Die Einsicht kann auch Dritten, die vom Kind oder dessen Nachkommen bevollmächtigt sind, bewilligt werden. Damit kann vermieden werden, dass genetische und genealogische Forschungen in die Irre gehen. 81b

F. Familienbüchlein (ZStV 147b und c)

Im Familienbüchlein der Adoptiveltern werden die Adoptivkinder ohne Hinweis auf die Adoption aufgeführt. Musterbeispiel 1323. 82

G. Unterstellte altrechtliche Adoptionen (SchlT 12b)

Auf die Unterstellung der altrechtlichen Adoption gemäss SchlT 12b finden die Bestimmungen der revidierten ZStV über die Eintragung der Adoption des neuen Rechts entsprechende Anwendung (SB Art. 12b SchlT N 101). Musterbeispiele 166, 166A, 689, 689A, 1689A. 83

H. Altrechtliche Adoptionen

Für Adoptionen, die vor dem 1. April 1973 ausgesprochen und nicht dem neuen Recht unterstellt worden sind, gelten weiterhin die Bestimmungen der ZStV in der Fassung vor der Revision vom 27. November 1972 (SchlT 12a; ZStV 188a; vgl. ZZW *1977* 75). 84

3. Eintragung einer ausländischen Adoption

A. Allgemeines

Die im Ausland ausgesprochene Adoption kann im Familienregister nur eingetragen werden, wenn sie in der Schweiz anerkannt wird. Diese Anerkennung erfolgt von Bundesrechts wegen mit der Bewilli- 85 gung der kantonalen Aufsichtsbehörde (ZStV 137 Abs. 1; BUCHER ZZW *1977* 164; VOLKEN 93 f). (Hat keine Eintragung in ein schweizerisches Zivilstandsregister zu erfolgen, so erfolgt die Anerkennung nur implizit, vgl. das Beispiel in VPB *1982* Nr. 46.) Die Voraussetzungen ergeben sich nach den Regeln über die Anerkennung eines ausländischen Entscheides in Zivilsachen. Es handelt sich um folgende:

86 – Die ausländische Adoption muss dem Kind im wesentlichen die *gleiche Stellung* einräumen wie das schweizerische Recht. Volle Übereinstimmung ist nicht erforderlich. So sind Auflösbarkeit oder Ausschluss des Bürgerrechtserwerbs unerheblich. Dagegen fehlt die für die Anerkennung als Volladoption nötige Gleichwertigkeit, wenn rechtliche Bindungen zur leiblichen Familie fortdauern (BUCHER ZZW *1977* 166; VOLKEN 9; VPB *1983* Nr. 7). Vgl. die rechtsvergleichende Übersicht in ZVW *1975* 149 ff.

87 – Die Adoption ist von einer *staatlichen Behörde* ausgesprochen oder genehmigt. Die Eintragung als Kind der «Adoptiveltern» im ausländischen Geburtsregister («Kurzschluss»-Adoption) ist keine Adoption und der Anerkennung nicht fähig (HEGNAUER ZVW *1982* 131).

88 – Diese Behörde ist nach den Kollisionsregeln des Wohnsitzes der Adoptierenden (vgl. NAG 8 a Abs. 1) unmittelbar oder infolge Verweisung *örtlich zuständig* (BUCHER SJK Nr. 158 S. 6/7; BGE *104* Ib 6). Die von der unzuständigen ausländischen Behörde ausgesprochene Adoption kann auch dann nicht anerkannt werden, wenn sie notwendige Voraussetzung für die Erteilung der Bewilligung zur Ausreise des Kindes ist (BOTTA ZZW *1983* 143).

88a – Die Zuständigkeit der Wohnsitzbehörde ist aber nicht ausschliesslich (vorn N 9); die Analogie zu NAG 8 a Abs. 2 erlaubt, eine im Heimatstaat der Adoptierenden erfolgte Adoption zu anerkennen (vgl. VOLKEN 88, 103; BUCHER SJK Nr. 158 S. 7; VPB *1982* Nr. 46).

88b – BUCHER zieht offenbar selbst die Anerkennung einer in der Heimat des Kindes ausgesprochenen Adoption in Betracht, sofern die ausländische Behörde mit grosser Sorgfalt alle Aspekte, insbesondere auch bezüglich der Situation der Adoptiveltern, gegebenenfalls in Zusammenarbeit mit den Behörden am schweizerischen Wohnort der Adoptiveltern geprüft hat (SJK Nr. 158 S. 6/7). Schweizer Diplomaten im Ausland können beim Departement für Auswärtiges die Aufhebung ihrer Immunität beantragen, damit sie an ihrem ausländischen Aufenthaltsort adoptieren können, sofern das Recht dieses Ortes die Zuständigkeit bejaht, ZZW *1976* 7. Nach E/IPRG 76 Abs. 1 werden ausländische Adoptionen anerkannt,

wenn sie im Staat des Wohnsitzes oder im Heimatstaat der adoptierenden Person oder Ehegatten ausgesprochen worden sind.
- Die ausländische Adoption widerspricht dem schweizerischen *ordre public* nicht. Das trifft nur bei schwerwiegender Abweichung zu, so z. B. wenn der Adoption kein Pflegeverhältnis vorausgegangen ist (vgl. Bundesgericht 29.4.1982, ZZW *1983* 143). Die Behörde hat zu entscheiden, ob die ausländische Adoption überhaupt nicht oder unter dem Vorbehalt der Anfechtungsklage (Art. 269 ff) anerkannt werden soll (BUCHER SJK Nr. 158 S. 7 ff). Dass eine ausländische Rechtsordnung bei der Änderung ihrer Gesetzgebung die bisherige einfache Adoption von Gesetzes wegen in die Volladoption ihres neuen Rechts umwandelt, verstösst nicht gegen den ordre public.

89

Kasuistik   Ausländische Adoption *anerkannt:*   89a
- *Griechische Adoptiveltern mit Wohnsitz in der Schweiz.*
Einfache Adoption in Griechenland. VPB *1982* Nr. 46.
- *Deutscher Stiefvater, schweizerische Mutter, beide mit Wohnsitz in der Schweiz.*
Adoption der mündigen Stieftochter in Deutschland, da in der Schweiz unmöglich. VOLKEN 86, 102 f.
- *Schweizerisch-kanadische Adoptiveltern mit Wohnsitz in Kanada.*
Adoption eines kanadischen Kindes vor 1. April 1973; in der Schweiz noch nicht eingetragen. VPB *1979* Nr. 37; *1981* Nr. 12; ZZW *1981* 102 (VOLKEN).

Ausländische Adoption *nicht anerkannt:*
- *Schweizerisch-niederländische Adoptiveltern mit Wohnsitz in den Niederlanden*
(Einfache) Adoption kolumbianischer Kinder in Kolumbien; Unzuständigkeit. VPB *1978* Nr. 49.
- *Schweizerische Adoptiveltern mit vorübergehendem Aufenthalt in Polen*
Adoption eines polnischen Kindes; Erfordernisse des anwendbaren schweizerischen Rechts nicht erfüllt. VPB *1978* Nr. 50.
- *Schweizerische Adoptiveltern mit Wohnsitz in der Schweiz*
Adoption eines einheimischen Kindes in Sri Lanka; Unzuständigkeit. BGE *104* Ib 6, ebenso VPB *1981* Nr. 80, vgl. BGE *107* V 209; BOTTA ZZW *1983* 143.
- *Schweizerische Adoptiveltern mit Wohnsitz in Mexiko*
Einfache mexikanische Adoption der schweiz. Volladoption nicht gleichwertig VPB *1983* Nr. 7.
- *Schweiz. Adoptivvater/schweizerisch-österreichische Adoptivmutter, mit Wohnsitz in der Schweiz*
Adoption eines österreichischen Kindes in Österreich. ZZW *1984* 170.
(Die Unzuständigkeit der österr. Behörde folgt richtigerweise aus Art. 3 Abs. 1 lit. b des Haager Übereinkommens, hinten S. 643.)

Die Nichtanerkennung einer ausländischen Adoption verstösst jedenfalls dann nicht gegen EMRK 8 (Achtung des Familienlebens) und 12 (Recht zur

89b

Gründung einer Familie), wenn das Adoptivkind nicht bei den Adoptiveltern gelebt hat (D.R. 12, 32, Entscheid der Kommission vom 15.12.1977, Gesuch 7229/75).

90 Die Eintragung der ausländischen Adoption bedeutet nicht, dass sie zu einer schweizerischen wird. Die privatrechtlichen Wirkungen der ausländischen Adoption richten sich auch nach der Eintragung in der Schweiz nach den die betreffende Rechtsbeziehung beherrschenden Kollisionsregeln (lex causae; vgl. auch Art. 267 N 82). (Aus diesem Grunde sollte aus der Eintragung ersichtlich sein, *dass* es sich um eine ausländische Adoption handelt. Indessen ist aus der ausländischen Meldung die Tatsache der Adoption nicht immer erkennbar, BUCHER, SJK Nr. 158 S. 2.) In bezug auf das Bürgerrecht vgl. Art. 267a N 15.

91 Solche Wirkungen können vorfrageweise auch geltend gemacht werden, wenn die ausländische Adoption nicht in einem schweizerischen Zivilstandsregister eingetragen ist (vgl. N 85).

B. *Adoptionen, die vor dem 1. April 1973 ausgesprochen worden sind.*

a) Eintragung *vor* dem 1. April 1973

92 α) Wurde eine vor dem 1. April 1973 im Ausland ausgesprochene Adoption vor diesem Datum in der Schweiz eingetragen, so kam ihr auf jeden Fall bis 1. April 1973 nur die Wirkung der einfachen Adoption zu (vgl. KUPFER 291).

93 β) Für die Zeit seit dem 1. April 1973 hängt die Behandlung der vorher im Ausland ausgesprochenen und in der Schweiz eingetragenen Adoption davon ab, ob nach dem betreffenden Recht eine Volladoption (N 86) oder eine einfache Adoption vorliegt.

94 γ) Handelte es sich um eine einfache Adoption, so bleibt sie es auch nach dem 1. April 1973 (vgl. SchlT 12a). BGE *106* II 272ff, Erw. 1: einfache Adoption des italienischen Rechts. Das neue Recht findet Anwendung, wenn eine Umwandlung in eine Volladoption nach ausländischem Recht oder eine Neuadoption nach schweizerischem Recht erfolgt. Für die analoge Anwendung von SchlT 12b bis 31. März 1978 s. SB Art. 268 N 94.

δ) Kam der ausländischen Adoption von Anfang an oder infolge einer vor 95
dem 1. April 1973 nach ausländischem Recht erfolgten Umstellung die Wirkung einer Volladoption zu, so ist sie vom 1. April 1973 an als Volladoption anzuerkennen. Die Eintragung ist auf Gesuch der Beteiligten und auf Anordnung der Aufsichtsbehörde (ZStV 137) entsprechend zu ergänzen. In bezug auf das Schweizerbürgerrecht vgl. Art. 267a N 16 (BUCHER SJK Nr. 158 S. 3; VOLKEN 101 f). Für die analoge Anwendung von SchlT 12 b bis 31. März 1978 s. SB Art. 268 N 95. Es ist unzulässig, die Neuadoption in der Schweiz zu verlangen.

b) Eintragung *nach* dem 1. April 1973

α) Eine vor dem 1. April 1973 im Ausland ausgesprochene 96
einfache Adoption kann nachträglich in der gleichen Weise und mit den gleichen Wirkungen eingetragen werden wie eine spätere (vgl. N 99). Vorbehalten bleibt eine Umstellung in eine Volladoption nach ausländischem Recht oder die Neuadoption nach schweizerischem Recht.

β) Handelt es sich um eine Volladoption oder ist die ursprünglich einfache 97
Adoption noch vor dem 1. April 1973 nach ausländischem Recht in eine Volladoption umgewandelt worden, so ist sie in der Schweiz als Volladoption einzutragen und vom 1. April 1973 mit deren Wirkungen anzuerkennen (vgl. N 95; für das Bürgerrecht Art. 267a N 15, 16; BUCHER SJK Nr. 158 S. 4 mit Hinweisen; VOLKEN 101 f; VPB *1979* Nr. 37). Es ist unzulässig, die Neuadoption in der Schweiz zu verlangen.

C. Adoptionen, die nach *dem 1. April 1973 ausgesprochen worden sind*

Für ausländische Volladoptionen und einfache Adoptio- 98
nen, die nach ausländischem Recht in Volladoptionen umgewandelt worden sind, s. N 85–89.
Ausländische einfache Adoptionen, die nach dem 1. April 1973 ausgespro- 99
chen worden sind, können in der Schweiz mit einem Hinweis auf das betreffende ausländische Recht eingetragen werden. Die Anerkennung beschränkt sich alsdann auf die Wirkungen, die das Recht des Adoptivstaates der Adoption beilegt; das Schweizerbürgerrecht wird nicht erworben (Kreisschreiben, ZZW *1975* 380f; ZVW *1975* 148; ebenso E/IPRG 76 Abs. 2). Vorbehalten bleibt die Umstellung in eine Volladoption im Ausland oder eine

Neuadoption nach schweizerischem Recht (VPB *1978* Nr. 48). Dagegen ist eine Unterstellung nach SchlT 12b nicht zulässig (vgl. aber BUCHER SJK Nr. 158 S. 5/6).

VI. Andere Register und Ausweise

1. Kirchliche Register

100 Die Register sind so zu führen, dass das Adoptionsgeheimnis (Art. 268b) gewahrt bleibt. Von der Adoption an ist das Kind nur mit den durch die Adoption erworbenen Personalien in die Pfarrregister einzutragen. Ist das Kind vorher getauft worden, so haben die Adoptiveltern dafür zu sorgen, dass es im Taufregister mit den neuen Personalien eingetragen und die früheren unzulänglich gemacht werden. Der Taufschein ist entsprechend der durch die Adoption erworbenen Rechtslage neu auszustellen und darf keinen Hinweis auf die Adoption enthalten.

2. Andere Ausweise, Zeugnisse

101 Da das Kind von der Adoption an so zu behandeln ist, wie wenn das Kindesverhältnis zu den Adoptiveltern durch Geburt entstanden wäre (Art. 267 N 26), hat es Anspruch darauf, dass auch alle übrigen nicht vom Zivilstandsamt ausgestellten Urkunden wie Zeugnisse, Diplome, die für die Zeit nach der Adoption noch Bedeutung haben, auf seine Kosten mit den durch die Adoption erworbenen Personalien neu ausgefüllt werden. Die Adoptiveltern sind darauf aufmerksam zu machen, dass sie das hiefür Nötige unternehmen müssen; das gilt auch in bezug auf N 100.

VII. Intertemporales Recht

1. Unterstellung altrechtlicher Adoptionen

102 Eine vor dem 1. April 1973 ausgesprochene Adoption einer unmündigen Person konnte bis 31. März 1978 auf gemeinsames Begehren der Adoptiveltern und des Adoptivkindes dem neuen Recht unterstellt werden (SchlT 12b, hinten S. 680). Vgl. dazu die Kommentierung im Sonderband (SB) S. 186 ff.

Seither erschienene Literatur:	BUCHER ANDREAS, Anerkennung und Eintragung von im Ausland ausgesprochenen Adoptionen in der Schweiz, ZZW *1977* 161; HEGNAUER CYRIL, Fragen aus dem neuen Adoptionsrecht (Vertretungsbeistandschaft?), SJZ *1976* 203; *derselbe,* Bürgerrecht des nach Art. 12b SchlT dem neuen Recht unterstellten Kindes, ZZW *1978* 178; *derselbe,* Kann eine österreichische Adoption nach Art. 12b SchlT/ZGB dem schweizerischen Recht unterstellt werden? ZZW *1978* 229; VINARD RENÉ, Transcriptions des décisions étrangères d'adoptions plénières prises avant le 1er avril 1973 et nationalité suisse, ZZW *1978* 155.	103
Praxis	Unterstellung gegenüber einem Verstorbenen, PKG/GR *1974* Nr. 57 = ZBGR *1978* 79. Kreisschreiben der Eidgenössischen Justizabteilung vom 30. August 1974 betr. Art. 12b rev. SchlT/ZGB, ZZW *1975* 362. Unterstellung unter das neue Recht im Falle des Vorversterbens eines Adoptivelternteils oder der Scheidung der Adoptiveltern, VPB *1975* Nr. 10, PKG/GR *1974* Nr. 13 E. 2b. Zustimmung der vormundschaftlichen Aufsichtsbehörde zur Unterstellung eines entmündigten Adoptivkindes ZVW *1975* 133 Nr. 22. Unterstellung einer Stiefkindadoption ohne gleichzeitige Mitadoption durch die zweite Ehefrau des inzwischen geschiedenen und wiederverheirateten Adoptivvaters, VPB *1976* Nr. 57. Anwendung von ZStV 188a, ZZW *1977* 75. Bürgerrecht der im Zeitpunkt der Unterstellung eingebürgerten Adoptivkinder; kein Verlust des mit der Einbürgerung erworbenen Bürgerrechts, VPB *1978* Nr. 47.	104

2. Nachadoption

Bis 31. März 1978 konnte das Gesuch gestellt werden, dass 105 eine mündige oder entmündigte Person nach den neuen Bestimmungen über die Adoption Unmündiger adoptiert werde, wenn das frühere Recht die Adoption während ihrer Unmündigkeit nicht zugelassen hatte, die Voraussetzungen des neuen Rechts aber damals erfüllt gewesen wären (SchlT 12c, hinten S. 680). Vgl. dazu die Kommentierung im Sonderband (SB) S. 206ff.

Seither erschienene Literatur:	HEGNAUER CYRIL, Über den zeitlichen Anwendungsbereich des Art. 12c SchlT/ZGB, SJZ *1975* 262 = ZVW *1975* 92; *derselbe,* Zur Nachadoption gemäss Art. 12c SchlT/ZGB, ZVW *1976* 65.	106
Praxis	Erwerb des Schweizerbürgerrechts, BGE *101* Ib 113. Verhältnis von SchlT 12c zu Art. 266, ZZW *1975* 336. Adoption des Stiefkindes durch italienischen Ehemann, VPB 1975 Nr. 56. Adoption eines österreichischen Kindes durch ungarischen Flüchtling und Spanierin in der Schweiz, VPB *1975* Nr. 57. Möglichkeit für den Ehemann, nach Geburt eines gemeinsamen Kindes das Stiefkind der Ehefrau aus deren früheren Ehe zu adoptieren, VPB *1976* Nr. 58. Nachadoption Mündiger, ZVW *1977* 73 Nr. 9. Fehlen einer Voraussetzung, ZZW *1978* 119.	107

3. Neuadoption

108   Seit Ablauf der Übergangsfrist – 31. März 1978 – kann eine vor dem 1. April 1973 ausgesprochene Adoption nur durch Neuadoption nach den geltenden Vorschriften mit den Wirkungen des neuen Rechts ausgestattet werden. Immerhin ist die Zustimmung der leiblichen Eltern im Sinne von Art. 265a Abs. 1 nicht erforderlich, denn die Neuadoption greift nicht stärker in die Elternrechte ein als die Unterstellung nach SchlT 12b. Für diese war aber die Zustimmung gemäss SchlT 12b Abs. 3 Satz 2 nicht notwendig (SB Art. 12b SchlT N 56ff). Das muss sinngemäss auch für die Neuadoption gelten. Vgl. im übrigen SB Art. 12b SchlT N 4ff (S. 189).

VIII. Internationales Recht

1. Zuständigkeit und anwendbares Recht

109   Siehe vorn N 9ff.

2. Anerkennung schweizerischer Adoptionen im Ausland

110   – im Geltungsbereich des Haager Übereinkommens s. hinten S. 642; für die frühere Zeit in Österreich: vgl. KUSSBACH ZVW *1967* 107; ENGIN-DENIZ ZVW *1972* 69.
– in der Bundesrepublik Deutschland: vgl. SIEHR, Standesamt *1982* 61; HELD, Standesamt 1982 75.
Vgl. im übrigen N 9e; zum grundsätzlichen Problem VPB *1983* Nr. 8.

3. Anerkennung ausländischer Adoptionen in der Schweiz

111   Vgl. sinngemäss vorn N 85ff.

Art. 268 a

II. Untersuchung

¹Die Adoption darf erst nach umfassender Untersuchung aller wesentlichen Umstände, nötigenfalls unter Beizug von Sachverständigen, ausgesprochen werden.
²Namentlich sind die Persönlichkeit und die Gesundheit der Adoptiveltern und des Adoptivkindes, ihre gegenseitige Beziehung, die erzieherische Eignung, die wirtschaftliche Lage, die Beweggründe und die Familienverhältnisse der Adoptiveltern sowie die Entwicklung des Pflegeverhältnisses abzuklären.
³Haben die Adoptiveltern Nachkommen, so ist deren Einstellung zur Adoption zu würdigen.

II. Enquête

¹L'adoption ne peut être prononcée avant qu'une enquête portant sur toutes les circonstances essentielles n'ait été faite, au besoin avec le concours d'experts.
²L'enquête devra porter notamment sur la personnalité et la santé des parents adoptifs et de l'enfant, sur leur convenance mutuelle, l'aptitude des parents adoptifs à éduquer l'enfant, leur situation économique, leurs mobiles et leurs conditions de famille, ainsi que sur l'évolution du lien nourricier.
³Lorsque les parents adoptifs ont des descendants, leur opinion doit être prise en considération.

II. Istruttoria

¹L'adozione può essere pronunciata solo dopo istruttoria sulle circostanze essenziali, eventualmente con la collaborazione di periti.
²Occorre specialmente indagare su la personalità e la salute dei genitori adottivi e dell'adottando, la compatibilità dei soggetti, l'idoneità ad educare il figlio, la situazione economica, i motivi e le condizioni familiari dei genitori adottivi, come pure sul decorso dei rapporti d'assistenza.
³Va tenuto conto dell'atteggiamento dei discendenti dei genitori adottivi.

Übersicht		Note	Seite
	Materialien	1	592
	Literatur	2	592
	Rechtsvergleichung, Rechts- und Textgeschichte	2a	592
	I. Die Untersuchung		
	1. Gegenstand	3	592
	2. Mittel der Untersuchung	15	595
	3. Zeitpunkt der Untersuchung	22	596
	4. Untersuchung im Ausland	23	596
	II. Einstellung der Nachkommen	24	597

1 Materialien	BBl *1971* I 1239; E 268a; AmtlBullStR *1971* 732, *1972* 398; NR *1972* 617–620, 1001; EAdÜ 9 (s. hinten S. 653).
2 Literatur	AMMANN LUZIA, Uneheliche Kindschaft und Adoption aus der Sicht des Sozialarbeiters, ZVW *1973* 98; Empfehlungen für die Anwendung des neuen Adoptionsrechts, ZVW *1974* 81; HEGNAUER C., Die Würdigung der Einstellung der Nachkommen der Adoptiveltern zur Adoption (Art. 268a Abs. 3 rev. ZGB) ZVW *1974* 12. Siehe im übrigen Art. 264 N 2, Art. 268 N 2.
2a Rechtsvergleichung, Rechts- und Textgeschichte	Bei Adoption eines Unmündigen ist nach deutschem Recht eine gutachtliche Äusserung einer Adoptionsvermittlungsstelle oder des Jugendamtes einzuholen (Gesetz über freiwillige Gerichtsbarkeit § 56d); ist das Kind noch nicht 14 Jahre alt, so kann das Gericht mit ihm persönlich Fühlung nehmen (§ 55c). Der italienischen Volladoption gehen die Untersuchung im Verfahren zur Feststellung der Eignung zur Adoption und die Überwachung des Pflegeverhältnisses voraus (Adoptionsgesetz 22, 25). Das frühere kantonale Recht und das ZGB von 1907 kannte keine Vorschriften über die Untersuchung. Art. 268a Abs. 1 und 2 gehen vor allem auf EAdÜ 9 Ziff. 1, 2 und 3 (hinten S. 653) zurück. Gegenüber dem Entwurf wurden die Wörter «die Familienverhältnisse» in Abs. 2 und 3 beigefügt.

I. Die Untersuchung

1. Gegenstand

A. *Die wesentlichen Umstände*

3 Es sind alle für die Adoption wesentlichen Umstände zu untersuchen. Wesentlich ist ein Umstand, wenn er für die Frage bedeutsam ist, ob die Adoption dem Wohl des Kindes diene (Art. 264 N 58). Der Kreis und das Gewicht dieser Umstände sind je nach der Situation des Einzelfalls verschieden (EAdÜ 9 Ziff. 1 und 2; BBl *1971* I 1239; Empfehlungen ZVW *1974* 86 f). Absolut ungenügend ist die pauschale Feststellung, die Familienverhältnisse seien in Ordnung und gäben zu keinen Klagen Anlass; auch über das Kind sei nichts Nachteiliges bekannt (so z. B. ZZW *1981* 277). Regelmässig sind zu untersuchen:

B. *Die Verhältnisse der Adoptiveltern*

4 Persönlichkeit und erzieherische Eignung: Sind die Adoptiveltern nach ihrem Charakter, ihrer allgemeinen und beruflichen Ausbil-

dung imstande, am Kinde Elternstelle zu vertreten? Die Religion der Adoptiveltern ist ebenfalls abzuklären, ebenso gegebenenfalls die Möglichkeit, das Kind in einer andern Religion, als die es bereits angenommen hat, aufwachsen zu lassen. Über die Bedeutung von Vorstrafen siehe ZZW *1975* 301.

- Gesundheitszustand: Ist nicht nur eine Gefährdung in körperlicher und geistiger Hinsicht ausgeschlossen, sondern sind die Adoptiveltern darüber hinaus auch mit Rücksicht auf ihr Alter gesundheitlich imstande, die Aufgabe der Erziehung des Kindes zu bewältigen?
- Wirtschaftliche Verhältnisse: Vermögen die Adoptiveltern dem Kinde auch ohne Unterhaltsbeiträge der leiblichen Eltern (vgl. Art. 267 N 45) den angemessenen Unterhalt zu gewähren, ohne andere Kinder darben zu lassen oder sich selbst übermässig einschränken zu müssen? Vgl. dazu HEGNAUER ZVW *1976* 136.
- Familienleben: Wie ist das Verhältnis verheirateter Adoptiveltern? Bei der Einzeladoption durch Verheiratete: Wie wirken sich die besonderen Verhältnisse des Art. 264 b Abs. 2 aus? Bei der Adoption durch Unverheiratete: Welches sind die weiteren menschlichen Kontakte? – Allgemein: Wer sind die Hausgenossen: andere Kinder, weitere Angehörige: Eltern, Geschwister der Adoptiveltern, Dienstboten, Untermieter? Wie ist deren Persönlichkeit und Gesundheitszustand? Wie ist deren Verhältnis zueinander und zu den Adoptiveltern?
- Einrichtung des Haushalts: Findet das Kind bei den Adoptiveltern eine angemessene Unterkunft? Ist ihr Haushalt geordnet?

C. Beweggründe der Adoption

- Weshalb wollen die Gesuchsteller dieses Kind adoptieren? Lassen die übrigen Umstände und Angaben auf verborgene Motive schliessen, wie z. B. auf erb- oder bürgerrechtliche, wenn die zu adoptierende Person bereits der Kindheit entwachsen ist? Bei der Mündigenadoption ist dieser Frage besondere Aufmerksamkeit zu schenken.

D. Aufklärung und freier Wille der Adoptiveltern

- Sind die Gesuchsteller über die rechtlichen Wirkungen der Adoption (Art. 267, 267 a) umfassend und zutreffend orientiert worden? Hat insbesondere der in vorgerückterem Alter stehende Adoptierende oder der adoptierende Stiefelternteil das Gesuch ohne Beeinflussung durch das Adoptivkind oder den Ehegatten gestellt?

E. Gegenseitiges Verhältnis der Adoptiveltern und des Adoptivkindes

11   Wie hat sich das Pflegeverhältnis entwickelt (Art. 264 N 28)? Wie ist das Verhältnis zu den übrigen Hausgenossen und Angehörigen?

F. Verhältnisse des Kindes

12 – Persönlichkeit, Gesundheitszustand, Herkunft, Religion.
– Ist das Kind urteilsfähig? Wenn ja: Ist seine Zustimmung in voller Freiheit und in vollem Wissen um die rechtlichen Folgen erteilt worden? Vgl. SJ *1981* 148 f.
– Ist das Kind noch nicht urteilsfähig: Weiss es um seine Herkunft und wie stellt es sich zur Adoption? Weshalb ist die Aufklärung unterlassen worden? HEGNAUER ZVW *1979* 128: BGE *107* II 18; ZZW *1982* 216; vorn Art. 265 N 17.
– Wie ist die Beziehung des Kindes zu den leiblichen Eltern? Vgl. SJ *1981* 148 ff.
– Wenn ein Elternteil gestorben ist oder von seiner Zustimmung abgesehen werden kann, die Beziehung zu den Grosseltern, allenfalls zu andern wichtigen Bezugspersonen? Siehe HEGNAUER SJZ *1976* 203; *derselbe,* in: Kindes- und Adoptionsrecht 48.

G. Einstellung anderer Kinder (N 24 ff)

13   und der übrigen Angehörigen der Adoptiveltern, insbesondere ihrer eigenen Eltern.

H. Einstellung der leiblichen Familie

14   Sind die Eltern gestorben, so kann auch die Einstellung der übrigen Angehörigen, namentlich der Grosseltern bedeutsam sein (vgl. sinngemäss Art. 380/381); Mitwirkungsrechte stehen ihnen aber nicht zu (ZVW *1980* 104 Nr. 7). Siehe auch Art. 265 a N 13, 268 N 39.

2. Mittel der Untersuchung

A. Im allgemeinen

Die Untersuchung steht unter der Leitung der Adoptionsbehörde. Sie ist nicht an eine bestimmte Form gebunden (BGE *101* II 5), muss aber eine sachlich einwandfreie Aufklärung gewährleisten (für das Absehen von der Zustimmung der Eltern s. Art. 265 d N 16). Ihre Ergebnisse sind schriftlich festzuhalten. 15

Die Adoptionsbehörde kann die Hilfsorgane (Art. 268 N 5) mit der Durchführung der gesamten Untersuchung oder einzelner Teile betrauen. Sie hat die ihr unterbreiteten Ergebnisse selbständig zu würdigen und kann alle nach den Umständen gebotenen weiteren Erhebungen anordnen oder selbst durchführen (EAdÜ 9 Ziff. 4). Bei der Adoption von Kindern unter elterlicher Gewalt dürfen an die Untersuchung keine geringeren Anforderungen gestellt werden als an die Adoption bevormundeter Kinder. 16
Im einzelnen sind folgende Elemente wichtig:

B. Erhebungen des Adoptionsvermittlers

Die geplante Fremdadoption setzt eine eingehende Untersuchung über die in N 4–10, 12 genannten Umstände voraus (Art. 269 c N 40 ff). Für die Zeit bis zur Plazierung des Kindes dürfen die Ergebnisse dieser früheren Untersuchung benützt werden, sofern sie mit der nötigen Sorgfalt durchgeführt worden sind. 17

C. Erhebungen der vormundschaftlichen Organe

Ist das Kind bevormundet, so ist es Aufgabe des Vormundes, den Pflegeplatz auszuwählen und die Entwicklung des Pflegeverhältnisses sorgfältig zu überwachen. Seine Feststellungen bilden mit der Stellungnahme der Vormundschaftsbehörde und der vormundschaftlichen Aufsichtsbehörde (Art. 265 Abs. 3, vgl. dort N 23/24) einen wesentlichen Bestandteil der Untersuchung. 18

D. Erhebungen anderer Hilfsorgane

19   Sind die Erhebungen der Adoptionsvermittlungsstelle und der vormundschaftlichen Organe unvollständig oder fehlen sie überhaupt, wie namentlich bei der Adoption eines verwandten Kindes oder eines Stiefkindes, bei der spontanen Fremdadoption und bei der Mündigenadoption, so muss die Untersuchung im Sinne von Art. 268 a selbständig durchgeführt werden. Die Adoptionsbehörde kann die geeigneten öffentlichen und gemeinnützigen privaten Stellen damit betrauen. Die Aufgabe setzt besondere Sachkenntnis auf dem Gebiete der sozialen Arbeit voraus (vgl. EAdÜ 9 Ziff. 3).

E. Gutachten Sachverständiger

20   Soweit die Sachkenntnis der Adoptionsbehörde, der Adoptionsvermittlungsstelle, der vormundschaftlichen Organe und der übrigen Hilfsorgane nicht ausreicht, sind Sachverständige beizuziehen. Dies ist unerlässlich für die Feststellung des Gesundheitszustandes des Kindes. Die Untersuchung darf sich nicht auf die bei Reihenuntersuchungen verbreitete oberflächliche Prüfung des körperlichen Zustandes beschränken. Sie muss mit aller Sorgfalt auch den geistigen Zustand des Kindes untersuchen und hat dabei soweit möglich auch die Herkunft des Kindes zu berücksichtigen.
21 Nötigenfalls ist auch der Zustand der Adoptiveltern durch psychiatrisches Gutachten abzuklären.

3. Zeitpunkt der Untersuchung

22   Die für Adoption wesentlichen Umstände sind auf den Zeitpunkt der Adoption festzustellen. Verzögert sich die Adoption, so ist die Untersuchung für die Zwischenzeit bis zum Entscheid zu ergänzen. Die Untersuchung bei der Wahl des Pflegeplatzes (Art. 269 c N 40 ff) ersetzt die Untersuchung nach Art. 268 a Abs. 1 und 2 nicht.

4. Untersuchung im Ausland

23   Erfordert die Untersuchung Erhebungen im Ausland, so dürfen die Behörden der Vertragsparteien des Europäischen Adoptions-Übereinkommens unmittelbar miteinander verkehren und sind verpflichtet,

einander Auskünfte unverzüglich zu erteilen (Art. 14). Das gilt auch nach dem Haager Adoptions-Übereinkommen (Art. 6 Abs. 2). Daneben können die Behörden Auskünfte auch mit Hilfe des Internationalen Sozialdienstes (8, rue Petitot, 1204 Genève) einholen.

II. Einstellung der Nachkommen

Haben die Adoptiveltern *Nachkommen,* so hat die Untersuchung auch abzuklären, wie sie sich zur Adoption stellen. Nachkommen sind die Verwandten der Adoptiveltern in absteigender Linie, seien sie durch Abstammung oder durch Adoption verwandt, unmündig oder mündig, aus der heutigen oder aus einer früheren Ehe. Bei der Adoption Mündiger ist sinngemäss die Einstellung von Personen zu würdigen, die von den Adoptiveltern nach altem Recht adoptiert worden sind (vgl. Art. 266 N 10). 24

Die *Einstellung* ist eine psychische Tatsache in der Person des Kindes, keine Willensäusserung, also auch keine Zustimmung (ZZW *1975* 339). Sie betrifft sachlich nicht bloss die Haltung zur Adoption und deren rechtlichen Wirkungen an sich, sondern auch zur Person des künftigen Adoptivkindes. In der ersten Hinsicht erscheint sie als Bejahung oder Ablehnung der Adoption, in der zweiten als Zuneigung oder Abneigung zum Kind (HEGNAUER ZVW *1974* 13). 25

Die Einstellung der Nachkommen ist *unmittelbar* festzustellen. Es genügt nicht, dass die Adoptiveltern hierüber Angaben machen oder die Nachkommen das Adoptionsgesuch mitunterschreiben (SANDOZ ZZW *1975* 339). Da die Feststellung oder Äusserung der Einstellung nicht eine Aufgabe des gesetzlichen Vertreters des Kindes ist, darf damit auch nicht ein Beistand im Sinne von Art. 392 Ziff. 2 betraut werden (HEGNAUER ZVW *1974* 12ff). Jede Beeinflussung durch Adoptiv- oder leibliche Eltern ist auszuschalten. 26

Urteilsfähige Nachkommen bringen ihre Einstellung in vernunftmässigen Überlegungen zum Ausdruck. Das setzt voraus, dass sie über die Adoption als solche und deren rechtliche Wirkungen auch auf sie selbst aufgeklärt werden. Über die Anforderungen an die Urteilsfähigkeit vgl. Art. 265 N 9, 10. Die Aufklärung ist selbst dann nicht zu umgehen, wenn die Adoptiveltern die Nachkommen bisher in Unkenntnis über die tatsächlichen Verhältnisse gelassen haben. Sie haben einen unabdingbaren Anspruch darauf, über die beabsichtigte Adoption, die ihre eigene erbrechtliche Stellung, aber auch die Familienstruktur als Ganzes berührt, unterrichtet zu werden. 27

Die Einstellung unmündiger Urteilsfähiger wird durch Anhörung ermittelt 28 (vgl. auch EICHENBERGER 161 ff; HEGNAUER ZVW *1974* 13). Bei Mündigen dürfte in der Regel genügen, wenn ihnen Gelegenheit geboten wird, sich schriftlich oder mündlich zu äussern.

29 Die Einstellung setzt nicht Urteilsfähigkeit voraus. Auch das *Kleinkind* hat, sobald es mit seiner Umgebung in bewussten Kontakt zu treten vermag, also etwa vom Alter von zwei Jahren an, eine Einstellung, zwar nicht zur Adoption als solcher, wohl aber zum Adoptivkind. Sie ist hier in geeigneter Weise, in der Regel durch psychologisch geschulte Sachverständige, festzustellen.

30 Um auch die *urteilsunfähigen* Kinder einzubeziehen, sieht das Gesetz nicht die Anhörung, sondern die Würdigung der Einstellung der Nachkommen vor (HEGNAUER ZVW *1974* 13/14).

31 Die Einstellung der Nachkommen ist im Rahmen der gesamten übrigen Umstände zu würdigen. Eine negative Einstellung genügt nicht, um die Adoption abzulehnen (ZZW *1975* 342). Denn das Gesetz verlangt nicht die Zustimmung der Nachkommen. Dagegen ist zu prüfen, ob die Adoption dennoch dem Wohl des Kindes zu dienen vermöge, ohne die anderen Nachkommen der Adoptiveltern in unbilliger Weise zurückzusetzen (Art. 264 und dort N 67 ff). Von wesentlicher Bedeutung ist dabei, ob das Adoptivkind in der gleichen Hausgemeinschaft mit den betreffenden Nachkommen lebt und ob Aussicht besteht, dass die negative Einstellung sich zurückbildet. Zu beachten sind auch die Motive der negativen Einstellung; finanzielle oder erbrechtliche Einwendungen sind in der Regel unerheblich (ZZW *1975* 340 f; vom Art. 264 N 67 ff). Die Würdigung darf die Nachkommen nicht mit der Verantwortung für eine allfällige Ablehnung der Adoption belasten.

32 Wird die Einstellung der Nachkommen unsorgfältig oder überhaupt nicht festgestellt und gewürdigt, so kann ein Anfechtungsgrund im Sinne von Art. 269 a Abs. 1 vorliegen.

Art. 268 b

III. Adoptionsgeheimnis	Die Adoptiveltern dürfen ohne ihre Zustimmung den Eltern des Kindes nicht bekanntgegeben werden.
III. Secret de l'adoption	L'identité des parents adoptifs ne sera révélée aux parents de l'enfant qu'avec leur consentement.
III. Segreto	I genitori adottivi, se non vi acconsentono, non possono essere resi noti ai genitori del sangue.

Übersicht			Note	Seite
	Materialien		1	599
	Literatur		2	599
	Rechtsvergleichung, Rechts- und Textgeschichte		2a	599
	I.	*Sinn des Adoptionsgeheimnisses*	3	599
	II.	*Adressaten der Geheimhaltungspflicht*	6	600
	III.	Umfang der Geheimhaltungspflicht		
		1. Zeitlich	12	601
		2. Sachlich	13	601
		3. Persönlich	16	602
	IV.	*Befreiung vom Adoptionsgeheimnis*	21	603
	V.	Verwirklichung des Adoptionsgeheimnisses		
		1. Gegenüber den leiblichen Eltern	24	603
		2. Gegenüber Dritten	28	604
	VI.	*Sanktion*	29	604

Materialien	BBl *1971* I 1238; E 268 Abs. 3; AmtlBullStR *1971* 732–733; NR *1972* 620; EAdÜ 20 (hinten S. 656).	1
Literatur	BUCHER ANDREAS, Adoption (internationales Privatrecht), SJK Nr. 159, Genf 1980; HAUSHEER HEINZ, Das neue Adoptionsrecht – eine Bewährungsprobe für Gesetzgebung und Praxis, in: Beiträge zur Anwendung des neuen Adoptionsrechts, St. Gallen 1979 13; WAGNER, Sinn und Grenzen des Adoptionsgeheimnisses, ZZW *1979* 8.	2
Rechtsvergleichung, Rechts- und Textgeschichte	Nach BGB 1758 dürfen Tatsachen, die geeignet sind, die Adoption oder ihre Umstände aufzudecken, ohne Zustimmung des Adoptierenden und des Kindes nicht offenbart oder ausgeforscht werden, es sei denn, dass besondere Gründe des öffentlichen Interesses dies erfordern. – Die früheren kantonalen Rechte und das ZGB von 1907 enthielten keine Vorschriften über das Adoptionsgeheimnis. – Art. 268b, der vor allem auf EAdÜ 20 (hinten S. 656) zurückgeht, stimmt mit E 268 Abs. 3 überein.	2a

I. Sinn des Adoptionsgeheimnisses

Für die Eingliederung des Kindes in die Adoptivfamilie genügt die rechtliche Begründung des Kindesverhältnisses zur Adoptivfamilie und die Aufhebung des bisherigen Kindesverhältnisses nicht. Die volle soziale Integration verlangt auch, dass ein weiterer Kontakt zwischen den leiblichen Eltern und dem Kind unterbleibt. Das setzt in erster Linie voraus, dass ihnen die Adoptiveltern nicht bekanntgegeben werden (EAdÜ 20 Ziff. 1).

4 Darüber hinaus bezweckt das Adoptionsgeheimnis den Schutz des durch die Adoption begründeten Kindesverhältnisses vor Dritten (vgl. EAdÜ 20 Ziff. 2–4.

4a Schliesslich hat das Adoptionsgeheimnis die Aufgabe, nach Eintragung der Adoption (Art. 268 N 70 ff) – unter Vorbehalt des Ehehindernisses (Art. 267 N 27 f) – eine rechtliche Unterscheidung zwischen dem durch Abstammung und dem durch Adoption begründeten Kindesverhältnis auszuschliessen (Art. 267 N 74).

5 Art. 268 b gibt den *leiblichen Eltern* nicht Anspruch darauf, dass die Tatsache der Adoption ihres Kindes und ihre Identität ihm und den Adoptierenden geheimgehalten werden. Indessen gebietet die Achtung vor ihrer Persönlichkeit (Art. 28) Stillschweigen über diese Tatsachen, soweit nicht wichtige Gründe entgegenstehen (vgl. z. B. Art. 268 N 81; vgl. allgemein Report of the Departmental Committee on the Adoption of Children, London 1972, Nrn. 297, 298). Aus Art. 28 folgt auch, dass die Aufklärung der Adoptiveltern durch den Adoptivvermittler oder den gesetzlichen Vertreter des Kindes über die Verhältnisse der leiblichen Eltern sich auf das sachlich Gebotene zu beschränken hat. In diesem Umfang besteht aber eine Informationspflicht, vgl. ital. Adoptionsgesetz 22 Abs. 5.

5a Das Adoptionsgeheimnis im Sinne von Art. 268 b gilt nur für die seit 1. April 1973 ausgesprochene Adoption (ZVW *1977* 24 Nr. 2).

II. Adressaten der Geheimhaltungspflicht

6 Die Pflicht zur Wahrung des Adoptionsgeheimnisses gilt für jedermann, der in den vorbereitenden Stadien der Plazierung oder des Entscheides gemäss Art. 265 d Abs. 1 (ZVW *1975* 30 Nr. 4), im Verlauf des Adoptionsverfahrens oder nach dessen Abschluss mittelbar oder unmittelbar amtlich von der Adoption Kenntnis erhält, insbesondere für

7 – die Adoptionsbehörde und ihre sämtlichen Hilfsorgane, die vormundschaftlichen Organe, die Adoptionsvermittlungsstellen, die Pflegekinderaufsicht,

8 – die Zivilstandsbeamten und -behörden (vgl. ZStV 15),

- die Sachverständigen, die von einer in N 7 genannten Stelle beigezogen werden. 9
- alle anderen Behörden, Amtsstellen und Beamten, die im Zusammenhang mit der Vorbereitung oder Durchführung der Adoption beigezogen werden oder in amtlicher Eigenschaft von der Adoption erfahren, wie namentlich Einwohnerkontrolle, Fürsorger, Pfarrer (vgl. dazu Art. 268 N 100), Lehrer, 10
- Privatpersonen, die von einer der in N 7 genannten Stellen angefragt oder beigezogen werden, wie Nachbarn, Lehrmeister, Privatlehrer, Ärzte, Jugendgruppenleiter, Hortleiter. 11

Das Adoptionsgeheimnis ist auch gegenüber Personen zu wahren, die dem Amtsgeheimnis (StGB 320) oder Berufsgeheimnis (StGB 321) unterstehen, soweit die Offenbarung nicht gerade zur Durchführung der Adoption oder im Interesse des Adoptivkindes nötig ist. Dagegen sind die Adoptiveltern und das Kind nicht an die Geheimhaltungspflicht gebunden. 11a

Art. 268 b gilt für jede in der Schweiz ausgesprochene Adoption (ZVW *1977* 71 Nr. 8; BUCHER, SJK Nr. 159 S. 2). 11b

III. Umfang der Geheimhaltungspflicht

1. Zeitlich

Die Pflicht zur Wahrung des Adoptionsgeheimnisses entsteht mit der Unterbringung des Kindes zur späteren Adoption und dauert, solange ein Interesse der Adoptiveltern und des Adoptivkindes oder ihrer Angehörigen und Nachkommen besteht. 12

2. Sachlich

Das Adoptionsgeheimnis umfasst 13
- die Tatsache der Adoption als solche (ZVW *1976* 100 Nr. 12),
- die Identität der Adoptiveltern (ZVW *1977* 72 Nr. 8), 14
- die Identität der leiblichen Eltern. 15

3. Persönlich

A. Gegenüber den leiblichen Eltern

16   Das Adoptionsgeheimnis ist nach Art. 268 b gegen die leiblichen Eltern zu wahren. Es bezieht sich jedoch hier nur auf die Identität der Adoptiveltern (N 14). Die Tatsache der Adoption als solche kann den leiblichen Eltern nicht verheimlicht werden.

17 Sie haben Anspruch darauf, zu wissen, ob und wann das Kind adoptiert worden ist (Art. 268 N 55–58; ZVW *1977* 72 Nr. 8). Es dürfen ihnen auch weitere Aufschlüsse gegeben werden, soweit ein schutzwürdiges Interesse es rechtfertigt und das Adoptionsgeheimnis nicht gefährdet wird (ZVW *1973* 31 Nr. 1 Ziff. 5).

18 Das Adoptionsgeheimnis entfällt der Natur der Sache nach ohne weiteres bei der Adoption eines verwandten Kindes, des Stiefkindes (a. M. ZVW *1981* 73 Nr. 8), sowie bei der Fremdadoption, wenn leibliche Eltern selber das Kind zur Adoption plazieren oder ihre Zustimmung davon abhängig machen, dass die künftigen Adoptiveltern ihnen bekanntgegeben werden und von ihrer Zustimmung nicht nach Art. 265 c abgesehen werden kann.

B. Gegenüber Dritten

19   Seinem Sinne nach ist das Adoptionsgeheimnis nicht nur gegenüber den leiblichen Eltern, sondern auch gegenüber den andern Angehörigen der leiblichen Familie und darüber hinaus gegenüber allen weiteren Dritten zu wahren (EAdÜ 20.2). Eine öffentliche Bekanntmachung der Adoption oder des Absehens von der Zustimmung ist unzulässig (ZVW *1976* 100 Nr. 12). Die Offenbarung der Adoption ist nur gestattet, soweit dies für die Vorbereitung und Durchführung der Adoption nötig ist, und nur gegenüber Personen, die ihrerseits wiederum an es gebunden sind.

C. Gegenüber dem Kinde

20   Dritte haben auch gegenüber dem Kinde das Adoptionsgeheimnis zu wahren. Dagegen sind die Adoptiveltern verpflichtet, das Kind über die Adoption in geeigneter Weise aufzuklären (vgl. Art. 265 N 12). Über die Offenbarung der leiblichen Abstammung durch die Zivil-

standsbehörden, vgl. Art. 268 N 81. EAdÜ 20 Ziff. 3 verlangt nicht, dass die leiblichen Eltern dem Adoptivkind geheimgehalten werden müssten. Wird die Offenbarung der überdeckten Eintragung durch die Aufsichtsbehörde im Zivilstandswesen abgelehnt (s. Art. 268 N 81 f), so darf die Eintragung auch nicht von andern Behörden bekanntgegeben werden. Wird die Offenbarung dagegen bewilligt, so entscheiden andere Behörden, z. B. die vormundschaftliche, selbständig über die Bekanntgabe weiterer, ihnen bekannter Tatsachen, wie z. B. des Wohnortes. Dabei haben sie das Persönlichkeitsrecht der leiblichen Eltern (Art. 28) zu respektieren und diese zuerst anzuhören.

IV. Befreiung vom Adoptionsgeheimnis

21 Über die Befreiung vom Adoptionsgeheimnis befinden die Adoptiveltern und das Adoptivkind.
22 Ist es nicht urteilsfähig, so ist die Zustimmung seines gesetzlichen Vertreters nötig.
23 Die Zustimmung ist nicht erforderlich, wenn überwiegende öffentliche Interessen die Offenbarung erfordern, z. B. wenn das Adoptivkind entmündigt werden muss oder einer strafbaren Handlung angeschuldigt ist und die erforderliche Untersuchung seiner Persönlichkeit sonst nicht durchgeführt werden kann. Die Offenbarung bedarf im strafrechtlich geschützten Bereich der Bewilligung gemäss StGB 320 Ziff. 2 und 321 Ziff. 2.

V. Verwirklichung des Adoptionsgeheimnisses

1. Gegenüber den leiblichen Eltern

24 Das Adoptionsgeheimnis ist gegenüber den leiblichen Eltern in der Weise zu wahren, dass in allen Mitteilungen an sie die Identität der Adoptiveltern unterdrückt wird. Dieser Grundsatz geht allgemeinen Vorschriften des Bundes und der Kantone über die Bezeichnung der Beteiligten vor. In Rechtsschriften, die der Einsicht der leiblichen Mutter offenstehen, dürfen die Namen der durch einen Anwalt vertretenen Pflegeeltern weggelassen werden (ZVW *1974* 147 Nr. 15).
25 Diese Regel ist auch bei der *Akteneinsicht* zu beachten. Diese darf den leiblichen Eltern nur gewährt werden, wenn die Identität der Adoptiveltern aus

den Akten nicht hervorgeht. Über die Geheimhaltung im Bereiche der Einwohnerkontrolle vgl. Empfehlungen ZVW *1974* 89, 92.

26 Geheimzuhalten ist nicht nur die Identität der Adoptiveltern selbst, sondern auch jede Tatsache, welche den leiblichen Eltern die Aufdeckung der Identität ermöglichen oder erleichtern könnte. In dieser Hinsicht ist namentlich die örtliche Bezeichnung der vormundschaftlichen Aufsichtsbehörde nach Art. 265 Abs. 3, der Vormundschaftsbehörde nach Art. 265 d Abs. 1 oder der Adoptionsbehörde nach Art. 268 Abs. 1 von Bedeutung.

27 Ist zu befürchten, dass die leiblichen Eltern mit Hilfe dieser Angaben den Aufenthalt des Kindes oder die Identität der Adoptiveltern ermitteln könnten, so hat die betreffende Behörde sich für den Verkehr mit den leiblichen Eltern der Vermittlung einer andern neutralen Instanz zu bedienen. In grösseren Kantonen kommt hiefür die oberste kantonale Instanz in Betracht. Für kleinere Kantone, aber auch allgemein, ist an das Bundesamt für Justiz zu denken. Ebenso fällt dieses Vorgehen für die Rechtsmittelbelehrung und die Einlegung eines Rechtsmittels in Betracht (z. B.: «Eine Beschwerde ... ist ... beim Bundesamt für Justiz [oder: kantonalen Justizdirektion] zuhanden der zuständigen vormundschaftlichen Aufsichtsbehörde einzureichen» (vgl. auch HEGNAUER SJZ *1976* 206).

2. Gegenüber Dritten

28 Gegenüber Dritten wird das Adoptionsgeheimnis dadurch gewahrt, dass das Kind grundsätzlich nur als Kind der Adoptiveltern behandelt und jeder Hinweis auf die Adoption als solche wie auch auf die leiblichen Eltern unterlassen wird. Allerdings bleibt die Adoption in verschiedenen Situationen trotz des Adoptionsgeheimnisses für Dritte erkennbar, so die Einzeladoption durch einen Mann, in der Regel die Mündigenadoption, die ausländische einfache Adoption oder die Adoption eines fremdrassigen Kindes.

VI. Sanktion

29 Die Verletzung des Adoptionsgeheimnisses kann eine Verletzung des Amts- oder Berufsgeheimnisses im Sinne von StGB 320 und 321 darstellen (vgl. HESS ZVW *1976* 84).

Die Adoptions- und vormundschaftlichen Behörden können im Einzelfall 30
die Offenbarung des Adoptionsgeheimnisses unter Androhung von Ordnungsbusse oder Ungehorsamsstrafe im Sinne von StGB 292 untersagen.
Bei unbefugter Offenbarung des Adoptionsgeheimnisses stehen den Adop- 31
tiveltern und dem Adoptivkind gegebenenfalls wegen Verletzung in den persönlichen Verhältnissen Ansprüche auf Beseitigung der Störung, Schadenersatz und Genugtuung zu (Art. 28, OR 49).

Art. 269

E. Anfechtung
I. Gründe
1. Fehlen der Zustimmung

¹ Ist eine Zustimmung ohne gesetzlichen Grund nicht eingeholt worden, so können die Zustimmungsberechtigten die Adoption beim Richter anfechten, sofern dadurch das Wohl des Kindes nicht ernstlich beeinträchtigt wird.
² Den Eltern steht diese Klage jedoch nicht zu, wenn sie den Entscheid ans Bundesgericht weiterziehen können.

E. Action en annulation
I. Motifs
1. Défaut de consentement

¹ Lorsque, sans motif légal, un consentement n'a pas été demandé, les personnes habilitées à le donner peuvent attaquer l'adoption devant le juge, si le bien de l'enfant ne s'en trouve pas sérieusement compromis.
² Ce droit n'appartient toutefois pas aux parents s'ils peuvent recourir au Tribunal fédéral contre la décision.

E. Contestazione
I. Motivi
1. Mancanza del consenso

¹ L'adozione può essere contestata giudizialmente da chi, senza motivo legale, non fu richiesto del consenso, purché il bene del figlio non risulti seriamente compromesso.
² L'azione non è data ai genitori, qualora possano ricorrere al Tribunale federale contro la decisione.

		Note	Seite
Übersicht	Materialien	1	606
	Literatur	2	606
	Rechtsvergleichung	2a	606
	Rechtsgeschichte	2b	606
	Textgeschichte	2c	606
	I. Unaufhebbarkeit der Adoption		
	1. Grundsatz	3	606
	2. Aufhebung der Adoption durch Adoption	4	607
	II. Ungültigkeit der Adoption	6	607

	Note	Seite
III. Anfechtung der Adoption		
1. Im allgemeinen	10	608
2. Anfechtung wegen Fehlens einer Zustimmung	20	610

1 Materialien	aArt. 269; BBl *1971* I 1239f; E 269; AmtlBullStR *1971* 733, *1972* 398; NR *1971* 620; EAdÜ 13 Ziff. 1 (s. hinten S. 655).
2 Literatur	BUCHER ANDREAS, SJK Nr. 160, Genf 1980; GROSSEN J. M., SJK Nr. 1358, Genf 1977; HEGNAUER C., Die Rechtsstellung eines ausländischen Kindes unbekannter Abstammung, das im Familienregister als im Ausland von einer verheirateten Schweizerin geboren eingetragen ist («Kurzschluss»-Adoption), ZVW *1982* 131. Siehe auch vorn Einl vor Art. 264 N 6.
2a Rechtsvergleichung	Nach BGB 1759ff kann die Adoption gerichtlich aufgehoben werden, wenn sie ohne Antrag oder Einwilligung ausgesprochen worden ist (1760–1762) oder wenn die Aufhebung aus schwerwiegenden Gründen zum Wohl des Kindes erforderlich ist (1763). ABGB 184ff unterscheiden den Widerruf der Adoptionsbewilligung und die gerichtliche Aufhebung der Adoption; letztere erfolgt u. a., wenn das Wohl des Kindes es verlangt oder auf Antrag von Adoptiveltern und -kind. In Italien können besondere Fälle der Unmündigenadoption und die Mündigenadoption wegen Unwürdigkeit des Adoptierten oder des Adoptierenden oder aus Gründen der guten Sitten gerichtlich aufgehoben werden (Adoptionsgesetz 51–55; CCit 305–307). Die französische Volladoption ist unwiderruflich (CCfr 359); die einfache Adoption kann vom Gericht aus wichtigen Gründen widerrufen werden (CCfr 370).
2b Rechtsgeschichte	Zürich und Thurgau kannten die einverständliche Aufhebung der Adoption, ferner auf Begehren des Adoptivkindes aus zureichenden Gründen und auf Begehren des Adoptierenden wegen Unwürdigkeit des Adoptivkindes (HUBER SPR I 412). Sachlich gleich war die Aufhebung in aArt. 269 (hinten S. 665) geregelt.
2c Textgeschichte	Art. 269, 269a und 269b ersetzen aArt. 269. Art. 269 stimmt – in Abs. 1 durch die Wörter: «beim Richter» ergänzt – mit dem Entwurf überein.

I. Unaufhebbarkeit der Adoption

1. Grundsatz

3   Das Kindesverhältnis kann ausser durch Adoption (Art. 267 Abs. 2) und Anfechtung (Art. 256ff, 260a ff) nicht aufgehoben werden. Das gilt auch, wenn das Kindesverhältnis durch Adoption begründet

worden ist. Die Unaufhebbarkeit der Adoption entspricht dem Grundsatz der Volladoption. Sachlich ist sie notwendig, weil das frühere Kindesverhältnis praktisch nicht wiederhergestellt werden kann. Die Unaufhebbarkeit ist im Verhältnis zu den Adoptiveltern auch gerechtfertigt als Ausdruck der vorbehaltlosen, endgültigen Bejahung des Kindes. Die mit der Adoption verbundenen Risiken sind nicht grösser als die der natürlichen Elternschaft. Im Gegensatz zu dieser haben die Adoptiveltern aber eine mindestens zweijährige – bei der Mündigenadoption fünfjährige – Bedenkzeit.

2. Aufhebung der Adoption durch Adoption

Da das bisherige Kindesverhältnis unter Vorbehalt der Stiefkindadoption mit der Adoption erlischt (Art. 267 Abs. 2), kann auch das durch Adoption begründete Kindesverhältnis durch eine weitere Adoption aufgehoben werden (Art. 267 N 19). 4

Wenn Personen, denen wegen des Adoptivverhältnisses die Eingehung der Ehe untersagt ist (Art. 100 Abs. 1 Ziff. 1), heiraten, so ist die Ehe unter Vorbehalt des Dispenses (Art. 100 Abs. 2, vgl. Art. 267 N 30 ff) gemäss Art. 120 Ziff. 3 nichtig (BBl *1971* I 1239). Anders aArt. 129 (hinten S. 661). Vgl. auch Art. 267 N 29. 5

II. Ungültigkeit der Adoption

Ist die Adoption nicht durch staatlichen Hoheitsakt ausgesprochen, so ist sie gar nicht zustande gekommen, selbst wenn im übrigen die gesetzlichen Voraussetzungen erfüllt sind. So z. B. die blosse Eintragung des fremden Kindes als leibliches Kind («Kurzschluss»-Adoption), s. HEGNAUER ZVW *1982* 131. 6

Die Adoption ist nichtig, wenn sie von einer sachlich unzuständigen Behörde ausgesprochen oder durch ein Delikt erwirkt worden ist (vgl. GULDENER, Freiwillige Gerichtsbarkeit 71 und dort N 90, S. 76 f). Nichtig ist auch die von einer ausländischen Vertretung in der Schweiz ausgesprochene Adoption (VPB *1974* Nr. 9). 7

Die nichtige Adoption ist absolut unwirksam. Anders das frühere Recht VA Art. 269 N 4. 8

Dagegen begründet örtliche Unzuständigkeit keine Nichtigkeit (GULDENER 71), ebensowenig die Verletzung der Vorschriften über den Ausstand (GUL- 9

DENER 73 f) oder der materiellen Vorschriften. Die Adoption ist somit auch bei starker Unterschreitung des gesetzlichen Mindestaltersunterschiedes nicht nichtig. Immerhin muss absolute Nichtigkeit angenommen werden, wenn nach den Bestimmungen über die Vaterschaft des Ehemannes (Art. 255) und die Anerkennung (Art. 260 N 66) ein Kindesverhältnis überhaupt nicht hätte begründet werden können, z. B. bei gemeinschaftlicher Adoption durch zwei Personen gleichen Geschlechts oder Fehlen eines nennenswerten Altersunterschieds zwischen Adoptiveltern und Kind.

III. Anfechtung der Adoption

1. Im allgemeinen

A. Grundsatz

10 Ist eine Adoption unter Verletzung gesetzlicher Bestimmungen rechtskräftig zustande gekommen, so unterliegt sie der gerichtlichen Anfechtung. Bis zur Gutheissung der Anfechtungsklage entfaltet sie die Wirkungen einer gültigen Adoption. Ein auf sie gestützter Erbschein bleibt gültig (ZBGR *1978* 80).

11 Die Anfechtung ist sachlich (N 20 ff, Art. 269 a), persönlich (N 23, Art. 269 a N 9 f) und zeitlich (Art. 269 b) begrenzt.

11a Das Verfahren untersteht Art. 254 Ziff. 1 (s. dort N 9 ff). Die Erledigung der Klage durch Anerkennung ist ausgeschlossen.

B. Zuständigkeit

12 Die Anfechtungsklage ist vom Richter, also in einem Zivilprozess zu beurteilen. Im übrigen richtet sich die *sachliche* Zuständigkeit nach kantonalem Recht (SchlT 54). Die Rücknahme oder Aufhebung der rechtskräftigen Adoption durch die Adoptionsbehörde oder eine ihr übergeordnete Behörde ist ausgeschlossen (vgl. Art. 268 N 60).

13 Für die *örtliche* Zuständigkeit gilt Art. 253. Die Bestimmung ist nicht wörtlich, sondern sinngemäss zu verstehen: Die Klage ist beim Richter am Wohnsitz einer Partei zur Zeit der Adoption (nicht der Geburt) oder der Klage zu erheben.

C. Passivlegitimation

Die Anfechtungsklage richtet sich gegen das Kind und die 14
Adoptiveltern, soweit diese nicht selber klagen (vgl. Art. 260a Abs. 3).

D. Klagefrist

Siehe Art. 269 b. 15

E. Verhältnis zu andern Rechtsbehelfen

Die Anfechtungsklage ist nur zulässig, wenn gegen den 16
Adoptionsentscheid kein anderes ordentliches Rechtsmittel des kantonalen
Rechts oder die Berufung ans Bundesgericht offensteht (vgl. Art. 268 N 65,
67; vgl. auch Art. 265 d N 27).

F. Rechtsmittel

Der Anfechtungsprozess ist eine nicht vermögensrechtli- 17
che Zivilrechtsstreitigkeit. Das letztinstanzliche kantonale Urteil unterliegt
daher gemäss OG 44 der Berufung ans Bundesgericht.

G. Wirkung

Die Gutheissung der Anfechtungsklage beseitigt die 18
Adoption rückwirkend auf den Zeitpunkt ihrer Aussprechung (ex tunc) (vgl.
Art. 256 N 99, 259 N 84, 260a N 118; a. M. ODERMATT ZBGR *1972* 339).

H. Zivilstandsregister

Das Gericht meldet die rechtskräftige Gutheissung der 19
Anfechtungsklage der kantonalen Aufsichtsbehörde ihres Sitzes, welche sie
wie die Meldung der Adoption weiterleitet (ZStV 130 Abs. 1 Ziff. 8; vgl.
Art. 268 N 72 ff). Die Aufhebung der Adoption wird am Rande des Deckblattes angemerkt. Hierauf wird dieses entfernt und zu den Belegen eingereiht. Schliesslich wird die Aufhebung der Adoption am Rande der ursprünglichen Geburtseintragung angemerkt (ZStV 73 d). Im Familienregister

wird auf dem Blatt der Adoptiveltern die Eintragung des Kindes im Textteil links gestrichen; auf dem Blatt der leiblichen Eltern wird der Vermerk der Adoption gestrichen und das Kind im Textteil links erneut eingetragen (ZStV 117 Abs. 2 Ziff. 17).

I. Internationales Recht

19a Zuständig ist der Richter am schweizerischen Wohnsitz der Adoptiveltern zur Zeit der Adoption oder der Klage; ausserdem der Richter des Heimatortes der Adoptiveltern, wenn die Anfechtung am ausländischen Wohnsitz nicht möglich ist (sinngemässe Anwendung von NAG 8a und Art. 253). Anwendbar ist das für die Voraussetzungen der Adoption massgebende Recht; ist dieses ein ausländisches Recht, das die Anfechtung nicht zulässt, so ist schweizerisches Recht massgebend (NAG 8b; BUCHER SJK Nr. 160 S. 1/2). Nach E/IPRG 73 Abs. 2 richtet sich die Zuständigkeit nach den allgemeinen Regeln über die Anfechtung des Kindesverhältnisses (s. Art. 253 N 57, 64); die Anfechtung einer schweizerischen Adoption untersteht schweizerischem Recht; eine ausländische Adoption kann in der Schweiz nur angefochten werden, wenn auch ein Anfechtungsgrund des schweizerischen Rechts vorliegt (E/IPRG 75 Abs. 2).

19b Für den Bereich des Haager Übereinkommens (Art. 268 N 10, hinten S. 642) ist dessen Art. 10 massgebend: Zuständig ist die Behörde des Vertragsstaates, in dem das Kind oder die Adoptiveltern zur Zeit des Begehrens ihren gewöhnlichen Aufenthalt haben oder in dem über die Adoption entschieden wurde. Anwendbar ist das Recht der Behörde, die über die Adoption entschieden hat, oder das Heimatrecht der Adoptierenden bei Verletzung eines von ihm bezeichneten Verbotes oder das Heimatrecht des Adoptivkindes bei Fehlen einer von diesem vorgeschriebenen Zustimmung.

2. Anfechtung wegen Fehlens einer Zustimmung

A. Klagegrund

20 Die Adoption ist anfechtbar, wenn eine vorgeschriebene Zustimmung ohne gesetzlichen Grund nicht eingeholt worden ist (Abs. 1). Vorgeschrieben ist die Zustimmung des urteilsfähigen Kindes (Art. 265 Abs. 2), der vormundschaftlichen Aufsichtsbehörde (Art. 265 Abs. 3), von Vater und Mutter (Art. 265a Abs. 1), des Ehegatten (Art. 266 Abs. 2).

Dem Fehlen einer Zustimmung ist gleichzustellen 21
- eine Zustimmung, die zwar formell erteilt worden ist, aber an einem Willensmangel im Sinne von OR 23 ff leidet (Art. 265 b N 20 f),
- eine Zustimmung, die vor Ablauf der Sperrfrist erklärt oder rechtzeitig widerrufen worden ist (Art. 265 b N 5, 15),
- ein Entscheid, es sei von der Zustimmung in Anwendung von Art. 265 c Ziff. 1 abzusehen (Art. 265 d N 31),
- ein Entscheid, es sei von der Zustimmung in Anwendung von Art. 265 c Ziff. 2 abzusehen, wenn er entgegen Art. 265 d Abs. 3 den betroffenen Eltern nicht mitgeteilt worden ist (Art. 265 d N 27). Der Klagegrund ist aber nicht gegeben, wenn die Mitteilung auf ausdrückliches Verlangen des Elternteils unterblieben ist (Art. 265 d N 25 b).

Dagegen ist der Anfechtungsgrund nicht gegeben, wenn die Zustimmung 22 der Eltern nicht bei der Vormundschaftsbehörde erklärt oder nicht in deren Protokoll vorgemerkt worden ist (Art. 265 a Abs. 1; vgl. Art. 269 a Abs. 2).

B. Aktivlegitimation

Die Anfechtungsklage steht dem Zustimmungsberechtig- 23 ten zu, dessen Zustimmung nicht eingeholt worden ist. Das Zustimmungsrecht muss im Zeitpunkt der Adoptionsentscheidung bestanden haben. Das trifft für den Vater nicht zu, wenn das Kindesverhältnis zu ihm damals nicht bestanden hat (Art. 265 a N 9 ff). Die spätere Anerkennung verschafft ihm die Klageberechtigung nicht.

Dagegen entfällt das Anfechtungsrecht der *Eltern,* wenn sie den Entscheid 24 ans Bundesgericht weiterziehen können oder konnten (Abs. 2). Dieses Recht steht ihnen zu, wenn die Vormundschaftsbehörde oder die Adoptionsbehörde entschieden hat, dass über die Weigerung der Eltern, die Zustimmung zu erteilen, hinweggegangen werde, weil sie sich nicht ernstlich um das Kind gekümmert haben (Art. 265 c Ziff. 2, 265 d Abs. 1 und 2; OG 44 lit. c). Der Entscheid ist ihnen gemäss Art. 265 d Abs. 3 schriftlich mitzuteilen, damit die Berufungsfrist in Gang gesetzt wird (Art. 265 d N 24 a).

Die Anfechtungsklage steht somit den Eltern nur zu, wenn von ihrer Zu- 25 stimmung ohne irgendwelchen Grund oder in unrichtiger Anwendung von Art. 265 c Ziff. 1 abgesehen wurde. Ausserdem wenn Art. 265 c Ziff. 2 angewendet, aber der Entscheid ihnen – ohne entsprechende Anordnung ihrerseits (N 21 a. E.) – nicht mitgeteilt worden ist. Dagegen können sie nicht anfechten, wenn sie trotz Mitteilung den Entscheid nicht weitergezogen haben.

C. Vorbehalt des Kindeswohls

26 Die Berechtigten können anfechten, «sofern dadurch das Wohl des Kindes nicht ernstlich beeinträchtigt wird.» Dieser Wortlaut ist etwas missverständlich. Der Vorbehalt betrifft nicht das Klagerecht, sondern die Gutheissung der Klage.

27 Diese hängt abgesehen vom Vorliegen des Klagegrundes (N 20/21) davon ab, dass die Aufhebung des Kindesverhältnisses das Kindeswohl nicht ernstlich beeinträchtigt.

28 Ist das Kind in der Adoptivfamilie verwurzelt, so soll die Adoption auch dann nicht mehr beseitigt werden, wenn in gesetzwidriger Weise eine vorgeschriebene Zustimmung nicht eingeholt worden ist.

29 Das Kindeswohl geht somit dem Zustimmungsrecht vor.

30 Der Richter hat sinngemäss die gleiche Abwägung vorzunehmen wie die Adoptionsbehörde nach Art. 264 (dort N 57 ff) und Art. 268 (dort N 38, 43). Art. 268 a über die Untersuchung ist daher entsprechend anzuwenden.

Art. 269 a

2. Andere Mängel	¹ Leidet die Adoption an anderen schwerwiegenden Mängeln, so kann jedermann, der ein Interesse hat, namentlich auch die Heimat- oder Wohnsitzgemeinde, sie anfechten. ² Die Anfechtung ist jedoch ausgeschlossen, wenn der Mangel inzwischen behoben ist oder ausschliesslich Verfahrensvorschriften betrifft.
2. Autres vices	¹ Lorsque l'adoption est entachée d'autres vices, d'un caractère grave, tout intéressé, notamment la commune d'origine ou de domicile, peut l'attaquer. ² L'action est toutefois exclue, si le vice a entretemps été écarté ou s'il ne concerne que des prescriptions de procédure.
2. Altri vizi	¹ L'adozione inficiata d'altri vizi gravi può essere contestata da ogni interessato, specialmente dal Comune d'origine o di domicilio. ² L'azione è tuttavia esclusa, se il vizio è stato nel frattempo eliminato, oppure se concerne soltanto prescrizioni di procedura.

		Note	Seite
Übersicht	Materialien	1	613
	Literatur	2	613
	Rechtsvergleichung, Rechts- und Textgeschichte	2a	613

		Note	Seite
I.	Andere schwerwiegende Mängel	3	613
II.	Aktivlegitimation	9	614
III.	Ausschluss der Klage		
	1. Geringfügigkeit des Mangels	11	615
	2. Widersprüchliches Verhalten, Art. 2 Abs. 2	12	615
	3. Behebung des Mangels	13	615
	4. Verletzung von Verfahrensvorschriften	14	615
IV.	Übrige Fragen	17	616

Materialien	BBl *1971* I 1240f. – E 269a. AmtlBullStR *1971* 733; NR *1972* 620.	1
Literatur	Siehe Art. 269 N 2.	2
Rechtsvergleichung, Rechts- und Textgeschichte	Siehe Art. 269 N 2a, 2b. Art. 269a stimmt mit dem Entwurf überein.	2a

I. Andere schwerwiegende Mängel

Abgesehen vom Fehlen einer Zustimmung (Art. 269) kann die Adoption nur angefochten werden, wenn sie an einem schwerwiegenden Mangel leidet. Als Mangel erscheint jede Verletzung einer gesetzlichen Vorschrift. 3

Ob ein Mangel schwer wiegt, hängt von der Bedeutung der verletzten Bestimmung im Rahmen der gesetzlichen Ordnung ab. Es ist das Interesse der Allgemeinheit und des Klägers an der Einhaltung der Vorschrift gegen das Interesse des Adoptivkindes an der Aufrechterhaltung der Adoption abzuwägen (vgl. BBl *1971* I 1240f). 4

5

Unter diesem Gesichtspunkt erscheint beispielsweise als schwerwiegender Mangel

- die wesentliche Unterschreitung des Mindestaltersunterschiedes (ZZW *1975* 308: um mehr als drei Jahre), 6
- das Fehlen eines echten Pflegeverhältnisses, 7
- der ausschliessliche oder überwiegende Zweck der erbrechtlichen Zurücksetzung anderer Kinder oder des Bürgerrechtserwerbs. Vgl. auch N 15, 16, Art. 268a N 32,
- Unterstellung einer altrechtlichen Adoption (SchlT 12b) auch gegenüber einem Verstorbenen (PKG/GR *1974* Nr. 57 = ZBGR *1978* 79),

– bei der Mündigenadoption: Das Vorhandensein von Nachkommen (Art. 266).

7a Auch *Grundlagenirrtum* des Adoptierenden ist ein schwerwiegender Mangel. Beispiel: Der Stiefvater adoptiert die Stieftochter im Vertrauen auf die Treue und den Ehewillen seiner Frau. Tatsächlich unterhält diese aber ein intimes Verhältnis mit einem Dritten und beabsichtigt, nach der Adoption die Scheidungsklage zu erheben; sie hat den Mann zur Adoption bestimmt, damit die Tochter sein Bürgerrecht erhält und seine Erbin wird. – Zur Anfechtung eines altrechtlichen Adoptionsvertrages wegen Willensmangels vgl. BGE *101* II 203.

8 Dagegen liegt kein schwerwiegender Mangel vor, wenn der Mindestaltersunterschied nur um Tage oder Wochen unterschritten ist und im übrigen eine gute Beziehung zwischen den Adoptiveltern und dem Kinde besteht.

II. Aktivlegitimation

9 Die auf Art. 269a gestützte Anfechtungsklage steht jedem zu, der ein Interesse hat. Dieses muss von der Rechtsordnung als schutzwürdig anerkannt sein.

10 Ein solches Interesse kommt insbesondere zu: dem Adoptivkinde selbst, den Adoptiveltern, den andern Kindern der Adoptiveltern, den Erben der Adoptiveltern und des Adoptivkindes, der (neuen) Heimatgemeinde und der Wohnsitzgemeinde (vgl. Art. 121 Abs. 2), den leiblichen Eltern.

10a Das Interesse ist nicht schutzwürdig, wenn die verletzte Bestimmung dem Schutze einer Person dient, die selbst an der Adoption festhalten will. Sind in der Untersuchung Tatsachen verborgen geblieben, aus welchen hervorgeht, dass die Adoption nicht dem Wohl des Kindes dient (Art. 264), so kann nur das Kind, aber nicht der Adoptierende anfechten.

10b Das Klagerecht wird namentlich der *Heimat-* und *Wohnsitzgemeinde* zuerkannt. Gemeint ist die des Adoptierenden. Ihr Interesse ist wie in Art. 259 Abs. 2 Ziff. 3 und Art. 260a Abs. 1 materieller und ideeller Art (vgl. Art. 259 N 97 ff; Art. 260a N 84 ff), insbesondere auch die Verhinderung gesetzeswidriger Adoptionen. Die Ausübung des Klagerechts wird vom kantonalen Recht geregelt. Dieses kann die Prozessführung der Staatsanwaltschaft oder einer andern zentralen Dienststelle übertragen.

III. Ausschluss der Klage

1. Geringfügigkeit des Mangels

Vgl. N 8.   11

2. Widersprüchliches Verhalten, Art. 2 Abs. 2

Wer am Adoptionsverfahren als Gesuchsteller oder Zustimmungsberechtigter teilgenommen hat oder in anderer Eigenschaft auch nur angehört worden ist, kann keine Tatsachen geltend machen, die ihm oder seinem Vertreter im Zeitpunkt der Adoption bekannt waren und damals nicht vorgebracht wurden (MERZ Art. 2 N 403, 444 ff).   12

3. Behebung des Mangels

Die Anfechtungsklage ist abzuweisen, wenn der Mangel inzwischen behoben worden ist. So etwa wenn die fehlende Mindestdauer des Pflegeverhältnisses oder der Hausgemeinschaft (Art. 264, 266) oder der Ehe (Art. 264a) oder das fehlende Mindestalter (Art. 265a und b) bis zum Entscheid über die Anfechtungsklage erfüllt sind und die Adoption dem Wohl des Kindes dient, oder wenn bei einer unzulässigen Einzeladoption durch eine verheiratete Person nachträglich die Ehe aufgelöst wird oder eine Situation gemäss Art. 264b Abs. 2 eingetreten ist.   13

4. Verletzung von Verfahrensvorschriften

Zu den Verfahrensvorschriften gehören vorab die kantonalen Vorschriften über die Einreichung des Gesuches, seine Behandlung, über den Ausstand von Beamten, die bundesrechtlichen Vorschriften über die örtliche Zuständigkeit, über die Form und die Entgegennahme der Zustimmung der Eltern (Art. 269 N 22).   14

Die Untersuchung gemäss Art. 268a gehört nicht ausschliesslich zum Verfahren. Die unterlassene Untersuchung kann nachgeholt, die mangelhafte Untersuchung verbessert werden. Deckt die neue oder ergänzte Untersuchung aber Tatsachen auf, welche in Abwägung mit den übrigen Umstän-   15 den die Adoption als nicht im Interesse des Kindes liegend erscheinen lassen, so wiegt der Mangel schwer und ist die Anfechtungsklage gutzuheissen.

16 Auch Unterlassung der Aufklärung oder unrichtige Aufklärung der Adoptiveltern über die rechtlichen Wirkungen der Adoption bildet nicht ausschliesslich einen Verfahrensmangel. Haben sie deswegen die Adoption in einem Irrtum bewirkt, so können sie diese anfechten.

IV. Übrige Fragen

17 Für die allgemeinen Fragen vgl. Art. 269 N 10 ff, für die Klagefrist vgl. Art. 269 b.

Art. 269 b

II. Klagefrist	**Die Klage ist binnen sechs Monaten seit Entdeckung des Anfechtungsgrundes und in jedem Falle binnen zwei Jahren seit der Adoption zu erheben.**
II. Délai	L'action doit être intentée dans les six mois à compter du jour où le motif en a été découvert et, dans tous les cas, dans les deux ans depuis l'adoption.
II. Termine	L'azione deve essere proposta entro sei mesi dal momento in cui fu conosciuto il motivo della contestazione e, in ogni caso, entro due anni dall'adozione.

Übersicht		Note	Seite
	Materialien	1	616
	Literatur	2	616
	Rechtsvergleichung, Rechts- und Textgeschichte	2a	617
	I. Sinn der Klagefristen	3	617
	II. Wirkung der Klagefristen	4	617
	III. Wahrung der Klagefristen	6	617

1 Materialien   BBl *1971* I 1240. E 269 b. – AmtlBullStR *1971* 733; NR *1972* 620.

2 Literatur   Siehe Art. 269 N 2.

Rechtsvergleichung, Rechts- und Textgeschichte	Nach BGB 1762 muss der Antrag auf Aufhebung binnen eines Jahres seit Kenntnis des Aufhebungsgrundes und dreier Jahre seit der Adoption gestellt werden. – Das zürcherische Recht befristete das Auflösungsrecht des Kindes auf ein Jahr seit der Mündigkeit. Unbefristet war die Aufhebung nach aArt. 269. – Art. 269 b entspricht dem Entwurf.	2a

I. Sinn der Klagefristen

Art. 269 b befristet die Klage auf sechs Monate seit Entdeckung des Anfechtungsgrundes und auf zwei Jahre seit der Adoption (vgl. dazu Art. 256 c Abs. 1, Art. 260 c Abs. 1). Die relative Frist will dem Klageberechtigten eine angemessene Zeitspanne geben, um sich die Auswirkungen des Rechtsmangels und einer Anfechtung zu überlegen und seinen Entschluss über die Erhebung der Klage reifen zu lassen. Die Unsicherheit über die Rechtsbeständigkeit der Adoption muss aber mit Rücksicht vorab auf das Kind und die Adoptiveltern binnen kurzem ihr Ende finden. Die absolute zweijährige Frist trägt der heilenden Kraft der Zeit Rechnung. Je länger das Adoptivverhältnis tatsächlich dauert, um so weniger soll es wegen rechtlicher Mängel in Frage gestellt werden dürfen. 3

II. Wirkung der Klagefristen

Vgl. Art. 256 c N 37. 4

Die Frist von zwei Jahren setzt von Bundesrechtswegen auch kantonalen Rechtsmitteln eine absolute Grenze (Art. 268 N 66). 5

III. Wahrung der Fristen

Vgl. Art. 256 c N 33–35. 6

Die Frist von sechs Monaten beginnt in dem Zeitpunkt, da der Kläger einen Anfechtungsgrund entdeckt, d. h. sichere, prozessual verwertbare Kenntnisse eines Rechtsmangels im Sinne von Art. 269 Abs. 1 oder 269 a Abs. 1 erhält (vgl. Art. 256 c N 29). 7

Die Zweijahresfrist läuft für alle Anfechtungskläger von dem Tage an, da die Adoption für die Adoptiveltern und das Adoptivkind rechtskräftig geworden ist. Steht hiegegen ein ordentliches Rechtsmittel zur Verfügung, so tritt die Rechtskraft mit Ablauf der Rechtsmittelfrist oder Rückzug des 8

Rechtsmittels ein. Gibt es kein ordentliches kantonales Rechtsmittel, so ist der Tag des Adoptionsentscheides massgebend (vgl. Art. 268 N 62; GULDENER ZSR *1961* II 28 f). Ausser Betracht fällt die Frist für die Berufung an das Bundesgericht (OG 54). Denn diese steht, wenn die Adoption ausgesprochen wird, den Adoptiveltern und dem Adoptivkind nicht offen (OG 44 lit. c).

9 Die Fristen werden durch Klage im Sinne des bundesrechtlichen Begriffes der Klageanhebung gewahrt (Art. 256 c N 38–44).

10 In Analogie zu Art. 256 c Abs. 3, Art. 260 c Abs. 3 und Art. 263 Abs. 3 ist nach Ablauf der Frist eine Klage zuzulassen, wenn die Verspätung mit wichtigen Gründen entschuldigt wird (vgl. dazu sinngemäss Art. 256 c N 45–61). Dass Art. 269 b dies nicht ausdrücklich sagt, ist nicht auf eine negative Entscheidung des Gesetzgebers zurückzuführen, sondern darauf, dass diese Bestimmung vier Jahre vor jenen erlassen und damals das Problem gar nicht bedacht wurde. Für die Wiederherstellung nach OR 139 und nach kantonalem Prozessrecht s. Art. 256 c N 62 f. Vgl. auch BGE *96* I 164.

Art. 269 c

F. Adoptivkindervermittlung	[1] Die Kantone üben die Aufsicht über die Vermittlung von Kindern zur spätern Adoption aus. [2] Wer diese Vermittlung berufsmässig oder im Zusammenhang mit seinem Berufe betreibt, bedarf einer Bewilligung; die Vermittlung durch vormundschaftliche Organe bleibt vorbehalten. [3] Der Bundesrat erlässt die Ausführungsvorschriften.
F. Placement d'enfants en vue d'adoption	[1] Les cantons exercent la surveillance sur le placement d'enfants en vue de leur adoption future. [2] Celui qui fait de tels placements à titre professionnel ou en relation avec sa profession doit avoir une autorisation; le placement par les organes de la tutelle est réservé. [3] Le Conseil fédéral édicte les prescriptions d'exécution.
F. Collocamento in vista d'adozione	[1] I Cantoni esercitano la vigilanza sul collocamento degli adottandi. [2] Chi si occupa di questi collocamenti a titolo professionale o in relazione alla sua professione deve avere un'autorizzazione; è riservato il collocamento tramite gli organi di tutela. [3] Il Consiglio federale emana le norme esecutive.

		Note	Seite
Übersicht	Materialien	1	619
	Literatur	2	619
	Rechtsvergleichung	3	620
	Rechts- und Textgeschichte	4	620
	I. Aufsicht über die Adoptionsvermittlung		
	1. Aufgabe	5	620
	2. Gesetzlicher Rahmen	8	621
	3. Organisation der Aufsicht	17	623
	4. Privatrechtliche Natur der Vermittlung	24	625
	II. Bewilligungsbedürftige Vermittlung		
	1. Begriff	25	626
	2. Voraussetzungen der Bewilligung	27	626
	3. Bewilligung	30	627
	4. Materielle Pflichten	34	628
	5. Verfahrenspflichten	45	631
	6. Entgelt	50	632
	7. Entziehung der Bewilligung	55	633
	III. Nichtbewilligungspflichtige Vermittlung		
	1. Durch vormundschaftliche Organe	58	633
	2. Durch Gelegenheitsvermittler	59	634
	3. Eigenvermittlung («independent adoptions»)	63	634
	IV. Verantwortlichkeit des Vermittlers	66	635
	V. Internationales Recht	70	636

Materialien	BBl *1971* I 1241f, E 269c; AmtlBullStR *1971* 734, *1972* 398; NR *1972* 620–627. V über die Adoptionsvermittlung, vom 28. März 1973 (AdVV, hinten S. 705), V über die Aufnahme von Pflegekindern vom 19. Oktober 1977 (PfKV, hinten S. 710), EAdÜ 15, 18, 19.	1
Literatur	*Adoptivkinder aus der Dritten Welt,* in: Sozialarbeit *1983* Heft 4 (Bern); BREITENSTEIN F., Voraussetzungen der Adoption, in: Beiträge zur Anwendung des neuen Adoptionsrechts, St. Gallen 1979, S. 34. AMMANN LUZIA, Uneheliche Kindschaft und Adoption aus der Sicht des Sozialarbeiters (ZVW *1973* 98); GIRSBERGER BETTINA, Die Adoptionsvermittlung (Pro Juventute *1970* 10); HARRWEG RITA, Die Adoptivkinder-Vermittlungsstelle des Schweiz. Gemeinnützigen Frauenvereins (Pro Juventute *1960* 658, *1968* 81); HEGNAUER C., in: Kindes- und Adoptionsrecht, Zürich 1981; HESS EDITH, Peter und Susi finden eine Familie (Zürich 1972); HUMBERT SAM, 20 ans d'adoption dans le canton de Neuchâtel (Pro Juventute *1968* 102); OESCHGER WITGAR, Die Pflege- und Adoptivkinderversorgung (Frei-	2

burg 1957); PACHTER RENÉ, Les enfants adoptifs étrangers à la lumière des prescriptions et de la pratique de la Police fédérale des étrangers (ZVW *1976* 1); PERREZ ELISABETH, Aus der Tätigkeit der Adoptions-Vermittlungsstelle des Seraphischen Liebeswerks Solothurn (Pro Juventute *1968* 85); PERRIN MARCEL, Einige Gedanken zur Praxis der Adoption, in: Kindes- und Adoptionsrecht, Zürich 1981, S. 55 (auch franz. erschienen); VOGEL-ETIENNE CHRISTINE, Das Pflegeverhältnis vor der Adoption, Diss. Zürich 1981; VOLKEN PAUL, Adoptionen mit Auslandsbeziehungen, in: Beiträge zur Anwendung des neuen Adoptionsrechts, St. Gallen 1979, S. 75. Siehe auch S. 14 f.

3 Rechtsvergleichung

In der Bundesrepublik Deutschland ist die Adoptionsvermittlung durch das Gesetz vom 2. Juli 1976 geregelt. Die Vermittlung ist behördlich anerkannten Stellen gestattet. Mit der Vermittlung dürfen nur Personen betraut werden, die aufgrund ihrer Ausbildung und ihrer beruflichen Eignung geeignet sind. Die Vermittlung umfasst die sachdienlichen Ermittlungen bei den künftigen Adoptiveltern, dem Kind und seiner Familie sowie die vor- und nachgehende Beratung und Unterstützung. Österreich regelt die Adoptionsvermittlung im Jugendwohlfahrtsgesetz (§ 14). Frankreich unterstellt die Vermittlung ebenfalls der Bewilligungspflicht (Décret N° 63-486, 10. Mai 1963); es kennt überdies einen «conseil de l'adoption», dem neben der Prüfung allgemeiner Fragen der Adoption namentlich die Untersuchung und Lösung der Probleme der Adoptionsvermittlung aufgetragen ist (Décret N° 75-640, 16. Juli 1975).

4 Recht- und Textgeschichte

Das ZGB von 1907 befasste sich mit der Adoptionsvermittlung nicht. Verschiedene gemeinnützige Institutionen postulierten, diese unter öffentliche Aufsicht zu stellen. Art. 269 c stimmt mit dem Entwurf überein. Der Vorentwurf der Expertenkommission ging von einer Bundesaufsicht aus mit der Möglichkeit, die Kantone zum Vollzug heranzuziehen. Die nationalrätliche Kommission sah die Bundesaufsicht unter Mitwirkung der Kantone vor (AmtlBullNR *1972* 620). Diese Lösung wurde auch vom ständerätlichen Referenten befürwortet. (AmtlBullStR *1971* 734). Indessen setzte sich die von der Verwaltung konzipierte Lösung durch, die den Bund – im Gegensatz zum Zivilstands-, Grundbuch- und Handelsregisterwesen – von einer aktiven Mitwirkung an der Aufsicht ausschliesst.

I. Aufsicht über die Adoptionsvermittlung

1. Aufgabe

5   Bei der Adoption eines verwandten Kindes oder eines Stiefkindes entsteht das Pflegeverhältnis zwischen Adoptiveltern und Kind spontan infolge der bestehenden besondern familienrechtlichen Beziehung. Bei der Fremdadoption dagegen werden das Kind und die Adoptionswilli-

gen, da sie meist verschiedenen sozialen Kreisen angehören, durch eine eigentliche Vermittlung zusammengeführt. Diese hat schicksalhafte Bedeutung für das Kind nicht weniger als für die Adoptiveltern. Denn die Adoption wird durch die Wahl des Pflegeplatzes weitgehend präjudiziert.

Soll die Adoption dem *Wohl des Kindes* dienen (Art. 264), so muss dieses bereits die Vermittlung leiten. Das Kind soll den Pflegeeltern vermittelt werden, die ihm die besten Aussichten einer gedeihlichen Entwicklung bieten. Das setzt beim Vermittler besondere sozialpädagogische und sozialpsychologische Kenntnisse und Erfahrungen voraus, überdies die charakterliche Fähigkeit, sachfremde Motive wie Gewinnsucht oder Mitleid mit kinderlosen Bewerbern auszuschalten. 6

Die behördliche Aufsicht will sichern, dass die Vermittlung nur durch Personen erfolgt, welche diesen Voraussetzungen genügen. Sie ist für die sachgerechte Ordnung der Adoption unerlässlich. Der *Bundeszivilgesetzgeber* ist daher befugt sie zu ordnen, obwohl sie zum Verwaltungsrecht gehört (vgl. BURCKHARDT, Kommentar S. 588f; HUBER, Berner Kommentar Art. 6 N 105f). Art. 269c unterstellt die Vermittlung der Aufsicht der Kantone (Abs. 1) und macht die berufsmässige und nicht von vormundschaftlichen Organen ausgeübte von einer Bewilligung abhängig (Abs. 2); die Ausführungsvorschriften werden vom Bundesrat erlassen (Abs. 3). Das ist in der Verordnung über die Adoptionsvermittlung vom 25. März 1973, abgeändert am 19. Oktober 1977, geschehen (AdVV; hinten S. 705). Wichtige Ergänzungen enthält die Verordnung über die Aufnahme von Pflegekindern, vom 19. Oktober 1977 (PfKV; hinten S. 710). 7

2. Gesetzlicher Rahmen

Art. 269c Abs. 1 und 2 legen den Rahmen der bundesrätlichen Rechtssetzungsbefugnis (Abs. 3) fest. 8

A. Aufsicht

Art. 269c Abs. 1 enthält zwei Normen. Die erste unterstellt die Vermittlung von Kindern zur späteren Adoption staatlicher Aufsicht. Und zwar *umfassend,* somit neben der bewilligungsbedürftigen Adoption auch die Vermittlung durch vormundschaftliche Organe und die Gelegenheitsvermittlung. 9

10 Die *generell-abstrakte* Regelung der Aufsicht ist durch die *bundesrätlichen Ausführungsvorschriften* zu treffen. Dazu gehören namentlich die Umschreibung der Vermittlung, die Organisation und das Verfahren der Aufsicht unter Einschluss allfälliger Sanktionen, sowie die Festsetzung der Pflichten des Vermittlers.

11 Der Bundesrat kann die Organisation der Aufsicht selber regeln oder sie ganz oder teilweise den *Kantonen übertragen.*

12 Die zweite Norm teilt den *Kantonen* die Aufsicht zu. Damit ist lediglich deren Ausübung gemeint, d.h. die *Vollziehung* der bundesrätlichen Ausführungsvorschriften. Dagegen haben die Kantone aufgrund von Art. 269c Abs. 1 keine selbständigen Rechtssetzungsbefugnisse; vorbehalten bleibt deren Delegation durch die bundesrätliche Verordnung (N 11).

13 Der Bundesrat hat als oberste vollziehende Behörde die Vollziehung der Verordnung durch die Kantone zu *überwachen* (BV 95, 102 Ziff. 2 und 13). Er kann zu diesem Zweck jederzeit Berichte einfordern und auf Mängel aufmerksam machen. Diese Aufsicht wird unmittelbar vom Eidgenössischen Justiz- und Polizeidepartement ausgeübt.

B. Bewilligungspflicht

14 Art. 269c Abs. 2 sieht als besonderes Mittel der Aufsicht die Bewilligungspflicht vor für den, der die Vermittlung berufsmässig oder im Zusammenhang mit seinem Berufe betreibt (Satz 1). Keiner Bewilligung bedarf daher die blosse Gelegenheitsvermittlung (N 59 ff); ausdrücklich ausgenommen ist sodann die Vermittlung durch vormundschaftliche Organe (Satz 2). Dagegen unterstehen diese beiden Bereiche ebenfalls der Aufsicht im Sinne von Abs. 1 (N 9 ff).

15 Der Bundesrat hat in der Verordnung die Voraussetzungen und den persönlichen, sachlichen und zeitlichen Geltungsbereich der Bewilligung festzulegen. Die Erteilung, Versagung und Entziehung der Bewilligung gehört dagegen zur Ausübung der Aufsicht und steht gemäss Abs. 1 den Kantonen zu (N 12).

C. Begriff der Vermittlung

16 Das Gesetz definiert die der Aufsicht unterstellte Vermittlung nicht. AdVV 2 versteht sie als «Nachweis der Gelegenheit, ein unmündiges Kind zu adoptieren oder adoptieren zu lassen, und gegebenenfalls

dessen Unterbringung bei Pflegeeltern zur späteren Adoption». Diese Umschreibung behandelt nach dem Vorbild von OR 412 für den Mäklervertrag beide Teile, das Kind und die Adoptionsanwärter, gleich. Indessen muss von der Sache her unterschieden werden:
- Die *Eltern*-Vermittlung: Es werden für ein elternloses Kind neue Eltern gesucht. Im Vordergrund stehen die Bedürfnisse des *Kindes*.
- Die *Kindes*-Vermittlung: Für Adoptionswillige wird ein Kind gesucht. Ausgangspunkt sind *ihre* Wünsche.

Da keine Pflicht besteht, ein Kind zu adoptieren oder in Adoption zu geben, verbinden sich im praktischen Ablauf notwendigerweise beide Elemente. Das Kindeswohl als Leitgedanke der Adoption (Art. 264) ordnet aber das zweite eindeutig dem ersten unter. Dem entspricht die herkömmliche, von gemeinnützigen Stellen betriebene Vermittlung. Mit dem starken Rückgang der adoptierbaren Kinder im Inland hat sich jedoch das zweite Element immer mehr verselbständigt: Die Wünsche der Adoptionswilligen werden durch Beschaffung von Kindern im Ausland befriedigt (s. Statistik, Einl vor Art. 264 N 15a, Tabellen IV und V). Dies kann von der AdVV nur unvollkommen erfasst werden (N 63 ff).

3. Organisation der Aufsicht

A. Im allgemeinen

Jeder Kanton bezeichnet eine *einzige kantonale Behörde* 17 (AdVV 20 Abs. 1). Die Bestimmungen über Organisation und Verfahren bedürfen der Genehmigung des Bundesrates (SchlT 52). Vgl. die Tabelle in Art. 268 N 7, Kolonne 3.

Der Aufsicht dieser Behörde untersteht die bewilligungsbedürftige (N 25 ff) 18 und die nichtbewilligungsbedürftige Vermittlung (N 59 ff), dagegen nicht die Vermittlung durch vormundschaftliche Organe (N 21 ff).

Örtlich zuständig ist die Behörde am Ort der Geschäftsstelle des Vermittlers 19 (AdVV 21).

Die Aufsichtsbehörden haben sich gegenseitig *Rechtshilfe* zu leisten (AdVV 20 22) und ihre Verfügungen dem Eidg. Justiz- und Polizeidepartement mitzuteilen (AdVV 24 Abs. 2). Die Verfügungen der Aufsichtsbehörde unterliegen der Verwaltungsgerichtsbeschwerde ans Bundesgericht (AdVV 24 Abs. 1). Das Eidgenössische Justiz- und Polizeidepartement ist beschwerdeberechtigt (AdVV 24 Abs. 2). Es bringt die ihm mitgeteilten Verfügungen und Beschwerdeentscheide den Aufsichtsbehörden der andern Kantone zur Kenntnis (AdVV 24 Abs. 3); bei der zwischenstaatlichen Vermittlung drängt sich auch die Mitteilung an die zuständigen ausländischen Stellen (vgl. N 29, 31) auf. Dagegen ist es – leider! – nicht befugt (N 4), Weisungen über die einheitliche Handhabung der Aufsicht zu erlassen. Nicht verwehrt ist ihm aber, die Sammlung, die Auswertung und den Austausch von Erfahrungen sowie die Ausarbeitung von Richtlinien für die Vermittlung zu fördern. Hiefür wäre die Einsetzung einer ständigen Konsultativkommission nach französischem und niederländischem Vorbild zweckmässig (vgl. N 3; GIRSBERGER, Pro Juventute *1970* 66; HEGNAUER, Pro Juventute *1970* 10).

B. *Vermittlung durch vormundschaftliche Organe*

21 Die Vermittlung zur spätern Adoption kann zur gehörigen Wahrung der Interessen des bevormundeten Kindes (Art. 405), aber auch zum Schutz von Kindern unter elterlicher Gewalt gehören, wenn die Eltern es zu seinem Nachteil in Heimen oder an wechselnden Pflegeplätzen aufwachsen lassen (Art. 307 ff). Die vormundschaftlichen Organe können damit anerkannte Vermittler (N 25 ff) betrauen oder die Vermittlung selbst durchführen. Sie bedürfen für letzteres keiner Bewilligung (N 14); das gibt ihnen aber keinen Freipass. Vielmehr unterstehen sie der Aufsicht gemäss Art. 269 c Abs. 1 (N 9 ff) und haben in der Vermittlung wie anerkannte Vermittler (N 25 ff) die Pflichten gemäss AdVV 9–16 zu erfüllen (AdVV 18 Abs. 1). Demgemäss dürfen auch Vormundschaftsbehörde, Vormund und Beistand die Unterbringung am künftigen Pflegeplatz nicht vornehmen, bevor die Untersuchung im Sinne von AdVV 9 und PfKV 5–7 durchgeführt und die *Pflegekinderbewilligung* im Sinne von PfKV 8 erteilt ist (AdVV 9 Abs. 1). Vgl. N 66 a. E.

22 Gemäss AdVV 18 Abs. 2 richtet sich die Aufsicht nach den Bestimmungen des *Vormundschaftsrechts*. Sie muss sicherstellen, dass die Vermittlung nur durch Personen erfolgt, welche die nötigen besondern Kenntnisse und Erfahrungen auf diesem Gebiete besitzen (AdVV 5 Abs. 1 lit. *c,* 6 Abs. 3), die Pflichten gemäss AdVV 9–16 kennen und imstande sind, die Untersuchung gemäss AdVV 9 sachgerecht durchzuführen. Dafür genügen aber die Befugnis der Vormundschaftsbehörde, im Einzelfall Weisungen zu erteilen (EGGER Art. 398 N 13, 14), und die Pflicht, die Vermittlung der Vormundschafts-

behörde zu melden (AdVV 12), nicht. Vielmehr müssen jene Voraussetzungen durch generell-abstrakte Ordnung der Aufsicht gewährleistet werden. Diese ist von den Kantonen zu treffen (N 23).

In Betracht kommen verschiedene Lösungen, beispielsweise: 23
– Die Vermittlung wird einer *besonderen* vormundschaftlichen Dienststelle vorbehalten. Beispielhaft ist die dem Tuteur général des Kantons Waadt zugeteilte interdisziplinäre Arbeitsgruppe, vgl. PERRIN 55, franz. Ausgabe 67.
– Die Vermittlung darf nur durch *Amtsvormundschaften,* die von der vormundschaftlichen Aufsichtsbehörde bezeichnet werden, oder
– unter Mitwirkung einer *sachkundigen* Amtsstelle (z. B. Jugendsekretariat) oder eines anerkannten Vermittlers erfolgen.

Nach Art. 425 Abs. 1 haben die Kantone die Mitwirkung der Behörden auf dem Wege der Verordnung näher zu regeln. Es ist fraglich, ob gestützt darauf diese Lösungen normiert werden könnten, da sie weniger die Mitwirkung der Behörden als die Befugnisse des Vormundes und des Beistandes betreffen (vgl. EGGER Art. 425 N 2). Ist die Aufgabe in Art. 425 Abs. 1 nicht enthalten, so müsste die Adoptionsvermittlungs-Verordnung in Art. 18 den Kantonen auftragen, die Aufsicht über die Vermittlung durch vormundschaftliche Organe zu regeln. Umfasst aber Art. 425 Abs. 1 diese Befugnis, so wäre es gleichwohl angezeigt, sie in der Verordnung zu verdeutlichen. Denn die bisherige Ordnung der Aufsicht genügt nicht (HEGNAUER, in: Kindes- und Adoptionsrecht 78 f).

4. Privatrechtliche Natur der Vermittlung

Die Adoptivkindervermittlung untersteht privatrechtlich 24 den Bestimmungen über den einfachen Auftrag (OR 394 ff), nicht denjenigen über den Mäklervertrag (OR 412 ff). Auftraggeber können der gesetzliche Vertreter des Kindes (Eltern, Vormund, Beistand, Vormundschaftsbehörde) oder adoptionswillige Personen sein (N 16).

Der Vermittler untersteht nach der geltenden Verordnung keinem Kontrahierungszwang. Dieser könnte aber vorgesehen werden, soweit die Vermittlung vom Vertreter des Kindes nachgesucht wird, da sie der Wahrung des Kindeswohls dient (AdVV 3, Art. 264). Dagegen ist er ausgeschlossen gegenüber Personen, die ein Kind zu adoptieren wünschen. Denn die Erfüllung dieses Wunsches ist nicht der gesetzliche Zweck der Adoption. Über die zivilrechtliche Verantwortlichkeit des Vermittlers s. N 69.

II. Bewilligungsbedürftige Vermittlung

1. Begriff

25   Einer Bewilligung bedarf, wer die Vermittlung «berufsmässig oder im Zusammenhang mit seinem Berufe betreibt» (Art. 269 c Abs. 1), wer hier «haupt- oder nebenberuflich, selbständig oder im Dienst eines andern, entgeltlich oder unentgeltlich, mit oder ohne öffentliche Werbung» tätig ist (AdVV 4 Abs. 1). Im Zusammenhang mit dem Beruf oder nebenberuflich kommt die Vermittlung etwa bei Hebammen, Mitarbeitern von Spitälern, Kinderheimen, Mütter- und Sozialberatungsstellen und Fürsorgern vor.

26   Ist für die Vermittlung ein *Entgelt* (N 51) zu entrichten, so ist sie in jedem Fall haupt- oder nebenberuflich und unterliegt der Bewilligungspflicht. *Ausgenommen* von dieser ist nur die vereinzelte und unentgeltliche Gelegenheitsvermittlung, sowie die Vermittlung durch vormundschaftliche Organe (Art. 269 c Abs. 2 Satz 2; AdVV 4 Abs. 3).

2. Voraussetzungen der Bewilligung

A. *Im allgemeinen* (AdVV 5 Abs. 1)

27   Die Bewilligung kann einer natürlichen Person oder einer juristischen Person des öffentlichen oder einer gemeinnützigen juristischen Person des privaten Rechts erteilt werden (AdVV 4 Abs. 1 und 2). Gemeint ist eine juristische Person des schweizerischen Rechts. Vereine haben die Statuten (AdVV 5 Abs. 2), Stiftungen die Stiftungsurkunde vorzulegen. Die Bewilligung für juristische Personen setzt voraus, dass die als Vermittler tätigen natürlichen Personen die Voraussetzungen erfüllen (AdVV 4 Abs. 2).

27a   Die Bewilligung setzt voraus:
a) Wohnsitz in der Schweiz, b) guten Leumund und damit volle Handlungsfähigkeit, c) Erfahrung auf dem Gebiete der Vermittlung und in der Regel Ausbildung auf dem Gebiete der Jugendfürsorge, d) Nachweis der Arbeitsmethode und e) des Finanzplanes und des Tarifs allfälliger Gebühren.
Richtigerweise müssten auch ausreichende Kenntnisse des schweizerischen Kindes- und Vormundschaftsrechts verlangt werden.

Der *Tarif* bedarf der Genehmigung (AdVV 5 Abs. 2 lit. *e* Satz 2, hinten N 51). Die Arbeitsmethode muss den anerkannten Regeln der Vermittlung entsprechen. Der Finanzplan muss zeigen, dass der Vermittler nicht in einem Masse auf Zahlungen der Adoptiveltern (oder der leiblichen Eltern) angewiesen ist, welche die Ausrichtung der Vermittlung auf das Wohl des Kindes gefährden könnte. 27b

Bei privaten Vermittlern ist diese Gefahr praktisch nicht auszuschliessen. Richtigerweise sollte die Verordnung daher, wie das deutsche Recht, nur eine Bewilligung für öffentliche oder gemeinnützige private Stellen unter Ausschluss privater Einzelpersonen vorsehen. 27c

B. Zwischenstaatliche Vermittlung (AdVV 6)

Die Vermittlung ausländischer Kinder, sowie schweizerischer Kinder an Personen im Ausland oder an Ausländer in der Schweiz bedarf einer Sonderbewilligung (AdVV 6 Abs. 1 und 2). Der Gesuchsteller muss abgesehen von den allgemeinen Voraussetzungen (N 27ff) die erforderlichen Kenntnisse des internationalen Rechts und ausländischer sozialer Verhältnisse besitzen oder Sachverständige mit diesen Kenntnissen zur Verfügung haben (AdVV 6 Abs. 3). 28

Diese Umschreibung der Erfordernisse ist jedoch zu allgemein und unbestimmt. Sachlich absolut unerlässlich ist, dass der Vermittler mit amtlichen Kindesschutzstellen oder anerkannten Vermittlern bestimmter Länder in Verbindung steht und sich darüber ausweist, dass diese bereit sind, mit ihm zusammenzuarbeiten. Die entsprechenden Angaben sind von der zuständigen schweizerischen Vertretung zu überprüfen. 29

3. Bewilligung

Die Bewilligung ist eine Polizeierlaubnis. Sie wird für längstens fünf Jahre erteilt, kann aber erneuert werden (AdVV 7). Die einer natürlichen Person erteilte Bewilligung erlischt vor Ablauf ihrer Geltungsdauer mit dem Tod, dem Verlust der Handlungsfähigkeit, der Aufgabe des Wohnsitzes in der Schweiz oder der Entziehung durch die Behörde (N 55). Ist eine juristische Person Inhaberin der Bewilligung, so ist der Aufsichtsbehörde ein Wechsel der als Vermittler tätigen natürlichen Personen mitzuteilen (AdVV 5 Abs. 3) und nachzuweisen, dass die Nachfolger die Voraussetzungen erfüllen. 30

31 Die Bewilligung berechtigt zur Vermittlung in der ganzen Schweiz (AdVV 4 Abs. 1 Satz 2). Die Sonderbewilligung für die zwischenstaatliche Vermittlung sollte richtigerweise nur zur Vermittlung im Verkehr mit namentlich bezeichneten Stellen bestimmter Länder (N 29) erteilt werden. Ob schon der geltende Wortlaut von AdVV 6 für solche Beschränkung ausreiche, ist zweifelhaft.

32 Anfangs 1984 sind *Inhaber* der Bewilligung:

Adptionsvermittlungsstellen

- Terre des Hommes
  route Signal 27
  1018 Lausanne
- Seraphisches Liebeswerk
  Solothurn
  4500 Solothurn
- Bureau d'adoption
  34, Bvd des Tranchées
  1206 Genève
- Schweiz. Private Mütter-Beratung und
  Adoptivkinder-Vermittlung
  Merkurstrasse 36
  8640 Rapperswil
- Verein «Kinder-Fürsorge»
  Haus Seewarte
  Frau Alice Honegger
  8715 Bolligen
- Mouvement Enfance et Foyers
  Service d'adoption
  bd Pérolles 59
  1700 Fribourg

- Schweizerischer gemeinnütziger Frauenverein
  Adoptivkinder-Vermittlungsstelle
  Zürichbergstrasse 7
  8032 Zürich
- Caritas
  Servizio sociale
  Via P. Luccini 12
  6900 Lugano
- Schweiz. Stiftung MPB
  Mittelstrasse 32
  3012 Bern
- Elisabeth Kohler
  Kinder- und Jugendfürsorge Zug
  Zeughausstrasse 14
  6300 Zug
- Vereinigung für Adoptionshilfe
  Aarbergerstrasse 36
  3011 Bern
- Adoption International
  Aarbergergasse 10
  3011 Bern

33 Der Internationale Sozialdienst der Schweiz (ISS), Hauptsitz: Genf, rue Petitot 8, ist selber nicht als Vermittler tätig, leistet aber wichtige Dienste in der Abklärung der Verhältnisse.

4. Materielle Pflichten

A. Wahrung des Kindeswohls

34 Die Vermittlung darf nur erfolgen, wenn die gesamten Umstände erwarten lassen, die Adoption des Kindes durch die künftigen Pflegeeltern diene seinem Wohl (AdVV 3, vgl. Art. 264 und dort N 56 ff). Findet der Vermittler für das Kind keine geeigneten Pflegeeltern, so hat er

die Vermittlung zu unterlassen und sie gegebenenfalls einem andern Vermittler zu übertragen (AdVV 10). Ebenso hat er Bewerber abzuweisen, die sich als Adoptiveltern überhaupt nicht oder für die Adoption der Kinder, die ihm zur Verfügung stehen, nicht eignen. Heute wird der Vermittler aber in den wenigsten Fällen vom Vertreter des Kindes, sondern weit überwiegend von den Adoptionsanwärtern beigezogen (N 16 a. E.). Der Vermittler hat nicht mehr für ein familienloses Kind neue Eltern zu suchen, als vielmehr Adoptionswilligen ein Kind zu verschaffen. Das bringt die Gefahr mit sich, dass dem Wunsch der Auftraggeber nach einem Kind der Vorrang vor dem Kindeswohl eingeräumt wird. Im Bereich der zwischenstaatlichen Vermittlung verdrängt jener Wunsch die ernstliche Auseinandersetzung mit den Problemen der Assimilation im fremden Kulturkreis und späterer Identitätskonflikte und schwächt das Bemühen, die Möglichkeiten der Jugendhilfe im Herkunftsland des Kindes wahrzunehmen.

35 Die Pflegeeltern sind nach *objektiven* Kriterien auszuwählen. Nicht massgebend ist, dass *sie* ein bestimmtes Kind auslesen, oder dass sie unter den vorhandenen Anwärtern relativ am wenigsten ungeeignet sind oder am hartnäckigsten ihr Begehren verfechten. Vielmehr ist der Pflegeplatz zu suchen, der objektiv die optimale Integration erwarten lässt. Die Dauer der Wartezeit darf nur unter gleich gut geeigneten Anwärtern den Ausschlag geben. Um auch nur den Anschein von Willkür und den Einfluss von Vorurteilen auszuschalten, ist die Auswahl durch eine interdisziplinäre Arbeitsgruppe der durch eine Einzelperson vorzuziehen (vgl. dazu PERRIN 55, franz.: 67).

35a Gemeinnützige Vermittler bemühen sich auch um die Vermittlung von Kindern, die wegen ihres Alters, ihres Aussehens oder geistiger oder körperlicher Behinderung schwer zu plazieren sind.

B. Zusammenarbeit mit Vertreter und Behörden

36 Der Entscheid über die Obhut steht dem *gesetzlichen Vertreter* des Kindes zu. Der Vermittler darf daher eine Vermittlung nur im Einvernehmen mit dem Vormund oder Beistand vornehmen (AdVV 8 Abs. 1). Hat das Kind keinen gesetzlichen Vertreter oder steht es unter elterlicher Gewalt, so hat der Vermittler die zuständige Vormundschaftsbehörde zu benachrichtigen (AdVV 8 Abs. 2). Diese hat für die gesetzliche Vertretung des Kindes das Nötige anzuordnen (vgl. Art. 264 N 49 a).

37 Bei der zwischenstaatlichen Vermittlung hat der Vermittler im Einvernehmen mit dem nach dem Recht des bisherigen Aufenthaltes zuständigen Ver-

treter des Kindes zu handeln. Hiefür besteht volle Gewähr nur, wenn er mit einer staatlichen Kindesschutzstelle oder einem anerkannten Vermittler des fremden Staates zusammenarbeitet (N 29, 31). Überdies hat der Vermittler auch die Ausreisevorschriften des Herkunftlandes und die schweizerischen Einreisevorschriften einzuhalten (Art. 264 N 31 c).

38 Der Vermittler hat *vor* der Unterbringung die für das Kind zuständige *Vormundschaftsbehörde* zu benachrichtigen (AdVV 12). Gemeint ist die Vormundschaftsbehörde, welche die Vormundschaft über das Kind führt, oder, wenn es nicht unter Vormundschaft steht, für die Anordnung von Kindesschutzmassnahmen und zur Bevormundung zuständig wäre (vgl. dazu Art. 315). Sie hat namentlich darüber zu wachen, dass die gesetzliche Vertretung des Kindes gesichert ist (N 36) und es erst nach Erteilung der Pflegekinderbewilligung aufgenommen wird (N 39). Bei Vermittlung ins Ausland ist die entsprechende ausländische Behörde am Wohnsitz der Pflegeeltern zu benachrichtigen.

39 Der Vermittler darf die Unterbringung des Kindes – abgesehen von der Zustimmung des gesetzlichen Vertreters (N 36) – erst vornehmen oder zu dieser Hand bieten, wenn den Pflegeeltern gemäss der Pflegekinder-Verordnung die *Aufnahme des Kindes* bewilligt worden ist (AdVV 9 Abs. 1). Diese Bewilligung darf nur erteilt werden, wenn der Adoption keine gesetzlichen Hindernisse entgegenstehen und nach den gesamten Umständen zu erwarten ist, dass die Adoption später ausgesprochen werden kann (PfKV 5 Abs. 3). Für die Aufnahme eines ausländischen Kindes müssen zusätzliche Voraussetzungen erfüllt sein (PfKV 6 Abs. 2 und 3; Art. 264 N 31 b, 31 c).

C. Untersuchung

40 Der Vermittler ist verantwortlich für eine sorgfältige Untersuchung folgender Fragen (AdVV 9 Abs. 2; vgl. auch PfKV 6 Abs. 2):
a) die Zustimmung der leiblichen Eltern nach den Art. 265 a–265 d und die Vereinbarkeit einer Adoption mit den übrigen Vorschriften des materiellen und gegebenenfalls des internationalen Rechts;
b) die Persönlichkeit der Pflegeeltern, namentlich körperliche und geistige Gesundheit, Familienverhältnisse, Beweggründe für eine Adoption, erzieherische Befähigung, Leumund, Beruf, Konfession, wirtschaftliche Lage (home study) (vgl. auch PfKV 5 Abs. 1);
c) die Persönlichkeit der leiblichen Eltern, Lebensverhältnisse, Einstellung zum Kinde, insbesondere warum es nicht bei ihnen aufwachsen kann;

d) die Persönlichkeit des Kindes, namentlich körperliche und geistige Gesundheit, Charakter, Einstellung zu den Pflegeeltern, Konfession (child's history), bei fremder Herkunft auch die Aussichten der Eingliederung des Kindes in die künftige Umgebung.

Die Schweizerische Landeskonferenz für Sozialwesen, Stampfenbachstrasse 34, 8042 Zürich, hat 1976 durch ihre damalige Arbeitsgruppe für Adoptionsfragen Formularfragebogen in deutscher und französischer Sprache für die Untersuchung des Kindes, der leiblichen Eltern und der adoptionswilligen Familie herausgegeben.

Die Gesundheit des Kindes ist ärztlich zu untersuchen. Für die übrigen Umstände sind soweit nötig Sachverständige beizuziehen (AdVV 9 Abs. 3). 41

Diese Untersuchung bildet in der Regel die notwendige Grundlage für die Erteilung der Pflegekindbewilligung (N 39). Die hiefür zuständige Behörde hat Vollständigkeit und Schlüssigkeit der vom Vermittler angestellten Untersuchung zu überprüfen. 42

D. Aufklärung der Pflegeeltern

Der Vermittler hat die Pflegeeltern über das Ergebnis der Untersuchung des Kindes und dessen Eltern wahrheitsgemäss und eingehend aufzuklären (AdVV 11). Er soll sie auch sachgemäss beraten, sie auf besondere Probleme aufmerksam machen und in der Folge, soweit nötig, beraten und betreuen. Zeigt sich später, dass das Pflegeverhältnis sich nicht gut entwickelt, hat der Vermittler rechtzeitig mit dem gesetzlichen Vertreter eine Umplazierung anhand zu nehmen. 43

Fehlen einer Behörde die nötigen Fachkräfte, so kann sie anerkannte Vermittler auch mit der selbständigen Durchführung der Untersuchung im Sinne von N 40/41 betrauen. Das gilt namentlich für die Pflegekindbewilligung in nicht vermittelten Fällen («independent adoptions») (N 63 ff) und bei der Vermittlung durch vormundschaftliche Organe (N 21 ff). Die Pflicht zur Annahme solcher Aufträge sollte in der Verordnung verankert werden. 44

5. Verfahrenspflichten

A. Aktenführung

Der Vermittler hat über seine Tätigkeit, namentlich über die Ergebnisse von Untersuchungen gemäss N 40, systematisch geordnete 45

Akten zu führen (AdVV 14). Die Akten müssen auch die für den Jahresbericht, die Jahresrechnung und die Statistik (N 46/47) nötigen Unterlagen und Aufzeichnungen enthalten.

B. *Auskunfts- und Editionspflicht*

46 Der Vermittler hat der kantonalen Aufsichtsbehörde (N 17) jährlich eingehend über seine Tätigkeit *Bericht* zu erstatten, ihr auf Verlangen jede ergänzende Auskunft zu erteilen, Einsicht in die Akten zu gewähren und diese nötigenfalls herauszugeben (AdVV 15 Abs. 1 Satz 1).

47 Das Eidg. Justiz- und Polizeidepartement kann *nähere Bestimmungen* über Inhalt und Form des Jahresberichts, im besondern über die Jahresrechnung und die Statistik erlassen (AdVV 15 Abs. 1 Satz 2). Das ist bis 1. Januar 1984 nicht geschehen. Solche Bestimmungen wären jedoch wichtig für die Überwachung namentlich der zwischenstaatlichen Vermittlung.

48 Der Vermittler hat überdies der Pflegekinderaufsicht, der für das Kind zuständigen Vormundschaftsbehörde, der für die spätere Adoption zuständigen Behörde, aber auch andern Vermittlern, die mit den Beteiligten zu tun haben, jede zweckdienliche *Auskunft* über das Kind, seine Pflege- und leiblichen Eltern zu erteilen (AdVV 15 Abs. 2 und 3).

C. *Schweigepflicht*

Das Adoptionsgeheimnis gilt auch für den Vermittler und
49 seine Hilfspersonen (Art. 268b N 7). Diese haben unter Vorbehalt ihrer Pflicht gemäss N 46–48 über Wahrnehmungen, die sie in ihrer Tätigkeit machen, Stillschweigen zu wahren, auch nach Beendigung ihrer Tätigkeit (AdVV 16).

6. *Entgelt*

50 Der Vermittler hat nur Anspruch auf Ersatz seiner Auslagen und eine mässige Vergütung für seine Bemühungen (AdVV 13 Abs. 1).

51 Beansprucht er eine *Vergütung* für seine Tätigkeit, so hat er hiefür einen Tarif aufzustellen, welcher der Genehmigung durch die Aufsichtsbehörde bedarf (AdVV 5 Abs. 1 lit. *e*). Die Genehmigung darf nur erteilt werden, wenn Gewähr dafür besteht, dass die Höhe der Vergütung die Unabhängigkeit des Vermittlers nicht beeinträchtigt (N 27b).

Für die nicht bewilligungsbedürftige Gelegenheitsvermittlung darf Ersatz der Auslagen, aber keine Vergütung gefordert werden (vgl. OR 394 Abs. 3, 402 Abs. 1). Wird sie verabredet oder ist sie üblich, so liegt eine mindestens nebenberufliche Tätigkeit vor (N 26). Bei der Gelegenheitsvermittlung kann sich von vornherein keine Übung bilden. 52

Der Anspruch richtet sich gegen den Auftraggeber. Ist der Vermittler von den Adoptivanwärtern und vom gesetzlichen Vertreter des Kindes beauftragt, so darf er das Entgelt nur einmal, allenfalls anteilsmässig von jenem und von diesem, beanspruchen. 53

Ein Ersatz des von den leiblichen Eltern geleisteten *Unterhaltes* darf von diesen weder direkt noch durch den Vermittler gefordert werden (AdVV 13 Abs. 2). Zulässig ist jedoch, dass die Pflegeeltern nach der Zustimmung der Eltern zur Adoption oder dem Entscheid, hievon abzusehen, für die Kosten des Unterhaltes des Kindes bei Dritten aufkommen und gegebenenfalls diese ersetzen (vgl. Art. 264 N 51 ff, 265 a N 51). 54

7. Entziehung der Bewilligung

Die Aufsichtsbehörde entzieht die Bewilligung, wenn der Vermittler sie durch unwahre oder irreführende Angaben erwirkt hat, wenn die Voraussetzungen für deren Erteilung nicht mehr erfüllt sind oder wenn er seinen Pflichten wiederholt oder schwer zuwiderhandelt (AdVV 17 Abs. 1). Die Aufsichtsbehörde kann die Entziehung auch androhen (AdVV 17 Abs. 2 lit. *b*). 55

Der Entzug erfolgt von Amtes wegen oder auf Antrag der Aufsichtsbehörde eines andern Kantons und gilt für die ganze Schweiz. 56

Über Mitteilung und Beschwerde s. AdVV 24, vorn N 20. 57

III. Nichtbewilligungsbedürftige Vermittlung

1. Durch vormundschaftliche Organe

Vgl. vorn N 21 ff. 58

2. Durch Gelegenheitsvermittler

59 Wer nur einmal oder über die Jahre hin vereinzelt eine Vermittlung vornimmt, bedarf zwar keiner Bewilligung, untersteht aber ebenfalls der Aufsicht der kantonalen Behörde (N 9, 18).

60 Er muss die Vermittlung der zur Erteilung der Pflegekinderbewilligung zuständigen Behörde am Wohnsitz der Pflegeeltern melden (PfKV 2) und darf das Kind erst unterbringen, wenn diese Bewilligung erteilt ist (AdVV 19 Abs. 1).

61 In bezug auf das Entgelt vgl. N 50 ff. Der Gelegenheitsvermittler unterliegt ebenfalls der Schweigepflicht und kann wegen Verletzung seiner Pflichten verwarnt oder gebüsst werden (AdVV 19 Abs. 2).

62 Sachlich angezeigt wäre das Verbot der zwischenstaatlichen Gelegenheitsvermittlung.

3. Eigenvermittlung («independent adoptions»)

63 Wegen der Schwierigkeiten, ein Pflegekind zur späteren Adoption zu bekommen, wenden sich Adoptionswillige oft direkt an Vermittlungsstellen im Ausland, namentlich in der Dritten Welt. In verschiedenen Ländern wird freilich die Vermittlung ins Ausland von der Mitwirkung einer anerkannten Vermittlungsstelle des Empfangslandes abhängig gemacht. In jedem Fall bedarf aber die Aufnahme des fremden Kindes in der Schweiz der Pflegekindbewilligung (PfKV 5, 6; Art. 264 N 31 a ff). Die Behörde kann nötigenfalls einen anerkannten Vermittler mit der Untersuchung betrauen (N 44). Der Gesuchsteller kann auch von sich aus einen Vermittler hiefür beiziehen.

64 Der Umgehung der Pflegekindbewilligung durch Aufnahme als Ferienkind ist fremden- und grenzpolizeilich entgegenzuwirken. Auch ist die Meldung durch die Einwohnerkontrolle an die Pflegekinderaufsicht zu postulieren.

65 Rechtswidrig ist die Übernahme eines Kindes mit gefälschten Zivilstandsurkunden im In- oder Ausland, welche es ohne Adoption als von der übernehmenden Frau geboren aufführen. Solche «Kurzschluss-Adoptionen» sind nichtig (Art. 268 N 87, 269 N 7). Wer zu ihnen Hand bietet, macht sich der Fälschung des Personenstandes und der Erschleichung einer Falschbeurkundung schuldig (StGB 216, 253). Der Nachweis von Gelegenheiten zu solchen Machenschaften ist als Gehilfenschaft strafbar (StGB 25; BGE *78* IV

7). Die selbständige, ohne Mitwirkung einer Kindesschutzbehörde oder eines anerkannten Vermittlers im Heimatstaat des Kindes bewerkstelligte Übernahme eines Kindes ist mit mannigfaltigen weiteren rechtlichen und menschlichen Risiken belastet. Das Kind kann den Eltern entführt, geraubt oder unter Vorspiegelung falscher Tatsachen entzogen worden, die Urkunden über seine Identität oder über die Zustimmung der Eltern können gefälscht sein. Neben strafrechtlichen Sanktionen im Heimatstaat des Kindes oder in der Schweiz haben die Adoptivpflegeeltern auch damit zu rechnen, dass das Kind zurückgegeben werden muss.

IV. Verantwortlichkeit des Vermittlers

Die Aufsichtsbehörde kann für jede Widerhandlung gegen Bestimmungen der Adoptionsvermittlungs-Verordnung eine *Ordnungsbusse* bis zu Fr. 2000.– verhängen, wenn die Widerhandlung nicht länger als drei Jahre zurückliegt oder eine *Verwarnung* aussprechen (AdVV 17 Abs. 2 lit. *a* und *c*). Das gilt für den Vermittler, der Inhaber einer Bewilligung ist, wie für den blossen Gelegenheitsvermittler (AdVV 19 Abs. 2). Bei jenem kann die Ordnungsbusse mit der Entziehung der Bewilligung verbunden werden. Hiegegen ist die Verwaltungsgerichtsbeschwerde zulässig (OG 97 Abs. 1, 98 in Verbindung mit VwVG 5). Behörden und Beamte sind verpflichtet, Widerhandlungen dem Eidgenössischen Justiz- und Polizeidepartement zuhanden der zuständigen Aufsichtsbehörde sofort anzuzeigen (AdVV 23). 66
Gegen *vormundschaftliche* Organe, welche die Vermittlungsvorschriften verletzen, haben die vormundschaftlichen Aufsichtsbehörden mit den Ordnungsstrafen des kantonalen Rechts vorzugehen.
Betreffend Widerhandlungen gegen die Pflegekinder-Verordnung vgl. PfKV 26. Dieser untersteht auch der Eigenvermittler (N 63 ff). 67
Bei der zwischenstaatlichen Adoption kann der Vermittler für seine Tätigkeit im Ausland strafrechtlich und disziplinarisch auch von den zuständigen ausländischen Behörden zur Verantwortung gezogen werden. 68
Der Vermittler haftet zivilrechtlich dem Auftraggeber aus Vertrag (OR 398), dem Kinde und den leiblichen Eltern aus unerlaubter Handlung (OR 41 ff), allenfalls ihnen oder Dritten aus ungerechtfertigter Bereicherung (OR 62 ff). 69

IV. Internationales Recht

70 Art. 269 c und die Verordnung erfassen lediglich die Vermittlungstätigkeit in der Schweiz, diese aber vollständig. In der Schweiz tätige Agenten und Zweigstellen ausländischer Vermittlungsstellen unterstehen der Bewilligungspflicht. Staatsverträge über die Vermittlung sind von der Schweiz bis heute nicht geschlossen worden.

Quellen zum Kindesrecht

1	Völkerrecht
11	Vereinte Nationen
111	Erklärung der *Rechte des Kindes*, vom 20. November 1959

Übereinkommen über die Flüchtlinge, die Staatenlosen und die Unterhaltsansprüche im Ausland (Einl N 11–13), s. 2. Teilband

12	Haager Konferenz für Internationales Privatrecht
121	Übereinkommen über die behördliche Zuständigkeit, das anzuwendende Recht und die Anerkennung von Entscheidungen auf dem Gebiete der *Annahme an Kindesstatt*, vom 15. November 1965 (Auszug)

Übereinkommen über die Unterhaltspflicht, den Schutz von Minderjährigen und die Kindesentführung (Einl N 15–17), s. 2. Teilband

13	Europarat
131	Konvention zum *Schutze der Menschenrechte* und Grundfreiheiten, vom 4. November 1950 (Auszug)
132	Übereinkommen über die Rechtsstellung der *unehelichen Kinder,* vom 15. Oktober 1975 (Auszug)
133	Übereinkommen über die *Adoption* von Kindern, vom 24. April 1967 (Auszug)

Übereinkommen über das Sorgerecht (Einl N 21), s. 2. Teilband

14	Commission Internationale d'Etat Civil (CIEC)
141	Übereinkommen über die Erweiterung der Zuständigkeit der Behörden, die zur Entgegennahme von *Anerkennungen* ausserehelicher Kinder befugt sind, vom 14. September 1961
142	Übereinkommen über die Feststellung der *mütterlichen* Abstammung ausserehelicher Kinder, vom 12. September 1962
2	Schweizerisches Recht
21	Zivilgesetzbuch vom 10. Dezember 1907 (Auszug)
211	Text von 1907 der 1972 oder 1976 geänderten Artikel
212	Text von 1972 der 1976 erneut geänderten Artikel
22	Zivilgesetzbuch, Schlusstitel (Auszug)
23	BG betr. die zivilrechtlichen Verhältnisse der Niedergelassenen und Aufenthalter vom 25. Juni 1891 (Auszug)

24	BG über Erwerb und Verlust des Schweizer Bürgerrechts vom 29. September 1952 (Auszug)
25	Zivilstandsverordnung vom 1. Juni 1953 (Auszug)
26	Adoptionsvermittlungsverordnung vom 28. März 1973
27	Pflegekinderverordnung vom 19. Oktober 1977 (Auszug)
28	Medizinisch-ethische Richtlinien der Akademie der medizinischen Wissenschaften für artifizielle Insemination, vom 17. November 1981
29	Medizinisch-ethische Richtlinien für die In-vitro-Fertilisation und den Embroytransfer zur Behandlung der menschlichen Infertilität, ohne Datum (veröffentlicht 18. Juli 1984)

1 Völkerrecht

11 Vereinte Nationen

111 Erklärung der Rechte des Kindes vom 20. November 1959

Proklamiert von der Generalversammlung der Vereinigten Nationen (Resolution 1386, XIV).
Englischer Text in «General Assembly-Official Records: Fourteenth Session-Supplement No. 16 (A/4354)», New York, 1960, S. 19. Archiv für Völkerrecht 60/1959, 467. Deutsche Übersetzung in: Menschenrecht – Internationale Dokumente. Deutsche UNESCO-Kommission, Bonn 1980, S. 95–98.

Declaration of the Rights of the Child

Principle 1

The child shall enjoy all the rights set forth in this Declaration. Every child, without any exception whatsoever, shall be entitled to these rights, without distinction or discrimination on account of race, colour, sex, language, religion, political or other opinion, national or social origin, property, birth or other status, whether of himself or of his family.

Principle 2

The child shall enjoy special protection, and shall be given opportunities and facilities, by law and by other means, to enable him to develop physically, mentally, morally, spiritually and socially in a healthy and normal manner and in conditions of freedom and dignity. In the enactment of laws for this purpose, the best interests of the child shall be the paramount considerations.

Principle 3

The child shall be entitled from his birth to a name and a nationality.

Principle 4

The child shall enjoy the benefits of social security. He shall be entitled to grow and develop in health; to this end, special care and protection shall be provided both to him and his mother, including adequate pre-natal and postnatal care. The child shall have the right to adequate nutrition, housing, recreation and medical services.

Principle 5

The child who is physically, mentally or socially handicapped shall be given the special treatment, education and care required by his particular condition.

Principle 6

The child, for the full and harmonious development of his personality, needs love and understanding. He shall, wherever possible, grow up in the care and under the responsibility of his parents, and, in any case, in an atmosphere of affection and of moral and material security; a child of tender years shall not, save in exceptional circumstances, be separated from his mother. Society and the public authorities shall have the duty to extend particular care to children without a family and to those without adequate means of support. Payment of State and other assistance towards the maintenance of children of large families is desirable.

Principle 7

The child is entitled to receive education, which shall be free and compulsory, at least in the elementary stages. He shall be given an education which will promote his general culture, and enable him, on a basis of equal opportunity, to develop his abilities, his individual judgement and his sense of moral and social responsibility, and to become a useful member of society.

The best interests of the child shall be the guiding principle of those responsible for his education and guidance; that responsibility lies in the first place with his parents.

The child shall have full opportunity for play and recreation, which should be directed to the same purposes as education; society and the public authorities shall endeavour to promote the enjoyment of this right.

Principle 8

The child shall in all circumstances be among the first to receive protection and relief.

Principle 9

The child shall be protected against all forms of neglect, cruelty and exploitation. He shall not be the subject of traffic, in any form.

The child shall not be admitted to employment before an appropriate minimum age; he shall in no case be caused or permitted to engage in any occupation or employment which would prejudice his health or education, or interfere with his physical, mental or moral development.

Principle 10

The child shall be protected from practices which may foster racial, religious and any other form of discrimination. He shall be brought up in a spirit of understanding, tolerance, friendship among peoples, peace and universal brotherhood, and in full consciousness that his energy and talents should be devoted to the service of his fellow men.

Grundsatz 1 *Übersetzung*

Das Kind erfreut sich aller in dieser Erklärung enthaltenen Rechte. Ohne jede Ausnahme und ohne Unterscheidung oder Benachteiligung durch Rasse, Hautfarbe, Geschlecht, Sprache, Religion, politische oder sonstige Überzeugung, nationale oder soziale Herkunft, Eigentum, Geburt oder sonstige Umstände, sowohl hinsichtlich seiner selbst wie seiner Familie, hat das Kind auf diese Rechte Anspruch.

Grundsatz 2

Das Kind geniesst besonderen Schutz; ihm werden Gelegenheiten und Erleichterungen durch Gesetz und auf andere Weise gegeben, sich gesund und natürlich in Freiheit und Würde körperlich, geistig, moralisch, seelisch und sozial zu entwickeln. Das Beste des Kindes ist für diese Gesetzgebung bestimmend.

Grundsatz 3

Das Kind hat Anspruch auf einen Namen und eine Staatsangehörigkeit von Geburt an.

Grundsatz 4

Das Kind erfreut sich der Wohltaten der sozialen Sicherheit. Es ist berechtigt, in Gesundheit heranzuwachsen und zu reifen; deshalb werden ihm und seiner Mutter besondere Fürsorge und Schutz gewährt, einschliesslich angemessener Pflege vor und nach der Geburt. Das Kind hat das Recht auf ausreichende Ernährung, Wohnung, Erholung und ärztliche Betreuung.

Grundsatz 5

Das Kind, das körperlich, geistig oder sozial behindert ist, erhält diejenige besondere Behandlung, Erziehung und Fürsorge, die sein Zustand und seine Lage erfordern.

Grundsatz 6

Das Kind bedarf zur vollen und harmonischen Entwicklung seiner Person der Liebe und des Verständnisses. Es wächst, soweit irgend möglich, in der Obhut und der Verantwortung seiner Eltern, immer aber in einer Umgebung der Zuneigung und moralischer und materieller Sicherheit auf; in zartem Alter wird das Kind nicht von seiner Mutter getrennt, ausser durch ungewöhnliche Umstände. Gesellschaft und öffentliche Stellen haben die Pflicht, alleinstehenden und mittellosen Kindern verstärkte Fürsorge angedeihen zu lassen. Staatliche und anderweitige finanzielle Unterstützung kinderreicher Familien ist wünschenswert.

Grundsatz 7

Das Kind hat Anspruch auf unentgeltlichen Pflichtunterricht, wenigstens in der Volksschule. Ihm wird eine Erziehung zuteil, die seine allgemeine Bildung fördert und es auf der Grundlage gleicher Möglichkeiten in den Stand setzt, seine Anlagen, seine Urteilskraft, sein Verständnis für moralische und soziale Verantwortung zu entwickeln und zu einem nützlichen Glied der menschlichen Gemeinschaft zu werden.

Das Beste des Kindes ist der Leitgedanke für alle, die für seine Erziehung und Führung Verantwortung tragen; diese liegt zu allererst bei den Eltern.

Das Kind hat volle Gelegenheit zu Spiel und Erholung, die den gleichen Erziehungszielen dienen sollen; Gesellschaft und Behörden fördern die Durchsetzung dieses Rechtes.

Grundsatz 8

Das Kind ist in allen Notlagen bei den Ersten, die Schutz und Hilfe erhalten.

Grundsatz 9

Das Kind wird vor Vernachlässigung, Grausamkeit und Ausnutzung jeder Art geschützt. Es ist in keinem Fall Gegenstand eines Handels. Das Kind wird erst nach Erreichung eines geeigneten Mindestalters zur Arbeit zugelassen; nie wird es gezwungen oder wird ihm erlaubt, einen Beruf oder eine Tätigkeit auszuüben, die seiner Gesundheit oder Erziehung schaden oder seine körperliche, geistige oder moralische Entwicklung hemmen.

Grundsatz 10

Das Kind wird vor Handlungen bewahrt, die rassische, religiöse oder andere Herabsetzung fördern. Es wird erzogen in einem Geist des Verstehens, der Duldsamkeit, der Freundschaft zwischen den Völkern, des Friedens, weltumspannender Brüderlichkeit und in der Vorstellung, dass seine Kraft und Fähigkeit dem Dienst an seinen Mitmenschen zu widmen sind.

12 Haager Konferenz für Internationales Privatrecht

121 Übereinkommen über die behördliche Zuständigkeit, das anzuwendende Recht und die Anerkennung von Entscheidungen auf dem Gebiet der Annahme an Kindesstatt, vom 15. November 1965 (Haager AdÜ)
SR 0.211.221.315

In Kraft getreten für die Schweiz am 23. Oktober 1978 (BBl *1971* I 1165; AS *1978* 2089). Vertragsstaaten Stand 1983: Grossbritannien (E), Österreich (E), Schweiz (V, E). Vorbehalte (V) und Erklärungen (E) vgl. SR 0.211.315 S. 9 ff.

Übersetzung des französischen Originaltextes.

Vorbehalt und Erklärung der Schweiz (Auszug):

Gemäss Artikel 22 des Übereinkommens behält sich die Schweiz das Recht vor, die Annahmen an Kindesstatt nicht anzuerkennen, über welche die nach Artikel 3 Absatz 1 Buchstabe b zuständigen Behörden entschieden haben, wenn das Kind am Tage des die Annahme betreffenden Antrages seinen gewöhnlichen Aufenthalt in der Schweiz hatte und nicht dem Staat angehörte, dessen Behörden über die Annahme entschieden haben.

Die Schweiz gibt, gestützt auf die Artikel 4 Absatz 2, 13 Absatz 1 Buchstaben e, f und g und 17 Absatz 2 des Übereinkommens, die Erklärung ab, dass die Adoptionsverbote gemäss den Artikeln 264, 264 a und 265 des Schweizerischen Zivilgesetzbuches vorbehalten bleiben. ...

Art. 1

Dieses Übereinkommen ist auf Annahmen an Kindesstatt anzuwenden zwischen einer Person, die die Staatsangehörigkeit eines der Vertragsstaaten und ihren gewöhnlichen Aufenthalt in einem dieser Staaten hat, oder Ehegatten, von denen jeder die Staatsangehörigkeit eines der Vertragsstaaten und seinen gewöhnlichen Aufenthalt in einem dieser Staaten hat, einerseits und einem Kind andererseits, das am Tag des die Annahme an Kindesstatt betreffenden Antrags das achtzehnte Lebensjahr noch nicht vollendet und sich noch nicht verheiratet hat und das die Staatsangehörigkeit eines der Vertragsstaaten und seinen gewöhnlichen Aufenthalt in einem dieser Staaten hat.

Art. 2

Dieses Übereinkommen ist nicht anzuwenden, wenn
a) die Annehmenden weder dieselbe Staatsangehörigkeit noch ihren gewöhnlichen Aufenthalt im selben Vertragsstaat haben;
b) der oder die Annehmenden und das Kind dieselbe Staatsangehörigkeit und ihren gewöhnlichen Aufenthalt in dem Staat haben, dem sie angehören;
c) über die Annahme an Kindesstatt nicht von einer nach Artikel 3 zuständigen Behörde entschieden worden ist.

Art. 3

Für die Entscheidung über die Annahme an Kindesstatt sind zuständig
a) die Behörden des Staates, in dem der Annehmende seinen gewöhnlichen Aufenthalt hat, oder, wenn es sich um eine Annahme durch Ehegatten handelt, die Behörden des Staates, in dem beide ihren gewöhnlichen Aufenthalt haben;
b) die Behörden des Staates, dem der Annehmende angehört, oder, wenn es sich um eine Annahme durch Ehegatten handelt, die Behörden des Staates, dem beide angehören.

Die Voraussetzungen des gewöhnlichen Aufenthaltes und der Staatsangehörigkeit müssen sowohl in dem Zeitpunkt gegeben sein, in dem die in diesem Artikel bezeichneten Behörden angerufen werden, als auch in dem Zeitpunkt, in dem sie entscheiden.

Art. 4

Die in Artikel 3 Absatz 1 bezeichneten Behörden haben, vorbehaltlich des Artikels 5 Absatz 1, auf die Voraussetzungen für die Annahme an Kindesstatt ihr innerstaatliches Recht anzuwenden.

Die auf Grund des gewöhnlichen Aufenthaltes zuständigen Behörden haben jedoch alle Verbote der Annahme an Kindesstatt zu beachten, die das Heimatrecht des Annehmenden oder, wenn es sich um eine Annahme durch Ehegatten handelt, ihr gemeinsames Heimatrecht enthält, sofern diese Verbote Gegenstand einer in Artikel 13 bezeichneten Erklärung sind.

Art. 5

Die in Artikel 3 Absatz 1 bezeichneten Behörden haben, soweit es sich nicht um den Annehmenden, seine Familie oder seinen Ehegatten handelt, auf die Zustimmungs- und die Anhörungsrechte das Heimatrecht des Kindes anzuwenden.

Hat nach dem Heimatrecht des Kindes dieses oder ein Mitglied seiner Familie persönlich vor der Behörde zu erscheinen, die über die Annahme an Kindesstatt entscheidet, und hat die betreffende Person ihren gewöhnlichen Aufenthalt nicht im Staat dieser Behörde, so soll, falls es angezeigt ist, im Weg der Rechtshilfe verfahren werden.

Art. 6

Die in Artikel 3 Absatz 1 bezeichneten Behörden dürfen die Annahme an Kindesstatt nur bewilligen, wenn sie dem Wohl des Kindes dient. Sie haben zuvor mit Hilfe der hierzu berufenen örtlichen Behörden eine gründliche Ermittlung über den oder die Annehmenden, das Kind und seine Familie anzustellen. Soweit als möglich ist die Ermittlung unter Mitwirkung öffentlicher oder privater Organisationen durchzuführen, die auf dem Gebiet internationaler Annahmen an Kindesstatt ausgewiesen sind, und unter Heranziehung von Fürsorgern, die eine besondere Ausbildung erhalten oder eine besondere Erfahrung in Fragen der Annahme an Kindesstatt haben.

Die Behörden aller Vertragsstaaten haben unverzüglich jede erbetene Hilfe im Hinblick auf eine Annahme an Kindesstatt zu leisten, auf die dieses Übereinkommen anzuwenden ist; zu diesem Zweck können die Behörden unmittelbar miteinander verkehren.

Jeder Vertragsstaat kann eine oder mehrere Behörden bezeichnen, die mit dem im vorstehenden Absatz vorgesehenen Verkehr betraut sind.

Art. 7
Für die Nichtigerklärung oder die Aufhebung einer Annahme an Kindesstatt, auf die dieses Übereinkommen anzuwenden ist, sind zuständig

a) die Behörden des Vertragsstaates, in dem das angenommene Kind am Tag des Antrags auf Nichtigerklärung oder Aufhebung seinen gewöhnlichen Aufenthalt hat;

b) die Behörden des Vertragsstaates, in dem der Annehmende am Tag des Antrags auf Nichtigerklärung oder Aufhebung seinen gewöhnlichen Aufenthalt hat, oder, wenn es sich um eine Annahme durch Ehegatten handelt, diese ihren gewöhnlichen Aufenthalt haben;

c) die Behörden des Staates, in dem über die Annahme an Kindesstatt entschieden worden ist.

Eine Annahme an Kindesstatt kann für nichtig erklärt werden

a) nach dem innerstaatlichen Recht der Behörde, die über die Annahme an Kindesstatt entschieden hat, oder

b) nach dem Heimatrecht des Annehmenden oder der Ehegatten in dem Zeitpunkt, in dem über die Annahme an Kindesstatt entschieden worden ist, sofern die Nichtigkeit auf der Verletzung eines der in Artikel 4 Absatz 2 bezeichneten Verbote beruht, oder

c) nach dem Heimatrecht des angenommenen Kindes, sofern die Nichtigkeit auf dem Fehlen oder der Mangelhaftigkeit einer der von diesem Recht geforderten Zustimmung beruht.

Eine Annahme an Kindesstatt kann aufgehoben werden nach dem innerstaatlichen Recht der angerufenen Behörde.

Art. 8
Jede Annahme an Kindesstatt, auf die dieses Übereinkommen anzuwenden ist und über die eine nach Artikel 3 Absatz 1 zuständige Behörde entschieden hat, wird ohne weiteres in allen Vertragsstaaten anerkannt.

Jede Nichtigerklärung und jede Aufhebung, die von einer nach Artikel 7 Absatz 1 zuständigen Behörde ausgesprochen worden sind, werden ohne weiteres in allen Vertragsstaaten anerkannt.

Erheben sich in einem Vertragsstaat Einwände gegen die Anerkennung einer solchen Annahme an Kindesstatt oder einer der im vorstehenden Absatz genannten Entscheidungen, so sind die Behörden dieses Staates bei der Beurteilung der Zuständigkeit der Behörde, die entschieden hat, an die tatsächlichen Feststellungen gebunden, auf die diese Behörde ihre Zuständigkeit gestützt hat.

Art. 9
Sobald eine nach Artikel 3 Absatz 1 zuständige Behörde über eine Annahme an Kindesstatt entschieden hat, hat sie davon gegebenenfalls den anderen Staat zu benachrichtigen, dessen Behörden hierfür gleichfalls zuständig gewesen sind, sowie den Staat, dem das Kind angehört, und den Vertragsstaat, in dem das Kind geboren ist.

Sobald eine nach Artikel 7 Absatz 1 zuständige Behörde eine Annahme an Kindesstatt für nichtig erklärt oder aufgehoben hat, hat sie davon den Staat zu benachrichtigen, dessen Behörde über die Annahme an Kindesstatt entschieden hat, sowie den Staat, dem das Kind angehört, und den Vertragsstaat, in dem das Kind geboren ist.

Art. 10

Im Sinn dieses Übereinkommens gelten ein Annehmender ebenso wie ein Kind, die staatenlos oder unbekannter Staatsangehörigkeit sind, als Angehörige des Staates, in dem sie ihren gewöhnlichen Aufenthalt haben.

Art. 11

Gelten in dem Staat, dem der Annehmende oder das Kind angehört, mehrere rechtliche Ordnungen, so sind im Sinn dieses Übereinkommens mit den Verweisungen auf das innerstaatliche Recht und auf die Behörden des Staates, dem eine Person angehört, das Recht und die Behörden gemeint, die durch die in diesem Staat geltenden Vorschriften bestimmt werden; fehlen solche Vorschriften, so sind das Recht und die Behörden derjenigen rechtlichen Ordnung gemeint, mit der der Betroffene die engste Verbindung hat.

Art. 12

Dieses Übereinkommen berührt nicht Bestimmungen anderer Übereinkommen auf dem Gebiet der Annahme an Kindesstatt, an die Vertragsstaaten im Zeitpunkt seines Inkrafttretens gebunden sind.

Art. 13

Jeder Staat kann zur Anwendung des Artikels 4 Absatz 2 bei der Unterzeichnung, der Ratifizierung oder dem Beitritt eine Erklärung abgeben, mit der ein oder mehrere Verbote der Annahme an Kindesstatt bezeichnet werden, die sein innerstaatliches Recht enthält und die sich beziehen auf

a) das Vorhandensein von Nachkommen des oder der Annehmenden;

b) den Umstand, dass die Annahme an Kindesstatt von einer Person allein beantragt wird;

c) die Blutsverwandschaft zwischen einem Annehmenden und dem Kind;

d) das Bestehen einer früheren Annahme des Kindes durch andere Personen;

e) das Erfordernis eines Altersunterschiedes zwischen dem oder den Annehmenden und dem Kind;

f) die Voraussetzungen hinsichtlich des Alters des oder der Annehmenden und des Kindes;

g) den Umstand, dass das Kind nicht bei dem oder den Annehmenden lebt.

Eine solche Erklärung kann jederzeit zurückgenommen werden. Die Zurücknahme ist dem Ministerium für auswärtige Angelegenheiten der Niederlande zu notifizieren.

Die Wirkung einer zurückgenommenen Erklärung erlischt am sechzigsten Tag nach der im vorstehenden Absatz genannten Notifikation.

Art. 14

Jeder Vertragsstaat kann eine Erklärung abgeben, mit der die Personen bezeichnet werden, die als seine Staatsangehörigen im Sinn dieses Übereinkommens anzusehen sind.

Eine solche Erklärung sowie ihre Änderung oder ihre Zurücknahme sind dem Ministerium für auswärtige Angelegenheiten der Niederlande zu notifizieren.

Die Erklärung, ihre Änderung oder ihre Zurücknahme wird am sechzigsten Tag nach der im vorstehenden Absatz genannten Notifikation wirksam.

Art. 15

Von den Bestimmungen dieses Übereinkommens darf in den Vertragsstaaten nur abgewichen werden, wenn ihre Anwendung mit der öffentlichen Ordnung offensichtlich unvereinbar ist.

Art. 16

Jeder Vertragsstaat hat die Behörden zu bezeichnen, die zuständig sind für

a) die Entscheidung über die Annahme an Kindesstatt im Sinn des Artikels 3 Absatz 1;

b) den in Artikel 6 Absatz 2 vorgesehenen Verkehr, wenn er von der in Artikel 6 Absatz 3 eingeräumten Möglichkeit Gebrauch macht;

c) die Nichtigerklärung oder die Aufhebung einer Annahme an Kindesstatt nach Artikel 7;

d) die Entgegennahme der Benachrichtigungen nach Artikel 9.

Er hat das Verzeichnis der zuständigen Behörden und jede spätere Änderung dem Ministerium für auswärtige Angelegenheiten der Niederlande zu notifizieren.

Art. 17

Jeder Vertragsstaat hat, zur Anwendung des Artikels 5, dem Ministerium für auswärtige Angelegenheiten der Niederlande die Bestimmungen seines innerstaatlichen Rechtes über die Zustimmungs- und die Anhörungsrechte mitzuteilen.

Jeder Staat, der eine Erklärung im Sinn des Artikels 13 abgibt, hat dem genannten Ministerium die Bestimmungen seines innerstaatlichen Rechtes über die in seiner Erklärung bezeichneten Verbote mitzuteilen.

Jeder Vertragsstaat hat dem genannten Ministerium die späteren Änderungen der gesetzlichen Bestimmungen mitzuteilen, auf die in den Absätzen 1 und 2 Bezug genommen wird.

Art. 18–21

...

Art. 22

¹ Jeder Staat kann sich spätestens bei der Ratifizierung oder dem Beitritt das Recht vorbehalten, die Annahmen an Kindesstatt nicht anzuerkennen, über die die nach Artikel 3 Absatz 1 Buchstabe *b* zuständigen Behörden entschieden haben, wenn das Kind am Tag des die Annahme betreffenden Antrags den gewöhnlichen Aufenthalt in seinem Gebiet hatte und nicht dem Staat angehörte, dessen Behörden über die Annahme entschieden haben. Andere Vorbehalte sind nicht zulässig.
² ...
³ ...

Art. 23–24

...

13 Europarat

131 Europäische Konvention zum Schutze der Menschenrechte und Grundfreiheiten vom 4. November 1950 (EMRK) SR 0.101

In Kraft getreten für die Schweiz am 28. November 1974 (BBl *1974* I 1035; AS *1974* 2148 ff). Vertragsstaaten Stand 1983: Belgien, Dänemark, Bundesrepublik Deutschland, Frankreich, Griechenland, Grossbritannien, Irland, Island, Italien, Luxemburg, Malta, Niederlande, Niederländische Antillen, Norwegen, Österreich, Portugal, Schweden, Schweiz, Spanien, Türkei, Zypern. Alle Vertragsstaaten haben Vorbehalte und Erklärungen abgegeben: vgl. SR 0.101 S. 19 ff.

Übersetzung des französischen und englischen Originaltextes (Auszug):

Art. 2

1. Das Recht jedes Menschen auf das Leben wird gesetzlich geschützt. ...
2. ...

Art. 8

1. Jedermann hat Anspruch auf Achtung seines Privat- und Familienlebens, seiner Wohnung und seines Briefverkehrs.
2. Der Eingriff einer öffentlichen Behörde in die Ausübung dieses Rechts ist nur statthaft, insoweit dieser Eingriff gesetzlich vorgesehen ist und eine Massnahme darstellt, die in einer demokratischen Gesellschaft für die nationale Sicherheit, die öf-

fentliche Ruhe und Ordnung, das wirtschaftliche Wohl des Landes, die Verteidigung der Ordnung und zur Verhinderung von strafbaren Handlungen, zum Schutz der Gesundheit und der Moral oder zum Schutz der Rechte und Freiheiten anderer notwendig ist.

Art. 12

Mit der Erreichung des Heiratsalters haben Männer und Frauen das Recht, eine Ehe einzugehen und eine Familie nach den nationalen Gesetzen, die die Ausübung dieses Rechts regeln, zu gründen.

Art. 14

Der Genuss der in der vorliegenden Konvention festgelegten Rechte und Freiheiten ist ohne Benachteiligung zu gewährleisten, die insbesondere im Geschlecht, in der Rasse, Hautfarbe, Sprache, Religion, in den politischen oder sonstigen Anschauungen, in nationaler oder sozialer Herkunft, in der Zugehörigkeit zu einer nationalen Minderheit, im Vermögen, in der Geburt oder im sonstigen Status begründet ist.

132 Europäisches Übereinkommen über die Rechtsstellung der unehelichen Kinder vom 15. Oktober 1975 (EUeÜ)
SR 0.211.221.131

In Kraft getreten für die Schweiz am 11. August 1978 (BBl *1977* II 1523; AS *1978* 1231). Vertragsstaaten Stand 1983: Dänemark (V), Grossbritannien (V), Luxemburg (V), Norwegen, Österreich (V), Portugal, Schweden, Schweiz, Zypern. Vorbehalte (V) und Erklärungen (E) vgl. SR 0.211.221.131 S. 5 f.

Übersetzung des französischen Originaltextes (Auszug):

Art. 1

Jede Vertragspartei verpflichtet sich, die Übereinstimmung ihrer Rechtsvorschriften mit diesem Übereinkommen sicherzustellen und dem Generalsekretär des Europarats die zu diesem Zweck getroffenen Massnahmen zu notifizieren.

Art. 2

Die mütterliche Abstammung jedes unehelichen Kindes wird allein durch die Geburt des Kindes begründet.

Art. 3

Die väterliche Abstammung jedes unehelichen Kindes kann durch freiwillige Anerkennung oder durch gerichtliche Entscheidung festgestellt oder begründet werden.

Art. 4

Die freiwillige Anerkennung der Vaterschaft kann Gegenstand eines Widerspruchs oder einer Anfechtung, sofern diese Verfahren im innerstaatlichen Recht vorgesehen sind, nur dann sein, wenn die Person, die das Kind anerkennen will oder anerkannt hat, biologisch nicht sein Vater ist.

Art. 5

In gerichtlichen Verfahren, die sich auf die väterliche Abstammung beziehen, sind die wissenschaftlichen Beweismittel zuzulassen, durch welche die Vaterschaft nachgewiesen oder ausgeschlossen werden kann.

Art. 6

1. Der Vater und die Mutter eines unehelichen Kindes haben diesem Kind gegenüber die gleiche Unterhaltspflicht wie gegenüber einem ehelichen Kind.
2. Obliegt die Unterhaltspflicht gegenüber einem ehelichen Kind bestimmten Mitgliedern der Familie des Vaters oder der Mutter, so besteht diese Pflicht auch gegenüber einem unehelichen Kind.

Art. 7

1. Ist die Abstammung eines unehelichen Kindes hinsichtlich beider Eltern begründet, so kann die elterliche Gewalt nicht kraft Gesetzes dem Vater allein zuerkannt werden.
2. Die elterliche Gewalt muss übertragen werden können; in welchen Fällen sie übertragen werden kann, bestimmt das innerstaatliche Recht.

Art. 8

Hat der Vater oder die Mutter eines unehelichen Kindes nicht die elterliche Gewalt oder die Obhut über das Kind, so kann dieser Elternteil in geeigneten Fällen ein Besuchsrecht erhalten.

Art. 9

Ein uneheliches Kind hat die gleichen Rechte am Nachlass seines Vaters und seiner Mutter und an dem der Mitglieder ihrer Familien, wie wenn es ehelich wäre.

Art. 10

Durch die Eheschliessung zwischen dem Vater und der Mutter eines unehelichen Kindes erhält dieses die Rechtsstellung eines ehelichen Kindes.

Art. 11–16

...

133 Europäisches Übereinkommen über die Adoption von Kindern vom 24. April 1967 (EAdÜ) SR 0.211.221.310

In Kraft getreten für die Schweiz am 1. April 1973 (BBl *1971* I 1186; AS *1973* 418).

Vertragsstaaten Stand 1984: Dänemark (V), Bundesrepublik Deutschland (E), Griechenland (V), Grossbritannien, Irland (E), Italien (V), Liechtenstein, Malta, Norwegen (V), Österreich (V), Schweden, Schweiz.

Vorbehalte (V) und Erklärungen (E) vgl. SR 0.211.221.310 S. 9 ff; Verzeichnis der Behörden im Sinne von Art. 14 vgl. AS *1983* 1177.

Übersetzung des französischen Originaltextes (Auszug):

Teil I
Verbindlichkeiten aus dem Übereinkommen und Anwendungsbereich

Art. 1

Die Vertragsparteien verpflichten sich, die Übereinstimmung ihrer Rechtsordnungen mit den Bestimmungen des Teiles II sicherzustellen und dem Generalsekretär des Europarats die zu diesem Zweck getroffenen Massnahmen zu notifizieren.

Art. 2

Die Vertragsparteien verpflichten sich, die Einführung der im Teil III enthaltenen Bestimmungen in Erwägung zu ziehen; verleihen sie einer dieser Bestimmungen Wirksamkeit oder beenden sie die Wirksamkeit, so haben sie dies dem Generalsekretär des Europarats zu notifizieren.

Art. 3

Dieses Übereinkommen gilt nur für die Rechtseinrichtung der Adoption eines Kindes, das im Zeitpunkt, in dem der Annehmende die Adoption beantragt, das 18. Lebensjahr noch nicht vollendet hat, nicht verheiratet ist oder war und nicht als volljährig anzusehen ist.

Teil II
Wesentliche Bestimmungen

Art. 4

Die Adoption ist nur rechtswirksam, wenn sie von einem Gericht oder einer Verwaltungsbehörde – im folgenden als «zuständige Behörde» bezeichnet – ausgesprochen wird.

Art. 5

1. Die Adoption darf, vorbehaltlich der Absätze 2 bis 4, nur ausgesprochen werden, wenn mindestens die folgenden Zustimmungen erteilt und nicht zurückgenommen worden sind:

a) die Zustimmung der Mutter und, beim ehelichen Kind, die des Vaters oder, wenn kein Elternteil vorhanden ist, der zustimmen könnte, die Zustimmung der Person oder der Stelle, die insoweit zur Ausübung der elterlichen Rechte befugt ist;

b) die Zustimmung des Ehegatten des Annehmenden.

2. Die zuständige Behörde darf

a) von der Zustimmung einer der im Absatz 1 genannten Personen nicht absehen oder

b) die Verweigerung der Zustimmung einer der im Absatz 1 genannten Personen oder Stellen nicht übergehen, ausser in den in der Rechtsordnung vorgesehenen Ausnahmefällen.

3. Sind dem Vater oder der Mutter die elterlichen Rechte oder zumindest das Recht der Zustimmung entzogen, so kann die Rechtsordnung vorsehen, dass ihre Zustimmung nicht erforderlich ist.

4. Die Zustimmung der Mutter darf nur entgegengenommen werden, wenn sie nach der Geburt, und zwar nach Ablauf einer in der Rechtsordnung vorgeschriebenen Frist von mindestens 6 Wochen, erteilt worden ist; ist keine Frist bestimmt, so darf die Zustimmung nur entgegengenommen werden, wenn sie in einem Zeitpunkt erteilt worden ist, in dem sich die Mutter nach Ansicht der zuständigen Behörde von den Folgen der Niederkunft hinreichend erholt hat.

5. Als «Vater» und als «Mutter» im Sinne dieses Artikels sind die Personen zu verstehen, die nach dem Gesetz die Eltern des Kindes sind.

Art. 6

1. Die Rechtsordnung darf die Adoption eines Kindes nur zwei miteinander verheirateten Personen, ob sie nun gleichzeitig oder nacheinander annehmen, oder einer Person allein gestatten.

2. Die Rechtsordnung darf nicht gestatten, dass ein Kind erneut angenommen wird, ausser in einem oder mehreren der folgenden Fälle:

a) wenn es sich um ein Adoptivkind des Ehegatten des Annehmenden handelt;

b) wenn die Personen, die das Kind vorher angenommen hatten, gestorben sind;

c) wenn die frühere Adoption rückwirkend beseitigt worden ist;

d) wenn die frühere Adoption geendet hat.

Art. 7

1. Ein Kind darf nur angenommen werden, wenn der Annehmende ein hierfür vorgeschriebenes Mindestalter erreicht hat. Dieses darf nicht unter 21 Jahren und nicht über 35 Jahren liegen.

2. Die Rechtsordnung darf jedoch die Möglichkeit vorsehen, vom Erfordernis des Mindestalters abzuweichen,

a) wenn der Annehmende der Vater oder die Mutter des Kindes ist oder

b) wenn aussergewöhnliche Umstände vorliegen.

Art. 8

1. Die zuständige Behörde darf die Adoption nur aussprechen, wenn diese nach ihrer Überzeugung dem Wohl des Kindes dient.

2. In jedem Fall hat die zuständige Behörde besonders darauf zu achten, dass die Adoption dem Kind ein beständiges und ausgeglichenes Zuhause verschafft.

3. In der Regel darf die zuständige Behörde die vorstehenden Voraussetzungen nicht als erfüllt ansehen, wenn der Altersunterschied zwischen dem Annehmenden und dem Kind geringer ist als der gewöhnliche Altersunterschied zwischen Eltern und Kindern.

Art. 9

1. Die zuständige Behörde darf die Adoption erst nach sachdienlichen Ermittlungen über den Annehmenden, das Kind und seine Familie aussprechen.

2. Die Ermittlungen haben sich, je nach den Umständen des Einzelfalls, namentlich auf folgende Fragen zu erstrecken:

a) die Persönlichkeit, den Gesundheitszustand und die wirtschaftlichen Verhältnisse des Annehmenden, sein Familienleben und die Einrichtung seines Haushalts sowie seine Eignung zur Erziehung des Kindes;

b) die Gründe, aus denen der Annehmende das Kind anzunehmen wünscht;

c) wenn von Ehegatten nur einer die Adoption beantragt, die Gründe, aus denen sich der andere Ehegatte dem Antrag nicht anschliesst;

d) die Frage, ob Kind und Annehmender zueinander passen, und die Zeitdauer, in der das Kind der Pflege des Annehmenden anvertraut gewesen ist;

e) die Persönlichkeit, den Gesundheitszustand und, falls kein rechtliches Verbot entgegensteht, die Herkunft des Kindes;

f) die Einstellung des Kindes zur vorgesehenen Adoption;

g) gegebenenfalls die Religion des Annehmenden und des Kindes.

3. Mit diesen Ermittlungen ist eine von der Rechtsordnung oder von einem Gericht oder einer Verwaltungsbehörde anerkannte Person oder Stelle zu betrauen. Die Ermittlungen sind, soweit möglich, von Fürsorgern durchzuführen, die infolge ihrer Ausbildung oder ihrer Erfahrung dazu befähigt sind.

4. Die Bestimmungen dieses Artikels berühren das Recht und die Pflicht der zuständigen Behörde nicht, sich alle für nützlich erachteten Auskünfte und Beweise zu beschaffen, auch wenn sie nicht den Gegenstand der obigen Ermittlungen betreffen.

Art. 10

1. Die Adoption verleiht dem Annehmenden gegenüber dem Kind alle Rechte und Pflichten, die ein Vater oder eine Mutter einem ehelichen Kind gegenüber hat.

Die Adoption verleiht dem Kind gegenüber dem Annehmenden alle Rechte und Pflichten, die ein eheliches Kind seinem Vater oder seiner Mutter gegenüber hat.

2. Mit der Entstehung der im Absatz 1 bezeichneten Rechte und Pflichten erlöschen die entsprechenden Rechte und Pflichten zwischen dem Kind und seinem Vater oder seiner Mutter oder einer anderen Person oder Stelle. Die Rechtsordnung kann jedoch vorsehen, dass der Ehegatte des Annehmenden seine Rechte und Pflichten gegenüber dem Kind behält, wenn dieses sein eheliches, uneheliches oder Adoptivkind ist.

Die Rechtsordnung kann ausserdem die Pflicht der Eltern, dem Kind Unterhalt zu gewähren, ihm eine Lebensgrundlage zu verschaffen und ihm eine Ausstattung oder ein Heiratsgut zu geben, für den Fall aufrechterhalten, dass der Annehmende eine dieser Pflichten nicht erfüllt.

3. In der Regel ist dem Kind zu ermöglichen, den Familiennamen des Annehmenden zu erwerben oder seinem eigenen Familiennamen hinzuzufügen.

4. Hat ein ehelicher Elternteil das Nutzniessungsrecht am Vermögen seines Kindes, so kann das Nutzniessungsrecht des Annehmenden am Vermögen des Kindes, abweichend vom Absatz 1, durch die Rechtsordnung beschränkt werden.

5. Soweit die Rechtsordnung dem ehelichen Kind ein Erbrecht am Nachlass seines Vaters oder seiner Mutter zuerkennt, steht das Adoptivkind einem ehelichen Kind des Annehmenden gleich.

Art. 11

1. Besitzt das Kind bei Adoption durch eine einzige Person nicht deren Staatsangehörigkeit oder bei Adoption durch Ehegatten nicht deren gemeinsame Staatsangehörigkeit, so hat die Vertragspartei, deren Staatsangehörige der Annehmende oder die Annehmenden sind, den Erwerb der Staatsangehörigkeit durch das Kind zu erleichtern.

2. Der Verlust der Staatsangehörigkeit, den die Adoption zur Folge haben könnte, ist vom Besitz oder vom Erwerb einer anderen Staatsangehörigkeit abhängig.

Art. 12

1. Die Rechtsordnung darf die Anzahl der Kinder, die eine Person annehmen kann, nicht beschränken.

2. Die Rechtsordnung darf einer Person nicht deshalb untersagen, ein Kind anzunehmen, weil sie ein eheliches Kind hat oder haben könnte.

3. Die Rechtsordnung darf einer Person nicht untersagen, ihr uneheliches Kind anzunehmen, wenn die Adoption die Rechtsstellung des Kindes verbessert.

Art. 13

1. Solange das Adoptivkind noch nicht volljährig ist, kann die Adoption nur durch Entscheidung eines Gerichtes oder einer Verwaltungsbehörde aus schwerwiegenden Gründen aufgehoben werden, und zwar nur, wenn die Rechtsordnung die Aufhebung aus solchen Gründen zulässt.

2. Der Absatz 1 betrifft nicht die Fälle, in denen
a) die Adoption nichtig ist;
b) die Adoption infolge Legitimation des Kindes durch den Annehmenden endet.

Art. 14

Beziehen sich die Ermittlungen nach den Artikeln 8 und 9 auf eine Person, die sich im Hoheitsgebiet einer anderen Vertragspartei aufhält oder aufgehalten hat, und wird diese Vertragspartei um Auskünfte ersucht, so hat sie sich zu bemühen, dass die Auskünfte unverzüglich erteilt werden. Zu diesem Zweck können die Behörden unmittelbar miteinander verkehren.

Art. 15

Es sind Anordnungen zu treffen, damit jeder ungerechtfertigte Gewinn im Zusammenhang mit der Weggabe eines Kindes zum Zweck der Adoption verhindert werde.

Art. 16

Die Vertragsparteien behalten das Recht, Bestimmungen zu erlassen, die für das Adoptivkind günstiger sind.

Teil III
Zusätzliche Bestimmungen

Art. 17

Die Adoption darf nur ausgesprochen werden, wenn das Kind der Pflege der Annehmenden während eines Zeitraumes anvertraut gewesen ist, der ausreicht, damit die zuständige Behörde die Beziehungen zwischen dem Kind und dem Annehmenden im Fall einer Adoption richtig einzuschätzen vermag.

Art. 18

Die staatlichen Stellen haben für die Förderung und den einwandfreien Betrieb der öffentlichen oder privaten Einrichtungen zu sorgen, die um Rat und Hilfe angehen kann, wer ein Kind annehmen oder annehmen lassen will.

Art. 19

Die sozialen und rechtlichen Fragen der Adoption müssen in den Bildungsplänen der Fürsorger enthalten sein.

Art. 20

1. Es sind Anordnungen zu treffen, damit ein Kind angenommen werden kann, ohne dass seiner Familie aufgedeckt wird, wer der Annehmende ist.
2. Es sind Anordnungen zu treffen, die vorschreiben oder gestatten, dass das Verfahren unter Ausschluss der Öffentlichkeit abläuft.
3. Der Annehmende und das Kind sind zu berechtigen, Auszüge aus den Zivilstandsregistern zu erhalten, deren Innhalt die Tatsache, den Tag und den Ort der Geburt des Kindes bescheinigt, aber weder die Adoption noch die leiblichen Eltern ausdrücklich zu erkennen gibt.
4. Die Zivilstandsregister sind so zu halten, zumindest aber ist ihr Inhalt so wiederzugeben, dass Personen, die kein berechtigtes Interesse haben, nicht erkennen können, dass jemand angenommen worden ist oder, falls dies bekannt ist, wer seine leiblichen Eltern sind.

Teil IV
Schlussbestimmungen

Art. 21–25
...

Art. 26

Die Vertragsparteien notifizieren dem Generalsekretär des Europarats die Namen und die Anschriften der Behörden, denen die Ersuchen nach dem Artikel 14 übermittelt werden können.

Art. 27–28
...

14 Commission Internationale d'Etat Civil (CIEC)

141 Übereinkommen betreffend die Erweiterung der Zuständigkeit der Behörden, die zur Entgegennahme von Anerkennungen ausserehelicher Kinder befugt sind, vom 14. September 1961. SR 0.211.112.13.

In Kraft getreten für die Schweiz am 29. Mai 1964 (AS *1964* 553). Vertragsstaaten Stand 1983: Belgien, Bundesrepublik Deutschland (E), Frankreich, Griechenland, Italien, Niederlande (E), Schweiz, Türkei. Für Erklärungen (E) vgl. SR 0.211.112.13 S. 4.

Übersetzung des französischen Originaltextes (Auszug):

Art. 1

Auf Grund dieses Übereinkommens errichtete Urkunden, in denen jemand erklärt, der Vater eines ausserehelichen Kindes zu sein, haben anzugeben, ob es sich um eine «Anerkennung mit Standesfolge» oder um eine «Anerkennung ohne Standesfolge» handelt, je nachdem die Erklärung eine familienrechtliche Bindung zwischen dem Erklärenden und dem Kinde begründen will oder eine solche nicht anstrebt.

Art. 2

Auf dem Gebiet der Vertragsstaaten, deren Gesetzgebung nur die Anerkennung ohne Standesfolge kennt, sind die Angehörigen der andern Vertragsstaaten, deren Gesetzgebung die Anerkennung mit Standesfolge kennt, berechtigt, eine Anerkennung mit Standesfolge zu unterzeichnen.

Art. 3

Auf dem Gebiet der Vertragsstaaten, deren Gesetzgebung nur die Anerkennung mit Standesfolge kennt, sind die Angehörigen der andern Vertragsstaaten, deren Gesetzgebung die Anerkennung ohne Standesfolge kennt, berechtigt, eine Anerkennung ohne Standesfolge zu unterzeichnen.

Art. 4

Die in den Artikeln 2 und 3 vorgesehenen Erklärungen werden durch den Zivilstandsbeamten oder durch eine andere zuständige Behörde in der nach Ortsrecht vorgeschriebenen Form öffentlich beurkundet; sie haben die Staatsangehörigkeit, die der Erklärende geltend macht, zu erwähnen. Diese Erklärungen haben dieselbe Bedeutung, wie wenn sie vor der zuständigen Behörde des Heimatstaates des Erklärenden abgegeben worden wären.

Art. 5

Die mit Unterschrift und Stempel der ausstellenden Behörde versehenen Ausfertigungen oder beglaubigten Auszüge der Urkunden, die die in den Artikeln 2 und 3 vorgesehenen Erklärungen enthalten, bedürfen auf dem Gebiet der Vertragsstaaten keiner Beglaubigung.

Artikel 6–11

...

...

Art. 5

Artikel 1 gilt für jeden Vertragsstaat nur für Kinder, die nach Inkrafttreten dieses Übereinkommens geboren sind.

Art. 6–10

...

142 Übereinkommen über die Feststellung der mütterlichen Abstammung nichtehelicher Kinder, vom 12. September 1962

In Kraft getreten für die Schweiz am 23. April 1964. Vertragsstaaten Stand 1983: Bundesrepublik Deutschland, Griechenland, Luxemburg, Niederlande, Schweiz, Türkei (ZZW *1981* 105; BÖHMER/SIEHR 7.3. S.2). In SR nicht publiziert (vgl. dazu ZZW *1972* 12).

Übersetzung des französischen Originaltextes (Auszug):

Art. 1

Ist im Geburtseintrag eines nichtehelichen Kindes eine Frau als Mutter des Kindes bezeichnet, so gilt die mütterliche Abstammung durch diese Bezeichnung als festgestellt. Diese Abstammung kann jedoch bestritten werden.

Art. 2

Ist die Mutter im Geburtseintrag des Kindes nicht bezeichnet, so kann sie vor der zuständigen Behörde jedes Vertragsstaats die Mutterschaft anerkennen.

Art. 3

Ist die Mutter im Geburtseintrag des Kindes bezeichnet und legt sie dar, dass eine Anerkennung der Mutterschaft gleichwohl notwendig ist, um den gesetzlichen Erfordernissen eines Nichtvertragsstaats zu genügen, so kann sie vor der zuständigen Behörde jedes Vertragsstaats die Mutterschaft anerkennen.

Art. 4

Die Artikel 2 und 3 lassen die Frage unberührt, ob die Anerkennung der Mutterschaft rechtswirksam ist.

2 Schweizerisches Recht

21 Zivilgesetzbuch vom 10. Dezember 1907 (ZGB). SR 210 (AS *1908* 233; BS 2, 3), Auszug.

Konkordanztabelle   Die Tabelle stellt dem Kindesrecht von 1907 die entsprechenden Bestimmungen von 1972 und 1976 gegenüber. Für den Vergleich der geltenden Bestimmungen mit dem ZGB von 1907 vgl. Materialien und Textgeschichte zu den einzelnen Artikeln, sowie HEGNAUER, Kindesrecht[2], S. 15 f.

1907	1972	1976	Vorn Seite	1907	1972	1976	Vorn Seite	1907	1972	1976	Vorn Seite
252		255[1,2]		275[1]		301[2]		305		–	
253[1]		256[1], 256c		[2]		302[1,2]		306		260a	
[2]		256[2]		276		302[2]				260b	
254		256a[1]		277		303				260c	
255		256b		278		–		307		261[1,2]	
256[1]		258		279		304[1,3]		308		263[1]	
[2]		–				280[1,3]		305[1,2]		309		–	
257		256c[3]		[2]		304[3]		310		(254)	
258		(259[1])		281		306[1]		311		309[1,3]	
259		–		282		306[2]		312[1]		(253)	
260		–		283		307[1]		[2]		261[3]	
261		–		284[1,2]		310[1,2]		313		(NAG 8d)	
262		(259[2,3])		[3]		293[1]		314		262[1,3]	
264[1]	264a[2]			285		311		315		–	
	264b			286		–		316[1]		–	
	266[1]				286a	312 Z.2		[2]		263[2]	
[2]	265[1]			287		313		317		295[1]	
265[1]	265[2]			288[1]		314		318		–	
[2]	265[3]			[2]		(OG 44/d)		319[1,2]		(285[1,3])	
	265a–d			289[1]		–		[3]		–	
266[1]	266[2]			[2]		293[1]		320		(286[2])	
[2]	264a[1]			290[1]		318[1]		321	321	282	
267[1]	268[1]			[2,3]		–			321a	283	
	264	264		291		318[2]			321b	284	
	266[1]			292		–		322		–	
268[1,2]	267	267		293		319		323		–	
[3]	–			294		321		324[1]		270[2], 271[2]	
269	–			295		323		[2,3]		–	
270		270[1]		296		323		325[1]		271[3]	
		271[1]		297		318[3]		[2]		–	
271		272		298		324		[3]		298[2]	
272[1]		278[1]				(325)		326[1]		(273)	
[2]		320[2]		299		326		[2]		–	
273[1]		296[1]		300		327		327		–	
		301[3]		301		(SchKG)					
[2]		–(385[3])		302		(252[1,2])					
274[1,3]		297[1,3]		303		260[1,3]					
[2]		–		304		–					

211 Text von 1907 der 1972 oder 1976 geänderten Artikel.

(Materialien s. Einl vor Art. 252 N 26 ff, 44 und Einl vor Art. 264 N 1)

Art. 20 Abs. 1

IV. Verwandtschaft
1. Blutsverwandtschaft

¹ Der Grad der Blutsverwandtschaft bestimmt sich ...

Art. 21 Abs. 1

¹ Wer mit einer Person blutsverwandt ist, ist ...

Art. 30

¹ Die Änderung eines Namens kann einer Person von der Regierung ihres Heimatkantons bewilligt werden, wenn wichtige Gründe dafür vorliegen.

² Die Namensänderung ist im Zivilstandsregister einzutragen und zu veröffentlichen, bewirkt aber keine Veränderung des Personenstandes.

³ ... *(heute Abs. 2)*

Art. 47

¹ Tritt in den Standesrechten einer Person eine Veränderung ein, wie infolge von Anerkennung oder Feststellung der ausserehelichen Vaterschaft, von Ehelicherklärung, von Kindesannahme oder von Feststellung der Abstammung des Findelkindes, so wird dies auf amtliche Anzeige hin oder auf Begehren der Beteiligten als Randbemerkung nachgetragen.

Art. 100 Abs. 1

¹ Die Eheschliessung ist verboten:

1. zwischen Blutsverwandten in gerader Linie, zwischen voll- oder halbbürtigen Geschwistern, und zwischen Oheim und Nichte, Neffe und Tante, seien sie einander ehelich oder ausserehelich verwandt,

2. ...

3. zwischen dem angenommenen Kinde und dem Annehmenden oder zwischen einem von diesen und dem Ehegatten des andern.

Art. 120 Ziff. 3

3. wenn die Eheschliessung wegen Blutsverwandtschaft oder Schwägerschaft unter den Ehegatten verboten ist.

Art. 129

I. Ehe im Falle der Kindesannahme

¹ Ist eine Ehe zwischen Personen geschlossen worden, denen mit Rücksicht auf das Verhältnis der Kindesannahme die Eingehung der Ehe untersagt ist, so kann sie aus diesem Grunde nicht für ungültig erklärt werden.
² Die Kindesannahme wird durch die Trauung aufgehoben.

Art. 133 Abs. 1

¹ Wird eine Ehe für ungültig erklärt, so gelten die Kinder gleichwohl als ehelich, ohne Rücksicht auf den guten oder bösen Glauben ihrer Eltern.

Art. 156 Abs. 2 und 3

² Der Ehegatte, dem die Kinder entzogen werden, ist zur Entrichtung eines seinen Verhältnissen entsprechenden Beitrages an die Kosten des Unterhalts und der Erziehung verpflichtet.
³ Er hat ein Recht auf angemessenen persönlichen Verkehr mit den Kindern.

Siebenter Titel: Das eheliche Kindesverhältnis
Erster Abschnitt: Die eheliche Abstammung

Art. 252

A. Vermutung der Ehelichkeit

¹ Ist ein Kind während der Ehe oder innerhalb einer Frist von 300 Tagen nach Auflösung der Ehe geboren, so gilt es für ehelich.
² Bei späterer Geburt wird die Ehelichkeit nicht vermutet.

Art. 253

B. Anfechtung der Ehelichkeit
I. Durch den Ehemann
1. Befristung

¹ Die Ehelichkeit eines Kindes kann vom Ehemann binnen drei Monaten, nachdem er von der Geburt Kenntnis erhalten hat, beim Richter angefochten werden.
² Die Anfechtungsklage richtet sich gegen das Kind und die Mutter.

Art. 254

2. Bei Zeugung während der Ehe

Ist ein Kind wenigstens 180 Tage nach Abschluss der Ehe geboren, so vermag der Ehemann seine Klage nur durch den Nachweis zu begründen, dass er unmöglich der Vater des Kindes sein könne.

Art. 255

3. Bei Zeugung vor der Ehe oder während der Trennung

¹ Ist ein Kind vor dem 180. Tage nach Abschluss der Ehe geboren, oder waren die Ehegatten zur Zeit der Empfängnis durch gerichtliches Urteil getrennt, so hat der Ehemann seine Anfechtung nicht weiter zu begründen.

² Die Vermutung der Ehelichkeit des Kindes besteht jedoch auch in diesem Falle, wenn glaubhaft gemacht wird, dass der Ehemann um die Zeit der Empfängnis der Mutter beigewohnt habe.

Art. 256

II. Durch andere Berechtigte

¹ Ist der Ehemann vor Ablauf der Anfechtungsfrist gestorben oder urteilsunfähig geworden, oder ist er unbekannten Aufenthaltes, oder ist es aus anderem Grunde nicht möglich, ihm die Geburt mitzuteilen, so kann jedermann, der neben oder hinter dem Kinde erbberechtigt ist, binnen drei Monaten, nachdem er von der Geburt Kenntnis erhalten hat, die Ehelichkeit anfechten.

² Bei Zeugung vor Abschluss der Ehe kann die Ehelichkeit des Kindes, auch wenn es vom Ehemann anerkannt ist, durch die zuständige Behörde des Heimatkantons angefochten werden, falls nachgewiesen wird, dass dieser unmöglich der Vater des Kindes sein kann.

Art. 257

C. Verwirkung der Anfechtung

¹ Hat der Ehemann die Ehelichkeit des Kindes ausdrücklich oder stillschweigend anerkannt, oder ist die Frist zur Anfechtung unbenutzt verstrichen, so kann eine Anfechtung nur noch erfolgen, wenn dargetan wird, dass der Klageberechtigte arglistig zur Anerkennung oder zur Unterlassung der Anfechtung bewogen worden ist.

² Die Anfechtungsfrist beträgt in diesen Fällen von neuem drei Monaten von der Entdeckung der Arglist an gerechnet.

³ Ausserdem wird nach Ablauf der drei Monate eine Anfechtung zugelassen, wenn die Verspätung mit wichtigen Gründen entschuldigt wird.

Zweiter Abschnitt: Die Ehelicherklärung

Art. 258

A. Durch nachfolgende Ehe
I. Voraussetzung

Wenn die Eltern eines ausserehelichen Kindes einander heiraten, so wird dieses von Gesetzes wegen ehelich.

Art. 259

II. Anmeldung

¹ Die Eltern sind verpflichtet, bei oder sofort nach der Trauung die gemeinsamen ausserehelichen Kinder beim Zivilstandsbeamten des Wohnsitzes oder Trauungsortes anzumelden.

² Auf die Ehelichkeit des Kindes hat die Unterlassung dieser Anmeldung keinen Einfluss.

Art. 260

B. Durch Erklärung des Richters
I. Voraussetzung

¹ Wenn die Eltern eines Kindes sich die Ehe versprochen haben und die Trauung durch den Tod oder den Eintritt der Eheunfähigkeit des einen Verlobten unmöglich geworden ist, so hat auf Begehren des anderen Verlobten oder des Kindes der Richter die Ehelicherklärung auszusprechen.

² Ist das Kind mündig, so kann das Gesuch von dem Verlobten nur mit Zustimmung des Kindes gestellt werden.

³ Nach dem Tode des Kindes können seine Nachkommen die Ehelicherklärung verlangen.

Art. 261

II. Zuständigkeit

¹ Zuständig ist der Richter am Wohnsitz des Gesuchstellers.

² Er hat jedoch der Heimatgemeinde des Vaters zur Wahrung ihrer Interessen von dem Begehren Mitteilung zu machen.

Art. 262

C. Anfechtung

¹ Die Ehelicherklärung kann von den erbberechtigten Verwandten der Eltern sowie von der zuständigen Behörde des Heimatkantons des Vaters binnen drei Monaten, nachdem sie ihnen bekannt geworden ist, mit dem Nachweise angefochten werden, dass das Kind nicht von den angeblichen Eltern abstammt.

³ Zuständig ist der Richter am Wohnsitz der Eltern oder der Richter, der die Ehelicherklärung ausgesprochen hat.

Art. 263

D. Wirkung

¹ Durch die Ehelicherklärung werden das aussereheliche Kind und seine ehelichen Nachkommen im Verhältnis zu Vater und Mutter und deren Verwandtschaft ehelichen Verwandten gleichgestellt.

² Die Ehelicherklärung ist den Zivilstandsbeamten des Geburtsortes des Kindes und des Heimatortes von Vater und Mutter mitzuteilen.

Dritter Abschnitt: Die Kindesannahme

Art. 264

A. Voraussetzungen
I. In der Person des Annehmenden

Die Kindesannahme ist nur solchen Personen gestattet, die wenigstens vierzig Jahre alt sind und keine ehelichen Nachkommen haben.

Der Annehmende muss um wenigstens achtzehn Jahre älter sein als das anzunehmende Kind.

Art. 265

II. In der Person des Anzunehmenden

[1] Ist die anzunehmende Person urteilsfähig, so ist zur Annahme ihre Zustimmung notwendig.

[2] Ist sie unmündig oder entmündigt, so kann, auch wenn sie urteilsfähig ist, die Annahme nur mit Zustimmung ihrer Eltern oder der vormundschaftlichen Aufsichtsbehörde erfolgen.

Art. 266

III. Bei verheirateten Personen

[1] Eine verheiratete Person kann ohne die Zustimmung ihres Ehegatten weder ein Kind annehmen noch als Kind angenommen werden.

[2] Gemeinschaftlich kann ein Kind nur von einem Ehepaar angenommen werden.

Art. 267

B. Form

[1] Die Kindesannahme erfolgt aufgrund einer öffentlichen Urkunde mit Ermächtigung der zuständigen Behörde am Wohnsitz des Annehmenden und ist in das Geburtsregister einzutragen.

[2] Die Behörde darf, auch wenn die gesetzlichen Voraussetzungen vorhanden sind, die Ermächtigung nur dann erteilen, wenn der Annehmende dem Kinde Fürsorge und Pflege erwiesen hat oder andere wichtige Gründe vorliegen und dem Kind aus der Annahme kein Nachteil entsteht.

Art. 268

C. Wirkung

[1] Das angenommene Kind erhält den Familiennamen des Annehmenden und wird diesem gegenüber erbberechtigt, ohne die bisherige Erbberechtigung zu verlieren.

[2] Die elterlichen Rechte und Pflichten gehen auf den Annehmenden über.

[3] Über die elterlichen Vermögensrechte und das Erbrecht können vor der Annahme mit öffentlicher Urkunde beliebige Abweichungen von den Bestimmungen über die Rechtsstellung eines ehelichen Kindes vereinbart werden.

Art. 269

D. Aufhebung

¹ Die Kindesannahme kann mit beidseitiger Zustimmung und unter Beobachtung der bei ihrer Begründung zu befolgenden Vorschriften jederzeit aufgehoben werden.

² Sie wird durch den Richter aufgehoben auf Begehren des angenommenen Kindes, wenn es wichtige Gründe geltend macht, und auf Begehren des Annehmenden, wenn er gegenüber dem Kinde einen Enterbungsgrund hat.

³ Die Aufhebung beseitigt jede künftige Wirkung der Kindesannahme und ist unwiderruflich.

Vierter Abschnitt: Die Gemeinschaft der Eltern und Kinder

Art. 270

A. Name und Heimat

Die ehelichen Kinder erhalten den Familiennamen und das Bürgerrecht ihres Vaters.

Art. 271

B. Beistand und Gemeinschaft

Eltern und Kinder sind einander allen Beistand und alle Rücksicht schuldig, die das Wohl der Gemeinschaft erfordert.

Art. 272

C. Kosten des Unterhaltes und der Erziehung der Kinder

¹ Die Eltern tragen die Kosten des Unterhaltes und der Erziehung ihrer Kinder nach ihrem ehelichen Güterstande.

² Sind die Eltern in Not geraten, oder erreichen die Kosten eine ausserordentliche Höhe, oder liegen andere aussergewöhnliche Umstände vor, so kann die Vormundschaftsbehörde den Eltern gestatten, das Vermögen der unmündigen Kinder zu deren Unterhalt und Erziehung in bestimmten Beträgen anzugreifen.

Fünfter Abschnitt: Die elterliche Gewalt

Art. 273

A. Im allgemeinen
I. Voraussetzung

¹ Die Kinder stehen, solange sie unmündig sind, unter der elterlichen Gewalt und dürfen den Eltern nicht widerrechtlich entzogen werden.

² Mündige Kinder, die entmündigt werden, stehen unter der elterlichen Gewalt, wenn die zuständige Behörde es nicht für angezeigt erachtet, ihnen einen Vormund zu bestellen.

Art. 274

II. Recht zur Ausübung

¹ Während der Ehe üben die Eltern die elterliche Gewalt gemeinsam aus.

² Sind die Eltern nicht einig, so entscheidet der Wille des Vaters.

³ Im Falle des Todes eines Ehegatten steht die elterliche Gewalt dem überlebenden Ehegatten und im Falle der Scheidung demjenigen zu, dem die Kinder zugewiesen werden.

Art. 275

B. Inhalt
I. Im allgemeinen

¹ Die Kinder sind den Eltern Gehorsam und Ehrerbietung schuldig.

² Die Eltern haben ihre Kinder ihren Verhältnissen entsprechend zu erziehen und insbesondere auch den körperlich oder geistig gebrechlichen eine angemessene Ausbildung zu verschaffen.

³ Sie geben dem Kinde den Personennamen.

Art. 276

II. Ausbildung im Beruf

¹ Die Ausbildung der Kinder in einem Beruf erfolgt nach den Anordnungen der Eltern.

² Die Eltern haben auf die körperlichen und geistigen Fähigkeiten und die Neigung der Kinder soweit möglich Rücksicht zu nehmen.

Art. 277

III. Religiöse Erziehung

¹ Über die religiöse Erziehung des Kindes verfügen die Eltern.

² Ein Vertrag, der diese Befugnis beschränkt, ist ungültig.

³ Hat ein Kind das 16. Altersjahr zurückgelegt, so darf ihm die selbständige Entscheidung über sein religiöses Bekenntnis nicht verwehrt werden.

Art. 278

IV. Züchtigungsmittel

Die Eltern sind befugt, die zur Erziehung der Kinder nötigen Züchtigungsmittel anzuwenden.

Art. 279

V. Vertretung
1. Dritten gegenüber
a) **Durch die Eltern**

¹ Die Eltern haben von Gesetzes wegen die Vertretung des Kindes gegenüber dritten Personen im Umfang der ihnen zustehenden elterlichen Gewalt.

² Eine Mitwirkung der vormundschaftlichen Behörden findet nicht statt.

Art. 280

b) Handlungsfähigkeit des Kindes

¹ Das Kind hat unter der elterlichen Gewalt die gleiche beschränkte Handlungsfähigkeit wie eine bevormundete Person.

² Die Bestimmungen über die Vertretung durch den Vormund finden entsprechende Anwendung, mit Ausschluss der Vorschrift betreffend Mitwirkung der Bevormundeten bei der Vermögensverwaltung.

³ Für Verpflichtungen des Kindes haftet sein Vermögen ohne Rücksicht auf die elterlichen Vermögensrechte.

Art. 281

2. Innerhalb der Gemeinschaft
a) Handlungen der Kinder

Kinder unter elterlicher Gewalt können, wenn sie urteilsfähig sind, unter Zustimmung von Vater oder Mutter für die Gemeinschaft handeln, verpflichten damit aber nicht sich selbst, sondern die Eltern nach ihrem Güterstande.

Art. 282

b) Verkehr zwischen Eltern und Kindern

Soll ein Kind durch ein Rechtsgeschäft mit Vater oder Mutter oder durch ein solches mit einem Dritten im Interesse von Vater oder Mutter verpflichtet werden, so hat ein Beistand mitzuwirken und die Vormundschaftsbehörde das Geschäft zu genehmigen.

Art. 283

C. Behördliches Einschreiten
I. Geeignete Vorkehrungen

Bei pflichtwidrigem Verhalten der Eltern haben die vormundschaftlichen Behörden die zum Schutze des Kindes geeigneten Vorkehrungen zu treffen.

Art. 284

II. Versorgung der Kinder

¹ Ist ein Kind in seinem leiblichen oder geistigen Wohl dauernd gefährdet oder ist es verwahrlost, so soll die Vormundschaftsbehörde es den Eltern wegnehmen und in angemessener Weise in einer Familie oder Anstalt unterbringen.

² Die gleiche Anordnung trifft die Vormundschaftsbehörde auf Begehren der Eltern, wenn ihnen ein Kind böswilligen und hartnäckigen Widerstand leistet und nach den Umständen nicht anders geholfen werden kann.

³ Das öffentliche Recht bestimmt, unter Vorbehalt der Unterstützungspflicht der Verwandten, wer die Versorgungskosten zu tragen habe, wenn weder die Eltern noch das Kind sie bestreiten können.

Art. 285

III. Entziehung der elterlichen Gewalt
1. Bei mangelhafter Ausübung

¹ Sind die Eltern nicht imstande, die elterliche Gewalt auszuüben, oder fallen sie selbst unter Vormundschaft, oder haben sie sich eines schweren Missbrauches der Gewalt oder einer groben Vernachlässigung ihrer Pflichten schuldig gemacht, so soll ihnen die zuständige Behörde die elterliche Gewalt entziehen.

² Wird beiden Eltern die Gewalt entzogen, so erhalten die Kinder einen Vormund.

³ Die Entziehung ist auch gegenüber Kindern, die später geboren werden, wirksam.

Art. 286

2. Bei Wiederverheiratung

¹ Im Falle der Wiederverheiratung von Vater oder Mutter ist, wenn die Verhältnisse es erfordern, den Kindern, die sich unter ihrer Gewalt befinden, ein Vormund zu bestellen.

² Als Vormund kann einer der Ehegatten bezeichnet werden.

Art. 287

IV. Wiederherstellung der elterlichen Gewalt

¹ Fällt der Grund weg, aus dem die elterliche Gewalt entzogen worden ist, so hat die zuständige Behörde von sich aus oder auf Verlangen des Vaters oder der Mutter sie wieder herzustellen.

² Die Wiederherstellung darf in keinem Falle vor Ablauf eines Jahres nach der Entziehung der Gewalt stattfinden.

Art. 288

V. Verfahren

¹ Die Kantone ordnen das bei der Entziehung und der Wiederherstellung der elterlichen Gewalt zu beobachtende Verfahren.

² Die Weiterziehung an das Bundesgericht bleibt vorbehalten.

Art. 289

D. Elternpflicht bei Entziehung der Gewalt

¹ Durch die Entziehung der elterlichen Gewalt wird die Pflicht der Eltern, die Kosten des Unterhalts und der Erziehung der Kinder zu tragen, nicht aufgehoben.

² Das öffentliche Recht bestimmt, unter Vorbehalt der Unterstützungspflicht der Verwandten, wer die Kosten zu tragen habe, wenn weder die Eltern noch das Kind sie bestreiten können.

Sechster Abschnitt: Die elterlichen Vermögensrechte

Art. 290

A. Verwaltung
I. Im allgemeinen

¹ Die Eltern haben, solange ihnen die elterliche Gewalt zusteht, das Recht und die Pflicht, das Kindesvermögen zu verwalten.

² Sie sind in der Regel weder zur Rechnungsstellung noch zur Sicherheitsleistung verpflichtet.

³ Das Recht der vormundschaftlichen Behörden zum Einschreiten bei pflichtwidrigem Verhalten der Eltern bleibt vorbehalten.

Art. 291

II. Nach Auflösung der Ehe

Nach Auflösung der Ehe hat der Ehegatte, dem die elterliche Gewalt über das Kind zusteht, der Vormundschaftsbehörde ein Inventar über das Kindesvermögen einzureichen und ihr von jeder erheblichen Änderung im Stande und in der Anlage des Vermögens Mitteilung zu machen.

Art. 292

B. Nutzung am Kindesvermögen
I. Voraussetzung

Die Eltern haben die Nutzung an dem Vermögen des Kindes, solange dieses unmündig ist und ihnen die elterliche Gewalt nicht wegen ihres Verschuldens entzogen wird.

Art. 293

II. Inhalt

Der Ertrag des Kindesvermögens ist in erster Linie für den Unterhalt und die Erziehung des Kindes zu verwenden und fällt im übrigen den Ehegatten in dem Verhältnis zu, in dem sie die Lasten der Gemeinschaft zu tragen haben.

Art. 294

C. Freies Kindesvermögen
I. Frei von Nutzung

¹ Was dem Kinde unter der Bestimmung, dass es ihm zinstragend angelegt werde, oder als Spargeld oder mit der ausdrücklichen Befreiung von der elterlichen Nutzung zugewendet wird, ist von dieser Nutzung ausgenommen.

² Die Verwaltung durch die Eltern ist nur dann ausgeschlossen, wenn dies bei der Zuwendung ausdrücklich bestimmt wird.

Art. 295

II. Frei von Nutzung und Verwaltung
1. Arbeitserwerb

¹ Was das Kind durch eigene Arbeit erwirbt, fällt solange es unmündig ist und mit den Eltern in häuslicher Gemeinschaft lebt, an die Eltern.

² Lebt das Kind mit Zustimmung der Eltern ausserhalb der häuslichen Gemeinschaft, so kann es unter Vorbehalt seiner Pflichten gegenüber den Eltern über seinen Arbeitserwerb verfügen.

Art. 296

2. Vermögen im Beruf oder Gewerbe

Was das Kind von den Eltern aus seinem Vermögen zum Betrieb eines eigenen Berufes oder Gewerbes herausbekommt, steht unter seiner Verwaltung und Nutzung.

Art. 297

D. Behördliches Einschreiten
I. Sichernde Massnahmen

¹ Bei pflichtwidrigem Verhalten der Eltern in der Ausübung ihrer Vermögensrechte hat die Vormundschaftsbehörde die zum Schutze des Kindes geeigneten Vorkehrungen zu treffen.

² Besteht eine Gefahr für das Kindesvermögen, so kann die Vormundschaftsbehörde die Eltern der Aufsicht unterwerfen, der ein Vormund unterstellt ist, oder sie zur Sicherheitsleistung anhalten, oder zur Wahrung der Interessen des Kindes einen Beistand ernennen.

Art. 298

II. Entziehung der Vermögensrechte

¹ Die Entziehung der elterlichen Vermögensrechte erfolgt nur in Verbindung mit der Entziehung der elterlichen Gewalt.

² Wird den Eltern die Gewalt ohne ihr Verschulden entzogen, so bleibt ihnen die Nutzung an dem Kindesvermögen, soweit der Ertrag nicht zum Unterhalt und zur Erziehung des Kindes verwendet werden muss.

Art. 299

E. Haftung der Eltern
I. Rückerstattung

Nach dem Aufhören der elterlichen Gewalt haben die Eltern das Kindesvermögen auf Grund einer Abrechnung an das mündige Kind oder an den Vormund herauszugeben.

Art. 300

II. Mass der Verantwortlichkeit

¹ Für die Rückleistung sind die Eltern gleich einem Nutzniesser verantwortlich.

² Für das, was sie in guten Treuen veräussert haben, ist der Erlös zu ersetzen.

³ Für die Beträge, die sie befugtermassen für das Kind selbst verwendet haben, sind sie keinen Ersatz schuldig.

Art. 301

III. Vorrecht der Ersatzforderung

Bei der Pfändung und im Konkurse des Vaters oder der Mutter hat die Ersatzforderung für das Kindesvermögen ein Vorrecht nach dem Bundesgesetz vom 11. April 1889 über Schuldbetreibung und Konkurs.

Achter Titel: Das aussereheliche Kindesverhältnis

Art. 302

A. Begründung im allgemeinen

¹ Das aussereheliche Kindesverhältnis entsteht zwischen dem Kind und der Mutter mit der Geburt.

² Zwischen dem Kinde und dem Vater wird es durch Anerkennung oder durch den Richter festgestellt.

Art. 303

B. Anerkennung
I. Zulässigkeit und Form

¹ Die Anerkennung eines ausserehelichen Kindes kann durch den Vater oder, wenn dieser gestorben oder dauernd urteilsunfähig ist, durch den väterlichen Grossvater erfolgen.

² Sie erfolgt in der Form einer öffentlichen Urkunde oder durch eine Verfügung von Todes wegen und ist dem Zivilstandsbeamten der Heimat des Anerkennenden mitzuteilen.

Art. 304

II. Verbot

Die Anerkennung eines im Ehebruch oder in Blutschande erzeugten Kindes ist ausgeschlossen.

Art. 305

III. Aufhebung
1. Einspruch von Mutter und Kind

¹ Sowohl die Mutter als das Kind und nach dessen Tod seine Nachkommen können gegen die Anerkennung binnen drei Monaten, nachdem sie von ihr Kenntnis erhalten haben, beim zuständigen Zivilstandsbeamten mit der Behauptung Einspruch erheben, dass der Anerkennende nicht der Vater oder Grossvater sei, oder dass die Anerkennung dem Kinde nachteilig wäre.

² Der Zivilstandsbeamte hat dem Anerkennenden oder dessen Erben von dem Einspruche Mitteilung zu machen, worauf binnen drei Monaten beim Richter des zuständigen Zivilstandsamtes auf Abweisung des Einspruches geklagt werden kann.

Art. 306

2. Anfechtung durch Dritte

Die Anerkennung kann von der zuständigen Behörde des Heimatkantons des Vaters sowie von jedermann, der ein Interesse hat, binnen drei Monaten, nachdem sie davon Kenntnis erhalten haben, beim Richter des zuständigen Zivilstandsamtes mit dem Nachweis angefochten werden, dass der Anerkennende nicht der Vater oder der Grossvater des Kindes, oder dass die Anerkennung ausgeschlossen ist.

Art. 307

C. Vaterschaftsklage
I. Klagerecht

¹ Die Mutter eines ausserehelichen Kindes ist berechtigt, zu verlangen, dass die Vaterschaft durch den Richter festgestellt werde.

² Die gleiche Klage steht dem Kinde zu.

³ Die Klage richtet sich gegen den Vater oder dessen Erben.

Art. 308

II. Klagefrist

Die Klage kann vor oder nach der Niederkunft angebracht werden, ist aber vor Ablauf eines Jahres seit der Geburt des Kindes anzuheben.

Art. 309

III. Klagebegehren

[1] Die Vaterschaftsklage geht auf Vermögensleistungen des Vaters an die Mutter und das Kind und ausserdem, wenn die besondern gesetzlichen Voraussetzungen vorhanden sind, auf Zusprechung des Kindes mit Standesfolge.

[2] Die Vermögensleistungen an die Mutter können auch dann eingeklagt werden, wenn das Kind vom Vater anerkannt oder wenn es tot geboren oder vor dem Urteil gestorben ist.

[3] An Stelle der Vermögensleistungen an das Kind tritt, wenn dieses dem Stande des Vaters folgt, die Erfüllung der Elternpflicht.

Art. 310

IV. Verfahren
1. Prozessvorschriften

[1] Das Verfahren in Vaterschaftssachen wird unter Vorbehalt der Bestimmungen dieses Gesetzes durch das kantonale Prozessrecht geordnet.

[2] Die Kantone dürfen jedoch keine Beweisvorschriften aufstellen, die strenger sind als diejenigen des ordentlichen Prozessverfahrens.

Art. 311

2. Bestellung eines Beistandes

[1] Sobald die Vormundschaftsbehörde von der ausserehelichen Geburt Kenntnis erhalten oder die Mutter ihr die aussereheliche Schwangerschaft angezeigt hat, wird in allen Fällen dem Kinde ein Beistand ernannt, der dessen Interessen zu wahren hat.

[2] Der Beistand wird nach Durchführung der erhobenen Klage oder nach Ablauf der Klagefrist durch einen Vormund ersetzt, wenn die Vormundschaftsbehörde es nicht für angezeigt erachtet, das Kind unter die elterliche Gewalt der Mutter oder des Vaters zu stellen.

Art. 312

3. Zuständigkeit
a) Im allgemeinen

[1] Die Vaterschaftsklage ist beim Richter am schweizerischen Wohnsitze der klagenden Partei zur Zeit der Geburt oder am Wohnsitz des Beklagten zur Zeit der Klage anzubringen.

[2] Geht die Klage auf Zusprechung des Kindes mit Standesfolge, so ist der Heimatgemeinde des Vaters zur Wahrung ihrer Interessen von der Klage von Amtes wegen Mitteilung zu machen.

Art. 313

b) Heimatlicher Gerichtsstand

Gegen einen Schweizer, der im Auslande wohnt, kann die Klage, wenn Mutter und Kind ebenfalls im Auslande ihren Wohnsitz haben, beim Richter seines Heimatortes angebracht werden.

Art. 314

4. Vermutung

[1] Hat der Beklagte nachweisbar in der Zeit vom 300. bis zum 180. Tage vor der Geburt des Kindes der Mutter beigewohnt, so wird seine Vaterschaft vermutet.

[2] Diese Vermutung fällt jedoch weg, sobald Tatsachen nachgewiesen werden, die erhebliche Zweifel über die Vaterschaft des Beklagten rechtfertigen.

Art. 315

5. Schuld der Mutter

Hat die Mutter um die Zeit der Empfängnis einen unzüchtigen Lebenswandel geführt, so ist die Klage abzuweisen.

Art. 316

6. Klage bei Ehe der Mutter

[1] War die Mutter zur Zeit der Empfängnis verheiratet, so kann eine Vaterschaftsklage nur erhoben werden, nachdem das Kind durch den Richter für unehelich erklärt worden ist.

[2] In diesem Falle beginnt die Klagefrist erst mit dem Tage, an dem das Kind für unehelich erklärt worden ist.

Art. 317

V. Verurteilung zu Vermögensleistungen
1. An die Mutter
a) Schadloshaftung

Der Richter hat der Mutter, wenn die Klage begründet ist, Ersatz zuzusprechen:

1. für die Entbindungskosten;

2. für den Unterhalt während mindestens je vier Wochen vor und nach der Geburt;

3. für andere infolge der Schwangerschaft oder der Entbindung notwendig gewordene Auslagen.

Art. 318

b) Genugtuung

Hat der Vater der Mutter vor der Beiwohnung die Ehe versprochen, hat er sich mit der Beiwohnung eines Verbrechens an ihr schuldig gemacht oder die ihm über sie zustehende Gewalt missbraucht, oder ist sie zur Zeit der Beiwohnung noch nicht mündig gewesen, so kann ihr der Richter eine Geldsumme als Genugtuung zusprechen.

Art. 319

2. An das Kind
a) Unterhalt

[1] Der Richter hat, wenn die Klage begründet ist, dem Kinde ein Unterhaltsgeld zuzusprechen, das der Lebensstellung der Mutter

und des Vaters entsprechen, in jedem Falle aber in einem angemessenen Beitrag an die Kosten des Unterhaltes und der Erziehung des Kindes bestehen soll.

² Das Unterhaltsgeld ist bis zum vollendeten achtzehnten Altersjahre des Kindes zu entrichten, und zwar mit Vorausbezahlung auf die Termine, die der Richter festsetzt.

³ Das Klagerecht des Kindes wird durch einen von der Mutter abgeschlossenen Vergleich oder von ihr geleisteten Verzicht, der das Kind in seinen Ansprüchen offenbar beeinträchtigt, nicht aufgehoben.

Art. 320

b) Veränderung der Verhältnisse

Auf Begehren des Klägers oder des Beklagten kann bei erheblicher Veränderung der Verhältnisse der Unterhaltsbeitrag neu bestimmt und auf den Zeitpunkt, wo das Kind ein nach seiner Lebensstellung hinreichendes selbständiges Einkommen erlangt hat, als hinfällig erklärt werden.

Art. 321

3. Sicherstellung

Wird die Vaterschaft glaubhaft gemacht und befindet sich die Mutter in Not, so kann der Richter den Vater auch ohne den Nachweis, dass der Anspruch gefährdet sei, schon vor dem Urteil anhalten, die mutmasslichen Kosten der Entbindung und des Unterhaltes des Kindes für die ersten drei Monate sicherzustellen.

Art. 322

4. Vererbung

Die Ansprüche gehen auch gegen die Erben des Vaters.

Diese haben jedoch dem Kinde nicht mehr zu entrichten, als es im Falle der Anerkennung als Erbe zu beanspruchen hätte.

Art. 323

VI. Zusprechung mit Standesfolge

¹ Mit Standesfolge wird auf Begehren des Klägers das Kind dem Beklagten zugesprochen, wenn dieser der Mutter die Ehe versprochen, oder sich mit der Beiwohnung an ihr eines Verbrechens schuldig gemacht oder die ihm über sie zustehende Gewalt missbraucht hat.

² Gegenüber einem Ehemann ist die Zusprechung mit Standesfolge ausgeschlossen, wenn er zur Zeit der Beiwohnung schon verheiratet war.

Art. 324

D. Wirkung
I. Verhältnis von Mutter und Kind

¹ Bleibt das Kind der Mutter, so erhält es ihren angestammten Familiennamen und ihre Heimatangehörigkeit und steht zur mütterlichen Seite in den Rechten und Pflichten der ausserehelichen Verwandtschaft.

² Die Mutter hat für das Kind zu sorgen wie für ein eheliches.

³ Die Vormundschaftsbehörde kann das Kind unter die elterliche Gewalt der Mutter stellen.

Art. 325

II. Verhältnis von Vater und Kind

¹ Wird das Kind freiwillig anerkannt oder wird es dem Vater mit Standesfolge zugesprochen, so erhält es den Familiennamen und die Heimatangehörigkeit des Vaters und steht zur väterlichen wie zur mütterlichen Seite in den Rechten und Pflichten der ausserehelichen Verwandtschaft.

² Der Vater hat für das Kind zu sorgen wie für ein eheliches.

³ Die Vormundschaftsbehörde kann das Kind unter die elterliche Gewalt des Vaters oder der Mutter stellen.

Art. 326

III. Verhältnis von Vater und Mutter

¹ Wird ein aussereheliches Kind unter die Gewalt des Vaters gestellt, so hat die Mutter gleichwohl ein Recht auf angemessenen persönlichen Verkehr mit ihrem Kinde.

² Die Vormundschaftsbehörde kann auf Begehren der Mutter oder von sich aus die elterliche Gewalt über das Kind bis zu einem bestimmten Alter der Mutter und dann erst dem Vater zuweisen.

Art. 327

IV. Rechte am Kindesvermögen

Stellt die Vormundschaftsbehörde das Kind unter die elterliche Gewalt des Vaters oder der Mutter, so bestimmt sie zugleich, welche Rechte denselben am Kindesvermögen zustehen.

(Weitere Bestimmungen)

Art. 328

Blutsverwandte in auf- und absteigender Linie und ...

(ohne Absätze 2 und 3)

Art. 329 Abs. 2 und 3

B. Geltendmachung und Umfang des Anspruches

¹ ...

² Geschwister können nur dann zur Unterstützung herangezogen werden, wenn sie sich in günstigen Verhältnissen befinden.

³ Der Anspruch wird von der zuständigen Behörde des Wohnsitzes des Pflichtigen geltend gemacht, und zwar entweder von dem Berechtigten oder, wenn dieser von der öffentlichen Armenpflege unterstützt wird, von der unterstützungspflichtigen Armenbehörde.

Art. 331 Abs. 2

² Die Hausgewalt erstreckt sich auf alle Personen, die als Blutsverwandte und ...

Art. 355

2. Aufnahme von Blutsverwandten

... auferlegen, seine Blutsverwandten ...

Art. 422 Ziff. 1

1. Annahme eines Bevormundeten an Kindes Statt oder Kindesannahme durch einen Bevormundeten.

Art. 457

A. Blutsverwandte Erben

...

Art. 460 Abs. 1

¹ ... die Erbberechtigung der Blutsverwandten auf.

Art. 461

V. Ausserehliche Verwandte

¹ Die ausserehelichen Blutsverwandten werden in der mütterlichen Verwandtschaft den ehelichen im Erbrecht gleichgestellt.

² In der väterlichen Verwandtschaft besteht nur dann ein Erbrecht, wenn das aussereheliche Kind durch Anerkennung oder Urteil des Richters den Stand des Vaters erhalten hat.

³ Hat ein aussereheliche Erbe oder sein Nachkomme mit ehelichen Nachkommen seines Vaters zu teilen, so erhält der aussereheliche Erbe oder sein Nachkomme je nur halb soviel, als einem ehelichen Kind oder seinen Nachkommen zufällt.

Art. 465

C. Angenommene Kinder

Das angenommene Kind und seine Nachkommen haben zum Annehmenden das gleiche Erbrecht wie die ehelichen Nachkommen.

Der Annehmende und seine Blutsverwandten haben kein Erbrecht gegenüber dem angenommenen Kinde.

Art. 473 Abs. 1 und 2

¹ Der Erblasser kann dem überlebenden Ehegatten durch Verfügung von Todes wegen gegenüber gemeinsamen Nachkommen die Nutzniessung an dem ganzen ihnen zufallenden Teil der Erbschaft zuwenden.

² Diese Nutzniessung tritt an die Stelle des dem Ehegatten neben den gemeinsamen Nachkommen zustehenden gesetzlichen Erbrechts.

Art. 503 Abs. 1
¹ ... ... unkundig sind, sowie die Blutsverwandten in gerader Linie
...

212 Text von 1972 der 1976 erneut geänderten Artikel

Art. 100 Abs. 1 Ziff. 1
¹ Die Eheschliessung ist verboten:
1. zwischen Verwandten in gerader Linie, zwischen voll- und halbbürtigen Geschwistern und zwischen Oheim und Nichte, Neffe und Tante, seien sie einander ehelich oder ausserehelich, durch Abstammung oder durch Adoption verwandt.

Art. 264
Ein Kind darf adoptiert werden, wenn ihm die künftigen Adoptiveltern während wenigstens zwei Jahren Pflege und Erziehung erwiesen haben und nach den gesamten Umständen zu erwarten ist, die Begründung eines ehelichen Kindesverhältnisses diene seinem Wohle, ohne andere Kinder der Adoptiveltern in unbilliger Weise zurückzusetzen.

Art. 267 Abs. 1 und 3
¹ Das Adoptivkind erhält die Rechtsstellung eines ehelichen Kindes der Adoptiveltern.
² ...
³ Bei der Adoption kann dem Kind ein neuer Personenname gegeben werden.

Art. 286 a

3. Bei Adoption

Haben die Eltern in eine künftige Adoption des Kindes durch ungenannte Dritte eingewilligt, so ist dem Kinde, das sich unter ihrer elterlichen Gewalt befindet, ein Vormund zu bestellen.

Art. 321

3. Vorsorgliche Massregeln
a) Hinterlegung

Ist die Klage angebracht und die Vaterschaft glaubhaft gemacht, so hat der Beklagte auf Begehren des Klägers schon vor dem Urteil die Entbindungskosten und angemessene Beiträge an den Unterhalt von Mutter und Kind zu hinterlegen.

Art. 321 a

b) Vorläufige Zahlung

Ist die Vaterschaft zu vermuten und wird die Vermutung durch die ohne Verzug verfügbaren Beweismittel nicht zerstört, so hat der Beklagte auf Begehren des Klägers schon vor dem Urteil angemessene Beiträge an den Unterhalt des Kindes zu leisten.

Art. 321b

c) Zuständigkeit   Über die Hinterlegung, die vorläufige Zahlung und die Rückerstattung vorläufiger Zahlungen entscheidet der für die Beurteilung der Vaterschaftsklage zuständige Richter.

Art. 328
(ohne Absätze 2 und 3).

Art. 461

[1] Die ausserehelichen Verwandten werden ... *(Rest gleich wie Text von 1907).*

22   *Zivilgesetzbuch, Schlusstitel* SR 210

Auszug geltender Bestimmungen. Eingeklammerte Zahlen bezeichnen das Jahr des Erlasses späterer Bestimmungen.

Erster Abschnitt: Die Anwendung bisherigen und neuen Rechtes

Art. 1

A. Allgemeine Bestimmungen
1. Regel der Nichtrückwirkung

[1] Die rechtlichen Wirkungen von Tatsachen, die vor dem Inkrafttreten dieses Gesetzes eingetreten sind, werden auch nachher gemäss den Bestimmungen des eidgenössischen oder kantonalen Rechtes beurteilt, die zur Zeit des Eintrittes dieser Tatsachen gegolten haben.

[2] Demgemäss unterliegen die vor diesem Zeitpunkte vorgenommenen Handlungen in bezug auf ihre rechtliche Verbindlichkeit und ihre rechtlichen Folgen auch in Zukunft den bei ihrer Vornahme geltend gewesenen Bestimmungen.

[3] Die nach diesem Zeitpunkt eingetretenen Tatsachen dagegen werden, soweit das Gesetz eine Ausnahme nicht vorgesehen hat, nach dem neuen Recht beurteilt.

Art. 2

II. Rückwirkung
1. Öffentliche Ordnung und Sittlichkeit

[1] Die Bestimmungen dieses Gesetzes, die um der öffentlichen Ordnung und Sittlichkeit willen aufgestellt sind, finden mit dessen Inkrafttreten auf alle Tatsachen Anwendung, soweit das Gesetz eine Ausnahme nicht vorgesehen hat.

² Demgemäss finden Vorschriften des bisherigen Rechtes, die nach der Auffassung des neuen Rechtes der öffentlichen Ordnung oder Sittlichkeit widersprechen, nach dessen Inkrafttreten keine Anwendung mehr.

Art. 3

2. Inhalt der Rechtsverhältnisse kraft Gesetzes

Rechtsverhältnisse, deren Inhalt unabhängig vom Willen der Beteiligten durch das Gesetz umschrieben wird, sind nach dem Inkrafttreten dieses Gesetzes nach dem neuen Recht zu beurteilen, auch wenn sie vor diesem Zeitpunkte begründet worden sind.

Art. 4

3. Nicht erworbene Rechte

Tatsachen, die zwar unter der Herrschaft des bisherigen Rechtes eingetreten sind, durch die aber zur Zeit des Inkrafttretens des neuen Rechtes ein rechtlich geschützter Anspruch nicht begründet gewesen ist, stehen auch nach diesem Zeitpunkt in bezug auf ihre Wirkung unter dem neuen Recht.

...
C. Familienrecht
...

...
...

Art. 12 (1976)

III. Das Kindesverhältnis im allgemeinen

¹ Entstehung und Wirkungen des Kindesverhältnisses stehen, sobald dieses Gesetz in Kraft getreten ist, unter dem neuen Recht; der Familienname und das Bürgerrecht, die nach bisherigem Recht erworben wurden, bleiben erhalten.

² Befinden sich Kinder, die nach dem neuen Recht von Gesetzes wegen unter der elterlichen Gewalt stehen, bei seinem Inkrafttreten unter Vormundschaft, so tritt spätestens mit Ablauf eines Jahres nach diesem Zeitpunkt an deren Stelle die elterliche Gewalt, sofern nicht nach den Bestimmungen über die Entziehung der elterlichen Gewalt das Gegenteil angeordnet worden ist.

³ Eine unter dem bisherigen Recht durch behördliche Verfügung erfolgte Übertragung oder Entziehung der elterlichen Gewalt bleibt auch nach Inkrafttreten des neuen Rechts wirksam.

Art. 12a (1972)

IIIbis. Adoption
1. Fortdauer des bisherigen Rechts

Die Adoption, die vor Inkrafttreten der neuen Bestimmungen des Bundesgesetzes vom 30. Juni 1972 über die Änderung des Zivilgesetzbuches ausgesprochen worden ist, steht weiterhin unter dem am 1. Januar 1912 in Kraft getretenen Recht; Zustimmungen, die nach diesem Recht gültig erteilt worden sind, bleiben in jedem Falle wirksam.

Art. 12b (1972)

2. Unterstellung unter das neue Recht

[1] Eine nach dem bisherigen Recht ausgesprochene Adoption einer unmündigen Person kann auf gemeinsames Begehren der Adoptiveltern und des Adoptivkindes binnen fünf Jahren nach Inkrafttreten der neuen Bestimmungen diesen unterstellt werden.

[2] Der Eintritt der Mündigkeit des Adoptivkindes steht diesem Begehren nicht entgegen.

[3] Anwendbar sind die neuen Bestimmungen über das Verfahren; die Zustimmung der Eltern ist nicht erforderlich.

Art. 12c (1972)

3. Adoption mündiger oder entmündigter Personen

[1] Eine unmündige oder entmündigte Person kann nach den neuen Bestimmungen über die Adoption Unmündiger adoptiert werden, wenn das bisherige Recht die Adoption während ihrer Unmündigkeit nicht zugelassen hat, die Voraussetzungen des neuen Rechts aber damals erfüllt gewesen wären.

[2] Die Vorschriften des bisherigen und des neuen Rechts über die Zustimmung der Eltern zur Adoption Unmündiger finden jedoch keine Anwendung.

[3] Das Gesuch ist binnen fünf Jahren seit Inkrafttreten der neuen Bestimmungen zu stellen.

Art. 12d (1976)

III[ter]. Anfechtung der Ehelicherklärung

Für die Anfechtung einer unter dem bisherigen Recht erfolgten Ehelicherklärung gelten sinngemäss die Bestimmungen des neuen Rechts über die Anfechtung einer Anerkennung nach der Heirat der Eltern.

Art. 13 (1976)

IV. Vaterschaftsklage
1. Hängige Klagen

[1] Eine beim Inkrafttreten des neuen Rechts hängige Klage wird nach dem neuen Recht beurteilt.

[2] Die Wirkungen bis zum Inkrafttreten des neuen Rechts beurteilen sich nach dem bisherigen Recht.

Art. 13a (1976)

2. Neue Klagen

[1] Ist vor Inkrafttreten des neuen Rechts durch gerichtliche Entscheidung oder durch Vertrag eine Verpflichtung des Vaters zu Vermögensleistungen begründet worden und hat das Kind beim Inkrafttreten des neuen Rechts das zehnte Alersjahr noch nicht vollendet, so kann es binnen zwei Jahren nach den Bestimmungen des neuen Rechts auf Feststellung des Kindesverhältnisses klagen.

² Beweist der Beklagte, dass seine Vaterschaft ausgeschlossen oder weniger wahrscheinlich ist als diejenige eines Dritten, so erlischt der Anspruch auf künftigen Unterhalt.

23 Bundesgesetz betreffend die zivilrechtlichen Verhältnisse der Niedergelassenen und Aufenthalter, vom 25. Juni 1891 (NAG) SR 211.435.1

Auszug geltender Bestimmungen. Eingeklammerte Zahlen bezeichnen das Jahr des Erlasses späterer Bestimmungen.

Art. 1

A. Allgemeine Bestimmungen

Die personen-, familien- und erbrechtlichen Bestimmungen des Zivilrechtes eines Kantons finden auf die in seinem Gebiete wohnenden Niedergelassenen und Aufenthalter aus anderen Kantonen nach Massgabe der Vorschriften der folgenden Artikel Anwendung.

Art. 2

¹ Wo dieses Gesetz nicht ausdrücklich den Gerichtsstand der Heimat vorbehält, unterliegen die Niedergelassenen und Aufenthalter in bezug auf die in Art. 1 erwähnten zivilrechtlichen Verhältnisse der Gerichtsbarkeit des Wohnsitzes.

² Der Richter hat das Zivilrecht eines andern Kantons von Amtes wegen anzuwenden. Vorbehalten bleiben die kantonalen Vorschriften betreffend die Beweiserhebung über Statutar- und Gewohnheitsrecht.

B. Personen und familienrechtliche Verhältnisse
1. ...
2. Familienstand

...

Art. 8a (1972)

¹ Die Behörde des Wohnsitzes ist zuständig, eine Adoption auszusprechen, wenn die adoptierende Person oder die adoptierenden Ehegatten ihren Wohnsitz in der Schweiz haben.

² Ist eine Adoption durch einen Schweizer oder durch schweizerische Ehegatten an ihrem ausländischen Wohnsitz nicht möglich, so ist die Behörde des Heimatortes zuständig, die Adoption auszusprechen, es sei denn, diese werde im Wohnsitzstaat nicht anerkannt und es erwachse daraus dem Kind ein schwerer Nachteil.

Art. 8b (1972)

Die Voraussetzungen und Wirkungen einer in der Schweiz ausgesprochenen Adoption bestimmen sich nach schweizerischem Recht.

Art. 8c (1972)

Zeigt sich, dass eine Adoption in der Heimat der adoptierenden Person oder der adoptierenden Ehegatten nicht anerkannt würde und daraus dem Kind ein schwerer Nachteil erwüchse, so berücksichtigt die Behörde ausser den Voraussetzungen des schweizerischen Rechts auch diejenigen des Heimatrechtes der adoptierenden Person; erscheint auch auf diesem Wege die Anerkennung nicht als gesichert, so ist das Gesuch abzuweisen.

Art. 8d (1976)

[1] Eine Klage auf Feststellung oder Anfechtung des Kindesverhältnisses kann beim Richter des schweizerischen Wohnsitzes des Kindes oder eines der Eltern angebracht werden.

[2] Fehlt ein schweizerischer Wohnsitz und ist auch an einem ausländischen Wohnsitz nach den dort geltenden Bestimmungen ein Gerichtsstand nicht gegeben, so kann die Klage beim Richter des schweizerischen Heimatortes des Kindes oder eines der Eltern angebracht werden.

[3] Die schweizerische Zuständigkeit entfällt, wenn der Zusammenhang mit einem andern Land überwiegt und dieses den schweizerischen Gerichtsstand nicht anerkennt.

Art. 8e (1976)

[1] Feststellung und Anfechtung des Kindesverhältnisses bestimmen sich:

1. nach dem Recht des Landes, in dem beide Eltern und das Kind ihren Wohnsitz haben;
2. mangels eines Wohnsitzes im gleichen Land nach dem gemeinsamen Heimatrecht des Kindes und der Eltern;
3. mangels eines Wohnsitzes im gleichen Land oder gemeinsamen Heimatrechts nach schweizerischem Recht.

[2] Ist der schweizerische Richter gemäss Art. 8d Absatz 2 zuständig, so wendet er das schweizerische Recht an.

[3] Überwiegt jedoch der Zusammenhang mit einem andern Land, so ist das Recht dieses Landes anwendbar.

3. Elternrecht

Art. 9

[1] Die elterliche Gewalt bestimmt sich nach dem Rechte des Wohnsitzes.

² Die Unterstützungspflicht zwischen Verwandten richtet sich nach dem heimatlichen Rechte des Unterstützungspflichtigen.

Art. 28

Soweit nicht Staatsverträge besondere Bestimmungen enthalten, gelten für die personen-, familien- und erbrechtlichen Verhältnisse der Schweizer, welche im Ausland ihren Wohnsitz haben, folgende Regeln:

1. ...

2. (1976) Sind diese Schweizer nach der ausländischen Gesetzgebung dem ausländischen Recht nicht unterworfen, so unterstehen sie dem Recht und dem Gerichtsstand des Heimatkantons. Für die Adoption und das Kindesverhältnis bleiben die Art. 8a–8e vorbehalten.

Art. 32

Die Vorschriften des gegenwärtigen Gesetzes finden auf die Ausländer, welche in der Schweiz ihren Wohnsitz haben, entsprechende Anwendung.

24 Bundesgesetz über Erwerb und Verlust des Schweizerbürgerrechtes, vom 29. September 1952. (BüG) SR 141.0

Auszug geltender Bestimmungen. Eingeklammerte Zahlen bezeichnen das Jahr des Erlasses späterer Bestimmungen. 1984 ist neue Revision im Gange!

Art. 1 (1976)

Durch Abstammung

¹ Schweizer Bürger ist von Geburt an:

a) das Kind eines Schweizer Bürgers, der mit der Mutter verheiratet ist;

b) das Kind einer Schweizer Bürgerin, die mit dem Vater nicht verheiratet ist;

² Ein unmündiges ausländisches Kind erwirbt das Schweizer Bürgerrecht, wie wenn der Erwerb mit der Geburt erfolgt wäre:

a) wenn sein Vater Schweizer Bürger ist und nachträglich die Mutter heiratet;

b) wenn seine Eltern miteinander verheiratet sind und es durch Namensänderung den Familiennamen des schweizerischen Vaters erhält, weil es unter seiner elterlichen Gewalt aufwächst.

³ Hat das unmündige Kind, das nach Absatz 2 das Schweizer Bürgerrecht erwirbt, eigene Kinder, so erwerben diese ebenfalls das Schweizer Bürgerrecht.

Art. 4 (1976)

Kantons- und Gemeindebürgerrecht

Wer das Schweizer Bürgerrecht erwirbt, erhält das Kantons- und Gemeindebürgerrecht

a) des Vaters im Falle von Artikel 1 Absatz 1 Buchstabe *a* und Absatz 2 Buchstaben *a* und *b*;
b) der Mutter im Falle von Artikel 1 Absatz 1 Buchstabe b;
c) des Ehemannes im Falle von Artikel 3.

Art. 5 (1976)

Kind einer schweizerischen Mutter und eines ausländischen Vaters

¹ Das Kind einer schweizerischen Mutter und ihres ausländischen Ehemannes erwirbt von Geburt an das Kantons- und Gemeindebürgerrecht der Mutter und damit das Schweizer Bürgerrecht:

a) wenn die Mutter von Abstammung Schweizer Bürgerin ist und die Eltern zur Zeit der Geburt in der Schweiz ihren Wohnsitz haben;
b) wenn das Kind in den übrigen Fällen nicht von Geburt an eine andere Staatszugehörigkeit erwerben kann.

² Hat das Kind das Schweizer Bürgerrecht nach Absatz 1 Buchstabe *b* erworben, so verliert es dieses, wenn es vor der Mündigkeit die ausländische Staatszugehörigkeit des Vaters erhält.

³ Es verliert das nach Absatz 1 erworbene Kantons- und Gemeindebürgerrecht und erwirbt dasjenige des Vaters, wenn dieser vor der Mündigkeit des Kindes Schweizer Bürger wird.

Art. 7 (1972)

Wird ein unmündiges ausländisches Kind von einem Schweizer Bürger adoptiert, so erwirbt es das Kantons- und Gemeindebürgerrecht des Adoptierenden und damit das Schweizer Bürgerrecht.

Art. 8 a (1972)

Durch Adoption

¹ Wird ein unmündiger Schweizer Bürger von einem Ausländer adoptiert, so verliert er mit der Adoption das Schweizer Bürgerrecht, wenn er damit die Staatszugehörigkeit des Adoptierenden erwirbt oder diese bereits besitzt.

² Wird die Adoption aufgehoben, so gilt der Verlust des Schweizer Bürgerrechts als nicht eingetreten.

Art. 57 Abs. 5-7

Übergangsbestimmungen

⁵ (1972), Artikel 7 gilt auch für mündige Personen, die:

a) in unmündigem Alter nach bisherigem Recht adoptiert worden sind und deren Adoption nach Massgabe von Artikel 12b des

Schlusstitels des Schweizerischen Zivilgesetzbuchs den neuen Bestimmungen unterstellt worden ist;

b) nach Massgabe von Artikel 12c des Schlusstitels des Schweizerischen Zivilgesetzbuches adoptiert worden sind.

⁶ (1976) Hat das Kind eines ausländischen Vaters und einer Mutter, die von Abstammung Schweizer Bürgerin ist, im Zeitpunkt des Inkrafttretens des Bundesgesetzes vom 25. Juni 1976 über die Änderung des Schweizerischen Zivilgesetzbuches das 22. Altersjahr noch nicht zurückgelegt und hatten seine Eltern zur Zeit der Geburt ihren Wohnsitz in der Schweiz, so kann es binnen eines Jahres bei der zuständigen Behörde des Heimatkantons der Mutter die Anerkennung als Schweizer Bürger beantragen. Artikel 34 ist sinngemäss anwendbar.

⁷ (1979) Wer die Voraussetzungen von Absatz 6 erfüllt, hat mit dem Inkrafttreten dieser Bestimmung eine neue Frist von einem Jahr, um die Anerkennung als Schweizer Bürger zu beantragen. Dieses Recht besteht, selbst wenn ein während der Jahresfrist gemäss Absatz 6 gestellter Antrag abgewiesen worden ist.

25 Verordnung über das Zivilstandswesen vom 1. Juni 1953 (ZStV) SR 211.112.1

Auszug

Art. 29

III. Einsichtnahme, Veröffentlichungen

¹ Für Privatpersonen besteht kein Anspruch auf Einsicht in die Zivilstandsregister.

² Den Aufsichtsbehörden und Gerichten steht das Recht zu, in die Register Einsicht zu nehmen. Die kantonale Aufsichtsbehörde kann andern Behörden und in Ausnahmefällen Privatpersonen diese Befugnis einräumen, wenn sie das Verlangen nach Einsichtnahme als begründet erachtet.

³ ...

⁴ ...

⁵ Das kantonale Recht kann die Veröffentlichung der Geburten (mit Ausnahme der Adoptionen), der Todesfälle, der Verkündungen und der Trauungen zulassen. Ist dies der Fall, so dürfen einzelne Zivilstandsfälle von der Veröffentlichung nur mit Zustimmung der Aufsichtsbehörde ausgenommen werden; die Aufsichtsbehörde kann einzelnen Zivilstandsbeamten allgemein die Befugnis erteilen, solche Ausnahmen zu machen.

Art. 50

5. Berichtigung und Ergänzung

¹ Vor der Unterzeichnung entdeckte Unrichtigkeiten sind am Fusse der Eintragung und über der Unterschrift zu berichtigen.

² Beruht eine abgeschlossene Eintragung auf offenbarem Versehen oder Irrtum, so kann die Aufsichtsbehörde, von sich aus oder auf Antrag, die Berichtigung verfügen.

³ Im übrigen erfolgt die Berichtigung auf Verfügung des Richters. Das Begehren kann gestellt werden von einem Beteiligten, von der zuständigen kantonalen Behörde oder, mit Ermächtigung der kantonalen Aufsichtsbehörde, von einem Zivilstandsbeamten.

⁴ Eine nicht vollständige, aber gleichwohl abgeschlossene Registereintragung wird auf Verfügung des Richters oder der Aufsichtsbehörde ergänzt, sobald die fehlenden Angaben beigebracht sind.

⁵ Die vom Richter oder der Aufsichtsbehörde verfügte Berichtigung oder Ergänzung wird am Rande der Eintragung angemerkt.

Art. 51

6. Löschung

¹ Die Löschung einer Registereintragung erfolgt auf Verfügung des Richters oder der Aufsichtsbehörde.

² Die Aufsichtsbehörde verfügt die Löschung einer Eintragung in den durch diese Verordnung vorgesehenen Fällen (Art. 73, 85, 90 und 107) sowie dort, wo sich offensichtlich eine Eintragung im vollen Umfang als unrichtig, ungültig oder überflüssig herausstellt.

³ Die Löschung wird am Rande des Einzelregisters angemerkt und die Eintragung durchgestrichen.

Art. 52

7. Übrige Randanmerkungen
a) Fälle

Ausser den Berichtigungen, Ergänzungen und Löschungen werden am Rande der Einzelregister und deren Doppel angemerkt:

1. im Geburtsregister: die Anerkennung und die Adoption sowie die Aufhebung dieser Akte, die Feststellung der Vaterschaft, die nachträgliche Eheschliessung der Eltern und die Aufhebung des Kindesverhältnisses zum Ehemann der Mutter;

2. ...

3. im Eheregister folgende, während der Ehe bezüglich eines Ehegatten eingetretene Vorgänge: die Anerkennung und die Adoption sowie die Aufhebung dieser Akte, die Feststellung der Vaterschaft, die nachträgliche Eheschliessung der Eltern und die Aufhebung des Kindesverhältnisses zum Ehemann der Mutter.

Art. 53

b) Form

¹ Die Randanmerkung wird auf dem breiten Rande des Registers angebracht, ohne Änderung der Eintragung; für ihre Erstellung kann mit Bewilligung der kantonalen Aufsichtsbehörde ein Vordruckstempel verwendet werden.

² Die Randanmerkung soll nur die wesentlichen Angaben enthalten.

³ Sie ist zu datieren und vom Zivilstandsbeamten zu unterzeichnen.

Art. 55

2. Berichtigung und Löschung

¹ Der Berichtigung oder Löschung von Eintragungen im Familienregister, die auf Eintragungen in Einzelregistern beruhen, hat die Berichtigung oder Löschung im Einzelregister vorauszugehen (Art. 50 und 51).

² Berichtigung und Löschung erfolgen nur auf Verfügung des Richters oder der Aufsichtsbehörde.

³ Der Zivilstandsbeamte kann jedoch die Berichtigung oder Löschung in folgenden Fällen von sich aus vornehmen:

a) wenn er eine Mitteilung über die in einem Einzelregister erfolgte Berichtigung oder Löschung erhält;

b) wenn eine unrichtige Übertragung aus dem eigenen Einzelregister vorliegt oder wenn eine amtliche Mitteilung oder eine öffentliche Urkunde unrichtig eingetragen worden ist.

⁴ Die Berichtigung oder Löschung wird an geeigneter Stelle in zweckmässiger Form eingetragen.

Art. 59

I. Gegenstand der Eintragung

¹ Im Geburtsregister werden die Geburten und die nach dem sechsten Monat der Schwangerschaft erfolgten Fehlgeburten eingetragen.

² Ebenso wird die Auffindung eines ausgesetzten, hilflosen Kindes unbekannter oder unsicherer Abstammung (Findelkind) im Geburtsregister eingetragen.

³ Für das adoptierte Kind wird im Geburtsregister eine neue Eintragung auf besonderem Deckblatt erstellt.

Art. 61

2. Anzeigepflicht

¹ Zur Anzeige der Geburt ist der Vorsteher des Spitals oder der Anstalt verpflichtet, wo die Geburt stattgefunden hat. Indessen ist auch der Vater zur Anzeige der Geburt berechtigt, wenn er eine Bescheinigung des Spitals oder der Anstalt über die Geburt beibringt; ist er mit der Mutter nicht verheiratet jedoch nur dann,

wenn er das Kind bereits vor der Geburt anerkannt hat oder es bei der Anzeige der Geburt anerkennt.

² Ist die Geburt nicht in einem Spital oder in einer Anstalt erfolgt, so sind zur Anzeige der Geburt der Reihe nach verpflichtet: der Ehemann der Mutter, die Hebamme, der bei der Niederkunft zugezogene Arzt, jede andere dabei zugegen gewesene Person und schliesslich die Mutter. Ist der Vater mit ihr nicht verheiratet, so ist er zur Anzeige der Geburt unter den in Absatz 1 erwähnten Voraussetzungen berechtigt.

³ Ist die Anzeige durch keine der genannten Personen erfolgt und kommt die Geburt zur Kenntnis der Polizeibehörde, so hat diese die Anzeige zu erstatten.

Art. 65

4. Anzeigefrist

¹ Die anzeigepflichtigen Personen haben die Geburt innert drei Tagen, nachdem sie stattgefunden hat, anzuzeigen. Die Mutter hat die Anzeige zu erstatten, sobald sie es zu tun vermag.

² Der Zivilstandsbeamte nimmt auch eine verspätete Anzeige entgegen. Liegen zwischen Geburt und Anzeige mehr als sechs Monate, so ersucht er die Aufsichtsbehörde um eine Verfügung.

³ Der Zivilstandsbeamte zeigt der Aufsichtsbehörde die Personen an, die ihrer Anzeigepflicht nicht rechtzeitig nachgekommen sind (Art. 182 Abs. 1 Ziff. 3).

Art. 66

5. Totgeburt

¹ Wird eine nach dem sechsten Schwangerschaftsmonat erfolgte Totgeburt angezeigt, so ist eine Bescheinigung des Arztes oder der Hebamme beizubringen, dass das Kind bei der Geburt tot war.

² Den Kantonen steht es frei, bei allen Totgeburten die Bescheinigung eines Arztes zu verlangen.

Art. 67

6. Inhalt der Eintragung

¹ Das Geburtsregister soll enthalten:

1. Tag, Monat, Jahr, Stunde und Minute der Geburt, in Worten geschrieben;

2. Ort der Geburt;

3. Familienname, Vornamen und Geschlecht des Kindes;

4. Familienname, Vornamen, Heimatort und Wohnsitz der Eltern.

Sind die Eltern nicht miteinander verheiratet, so sind überdies anzugeben das Geburtsdatum, der Heimatort und die Eltern der Mutter, bei anerkannten Kindern auch das Geburtsdatum, der

Heimatort und die Eltern des Vaters. Ist oder war ein Elternteil verheiratet, so sind anstelle seiner Eltern der Zivilstand, der Name des gegenwärtigen oder des früheren Ehegatten und gegebenenfalls das Datum der Auflösung der Ehe anzugeben.
Bei Ausländern sind ferner die Angaben nach Artikel 45 beizufügen und, wenn die Mutter das Schweizer Bürgerrecht besitzt, ihr Heimatort und ihr Wohnsitz;

5. bei mündlicher Anzeige:
Familienname, Vornamen und Wohnsitz des Anzeigenden, mit Angabe der Eigenschaft, in der er anzeigt;
bei schriftlicher Anzeige:
Bezeichnung der anzeigenden Anstaltsverwaltung, der Behörde oder Familienname, Vornamen und Wohnsitz des Arztes, mit Angabe der Eigenschaft, in der er anzeigt;

6. Datum der Eintragung.

² Bei Mehrgeburten ist bei jeder Eintragung dem Falle entsprechend zu vermerken: «Zwilling», «Drilling» ... zu Nr. ...

³ Der Zivilstandsbeamte liest dem Anzeigenden die Eintragung vor; alsdann wird sie vom Anzeigenden und vom Zivilstandsbeamten unterzeichnet. Ist die Anzeige schriftlich erfolgt, so tritt an Stelle der Angabe «vorgelesen und bestätigt» der Vermerk «schriftlich angezeigt».

Art. 68

7. Familienname des Kindes

Der Familienname des Kindes bestimmt sich für Schweizer nach Artikel 270 des Zivilgesetzbuches.

Art. 69

8. Vornamen des Kindes

¹ Die Vornamen des Kindes werden von den Eltern bestimmt (Art. 301 Abs. 4 ZGB). Sind die Eltern nicht miteinander verheiratet, so bestimmt die Mutter die Vornamen des Kindes.

² Vornamen, die die Interessen des Kindes oder Dritter offensichtlich verletzen, insbesondere anstössige oder widersinnige sowie Vornamen, die allein oder zusammen mit andern das Geschlecht des Kindes nicht eindeutig erkennen lassen, werden zurückgewiesen.

³ Totgeborene Kinder erhalten keine Vornamen.

Art. 71

III. Im Ausland erfolgte Geburt

¹ Die im Ausland erfolgte Geburt eines Schweizer Bürgers, für die keine zivilstandsamtliche Urkunde vorgelegt, welche aber sonst in ausreichender Weise dargetan werden kann, wird auf Verfügung der kantonalen Aufsichtsbehörde im Geburtsregister des Heimatortes (Art. 22 ZGB) eingetragen.

² Am Kopfe der Eintragung wird bemerkt: «Auf Verfügung ... (Aufsichtsbehöde) ... vom ... wird eingetragen:».

³ Immerhin kann jedermann, der ein Interesse hat, die gerichtliche Feststellung der Tatsache der Geburt verlangen.

Art. 72

IV. Findelkind
1. Eintragung

¹ Wer ein Kind unbekannter Abstammung findet, hat die zuständige Behörde zu benachrichtigen (Art. 46 Abs. 2 ZGB).

² Diese gibt dem Findelkind Familiennamen und Vornamen und erstattet die Anzeige an das Zivilstandsamt.

³ Die Anzeige soll enthalten: Ort, mit Angabe der Stelle (Strasse und Hausnummer, Gehöft, Weiler usw.), Zeit und Umstände der Auffindung, das Geschlecht des Findelkindes, sein vermutliches Alter, körperliche Kennzeichen und die Beschreibung der beim Findelkind vorgefundenen Kleider und übrigen Gegenstände.

⁴ Der Zivilstandsbeamte trägt die Angaben der Anzeige, mit Ausnahme der Beschreibung der vorgefundenen Kleider und übrigen Gegenstände, in das Geburtsregister ein.

Art. 73

2. Berichtigung und Löschung

¹ Wird die Abstammung oder der Geburtsort des Findelkindes später festgestellt, so ist dies auf Verfügung der kantonalen Aufsichtsbehörde bei der Eintragung am Auffindungsort anzumerken.

² Ist die Geburt am Geburtsort noch nicht eingetragen, so verfügt die kantonale Aufsichtsbehörde die Eintragung.

³ Die Eintragung am Auffindungsort wird auf Verfügung der kantonalen Aufsichtsbehörde gelöscht, wenn die Geburt am Geburtsort eingetragen ist.

Art. 73a

V. Adoptivkind
1. Grundsatz

¹ Die Adoption wird auf Verfügung der kantonalen Aufsichtsbehörde am Rande der Eintragung im Geburtsregister angemerkt.

² Die ursprüngliche Eintragung wird hierauf durch ein Deckblatt ersetzt.

Art. 73b

2. Inhalt des Deckblattes

Das Deckblatt soll enthalten:

1. Tag, Monat, Jahr, Stunde und Minute der Geburt, in Worten geschrieben;
2. Ort der Geburt;
3. neuer Familienname, Vornamen und Geschlecht des Kindes;
4. ...

5. a) bei gemeinschaftlicher Adoption durch ein Ehepaar (Art. 264a Abs. 1 ZGB):
Familienname, Vornamen, Heimatort und Wohnsitz der Adoptiveltern;

b) bei gemeinschaftlicher Adoption durch den Ehegatten des Vaters oder der Mutter des Kindes (Art. 264a Abs. 3 ZGB):
Familienname, Vornamen, Heimatort und Wohnsitz des Adoptierenden und seines Ehegatten;

c) bei Einzeladoption (Art. 264b ZGB):
Familienname, Vornamen, Heimatort, Wohnsitz und Eltern des Adoptierenden. Ist oder war der Adoptierende verheiratet, so sind anstelle seiner Eltern der Zivilstand, der Name des gegenwärtigen oder des früheren Ehegatten und gegebenenfalls das Datum der Auflösung der Ehe anzugeben.

6. Datum der Eintragung und Angabe der Verfügung der kantonalen Aufsichtsbehörde.

Art. 73c

3. Geburt des Adoptivkindes im Ausland

[1] Die im Ausland erfolgte Geburt eines Adoptivkindes kann auf Verfügung der kantonalen Aufsichtsbehörde im Geburtsregister des Heimatortes (Art. 22 ZGB) eingetragen werden, wenn die Eintragung der Adoption am Geburtsort nicht oder sehr schwer erreichbar ist.

[2] Am Kopfe der Eintragung wird bemerkt:
«auf Verfügung ... (Aufsichtsbehörde) ... vom ... wird eingetragen:»

Art. 73d

4. Aufhebung der Adoption

[1] Die Aufhebung der Adoption wird auf Verfügung der kantonalen Aufsichtsbehörde am Rande des Deckblattes angemerkt, das hierauf aus dem Geburtsregister zu entfernen und bei den Belegen aufzubewahren ist.

[2] Ferner wird die Aufhebung der Adoption auf Verfügung der kantonalen Aufsichtsbehörde am Rande der ursprünglichen Geburtseintragung angemerkt.

Art. 102

I. Anerkennung durch den Vater
1. Gegenstand der Beurkundung

[1] Im Anerkennungsregister werden die Anerkennungen von Kindern durch den Vater beurkundet, die nur zur Mutter in einem Kindesverhältnis stehen.

[2] Ausgeschlossen ist die Beurkundung der Anerkennung eines adoptierten Kindes.

Art. 103

2. Besondere Voraussetzungen

¹ Ist der Anerkennende unmündig oder entmündigt, so ist die Zustimmung seiner Eltern oder seines Vormundes notwendig. Die Zustimmung ist schriftlich zu erteilen; die Unterschriften sind zu beglaubigen.

² Zur Beurkundung einer Anerkennung durch einen Ausländer bedarf es der Bewilligung der kantonalen Aufsichtsbehörde. Sie muss erteilt werden, wenn die Anerkennung nach dem gemäss Artikel 8e des Bundesgesetzes vom 25. Juni 1891 betreffend die zivilrechtlichen Verhältnisse der Niedergelassenen und Aufenthalter anwendbaren Recht möglich ist.

Art. 104

3. Zuständigkeit und Verfahren

¹ Zur Beurkundung von Anerkennungen ist wahlweise zuständig der Zivilstandsbeamte des Wohnsitzes oder des Heimatortes des Anerkennenden oder der Mutter oder des Geburtsortes des Kindes.

² Die Anmeldung der Anerkennung erfolgt mündlich unter Vorlage der notwendigen, vor weniger als einem Monat ausgestellten Urkunden (Personenstandsausweise oder Familienscheine) für den Anerkennenden, für die Mutter und, sofern es bereits geboren ist, für das Kind. Die Vorlage zusätzlicher Unterlagen nach Artikel 103 bleibt vorbehalten.

³ Vor der Beurkundung ist der Anerkennende darauf aufmerksam zu machen, dass durch die Anerkennung das Kindesverhältnis zwischen dem Vater und dem Kind festgestellt wird (Art. 252 Abs. 2 ZGB).

Art. 105

4. Beurkundung

¹ Das Anerkennungsregister soll enthalten:

1. Ort und Datum der Beurkundung;

2. Familienname, Vornamen, Geburtsdatum, Heimatort und Wohnsitz des Anerkennenden sowie Namen seiner Eltern. Ist oder war der Anerkennende verheiratet, so sind anstelle seiner Abstammung der Zivilstand, der Name der gegenwärtigen oder früheren Ehefrau und gegebenenfalls das Datum der Auflösung der früheren Ehe anzugeben. Bei Ausländern sind überdies die Angaben nach Artikel 45 beizufügen;

3. die gleichen Angaben für die Mutter unter Beifügung des Wohnsitzes im Zeitpunkt der Geburt des Kindes;

4. Familienname und Vornamen des Kindes sowie Ort und Datum seiner Geburt.

² Der Zivilstandsbeamte liest dem Anerkennenden die Eintragung vor; alsdann wird sie von diesem und vom Zivilstandsbeamten unterzeichnet.

Art. 106

5. Besondere Mitteilungen

¹ Ausser den Mitteilungen nach den Artikeln 120 Absatz 1 Ziffer 5 und 125 Absatz 1 Ziffer 4 macht der beurkundende Zivilstandsbeamte der Heimat- und Wohnsitzgemeinde des Anerkennenden, der Mutter, dem Kinde und nach dessen Tode seinen Nachkommen Mitteilung unter Hinweis auf die Bestimmungen der Artikel 260a–260c des Zivilgesetzbuches.

² Handelt es sich um eine ausserkantonale Behörde oder ist der Aufenthalt der zu benachrichtigenden Personen unbekannt, so hat die Mitteilung an die kantonale Aufsichtsbehörde des Beurkundungsortes zu erfolgen, die das Erforderliche veranlasst.

³ An ausländische Behörden wird keine solche Mitteilung gemacht.

Art. 107

6. Aufhebung der Anerkennung

Bei Aufhebung der Anerkennung wird die Beurkundung auf Verfügung der kantonalen Aufsichtsbehörde gelöscht.

Art. 108

II. Anerkennung durch die Mutter

¹ Im Anerkennungsregister werden ferner beurkundet die Anerkennungen von in der Schweiz geborenen Kindern durch die ausländische Mutter, wenn ihr Heimatrecht die Entstehung des Kindesverhältnisses von einer solchen Anerkennung abhängig macht.

² Zur Beurkundung einer solchen Anerkennung ist der Zivilstandsbeamte des Geburtsortes des Kindes zuständig.

³ Die Beurkundung erfolgt unter entsprechender Änderung des Vordruckes des Registers.

Art. 113

1. Allgemeines

¹ Das Familienregister wird vom Zivilstandsbeamten des Heimatortes geführt. Es enthält alle Personen, die dort das Bürgerrecht besitzen. Die Eintragung einer Familie umfasst indessen auch Personen, die nicht Gemeindebürger sind, aber zum Bestand der Familie gehören. Besitzt eine Person in mehreren Gemeinden das Bürgerrecht, so wird sie im Familienregister jedes Heimatortes eingetragen.

² ...

³ ...

Art. 115

3. Blatteröffnung

¹ Im Familienregister wird ein Blatt eröffnet, sofern noch kein eigenes Blatt besteht:

1. bei Eheschliessung (Art. 117 ZGB):
   a) dem Ehemann bei Eingehung der ersten Ehe;
   b) dem ausländischen oder staatenlosen Ehemann, dessen Ehefrau bei der Eheschliessung das Schweizer Bürgerrecht beibehalten hat. Die Kinder aus solchen Ehen werden mit der Angabe eingetragen, ob sie das Schweizer Bürgerrecht besitzen oder nicht;
2. bei Scheidung (Art. 149 ZGB):
   der geschiedenen Frau;
3. bei Eheungültigerklärung (Art. 134 ZGB):
   a) der gutgläubigen Frau am Heimatort des Mannes;
   b) der bösgläubigen Frau am Heimatort vor der Eheschliessung;
4. bei Geburt eines Kindes:
   a) der ledigen Mutter;
   b) dem Kinde einer Witwe;
5. bei Anerkennung eines Kindes (Art. 260 ZGB) und bei gerichtlicher Feststellung der Vaterschaft (Art. 261 ZGB):
   dem ledigen Vater;
6. ...
7. bei Aufhebung des Kindesverhältnisses zum Ehemann der Mutter (Art. 256 ZGB):
   dem Kinde, sofern nicht die Ehe der Mutter gerichtlich aufgelöst ist;
8. bei Adoption (Art. 264 ff ZGB):
   a) dem ledigen Adoptivvater oder der ledigen Adoptivmutter;
   b) dem ledigen Adoptierten, der das Bürgerrecht der Adoptiveltern nicht erhalten hat;
9. bei Erwerb des Bürgerrechts:
   a) Einbürgerung:
      der eingebürgerten Einzelperson, deren Eltern kein Blatt besitzen, oder der eingebürgerten Familie;
   b) Wiedereinbürgerung:
      der wiedereingebürgerten Person.

Einzutragen sind alle Kinder, auch wenn sie nicht miteingebürgert werden. Die Nichteinbürgerung eines Kindes ist besonders zu vermerken.

² Ein Blatt kann überdies eröffnet werden:

1. bei Änderung des Familiennamens;

2. dem Kinde, das einen anderen Familiennamen oder ein anderes Bürgerrecht als seine Eltern besitzt.

Art. 116

4. Beschreibung des Blattes
a) im allgemeinen

¹ Die Kopfleiste enthält als Titel den Familiennamen des Blattinhabers, den Grund und bei Einbürgerung und Wiedereinbürgerung auch das Datum des Bürgerrechtserwerbes, allfällige weitere Bürgerrechte im Zeitpunkt der Blatteröffnung und die Ordnungsnummer des Blattes. Die Kopfleiste bleibt, mit Ausnahme des Titels bei Namensveränderung, grundsätzlich unverändert.

² Im Textteil des Blattes ist der linke Teil für die Darstellung des Bestandes der Familie bestimmt (Art. 117 Abs. 1); der rechte Teil enthält die Änderungen und die Austragungen (Art. 117 Abs. 2).

³ Am Fusse des Blattes wird bei Einbürgerungen die frühere Staatsangehörigkeit oder ein nicht mehr bestehendes Bürgerrecht eingetragen.

Art. 117

b) Textteil

¹ Im Textteil werden links eingetragen:

A. Beim Blattinhaber und seiner Ehefrau:

......

B. Bei den Kindern:

6. Ort und Datum der Geburt, Familienname und Vornamen sowie gegebenenfalls ein abweichendes Bürgerrecht; ferner

a) beim anerkannten Kinde oder beim Kinde, dessen Vaterschaft gerichtlich festgestellt worden ist:
   - auf dem Blatt des Vaters:
     Familienname, Vornamen und Bürgerrecht der Mutter sowie Datum der Anerkennung oder Gericht und Datum der Rechtskraft des Urteils;
   - auf dem Blatt der Mutter oder auf dem Blatt des Kindes, wenn es ein eigenes besitzt:
     Familienname, Vornamen und Bürgerrecht des Vaters sowie Datum der Anerkennung oder Gericht und Datum der Rechtskraft des Urteils;

b) beim adoptierten Kinde:
   der Vermerk «adoptiert»;

Totgeborene Kinder werden nicht eingetragen.

² Im Textteil werden rechts eingetragen:

...

8. a) bei Geburt eines Kindes einer ledigen Mutter:
auf dem Blatt der Eltern der Mutter:
Hinweis auf das Kind und auf das Nachfolgeblatt;

b) bei Geburt eines Kindes einer Witwe:
auf dem Blatt des früheren Ehemannes:
Hinweis auf das Kind und auf das Nachfolgeblatt;

9. bei Anerkennung oder gerichtlicher Feststellung der Vaterschaft:
auf dem Blatt der Eltern des ledigen Vaters:
Hinweis auf das Kind und auf das Nachfolgeblatt;

10. bei Aufhebung der Anerkennung:
Gericht und Datum der Rechtskraft des Urteils; gleichzeitig sind auf dem Blatt des Vaters die das Kind betreffenden Eintragungen im Textteil links zu streichen;

12. bei nachträglicher Eheschliessung der Eltern eines Kindes:

a) auf dem Blatt des Vaters:
Hinweis auf die Eheschliessung; gleichzeitig ist das Kind im Textteil links neu einzutragen;

b) auf dem Blatt der Mutter oder auf dem Blatt des Kindes, wenn es ein eigenes besitzt:
Hinweis auf die Eheschliessung;

15. bei Aufhebung des Kindesverhältnisses zum Ehemann der Mutter:
Gericht und Datum der Rechtskraft des Urteils; gleichzeitig sind bei der Ehefrau ein Hinweis auf das Kind und auf das Nachfolgeblatt anzubringen und die das Kind betreffenden Eintragungen im Textteil links zu streichen;

16. bei Adoption:

a) auf dem Blatt der leiblichen Eltern:
Der Vermerk «adoptiert durch Dritte»; gleichzeitig sind die das Kind betreffenden Eintragungen im Textteil links zu streichen;

b) auf dem Blatt der Eltern des ledigen Adoptivvaters oder der ledigen Adoptivmutter:
Hinweis auf das Kind und auf das Nachfolgeblatt;

17. bei Aufhebung der Adoption:

a) auf dem Blatt der Adoptiveltern:
Gericht und Datum der Rechtskraft des Urteils; gleichzeitig sind die das Kind betreffenden Eintragungen im Textteil links zu streichen;

b) auf dem Blatt der leiblichen Eltern:
Gericht und Datum der Rechtskraft des Urteils; gleichzeitig ist

der Vermerk «adoptiert durch Dritte» zu streichen und das Kind im Textteil links neu einzutragen;

18. ...

19. ...

20. ...

³ ....

Art. 118

5. Grundlagen der Eintragung

¹ Die Eröffnung eines Blattes und die Eintragungen auf bestehenden Blättern erfolgen auf Grund der Einzelregister des Heimatortes oder amtlicher Mitteilungen anderer Zivilstandsämter oder Behörden oder auf Grund öffentlicher Urkunden oder endlich auf Weisung des Richters oder der Aufsichtsbehörde. Für ausländische Urkunden bleibt Artikel 137 vorbehalten.

² Ein im Ausland eingetretener Zivilstandsfall, für den keine zivilstandsamtliche Urkunde vorliegt, der aber in anderer Form und in ausreichender Weise dargetan werden kann, wird auf Verfügung der kantonalen Aufsichtsbehörde des Heimatkantons (Art. 22 ZGB) unmittelbar in das Familienregister eingetragen. Geburt, Tod und Eheschliessung indessen werden in das Familienregister auf Grund der Eintragung im Einzelregister (Art. 71, 73 c, 87, 89 und 95) eingetragen. Jedermann, der ein Interesse hat, kann jedoch die gerichtliche Feststellung verlangen, dass der eingetragene Zivilstandsfall nicht eingetreten ist.

Art. 119a

7. Löschung eines Blattes

¹ Auf Verfügung der Aufsichtsbehörde werden gelöscht:

1. das einer ledigen Mutter eröffnete Blatt (Art. 115 Abs. 1 Ziff. 4 Bst. *a*):

a) bei Heirat der Eltern des Kindes;

b) bei Adoption des Kindes durch Dritte;

2. das einem Kinde eröffnete Blatt (Art. 115 Abs. 1 Ziff. 4 Bst. *b* und 7):

a) bei Heirat der Eltern;

b) bei Adoption durch Dritte;

c) bei Blatteröffnung für die Mutter nach Scheidung oder Ungültigerklärung ihrer Ehe (Art. 115 Abs. 1 Ziff. 2 und 3);

3. das einem ledigen Vater eröffnete Blatt (Art. 115 Abs. 1 Ziff. 5);

a) bei Aufhebung der Anerkennung;

b) bei Adoption des Kindes durch Dritte.

² In allen diesen Fällen ist ferner auf dem Vorgangsblatt der Hinweis auf das Kind und auf das gelöschte Blatt zu löschen und gegebenenfalls die Eheschliessung einzutragen.

³ Heiratet ein lediger Vater die Mutter seines Kindes, so ist auf dem Blatt seiner Eltern der Hinweis auf das Kind (Art. 117 Abs. 2 Ziff. 9) zu löschen und die Eheschliessung einzutragen.

⁴ Löschungen nach Artikel 55 bleiben vorbehalten.

Art. 120

I. Zivilstandsbeamte
1. Mitteilungen für den Zivilstandsdienst
a) Gegenstand

¹ Der Zivilstandsbeamte erlässt folgende Mitteilungen über die von ihm in Einzelregistern eingetragenen Zivilstandsfälle:

1. Geburten an das Zivilstandsamt des Heimatortes und des Wohnsitzes des Vaters und der Mutter. Über Totgeburten erfolgen keine Mitteilungen;

2. ...

3. ...

4. ...

5. Anerkennungen an das Zivilstandsamt des Heimatortes und des Wohnsitzes des Vaters und der Mutter, des Geburtsortes und des allfälligen Trauungsortes des Kindes. Ferner sind die Mitteilungen nach Artikel 106 zu erlassen.

² ...

Art. 121

b) Mitteilung bei mehreren Heimatorten

Besitzt die Person, auf die sich die Mitteilung bezieht, mehrfaches Bürgerrecht, so ist dem Zivilstandsbeamten jedes schweizerischen Heimatortes Mitteilung zu machen.

Art. 122

c) Mitteilung ins Ausland

¹ Ins Ausland werden Zivilstandstatsachen über Ausländer mitgeteilt, wenn internationale Vereinbarungen dies vorsehen oder die Mitteilung auf Übung beruht.

² ...

³ ...

Art. 123

d) Mitteilung von Randanmerkungen

Die Randanmerkungen in den Einzelregistern über Berichtigungen, Ergänzungen und Löschungen werden vom Zivilstandsbeamten, in dessen Register die Anmerkung vorgenommen wurde, den Zivilstandsämtern gemeldet, denen die Eintragung seinerzeit mitzuteilen war. Artikel 135 Absatz 2 bleibt vorbehalten.

Art. 125

2. Mitteilungen zu anderen Zwecken
a) an Vormundschaftsbehörden

¹ Der Zivilstandsbeamte teilt folgende von ihm in Einzelregistern eingetragenen Zivilstandsfälle an Vormundschaftsbehörden mit:

1. Geburt eines Kindes, das nur zur Mutter in einem Kindesver-

hältnis steht, an die Vormundschaftsbehörde des Wohnsitzes der Mutter. Die Totgeburt wird ebenfalls mitgeteilt;

2. Geburt eines innert 300 Tagen nach Auflösung der Ehe seiner Eltern geborenen Kindes an die Vormundschaftsbehörde des Wohnsitzes des Kindes;

3. Eintragung eines Findelkindes an die Vormundschaftsbehörde des Auffindungsortes;

4. Anerkennung eines unmündigen Kindes an die Vormundschaftsbehörde des Wohnsitzes des Kindes;

5. Trauung der Eltern eines gemeinsamen unmündigen Kindes an die Vormundschaftsbehörde des Wohnsitzes des Kindes;

6. Tod des Vaters oder der Mutter eines unmündigen Kindes an die Vormundschaftsbehörde des Wohnsitzes des Kindes.

² Besteht kein Wohnsitz im Inland, so erfolgen die nach Absatz 1 vorgeschriebenen Mitteilungen an die Vormundschaftsbehörde des Heimatortes. Artikel 121 ist sinngemäss anwendbar.

Art. 130

II. Gerichte

¹ Die Gerichte melden Urteile über:

1. Feststellung von Geburt und Tod an das Zivilstandsamt des Geburts- oder des Todesortes, des Heimatortes und des Wohnsitzes;

.....

6. Feststellung der Vaterschaft (Art. 261 ZGB) an das Zivilstandsamt des Geburtsortes, des Heimatortes, des Wohnsitzes und des allfälligen Trauungsortes des Kindes sowie des Heimatortes des Vaters, ferner an die Vormundschaftsbehörde des Wohnsitzes des Kindes;

7. Aufhebung des Kindesverhältnisses zum Ehemann der Mutter (Art. 256 ZGB) an das Zivilstandsamt des Geburtsortes, des Wohnsitzes und des allfälligen Trauungsortes des Kindes, des Heimatortes und des Wohnsitzes des Ehemannes sowie gegebenenfalls des Heimatortes der Mutter und des Kindes, ferner an die Vormundschaftsbehörde des Wohnsitzes des Kindes;

8. Aufhebung der Anerkennung (Art. 259 Abs. 2 und 260a ZGB) an das Zivilstandsamt des Geburtsortes, des Heimatortes, des Wohnsitzes und des allfälligen Trauungsortes des Kindes sowie des Heimatortes des früheren Anerkennenden und des Ortes, wo die Anerkennung beurkundet worden ist, ferner an die Vormundschaftsbehörde des Wohnsitzes des Kindes. Die Aufhebung einer Anerkennung nach Artikel 259 Absatz 2 des Zivilgesetzbuches ist überdies dem Zivilstandsamt des Heimatortes der Mutter zur Zeit der Geburt des Kindes mitzuteilen;

9. Aufhebung der Adoption (Art. 269 ff ZGB) an die kantonale Aufsichtsbehörde im Zivilstandswesen ihres Sitzes. Diese besorgt die Weiterleitung an das Eidgenössische Amt für das Zivilstandswesen und gegebenenfalls über die betreffenden anderen kantonalen Aufsichtsbehörden, an die Zivilstandsämter des Geburtsortes, des bisherigen und des früheren Heimatortes und des allfälligen Trauungsortes des Adoptierten sowie des Wohnsitzes des Adoptierenden und des Adoptierten;

10. Berichtigung und Löschung einer Eintragung in einem Register (Art. 45 Abs. 1 ZGB) an das Zivilstandsamt, in dessen Register eine Berichtigung oder Löschung vorzunehmen ist.

[2] ...

[3] ...

[4] Die vor dem Richter erfolgte Anerkennung eines Kindes (Art. 260 Abs. 3 ZGB) ist dem Zivilstandsamt des Heimatortes und des Wohnsitzes des Vaters und der Mutter, des Geburtsortes, des allfälligen Trauungsortes und des allfälligen abweichenden Heimatortes des Kindes sowie der Vormundschaftsbehörde des Wohnsitzes des Kindes mitzuteilen. Ferner sind die Mitteilungen nach Artikel 106 zu erlassen.

Art. 131

III. Verwaltungsbehörden

[1] Die zuständigen Verwaltungsbehörden erlassen Mitteilungen über:

1. ...

2. Namensänderung (Art. 30 ZGB) an das Zivilstandsamt des Heimatortes und des Wohnsitzes. Die Namensänderung eines Schweizer Bürgers im stellungs- oder wehrpflichtigen Alter ist überdies zu melden: bei Wohnsitz im Inland an die Militärbehörde des Wohnkantons, bei Wohnsitz im Ausland an die Militärbehörde des Heimatkantons. Namensänderungen mit gleichzeitiger Bürgerrechtsänderung (Art. 271 Abs. 3 ZGB) sind dem Zivilstandsamt des bisherigen und des neuen Heimatortes mitzuteilen.

[2] Die in Absatz 1 erwähnten Beschlüsse und Verfügungen sollen die vollständigen Personalangaben auf Grund von Zivilstandsurkunden enthalten.

Art. 132

IV. Andere Behörden

[1] Die nach kantonalem Recht zuständigen Gerichte und Verwaltungsbehörden erlassen Mitteilungen über:

1. Adoption (Art. 264 ff ZGB) an die kantonale Aufsichtsbehörde im Zivilstandswesen ihres Sitzes. Diese besorgt die Weiterleitung

an das Eidgenössische Amt für das Zivilstandswesen und, gegebenenfalls über die betreffenden anderen kantonalen Aufsichtsbehörden, an die Zivilstandsämter des Geburtsortes, des früheren und des neuen Heimatortes und des allfälligen Trauungsortes des Adoptierten, des allfälligen abweichenden Heimatortes des Adoptierenden sowie des Wohnsitzes des Adoptierenden und des Adoptierten;

2. testamentarische Anerkennung eines Kindes an das Zivilstandsamt des Heimatortes des Vaters und der Mutter, des Wohnsitzes der Mutter, des Geburtsortes, des allfälligen Trauungsortes und des allfälligen abweichenden Heimatortes des Kindes sowie an die Vormundschaftsbehörde des Wohnsitzes des Kindes. Ferner sind die Mitteilungen nach Artikel 106 zu erlassen. Die Mitteilungen erfolgen durch die das Testament eröffnende Behörde (Art. 557 Abs. 1 ZGB) in der Form eines Testamentsauszuges;

3. ...

² ...

Art. 133

V. Meldungen von Privatpersonen

¹ Zivilstandstatsachen und deren Änderungen, die amtlich nicht mitgeteilt worden sind, können von den Beteiligten der kantonalen Aufsichtsbehörde des Heimatortes gemeldet werden.

² Die kantonale Aufsichtsbehörde veranlasst deren Einschreibung auf Grund der von ihr dazu erforderlich erachteten Beweismittel.

Art. 134

VI. Behandlung der Mitteilungen
1. im allgemeinen

Vor der Einschreibung prüft der Zivilstandsbeamte die ihm zugekommenen Mitteilungen anhand seiner Register. Er gibt dem Absender von allfälligen Abweichungen gegenüber seinen Eintragungen unverzüglich Kenntnis, damit notwendige Berichtigungen vorgenommen werden können.

Art. 137

4. Einschreibung ausländischer Urkunden
a) im allgemeinen

¹ Ausländische Urkunden dürfen nur auf Verfügung der kantonalen Aufsichtsbehörde eingetragen werden.

² Urkunden, die nicht in einer schweizerischen Amtssprache abgefasst sind, können zurückgewiesen werden, wenn sie nicht von einer beglaubigten deutschen, französischen oder italienischen Übersetzung oder wenigstens einer beglaubigten Wiedergabe des übersetzten wesentlichen Inhalts der Urkunde begleitet sind.

³ Die kantonale Aufsichtsbehörde sorgt für die Übersetzung fremdsprachiger Urkunden, soweit dies notwendig und möglich ist.

⁴ Die Kosten der Übersetzung von Urkunden, die in einer andern als einer Amtssprache abgefasst sind, fallen in der Regel zu Lasten der Privatpersonen, die sie vorgelegt haben.

Art. 137a

b) bei mehreren Kantonsbürgerrechten

¹ Die kantonale Aufsichtsbehörde, die eine ausländische Urkunde über einen Kantonsbürger erhält, der das Bürgerrecht auch eines andern Kantons besitzt, setzt sich, falls sie Zweifel über die Eintragbarkeit der Urkunde hat, mit der andern Aufsichtsbehörde ins Einvernehmen.

² Sind die beiden Aufsichtsbehörden über die Eintragbarkeit der Urkunde nicht gleicher Meinung, so entscheidet die Auffassung desjenigen Kantons, der im Sinne von Artikel 22 Absatz 3 des Zivilgesetzbuches als Heimat gilt.

³ Das Eidgenössische Justiz- und Polizeidepartement erlässt hierüber die erforderlichen Weisungen.

Art. 137b

c) Mitteilungspflicht

Verfügt die kantonale Aufsichtsbehörde die Eintragung, so veranlasst sie gleichzeitig, dass die nach dieser Verordnung für im Inland eingetretene Zivilstandsfälle vorgeschriebenen Mitteilungen erlassen werden.

Art. 138

1. Auszüge
a) Ausstellung

¹ Der Zivilstandsbeamte erstellt auf Verlangen Auszüge aus dem Familienregister (Familienscheine und Personenstandsausweise für Schweizer Bürger) und aus den Einzelregistern (Geburts-, Todes-, Ehe- und Anerkennungsscheine). Abgekürzte Auszüge über Geburt, Tod und Ehe können auf Grund des betreffenden Einzelregisters oder des Familienregisters erstellt werden.

² Jedermann ist berechtigt, über die ihn selbst betreffenden Registereintragungen Auszüge zu verlangen. Im übrigen werden Auszüge nur ausgestellt an Verwandte in gerader Linie, an den Vormund, an Personen, die ein unmittelbares, schutzwürdiges Interesse dartun, ferner an Bevollmächtigte dieser Personen sowie an die in Artikel 29 Absatz 2 erwähnten Behörden.

³ Von gelöschten und überdeckten Eintragungen sowie von gelöschten Teilen einer Eintragung dürfen Auszüge oder Abschriften nur mit Bewilligung der kantonalen Aufsichtsbehörde abgegeben werden.

Art. 140

c) Inhalt

¹ Die Auszüge geben den wesentlichen Inhalt der Eintragungen wieder.

² Folgende Angaben werden in den Registerauszügen weggelassen:
1. in Geburtsscheinen für Kinder, deren Eltern im Geburtsregister nicht als miteinander verheiratet bezeichnet sind: Die Geburtsdaten und die Abstammung der Eltern oder der Name ihres gegenwärtigen oder des früheren Ehegatten sowie gegebenenfalls das Datum der Auflösung der Ehe;
2. in Ehescheinen: allfällige gemeinsame Kinder sowie gegebenenfalls die Namen eines früheren Ehegatten und das Datum der Auflösung der früheren Ehe; auf Verlangen überdies die Erwähnung der Erklärung über die Beibehaltung des Schweizer Bürgerrechts durch eine Schweizer Bürgerin, die einen Ausländer geheiratet hat;
3. in Auszügen aus dem Familienregister: die Angaben in der Kopfleiste über den Grund und das Datum des Bürgerrechtserwerbs, die Eintragungen am Fusse des Blattes sowie gegebenenfalls die Bezeichnung «adoptiert»; in Personenstandsausweisen für Schweizer Bürger auf Verlangen überdies die Namen der Eltern sowie gegebenenfalls der Name des gegenwärtigen oder des früheren Ehegatten und das Datum der Auflösung der Ehe.
³ Geburtsscheine für adoptierte Personen werden auf Grund des Deckblattes ausgestellt.

Art. 142

e) Randanmerkungen

¹ Randanmerkungen zu Eintragungen eines Einzelregisters werden in den Auszügen nicht gesondert wiedergegeben, sondern in den Text aufgenommen.
² Hebt eine spätere Randanmerkung eine frühere auf, so werden im Auszug beide weggelassen.

Art. 152

⁴ Handelt es sich bei einem Verlobten um eine adoptierte Person, so holt der leitende Zivilstandsbeamte den Bericht des Eidgenössischen Amtes für das Zivilstandswesen über das Bestehen eines allfälligen Ehehindernisses im Sinne von Artikel 100 Absatz 3 des Zivilgesetzbuches ein.

Art. 153

⁵ Stellt der Zivilstandsbeamte des Heimatortes fest, dass es sich bei einem Verlobten um eine adoptierte Person handelt, so teilt er dies unverzüglich dem leitenden Zivilstandsbeamten mit.

Art. 178

¹ Die Amtshandlungen, die der Zivilstandsbeamte von Amtes wegen vorzunehmen hat, sind gebührenfrei.

² ...

Art. 179

¹ Gebühren dürfen von den Beteiligten insbesondere nicht erhoben werden für:

1. die Beurkundungen, Eintragungen und Anmerkungen in den Zivilstandsregistern, deren Mitteilung an andere Zivilstandsämter und an die Verwahrer der Registerdoppel und die dadurch veranlassten Einschreibungen;

...

3. die Nachtragungen im Familienbüchlein;

4. die Mitteilungen nach den Artikeln 120 bis 128...;

Art. 182

¹ Mit einer Busse bis zu 100 Franken werden bestraft:

...

3. wer die in den Artikeln 61, 65, 72, 76 und 81 genannten Anzeigepflichten verletzt.

² ...

3. Altrechtliche Adoptionen

Art. 188a

¹ Für Eintragungen, Mitteilungen, Auszüge und Abschriften, die vor dem Inkrafttreten des Bundesgesetzes vom 30. Juni 1972 über die Änderung des Schweizerischen Zivilgesetzbuches adoptierte Personen betreffen, gelten weiterhin die folgenden Bestimmungen dieser Verordnung in der Fassung vom 1. Juni 1953:

Artikel 83 Absatz 1 Ziffer 4,
Artikel 94 Absatz 1 Ziffer 3,
Artikel 115 Absatz 2 Ziffer 3,
Artikel 117 Absatz 1 Ziffer 9 und Absatz 2 Ziffern 16 und 17,
Artikel 120 Absatz 2 Ziffer 1,
Artikel 131 Absatz 1 Ziffer 2,
Artikel 132 Absatz 1 Ziffer 1,
Artikel 138 Absatz 2,
Artikel 140 Absatz 3.

² Vorbehalten bleiben Unterstellungen altrechtlicher Adoptionen unter das neue Recht (Art. 12b SchlT ZGB).

Art. 188b

4. Altrechtliche Kindesverhältnisse

[1] ...

[2] ...

[3] Die in Registern nach bisherigem Recht eingetragenen Berufsangaben sowie die Bezeichnungen «ehelich», «ausserehelich» und «legitimiert» werden in Auszügen weggelassen.

[4] ...

26 Verordnung über die Adoptionsvermittlung, vom 28. März 1973 (AdVV) SR 211.221.36

(1977) bezeichnet die in diesem Jahr geänderten Bestimmungen

1 Allgemeine Bestimmungen

Art. 1 Grundsatz

Diese Verordnung regelt die Aufsicht über die Adoptionsvermittlung; die Bestimmungen des Bundesrechts und des kantonalen Rechts über den Schutz des Kindes bleiben vorbehalten.

Art. 2 Begriff der Vermittlung

Als Vermittlung gilt der Nachweis der Gelegenheit, ein unmündiges Kind zu adoptieren oder adoptieren zu lassen, und gegebenenfalls dessen Unterbringung bei Pflegeeltern zur späteren Adoption.

Art. 3 Allgemeine Voraussetzung

Eine Vermittlung darf nur erfolgen, wenn die gesamten Umstände erwarten lassen, die Adoption des Kindes durch die künftigen Pflegeeltern diene seinem Wohl.

2 Bewilligungspflichtige Vermittlung

Art. 4 Begriff

[1] Wer die Vermittlung haupt- oder nebenberuflich, selbständig oder im Dienste eines anderen, entgeltlich oder unentgeltlich, mit oder ohne öffentliche Werbung betreibt, bedarf dafür einer Bewilligung der Aufsichtsbehörde; sie berechtigt zur Ausübung der Vermittlung in der ganzen Schweiz.

[2] Vermittlungsstellen juristischer Personen des öffentlichen Rechts und gemeinnütziger juristischer Personen des privaten Rechts kann die Bewilligung erteilt werden, wenn die für die Vermittlung verantwortlichen natürlichen Personen die Voraussetzungen für die Bewilligung erfüllen.

[3] Keiner Bewilligung bedarf die Vermittlung durch vormundschaftliche Organe.

Art. 5 Voraussetzungen der Bewilligung

¹ Der Vermittler, der ein Gesuch für die Erteilung einer Bewilligung stellt, hat sich auszuweisen über:

a) seinen Wohnsitz in der Schweiz, im Falle eines Ausländers seit mindestens fünf Jahren mit entsprechender Bewilligung der Fremdenpolizei;

b) seinen guten Leumund und den guten Leumund seiner Hilfspersonen;

c) Erfahrung auf dem Gebiete der Vermittlung und in der Regel Ausbildung auf dem Gebiete der Jugendfürsorge;

d) die Arbeitsmethode, die er anwendet;

e) seinen Finanzplan und den Tarif allfälliger Vermittlungsgebühren; dieser Tarif bedarf der Genehmigung.

² Handelt der Vermittler für die Vermittlungsstelle einer gemeinnützigen juristischen Person des privaten Rechts, so sind dem Gesuch deren Statuten beizulegen.

³ Jede Änderung der massgebenden Tatsachen ist der zuständigen Behörde unverzüglich mitzuteilen.

Art. 6 Zwischenstaatliche Vermittlung

¹ Der Vermittler bedarf einer Sonderbewilligung, um die zwischenstaatliche Vermittlung zu betreiben.

² Als zwischenstaatliche Vermittlung gilt die Vermittlung von:

a) Kindern ausländischer Staatsangehörigkeit;

b) Kindern mit Schweizer Bürgerrecht an Personen mit Wohnsitz im Ausland;

c) Kindern mit Schweizer Bürgerrecht an Ausländer mit Wohnsitz in der Schweiz.

³ Die Sonderbewilligung wird nur erteilt, wenn der Vermittler ausser den Voraussetzungen nach Artikel 5 nachweist, dass er die erforderlichen Kenntnisse des internationalen Rechts und ausländischer sozialer Verhältnisse besitzt oder dass ihm Sachverständige mit diesen Kenntnissen zur Verfügung stehen.

Art. 7 Gültigkeitsdauer der Bewilligungen

Die Bewilligungen werden für eine bestimmte Dauer, höchstens jedoch für fünf Jahre erteilt und können bei Ablauf der Gültigkeitsdauer erneuert werden.

Art. 8 Vertreter des Kindes

¹ Die Vermittlung darf nur im Einvernehmen mit dem Vormund oder Beistand des Kindes erfolgen.

² Hat das Kind keinen Vormund oder Beistand, so hat der Vermittler die zuständige Vormundschaftsbehörde zu benachrichtigen.

³ Vorbehalten bleibt die Meldepflicht für die Unterbringung nach Artikel 12.

Art. 9 Voraussetzungen der Unterbringung

¹ (1977) Der Vermittler darf das Kind erst unterbringen, nachdem alle im Hinblick auf eine künftige Adoption massgebenden Verhältnisse umfassend

untersucht worden sind und den Pflegeeltern nach der Verordnung vom 19. Oktober 1977 über die Aufnahme von Pflegekindern die Bewilligung erteilt worden ist.

² Die Untersuchung hat im besonderen abzuklären:
a) die Zustimmung der leiblichen Eltern zu einer Adoption nach den Artikeln 265 a–265 d ZGB und die Vereinbarkeit einer Adoption mit den übrigen gesetzlichen Vorschriften, im Falle zwischenstaatlicher Vermittlung die Vereinbarkeit der Adoption mit dem internationalen Recht;
b) die Persönlichkeit der Pflegeeltern, namentlich ihre körperliche und geistige Gesundheit, ihre Familienverhältnisse, ihre Beweggründe für eine Adoption, ihre erzieherische Eignung, ihren Leumund, ihren Beruf, ihr Einkommen und Vermögen sowie ihre Konfession;
c) die Persönlichkeit der leiblichen Eltern, ihre Lebensverhältnisse und ihre Einstellung zum Kinde;
d) die Persönlichkeit des Kindes, namentlich seine körperliche und geistige Gesundheit, nach Möglichkeit seinen Charakter, seine Einstellung zu den Pflegeeltern und gegebenenfalls seine Konfession;
e) im Falle zwischenstaatlicher Vermittlung die Möglichkeit der Eingliederung des Kindes in seine künftige Umgebung.

³ Der Vermittler hat für die Beurteilung der Gesundheit in jedem Falle, für das übrige soweit nötig Sachverständige beizuziehen.

Art. 10 Wahl der Pflegeeltern

Findet der Vermittler keine geeigneten Pflegeeltern für ein Kind, so hat er eine Vermittlung zu unterlassen und sie einem anderen anerkannten Vermittler zu übertragen.

Art. 11 Aufklärungspflicht

Der Vermittler hat die Pflegeeltern über das Ergebnis der Untersuchung betreffend das Kind und seine leiblichen Eltern wahrheitsgemäss aufzuklären.

Art. 12 (1977) Meldepflicht für die Unterbringung

Der Vermittler hat vor der Unterbringung die für das Kind zuständige Vormundschaftsbehörde und bei Vermittlung ins Ausland die entsprechende ausländische Behörde am Wohnsitz der Pflegeeltern zu benachrichtigen.

Art. 13 Entgelt

¹ Der Vermittler hat nur Anspruch auf Ersatz seiner Auslagen und eine mässige Vergütung für seine Bemühungen.

² Vergütungen der Pflegeeltern an den Vermittler oder an die leiblichen Eltern für den von diesen geleisteten Unterhalt sind untersagt.

Art. 14 Aktenführung

Der Vermittler hat über seine Tätigkeit, namentlich über die Ergebnisse von Untersuchungen im Sinne des Artikels 9, systematisch geordnete Akten zu führen.

Art. 15 Auskunfts- und Editionspflicht

[1] Der Vermittler hat der Aufsichtsbehörde alljährlich eingehend Bericht über seine Tätigkeit zu erstatten, ihr auf Verlangen jede ergänzende Auskunft zu erteilen, Einsicht in die Akten zu gewähren und diese nötigenfalls herauszugeben; das Eidgenössische Justiz- und Polizeidepartement kann nähere Bestimmungen über Inhalt und Form des Jahresberichts, im besonderen über die Jahresrechnung und die Statistik, erlassen.

[2] Der Vermittler hat folgenden anderen Behörden auf Verlangen jede zweckdienliche Auskunft über das Kind, seine Pflege- und leiblichen Eltern zu erteilen:

a) der für die Pflegekinderaufsicht zuständigen Behörde;

b) der für das Kind zuständigen Vormundschaftsbehörde;

c) der für die spätere Adoption zuständigen Behörde.

[3] Die Auskunftspflicht nach Absatz 2 obliegt dem Vermittler auch gegenüber anderen anerkannten Vermittlern.

Art. 16 Schweigepflicht

Der Vermittler und seine Hilfspersonen haben, unter Vorbehalt von Artikel 15, über Wahrnehmungen, die sie in Ausübung ihrer Tätigkeit machen, Stillschweigen zu wahren; die Beendigung der Tätigkeit hebt die Schweigepflicht nicht auf.

Art. 17 Sanktionen

[1] Die Aufsichtsbehörde entzieht eine Bewilligung von Amtes wegen oder auf Antrag der Aufsichtsbehörde eines anderen Kantons mit Wirkung für die ganze Schweiz, wenn der Vermittler

a) die Bewilligung durch unwahre oder irreführende Angaben erwirkt hat;

b) die Voraussetzungen für die Erteilung der Bewilligung nicht mehr erfüllt;

c) seinen Verpflichtungen nach dieser Verordnung wiederholt oder in schwerer Weise zuwiderhandelt.

[2] Die Aufsichtsbehörde kann im übrigen für jede Widerhandlung gegen Bestimmungen dieser Verordnung:

a) eine Ordnungsbusse bis zu 2000 Franken verhängen, wenn die Widerhandlung nicht länger als drei Jahre zurückliegt;

b) den Entzug der Bewilligung für eine erneute Widerhandlung androhen;

c) eine Verwarnung aussprechen.

[3] Vermögensrechtliche Ansprüche gegen den Vermittler, im besonderen Schadener-

satz- und Bereicherungsansprüche, bleiben vorbehalten, wenn dessen Widerhandlung dazu führt, dass die Adoption einen Aufschub erleidet oder nicht zustande kommt.

3 Nicht bewilligungspflichtige Vermittlung

Art. 18 Vermittlung durch vormundschaftliche Organe

¹ Die Verpflichtungen vormundschaftlicher Organe, die sich als Vermittler betätigen, bestimmen sich sinngemäss nach den Artikeln 9–16.

² Die Aufsicht richtet sich nach den Bestimmungen des Vormundschaftsrechts.

Art. 19 (1977) Übrige nicht bewilligungspflichtige Vermittlung

¹ Wer ohne der Bewilligungspflicht nach Artikel 4 zu unterliegen eine Vermittlung vornimmt, muss diese der Behörde, die am Wohnsitz der künftigen Pflegeeltern für die Erteilung der Bewilligung zur Aufnahme eines Pflegekindes zuständig ist, melden und darf das Kind erst unterbringen, wenn den Pflegeeltern nach der Verordnung vom 19. Oktober 1977 über die Aufnahme von Pflegekindern die Bewilligung erteilt worden ist.

² Die Artikel 13, 16 und 17 Absätze 2 Buchstaben *a* und *c* und 3 gelten auch für diesen Vermittler.

4 Organisation, Zuständigkeit und Verfahren

Art. 20 Organisation

¹ Jeder Kanton bezeichnet als Aufsichtsbehörde eine einzige kantonale Behörde.

² Die entsprechenden kantonalen Bestimmungen bedürfen der Genehmigung durch den Bundesrat (Art. 52 und 53 SchlT ZGB).

Art. 21 (1977) Zuständigkeit

Zuständige Aufsichtsbehörde ist, unter Vorbehalt des Artikels 18, die Behörde am Orte der Geschäftsstelle des Vermittlers.

Art. 22 Rechtshilfe

Die Aufsichtsbehörden haben sich gegenseitig Amts- und Rechtshilfe zu leisten.

Art. 23 Anzeigepflicht

Behörden oder Beamte, die eine Widerhandlung gegen Bestimmungen dieser Verordnung wahrnehmen oder davon Kenntnis erhalten, sind verpflichtet, sie dem Eidgenössischen Justiz- und Polizeidepartement zuhanden der zuständigen Aufsichtsbehörde sofort anzuzeigen.

Art. 24 Beschwerdeverfahren

¹ Die gestützt auf diese Verordnung ergangenen Verfügungen der Aufsichtsbehörde unterliegen der Verwaltungsgerichtsbeschwerde an das Bundesgericht (Art. 97 ff des Bundesgesetzes vom 16. Dez. 1943 über die Organisation der Bundesrechtspflege – OG).

² Das Eidgenössische Justiz- und Polizeidepartement ist die beschwerdeberechtigte Bundesbehörde, der die Verfügungen mitzuteilen sind (Art. 103 Bst. *b* OG); die Bestimmungen des Bundesgesetzes über das Verwaltungsverfahren betreffend die Eröffnung von Verfügungen und den Entzug der aufschiebenden Wirkung finden Anwendung (Art. 1 Abs. 3, 34 ff und 55 Abs. 2 und 4).

³ Das Eidgenössische Justiz- und Polizeidepartement bringt die ihm mitgeteilten Verfügungen und Beschwerdeentscheide den Aufsichtsbehörden der andern Kantone zur Kenntnis.

5 Übergangs- und Schlussbestimmungen

...

27 *Verordnung über die Aufnahme von Pflegekindern, vom 19. Oktober 1977*

(Pflegekinderverordnung; PfKV) SR 211.222.338

(Auszug)

1. Abschnitt: Allgemeine Bestimmungen

Art. 1 Grundsatz

¹ Die Aufnahme von Unmündigen ausserhalb des Elternhauses bedarf gemäss dieser Verordnung einer Bewilligung und untersteht der Aufsicht.

² Unabhängig von der Bewilligungspflicht kann die Aufnahme untersagt werden, wenn die beteiligten Personen erzieherisch, charakterlich oder gesundheitlich ihrer Aufgabe nicht gewachsen sind oder die Verhältnisse offensichtlich nicht genügen.

³ Vorbehalten bleiben

a) die Befugnisse der Eltern, der Organe der Vormundschaft und der Jugendstrafrechtspflege;

b) die Bestimmungen des öffentlichen Rechts zum Schutz der Unmündigen, insbesondere über die Bekämpfung der Tuberkulose.

Art. 2 Zuständigkeit

¹ Zuständig für die Bewilligung und die Aufsicht ist die Vormundschaftsbehörde am Ort der Unterbringung des Unmündigen (im folgenden Behörde genannt).

² Die Kantone können diese Aufgaben andern geeigneten Behörden oder Stellen übertragen.

Art. 3 Kantonales Recht

¹ Die Kantone sind befugt, zum Schutz von Unmündigen, die ausserhalb des Elternhauses aufwachsen, Bestimmungen zu erlassen, die über diese Verordnung hinausgehen.

² Den Kantonen ist es vorbehalten, das Pflegekinderwesen zu fördern, insbesondere:

a) Massnahmen zu treffen zur Ausbildung, Weiterbildung und Beratung von Pflegeeltern, Kleinkinder- und Heimerziehern sowie zur Vermittlung guter Pflegeplätze in Familien und Heimen;

b) Muster für Pflegeverträge und Formulare für Gesuche und Meldungen zu erstellen, Richtlinien für die Festsetzung von Pflegegeldern zu erlassen und Merkblätter über die Rechte und Pflichten von Eltern und Pflegeeltern herauszugeben.

2. Abschnitt: Familienpflege

Art. 4 Bewilligungspflicht

¹ Wer ein Kind, das die Schulpflicht oder aber das fünfzehnte Altersjahr noch nicht erfüllt hat, auf mehr als drei Monate oder auf unbestimmte Zeit entgeltlich oder unentgeltlich zur Pflege und Erziehung in seinen Haushalt aufnimmt, bedarf einer Bewilligung der Behörde.

² Die Bewilligungspflicht besteht auch:

a) wenn das Kind von einer Behörde untergebracht wird;

b) wenn es das Wochenende nicht in der Pflegefamilie verbringt.

³ Die Kantone können die Bewilligungspflicht für die Aufnahme verwandter Kinder aufheben.

Art. 5 Allgemeine Voraussetzungen der Bewilligung

¹ Die Bewilligung darf nur erteilt werden, wenn die Pflegeeltern und ihre Hausgenossen nach Persönlichkeit, Gesundheit und erzieherischer Eignung sowie nach den Wohnverhältnissen für gute Pflege, Erziehung und Ausbildung des Kindes Gewähr bieten und das Wohl anderer in der Pflegefamilie lebender Kinder nicht gefährdet wird.

² Das Kind muss gegen die Folgen von Krankheit, Unfall und Haftpflicht angemessen versichert werden.

³ Wird ein Kind zur späteren Adoption aufgenommen, so darf die Bewilligung nur erteilt werden, wenn der Adoption keine gesetzlichen Hindernisse entgegenstehen und nach den gesamten Umständen zu erwarten ist, dass die Adoption später ausgesprochen werden kann.

Art. 6 Aufnahme ausländischer Kinder

¹ Ist ein ausländisches Kind in der Schweiz geboren, wird es auf Anordnung oder durch Vermittlung einer schweizerischen Behörde untergebracht oder besitzen seine Eltern eine Aufenthalts- oder Niederlassungsbewilligung, so gelten für seine Aufnahme die allgemeinen Voraussetzungen.

² In den übrigen Fällen darf die Aufnahme eines ausländischen Kindes, auch wenn die allgemeinen Voraussetzungen erfüllt sind, nur bewilligt werden:

a) wenn die Einreisebewilligung erteilt ist oder die Aufenthaltsbewilligung zugesichert wird;

b) wenn das Kind zur späteren Adoption oder aus einem andern wichtigen Grund aufgenommen wird und die Pflegefamilie und ihre Umgebung den mit seiner Herkunft verbundenen besonderen Anforderungen voraussichtlich gewachsen sein werden;

c) wenn eine Erklärung des nach dem Heimatrecht des Kindes zuständigen gesetzlichen Vertreters des Kindes über den Zweck der Unterbringung in der Schweiz und seine Zustimmung dazu vorliegen;

d) wenn die Pflegeeltern sich schriftlich verpflichten, für sämtliche Kosten des Unterhalts des Kindes in der Schweiz aufzukommen, ohne Rücksicht auf die Dauer oder die spätere Entwicklung des Pflegeverhältnisses.

³ Die Behörde überweist das Bewilligungsgesuch mit ihrem Bericht der Fremdenpolizei und bewilligt die Aufnahme erst, wenn die fremdenpolizeiliche Bewilligung vorliegt oder schriftlich zugesichert ist.

Art. 7 Untersuchung

¹ Die Behörde hat die Verhältnisse in geeigneter Weise, vorab durch Hausbesuche und nötigenfalls unter Beizug von Sachverständigen, abzuklären.

² Bei Aufnahme zur späteren Adoption kann die Abklärung einer anerkannten Adoptionsvermittlungsstelle übertragen werden.

Art. 8 Bewilligung

¹ Die Pflegeeltern müssen die Bewilligung vor Aufnahme des Kindes einholen.

² Die Bewilligung wird ihnen für ein bestimmtes Kind erteilt; sie kann befristet und mit Auflagen und Bedingungen verbunden werden.

Art. 9 Änderung der Verhältnisse

¹ Die Pflegeeltern haben der Behörde alle wichtigen Veränderungen der Verhältnisse unverzüglich zu melden, insbesondere den Wechsel der Wohnung sowie die Auflösung des Pflegeverhältnisses und, soweit bekannt, den neuen Aufenthaltsort des Kindes.

² Sie haben auch den gesetzlichen Vertreter oder den Versorger von wichtigen Vorkommnissen zu benachrichtigen.

Art. 10 Aufsicht

¹ Die Behörde bezeichnet eine geeignete Person, welche die Pflegefamilie sooft als nötig, jährlich aber wenigstens einmal besucht.

² Der Besucher vergewissert sich, ob die Voraussetzungen für die Weiterführung des Pflegeverhältnisses erfüllt sind; er berät die Pflegeeltern und hilft ihnen, Schwierigkeiten zu überwinden.

³ Besteht Gewähr dafür, dass das Pflegeverhältnis durch den gesetzlichen Vertreter oder Versorger genügend überwacht wird, oder erscheint eine Gefährdung aus andern Gründen ausgeschlossen, so kann die Behörde die Besuche aussetzen.

Art. 11 Widerruf der Bewilligung

¹ Können Mängel oder Schwierigkeiten auch in Zusammenarbeit mit dem gesetzlichen Vertreter oder dem Versorger nicht behoben werden und erscheinen andere Massnahmen zur Abhilfe nutzlos, so entzieht die Behörde die Bewilligung und fordert den gesetzlichen Vertreter oder den Versorger auf, das Kind binnen angemessener Frist anderswo unterzubringen.

² Bleibt diese Aufforderung erfolglos, so benachrichtigt die Behörde die Vormundschaftsbehörde am Wohnsitz und gegebenenfalls am Aufenthaltsort des Kindes (Art. 315 ZGB).

³ Liegt Gefahr im Verzug, so nimmt die Behörde das Kind unter Anzeige an die Vormundschaftsbehörde sofort weg und bringt es vorläufig anderswo unter.

...

5. Abschnitt: Verfahren

Art. 21 Aktenführung

¹ Die Behörde führt geordnete Akten:
a) über die Kinder in Familienpflege, mit folgenden Angaben: Personalien des Kindes und der Pflegeeltern, Beginn und Ende des Pflegeverhältnisses, Ergebnisse der Besuche und allfällige Massnahmen;

...

...

² Das Eidgenössische Justiz- und Polizeidepartement kann statistische Erhebungen über die ausserhalb des Elternhauses untergebrachten Unmündigen anordnen und die nötigen Bestimmungen erlassen; das Eidgenössische Statistische Amt führt die Erhebungen durch.

Art. 22 Schweigepflicht

Alle in der Pflegekinderaufsicht tätigen Personen sind gegenüber Dritten zur Verschwiegenheit verpflichtet.

Art. 23 Mitteilung

¹ Die Einwohnerkontrolle der Gemeinde hat neu zugezogene Kinder, welche die Schulpflicht oder aber das fünfzehnte Altersjahr noch nicht erfüllt haben und nicht bei ihren Eltern wohnen, der Behörde zu melden.

² Erfährt die Behörde, dass ein Kind auswärts in einer Pflegefamilie untergebracht wird, so benachrichtigt sie die dort zuständige Behörde; das gilt sinngemäss, wenn eine Pflegefamilie ihren Wohnsitz verlegt.

Art. 24 Rechtshilfe

Die mit der Pflegekinderaufsicht betrauten Behörden und die übrigen für den Schutz des Kindes verantwortlichen Behörden leisten einander Amts- und Rechtshilfe.

Art. 25 Unentgeltlichkeit

Die Behörde darf für die Aufsicht über Familien- und Tagespflegeverhältnisse nur Gebühren erheben, wenn ein Pflegeplatz zu wiederholten oder schweren Beanstandungen Anlass gibt.

Art. 26 Widerhandlungen

¹ Wer dieser Verordnung oder einer entsprechenden Einzelverfügung vorsätzlich oder fahrlässig zuwiderhandelt, wird von der Behörde mit einer Ordnungsbusse bis zu 200 Franken belegt.

² Wird eine Ordnungsbusse ausgesprochen, so kann die Behörde für die vorsätzliche Wiederholung Bestrafung mit Haft oder Busse wegen Ungehorsams gegen eine amtliche Verfügung nach Artikel 292 des Strafgesetzbuches androhen.

³ Behörden oder Beamte, die in ihrer dienstlichen Tätigkeit eine Widerhandlung gegen Bestimmungen dieser Verordnung wahrnehmen oder davon Kenntnis erhalten, sind verpflichtet, sie der Behörde sofort anzuzeigen.

Art. 27 Beschwerdeverfahren

¹ Verfügungen, welche die Vormundschaftsbehörde gestützt auf diese Verordnung erlässt, unterliegen der Beschwerde an die vormundschaftlichen Aufsichtsbehörden (Art. 420 ZGB).

² Sind andere Stellen mit den Befugnissen der Behörde betraut, so richtet sich die Weiterziehung der Verfügung nach kantonalem Recht.

28 Medizinisch-ethische Richtlinien der Schweiz. Akademie der medizinischen Wissenschaften für die artifizielle Insemination, vom 17. November 1981 (Schweiz. Ärztezeitung *1982* 623)

1. Die künstliche Insemination mit dem Samen eines anonymen Spenders, auf die sich die folgenden Empfehlungen im Anschluss an die *Resolution des Europarates vom 29.12.1978* beziehen, darf nur unter der Verantwortung des Arztes, der den Eingriff ausführt, vorgenommen werden. Der Arzt soll sich nicht nur von medizinischen Überlegungen leiten lassen, sondern sich nach Möglichkeit vergewissern, dass das *Wohlergehen des künftigen Kindes* umfassend gewährleistet ist.
2. *Spendersamen* darf nur mit schriftlicher Zustimmung des Spenders zur artifiziellen Insemination gebraucht werden. Eine artifizielle Insemination darf nur durchgeführt werden, wenn das schriftliche Einverständnis der empfangenden Frau und, wenn sie verheiratet ist, ihres Ehemannes oder, bei dauernder Partnerschaft, des Partners vorliegt.
3. Ein Arzt oder eine medizinische Institution, die menschliches Sperma zum Zwecke von artifizieller Insemination erhalten, haben vor deren Durchführung die *notwendigen Nachforschungen und Untersuchungen* beim Spender anzustellen, um die Übertragung erblicher Krankheiten an den Empfänger und ansteckende Krankheiten oder sonstiger Gefährdung von Mutter und künftigem Kind zu vermeiden. Nötigenfalls stehen die humangenetischen Institute der medizinischen Fakultäten zur Verfügung. Der Samen des gleichen Spenders soll am selben Ort nicht vielfach verwendet werden (zur Vermeidung von Blutsverwandtschaften usw.).
4. Der Arzt, unter dessen Verantwortung eine *artifizielle Insemination* durchgeführt wird, hat im Rahmen des Möglichen einen Samenspender zu wählen, dessen Kind als dasjenige des das Kind wünschenden Paares angesehen werden könnte.
5. Der Arzt und das Personal der medizinischen Institution, welche Samen entgegennehmen, und der Arzt, welcher eine artifizielle Insemination ausführt, haben über die Identität des Spenders und der empfangenden Frau sowie über die artifizielle Insemination als solche *Verschwiegenheit* zu bewahren. Die Frau darf also nicht den Spender und der Spender darf nicht die Frau und ihren Gatten kennen oder mit ihnen bekannt sein. Der Arzt nimmt keine artifizielle Insemination vor, wenn die Wahrung der Verschwiegenheit als unwahrscheinlich erscheint.
6. Der Samen soll *unentgeltlich gespendet* werden. Immerhin können zeitliche Beanspruchung, Verdienstausfall, Reisespesen und andere Auslagen in unmittelbarem Zusammenhang mit der Samenspende dem Spender ersetzt werden. Wer als Privatperson oder als öffentliche oder private Organisation Samen zur artifiziellen Insemination zur Verfügung stellt, soll das ohne Erwerbsabsicht tun.

NB. Es gibt keine Resolution des Europarates über die künstliche Insemination. Der entsprechende Entwurf ist vom Ministerrat *nie* angenommen worden. Zur rechtlichen Problematik dieser Richtlinien s. Art. 260 N 62, Art. 261 N 68, Art. 262 N 23 ff.

29 Medizinisch-ethische Richtlinien der Schweiz. Akademie der medizinischen Wissenschaften für die In-vitro-Fertilisation und den Embroytransfer zur Behandlung der menschlichen Infertilität
(Schweiz. Ärztezeitung *1984* 1416)

1. Unter In-vitro-Fertilisation (IVF) versteht man die in einem Kulturgefäss herbeigeführte Verschmelzung einer instrumentell entnommenen Eizelle mit einer Samenzelle. Die vaginale Einführung der sich entwickelnden Frucht in die Gebärmutterhöhle wird als Embryotransfer (ET) bezeichnet. Mit IVF und ET kann man sonst gesunden Paaren zu eigenen Nachkommen verhelfen, wenn eine natürliche Zeugung, zum Beispiel wegen verschlossener oder fehlender Eileiter, nicht möglich ist. IVF und ET sind wissenschaftlich und ethisch vertretbar, wenn

– andere Behandlungsmethoden versagt haben oder aussichtslos sind,

– reelle Erfolgschancen bestehen und nach Möglichkeit Risiken, die das Wohlergehen von Mutter und Kind beeinträchtigen können, ausgeschlossen worden sind, und

– die nachfolgenden Empfehlungen eingehalten werden.

2. IVF und ET sollen unter Leitung eines hiefür verantwortlichen Arztes und nur in Kliniken praktiziert werden, welche die von der Schweizerischen Akademie der Medizinischen Wissenschaften (SAMW) erarbeiteten Anforderungen zur Vornahme von IVF und ET erfüllen und sich den einschlägigen Richtlinien unterziehen. Der verantwortliche Arzt wird aufgefordert, sein Team bei der von der SAMW eingesetzten Kommission zu registrieren und dieser jährlich über alle durchgeführten Behandlungsversuche mit IVF und ET, über die erzielten Schwangerschaften und über deren Ergebnis zu berichten.

3. ET soll nur bei verheirateten Frauen praktiziert werden. Ehepaare ohne eigene Nachkommen sind nach Möglichkeit zu bevorzugen. Auf Ammenmütter (Leihmütter) ist zu verzichten.

4. Zur IVF sollen freiwillig gespendete Keimzellen einer Drittperson nur dann verwendet werden, wenn ein Partner keine zeugungsfähigen Gameten bilden kann.

5. Vom Transfer von in vitro gezeugten ehefremden Embryonen ist abzusehen und eine Übertragung von Embryonen von Frau zu Frau zu unterlassen.

6. Weder vor noch nach der IVF und dem ET dürfen am Erbgut der Keimzellen und der Embryonen Manipulationen vorgenommen werden.

7. Die betroffenen Ehepaare müssen über alle vorgesehenen Eingriffe sowie ihre Risiken, Erfolgschancen und Kosten informiert werden. Sämtliche Massnahmen an Eltern und Keimzellen dürfen nur mit dem ausdrücklichen Einverständnis der betroffenen Personen erfolgen. Der zuständige Arzt sorgt dafür, dass Spender von Keimzellen und deren Empfänger voneinander keine Kenntnis erhalten.

8. Für die Kliniken, die IVF und ET vornehmen, gelten die praktischen Richtlinien, in denen die erwähnten Anforderungen unter Berücksichtigung der Forschungsbedürfnisse umschrieben sind.

Sachregister

Zahlen ohne vorangestellten Zusatz verweisen auf die Artikel.
N = Randnote
Vergleiche auch die der Kommentierung jedes Gesetzesartikels vorangehende Inhaltsübersicht.

Abfindung
- und Adoption 267 N 61
- und Heirat der Eltern 259 N 67

Abkommen s. Übereinkommen

Absehen von der Zustimmung zur Adoption
- Adoptionsbehörde 265 d N 12, 15, 23 f
- und Adoptionsvermittlung 265 d N 7 f
- Adoptionsvoraussetzung 265 d N 3
- allgemein 265 c N 3 ff
- Anfechtung des A. 265 d N 27
- Anhörung der leiblichen Eltern vor A. 265 d N 16 a
- Begründung 265 d N 22
- Berufung ans Bundesgericht 265 d N 30 ff, 269 N 24
- Beschwerde gegen Entscheid der Vormundschaftsbehörde über das A. 265 d N 28
- Einstellung der Eltern 265 c N 26
- Entscheid über das A. 265 d N 3 ff
- Entziehung der elterlichen Gewalt 265 c N 3 a, 265 d N 39
- Erzeuger des Kindes 265 a N 9 ff, 265 c N 9, 265 d N 3 b
- Form der Mitteilung 269 N 24
- gesetzlicher Vertreter 265 d N 10, 24 a
- kantonales Recht 265 d N 29
- Kindeswohl 265 c N 22 ff
- Mitteilung des A. 265 d N 24 ff, 269 N 21, 24
- Mitteilung des A. bei unbekanntem Aufenthalt der leiblichen Eltern 265 d N 25
- Mitteilung des Adoptionsentscheides bei A. 268 N 56
- Mündigkeit des Kindes 265 c N 24 a, 27 a
- Nichterfüllen der Unterhaltspflicht 265 c N 21 c
- Nichtkümmern der Eltern 265 c N 21 ff
- Notwendigkeit 265 d N 3 ff
- persönlicher Verkehr 265 c N 25 b, 265 d N 38
- Persönlichkeitsrecht 265 c N 23 a
- und Pflegeverhältnis 265 d N 7, 9
- Rechtsgeschichte 265 c N 2 b

Absehen von der Zustimmung zur Adoption (Fortsetzung)
- Rechtskraft des Entscheids über das A. 265 d N 23 f, 26
- Rechtsmissbrauch 265 c N 28 f
- Rechtsmittel 265 d N 27 ff
- Rechtsvergleichung 265 c N 2 a
- Schwangerschaftsabbruch 265 c N 21 b
- Standesänderung wegen A. 265 d N 35 f
- Textgeschichte 265 c N 2 c, 265 d N 2 a
- Tötung der Mutter durch den Vater 265 c N 21 b
- unbekannter Aufenthalt der Eltern 265 c N 6 ff, 11 ff, 265 d N 25
- unbekannte Eltern 265 c N 6, 265 d N 35
- Unfähigkeit der Eltern 265 c N 25 c
- Unmöglichkeit der Zustimmung 265 c N 4 ff
- Unterhaltspflicht 264 N 51
- Untersuchung vor A. 265 d N 16 f
- Urteilsunfähigkeit der Eltern 265 c N 18 f
- Verfahren 265 c N 20 ff
- Vertretung 265 d N 10, 24 a
- Verwirkung des Zustimmungsrechts 265 c N 20 ff
- und Vormundschaftsbehörde 265 d N 7 ff, 11, 14, 23 f
- Wirkung 265 d N 34 ff
- Zeitpunkt 265 d N 4 ff, 19, 34
- Zuständigkeit 265 d N 11 ff

Abstammung
- CIEC-Übereinkommen über die mütterliche Abstammung Einl N 23, 76 ff, Text S. 658
- Feststellungsklage? 252 N 12 a, 261 N 27 a
- Gutachten s. Abstammungsgutachten
- und Kindesverhältnis 252 N 10 ff, 27, 99
- von der Mutter 252 N 11
- vom Vater 252 N 11 f, 99
- unbekannte A. s. Findelkind

Abstammungsgutachten
- Additionsbeweis 254 N 167, 199, 203, 256 a/256 b N 35
- allgemein 254 N 66 ff

Abstammungsgutachten (Fortsetzung)
- bei der Anerkennung eines Kindes 260 N 71
- bei Anfechtung der Anerkennung eines Kindes 254 N 189 ff
- bei Anfechtung der Ehelichkeitsvermutung 254 N 189 ff
- Anspruch auf Einholung der A. 254 N 70 ff
- Berufung ans Bundesgericht 254 N 198, 262 N 46, 58
- freie Beweiswürdigung 254 N 93 f, 103 ff
- an Fremdrassigen 254 N 87, 170
- Gefährdung der Gesundheit 254 N 90
- Mitwirkungspflicht 254 N 70, 77 ff, 90, 99, 197, 261 N 20, 26
- neue A. 254 N 73 ff
- und Parteiaussagen 254 N 202 f
- Rasse 254 N 87, 170
- nach rechtskräftigem Urteil 254 N 70, 77 ff
- Reihenfolge der A. 254 N 86, 160, 189 ff
- Revision wegen Entwicklung neuer A. 254 N 73 ff
- an Rindern 254 N 151
- Rotes Kreuz 254 N 132
- Schadenersatz bei Verweigerung der Mitwirkung 254 N 99, 261 N 20, 26
- Tod eines Beteiligten 254 N 197
- bei der Vaterschaftsklage 254 N 189 ff
- Verhältnis der A. untereinander 254 N 199
- an Verstorbenen 254 N 156, 169
- Verweigerung der Mitwirkung 254 N 51 f, 94
- Widerspruch zwischen den A. 254 N 201
- Würdigung der A. 254 N 100 ff
- und Zeugenaussagen 254 N 202 f
- s. auch Andrologisches Gutachten, Anthropologisches Gutachten, Blutgruppengutachten, Gynäkologisches Gutachten, Reifegradgutachten, Serostatistisches Gutachten, HLA-Gutachten

Abweisung
- des Adoptionsgesuchs 268 N 60
- der Klage auf Anfechtung der Ehelichkeitsvermutung 256 N 98
- der Vaterschaftsklage, und neue Klage 262 N 93, 263 N 12 ff

Abwesenheit
- Dauer der A. 264 b N 17
- eines Ehegatten, und Adoption 264 N 34, 264 b N 17

Abwesenheit (Fortsetzung)
- des Kindes, und Adoption 264 N 37
- nachrichtenlose A. s. Verschollenerklärung
- der Pflegeeltern, und Adoption 264 N 37

Achtung des Familienlebens s. Europäische Menschenrechtskonvention

Additionsbeweis
- bei Abstammungsgutachten 254 N 167, 199, 203, 256 a/256 b N 35

Adhäsionsverfahren
- Anerkennung eines Kindes im A. 260 a N 61
- Anfechtung des Kindesverhältnisses im A.? 254 N 9
- Aufhebung der Kindesanerkennung im A.? 260 a N 51
- Feststellung des Kindesverhältnisses im A.? 254 N 9

Adoption Einl Ad N 1 ff, 264–269 c

Adoption eines Adoptivkindes
- allgemein Einl Ad N 12, 264 N 4, 269 N 4
- altrechtlich adoptiertes Kind 265 a N 8
- nach ausländischem Recht adoptiertes Kind 264 N 10
- intertemporales Recht 264 N 4, 9, 11
- Stiefkindadoption 264 a N 32, 32 a, 267 N 18
- Wirkung 267 N 18 f
- Zustimmung der Eltern 265 a N 6 ff

Adoptionsbehörde
- Absehen von der Zustimmung der Eltern 265 d N 12, 15, 23 f
- Entgegennahme der Zustimmungserklärung 265 a N 23
- Geheimhaltungspflicht 268 b N 6 ff, 26 f
- Hilfsorgane 268 N 5 f, 268 a N 16, 19 ff
- Beizug von Sachverständigen 268 a N 20 f, 29
- und vormundschaftliche Aufsichtsbehörde 265 N 26, 30
- Untersuchung durch die A. 268 a N 3 ff
- Zuständigkeit 268 N 5 ff

Adoptionsentscheid
- Anfechtung s. Anfechtung der Adoption
- Begründung 268 N 44 ff
- Berufung ans Bundesgericht 268 N 67 ff
- Dispositiv 268 N 49 ff
- elterliche Gewalt 268 N 53
- erbrechtliche Einwendungen gegen die Adoption 268 a N 31
- Erläuterung 268 N 60
- gesetzlicher Vertreter 268 N 55 ff

Adoptionsgeheimnis (Fortsetzung)
- Kindesschutzmassnahmen 268 N 53
- Kosten 268 N 69
- Mitteilung 265 d N 25 a, 268 N 55 ff, 72 f, 268 b N 16 ff
- nichtstreitige Gerichtsbarkeit 268 N 12
- persönlicher Verkehr 268 N 53, 58
- Prüfung des Adoptionsgesuchs 268 N 33 ff
- Rechtskraft 268 N 59 ff, 269 b N 8
- Rechtsmittel 268 N 63 ff
- Rücknahme 268 N 60
- bei Stiefkindadoption 268 N 51
- Vertretung 268 N 55 ff
- Widerruf 268 N 60

Adoptionsgeheimnis
- Adoptionsbehörde 268 b N 6 ff, 26 f
- und Adoptionsvermittlung 269 c N 49
- und Adoptivkind 268 N 81 a, 268 b N 20
- und Akteneinsicht 268 b N 25
- allgemein Einl Ad N 35, 268 N 12, 268 b N 3 ff
- altrechtliche Adoption 268 b N 5 a
- und Amtsgeheimnis 268 b N 11 a, 29
- Befreiung vom A. 268 b N 21 ff
- und Berufsgeheimnis 268 b N 11 a, 29
- und Eintragung der Adoption 268 N 80 ff
- und Einwohnerkontrolle 268 b N 25
- Ende des A. 268 b N 12
- Entstehung des A. 268 b N 12
- Gegenstand des A. 268 b N 26
- gegenüber den Adoptiveltern 268 b N 5
- gegenüber Dritten 268 b N 19
- gegenüber dem Kind 268 N 81 a, 268 b N 20
- gegenüber leiblichen Angehörigen 268 b N 19
- gegenüber den leiblichen Eltern 268 b N 16 ff
- Geheimhaltung der Vormundschaftsbehörde 268 b N 26 f
- Genugtuung 268 b N 31
- intertemporales Recht 268 b N 5 a
- kirchliche Register 268 N 100
- Mitteilung des Absehens von der Zustimmung zur Adoption 265 d N 24 a
- Mitteilung des Adoptionsentscheides 268 N 56 f, 268 b N 16 ff
- und öffentliche Interessen 268 b N 23
- und persönliche Verhältnisse 268 b N 31
- Rechtsgeschichte 268 b N 2 a
- und Rechtsmittelbelehrung 268 b N 27
- Rechtsvergleichung 268 b N 2 a

Adoptionsgeheimnis (Fortsetzung)
- Sachverständige 268 b N 6 ff
- Schadenersatz 268 b N 31
- bei Stiefkindadoption 268 b N 18
- Strafrecht 268 b N 23, 29 ff
- Textgeschichte 268 b N 2 a
- Umfang des A. 268 b N 12 ff
- Ungehorsamsstrafe 268 b N 30
- Verletzung des A. 268 b N 23, 29 ff
- und Veröffentlichung der Adoption 265 d N 25 a, 268 b N 19
- Verpflichtete 268 b N 6 ff
- vormundschaftliche Aufsichtsbehörde 268 b N 26 f
- vormundschaftliche Organe 268 b N 6 ff, 26 f
- Vormundschaftsbehörde 268 b N 26 f
- Wahrung des A. 268 b N 24 ff
- und Zivilstandsregister 268 N 80 ff, 268 b N 6 ff
- und Zustimmung zur Adoption 268 b N 18
- Zustimmung zur Befreiung vom A. 268 b N 22 f

Adoptionsgesuch
- Abweisung des A. 268 N 60
- Aktivlegitimation 268 N 11, 14
- Anhandnahme 264 N 38, 268 N 18 ff
- Form 268 N 16
- Gegenstandslosigkeit bei Tod des Adoptivkindes 268 N 20, 22
- gemeinschaftliche Adoption 268 N 15
- Genugtuungspflicht bei Rückzug 268 N 17 a
- gesetzlicher Vertreter 268 N 14
- nichtstreitige Gerichtsbarkeit 268 N 12
- Persönlichkeitsrecht 268 N 14, 17 a
- Prüfung des A. 265 N 21 a, 24 ff, 268 N 33 ff
- Rückzug 268 N 17, 21, 64
- Schadenersatzpflicht bei Rückzug 268 N 17 a
- Tod der Adoptiveltern 268 N 22 ff
- Tod des Adoptivkindes 268 N 20
- Unzuständigkeit 268 N 19 a
- Urteilsfähigkeit 268 N 14, 22 ff
- Vertretung 268 N 14
- Widerruf 268 N 17, 21, 64
- Zeitpunkt 264 N 40
- Zuständigkeit zur Prüfung des A. 265 N 21 a, 268 N 5 f
- s. auch Adoptionsentscheid

Adoptionsübereinkommen s. Europäisches Übereinkommen über die Adoption von Kindern, Haager Übereinkommen über ... die Annahme an Kindesstatt

Adoptionsvermittlung
- Adoptionsvermittlungsverordnung s. Adoptionsvermittlungsverordnung
- und Adoptionsgeheimnis 269 c N 49
- und Interessen der Adoptiveltern 269 c N 16, 34
- Aktenführung 269 c N 45
- allgemein Einl Ad N 43, 269 c N 5 ff, 23 f
- Arbeitsmethode 269 c N 27 a, 27 b
- Aufklärung der Pflegeeltern 269 c N 43 f
- Aufsicht über die A. 269 c N 5 ff, 17 ff, 66 ff
- und Auftrag 269 c N 24
- Ausbildung 269 c N 27 a
- Ausführungsbestimmungen 269 c N 10
- Auskunftspflicht 269 c N 46 ff
- ausländischer Adoptionsvermittler 269 c N 63 f
- ausländisches Kind 269 c N 16, 28 f, 34, 37, 63 ff
- Ausreisevorschriften 264 N 31 c, 269 c N 37
- Begriff 269 c N 16, 24
- Berufsmässigkeit 269 c N 25 f
- Bewilligungspflicht s. Bewilligung für die Adoptionsvermittlung
- Bundesrat 269 c N 8, 10, 13, 15, 17
- child's history 269 c N 40
- Dritte Welt Einl Ad N 47, 264 N 31 a
- Editionspflicht des Adoptionsvermittlers 269 c N 46 ff
- Eidgenössisches Justiz- und Polizeidepartement 269 c N 13, 20, 47
- Eigenvermittlung 269 c N 63 ff
- Eignung des Adoptionsvermittlers 269 c N 6 f, 22, 27 a, 28 f
- Einreisevorschriften 269 c N 37
- Entgelt 269 c N 26, 27 b, 50 ff
- Ferienkind 269 c N 64
- Finanzplan 269 c N 27 a, 27 b
- Geheimhaltungspflicht 268 b N 6 ff
- Gelegenheitsvermittlung 269 c N 26, 52, 58 ff
- und gesetzliche Vertretung 269 c N 36 f
- Gesuch um Absehen von der Zustimmung zur Adoption 265 d N 7 f
- Handlungsfähigkeit des Adoptionsvermittlers 269 c N 27 a, 30
- home study 269 c N 40
- independent adoptions 269 c N 63 ff
- internationale Adoptionsvermittlung 269 c N 28 f, 34, 37

Adoptionsvermittlung (Fortsetzung)
- internationales Recht 269 c N 16, 28 f, 34, 37, 63 ff
- Jahresbericht 269 c N 45 ff
- Jahresrechnung 269 c N 45, 47
- juristische Personen als Adoptionsvermittler 269 c N 27
- kantonales Recht 269 c N 7, 11 f, 15, 17, 22, 23
- und Kindeswohl 269 c N 6, 16, 21, 27 b, 34 ff
- Kompetenz des Bundesrates 269 c N 8, 10, 13, 15, 17
- Kontrahierungszwang 269 c N 24
- Kurzschlussadoption 269 c N 65
- Leumund des Adoptionsvermittlers 269 c N 27 a
- und Mäklervertrag 269 c N 16, 24
- Meldepflicht 269 c N 20
- natürliche Person als Adoptionsvermittler 269 c N 27
- und Pflegekindbewilligung 269 c N 39, 42
- Pflegeeltern 269 c N 35
- Pflichtverletzung des A. 269 c N 55
- Rechtsgeschichte 269 c N 4
- Rechtshilfe unter den Aufsichtsbehörden 269 c N 20
- Rechtsnatur 269 c N 24
- Rechtspolitik 269 c N 20, 24, 27 a, 27 c, 29, 62
- Rechtsvergleichung 269 c N 3
- Sachverständige 269 c N 41
- Schadenersatzpflicht des Adoptionsvermittlers 269 c N 69
- Schweigepflicht 269 c N 49
- Statistik 269 c N 45, 47
- Strafrecht 269 c N 65 ff
- Tarif 269 c N 26, 27 b, 50 ff
- Textgeschichte 269 c N 4
- Tod des Adoptionsvermittlers 269 c N 30
- Umplazierung des Kindes 269 c N 44
- Unabhängigkeit 269 c N 27 b, 51
- Unterbringung des Kindes 269 c N 35 ff
- Unterhaltsersatz 269 c N 54
- Untersuchung bei A. 268 a N 17, 40 ff
- Verfahren 269 c N 45 ff
- Vergütung 269 c N 26, 27 b, 50 ff
- Vermittlungsstellen 269 c N 32
- Vertretung 269 c N 36 f
- Verwaltungsgerichtsbeschwerde 269 c N 20, 66
- Vollzug der Bestimmungen 269 c N 12

Adoptionsvermittlung (Fortsetzung)
- durch vormundschaftliche Organe 269 c N 14, 21 f, 44, 52, 58
- Vormundschaftsbehörde 269 c N 22, 38
- Wohnsitz des Adoptionsvermittlers 269 c N 27 a, 30
- Zusammenarbeit mit Vertreter und Behörden 269 c N 36 ff
- Zustimmung der leiblichen Eltern zur Adoption 269 c N 40
- zwischenstaatliche Vermittlung 269 c N 28 f, 34, 37, 63 ff
- s. auch Aufsicht über die Adoptionsvermittlung

Adoptionsvermittlungsstellen 269 c N 32, 63 f
Adoptionsvermittlungsverordnung
- allgemein Einl N 33
- Text S. 705

Adoptionsverzeichnis 268 N 74
Adoptiveltern
- Aktivlegitimation zur Anfechtung der Adoption 269 a N 10
- allgemein 264 a N 3 ff
- Altersunterschied zum Adoptivkind 265 N 5
- Aufklärung der A. 268 a N 10, 269 a N 16
- Beweggründe der Adoption 268 a N 9, 269 a N 7
- Entmündigte A. 264 a N 5 f, 265 N 18 ff, 267 N 56
- erzieherische Eignung 268 a N 4
- Familienleben 268 a N 7 f
- Gesundheit 268 a N 5, 21
- Handlungsfähigkeit 264 a N 4 ff
- Interesse der A. bei der Adoptionsvermittlung 269 c N 16, 34
- juristische Person als A.? 264 a N 3
- Kindeswohl 264 N 57
- Mündigkeit 264 a N 4
- Persönlichkeitsrecht 264 a N 4
- Religion 268 a N 4
- Tod 267 N 62 ff, 268 N 22 ff
- Untersuchung der Verhältnisse der A. 268 a N 4 ff
- Urteilsunfähigkeit 264 a N 4, 268 N 14, 22 ff
- Vorstrafen 268 a N 4
- Willensmangel 269 a N 7 a, 16
- wirtschaftliche Verhältnisse 268 a N 6
- und Zustimmung zur Adoption 265 a N 3 ff
- s. auch Eltern

Adoptivkind
- Adoption eines A. s. Adoption eines A.
- Adoptionsgeheimnis gegenüber dem A. 268 N 81 a, 268 b N 20
- Aktivlegitimation zur Anfechtung der Adoption 265 N 14 f, 269 N 23, 269 a N 10
- Altersunterschied zu den Adoptiveltern 265 N 5
- Aufklärung des A. über seine Herkunft 265 N 12, 268 N 81 a, 268 b N 20
- Einstellung des A. und Adoption 268 a N 12
- Eintritt der Mündigkeit während des Verfahrens 265 c N 24 a, 268 N 25 ff
- Entmündigung während des Verfahrens 265 N 19
- Erbrecht des A. 267 N 65 ff, s. auch Erbrecht
- und Familienstiftungen 267 N 52 a
- Gesundheit 268 a N 20
- Heirat des A. 267 N 27 ff, 268 N 27, s. auch Ehehindernis
- Heirat der Eltern des A. 259 N 18
- Kinder des A. 267 N 40, 267 a N 8
- und leibliches Kind 268 b N 4 a
- Mehrheit von Adoptivkindern 264 N 23, 63, 266 N 10
- Mehrheit von adoptierten Stiefkindern 264 a N 29 a
- mündiges A. s. Mündigenadoption
- Persönlichkeitsrecht 265 N 8, 265 c N 23 a
- Sozialversicherung 267 N 77 ff
- Stiefkindadoption des A. 264 a N 32 f, 267 N 18
- Tod 268 N 20
- Unmündigkeit Einl Ad N 14, 24 ff, 37, 265 N 17 a, 265 a N 54 b, 267 a N 3 ff
- Untersuchung vor Adoption 268 a N 13
- Urteilsunfähigkeit, und Untersuchung vor der Adoption 268 a N 13
- Urteilsunfähigkeit, und Zustimmung zur Adoption 265 N 9 f, 16 f
- Vorname 267 N 42
- Zahl der A. 264 N 23, 29 a, 63
- Zustimmung zur Adoption s. Zustimmung des Kindes zur Adoption

Adoptivkindervermittlung s. Adoptionsvermittlung
Adoptivpflegeeltern s. Pflegeeltern
Adoptivverwandte 267 N 26
AEG s. Anthropologisches Gutachten
Ähnlichkeitsgutachten s. Anthropologisches Gutachten

AID s. Künstliche Insemination
Akteneinsicht
– und Adoptionsgeheimnis 268 b N 25
Aktenführung
– bei der Adoptionsvermittlung 269 c N 45
Aktivlegitimation
– Adoptionsgesuch 268 N 11, 14
– Anfechtung der Adoption 265 N 14 f, 269 N 23 ff, 269 a N 9 ff
– Anfechtung der Anerkennung eines Kindes 259 N 91 ff, 104 ff, 260 a N 62, 72 ff, 86
– Anfechtung der Ehelichkeitsvermutung 256 N 34 ff, 51 ff, 258 N 7 ff
– Bundesrecht und kantonales Recht 254 N 14
– Feststellung des mütterlichen Kindesverhältnisses 252 N 67
– Rechtsmittel gegen Adoptionsentscheid 268 N 63 ff, 67 a ff
– Vaterschaftsklage 261 N 38 ff
– der Wohnsitzgemeinde 254 N 14
Allgemeine Vaterschaftsausschlusschance 254 N 146 f
Alter s. Altersunterschied, Mindestalter
Altersunterschied und Adoption
– allgemein 264 a N 11, 265 N 4 f
– gemeinschaftliche Adoption 264 a N 11
– Geschwisteradoption 265 N 5 a
– und Kindeswohl 265 N 3, 6
– Mündigenadoption 266 N 28
– Nichtbeachtung 269 N 9, 269 a N 5, 8
– Rechtsgeschichte 265 N 2 b
– Rechtsvergleichung 265 N 2 a
– Stiefkindadoption 265 N 5
– Textgeschichte 265 N 2 c
– Unterschreitung 269 a N 5, 8
Altersunterschied und Anerkennung 260 N 66
Altrechtliche Adoption
– Adoption eines nach altem Recht adoptierten Kindes 265 a N 8
– Adoptionsgeheimnis 268 b N 5 a
– Eintragung 268 N 83 f
– Einzeladoption 264 a N 7
– Erbrecht 267 N 73
– Fortgeltung des früheren Rechtes Einl Ad N 36, 267 N 5
– Kinderlosigkeit 264 N 63, 266 N 10
– Mündigenadoption 266 N 7, 10
– öffentliches Recht 267 N 76
– Unterstellung 260 N 61, 267 N 81 a, 269 a N 7
– Wirkungen 267 N 81 a

Amtsgeheimnis
– und Adoptionsgeheimnis 268 b N 11 a, 29
Andere Kinder der Adoptiveltern
– Aktivlegitimation zur Anfechtung der Adoption 269 a N 10
– allgemein Einl Ad N 35, 264 N 41 ff, 64 ff, 268 a N 13
– Erbrecht 264 N 67, 72
– Unterhaltsanspruch 264 N 68, 73
– Zurücksetzung 264 N 67 ff, 269 a N 7
Andrologisches Gutachten
– allgemein 254 N 68
– und andere Gutachten 254 N 191, 199
– Beweis der geringeren Wahrscheinlichkeit der Vaterschaft 262 N 95
– Grundlagen 254 N 108 ff
– s. auch Abstammungsgutachten
Anerkennung ausländischer Entscheidungen
– allgemein 253 N 70 f, 196 ff
– IPR-Gesetz (Entwurf) 253 N 71, 260 N 197
– Haager Übereinkommen Einl N 15
– Nichtanerkennung des schweizerischen Gerichtsstandes 253 N 67 f
Anerkennung eines Kindes
– Abstammungsgutachten 260 N 71
– im Adhäsionsverfahren 260 a N 61
– und Adoption 260 N 32, 58 ff, 62, 260 a N 50, 59, 264 N 7, 8
– allgemein 252 N 96 ff, 259 N 20 ff
– Alter des Kindes 260 N 81 ff
– Altersunterschied 260 N 66
– Anfechtung der A. s. Anfechtung der Anerkennung eines Kindes
– und Anfechtung der Ehelichkeitsvermutung 260 N 42, 116
– durch die Angehörigen 260 N 14, 127 ff
– Aufhebung der A. 260 a N 51, 120 ff
– Auszug aus dem Zivilstandsregister 260 N 165
– Bedingungen 260 N 34 ff, 104, 119, 154, 260 a N 10, 23 ff, 36 f, 54, 131
– und Beiwohnung 260 N 9, 67
– Belehrung des Anerkennenden 260 N 107 f, 137
– Berichtigungsverfahren bei unwirksamer A. 260 a N 40 ff
– durch Bevormundete 260 N 72 f, 75, 79, 126
– Beweis der A. 256 N 10, 260 N 159
– bei Blutschande 260 N 90
– briefliche A. 260 N 110
– Bürgerrecht 260 N 173

Anerkennung eines Kindes (Fortsetzung)
- CIEC-Übereinkommen Einl N 22, 260 N 185
- durch Dritten 255 N 53, 56, 259 N 15, 260 N 36 ff, 43, 51 ff, 104
- A. des Ehebruchskindes 260 N 90
- A. des eigenen Ehegatten als Kind 260 N 91, 171
- Ehehindernis als Wirkung der A. 260 N 91
- und Ehelicherklärung 260 N 20 f
- und Ehelichkeitsvermutung 255 N 53, 56, 260 N 16 ff, 51 f, 117
- Einsprache gegen die A. 260 a N 51, 260 b N 4 f, 17
- Eintragung 260 N 38, 110 ff, 161 ff
- Eintragung der A. durch Dritten 255 N 53, 56, 260 N 38
- Eintragung der unwirksamen A. 260 N 168
- und Einzeladoption 260 N 59 f
- elterliche Gewalt 260 N 13, 176
- durch die Eltern des Ehemannes 259 N 103
- Entmündigte 260 N 72 f, 75, 79, 126
- Entstehung eines einfachen Kindesverhältnisses 252 N 98, 260 N 18
- und Erbeinsetzung 260 N 149
- erbrechtliche Wirkungen der A. 260 N 85, 177
- durch Erbvertrag? 260 N 145
- Familienname 260 N 173, 260 a N 127 f
- favor recognitionis 260 N 33, 38, 101, 186
- Fehlen des väterlichen Kindesverhältnisses als Voraussetzung der A. 259 N 15 ff, 260 N 50 ff, 103 f
- Feststellung der Identität der Beteiligten 260 N 96 ff, 134
- Findelkind 260 N 48, 260 a N 12
- Form 260 N 92 ff, 132
- Formalismus, überspitzter 260 N 95
- Frist 260 c N 6 ff
- vor der Geburt 255 N 53, 260 N 35, 39, 49, 81, 118, 260 a N 24 f
- gesetzlicher Vertreter des Anerkennenden 260 N 13 ff, 110
- Gleichwertigkeit der ausländischen Anerkennung 260 N 198
- durch den Grossvater 259 N 6, 13, 127
- Handlungsfähigkeit des Anerkennenden 260 N 68 ff, 126
- und Heirat der Eltern 259 N 20 ff
- Identität der Beteiligten 260 N 96 ff, 134
- internationales Recht 260 N 101, 135, 185 ff

Anerkennung eines Kindes (Fortsetzung)
- internationale Zuständigkeit 260 N 187 ff, 260 a N 18
- intertemporales Recht 260 N 54 ff, 179 ff
- IPR-Gesetz (Entwurf) 260 N 187 ff
- Kenntnisnahme durch die Heimatgemeinde 260 c N 12
- Kenntnisnahme durch das Kind 260 c N 12
- Kenntnisnahme durch die Mutter 260 b N 12
- Kindesverhältnis zu Drittem 260 a N 14, 25, 28, 41
- Kindeswohl 260 N 39 ff, 89
- und kombinierte Klage 260 N 28, 124, 138
- Kosten 260 N 117 a
- nach künstlicher Insemination 260 N 62 f
- durch letztwillige Verfügung 254 N 17, 260 N 38, 80, 92, 145 ff, 151, 260 a N 7, 50
- Löschung der A. 260 N 117, 260 a N 35, 46 f, 53, 125
- und medizinisch-ethische Richtlinien für artifizielle Insemination 260 N 62
- mehrfache A. 260 N 53
- Mindestalter des Anerkennenden 260 N 69, 146
- Mitteilung 260 N 152 ff
- Mitteilung ins Ausland 260 N 160
- Möglichkeit der Vaterschaft als Voraussetzung der A. 260 N 62 ff, 105 f, 260 a N 13
- durch die Mutter 252 N 85
- mütterliches Kindesverhältnis 259 N 14, 260 N 47 ff, 102, 260 a N 12
- Nichtigerklärung der Ehe wegen A.? 260 N 171
- Nichtigkeit der A. 260 N 171, 260 a N 8 ff
- und Nichtvaterschaft des Anerkennenden 260 N 62 ff
- Offizialmaxime 260 N 136
- Ordre public 260 N 197, 202 f
- und persönlicher Verkehr 260 N 174
- Persönlichkeitsrecht 260 N 11 ff, 129
- pränatale A. 255 N 53, 260 N 35, 39, 49, 81, 118, 260 a N 24
- Protokollierung 260 N 139, 260 a N 48
- Prüfung der Anerkennungserklärung 260 N 44, 95 ff, 134 ff, 161
- Rechtsgeschichte 260 N 4 ff
- Rechtsmissbrauch 260 a N 61, 85, 88
- Rechtsnatur 260 N 8 ff
- Rechtspolitik 260 N 151

Anerkennung eines Kindes (Fortsetzung)
- Rechtsvergleichung 260 N 3
- vor dem Richter 260 N 38, 92, 120 ff, 134 ff, 155, 190
- Rückzug 260 a N 51
- sachliche Zuständigkeit Einl N 22, 260 N 93, 260 a N 16 ff, 41
- Scheidung der Eltern 260 N 42, 117
- schriftliche A. 260 N 110
- Statistik 260 N 204
- und Strafurteil 260 a N 61
- im Sühnverfahren 260 N 121, 140
- bei Superfetatio 254 N 158, 260 N 88
- telefonische A. 260 N 110
- Textgeschichte 260 N 7
- Tod des Kindes 260 N 84 f
- Tod des Vaters 260 N 127 ff
- Totgeburt 260 N 86, 117, 260 a N 11, 24, 41
- bei Überfruchtung 254 N 158, 260 N 88
- überspitzter Formalismus 260 N 95
- Ungültigkeit 260 N 6 ff, 260 N 168
- Unmöglichkeit der Vaterschaft 260 a N 13
- Unmündigkeit des Anerkennenden 260 N 72 f, 75, 79, 126
- Unmündigkeit der Angehörigen des verstorbenen Vaters 260 N 129
- und Unterhaltsklage 260 N 25 ff
- Unterhaltspflicht 260 N 175, 260 a N 129
- und Unterhaltsvertrag 260 N 27, 29 ff
- und Unterstellung der altrechtlichen Adoption 260 N 61
- Unterzeichnung der A. 260 N 115, 260 a N 21
- Unwahrheit der A. 260 N 62, 260 a N 6 f, 49 ff, 61
- Unwirksamkeit der A. 260 N 168, 260 a N 6 ff, 24, 27, 29 ff, 46 ff
- Unzulässigkeit der A. 260 N 62 ff
- Unzuständigkeit 260 a N 16 ff
- Urteilsunfähigkeit des Anerkennenden 260 N 69, 99, 126, 260 a N 8
- väterliches Kindesverhältnis fehlt 259 N 15 ff, 260 N 50 ff, 103 f
- und Vaterschaftsklage 260 N 22 ff, 39, 54 ff, 65, 92, 120 ff, 261 N 10, 15, 31
- und Vaterschaftsurteil 260 N 54 ff
- Vereinbarung 260 a N 51
- Verletzung von Verfahrensvorschriften 260 a N 20 ff
- und Vermächtnis 260 N 149
- Vertretung 260 N 13 ff, 110, 129

Anerkennung eines Kindes (Fortsetzung)
- Verwandtenunterstützungspflicht 260 N 175
- Verzicht auf A. 260 N 11
- Voraussetzungen 260 N 36 ff, 47 ff
- und Vormund 260 N 13, 73
- A. vor der Vormundschaftsbehörde? 260 N 93
- Wahrheit der A. 260 N 62, 260 a N 6 f, 49 ff, 61
- Widerruf 260 a N 51
- Willensmangel 260 a N 8 ff, 91 ff, 260 b N 9, 260 c N 18
- Wirksamkeit 260 N 38, 150, 168, 260 a N 6 ff, 24, 27, 29 ff, 46 ff
- Wirkungen 260 N 131, 140 ff, 170 ff
- durch die Wohnsitzbehörde 260 N 130
- Zeitpunkt der A. 260 N 81 ff
- und Zeugung 260 N 9, 82
- vor Zeugung 260 N 82, 260 a N 11
- vor dem Zivilstandsbeamten 260 N 38, 44, 92 ff, 123, 152 ff
- Zuständigkeit zur Entgegennahme der A. 260 N 93 f, 187 ff, 260 a N 16 ff, 41
- Zustimmung zur A. 260 N 12, 70 ff, 89, 147, 172, 193, 260 a N 8
- Zwillinge 260 N 87 f

Anerkennungsregister
- Eintragung der Anerkennungen 252 N 33, 260 N 111 ff, 260 a N 36, 47
- Löschung der Anerkennungen 260 N 117, 260 a N 35, 46 f, 53, 125

Anfechtung des Absehens von der Zustimmung zur Adoption 265 d N 27

Anfechtung der Adoption
- durch das Adoptivkind 265 N 14 f, 269 N 23, 269 a N 10
- Aktivlegitimation 265 N 14 f, 269 N 23 ff, 269 a N 9 ff
- allgemein Einl Ad N 35, 269 N 3, 10 ff
- Anerkennung der Klage? 269 N 11 a
- und Anfechtung der Anerkennung eines Kindes 260 a N 59
- Aufhebbarkeit der Adoption 269 N 3 f
- Ausschluss der Klage 269 a N 8 ff
- Berufung ans Bundesgericht 265 d N 30, 269 N 16, 24, 269 b N 8
- Bürgerrecht 259 N 88
- bei Bürgerrechtsadoption 269 a N 7
- durch die andern Kinder des Adoptierenden 269 a N 10
- Eintragung 269 N 19

Anfechtung der Adoption (Fortsetzung)
- durch die Erben der Adoptiveltern oder des Adoptivkindes 269a N 10
- wegen Fehlens des Pflegeverhältnisses 269a N 6
- wegen Fehlens einer Zustimmung 265 N 31a, 269 N 20ff
- wegen Formfehler? 269a N 14ff
- Frist 269b N 3ff
- durch die Heimatgemeinde 269a N 10, 10b
- internationales Recht 269 N 19a
- kantonales Recht 269a N 10b
- Kindeswohl 269 N 26ff, 269a N 4ff, 10a
- durch das leibliche Kind der Adoptiveltern 269a N 10
- durch die leiblichen Eltern 269a N 10
- wegen Nichtbeachtung des Mindestalters 269 N 9, 269a N 5, 8
- wegen Nichtbeachtung der Sperrfrist 269 N 21
- öffentliches Interesse 269 N 4ff
- örtliche Zuständigkeit 269 N 13
- Passivlegitimation 269 N 14
- Rechtsgeschichte 269 N 2b, 269b N 2a
- Rechtsmissbrauch 269a N 12
- und andere Rechtsmittel gegen Adoptionsentscheid 268 N 65, 269 N 16
- Rechtsvergleichung 269 N 2a, 269b N 2a
- sachliche Zuständigkeit 269 N 12
- wegen Schwangerschaft der Adoptierenden 266 N 14
- Textgeschichte 269 N 2c, 269a N 2a, 269b N 2a
- wegen Ungültigkeit der Adoption 269 N 6ff
- Unmündigkeit des Kindes 265 N 17a
- wegen Unterlassung der Mitteilung des Absehens von der Zustimmung zur Adoption 269 N 21
- wegen Unterlassung der Protokollierung der Zustimmung zur Adoption 269 N 22
- wegen mangelhafter Untersuchung 269a N 15
- wegen Unzuständigkeit 269 N 9, 22
- wegen Verletzung der Ausstandsvorschriften 269 N 9
- wegen Verletzung materiellen Rechts 269 N 9f
- wegen Verletzung von Verfahrensvorschriften 269a N 14ff
- Wiederherstellung der Klagefrist 269b N 10

Anfechtung der Adoption (Fortsetzung)
- wegen Willensmangel 269 N 21, 269a N 7a, 16
- Wirkung 269 N 18f, 269b N 5
- durch die Wohnsitzgemeinde 269a N 10, 10b
- wegen Zurücksetzung der andern Kinder 264 N 77, 269a N 7

Anfechtung der Anerkennung eines Kindes
- und Abstammungsgutachten 254 N 189ff
- im Adhäsionsverfahren 260a N 51
- und Adoption 259 N 85, 260a N 50, 59, 66
- Aktivlegitimation 259 N 91ff, 104ff, 260a N 62, 72ff, 86
- allgemein 259 N 82, 260a N 49ff
- durch den Anerkennenden 260a N 88ff, 114
- Anerkennung der Klage auf A. 260a N 116
- nach Anerkennung des Kindes durch Dritten 260 N 43
- und Anfechtung der Adoption 260a N 59
- und Anfechtung der Ehelichkeitsvermutung 260a N 57
- durch die Angehörigen des Ehemannes 259 N 102
- bei bedingter Anerkennung 260a N 54
- Beistand 260a N 78
- und Beiwohnung 260b N 18ff, 26ff
- und Berichtigungsverfahren 260a N 40ff, 60
- Berufung ans Bundesgericht 260a N 119
- Beweis 256a/256b N 33ff, 260b N 7, 12ff, 26ff
- Beweislast 260b N 10ff
- Bürgerrecht 260a N 127
- durch die Ehefrau des Anerkennenden 259 N 91ff, 260a N 104
- durch den Ehemann der Mutter 259 N 101ff
- Eintragung 260a N 123ff
- und elterliche Gewalt 259 N 90
- durch die Eltern des Ehemannes 259 N 103
- Entmündigte 260a N 74, 90, 102, 112
- durch die Erben der Mutter des anerkannten Kindes 259 N 91ff, 260a N 106
- Erblichkeit des Klagerechts 260a N 74, 102
- Erledigung 260a N 116ff
- durch den Erzeuger des Kindes 259 N 91ff, 260a N 103
- Familienname 259 N 87

Anfechtung der Anerkennung eines Kindes (Fortsetzung)
- Frist 260c N 6ff
- Gegenstand der Anfechtungsklage 260a N 56
- durch die Heimatgemeinde 259 N 97ff, 260a N 62, 84ff
- nach Heirat der Eltern 259 N 82ff
- durch den Interessierten 260a N 101ff
- internationales Recht 259 N 114ff, 124, 260a N 135ff, 260c N 44
- internationale Zuständigkeit 260a N 135
- intertemporales Recht 259 N 108ff, 260a N 133f, 260b N 137ff
- kantonales Recht 260a N 87
- durch das Kind 259 N 93f, 106, 260a N 75ff
- Klagegrund 260b N 6ff
- bei künstlicher Insemination 260b N 21ff
- Löschung der Anerkennung 260 N 117, 260a N 35, 46f, 53, 125
- bei Mehrverkehr der Mutter 260a N 95ff, 260c N 17
- Mitteilung 260a N 120ff
- durch die Mutter 259 N 92, 260a N 73f
- Nachfrist 256c N 62, 260c N 35
- durch die Nachkommen des Kindes 254 N 14, 259 N 95f, 260a N 79ff
- und Nichtigkeit der Anerkennung 260a N 53
- Nichtvaterschaft als Klagegrund 260b N 6ff
- öffentliches Interesse 259 N 97
- Offizialmaxime 260b N 11, 18
- örtliche Zuständigkeit 253 N 6ff, 260 N 94, 260a N 19
- Passivlegitimation 260a N 109ff
- Persönlichkeitsrecht 260a N 74
- Prozesserledigung 260a N 116ff
- Rechtsgeschichte 259 N 4ff, 108ff, 260a N 4, 260b N 4, 260c N 4
- bei Rechtsmissbrauch 259 N 99
- Rechtsmittel 256 N 104ff, 260a N 119
- Rechtsnatur der Anfechtungsklage 260a N 56
- Rechtsvergleichung 259 N 3, 260a N 3, 260b N 3, 260c N 3
- Revision 260 N 140
- Rückzug 260a N 116
- Scheidung der Eltern 259 N 106f
- Schweizerbürgerrecht 259 N 88
- und Statusfeststellungsklage 260a N 51
- Streitgenossenschaft 260a N 110

Anfechtung der Anerkennung eines Kindes (Fortsetzung)
- Sühnverfahren 260a N 69
- Textgeschichte 259 N 9f, 260a N 5, 260b N 5, 260c N 5
- Tod des Beklagten 260a N 113
- Tod des Kindes 259 N 95f, 260a N 79ff, 260c N 23, 25
- Tod des Klageberechtigten 260a N 67, 102
- Unmündigkeit des Anerkennenden 260a N 90, 102
- Unmündigkeit des Beklagten 260a N 112
- Untergang des Klagerechts 260a N 63ff
- Unterhaltspflicht 259 N 89, 260a N 129
- Urteilsunfähigkeit des Anerkennenden 260a N 90
- Urteilsunfähigkeit des Beklagten 260a N 112
- Urteilsunfähigkeit der Interessierten 260a N 102
- Urteilsunfähigkeit der Mutter 260a N 74
- und Vaterschaftsklage (allgemein) 260a N 58
- im Vaterschaftsprozess 261 N 86ff
- nach Vaterschaftsurteil 259 N 83
- Vererblichkeit des Klagerechts 260a N 74, 102
- Verfahren 254 N 9ff, 260a N 69
- Vertretung 260a N 74, 90, 102, 112
- durch die Verwandten des Anerkennenden 259 N 91ff, 260a N 105
- Voraussetzungen 260a N 53ff
- Widerruf 260a N 116
- Wiederherstellung der Anfechtungsfrist 260c N 28ff, 36
- wegen Willensmangel 260a N 8ff, 91ff, 260b N 9
- Wirkung 259 N 84, 260a N 118, 126ff
- durch die Wohnsitzgemeinde 259 N 97ff, 260a N 62, 84ff

Anfechtung der Ehelicherklärung 259 N 113, 260a N 134

Anfechtung der Ehelichkeitsvermutung
- und Abstammungsgutachten 254 N 189ff
- Abweisung der Klage 256 N 98
- und Adoption 255 N 12f, 21
- Aktivlegitimation 256 N 34ff, 51ff, 258 N 7ff
- allgemein 255 N 14, 16, 37, 61, 256 N 6ff
- und Anerkennung eines Kindes 260 N 42, 116

Anfechtung der
Ehelichkeitsvermutung (Fortsetzung)
- und Anfechtung der Anerkennung eines Kindes 260a N 57
- und Aufhebung der Hausgemeinschaft 256 N 58, 60 ff, 256a/256b N 10
- Beistand 256 N 70, 91 f, 115
- Beiwohnung des Ehemannes 255 N 43, 256a/256b N 33 ff, 17 ff
- Berufung ans Bundesgericht 256 N 104
- Beweis 256a/256b N 27
- Beweislast 256a/256b N 8 f, 11, 27 ff
- Bürgerrecht 256 N 112
- durch Dritte? 256 N 76 ff
- durch das Ehebruchskind 256 N 61
- durch den Ehemann 256 N 34 ff
- Eintragung 256 N 109 ff
- durch die Eltern des Ehemannes 258 N 7 ff
- Entmündigte 256 N 37, 69, 91 f, 256c N 20, 258 N 7, 17
- Erblichkeit des Klagerechts 256 N 36 f, 47, 69 f
- erbrechtliche Wirkungen der A. 256 N 134
- Erledigung 256 N 94 ff
- erleichterte Anfechtung der Ehelichkeitsvermutung 256a/256b N 9, 10 ff
- durch den Erzeuger des Kindes 256 N 35
- Familienname 256 N 112
- Frist 256c N 7 ff, 258 N 8, 14 f
- vor der Geburt 256c N 7
- Gegenstand der Klage 256 N 16 f
- Gestaltungsklage 256 N 17
- und Heirat des Kindes 256 N 64
- Hinterlegung von Unterhaltsbeiträgen 256 N 30, 122
- internationales Recht 256 N 137 ff, 256c N 70
- intertemporales Recht 256 N 135 f, 256c N 64 ff, 258 N 18
- Intervention 256 N 93
- durch das Kind 256 N 51 ff
- Kindeswohl 256 N 57 f, 61, 73
- Klagegrund 256a/256b N 6 ff
- Klagenkonkurrenz 256 N 54 ff
- Kosten 256 N 103
- bei künstlicher Insemination 256 N 46, 59, 256a/256b N 37 ff
- Mitteilung 256 N 107 f
- und Mündigerklärung des Kindes 256 N 64
- Mündigkeit des Kindes 256c N 32

Anfechtung der
Ehelichkeitsvermutung (Fortsetzung)
- durch die Mutter? 256 N 77
- mütterliches Kindesverhältnis 256 N 112
- Nichtvaterschaft als Klagegrund 256a/256b N 6 ff, 256c N 16 ff
- ordentliche Anfechtung der Ehelichkeitsvermutung 256a/256b N 9, 24 ff
- Ordre public 256 N 141
- örtliche Zuständigkeit 253 N 6 ff, 256 N 24, 71
- Passivlegitimation 256 N 80 ff, 258 N 7 ff
- Persönlichkeitsrecht 256 N 36 f, 47, 69 f
- Prozesserledigung 256 N 94 ff
- Rechtsgeschichte 256 N 4, 76, 256a/256b N 4, 256c N 4 f, 258 N 4 f
- Rechtsmissbrauch 256 N 48 ff
- Rechtsmittel 256 N 75, 104 ff
- Rechtsnatur der Klage 256 N 17
- Rechtspolitik 256 N 143, 256a/256b N 40
- Rechtsvergleichung 256 N 3, 256a/256b N 3, 256c N 3, 258 N 3
- Rückforderung von Unterhaltsleistungen nach A. 256 N 123 ff
- Rückwirkung 256 N 99
- Rückzug 256 N 94 ff
- Schadenersatzpflicht nach A. 256 N 128 ff
- Scheidung der Eltern 256 N 121
- Schwangerschaft während der Heirat 256 N 50
- staatsrechtliche Beschwerde 256 N 75
- und Stiefkindadoption 256 N 13
- Streitgenossenschaft 256 N 83 ff
- Sühnverfahren 256c N 39
- Textgeschichte 256 N 5, 256a/256b N 5, 256c N 6, 258 N 6
- Tod des Ehemannes 256 N 38, 87, 258 N 7
- Tod des Kindes 256 N 53, 88
- Tod des Klägers 256 N 22
- Tod der Mutter 256 N 89
- Totgeburt 256 N 14 f
- und Trennung 256 N 62
- Treu und Glauben 256 N 57 f
- Übergang der Unterhaltsforderung nach A. 256 N 123 f
- unentgeltliche Prozessführung 256 N 26 ff
- ungerechtfertigte Bereicherung nach A. 256 N 125 ff
- Unmündigkeit des Kindes 256 N 64 f
- Unterdrückung des Personenstandes 256 N 34

Anfechtung der
Ehelichkeitsvermutung (Fortsetzung)
- Untergang des Klagerechts 256 N 18 ff
- Unterlassung der Klage 256 N 41
- Unterhaltspflicht 256 N 121 ff
- Unzulässigkeit der Klage 256 N 11
- Urteilsunfähigkeit des Beklagten 256 N 91 f
- Urteilsunfähigkeit des Ehemannes 256 N 37, 256 c N 20, 258 N 7, 17
- Urteilsunfähigkeit des Kindes 256 N 69
- Vererblichkeit des Klagerechts 256 N 36 f, 47, 69 f
- Verfahren 256 N 25
- Vertretung 256 N 37, 69, 91 f, 256 c N 20, 258 N 7, 17
- Verzicht auf A. 256 N 47
- und Vormundschaftsbehörde 256 N 72 ff
- vorsorgliche Massnahmen 256 N 29 ff
- und Wiederaufnahme der Hausgemeinschaft 256 N 23
- Wiederherstellung der Frist 256 c N 45 ff, 63, 258 N 15
- Wiedervereinigung der Eltern 256 N 66 ff
- Widerruf 256 N 94 ff
- Wirkung der A. 256 N 112 ff
- massgebender Zeitpunkt 256 N 66 ff
- und Zeugung 256 a/256 b N 9 ff, 24 ff
- bei Zusammentreffen zweier Ehelichkeitsvermutungen 257 N 11 ff
- und Zustimmung zur Zeugung durch einen Dritten 256 N 23, 39 ff
- Zwillinge 256 N 52, 81, 83, 256 c N 30

Anfechtung des Kindesverhältnisses 252 N 34, 39; s. auch Anfechtung der Adoption, Anfechtung der Anerkennung eines Kindes, Anfechtung der Ehelichkeitsvermutung, Feststellung oder Anfechtung des Kindesverhältnisses

Anfechtung der Zustimmung zur Adoption 265 N 14 f, 265 b N 20 ff

Angehörige s. Verwandte

Angestammte Familie s. Leibliche Familie

Anhörung
- vor Absehen von der Zustimmung zur Adoption 265 d N 16 a
- des Erzeugers des Kindes vor der Adoption 265 a N 13
- der Verwandten vor der Adoption 265 a N 13, 18

Anhörung (Fortsetzung)
- durch die vormundschaftliche Aufsichtsbehörde vor der Erteilung der Zustimmung zur Adoption 265 N 29

Annahme an Kindesstatt s. Adoption

Anstaltsunterbringung
- und Pflegeverhältnis vor der Adoption 264 N 30 c, 266 N 17

Anthropobiometrisches Gutachten 254 N 176

Anthropologisches Gutachten
- allgemein 254 N 69; s. auch Abstammungsgutachten
- und andere Gutachten 254 N 194 ff, 199
- Beweis der Nichtvaterschaft 262 N 65 ff
- Beweis der Vaterschaft 256 N 56
- Beweis der geringeren Wahrscheinlichkeit der Vaterschaft 262 N 98
- Beweiswert 254 N 182
- Fremdrassigkeit eines Beteiligten 254 N 87
- Grundlagen 254 N 173 ff
- Kosten 254 N 187
- Mindestalter des Kindes 254 N 173 ff
- Mitwirkungspflicht 254 N 85, 89

Anwendbares Recht s. Internationales Recht

Arbeitsmethode des Adoptionsvermittlers 269 c N 27 a, 27 b

Arglist
- und Wiederherstellung der Anfechtungsfrist 256 c N 50

Armenrecht s. Unentgeltliche Prozessführung

Artifical Insemination s. Künstliche Insemination, Medizinisch-ethische Richtlinien

Arzt
- Auskunftspflicht bei künstlicher Insemination 261 N 68, 262 N 24
- Schadenersatzpflicht bei künstlicher Insemination 256 N 46, 119, 261 N 20, 68, 78 a, 102, 262 N 25 ff
- Schweigepflicht bei künstlicher Insemination 262 N 24
- Zeugnisverweigerungsrecht bei künstlicher Insemination 261 N 68

Aufenthalt s. Gewöhnlicher Aufenthalt, Unbekannter Aufenthalt

Aufhebung
- der Adoption Einl Ad N 23, 42, 267 N 24, 268 N 60, 269 N 3 f, 12, 18 f
- der Anerkennung eines Kindes 260 a N 51, 120 ff

Aufhebung (Fortsetzung)
– des gemeinsamen Haushalts s. Hausgemeinschaft
– des Pflegeverhältnisses 264 N 46 ff
– des Vaterschaftsurteils 261 N 96
– der Vormundschaft und Adoption 265 N 21
Aufklärung
– der Adoptiveltern 268a N 10, 269a N 16
– des Adoptivkindes über seine Herkunft 265 N 12, 268 N 81 a, 268b N 20
– der Nachkommen der Adoptiveltern 268a N 27
– der Pflegeeltern durch den Adoptionsvermittler 269c N 43 f
Auflagen s. Bedingungen
Aufsicht
– Adoptionsvermittlung 269c N 5 ff, 9, 13 f, 17 ff, 22 f, 66 ff
– Pflegeverhältnis vor der Adoption 264 N 31 e
– s. auch Aufsichtsbehörde im Zivilstandswesen, vormundschaftliche Aufsichtsbehörde
Aufsichtsbehörde im Zivilstandswesen
– Adoption 268 N 72 f, 75, 81
– Anerkennung eines Kindes 260 N 101, 189
– Berichtigungsverfahren 255 N 67, 260a N 40 ff
– Klage auf Feststellung des mütterlichen Kindesverhältnisses 252 N 52
– Rechtsmittelinstanz 255 N 54, 255 N 62, 76, 260a N 30
– Schadenersatzpflicht bei der Vaterschaftsklage 261 N 22
Auftrag und Adoptionsvermittlung 269c N 24
Aufwuchssituation, unrichtige 252 N 75
Ausbildung des Adoptionsvermittlers 269c N 27a
Auskunftspflicht
– des Adoptionsvermittlers 269c N 46 ff
– des Arztes bei künstlicher Insemination 261 N 68, 262 N 24
– der Mutter im Vaterschaftsprozess 261 N 67
Ausländer s. Internationales Recht
Ausländische Adoptionsvermittlungsstellen 269c N 63 f
Ausländische Entscheidungen s. Anerkennung ausländischer Entscheidungen
Ausländisches Recht s. Rechtsvergleichung

Ausländische Vertretungen in der Schweiz
– internationale Zuständigkeit 260 N 191, 260a N 18, 269 N 7
Auslandschweizer
– Adoption durch A. 267a N 15 f
– Zuständigkeit für die Adoption Einl Ad N 45, 268 N 9 g
– s. auch internationales Recht
Ausreisevorschriften und Adoptionsvermittlung 264 N 31 c, 269c N 37
Ausschlagung der Erbschaft
– und Passivlegitimation im Vaterschaftsprozess 261 N 80, 128
Ausschluss erster Klasse 254 N 135
Ausschluss zweiter Klasse 254 N 137, 152
Ausserehelichenbeistand s. Beistand
Ausserehelicherklärung 263 N 4
Aussereheliches Kindesverhältnis 252 N 25, 255 N 19; s. auch Commission Internationale d'Etat Civil
Aussereheliches Kind
– Adoption des eigenen ausserehelichen Kindes nach früherem Recht 264 N 6 ff
– europäisches Übereinkommen Einl N 19, 260 N 7, 261 N 11, Text S. 649
– und Stiefkindadoption 264 N 6 ff
– s. auch Anerkennung eines Kindes, Vaterschaftsklage
Aussetzung eines Kindes s. Findelkind
Aussichtslosigkeit des Prozesses s. Unentgeltliche Prozessführung
Ausstandsvorschriften
– Verletzung von A. bei der Adoption 269 N 9
– s. auch Befangenheit
Auszüge aus dem Zivilstandsregister
– bei der Adoption 268 N 80 ff
– und Anerkennung eines Kindes 260 N 165
– s. auch Zivilstandsurkunden
AVACH 254 N 146 f

Bedingungen
– bei der Anerkennung eines Kindes 260 N 34 ff, 104, 119, 154, 260a N 10, 23 ff, 36 f, 54, 131
– bei der Zustimmung zur Adoption 265a N 43 ff
Bedürftigkeit s. Unentgeltliche Prozessführung
Befangenheit 254 N 62; s. auch Ausstandsvorschriften
Befruchtung (künstliche) s. Künstliche Insemination

Begründung
– des Entscheids über das Absehen von der Zustimmung zur Adoption 265 d N 22
– des Adoptionsentscheids 268 N 44 ff
Behauptungslast s. Beweislast
Behörde s. Heimatbehörde, Wohnsitzbehörde
Beischläfer
– Nichtvaterschaft des B. s. Nichtvaterschaft
– Vermutung der Vaterschaft des B. s. Vaterschaftsvermutung
Beistand
– bei Adoption durch Vormund 265 N 23
– Anfechtung der Anerkennung eines Kindes 260 a N 78
– Anfechtung der Ehelichkeitsvermutung 256 N 70, 91 f, 115
– bei Heirat der Eltern 259 N 65, 78
– Kindeswohl 265 a N 4 a ff
– Schadenersatzpflicht bei Vaterschaftsklage 261 N 21
– Stiefkindadoption 265 a N 4 a ff
– Unentgeltlichkeit 254 N 35
– Vaterschaftsklage 261 N 48 f
– und Zustimmung zur Adoption 265 N 18, 265 a N 4, 4 a, 22
Beistandspflicht der Ehegatten 256 N 29
Beiwohnung
– allgemein 262 N 21 ff
– und Anerkennung eines Kindes 260 N 9, 67
– bei Anfechtung der Anerkennung 260 b N 18 ff, 26 ff
– Beweis 256 a/256 b N 33 ff, 260 b N 26 ff, 262 N 28 ff, 42 ff
– Beweislast 262 N 29 ff
– Beweismittel 262 N 32 ff
– Beiwohnung Dritter s. Mehrverkehr
– des Ehemannes, und Ehelichkeitsvermutung 255 N 43 ff, 256 a/256 b N 17 ff, 33 ff
– Eid 262 N 34, 36
– und Geburt 262 N 51 ff
– Geständnis der B. 262 N 37
– Glaubhaftmachung 256 a/256 b N 19 ff, 260 b N 18 ff
– Impotenz 256 a/256 b N 33, 262 N 21
– Indizienbeweis 262 N 42 ff
– und künstliche Insemination 256 a/256 b N 37 ff, 262 N 23 ff
– moralische Unmöglichkeit 256 a/256 b N 33 ff, 260 b N 31
– Nichtvaterschaft trotz B. 262 N 62 ff, 100 ff

Beiwohnung (Fortsetzung)
– und Parteiaussage 256 a/256 b N 19 ff
– Photographie 262 N 38
– und postmortale Insemination 262 N 23 a
– Risiko der Nichtvaterschaft 262 N 100
– Schadenersatz 261 N 25
– und Vaterschaftsvermutung 262 N 18, 21 ff
– Vermutung der B. 256 a/256 b N 33 ff
– Zeugenaussage 262 N 33, 39 f
– und Zeugung 262 N 51 ff
– s. auch Beischläfer
Bekanntenadoption Einl Ad N 13
Belehrung des Anerkennenden 260 N 107 f, 137
Berichtigungsverfahren
– allgemein 252 N 60 ff, 254 N 26, 255 N 63 ff
– und Anfechtung der Anerkennung eines Kindes 260 a N 40 ff, 60
– Aufhebung des väterlichen Kindesverhältnisses 256 N 7
– ausländische Urkunde 252 N 73
– Beweisverfahren 254 N 70, 77 ff
– bei der Ehelichkeitsvermutung 255 N 57 ff, 62 ff
– freiwillige Gerichtsbarkeit 255 N 64
– Feststellungsklage 255 N 72
– Geschlechtsänderung 252 N 61 f
– Gestaltungsklage 255 N 72
– Identitätsfeststellung 252 N 74
– internationales Recht 252 N 80
– bei offenbarem Irrtum 255 N 78
– keine Anwendung von Art. 253 253 N 13
– bei Kindesunterschiebung 252 N 71 f
– örtliche Zuständigkeit 253 N 13, 43
– beim Pflegeverhältnis 252 N 75
– Rechtsmissbrauch 255 N 66
– sachliche Zuständigkeit 260 a N 40 f
– und Vaterschaftsklage 261 N 27
– bei offenbarem Versehen 255 N 68
– bei unrichtiger Aufwuchssituation 252 N 75
– bei unwirksamer Anerkennung eines Kindes 260 a N 44 ff
– Zuständigkeit des Richters 260 a N 43
Berufsgeheimnis
– und Adoptionsgeheimnis 268 b N 11 a, 29
Berufsmässigkeit der Adoptionsvermittlung 269 c N 25 f
Berufung ans Bundesgericht
– Absehen von der Zustimmung der Eltern 265 d N 30 ff, 269 N 24
– Abstammungsgutachten 254 N 198, 262 N 46, 58

Sachregister 731

Berufung ans Bundesgericht (Fortsetzung)
- Adoptionsentscheid 268 N 67 ff
- Anfechtung der Adoption 265 d N 30, 269 N 16, 24, 269 b N 8
- Anfechtung der Anerkennung eines Kindes 260 a N 119
- Anfechtung der Ehelichkeitsvermutung 256 N 104
- Beweiswürdigung 254 N 198, 262 N 46, 58, 84, 94
- Feststellung oder Anfechtung des Kindesverhältnisses 253 N 50
- Feststellungen über tatsächliche Verhältnisse 254 N 55
- freie Beweiswürdigung 254 N 64
- kombinierte Klage 261 N 96
- Offizialmaxime 254 N 55
- Pflegekindbewilligung 264 N 31 c
- Vaterschaftsklage 261 N 96
- Verweigerung der Zustimmung der vormundschaftlichen Aufsichtsbehörde zur Adoption 265 a N 4 c
- und Wohnsitz 253 N 50

Beschwerde
- gegen Entscheid über das Absehen von der Zustimmung zur Adoption 265 d N 28
- gegen die Handlungen des Vormundes 264 N 46
- gegen Entscheid der Vormundschaftsbehörde 256 N 75, 265 d N 28
- gegen Entscheid des Zivilstandsbeamten 255 N 54, 76

Besuchsrecht s. Persönlicher Verkehr
Beurkundung s. Zivilstandsregister
Bevormundete
- Adoption Bevormundeter 265 N 18 ff; s. auch Entmündigte
- Anerkennung eines Kindes durch B. 260 N 72 f, 75, 79, 126
- s. auch Entmündigte

Beweggründe der Adoption 268 a N 9, 269 a N 7
Beweis
- der Abstammung s. Abstammungsgutachten
- der Anerkennung eines Kindes 256 N 10, 260 N 159
- bei Anfechtung der Ehelichkeitsvermutung 256 a/256 b N 27
- der Beiwohnung 262 N 28 ff, 42 ff
- Berufung ans Bundesgericht 254 N 198, 262 N 46, 58, 84, 94
- der Ehelichkeitsvermutung 256 N 10

Beweis (Fortsetzung)
- der Empfängniszeit 262 N 51
- der Existenz des Beklagten 261 N 65 a
- Gegenbeweis bei der Vaterschaftsvermutung 262 N 15, 20
- der geringeren Wahrscheinlichkeit der Vaterschaft 262 N 70 ff, 81, 95 ff
- Indizienbeweis 262 N 42 ff, 81
- kantonales Recht 254 N 48, 57, 61
- des Kindesverhältnisses 252 N 33
- des Mehrverkehrs 262 N 74 ff
- der Nichtbeiwohnung 256 a/256 b N 33 ff, 260 b N 26 ff
- der Nichtvaterschaft 256 a/256 b N 33 ff, 36, 260 b N 7, 12 ff, 25 ff, 262 N 57 ff
- Offizialmaxime 254 N 47 ff, 71
- Rechtsmittel 254 N 198, 262 N 46, 48, 84, 94
- unentgeltliche Prozessführung 254 N 50
- der Vaterschaft 256 N 56, 262 N 56 ff, 105 ff
- der Vaterschaft eines Dritten 262 N 68 f
- bei der Vaterschaftsvermutung 262 N 28 ff
- Verfahren 254 N 47 ff, 256 a/256 b N 27
- der Wahrscheinlichkeit der Vaterschaft 262 N 16, 98
- der Zeugung 255 N 34, 37, 256 a/256 b N 13

Beweislast
- Anfechtung der Anerkennung eines Kindes 260 b N 10 ff
- Anfechtung der Ehelichkeitsvermutung 256 a/256 b N 8 f, 11, 27 ff
- Beiwohnung 262 N 29 ff
- und Beweiswürdigung 254 N 65
- bei Ehelichkeitsvermutung 255 N 12 ff
- Vaterschaftsklage 261 N 65 a, 262 N 8 ff, 63, 74
- Wohnsitz 253 N 39
- Zustimmung zur Zeugung durch einen Dritten 256 N 42

Beweismittel
- Berufung ans Bundesgericht 254 N 198
- Photographie 262 N 38
- Prozessakten 262 N 35
- Reihenfolge der B. 254 N 60
- Zulassung von B. 254 N 59 f, 198
- s. auch Abstammungsgutachten, Eid, Geständnis, Handgelübde, Indizien, Zivilstandsregister

Beweisaussage s. Parteiaussage, Zeugenaussage
Beweisregeln 254 N 61
Beweisthema
- Wirkung der Ehelichkeitsvermutung 255 N 12 ff

Beweisverfahren s. Beweis
Beweiswert
- anthropologisches Gutachten 254 N 182
- Blutgruppengutachten 254 N 150
- serostatistisches Gutachten 254 N 164 ff, 262 N 69
- Zivilstandsregister 260 N 169

Beweiswürdigung, freie
- bei Abstammungsgutachten 254 N 93 f, 103 ff
- allgemein 254 N 56 ff
- Berufung ans Bundesgericht 254 N 64
- und Beweislast 254 N 65
- Bundesrecht und kantonales Recht 254 N 57 f

Beweiswürdigung, willkürliche s. Staatsrechtliche Beschwerde

Bewilligung für die Adoptionsvermittlung
- Entziehung 269 c N 55 ff
- Erlöschen 269 c N 30
- Grundlagen 269 c N 15
- Gültigkeitsdauer 269 c N 30
- Inhaber 269 c N 32
- Pflicht 269 c N 14 ff, 21, 25 ff, 52, 58 ff
- Rechtsnatur 269 c N 30
- Voraussetzungen 269 c N 27 ff
- Wirkung 269 c N 31

Bewilligung für die Aufnahme von Pflegekindern 264 N 31 a ff, 269 c N 39, 42

Bigamie und Ehelichkeitsvermutung 257 N 8

Biologische Gutachten s. Abstammungsgutachten

Blankozustimmung der vormundschaftlichen Aufsichtsbehörde zur Adoption 265 N 27

Blutgruppengutachten
- allgemein 254 N 69; s. auch Abstammungsgutachten
- und andere Gutachten 254 N 189, 199
- Beweis der Nichtvaterschaft 262 N 64 ff
- Beweiswert 254 N 150
- Grundlagen 254 N 131 ff, 135 ff, 148 ff
- Kosten 254 N 159
- Mindestalter des Kindes 254 N 133
- Mitwirkungspflicht 254 N 85, 89
- Rotes Kreuz 254 N 132
- Statistik 254 N 155
- bei Verstorbenen 254 N 156
- bei Zwillingen 254 N 156 ff

Blutschande
- und Adoption 267 N 81
- und Anerkennung eines Kindes 260 N 90

Blutschande (Fortsetzung)
- und Kindesverhältnis 252 N 32
- und Vaterschaftsklage 261 N 11

Blutsverwandte
- und Adoption 267 N 26
- Mitwirkungspflicht bei Abstammungsgutachten 254 N 79
- Blutsverwandtschaft als Wirkung des Kindesverhältnisses 252 N 28 ff

Bundesgericht s. Berufung ans Bundesgericht, Nichtigkeitsbeschwerde, Staatsrechtliche Beschwerde, Verwaltungsgerichtsbeschwerde

Bundesrat
- Kompetenz zur Rechtssetzung auf dem Gebiet der Adoptionsvermittlung 269 c N 8, 10, 13, 15, 17

Bundesrecht
- Feststellung und Anfechtung des Kindesverhältnisses 254 N 9 ff, 22 ff
- freie Beweiswürdigung 254 N 58
- B. und kantonales Recht s. Kantonales Recht
- Zivilprozessrecht 253 N 5, 254 N 22 ff

Bundesverfassung Einl N 24; s. auch Verfassungsrecht

Bürgerrecht
- nach Adoption 267 N 75, 267 a N 6 f
- nach Anerkennung eines Kindes 260 N 173
- nach Anfechtung der Adoption 259 N 88
- nach Anfechtung der Ehelichkeitsvermutung 256 N 112
- nach Aufhebung der Anerkennung 260 a N 127
- Bürgerrechtsadoption 269 a N 7
- Einzeladoption 267 a N 13
- nach dem Entwurf des Eherechts 259 N 58 a
- bei gemeinsamem Kindesverhältnis 259 N 49 ff
- gemeinschaftliche Adoption 267 a N 4 f
- nach Heirat der Eltern 259 N 49 ff
- internationales Recht 259 N 121, 267 a N 8 ff, 268 N 99
- intertemporales Recht 267 a N 16 a, 17
- Mündigenadoption 266 N 4, 32, 267 a N 17 f
- beim mütterlichen Kindesverhältnis 252 N 86
- Rechtsgeschichte 267 a N 2 b
- Rechtsvergleichung 267 a N 2 a
- Stiefkindadoption 264 a N 31, 267 a N 4
- Textgeschichte 267 a N 2 c

Bürgerrecht (Fortsetzung)
- Unmündigkeit des Adoptivkindes 267 a N 3 ff
- s. auch Schweizerbürgerrecht

Bürgerrechtsadoption 269 a N 7

Bürgerrechtsgesetz
- allgemein Einl N 31
- Text (Auszug) s. 683

Child's history 269 c N 40

CIEC s. Commission Internationale d'Etat Civil

Commission Internationale d'Etat Civil
- Übereinkommen über die Anerkennung ausserehelicher Kinder Einl N 22, 260 N 185, Text S. 656
- Übereinkommen über die mütterliche Abstammung Einl N 23, 76 ff, Text S. 658

Dispens vom Ehehindernis nach Adoption 267 N 30 ff

Dispositionsmaxime 254 N 17 ff, 44, 256 N 94 ff

Doppelberufung infolge Adoption 267 N 65

Doppelehe s. Bigamie

Doppelte Ehelichkeit s. Zusammentreffen zweier Ehelichkeitsvermutungen

Dritte
- Anerkennung eines Kindes durch einen D. 255 N 53, 56, 259 N 15, 260 N 36 ff, 43, 51 ff, 104
- Anfechtung der Ehelichkeitsvermutung? 256 N 76 ff
- Beiwohnung eines D., und Ehelichkeitsvermutung 255 N 25
- Eintragung Dritter als Eltern 256 N 7
- Kindesverhältnis zu Dritten und Kindesanerkennung 260 a N 14, 25, 28, 41
- Mitwirkungspflicht an Abstammungsgutachten s. Mitwirkungspflicht
- Vaterschaftsklage gegen D. 262 N 93, 263 N 12 ff
- Zeugung durch D. s. Zeugung

Dritte Welt
- Pflegekinderbewilligung für Pflegekind aus der Dritten Welt 264 N 31 a
- Vermittlung von Adoptivkindern aus der Dritten Welt Einl Ad N 47, 264 N 31 a

Drittverkehr s. Mehrverkehr

Drohung s. Willensmangel

Editionspflicht des Adoptionsvermittlers 269 c N 46 ff

egg transfer from donor 252 N 38

Ehe
- Bedeutung für das einfache Kindesverhältnis Einl N 64, 252 N 22 ff, 255 N 18
- Bedeutung für das Kindesrecht Einl N 64, 252 N 22 ff
- Dauer s. Mindestdauer der Ehe vor der Adoption
- Doppelehe s. Bigamie
- Entstehung des Kindesverhältnisses zum Ehemann s. Ehelichkeitsvermutung
- und favor legitimitatis 255 N 17
- Mindestdauer der E., und Adoption s. Mindestdauer
- der Mutter, Voraussetzung der Ehelichkeitsvermutung 255 N 9 ff, 22
- Nichtigkeit wegen Adoptivverwandtschaft 269 N 5
- Scheidung der E. s. Scheidung
- Ungültigkeit der E. s. Scheidung
- s. auch Heirat

Ehebruchskind
- Adoption des E. 264 N 7
- Anerkennung des E. 260 N 90
- Anfechtung der Ehelichkeitsvermutung 256 N 61
- Vaterschaftsklage 261 N 11

Ehefrau
- des Adoptierten 267 N 40
- Adoption der E. 267 N 39 ff
- des Anerkennenden, und Anfechtung der Anerkennung eines Kindes 259 N 91 ff, 260 a N 104

Ehegatte
- Abwesenheit, und Adoption 264 N 34, 264 b N 17
- und Adoption (allgemein) Einl Ad N 15, 38
- Adoption durch E. s. Gemeinschaftliche Adoption
- Adoption eines Ehepaars 266 N 6 a, 23 ff
- Adoption einer verheirateten Frau 267 N 39 ff
- Adoption eines verheirateten Mannes 267 N 40
- Anerkennung des eigenen Ehegatten als Kind 260 N 91, 171
- Beistandspflicht der Ehegatten 256 N 29
- Einzeladoption durch E. 264 b N 8, 14 ff

Ehegatte (Fortsetzung)
- unbekannter Aufenthalt eines E. 264 b N 17
- Unterhaltspflicht 267 N 50
- Urteilsfähigkeit, und gemeinschaftliche Adoption 264 b N 16
- Urteilsunfähigkeit bei der Einzeladoption 264 b N 16, 19
- Zustimmung zur Adoption des E. 266 N 23 ff
- Zustimmung zur Einzeladoption 264 b N 12, 15, 268 N 27, 31
- s. auch Ehefrau, Ehemann

Ehehindernis
- Dispens vom E. 267 N 30 ff
- wegen Schwägerschaft 267 N 27 f, 30 ff
- wegen Verwandtschaft 252 N 30, 267 N 27 ff
- Wirkung der Adoption Einl Ad N 40, 267 N 27 ff, 268 N 74, 269 N 4
- Wirkung der Anerkennung eines Kindes 260 N 91
- Wirkung des Kindesverhältnisses 252 N 30

Ehelicherklärung
- und Anerkennung eines Kindes 260 N 20 f
- Anfechtung 259 N 113, 260 a N 134
- Begriff 259 N 8, 108 ff, 260 N 20 f, 127
- intertemporales Recht 259 N 108 ff

Eheliches Kindesverhältnis 252 N 25, 255 N 19; s. auch Einheit des Kindesverhältnisses

Ehelichkeit, doppelte s. Zusammentreffen zweier Ehelichkeitsvermutungen

Ehelichkeitsvermutung
- und Achtung des Familienlebens 255 N 22
- allgemein 252 N 12, 95
- und Anerkennung eines Kindes 260 N 16 ff, 51 f, 117
- und Anerkennung des Kindes durch Dritten 255 N 53, 56
- Anfechtung der E. s. Anfechtung der Ehelichkeitsvermutung
- und Beiwohnung eines Dritten 255 N 25
- und Beiwohnung des Ehemannes 255 N 43 ff, 256 a/256 b N 17 ff, 33 ff
- Berichtigungsverfahren 255 N 57 ff, 62 ff
- Beseitigung der E. 255 N 14
- Beweis? 256 N 10
- Beweislast 255 N 12 ff
- und Beweisthema 255 N 12 ff
- und Bigamie 257 N 8
- Ehe der Mutter als Voraussetzung der E. 255 N 9 ff, 22

Ehelichkeitsvermutung (Fortsetzung)
- Eintragung 255 N 46 ff
- Familienbüchlein 255 N 50
- favor legitimitatis 255 N 17 ff
- Feststellungsklage 255 N 62, 77
- Fiktion als Wirkung der E. 255 N 16
- und Frauenwartefrist 255 N 32 ff, 257 N 7, 14
- Frist 255 N 29 ff, 33 ff, 37 ff
- und Geburt 255 N 23 ff, 33 ff, 72 ff
- gemeinsames Kindesverhältnis als Wirkung der E. 255 N 80
- und Hausgemeinschaft 255 N 26
- und Heirat der Eltern 255 N 24 ff, 259 N 11 ff
- internationales Recht 255 N 84 ff, 259 N 115 ff
- intertemporales Recht 255 N 83
- und Konkubinat 255 N 22
- bei künstlicher Insemination 255 N 36, 44 f
- Mehrheit von E. s. Zusammentreffen zweier Ehelichkeitsvermutungen
- bei Mehrverkehr 255 N 25, 43, 256 N 43, 256 c N 16 ff
- Mitteilung 255 N 46 ff
- mütterliches Kindesverhältnis 255 N 21
- bei einer Nichtehe 255 N 22
- nichtige Vermutung 256 N 6
- bei Nottrauung 255 N 24
- Ordre public 255 N 94 f
- Rechtsgeschichte 255 N 4 ff, 19, 256 N 4, 256 a/256 b N 4, 256 c N 4 f, 257 N 4, 258 N 4 f
- Rechtsnatur 255 N 12 ff
- Rechtspolitik 255 N 97
- Rechtsvergleichung 255 N 3, 256 N 3, 256 a/256 b N 3, 256 c N 3, 257 N 3, 258 N 3
- Scheidung der Eltern 255 N 22, 27 ff
- Schwangerschaft während der Frauenwartefrist 255 N 32
- bei Schwangerschaftsabbruch 255 N 22
- Statistik 255 N 98 ff
- Textgeschichte 255 N 7 f, 256 N 5, 256 a/256 b N 5, 256 c N 6, 257 N 5, 258 N 6
- Tod eines Elternteiles 255 N 27 ff
- unwahre Vermutung 256 N 6
- und Vaterschaftsklage 261 N 10, 14
- und Verkündung 255 N 24
- und Verschollenerklärung des Ehemannes 255 N 38 ff, 258 N 7
- Voraussetzungen 255 N 21 ff, 61 ff

Sachregister

Ehelichkeitsvermutung (Fortsetzung)
- und Wartefrist nach Scheidung 255 N 32, 257 N 7, 14
- bei Wiederverheiratung 255 N 35 f
- Wirkung 255 N 12 ff, 78 ff
- und Zeugung 255 N 23, 27, 33 ff, 37 ff, 256 a/256 b N 12, 16, 262 N 49
- Zusammentreffen zweier E. s. Zusammentreffen zweier Ehelichkeitsvermutungen
- Zwillinge 255 N 29, 256 c N 30

Ehemann
- Adoption des E. 267 N 40
- Aktivlegitimation zur Anfechtung der Anerkennung eines Kindes 259 N 101 ff
- Aktivlegitimation zur Anfechtung der Ehelichkeitsvermutung 256 N 34 ff
- Beiwohnung des E. s. Beiwohnung
- Eintragung des E. als Vater 255 N 46 ff
- Kenntnisnahme von Geburt und Drittbeiwohnung 256 c N 16 ff
- Kindesverhältnis zum E. s. Ehelichkeitsvermutung
- Nichtvaterschaft als Klagegrund 256 a/256 b N 6 ff
- Parteistellung 253 N 29
- Tod, und Anfechtung der Ehelichkeitsvermutung 256 N 38, 87, 258 N 7
- Urteilsunfähigkeit, und Anfechtung der Ehelichkeitsvermutung 256 N 37, 256 c N 20, 258 N 7, 17
- Verschollenerklärung 258 N 7

Eherecht (Entwurf)
- Adoption einer verheirateten Frau 267 N 39 a f
- Bürgerrecht 259 N 58 a
- Familienname 259 N 44
- Unterhaltspflicht 259 N 62
- Wirkung der Anfechtung der Ehelichkeitsvermutung 256 N 113
- Wirkung der Heirat der Eltern 259 N 44, 58 a, 62
- Wohnsitzbegriff 253 N 18, 21, 25

Eheregister
- Eintragung der Anerkennung eines Kindes 260 N 162
- Eintragung der Anfechtung der Ehelichkeitsvermutung 256 N 109
- Eintragung der Aufhebung der Anerkennung eines Kindes 260 a N 123

Eheregister (Fortsetzung)
- Eintragung des Kindesverhältnisses 252 N 33
- Eintragung des Kindesverhältnisses nach Heirat der Eltern 259 N 31, 36 ff
- Eintragung des Vaterschaftsurteils 261 N 101

Eheschein
- Eintragung der gemeinsamen Kinder? 259 N 39

Eheschliessung s. Heirat
Eid 254 N 61, 262 N 34, 36
Eidgenössisches Amt für das Zivilstandswesen 268 N 74
Eidgenössisches Justiz- und Polizeidepartement
- Aufsicht über die Adoptionsvermittlung 269 c N 13, 20, 47

Eigenes Kind s. Leibliches Kind
Eigenvermittlung (Adoption) 269 c N 63 ff
Einfache Adoption
- allgemein Einl Ad N 8
- ausländische E. A. 268 N 93 ff
- s. auch altrechtliche Adoption, Unterstellung

Einfaches Kindesverhältnis
- allgemein Einl N 64, 252 N 22 ff, 255 N 18
- Entstehung durch Anerkennung eines Kindes 252 N 98, 260 N 18
- Entstehung durch Vaterschaftsurteil 252 N 98

Einheit der Adoption Einl Ad N 36
Einheit des Kindesverhältnisses Einl N 63, 252 N 14 ff, 259 N 11 ff
Einreisevorschriften und Adoptionsvermittlung 269 c N 37
Einsprache gegen die Anerkennung eines Kindes 260 a N 51, 260 b N 4 f, 17
Einstellung
- der Eltern, und Adoption 265 c N 26
- des Kindes, und Adoption 268 a N 12
- der Nachkommen der Adoptiveltern 264 N 78, 268 a N 24 ff

Eintragung s. Zivilstandsregister
Einwohnerkontrolle
- Adoptionsgeheimnis 268 b N 25
- Eintragung der Anerkennung eines Kindes 260 N 167

Einzeladoption
- allgemein Einl Ad N 15, 264 b N 3 ff
- altrechtliche Adoption 264 a N 7
- und Anerkennung des Kindes 260 N 59 f

Einzeladoption (Fortsetzung)
- Bürgerrecht 267 a N 13
- Enkeladoption 264 N 20
- Familienname 267 N 35
- und Fremdadoption 264 b N 14
- Heirat des Adoptierenden 264 b N 12, 20
- internationales Recht 264 b N 19 a
- durch Konkubinatspartner? 264 b N 4
- Mindestalter 264 b N 6 f
- Mindestdauer der Ehe 264 b N 8
- Rechtsgeschichte 264 a N 2 b
- Rechtsvergleichung 264 a N 2 a
- und Scheidung 264 b N 5, 10
- Schweizerbürgerrecht 267 a N 13
- und Stiefkindadoption 264 b N 14
- Textgeschichte 264 a N 2 c
- Tod des Gesuchstellers 268 N 31
- und Trennung 264 b N 20 ff
- Unmöglichkeit der gemeinschaftlichen Adoption 264 b N 16 ff
- Unterhaltspflicht 267 N 50
- Urteilsunfähigkeit des Ehegatten 264 b N 16, 19
- unbekannter Aufenthalt eines Ehegatten 264 b N 17
- durch Unverheiratete 264 b N 9 ff
- Verschollenerklärung 264 b N 18
- Verwandtschaft 264 b N 5
- durch Verwitwete 264 a N 36, 264 b N 5, 13
- Wirkung 252 N 15, 267 N 11 f, 14, 35, 50
- Zustimmung des Ehegatten 264 b N 12, 15, 268 N 27, 31

Elterliche Gewalt
- nach Adoption 267 N 53 ff
- Adoption eines ausländischen Kindes 264 N 49 a
- Adoptionsentscheid 268 N 53
- allgemein Einl N 67
- nach Anerkennung eines Kindes 260 N 13, 176
- nach Anfechtung der Anerkennung 259 N 90
- Entziehung 259 N 64 f, 264 N 49, 265 a N 54, 265 c N 3 a, 265 d N 39
- europäisches Übereinkommen Einl N 21
- bei gemeinsamem Kindesverhältnis 259 N 69 ff, 64 f
- nach Heirat der Eltern 259 N 64 f, 69 ff
- internationales Recht 259 N 123
- und persönlicher Verkehr 259 N 74
- beim Pflegeverhältnis 264 N 48 ff

Elterliche Gewalt (Fortsetzung)
- bei Stiefkindadoption 267 N 54, 58
- und Vaterschaftsklage 261 N 13
- und Zustimmung zur Adoption 264 N 49, 265 N 20, 265 a N 4, 19, 54 ff

Eltern
- des Ehemannes (allgemein) 254 N 14
- des Ehemannes, und Anfechtung der Anerkennung eines Kindes 259 N 103
- des Ehemannes, und Anfechtung der Ehelichkeitsvermutung 258 N 7 ff
- des Ehemannes, Tod 258 N 11
- Einstellung 265 c N 26
- genetische Elternschaft Einl N 65
- sozialpsychische Elternschaft Einl N 65
- Tod, und Enkeladoption 264 N 16
- Tod eines Elternteils, und Ehelichkeitsvermutung 255 N 27 ff
- Tod eines Elternteils, und Wirkung für das Kindesverhältnis 255 N 81
- Urteilsunfähigkeit 265 c N 18 f
- des Vaters, und Vaterschaftsklage 254 N 15, 260 N 78 ff
- des Vaters, Wohnsitz 253 N 30, 38
- des Vaters, und Zustimmung zur Kindesanerkennung 260 N 72
- Zustimmung zur Adoption s. Zustimmung der leiblichen Eltern zur Adoption
- s. auch Adoptiveltern, Leibliche Eltern, Pflegeeltern

Elternvermittlung 269 c N 16, 24
Empfängnis s. Zeugung
Embryo-Transfer 252 N 38; S. 717
Enkeladoption 264 N 12 ff
Entgelt
- Adoptionsvermittlung 269 c N 26, 27 b, 50 ff
- und Kindesvermögen 267 N 32
- Pflegeverhältnis vor Adoption 267 N 32, 51
- s. auch Kosten

Entmündigte
- Abschluss eines Unterhaltsvertrages 260 N 79
- Adoption durch E. 264 a N 5 f, 265 N 18 ff, 267 N 56
- Adoption Entmündigter 266 N 31
- Anerkennung eines Kindes 260 N 72 f, 75, 79, 126
- Anfechtung der Anerkennung eines Kindes 260 a N 74, 90, 102, 112
- Anfechtung der Ehelichkeitsvermutung 256 N 37, 69, 91 f, 256 c N 20, 258 N 7, 17

Entmündigte (Fortsetzung)
- Entmündigung während des Adoptionsverfahrens 265 N 19
- Unterhaltsklage 261 N 51, 66
- Vaterschaftsklage 261 N 43, 48, 50, 66
- Zustimmung zur Adoption 265a N 15, 266 N 31

Entscheid s. Absehen von der Zustimmung zur Adoption, Adoptionsentscheid
Entschuldbarkeit s. Wiederherstellung der Fristen
Entwurf s. Eherecht, IPR-Gesetz
Entziehung der elterlichen Gewalt s. Elterliche Gewalt
Erbbiologische Gutachten s. Anthropologisches Gutachten, Blutgruppengutachten, Serostatistisches Gutachten
Erbeinsetzung, und Anerkennung eines Kindes 260 N 149
Erblichkeit des Klagerechts s. Vererblichkeit des Klagerechts
Erbmerkmal s. Anthropologisches Gutachten, Blutgruppengutachten, Serostatistisches Gutachten
Erbrecht
- vor der Adoption 264 N 45b
- altrechtliche Adoption 267 N 73
- und Anfechtung der Adoption 269a N 10
- und Anfechtung der Anerkennung eines Kindes 259 N 91 ff, 260a N 106
- Doppelberufung infolge Adoption 267 N 65
- erbrechtliche Einwendungen als Grund zur Ablehnung der Adoption? 268a N 31
- Erlöschen wegen Adoption 267 N 69
- internationales Recht 267 N 82
- beim Pflegeverhältnis 264 N 45b
- auf ungültige Adoption gestützter Erbschein 269 N 10
- Wirkung der Adoption 264 N 66 ff, 267 N 65 ff
- Wirkung der Anerkennung eines Kindes 260 N 85, 177
- Wirkung der Anfechtung der Ehelichkeitsvermutung 256 N 134

Erbschaft s. Ausschlagung der Erbschaft
Erbschein
- auf ungültige Adoption gestützter E. 269 N 10

Erbvertrag
- Anerkennung eines Kindes durch E.? 260 N 145

Erklärung der Rechte des Kindes Einl N 10, Text S. 639
Erläuterung
- des Adoptionsentscheids 268 N 60

Erledigung s. Prozesserledigung
Ermessen bei der Adoption Einl Ad N 34
Ernstlich-sich-Kümmern s. Nichtkümmern
Erschleichung einer Falschbeurkundung 252 N 71, 260 N 62, 260a N 52, 61, 122
Erythrozytenenzymgruppen 254 N 143
Erythrozytengruppen 254 N 141
Erweiterter Ausschluss 254 N 139
Erzeuger des Kindes
- und Adoption 265a N 9 ff, 20a, 265c N 9, 265d N 3b
- Anfechtung der Anerkennung eines Kindes 259 N 91 ff, 260a N 103
- Anfechtung der Ehelichkeitsvermutung 256 N 35
- Schadenersatzpflicht 256 N 128 ff
- Stellung vor Feststellung des Kindesverhältnisses 252 N 10 ff
- Tötung des E. 261 N 20
- Zustimmungsrecht zur Adoption? 265a N 9 ff, 20a

Erzieherische Eignung der Adoptiveltern 268a N 4
Erziehung s. Pflegeverhältnis
Essen-Möller 254 N 160, 171
Europäische Menschenrechtskonvention
- Achtung des Familienlebens 255 N 22, 265a N 3
- allgemein Einl N 18
- Nichtanerkennung ausländischer Adoptionen 268 N 89b
- Recht auf Leben 255 N 22
- Schwangerschaftsabbruch 255 N 22
- Text S. 648

Europäisches Übereinkommen über die Adoption von Kindern Einl N 20, Einl Ad N 17, 30, Text S. 651
Europäisches Übereinkommen über die Anerkennung und Vollstreckung von Entscheidungen über das Sorgerecht für Kinder und die Wiederherstellung des Sorgerechts Einl N 21
Europäisches Übereinkommen über die Rechtsstellung der unehelichen Kinder Einl N 19, 260 N 7, 261 N 11, Text S. 649

Europarat s. Europäische Übereinkommen
Eventualmaxime 254 N 44 ff
Extrakorporale Befruchtung 252 N 38; S. 716

Fälschung des Personenstandes 252 N 71, 260 N 62, 260 a N 52, 61, 122, 269 c N 65
Familienbüchlein 255 N 50, 268 N 82
Familienname
– Adoption 267 N 34 ff
– Adoption durch geschiedene Frau 267 N 36
– Anerkennung eines Kindes 260 N 173
– Anfechtung der Anerkennung eines Kindes 259 N 87
– Anfechtung der Ehelichkeitsvermutung 256 N 112
– Aufhebung der Anerkennung eines Kindes 260 a N 127 f
– bei Einzeladoption 267 N 35
– nach dem Entwurf des Eherechts 259 N 44
– Findelkind 252 N 53
– bei gemeinsamem Kindesverhältnis 259 N 43 ff
– gemeinschaftliche Adoption 267 N 34 a
– Heirat der Eltern 259 N 43 ff
– Internationales Recht 259 N 120
– Kind des Adoptivkindes 267 N 40
– Mündigenadoption 266 N 19 a
– Stiefkindadoption 264 a N 31
– Vaterschaftsklage 261 N 13
Familienregister
– Adoption 268 N 77 ff, 85
– Anerkennung eines Kindes 260 N 163 f, 260 a N 29 ff
– Anfechtung der Adoption 269 N 19
– Anfechtung der Ehelichkeitsvermutung 256 N 110
– Aufhebung der Anerkennung eines Kindes 260 a N 124
– ausländische Adoption 268 N 85
– ausländische Geburt 252 N 78 ff, 255 N 51
– Ehelichkeitsvermutung 255 N 50 f
– Ehemann als Vater 255 N 50 f
– Geburt 252 N 57 ff, 255 N 50 ff
– Geschlechtsänderung 252 N 61 f
– Kindesverhältnis 252 N 33
– Kindesverhältnis nach Heirat der Eltern 259 N 40 f
– Vaterschaftsurteil 261 N 101
– Verschollenerklärung 255 N 57
Familienschein
– und Adoption 268 N 80

Familienschein (Fortsetzung)
– Einreichungspflicht vor Heirat der Eltern 259 N 30
Familienstiftungen und Adoption 267 N 52 a
Familienverhältnisse vor der Adoption 268 a N 3 ff
favor filiationis 252 N 11
favor legitimitatis 255 N 17 ff
favor recognitionis 260 N 33, 38, 101, 186, 260 a N 21
Ferienkind
– und Adoptionsvermittlung 269 c N 64
– und Hausgemeinschaft 264 N 30
– und Pflegeverhältnis vor Adoption 264 N 30, 37, 266 N 17, 19
Fertilitätsgutachten s. Andrologisches Gutachten
Feststellung oder Anfechtung des Kindesverhältnisses
– allgemein 252 N 33, 253 N 6 ff
– Anerkennung der Anfechtungsklage? 254 N 20
– Berufung ans Bundesgericht 253 N 50
– bundesrechtliche Regelung 254 N 9 ff, 22 ff
– Jugendsekretär 254 N 12
– Klage gegen Geschwister des Vaters 253 N 30, 38
– Klage der Heimatgemeinde 254 N 14
– internationales Recht 254 N 40
– internationale Zuständigkeit 253 N 55 ff
– kantonales Recht 254 N 9 ff, 36 ff, 256 c N 41 ff
– Klageerhebung 254 N 18
– Klagelegitimation 253 N 29 ff
– Klagerückzug 254 N 18
– kontradiktorisches Verfahren 254 N 9
– mütterliches Kindesverhältnis 252 N 52, 67 ff, 73, 102
– Nachfrist 256 c N 62
– Nichtigkeitsbeschwerde ans Bundesgericht 253 N 50
– Nova 254 N 44
– örtliche Zuständigkeit 253 N 6 ff, 39 ff
– Prorogation 253 N 39
– Rechtsmissbrauch 256 N 48 ff
– Rechtsmittel 253 N 49 ff, 260 a N 119
– sachliche Zuständigkeit 253 N 54
– Schiedsgericht 253 N 39, 254 N 9, 21
– staatsrechtliche Beschwerde 253 N 50
– nach Vaterschaftsurteil? 259 N 83, 261 N 96
– Verfahren 254 N 9 ff

Sachregister

Feststellung oder Anfechtung des Kindesverhältnisses (Fortsetzung)
- vor vormundschaftlichen Organen 254 N 9
- Zivilstandsurkunden 256 N 25
- zwingende Gerichtsstandsvorschrift 253 N 39

Fiktion
- Wirkung der Ehelichkeitsvermutung 255 N 16

Finanzplan des Adoptionsvermittlers 269 c N 27 a, 27 b

Findelkind
- Adoption 265 c N 7
- allgemein 252 N 35, 45, 65
- Anerkennung des F.? 260 N 48, 260 a N 12
- Anzeige 252 N 53
- Eintragung 252 N 47, 53, 56, 66
- Entstehung des Kindesverhältnisses zur Mutter 252 N 35, 67
- Familienname 252 N 53
- Mitteilung 252 N 56
- Vaterschaftsklage 261 N 9
- Vorname 252 N 53
- Unterdrückung des Personenstandes 252 N 65

Flüchtlinge
- Genfer Übereinkommen Einl N 11, 253 N 55
- internationale Zuständigkeit 253 N 55

Form
- des Adoptionsgesuchs 268 N 16
- Anerkennung eines Kindes 260 N 92 ff, 132
- Formfehler bei der Adoption 269 a N 14 ff
- internationales Recht 254 N 40, 260 N 192
- der Mitteilung des Absehens von der Zustimmung zur Adoption 269 N 24
- telefonische Erklärung 260 N 110, 265 a N 27, 265 b N 12
- Untersuchung vor der Adoption 268 a N 15
- Widerruf der Zustimmung zur Adoption 265 b N 11 f
- Zustimmung zur Anerkennung eines Kindes 260 N 76
- Zustimmung des Kindes zur Adoption 265 N 11
- Zustimmung der leiblichen Eltern zur Adoption 265 a N 26 ff, 39 ff
- Zustimmung zur Zeugung durch einen Dritten 256 N 41
- s. auch Verfahren

Formalismus, überspitzter, und Anerkennung eines Kindes 260 N 95

Frankreich
- Gerichtsstandsvertrag 253 N 55

Frauenwartefrist
- Abkürzung 256 N 7
- und Ehelichkeitsvermutung 255 N 32 ff, 257 N 7, 14
- Zusammentreffen zweier Ehelichkeitsvermutungen 257 N 7, 14

Freie Beweiswürdigung s. Beweiswürdigung, freie

Freies Kindesvermögen s. Kindesvermögen

Freiwillige Gerichtsbarkeit
- Adoptionsentscheid 268 N 12
- Berichtigungsverfahren 255 N 64

Fremdadoption
- allgemein Einl Ad N 11, 264 N 3
- Einzeladoption durch Verheiratete 264 b N 14
- spontane F. 264 N 31 f

Fremdenpolizei und Adoption 264 N 31 c, 269 c N 37, 64

Frist
- absolute F. 256 c N 14, 55 ff, 260 c N 7 f
- Anfechtung der Adoption 269 b N 3 ff
- Anfechtung der Anerkennung eines Kindes 260 c N 6 ff
- Anfechtung der Ehelichkeitsvermutung 256 c N 7 ff, 258 N 8, 14 f
- Anfechtung der Zustimmung zur Adoption 265 b N 20 ff
- Berechnung der F. 255 N 29, 256 a/256 b N 12, 256 c N 33 ff, 262 N 49
- Ehelichkeitsvermutung 255 N 29 ff, 33 ff, 37 ff
- Frauenwartefrist 255 N 32, 256 N 7, 257 N 7, 14
- Fristenlauf (Bundesgesetz) 256 c N 34
- Geburtsanzeige 252 N 50 f
- gemeinschaftliche Adoption 264 a N 24
- internationales Recht 256 c N 70, 263 N 30
- intertemporales Recht 256 c N 64 ff, 263 N 27 ff
- kombinierte Klage 263 N 6 ff
- Nachfrist 256 c N 62, 260 c N 35, 263 N 25
- Rechtsmittel gegen Adoptionsentscheid 268 N 66
- Rechtsnatur 256 c N 37
- relative F. 256 c N 13, 54, 260 c N 9 ff

Frist (Fortsetzung)
- Sperrfrist bei der Zustimmung zur Adoption s. Sperrfrist bei der Zustimmung zur Adoption
- Vaterschaftsklage 263 N 6 ff
- Verzicht auf Einhaltung der F. 256 c N 37
- Wahrung der F. 254 N 24, 256 c N 15, 40, 260 c N 26
- Widerruf der Zustimmung zur Adoption 265 b N 13 f
- Willensmangel bei der Kindesanerkennung 260 c N 18
- Zusammentreffen zweier Ehelichkeitsvermutungen 257 N 6 ff

Gebrechen
- Voraussetzung der Mündigenadoption 266 N 15 ff

Gebühren s. Tarif

Geburt
- Anerkennung eines Kindes vor der G. 255 N 53, 260 N 35, 39, 49, 81, 118, 260 a N 24
- Anfechtung der Ehelichkeitsvermutung vor der G. 256 c N 7
- Anzeige 252 N 50 f
- und Beiwohnung 262 N 51 ff
- und Ehelichkeitsvermutung 255 N 23 ff, 33 ff, 72 ff
- Eintragung 252 N 33, 47 ff, 255 N 46 ff
- Eintragung der ausländischen Geburt 252 N 78 ff, 255 N 51
- Entstehung des mütterlichen Kindesverhältnisses 252 N 34 ff
- Feststellungsklage bei Geburt im Ausland 252 N 70
- internationales Recht 252 N 70, 76 ff, 255 N 51
- internationale Zuständigkeit 252 N 77 ff
- Kenntnisnahme der G. durch den Ehemann 256 c N 16 ff
- Mitteilung 252 N 54 ff, 255 N 58 ff
- Mitteilung ins Ausland 252 N 77
- Publikation 252 N 63 ff
- Rechtsfähigkeit vor der G. 252 N 37, 256 c N 7
- Schadenersatz wegen G. 252 N 34, 256 N 132
- Totgeburt s. Totgeburt
- Vaterschaftsvermutung 262 N 18
- Wirkungen 252 N 34 f, 59
- und Wohnsitz 253 N 34 ff

Geburt (Fortsetzung)
- massgebender Zeitpunkt 262 N 48
- Zuständigkeit 252 N 48, 58, 77 ff

Geburtsanzeige 252 N 50 f

Geburtshilfliches Gutachten s. Gynäkologisches Gutachten

Geburtsmutter 252 N 38

Geburtsregister
- Adoption 268 N 70, 75, 269 N 19
- Anerkennung eines Kindes 260 N 162, 260 a N 30 ff, 123
- Anfechtung der Adoption 269 N 19
- Anfechtung der Ehelichkeitsvermutung 256 N 109
- Ehelichkeitsvermutung 255 N 46 ff
- Findelkind 252 N 47, 53, 56, 66
- Geburt 252 N 47 ff, 255 N 46 ff
- Geschlechtsänderung 252 N 61 f
- internationales Recht 252 N 77 ff
- Kindesverhältnis 252 N 33
- Kindesverhältnis nach Heirat der Eltern 259 N 35
- mütterliches Kindesverhältnis 252 N 47 ff
- Totgeburt 255 N 49
- Verschollenerklärung 255 N 57
- Vaterschaftsurteil 261 N 101

Geburtsschein
- und Adoption 268 N 80
- Einreichungspflicht vor Heirat der Eltern 259 N 30

Geburtszulagen nach Adoption 267 N 76 b

Gefälligkeitsanerkennung s. Kurzschluss-Adoption

Gegenbeweis s. Vaterschaftsvermutung

Gegenrecht 253 N 71

Geheimhaltungspflicht s. Adoptionsgeheimnis

Gelegenheitsvermittlung (Adoption) 269 c N 26, 52, 58 ff

Gemeinde s. Heimatgemeinde, Wohnsitzgemeinde

Gemeinsamer Haushalt s. Hausgemeinschaft

Gemeinsames Kindesverhältnis
- allgemein Einl N 64, 252 N 22 ff
- Bürgerrecht 259 N 49 ff
- und Ehelichkeitsvermutung 255 N 80
- Eintragung 259 N 31, 35 ff
- elterliche Gewalt 259 N 69 ff, 64 f
- Familienname 259 N 43 ff
- nach Heirat der Eltern 259 N 12
- internationales Recht 259 N 119 ff
- Mitteilung 259 N 32 ff

Gemeinsames Kindesverhältnis (Fortsetzung)
- und Scheidung der Eltern 259 N 81
- Unterhaltspflicht 259 N 59 ff
- Wirkungen 259 N 30 ff, 42 ff
- und Wohnsitz 259 N 80

Gemeinschaftliche Adoption
- Adoptionsgesuch 268 N 15
- allgemein 264 a N 7 ff
- Altersunterschied 264 a N 11
- und Aufhebung der Hausgemeinschaft 264 a N 13
- Bürgerrecht 267 a N 4 f
- Enkeladoption 264 N 20
- Familienname 267 N 34 a
- Frist 264 a N 24
- Heirat des Adoptierenden 264 a N 19
- Kinderlosigkeit 264 a N 22
- und Kindeswohl 264 N 20, 264 a N 7
- durch Konkubinatspartner? 264 a N 16, 264 b N 4
- Mindestalter 264 a N 23, 25 f, 28
- Mindestdauer der Ehe 264 a N 21, 24, 28
- und Mündigenadoption 264 a N 11, 266 N 12, 28
- Pflegeverhältnis 264 N 34
- Rechtsvergleichung 264 a N 2 a
- und Scheidung der Adoptiveltern 264 a N 14
- Schweizerbürgerrecht 267 a N 9 ff
- und Trennung 264 a N 13, 264 b N 20 ff
- Unmöglichkeit 264 b N 16 ff
- durch Unverheiratete 264 a N 16
- Urteilsfähigkeit der Ehegatten 264 b N 16
- Voraussetzungen 264 a N 21 ff
- Wirkung 267 N 7, 34 a
- massgebender Zeitpunkt 264 a N 12 ff

Gen s. Anthropologisches Gutachten, Blutgruppengutachten, Serostatistisches Gutachten

Genetische Mutter 252 N 38

Genfer Übereinkommen über die Rechtsstellung der Flüchtlinge Einl N 11, 253 N 55

Genkomplex-Ausschluss 254 N 139 a

Genugtuung s. Schadenersatzpflicht

Gerichtsstand s. Örtliche Zuständigkeit

Gerichtsstandsvertrag mit Frankreich 253 N 55

Geschiedene s. Scheidung

Geschlechtsänderung
- allgemein 252 N 61 f
- Berichtigungsverfahren 252 N 61 f

Geschlechtsänderung (Fortsetzung)
- Eintragung 252 N 61 f
- Feststellungsklage 253 N 11
- der Mutter, und mütterliches Kindesverhältnis 252 N 62
- örtliche Zuständigkeit 253 N 11
- Rückwirkung 252 N 61

Geschlechtsfeststellungsklage s. Geschlechtsänderung

Geschlechtsverkehr s. Beiwohnung

Geschwister des Vaters
- Klage gegen G. 253 N 30, 38, 254 N 15, 261 N 78 ff

Geschwisteradoption
- allgemein 264 N 21
- Altersunterschied 265 N 5 a
- Mündigenadoption 266 N 5, 20
- Stiefkindadoption 264 a N 29 a

Gesetzlicher Vertreter s. Vertretung

Gestaltungsklage s. Anfechtung der Ehelichkeitsvermutung, Berichtigungsverfahren, Vaterschaftsklage

Geständnis der Beiwohnung 262 N 37

Gesundheit
- der Adoptiveltern 268 a N 5, 21
- des Adoptivkindes 268 a N 20
- keine Mitwirkungspflicht an Abstammungsgutachten bei Gefährdung der G. 254 N 90

Gewöhnlicher Aufenthalt 252 N 84

Glaubhaftmachung
- der Beiwohnung 256 a/256 b N 19 ff, 260 b N 18 ff
- der Nichtvaterschaft 256 N 30
- der Vaterschaft 262 N 56 a

Gleichwertigkeit der ausländischen mit der schweizerischen Anerkennung eines Kindes 260 N 198

Grosseltern s. Enkeladoption

Grossvater
- Anerkennung eines Kindes durch den G. 259 N 6, 13, 127

Grundlagenirrtum s. Willensmangel

Gültigkeit s. Ungültigkeit

Gutachten s. Abstammungsgutachten, Sachverständige

Gynäkologisches Gutachten
- allgemein 254 N 68; s. auch Abstammungsgutachten
- und andere Gutachten 254 N 191, 199
- Beweis der Empfängniszeit 262 N 51

Gynäkologisches Gutachten (Fortsetzung)
- Beweis der Nichtvaterschaft 262 N 62
- Beweis der geringeren Wahrscheinlichkeit der Vaterschaft 262 N 95
- Grundlagen 254 N 112 ff
- an Zwillingen 254 N 114

Haager Konferenz für Internationales Privatrecht Einl N 14 ff
Haager Übereinkommen
- über die behördliche Zuständigkeit, das anzuwendende Recht und die Anerkennung von Entscheidungen auf dem Gebiete der Annahme an Kindesstatt Einl N 14, 268 N 10 f, 269 N 19 b, Text S. 642
- über die zivilrechtlichen Aspekte internationaler Kindesentführung Einl N 16
- über die Zuständigkeit der Behörden und das anzuwendende Recht auf dem Gebiet des Schutzes von Minderjährigen Einl N 16
- über die Anerkennung und Vollstreckung von Unterhaltsentscheidungen Einl N 15, 261 N 117
- über das auf Unterhaltspflichten anzuwendende Recht Einl N 15, 253 N 55, 259 N 122, 261 N 117
- über die Anerkennung und Vollstreckung von Entscheidungen auf dem Gebiet der Unterhaltspflicht gegenüber Kindern Einl N 15, 253 N 55, 261 N 117
- über die auf Unterhaltsverpflichtungen gegenüber Kindern anzuwendende Recht Einl N 15, 253 N 55, 259 N 122, 261 N 117

Haftpflicht s. Schadenersatz
Hämatologisches Gutachten s. Blutgruppengutachten
Hämogenetisches Gutachten s. Blutgruppengutachten
Handgelübde 254 N 61
Handlungsfähigkeit
- des Adoptionsvermittlers 269 c N 27 a, 30
- der Adoptiveltern 264 N 4 ff
- des Anerkennenden bei der Kindesanerkennung 260 N 68 ff, 126
- Prozessfähigkeit 254 N 11
- s. auch Urteilsunfähigkeit

Hausgemeinschaft
- Aufhebung der H., und Anfechtung der Ehelichkeitsvermutung 256 N 58, 60 ff, 256 a/256 b N 10

Hausgemeinschaft (Fortsetzung)
- Aufhebung der H., und gemeinschaftliche Adoption 264 a N 13
- Aufhebung der H., und Pflegeverhältnis vor der Adoption 264 N 47, 54 a
- und Ehelichkeitsvermutung 255 N 26
- und Ferienkind 264 N 30
- und Mündigenadoption 266 N 17, 19 a, 21 f
- und Pflegeverhältnis 264 N 30
- und Stiefkindadoption 264 N 30
- und Unterhaltspflicht 259 N 68
- Wiederaufnahme der H., und Anfechtung der Ehelichkeitsvermutung 256 N 23
- Zeugung während Aufhebung der H. 256 a/256 b N 15, 21 f
- Zeugung während H. 256 a/256 b N 25

Haushalt, gemeinsamer, s. Hausgemeinschaft
Heimat s. Bürgerrecht
Heimatbehörde
- internationale Zuständigkeit bei der Adoption Einl Ad N 45, 268 N 9 g
- Notgerichtsstand 253 N 64, Einl Ad N 45, 268 N 9 g
- Vaterschaftsklage gegen H. 261 N 81 ff

Heimatgemeinde
- Anfechtung der Adoption 269 a N 10, 10 b
- Anfechtung der Anerkennung eines Kindes 259 N 97 ff, 260 a N 62, 84 ff
- Feststellung oder Anfechtung des Kindesverhältnisses 254 N 14
- Gerichtsstand 253 N 63 f
- Kenntnisnahme der Anerkennung eines Kindes 260 c N 12
- Parteifähigkeit 254 N 10
- und Wohnsitzgerichtsstand 253 N 19
- s. auch Heimatbehörde

Heirat des Adoptierenden
- und Einzeladoption 264 b N 12, 20
- und gemeinschaftliche Adoption 264 a N 19
- während des Adoptionsverfahrens 264 b N 12, 20

Heirat des Adoptivkindes 267 N 27 ff, 268 N 27; s. auch Ehehindernis
Heirat der Eltern und voreheliches Kind
- Abfindung 259 N 67
- und Adoption 259 N 18
- Adoptivkind 259 N 18
- allgemein 259 N 11 ff
- und Anerkennung des Kindes 259 N 20 ff
- Anfechtung der Anerkennung nach H. 259 N 82 ff

Heirat der Eltern und voreheliches Kind (Fortsetzung)
- und Beistand 259 N 65, 78
- Bürgerrecht 259 N 49 ff
- und Ehelicherklärung 259 N 8, 108 ff
- und Ehelichkeitsvermutung 255 N 24 ff, 259 N 11 ff
- Einreichung des Familienscheins 259 N 30
- Einreichung des Geburtsscheins 259 N 30
- Eintragung des Kindesverhältnisses nach H. 259 N 30 ff
- und elterliche Gewalt 259 N 64 f, 69 ff
- Familienname 259 N 43 ff
- favor legitimationis 255 N 17 ff
- gemeinsames Kindesverhältnis als Wirkung der H. 259 N 12
- internationales Recht 259 N 114 ff
- intertemporales Recht 259 N 108 ff
- und Kindesschutzmassnahmen 259 N 78
- Mitteilung des Kindesverhältnisses nach H. 259 N 32 ff
- mütterliches Kindesverhältnis 259 N 14
- und Nachkommen des Kindes 259 N 47 f
- und Namensänderung 259 N 45, 47 f
- Nottrauung 259 N 28
- Rechtsgeschichte 255 N 20, 259 N 4 ff, 108 ff
- Rechtsvergleichung 259 N 3
- Schweizerbürgerrecht 259 N 54 ff, 57 ff
- und Stiefkindadoption 259 N 19
- Textgeschichte 259 N 9 f
- und Ungültigerklärung der Ehe 259 N 29
- und Unterhaltspflicht 259 N 59 ff
- und Vaterschaftsurteil 259 N 26
- Verkündung 259 N 30
- Wirkungen 259 N 30 ff, 42 ff
- Wirkung der H. nach dem Entwurf des Eherechts 259 N 44, 58 a, 62
- Wohnsitz 259 N 80

Heirat des Kindes und Anfechtung der Ehelichkeitsvermutung 256 N 64
Heterologe Insemination s. Künstliche Insemination
Hilfsbedürftigkeit
- Voraussetzung der Mündigenadoption 266 N 15 ff

Hilfsorgane der Adoptionsbehörde 268 N 5 f, 268 a N 16, 19 ff
Hinterlegung
- von Prozesskosten s. Prozesskosten

Hinterlegung (Fortsetzung)
- von Unterhaltsbeiträgen bei der Anfechtung der Ehelichkeitsvermutung 256 N 30, 122
- von Unterhaltsbeiträgen bei der Vaterschaftsklage 262 N 56 a

HLA-Gutachten 254 N 144 f, 150, 152, 167, 192 f; s. auch Abstammungsgutachten
Höchstpersönliche Rechte s. Persönlichkeitsrecht
home study 269 c N 40
Homologe Insemination s. Künstliche Insemination
Homologierung s. Anerkennung ausländischer Entscheidungen
Human-Leuctocyte-Antigens 254 N 144 f, 150, 152, 167, 192 f; s. auch Abstammungsgutachten

Identität
- Feststellung der I. der Beteiligten bei der Anerkennung eines Kindes 260 N 96 ff, 134
- Feststellung im Berichtigungsverfahren 252 N 74

Illegitimes Kind s. Aussereheliches Kind
Impotenz 256 a/256 b N 33, 262 N 21
independent adoptions 269 c N 63 ff
Indizienbeweis
- der Beiwohnung 262 N 42 ff
- der geringeren Wahrscheinlichkeit der Vaterschaft 262 N 81

Inkognitoadoption
- Inkognitozustimmung der Eltern 265 a N 41
- Inkognitozustimmung der vormundschaftlichen Aufsichtsbehörde? 265 N 27

Insemination s. Künstliche Insemination
Interessen des Kindes s. Kindeswohl
Interkantonales Recht
- Gerichtsstand 253 N 39

Internationales Recht
- Adoption (allgemein) Einl N 17, 45, 267 N 82, 268 N 9 a ff, 10, 109 ff
- Adoption eines Adoptivkindes 264 N 10
- Adoptionsgeheimnis 268 b N 11 b
- Adoptionsvermittlung 269 c N 16, 28 f, 34, 37, 63 ff
- Adoption eines ausländischen Kindes 264 N 26, 31 b, 49 a, 54, 265 N 18 a, 267 a N 8 ff, 268 N 76, 269 c N 16, 28 f, 34, 37, 63 ff
- Adoption durch Auslandschweizer 267 a N 15 f

Internationales Recht (Fortsetzung)
- Anerkennung einer ausländischen Adoption 264 N 49a, 268 N 85 ff
- Anerkennung ausländischer Entscheidungen 253 N 70 f, 196 ff
- Anerkennung eines Kindes 260 N 101, 135, 185 ff
- Anerkennung eines Kindes durch die Mutter 252 N 85
- Anfechtung der Adoption 269 N 19a
- Anfechtung der Anerkennung eines Kindes 259 N 114 ff, 124, 260a N 135 ff, 260c N 44
- Anfechtung der Ehelichkeitsvermutung 256 N 137 ff, 256c N 70
- Berichtigungsverfahren 252 N 80
- Bürgerrecht 259 N 121, 267a N 8 ff, 268 N 99; s. auch Schweizerbürgerrecht
- Ehelichkeitsvermutung 255 N 84 ff, 259 N 115 ff
- einfache Adoption 268 N 93 ff
- Eintragung der ausländischen Adoption 268 N 85
- Eintragung der ausländischen Geburt 252 N 78, 255 N 51
- Eintragung des Kindesverhältnisses 252 N 77 ff
- Einzeladoption 264b N 19a
- elterliche Gewalt 259 N 123
- erbrechtliche Wirkungen der Adoption 267 N 82
- Familienname 259 N 120
- Feststellung oder Anfechtung des Kindesverhältnisses 254 N 40
- Feststellung der ausländischen Geburt (Klage) 252 N 70
- Flüchtlinge 253 N 55
- Form 254 N 40, 260 N 192
- Frist 256c N 70, 263 N 30
- Geburt 252 N 70, 76 ff, 255 N 51
- gemeinsames Kindesverhältnis 259 N 119 ff
- Haager Konferenz für Internationales Privatrecht Einl N 14 ff
- Heirat der Eltern 259 N 114 ff
- intertemporales Adoptionsrecht 268 N 92 ff
- Kindeswohl 268 N 9a f, 9d, 10
- kombinierte Klage 261 N 117
- Mündigkeit 260 N 194, 264 N 26, 266 N 5
- mütterliches Kindesverhältnis 252 N 76 ff
- Neuadoption 264 N 10, 268 N 95, 97
- Nichtanerkennung ausländischer Adoptionen 268 N 89b

Internationales Recht (Fortsetzung)
- Notgerichtsstand 253 N 64
- Ordre public 253 N 71, 255 N 94 f, 256 N 141, 260 N 197, 202 f
- Pflegeverhältnis 264 N 31b, 49a
- Stiefkindadoption 267a N 14b
- überwiegender Zusammenhang 253 N 65 ff
- Unterhaltspflicht 259 N 122, 260 N 195, 261 N 117 ff, 264 N 54
- Unterstellung der altrechtlichen Adoption 261 N 120 ff, 137
- Unterstellung der altrechtlichen Vaterschaft 261 N 120 ff, 137
- Untersuchung vor der Adoption 268a N 23
- Vaterschaftsklage 261 N 116 ff, 262 N 109 f, 263 N 30
- Vaterschaftsvermutung 262 N 109 f
- Verfahren im Kindesrecht 254 N 40, 268 N 109 f
- Volladoption 268 N 93 ff
- Vorfrage 255 N 92 f, 260 N 195, 261 N 117 ff
- Wohnsitz 252 N 83, 253 N 60 f, 261 N 122 ff
- Zustimmung der leiblichen Eltern zur Adoption 265a N 4d, 57, 268 N 10
- s. auch IPR-Gesetz (Entwurf), Übereinkommen, Internationale Zuständigkeit

Internationaler Sozialdienst 268a N 23, 33
Internationale Übereinkommen s. Übereinkommen
Internationale Zuständigkeit
- Adoption 268 N 9 ff
- Anerkennung eines Kindes 260 N 187 ff, 260a N 18
- Anfechtung der Anerkennung eines Kindes 260a N 135
- ausländische Vertretungen 260 N 191, 260a N 18, 269 N 7
- Eintragung der Geburt 252 N 77 ff
- Eintragung des Kindesverhältnisses 252 N 77 ff
- Feststellung oder Anfechtung des Kindesverhältnisses 253 N 55 ff
- Flüchtlinge 253 N 55
- Gerichtsstandsvertrag mit Frankreich 253 N 55
- der Heimatbehörde bei der Adoption Einl Ad N 45, 268 N 9g
- mütterliches Kindesverhältnis 252 N 77 ff
- Notgerichtsstand 253 N 64

Internationale Zuständigkeit (Fortsetzung)
- der vormundschaftlichen Aufsichtsbehörde bei der Adoption 265 N 22a
- Zustimmung der vormundschaftlichen Aufsichtsbehörde zur Adoption 265 N 22a
- s. auch internationales Recht

Interne Zuständigkeit 253 N 57

Intertemporales Recht
- Adoption (allgemein) Einl Ad N 44, 267 N 81a, 268 N 102ff
- Adoption eines Adoptivkindes 264 N 4, 9, 11
- Adoptionsgeheimnis 268b N 5a
- Adoption des eigenen ausserehelichen Kindes nach früherem Recht 264 N 6ff
- altrechtliche Adoption s. altrechtliche Adoption
- Anerkennung eines Kindes 260 N 54ff, 179ff
- Anfechtung der Anerkennung eines Kindes 259 N 108ff, 260a N 133f, 260b N 37ff
- Anfechtung der Ehelichkeitsvermutung 256 N 135f, 256c N 64ff, 258 N 18
- Bürgerrecht 267a N 16a, 17
- Ehelicherklärung 259 N 108ff
- Ehelichkeitsvermutung 255 N 83
- Fortgeltung des früheren Adoptionsrechts Einl Ad N 36, 267 N 5
- Frist 256c N 64ff, 263 N 27ff
- Heirat der Eltern 259 N 108ff
- internationales Adoptionsrecht 268 N 92ff
- Nichtanwendung des neuen Rechts 261 N 115
- Rechtsgeschichte 261 N 105f
- Unterstellung altrechtlicher Adoptionen 260 N 61, 267 N 81a, 269a N 7
- Unterstellung altrechtlicher Vaterschaften 261 N 112ff, 120ff, 137
- Vaterschaftsklage 260 N 54ff, 261 N 103ff, 263 N 27ff
- Vaterschaftsurteil 260 N 54ff
- Verfahren 268 N 102ff
- Verjährung 256c N 67
- Zivilgesetzbuch, Fassung von 1907 und 1972, s. Zivilgesetzbuch

Intervention
- bei der Anfechtung der Ehelichkeitsvermutung 256 N 93
- der Staatsanwaltschaft 254 N 16
- bei der Vaterschaftsklage 254 N 16, 261 N 64, 86

Intervention (Fortsetzung)
- der Witwe des Vaters 254 N 16

IPR-Gesetz (Entwurf)
- Adoption Einl Ad N 45, 268 N 9ff
- Anerkennung ausländischer Entscheidungen 253 N 71, 260 N 197
- Anerkennung eines Kindes 260 N 187ff
- anwendbares Recht 260 N 192ff
- örtliche Zuständigkeit 253 N 57, 268 N 9ff

Irrtum s. Berichtigungsverfahren, Willensmangel

Jahresbericht des Adoptionsvermittlers 269c N 45ff

Jugendsekretär 254 N 12

Juristische Person
- als Adoptiveltern? 264a N 3
- als Adoptionsvermittler 269c N 27

Kantonale Behörden in Adoptionssachen 265 N 21a, 22, 265a N 23, 268 N 4ff

Kantonales Recht
- Absehen von der Zustimmung zur Adoption 265d N 29
- Adoptionsvermittlung 269c N 7, 11f, 15, 17, 22f
- Aktivlegitimation 254 N 14
- allgemein Einl N 35
- Anfechtung der Adoption 269a N 10b
- Anfechtung der Anerkennung eines Kindes 260a N 87
- Beweis 254 N 48, 57, 61, 262 N 28ff
- Feststellung oder Anfechtung des Kindesverhältnisses 254 N 9ff, 36ff, 256c N 41ff
- Freie Beweiswürdigung 254 N 57f
- örtliche Zuständigkeit 253 N 39, 48, 265 N 21a, 22, 265a N 23, 268 N 4ff
- Passivlegitimation 254 N 14
- Pflegekinderbewilligung 264 N 31g
- Protokollierung 260 N 139
- Rechtshängigkeit 253 N 46
- Rechtskraft der Adoption 268 N 62
- Rechtsmittel 253 N 49, 268 N 63ff, 269b N 5
- Verfahren der Adoption 268 N 11, 269a N 14
- Verfahren im Kindesrecht 254 N 9ff, 22ff, 36ff

Kind
- Abwesenheit, und Adoption 264 N 37

Kind (Fortsetzung)
- des Adoptivkindes 267 N 40, 267a N 8
- Anfechtung der Adoption 269a N 10
- Anfechtung der Anerkennung 259 N 93 f, 106, 260a N 75 ff
- Anfechtung der Ehelichkeitsvermutung 256 N 51 ff
- Kenntnisnahme der Anerkennung 260c N 12
- Mündigkeit, und Anfechtung der Ehelichkeitsvermutung 256c N 32
- Mündigkeit, und Anfechtung des Kindesverhältnisses 260c N 22
- Mündigkeit, und Vaterschaftsklage 263 N 8 ff
- Parteistellung 253 N 29
- Tod, und Anerkennung 260 N 84 f
- Tod, und Anfechtung der Anerkennung 259 N 95 f, 260a N 79 ff, 260c N 23, 25
- Tod, und Anfechtung der Ehelichkeitsvermutung 256 N 53, 88
- Tod, und Vaterschaftsklage 261 N 32, 41, 44, 52
- Unmündigkeit, und Anfechtung der Ehelichkeitsvermutung 256 N 64 f
- Unmündigkeit, und Unterhaltsklage 261 N 51
- Unmündigkeit, und Vaterschaftsklage 261 N 48, 50
- Urteilsunfähigkeit, und Anfechtung der Ehelichkeitsvermutung 256 N 69
- Urteilsunfähigkeit, und kombinierte Klage 261 N 51
- Urteilsunfähigkeit, und Unterhaltsklage 261 N 51
- Urteilsunfähigkeit, und Vaterschaftsklage 261 N 48
- Vaterschaftsklage 261 N 48 f
- Wohnsitz 253 N 26 ff, 255 N 59
- s. auch Adoptivkind, Andere Kinder, Leibliches Kind

Kinderlosigkeit und Adoption
- allgemein Einl Ad N 37, 264 N 63
- altrechtliche Adoption 264 N 63
- gemeinschaftliche Adoption 264a N 22
- Mündigenadoption 264 N 63, 264a N 11, 266 N 4, 8, 268 N 32a, 269a N 7

Kinderzulagen nach Adoption 267 N 76a
Kindesannahme s. Adoption
Kindesentführung Einl N 16

Kindesschutzmassnahmen
- Adoptionsentscheid 268 N 53
- allgemein Einl N 67
- Haager Übereinkommen Einl N 16
- nach Heirat der Eltern 259 N 78
- Kosten 267 N 50a
- Stiefkindadoption 267 N 58
- und Vaterschaftsprozess 261 N 13

Kindesunterschiebung 252 N 71 ff
Kindesverhältnis
- und Abstammung 252 N 10 ff, 27, 29
- und Adoption 252 N 13, 264 N 9, 267 N 6 ff, 26, 34 b, 269 N 4
- allgemein 252 N 10 ff
- Anfechtung im Adhäsionsverfahren? 254 N 9
- ausserehlicheliches K. 252 N 25, 255 N 19
- Beweis des K. 252 N 33
- bei Blutschande 252 N 32
- zu Dritten, und Anerkennung des Kindes 260a N 14, 25, 28, 41
- Ehehindernis als Wirkung des K. 252 N 30
- eheliches K. 252 N 25, 255 N 19
- Einheit des K. Einl N 63, 252 N 14 ff, 259 N 11 ff
- Eintragung 252 N 33
- Entstehung im allgemeinen 252 N 16 ff
- Erlöschen 252 N 21, 42 ff, 267 N 13 ff
- favor filiationis 252 N 11
- Feststellung des K. s. Feststellung oder Anfechtung des Kindesverhältnisses
- Feststellung im Adhäsionsverfahren? 254 N 9
- und Frauenwartefrist 256 N 7
- Schutz des K. 268b N 4
- Schwägerschaft als Wirkung des K. 252 N 30
- Tod eines Elternteiles 255 N 81
- Unmöglichkeit der Feststellung des K. 265c N 7
- Verwandtschaft als Wirkung des K. 252 N 26 ff
- Voraussetzung der Stiefkindadoption 264a N 31
- Voraussetzung der Zustimmung zur Adoption 265a N 5 ff, 20a
- Wirkungen 252 N 17 ff
- s. auch Einfaches Kindesverhältnis, Gemeinsames Kindesverhältnis, Mütterliches Kindesverhältnis, Väterliches Kindesverhältnis

Kindesvermittlung 269c N 16, 24; s. auch Adoptionsvermittlung
Kindesvermögen
- und Abfindung 267 N 61
- allgemein Einl N 68
- und Entgelt für das Pflegeverhältnis 267 N 32
- Wirkung der Adoption 267 N 61

Kindeswohl
- Absehen von der Zustimmung der Eltern zur Adoption 265c N 22ff
- und Adoption (allgemein) Einl Ad N 17, 35, 264 N 56ff
- Adoption durch Entmündigte 264a N 6
- Adoption durch Konkubinatspartner 264b N 4
- bei der Adoptionsvermittlung 269c N 6, 16, 21, 27b, 34ff
- Wahl der Adoptiveltern 264 N 57
- allgemein Einl N 7ff
- Altersunterschied bei der Adoption 265 N 3, 6
- Anerkennung eines Kindes 260 N 39ff, 89
- Anfechtung der Adoption 269 N 26ff, 269a N 4ff, 10a
- Anfechtung der Ehelichkeitsvermutung 256 N 57f, 61, 73
- und Beistand 265a N 4aff
- und Einstellung der Nachkommen der Adoptiveltern 268a N 31
- und gemeinschaftliche Adoption 264 N 20, 264a N 7
- und Interessen der Verwandten 264 N 57
- internationales Recht 268 N 9af, 9d, 10
- Maxime des Kindesrechts Einl N 7
- Nichterfüllen der Unterhaltspflicht 265c N 21c
- Nichtkümmern der Eltern 265c N 21ff
- posthume Adoption 268 N 24
- im Prozess 254 N 54
- Schwangerschaftsabbruch 265c N 21b
- Stiefkindadoption 264 N 58, 264a N 42, 265a N 4a
- Tötung der Mutter durch den Vater 264 N 16a, 265c N 21b
- bei unbekanntem Aufenthalt der leiblichen Eltern 265c N 14f
- Unfähigkeit der Eltern 265c N 25c
- Untersuchung vor der Adoption 268a N 3ff, 11ff

Kindeswohl (Fortsetzung)
- Vaterschaftsklage 261 N 11
- Verfahren 254 N 53f
- Verwandtenadoption 264 N 12, 15, 21f
- Vorname 267 N 42
- Zustimmung der leiblichen Eltern zur Adoption 265a N 4
- Zustimmung der vormundschaftlichen Aufsichtsbehörde zur Adoption 265 N 28

Kirchliche Register
- Adoption 268 N 100

Kirche s. Kirchliche Register, Religion
Klagelegitimation s. Aktivlegitimation, Passivlegitimation
Klagenkonkurrenz
- Anfechtung der Ehelichkeitsvermutung 256 N 54ff
- Vaterschaftsklage 261 N 54ff

Klagerückzug s. Rückzug
Klassischer Ausschluss 254 N 135
Kollisionsrecht s. Internationales Recht
Kombinierte Klage (Vaterschaft u. Unterhalt)
- allgemein 253 N 54, 261 N 13, 17, 62
- und Anerkennung des Kindes 260 N 28, 124, 138
- Anerkennung der K.K. 260 N 138
- Berufung ans Bundesgericht 261 N 96
- Erledigung 260 N 140ff, 261 N 91ff
- Frist 263 N 6ff
- Gutheissung 261 N 62
- Hinterlegung von Unterhaltsbeiträgen 262 N 56a
- internationales Recht 261 N 117
- Prozesserledigung 260 N 140ff, 261 N 91ff
- Rechtsmittel 261 N 96
- und Rückzug der Vaterschaftsklage 261 N 91
- sachliche Zuständigkeit 253 N 54
- Urteilsunfähigkeit des Kindes 261 N 51
- Urteilsunfähigkeit des Vaters 261 N 66

Konfession s. Religion
Konkubinat
- und Ehelichkeitsvermutung 255 N 22
- und Einzeladoption 264b N 4
- und gemeinschaftliche Adoption 264a N 16, 264b N 4
- und Mindestdauer der Ehe vor Adoption 264a N 24, 38
- und Pflegeverhältnis vor der Adoption 264a N 24
- und Zustimmung zur künstlichen Insemination 260 N 62

Konkurs
- des Beklagten im Vaterschaftsprozess 261 N 34

Konsularische Beziehungen s. Ausländische Vertretungen, Schweizerische Vertretungen im Ausland, Wiener Übereinkommen über konsularische Beziehungen

Kontradiktorisches Verfahren 254 N 9

Kontrahierungszwang bei der Adoptionsvermittlung 269 c N 24

Konzeption s. Zeugung

Kosten
- des Adoptionsentscheids 268 N 69
- Adoptionsvermittlung 269 c N 26, 27 b, 50 ff
- Anerkennung eines Kindes 260 N 117 a
- Anfechtung der Ehelichkeitsvermutung 256 N 103
- des anthropologischen Gutachtens 254 N 187
- des Blutgruppengutachtens 254 N 159
- der Eintragung im Zivilstandsregister 260 N 117 a, 268 N 70
- Kindesschutzmassnahmen 267 N 50 a
- Pflegeverhältnis vor Adoption 267 N 32, 51
- Prozesskosten s. Prozesskosten

Kritik des geltenden Rechts s. Rechtspolitik

Künstliche Insemination
- und Adoption Einl Ad N 15 e
- und Anerkennung eines Kindes 260 N 62 f
- Anfechtung der Anerkennung eines Kindes 260 b N 21 ff
- und Anfechtung der Ehelichkeitsvermutung 256 N 46, 59, 256 a/256 b N 37 ff
- Auskunftspflicht des Arztes 261 N 68, 262 N 24
- und Beiwohnung 256 a/256 b N 37 ff, 262 N 23 ff
- und Ehelichkeitsvermutung 255 N 36, 44 f
- heterologe Insemination 255 N 44, 256 N 46, 256 a/256 b N 38 f
- homologe Insemination 255 N 44, 256 a/256 b N 37
- und mütterliches Kindesverhältnis 252 N 38
- Persönlichkeitsrechte 252 N 34
- postmortale Insemination 261 N 78 a, 262 N 23 a
- Schadenersatzpflicht des Arztes 255 N 45, 256 N 46, 119, 261 N 20, 68, 78 a, 102, 262 N 25 ff

Künstliche Insemination (Fortsetzung)
- Schweigepflicht des Arztes 262 N 24
- Vaterschaftsklage 261 N 42, 53, 65, 68
- und Vaterschaftsvermutung 256 a/256 b N 37 ff, 262 N 23 ff
- Verzicht auf Anerkennung des Kindes bei k. I. 260 N 11
- Wirkung 252 N 34, 38
- Zeugnisverweigerungsrecht 261 N 68
- Zustimmung zur k. I. 256 N 39 ff, 256 a/256 b N 38 f, 260 N 62
- s. auch Medizinisch-ethische Richtlinien für artifizielle Insemination

Kurzschlussadoption 259 N 19, 260 N 62, 268 N 87, 269 N 7, 269 c N 65

Landeskonferenz für Sozialwesen 269 c N 40

Ledige s. Unverheiratete

Legitimation (prozessrechtlich)
s. Aktivlegitimation, Passivlegitimation

Legitimation (zivilrechtlich) 255 N 20, 259 N 4 ff, 108 N 7; s. auch Rechtsgeschichte

Legitimationsregister 259 N 108, 260 N 127

Legitimes Kind s. eheliches Kindesverhältnis

Leibliche Eltern
- Adoption (allgemein) Einl Ad N 39
- Adoptionsgeheimnis 268 b N 16 ff
- Anfechtung der Adoption 269 a N 10
- Entmündigte l. E. 265 a N 15, 266 N 31
- vor Feststellung des Kindesverhältnisses s. Erzeuger des Kindes
- Mitteilung der Adoption 268 N 55, 268 b N 16 ff
- Nichtkümmern der l. E. s. Nichtkümmern der Eltern
- Persönlichkeitsrecht 265 a N 3, 15
- Urteilsunfähigkeit, und Absehen von der Zustimmung zur Adoption 265 c N 18 f, 35
- Tod, und Stiefkindadoption 264 a N 34, 36, 268 N 29
- unbekannter Aufenthalt 265 b N 8, 265 c N 6 ff, 11 ff, 265 d N 25, 35
- Unfähigkeit 265 c N 25 c
- Unmündigkeit, und Zustimmung zur Adoption 265 a N 15
- Urteilsunfähigkeit und Zustimmung zur Adoption 265 a N 14 ff
- Zustimmung zur Adoption s. Zustimmung der leiblichen Eltern zur Adoption

Leibliches Kind
- Adoption eines l. K. 264 N 6 ff

Leibliches Kind (Fortsetzung)
- Adoption eines ausserehelichen l. K. 264 N 6 ff
- und Adoptivkind 268 b N 4 a
- Anfechtung der Adoption 269 a N 10

Leistungsklage der Mutter nach der Geburt
- allgemein 253 N 9, 261 N 45 f, 54
- und Vaterschaftsklage 261 N 46, 54
- Vertretung 261 N 45 f

Letztwillige Verfügung
- Anerkennung eines Kindes 254 N 17, 260 N 38, 80, 92, 145 ff, 151, 260 a N 7, 50
- Ausschluss der Adoption des Kindes des Erblassers? 265 c N 4
- und Erlöschen des Erbrechts wegen Adoption 267 N 70
- Rechtspolitik 260 N 151
- Ungültigerklärung 260 a N 7, 50
- Ungültigkeit infolge Adoption 267 N 70

Leumund des Adoptionsvermittlers 269 c N 27 a

Löschung der Eintragung im Zivilstandsregister s. Berichtigungsverfahren

Mäklervertrag und Adoptionsvermittlung 269 c N 16, 24

Massgebender Zeitpunkt s. Zeitpunkt

matrimonium non existens s. Nichtehe

Maxime des Kindesrechts Einl N 7

Medizinische Gutachten s. Andrologisches Gutachten, Gynäkologisches Gutachten, Reifegradgutachten

Medizinisch-ethische Richtlinien für artifizielle Insemination
- allgemein 256 N 41, 260 N 62, 262 N 24
- Anerkennung eines Kindes nach künstlicher Insemination 260 N 62
- Text S. 715, 716
- Zustimmung zur künstlichen Insemination 256 N 41

Mehrfache Adoption s. Adoption eines Adoptivkindes

Mehrlinge s. Zwillinge

Mehrverkehr
- allgemein 262 N 72
- Anfechtung der Anerkennung eines Kindes 260 a N 95 ff, 260 c N 17
- Beweis des M. 262 N 74 ff
- und Beweis der Vaterschaft 262 N 56 ff, 70 ff, 85 ff

Mehrverkehr (Fortsetzung)
- und Ehelichkeitsvermutung 255 N 25, 43, 256 N 43, 256 c N 16 ff
- Kenntnisnahme des M. durch den Ehemann 256 c N 16 ff
- Risiko der Nichtvaterschaft 262 N 100 ff
- Schadenersatz 261 N 20
- und serostatistisches Gutachten 254 N 171, 190
- unzüchtiger Lebenswandel 262 N 5, 56 a
- und Vaterschaftsklage 261 N 69 ff

Meldepflicht bei der Adoptionsvermittlung 269 c N 20

Merkmalgruppen 254 N 140 ff

Merkmalsausschluss 254 N 135

Minderjährigenschutz s. Kindesschutzmassnahmen

Mindestalter
- des Anerkennenden bei der Kindesanerkennung 260 N 69, 146
- und Anfechtung der Adoption 269 N 9, 269 a N 5, 8
- beim anthropologischen Gutachten 254 N 173 ff
- beim Blutgruppengutachten 254 N 133
- bei der Einzeladoption 264 b N 6 f
- bei der gemeinschaftlichen Adoption 264 a N 23, 25 f, 28
- beim Pflegeverhältnis 264 N 33, 264 a N 28
- Rechtsvergleichung 264 a N 2 a
- bei der Stiefkindadoption 264 a N 39

Mindestdauer der Ehe vor der Adoption
- Anrechnung des Konkubinates? 264 a N 24, 38
- Berechnung 264 a N 24
- Einzeladoption 264 b N 8
- gemeinschaftliche Adoption 264 a N 21, 24, 28
- Pflegeverhältnis 264 N 33, 264 a N 28
- Stiefkindadoption 264 a N 38

Mitadoption 264 a N 31

Mitteilung
- des Absehens von der Zustimmung zur Adoption 265 d N 24 ff, 269 N 21, 24
- des Adoptionsentscheids 265 d N 25 a, 268 N 55 ff, 72 f, 268 b N 16 ff
- des Adoptionsentscheids, und Adoptionsgeheimnis 268 N 56 f, 268 b N 16 ff
- der Anerkennung eines Kindes 260 N 152 ff
- der Anerkennung eines Kindes ins Ausland 260 N 160

Mitteilung (Fortsetzung)
- der Anfechtung der Anerkennung des Kindes 260a N 120ff
- der Anfechtung der Ehelichkeitsvermutung 256 N 107f
- der Aufhebung der Anerkennung eines Kindes 260a N 120ff
- der Ehelichkeitsvermutung 255 N 46ff
- der Feststellung des Kindesverhältnisses zur Mutter 252 N 68
- Findelkind 252 N 56
- der Geburt 252 N 54ff, 255 N 58ff
- der Geburt ins Ausland 252 N 77
- des gemeinsamen Kindesverhältnisses 259 N 32ff
- des Kindesverhältnisses nach Heirat der Eltern 259 N 32ff
- des Vaterschaftsurteils 261 N 97ff
- des Vaterschaftsurteils ins Ausland 260 N 160
- der Verfügungen der Aufsichtsbehörden über die Adoptionsvermittlung 269c N 20
- Widerruf der Zustimmung zur Adoption 265b N 18
- der Zustimmung zur Adoption 265a N 37f

Mitwirkungspflicht bei Abstammungsgutachten
- allgemein 254 N 70, 77ff, 99, 197, 261 N 20, 26
- beim Berichtigungsverfahren 254 N 70, 77ff
- freie Beweiswürdigung 254 N 93f
- Verweigerung der Mitwirkung 254 N 51f, 94

Moralische Unmöglichkeit s. Unmöglichkeit
Motivation s. Beweggründe
Mündigenadoption
- Adoption eines Ehepaars 266 N 6a, 23ff
- allgemein 266 N 3ff
- Altersunterschied 266 N 28
- altrechtliche Adoption 266 N 7, 10
- Bürgerrecht 266 N 4, 32, 267a N 17f
- Familienname 266 N 19a
- Gebrechen als Voraussetzung der M. 266 N 15ff
- und gemeinschaftliche Adoption 264a N 11, 266 N 12, 28
- Geschwisteradoption 266 N 5, 20
- und Hausgemeinschaft 266 N 17, 19a, 21f
- Hilfsbedürftigkeit als Voraussetzung der M. 266 N 15ff

Mündigenadoption (Fortsetzung)
- Kinderlosigkeit 264 N 63, 264a N 11, 266 N 4, 8, 268 N 32a, 269a N 7
- Nachkommen der Adoptiveltern 264a N 11, 266 N 8ff, 268 N 32a
- und Namensänderung 266 N 19a, 267 N 37
- und Pflegeverhältnis 266 N 17, 19
- Rechtsgeschichte 266 N 2b
- Rechtsvergleichung 266 N 2a
- und Schwägerschaft 266 N 6a
- und Stiefkindadoption 266 N 13
- Textgeschichte 266 N 2c
- Tod des Gesuchstellers 266 N 6
- Verfahren 266 N 32
- Verwandtenadoption 266 N 6a
- Voraussetzungen 266 N 15ff
- wichtige Gründe 266 N 20ff
- Wirkung 266 N 32
- massgebender Zeitpunkt 264 N 27, 266 N 6
- Zustimmung des Ehegatten des Adoptierenden 266 N 28
- Zustimmung des Ehegatten des Adoptivkindes 266 N 23ff
- Zustimmung der leiblichen Eltern 266 N 29

Mündigerklärung des Kindes
- und Anfechtung der Ehelichkeitsvermutung 256 N 64

Mündigkeit
- der Adoptiveltern 264a N 4
- internationales Recht 260 N 194, 264 N 26, 266 N 5
- des Kindes, und Absehen von der Zustimmung zur Adoption 265c N 24a
- des Kindes, und Adoption s. Mündigenadoption
- des Kindes (allgemein) 264 N 14, 24ff, 37, 41
- des Kindes, und Anfechtung der Ehelichkeitsvermutung 256c N 32
- des Kindes, und Anfechtung des Kindesverhältnisses 260c N 22
- des Kindes, Eintritt während des Adoptionsverfahrens 265c N 24a, 27a, 268 N 25ff
- des Kindes, und Schweizerbürgerrecht 267a N 8
- des Kindes, und Vaterschaftsklage 263 N 8ff
- der Nachkommen der Adoptiveltern 268a N 28
- massgebender Zeitpunkt 264 N 27, 266 N 6

Sachregister

Mündlichkeit s. Form
Mutter
– Abstammung von der M. 252 N 11
– Anfechtung der Anerkennung 259 N 92, 260a N 73 f, 260 b N 12
– Anfechtung der Ehelichkeitsvermutung? 256 N 77
– Auskunftspflicht im Vaterschaftsprozess 261 N 67
– extrakorporale Befruchtung 252 N 38
– Geburtsmutter 252 N 38
– Genetische M. 252 N 38
– Kenntnisnahme der Anerkennung des Kindes 260 b N 12
– Leistungsklage nach der Geburt s. Leistungsklage der Mutter nach der Geburt
– Parteistellung 253 N 29
– Tod, und Anfechtung der Ehelichkeitsvermutung 256 N 89
– Tod, und Vaterschaftsklage 261 N 32, 41, 44, 52
– Tötung der M., und Adoption 264 N 16a, 265c N 21 b
– Unbekannte M. s. Findelkind
– Unmündigkeit, und Vaterschaftsklage 261 N 43
– Urteilsunfähigkeit, und Anfechtung der Anerkennung des Kindes 260a N 74
– Urteilsunfähigkeit, und Vaterschaftsklage 261 N 43
– Vaterschaftsklage 261 N 38 ff, 54 ff
– Wohnsitz 253 N 20 ff
– Zeugnisverweigerungsrecht im Vaterschaftsprozess 261 N 67, 262 N 77
– s. auch Mütterliches Kindesverhältnis
Mütterliches Kindesverhältnis
– Aktivlegitimation bei Klage 252 N 67
– allgemein 252 N 16 f, 20 f, 34 ff, 45 f
– Anfechtung 252 N 34, 39
– Anfechtung der Ehelichkeitsvermutung 256 N 112
– Bürgerrecht 252 N 86
– Eintragung 252 N 47 ff, 66
– Entstehung mit der Geburt 252 N 34 ff
– Erlöschen des m.K. 252 N 42 ff
– Feststellungsklage 252 N 52, 67 ff, 73, 102
– Findelkind 252 N 35, 67
– Geschlechtsänderung der Mutter 252 N 62
– internationales Recht 252 N 76 ff
– internationale Zuständigkeit 252 N 77 ff
– bei Kindesunterschiebung 252 N 71 ff

Mütterliches Kindesverhältnis (Fortsetzung)
– nach künstlicher Insemination 252 N 38
– Mitteilung 252 N 68
– Passivlegitimation bei Klage 252 N 67
– und väterliches Kindesverhältnis 252 N 46
– Voraussetzung der Anerkennung eines Kindes 259 N 14, 260 N 47 ff, 102, 260a N 12
– Voraussetzung der Ehelichkeitsvermutung 255 N 21
– s. auch Commission Internationale d'Etat Civil

Nachadoption 268 N 105 ff
Nachfrist 256c N 62, 260c N 35, 263 N 25
Nachkommen der Adoptiveltern
– allgemein 268a N 24
– Aufklärung der N. 268a N 27
– Einstellung der N. 264 N 78, 268a N 24 ff
– und Mündigenadoption 264a N 11, 266 N 8 ff, 268 N 32 a
– Mündigkeit 268a N 28
– Urteilsunfähigkeit 268a N 27, 29 f
– Zustimmungsrecht zur Adoption? 268a N 31
Nachkommen des Kindes
– Anfechtung der Anerkennung 254 N 14, 259 N 95 f, 260a N 79 ff
– und Heirat der Eltern 259 N 47 f
– massgebender Wohnsitz 253 N 30, 42
– Namensänderung nach Heirat der Eltern 259 N 47
Nachkommen des Vaters
– Vaterschaftsklage gegen N. 254 N 15, 260 N 78 ff
– massgebender Wohnsitz 253 N 30, 38, 42
Name s. Familienname, Vorname
Namensänderung
– und Adoption Einl Ad N 15 d, 267 N 37, 40 f
– und Aufhebung der Anerkennung des Kindes 260a N 128
– des Kindes vor Heirat der Eltern 259 N 45
– der Nachkommen des Kindes nach Heirat der Eltern 259 N 47 f
– und Mündigenadoption 266 N 19a, 267 N 37
– wichtige Gründe 259 N 45, 47 f, 267 N 37, 40
Natürliche Personen als Adoptionsvermittler 269c N 27
Naturwissenschaftliche Gutachten s. Abstammungsgutachten

Nebenintervention s. Intervention
Neuadoption
- allgemein 264 N 10, 268 N 108
- nach ausländischer Adoption 264 N 10, 268 N 95, 97

New Yorker Übereinkommen
- über die Rechtsstellung der Staatenlosen Einl N 12
- über die Geltendmachung von Unterhaltsansprüchen im Ausland Einl N 13, 261 N 117 ff

Nichtehe und Ehelichkeitsvermutung 255 N 22
Nichtigerklärung der Ehe wegen Kindesanerkennung? 260 N 171
Nichtigkeit
- der Adoption 265 N 31 a, 268 N 8, 269 N 8 f, 269 c N 65
- der Anerkennung eines Kindes 260 N 171, 260 a N 8 ff
- der Ehe wegen Adoptivverwandtschaft 269 N 5

Nichtigkeitsbeschwerde ans Bundesgericht
- Adoption 265 N 32
- Feststellung oder Anfechtung des Kindesverhältnisses 253 N 50
- Zustimmung der vormundschaftlichen Aufsichtsbehörde 265 N 32

Nichtkümmern der Eltern
- Absehen von der Zustimmung der Eltern zur Adoption 265 c N 21 ff
- allgemein 265 c N 21 ff
- Änderung der Einstellung der Eltern 265 c N 26, 265 d N 35
- Dauer 265 c N 22 ff
- Kindeswohl 265 c N 21 ff
- Rechtskraft des Entscheids über das N. 265 c N 26 a

Nichtkümmern des Vaters, und Wiederherstellung der Anfechtungsfrist 256 c N 57
Nichtstreitige Gerichtsbarkeit s. Freiwillige Gerichtsbarkeit
Nichtvaterschaft s. Vaterschaft
Niedergelassenen- und Aufenthaltergesetz Einl N 30, Text S. 681; s. auch internationales Recht
Notgerichtsstand 253 N 64
Nottrauung
- und Ehelichkeitsvermutung 255 N 24
- und voreheliches Kind 259 N 28

Nova 254 N 44

Öffentliches Interesse
- Adoptionsgeheimnis 268 b N 23
- Anfechtung der Adoption 269 N 4 ff
- Anfechtung der Anerkennung eines Kindes 259 N 97

Öffentliches Recht und Adoption s. Adoption, Altrechtliche Adoption, Geburtszulagen, Kinderzulagen, Sozialversicherung, Steuerrecht, Strafrecht, Zeugnisverweigerungsrecht

Offizialmaxime
- Adoption 268 N 13
- allgemein 254 N 41 ff
- Anerkennung eines Kindes 260 N 136
- Anfechtung der Anerkennung eines Kindes 260 b N 11, 18
- Berufung ans Bundesgericht 254 N 55
- Beweisverfahren 254 N 47 ff, 71
- Untersuchung vor der Adoption 268 N 13
- Vaterschaftsklage 261 N 36

Ordre public
- allgemein 253 N 71, 260 N 197
- Anerkennung eines Kindes 260 N 197, 202 f
- Anfechtung der Ehelichkeitsvermutung 256 N 141
- Ehelichkeitsvermutung 255 N 94 f

Örtliche Zuständigkeit
- Adoption 268 N 8 ff, 269 N 9
- Anfechtung der Adoption 269 N 13
- Anfechtung der Anerkennung eines Kindes 253 N 6 ff, 260 N 94, 260 a N 19
- Anfechtung der Ehelichkeitsvermutung 253 N 6 ff, 256 N 24, 71
- Aufsicht über die Adoptionsvermittlung 269 c N 19
- Berichtigungsklage 253 N 13, 43
- Entgegennahme der Anerkennung eines Kindes 260 N 93 f, 187 ff, 260 a N 19
- Entgegennahme der Zustimmung zur Adoption 265 a N 24 f
- Feststellung der Geschlechtsänderung 252 N 61
- Feststellung oder Anfechtung des Kindesverhältnisses 253 N 6 ff, 39 ff
- Gerichtsstand des Sachzusammenhangs 253 N 46 ff
- interkantonales Recht 253 N 39
- IPR-Gesetz (Entwurf) 253 N 57, 268 N 9 ff
- kantonales Recht 253 N 39, 48, 265 N 21 a, 22, 265 a N 23, 268 N 4 ff
- Klage der Heimatgemeinde 253 N 63 f

Örtliche Zuständigkeit (Fortsetzung)
- und Rechtshängigkeit 253 N 46
- Rechtsmissbrauch bei der Wahl des Gerichtsstandes 253 N 44
- Sachzusammenhang 253 N 46 ff
- bei Streitgenossenschaft 253 N 46 ff
- Unterhaltsklage 253 N 10
- Vaterschaftsklage 253 N 6 ff, 261 N 34
- Wahl des Gerichtsstandes 253 N 43 ff, 62
- am Wohnsitz 253 N 16
- massgebender Zeitpunkt 268 N 8
- Zustimmung der vormundschaftlichen Aufsichtsbehörde zur Adoption 265 N 22 a
- zwingende Gerichtsstandsvorschriften 253 N 39

Parteiaussage
- und Abstammungsgutachten 254 N 202 f
- Befangenheit 254 N 62
- Beweismittel 254 N 43, 48, 262 N 36 ff, 41
- und Glaubhaftmachung der Beiwohnung 256 a/256 b N 19 ff
Parteidisposition s. Dispositionsmaxime
Parteifähigkeit 254 N 10
Parteiverhör s. Parteiaussage
Parteiwechsel 254 N 10
Passivlegitimation
- Anfechtung der Adoption 269 N 14
- Anfechtung der Anerkennung eines Kindes 260 a N 109 ff
- Anfechtung der Ehelichkeitsvermutung 256 N 80 ff, 258 N 7 ff
- Bundesrecht und kantonales Recht 254 N 14
- Feststellung des mütterlichen Kindesverhältnisses 252 N 67
- Vaterschaftsklage 261 N 65 ff
- der Wohnsitzgemeinde 254 N 15, 261 N 81 ff
Persönliche Verhältnisse s. Verletzung in den persönlichen Verhältnissen
Persönlicher Verkehr
- bei Absehen von der Zustimmung zur Adoption 265 c N 25 b, 265 d N 38
- Adoptionsentscheid 268 N 53, 58
- und elterliche Gewalt 259 N 74
- und Pflegeverhältnis 264 N 50
- und Vaterschaftsklage 261 N 13
- Wirkung der Adoption 267 N 59 f, 268 N 58
- Wirkung der Anerkennung eines Kindes 260 N 174

Persönlicher Verkehr (Fortsetzung)
- und Zustimmung zur Adoption 265 a N 52 f
Persönlichkeitsrecht
- beim Absehen von der Zustimmung zur Adoption 265 c N 23 a
- Stellung des Adoptionsgesuchs 268 N 14, 17 a
- der Adoptiveltern 264 a N 4
- Anerkennung eines Kindes 260 N 11 ff, 129
- Anfechtung der Anerkennung eines Kindes 260 a N 74
- Anfechtung der Ehelichkeitsvermutung 256 N 36 f, 47, 69 f
- bei künstlicher Insemination 252 N 34
- der leiblichen Eltern 265 a N 3, 15
- Vaterschaftsklage 261 N 43, 48
- bei Verletzung des Adoptionsgeheimnisses 268 b N 31
- Zustimmung zur Adoption 265 N 8, 265 a N 3, 15
- Zustimmung zur Zeugung durch einen Dritten 256 N 41
petite action 261 N 6
Pflege und Erziehung s. Pflegeverhältnis
Pflegeeltern
- Abwesenheit, und Adoption 264 N 37
- Aufklärung der P. durch den Adoptionsvermittler 269 c N 43 f
- Auswahl der P. durch den Adoptionsvermittler 269 c N 35
- Mindestalter 264 N 33, 264 a N 28
- Mindestdauer der Ehe 264 N 33, 264 a N 28
- Scheidung 264 N 46 a
- als Vormünder? 264 N 48
- Vorstrafen 264 N 61
- s. auch Pflegeverhältnis vor der Adoption
Pflegekindbewilligung s. Bewilligung für die Aufnahme von Pflegekindern
Pflegekinderaufsicht 264 N 31 e
Pflegekinderverordnung Einl N 34, 264 N 31 a ff, 44 a, Text S. 710
Pflegeverhältnis vor der Adoption
- Absehen von der Zustimmung zur Adoption 265 d N 7, 9
- und Adoptionsvermittlung 269 c N 35
- allgemein 264 N 29 ff
- und Anstaltsunterbringung 264 N 30 c, 266 N 17
- Aufhebung des P. 264 N 46 ff
- und Aufhebung der Hausgemeinschaft 264 N 47, 54 a

Pflegeverhältnis vor der Adoption (Fortsetzung)
- Aufsicht über das P. 264 N 31 e
- Begründung des P. 264 N 31 ff
- und Berichtigungsverfahren 252 N 75
- Bewilligungspflicht 264 N 31 a ff, 269 c N 39
- Dauer 264 N 30 b, 33 ff
- und elterliche Gewalt 264 N 48 ff
- Entgelt 267 N 32, 51
- Erbrecht 264 N 45 b
- Fehlen des P. 269 a N 6
- Ferienkind 264 N 30, 37, 266 N 17, 19
- und gemeinschaftliche Adoption 264 N 34
- und Hausgemeinschaft 264 N 30
- internationales Recht 264 N 31 b, 49 a
- kantonales Recht 264 N 31 g
- Kind aus der Dritten Welt 264 N 31 a
- und Kindesvermögen 267 N 32
- und Konkubinat 264 a N 24
- Kosten 267 N 32, 51
- Mindestalter 264 N 33, 264 a N 28
- Mindestdauer der Ehe 264 N 33, 264 a N 28
- bei Mündigenadoption 266 N 17, 19
- und persönlicher Verkehr 264 N 50
- Religion 264 N 49 b
- Rückerstattung von Unterhaltsleistungen 264 N 53 a
- Rückgabe des Kindes nach Auflösung des P. 264 N 46
- Schadenersatz bei Auflösung 264 N 47
- Scheidung der Pflegeeltern 264 N 46 a
- Sozialversicherung 264 N 32, 52
- bei spontaner Fremdadoption 264 N 31 f
- Steuerrecht 264 N 52
- Stiefkindadoption 264 N 32 f, 33, 47 a, 264 a N 30, 32
- Umplazierung des Kindes 264 N 31 e, 40, 269 c N 44
- Unentgeltlichkeit 264 N 32, 51
- und Unterbringung des Kindes 264 N 31, 35
- Unterhaltspflicht 264 N 32, 51 ff, 265 a N 51, 267 N 48
- Verlängerung 264 N 41
- Vertretung während des P. 264 N 48 ff
- bei Verwandtenadoption 264 N 31 g
- Voraussetzung der Adoption Einl Ad N 15 b, 264 N 28 ff
- Vormundschaft während des P. 264 N 48
- Wirkung 264 N 44 ff, 269 a N 6
- Wohnsitzwechsel 264 N 48 a
- massgebender Zeitpunkt 264 N 35 f

Posthume Adoption 268 N 24

Postmortale Insemination
- und Beiwohnung 262 N 23 a
- und Vaterschaftsklage 261 N 78 a, 262 N 23 a
- und Vaterschaftsvermutung 262 N 23 a

Pränatale Anerkennung 255 N 53, 260 N 35, 39, 49, 81, 118, 260 a N 24

Prorogation 253 N 39

Protokollierung
- der Anerkennung eines Kindes 260 N 139, 260 a N 48
- kantonales Recht 260 N 139
- des Widerrufs der Zustimmung zur Adoption 265 b N 11
- der Zustimmung zur Adoption 265 a N 31 ff, 269 N 22

Prozessaussichten s. Unentgeltliche Prozessführung

Prozesserledigung
- Anfechtung der Anerkennung eines Kindes 260 a N 116 ff
- Anfechtung der Ehelichkeitsvermutung 256 N 94 ff
- kombinierte Klage 260 N 140 ff, 261 N 91 ff
- Unterhaltsklage 260 N 142 f
- Vaterschaftsklage 260 N 140 ff, 261 N 91 ff

Prozessfähigkeit 254 N 11

Prozesskosten
- Hinterlegung 254 N 28 ff
- Sicherstellung 254 N 28 ff
- unentgeltliche Prozessführung 254 N 28 ff
- Vaterschaftsklage 261 N 95
- Vorschuss 254 N 28 ff, 256 N 29, 261 N 36

Prozessvertreter
- Schadenersatzpflicht bei Vaterschaftsklage 261 N 23
- Unentgeltlichkeit s. Unentgeltliche Prozessführung

Prüfung
- des Adoptionsgesuchs 265 N 21 a, 268 N 5 f, 268 N 33 ff
- der Anerkennungserklärung 260 N 44, 95 ff, 134 ff, 161
- der Zustimmung zur Adoption 265 a N 35 f
- s. auch Untersuchung vor der Adoption, Untersuchung bei der Adoptionsvermittlung

Prozessverjährung 254 N 23

Publikation
- der Adoption 265 d N 25 a, 268 b N 19
- der Geburt 252 N 63 ff

Quellen des Kindesrechts Einl N 10 ff, S. 637
Rasse und Abstammungsgutachten 254 N 87, 170
Recht auf Leben 255 N 22
Rechtsanwalt s. Prozessvertreter
Rechtsauskunft, unrichtige 256c N 52
Rechtsbeistand, unentgeltlicher
s. Unentgeltliche Prozessführung
Rechtsfähigkeit vor der Geburt 252 N 37, 256c N 7
Rechtshängigkeit
– örtliche Zuständigkeit 253 N 46
– der Vaterschaftsklage 260 N 121
Rechtshilfe
– Adoption 268a N 23
– Adoptionsvermittlung 269c N 20
Rechtsirrtum 256c N 52
Rechtskraft
– Abstammungsgutachten nach Eintritt der R. des Urteils 254 N 70, 77 ff
– Abweisung des Adoptionsgesuchs 268 N 60
– Adoptionsentscheid 268 N 59 ff, 269b N 8
– Entscheid über das Absehen von der Zustimmung zur Adoption 265d N 23 f, 26
– Entscheid über das Nicht-sich-ernstlich-Kümmern 265c N 26a
– Vaterschaftsurteil 263 N 15
Rechtsmissbrauch
– Absehen von der Zustimmung zur Adoption 265c N 28 f
– bei der Anerkennung eines Kindes 260a N 61, 85, 88
– bei der Anfechtung der Adoption 269a N 12
– Anfechtung der Anerkennung eines Kindes 259 N 99
– Anfechtung der Ehelichkeitsvermutung 256 N 48 ff
– bei der Anfechtung des Kindesverhältnisses 256 N 48 ff
– bei der Anfechtung der Zustimmung zur Adoption 265b N 21, 23
– beim Berichtigungsverfahren 255 N 66
– bei der Verweigerung der Zustimmung zur Adoption 265c N 20, 28 f
– bei der Wahl des Gerichtsstandes 253 N 44
Rechtsmittel
– gegen Absehen von der Zustimmung zur Adoption 265d N 27 ff
– gegen Adoptionsentscheid 268 N 63 ff

Rechtsmittel (Fortsetzung)
– Aktivlegitimation bei R. gegen Adoptionsentscheid 268 N 63 ff, 67a ff
– Anfechtung der Anerkennung eines Kindes 256 N 104 ff, 260a N 119
– Anfechtung der Ehelichkeitsvermutung 256 N 75, 104 ff
– Beweisverfahren 254 N 198, 262 N 46, 48, 84, 94
– Feststellung oder Anfechtung des Kindesverhältnisses 253 N 49 ff, 260a N 119
– kantonales Recht 253 N 49, 268 N 63 ff, 269b N 5
– Kombinierte Klage 261 N 96
– bei Unterlassung der Würdigung der Einstellung der Nachkommen bei der Adoption 268a N 32
– Vaterschaftsklage 261 N 96
– gegen Entscheide des Zivilstandsbeamten 255 N 54, 62, 76, 260a N 30
– Zustimmung der vormundschaftlichen Aufsichtsbehörde zur Adoption 265 N 32 ff
Rechtsmittelbelehrung
– und Adoptionsgeheimnis 268b N 27
Rechtspersönlichkeit vor der Geburt 252 N 37, 256c N 7
Rechtspolitik
– Adoption Einl Ad N 46 ff
– Adoptionsvermittlung 269c N 20, 24, 27a, 27c, 29, 62
– Anerkennung eines Kindes 260 N 151
– Anfechtung der Ehelichkeitsvermutung 256 N 143, 256a/256b N 40
– Ehelichkeitsvermutung 255 N 97
– Rechtshängigkeit 253 N 46
– Vaterschaftsvermutung 262 N 100 ff
– Zustimmung der vormundschaftlichen Aufsichtsbehörde zur Adoption 265 N 35
– s. auch Eherecht (Entwurf), IPR-Gesetz (Entwurf)
Rechtsquellen s. Quellen des Kindesrechts
Rechtsvereinheitlichung Einl N 36, Einl Ad N 16
Reifegradgutachten
– allgemein 254 N 68; s. auch Abstammungsgutachten
– und andere Gutachten 254 N 191, 199
– Beweis der Empfängniszeit 262 N 51
– Beweis der geringeren Wahrscheinlichkeit der Vaterschaft 262 N 96
– Beweis der Nichtvaterschaft 262 N 62
– Grundlagen 254 N 118 ff

Reinerbigkeitsausschluss 254 N 137
Religion
– Adoption 264 N 49b, 267 N 55
– der Adoptiveltern 268a N 4
– kirchliche Register 268 N 100
– Pflegeverhältnis 264 N 49b
– Taufschein 268 N 100
– Untersuchung vor der Adoption 268a N 4
– Zustimmung der leiblichen Eltern zur Adoption 265a N 43
Retortenbaby 252 N 38
Revision
– und Anfechtung der Anerkennung eines Kindes 260 N 140
– wegen Entwicklung neuer Abstammungsgutachten 254 N 73 ff
– eines Vaterschaftsurteils, und neue Klage 261 N 96, 263 N 12 ff
Richter
– Anerkennung eines Kindes vor dem R. 260 N 38, 92, 120 ff, 190
– Belehrung des Anerkennenden 260 N 137
– Mitteilungspflicht 260 N 155
– Prüfung der Anerkennungserklärung 260 N 134 ff
– Zuständigkeit im Berichtigungsverfahren 260a N 43
Rotes Kreuz und Abstammungsgutachten 254 N 132
Rückerstattung von Unterhaltsleistungen 264 N 53a
Rückforderung von Unterhaltsleistungen 256 N 123 ff
Rückgabe des Kindes nach Auflösung des Pflegeverhältnisses 264 N 46
Rücknahme s. Widerruf
Rückwirkung
– der Adoption 267 N 22
– der Anfechtung der Ehelichkeitsvermutung 256 N 99
– der Geschlechtsänderung 252 N 61
Rückzug
– des Adoptionsgesuchs 268 N 17, 21, 64
– der Anerkennung eines Kindes 260a N 51
– der Anfechtung der Anerkennung eines Kindes 260a N 116
– der Anfechtung der Ehelichkeitsvermutung 256 N 94 ff
– der Klage (allgemein) 254 N 18
– der Vaterschaftsklage 261 N 91 f

Rückzug (Fortsetzung)
– der Zustimmung der Eltern zur Adoption 265b N 9 ff
– der Zustimmung des Kindes zur Adoption 265 N 13, 268 N 63
– der Zustimmung der vormundschaftlichen Aufsichtsbehörde zur Adoption 265 N 33

Sachliche Zuständigkeit
– Adoption 268 N 4 ff
– Anerkennung eines Kindes Einl N 22, 260 N 93, 260a N 16 ff, 41
– Anfechtung der Adoption 269 N 12
– Aufsicht über die Adoptionsvermittlung 269c N 17 f
– Berichtigungsverfahren 260a N 40 f
– Entgegennahme der Anerkennung eines Kindes 260 N 93 f, 187 ff, 260a N 16 ff, 41
– Entgegennahme der Zustimmung zur Adoption 265a N 21 ff, 269 N 22
– Feststellung oder Anfechtung des Kindesverhältnisses 253 N 54
– Kombinierte Klage 253 N 54
– Unterhaltsklage 253 N 54
– Vaterschaftsklage 253 N 54, 261 N 12
Sachverständige
– bei der Adoptionsvermittlung 269c N 41
– Beizug durch die Adoptionsbehörde 268a N 20 f, 29
– Feststellung der Einstellung der Nachkommen zur Adoption 268a N 29
– Geheimhaltungspflicht 268b N 6 ff
– Stellung im Prozess 254 N 100 ff
– Untersuchung vor der Adoption 268a N 20 f, 29
– s. auch Abstammungsgutachten
Samenspender s. Künstliche Insemination
Säumnis einer Partei 254 N 51 f, 94
Schadenersatzpflicht
– Adoptionsvermittlung 269c N 69
– nach Anfechtung der Ehelichkeitsvermutung 256 N 128 ff
– des Arztes bei künstlicher Insemination 255 N 45, 256 N 46, 119, 261 N 20, 68, 78a, 102, 262 N 25 ff
– wegen Auflösung des Pflegeverhältnisses 264 N 47
– der Aufsichtsbehörde im Zivilstandswesen bei der Vaterschaftsklage 261 N 22
– des Beistands bei der Vaterschaftsklage 261 N 21

Schadenersatzpflicht (Fortsetzung)
- wegen Beiwohnung 261 N 25
- des Erzeugers des Kindes 256 N 128 ff
- wegen Geburt eines Kindes 252 N 34, 256 N 132
- bei künstlicher Insemination 255 N 45, 256 N 46, 119, 261 N 20, 68, 78 a, 102, 262 N 25 ff
- wegen Mehrverkehrs 261 N 20
- des Prozessvertreters bei der Vaterschaftsklage 261 N 23
- Rückzug des Adoptionsgesuchs 268 N 17 a
- wegen Schwangerschaft 256 N 132
- wegen Tötung des Erzeugers 261 N 20
- bei der Vaterschaftsklage (allgemein) 261 N 19 ff, 95
- wegen Verletzung des Adoptionsgeheimnisses 268 b N 31
- wegen Verweigerung der Mitwirkung an Abstammungsgutachten 254 N 99, 261 N 20, 26
- des Vormundes bei Vaterschaftsklage 261 N 21

Scheidung der Eltern
- Adoption durch geschiedene Frau 267 N 36
- allgemein 252 N 24, 255 N 81, 259 N 81, 264 a N 8, 267 N 63 f, 268 N 32
- und Anerkennung eines Kindes 260 N 42, 117
- und Anfechtung der Anerkennung eines Kindes 259 N 106 f
- und Anfechtung der Ehelichkeitsvermutung 256 N 121
- und Aufhebung des väterlichen Kindesverhältnisses 256 N 7
- und Ehelichkeitsvermutung 255 N 22, 27 ff
- und Einzeladoption 264 b N 5, 10
- und gemeinsames Kindesverhältnis 259 N 81
- und gemeinschaftliche Adoption 264 a N 14
- Schwangerschaft während Scheidungsverfahren 255 N 81
- und Stiefkindadoption Einl Ad N 47, 264 a N 35, 37
- Wartefrist nach Scheidung s. Frauenwartefrist

Scheidung der Pflegeeltern 264 N 46 a
Schiedsgericht 253 N 39, 254 N 9, 21
Schriftlichkeit s. Form
Schwägerschaft
- und Adoption 264 N 22, 267 N 25 f

Schwägerschaft (Fortsetzung)
- Ehehindernis 267 N 27 f, 30 ff
- und Mündigenadoption 266 N 6 a
- Wirkung des Kindesverhältnisses 252 N 30

Schwängerer s. Erzeuger des Kindes
Schwangerschaft
- der Adoptierenden (Anfechtungsklage) 266 N 14
- und Anfechtung der Ehelichkeitsvermutung 256 N 50
- und Ehelichkeitsvermutung 255 N 32
- Schadenersatzpflicht 256 N 132
- während Scheidungsverfahren 255 N 81
- s. auch Reifegradgutachten

Schwangerschaftsabbruch
- Absehen von der Zustimmung der Eltern zur Adoption 265 c N 21 b
- und Ehelichkeitsvermutung 255 N 22
- Europäische Menschenrechtskonvention 255 N 22
- Kindeswohl 265 c N 21 b

Schwangerschaftsdauer s. Reifegradgutachten
Schweigepflicht
- des Arztes bei künstlicher Insemination 262 N 24
- s. auch Adoptionsgeheimnis

Schweigeversprechen des alten Rechts 261 N 115 a
Schweizerbürgerrecht
- nach Adoption 267 a N 8 ff, 268 N 99
- Adoption eines ausländischen Kindes 267 a N 8 ff
- Adoption durch Auslandschweizer 267 a N 15 f
- ausländische Adoption 268 N 99
- bei Einzeladoption 267 a N 13
- gemeinschaftliche Adoption 267 a N 9 ff
- nach Heirat der Eltern 259 N 54 ff
- des Kindes (allgemein) 252 N 86, 259 N 54 ff
- Kind des Adoptivkindes 267 a N 8
- Mündigkeit des Kindes 267 a N 8
- Stiefkindadoption 267 a N 14 b
- Verlust wegen Adoption 267 a N 14 ff
- Verlust wegen Anfechtung der Anerkennung 259 N 88
- Verlust wegen Heirat der Eltern 259 N 57 ff
- s. auch Bürgerrecht

Schweizerische Landeskonferenz für Sozialwesen 269 c N 40
Schweizerische Vertretungen im Ausland 260 N 200

Serologisches Gutachten s. Blutgruppengutachten
Serostatistisches Gutachten
- allgemein 254 N 69; s. auch Abstammungsgutachten
- und andere Gutachten 254 N 190, 199
- Beweis der geringeren Wahrscheinlichkeit der Vaterschaft 262 N 97
- Beweis der Nichtvaterschaft 262 N 65 ff
- Beweis der Vaterschaft 262 N 56
- Beweiswert 254 N 164 ff, 262 N 69
- Grundlagen 254 N 160 ff, 262 N 69
- bei Mehrverkehr 254 N 171, 190
- nichtkaukasische Rassen 254 N 170
- an Verstorbenen 254 N 169

Serumgruppen 254 N 142
Sicherstellung von Prozesskosten 254 N 28 ff
Sorgerecht s. Elterliche Gewalt
Sozialdienst, Internationaler 268 a N 23, 33
Sozialversicherung
- und Adoption 267 N 77 ff
- und Pflegeverhältnis 264 N 32, 52

Sperrfrist bei der Zustimmung zur Adoption
- Aufenthalt der leiblichen Eltern 265 b N 8
- Frist 265 b N 4
- Nichtbeachtung der S. 269 N 21
- Rechtsgeschichte 265 b N 2 b
- Rechtsvergleichung 265 b N 2 a
- Textgeschichte 265 b N 2 c
- Unterbringung des Kindes 265 b N 6 f
- Wirkung 265 b N 5 ff, 269 N 21

Spontane Fremdadoption 264 N 31 f; s. auch Fremdadoption
Staatenlose Einl N 12
Staatsanwaltschaft
- Intervention im Vaterschaftsprozess 254 N 16

Staatsrechtliche Beschwerde
- Adoption 265 N 32, 265 d N 33
- Anfechtung der Ehelichkeitsvermutung 256 N 75
- Feststellung oder Anfechtung des Kindesverhältnisses 253 N 50
- wegen willkürlicher Beweiswürdigung 262 N 46

Staatsverträge s. Übereinkommen
Standesänderung
- und Absehen von der Zustimmung zur Adoption 265 d N 35 f
- wegen Geschlechtsänderung 252 N 61
- Stiefkindadoption 267 N 21

Standesänderung (Fortsetzung)
- Wirkung der Adoption 267 N 20 ff
- wegen Zustimmung zur Adoption 265 a N 50

Standesfeststellungsklage s. Statusfeststellungsklage
Standesfolge 261 N 6, 140
Statistik
- Adoption Einl Ad N 15 a, 268 N 74
- Adoptionsvermittlung 269 c N 45, 47
- Anerkennung eines Kindes 260 N 204
- Blutgruppengutachten 254 N 155
- Ehelichkeitsvermutung 255 N 98 ff
- Vaterschaftsklage 261 N 140

Statusfeststellungsklage
- allgemein 253 N 8, 254 N 26, 255 N 77, 260 a N 33 f, 44 f
- und Anfechtung der Anerkennung eines Kindes 260 a N 51
- und Aufhebung der Anerkennung eines Kindes 260 a N 51
- und Vaterschaftsklage 261 N 27
- s. auch mütterliches Kindesverhältnis (Klage), väterliches Kindesverhältnis (Klage)

Statusgestaltungsklage 253 N 6 f, 254 N 26; s. auch Anfechtung der Adoption, Anfechtung der Anerkennung eines Kindes, Anfechtung der Vaterschaftsvermutung, Vaterschaftsklage

Stellvertretung s. Vertretung
Steuerrecht
- Adoption 267 N 80
- Pflegeverhältnis vor der Adoption 264 N 52

Stiefkindadoption
- Adoption eines adoptierten Stiefkindes s. Adoption eines Adoptivkindes
- Adoptionsgeheimnis 268 b N 18
- eines Adoptivkindes 264 a N 32 f, 267 N 18
- allgemein Einl Ad N 12, 15 c, 264 N 5, 264 a N 9, 29 ff
- Altersunterschied 265 N 5
- und Anfechtung der Ehelichkeitsvermutung 256 N 13
- aussereheliches Kind 264 a N 31
- Beistand 265 a N 4 a ff
- Bürgerrecht 264 a N 31, 267 a N 4
- und Einzeladoption 264 b N 14
- elterliche Gewalt 267 N 54, 58
- Familienname 264 a N 31
- Geschwisteradoption 264 a N 29 a

Stiefkindadoption (Fortsetzung)
- Hausgemeinschaft 264 N 30
- und Heirat der Eltern 259 N 19
- internationales Recht 267 a N 14 b
- und Kindesschutzmassnahmen 267 N 58
- und Kindesverhältnis 264 N 9, 264 a N 31, 267 N 16 f, 34 b, 268 N 51
- Kindeswohl 264 N 58, 264 a N 42, 265 a N 4 a
- Mehrheit von adoptierten Stiefkindern 264 a N 29 a
- Mindestalter 264 a N 39
- Mindestdauer der Ehe 264 a N 38
- Mitadoption? 264 a N 31
- und Mündigenadoption 266 N 13
- des Pflegekindes des Ehegatten? 264 a N 32
- und Pflegeverhältnis 264 N 32 f, 47 a 264 a N 30
- posthume S. 268 N 24
- und Scheidung Einl Ad N 47 264 a N 35, 37
- Schweizerbürgerrecht 267 a N 14 b
- Standesänderung 267 N 21
- Tod des Adoptierenden oder des leiblichen Elternteils 264 a N 34, 36, 268 N 29
- Unterhaltspflicht 267 N 47
- durch Verwitwete 264 a N 36, 264 b N 13
- Voraussetzungen 264 a N 31
- Wiederverheiratung des Stiefelternteils 264 a N 34
- Wirkung 264 N 9, 267 N 8, 16 ff, 21, 34 b
- Zahl der adoptierten Stiefkinder 264 a N 29 a
- Zeitpunkt 264 a N 36
- Zustimmung 264 a N 40, 265 a N 4 a

Strafrecht
- Adoption 267 N 81
- Adoption eines ausländischen Kindes 269 c N 65
- Adoptionsgeheimnis 268 b N 23, 29 ff
- Adoptionsvermittlung 269 c N 66
- s. auch Erschleichung einer Falschbeurkundung, Fälschung des Personenstandes, Ungehorsamsstrafe

Strafurteil s. Adhäsionsverfahren

Strassburger Übereinkommen s. Europäische Übereinkommen

Streitgenossenschaft
- Anfechtung der Anerkennung eines Kindes 260 a N 110
- Anfechtung der Ehelichkeitsvermutung 256 N 83 ff

Streitgenossenschaft (Fortsetzung)
- Gerichtsstand des Sachzusammenhangs 253 N 46 ff
- Vaterschaftsklage 261 N 64, 79
- Wahl des Gerichtsstandes 253 N 40 ff, 47

Sühnverfahren
- Anerkennung eines Kindes im S. 260 N 121, 140
- Anfechtung der Anerkennung eines Kindes 260 a N 69
- Anfechtung der Ehelichkeitsvermutung 256 c N 39
- und Unterhaltsvertrag 260 N 143
- Vaterschaftsklage 261 N 34

Superfetatio 254 N 158, 260 N 88

Tarif
- des Adoptionsvermittlers 269 c N 26, 27 b, 50 ff
- Eintragung im Zivilstandsregister 260 N 117 a, 268 N 70
- s. auch Kosten

Tatsächliche Verhältnisse s. Berufung ans Bundesgericht

Taufe s. Religion

Taufschein, und Adoption 268 N 100

Täuschung s. Willensmangel

Telefonische Erklärung
- Anerkennung eines Kindes 260 N 110
- Widerruf der Zustimmung zur Adoption 265 b N 13
- Zustimmung zur Adoption 265 a N 27

Testament s. Letztwillige Verfügung

Tod
- und Abstammungsgutachten 254 N 156, 169, 197
- des Adoptierenden, und Stiefkindadoption 264 a N 34, 36, 268 N 29
- des Adoptionsvermittlers 269 c N 30
- der Adoptiveltern 267 N 62 ff, 268 N 22 ff
- des Adoptivkindes 268 N 20, 22
- des Beklagten, und Anfechtung der Anerkennung 260 a N 113
- des Ehemannes, und Anfechtung der Ehelichkeitsvermutung 256 N 38, 87, 258 N 7
- der Eltern des Ehemannes 258 N 11
- der Eltern, und Enkeladoption 264 N 16
- eines Elternteiles, und Ehelichkeitsvermutung 255 N 27 ff
- eines Elternteiles, und Kindesverhältnis 255 N 81

Tod (Fortsetzung)
- eines Elternteils, und Zustimmung zur Adoption 264a N 41
- des Gesuchstellers bei der Einzeladoption 268 N 31
- des Gesuchstellers bei der Mündigenadoption 266 N 6
- des Klageberechtigten, und Anfechtung der Anerkennung 260a N 67, 102
- des Klägers bei Anfechtung der Ehelichkeitsvermutung 256 N 22
- des leiblichen Elternteils, und Stiefkindadoption 264a N 34, 36, 268 N 29
- des Kindes, und Anerkennung 260 N 84 f
- des Kindes, und Anfechtung der Anerkennung 259 N 95 f, 260a N 79 ff, 260c N 23, 25
- des Kindes, und Anfechtung der Ehelichkeitsvermutung 256 N 53, 88
- des Kindes, und Vaterschaftsklage 261 N 32, 41, 44, 52
- der Mutter, und Anfechtung der Ehelichkeitsvermutung 256 N 89
- der Mutter, und Vaterschaftsklage 261 N 32, 41, 44, 52
- einer Partei während des Prozesses 254 N 10
- des Unterhaltspflichtigen 264 N 54
- und Unterstellung der altrechtlichen Adoption 269a N 7
- des Vaters, und Anerkennung 260 N 127 ff
- des Vaters, und Vaterschaftsklage 261 N 77 ff
- massgebender Wohnsitz nach dem T. 253 N 31, 38
- des Zustimmungsberechtigten, und Zustimmung zur Adoption 265b N 4

Todesgefahr s. Verschollenerklärung
Totgeburt
- allgemein 252 N 55, 255 N 49
- und Anerkennung 260 N 86, 117, 260a N 11, 24, 41
- und Anfechtung der Ehelichkeitsvermutung 256 N 14 f
- Eintragung 255 N 49
- und Löschung der Anerkennung 260 N 117

Tötung
- des Erzeugers des Kindes 261 N 20
- der Mutter, und Adoption 264 N 16a, 265c N 21 b

Tragzeitgutachten s. Reifegradgutachten

Transsexualismus s. Geschlechtsänderung
Trauung s. Heirat
Trennung der Eltern
- Adoption 268 N 32
- Anfechtung der Ehelichkeitsvermutung 256 N 62
- Einzeladoption 264b N 20 ff
- gemeinschaftliche Adoption 264a N 13, 264b N 20 ff
- s. auch Scheidung

Treu und Glauben
- bei Anfechtung der Ehelichkeitsvermutung 256 N 57 f

Übereinkommen
Einl N 11 ff; s. auch CIEC-Übereinkommen, Europäische Menschenrechtskonvention, Europäische Übereinkommen, Genfer Übereinkommen, Gerichtsstandsvertrag mit Frankreich, Haager Übereinkommen, New Yorker Übereinkommen, UNO, Wiener Übereinkommen

Überfruchtung 254 N 158, 260 N 88
Übergangsrecht s. Intertemporales Recht
Überspitzter Formalismus und Anerkennung eines Kindes 260 N 95
Überwiegender Zusammenhang 253 N 65 ff
Umplazierung des Kindes 264 N 31 e, 40, 269c N 44
Unabhängigkeit des Adoptionsvermittlers 269c N 27 b, 51
Unaufhebbarkeit der Adoption Einl Ad N 23, 42, 267 N 24, 268 N 60, 269 N 3 f, 12, 18 f
Unbekannter Aufenthalt
- Bekanntwerden des Aufenthalts der Eltern 265d N 35
- Dauer 265c N 13
- eines Ehegatten, und Einzeladoption 264b N 17
- der leiblichen Eltern, und Absehen von der Zustimmung zur Adoption 265c N 6 ff, 11 f
- der leiblichen Eltern, und Kindeswohl 265c N 14 f
- der leiblichen Eltern, und Mitteilung des Absehens von der Zustimmung zur Adoption 265d N 25
- der leiblichen Eltern, und Sperrfrist bei der Zustimmung zur Adoption 265b N 8
- und Verschollenerklärung 265c N 16

Unbekannte Eltern
– Absehen von der Zustimmung zur Adoption 265 c N 6, 265 d N 35
Unbekannte Mutter s. Findelkind
Uneheliches Kind s. Ausserehelisches Kind
Unentgeltliche Prozessführung
– allgemein 254 N 28 ff
– Anfechtung der Ehelichkeitsvermutung 256 N 26 ff
– Aussichtslosigkeit des Prozesses 254 N 31, 256 N 27
– Bedürftigkeit 254 N 32
– Beweis der Empfängniszeit 262 N 55
– Beweiserhebung 254 N 50
– Rechtsbeistand 254 N 35
– Vaterschaftsvermutung 262 N 55
Unerlaubte Handlung s. Schadenersatz
Ungeborenes Kind s. Anerkennung eines Kindes (vor der Geburt), Rechtspersönlichkeit
Ungerechtfertigte Bereicherung
– nach Anfechtung der Ehelichkeitsvermutung 256 N 125 ff
Ungültigerklärung
– der Ehe s. Scheidung
– der letztwilligen Verfügung 260 a N 7, 50
Ungültigkeit
– der Adoption 269 N 6 ff
– der Anerkennung eines Kindes 260 N 168, 260 a N 6 ff
– der Ehe s. Scheidung
– der Zustimmung zur Adoption 265 b N 5
Unmöglichkeit
– der Adoption 265 c N 4 ff
– der Feststellung des Kindesverhältnisses 265 c N 7
– der gemeinschaftlichen Adoption 264 b N 16 ff
– der Klageerhebung am Wohnsitz 253 N 64
– moralische U. der Beiwohnung 256 a/256 b N 33 ff, 260 b N 31
– der Vaterschaft, und Anerkennung 260 a N 13
– der Zustimmung zur Adoption 265 c N 4 ff
Unmündigkeit
– beim Abschluss eines Unterhaltsvertrags 260 N 79
– des Adoptierenden 265 a N 17
– des Anerkennenden, und Anerkennung eines Kindes 260 N 72 f, 75, 79, 126

Unmündigkeit (Fortsetzung)
– des Anerkennenden, und Anfechtung der Anerkennung 260 a N 90, 102
– der Angehörigen des verstorbenen Vaters, und Kindesanerkennung 260 N 129
– des Beklagten, und Anfechtung der Anerkennung 260 a N 112
– der Eltern, und Zustimmung zur Adoption 265 a N 15
– des Kindes, und Adoption Einl Ad N 14, 24 ff, 37, 265 a N 54 b, 267 a N 3 ff
– des Kindes, und Anfechtung der Adoption 265 N 17 a
– des Kindes, und Anfechtung der Ehelichkeitsvermutung 256 N 64 f
– des Kindes, und Vaterschaftsklage 261 N 48, 50
– des Kindes, und Unterhaltsklage 261 N 51, 66
– der Mutter, und Vaterschaftsklage 261 N 43
– des Vaters, und Vaterschaftsklage 261 N 66
– s. auch Entmündigte, Mündigkeit
UNO
– Übereinkommen betreffend das Kindesrecht Einl N 10 ff
Unrichtige Rechtsauskunft 256 c N 52
Unterbringung des Kindes
– durch den Adoptionsvermittler 269 c N 35 ff
– in einer Anstalt 264 N 30 c
– und Pflegeverhältnis 264 N 31, 35
– und Sperrfrist bei der Zustimmung zur Adoption 265 b N 6 f
– und Widerrufsfrist 265 b N 19
Unterdrückung des Personenstandes
– bei der Anfechtung der Ehelichkeitsvermutung 256 N 34
– beim Findelkind 252 N 65
Unterhaltsanspruch s. Unterhaltspflicht
Unterhaltsbeiträge s. Unterhaltsleistungen
Unterhaltsersatz bei der Adoptionsvermittlung 269 c N 54
Unterhaltsforderung
– Übergang nach Anfechtung der Ehelichkeitsvermutung 256 N 123 f
Unterhaltsklage
– Anerkennung eines Kindes 260 N 25 ff
– Anerkennung der U. 260 N 138
– Entmündigte 261 N 51, 66
– Erledigung 260 N 142 f
– Haager Übereinkommen Einl N 15, 253 N 55, 259 N 122, 261 N 117

Unterhaltsklage (Fortsetzung)
- New Yorker Übereinkommen Einl N 13
- örtliche Zuständigkeit 253 N 10
- sachliche Zuständigkeit 253 N 54
- Unmündigkeit des Kindes 261 N 51, 66
- Urteilsunfähigkeit des Kindes 261 N 51
- Urteilsunfähigkeit des Vaters 261 N 66
- und Vaterschaftsklage 253 N 54, 261 N 17, 62; s. auch kombinierte Klage
- verbunden mit Vaterschaftsklage s. Kombinierte Klage
- Vertretung 261 N 51, 66

Unterhaltsleistungen
- Einforderung durch den gesetzlichen Vertreter 267 N 47
- Hinterlegung bei der Anfechtung der Ehelichkeitsvermutung 256 N 30, 122
- Hinterlegung bei der Vaterschaftsklage 262 N 56a
- Rückerstattung 264 N 53a
- Rückforderung nach Anfechtung der Ehelichkeitsvermutung 256 N 123 ff

Unterhaltspflicht
- Absehen von der Zustimmung zur Adoption 264 N 51
- Adoption 264 N 51, 267 N 45 ff, 268 N 58
- Adoption eines ausländischen Kindes 264 N 54
- gegenüber den andern Kindern der Adoptiveltern 264 N 68, 73
- Anerkennung eines Kindes 260 N 175, 260a N 129
- Anfechtung der Anerkennung 259 N 89
- Anfechtung der Ehelichkeitsvermutung 256 N 121 ff
- allgemein Einl N 66
- der Ehegatten 267 N 50
- bei Einzeladoption 267 N 50
- und elterliche Gewalt 259 N 64 f
- nach dem Entwurf des Eherechts 259 N 62
- und Entziehung der elterlichen Gewalt 259 N 64 f
- Erlöschen infolge Adoption 267 N 45, 49, 268 N 58
- Familienstiftungen 267 N 52 a
- bei gemeinsamem Kindesverhältnis 259 N 59 ff
- Haager Übereinkommen Einl N 15, 253 N 55, 259 N 122, 261 N 117
- und Hausgemeinschaft 259 N 68
- nach Heirat der Eltern 259 N 59 ff

Unterhaltspflicht (Fortsetzung)
- internationales Recht 259 N 122, 260 N 195, 261 N 117 ff, 264 N 54
- New Yorker Übereinkommen Einl N 13, 261 N 117 ff
- Nichterfüllen der U. 265c N 21c
- Pflegeverhältnis 264 N 32, 51 ff, 265a N 51, 267 N 48
- bei Stiefkindadoption 267 N 47
- Tod des Unterhaltspflichtigen 264 N 54
- und Zustimmung zur Adoption 264 N 51, 265a N 51

Unterhaltsvertrag
- Abschluss durch Unmündige oder Entmündigte 260 N 79
- und Anerkennung eines Kindes 260 N 27, 29 ff
- Genehmigung 260 N 143
- Sühnverfahren 260 N 143
- und Vaterschaftsklage 260 N 30
- Zustimmung zum Abschluss eines U. 260 N 79

Unterschiebung eines Kindes 252 N 71 ff
Unterstellung
- der altrechtlichen Adoption 260 N 61, 267 N 81a, 269a N 7
- der altrechtlichen Vaterschaft 261 N 112 ff, 120 ff, 137

Unterstützungsklage
 s. Verwandtenunterstützungspflicht
Unterstützungspflicht
 s. Verwandtenunterstützungspflicht
Untersuchung vor der Adoption
- vor Absehen von der Zustimmung zur Adoption 265d N 16
- durch die Adoptionsbehörde 268a N 3 ff
- durch Adoptionsvermittler 268a N 16 f
- Anfechtung der Adoption wegen mangelhafter Untersuchung 269a N 15
- Verhältnisse der Adoptiveltern 268a N 4 ff
- Adoptivkind 268a N 13
- im Ausland 268a N 23
- Familienverhältnisse 268a N 3 ff
- Feststellung eines Ehehindernisses 268 N 74
- Form 268a N 15
- Gegenstand 268a N 3 ff
- durch Hilfsorgane 268 N 5, 268a N 16, 19
- internationales Recht 268a N 23
- Internationaler Sozialdienst 268a N 23
- Kindeswohl 268a N 3 ff, 11 ff
- Offizialmaxime 268 N 13

Untersuchung vor der Adoption (Fortsetzung)
- Rechtsgeschichte 268 a N 2 a
- Rechtsvergleichung 268 a N 2 a
- Religion 268 a N 4
- durch Sachverständige 268 a N 20 f, 29
- Textgeschichte 268 a N 2 a
- Urteilsunfähigkeit des Adoptivkindes 268 a N 13
- durch vormundschaftliche Organe 268 a N 18
- Willensmängel 268 a N 10
- massgebender Zeitpunkt 268 a N 22
- und Zustimmung der vormundschaftlichen Aufsichtsbehörde zur Adoption 265 N 23 f, 28

Untersuchung bei der Adoptionsvermittlung 269 c N 40 ff

Unterzeichnung der Anerkennungserklärung 260 N 115, 260 a N 21

Unverheiratete
- Adoption Einl Ad N 38
- Einzeladoption 264 b N 9 ff
- gemeinschaftliche Adoption 264 a N 16

Unwahrheit der Anerkennung eines Kindes 260 N 62, 260 a N 6 f, 49 ff, 61

Unwirksamkeit der Anerkennung eines Kindes 260 N 168 260 a N 6 ff, 24, 27, 29 ff, 46 ff

Unzüchtiger Lebenswandel 262 N 5, 56 a

Unzumutbarkeit der Klageerhebung am Wohnsitz 253 N 64

Unzuständigkeit
- Adoption 268 N 8 f, 19 a, 269 N 9, 22
- Anerkennung eines Kindes 260 a N 16 ff
- Nachfrist 256 c N 62

Urteilsunfähigkeit
- der Adoptiveltern 264 a N 4, 268 N 14, 22 ff
- des Adoptivkindes, und Untersuchung vor der Adoption 268 a N 13
- des Adoptivkindes, und Zustimmung zur Adoption 265 N 9 f, 16 f, 268 a N 13
- und Alter des Kindes 265 N 10
- des Anerkennenden, und Anerkennung des Kindes 260 N 69, 99, 126, 260 a N 8
- des Anerkennenden, und Anfechtung der Anerkennung eines Kindes 260 a N 90
- des Beklagten, und Anfechtung der Anerkennung eines Kindes 260 a N 112
- des Beklagten bei Anfechtung der Ehelichkeitsvermutung 256 N 91 f
- des Ehegatten, und Einzeladoption 264 b N 16, 19

Urteilsfähigkeit (Fortsetzung)
- der Ehegatten, und gemeinschaftliche Adoption 264 b N 16
- des Ehemannes, und Anfechtung der Ehelichkeitsvermutung 256 N 37, 256 c N 20, 258 N 7, 17
- der Eltern, und Absehen von der Zustimmung zur Adoption 265 c N 18 f, 35
- der Eltern, und Zustimmung zur Adoption 265 a N 14 ff, 265 c N 18 f
- der Interessierten, und Anfechtung der Anerkennung eines Kindes 260 a N 102
- des Kindes, und Anfechtung der Ehelichkeitsvermutung 256 N 69
- des Kindes, und kombinierte Klage 261 N 51
- des Kindes, und Unterhaltsklage 261 N 51
- des Kindes, und Vaterschaftsklage 261 N 48
- Mitwirkungspflicht Urteilsunfähiger an Abstammungsgutachten 254 N 81 f
- der Mutter, und Anfechtung der Anerkennung eines Kindes 260 a N 74
- der Mutter, und Vaterschaftsklage 261 N 43
- der Nachkommen der Adoptiveltern 268 a N 27, 29 f
- einer Prozesspartei s. Aktivlegitimation, Passivlegitimation
- des Vaters, und Kombinierte Klage 261 N 66
- des Vaters, und Unterhaltsklage 261 N 66
- des Vaters, und Vaterschaftsklage 261 N 66

Urteilsfähigkeit s. Urteilsunfähigkeit

Vater
- Abstammung vom V. 252 N 11 f, 99
- Parteistellung 253 N 29 ff
- Passivlegitimation bei Vaterschaftsklage 261 N 65 ff
- Tod, und Anerkennung eines Kindes 260 N 127 ff
- Tod, und Vaterschaftsklage 261 N 77 ff
- Unmündigkeit, und Vaterschaftsklage 261 N 66
- Urteilsunfähigkeit, und Kombinierte Klage 261 N 66
- Urteilsunfähigkeit, und Unterhaltsklage 261 N 66
- Urteilsunfähigkeit, und Vaterschaftsklage 261 N 66
- Wohnsitz 253 N 16 ff, 24
- Zahlvater 261 N 6, 107 ff, 140, 264 N 51

Vater (Fortsetzung)
- Zustimmung zur Adoption s. Zustimmung zur Adoption
- s. auch väterliches Kindesverhältnis, Vaterschaft

Väterliches Kindesverhältnis
- allgemein 252 N 15 ff, 28
- Aufhebung im Berichtigungsverfahren 256 N 7
- Aufhebung durch Vergleich? 256 N 7
- Begriff 252 N 15 ff, 91 ff
- Entstehung des v. K. 252 N 93 ff, 255 N 78, 82; s. auch Anerkennung eines Kindes, Ehelichkeitsvermutung, Heirat der Eltern, Vaterschaftsklage, Unterstellung
- Fehlen des v. K. als Voraussetzung der Anerkennung 259 N 15 ff, 260 N 50 ff, 103 f
- Fehlen des v. K. als Voraussetzung der Vaterschaftsklage 261 N 10
- und mütterliches Kindesverhältnis 252 N 46
- Scheidung der Eltern 256 N 7
- Verzicht auf das v. K. 256 N 7
- vorfrageweise Überprüfung des v. K. 256 N 8, 260a N 52
- s. auch Vater, Vaterschaft

Vaterschaft
- Beweis der geringeren Wahrscheinlichkeit der V. 262 N 70 ff, 81, 95 ff
- Beweis der Nichtvaterschaft 256a/256b N 33 ff, 36, 260b N 7, 12 ff, 25 ff, 262 N 57 ff
- Beweis der V. 256 N 56, 262 N 56 ff, 105 ff
- Beweis der Wahrscheinlichkeit der V. 262 N 16, 98
- eines Dritten 262 N 68 f
- Fristberechnung 260c N 15 ff
- Glaubhaftmachung der V. 262 N 56a
- Glaubhaftmachung der Nichtvaterschaft 256 N 30
- Möglichkeit der V. als Voraussetzung der Anerkennung eines Kindes 260 N 62 ff, 105 f, 260a N 13
- Nichtvaterschaft und Anerkennung eines Kindes 260 N 62 ff
- Nichtvaterschaft und Anfechtung der Anerkennung eines Kindes 260b N 6 ff
- Nichtvaterschaft und Anfechtung der Ehelichkeitsvermutung 256a/256b N 6 ff, 256c N 16 ff
- Nichtvaterschaft trotz Beiwohnung 262 N 62 ff, 100 ff

Vaterschaft (Fortsetzung)
- Nichtvaterschaft und künstliche Insemination 256a/256b N 37 ff
- Risiko der Nichtvaterschaft 262 N 100 ff
- Unmöglichkeit der V., und Anerkennung 260a N 13
- Unterstellung der altrechtlichen V. 261 N 112 ff, 120 ff, 137
- Vermutung der V. s. Beischläfer, Ehelichkeitsvermutung
- s. auch Vater, väterliches Kindesverhältnis

Vaterschaftsausschlusschance 254 N 146 f

Vaterschaftsklage
- Abweisung, und neue Klage 262 N 93, 263 N 12 ff
- Abstammungsgutachten 254 N 189 ff
- und Adoption 261 N 10, 16, 32
- Aktivlegitimation 261 N 38 ff
- allgemein 261 N 8 ff
- Anerkennung der V. 254 N 19, 260 N 92 f, 120 ff, 261 N 36, 93, 120 ff
- und Anerkennung eines Kindes 260 N 22 ff, 39, 54 ff, 65, 92, 120 ff, 261 N 10, 15, 31
- und Anerkennung des Kindes durch die Mutter 261 N 39
- und Anfechtung der Anerkennung eines Kindes (allgemein) 260a N 58
- Anfechtung der Anerkennung eines Kindes im Vaterschaftsprozess 261 N 86 ff
- Auskunftspflicht der Mutter 261 N 67
- Ausschlagung der Erbschaft, und Passivlegitimation 261 N 80, 128
- gegen Behörde 261 N 81 ff
- Beistand 261 N 48 f
- und Berichtigungsverfahren 261 N 27
- Berufung ans Bundesgericht 261 N 96
- Beweislast 261 N 65a, 262 N 8 ff, 63, 74
- bei Blutschande 261 N 11
- gegen Dritten 262 N 93, 263 N 12 ff
- Klage des Ehebruchkindes 261 N 11
- und Ehelichkeitsvermutung 261 N 10, 14
- elterliche Gewalt 261 N 13
- gegen die Eltern des Vaters 254 N 15, 260 N 78 ff
- Entmündigte 261 N 43, 48, 50, 66
- Erledigung 260 N 140 ff, 261 N 91 ff
- Existenz des Beklagten 261 N 65a, 67
- Familienrat 261 N 13
- Fehlen des väterlichen Kindesverhältnisses als Voraussetzung der V. 261 N 10
- Findelkind 261 N 9

Vaterschaftsklage (Fortsetzung)
- Frist 263 N 6 ff
- Gegenstand 261 N 12
- Gegenstandslosigkeit 260 N 57, 123
- gegen Geschwister des Vaters 254 N 15, 261 N 78 ff
- Gestaltungsklage 261 N 12
- Hinterlegung von Unterhaltsbeiträgen 262 N 56 a
- internationales Recht 261 N 116 ff, 262 N 109 f, 263 N 30
- intertemporales Recht 260 N 54 ff, 261 N 103 ff, 263 N 27 ff
- Intervention (allgemein) 254 N 16, 261 N 64, 86
- Intervention der Staatsanwaltschaft 254 N 16
- Intervention der Witwe des Vaters 254 N 16
- und Kindesschutzmassnahmen 261 N 13
- Kindeswohl 261 N 11
- Klage des Kindes 261 N 48 f
- Klage der Mutter 261 N 38 ff, 54 ff
- Klage gegen Wohnsitzbehörde 261 N 81 ff
- Klagegrund 262 N 8 ff
- Klagenkonkurrenz 261 N 54 ff
- Konkurs des Beklagten 261 N 34
- Kostenvorschuss 261 N 36
- bei künstlicher Insemination 261 N 42, 53, 65, 68
- und Leistungsklage der Mutter 261 N 46, 54
- bei Mehrverkehr der Mutter 261 N 69 ff
- Mündigkeit des Kindes 263 N 8 ff
- Nachfrist 256 c N 62, 263 N 25
- gegen die Nachkommen des Vaters 254 N 15, 260 N 78 ff
- Offizialmaxime 261 N 36
- örtliche Zuständigkeit 253 N 6 ff, 261 N 34
- Passivlegitimation 254 N 15, 261 N 65 ff
- und persönlicher Verkehr 261 N 13
- Persönlichkeitsrecht 261 N 43, 48
- bei postmortaler Insemination 261 N 78 a, 262 N 23 a
- Prozesserledigung 260 N 140 ff, 261 N 91 ff
- Prozesskosten 261 N 95
- Prozesskostenvorschuss 261 N 36
- Rechtsgeschichte 261 N 4 ff, 105 f, 262 N 4 ff, 263 N 4
- Rechtshängigkeit 260 N 121
- Rechtsmittel 261 N 96
- Rechtsnatur der V. 261 N 12

Vaterschaftsklage (Fortsetzung)
- Rechtsvergleichung 261 N 3, 262 N 3, 263 N 3
- Revision und neue Klage 261 N 96, 263 N 12 ff
- Rückzug 261 N 91 f
- sachliche Zuständigkeit 253 N 54, 261 N 12
- Schadenersatzpflicht (allgemein) 261 N 19 ff, 95
- Schadenersatzpflicht der Aufsichtsbehörde im Zivilstandswesen 261 N 22
- Schadenersatzpflicht des Beistands 261 N 21
- Schadenersatzpflicht des Prozessvertreters 261 N 23
- Schadenersatzpflicht des Vormundes bei V. 261 N 21
- Schadenersatzpflicht des Zivilstandsbeamten 261 N 22
- Staatsanwaltschaft 254 N 16
- Statistik 261 N 140
- und Statusfeststellungsklage 261 N 27
- Streitgenossenschaft 261 N 64, 79
- Sühnverfahren 261 N 34
- Textgeschichte 261 N 7, 262 N 7, 263 N 5
- Tod des Kindes 261 N 32, 41, 44, 52
- Tod der Mutter 261 N 32, 41, 44, 52
- Tod des Vaters 261 N 77 ff
- unentgeltliche Prozessführung 262 N 55
- Unmündigkeit des Kindes 261 N 48, 50
- Unmündigkeit der Mutter 261 N 43
- Unmündigkeit des Vaters 261 N 66
- Untergang des Klagerechts 261 N 28 ff
- und Unterhaltsklage 253 N 54, 261 N 17, 62; s. auch Kombinierte Klage
- und Unterhaltsvertrag 260 N 30
- Unterlassung wegen bereits bestehendem Kindesverhältnis 263 N 12 ff
- Unterlassung wegen Willensmangel 263 N 22 ff
- Urteilsunfähigkeit des Kindes 261 N 48
- Urteilsunfähigkeit der Mutter 261 N 43
- Urteilsunfähigkeit des Vaters 261 N 66
- verbunden mit Unterhaltsklage s. Kombinierte Klage
- Verfahren 261 N 34 f
- Verspätung 256 c N 59 f, 263 N 22 ff
- Vertretung 261 N 43, 45, 48, 50, 66
- Verwandtenunterstützungspflicht 261 N 18
- Verzicht auf V. 261 N 33
- Voraussetzungen 261 N 9 ff, 65

Vaterschaftsklage (Fortsetzung)
- Wiederherstellung der Frist 263 N 12 ff, 22 ff, 26
- Willensmangel 263 N 22 ff
- Witwe des Vaters 254 N 16
- Zeugnisverweigerungsrecht 261 N 67, 262 N 77 f
- Zivilstandsurkunden 261 N 34
- Zustellungen 261 N 61

Vaterschaftsurteil
- allgemein 252 N 96, 98
- Anerkennung ausländischer V. 261 N 133 ff
- und Anerkennung eines Kindes 260 N 54 ff
- Anfechtung des Kindesverhältnisses nach V.? 259 N 83, 261 N 96
- Aufhebung des V. 261 N 96
- Entstehung eines einfachen Kindesverhältnisses 252 N 98
- Eintragung 261 N 101
- Heirat der Eltern 259 N 26
- intertemporales Recht 260 N 54 ff
- konstitutive Wirkung 261 N 12
- Mitteilung 261 N 97 ff
- Mitteilung ins Ausland 260 N 160
- Rechtskraft 263 N 15
- Rechtsmittel 261 N 96
- Revision des V., und neue Klage 263 N 12 ff
- Statistik 261 N 140
- Wirkungen 260 N 170 ff, 261 N 102
- s. auch Vaterschaftsklage

Vaterschaftsvermutung
- allgemein 255 N 22, 262 N 8 ff, 57
- Beiwohnung 262 N 18, 21 ff
- Beweis 262 N 28 ff, 57 ff, 70 ff, 85 ff
- und Geburt 262 N 18
- Gegenbeweis 262 N 15, 20
- bei Impotenz 256 a/256 b N 33, 262 N 21
- internationales Recht 262 N 109 f
- bei künstlicher Insemination 256 a/256 b N 37 ff, 262 N 23 ff
- bei postmortaler Insemination 262 N 23 a
- Rechtspolitik 262 N 100 ff
- Voraussetzungen 262 N 21 ff
- und Zeugung 262 N 48 f, 51 ff
- s. auch Vaterschaft

Vereinbarung
- Anerkennung eines Kindes 260 a N 51
- Aufhebung des väterlichen Kindesverhältnisses 256 N 7

Vereinte Nationen s. UNO

Vererblichkeit des Klagerechts
- Anfechtung der Anerkennung eines Kindes 260 a N 74, 102
- Anfechtung der Ehelichkeitsvermutung 256 N 36 f, 47, 69 f

Verfahren
- Absehen von der Zustimmung zur Adoption 265 d N 7 ff
- Adoption 268 N 3 ff
- Anfechtung der Anerkennung eines Kindes 254 N 9 ff, 260 a N 69
- Anfechtung der Ehelichkeitsvermutung 256 N 25
- Begriff 254 N 26
- Beweisverfahren 254 N 47 ff, 256 a/256 b N 27
- Bundesrecht und kantonales Recht 254 N 9 ff, 22 ff, 36 ff, 268 N 11
- Feststellung oder Anfechtung des Kindesverhältnisses 254 N 9 ff
- internationales Recht 254 N 40, 268 N 109 f
- Kindeswohl 254 N 53 f
- Kontradiktorisches V. 254 N 9
- Rechtsgeschichte 254 N 5 ff, 268 N 2 c
- Rechtsvergleichung 254 N 3 f, 268 N 2 b
- Textgeschichte 254 N 8, 268 N 2 d
- Vaterschaftsklage 261 N 34 f
- unentgeltliches V. 254 N 28 ff

Verfahrensvorschriften
- Verletzung, und Anerkennung eines Kindes 260 a N 20 ff
- Verletzung, und Anfechtung der Adoption 269 a N 14 ff

Verfassungsrecht
- Bundesverfassung Einl N 24
- Kindesrechtliche Bestimmungen Einl N 24
- Zulässigkeit von Zuständigkeitsbestimmungen 253 N 5

Verfügung von Todes wegen s. Letztwillige Verfügung

Vergleich und Aufhebung des väterlichen Kindesverhältnisses 256 N 7

Vergütung für die Adoptionsvermittlung 269 c N 26, 27 b, 50 ff

Verhandlungsmaxime 254 N 44 ff

Verjährung
- intertemporales Recht 256 c N 67
- Prozessverjährung 254 N 23
- Schadenersatzanspruch nach Anfechtung der Ehelichkeitsvermutung 256 N 129

Verjährung (Fortsetzung)
- Unterhaltsanspruch nach Adoption 267 N 49
- und Verwirkung 256 c N 37

Verkündung
- und Ehelichkeitsvermutung 255 N 24
- und voreheliches Kind 259 N 30

Verletzung in den persönlichen Verhältnissen 252 N 26 a, 268 b N 30

Vermächtnis und Anerkennung eines Kindes 260 N 149

Vermittlung s. Adoptionsvermittlung

Vermögen des Kindes s. Kindesvermögen

Vermutung
- der Beiwohnung des Ehemannes s. Ehelichkeitsvermutung
- der Nichtbeiwohnung s. Erleichterte Anfechtung der Ehelichkeitsvermutung
- der Vaterschaft des Beischläfers s. Vaterschaftsvermutung
- der Vaterschaft des Ehemannes s. Ehelichkeitsvermutung

Veröffentlichung s. Publikation

Verschollenerklärung
- Adoption 265 c N 16
- und Ehelichkeitsvermutung 255 N 38 ff, 258 N 7
- des Ehemannes 258 N 7
- Eintragung 255 N 57
- Einzeladoption 264 b N 18

Versehen, offenbares, und Berichtigungsverfahren 255 N 68

Verspätung s. Wiederherstellung

Vertretung
- Absehen von der Zustimmung zur Adoption 265 d N 10, 24 a
- Adoptionsgesuch 268 N 14
- und Adoptionsvermittlung 269 c N 36 f
- Anerkennung eines Kindes 260 N 13 ff, 110, 129
- Anfechtung der Anerkennung eines Kindes 260 a N 74, 90, 102, 112
- Anfechtung der Ehelichkeitsvermutung 256 N 37, 69, 91 f, 256 c N 20, 258 N 7, 17
- im Ausland s. Schweizerische Vertretung
- ausländische V. s. Ausländische Vertretung
- Einforderung von Unterhaltsbeiträgen 267 N 47
- Leistungsklage der Mutter nach der Geburt 261 N 45 f

Vertretung (Fortsetzung)
- Mitteilung des Adoptionsentscheids 268 N 55 ff
- während des Pflegeverhältnisses 264 N 48 ff
- schweizerische V. im Ausland s. Schweizerische Vertretung
- Unterhaltsklage 261 N 51, 66
- Vaterschaftsklage 261 N 43, 45, 48, 50, 66
- Zustimmung der Eltern zur Adoption 265 a N 15
- Zustimmung zur Anerkennung eines Kindes 260 N 12, 70 ff

Verwaltungsgerichtsbeschwerde
- Adoptionsvermittlung 269 c N 20, 66
- Pflegekinderbewilligung 264 N 31 c
- in Zivilstandssachen 255 N 54, 69, 260 a N 30, 268 N 81

Verwandte
- und Anerkennung des Kindes 260 N 14, 127 ff
- Aktivlegitimation zur Anfechtung der Anerkennung eines Kindes 259 N 91 ff, 102, 260 a N 105
- Interessen der Verwandten und Kindeswohl 264 N 57
- Zustimmungsrecht zur Adoption? 265 a N 13

Verwandtenadoption
- allgemein Einl Ad N 13, 264 N 6 ff
- Kindeswohl 264 N 12, 15, 21, 22
- Mündigenadoption 266 N 6 a
- Pflegekinderbewilligung 264 N 31 g
- Zahl der Kinder 264 N 23
- s. auch Enkeladoption, Geschwisteradoption

Verwandtenunterstützungspflicht
- und Vaterschaftsklage 261 N 18
- Wirkung der Adoption 267 N 51
- Wirkung der Anerkennung eines Kindes 260 N 175

Verwandtschaft
- allgemein Einl N 1 ff, 252 N 14, 26 ff
- Blutsverwandtschaft 252 N 28 ff
- Ehehindernis 252 N 30, 267 N 27 ff
- bei Einzeladoption 264 b N 5
- Wirkung der Adoption 267 N 25 ff
- Wirkung des Kindesverhältnisses 252 N 26 ff

Verwirkung
- und Verjährung 256 c N 37

Verwirkung (Fortsetzung)
- des Rechts auf Zustimmung zur Adoption 265 c N 20 ff

Verwitwete
- Einzeladoption 264 a N 36, 264 b N 5, 13
- Stiefkindadoption 264 a N 36, 264 b N 13

Verzicht
- auf Anerkennung eines Kindes 260 N 11
- auf Anfechtung der Ehelichkeitsvermutung 256 N 47
- auf Einhaltung der Fristen 256 c N 37
- auf das Kind s. Altrechtliche Adoption, Zustimmung der leiblichen Eltern zur Adoption
- auf das väterliche Kindesverhältnis 256 N 7
- auf Vaterschaftsklage 261 N 33

Volladoption
- allgemein Einl Ad N 40, 267 N 4, 269 N 3
- ausländische V. 268 N 93 ff

Vorbehalt s. Bedingungen

Voreheliches Kind s. Heirat der Eltern

Vorfrage
- internationales Recht 255 N 92 f, 260 N 195, 261 N 117 ff
- Prüfung des väterlichen Kindesverhältnisses in einem andern Verfahren 256 N 8, 260 a N 52

Vormund
- Adoption durch V. 265 N 23
- Adoptionsvermittlung 269 c N 14, 21 f
- und Anerkennung eines Kindes 260 N 13, 73
- Aufhebung der Vormundschaft und Adoption 265 N 21
- Beschwerde gegen die Handlungen des V. 264 N 46
- Entgegennahme der Zustimmung zur Adoption 265 a N 22
- Pflegeeltern als Vormünder? 264 N 48
- Prüfung des Adoptionsgesuchs 265 N 24
- Schadenersatzpflicht bei Vaterschaftsklage 261 N 21
- Wegfall der Vormundschaft wegen Adoption 267 N 57
- und Zustimmung zur Adoption 265 N 18 ff, 265 a N 22
- und Zustimmung der vormundschaftlichen Aufsichtsbehörde zur Adoption 265 N 23 f
- s. auch Vertretung

Vormundschaftliche Aufsichtsbehörde
- und Adoptionsbehörde 265 N 26, 30

Vormundschaftliche Aufsichtsbehörde (Fortsetzung)
- Geheimhaltung der v. A. bei Adoption 268 b N 26 f
- internationale Zuständigkeit bei der Adoption 265 N 22 a
- Zustimmung zur Adoption s. Zustimmung der vormundschaftlichen Aufsichtsbehörde zur Adoption

Vormundschaftliche Organe
- Adoptionsvermittlung 269 c N 14, 21 f, 44, 52, 58
- Feststellung oder Anfechtung des Kindesverhältnisses vor v. O. 254 N 9
- Geheimhaltungspflicht 268 b N 6 ff
- Prüfung der Adoptionsgesuche 265 N 21 a, 265 a N 17 f
- Untersuchung durch v. O. 268 a N 18

Vormundschaftsbehörde
- Absehen von der Zustimmung zur Adoption 265 d N 7 ff, 11, 14, 23 f
- und Adoptionsvermittlung 269 c N 22, 38
- und Anfechtung der Ehelichkeitsvermutung 256 N 72 ff
- Beschwerde gegen Entscheid der V. 256 N 75, 265 d N 28
- Entgegennahme der Anerkennungserklärung? 260 N 93
- Entgegennahme der Zustimmung zur Adoption 265 a N 23
- Geheimhaltung der V. bei Adoption 268 b N 26 f

Vorname
- des Adoptivkindes 267 N 42
- des Findelkindes 252 N 53
- Kindeswohl 267 N 42

Vorschuss der Prozesskosten 254 N 28 ff, 256 N 29, 261 N 36

Vorsorgliche Massnahmen bei Anfechtung der Ehelichkeitsvermutung 256 N 29 ff

Vorstrafen
- der Adoptiveltern 268 a N 4
- des Pflegevaters 264 N 61

Wahl des Gerichtsstandes 253 N 43 ff, 62
Wahrscheinlichkeit der Vaterschaft s. Vaterschaft
Wahrheit der Anerkennung eines Kindes 260 N 62, 260 a N 6 f, 49 ff, 61
Wartefrist nach Scheidung s. Frauenwartefrist
Weiterzug s. Rechtsmittel

Wichtige Gründe
- Namensänderung 259 N 45, 47 f, 267 N 37, 40
- Mündigenadoption 266 N 20 ff
- und Wiederherstellung der Anfechtungsfrist 256 c N 49 f, 54, 260 c N 31 ff
- und Wiederherstellung der Klagefrist 263 N 22 ff

Widerruf
- der Adoption 268 N 60, 269 N 12
- des Adoptionsgesuchs 268 N 17, 21, 64
- der Anerkennung eines Kindes 260 a N 51
- der Anfechtung der Anerkennung eines Kindes 260 a N 116
- der Anfechtung der Ehelichkeitsvermutung 256 N 94 ff
- der Zustimmung der Eltern zur Adoption 265 b N 9 ff
- der Zustimmung des Kindes zur Adoption 265 N 13, 268 N 63
- der Zustimmung der vormundschaftlichen Aufsichtsbehörde zur Adoption 265 N 33

Wiedererwägung der Adoption 268 N 60, 269 N 12

Wiederherstellung der Fristen
- Anfechtung der Adoption 269 b N 10
- Anfechtung der Anerkennung eines Kindes 260 c N 28 ff, 36
- Anfechtung der Ehelichkeitsvermutung 256 c N 45 ff, 63, 258 N 15
- Vaterschaftsklage 263 N 12 ff, 22 ff, 26

Wiedervereinigung der Eltern
- und Anfechtung der Ehelichkeitsvermutung 256 N 66 ff

Wiederverheiratung
- und Ehelichkeitsvermutung 255 N 35 f
- und Stiefkindadoption 264 a N 34

Wiener Übereinkommen über konsularische Beziehungen 260 N 200

Willensmangel
- der Adoptiveltern 269 a N 7 a, 16
- Anerkennung eines Kindes 260 a N 8 ff, 91 ff, 260 b N 9, 260 c N 18
- Anfechtung der Adoption wegen W. 269 N 21, 269 a N 7 a, 16
- Anfechtung der Anerkennung wegen W. 260 a N 8 ff, 91 ff, 260 b N 9
- Unterlassung der Vaterschaftsklage 263 N 22 ff
- Untersuchung vor der Adoption 268 a N 10

Willensmangel (Fortsetzung)
- Zustimmung des Kindes zur Adoption 265 N 15, 269 N 21
- Zustimmung der leiblichen Eltern zur Adoption 265 b N 20 f, 269 N 21

Willkür s. Staatsrechtliche Beschwerde

Wirksamkeit der Anerkennung eines Kindes 260 N 30, 150, 168, 260 a N 6 ff, 24, 27, 29 ff, 46 ff

Wirtschaftliche Lage der Adoptiveltern 268 a N 6

Wohnsitz
- des Adoptionsvermittlers 269 c N 27 a, 30
- Begriff 252 N 83, 253 N 17, 60 f, 261 N 122 ff, 265 a N 25
- und Berufung ans Bundesgericht 253 N 50
- Beweislast 253 N 39
- der Eltern des Vaters 253 N 30, 38
- nach dem Entwurf des Eherechts 253 N 18, 21, 25
- und Geburt 253 N 34 ff
- und gemeinsames Kindesverhältnis 259 N 80
- Heimatgemeinde 253 N 19
- nach Heirat der Eltern 259 N 80
- internationales Recht 252 N 83, 253 N 60 f, 261 N 122 ff
- Kenntnisnahme der Anerkennung eines Kindes 260 c N 12
- des Kindes 253 N 26 ff, 255 N 59
- massgebender W. nach dem Tod 253 N 31, 38
- der Mutter 253 N 20 ff
- der Nachkommen des Kindes 253 N 30, 42
- der Nachkommen des Vaters 253 N 30, 38, 42
- und örtliche Zuständigkeit 253 N 16
- Unmöglichkeit der Klageerhebung am W. 253 N 64
- Unzumutbarkeit der Klageerhebung am W. 253 N 64
- des Vaters 253 N 16 ff, 24
- Wechsel des W. (allgemein) 253 N 40 ff, 53
- Wechsel des W. während Pflegeverhältnis 264 N 48 a
- massgebender Zeitpunkt 253 N 34 ff, 61, 261 N 127 ff, 268 N 8 ff, 269 N 13
- von Zwillingen 253 N 41

Wohnsitzbehörde
- Anerkennung eines Kindes 260 N 130
- Vaterschaftsklage gegen W. 261 N 81 ff

Wohnsitzbehörde (Fortsetzung)
- s. auch Wohnsitzgemeinde

Wohnsitzgemeinde
- Aktivlegitimation 254 N 14
- Anfechtung der Adoption 269a N 10, 10b
- Anfechtung der Anerkennung eines Kindes 259 N 97 ff, 260a N 62, 84 ff
- Parteifähigkeit 254 N 10
- Passivlegitimation 254 N 15, 261 N 81 ff
- s. auch Wohnsitzbehörde

Zahl der Kinder
- Adoptivkinder 264 N 23, 29a, 63
- adoptierte Stiefkinder 264a N 29a
- Verwandtenadoption 264 N 23

Zahlvaterschaft 261 N 6, 107 ff, 140, 264 N 51

Zeitpunkt, massgebender
- Absehen von der Zustimmung zur Adoption 265d N 4 ff, 19, 34
- Anerkennung eines Kindes 260 N 81 ff
- Anfechtung der Ehelichkeitsvermutung 256 N 66 ff
- Beweis der Empfängniszeit 262 N 51
- erbrechtliche Folgen der Adoption 267 N 67 f, 71
- Geburt 262 N 48
- gemeinschaftliche Adoption 264a N 12 ff
- Mündigenadoption 264 N 27, 266 N 6
- Mündigkeit 264 N 27, 266 N 6
- örtliche Zuständigkeit 268 N 8
- Pflegeverhältnis 264 N 35 f
- Stiefkindadoption 264a N 36
- bei der Untersuchung vor der Adoption 268a N 22
- Wirkungen der Adoption 267 N 22 f
- Wohnsitz 253 N 34 ff, 61, 261 N 127 ff, 268 N 8 ff, 269 N 13
- Zeugung 262 N 48 f
- Zustimmung der leiblichen Eltern zur Adoption 265a N 20, 49
- Zustimmung der vormundschaftlichen Aufsichtsbehörde zur Adoption 265 N 19, 25 f

Zentrales Adoptionsverzeichnis 268 N 74

Zeuge
- Befangenheit 254 N 62

Zeugenaussage
- und Abstammungsgutachten 254 N 202 f
- und Beweis der Beiwohnung 262 N 33, 39 f

Zeugnisverweigerungsrecht
- und Adoption 267 N 76a

Zeugnisverweigerungsrecht (Fortsetzung)
- bei künstlicher Insemination 261 N 68
- bei der Vaterschaftsklage 261 N 67, 262 N 77 f

Zeugung
- Anerkennung vor Z. 260 N 82, 260a N 11
- und Anerkennungserklärung 260 N 9, 82
- Anfechtung der Ehelichkeitsvermutung 256a/256b N 9 ff, 24 ff
- während Aufhebung der Hausgemeinschaft 256a/256b N 15, 21 f
- und Beiwohnung 262 N 51 ff
- Beweis 255 N 34, 37, 256a/256b N 13
- Beweis der Empfängniszeit 262 N 51
- durch Dritten 256 N 23, 39 ff, 59; s. auch Zustimmung zur Zeugung durch einen Dritten
- und Ehelichkeitsvermutung 255 N 23, 27, 33 ff, 37 ff, 256a/256b N 12, 16 262 N 49
- gesetzliche Empfängniszeit 262 N 48 f, 51
- während Hausgemeinschaft 256a/256b N 25
- und Vaterschaftsvermutung 262 N 48 f, 51 ff
- massgebender Zeitpunkt 262 N 48 f
- Zustimmung zur Zeugung s. Zustimmung zur Zeugung durch einen Dritten

Zeugungsfähigkeit s. Andrologisches Gutachten

Zeugungshelfer 256 N 40

Zivilgesetzbuch, Fassung von 1907 und 1972 S. 660, 677

Zivilstandsausweise s. Zivilstandsurkunde

Zivilstandsbeamter
- Anerkennung eines Kindes vor dem Z. 260 N 38, 44, 92 ff, 123, 152 ff
- Belehrung des Anerkennenden 260 N 107 f, 137
- Beschwerde gegen Entscheid des Z. 255 N 54, 76
- Geheimhaltungspflicht (Adoptionsgeheimnis) 268b N 6 ff
- Mitteilungspflicht 260 N 152 ff
- Prüfung der Anerkennungserklärung 260 N 44, 95 ff
- Rechtsmittel gegen Entscheide des Z. 255 N 54, 62, 76, 260a N 30
- Schadenersatzpflicht bei der Vaterschaftsklage 261 N 22
- Schweizerische Vertretungen im Ausland 260 N 200

Zivilstandsregister
- und Adoptionsgeheimnis 268 N 80 ff
- Aufsicht s. Aufsichtsbehörde im Zivilstandswesen
- Auszüge s. Auszüge aus dem Zivilstandsregister
- Berichtigung s. Berichtigungsverfahren
- Beweiswert 260 N 169
- Eidgenössisches Amt für das Zivilstandswesen 268 N 74
- Eintragung der Adoption 268 N 70 ff, 269 N 19
- Eintragung der Adoption eines ausländischen Kindes 268 N 76
- Eintragung der altrechtlichen Adoption 268 N 83 f
- Eintragung der Anerkennung eines Kindes 260 N 38, 110 ff, 161 ff
- Eintragung der Anerkennung eines Kindes durch Dritten 255 N 53, 56 260 N 38
- Eintragung der Anfechtung der Adoption 269 N 19
- Eintragung der Anfechtung der Anerkennung 260 a N 123 ff
- Eintragung der Anfechtung der Ehelichkeitsvermutung 256 N 109 ff
- Eintragung der Aufhebung der Anerkennung 260 a N 123 ff
- Eintragung der ausländischen Geburt 252 N 78, 255 N 51
- Eintragung Dritter als Eltern 256 N 7
- Eintragung des Ehemannes als Vater 255 N 46 ff
- Eintragung der Ehelichkeitsvermutung 255 N 46 ff
- Eintragung des Findelkindes 252 N 47, 53, 56, 66
- Eintragung der Geburt 252 N 33, 47 ff, 255 N 46 ff
- Eintragung des gemeinsamen Kindesverhältnisses 259 N 31, 35 ff
- Eintragung des Kindesverhältnisses nach Heirat der Eltern 259 N 30 ff
- Eintragung der mütterlichen Kindesverhältnisses 252 N 47 ff, 66
- Eintragung der Totgeburt 255 N 49
- Eintragung der unwirksamen Anerkennung 260 N 168
- Eintragung des Vaterschaftsurteils 261 N 101

Zivilstandsregister (Fortsetzung)
- Eintragung der Verschollenerklärung 255 N 57
- Gebühren 260 N 117 a, 268 N 70
- internationale Zuständigkeit 252 N 76 ff
- kirchliche Register 268 N 100
- Kurzschluss-Adoption 259 N 19, 260 N 62, 268 N 87, 269 N 7, 269 c N 65
- Löschung der Anerkennung eines Kindes 260 N 117, 260 a N 35, 46 f, 53, 125
- Rechtsmittel 255 N 54, 62, 76, 260 a N 30
- Verordnung s. Zivilstandsverordnung
- Verwaltungsgerichtsbeschwerde 268 N 81
- Wirkung der Eintragung 255 N 55, 66
- Wirkung der unrichtigen Eintragung 255 N 55, 256 N 10, 263 N 14
- s. auch Adoptions-, Anerkennungs-, Ehe-, Familien-, Geburtsregister, Kirchliche Register, Legitimationsregister

Zivilstandsurkunde
- Einreichungspflicht bei Anfechtung des Kindesverhältnisses 256 N 25
- Einreichungspflicht im Vaterschaftsprozess 261 N 34
- s. auch Auszüge aus dem Zivilstandsregister

Zivilstandsverordnung
- allgemein Einl N 32
- Text s. 685

Zurücksetzung der andern Kinder bei der Adoption 264 N 67 ff, 269 a N 7

Zusammentreffen zweier Ehelichkeitsvermutungen
- allgemein 255 N 53, 257 N 6 ff
- und Anfechtung der Ehelichkeitsvermutungen 257 N 11 ff
- und Frauenwartefrist 257 N 7, 14
- Frist 257 N 6 ff

Zusprechung mit Standesfolge 261 N 6, 140

Zuständigkeit
- Absehen von der Zustimmung zur Adoption 265 d N 11 ff
- der Adoptionsbehörde 268 N 5 ff
- Dispens vom Ehehindernis 267 N 30 f
- Entgegennahme der Geburt 252 N 48, 58, 77 ff
- Entgegennahme der Anerkennung eines Kindes 260 N 93 f, 187 ff
- Entgegennahme der Anfechtung der Zustimmung zur Adoption 265 b N 22
- Prüfung von Adoptionsgesuchen 265 N 21 a, 268 N 5 f

Zuständigkeit (Fortsetzung)
- Verfassungsmässigkeit von Zuständigkeitsbestimmungen 253 N 5
- Zustimmung der vormundschaftlichen Aufsichtsbehörde zur Adoption 265 N 22 f
- s. auch Internationale Zuständigkeit, Interne Zuständigkeit, Örtliche Zuständigkeit, Sachliche Zuständigkeit, Unzuständigkeit

Zustellungen im Vaterschaftsprozess 261 N 61

Zustimmung zur Adoption
s. Zustimmung des Ehegatten zur Adoption, Zustimmung des Kindes zur Adoption, Zustimmung der leiblichen Eltern zur Adoption, Zustimmung der vormundschaftlichen Aufsichtsbehörde zur Adoption

Zustimmung zur Anerkennung eines Kindes 260 N 12, 70 ff, 89, 147, 193, 260 a N 8

Zustimmung zur Befreiung vom Adoptionsgeheimnis 268 b N 22 f

Zustimmung des Ehegatten zur Adoption
- Ehegatte des Adoptierenden bei der Einzeladoption 264 b N 12, 15, 268 N 27, 31
- Ehegatte des Adoptierenden bei der Mündigenadoption 266 N 28
- Ehegatte des Adoptivkindes 266 N 23 ff

Zustimmung des Erzeugers zur Adoption 265 a N 9 ff, 20 a

Zustimmung des Kindes zur Adoption
- und Adoptionsvermittlung 269 c N 40
- Anfechtung 265 N 14 f
- Form 265 N 11
- Gegenstand der Zustimmung 265 N 7
- Persönlichkeitsrecht 265 N 8
- Rechtsgeschichte 265 N 2 b
- Rechtsvergleichung 265 N 2 a
- Religion 265 a N 43
- Rückzug der Z. des Kindes 265 N 13, 268 N 63
- Stiefkindadoption 264 a N 40
- stillschweigende Z. 265 N 11
- Textgeschichte 265 N 2 b
- Urteilsfähigkeit 265 N 9 f, 16 f, 268 a N 13
- Vertretung 265 N 8
- und Vormund 265 N 23 f, 265 a N 22
- Widerruf der Z. des Kindes 265 N 13, 268 N 63
- Willensmangel 265 N 15, 269 N 21

Zustimmung zur künstlichen Insemination 256 N 39 ff, 256 a/256 b N 38 f, 260 N 62

Zustimmung der leiblichen Eltern zur Adoption
- Absehen von der Z. s. Absehen von der Zustimmung zur Adoption
- Adoption eines Adoptivkindes 265 a N 6 ff
- Adoption eines ausländischen Kindes 265 N 18 a
- Adoptionsgeheimnis 268 b N 18
- und Adoptionsvermittlung 269 c N 40
- und Adoptiveltern 265 a N 3 ff
- und Anerkennung eines Kindes 260 N 172
- Anfechtung s. Anfechtung der Zustimmung zur Adoption
- Auflagen 265 a N 47
- Bedingungen 265 a N 43 ff
- Z. beider Eltern 265 a N 48
- Beistand 265 N 18, 265 a N 4 ff, 22
- Besuchsrecht 265 a N 52 f
- Eintritt der Mündigkeit des Kindes 265 c N 24 f
- elterliche Gewalt 265 a N 4, 19, 54 ff
- Entgegennahme der Z. 265 a N 21 ff
- Zustimmung Entmündigter 265 a N 15, 266 N 31
- Entstehung des Zustimmungsrechts 265 c N 6
- und Entzug der elterlichen Gewalt 264 N 49
- Erlöschen des Zustimmungserfordernisses 265 c N 4, 265 d N 18, 35
- Erlöschen des Zustimmungsrechts vor Feststellung des Kindesverhältnisses 265 a N 9 ff, 20 a
- Form 265 a N 26 ff, 39 ff
- Inhalt 265 a N 39 ff
- Inkognitozustimmung 265 a N 41
- internationales Recht 265 a N 4 d, 57, 268 N 10
- und Kindesverhältnis 265 a N 5 ff, 20 a
- Kindeswohl 265 a N 4
- Mitteilung 265 a N 37 f
- Mündigenadoption 266 N 29
- Mündlichkeit 265 a N 26 f
- örtliche Zuständigkeit zur Entgegennahme der Z. 265 a N 24 f
- persönlicher Verkehr 265 a N 52 f
- Persönlichkeitsrecht 265 a N 3, 15
- Protokollierung 265 a N 31 ff, 269 N 22
- Prüfung der Z. 265 a N 35 f
- Rechtsgeschichte 265 a N 2 b
- Rechtsmissbrauch 265 c N 20, 28 f
- Rechtsvergleichung 265 a N 2 a
- Religion 265 a N 43

Zustimmung der leiblichen Eltern zur Adoption (Fortsetzung)
– Rückzug der Z. der Eltern 265 b N 9 ff
– Ruhen des Zustimmungsrechts 265 c N 17
– sachliche Zuständigkeit zur Entgegennahme der Z. 265 a N 21 ff, 269 N 22
– Schriftlichkeit 265 a N 28 ff
– Sperrfrist 265 b N 3 ff; s. auch Sperrfrist
– Standesänderungen 265 a N 50
– Stiefkindadoption 264 a N 40, 265 a N 4 a
– telefonische Erklärung 265 a N 27
– Textgeschichte 265 a N 2 c
– Tod eines Elternteiles 264 a N 41
– Tod des Zustimmungsberechtigten 265 b N 4
– Ungültigkeit der Z. 265 b N 5
– Unmündigkeit der leiblichen Eltern 265 a N 15
– Unmöglichkeit 265 c N 4 ff
– und Unterbringung des Kindes 265 b N 19
– Unterhaltspflicht 264 N 51, 265 a N 51
– Urteilsunfähigkeit der leiblichen Eltern 265 a N 14 ff, 265 c N 18 ff
– Verfahren 265 a N 21 ff
– Vertretung 265 a N 15
– Verwirkung des Zustimmungsrechts 265 c N 20 ff
– Voraussetzungen 265 a N 5 ff
– und Vormund 265 N 23 f, 265 a N 22
– bei Vormundschaft 265 N 18 ff
– Widerruf der Z. der Eltern 265 b N 9 ff
– Willensmangel 265 b N 20 f, 269 N 21
– Wirkung 265 a N 49 ff
– Zustimmungsrecht als Wirkung der Anerkennung eines Kindes 260 N 172
– Zeitpunkt 265 a N 20, 49
– und Zustimmung der vormundschaftlichen Aufsichtsbehörde 265 a N 4

Zustimmung der Nachkommen der Adoptiveltern zur Adoption? 268 a N 31

Zustimmung der vormundschaftlichen Aufsichtsbehörde zur Adoption
– und Adoptionsvermittlung 269 c N 40
– Anhörung Beteiligter 265 N 29
– ausländisches Kind 265 N 18 a
– bei Adoption Bevormundeter 265 N 18 ff

Zustimmung der vormundschaftlichen Aufsichtsbehörde zur Adoption (Fortsetzung)
– Berufung ans Bundesgericht 265 a N 4 c
– Blankozustimmung der vormundschaftlichen Aufsichtsbehörde 265 N 27
– und elterliche Gewalt 265 N 20, 265 a N 4
– bei Adoption durch Entmündigte 264 a N 5
– Gegenstand 265 N 27
– Inkognitozustimmung? 265 N 27
– internationale Zuständigkeit 265 N 22 a
– Kindeswohl 265 N 28
– massgebender Zeitpunkt 265 N 19, 25 f
– Nichtigkeitsbeschwerde ans Bundesgericht 265 N 32
– örtliche Zuständigkeit 265 N 22 a
– Rechtsmittel 265 N 32 ff
– Rechtspolitik 265 N 35
– Rückzug der Z. der vormundschaftlichen Aufsichtsbehörde 265 N 33
– Stiefkindadoption 264 a N 40
– bei Adoption durch Unmündige 265 a N 18
– und Untersuchung vor der Adoption 265 N 23 f, 28
– Voraussetzungen 265 N 18 ff
– und Vormund 265 N 23 f, 265 a N 22
– Widerruf der Z. der vormundschaftlichen Aufsichtsbehörde 265 N 33
– Wirkung der Zustimmung der vormundschaftlichen Aufsichtsbehörde 265 N 30 f, 265 a N 4
– und Zustimmung der leiblichen Eltern 265 a N 4

Zustimmung zum Unterhaltsvertrag 260 N 79

Zustimmung zur Zeugung durch einen Dritten 256 N 23, 39 ff, 59

Zweitadoption s. Adoption eines Adoptivkindes

Zwillinge
– Anerkennung von Z. 260 N 87 f
– Anfechtung der Ehelichkeitsvermutung 256 N 52, 81, 83, 256 c N 30
– Blutgruppengutachten an Z. 254 N 156 ff
– und Ehelichkeitsvermutung 255 N 29, 256 c N 30
– gynäkologisches Gutachten an Z. 254 N 114
– massgebender Wohnsitz 253 N 41